EDITORA *Jus*PODIVM
www.editorajuspodivm.com.br

Rua Canuto Saraiva, 131 – Mooca – CEP: 03113-010 – São Paulo – São Paulo
Tel: (11) 3582.5757
• Contato: https://www.editorajuspodivm.com.br/central-de-relacionamento

Diagramação: Ana Paula Lopes Corrêa *(aninha_lopescorrea@hotmail.com)*

Capa: Ana Caquetti

K41c Kertzman, Ivan.
Curso Prático de Direito Previdenciário / Ivan Kertzman – 23.ed., rev., atual. e ampl. - São Paulo: Editora JusPodivm, 2025.

976 p.

Inclui Bibliografia
ISBN: 978-85-442-5948-1

1. Direito Previdenciário. I. Kertzman, Ivan. II. Título.

CDD 341.6

BIBLIOTECÁRIA RESPONSÁVEL

Ana Carolina Ribeiro Mois – CRB7 – RJ 007348/0

Curso PRÁTICO de DIREITO PREVIDENCIÁRIO

Ivan Kertzman

Curso PRÁTICO de DIREITO PREVIDENCIÁRIO

23ª edição revista ampliada atualizada

2025

EDITORA *Jus*PODIVM

www.editorajuspodivm.com.br

Esta obra é dedicada aos meus quatro filhos, Diego, Leo, Taís e Caio. Nada mais perfeito que a alegria das crianças para inspirar um afetuoso pai a continuar seguindo o seu caminho...

Agradeço também Mariana, companheira de todos os meus momentos nos últimos 30 anos.

Nota à 23ª edição

Caros leitores,

Ao longo das 22 edições que antecederam esta obra, sempre me preocupei em fazer alterações mantendo o mesmo padrão didático. Confesso que, nas últimas edições, o desafio foi muito maior em virtude das grandes mudanças ocorridas, que me obrigaram a reformular praticamente todo o texto desta obra.

No ano de 2019, tivemos a publicação da importante Lei 13.846, de 19/06/2019, oriunda da conversão da MP 871/2019. Foram tantas as alterações que tal lei foi apelidada de minirreforma previdenciária.

Em seguida, tivemos a promulgação da Reforma da Previdência, com a EC 103/2019, publicada em 13/11/2019, que alterou substancialmente diversas regras de benefícios e contribuições, tanto do RGPS quanto do RPPS.

Em 2020, como consequência das diversas alterações legais e constitucionais, tivemos a reformulação de todo o Decreto 3.048/99, com a publicação do Decreto 10.410, de 30/06/2020, trazendo relevantes alterações para a legislação previdenciária.

Em 2022, foi a vez da publicação da Instrução Normativa 128/2022, que revogou a IN 77/2015, alterando a normatização do INSS sobre os benefícios previdenciários e da IN 2.110/2022, que revogou a IN 971/2009, alterando a legislação da Receita Federal sobre o custeio previdenciário, além de inúmeros outros atos normativos.

Aproveitei a reformulação da obra para inserir novos capítulos e alterar muitos outros, objetivando a evolução contínua desta publicação.

Na 23ª edição desta obra foram incluídos, também, novos posicionamentos da jurisprudência e as principais novidades em atos normativos, tais como:

- Lei 15.077, de 27/12/2024 – Altera regras dos benefícios assistenciais;
- Lei 15.072, de 26/12/2024 – Altera definição de cooperativas rurais de segurados especiais;
- Portaria Interministerial MPS/MF 6, de 10/01/2025 – Altera os valores de referência dos benefícios e do salário de contribuição.

As atualizações foram efetuadas seguindo o padrão didático das demais edições, com utilização de exemplos práticos sempre que necessários para uma melhor compreensão do tema exposto. Além das modificações mencionadas, efetuamos uma série de alterações, ampliamos e inserimos diversos trechos, acrescentando novas tabelas, com a finalidade de manter esta obra em constante evolução.

Ivan Kertzman

Prefácio

Em face da morte repentina e prematura do grande Mestre Previdenciário baiano, Antônio Carlos de Oliveira, originariamente convidado a prefaciar esta obra, na sua 1ª. edição, fui à época convocado a fazê-lo em seu lugar. Agora - dez anos depois -, sou convocado a realizar a atualização do referido prefácio.

Se, naquele momento, prevalecia a dor pela perda do nosso querido e inesquecível Mestre, hoje prevalece a alegria de não só ter acompanhado de perto a evolução permanente desta obra previdenciária - uma das mais vendidas no país na área -, como também de ter testemunhado o crescimento meteórico e consistente da performance do seu autor.

Desde a sua 1ª edição, publicada em janeiro de 2005, o Professor e Auditor Fiscal da Receita Federal do Brasil - área previdenciária, Ivan Kertzman, além da formação originária que possuía de Administrador de Empresa - UFBA e de Pós-graduado em Finanças Empresariais - USP, fez, buscando melhor se qualificar, o curso de Bacharel em Direito - Ucsal - e o Mestrado em Direito Público - UFBA.

Nessa marcha crescente, que orgulha, especialmente, aos previdenciários baianos, Ivan, nestes últimos dez anos, passou a ser um nome indispensável em todos os Congressos e similares em todo o país, e, além de passar a coordenar algumas pós, a exemplo a de Direito Previdenciário pela Faculdade Baiana de Direito - Salvador/BA, a de Direito do Trabalho e Previdenciário e a de Direito Tributário, da Ciclo - Aracaju/SE e a de Direito Previdenciário do IMADEC em São Luís/MA e Belém/PA, além de coordenar a pós on-line de Direito e Prática Previdenciário do IMADEC, escreveu uma série de outras obras, a exemplo de *Questões Comentadas de Direito Previdenciário, Execução das Contribuições Previdenciárias na Justiça do Trabalho, A Desoneração da Folha de Pagamento, Revisaço do INSS, Revisaço de Direito Previdenciário, Revisaço da Magistratura Federal, Revisaço da Procuradoria do Estado, Revisaço Defensoria Pública do Estado,* entre outros *Revisaços*, e *Salário de contribuição - A base de cálculo previdenciária das empresas e dos segurados*, em coautoria comigo.

O livro - voltado essencialmente para os diversos concursos públicos que exigem a matéria previdenciária - mantém uma característica que, à época, julguei e continuo a julgar um forte diferencial: foi intencionalmente escrito de forma simples, objetiva e direta, sem as cansativas e longas citações doutrinárias, próprias dos livros da área do Direito. Ademais, o livro traz exemplos e resumos esclarecedores, além de reunir uma série de questões de diversas provas de concursos anteriores e um sem número de outras questões elaboradas pelo próprio autor, cujas respostas gabaritadas podem ser encontradas ao longo dos capítulos.

Na conclusão do primeiro prefácio, vaticinei que a obra cumpriria a missão para a qual foi escrita, ou seja, contribuir de forma decisiva para que muitos jovens pudessem alcançar os seus objetivos e realizar o seu ideal.

Resta-me agora afirmar de forma categórica que a obra, graças ao bom Deus, ao brilhantismo e simplicidade do seu jovem Autor, é uma sólida e gratificante realidade.

Sinésio Cyrino da Costa Filho

Ex-Auditor Fiscal da Receita Federal do Brasil,
Advogado, Professor e Autor de obras previdenciárias.

Apresentação

Prático e indispensável

Por meio da preparação para os concursos públicos, abre-se uma larga avenida que vem suprir uma grande carência da bibliografia nacional: a questão previdenciária. É nesse contexto que aparece o *Curso Prático de Direito Previdenciário*, de autoria de um servidor da Previdência, o auditor-fiscal Ivan Kertzman.

Nos meus tempos de Ministério, quando ele ainda não era funcionário, senti na pele essa carência nacional acerca da desinformação geral sobre a Previdência, assunto que interfere diretamente na vida de cada cidadão, mas que ainda é, entre nós, extremamente desconhecido.

Por exemplo, não sabem os trabalhadores de mais elevado nível de renda que o Regime Geral, administrado pelo INSS, só cobra contribuição até certo valor e, por consequência, só paga benefícios também até o mesmo valor. Por isso, a surpresa com a queda de renda por ocasião da aposentadoria. Esses trabalhadores nunca foram informados de que o Regime Geral cuida apenas de assegurar um benefício básico, indispensável à estabilidade social do país, mas que eles precisavam adicionalmente de um plano de previdência complementar.

Se isso ocorre com os trabalhadores de mais alta renda, e por suposto também de mais elevado nível de instrução, imagine-se em relação à população em geral...

E não é apenas popularmente que há essa carência. A própria academia não vem se interessando pelo tema, visto que faltam no país cursos específicos que tratem de questões tão relevantes e amplas quanto as do direito previdenciário - aqui abordado -, a demografia, a atuária, ou mais específicos e atuais, como a perícia médica e a saúde ocupacional.

É por isso que aos cursos de preparação para os concursos públicos cabe a missão de oferecer livros como este. Já que os candidatos chegam sem conhecimento prévio sobre assuntos, os quais nas faculdades não estudaram. Portanto, que este Curso Prático de Direito Previdenciário tenha dentre outras funções a de despertar as instituições de ensino superior, no sentido de sanar essa questão.

Como consequência, não é sem razão que o país ainda se refere à atual fila do SUS como sendo a antiga "fila do INPS" (embora o INSS tenha feito ultimamente um grande esforço para recuperar o velho estigma das filas, contra o qual tanto lutei, pois desconhece-se que Saúde e Previdência, embora integrem a Seguridade Social, são administrativamente separadas e independentes).

Este livro esclarece essas coisas. E foi formatado de maneira objetiva, para permitir a quem pretende trabalhar nesse campo uma ampla visão prática sobre esses assuntos. Por isso, além de prático – e destinado a um público específico –, ele é também indispensável e, certamente, vai interessar aos trabalhadores em geral carentes de informações sobre o tema.

Com seu déficit assustador, a Previdência Social diz respeito e interessa, ao mesmo tempo, a cada cidadão e a toda a sociedade. A partir da Lei 9.876 e sua regulamentação, o IBGE passou a nos informar, anualmente, sobre a evolução da expectativa de vida do brasileiro. E isso guarda relação direta com a política previdenciária que o país deve praticar. E com a necessidade da reforma, ainda incompleta, desse setor. Por isso, além do conhecimento e da informação, como interessados diretos – porque futuros ou atuais beneficiários da Previdência –, cada um de nós, cidadãos e trabalhadores, precisa ter opinião sobre todo o sistema previdenciário.

Que este livro sirva, pois, para atender à necessidade imediata dos candidatos aos concursos, mas é preciso reconhecer que ajuda também a preencher uma enorme lacuna no conhecimento da área previdenciária.

Antes Ivan Kertzman já havia nos brindado, como coautor, com um *Guia Prático da Previdência Social*, valendo-se da oportunidade da Reforma da Previdência. Que siga nesse rumo e, certamente, em breve teremos um Tratado de Previdência Social.

Waldeck Ornélas

Ex-ministro da Previdência e Assistência Social.

Sumário

Roteiro de estudos

Caros leitores,

Desde a primeira edição desta obra, disponibilizamos o nosso e-mail para uma maior aproximação com o público, respondendo às dúvidas e "ouvindo" todas as críticas, sugestões e elogios sobre a obra.

Este canal tem ajudado bastante na evolução deste livro, que a cada edição é alterado de forma a atender às solicitações encaminhadas.

Percebemos, ao longo das 20 edições anteriores, que um dos questionamentos mais recorrentes é o relativo aos capítulos do livro que devem ser estudados na preparação para cada um dos concursos públicos.

Pensando, então, em atender previamente futuras demandas, a editora nos solicitou que fizéssemos um link entre os programas de Direito Previdenciário dos principais concursos com os capítulos do livro, objetivando orientar o estudo dos nossos leitores.

Segue, assim, um roteiro completo de estudo deste livro, para a melhor preparação dos candidatos às vagas no serviço público.

Esperamos que seja útil.

Ivan Kertzman

Itens do Edital	Tópico do livro
Instituto Nacional do Seguro Social (INSS) – Edital 1/2022 – INSS, de 12 de setembro de 2022 • Técino do Seguro Social – CEBRASPE	
Noções de Direito Previdenciário – Todos os Cargos, Exceto Direito	
Instituto Nacional do Seguro Social (INSS) – Edital 1/2015 – INSS, de 22 de dezembro de 2015 • Técnico do Seguro Social – CESPES	
1. Seguridade Social.	Capítulo 1
1.1. Origem e evolução legislativa no Brasil.	Capítulo 2
1.2. Conceituação. 1.3 Organização e princípios constitucionais.	Capítulos 1 e 3
2. Legislação Previdenciária. 2.1 Conteúdo, fontes, autonomia. 2.2. Aplicação das normas previdenciárias. 2.2.1 Vigência, hierarquia, interpretação e integração.	Capítulo 4
3. Regime Geral de Previdência Social. 3.1 Segurados obrigatórios. 3.2 Filiação e inscrição. 3.3 Conceito, características e abrangência: empregado, empregado doméstico, contribuinte individual, trabalhador avulso e segurado especial. 3.4 Segurado facultativo: conceito, características, filiação e inscrição. 3.5 Trabalhadores excluídos do Regime Geral.	Capítulo 5
4. Empresa e empregador doméstico: conceito previdenciário.	Capítulo 6

Itens do Edital	Tópico do livro
5. Financiamento da Seguridade Social. 5.1 Receitas da União. 5.2 Receitas das contribuições sociais: dos segurados, das empresas, do empregador doméstico, do produtor rural, do clube de futebol profissional, sobre a receita de concursos de prognósticos, receitas de outras fontes. 5.4 Arrecadação e recolhimento das contribuições destinadas à seguridade social.	Capítulos 8, 9 e 10
5.3 Salário de contribuição. 5.3.1 Conceito. 5.3.2 Parcelas integrantes e parcelas não integrantes. 5.3.3 Limites mínimo e máximo. 5.3.4 Contribuições inferiores ao salário mínimo e complementação de contribuições. 5.3.5 Reajustamento.	Capítulo 7
5.4.1. Competência do INSS e da Secretaria da Receita Federal do Brasil.	Capítulo 14
5.4.2 Obrigações da empresa e demais contribuintes. 5.4.3 Prazo de recolhimento. 5.4.4 Recolhimento fora do prazo: juros, multa e atualização monetária.	Capítulo 15
6. Decadência e prescrição.	Capítulo 24
7. Crimes contra a seguridade social.	Capítulo 18
8. Recurso das decisões administrativas.	Capítulo 17
9. Plano de Benefícios da Previdência Social: beneficiários, espécies de prestações, benefícios, disposições gerais e específicas, períodos de carência, salário de benefício, renda mensal do benefício, reajustamento do valor dos benefícios. 10. Manutenção, perda e restabelecimento da qualidade de segurado. 11 Serviços Previdenciários 11.1. Serviço social. 11.2 Reabilitação profissional	Capítulos 19, 20, 21 e 23
12 Benefícios decorrentes de legislações especiais. 12.1 Pensão especial – Síndrome de Talidomida – Lei nº 7.070/1982 e suas alterações. 12.2. Pensão especial dos seringueiros – Lei nº 7.986/1989 e suas alterações. 12.3. Pensão especial de ex-combatente – Lei nº 8.059/1990. 12.4. Pensão especial às vítimas de hemodiálise de Caruaru – Lei nº 9.422/1996. 12.5. Pensão vitalícia às vítimas do CÉSIO 137 – Lei nº 9.425/1996. 12.6. Aposentadoria e pensão excepcional ao anistiado político – Lei nº 10.559/2002 e suas alterações. 12.7 Pensão especial às pessoas atingidas pela hanseníase – Lei nº 11.520/2007. 12.8 Pensão especial destinada a crianças com Síndrome Congênita do Zika Vírus – Lei nº 13.985/2020. 13 Seguro desemprego pescador artesanal – Seguro defeso – Lei nº 10.779/2003, Decreto nº 8.424/2015 e suas alterações.	23.9
14 Lei Orgânica da Assistência Social – LOAS. 14.1 Benefício de prestação continuada – BPC/LOAS. 14.2 Auxílio-Inclusão. 14.3 Lei nº 8.742/1993 e suas alterações. 14.4 Lei nº 14.176/2021 e suas alterações. 14.5 Decreto nº 6.214/2007.	Capítulo 22
15. Regimes Próprios de Previdência Social (União, estados, Distrito Federal e municípios). 15.1 Certidão de Tempo de Contribuição. 15.2 Contagem recíproca. 15.3 Compensação previdenciária. 15.4 Lei nº 9.796/1999 e suas alterações. 15.4 Decreto nº 10.188/2019 e suas alterações.	Capítulo 26
16 Emenda Constitucional nº 103/2019. 17 Lei Complementar nº 142/2013. 18 Lei nº 8.212/1991 e suas alterações. 19 Lei nº 8.213/1991 e suas alterações. 20 Decreto nº 3.048/1999 e suas alterações. 21. Instrução Normativa PRES/INSS nº 128/2022	Texto da norma
Edital Esaf 24, de 06 de julho de 2012 **• Auditor-Fiscal da Receita Federal do Brasil – ESAF**	
Edital Esaf 23, de 06 de julho de 2012 **• Analista-tributário da Receita Federal do Brasil – ESAF**	

Itens do Edital	Tópico do livro
Nota: Nestes editais, o conteúdo de Direito Previdenciário estava incluído na disciplina Direito Tributário. A única diferença entre os editais para o cargo de Auditor e de Analista foi que no segundo não constou o item "Seguridade Social – Conceituação, Organização e Princípios Constitucionais". Mesmo não tendo constado no edital, a ESAF indagou os candidatos a Analista sobre este tema. Assim, aconselhamos aos candidatos a estudarem todo o programa que segue.	
1. Seguridade social. 1.1. Conceituação. 1.2. Organização e princípios constitucionais.	Capítulos 1 e 3
2. Regime Geral de Previdência Social. 2.1. Segurados obrigatórios. 2.2. Conceito, características e abrangência: empregado, empregado doméstico, contribuinte individual, trabalhador avulso, segurado especial. 2.3. Segurado facultativo: conceito, características. 3. Empresa e empregador doméstico: conceito previdenciário.	Capítulos 5 e 6
4. Financiamento da seguridade social. 4.1. Receitas da União. 4.2. Receitas das contribuições sociais: dos segurados, das empresas, do empregador doméstico, do produtor rural, do clube de futebol profissional, sobre a receita de concursos de prognósticos, receitas de outras fontes.	Capítulos 8 a 10
4.3. Salário de contribuição. 4.3.1. Conceito. 4.3.2. Parcelas integrantes e parcelas não integrantes.	Capítulo 7
4.4. Arrecadação e recolhimento das contribuições destinadas à seguridade social. 4.4.1. Obrigações da empresa e demais contribuintes. 4.4.2. Prazo de recolhimento. 4.4.3. Recolhimento fora do prazo: juros, multa e atualização monetária. 4.4.4. Obrigações acessórias. Retenção e Responsabilidade solidária: conceitos, natureza jurídica e características.	Capítulos 8 a 10, 14 e 15
Edital 1 – MTE, de 28 de junho de 2013 • Auditor-fiscal do Trabalho 2013 – CESPE	
Seguridade Social: 1. Seguridade Social: origem e evolução no Brasil; conceituação; organização e princípios constitucionais.	Capítulos 1, 2 e 3
2. Regime Geral da Previdência Social: beneficiário, benefícios e custeio.	Capítulos 5 a 17, 19 a 21 e 23.
3. Salário de contribuição: conceito, parcelas integrantes e excluídas, limites mínimo e máximo; salário-base, enquadramento, proporcionalidade e reajustamento.	Capítulo 7
4. Planos de benefícios da previdência social: espécies de benefícios e prestações, disposições gerais e específicas, períodos de carência, salário de benefício, renda mensal do benefício, reajustamento do valor do benefício.	Capítulos 19, 20, 21 e 23
5. PIS/PASEP.	Capítulo 23.6
6. Legislação acidentária. 6.1 Regulamento do seguro de acidentes do trabalho (urbano e rural). 6.2 Moléstia profissional.	Capítulo 20.3.1
7. Microempreendedor individual.	Capítulo 5.2.3
LEGISLAÇÃO PREVIDENCIÁRIA: 1. Legislação Previdenciária: conteúdo; fontes e autonomia.	Capítulo 4
Lei 8.212/1991 – Títulos I a V, Título VI – Introdução e Capítulo I e Titulo VIII; Lei 8.213/1991. 2 Regulamento da Previdência Social. 2.1 Decreto 3.048/1999 e alterações.	Está dentro dos capítulos acima.

Itens do Edital	Tópico do livro
Edital Esaf 15, de 26 de fevereiro de 2009 **• Concurso Público para Provimento de Cargos de Assistente Técnico administrativo do Ministério da Fazenda 2009 – ESAF**	
12. Seguridade social. 12.1. Conceituação. 12.2. Organização e princípios constitucionais.	Capítulos 1 e 3
13. Financiamento da seguridade social. 13.1. Receitas da União. 13.2. Receitas das contribuições sociais: dos segurados, das empresas, do empregador doméstico, do produtor rural, do clube de futebol profissional, sobre a receita de concursos de prognósticos, receitas de outras fontes.	Capítulos 8 a 10. Para uma melhor compreensão desse capítulo, recomendamos a leitura dos Capítulos 5 e 6
13.3. Salário de contribuição. 13.3.1. Conceito. 13.3.2. Parcelas integrantes e parcelas não integrantes. 13.3.3. Proporcionalidade.	Capítulo 7
13.4. Arrecadação e recolhimento das contribuições destinadas à seguridade social. 13.4.1. Obrigações da empresa e demais contribuintes. 13.4.2. Prazo de recolhimento. 13.4.3. Recolhimento fora do prazo: juros, multa. 13.4.4. Obrigações acessórias.	Capítulos 8 a 10, 14 e 15
Edital – PGF, de 27 de agosto de 2013 **• Procurador Federal 2013**	
1. Seguridade social: conceito; organização e princípios constitucionais. Os diversos regimes de previdência (geral, próprio, militar e complementar). A possibilidade de compensação entre os regimes. 14. Princípio do *lex tempus regit actum*. 15. Princípio do equilíbrio atuarial e financeiro.	Capítulos 1 e 3
2. Regime Geral da Previdência Social: beneficiário, benefícios e custeio. – Assuntos genéricos envolvendo todo o livro.	Recomendamos a leitura dos Capítulos 5, 6, 8, 9, 10 e 19
3. Prescrição e decadência.	Capítulo 24
4. Salário de contribuição: conceito, parcelas integrantes e excluídas, limites mínimo e máximo; salário-base, enquadramento, proporcionalidade e reajustamento.	Capítulo 7
5. Planos de benefícios da previdência social: espécies de benefícios e prestações, disposições gerais e específicas, períodos de carência, salário de benefício, renda mensal do benefício, reajustamento do valor do benefício. Cálculo da renda mensal do benefício. Período de cálculo. Alíquotas de concessão. Tempo de serviço e tempo de contribuição. 20. Pensão em razão de união estável ou de união homoafetiva. 21 Prova de atividade rural. 22 Início de prova material para efeitos previdenciários.	Capítulos 19, 20 e 23
6. Legislação acidentária. 6.1 Regulamento do seguro de acidentes do trabalho (urbano e rural). 6.2 Moléstia profissional.	Capítulo 20.3.1
9. Assistência social: benefício de prestação continuada. Benefícios assistenciais. 11. Lei Orgânica da Assistência Social (LOAS). 12 Estatuto da Pessoa Idosa.	Capítulo 22
10. Previdência complementar.	Capítulo 25

Itens do Edital	Tópico do livro
16. FAP - Fator Acidentário de Prevenção. 17. Seguro Acidente de Trabalho - SAT. 18. Segurado Microempreendedor individual. 19. Regime especial do trabalhador doméstico sem renda (segurado especial urbano (Lei 12.470/2011).	Capítulo 8 e 9
Lei 8.212/1991. Lei 8.213/1991. Lei 8.742/1993 13. Regulamento da Previdência Social (Decreto 3.048/1999).	Toda a base da legislação previdenciária. Como incluiu a Lei Orgânica da assistência Social (87.42/1993), recomendamos do Capítulo 22.
Edital 1 - AGU, de 13 de julho de 2015 **• Advogado da União 2012 – CESPE**	
1. Seguridade social: origem e evolução legislativa no Brasil; conceito; organização e princípios constitucionais.	Capítulos 1 e 3
2. Regime Geral da Previdência Social: beneficiário, benefícios e custeio.	Assuntos genéricos envolvendo todo o livro. Recomendamos a leitura dos Capítulos 5, 6, 8, 9, 10 e 19
3. Salário de contribuição: conceito; parcelas integrantes e excluídas; limites mínimo e máximo; salário-base; enquadramento; proporcionalidade; reajustamento.	Capítulo 7
4. Planos de benefícios da previdência social: espécies de benefícios e prestações; disposições gerais e específicas; períodos de carência; salário de benefício; renda mensal do benefício; reajustamento do valor do benefício.	Capítulos 19, 20 e 23
5. PIS/PASEP.	Capítulo 3.3.4 (tratado superficialmente)
6. Entidades de previdência privada: conceito e finalidades; constituição; organização; funcionamento; fiscalização.	Capítulo 25
7. Entidades abertas: regulamentos; requisitos essenciais; vinculação ao Sistema Nacional de Seguros Privados (órgãos normativo e executivo); operações; disposições especiais.	Capítulo 25
8. Entidades fechadas. 8.1 Posição em relação à seguridade social oficial. 8.2 Entes patrocinadores e supervisão das atividades das entidades fechadas. 8.3 Ministério da Previdência e Assistência Social: competência em relação às entidades fechadas. 8.4 Operações. 8.5 Entidades fechadas de previdência privada e suas patrocinadoras no âmbito da administração pública federal.	Capítulo 25
9. Previdência privada *versus* previdência pública.	Capítulo 25
10. Fundos de pensão.	Capítulo 25

Itens do Edital	Tópico do livro
11. Legislação acidentária. 11.1 Regulamento do seguro de acidentes do trabalho (urbano e rural). 11.2 Moléstia profissional.	Capítulo 20.3.1
12. Assistência social. 12.1 Assistência social na Constituição Federal. 12.2 Lei Orgânica da Assistência Social.	Capítulos 1 e 22
Edital 1 – TRF 3ª, de 18 de outubro de 2021 **Juiz Federal Substituto 3ª Região – TRF 3**	
1. Seguridade Social. Saúde, Previdência e Assistência. Distinções. 2. Seguridade Social. Conceitos fundamentais. Natureza. Princípios. Fontes do Direito da Seguridade Social. Interpretação, aplicação, integração e eficácia das normas. Direito intertemporal. Direito adquirido e expectativa de direito;	Capítulos 1, 3 e 4
3. Financiamento da Seguridade Social. Princípios. Fontes de custeio. Contribuições sociais. Natureza e espécies. Prescrição. Decadência.	Capítulos 6 a 16
4. Previdência Social. Modelos. Regime Geral. Regimes Próprios. Regimes especiais. Previdência Complementar.	Capítulos 1, 25 e 26
5. Relação jurídica de Previdência Social. Filiação. Inscrição. Período de carência. Segurados e dependentes. Qualidade de segurado: manutenção e perda. Período de graça.	Capítulos 5 e 19
6. Cálculo do valor dos benefícios. Salário de contribuição. Salário de benefício. Limites. Fator Previdenciário. Renda Mensal Inicial. Valor teto. Reajustes. Revisões. 7. Tempo de contribuição para fins previdenciários. Prova do tempo de contribuição. Reconhecimento do tempo de filiação. Atividade rurícola e o regime de economia familiar. Contagem recíproca. 8. Prestações previdenciárias. Concessão. Suspensão. Cancelamento. Restabelecimento. Cumulação de Benefícios. Abono anual. Prescrição e Decadência. 9. Benefícios previdenciários. Espécies. Aposentadorias, auxílios, salário-maternidade e pensão por morte. Aposentadoria da pessoa com deficiência. Regras de transição das aposentadorias.	Capítulos 6, 20 a 23
10. Serviço social. Habilitação e reabilitação profissional. 11. Benefícios especiais: ex-combatentes, ferroviários e anistiados. Pensão especial destinada a crianças com microcefalia decorrente do Zika Vírus. 12. Assistência Social. Princípios. Benefício de prestação continuada ao idoso e à pessoa com deficiência. Auxílio-inclusão.	Capítulos 23 e 24
13. Processo Administrativo previdenciário. Atendimento aos segurados. Direito ao melhor benefício. Fases do procedimento administrativo. Reafirmação da DER. Justificação administrativa.	Capítulo 17
14. Ações previdenciárias. Competência. Juizados Especiais Federais: questões previdenciárias. Prévio ingresso do pedido de benefícios na via administrativa. Intervenção do Ministério Público. Gratuidade da Justiça. Prioridade de tramitação dos feitos.	Capítulo 23
I Concurso Público Nacional Unificado para Ingresso na Carreira da Magistratura do Trabalho **Juiz do Trabalho Substituto – FCC**	
1. Seguridade Social. Noções gerais. Definição e objetivos constitucionais. Princípios. 2. Regimes de Previdência Social na ordem jurídica interna. Noções gerais. Fontes do Direito Previdenciário. Princípios previdenciários. Gestão do Regime Geral da Previdência Social.	Capítulos 1, 3 e 4

Itens do Edital	Tópico do livro
3. Segurados obrigatórios e facultativos. Empresa e empregador doméstico. Empregador rural.	Capítulos 5 e 6
3. Custeio da Seguridade Social. Regras constitucionais. Contribuintes da Seguridade Social. Salário de contribuição. Definição legal e hipóteses de incidência. Contribuições do segurado empregado, do doméstico, da empresa e do empregador doméstico. Arrecadação e recolhimento das contribuições. Retenção. Prazos. Imunidade e isenção. Inadimplemento e acréscimos moratórios. Responsabilidade pelos recolhimentos.	Capítulo 7, 8 e 9
3. Decadência e prescrição em matéria de custeio.	Capítulo 24
3. Crimes contra a Previdência Social. Sonegação e apropriação indébita.	Capítulo 18
4. Benefícios da Previdência Social. Regras constitucionais. Filiação previdenciária. Segurados e dependentes para fins previdenciários. Manutenção e perda da qualidade de segurado.	Capítulos 5 e 6
4. Carência. Benefícios do Regime Geral da Previdência Social. Requisitos, concessão, reajustamento e cessação. Seguro-desemprego. Acumulação de benefícios. Cômputo de tempo de contribuição. Competência jurisdicional em matéria previdenciária. 5. Acidente do trabalho: repercussões previdenciárias. Auxílio-doença, aposentadoria por invalidez e auxílio-acidente. Espécies de acidente do trabalho. Nexo de causalidade. Nexo técnico epidemiológico. Comunicação de acidente de trabalho - CAT. Estabilidade acidentária. Responsabilidade pelo meio ambiente do trabalho. Ações regressivas.	Capítulos 19, 20 e 23
6. Regime próprio de previdência. Regras constitucionais. Regra geral e regra de transição. Contribuições. Aposentadorias e pensão. Previdência complementar no âmbito federal.	Capítulo 25
Edital 01 2019 - TRT 4ª Região, de 27 de maio de 2019 **• Analista Judiciário - Área Judiciária e Analista Judiciário - Área Judiciária - FCC**	
Seguridade social: origem e evolução legislativa no Brasil; conceito; organização e princípios constitucionais. Aspectos Constitucionais da Previdência Social (arts. 201 e 202 da CF de 1988).	Capítulos 1, 2 e 3
Dos regimes de previdência social existentes. Regime Geral da Previdência Social: beneficiário, benefícios em espécie e custeio (Leis 8.212/1991, 8.213/1991 e alterações). Decreto 3.048/1991 que aprova o Regulamento da Previdência Social, e dá outras providências.	Capítulos 5, 7 a 17, 19 a 23
Da organização da assistência social: Lei 8.742/1993 e alterações.	Capítulo 22
Previdência Social do Servidor Público: noções gerais, benefícios e custeio. Regras gerais para a organização e o funcionamento dos regimes próprios de previdência social dos servidores públicos da União, dos Estados, do Distrito Federal e dos Municípios, dos militares dos Estados e do Distrito Federal e dá outras providências: Lei 9.717/1998 e alterações.	Capítulo 26
Previdência Complementar (Lei Complementar 109/2001). Relação entre a União, os Estados, o Distrito Federal e os Municípios, suas autarquias, fundações, sociedades de economia mista e outras entidades públicas e suas respectivas entidades fechadas de previdência complementar (Lei Complementar 108/2001). Lei 12.618/2012 e alterações (Regime de Previdência Complementar para os Servidores Públicos Federais).	Capítulo 25

Capítulo 1

Definição de Seguridade Social

▶ Art. 194, CF/1988

A seguridade social foi definida no *caput* do art. 194 da Constituição Federal como "um conjunto integrado de ações de iniciativa dos Poderes Públicos e da sociedade, destinadas a assegurar o direito à saúde, à previdência e à assistência social".

A definição constitucional enumera as áreas da seguridade social em:

- Saúde;
- Assistência social;
- Previdência social.

O legislador constituinte agregou estas três áreas na seguridade social, devido à inter-relação que pode ser facilmente observada entre elas. Se investirmos na saúde pública, menos pessoas ficam doentes ou o tempo de cura é menor, e, como consequência direta, menos pessoas requerem benefícios previdenciários por incapacidade de trabalho ou o tempo de percepção de tais benefícios é menor. Se investirmos na previdência social, mais pessoas estarão incluídas no sistema, de forma que, ao envelhecerem, terão direito à aposentadoria, não necessitando de assistência social.

A seguridade social está inserida no Título VIII da Constituição Federal, dedicado à ordem social. Por isso, os direitos relativos à previdência, saúde e assistência social são considerados direitos sociais.

O Direito Previdenciário estuda apenas um desses ramos, qual seja, o da previdência social. No decorrer desta obra esgotaremos a análise previdenciária, focando os pontos mais indagados em provas de concursos públicos.

Neste capítulo, entretanto, comentaremos aspectos iniciais relacionados a esses três ramos da seguridade.

Apesar de essa definição ser bastante simples, tem sido alvo de cobrança por todas as bancas organizadoras de concursos públicos. A ESAF, por exemplo, exige a memorização do citado texto do art. 194 da CF/1988. Vejamos exemplos de questões:

Exemplo de questão da ESAF:

(Auditor-Fiscal da Receita Federal Área Tributária e Aduaneira 2005/2006 – ESAF) No âmbito da Seguridade Social, com sede na Constituição Federal/1988 (art. 194), podemos afirmar:

a) A seguridade social compreende um conjunto de ações de iniciativa dos Poderes Públicos e da sociedade, visando a assegurar os direitos relativos à saúde, **à vida**, à previdência e à assistência social.

b) A seguridade social compreende um conjunto integrado de ações dos Poderes Públicos e da sociedade, destinadas a assegurar os direitos relativos à saúde, à previdência, **à vida** e à assistência social.

c) A seguridade social compreende um conjunto integrado de ações de iniciativa dos Poderes Públicos e da sociedade, destinadas a assegurar os direitos relativos à saúde, à previdência e à assistência social.

d) A seguridade social compreende um **conjunto de ações** dos Poderes Públicos e da sociedade, destinadas a assegurar os direitos relativos à saúde, à previdência e à assistência social.

e) A seguridade social compreende um conjunto integrado de ações de iniciativa dos **Poderes Públicos constituídos** e da sociedade, destinado a assegurar os direitos relativos à saúde, à previdência e a assistência social.

Resposta: C – Corresponde ao exato texto.

Vejam a questão cobrada no concurso de Técnico do Seguro Social sobre esse tema:

(Cespe – Técnico do Seguro Social – INSS/2016) A CF define seguridade social como um conjunto integrado de ações de iniciativa dos poderes públicos e da sociedade destinadas a assegurar direitos relativos à saúde, à previdência e à assistência social.

Resolução:

A questão repete o texto do art. 194 da Constituição Federal de 1988, como ocorre em diversas questões de concurso público.

Resposta: Certa

Atenção!

As questões de concurso muitas vezes incluem erroneamente outras áreas sociais, como, por exemplo, a educação no rol da seguridade social. Tais questões devem ser consideradas erradas.

Observem que nem todos os direitos sociais enumerados no art. 6º da Constituição Federal são pertencentes à seguridade social. Vejamos os direitos sociais listados no citado artigo:

> *Art. 6º São **direitos sociais** a educação, a **saúde**, a alimentação, o trabalho, a moradia, o transporte, o lazer, a segurança, a **previdência social**, a proteção à maternidade e à infância, a **assistência** aos desamparados, na forma desta Constituição.*

Para fixar ainda mais o aprendizado, o gráfico a seguir representa as três áreas da seguridade social:

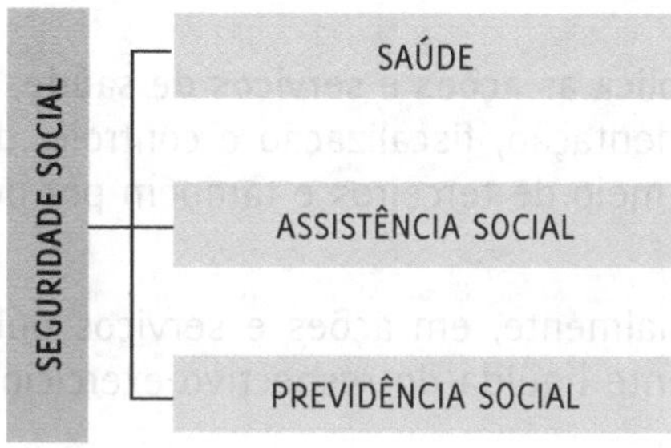

1.1. SAÚDE

▶ **Arts. 196 a 200, CF/1988**

"A saúde é direito de todos e dever do Estado, garantido mediante políticas sociais e econômicas que visem à redução do risco de doenças e de outros agravos, e ao acesso universal e igualitário às ações e serviços para a sua promoção, proteção e recuperação" (art. 196, CRFB/1988).

O acesso à saúde **independe de pagamento** e é **irrestrito**, inclusive para os estrangeiros que não residem no país. Até as pessoas ricas podem utilizar o serviço público de saúde, não sendo necessário efetuar quaisquer contribuições para ter direito a este atendimento.

Exemplo:

Mike, americano, veio passar suas férias no Brasil, chegando à cidade do Rio de Janeiro. Ao desembarcar no aeroporto do Galeão, solicitou um táxi, partindo em direção à Barra da Tijuca, via Linha Amarela. Por azar, foi atingido por uma "bala perdida". Mike poderá ser atendido na rede pública de saúde, independentemente de pagamento, embora não seja brasileiro nem residente neste país.

Exemplo de questão sobre o tema:

(Técnico do Seguro Social a– INSS 2016 – CESPE) *De acordo com o princípio da universalidade da seguridade social, os estrangeiros no Brasil poderão receber atendimento da seguridade social.*

Resposta: certa

A saúde é **administrada pelo SUS** – Sistema Único de Saúde, vinculado ao Ministério da Saúde. Este órgão não guarda qualquer relação com o INSS ou com a previdência social. A confusão é bastante frequente no meio popular já que, no passado, a saúde e a previdência fizeram parte da mesma estrutura, como veremos no próximo capítulo.

O Sistema Único de Saúde é financiado com recursos dos orçamentos da seguridade social elaborados pela União, Estados, Distrito Federal e pelos Municípios, além de outras fontes.

São de **relevância pública as ações e serviços de saúde**, cabendo ao Poder Público dispor sobre sua regulamentação, fiscalização e controle, devendo sua execução ser feita diretamente ou por meio de terceiros e também por pessoa física ou jurídica de direito privado.

A União aplicará, anualmente, em ações e serviços públicos de saúde, no mínimo, 15% da receita corrente líquida do respectivo exercício financeiro (art. 198, § 2º, I, da CF/1988)

De acordo com o § 3º do art. 198 da Constituição Federal, lei complementar, que será reavaliada pelo menos a cada cinco anos, estabelecerá:

I – os percentuais mínimos de aplicação de recursos nas ações e serviços públicos de saúde dos impostos dos Estados, Distrito Federal e Municípios;

II – os critérios de rateio dos recursos da União vinculados à saúde destinados aos Estados, ao Distrito Federal e aos Municípios, e dos Estados destinados a seus respectivos Municípios, objetivando a progressiva redução das disparidades regionais;

III – as normas de fiscalização, avaliação e controle das despesas com saúde nas esferas federal, estadual, distrital e municipal;

IV – as normas de cálculo do montante a ser aplicado pela União.

A **assistência à saúde é livre à iniciativa privada** (art. 199, CF/1988). As instituições privadas poderão participar de forma complementar ao sistema único de saúde, segundo diretrizes deste, mediante contrato de direito público ou convênio, tendo preferência as entidades filantrópicas e as sem fins lucrativos.

É proibida, no entanto, a destinação de recursos públicos para auxílios ou subvenções às instituições privadas com fins lucrativos, ou seja, estas empresas podem participar do sistema público de saúde, mas não podem receber qualquer espécie de incentivo com recursos públicos.

As empresas ou capitais estrangeiros não podem participar da assistência à saúde no País, salvo nos casos previstos em lei. O art. 23 da Lei 8.080/1990, alterada pela Lei 13.097, de 19/01/2015 dispõe que é permitida a participação direta ou indireta, inclusive controle, de empresas ou de capital estrangeiro na assistência à saúde nos seguintes casos:

I – doações de organismos internacionais vinculados à Organização das Nações Unidas, de entidades de cooperação técnica e de financiamento e empréstimos;

II – pessoas jurídicas destinadas a instalar, operacionalizar ou explorar:

a) hospital geral, inclusive filantrópico, hospital especializado, policlínica, clínica geral e clínica especializada; e

b) ações e pesquisas de planejamento familiar;

III - serviços de saúde mantidos, sem finalidade lucrativa, por empresas, para atendimento de seus empregados e dependentes, sem qualquer ônus para a seguridade social; e

IV - demais casos previstos em legislação específica.

Na qualidade de ações e serviços de saúde, as atividades de apoio à assistência à saúde são aquelas desenvolvidas pelos laboratórios de genética humana, produção e fornecimento de medicamentos e produtos para saúde, laboratórios de análises clínicas, anatomia patológica e de diagnóstico por imagem e são livres à participação direta ou indireta de empresas ou de capitais estrangeiros (art. 53-A da Lei 8.080/1990).

As ações e serviços públicos de saúde integram uma rede **regionalizada e hierarquizada** e constituem um sistema único, organizado de acordo com as seguintes diretrizes:

I - **descentralização**, com direção única em cada esfera de governo;

II - atendimento integral, com prioridade para as atividades **preventivas,** sem prejuízo dos serviços assistenciais;

III - participação da comunidade.

Atenção!

Apesar de o órgão que administra a saúde ter o nome "Sistema **Único** de Saúde", as ações nessa área são **descentralizadas**. As bancas examinadoras dos concursos públicos costumam elaborar proposições mencionando que o SUS – Sistema Único de Saúde possui ações centralizadas.

Outro ponto abordado em concursos é a priorização das ações de **caráter preventivo da saúde**. Questões tentam confundir o estudante, mencionando que será priorizado o atendimento aos enfermos em detrimento das ações preventivas.

Ao sistema único de saúde compete, além de outras atribuições:

I - controlar e fiscalizar procedimentos, produtos e substâncias de interesse para a saúde e participar da produção de medicamentos, equipamentos, imunobiológicos, hemoderivados e outros insumos;

II - executar as ações de vigilância sanitária e epidemiológica, bem como as de saúde do trabalhador;

III - ordenar a formação de recursos humanos na área de saúde;

IV – participar da formulação da política e da execução das ações de saneamento básico;

V – incrementar em sua área de atuação o desenvolvimento científico e tecnológico e a inovação;

VI – fiscalizar e inspecionar alimentos, compreendido o controle de seu teor nutricional, bem como bebidas e águas para consumo humano;

VII – participar do controle e fiscalização da produção, transporte, guarda e utilização de substâncias e produtos psicoativos, tóxicos e radioativos;

VIII – colaborar na proteção do meio ambiente, nele compreendido o do trabalho.

A lei definirá os critérios de transferência de recursos para o sistema único de saúde e ações de assistência social da União para os Estados, o Distrito Federal e os Municípios, e dos Estados para os Municípios, observada a respectiva contrapartida de recursos (art. 195, § 10, CF/1988).

A EC 51/2006 incluiu os §§ 4º a 6º do art. 198, dispondo sobre o trabalho dos agentes comunitários de saúde. Os gestores locais do sistema único de saúde poderão admitir agentes comunitários de saúde e agentes de combate às endemias por meio de processo seletivo público, de acordo com a natureza e complexidade de suas atribuições e requisitos específicos para sua atuação, delegando a Lei Federal a regulamentação da matéria. Os agentes podem perder o cargo em função do descumprimento dos requisitos definidos na lei (regulamentado pela Lei 11.350/2006).

Já a EC 120/2022 acrescentou os §§ 7º a 11, ao art. 198, da CF/88 dispondo que o vencimento dos agentes comunitários de saúde e dos agentes de combate às endemias fica sob responsabilidade da União, e cabe aos Estados, ao Distrito Federal e aos Municípios estabelecer, além de outros consectários e vantagens, incentivos, auxílios, gratificações e indenizações, a fim de valorizar o trabalho desses profissionais. Os recursos destinados ao pagamento do vencimento dos agentes comunitários de saúde e dos agentes de combate às endemias serão consignados no orçamento geral da União com dotação própria e exclusiva.

A EC 120/2022 estabeleceu o piso de dois salários mínimos para os agentes comunitários de saúde e dos agentes de combate às endemias, repassados pela União aos Municípios, aos Estados e ao Distrito Federal. Os agentes comunitários de saúde e os agentes de combate às endemias terão também, em razão dos riscos inerentes às funções desempenhadas, aposentadoria especial e, somado aos seus vencimentos, adicional de insalubridade.

Os recursos financeiros repassados pela União aos Estados, ao Distrito Federal e aos Municípios para pagamento do vencimento ou de qualquer outra vantagem dos agentes comunitários de saúde e dos agentes de combate às endemias não serão objeto de inclusão no cálculo para fins do limite de despesa com pessoal.

Por sua vez, a EC 124/2022 acrescentou os §§ 12 e 13 ao art. 198 da Constituição Federal, estabelecendo que lei federal instituirá pisos salariais profissionais nacionais para o **enfermeiro, o técnico de enfermagem, o auxiliar de enfermagem e a parteira**, a serem observados por pessoas jurídicas de direito público e de direito privado. A União, os Estados, o Distrito Federal e os Municípios, até o final do exercício financeiro em que for publicada a referida lei, adequarão a remuneração dos cargos ou dos respectivos planos de carreiras, quando houver, de modo a atender aos pisos estabelecidos para cada categoria profissional.

Por último, a Constituição determina que a lei deverá dispor sobre as condições e os requisitos que facilitem a remoção de órgãos, tecidos e substâncias humanas para fins de transplante, pesquisa e tratamento, bem como a coleta, processamento e transfusão de sangue e seus derivados, sendo vedado todo tipo de comercialização.

1.2. ASSISTÊNCIA SOCIAL

▶ **Arts. 203 e 204, CF/1988**

A assistência social será prestada a quem dela necessitar, **independentemente de contribuição** à seguridade social. Aqui, o requisito básico é a **necessidade** do assistido.

A assistência possui os seguintes objetivos:

I - a proteção à família, à maternidade, à infância, à adolescência e à velhice;

II - o amparo às crianças e adolescentes carentes;

III - a promoção da integração ao mercado de trabalho;

IV - a habilitação e reabilitação das pessoas portadoras de deficiência e a promoção de sua integração à vida comunitária;

V - a garantia de um salário mínimo de benefício mensal à pessoa portadora de deficiência e ao idoso que comprovem não possuir meios de prover à própria manutenção ou de tê-la provida por sua família, conforme dispuser a lei.

VI - a redução da vulnerabilidade socioeconômica de famílias em situação de pobreza ou de extrema pobreza.

Percebe-se, ao analisar-se os objetivos da assistência social, que estes englobam serviços prestados e benefícios concedidos. A assistência social garante o benefício de **um salário mínimo** para **pessoas idosas ou portadoras de deficiência** que **comprovem não possuir meios de prover à própria manutenção** ou de tê-la provida por sua **família**. Os benefícios assistenciais serão objetos de estudo em capítulo próprio.

Os benefícios assistenciais pecuniários são devidos somente aos brasileiros e estrangeiros naturalizados e domiciliados no Brasil que não estejam cobertos pela previdência social do país de origem (art. 7º, Decreto 6.214/2007).

Salientamos que em posição oposta à vedação de concessão de benefício assistencial aos estrangeiros, por unanimidade, o Supremo Tribunal Federal decidiu que a **condição de estrangeiro residente no Brasil não impede o recebimento do Benefício de Prestação Continuada** (BPC), pago pelo Instituto Nacional do Seguro Social às pessoas com deficiência e aos idosos.

O recurso extraordinário RE 587970 teve repercussão geral reconhecida, ou seja, tal entendimento deve ser aplicado pelas demais instâncias do Poder Judiciário a processos semelhantes. A tese de repercussão geral aprovada foi: "Os estrangeiros residentes no país são beneficiários da assistência social prevista no artigo 203, inciso V, da Constituição Federal, uma vez atendidos os requisitos constitucionais e legais".

Que significa ser necessitado para fazer jus às prestações assistenciais?

Depende. Para obter o benefício de um salário mínimo, o requisitante não pode ter condições financeiras satisfatórias para a sua manutenção. Por outro lado, para ser beneficiado pelos serviços assistenciais, a situação de necessitado não está relacionada com os rendimentos. Uma mulher rica pode, teoricamente, sentir-se necessitada de informações a respeito de sua gestação.

A assistência social será organizada com recursos do orçamento da seguridade social, devendo seguir as seguintes diretrizes:

I – **Descentralização político-administrativa:** cabendo a coordenação e as normas gerais à esfera federal, e a coordenação e a execução dos respectivos programas às esferas estadual e municipal, bem como a entidades beneficentes e de assistência social;

II – **Participação da população:** por meio de organizações representativas, na formulação das políticas e no controle das ações em todos os níveis.

É facultado aos Estados e ao Distrito Federal vincular a um programa de apoio à inclusão e promoção social até 0,5% de sua receita tributária líquida, vedada a aplicação desses recursos no pagamento de:

I – despesas com pessoal e encargos sociais;

II – serviço da dívida;

III – qualquer outra despesa corrente não vinculada diretamente aos investimentos ou ações apoiados.

1.3. PREVIDÊNCIA SOCIAL

▶ **Arts. 201 e 202, CF/1988**

A previdência social será organizada sob a forma de regime geral, de caráter **contributivo** e **de filiação obrigatória**, observados critérios que preservem o equilíbrio financeiro e atuarial, e atenderá (art. 201, CF, alterado pela EC 103/2019):

I - cobertura dos eventos de incapacidade temporária ou permanente para o trabalho e idade avançada;

II - proteção à maternidade, especialmente à gestante;

III - proteção ao trabalhador em situação de desemprego involuntário;

IV - salário-família e auxílio-reclusão para os dependentes dos segurados de baixa renda;

V - pensão por morte do segurado, homem ou mulher, ao cônjuge ou ao companheiro e aos seus dependentes, observado o limite mínimo de um salário mínimo.

Para atender a estes princípios, foram instituídos os seguintes benefícios:

- **Aposentadoria por incapacidade permanente;**
- **Aposentadoria programada (criada pela EC 103/2019);**
- **Aposentadoria por idade (extinta pela EC 103/2019);**
- **Aposentadoria por tempo de contribuição (extinta pela EC 103/2019);**
- **Aposentadoria especial por exposição a agente nocivo;**
- **Aposentadoria especial da pessoa com deficiência;**
- **Salário-maternidade;**
- **Salário-família;**
- **Auxílio por incapacidade temporária;**
- **Auxílio-acidente;**
- **Pensão por morte;**
- **Auxílio-reclusão.**

Tais prestações são gerenciadas pelo Ministério da Previdência Social com apoio do INSS – Instituto Nacional do **Seguro** Social (e não da Seguridade Social, como costumam chamar), autarquia federal responsável pela administração dos benefícios previdenciários.

Atenção!

Embora no texto constitucional haja previsão expressa de que a previdência social deve proteger o trabalhador em situação de desemprego involuntário, o benefício governamental fornecido nesta situação – **seguro-desemprego – é administrado pelo** Ministério do Trabalho (salvo o seguro defeso do pescador, conforme Lei 13.134, de 16/06/2015, que é pago pelo INSS), não fazendo parte dos benefícios previdenciários. Ocorre que este benefício é tipicamente previdenciário e de fato deveria ser oferecido pela previdência social, entretanto, devido a razões políticas, sua administração passou para o Ministério do Trabalho.

Algumas proposições de concursos públicos citam trecho do texto constitucional do qual consta **previsão do atendimento** à situação do desemprego involuntário pela previdência social. Estas questões obviamente devem ser consideradas corretas. Se, contudo, a proposição afirmar que o seguro desemprego **é um benefício efetivamente oferecido** pela Previdência Social, deve ser considerada errada.

A organização da previdência social é sustentada por dois princípios básicos, conforme definição do próprio texto Constitucional: **compulsoriedade** e **contributividade**.

O princípio da **compulsoriedade é o que obriga a filiação** a regime de previdência social **aos trabalhadores que trabalhem**. Se os segurados pudessem optar entre verter parte de sua remuneração para o sistema de previdência social ou utilizar todos os ganhos para pagamento das despesas domésticas, certamente a maioria escolheria a segunda alternativa. Diversos trabalhadores ficariam, portanto, excluídos do sistema protetivo, gerando um completo caos social, pois, quando ficassem impossibilitados de exercer suas atividades, não teriam como prover o seu sustento.

A **contributividade** significa que, para ter direito a qualquer benefício da previdência social, é necessário enquadrar-se na condição de segurado, **devendo contribuir para manutenção do sistema previdenciário.** Até mesmo o aposentado que volta a exercer atividade profissional remunerada, é obrigado a contribuir para o sistema.

Além desses dois princípios, a Carta Magna incluiu diversos outros, que serão estudados no **Capítulo 3**. Antecipamos, no entanto, o princípio da solidariedade, pois a sua compreensão é fundamental para avançarmos no estudo da matéria.

A **solidariedade** do sistema previdenciário, em síntese, é o princípio que acarreta a contribuição dos segurados para o sistema, com a finalidade de mantê-lo, sem que necessariamente usufrua dos seus benefícios. Uma vez nos cofres da previdência social, os recursos serão destinados a quem realmente deles necessitar.

A solidariedade justifica a situação do segurado que recolheu contribuição durante muitos anos sem jamais ter-se beneficiado. A previdência atende, por outro lado, aos dependentes do segurado falecido, no início de sua vida profissional, concedendo-lhes o benefício da pensão por morte.

Note que a **previdência social objetiva a cobertura dos riscos sociais.** A compreensão deste fundamento previdenciário é indispensável para o estudo deste ramo do Direito. Riscos sociais são os infortúnios que causam perda da capacidade para o trabalho e, consequentemente, para a manutenção do sustento. São exemplos de riscos sociais a idade avançada, a doença permanente ou temporária, a invalidez, o parto etc.

Vejamos o gráfico esquemático:

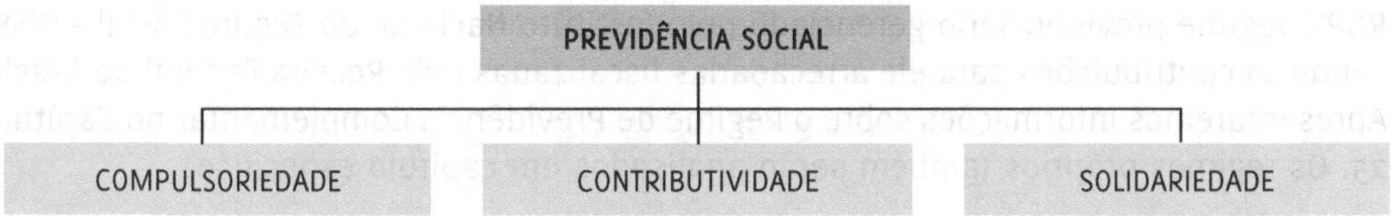

1.3.1. Regimes de Previdência Social

Considera-se regime de previdência social aquele que ofereça aos segurados, no mínimo, os benefícios de aposentadoria e pensão por morte.

Do ponto de vista financeiro, os regimes de previdência social podem ser financiados de duas formas: **repartição simples** ou **capitalização.**

No regime de repartição simples, as contribuições são depositadas em um fundo único. Os recursos são, então, distribuídos a quem deles necessitar. Está alinhado com o princípio da solidariedade. Os regimes previdenciários públicos do Brasil são organizados com base na repartição simples.

O regime de capitalização é aquele em que as contribuições são investidas pelos administradores, sendo os rendimentos utilizados para concessão de futuros benefícios aos segurados, de acordo com a contribuição feita por cada um. A previdência privada se utiliza desta técnica de custeio.

Os **benefícios previdenciários** podem ser de **natureza programada**, como os que buscam cobrir o risco de idade avançada, ou **não programada** como, por exemplo, a aposentadoria por incapacidade permanente para o trabalho e o auxílio por incapacidade temporária para o trabalho (aposentadoria por incapacidade permanente e auxílio por incapacidade temporária).

Os regimes podem ainda ser classificados como **regimes de benefício definido** ou de **contribuição definida.**

No regime de benefício definido, as regras para o cálculo do valor dos benefícios são previamente estabelecidas. É o que ocorre com a previdência pública brasileira, que tem suas regras definidas por força de lei.

O sistema de contribuição definida está vinculado ao regime de capitalização. Nele, as contribuições são definidas e o valor dos benefícios varia em função dos rendimentos das aplicações. É utilizado pela previdência privada.

No Brasil existem três tipos de regimes previdenciários básicos:

- **Regime Geral da Previdência Social – RGPS;**
- **Regimes Próprios de Previdência Social – RPPS;**
- **Regime de Previdência Complementar.**

Neste capítulo, forneceremos noções básicas sobre os três regimes. No decorrer da obra, entretanto, estudaremos detalhadamente a organização e funcionamento do

RGPS, regime previdenciário gerenciado pelo Instituto Nacional do Seguro Social – INSS, sendo as contribuições para ele arrecadadas fiscalizadas pela Receita Federal do Brasil. Apresentaremos informações sobre o Regime de Previdência Complementar no **Capítulo 25**. Os regimes próprios também serão analisados em capítulo específico.

Note que são regimes públicos de previdência social tanto o RGPS quanto os RPPS, pois ambos são administrados pelo Poder Público.

O gráfico a seguir ilustra a divisão de regimes na previdência social:

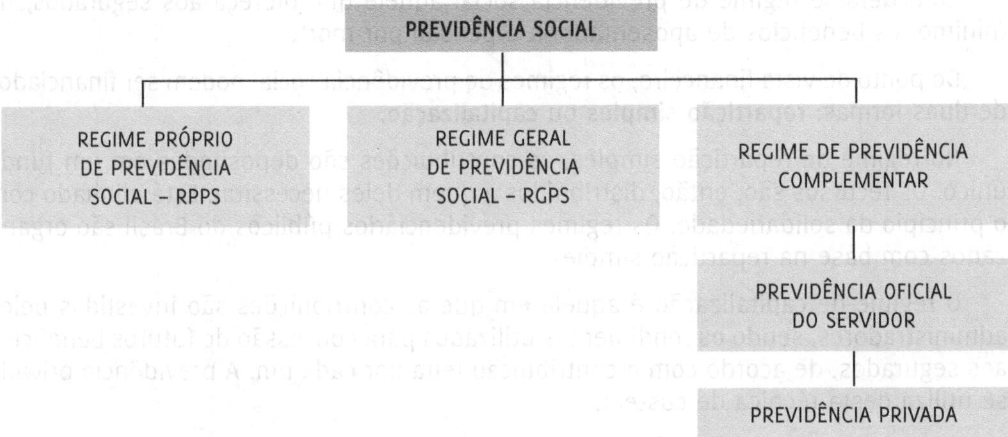

1.3.1.1. Regime Geral de Previdência Social – RGPS

O **RGPS** é regime de previdência social de organização estatal, contributivo e compulsório, **administrado pelo INSS** – Instituto Nacional do Seguro Social, sendo as contribuições para ele arrecadadas, fiscalizadas e normatizadas pela Receita Federal do Brasil. É regime de repartição simples e de benefício definido.

Até outubro de 2004, o Instituto Nacional do Seguro Social – INSS, autarquia federal, era responsável pela administração de todo o sistema previdenciário, incluindo as atividades de arrecadação de tributos e concessão de benefícios.

A Medida Provisória 222, de 04/10/2004, convertida na Lei 11.098/2005, atribuiu ao extinto Ministério da Previdência Social as competências tributárias do INSS, com a criação da Secretaria da Receita Previdenciária – SRP, no âmbito da administração direta.

A intenção da criação da SRP foi preparar o órgão para a fusão do Fisco Previdenciário com a Receita Federal no intuito de dar mais efetividade à fiscalização dos tributos federais. A fusão ocorreu com a edição da MP 258/2005, de 21/07/2005, que criou a Secretaria da Receita Federal do Brasil – SRFB, transferindo o quadro de Auditores-Fiscais da Previdência Social para estrutura do Ministério da Fazenda e unificando o cargo dos auditores da Previdência e da Receita, com a criação do cargo de Auditor-Fiscal da Receita Federal do Brasil.

Ocorre que a MP 258/2005 não foi apreciada pelo Congresso Nacional no prazo constitucionalmente estabelecido, tendo perdido a eficácia a partir de 19/11/2005. Com isso, voltaram a existir as duas Secretarias anteriores à edição da MP 258/2005: a Secretaria da Receita Federal e a Secretaria da Receita Previdenciária.

O Governo, inconformado com a derrota, enviou ao Congresso Nacional projeto de lei, versando sobre o mesmo tema: a unificação da Secretaria da Receita Federal com a Secretaria da Receita Previdenciária, resultando na Secretaria da Receita Federal do Brasil – SRFB, chamada de Super-Receita.

Após longa tramitação, em 16 de março de 2007, foi publicada a Lei 11.457, que instituiu a sonhada Secretaria da Receita Federal do Brasil, criando a Carreira de Auditoria da Receita Federal do Brasil, composta pelos cargos de nível superior de Auditor-Fiscal da Receita Federal do Brasil (antigos Auditores da Receita Federal e da Previdência Social) e de Analista-Tributário da Receita Federal do Brasil (antigos Técnicos da Receita Federal). A nova Secretaria passou a existir em 02 de maio de 2007, por expressa disposição legal (art. 51, II, da Lei 11.457/2007).

Depois de todas essas alterações, o **INSS** passou a ser responsável, unicamente, pela **administração dos benefícios previdenciários**, enquanto à **SRFB** compete as atividades correlacionadas a **arrecadação, fiscalização e cobrança de tributos previdenciários**, além dos tributos de competência da antiga Receita Federal, quais sejam: Imposto de Renda, PIS, COFINS, Contribuição Social sobre o Lucro Líquido, PIS e COFINS Importação, Contribuição sobre Concursos de Prognósticos, Imposto de Importação e Imposto de Exportação. Com isso, a administração de todos os tributos federais passou a ser exercida por um único ente.

Um fato importante a ser destacado para os estudantes que se preparam para a carreira de Auditoria da Receita Federal do Brasil (Auditor-Fiscal e Analista-Tributário) é que o art. 9º da Lei 11.457/2007 dispõe que o ingresso nos cargos far-se-á mediante concurso público de **provas ou de provas e títulos**, exigindo-se curso superior em nível de graduação concluído ou habilitação legal equivalente. A sistemática anterior somente permitia o concurso na modalidade de provas, sendo que a nova redação albergou a possibilidade de que o próximo concurso público seja realizado na modalidade de provas e títulos.

A legislação previdenciária ainda não foi atualizada, por isso **muitas vezes que tratarmos nesta obra das atividades correlatas ao custeio previdenciário que ainda não foram alteradas na legislação, mencionaremos os nomes da Autarquia (INSS) ou da Secretaria da Receita Federal do Brasil – SRFB.**

O Regime Geral de Previdência Social é aquele que abrange o maior número de segurados, sendo obrigatório para todos os que exercem atividades remuneradas por ele descritas. Assim, todos os empregados de empresas privadas e todas as pessoas que trabalham por conta própria estão também obrigatoriamente filiados, devendo contribuir com sua parte para o sistema.

O vendedor de picolé que trabalha diariamente vendendo sua mercadoria na praia e a faxineira que trabalha em diversas casas recebendo diária pelo seu serviço, são considerados segurados obrigatórios do RGPS e devem, portanto, contribuir para o sistema.

Essas pessoas, caso não contribuam, estarão em débito com a previdência social e não poderão obter qualquer benefício, pois o regime é essencialmente contributivo.

O RGPS é o único dos três sistemas que é administrado pelo INSS e pela SRFB. Todas as pessoas que trabalham, exceto os servidores públicos vinculados a regimes próprios, estão obrigatoriamente vinculadas ao Regime Geral. São denominados segurados obrigatórios.

Mesmo aqueles que não trabalham podem ser filiados ao RGPS, desde que por isto optem. Com esta decisão, passam a pagar, mensalmente, contribuições para o sistema, tendo direito de gozar dos benefícios, como qualquer trabalhador que contribua. São os chamados segurados facultativos. A dona de casa, por exemplo, pode optar por pagar sua contribuição para ser incluída no sistema protetivo, tendo direito a todos os benefícios do trabalhador.

Cabe salientar que o servidor vinculado a Regime Próprio que exerça também atividade na iniciativa privada **será segurado obrigatório dos dois regimes** (RGPS e RPPS), tendo direito a usufruir de todos os benefícios provenientes de ambas as filiações. Isso demonstra ser possível ao segurado perceber mais de uma aposentadoria.

O artigo 37, inciso XVI, da Constituição Federal veda a acumulação remunerada de cargos públicos, exceto se houver compatibilidade de horários, nos seguintes casos:

a) dois cargos de professor;

b) um cargo de professor com outro técnico ou científico;

c) dois cargos ou empregos privativos de profissionais de saúde, com profissões regulamentadas.

Com essa vedação, percebe-se ser possível apenas a acumulação de três aposentadorias de regimes públicos: duas nos regimes próprios e uma no RGPS.

> **Exemplo:**
>
> Um Auditor-Fiscal da Receita Federal do Brasil que ensine na Universidade de São Paulo – USP e ainda ministre aulas em faculdades particulares estará obrigatoriamente vinculado a três regimes: Regime Próprio dos Servidores da União, Regime Próprio dos Servidores do Estado de São Paulo e ao RGPS. Terá de contribuir para os três regimes, mas, em compensação, poderá obter benefícios relativos às três filiações, inclusive aposentadorias, auxílios-doença etc.

Observe-se que, mesmo que ensinasse na Universidade Federal, o Auditor-Fiscal teria direito a adquirir três aposentadorias: uma de Auditor, outra de professor da Federal e a terceira, pelo RGPS, de professor das faculdades particulares.

É vedada a filiação ao Regime Geral de Previdência Social, na qualidade de segurado facultativo, de pessoa participante de regime próprio de previdência, salvo se estiver licenciado sem contribuir, como veremos futuramente. Para que o participante de regime próprio possa filiar-se ao RGPS, é necessário que exerça trabalho de natureza privada.

Atenção!

O RGPS atende aos **trabalhadores da iniciativa privada**, entretanto é **regime público** de previdência social, pois é organizado pelo Estado.

Veremos, no decorrer desta obra, que o RGPS é financiado por três entidades mantenedoras: Governo, empresas e segurados.

A contribuição da empresa é calculada mediante um percentual sobre o total da remuneração paga aos trabalhadores que lhes prestem serviços. A contribuição dos segurados incide sobre a remuneração recebida, entretanto, esta base está sujeita a um teto, reajustado, em regra, anualmente. Atualmente, o teto das contribuições dos segurados está fixado em R$ 8,157,41 (Portaria Interministerial MPS/MF 6, de 10/01/2025).

Um empregado que recebe R$ 10.000,00 da empresa para qual trabalha contribuirá para o RGPS com uma alíquota incidente sobre R$ 8.157,41, pois esta é a maior base de contribuição aplicável aos segurados. A empresa, por sua vez, recolherá suas contribuições sobre o total da remuneração paga ao empregado, ou seja, R$ 10.000,00.

Os benefícios concedidos por este regime, em regra, limitam-se ao mesmo teto. De certa forma, os benefícios concedidos pelos regimes previdenciários estão sempre atrelados às contribuições vertidas.

Veremos, com profundidade, em capítulos próprios, as contribuições das empresas e dos trabalhadores e os benefícios concedidos. O objetivo aqui é apenas fornecer ao leitor subsídios básicos para o melhor entendimento dos temas apresentados nos próximos capítulos.

1.3.1.2. Regimes Próprios de Previdência Social

Fazem parte destes regimes os **servidores públicos da União, dos Estados e dos Municípios** que preferiram organizar o seu pessoal segundo um estatuto próprio. Daí afirmar-se que estes servidores são estatutários, ou seja, obedecem a normas especiais, são por isso diferentes daqueles aplicados aos trabalhadores da iniciativa privada. Os militares também têm o seu regime próprio segundo normas igualmente diferenciadas.

Todos os Estados brasileiros e o Distrito Federal instituíram os seus próprios regimes, com contribuições e benefícios específicos, sempre regidos por leis. A maioria dos municípios brasileiros, entretanto, não possui regimes próprios de previdência. Neste caso, os seus servidores participam obrigatoriamente do RGPS.

Diferentemente do que acontece com os trabalhadores filiados ao RGPS, a base de contribuição dos servidores públicos filiados a regimes próprios não tinha limite máximo de contribuição, sendo tributados até o valor da remuneração integral. Assim, um servidor que recebesse R$ 10.000,00, contribuiria com um percentual sobre o total da sua remuneração. Obviamente, poderia também receber benefícios até o valor integral da sua remuneração.

Essa sistemática de contribuição, apesar de estar sendo alterada, ainda é válida para a maioria dos servidores públicos, como veremos a seguir.

A Reforma da Previdência efetivada pela Emenda Constitucional (EC) 41/2003 fez previsão de mudança nas regras de contribuição dos servidores públicos. É que esta EC possibilitou a limitação da base de contribuição à mesma utilizada pelo RGPS, porém condicionou a vigência da nova regra à instituição de uma previdência complementar oficial para os servidores públicos (art. 40, §§ 14 a 16, CF/1988).

Em 30/04/2012, foi publicada a Lei 12.618, que previu a criação da previdência complementar para os servidores públicos federais – FUNPRESP, que logo foi regulamentada pelo Decreto 7.808/2012. Para a efetiva instituição das regras do FUNPRESP, entretanto, fazia-se necessária a aprovação de um Plano de Benefícios.

O Plano de Benefícios do FUNPRESP-EXE, plano direcionado aos servidores públicos do Poder Executivo, somente foi publicado pela Portaria 44, em 04/02/2013, da Superintendência Nacional de Previdência Complementar – SNPC. Então, a partir desta data, os novos servidores federais que ingressaram ou venham a ingressar no serviço público executivo federal não contribuirão mais para o RPPS sobre o valor total da remuneração, ficando a sua contribuição sujeita ao mesmo limite máximo do salário de contribuição do RGPS. Estes servidores, no entanto, podem contribuir para o FUNPRESP-EXE sobre a diferença entre a remuneração do cargo e o teto contributivo.

Exemplo:

Thiago tomou posse em cargo público do Poder Executivo federal em maio de 2013, com remuneração de R$ 10.000,00. Ele deve contribuir para o RPPS sobre a base de R$ 8.157,41, teto atual. Sobre a diferença entre os seus vencimentos e o teto contributivo, ou seja, sobre R$ 1.842,59 (10.000,00 – 8.157,41), ele poderá contribuir para o FUNPRESP, se optar pela adesão a este plano, em busca de um benefício da previdência complementar.

O Plano de Benefícios dos Servidores do Poder Legislativo Federal somente foi publicado pela Portaria 239, da SNPC, em 07/05/2013, e somente após esta data os servidores que ingressam no legislativo federal passaram a contribuir obrigatoriamente com a nova sistemática.

Já o Plano de Benefícios dos servidores públicos do Poder Judiciário foi aprovado pela Portaria 559, da SNPC, publicada em 14/10/2013, devendo, a partir de então, os novos servidores do judiciário federal, contribuir para o RPPS, valendo-se do mesmo teto aplicável ao RGPS.

Em resumo:

1) Os servidores públicos federais que entraram no serviço público antes da instituição dos respectivos Planos de Benefício não estão obrigados a contribuir até o limite máximo do RGPS (R$ 8.157,41), mas podem optar por esta nova regra, aderindo ao FUNPRESP. Se optarem, no entanto, os seus benefícios do RPPS ficarão limitados pelo mesmo teto;
2) Os servidores que estão incluídos na nova sistemática de contribuição e optarem por fazer parte do Regime de Previdência Complementar (FUNPRESP), além de terem direito a gozar de benefícios do RPPS limitados ao teto contributivo, gozarão, ainda, de benefícios da previdência complementar;
3) Os servidores públicos dos Estados e Municípios continuam contribuindo sobre o valor de suas remunerações integrais, possuindo benefícios que podem atingir até este valor.

A Emenda Constitucional 47/05 (PEC Paralela) alterou algumas regras de transição da aposentadoria do servidor público proposta pela Reforma da Previdência.

É importante ressaltar que a "previdência" dos militares das forças armadas segue um regramento específico (art. 142, X, da CF/1988), não se sujeitando às regras do regime previdenciário dos servidores públicos estatutários.

De fato, o art. 142, X, da Constituição vigente estabelece que a lei disporá sobre o ingresso nas Forças Armadas, os limites de idade, a estabilidade e outras condições de transferência do militar para a inatividade, os direitos, os deveres, a remuneração, as prerrogativas e outras situações especiais dos militares, consideradas as peculiaridades de suas atividades, inclusive aquelas cumpridas por força de compromissos internacionais e de guerra.

O estudo mais aprofundado dos Regimes Próprios de Previdência Social será efetuado no **Capítulo 26** desta obra.

1.3.1.3. Regimes de Previdência Complementar

O regime de previdência complementar pode ser de dois tipos:

a) Regime de Previdência Complementar dos Servidores Públicos;

b) Regime de Previdência Privada Complementar.

O Regime de Previdência Complementar dos Servidores Públicos está previsto na Constituição Federal (art. 40, §§ 14 a 16, CF/1988). Como mencionado, a União, os Estados, o Distrito Federal e os Municípios, desde que instituam regime de previdência complementar para os seus respectivos servidores titulares de cargo efetivo poderão fixar, para o valor das aposentadorias e pensões a serem concedidas por seus regimes, o limite máximo estabelecido para os benefícios do Regime Geral de Previdência Social.

A previdência complementar dos servidores públicos federais – FUNPRESP – foi aprovada pela Lei 12.618, de 30/04/2012. Já vimos que o Plano de Benefícios dos servidores federais dos poderes Executivo, Legislativo e Judiciário já foram aprovados, estando as novas regras em vigor. Obviamente, a criação da previdência complementar dos demais entes federativos depende de lei ordinária de iniciativa dos respectivos Poderes Executivos. Muitos dos entes federativos já criaram as suas previdências complementares oficiais. (São Paulo, Rio de Janeiro, Minas Gerais, Espírito Santo, Ceará, Pernambuco e Rondônia) e outros já enviaram ao Poder Legislativo proposta de lei prevendo a sua criação em prol de seus servidores.

O regime de previdência complementar oficial dos servidores públicos oferecerá plano de benefícios somente na modalidade contribuição definida e será efetivado por intermédio de entidade fechada de previdência complementar ou de entidade aberta de previdência complementar (art. 40, § 15, da CF/1988, alterado pela EC 103/2019).

Somente mediante a **prévia e expressa opção do servidor**, este regime poderá ser aplicado àquele que tiver ingressado no serviço público até a data da publicação do ato de instituição do correspondente regime de previdência complementar (art. 40, § 16, da CF/1988).

Assim, mesmo os antigos servidores podem, se assim desejarem, fazer parte do FUNPRESP, optando pela nova sistemática de contribuição e de recebimento de benefícios, ambos limitados ao teto do RGPS.

Este tema foi alvo de questionamento no concurso para o cargo de Advogado da União, realizado em 2012. Vejamos:

> **Exemplo de questão sobre o tema:**
>
> **(Advogado da União – AGU 2012 – CESPE)** Os servidores públicos aposentados devem ser automaticamente inseridos no novo regime de previdência complementar.
>
> *Resposta: errado*

Obviamente, não se pode aplicar o regime de previdência complementar ao servidor público já aposentado, pois feriria o ato jurídico perfeito.

Como mencionado, a Lei 12.618/2012 criou o FUNPRESP, Previdência Complementar Oficial dos servidores públicos federais, tendo como patrocinadora a União e como participante os servidores públicos federais. O participante pode contribuir com o percentual máximo de 8,5% sobre a parte de sua remuneração que ultrapassar o teto do RGPS (incluindo o cargo em comissão ou função de confiança), definindo, anualmente, o percentual que deseja contribuir, e o patrocinador contribuirá com o mesmo valor do participante. O servidor pode, ainda, fazer aportes suplementares, sem a contrapartida do patrocinador (art. 16 da Lei 12.618/2012).

Assim, um servidor que receba R$ 15.000,00 pode contribuir com até 8,5% sobre R$ 6.842,59 (R$ 15.000 – 8.157,41), totalizando R$ 581,62. A União deve patrocinar a previdência do servidor com este mesmo valor. Deve ser lembrado que o servidor pode ainda efetuar aportes complementares, excedendo o limite de 8,5%, sendo que, nesta hipótese, não haverá patrocínio da União.

Os servidores que recebam menos que o teto do RGPS podem também participar do FUNPRESP, mas não terão o patrocínio da União (art. 13, parágrafo único, da Lei 12.618/2012).

Quem já era servidor antes da vigência do FUNPRESP teve o prazo de 24 meses para optar por fazer parte da previdência complementar oficial, passando a contribuir com as novas regras. Esse prazo foi reaberto pela MP 859/2018, convertida na Lei 13.809/2019, possibilitando a opção pela migração para o Funpresp até 29/03/2019. Nesse caso, lhe é assegurado um benefício especial quando da sua aposentadoria, que busca compensá-lo da contribuição que ele efetuou sem o limite máximo do RGPS, antes da opção pela previdência complementar oficial (art. 3º da Lei 12.618/2012).

A Lei 13.183, de 04/11/2015, alterou a sistemática de adesão ao FUNPRESP. Antes, os servidores que ingressassem no serviço público federal deveriam optar se desejavam fazer parte do regime complementar, se inscrevendo ou não.

Depois da referida alteração, os novos servidores passam a ser automaticamente inscritos no respectivo plano de previdência complementar desde a data de entrada em exercício, ficando assegurado ao participante o direito de requerer, a qualquer tempo, o cancelamento de sua inscrição. Se o requerimento de cancelamento for efetuado no prazo de até 90 dias da data da inscrição, fica assegurado o direito à restituição integral das contribuições vertidas, a ser paga em até 60 dias do pedido de cancelamento, corrigidas monetariamente. Neste caso, a contribuição aportada pelo patrocinador será devolvida à respectiva fonte pagadora no mesmo prazo da devolução da contribuição aportada pelo participante.

Além da aposentadoria, o plano de benefícios do FUNPRESP deve prever, ao menos, os benefícios não programados de aposentadoria por incapacidade permanente e pensão por morte.

O FUNPRESP será fiscalizado pelo órgão fiscalizador das entidades fechadas de previdência complementar, ou seja, pela PREVIC.

Observe-se que, após a efetiva regulamentação do Regime de Previdência Complementar oficial, contaremos com três regimes públicos de previdência: RGPS, RPPS e Regime Complementar dos Servidores.

O Decreto 7.808/2012 criou a Fundação de Previdência Complementar do Servidor Público Federal do Poder Executivo – Funpresp-Exe, mas a nova sistemática somente pode entrar em vigor após a publicação do Plano de Benefícios, o que já ocorreu, como visto, para os servidores federais dos poderes Executivo e Legislativo.

O Regime de Previdência Privada Complementar é **facultativo** e, obviamente, de **natureza privada.** É organizado de forma autônoma em relação ao Regime Geral de Previdência Social e baseia-se na constituição de reservas que garantam o benefício contratado.

Atenção!

Embora o seu nome induza que este regime complementa os benefícios do RGPS, isso em realidade não ocorre. **Não há** nem mesmo a **obrigatoriedade de ser filiado ao Regime Geral de Previdência Social para se contratar um plano de previdência privada.**

O Regime de Previdência Privada pode ser dividido em duas categorias: **Previdência Complementar Fechada** e **Previdência Complementar Aberta.**

Os planos de previdência fechada são os aplicáveis a grupos fechados que contribuem para obter os respectivos benefícios. As empresas costumam aderir a planos de previdência complementar fechada, em benefício de seus empregados.

Os planos de previdência complementar aberta são os organizados por instituições financeiras e disponibilizados para quem deles tiver interesse em participar, por exemplo, Brasilprev, Flexprev Itaú, Bradesco Previdência, HSBC Previdência etc.

O Regime de Previdência Privada Complementar deve ser regulado por lei complementar que assegure ao participante o pleno acesso às informações relativas à gestão de seus respectivos planos. Atualmente, as leis que regulam a matéria são as Leis Complementares 108/2001 e a 109/2001.

As contribuições do empregador, os benefícios e as condições contratuais previstas nos estatutos, regulamentos e planos de benefícios das entidades de previdência privada não integram o contrato de trabalho dos participantes nem a sua remuneração (art. 202, § 2º, CF/1988).

De acordo com o art. 202, § 3º, da Constituição Federal, é vedado o aporte de recursos à entidade de previdência privada pela União, Estados, Distrito Federal e Municípios, suas autarquias, fundações, empresas públicas, sociedades de economia mista e outras entidades públicas, salvo na qualidade de patrocinador, situação na qual, em hipótese nenhuma, sua contribuição normal poderá exceder a do segurado. É muito comum que as grandes empresas estatais patrocinem a previdência complementar de seus servidores, como ocorre, por exemplo, com a Petros (da Petrobrás) e a Previ (do Banco do Brasil). Nesse caso, o patrocínio da empresa não pode exceder a contribuição dos participantes.

Capítulo 2

Histórico da Seguridade Social

O objetivo deste capítulo é fornecer ao estudante informações sobre a evolução histórica da seguridade social, no Brasil e no mundo, focando para as questões mais recorrentes em concursos públicos.

2.1. HISTÓRICO MUNDIAL

A seguridade social, como regime protetivo, surgiu a partir da luta dos trabalhadores por melhores condições de vida.

As primeiras normas protetivas editadas tiveram caráter eminentemente assistencial. Em 1601, foi editado na Inglaterra o *Poor Relief Act* (Lei dos Pobres), que instituiu auxílios e socorros públicos aos necessitados.

Sob a ótica previdenciária, o primeiro **ordenamento legal foi editado na Alemanha**, por Otto Von Bismarck, em **1883**, com a instituição do seguro-doença. No ano seguinte, foi criada a cobertura compulsória para os acidentes de trabalho. Neste mesmo país, em 1889, foi criado o seguro de invalidez e velhice.

Foi a primeira vez que o Estado ficou responsável pela organização e gestão de um benefício custeado por **contribuições recolhidas compulsoriamente** das empresas. Este sistema de organização previdenciária, conhecido como Sistema Bismarckiano, traz as duas principais características dos sistemas previdenciários modernos: a contributividade e a compulsoriedade, que, como vimos, estrutura a previdência social brasileira. No Sistema Bismarckiano, pela primeira vez o Estado passa a ser responsável pela arrecadação de tributos para o financiamento da previdência social.

Em seguida, outros países da Europa editaram suas primeiras leis de proteção social. A Inglaterra publicou o *Workmen's Compensation Act,* estabelecendo seguro obrigatório contra acidente de trabalho.

A **primeira Constituição** a incluir o tema previdenciário foi a do **México em 1917**, seguida pela Constituição Alemã de Weimar, em 1919.

Atenção!

As **primeiras leis** previdenciárias surgiram na **Alemanha**, entretanto a **primeira Constituição** a tratar do tema foi a **Carta Mexicana**.

Após a crise de 1929, os Estados Unidos adotaram o *New Deal*, inspirado pelo *Welfare State* (Estado do bem-estar social). Esta política determinava uma maior intervenção do Estado na economia, inclusive com a responsabilidade de organizar os setores sociais com investimentos na saúde pública, na assistência social e na previdência social. Em 1935, este país editou o *Social Security Act*, criando a previdência social como forma de proteção social.

Ponto chave do estudo da evolução histórica mundial é o chamado **Plano Beveridge**, construído na Inglaterra, em **1942**, por William Beveridge. Este plano é o que marca a estrutura da seguridade social moderna, com a **participação universal** de todas as categorias de trabalhadores nas três áreas da seguridade: **saúde, previdência social e assistência social**. Para isso, a seguridade deveria ser financiada por meio da arrecadação tributária, não necessariamente vinculada a esta finalidade específica. O Estado é responsável por arrecadar tributos de toda a sociedade e por oferecer os serviços da seguridade social para todos os administrados.

O **Plano Beveridge** apresentou críticas ao modelo bismarckiano. Nele, a proteção social tem caráter universal, sendo destinada a todos os cidadãos, garantindo mínimos sociais.

Atualmente, o modelo de proteção estatal que vigora, desde o New Deal, está sendo substituído, em alguns países da América Latina, por políticas previdenciárias organizadas sem a participação estatal ou com a redução desta. Foi o que ocorreu no Chile (primeiro a utilizar este modelo), Colômbia, Uruguai, Peru etc.

2.2. HISTÓRICO BRASILEIRO

O seguro social brasileiro iniciou-se com a organização privada, sendo que, aos poucos, o Estado foi apropriando-se do sistema por meio de políticas intervencionistas.

Nesse sentido, as primeiras entidades a atuarem na seguridade social foram as santas casas da misericórdia, como a de Santos, que, em 1543, prestava serviços no ramo da assistência social.

Ainda com caráter mutualista, foi criado em 1835 o Montepio Geral dos Servidores do Estado – Mongeral –, primeira entidade de previdência privada no país.

A **Constituição de 1824** tratou, em seu art. 179, inciso 1031, dos **socorros públicos**, sendo este o primeiro ato securitário com previsão constitucional. Este artigo, inclusive, já foi alvo de questionamento pelo CESPE/UNB em duas oportunidades (vide questões do tópico 31.1).

A **Constituição de 1891** estabeleceu a **aposentadoria por invalidez para os servidores públicos**, custeada pela nação. Percebe-se que esta regra foi incipiente (devida apenas a servidores públicos, em caso de invalidez permanente), não podendo ser considerada como um marco previdenciário mundial. Como mencionado, a primeira Constituição a tratar do tema previdenciário, levando-se em conta regramentos mínimos que estruturam esta área social, foi a Mexicana, de 1917.

Em 1919 foi instituído o seguro obrigatório de acidente de trabalho pela Lei 3.724 e, também, uma indenização a ser paga obrigatoriamente pelos empregadores aos seus empregados acidentados.

A doutrina majoritária considera o **marco da previdência social brasileira** a publicação da **Lei Eloy Chaves**, Decreto-Legislativo 4.682, de 24/01/23, que criou as **Caixas de Aposentadoria e Pensão – CAP's** – para os empregados das empresas ferroviárias. De acordo com o art. 3º da Lei Eloy Chaves, os fundos das caixas seriam constituídos por:

a) uma contribuição mensal dos empregados, correspondente a 3% dos respectivos vencimentos;

b) uma contribuição anual da empresa, correspondente a 1% de sua renda bruta;

c) a soma que produzir um aumento de 1,5% sobre as tarifas da estrada de ferro;

d) as importâncias das joias pagas pelos empregados na data da criação da caixa e pelos admitidos posteriormente, equivalentes a um mês de vencimentos e pagas em 24 prestações mensais;

e) as importâncias pagas pelos empregados correspondentes à diferença no primeiro mês de vencimentos, quando promovidos ou aumentados de vencimentos, pagas também em 24 prestações mensais;

f) o importe das somas pagas a maior e não reclamadas pelo público dentro do prazo de um ano;

g) as multas que atinjam o público ou o pessoal;

h) as verbas sob rubrica de venda de papel velho e varreduras;

i) os donativos e legados feitos à Caixa;

j) os juros dos fundos acumulados.

Atualmente o próprio Instituto Nacional do Seguro Social comemora o aniversário da previdência, no dia 24 de janeiro, em alusão à Lei Eloy Chaves.

Exemplo de questão sobre o tema:

(Técnico do Seguro Social – INSS 2016 – CESPE) *A Lei Eloy Chaves, que criou em cada uma das empresas de estradas de ferro existentes no país uma caixa de aposentadoria e pensões para os respectivos empregados, foi o primeiro ato normativo a tratar de seguridade social no Brasil.*

Resposta: errada

Veja que apesar de a Lei Eloy Chaves ser considerada o marco da previdência social brasileira, ela não foi o primeiro ato normativo a tratar de seguridade social no Brasil. Antes dela já existiam atos de menor expressão, a exemplo da já citada Lei 3.724 de 1919.

Durante a década de 1920, foi ampliado o sistema de Caixas de Aposentadoria e Pensão - CAP's, sendo instituídas em diversas outras empresas, inclusive de outros ramos, como, por exemplo, as dos portuários, dos marítimos etc. Note que as **CAP's eram organizadas por empresas**. Cada empresa possuía sua Caixa.

Em 1930, no início da Era Vargas (1930-1945), foi criado o Ministério do Trabalho, Indústria e Comércio - responsável pela organização da previdência social brasileira. Cabe salientar que o principal Ministro do Trabalho de Getúlio Vargas foi Lindolfo Collor, avô do Ex-presidente Fernando Collor.

Na década de 1930, as 183 CAP's existentes foram reunidas, com a formação de Institutos de Aposentadoria e Pensão - **IAP's**. Tais Institutos **eram organizados por categoria profissional**, dando mais solidez ao sistema previdenciário, já que os IAP's contavam com um número de segurados superior às CAP's, tornando o novo sistema mais consistente.

A partir da fusão das CAP's das empresas das diversas categorias profissionais surgiram, então, os Institutos de Aposentadoria e Pensão das seguintes categorias:

- IAPM - Instituto de Aposentadoria e Pensão dos Marítimos - 1933
- IAPC - Instituto de Aposentadoria e Pensão dos Comerciários - 1934
- IAPB - Instituto de Aposentadoria e Pensão dos Bancários - 1934
- IAPI - Instituto de Aposentadoria e Pensão dos Industriários - 1936
- IAPTEC - Instituto de Aposentadoria e Pensão dos Empregados em Transporte de Carga - 1938

O processo de unificação das CAP's perdurou até a década de 1950, com a criação de institutos de diversas outras categorias profissionais.

A **Constituição** Federal de **1934** foi a primeira a estabelecer a **tríplice forma de custeio**, com contribuição do Governo, dos empregadores e dos trabalhadores. A Carta de 1937 utilizou, pela primeira vez, o termo "seguro social" sem, no entanto, trazer grandes evoluções securitárias.

Em se tratando de **assistência social, em 1942, foi criada a LBA** - Legião Brasileira da Assistência Social pelo Decreto-Lei 4.890/1942.

A Constituição de 1946 utilizou, de forma inovadora, a expressão "previdência social". Foi garantida pelo constituinte a proteção aos eventos de doença, invalidez, velhice e morte. Esta Carta marcou a primeira tentativa de sistematizar as normas de proteção social.

Em 1949, foi editado o Regulamento Geral das CAP's, padronizando a concessão de benefícios das CAP's remanescentes. Em 1953, todas as Caixas ainda existentes foram unificadas (Decreto 34.586/1953), surgindo assim a Caixa Nacional.

O Ministério do Trabalho e da Previdência Social foi criado **em 1960**. Neste mesmo ano, foi aprovada a **Lei Orgânica da Previdência Social - LOPS**, que marca a **unificação dos critérios estabelecidos nos diversos IAP's** até então existentes para concessão de benefícios dos diversos Institutos, persistindo ainda a estrutura dos IAP's. Os trabalhadores rurais e os domésticos continuavam excluídos da previdência social.

Somente em **1967** foram **unificados todos os IAP's**, com a **criação do INPS** - Instituto Nacional da Previdência Social (Decreto-Lei 72/1966, que entrou em vigor apenas em 1967), consolidando-se o sistema previdenciário brasileiro. Nesse ano, a Constituição de 1967 criou o auxílio-desemprego.

Os trabalhadores rurais somente passaram a gozar de direitos previdenciários, a **partir de 1971**, com a criação pela Lei Complementar 11/1971 do **PRORURAL**, dando efetividade ao **FUNRURAL**, criado pela Lei 4.214/1963, que não se efetivou anteriormente por falta de garantia de recursos. Os empregados domésticos foram incluídos no sistema protetivo, no ano seguinte, em função da Lei 5.859/1972.

Em **1977**, foi instituído o **SINPAS** - Sistema Nacional de Previdência e Assistência Social, responsável pela integração das áreas de assistência social, previdência social, assistência médica e gestão das entidades ligadas ao Ministério da Previdência e Assistência Social. O SINPAS contava com os seguintes órgãos:

- **INPS** - Instituto Nacional de Previdência Social - autarquia responsável pela administração dos benefícios;
- **IAPAS** - Instituto de Administração Financeira da Previdência e Assistência Social - autarquia responsável pela arrecadação, fiscalização e cobrança de contribuições e demais recursos;
- **INAMPS** - Instituto Nacional de Assistência Médica da Previdência Social - autarquia responsável pela saúde;
- **LBA** - Fundação Legião Brasileira de Assistência - fundação responsável pela assistência social;
- **FUNABEM** - Fundação Nacional do Bem-Estar do Menor - fundação responsável pela promoção de política social em relação ao menor;
- **CEME** - Central de Medicamentos - órgão ministerial que distribuía medicamentos;
- **DATAPREV** - Empresa de Processamento de Dados da Previdência Social - empresa pública que gerencia os sistemas de informática previdenciários.

Todas estas entidades foram posteriormente extintas, exceto a DATAPREV que existe até hoje com a função de gerenciar os sistemas informatizados do INSS. Note-se que a Lei 11.457/2007, que criou a Receita Federal do Brasil, autorizou a Empresa de Tecnologia e Informações da Previdência Social - DATAPREV a prestar serviços de tecnologia da informação ao Ministério da Previdência Social.

A Constituição de 1988 foi a que reuniu as três atividades da seguridade social: saúde, previdência social e assistência social.

Em **1990**, a Lei 8.029/1990 criou o **INSS** – Instituto Nacional do Seguro Social com a **junção** do Instituto Nacional de Previdência Social – **INPS com o IAPAS** – Instituto de Administração Financeira da Previdência e Assistência Social.

Atenção!

A criação do INSS deu-se com a fusão do INPS com o IAPAS. Lembre-se de que o INPS era a autarquia responsável pela administração dos benefícios previdenciários, enquanto o IAPAS era o órgão voltado para o custeio da previdência social, contendo a estrutura de arrecadação, fiscalização e cobrança.

Questões de concursos públicos frequentemente contêm proposições, sugerindo que o INSS surgiu da fusão do INPS com o INAMPS, já que estas duas autarquias são as mais lembradas pela população. Note-se que o papel do INAMPS era o de prestação de assistência médica que, como já visto no capítulo 1, atualmente, é de competência do SUS – Sistema Único de Saúde.

Sobre o tema, vejamos a questão do concurso para Técnico do Seguro Social de 2012:

Exemplo de questão sobre o tema:

(Técnico do Seguro Social – INSS 2012 – Carlos Chagas) O INSS, autarquia federal, resultou da fusão das seguintes autarquias:

a) INAMPS e SINPAS.

b) IAPAS e INPS.

c) FUNABEM e CEME.

d) DATAPREV e LBA.

e) IAPAS e INAMPS.

Resposta: B

As últimas alterações legislativas que modificaram dispositivos significativos da legislação previdenciária estão dispostas no quadro abaixo:

Norma	Principais alterações efetuadas
Lei 9.032/1995	Passou a ser exigido, para concessão de aposentadoria especial, a comprovação de exposição habitual e contínua ao agente nocivo.
LC 84/1996	Instituiu, a cargo das empresas, a contribuição sobre a remuneração dos contribuintes individuais e a contribuição das cooperativas de trabalho sobre o valor pago aos cooperados.
Lei 9.711/1998	Criou a retenção dos 11% dos prestadores de serviços pessoas jurídicas, elidindo a solidariedade.

Norma	Principais alterações efetuadas
EC 20/1998	Destinação específica à previdência e assistência do produto arrecadado pelo INSS; reestruturação da previdência do servidor público; execução e cobrança das contribuições previdenciárias pela Justiça do Trabalho, em relação às suas sentenças; extinção da aposentadoria por tempo de serviço e da redução de cinco anos para o professor universitário.
Lei 9.876/1999	Criação do fator previdenciário; alteração das regras de cálculo para o valor dos benefícios; alteração da contribuição das empresas sobre os serviços prestados por contribuintes individuais e por cooperativas de trabalho; criação da categoria do contribuinte individual e extinção da tabela de classes para os novos segurados contribuintes individuais.
Lei 10.666/2003	Obrigatoriedade de as empresas efetuarem retenção da contribuição dos contribuintes individuais que lhes prestem serviços; criação de benefício de aposentadoria especial para os contribuintes individuais filiados a cooperativas; criação de contribuição para financiar a aposentadoria especial dos trabalhadores filiados a cooperativas; extinção por definitivo da tabela de classes para contribuição do contribuinte individual;
Lei 10.710/2003	As empresas passaram a pagar o benefício de salário-maternidade às suas empregadas, reembolsando os valores despendidos na guia de recolhimento.
EC 41/2003	Reestruturou novamente a previdência do servidor público.
MP 222/2004 convertida na Lei 11.098/2005	Foi atribuída ao MPS competência relativa à arrecadação, fiscalização, lançamento e normatização de receitas previdenciárias, autorizando a criação da Secretaria da Receita Previdenciária - SRP.
EC 47/2005	Complementou a EC 41/2003, reestruturando mais uma vez a previdência do servidor público.
MP 258/2005 perde a eficácia em 19/11/05	Devido a não apreciação pelo Congresso Nacional, a MP 258/2005 perdeu a eficácia em 19/11/2005, voltando a existir as Secretarias da Receita Federal e da Receita Previdenciária.
Lei 11.457/2007	Em 16/03/2007 foi criada a Secretaria da Receita Federal do Brasil, a partir da junção da Secretaria da Receita Federal com a Secretaria da Receita Previdenciária, originando o cargo de Auditor-Fiscal da Receita Federal do Brasil.

Comentaremos, no decorrer desta obra, cada uma destas alterações, ao tratarmos dos assuntos específicos que foram modificados. Frisamos, pela importância da alteração, neste momento, apenas a criação da Secretaria da Receita Federal do Brasil - SRFB, concebida pela Lei 11.457/2007, com a fusão da Secretaria da Receita Federal - SRF com a Secretaria da Receita Previdenciária - SRP.

As leis que regulam, atualmente, as matérias securitárias são:

- Lei 8.212/1991 - Plano de Organização e Custeio da Seguridade Social - PCSS;
- Lei 12.618/2012 - Previsão legal para criação da previdência complementar dos servidores públicos federais - FUNPRESP.

- Lei 8.213/1991 – Plano de Benefícios da Seguridade Social – PBSS;
- Lei 8.742/1993 – Lei Orgânica da Assistência Social – LOAS

Temos, ainda, o Decreto 3.048/1999, que aprovou o Regulamento da Previdência Social.

2.3. QUADRO RESUMO DA EVOLUÇÃO HISTÓRICA

Para facilitar o aprendizado, disponibilizamos o seguinte quadro resumo:

Histórico mundial	
Ano	**Fato ocorrido**
1601	Lei dos Pobres, na **Inglaterra**, com caráter assistencial.
1883	Criação do auxílio-doença na **Alemanha**.
1884	Criação da cobertura para acidentes de trabalho na **Alemanha**.
1889	Criação do seguro de invalidez e velhice na **Alemanha**.
1917	Constituição **Mexicana**, considerada a primeira a estruturar uma previdência social.
1919	Constituição **Alemã** de Weimar.
1935	Social Security Act, criando a previdência dos **Estados Unidos**.
1942	Plano Beveridge, na **Inglaterra**, que uniu os três ramos da seguridade: saúde, assistência social e previdência social.
1543	Santa Casa de Santos prestava serviços assistenciais.
1835	Montepio Geral, primeira entidade de previdência privada.
1891	Constituição estabeleceu aposentadoria por invalidez para os servidores públicos.
1919	Seguro obrigatório de acidentes de trabalho.
1923	Lei Eloy Chaves, criando as CAP's das empresas ferroviárias. Marco da previdência brasileira.
Década de 20	Ampliação das CAP's para várias outras empresas.
Década de 30	Fusão das CAP's por empresas em IAP's por categorias profissionais.
1942	Criação da Legião Brasileira da Assistência Social – LBA.
1946	Constituição utiliza a expressão "previdência social", garantindo a proteção aos eventos de doença, invalidez, velhice e morte.
1949	Regulamento Geral das CAP's remanescentes.
1960	Criação do Ministério do Trabalho e da Previdência Social e aprovação da LOPS – Lei Orgânica da Previdência Social.
1967	Criação do INPS com a unificação dos IAP's.
1971	FUNRURAL, estendendo os direitos previdenciários aos rurais.
1972	Direitos previdenciários dos empregados domésticos.

Histórico mundial	
Ano	**Fato ocorrido**
1988	Constituição utilizou, pela primeira vez, a expressão seguridade social abrangendo as áreas de saúde, assistência social e previdência social.
1990	Criação do INSS, a partir da fusão do INPS com o IAPAS.
2004	Criação da Secretaria da Receita Previdenciária - SRP, órgão responsável pela arrecadação, cobrança e fiscalização das contribuições previdenciárias, vinculado ao extinto Ministério da Previdência Social.
2005	Criação da Secretaria da Receita Federal do Brasil - SRFB vinculada ao Ministério da Fazenda, resultado da fusão da SRP com a Secretaria da Receita Federal.
19/11/2005	A MP 258/2005 perdeu a eficácia, já que não foi apreciada pelo Congresso Nacional no prazo constitucionalmente estabelecido, voltando a existir a SRP e a SRF.
2007	Em 16/03/2007 foi criada a Secretaria da Receita Federal do Brasil, a partir da junção da Secretaria da Receita Federal com a Secretaria da Receita Previdenciária, originando o cargo de Auditor-Fiscal da Receita Federal do Brasil (Lei 11.457/2007).
2012	Previsão legal para criação da previdência complementar dos servidores públicos federais - FUNPRESP (Lei 12.618/2012).

Capítulo 3

A Seguridade Social na Constituição Federal

3.1. APRESENTAÇÃO

A seguridade social mereceu especial destaque, constando no texto constitucional uma série de dispositivos que regulam o funcionamento e estrutura da proteção social no país. Alguns destes dispositivos já foram mencionados ao tratarmos da definição da seguridade social, no primeiro capítulo desta obra.

Neste capítulo, estudaremos os dispositivos trazidos pela Carta Maior sem perdermos o foco no direcionamento desta obra para concursos públicos.

Dividimos, então, com fins meramente didáticos, o estudo constitucional da seguridade social em duas partes: **princípios constitucionais** e **dispositivos constitucionais.**

Os princípios constitucionais são ideias matrizes orientadoras de todo o conjunto de normas e versam, basicamente, sobre a essência e estrutura da proteção social. São normas programáticas que devem orientar o poder legislativo, quando da elaboração das leis que tratam sobre o regime protetivo, assim como o executivo e o judiciário, na aplicação destas.

Os dispositivos constitucionais são regras que o constituinte achou por bem inserir no texto constitucional para dar forma à seguridade social brasileira.

3.2. PRINCÍPIOS CONSTITUCIONAIS

Ao estudar os princípios constitucionais da seguridade social, percebe-se que nem todos os princípios são aplicáveis aos seus três ramos: saúde, previdência social e assistência social. Determinados princípios podem melhor se adequar a alguma área específica da seguridade, como demonstraremos ao tratar de cada um deles.

A doutrina tradicionalista classifica a **previdência social** como um direito humano de **2ª geração**, devido à proteção individual que proporciona aos beneficiários, atendendo às condições mínimas de igualdade.

Na evolução dos direitos sociais, ao longo dos anos, novos direitos vão se agregando ao rol das garantias existentes. A doutrina moderna, então, vem classificando os **direitos sociais** na categoria de direitos fundamentais de **3ª geração ou de 3ª dimensão,** como hoje se prefere chamar. De fato, o foco dos direitos sociais não está na proteção individual, mas na solidariedade. A previdência, por exemplo, tem como razão de existir a proteção da sociedade, garantida por meio de um sistema solidário, sendo, então, melhor classificada como direito de 3ª geração.

O texto constitucional define os princípios constitucionais como objetivos da seguridade social que devem ser observados pelo Poder Público na organização do sistema.

Obviamente, além dos princípios específicos da seguridade social, previstos no art. 194, parágrafo único, da Constituição Federal, diversos outros princípios gerais são aplicáveis à seguridade social.

O princípio da solidariedade (art. 3º, I, CF/1988), apesar de não ser específico da seguridade, merece destaque por estruturar todo o sistema nacional de seguridade social, por isso será estudado, em seguida, em tópico específico.

A "dignidade da pessoa humana" (art. 1º, III, CF/1988) também é bastante relacionada à seguridade social, principalmente nas decisões de nossos tribunais. De fato, ao analisar um litígio em que o segurado busca um benefício assistencial ou previdenciário mínimo para a sua sobrevivência ou um serviço de saúde que vai lhe dar uma vida digna, o Judiciário deve ponderar este princípio com os demais dispositivos específicos.

Outro princípio geral que deve sempre ser analisado em matérias relacionadas à seguridade social é o "princípio do não retrocesso social". Veja que o próprio texto constitucional veda a reforma constitucional tendente a abolir os direitos e garantias individuais (art. 60, § 4º, IV, CF/1988). Apesar de polêmico, parte considerável da doutrina entende que tal vedação é extensiva aos direitos sociais, não sendo possível a apreciação de Emendas Constitucionais redutoras dos direitos sociais.

De fato, ao garantir o não retrocesso da dignidade da pessoa humana, sem dúvida, a Constituição eleva ao "status" de cláusula pétrea também os direitos sociais garantidores do bem-estar individual.

Em matéria previdenciária, no entanto, entendemos que é possível a reforma que venha a alterar a regra de um benefício, sem que represente, necessariamente, retrocesso social, mas ajuste dos riscos sociais ao tempo presente. Explico: se uma emenda constitucional pretende fixar a idade mínima para a aposentadoria em 62 anos, ela não ferirá o princípio do não retrocesso, se ficar demonstrado que, ao longo dos anos, houve um envelhecimento da população que alterou o risco social da idade avançada.

3.2.1. Solidariedade

▶ **Art. 3º, I, CF/1988**

O princípio da **solidariedade é o pilar de sustentação do regime previdenciário.** Não é possível a compreensão do sistema sem que o conceito de solidariedade esteja consolidado. Observe-se, contudo, que este princípio não é específico da seguridade social, não estando esculpido do parágrafo único do art. 194 da Constituição, no qual estão todos os outros princípios aqui estudados. Trata-se de objetivo fundamental da República Federativa do Brasil (art. 3º, I, CF/1988).

Pode-se defini-lo como **o espírito que deve orientar a seguridade social** de forma que não haja, necessariamente, paridade entre contribuições e contraprestações securitárias. Por meio dele, tem-se em vista não a proteção de indivíduos isolados, mas de toda a coletividade.

Esse princípio pode ser analisado sob a ótica horizontal ou vertical. Horizontalmente, representa a redistribuição de renda entre as populações (pacto intrageracional) e verticalmente significa que uma geração deve trabalhar para pagar os benefícios das gerações passadas (pacto intergeracional). Este sistema somente é possível nos regimes previdenciários de repartição simples.

A **solidariedade** do sistema previdenciário obriga **contribuintes a verterem parte de seu patrimônio para o sustento do regime protetivo, mesmo que nunca tenham a oportunidade de usufruir dos benefícios e serviços oferecidos.** É o que ocorre com o aposentado do RGPS que retorna ao trabalho, contribuindo da mesma forma que qualquer segurado, sem ter, entretanto, direito aos mesmos benefícios.

O Supremo Tribunal Federal (STF), inclusive, reafirmou seu entendimento sobre a constitucionalidade da contribuição previdenciária devida por aposentado pelo Regime Geral de Previdência Social (RGPS) que permaneça em atividade ou retorne a ela. O tema foi objeto do Recurso Extraordinário com Agravo (ARE) 1224327, que teve repercussão geral reconhecida e julgamento de mérito no Plenário Virtual.

A solidariedade justifica também a situação do segurado que recolheu durante 25 anos suas contribuições previdenciárias, tendo falecido sem deixar dependente e sem jamais ter se beneficiado de qualquer das prestações disponibilizadas.

Por outro lado, este princípio atende também ao segurado que, incapacitado permanentemente para o trabalho no segundo mês de atividade, aos 18 anos de idade, tem direito a benefício pecuniário até o final da sua vida, desde que a incapacidade perdure.

Percebe-se que a solidariedade é mais aplicável à previdência social, pois é o único dos ramos da seguridade que é essencialmente contributivo.

3.2.2. Universalidade da cobertura e do atendimento

▶ **Art. 194, parágrafo único, I, CF/1988**

O princípio da **universalidade do atendimento** prega que todos devem estar cobertos pela proteção social. A saúde e a assistência social estão disponíveis a todos que necessitem dos seus serviços. A previdência é regime contributivo de filiação obrigatória para os que exercem atividade remunerada lícita.

A **universalidade do atendimento é a universalidade subjetiva**, já que se refere ao sujeito da relação jurídica previdenciária, seja ele o segurado ou o seu dependente.

Para atender ao princípio constitucional da universalidade do atendimento a legislação previdenciária facultou a filiação mesmo àqueles que não exercem atividade remunerada abrangida pelo sistema. Foi então criada a categoria de segurado facultativo, que pode filiar-se ao sistema se assim desejar.

Por outro lado, **universalidade da cobertura** significa que a proteção da seguridade deve abranger todos os riscos sociais. Os benefícios, então, devem ser instituídos com este objetivo. **Esta universalidade é a objetiva**, pois se refere ao objeto da relação jurídica previdenciária que é a prestação de benefícios e serviços.

Em prova de concurso para o cargo de Advogado do NCADE, elaborada pela Fundação Carlos Chagas em 2011, foi questionado sobre a abrangência da universalidade da cobertura. Vejamos:

Exemplo de questão sobre o tema:

(Advogado do NCADE2011 – Fundação Carlos Chagas) O princípio da universalidade da cobertura prevê

a) que os benefícios são concedidos a quem deles efetivamente necessite, razão pela qual a Seguridade Social deve apontar os requisitos para a concessão dos benefícios e serviços.

b) que a proteção social deve alcançar todos os eventos cuja reparação seja premente, a fim de manter a subsistência de quem dela necessite.

c) que o benefício legalmente concedido pela Previdência Social não pode ter o seu valor nominal reduzido.

d) a participação equitativa de trabalhadores, empregadores e Poder Público no custeio da seguridade social.

e) que não há um único benefício ou serviço, mas vários, que serão concedidos e mantidos de forma seletiva, conforme a necessidade da pessoa.

Resposta: A única proposição que trata da essência da universalidade da cobertura é a letra B. As demais tratam dos outros princípios constitucionais que serão estudados na sequência.

Saliente-se que muitas ações judiciais no âmbito da saúde são ajuizadas com fundamento no princípio da universalidade da cobertura, tendo em vista que, se todos os riscos sociais devem ser cobertos pela seguridade, o SUS não pode deixar de prestar um atendimento sob o argumento de falta de recursos. Obviamente, essa lógica pode ser perfeitamente ponderada com o princípio da reserva do possível e da seletividade, como veremos logo à frente.

Esse princípio é perfeitamente aplicável a todos os ramos da seguridade social.

Em relação a gratuidade do serviço público de saúde, por unanimidade, o Plenário do Supremo Tribunal Federal (STF) considerou inconstitucional a possibilidade de um paciente do Sistema Único de Saúde (SUS) pagar para ter acomodações superiores ou ser atendido por médico de sua preferência, a chamada diferença de classes. Os ministros negaram provimento ao Recurso Extraordinário (RE) 581488, sob a fundamentação de que esse tipo de pagamento contraria o art. 196 da Constituição Federal, que garante a todos os cidadãos acesso universal e igualitário às ações e serviços de saúde.

O RE 581488 tem repercussão geral e a decisão vale para todos os processos semelhantes sobrestados em outras instâncias. A tese firmada foi a de que: "É constitucional a regra que veda, no âmbito do SUS, a internação em acomodações superiores, bem como o atendimento diferenciado por médico do próprio SUS ou por médico conveniado, mediante o pagamento da diferença dos valores correspondentes".

3.2.3. Uniformidade e equivalência dos benefícios e serviços entre as populações urbanas e rurais

▶ **Art. 194, parágrafo único, II, CF/1988**

A Constituição Federal de 1988 igualou os direitos das populações urbanas e rurais.

No passado, a população rural obtinha benefícios de valor inferior ao salário mínimo, pois contribuíam sobre bases ínfimas. A partir da nova Carta, os benefícios recebidos pelos rurais foram elevados ao patamar do salário mínimo, mesmo que inferiores a este valor. Isso fez com que a previdência social passasse a custear benefícios aos segurados que não contribuíram suficientemente para deles fazer jus.

Acreditamos ser justa a correlação do benefício à dimensão do salário mínimo, porém, os gastos com o acréscimo no valor dos benefícios dos rurais não deveriam ser incluídos no orçamento securitário dentro das contas da Previdência Social, tendo em vista que foi uma ação político-assistencial. A previdência utiliza uma lógica financeira baseada em cálculos atuariais, que não pode ser quebrada por decisões políticas.

Saliente-se que a própria Constituição Federal traz algumas diferenças em relação aos benefícios e serviços previdenciários das populações urbanas e rurais, sempre com o objetivo de adequar a prestação às características de cada atividade.

Assim, a própria Carta Magna prevê que os trabalhadores rurais podem aposentar-se com redução nas idades. Dessa forma, enquanto o trabalhador urbano se aposenta com 65 anos, se homem, e 62 anos, se mulher, os rurais aposentam-se com 60 anos, se homem, e 55 anos, se mulher. Por outro lado, os benefícios do segurado especial – espécie de trabalhador rural, como veremos em capitulo próprio – são limitados a um salário mínimo e independem de comprovação de contribuição.

Ressalte-se, todavia, que **qualquer diferenciação** entre os benefícios e serviços dos **trabalhadores urbanos e rurais** deve estar prevista no corpo do **texto constitucional**, sob pena de poder ser declarada inconstitucional, por afronta ao princípio ora em estudo.

3.2.4. Seletividade e distributividade na prestação dos benefícios e serviços

▶ **Art. 194, parágrafo único, III, CF/1988**

Seletividade na prestação dos benefícios e serviços implica que tais prestações **sejam fornecidas apenas a quem realmente necessitar**, desde que se enquadre nas situações que a lei definir. Somente poderão usufruir do auxílio por incapacidade temporária, por exemplo, os segurados que se encontrarem em situação de incapacidade temporária para o trabalho. Dessa forma, o que realmente este princípio seleciona são os riscos sociais carecedores de proteção. Uma vez selecionado o risco, todas as pessoas que incorrerem na hipótese escolhida farão jus à proteção social.

Em outra análise, a seletividade serve de **contrapeso ao princípio da universalidade da cobertura**, pois, se de um lado a previdência precisa cobrir todos os riscos sociais existentes, por outro os recursos não são ilimitados, impondo à administração pública a seleção dos benefícios e serviços a serem prestados, com base na relevância dos riscos sociais. É o chamado princípio da reserva do possível.

Esse choque entre os princípios da universalidade da cobertura e da seletividade na prestação dos benefícios e serviços fica bastante marcado nas ações de judicialização da saúde, em que se demanda medicamentos ou procedimentos com base no princípio da universalidade da cobertura. A defesa dos entes federativos sempre se suporta do princípio da seletividade para justificar a falta de concessão de determinado procedimento.

O Judiciário deve resolver esse conflito, ponderando, no caso concreto, qual dos princípios deve ser aplicado. Entendemos que, nos casos em que o procedimento requerido seja essencial e não tiver outro tipo de tratamento menos custoso para o Estado, deve ser garantido que o procedimento ou medicamento seja custeado pelo Poder Público, desde que comprovada a eficácia para o combate à doença ou para melhoria da qualidade de vida do paciente.

O STF já decidiu que, nos casos de ações judiciais que pleiteiem algum procedimento ou medicamento do Sistema Único de Saúde, os entes federativos são responsáveis solidários, devendo todos arcar com os custos (RE 855178).

Outra importante decisão do STF sobre a saúde ocorreu no debate do Tema 500 (RE 657718/MG, j. em 22.5.2019), em que se discutia a possibilidade de obrigar o estado a fornecer medicamento ainda sem registro na ANVISA, tendo se chegado às seguintes conclusões:

1. O Estado não pode ser obrigado a fornecer medicamentos experimentais.
2. A ausência de registro na Agência Nacional de Vigilância Sanitária (Anvisa) impede, como regra geral, o fornecimento de medicamento por decisão judicial.
3. É possível, excepcionalmente, a concessão judicial de medicamento sem registro sanitário, em caso de mora irrazoável da Anvisa em apreciar o pedido (prazo superior ao previsto na Lei 13.411/2016), quando preenchidos três requisitos:

(i) a existência de pedido de registro do medicamento no Brasil (salvo no caso de medicamentos órfãos para doenças raras e ultrarraras);

(ii) a existência de registro do medicamento em renomadas agências de regulação no exterior; e

(iii) a inexistência de substituto terapêutico com registro no Brasil.

4. As ações que demandem fornecimento de medicamentos sem registro na Anvisa deverão necessariamente ser propostas em face da União.

O princípio da distributividade é melhor aplicável à previdência e à assistência social. O Poder Público vale-se da seguridade social para distribuir renda entre a população. Isso porque as contribuições são cobradas de acordo com a capacidade econômica dos contribuintes. Assim, uma vez nos cofres previdenciários, os recursos captados são distribuídos para quem precise de proteção.

Isso explica, então, o porquê de o segurado que recebe altos valores decorrentes de seu trabalho, receber um benefício bem inferior quando necessita. Já o segurado que recebe pequenas ou médias remunerações mantém a sua faixa de ganho ao buscar a proteção previdenciária.

A Previdência Social é a grande distribuidora de renda entre as populações e regiões brasileiras. Basta mencionar que mais de 2/3 dos municípios brasileiros têm como maior fonte de renda da população o pagamento dos benefícios previdenciários pelo INSS, superando até a receita do Fundo de Participação dos Municípios.

Atenção!

O princípio da **seletividade e distributividade na prestação dos benefícios e serviços** não se confunde com o da **universalidade na cobertura e no atendimento.**

As provas de concursos públicos costumam misturar estes conceitos para confundir o candidato, utilizando textos como os que seguem:

"Seletividade na cobertura e no atendimento" ou "universalidade na prestação dos benefícios e serviços".

Devemos, então, entender a lógica dos princípios: **a cobertura é universal**, entretanto, **para fazer jus a um benefício** ou serviço, o segurado **deve enquadrar-se nas situações seletivas** definidas pelo legislador.

Outras questões fazem uma mistura dos nomes dos princípios em todas as alternativas, exigindo do estudante bastante atenção para identificar qual das proposições manteve o nome correto.

3.2.5. Irredutibilidade do valor dos benefícios

- **Art. 194, parágrafo único, IV, CF/1988**
- **Art. 201, § 4º, CF/1988**

O **princípio constitucional da irredutibilidade do valor dos benefícios** esculpido no art. 194, parágrafo único, IV, da Constituição, de acordo com entendimento já pacificado no STF, garante ao segurado a **irredutibilidade do valor nominal de seu benefício**, ou seja, de acordo com este princípio não pode o benefício da seguridade social sofrer redução.

Ressalte-se, todavia, que a preservação do **valor real do benefício previdenciário** que busca assegurar o seu reajustamento, preservando em caráter permanente o seu poder aquisitivo é também indubitavelmente **garantido pelo texto constitucional**, não estando, contudo, inserido como um dos objetivos da seguridade social (art. 194, parágrafo único). Note-se que o art. 201, § 4º, da Constituição, expressamente afirma que é assegurado o reajustamento dos benefícios para preservar-lhes em caráter permanente o valor real, conforme critérios definidos em lei.

Como consequência desse entendimento de que apenas o valor real dos benefícios previdenciários é protegido pela Constituição, é possível afirmar que os benefícios assistenciais pecuniários, a exemplo do Bolsa Família, não precisam, necessariamente, ser reajustados de forma a preservar o seu valor real.

Diferentemente, então, do Direito do Trabalho, a previdência social protege o valor real dos benefícios concedidos. Aqui, além de não ser permitida a redução do valor nominal dos **benefícios previdenciários** recebidos, é, também, garantido o reajustamento periódico das perdas inflacionárias por índice definido na forma da lei. Já a proteção trabalhista relativa ao salário é exclusivamente do valor nominal, não sendo garantida qualquer forma de revisão periódica.

Atualmente, o índice que é utilizado como parâmetro para os reajustes dos benefícios do RGPS é o INPC calculado pelo IBGE, levando-se em conta o rendimento das famílias que possuem renda entre um e cinco salários mínimos, sendo o chefe assalariado.

A partir da Medida Provisória 316, convertida na Lei 11.430, de 26/12/06, o INPC passou a estar previsto no corpo da Lei 8.213/1991 (art. 41-A), com a seguinte redação: "O valor dos benefícios em manutenção será reajustado, anualmente, na mesma data do reajuste do salário mínimo *pro rata*, de acordo com suas respectivas datas de início ou do último reajustamento, com base no Índice Nacional de Preços ao Consumidor - INPC, apurado pela Fundação Instituto Brasileiro de Geografia e Estatística - IBGE".

A Lei 11.430 ainda dispõe que nenhum benefício reajustado poderá exceder o limite máximo do salário de benefício na data do reajustamento, respeitados os direitos adquiridos (inserido no § 1º do art. 41-A da Lei 8.213/1991).

Atenção!

Muitos segurados costumam pensar que o reajustamento deve ser efetuado de forma que se mantenha a proporcionalidade em relação ao número de salários mínimos recebidos na época da concessão do benefício. Tal relação não existe e nem seria possível, já que a Constituição Brasileira não permite a vinculação ao salário mínimo para qualquer fim (art. 7º, IV).

Ocorre que nos últimos anos o salário mínimo tem sofrido reajustes com percentuais superiores aos índices inflacionários, enquanto os benefícios previdenciários são reajustados em função da inflação. Em realidade, o salário mínimo tem obtido, com justiça, um maior poder de compra, ou seja, um ganho real.

Um segurado que se aposentou com R$ 300,00 quando o salário mínimo era de R$ 100,00, recebia o equivalente a três salários. Atualmente, o benefício deste segurado foi reajustado para R$ 3.036,00 enquanto o menor valor de remuneração mensal do trabalho é de R$ 1.518,00, ou seja, ele recebe o equivalente a dois salários mínimos. Teoricamente, entretanto, este segurado pode comprar os mesmos produtos que na época da concessão do benefício, pois, com o reajuste que sempre acompanha a inflação, o seu benefício manteve o mesmo poder de compra.

O objetivo é que a sociedade possa alcançar, em longo prazo, um salário mínimo digno que possibilite aos beneficiários receberem esta quantia, satisfazendo as suas necessidades. Exteriorizando um pensamento utópico, se algum dia o salário mínimo se aproximar do limite máximo dos benefícios previdenciários (atualmente, R$ 8.157,41), todos os segurados poderão dignamente receber o benefício de um salário mínimo, o que se traduz em justiça social.

O princípio constitucional da irredutibilidade do valor dos benefícios previdenciários **não implica** que a lei que estabeleça a aplicação de novos critérios de cálculo mais benéficos para os benefícios deva ser automaticamente estendida a todos os benefícios concedidos anteriormente à nova lei. O STF já se manifestou por diversas vezes a esse respeito, tendo firmado o entendimento de que, em matéria de benefícios previdenciários, vigora o postulado do "tempo rege o ato" ou "tempus regit actum". Foi o que ocorreu, por exemplo, no julgamento dos dispositivos da Lei 9.032/1995, que aumentaram o percentual da renda mensal de diversos benefícios previdenciários.

Por fim, registre-se que o art. 58 do Ato das Disposições Constitucionais Transitórias dispõe que "os benefícios de prestação continuada, mantidos pela previdência social na data da promulgação da Constituição, terão seus valores revistos, a fim de que seja restabelecido o poder aquisitivo, expresso em número de salários mínimos, que tinham na data de sua concessão, obedecendo-se a esse critério de atualização até a implantação do plano de custeio e benefícios...". Note-se que o Supremo Tribunal Federal já editou Súmula que dispõe que a aludida revisão somente é aplicada aos benefícios previdenciários concedidos até a promulgação da Constituição de 1988 (Súmula 687).

Saliente-se que a própria Constituição veda, expressamente, qualquer espécie de vinculação ao salário mínimo, no art. 7º, IV, ao garantir o "salário mínimo fixado em lei, nacionalmente unificado, capaz de atender a suas necessidades vitais básicas e às de sua família com moradia, alimentação, educação, saúde, lazer, vestuário, higiene, transporte e previdência social, com reajustes periódicos que lhe preservem o poder aquisitivo, **sendo vedada sua vinculação para qualquer fim**".

3.2.6. Equidade na forma de participação do custeio

Art. 194, parágrafo único, V, CF/1988

Para se definir a participação no custeio da seguridade social, **leva-se em consideração a capacidade de cada contribuinte.** As contribuições sociais devem ser criadas atentando-se para esse princípio, que satisfaz os três grupos da seguridade social.

Equidade, sintetizando, quer dizer justiça no caso concreto. Logo, deve-se cobrar mais contribuições de quem tem maior capacidade de pagamento para que se possa beneficiar os que não possuem as mesmas condições. Esse princípio está alinhado ao da distributividade na prestação dos benefícios e serviços, pois as contribuições devem ser arrecadadas de quem tenha maior capacidade contributiva para ser distribuída para quem mais necessita. Relaciona-se também com o princípio tributário da capacidade contributiva.

A progressividade das alíquotas de contribuição de determinados segurados e as alíquotas ou bases de cálculo diferenciadas para determinados ramos empresariais são, dessa forma, reflexos do princípio da equidade na participação do custeio.

Atente-se que **equidade não se confunde**, neste caso, com o conceito de **igualdade estrita.**

3.2.7. Diversidade da base de financiamento

Art. 194, parágrafo único, VI, CF/1988

Os legisladores devem buscar **diversas bases de financiamento ao instituir as contribuições para a seguridade social.**

O objetivo desse ordenamento é diminuir o risco financeiro do sistema protetivo. Quanto maior o número de fontes de recursos, menor será o risco de a seguridade sofrer inesperadamente grande perda financeira.

A EC 103/2019 fez uma pequena alteração no princípio da diversidade da base de financiamento, previsto no art. 194, parágrafo único, VI, da Constituição. Vejamos o comparativo:

Antes da Reforma de 2019

VI – diversidade da base de financiamento.

Depois da Reforma de 2019

VI – diversidade da base de financiamento, ***identificando-se, em rubricas contábeis específicas para cada área, as receitas e as despesas vinculadas a ações de saúde, previdência e assistência social, preservado o caráter contributivo da previdência social.***

A mudança de texto deixa patente a intenção do Governo de justificar as contas isoladas de cada uma das áreas da seguridade social, uma vez que os doutrinadores contrários à reforma sempre argumentavam que não existia previsão constitucional para que fossem feitas contas de cada uma das suas áreas isoladamente, defendendo a contabilidade unicamente para as receitas e despesas da seguridade social.

Baseado nesse princípio, o próprio constituinte, **ao esmiuçar as bases de financiamento da seguridade social** (art. 195, CF/1988), definiu como fonte de recursos a contribuição do governo, das empresas e dos segurados. Esse tópico será detalhado adiante.

3.2.8. Caráter democrático e descentralizado da administração

▶ **Art. 194, parágrafo único, VII, CF/1988**

A Constituição estabelece o "caráter democrático e descentralizado da administração, mediante gestão quadripartite, com **participação dos trabalhadores, dos empregadores, dos aposentados e do Governo** nos órgãos colegiados". Observe-se que este texto foi alterado pela EC 20/1998. Antes da Emenda, este inciso mencionava apenas a participação da comunidade, em especial trabalhadores, empresários e aposentados, sem instituir a gestão quadripartite nos moldes atuais.

A gestão quadripartite da seguridade social deve contar com a participação de representantes de todos os grupos que se relacionam diretamente com a seguridade social. Estão incluídos, então, representantes das seguintes categorias:

- **Governo** - responsável direto pela administração do sistema;
- **Trabalhadores** - têm interesse em manter o sistema sólido e sustentável para dele se beneficiar, no futuro;
- **Empregadores** - vertem boa parte das suas receitas para o financiamento do sistema e desejam saber como seus recursos estão sendo aplicados;
- **Aposentados** - têm interesse em manter o sistema sólido e perene, pois são por ele sustentados.

Para atender a esse princípio foram criados diversos conselhos de estrutura colegiada, como o Conselho Nacional de Previdência - CNP, Conselho Nacional de Assistência Social - CNAS, Conselho de Previdência Social - CPS, Conselho Nacional da Previdência Complementar - CNPC, entre outros. O SUS - Sistema Único de Saúde possui, também, administração descentralizada, como vimos no primeiro capítulo.

O Conselho Nacional de Previdência - CNP, antigo Conselho Nacional de Previdência Social, órgão superior de deliberação colegiada, terá como membros:

I - seis representantes do Governo Federal;

II - nove representantes da sociedade civil, sendo:

a) três representantes dos aposentados e pensionistas;

b) três representantes dos trabalhadores em atividade;

c) três representantes dos empregadores.

O gráfico abaixo representa a composição do CNP:

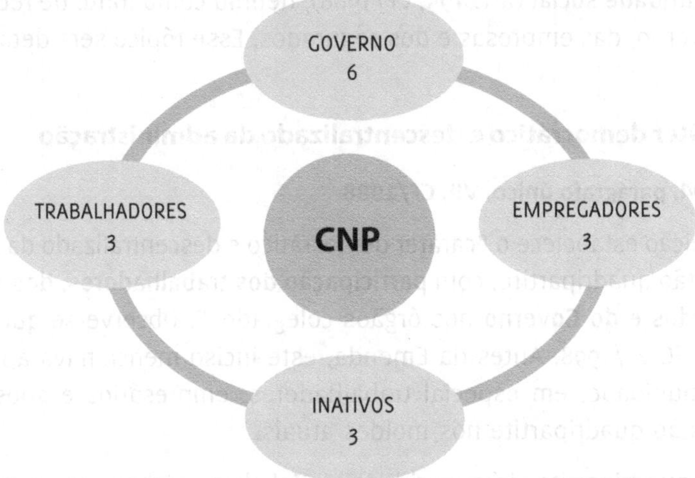

Importante frisar que essa mudança de nomenclatura do Conselho Nacional de Previdência Social para simplesmente Conselho Nacional de Previdência foi promovida pela Lei 13.341/2016 (Reforma Ministerial do Governo Temer), sem ter alterado o antigo nome na Lei 8.213/1991. Assim, caso as questões de concurso ainda continuem utilizando o antigo nome, os candidatos não devem considerar errado. Nesta obra, todavia, utilizaremos o nome atualizado.

Os membros do Conselho Nacional de Previdência e seus respectivos suplentes serão nomeados pelo Presidente da República. Os representantes titulares da sociedade civil têm mandato de dois anos, podendo ser reconduzidos, de imediato, uma única vez.

Os representantes dos trabalhadores em atividade, dos aposentados, dos empregadores e seus respectivos suplentes serão indicados pelas centrais sindicais e confederações nacionais, gozando de estabilidade no emprego, da nomeação até um ano após o término do mandato de representação, somente podendo ser demitidos por motivo de falta grave, regularmente comprovada através de processo judicial (art. 3º, § 7º, da Lei 8.213/1991).

O complicado texto do art. 3º, § 3º, da Lei 8.213/1991 dispõe que o CNP reunir-se-á, ordinariamente, uma vez por mês, por convocação de seu Presidente, **não podendo ser adiada a reunião por mais de 15 dias se houver requerimento nesse sentido da maioria dos conselheiros.** Ao que parece, as reuniões podem ser **adiadas por apenas 15 dias,** se houver requerimento nesse sentido formulado pela maioria dos conselheiros. **Poderá, ainda, ser convocada reunião extraordinária por seu Presidente ou a requerimento de um terço de seus membros.**

Compete ao Conselho Nacional de Previdência:

I - estabelecer diretrizes gerais e apreciar as decisões de políticas aplicáveis à previdência social;

II - participar, acompanhar e avaliar sistematicamente a gestão previdenciária;

III - apreciar e aprovar os planos e programas da previdência social;

IV - apreciar e aprovar as propostas orçamentárias da previdência social, antes de sua consolidação na proposta orçamentária da seguridade social;

V - acompanhar e apreciar, mediante relatórios gerenciais por ele definidos, a execução dos planos, programas e orçamentos no âmbito da previdência social;

VI - acompanhar a aplicação da legislação pertinente à previdência social;

VII - apreciar a prestação de contas anual a ser remetida ao Tribunal de Contas da União, podendo, se for necessário, contratar auditoria externa;

VIII - estabelecer os valores mínimos em litígio, acima dos quais será exigida a anuência prévia do Procurador-Geral ou do Presidente do Instituto Nacional do Seguro Social, para formalização de desistência ou transigência judiciais;

IX - elaborar e aprovar seu regimento interno;

X - aprovar os critérios de arrecadação e de pagamento dos benefícios por intermédio da rede bancária ou por outras formas;

XI - acompanhar e avaliar os trabalhos de implantação e manutenção do Cadastro Nacional de Informações Sociais.

Foram instituídos os Conselhos de Previdência Social - CPS (unidades descentralizadas do CNP), que funcionam junto às Gerências-Executivas do Instituto Nacional do Seguro Social - INSS ou, havendo mais de uma Gerência no mesmo Município, às Superintendências Regionais.

Os CPS serão compostos por dez conselheiros e seus respectivos suplentes, sendo quatro representantes do Governo Federal e seis da sociedade, dos quais dois serão empregadores, dois empregados e dois aposentados e pensionistas.

Em regra, as questões da ESAF sobre o tema "Princípios Constitucionais" exigem a memorização do exato texto do parágrafo único do art. 194 da Constituição Federal. Muitas vezes esta banca costuma misturar o texto dos diversos princípios. Já o CESPE/UNB sempre tenta inter-relacionar os princípios ou abordar as características ou consequências da sua aplicação. Vejamos:

Exemplo de questões sobre os Princípios:

(Auditor-Fiscal da Receita Federal Área Tributária e Aduaneira 2005/2006 – ESAF) Indique qual das opções está correta com relação aos objetivos constitucionais da Seguridade Social:

a) Irredutibilidade do valor **dos serviços.**

b) Equidade **na cobertura**.

c) Diversidade **de atendimento.**

d) Uniformidade e equivalência dos benefícios e serviços às populações urbanas e rurais.

e) Seletividade na prestação dos benefícios e serviços **às populações urbanas e rurais**.

Resposta: D

(Analista Tributário da Receita Federal do Brasil – Dezembro/2009 – ESAF) Tendo em vista os princípios e diretrizes da Seguridade Social, nos termos do texto da Constituição Federal e da legislação de custeio previdenciária, assinale a opção incorreta.

a) Diversidade da base de financiamento.

b) Universalidade da cobertura e do atendimento.

c) Equidade na forma de participação no custeio.

d) Irredutibilidade do valor dos benefícios **e serviços.**

e) Uniformidade e equivalência dos benefícios e serviços às populações urbanas e rurais.

Resposta: D

(Juiz do Tribunal Regional federal da 1ª Região/2009 – CESPE/UNB) Quanto aos princípios do sistema de seguridade social, assinale a opção correta.

a) Segundo o princípio da equidade, quanto maiores forem as possibilidades de sinistro que determinada atividade acarrete, maior será o tributo social. Com base nesse princípio, a CF prevê que as contribuições sociais devidas pelo empregador, pela empresa e pela entidade a ela equiparada na forma da lei poderão ter alíquotas diferenciadas em razão da atividade econômica, regra que não se aplica à base de cálculo.

b) Com base no princípio constitucional da solidariedade, o legislador poderá garantir prioridade a determinadas prestações a serem garantidas ao beneficiário do sistema de seguridade social.

c) Um dos objetivos fixados pela CF para a seguridade social é o caráter democrático e descentralizado da administração, mediante gestão quadripartite, com a participação exclusiva dos trabalhadores, dos empregadores, dos aposentados e dos pensionistas nos órgãos colegiados.

d) De acordo com o princípio da universalidade da cobertura, todas as situações que configurarem riscos sociais devem estar compreendidas no âmbito de proteção do sistema de seguridade.

e) A CF estabelece expressamente que um dos objetivos do sistema de seguridade social é a uniformidade e equivalência dos benefícios e serviços às populações urbanas e rurais. Entretanto, o legislador ordinário poderá estabelecer benefícios diferenciados para essas populações, em determinadas hipóteses.

Resposta: D

3.3. PRINCIPAIS DISPOSITIVOS CONSTITUCIONAIS

3.3.1. Tríplice forma de custeio

▶ **Art. 195, CF/1988**

Ao estudarmos o histórico da previdência social brasileira, mencionamos que o princípio da **tríplice** forma de custeio está presente na Carta Maior desde a Constituição de 1934.

A Constituição ordena que a seguridade social seja financiada por toda a sociedade, de forma direta e indireta, mediante recursos provenientes do **Governo**, das **empresas** e dos **trabalhadores.**

Ademais, o inciso II do artigo 195 da Carta Magna **veda**, expressamente, **a incidência de contribuição sobre aposentadoria e pensão concedidas pelo RGPS.**

O Governo contribui como qualquer empresa caso contrate trabalhadores vinculados ao RGPS. Estes recursos devem estar incluídos no orçamento da seguridade social, que, como veremos ainda neste capítulo, deve ser elaborado de maneira autônoma por cada ente federativo (União, Estados, Distrito Federal e Municípios), contendo a previsão de receitas e despesas.

No caso de eventual falta de recursos para o pagamento dos benefícios do RGPS, cabe à União efetuar a complementação mediante a destinação para este fim de recursos de seu orçamento fiscal.

Efetivamente, a tríplice forma de custeio somente se aplica à previdência social, mais precisamente ao RGPS, pois é o único dos ramos da seguridade em que a contribuição é indispensável. Após a reforma da previdência (EC 41/2003), foi instituída a contribuição dos aposentados dos Regimes Próprios de Previdência Social para o financiamento do sistema previdenciário. A reforma, no entanto, não alterou a imunidade dos aposentados filiados ao RGPS. A tríplice forma de custeio, então, somente continua válida para o RGPS, pois atualmente os regimes próprios são financiados por quatro fontes: Governo, trabalhadores, empresas e inativos (aposentados e pensionistas).

Atenção!

Questões de concursos públicos frequentemente misturam a **tríplice forma de custeio** com a **gestão quadripartite** da seguridade, formulando proposições como as que seguem:

a) A Constituição estabelece o caráter democrático e descentralizado da administração, mediante **gestão tripartite**, com participação dos trabalhadores, dos empregadores e do Governo nos órgãos colegiados. *(ERRADO)*

b) A seguridade social é **financiada** por toda a sociedade de forma **quadripartite**, mediante recursos provenientes do Governo, das empresas, dos trabalhadores e dos aposentados. *(ERRADO)*

3.3.2. Preexistência do Custeio em Relação aos Benefícios e Serviços

▶ **Art. 195, § 5º, CF/1988**

Preexistência do custeio em relação aos benefícios e serviços significa que, para ser possível a **criação ou ampliação de qualquer benefício ou serviço**, deve haver anteriormente a **previsão da fonte dos recursos** que financiará a nova prestação.

Um novo benefício deve ser financiado por uma nova fonte, não bastando apenas indicar recursos já existentes, sob o risco de padecer de inconstitucionalidade. Mesmo os benefícios e serviços da saúde e da assistência social devem atender a este princípio.

Os benefícios criados foram sempre acompanhados da instituição de nova fonte de custeio. Foi o que ocorreu com o benefício de aposentadoria especial para os trabalhadores filiados a cooperativas, que foi acompanhada de uma nova contribuição social (Lei 10.666/2003).

Interessante ressaltar que o Supremo Tribunal Federal tem posicionamento firmado de que o princípio da preexistência do custeio em relação aos benefícios e serviços, previsto no art. 195, § 5º, da Constituição Federal, não se aplica à previdência privada, mas, apenas, à seguridade social que é financiada por toda a sociedade (Agravo Regimental no RE 583.687/RS).

3.3.3. Competências dos entes federativos

▶ **Art. 22, XXIII, CF/1988**

▶ **Art. 23, II, CF/1988**

▶ **Art. 24, XII, CF/1988**

▶ **Art. 30, I, CF/1988**

Cabe **privativamente à União legislar** sobre **seguridade social**. A União é responsável pela normatização dos aspectos básicos e regras gerais da seguridade social, incluindo saúde, previdência social e assistência social. A definição da estrutura da seguridade é de competência privativa deste ente.

A competência constitucional privativa permite que lei complementar autorize os Estados e o Distrito Federal a legislar sobre questões específicas de matéria relacionada à seguridade social.

Já as **competências legislativas** relativas à **previdência social, proteção e defesa da saúde são concorrentes entre a União, Estados e Distrito Federal**, ou seja, a União edita as normas gerais e os Estados e DF, as específicas. Observe-se que os Municípios não estão incluídos na competência concorrente.

Diz-se que a competência para legislar sobre matéria de previdência social é concorrente devido aos Estados e ao Distrito Federal terem a capacidade de legislar sobre o funcionamento dos seus respectivos regimes próprios. Os Municípios também podem legislar sobre a organização dos seus regimes próprios, por força do disposto no art. 30, I, da Constituição, que lhes atribui a competência em se tratando de assuntos de interesse local (competência suplementar).

A **regulamentação do Regime Geral de Previdência Social** é de **competência privativa da União**, cabendo apenas ao ente Federal a elaboração de disposições relativas ao RGPS.

A EC 103/2019 alterou o inciso XXI do art. 22 da CF/1988, incluindo, entre as competências privativas da União, tratar da **inatividade e pensão dos militares**. Vejamos o novo texto:

> *Art. 22. Compete privativamente à União legislar sobre:*
>
> .....
>
> *XXI – normas gerais de organização, efetivos, material bélico, garantias, convocação, mobilização,* ***inatividades e pensões das polícias militares e dos corpos de bombeiros militares;***

O Constituinte Derivado pretendeu, possivelmente, unificar a legislação militar de todos os Estados Federados com a edição de lei federal com tal finalidade.

É competência comum da União, dos Estados, do Distrito Federal e dos Municípios cuidar da saúde e assistência pública, da proteção e garantia das pessoas portadoras de deficiência. Note que, neste caso, a competência é administrativa não se referindo à capacidade de legislar.

3.3.4. Financiamento da seguridade social

▶ **Art. 195, CF/1988**

Vimos, ao tratar da tríplice forma de custeio, que a seguridade social é financiada pelo Governo, empresas e trabalhadores. Comentamos que a participação do Governo se dá pela contratação de trabalhadores e ainda com aportes de capital para cobrir eventuais déficits no orçamento da seguridade.

O art. 195 da Constituição dispõe que a seguridade social será financiada por toda a sociedade de forma direta e indireta, mediante recursos provenientes dos orçamentos da União, dos Estados, do Distrito Federal e dos Municípios, e das seguintes contribuições sociais:

I – do **empregador**, da **empresa** e da **entidade a ela equiparada**, na forma da lei, incidentes sobre:

a) a **folha de salários** e demais rendimentos do trabalho pagos ou creditados, a qualquer título, à pessoa física que lhe preste serviço, mesmo sem vínculo empregatício;

b) a **receita ou o faturamento;**

c) o **lucro.**

II – do trabalhador e dos demais segurados da previdência social, podendo ser adotadas alíquotas progressivas de acordo com o valor do salário de contribuição, não incidindo contribuição sobre aposentadoria e pensão concedidas pelo Regime Geral de Previdência Social;

III – sobre a **receita de concursos de prognósticos;**

IV – do **importador de bens ou serviços do exterior**, ou de quem a lei a ele equiparar.

V – **sobre bens e serviços**, nos termos de lei complementar.

A Reforma Tributária, aprovada pela EC 132, de 20/12/2023, possibilita a instituição da nova contribuição social sobre bens e serviços, dependendo de Lei Complementar para sua instituição, mas pode ter sua alíquota fixada em lei ordinária.

Quando da sua instituição deve atender as diversas regras tributárias previstas no art. 156-A, combinado com o § 16 do art. 195 da Constituição Federal.

A contribuição sobre bens e serviços não integrará sua própria base de cálculo nem a do imposto sobre bens e serviços prejudiciais ao meio ambiente (art. 153, VIII, CF), nem a base do imposto sobre bens e serviços (art. 156-A, CF), nem da contribuição das empresas sobre a receita ou sobre concursos de prognósticos, nem a do PIS.

Lei estabelecerá as hipóteses de devolução da contribuição sobre bens e serviços a pessoas físicas, inclusive em relação a limites e beneficiários, com o objetivo de reduzir as desigualdades de renda, não sendo o valor devolvido computado na receita corrente líquida da União.

A sociedade financia a seguridade social de forma direta, a partir do pagamento das contribuições sociais, e de forma indireta, a partir dos repasses governamentais, em caso de insuficiência de recursos obtidos com as contribuições.

Anote que o constituinte atendeu ao princípio da diversidade da base de financiamento da seguridade social, definindo diversas fontes de custeio (lucro, faturamento, remuneração dos segurados etc.).

As contribuições sociais aqui previstas são destinadas ao financiamento dos três ramos da seguridade social: saúde, previdência social e assistência social.

Note que a empresa é o sujeito passivo das contribuições sobre a receita de concurso de prognósticos e do importador de bens ou serviços do exterior.

Existe uma polêmica regra no Ato das Disposições Constitucionais Transitórias – ADCT – que permite que uma parte dos recursos da Seguridade Social seja desvinculada da sua finalidade, podendo ser utilizada para despesas diversas. É a chamada Desvinculação das Receitas da União – DRU.

Inicialmente, a DRU permitia a desvinculação de 20% das receitas da Seguridade Social, mas a EC 93, de 08/09/2016 ampliou o percentual de desvinculação para 30% sendo válido até 31/12/2023 (vide artigo 76 do ADCT).

A Emenda Constitucional 93/2016 inovou o ordenamento jurídico desvinculando 30% das Receitas Estaduais e Municipais de qualquer órgão, fundo ou despesa, conforme previsto nos arts. 76-A e 76-B do ADCT.

O gráfico abaixo resume as contribuições sociais para o financiamento da seguridade social, previstas no art. 195 da Constituição Federal.

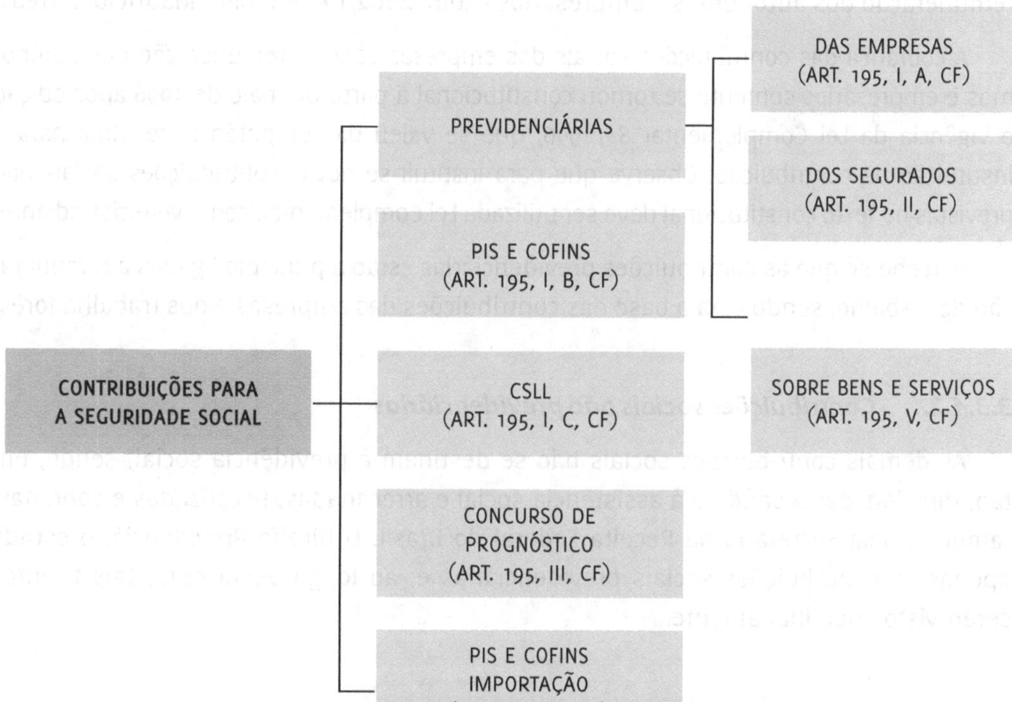

3.3.4.1. *Contribuições sociais previdenciárias – Folha de pagamento*

Chamam-se contribuições sociais previdenciárias aquelas **destinadas exclusivamente ao custeio dos benefícios previdenciários.** São as contribuições do empregador, da empresa e entidades a ela equiparadas sobre a folha de pagamento (I, a) e as contribuições do trabalhador e demais segurados sobre a "remuneração" recebida (II) (art. 167, XI, da CF/1988).

As contribuições previdenciárias são arrecadadas, fiscalizadas, lançadas e regulamentadas pela Secretaria da Receita Federal do Brasil desde a vigência da Lei 11.457, de 16/03/2007.

Saliente-se que a redação anterior do inciso I, a, do art. 195, CF/1988, utilizava apenas a expressão "folha de salários", deixando fora os "demais rendimentos do trabalho pagos ou creditados, a qualquer título, à pessoa física que lhe preste serviço, mesmo sem vínculo empregatício". A EC 20/98 foi a responsável pelo novo texto.

Para o Direito do Trabalho, salário é a parte da remuneração do trabalhador empregado paga diretamente pelo empregador. O texto original dava margem a alegações de que não seria constitucional a cobrança de contribuições sociais das empresas sobre os serviços prestados por outras categorias de segurados, sem vínculo empregatício. O STF, então, firmou posicionamento sobre a inconstitucionalidade da lei ordinária que instituiu as contribuições da empresa sobre toda a folha de pagamento, incluindo a remuneração dos autônomos e empresários (ADIN 1.102/DF, Rel. Min. Maurício Correa).

A cobrança das contribuições sociais das empresas sobre a remuneração dos autônomos e empresários somente se tornou constitucional a partir de maio de 1996 após edição e vigência da Lei Complementar 84/1996, que se valeu da competência residual para a instituição da contribuição. Observe que para instituir-se novas contribuições sociais não previstas no texto constitucional deve ser utilizada Lei Complementar, como veremos adiante.

Percebe-se que as contribuições previdenciárias estão a princípio ligadas à remuneração do trabalho, sendo esta a base das contribuições das empresas e dos trabalhadores.

3.3.4.2. Contribuições sociais não previdenciárias

As demais contribuições sociais não se destinam à previdência social, sendo, então, direcionadas à saúde e à assistência social e arrecadadas, fiscalizadas e cobradas, também, pela Secretaria da Receita Federal do Brasil. O Direito Previdenciário estuda apenas as contribuições sociais previdenciárias e, ao longo desta obra, tais tributos serão vistos detalhadamente.

3.3.4.2.1. Das empresas sobre a receita ou faturamento

As contribuições do empregador, da empresa e das entidades a ela equiparadas incidentes sobre a receita ou o faturamento (I, b) são o **PIS** – Programa de Integração Social e a **COFINS** – Contribuição para o Financiamento da Seguridade Social. Não faz parte do nosso objetivo o estudo detalhado das alíquotas e bases de cálculos destas contribuições, já que foge ao campo do Direito Previdenciário.

Estas contribuições **incidem sobre a receita ou o faturamento.** O conceito de receita, contabilmente, é mais abrangente que o de faturamento. Receita é todo ganho obtido, seja ele decorrente da venda de produtos, da aplicação financeira, dos contratos de aluguéis, entre outros. Faturamento está ligado à emissão de faturas (notas fiscais), podendo significar apenas as receitas sobre as vendas.

Essas duas contribuições possuem regras bastante parecidas, tendo, contudo, algumas particularidades, a depender do tipo de contribuinte, tais como pessoas jurídicas de direito privado, público ou contribuintes especiais (instituições de educação e de assistência social sem fins lucrativos, sindicatos e templos).

Ambos tributos apresentam três hipóteses de incidência distinta:

1) o faturamento ou o auferimento de receitas, para pessoas jurídicas de direito privado;

2) o pagamento da folha de salários, para entidades de relevância social determinadas em lei;

3) a arrecadação mensal de receitas correntes e o recebimento mensal de recursos, para entidades de direito público.

Estudaremos, ainda neste capítulo, que as exportações são imunes de contribuições incidentes sobre a receita ou o faturamento (art. 149, § 2º, I, da Constituição Federal). As entidades beneficentes de assistência social também gozam de imunidade, como veremos em tópico específico.

São isentas da Contribuição para o PIS/Pasep e da COFINS as receitas (IN SRF 247, de 21 de novembro de 2002, art. 45):

a) dos recursos recebidos a título de repasse, oriundos do Orçamento Geral da União, dos Estados, do Distrito Federal e dos Municípios, pelas empresas públicas e sociedades de economia mista;

b) da exportação de mercadorias para o exterior;

c) dos serviços prestados a pessoas físicas ou jurídicas residentes ou domiciliadas no exterior, cujo pagamento represente ingresso de divisas;

d) do fornecimento de mercadorias ou serviços para uso ou consumo de bordo em embarcações e aeronaves em tráfego internacional, quando o pagamento for efetuado em moeda conversível;

e) do transporte internacional de cargas ou passageiros;

f) auferidas pelos estaleiros navais brasileiros nas atividades de construção, conservação, modernização, conversão e reparo de embarcações pré-registradas ou registradas no Registro Especial Brasileiro (REB), instituído pela Lei 9.432, de 8 de janeiro de 1997;

g) de frete de mercadorias transportadas entre o País e o exterior pelas embarcações registradas no REB, de que trata o art. 11 da Lei 9.432, de 1997;

h) de vendas realizadas pelo produtor-vendedor às empresas comerciais exportadoras nos termos do Decreto-Lei 1.248, de 29 de novembro de 1972, e alterações posteriores, desde que destinadas ao fim específico de exportação para o exterior; e

i) de vendas, com fim específico de exportação para o exterior, a empresas exportadoras registradas na Secretaria de Comércio Exterior do Ministério do Desenvolvimento, Indústria e Comércio Exterior.

Também são isentas da Contribuição para o PIS/Pasep e da COFINS a que se referem às Leis 10.637, de 30 de dezembro de 2002, 10.833, de 29 de dezembro de 2003, e 10.865, de 30 de abril de 2004, as receitas decorrentes da venda de energia elétrica pela Itaipu Binacional.

São isentas da COFINS as receitas relativas às atividades próprias das seguintes entidades (Medida Provisória 2.158-35, de 24 de agosto de 2001, art. 14, X):

a) templos de qualquer culto;

b) partidos políticos;

c) instituições de educação e de assistência social que preencham as condições e os requisitos do art. 12 da Lei 9.532, de 10 de dezembro de 1997;

d) instituições de caráter filantrópico, recreativo, cultural, científico e as associações, que preencham as condições e requisitos do art. 15 da Lei 9.532, de 1997;

e) sindicatos, federações e confederações;

f) serviços sociais autônomos, criados ou autorizados por lei;

g) conselhos de fiscalização de profissões regulamentadas;

h) fundações de direito privado;

i) condomínios de proprietários de imóveis residenciais ou comerciais; e

j) Organização das Cooperativas Brasileiras (OCB) e as Organizações Estaduais de Cooperativas previstas no art. 105 e seu § 1º da Lei 5.764, de 16 de dezembro de 1971.

Existem dois regimes básicos de incidência do PIS e da COFINS: o regime cumulativo e o regime não cumulativo.

No regime de incidência cumulativa, a base de cálculo é o total das receitas da pessoa jurídica, sem deduções em relação a custos, despesas e encargos. Nesse regime, as alíquotas da Contribuição para o PIS/Pasep e da COFINS são, respectivamente, de 0,65% e de 3%. Note-se, no entanto, que a Lei 8.212/1991 ainda traz no seu desatualizado texto a alíquota da COFINS de 2% (art. 23, I, da Lei 8.212/1991).

As pessoas jurídicas de direito privado e as que lhe são equiparadas pela legislação do imposto de renda **que apuram o IRPJ com base no lucro presumido ou arbitrado** estão sujeitas à **incidência cumulativa.**

O regime cumulativo, todavia, permite algumas exclusões da base de cálculo para pagamento dessas contribuições (Lei 9.718, de 1998, art. 3º, § 2º):

a) das receitas isentas ou não alcançadas pela incidência da contribuição ou sujeitas à alíquota 0 (zero);

b) das vendas canceladas;

c) dos descontos incondicionais concedidos;

d) do IPI;

e) do ICMS, quando destacado em nota fiscal e cobrado pelo vendedor dos bens ou prestador dos serviços na condição de substituto tributário;

f) das reversões de provisões;

g) das recuperações de créditos baixados como perdas, que não representem ingresso de novas receitas;

h) dos resultados positivos da avaliação de investimentos pelo valor do patrimônio líquido;

i) dos lucros e dividendos derivados de investimentos avaliados pelo custo de aquisição, que tenham sido computados como receita;

j) das receitas não operacionais, decorrentes da venda de bens do ativo permanente.

Apesar de não ser muito comum questões de concurso público de Direito Previdenciário indagarem sobre as regras de PIS e da COFINS, o concurso para Analista do INSS 2014 trouxe algumas questões sobre o tema, conforme exemplificado:

Exemplo de questão:

(FUNRIO – Analista do Seguro Social – INSS/2014) Para efeito de apuração da base de cálculo do PIS, podem ser excluídos ou deduzidos da receita bruta os valores

e. das vendas canceladas;

II. dos descontos condicionais concedidos;

III. do Imposto sobre Produtos Industrializados (IPI);

IV. das reversões de provisões;

V. das despesas decorrentes das vendas de bens do ativo permanente.

Quantas dessas indicações estão corretas?

a) Apenas duas delas estão corretas.

b) Apenas três delas estão corretas.

c) Apenas quatro delas estão corretas.

d) Todas elas estão corretas.

e) Apenas uma está correta.

A comparação com o texto legal demonstra que os itens I, III e IV estão corretos e os itens II (descontos condicionais em vez de incondicionais) e V (somente as receitas não operacionais são excluídas da base) estão errados. Logo, a resposta é a letra B.

Os regimes de incidência não cumulativa para o PIS/Pasep e para a COFINS foram instituídos em dezembro de 2002 (Lei 10.637) e fevereiro de 2004 (Lei 10.833), respectivamente. Esse regime permite o desconto de créditos apurados com base em custos, despesas e encargos da pessoa jurídica. As alíquotas da Contribuição para o PIS/Pasep e da COFINS são, respectivamente, de 1,65% e de 7,6%.

As pessoas jurídicas de direito privado e as que lhe são equiparadas pela legislação do imposto de renda que apuram o IRPJ com base no lucro real estão sujeitas à incidência não cumulativa, exceto: as instituições financeiras, as cooperativas de crédito, as pessoas jurídicas que tenham por objeto a securitização de créditos imobiliários e financeiros, as operadoras de planos de assistência à saúde, as empresas particulares que exploram serviços de vigilância e de transporte de valores de que trata a Lei 7.102, de 1983, e as sociedades cooperativas (exceto as sociedades cooperativas de produção agropecuária e as sociedades cooperativas de consumo).

3.3.4.2.2. Das empresas sobre o lucro

A contribuição do empregador, da empresa e da entidade a ela equiparada incidente sobre o lucro é a **CSLL – Contribuição Social sobre o Lucro Líquido.** As alíquotas são aplicadas diretamente sobre o lucro das empresas, seja ele o real ou o presumido, a depender da forma de tributação.

Esta contribuição possui a mesma base de cálculo do Imposto de Renda das Pessoas Jurídicas – IRPJ, sendo administrada, arrecadada, fiscalizada e cobrada pela Secretaria da Receita Federal do Brasil – SRFB.

Estão sujeitas ao pagamento da CSLL as pessoas jurídicas e as pessoas físicas a elas equiparadas, domiciliadas no País. A alíquota da CSLL é de 9% para as pessoas jurídicas em geral, e de 15% (Lei 11.727, de 2008, art. 17), no caso das pessoas jurídicas consideradas instituições financeiras, de seguros privados e de capitalização. Observem que o texto do art. 23, II, da Lei 8.212/1991 traz a desatualizada alíquota de CSLL de 10%.

A apuração da CSLL deve acompanhar a forma de tributação do lucro adotada para o IRPJ. Aplicam-se à CSLL, no que couberem, as disposições da legislação do imposto sobre a renda referentes à administração, ao lançamento, à consulta, à cobrança, às penalidades, às garantias e ao processo administrativo, mantidas a base de cálculo e as alíquotas previstas na legislação da referida contribuição (Lei 7.689, de 1988, art. 6º, e Lei 8.981, de 1995, art. 57).

3.3.4.2.3. *Da receita de concursos de prognósticos*

- **Art. 212, Decreto 3.048/1999**
- **Art. 26, Lei 8.212/1991**

Considera-se concurso de prognóstico todo e qualquer concurso de sorteio de números ou quaisquer outros símbolos, loterias e apostas de qualquer natureza no âmbito federal, estadual, do Distrito Federal ou municipal, promovidos por órgãos do Poder Público ou por sociedades comerciais ou civis.

O Poder Público organiza os concursos lotéricos promovidos pela Caixa Econômica Federal, entre outros. A iniciativa privada, por sua vez, organiza diversos concursos, a exemplo da Tele Sena, Bolão do Faustão etc.

De acordo com o art. 26 da Lei 8.212/1991, alterado pela Lei 13.756/2018, constitui receita da Seguridade Social a contribuição social sobre a receita de concursos de prognósticos incidente sobre à receita auferida nos concursos de prognósticos, sorteios e loterias. A alíquota da contribuição corresponde ao percentual vinculado à Seguridade Social em cada modalidade lotérica, conforme previsto em lei.

3.3.4.2.4. *Do importador de bens e serviços do exterior*

Esta contribuição social foi inserida no texto constitucional pela EC 42/2003. Trata-se do **PIS Importação e da COFINS Importação.** São de competência da Secretaria da Receita Federal do Brasil.

3.3.4.2.5. *Contribuição Provisória sobre a Movimentação Financeira – CPMF*

A Contribuição Provisória de Movimentação Financeira - CPMF, **quando era vigente** (até 31/12/2007), não estava prevista no art. 195 da Constituição Federal. Ela encontrava guarida nos arts. 74 e 75 dos Atos das Disposições Transitórias - ADCT e incidia sobre movimentação ou transmissão de valores e de créditos e direitos de natureza financeira.

O produto da sua arrecadação era destinado, até 31/12/2007, para o Fundo Nacional de Saúde (0,20%), para a Previdência Social (0,10%) e para o Fundo de Combate e Erradicação da Pobreza (0,08%). Note, então, que parte de sua receita era reservada à Previdência Social.

3.3.5. Contribuições sociais

- **Art. 149, CF/1988**
- **Art. 195, §§ 4º, 6º, 9º, 11, CF/1988**

Embora o Código Tributário Nacional classifique as espécies de tributos em impostos, taxas e contribuições de melhoria, o **Supremo Tribunal Federal - STF já firmou**

posicionamento de que as espécies tributárias são cinco (RREE 138.284-8, Rel. Min. Carlos Veloso; 146.733; ADC-1/DF):

a) **Impostos;**

b) **Taxas;**

c) **Contribuições de melhoria;**

d) **Contribuições sociais em sentido amplo;**

e) **Empréstimos compulsórios.**

Concordamos com a **natureza tributária da contribuição social**, pois entendemos que esta espécie tributária atende à definição de tributo exarada no art. 3º do CTN e que a Constituição Federal de 1988 a incluiu entre as espécies tributárias.

Ressalvamos, no entanto, que existe uma contribuição social que **não tem natureza tributária**. Falamos da **contribuição previdenciária do segurado facultativo**. Como dissemos anteriormente, o segurado facultativo é a pessoa que não exerce atividade remunerada, não incidindo, dessa forma, no fato gerador do tributo, qual seja o trabalho. Ele passa a contribuir para a previdência social por ato de vontade própria, não sendo obrigado a fazê-lo. Assim, fica pendente para essa contribuição a característica básica do tributo: a compulsoriedade. Nesse sentido, acreditamos que a contribuição do segurado facultativo tem natureza jurídica de seguro público facultativo.

As contribuições sociais são, então, espécies autônomas de tributos. Em sentido amplo, as contribuições sociais são as mencionadas nos arts. 149 e 149-A da Constituição: Contribuições Sociais em Sentido Estrito, Contribuições de Intervenção no Domínio Econômico (CIDE), Contribuições de Interesse de Categorias Profissionais ou Econômicas e Contribuição para o Custeio do Serviço de Iluminação Pública.

As **contribuições de intervenção no domínio econômico** são as instituídas pelo Estado com finalidade regulatória de um mercado determinado, como ocorre com a incidente sobre a importação e a comercialização de petróleo e seus derivados, gás natural e seus derivados, e álcool etílico combustível – CIDE Combustível.

As **contribuições de interesse de categorias profissionais** ou econômicas são as que atendem ao financiamento dessas entidades, a exemplo da contribuição para a OAB, CRC, CRM e outros conselhos de classe profissional.

A **Contribuição para o Custeio do Serviço de Iluminação Pública** foi inserida no art. 149-A da Constituição Federal, pela Emenda Constitucional 39/2002 e tem como finalidade o financiamento do serviço de iluminação. É chamada atecnicamente de taxa de iluminação.

As contribuições sociais em sentido estrito subdividem-se em Contribuições Sociais Gerais, Contribuições Sociais para a Seguridade Social e Outras Contribuições para a Seguridade Social.

As **Contribuições Sociais Gerais** são as destinadas a outras entidades e fundos, chamados de **terceiros**, como, por exemplo, Salário-Educação (art. 212, CF/1988), SESI, SENAI, SENAT, SENAR... (art. 240, CF/1988).

Em relação à contribuição para o SEBRAE, é importante ressaltar que o Plenário do Supremo Tribunal decidiu, no RE 437.839-AgR, DJ 18.11.2005, que a contribuição para o SEBRAE se trata de **contribuição de intervenção no domínio econômico**. Entendeu, também, ser exigível a contribuição social destinada ao Serviço Brasileiro de Apoio às Micro e Pequenas Empresas - SEBRAE de empresas que exerçam atividade econômica, **não sendo necessária a vinculação direta entre o contribuinte e o benefício decorrente da aplicação dos valores arrecadados.**

Nesta visão, tal entidade teria como finalidade realizar o princípio da ordem econômica de dar tratamento favorecido para as empresas de pequeno porte. Apesar de fazer total sentido a construção exposta, defende-se aqui que esta não é a que traz a melhor interpretação do sistema constitucional tributário. Isso porque o art. 240 da Constituição Federal de 1988 dispõe que "ficam ressalvadas do disposto no art. 195 as atuais contribuições compulsórias dos empregadores sobre a folha de salários, destinadas às entidades privadas de serviço social e de formação profissional vinculadas ao sistema sindical".

Ora, analisando-se o texto do art. 240 da Constituição, pode-se claramente identificar que o constituinte entendeu que as contribuições para o Sistema "S" têm natureza de contribuição social, pois, se assim não fosse, não haveria qualquer necessidade de ressalvar tais contribuições do conteúdo do art. 195 da Constituição, artigo este que somente traz regras acerca das contribuições sociais.

O papel do SEBRAE é o apoio ao micro e pequeno empresário brasileiro, que fazem do seu negócio o seu meio de sustento. Assim, essa entidade tem como principal finalidade a formação profissional do microempresário e do empresário de pequeno porte, enquadrando-se no disposto no art. 240 da Constituição Federal.

Em relação às contribuições para o INCRA, estas podem e devem ser classificadas como contribuições de intervenção no domínio econômico, como, de fato, tem entendido o STJ, pois não atuam em favor de qualquer categoria profissional e nem consiste em entidade privada de serviço social.

As **Contribuições para a Seguridade Social** são as incidentes sobre a **folha de pagamento, o lucro, a receita/faturamento das empresas** e, ainda, sobre a remuneração dos trabalhadores, concursos de prognósticos e importação de bens e serviços. Foram estudadas no tópico anterior, quando as dividimos em previdenciárias e não previdenciárias.

Por fim, **Outras Contribuições Sociais** são as baseadas no § 4º do art. 195, que autoriza a União, por intermédio da utilização da sua **competência residual**, a criar fontes adicionais de custeio para a seguridade social.

Esquematicamente, a classificação adotada pode ser representada pelo quadro que encontramos no livro Salário de contribuição - A Base de Cálculo da Empresa e dos Segurados, de minha autoria, em parceria com o Professor Sinésio Cyrino, que me honra com o prefácio da presente obra:

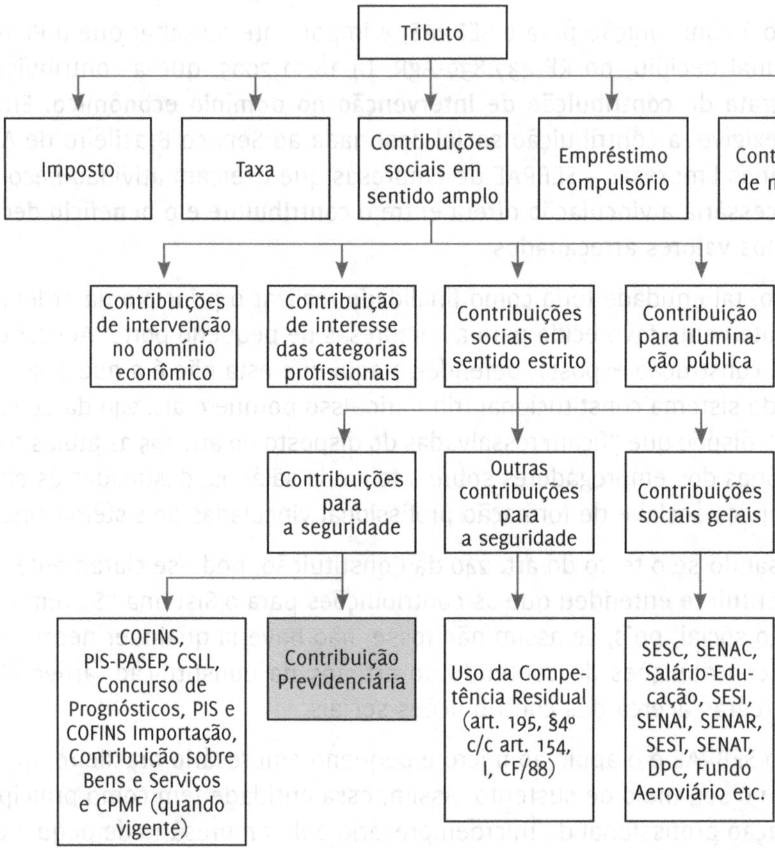

Outro ponto alterado foi a redação do § 11 do art. 195 da CF/1988. Vejamos o comparativo:

Antes da Reforma de 2019

> § 11. *É vedada a concessão de remissão ou anistia das contribuições sociais de que tratam os incisos I, a, e II deste artigo, para débitos em montante superior ao fixado em lei complementar.*

Após Reforma de 2019

> § 11. *São vedados* ***a moratória e o parcelamento em prazo superior a sessenta meses*** *e, na forma de lei complementar, a remissão e a anistia das contribuições sociais de que tratam a alínea "a" do inciso I e o inciso II do caput.*

A alteração teve o claro objetivo de acabar com os inúmeros parcelamentos especiais de longo prazo, que superam o prazo de 60 meses do parcelamento convencional, chegando a 180 ou até 240 meses. Os parcelamentos, sem dúvida, beneficiavam a prática da sonegação fiscal, permitindo que os débitos, mesmo que identificados em procedimento fiscalizatório, pudessem ser parcelados em longo prazo, inclusive com o perdão ou redução da multa e dos juros.

Esse foi um ponto bastante positivo da Reforma, que merece elogios por tentar moralizar o processo de cobrança de dívidas previdenciárias.

O art. 31 da EC 103/2019 evidencia que a vedação aos parcelamentos de mais de 60 meses não se aplica aos previstos na legislação vigente até a data de entrada em vigor da EC, sendo vedadas a reabertura ou a prorrogação de prazo para adesão. Assim, os inúmeros parcelamentos especiais ativos, tais como REFIS, PAES, PROFUT, Parcelamento Especial dos Municípios, Parcelamento Especial Rural, foram preservados.

Remissão é o perdão do valor principal da dívida já lançada. É hipótese de extinção do crédito tributário. A anistia é o perdão da multa e dos juros de mora ainda não lançados e exclui o crédito tributário. Ambos os institutos sofrem limitações quanto ao valor somente em relação às contribuições previdenciárias.

Observe-se que até então não foi editada qualquer lei complementar definindo o valor máximo para a concessão de remissão ou anistia. Assim, como este dispositivo constitucional é de eficácia contida, a remissão ou anistia de créditos previdenciários de qualquer valor pode ser concedida. Foi o que ocorreu com a remissão prevista pela MP 449, convertida na Lei 11.941, de 27/05/2009, para créditos de valores não superiores a R$ 10.000,00, vencidos há mais de cinco anos, mesmo que com a exigibilidade suspensa.

Para que seja instituída uma contribuição social prevista no texto constitucional (lucro, faturamento, folha de pagamento) é preciso apenas edição de lei ordinária. As principais contribuições previdenciárias foram instituídas e reguladas pela lei 8.212/1991.

A lei poderá instituir outras fontes destinadas a garantir a manutenção ou expansão da seguridade social face à competência residual da União. Entende o STF que estas contribuições devem ser criadas mediante **lei complementar** e obedecendo ao princípio da **não cumulatividade**, sem, todavia, ser obrigatório ter fato gerador ou base de cálculo diferente dos impostos já existentes. Não pode, entretanto, possuir a mesma base de cálculo e fato gerador das contribuições anteriormente instituídas, pois significaria, neste caso, apenas uma majoração de alíquota em vez da criação de nova contribuição (RE-258470/RS, Rel. Min. Moreira Alves).

O STF julgou em 18/10/2021 o ARE 875.958-GO firmando a tese que a falta de estudo atuarial específico e prévio não inviabiliza o aumento da alíquota da contribuição previdenciária dos servidores.

As contribuições sociais seguem a anterioridade nonagesimal ou anterioridade mitigada, ou seja, somente poderão ser exigidas depois de decorridos 90 dias da data da publicação da lei que as houver **instituído** ou **modificado**.

Na literalidade difere-se da anterioridade clássica aplicável aos impostos, que foi alvo de alteração com a reforma tributária (EC 42/2003). Antes da reforma, os impostos somente não poderiam ser cobrados no mesmo exercício financeiro em que tivesse sido publicada a lei que o **instituiu ou aumentou**. Dessa forma, o imposto que sofresse majoração por lei publicada em 10/03/2002, somente poderia ser cobrado em 01/01/2003. Da mesma forma, se a lei tivesse sido publicada em 14/12/2003 o imposto seria cobrado a partir do dia 01/01/2004.

Com a Reforma Tributária (EC 42/2003), a anterioridade dos impostos foi mantida, não permitindo a cobrança do tributo no mesmo exercício financeiro em que haja sido publicada a lei que os **instituiu ou aumentou** (150, III, b, CF/1988) e, ainda, cumulativamente antes de decorridos 90 dias da data em que haja sido publicada a lei que os **instituiu ou aumentou** (150, III, c, CF/1988). Agora, o imposto que sofrer majoração por lei publicada em 15/12/2004 não mais poderá ser cobrado a partir de 01/01/2005, mas a partir de 15/03/2005 (90 dias depois).

Alguns impostos, no entanto, são excepcionados da necessidade de cumprimento de qualquer anterioridade (nonagesimal e clássica), são eles: Impostos de Importação, Imposto de Exportação, Imposto sobre Operações Financeiras (IOF), Imposto Extraordinário de Guerra e Empréstimo Compulsório para Calamidade Pública, Guerra Externa ou sua Iminência. O Imposto de Renda deve cumprir apenas a anterioridade clássica, somente não podendo ser cobrado no mesmo exercício financeiro da lei que tiver sido instituído ou aumentado. Já o IPI obedece apenas ao princípio da anterioridade nonagesimal (art. 150, III, b, c e § 1º, CF/1988).

Ressalte-se que essas alterações não afetaram a anterioridade nonagesimal das contribuições sociais, que continuam só podendo ser exigidas depois de decorridos 90 dias da data da publicação da lei que as houver **instituído** ou **modificado.**

Atenção!

Perceba que, na literalidade do texto constitucional, a noventena das contribuições sociais deve ser atendida quando uma nova contribuição é instituída ou quando as já existentes são **modificadas.** Para impostos, a Constituição utiliza as expressões instituiu ou **aumentou.** A Corte Maior no passado já entendeu que estes textos deveriam ser interpretados literalmente, mas atualmente pacificou entendimento de que a anterioridade nonagesimal das contribuições sociais só se aplica no caso de instituição ou aumento de alíquota, não sendo aplicável para redução ou alteração do prazo de vencimento da obrigação.

Ratificando o mencionado, o STF publicou a Súmula 669 e a Súmula Vinculante 50 que dispõem: "Norma legal que altera o prazo de recolhimento da obrigação tributária não se sujeita ao princípio da anterioridade".

Por fim, salientamos que a regra aplicável aos impostos que dispõe que estes somente serão exigidos no exercício financeiro seguinte a conversão em lei da medida provisória que implique instituição ou majoração de impostos (art. 62, § 2º, CF/1988), não se aplica ao aumento e instituição de contribuições sociais.

Assim, caso uma **Medida Provisória aumente a alíquota de contribuição previdenciária, poderá tal majoração vigorar após 90 dias da data da publicação da MP,** independentemente da data de sua conversão em lei. Nesse sentido vem se posicionando o STF conforme demonstrado nos julgados a seguir transcritos:

> "O prazo nonagesimal (CF, art. 195, § 6º) é contado a partir da publicação da medida provisória que houver instituído ou modificado a contribuição. (RE 453.490-AgR, Rel. Min. Ricardo Lewandowski, j. em 17/10/2006, DJ de 10/11/2006.)

> "Contribuição social. Anterioridade. Medida provisória convertida em lei. Uma vez convertida a medida provisória em lei, no prazo previsto no parágrafo único do artigo 62 da Carta Política da República, conta-se a partir da veiculação da primeira o período de noventa dias de que cogita o § 6º do artigo 195, também da Constituição Federal. A circunstância de a lei de conversão haver sido publicada após os trinta dias não prejudica a contagem, considerado como termo inicial a data em que divulgada a medida provisória." (RE 168.421, Rel. Min. Marco Aurélio, j. em 16/12/1997, DJ de 27/03/1998.)

3.3.6. Imunidade das entidades beneficentes de assistência social

▶ **Art. 195, § 7º, CF/1988**

▶ **Lei 12.101/2009**

A Constituição Federal dispõe que "são isentas de contribuição para a seguridade social as entidades beneficentes de assistência social que atendam às exigências estabelecidas em lei" (art. 195, § 7º, CF/1988).

Apesar de o texto constitucional mencionar a palavra **"isenta"**, tecnicamente trata-se de verdadeira **imunidade tributária**. A isenção é a intributabilidade definida por lei, enquanto a imunidade é hipótese negativa de incidência qualificada pela própria Carta Magna. O resultado prático da isenção e da imunidade, no entanto, é o mesmo: o contribuinte fica desobrigado do recolhimento dos tributos. Ficamos com esta reduzida conceituação, pois não está entre os objetivos desta obra debater com profundidade os conceitos doutrinários do Direito Tributário.

Note-se que a imunidade para as contribuições sociais somente poderá ser gozada pelas entidades beneficentes que promovam, gratuitamente, a assistência social. Difere-se, desta maneira, da imunidade em relação aos impostos, não podendo estes serem instituídos sobre o patrimônio, renda ou serviços dos partidos políticos, inclusive suas fundações, das entidades sindicais dos trabalhadores, das instituições de educação e de assistência social, sem fins lucrativos, atendidos os requisitos da lei (art. 150, VI, c, CF/1988).

Há uma forte polêmica sobre qual seria o instrumento legal necessário para regulamentar o dispositivo constitucional que trata da imunidade das entidades beneficentes. Observa-se que o texto do § 7º do art. 195 da Constituição Federal de 1988 apenas menciona a necessidade de lei para definir os requisitos da imunidade. Dessa forma, parte da doutrina defende que a lei ordinária é o instrumento hábil para dispor sobre os requisitos.

Uma parte considerável da doutrina entende que a regulamentação desse dispositivo deve ser efetuada por lei complementar. Acreditam os partidários dessa teoria que o art. 146, II, da CF/1988, que dispõe caber à lei complementar regular as limitações constitucionais do poder de tributar, aplica-se à imunidade relativa às contribuições sociais. Assim, combinando-se o art. 195, § 7º, com o art. 146, II, da Constituição, extrair-se-ia que a regulamentação das regras da imunidade deve ser feita por lei complementar.

Apesar de considerarmos consistente a argumentação dos que defendem a necessidade de lei complementar para a regulamentação da imunidade, filiamo-nos à corrente dos que acreditam que **só é necessária lei ordinária para definir os requisitos da imunidade das contribuições sociais**. Isso porque o art. 195, § 7º, da CF/1988, que trata especificamente da imunidade em relação às contribuições sociais, como já comentado, somente exige lei para a sua regulamentação. Ademais, o art. 146, II, não é aplicável às contribuições sociais, pois o art. 149 da CF/1988, ao tratar desses tributos, apenas estabelece que seja observado o disposto nos arts. 146, III, e 150, I e III, excluindo, assim, a aplicabilidade do art. 146, II.

Apesar de toda a polêmica, o legislador optou por tratar dos requisitos da imunidade no art. 55 da Lei 8.212/1991. Obviamente, esse artigo tornou-se alvo de intermináveis questionamentos judiciais, entendendo alguns que os únicos requisitos para o gozo da imunidade são os presentes no Código Tributário Nacional – CTN, que foi recepcionado pela Constituição Federal de 1988 com *status* de Lei Complementar.

Em decisão partida o STF julgou a ADI 2028 em 23/02/2017, entendendo que o art. 55 da Lei 8.212/1991 era inconstitucional, pois sinalizou que, por se tratar de limitação ao poder de tributar, as "exigências legais" ao exercício das imunidades seriam sempre "normas de regulação" às quais o constituinte originário teria feito referência no inciso II do art. 146 da CF, a serem dispostas em lei complementar. Considerou que os requisitos legais exigidos para a imunidade das contribuições sociais, enquanto não editada nova lei complementar sobre a matéria, seriam somente aqueles do art. 14 do CTN e que a mera regulamentação dos requisitos poderia ser feita por lei ordinária.

Assim, os requisitos para o gozo da imunidade previstos na **Lei Ordinária 12.101**, de 27/11/2009 e no art. 55 da Lei 8.212/1991, foi julgada inconstitucional pelo STF..

A Lei Complementar 187, de 16/12/2021 veio sanar a inconstitucionalidade trazendo os requisitos para que uma entidade seja considerada imune do pagamento de contribuições previdenciárias.

Assim, o art. 3º. da LC 187/2021 traz os seguintes requisitos para o gozo do benefício fiscal para as entidades beneficentes que atuem nas áreas da saúde, da educação e da assistência social, certificadas:

I - não percebam seus dirigentes estatutários, conselheiros, associados, instituidores ou benfeitores remuneração, vantagens ou benefícios, direta ou indiretamente, por qualquer forma ou título, em razão das competências, das funções ou das atividades que lhes sejam atribuídas pelos respectivos atos constitutivos;

II - apliquem suas rendas, seus recursos e eventual superávit integralmente no território nacional, na manutenção e no desenvolvimento de seus objetivos institucionais;

III - apresentem certidão negativa ou certidão positiva com efeito de negativa de débitos relativos aos tributos administrados pela Secretaria Especial da Receita Federal do Brasil e pela Procuradoria-Geral da Fazenda Nacional, bem como comprovação de regularidade do Fundo de Garantia do Tempo de Serviço (FGTS);

IV - mantenham escrituração contábil regular que registre as receitas e as despesas, bem como o registro em gratuidade, de forma segregada, em consonância com as normas do Conselho Federal de Contabilidade e com a legislação fiscal em vigor;

V - não distribuam a seus conselheiros, associados, instituidores ou benfeitores seus resultados, dividendos, bonificações, participações ou parcelas do seu patrimônio, sob qualquer forma ou pretexto, e, na hipótese de prestação de serviços a terceiros, públicos ou privados, com ou sem cessão de mão de obra, não transfiram a esses terceiros os benefícios relativos à imunidade prevista no § 7º do art. 195 da Constituição Federal;

VI - conservem, pelo prazo de 10 anos, contado da data de emissão, os documentos que comprovem a origem e o registro de seus recursos e os relativos a atos ou a operações realizadas que impliquem modificação da situação patrimonial;

VII - apresentem as demonstrações contábeis e financeiras devidamente auditadas por auditor independente legalmente habilitado nos Conselhos Regionais de Contabilidade, quando a receita bruta anual auferida for superior ao limite para opção pelo SIMPLES; e

VIII - prevejam, em seus atos constitutivos, em caso de dissolução ou extinção, a destinação do eventual patrimônio remanescente a entidades beneficentes certificadas ou a entidades públicas.

A exigência de não remunerar os diretores das entidades não impede:

I – a remuneração aos dirigentes não estatutários; e

II – a remuneração aos dirigentes estatutários, desde que recebam remuneração inferior, em seu valor bruto, a 70% do limite estabelecido para a remuneração de servidores do Poder Executivo federal, obedecidas as seguintes condições:

a) nenhum dirigente remunerado poderá ser cônjuge ou parente até o terceiro grau, inclusive afim, de instituidores, de associados, de dirigentes, de conselheiros, de benfeitores ou equivalentes da entidade; e

> b) o total pago a título de remuneração para dirigentes pelo exercício das atribuições estatutárias deverá ser inferior a cinco vezes o valor correspondente ao limite individual estabelecido para a remuneração dos servidores do Poder Executivo federal.

O valor das remunerações dos diretores deverá respeitar o valor de mercado dos salários praticados, correspondente à sua área de atuação e deverá ser fixado pelo órgão de deliberação superior da entidade, registrado em ata, com comunicação ao Ministério Público, no caso das fundações.

Os dirigentes, estatutários ou não, não respondem, direta ou subsidiariamente, pelas obrigações fiscais da entidade, salvo se comprovada a ocorrência de dolo, fraude ou simulação.

A LC 187/2021 traz vários requisitos para que as entidades possam obter a certificação. O art. 6º dispõe que a certificação será concedida à entidade beneficente que demonstre, no exercício fiscal anterior ao do requerimento a que se refere o art. 34 desta Lei Complementar, observado o período mínimo de 12 meses de constituição da entidade, o cumprimento de diversas regras, de acordo com as respectivas áreas de atuação.

A entidade que atue em mais de uma área deverá manter escrituração contábil segregada por área, de modo a evidenciar as receitas, os custos e as despesas de cada atividade desempenhada.

Nos processos de certificação, o período mínimo de cumprimento dos requisitos poderá ser reduzido se a entidade for prestadora de serviços por meio de contrato, de convênio ou de instrumento congênere com o Sistema Único de Saúde (SUS), com o Sistema Único de Assistência Social (Suas) ou com o Sistema Nacional de Políticas Públicas sobre Drogas (Sisnad), em caso de necessidade local atestada pelo gestor do respectivo sistema.

Uma entidade que atua na saúde, por exemplo, deve comprovar, anualmente, a prestação de seus serviços ao SUS no percentual mínimo de 60%, com base nas internações e nos atendimentos ambulatoriais realizados.

Pode, também, prestar serviços gratuitos de saúde. Para ser certificada pela aplicação de percentual de sua receita em gratuidade na área da saúde, a entidade deverá comprovar essa aplicação da seguinte forma:

> I – 20%, quando não houver interesse de contratação pelo gestor local do SUS ou se o percentual de prestação de serviços ao SUS for inferior a 30%;
>
> II – 10%, se o percentual de prestação de serviços ao SUS for igual ou superior a 30% e inferior a 50%; ou
>
> III – 5%, se o percentual de prestação de serviços ao SUS for igual ou superior a 50%..

Já as entidades educacionais poderão obter a certificação se comprovarem a oferta de gratuidade na forma de bolsas de estudo e de benefícios, nos seguintes termos:

> I – bolsa de estudo integral a aluno cuja renda familiar bruta mensal per capita não exceda o valor de 1,5 salário mínimo;
>
> II – bolsa de estudo parcial com 50% de gratuidade a aluno cuja renda familiar bruta mensal *per capita* não exceda o valor de 3 salários mínimos.

Para fins de concessão da bolsa de estudo integral, admite-se a majoração em até 20% do teto estabelecido, ao se considerar aspectos de natureza social do beneficiário, de sua família ou de ambos, quando consubstanciados em relatório comprobatório devidamente assinado por assistente social com registro no respectivo órgão de classe.

A entidade que atua na educação básica deverá conceder, anualmente, bolsas de estudo na proporção de uma bolsa de estudo integral para cada 5 alunos pagantes, seguindo as regras do art. 20, da LC 187/2021.

Ressalte-se que o STF julgou constitucional a exigência de renovação periódica do Certificado de Entidade Beneficente de Assistência Social – CEBAS para o gozo da imunidade (RMS 27.093, RMS 27.300 e RMS 26.932).

Já o STJ exarou entendimento na Súmula 612 que o certificado de entidade beneficente de assistência social (CEBAS), no prazo de sua validade, possui natureza declaratória para fins tributários, retroagindo seus efeitos à data em que demonstrado o cumprimento dos requisitos estabelecidos por lei complementar para a fruição da imunidade (Primeira Seção, aprovada em 09/05/2018).

3.3.7. Segurados especiais

- **Art. 195, § 8º, CF/1988**
- **Art. 201, § 12, CF/1988**

"O produtor, o parceiro, o meeiro e o arrendatário rurais e o pescador artesanal, bem como os respectivos cônjuges, que exerçam suas atividades em regime de economia familiar, **sem empregados permanentes, contribuirão** para a seguridade social mediante a **aplicação de uma alíquota sobre o resultado da comercialização da produção** e farão jus aos benefícios nos termos da lei" (art. 195, § 8º, regulamentado pela Lei 8.213/1991). É a categoria dos segurados especiais.

Os produtores que trabalhem em regime de economia familiar contribuirão para a previdência social com uma alíquota incidente sobre a venda de sua produção, em vez de seguirem a regra geral da contribuição sobre a remuneração. Isso se justifica devido às grandes oscilações de caixa a que estes segurados são submetidos durante o ano, inviabilizando a contribuição mensal para o sistema previdenciário. Note-se que a produção está sujeita aos períodos de plantio, safra e entressafra. O ganho destes segurados ocorre, exclusivamente, com a comercialização da sua produção.

A Constituição menciona que estes segurados devem exercer suas **atividades em regime de economia familiar, sem empregados permanentes.** Note que o texto não proíbe o apoio de empregados temporários (safristas), entretanto a legislação previdenciária restringiu durante muito tempo o texto constitucional, não permitindo a contratação de empregados temporários. Somente com a edição da Lei 11.718/2008 é que a lei previdenciária passou a permitir a contratação pelo segurado especial de empregados safristas, como veremos quando estudarmos as categorias de segurados.

Estudaremos adiante que os segurados especiais têm seus benefícios previdenciários limitados ao salário mínimo, por força de lei. A própria Constituição, ao prever a forma diferenciada de contribuição deste segurado, estabeleceu que ele faria jus aos benefícios nos termos da lei.

Veremos que estes segurados não necessitam comprovar o recolhimento de contribuição para fazer jus aos benefícios previdenciários, bastando comprovar o exercício da atividade rural. Por isso, muitos estudantes acabam acreditando, equivocadamente, que tais segurados não são obrigados a pagar qualquer contribuição. Sobre o tema, segue questão de concurso público:

Exemplo de questão:

(Cespe – Analista Legislativo – Consultor Legislativo – Câmara dos Deputados/2014) Julgue o próximo item, referente ao custeio da seguridade social.

( ) Produtor rural que exerça sua atividade em regime de economia familiar, sem empregados permanentes, será isento de contribuição para a seguridade social.

Resposta: Errado

3.3.8. Orçamento da Seguridade Social

- **Art. 195, § 1º, CF/1988**
- **Art. 195, § 2º, CF/1988**
- **Art. 165, § 5º, III, CF/1988**

Existem três orçamentos que devem ser elaborados anualmente e aprovados por lei:

I - **o orçamento fiscal** referente aos Poderes da União, seus fundos, órgãos e entidades da administração direta e indireta, inclusive fundações instituídas e mantidas pelo Poder Público;

II - **o orçamento de investimento** das empresas em que a União, direta ou indiretamente, detenha a maioria do capital social com direito a voto;

III - **o orçamento da seguridade social**, abrangendo todas as entidades e órgãos a ela vinculados, da administração direta ou indireta, bem como os fundos e fundações instituídos e mantidos pelo Poder Público.

O orçamento da seguridade social é específico, contendo as receitas da seguridade social e os gastos com as áreas da saúde, assistência social e previdência social.

A proposta de orçamento da seguridade social será elaborada de forma integrada pelos órgãos responsáveis pela saúde, previdência social e assistência social, tendo em vista as metas e prioridades estabelecidas na lei de diretrizes orçamentárias, assegurada a cada área a gestão de seus recursos.

As receitas dos Estados, do Distrito Federal e dos Municípios destinadas à seguridade social constarão dos respectivos orçamentos, não integrando o orçamento da União. Cada ente federativo deve elaborar as previsões orçamentárias e incluí-las em seus orçamentos.

A contribuição da União é constituída de recursos adicionais do orçamento fiscal, fixados obrigatoriamente na Lei Orçamentária Anual.

No caso de eventual falta de recursos para o pagamento dos benefícios do RGPS, cabe à União efetuar a complementação mediante inclusão da destinação dos recursos em seu orçamento fiscal na forma da Lei Orçamentária Anual (art. 16, Lei 8.212/1991).

3.3.9. Imunidade às exportações

▶ **Art. 149, § 2º, CF/1988**

A Emenda Constitucional 33/2001 ofereceu **imunidade de contribuições sociais e de intervenção no domínio econômico às receitas provenientes de operação de exportação.**

As exportações ficaram, então, desoneradas do pagamento de contribuições incidentes sobre a receita ou faturamento (COFINS e PIS). Os contribuintes que recolhem suas contribuições previdenciárias com base no faturamento, devido à substituição tributária, também foram beneficiados. Entre eles estão o produtor rural e o segurado especial.

Cabe ressaltar que o Supremo Tribunal Federal decidiu que a exportação indireta de produtos – realizada por meio de *trading companies* (empresas que atuam como intermediárias) – não está sujeita à incidência de contribuições sociais. A análise da questão foi concluída no julgamento da Ação Direta de Inconstitucionalidade (ADI) 4735 e do Recurso Extraordinário (RE) 759244.

A Corte produziu a seguinte tese de repercussão geral (Tema 674): "A norma imunizante contida no inciso I do parágrafo 2º do artigo 149 da Constituição da República alcança as receitas decorrentes de operações indiretas de exportação, caracterizadas por haver participação negocial de sociedade exportadora intermediária". A imunidade prevista no dispositivo constitucional estabelece que as contribuições sociais e de intervenção no domínio econômico não incidem sobre receitas decorrentes de exportação.

3.3.10. Competência da Justiça do Trabalho para executar contribuições previdenciárias

- **Art. 114, VIII, CF/1988**
- **Art. 43 da Lei 8.212/1991**
- **Lei 10.035/2000**

Compete à Justiça do Trabalho **executar, de ofício, as contribuições previdenciárias** das empresas e dos segurados **decorrentes das sentenças que proferir.**

Em se tratando de uma reclamação trabalhista, o Juiz do Trabalho deve cobrar não apenas a parte devida pelo empregador ao seu empregado, mas também a parcela de contribuição previdenciária sobre ela incidente.

A execução das contribuições previdenciárias diretamente pela Justiça do Trabalho deu celeridade ao processo de arrecadação destas. Antes da Emenda Constitucional 20/1998, a responsabilidade pela cobrança das contribuições previdenciárias era do INSS, que devia, em caso de inadimplemento das obrigações tributárias, lançar, inscrever em dívida ativa e somente depois iniciar processo de execução fiscal junto à Justiça Federal.

Na reclamação trabalhista, as contribuições sociais incidem sobre as verbas remuneratórias a que tenha sido condenado o reclamado ou as devidas em virtude de acordo homologado na Justiça do Trabalho.

O STF editou a Sumula Vinculante 53, dispondo que a competência da Justiça do Trabalho prevista no art. 114, VIII, da Constituição Federal alcança a execução de ofício das contribuições previdenciárias relativas **ao objeto da condenação constante das sentenças que proferir e acordos por ela homologados.** Com isso, afastou-se a competência da justiça do trabalho para executar as contribuições previdenciárias decorrentes de sentenças meramente declaratórias, como as que apenas reconhecem a existência de relação de emprego, sem condenar ao pagamento de qualquer verba trabalhista.

A execução de contribuições previdenciárias na Justiça do Trabalho decorrentes de ações declaratórias de reconhecimento de vínculo é um tema bastante controvertido. A Lei 11.457/2007 alterou a redação do art. 876 da CLT, dispondo que mesmo as contribuições devidas sobre os salários pagos durante o período contratual reconhecido devem ser executadas na Justiça do Trabalho. Algumas decisões, no entanto, têm sido proferidas entendendo que tal execução extrapola o limite de competência previsto no art. 114, VIII, da Constituição.

Das sentenças judiciais ou dos acordos homologados deve também constar a **discriminação dos valores relativos às parcelas remuneratórias e às indenizatórias.** Inexistindo tal especificação, será considerado remuneratório o valor global consignado, com a consequente incidência de contribuição previdenciária sobre a totalidade do cálculo apurado em liquidação ou sobre o valor do acordo homologado (art. 43, § 1º, Lei. 8.212/1991).

De acordo com a redação da OJ 368 do TST, é devida a incidência das contribuições para a Previdência Social sobre o valor total do acordo homologado em juízo, **independentemente do reconhecimento de vínculo de emprego,** desde que não haja discriminação das parcelas sujeitas à incidência da contribuição previdenciária, conforme parágrafo único do art. 43 da Lei 8.212, de 24.07.1991, e do art. 195, I, a, da CF/1988.

Como é sabido, o fato gerador da contribuição previdenciária é o trabalho. Assim, na execução das contribuições previdenciárias na Justiça Especializada, considera-se ocorrido **o fato gerador das contribuições sociais na data da prestação do serviço** (art. 43, § 2º, da Lei 8.212/1991, com redação dada pela Lei 11.941/2009). Ressalte-se, todavia, que, no âmbito da Justiça do Trabalho, ainda existe discussão, a nosso ver sem sentido, acerca do fato gerador da contribuição previdenciária. Alguns magistrados defendem que o fato gerador é o pagamento, o que contraria até mesmo o texto legal retro mencionado.

As contribuições previdenciárias decorrentes de ações trabalhistas devem ser **apuradas mês a mês,** com referência ao período da prestação de serviços. Assim, havendo uma condenação referente a 12 meses de trabalho, o cálculo do valor a ser pago a título de contribuição previdenciária deve ser efetuado tomando-se por base cada um dos 12 meses trabalhados e aplicando-se a correspondente alíquota, considerando-se os limites máximos do salário de contribuição de cada mês e os acréscimos legais relativamente a cada uma das competências abrangidas.

O recolhimento das contribuições apuradas deve ser efetuado no mesmo prazo em que devam ser pagos os créditos encontrados em liquidação de sentença ou em acordo homologado, sendo que, neste último caso, o recolhimento será feito em tantas parcelas quantas as previstas no acordo, nas mesmas datas em que sejam exigíveis e proporcionalmente a cada uma delas.

Observe-se que, no caso de reconhecimento judicial da prestação de serviços em condições que permitam a aposentadoria especial após 15, 20 ou 25 anos de contribuição, serão devidos os acréscimos de contribuição de 12%, 9% e 6%, respectivamente (vide **tópico 9.3.1.3**).

Na hipótese de acordo celebrado após ter sido proferida decisão de mérito, a contribuição será calculada **com base no valor do acordo** (art. 43, § 5º, da Lei 8.212/1991).

A AGU editou, em 03/12/2012, a Súmula 67 sobre este tema, com a seguinte redação: "Na Reclamação Trabalhista, até o trânsito em julgado, as partes são livres para discriminar a natureza das verbas objeto do acordo judicial para efeito do cálculo da contribuição previdenciária, mesmo que tais valores não correspondam aos pedidos ou à proporção das verbas salariais constantes da petição inicial."

Nos acordos de valor inferior a R$ 40.000,00, a Procuradoria Geral Federal fica dispensada de se manifestar (art. 832, § 7º, da CLT, combinado com a Portaria PGF/AGU 47, de 07/07/23).

O procedimento da execução de ofício é detalhado pela Lei 10.035/2000. Esta determina que os cálculos sejam feitos pelas partes ou pelo contador designado pelo Juiz do Trabalho, devendo a União ser intimada para manifestar-se em 10 dias, sob pena de preclusão.

Depois de homologados os cálculos pelo Juízo, o devedor deve ser citado para efetuar o pagamento ou garantir a execução no prazo de 48 horas.

Note que as contribuições decorrentes de acordos promovidos por Comissões de Conciliação Prévia devem ser cobradas e executadas diretamente pela SRFB, aplicando-se as mesmas regras da execução na Justiça do Trabalho. Comissões de Conciliação Prévia podem ser instituídas, na forma da Lei 9.958, de 12 de janeiro de 2000, no âmbito da empresa ou do sindicato representativo da categoria, podendo ser constituídas por grupos de empresas ou ter caráter intersindical com o objetivo de promover a conciliação preventiva de natureza trabalhista (art. 79, IN 2.110/2022 – RFB).

Outro tema polêmico é o que se refere à competência da Justiça do Trabalho para executar as contribuições para terceiros (SESC, SENAC, SESI, SENAI etc.). Note-se que o art. 114, VIII, da CF/1988 só atribuiu competência aos magistrados trabalhistas para execução das contribuições previdenciárias previstas no art. 195, I, a, e 195, II, da CF/1988, incluindo o SAT, conforme já pacificado pela Súmula 454 do TST. As contribuições para terceiros, por sua vez, estão fundamentadas nos arts. 212, § 6º, e 240, da Constituição, não possuindo, então, a Justiça do Trabalho, competência para sua execução. Não é outro o entendimento da própria AGU, que editou a Súmula 64 em 14/05/2012, com a seguinte redação: "As contribuições sociais destinadas às entidades de serviço social e formação profissional não são executadas pela Justiça do Trabalho".

No **PUIL 293, STJ** (Pedido de Uniformização de Interpretação de Lei), o STJ decidiu que são necessários documentos **contemporâneos** na ação trabalhista para reconhecer o tempo de contribuição na previdência, baseado no art. 55, § 3º, da Lei 8.213/91, que exige início de prova material para o reconhecimento de tempo contributivo.

O tema da execução das contribuições previdenciárias pela Justiça do Trabalho é bastante polêmico, dando margem a uma série de questionamentos. Os detalhamentos das discussões, entretanto, não farão parte deste material, já que fogem ao objetivo e direcionamento desta obra. Quem quiser se aprofundar no tema pode consultar o livro As Contribuições Previdenciárias na Justiça do Trabalho, também de minha autoria.

3.3.11. Contratação com o Poder Público

▶ **Art. 195, § 3º, CF/1988**

A pessoa jurídica em débito com o sistema da seguridade social, como estabelecido em lei, **não poderá contratar com o Poder Público** nem dele receber benefícios ou incentivos fiscais ou creditícios.

Para participar de licitações para contratação com o Poder Público, as empresas necessitam de um documento emitido pelos órgãos arrecadadores de contribuições sociais. Tal documento é a Certidão Negativa de Débito, que será estudada em capítulo próprio.

Considera-se a entidade em débito quando contra ela constar crédito da seguridade social exigível decorrente de obrigação assumida como contribuinte ou responsável, constituído por meio de notificação fiscal de lançamento (antigo documento de cobrança de débito), auto de infração, confissão ou declaração, assim entendido também o que tenha sido objeto de informação na Guia de Recolhimento do Fundo de Garantia do Tempo de Serviço e Informações à Previdência Social. Veremos estes conceitos no decorrer da obra.

3.3.12. Substituição das contribuições sobre a folha

▶ **Art. 195, § 13, CF/1988**

A EC 42/2003 (reforma tributária) indicou a tendência de **substituição das contribuições patronais incidentes sobre a folha de salários e demais rendimentos dos trabalhadores pela incidente sobre a receita ou faturamento.**

Existe uma forte discussão tributária sobre ser a contribuição sobre a folha de pagamento responsável pelo agravamento da situação de desemprego do país. A polêmica justifica-se devido ao fato de o empregador computar, como custo da mão de obra, tanto as remunerações pagas aos trabalhadores quanto o custo das contribuições previdenciárias. Isso torna mais caras as contratações de empregados, desestimulando a oferta de emprego.

A Lei 12.546/2011 tratou da desoneração da folha de pagamento, tendo sido regulamentada pela Instrução Normativa 1.436, da RFB, de 30/12/2013. Essa tão criticada desoneração da folha de pagamento, que possuía fundamento constitucional, perdeu a sua base com a Reforma da Previdência Social. Vejamos o comparativo das redações do § 9º do art. 195 da Constituição Federal de 1988:

Antes da Reforma de 2019

Art. 195

I – do empregador, da empresa e da entidade a ela equiparada na forma da lei, incidentes sobre

a) a folha de salários e demais rendimentos do trabalho pagos ou creditados, a qualquer título, à pessoa física que lhe preste serviço, mesmo sem vínculo empregatício;

b) a receita ou o faturamento;

c) o lucro;

...

§ 9º As contribuições sociais previstas no inciso I do caput deste artigo poderão ter alíquotas ou bases de cálculo diferenciadas, em razão da atividade econômica, da utilização intensiva de mão de obra, do porte da empresa ou da condição estrutural do mercado de trabalho.

...

§ 13. Aplica-se o disposto no § 12 inclusive na hipótese de substituição gradual, total ou parcial, da contribuição incidente na forma do inciso I, a, pela incidente sobre a receita ou o faturamento.

Após Reforma de 2019

Art. 195

I – do empregador, da empresa e da entidade a ela equiparada na forma da lei, incidentes sobre

a) a folha de salários e demais rendimentos do trabalho pagos ou creditados, a qualquer título, à pessoa física que lhe preste serviço, mesmo sem vínculo empregatício;

b) a receita ou o faturamento;

c) o lucro;

...

§ 9º As contribuições sociais previstas no inciso I do caput deste artigo poderão ter alíquotas diferenciadas em razão da atividade econômica, da utilização intensiva de mão de obra, do porte da empresa ou da condição estrutural do mercado de trabalho, **sendo também autorizadas a adoção de bases de cálculo diferenciadas apenas no caso das alíneas "b" e "c" do inciso I do caput.**

...

§ 13. Revogado.

O cotejo dos dois textos deixa claro que não é mais permitida a desoneração da folha de pagamento, substituindo as contribuições sobre a folha por uma contribuição incidente sobre a receita ou faturamento. O § 9º do art. 195 da Constituição reformada só autoriza alteração na base de cálculos das contribuições incidentes sobre a receita ou o lucro.

De fato, sempre criticamos a sistemática de desoneração da folha de pagamento, substituindo a sua base pelo faturamento. Defendemos a política de desoneração da folha de pagamento, mas com a contribuição substitutiva incidente sobre a movimentação financeira, nos moldes da antiga CPMF. Em nosso livro específico sobre este tema intitulado *A Desoneração da Folha de Pagamento* (LTr, 2012), propusemos um modelo de substituição de muitas das contribuições patronais previdenciárias incidentes sobre a folha pela que chamamos de CMF-PS – Contribuição sobre a Movimentação Financeira para a Previdência Social, apontando todas as vantagens desse novo modelo.

Não faz parte do objetivo desta obra ampliarmos a análise dessa substituição de modelo tributário, mas alertamos que tal pensamento está bastante alinhado com as ideias do atual Governo, e que não nos surpreenderia se colocasse esse ponto na Reforma Tributária que está por vir.

O art. 30 da EC 103/2019, publicada em 13/11/2019, deixou claro que a vedação de diferenciação ou substituição de base de cálculo decorrente do disposto no § 9º do art. 195 da Constituição Federal **não se aplica a contribuições que substituam a contribuição de que trata a alínea *a* do inciso I do *caput* do art. 195 da Constituição Federal, instituídas antes da data de entrada em vigor da Emenda Constitucional.**

Logo, as desonerações concedidas anteriormente à Reforma da Previdência de 2019 permanecem. Isso é bastante relevante para alguns setores que historicamente têm a contribuição sobre a folha substituída, tais como as entidades desportivas, as quais mantêm equipes de futebol profissional, e os produtores rurais enquanto pessoas físicas, jurídicas e agroindustriais.

Nesta obra, comentaremos mais detalhadamente o tema no **capítulo 27**.

3.3.13. Aposentadoria Especial

▶ Art. 201, § 1º, CF/1988

O art. 201, § 1º, da Constituição Federal de 1988 foi alterado pela EC 103/2019. Vamos aos comparativos do texto antigo e do texto atual:

Texto anterior à Reforma de 2019:

> *§ 1º É vedada a adoção de requisitos e critérios diferenciados para a concessão de aposentadoria aos beneficiários do regime geral de previdência social, ressalvados os casos de **atividades exercidas sob condições especiais que prejudiquem a saúde ou a integridade física e quando se tratar de segurados portadores de deficiência,** nos termos definidos em lei complementar.*

Texto pós-Reforma de 2019:

> *É vedada a adoção de requisitos ou critérios diferenciados para concessão de benefícios, ressalvado, nos termos de lei complementar, a **possibilidade de previsão de idade e tempo de contribuição distintos da regra geral para concessão de aposentadoria exclusivamente em favor dos segurados:***

> *I - **com deficiência**, previamente submetidos à avaliação biopsicossocial realizada por equipe multiprofissional e interdisciplinar;*
>
> *II - cujas atividades sejam exercidas com **efetiva exposição a agentes nocivos** químicos, físicos e biológicos prejudiciais à saúde, ou associação destes agentes, **vedada a caracterização por categoria profissional ou ocupação**.*

O texto constitucional base que fundamenta a aposentadoria especial manteve as duas possibilidades de concessão desse benefício: a exposição a agentes nocivos e a deficiência do segurado. A alteração substancial se deu, basicamente, em um ponto: o novo texto indica claramente que a **aposentadoria especial terá idade e tempo de contribuição distintos da regra geral**, indicando a possibilidade de se exigir, mediante lei complementar, uma idade mínima para as aposentadorias especiais;

As regras das aposentadorias especiais serão estudadas, detalhadamente, em capítulo específico desta obra.

3.3.14. Sistema Especial de Inclusão Previdenciária

▶ Art. 201, § 12, CF/1988

A EC 41/2003 (Reforma da Previdência de 2003) inseriu o § 12 no art. 201 da CF/1988, com a seguinte redação: "Lei disporá sobre sistema especial de inclusão previdenciária **para trabalhadores de baixa renda**, garantindo-lhes acesso a benefícios de valor igual a um salário-mínimo, exceto aposentadoria, por tempo de contribuição". Sugeriu, desta maneira, a criação de uma forma especial de contribuição para os trabalhadores de baixa renda.

A EC 47 alterou o § 12 do art. 201 da CF/1988, com a seguinte Redação: "Lei disporá sobre sistema especial de inclusão previdenciária para atender aos **trabalhadores de baixa renda e àqueles sem renda própria que se dediquem exclusivamente ao trabalho doméstico no âmbito de sua residência, desde que pertencentes a famílias de baixa renda, garantindo-lhes acesso a benefícios de valor igual a um salário mínimo**".

A alteração do texto constitucional atendeu a um antigo pleito das donas de casa, que reivindicavam a possibilidade de uma inclusão previdenciária com menor custo. Fazia-se necessária, todavia, a edição de lei para tornar o ordenamento aplicável.

A EC 47/2005 previu também que o sistema especial de inclusão previdenciária deveria ter **alíquotas e carências inferiores às vigentes** para os demais segurados do regime geral de previdência social (§ 13 do art. 201 CF/1988, redação anterior).

O sistema foi regulamentado pela Lei Complementar 123/2006 prevendo alíquotas diferenciadas tanto para trabalhadores de baixa renda quanto para os trabalhadores que se dediquem à atividade doméstica, mas jamais trouxe qualquer diferenciação na carência, sendo mantido o prazo padrão de 180 contribuições mensais.

A Reforma da Previdência promovida pela EC 103/2019 alterou novamente a redação dos §§ 12 e 13 do art. 201 da Constituição. Vejamos:

> *Art. 201*
>
> *§ 12. A lei poderá instituir sistema especial de inclusão previdenciária,* ***com alíquotas diferenciadas****, para atender aos trabalhadores de baixa renda, inclusive os que se encontram em situação de informalidade, e àqueles sem renda própria que se dediquem exclusivamente ao trabalho doméstico no âmbito de sua residência, desde que pertencentes a famílias de baixa renda.*
>
> *§ 13. A aposentadoria concedida ao segurado de que trata o § 12 terá valor de um salário mínimo.*

Confrontando a redação anterior com a nova trazida pela EC 103/2019, concluímos que a única alteração material foi a exclusão da previsão de carência diferenciada para o sistema especial de inclusão previdenciária, que sequer chegou a ser aplicada ou regulamentada. Na prática, nada muda em relação às regras desses sistemas especiais para trabalhadores de baixa renda, que atualmente são:

- **Trabalhadores de baixa renda comuns** – podem contribuir com o valor de 11% sobre o salário mínimo;
- **Segurados facultativos comuns** – podem contribuir com o valor de 11% sobre o salário mínimo;
- **Microempresário Individual – MEI** – podem contribuir com o valor de 5% sobre o salário mínimo, acrescidos de R$ 1,00 de ICMS e/ou R$ 5,00 de ISS, se forem contribuintes destes tributos;
- **Segurados facultativos domésticos em famílias de baixa renda** – podem contribuir com o valor de 5% sobre o salário mínimo.

Obviamente, cada uma das hipóteses de contribuintes especiais de baixa renda tem peculiaridades que serão estudadas nesta obra, em capítulo próprio.

3.3.15. Seguro de Acidente do Trabalho

- **Art. 201, § 10, CF/1988**
- **EC 103/2019**

De acordo com a antiga redação do § 10 do art. 201 da CF/1988, "**lei disciplinará a cobertura do risco de acidente do trabalho**, a ser atendida concorrentemente pelo regime geral de previdência social e pelo setor privado". Este dispositivo jamais foi regulamentado, mesmo necessitando apenas de lei ordinária para isso, e o SAT ainda é gerido exclusivamente pelo Poder Público.

A EC 103/2019 alterou a redação deste parágrafo, dispondo que "**lei complementar poderá disciplinar a cobertura de benefícios não programados, inclusive os decorrentes**

de acidente do trabalho, a ser atendida concorrentemente pelo Regime Geral de Previdência Social e pelo setor privado".

Percebemos duas modificações na redação:

- **Necessidade de Lei Complementar** – antes só era necessária lei ordinária para efetivar a alteração, fazendo com que o SAT passasse a ser administrado concorrentemente pela iniciativa privada.
- **Ampliação para benefícios não programados** – o novo texto permite que todos os benefícios não programados possam ser atendidos pelo setor privado e não só os decorrentes de acidente do trabalho. Assim, qualquer tipo de acidente, seja de origem trabalhista ou não, pode ser administrado pela iniciativa privada, assim como os benefícios por incapacidade em geral.

3.4. PRINCÍPIOS DA PREVIDÊNCIA SOCIAL

De acordo com o art. 2º da Lei 8.213/1991, a Previdência Social rege-se pelos seguintes princípios e objetivos:

I – universalidade de participação nos planos previdenciários;

II – uniformidade e equivalência dos benefícios e serviços às populações urbanas e rurais;

III – seletividade e distributividade na prestação dos benefícios;

IV – cálculo dos benefícios considerando-se os salários de contribuição corrigidos monetariamente;

V – irredutibilidade do valor dos benefícios de forma a preservar-lhes o poder aquisitivo;

VI – valor da renda mensal dos benefícios substitutos do salário de contribuição ou do rendimento do trabalho do segurado não inferior ao do salário mínimo;

VII – previdência complementar facultativa, custeada por contribuição adicional;

VIII – caráter democrático e descentralizado da gestão administrativa, com a participação do governo e da comunidade, em especial de trabalhadores em atividade, empregadores e aposentados.

Notem que há grande semelhança entre alguns dos princípios da previdência social, trazidos pela Lei 8.213/1991, e os princípios constitucionais da seguridade social estudados no início deste capítulo.

Capítulo 4

Legislação Previdenciária

4.1. DEFINIÇÃO

Legislação Previdenciária é o conjunto de normas que visam organizar a seguridade social e o sistema protetivo.

O Direito Previdenciário objetiva a análise das regras gerais que tratam do custeio da seguridade social e do estudo aprofundado das normas de financiamento da previdência social e de prestações oferecidas por este ramo da seguridade.

Não fazem parte do campo do Direito Previdenciário as normas específicas que tratam da saúde e assistência social.

4.2. AUTONOMIA DIDÁTICA

Devido à grande dimensão do emaranhado de normas jurídicas, o Direito é dividido com o escopo de facilitar o estudo das normas correlatas.

Assim, a Doutrina tradicionalista divide o ordenamento jurídico em dois grandes grupos: Direito Público e Direito Privado.

O Direito Público é o que regula a relação jurídica do Estado com os particulares. O Estado exerce o seu Poder de Império, fixando regras e comandos jurídicos. É o que ocorre no Direito Tributário, Direito Administrativo, Direito Constitucional etc. O particular, por exemplo, é compelido a pagar os tributos, independentemente de manifestação de vontade.

O Direito Privado é o que marca a relação entre os particulares que optem por firmar um vínculo jurídico. É o que ocorre com o Direito do Trabalho, Direito Comercial, Direito Civil etc. Ninguém está obrigado a firmar contrato de trabalho ou comercial. Os particulares optam pela relação jurídica e a partir daí sujeitam-se às normas pré-definidas pelo Estado.

Nessa ótica, o **Direito Previdenciário** é considerado **ramo do Direito Público**, pois o vínculo jurídico se dá obrigatoriamente com o Estado.

Registre-se com atenção que a corrente mais moderna, entretanto, rechaça essa divisão dualista do Direito. Fala-se atualmente da existência do chamado Direito Social, que englobaria os ramos trabalhista e previdenciário. Essa posição é sustentada pela maioria dos especialistas do ramo previdenciário.

Há quem defenda que o Direito Previdenciário faz parte do Direito do Trabalho, entretanto este posicionamento é minoritário. **A doutrina majoritária prega a autonomia didática do Direito Previdenciário**, sendo este considerado ramo próprio de estudo.

Quanto ao surgimento da disciplina previdenciária não há, também, consenso doutrinário. Parte dos estudiosos afirma ter essa matéria derivado do Direito do Trabalho, sendo que, com a expansão da proteção social, esse ramo do Direito tornar-se-ia cada vez mais complexo, ganhando autonomia didática em relação aos outros ramos do Direito. Outros, ainda, mencionam que o Direito Previdenciário precedeu ao Direito do Trabalho, possuindo, desde sua formação, autonomia.

4.3. FONTES DA LEGISLAÇÃO PREVIDENCIÁRIA

Fonte do Direito Previdenciário é todo fato social gerador de normas jurídicas previdenciárias. Dividem-se em materiais e formais. As primeiras são as fontes potenciais do Direito, ou seja, fatores sociais, econômicos, políticos etc. que influem no surgimento de normas jurídicas.

Já as fontes formais são manifestações do Direito formadoras do próprio Direito Previdenciário, podendo subdividir-se em estatais e não estatais.

São fontes não estatais a doutrina e o costume. Doutrina é o conjunto de produções científicas dos estudiosos da matéria. O costume é a prática reiterada de determinadas condutas, com a convicção de necessidade jurídica (elemento objetivo e subjetivo). Observe que é necessária à configuração do costume a consciência coletiva de que certos atos da comunidade devem servir de parâmetro de comportamento. A prática de emissão de cheque "pré-datado", por exemplo, realizada, uniformemente, na convicção de se tratar de norma jurídica.

As fontes formais estatais englobam a Constituição, leis complementares, leis ordinárias, leis delegadas, medidas provisórias, decretos legislativos, resoluções do senado. Englobam, também, decretos regulamentares do poder executivo, instruções ministeriais, circulares, portarias, ordem de serviço e normas individuais.

O esquema seguinte sistematiza essa classificação das fontes:

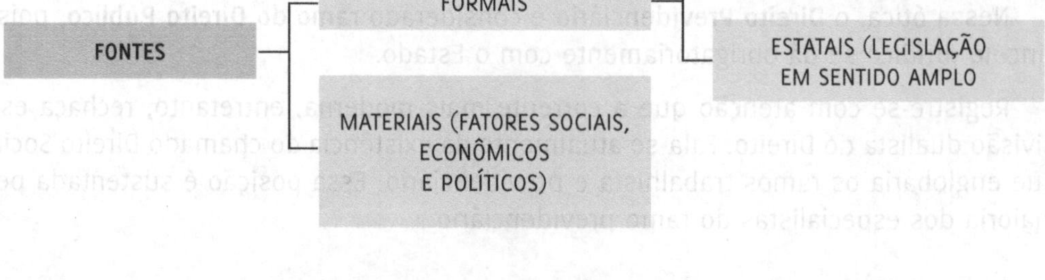

As fontes do direito também são divididas em fontes primárias e secundárias. As fontes primárias são as que poderão inovar no mundo jurídico, desde que respeitada a Constituição Federal, criando direito e obrigações. São fontes primárias: leis complementares, leis ordinárias, leis delegadas e medidas provisórias. Já as fontes secundárias não poderão contemplar novos direitos e obrigações, mas apenas regulamentar as fontes primárias para o seu fiel cumprimento. São fontes secundárias: decretos, instruções normativas, resoluções, portarias, memorandos, orientações internas e outras.

Já na Jurisprudência, a equidade e os princípios gerais do Direito não constituem fontes, mas apenas formas de integração da ordem jurídica, como veremos, muito embora, registre-se, este não seja um ponto pacífico entre os estudiosos do Direito. Há na doutrina quem considere a jurisprudência espécie de fonte formal estatal.

4.4. HIERARQUIA DA LEGISLAÇÃO PREVIDENCIÁRIA

A hierarquia das normas é a ordem de graduação entre elas, de forma que a superior é o fundamento de validade da inferior. Temos assim, no ordenamento jurídico vigente, a seguinte pirâmide normativa:

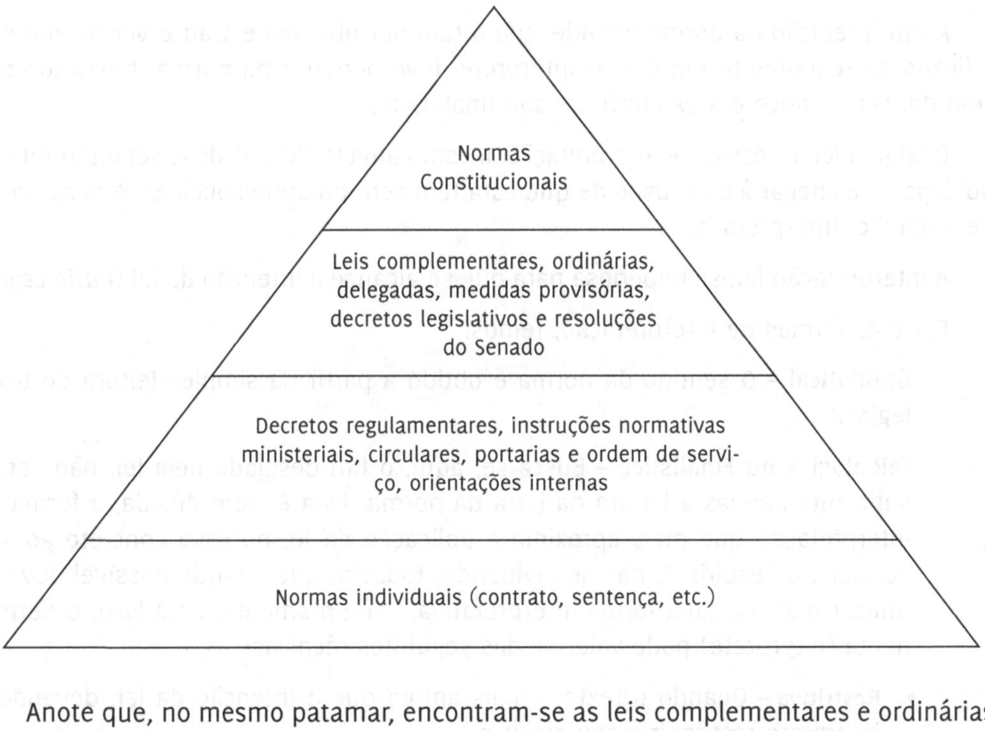

Anote que, no mesmo patamar, encontram-se as leis complementares e ordinárias, havendo, apenas, para elas quórum diferenciado de aprovação. Também, em relação às delegadas, medidas provisórias, decretos legislativos e resoluções do senado o que ocorre é distribuição de competência, situadas no mesmo piso normativo.

Nos casos de confronto entre duas normas, aplica-se a hierarquicamente superior. Se as normas estiverem, todavia, no mesmo patamar hierárquico, qual delas deve ser aplicada?

Deve-se, nessa situação, seguir as seguintes regras:

a) **Norma específica prevalece sobre a geral** – um conflito entre uma norma geral de Direito Previdenciário e outra específica, de mesma hierarquia, que regule determinada matéria será dirimido com aplicação desta última;

b) ***In dubio pro misero***, ou seja, na dúvida, a lei mais benéfica à parte mais fraca deve ser utilizada. É o que ocorre em relação aos beneficiários que entram em conflito com o INSS. Havendo duas normas equivalentes que tratem sobre questões diferentes, será aplicada a mais favorável ao beneficiário. Obviamente, se uma das duas tratar especificamente do tema em questão, enquanto a outra for norma genérica, será aplicada a primeira, afastando-se o *in dubio pro misero*.

4.5. INTERPRETAÇÃO, APLICAÇÃO, INTEGRAÇÃO E VIGÊNCIA DA LEGISLAÇÃO PREVIDENCIÁRIA

A interpretação da norma previdenciária tem por objetivo extrair o verdadeiro significado do regramento jurídico. O intérprete deve penetrar na norma, buscando seu sentido, seu alcance e a extensão de sua finalidade.

Qualquer lei necessita de interpretação. Mesmo uma lei "clara" deve ser interpretada, pois, para se chegar à conclusão de que esta tem sentido autoexplicável, é necessário, de antemão, interpretá-la.

A interpretação faz-se imperiosa para que se alcance a intenção da lei (*Ratio Legis*).

Entre as formas de interpretação, temos:

- **Gramatical** – O sentido da norma é obtido a partir da simples leitura do texto legislativo;
- **Teleológica ou Finalístico** – Busca-se, aqui, o fim desejado pela lei, não sendo suficiente apenas a leitura da letra da norma. Esta é, sem dúvida, a forma de interpretação que mais aproxima a aplicação da lei no caso concreto ao seu verdadeiro "espírito", não se olvidando, todavia, que quando possível deve-se utilizar mais de uma forma interpretativa, conjuntamente. Para isso, o hermeneuta (intérprete) pode valer-se das seguintes técnicas:
  - **Restritiva** – Quando o texto é mais amplo que a intenção da lei, devendo o interprete restringir o seu alcance.

    Exemplo:

    Foi editada lei previdenciária com o seguinte texto: "Todos os segurados terão direito a descanso remunerado de 120 dias no momento do parto de seus filhos". Quando o legislador editou tal norma, queria dizer que apenas as mulheres teriam direito a esta garantia. A análise gramatical nos induziria a conceder este benefício também aos homens, no momento do parto de suas mulheres. Cabe aqui uma interpretação restritiva.

- **Extensiva** – Quando o texto é mais restrito do que a intenção do legislador, o intérprete deve expandir seu alcance da lei.

  Exemplo:

  A Diretoria Colegiada do INSS publicou portaria com o seguinte texto: "É proibida a entrada de cães nos prédios públicos do INSS". A vontade do legislador foi proibir a entrada de animais nas unidades do INSS, logo, caso um segurado apareça montado em um jegue e queira entrar, deverá ser impedido. Esta norma deve ser interpretada extensivamente.

- **Sistemática** - Analisa-se todo o ordenamento jurídico, buscando-se textos de outros ramos do Direito para que se possa detectar qual é o sentido da norma previdenciária em análise;
- **Histórico** - Analisa-se o momento histórico de aprovação da lei, com o intuito de auxiliar no descobrimento da *Ratio Legis*;
- **Autêntica** - É a interpretação efetuada pelo próprio autor da norma jurídica. Deve ser feita por meio de edição de um novo ato normativo, meramente explicativo para dirimir as dúvidas do anterior;
- **Jurisprudencial** - É a efetuada pelo magistrado com o objetivo de aplicar as normas aos casos concretos, na solução das lides;
- **Doutrinária** - É a interpretação dos especialistas do direito, em suas obras literárias.

Depois de interpretada a lei, resta aplicá-la. Aplicação da lei é, então, o enquadramento do caso prático a uma norma jurídica adequada.

Já a integração deve ser utilizada pelo aplicador, quando houver lacuna da lei, ou seja, quando não se encontrar nesta, para um caso concreto, normatização correspondente. Neste caso, poderão ser utilizadas as seguintes formas de integração:

- **Analogia** - Busca uma norma similar que supra a lacuna no caso concreto. É a aplicação de disposições relativas a hipóteses semelhantes a um caso concreto não previsto pelo legislador;
- **Costume** (para quem já não o considera fonte formal, não estatal) - É prática reiterada aliada a consciência de sua necessariedade jurídica;
- **Princípios Gerais do Direito** - São os princípios básicos do ordenamento jurídico que orientam todos os ramos do Direito;
- **Jurisprudência** - Conjunto uniforme de decisões. Decisões reiteradas do Poder Judiciário na solução do caso concreto;

- **Equidade** – Em sentido estrito, significa o ideal de justiça, enquanto aplicado, ou seja, a justiça no caso concreto.

Registre-se, por fim, mais uma vez, que a classificação das fontes e formas de integração do Direito não encontra uniformidade na doutrina.

A vigência é existência da lei, em determinado momento. Não estando vigente, a lei não pode ser aplicada. A vigência da lei previdenciária segue a regra geral: se não houver disposição expressa, a norma passa a vigorar 45 dias após sua publicação (art. 1º, Lei de Introdução às Normas do Direito Brasileiro – LINDB).

Atenção!

Note que, em se tratando de legislação previdenciária, apenas para as normas concernentes às contribuições sociais existe regra expressa na Constituição que prevê a sua eficácia somente após 90 dias da publicação da lei (art. 195, § 6º, CF/1988).

Capítulo 5

Segurados do RGPS

5.1. DEFINIÇÃO

Os segurados do Regime Geral de Previdência Social dividem-se em dois grupos: segurados **obrigatórios** e **facultativos.**

Os segurados obrigatórios são os maiores de 16 anos, salvo na condição de aprendiz (que se permite o início das atividades a partir dos 14), que exercem qualquer tipo de atividade remunerada lícita que os vinculem, obrigatoriamente, ao sistema previdenciário.

Os segurados obrigatórios atendem ao princípio constitucional da compulsoriedade do sistema previdenciário. Como bem ilustramos no primeiro capítulo, caso a inclusão dos segurados dependesse de ato volitivo, o sistema deixaria de captar diversas pessoas que por ele não optariam por falta de recursos suficientes para atender a todas as suas necessidades, deixando, então, a previdência social relegada ao segundo plano.

A legislação previdenciária subdivide os **segurados obrigatórios** em cinco categorias:

- **Empregado;**
- **Empregado doméstico;**
- **Contribuinte individual;**
- **Trabalhador avulso;**
- **Segurado especial.**

Pelas repetidas vezes que trataremos desses segurados ao longo desta obra, tais categorias serão facilmente memorizadas. Para facilitar, neste primeiro momento, segue uma fórmula mnemônica. Tivemos uma **IDEEA** facilitar a memorização das categorias de segurados obrigatórios! Vejam:

- **I** Individual
- **D** Doméstico
- **E** Empregado
- **E** Especial
- **A** Avulso

O **segurado facultativo** é o que, mesmo não estando vinculado obrigatoriamente à previdência social, por não exercer atividade remunerada, **opta pela sua inclusão no sistema protetivo**. Ele deve ter, no mínimo, 16 anos.

O segurado facultativo foi criado para atender ao princípio constitucional da universalidade da cobertura e do atendimento, pois, dessa forma, até mesmo os que não trabalham podem optar pela sua inclusão no sistema previdenciário.

Os segurados podem ainda possuir dependentes, que têm direito a usufruir de prestações previdenciárias. A legislação define quem são os dependentes, não podendo estes ser inscritos pela vontade do segurado. Neste capítulo, estudaremos apenas quem são os segurados. Seus dependentes serão estudados em capítulo próprio.

5.2. SEGURADOS OBRIGATÓRIOS

5.2.1. Empregados

- **Art. 12, I, Lei 8.212/1991**
- **Art. 9º, I, Decreto 3.048/1999**

O conceito de segurado empregado para a Legislação Previdenciária, como veremos em seguida, é muito mais abrangente que aquele utilizado pelo Direito do Trabalho. Comentaremos cada classe de segurado empregado, destacando os principais pontos que têm sido objeto de questionamento nos últimos concursos públicos.

5.2.1.1. Espécies de empregados mais recorrentes em concursos públicos

I – aquele que presta serviço de natureza urbana ou rural à empresa, em caráter não eventual, com subordinação e mediante remuneração, inclusive como diretor empregado;

Este conceito é semelhante ao da legislação trabalhista que exige para a caracterização do vínculo empregatício a **não eventualidade** e a **pessoalidade** da prestação do serviço, assim como a **subordinação** e o recebimento de remuneração.

Consideram-se não eventuais as atividades de periodicidade certa, mesmo que não sejam exercidas diariamente. Um professor que ministra uma aula por semana, em uma escola particular, pode ser considerado empregado, pois o trabalho, nesta situação, não é reputado eventual, tendo periodicidade definida.

A pessoalidade na prestação de serviços é, também, requisito fundamental para a caracterização do trabalhador empregado. O contrato demanda a atividade profissional de determinada pessoa, não podendo ser substituída por outra, mesmo que desempenhe a mesma tarefa.

O trabalho do empregado é direcionado e comandado por um superior hierárquico, que pode ordenar a forma de execução das tarefas. Não existe empregado sem a subordinação. Obviamente, a remuneração do serviço prestado é obrigatória para que se enquadre o segurado na categoria de empregado.

Os trabalhadores contratados por empresas públicas, fundações ou sociedade de economia mista, regidos pela Consolidação das Leis Trabalhistas - CLT, também são considerados segurados empregados, por exemplo, os contratados da Petrobras, Banco do Brasil etc.

O Auditor-Fiscal da Receita Federal do Brasil - AFRFB, no exercício de sua atividade, poderá enquadrar qualquer segurado como empregado para fins previdenciários, desde que sejam verificados os pressupostos característicos da relação de emprego. Pode, ainda, desconsiderar a existência de fictícia sociedade prestadora de serviços, enquadrando seus sócios como empregados da empresa contratante.

Exemplo:

A empresa Contabilize pertence ao Sr. Carlos Almeida, ex-empregado da empresa Luz do Sol Iluminações. Carlos Almeida montou a sua empresa para prestar serviços de contabilidade exclusivamente para o seu ex-empregador. Continuou exercendo as atividades em condições idênticas às da época em que era empregado: cumpria jornada de oito horas, inclusive registrando a frequência em cartão de ponto, continuando subordinado ao Sr. João da Silva, Gerente Contábil.

A Contabilize emitia uma nota fiscal de prestação de serviços por mês, exceto no mês de dezembro, quando, então, emitia duas notas fiscais (a segunda, referente ao 13º salário). Neste caso, o AFRFB, analisando as circunstâncias fáticas pode desconsiderar a empresa Contabilize, enquadrando Carlos como empregado da empresa Luz do Sol.

É fundamental salientar que o projeto de lei que culminou na aprovação da Lei 11.457/2007, que criou a Receita Federal do Brasil, continha a enfadonha Emenda 3, prevendo que, no exercício das atribuições da autoridade fiscal, a desconsideração da pessoa, ato ou negócio jurídico que implicasse reconhecimento de relação de trabalho, com ou sem vínculo empregatício, deveria sempre ser precedida de decisão judicial. Ou seja, caso fosse aprovado este dispositivo, o AFRFB não teria mais autonomia para desconsiderar a pessoa jurídica, impondo as devidas contribuições inerentes à relação de trabalho, dependendo previamente de decisão de Magistrado Trabalhista.

A Emenda 3 gerou grande polêmica, mobilizando todos os setores da sociedade civil organizada. De um lado, os empresários e suas entidades representativas clamavam pela sanção da Emenda, sob a alegação que os auditores estavam dotados de "superpoderes" e que não teriam competência técnica para reconhecer uma relação de trabalho, o que deveria ser feito pelos Magistrados Trabalhistas. De outro lado, as entidades associativas dos Auditores-Fiscais, dos Procuradores do Trabalho e dos Juízes do Trabalho pediam o veto da Emenda, pois alegavam que, caso aprovada, enfraqueceria a proteção ao trabalho formal e dificultaria o combate ao trabalho informal, traduzindo-se, na prática, em flexibilização do contrato de trabalho.

Felizmente, para os que acreditavam que a Emenda 3 repercutiria de forma negativa para o trabalhador, ela foi vetada, preservando-se a competência dos Auditores para desconsiderar a pessoa jurídica e impor os efeitos da relação de trabalho.

> *II – o aprendiz, maior de quatorze e menor de vinte e quatro anos, ressalvada a pessoa com deficiência, à qual não se aplica o limite máximo de idade, conforme disposto no art. 428 da Consolidação das Leis do Trabalho (CLT);*

O aprendiz pode ter idade entre 14 e 24 anos, salvo se portador de deficiência, que não tem idade limite. O limite de idade foi alterado pela Medida Provisória 251, convertida na Lei 11.180, de 23/09/2005, que alterou a redação dos arts. 428 e 433 da CLT. Antes desta Lei, o limite máximo de idade para o aprendiz era de 18 anos. O aprendiz é considerado empregado para fins previdenciários. Constitui a única classe de segurado que pode inscrever-se antes de completar 16 anos de idade.

> *III – aquele que, contratado por empresa de trabalho temporário, na forma prevista em legislação específica, por prazo **não superior a 180 dias, consecutivos ou não, prorrogável por até 90 dias,** presta serviço para atender a **necessidade transitória de substituição de pessoal regular e permanente ou a acréscimo extraordinário de serviço de outras empresas;***

Ressalte-se que este texto está atualizado pela Lei 13.429/2017, que fez parte do "pacote" de reformas trabalhistas, alterando diversos dispositivos da Lei 6.019/1974, que foram incluídos no novo Regulamento da Previdência social, após as alterações do Decreto 10.410, de 30/06/2020.

O trabalhador temporário é o contratado por empresa de trabalho temporário para prestar serviços que atendam à necessidade transitória de substituição do seu pessoal regular ou a demanda complementar de serviços.

As indústrias que atuam no ramo de fabricação de chocolates, por exemplo, nos meses de fevereiro e março, têm os seus níveis de produção elevados para atender à demanda da Páscoa. Estas empresas podem optar pela utilização de mão de obra de trabalhadores temporários para atender ao excedente de serviço, em vez de efetuar novas contratações.

O prazo máximo da contratação, atualmente, é de 180 dias, prorrogável por até 90 dias.

> *IV – o trabalhador contratado no exterior para trabalhar no Brasil em empresa constituída e funcionando em território nacional segundo as leis brasileiras, ainda que com salário estipulado em moeda estrangeira, salvo se amparado pela previdência social de seu país de origem, observado o disposto nos acordos internacionais porventura existentes;*

O trabalhador contratado no exterior que exerça suas atividades no Brasil é considerado empregado, se não for coberto pela previdência social do seu país.

O estrangeiro, gerente de uma empresa Multinacional que é transferido da unidade da França para a filial brasileira, será considerado empregado, caso não mantenha filiação com a previdência francesa. Sendo este, no entanto, filiado ao regime de origem, será excluído do RGPS.

V - o brasileiro ou o estrangeiro domiciliado e contratado no Brasil para trabalhar como empregado no exterior, em sucursal ou em agência de empresa constituída sob as leis brasileiras e que tenha sede e administração no País;

Perceba, neste caso, que a Legislação Previdenciária dispõe que o **brasileiro** e o **estrangeiro**, domiciliados e contratados no Brasil para trabalhar no exterior, em uma sucursal ou agência de empresas constituídas sob as leis brasileiras, serão considerados empregados.

Exemplo:

Yuri, brasileiro, trabalha no Brasil em uma empresa de construção civil constituída sob as leis brasileiras. A sua sucursal contratou uma obra na Venezuela para a construção do metrô da cidade de Caracas. Yuri, então, foi transferido para a Venezuela. Neste caso, ele mantém o vínculo com o RGPS, devendo contribuir para o sistema brasileiro. Mesmo que Yuri tivesse a nacionalidade venezuelana, manteria o vínculo com a previdência social brasileira.

Esta é uma forma de proteção às pessoas que residem no Brasil, pois, caso retornem ao País, contarão com a cobertura social, podendo ter acesso a todas as prestações previdenciárias.

VI - o brasileiro ou o estrangeiro domiciliado e contratado no Brasil para trabalhar como empregado em empresa domiciliada no exterior, com maioria de capital votante pertencente à empresa constituída sob as leis brasileiras, que tenha sede e administração no País e cujo controle efetivo esteja em caráter permanente sob a titularidade direta ou indireta de pessoas físicas domiciliadas e residentes no Brasil ou de entidade de direito público interno;

Essa situação é semelhante à anterior e possui o mesmo objetivo: proteção social aos habitantes no território nacional. A diferença, neste caso, é que a expatriação (transferência para o exterior) ocorre para uma empresa do grupo empresarial cujo controle acionário pertença à empresa brasileira.

Perceba que, na situação anterior, a transferência ocorreu para uma sucursal da mesma empresa situada em outro país. Aqui, a expatriação ocorre para outra firma do mesmo grupo.

VII - aquele que presta serviço no Brasil à missão diplomática ou à repartição consular de carreira estrangeira ou a órgãos a elas subordinados ou a membros dessa missão ou repartição, excluído o não brasileiro sem residência permanente no Brasil e o brasileiro amparado pela legislação previdenciária do país da respectiva missão diplomática ou da repartição consular;

Os funcionários contratados para trabalhar nos consulados e embaixadas de outros países em funcionamento no Brasil são segurados empregados, excetuando-se os estrangeiros não residentes e o brasileiro coberto pela previdência do país representado.

Na prova do concurso para o cargo de Juiz Federal do TRF da 5ª Região de 2011, esse assunto foi cobrado. Vejamos:

Exemplo de questão sobre este tema:

(Juiz Federal do TRF da 5ª Região 2011 – CESPE) É segurado obrigatório da previdência social na qualidade de empregado aquele que presta serviço no Brasil a missão diplomática ou a repartição consular de carreira estrangeira e a órgãos a ela subordinados ou a membros dessas missões e repartições, **ainda que o prestador desse tipo de serviço seja estrangeiro sem residência permanente no Brasil.**

Percebe-se que essa proposição está errada, pois incluiu o estrangeiro sem residência permanente no Brasil, no rol dos empregados do RGPS.

VIII – o brasileiro civil que trabalha para a União no exterior, em organismo oficial internacional do qual o Brasil seja membro efetivo, ainda que lá domiciliado e contratado, salvo se segurado na forma da legislação vigente do país do domicílio ou se amparado por regime próprio de previdência social;

Note que, nessa situação, são abrangidos **apenas brasileiros**, ao contrário das expatriações efetuadas pelas empresas privadas, nas quais, mesmo os estrangeiros residentes no Brasil continuam vinculados ao RGPS. Aqui, caso a União contrate um trabalhador brasileiro para representá-la no exterior, em um organismo oficial internacional do qual o Brasil seja membro efetivo, como, por exemplo, a ONU, independentemente de a contratação ter ocorrido no Brasil ou no país onde se situa o órgão, este trabalhador será vinculado ao RGPS na qualidade de empregado.

Perceba que o trabalhador aqui tratado deve ser contratado para representar **os interesses da União** no organismo oficial internacional (ONU, Corte Internacional de Justiça etc). Caso o brasileiro seja contratado pelo próprio organismo, sem que seja representante oficial do governo brasileiro, será vinculado ao RGPS, na condição de contribuinte individual, como veremos ainda neste capítulo.

Exemplo de questão sobre o tema:

(Técnico do Seguro Social – INSS 2016 – CESPE) *Brasileiro contratado pela Organização das Nações Unidas, da qual o Brasil faz parte como membro efetivo, é considerado segurado obrigatório do RGPS, mesmo que domiciliado e contratado no exterior, salvo se estiver coberto por regime próprio de previdência social.*

Resposta: certa

IX – o servidor civil titular de cargo efetivo ou o militar da União, dos Estados, do Distrito Federal ou dos municípios, incluídas suas autarquias e fundações de direito público, desde que, nessa qualidade, não esteja amparado por regime próprio de previdência social;

Como comentado no primeiro capítulo desta obra, a União, todos os Estados brasileiros e o Distrito Federal possuem regimes próprios de previdência social. Muitos municípios do país, entretanto, não instituíram seus regimes próprios, sendo seus servidores de cargo efetivo vinculados ao RGPS.

X – o servidor da União, Estado, Distrito Federal ou Município, incluídas suas autarquias e fundações, ocupante, exclusivamente, de cargo em comissão declarado em lei de livre nomeação e exoneração;

Os servidores ocupantes de cargo em comissão de livre nomeação ou exoneração, como, por exemplo, Assessor Parlamentar, Ministro de Estado, Secretário Estadual ou Municipal são considerados empregados para o Direito Previdenciário, valendo-se de todos os direitos e obrigações pertinentes a essa categoria.

Somente serão considerados segurados empregados os ocupantes de cargo de comissão a partir de março de 2000. No período anterior a essa data, eles eram considerados segurados facultativos por falta de previsão legal que os enquadrasse como empregados.

Caso o ocupante de cargo de Ministro de Estado, de Secretário Estadual, Distrital ou Municipal esteja amparado por regime próprio de previdência social, em razão do exercício de cargo efetivo do qual se tenha afastado para assumir essa função, continuará vinculado ao Regime Próprio de origem, não sendo enquadrado como empregado do RGPS.

Exemplo de questão:

(FCC – Analista Judiciário – Área Judiciária – TRF 4/2014) Alfredo, Ministro de Estado e Álvaro, Secretário Municipal são considerados em relação à Previdência Social, servidores públicos,

a) empregados e segurados facultativos da Previdência Social e da Previdência Complementar.

b) não empregados e segurados não obrigatórios da Previdência Social.

c) não empregados, ocupantes de cargo em comissão sem vínculo efetivo com o Estado e com o Município, respectivamente, e segurados não obrigatórios da Previdência Social.

d) não empregados ocupantes de cargo em comissão sem vínculo efetivo com o Estado e com o Município, respectivamente, e segurados da Previdência Complementar, obrigatoriamente.

e) empregados e segurados obrigatórios da Previdência Social.

Resposta: E

> *XI – o servidor contratado pela União, Estado, Distrito Federal ou Município, bem como pelas respectivas autarquias e fundações, por tempo determinado, para atender a necessidade temporária de excepcional interesse público, nos termos do inciso IX do art. 37 da Constituição Federal;*

Os trabalhadores por tempo determinado dos entes federativos são considerados empregados, já que não podem ser vinculados aos respectivos regimes próprios por eles instituídos. Esse inciso trata do chamado REDA – Regime Especial de Direito Administrativo, utilizado cada vez com mais frequência pela administração pública em geral.

> *XII – o servidor da União, Estado, Distrito Federal ou Município, incluídas suas autarquias e fundações, ocupante de emprego público;*

Os servidores contratados pelos entes federativos ocupantes de empregos públicos são considerados empregados. Saliente-se que os servidores que exercem atividade típica de Estado não podem ser contratados como empregados públicos, devendo ser vinculados ao Regime Próprio do ente federativo, se existir.

O STF tem jurisprudência firmada no sentido de que os servidores admitidos sem concurso público ou que tenham adquirido estabilidade com a Constituição Federal de 1988 (art. 19 do ADCT) devem se aposentar pelo RGPS, não tendo as vantagens dos servidores concursados com cargo efetivo, que são vinculados ao RPPS (RE 146306).

> *XIII – o exercente de mandato eletivo federal, estadual, distrital ou municipal, desde que não seja vinculado a regime próprio de previdência social;*

Os escolhidos em processo eleitoral, sejam **Vereadores, Prefeitos, Deputados, Governadores** etc., são considerados empregados se não estiverem amparados por Regime Próprio, afastados apenas para o exercício do cargo eletivo. Somente serão considerados segurados empregados os exercentes de mandato eletivo a partir de 01/02/1998. No período anterior a essa data, eles eram considerados segurados facultativos por falta de previsão legal que o enquadrasse como empregados.

No passado, existia o IPC – Instituto de Previdência do Congressista, o qual fornecia vantagens irracionais para Deputados Federais e Senadores, possibilitando aposentar-se com apenas oito anos de mandato. Essas aposentadorias privilegiadas ainda são residualmente concedidas aos parlamentares que estavam exercendo seus mandatos na época da extinção do IPC, devido à regra de transição criada na ocasião.

Atualmente, os parlamentares que não estiverem abrangidos por regime próprio serão considerados empregados. Os servidores de cargo efetivo cobertos por regime próprio, quando eleitos, continuarão vinculados ao respectivo regime. Na hipótese de servidor público, vinculado ao regime próprio de previdência social, exercer, concomitantemente, mandato eletivo no cargo de vereador, será obrigatoriamente filiado ao RGPS, em razão do cargo eletivo. Nesse caso, como exerce as duas atividades, será filiado aos dois regimes.

A caracterização como empregado para o RGPS do exercente de mandato eletivo já foi alvo de diversos questionamentos judiciais. Isso porque a lei que o inclui no rol dos segurados empregados, obrigando-os ao pagamento de contribuição previdenciária, não foi uma lei complementar, mas a Lei Ordinária 9.506/1997, que incluiu a alínea h no inciso I do art. 12 da Lei 8.212/1991. Alegou-se que foi criada uma nova contribuição, não prevista na Constituição Federal, por meio de lei ordinária, o que traria consigo um vício de constitucionalidade, pois, como estudamos no Capítulo 3, para se criar uma nova contribuição que não esteja prevista na Constituição faz-se necessária a edição de lei complementar (competência residual).

Ocorre que em 1998, com a Emenda Constitucional 20, o Texto Constitucional passou a abarcar a possibilidade de cobrança de contribuição previdenciária de qualquer trabalhador (vide art. 195, I, a). Assim, a matéria passou a ser tema de lei ordinária, e em 18/06/2004 foi publicada a Lei 10.887, reafirmando a qualidade de empregado do exercente de mandato eletivo, com a inclusão da alínea j no inciso I do art. 12 da Lei 8.212/1991. A partir deste Diploma, sanou-se qualquer dúvida sobre a condição de empregado destes trabalhadores. Assim, curiosamente, o inciso I do art. 12 da Lei 8.212/1991 possui duas alíneas que contêm a mesma redação (h e j).

No julgamento do RE 626837, que teve repercussão geral reconhecida, os ministros aprovaram a seguinte tese de repercussão geral: "Incide contribuição previdenciária sobre os rendimentos pagos aos exercentes de mandato eletivo decorrentes da prestação de serviços à União, a Estados e ao Distrito Federal ou a municípios após o advento da Lei 10.887/2004, desde que não vinculados a regime próprio de previdência".

O STF restringe a possibilidade de criação de Regimes Próprios e de benefícios especiais para agentes políticos, pois o sistema de Seguridade Social e seus regimes estão previstos no texto constitucional. Em 27/08/2021, o STF julgou o ADPF 764, entendendo que é inconstitucional a concessão de pensão vitalícia à viúva, à companheira e a dependentes de prefeito, vice-prefeito e vereador, falecidos no exercício do mandato.

> *XIV – o diretor empregado de empresa urbana ou rural, que, participando ou não do risco econômico do empreendimento, seja contratado ou promovido para cargo de direção de sociedade anônima, mantendo as características inerentes à relação de emprego;*

Os **diretores** contratados ou empregados promovidos para cargo de direção de **sociedade anônima**, desde que mantenham a relação de emprego são considerados empregados. Veremos, ao estudar os contribuintes individuais, que os diretores de S.A. – Sociedades Anônimas, eleitos para cargo de direção em assembleia, não serão considerados empregados se tiverem os seus contratos de trabalho suspensos.

> *XV – o escrevente e o auxiliar contratados por titular de serviços notariais e de registro a partir de 21 de novembro de 1994, bem como aquele que optou pelo Regime Geral de Previdência Social, em conformidade com a Lei 8.935, de 18 de novembro de 1994.*

De acordo com o art. 236 da Constituição Federal, os serviços notariais e de registro devem ser exercidos em caráter privado, por delegação do Poder Público. Esse dispositivo, todavia, dependia de lei para regulamentá-lo. Dessa forma, antes da Lei 8.935/1994, os serviços cartorários eram eminentemente públicos.

A partir da Lei 8.935, a delegação para o exercício da atividade notarial e de registro (titular de serviços notariais) passou a depender dos seguintes requisitos:

I – habilitação em concurso público de provas e títulos;

II – nacionalidade brasileira;

III – capacidade civil;

IV – quitação com as obrigações eleitorais e militares;

V – diploma de bacharel em direito;

VI – verificação de conduta condigna para o exercício da profissão.

Para estruturar a prestação dos serviços notariais, o titular deve contratar escreventes e auxiliares, sendo estes considerados empregados para a legislação previdenciária. O notário, o tabelião e o oficial de registro que detêm a delegação do cartório (ou seja, titulares de serviços notariais) são considerados, como veremos, contribuintes individuais.

XVI – aquele contratado como trabalhador intermitente para a prestação de serviços, com subordinação, de forma não contínua, com alternância de períodos de prestação de serviços e de inatividade, em conformidade com o disposto no § 3º do art. 443 da Consolidação das Leis do Trabalho, aprovada pelo Decreto-Lei nº 5.452, de 1º de maio de 1943;.

O novo Regulamento da Previdência Social – RPS (Decreto 3.048/99, atualizado pelo Decreto 10.410/2020) trouxe o trabalhador intermitente que já estava previsto desde a Reforma Trabalhista, o enquadrando como empregado do RGPS.

5.2.1.2. Espécies de empregados menos recorrentes em concursos públicos

As subcategorias de empregados até aqui mencionadas são, atualmente, as mais cobradas pelas bancas examinadoras de concursos públicos. Existem, entretanto, outras que aparecem com menos frequência não merecendo, assim, maiores comentários, conforme segue:

I – o empregado de organismo oficial internacional ou estrangeiro em funcionamento no Brasil, salvo quando coberto por regime próprio de previdência social;

II – o contratado por titular de serventia da justiça, sob o regime da legislação trabalhista, e qualquer pessoa que, habitualmente, lhe presta serviços remunerados, sob sua dependência, sem relação de emprego com o Estado;

III – o estagiário que presta serviços em desacordo com a Lei 11.788, de 25 de setembro de 2008;

O estagiário contratado em conformidade com os dispositivos da lei do estágio não será considerado segurado obrigatório do RGPS. Descumpridos, entretanto, os ordenamentos desta Lei, serão considerados empregados.

O art. 3º da Lei 11.788/2008 dispõe que o estágio não cria vínculo empregatício de qualquer natureza, desde que observados os seguintes requisitos:

> I - matrícula e frequência regular do educando em curso de educação superior, de educação profissional, de ensino médio, da educação especial e nos anos finais do ensino fundamental, na modalidade profissional da educação de jovens e adultos e atestados pela instituição de ensino;
>
> II - celebração de termo de compromisso entre o educando, a parte concedente do estágio e a instituição de ensino;
>
> III - compatibilidade entre as atividades desenvolvidas no estágio e aquelas previstas no termo de compromisso.

IV - o médico-residente ou o residente em área profissional da saúde que presta serviços em desacordo, respectivamente, com a Lei 6.932, de 1981, ou com a Lei 11.129, de 2005;

O médico-residente ou o residente de área profissional da saúde contratados em conformidade com os dispositivos da lei serão considerados contribuintes individuais, como veremos. Descumpridas, entretanto, as disposições do mencionado diploma legal, serão considerados empregados.

V - o médico ou o profissional da saúde, plantonista, independentemente da área de atuação, do local de permanência ou da forma de remuneração;

VI - o treinador profissional de futebol, independentemente de acordos firmados, nos termos da Lei 8.650, de 22 de abril de 1993;

VII - o brasileiro civil que presta serviços à União no exterior, em organismo oficial brasileiro (repartições governamentais, missões diplomáticas, repartições consulares, entre outros) e o auxiliar local de que tratam os art. 56 e 57 da Lei 11.440, de 29 de dezembro de 2006, lá domiciliados e contratados, salvo se segurados na forma da legislação vigente do país do domicílio;

VIII - o auxiliar local de nacionalidade brasileira, a partir de 10 de dezembro de 1993, desde que, em razão de proibição legal, não possa filiar-se ao sistema previdenciário local, conforme disposto no art. 57 da Lei 11.440, de 29 de dezembro de 2006;

O auxiliar local é o brasileiro ou o estrangeiro admitido para prestar serviços ou desempenhar atividades de apoio que exijam familiaridade com as condições de vida, os usos e os costumes do país onde esteja sediado o posto.

As relações trabalhistas e previdenciárias concernentes aos auxiliares locais serão regidas pela legislação vigente no país em que estiver sediada a repartição. Serão, todavia, segurados da previdência social brasileira os auxiliares locais de nacionalidade brasileira que, em razão de proibição legal, não possam filiar-se ao sistema previdenciário do país de domicílio.

> *IX – o empregado de conselho, de ordem ou de autarquia de fiscalização do exercício de atividade profissional.*
>
> *X – o trabalhador rural contratado por produtor rural pessoa física, na forma do art. 14-A da Lei 5.889, de 8 de junho de 1973, para o exercício de atividades de natureza temporária por prazo não superior a dois meses dentro do período de um ano;*

A partir da Lei 11.718/2008, tornou-se possível a contratação de trabalhadores rurais temporários por um prazo máximo de dois meses. Tais contratados são considerados segurados empregados do RGPS.

5.2.2. Empregados domésticos

- **Art. 12, II, Lei 8.212/1991**
- **Art. 9º, II, Decreto 3.048/1999**

Empregado doméstico é o trabalhador que presta serviços de natureza **contínua**, mediante remuneração, **à pessoa, à família ou à entidade familiar**, no **âmbito residencial** desta em atividade **sem fins lucrativos, por mais de dois dias por semana.**

O próprio texto já indica as características da relação de emprego doméstico:

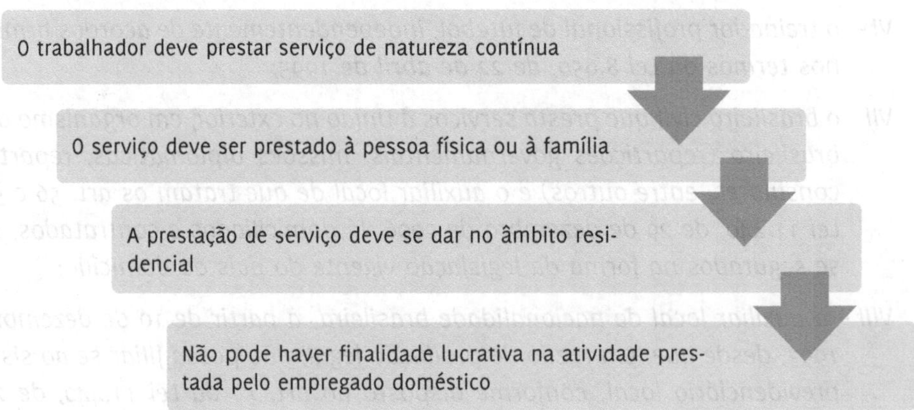

Além dos tradicionais empregados domésticos, que todos nós conhecemos, como o caseiro e a cozinheira, existem outros que, apesar de não trabalharem dentro da casa do patrão, são assim considerados: o motorista particular, o marinheiro de barco de família e, até mesmo, em tese, o piloto de jatinho ou de helicóptero particular.

Observe-se que o doméstico deve trabalhar na residência do contratante, em atividades sem fins lucrativos. Pode-se afirmar, dessa forma, que a cozinheira, ajudante da patroa na preparação de docinhos para festas de aniversários infantis, será considerada empregada, e não empregada doméstica. O mesmo ocorre com o caseiro de fazenda que ordenhar as vacas com a finalidade de vender o leite à vizinhança para pagar os custos de manutenção da fazenda ou com o motorista particular que passar a exercer serviços de entrega de notas fiscais e cobrança de cheques do escritório de seu patrão.

O requisito da **continuidade** também é indispensável à caracterização do trabalho doméstico. Registre-se que em relação aos empregados apenas se exige a não eventualidade, não sendo necessário que o trabalho se realize de forma ininterrupta.

A jurisprudência majoritária sempre considerou que, para a caracterização da continuidade, é necessário que a empregada doméstica trabalhe ao menos três vezes por semana na residência de seu empregador.

Havia decisões, no entanto, que consideravam que o requisito da continuidade somente era atendido quando o trabalho ocorresse por, no mínimo, quatro dias da semana. Vejamos o que diz a Súmula 19 do TRT da 1ª Região:

> "TRABALHADOR DOMÉSTICO. DIARISTA. PRESTAÇÃO LABORAL DESCONTÍNUA. INEXISTÊNCIA DE VÍNCULO EMPREGATÍCIO.
>
> A prestação laboral doméstica realizada até três vezes por semana não enseja configuração do vínculo empregatício, por ausente o requisito da continuidade previsto no art. 1º da Lei 5.859/72."

Assim, com este entendimento, faxineira diarista que laborasse até três vezes por semana não era considerada empregada doméstica, mas prestadora de serviços.

Felizmente, a recém-aprovada Lei Complementar 150, de 01/06/2015, que regulamentou a EC 72/2013, conhecida como PEC das domésticas, pôs fim à discussão sobre a continuidade do emprego doméstico, definindo que o empregado doméstico é quem trabalha **por mais de dois dias na semana para uma mesma casa ou família** (art. 1º).

Com a EC 72/2013, inúmeros direitos trabalhistas foram estendidos aos trabalhadores domésticos. Alguns são autoaplicáveis, como o da jornada de trabalho de oito horas diárias e 44 horas semanais, horas extras e adicional noturno. Outros, de acordo com a doutrina majoritária, ainda dependiam de regulamentação, como, por exemplo, FGTS, salário-família e seguro-desemprego. A citada lei ampliou significativamente os direitos previdenciários e trabalhistas dos empregados domésticos.

A mudança da classificação (doméstico ou diarista contribuinte individual) é muito importante, pois cada classe de segurado contribui de maneira diferenciada para a Previdência e possui critérios distintos para obtenção dos benefícios.

Interessante comentar o § 27, do art. 9º, do RPS, alterado pelo Decreto 10.410/2020, que dispõe que ***o vínculo empregatício mantido entre cônjuges ou companheiros não impede o reconhecimento da qualidade de segurado do empregado, excluído o***

doméstico.

A partir de 12/06/2008 com a publicação do Decreto 6.481, que incluiu o trabalho doméstico na lista das piores formas do trabalho infantil, foi proibida a contratação de empregados domésticos menores de 18 anos. Antes do mencionado Decreto, era lícita a contratação de empregados domésticos, a partir dos 16 anos de idade. A Lei Complementar 150/2015, em seu art. 1º, parágrafo único, vedou expressamente a contratação de empregados domésticos de idade inferior a 18 anos.

Vejam uma questão de concurso do INSS sobre este tema:

(CESPE – Técnico do Seguro Social – INSS/2016) Situação hipotética: João exerce atividade econômica com finalidade lucrativa na sua própria residência. Recentemente, ele contratou Maria para fazer a limpeza de sua residência, de forma habitual e remunerada, e, inclusive, atender clientes. Assertiva: Nessa situação, João será considerado empregador doméstico com relação aos serviços prestados por Maria.

RESOLUÇÃO:

Como empregado doméstico é o trabalhador que presta serviços de natureza contínua, mediante remuneração, à pessoa, à família ou à entidade familiar, no âmbito residencial desta em atividade sem fins lucrativos. Maria não será enquadrada como empregada doméstica, pois exerce atividade com finalidade lucrativa, sendo enquadrada como empregada. Já João será equiparado a empresa nos termos do art. 15 do Decreto 3048/1999.

Resposta: questão errada.

5.2.3. Contribuinte individual

- **Art. 12, V, Lei 8.212/1991**
- **Art. 9º, V, Decreto 3.048/1999**

A categoria dos contribuintes individuais foi criada pela Lei 9.876/1999, a partir da fusão de três categorias existentes na legislação anterior: autônomos, empresários e equiparados a autônomos.

5.2.3.1. Contribuintes individuais mais recorrentes em concursos

I – pessoa física, proprietária ou não, que explora atividade agropecuária, a qualquer título, em caráter permanente ou temporário, em área superior a quatro módulos fiscais; ou, quando em área igual ou inferior a quatro módulos fiscais ou atividade pesqueira, com auxílio de empregados ou por intermédio de prepostos; ou ainda nas hipóteses em que o trabalhador rural não puder ser enquadrado como segurado especial;

Nesta subcategoria, está incluído o produtor rural pessoa física, que, como será visto, contribui de forma diferenciada para a Previdência Social. Note-se que a Lei 11.718, de 20/06/2008, alterou significativamente o enquadramento dos trabalhadores rurais. Antes dessa modificação, era requisito obrigatório à caracterização desses segurados como contribuintes individuais a **contratação de empregados.**

A partir da mencionada Lei, em propriedades de área **superior a quatro módulos fiscais,** o segurado jamais poderá ser enquadrado como segurado especial, **mesmo que não conte com auxílio de empregados,** sendo, neste caso, considerado contribuinte individual.

Já em propriedades agropecuárias de área igual ou **inferior a quatro módulos fiscais,** em regra, o trabalhador rural será considerado segurado especial, podendo até contar com **empregados safristas,** na forma da Lei 11.718, como veremos no tópico 5.2.5. Se nestas propriedades, por descumprimento de algum dos novos requisitos trazidos pela Lei, o trabalhador não puder ser enquadrado como segurado especial, será classificado como contribuinte individual.

Já na atividade pesqueira, como o critério do tamanho da propriedade não pode ser utilizado, o trabalhador somente será contribuinte individual se contar com empregados ou, ainda, nos casos em que descumprir um dos requisitos para o enquadramento como segurado especial.

É necessário, ainda, definirmos o conceito de "módulos fiscais" para tornarmos mais tangível o ensinamento. Módulo fiscal é uma unidade de medida expressa em hectares, fixada para cada município, que indica o tamanho mínimo de uma propriedade rural capaz de garantir o sustento de uma família que exerce atividade rural naquele município. Para dimensionamento dos módulos fiscais, são considerados os seguintes fatores:

- Tipo de exploração predominante no município;
- Renda obtida com a exploração predominante;
- Outras explorações existentes no município que, embora não predominantes, sejam significativas em função da renda ou da área utilizada;

O módulo fiscal serve de parâmetro para classificação do imóvel rural quanto ao tamanho, na forma da Lei 8.629, de 25/02/1993, que considera **pequena propriedade** o imóvel rural de área compreendida entre 1 e 4 módulos fiscais.

> *II – a pessoa física, proprietária ou não, que explora atividade de extração mineral – garimpo –, em caráter permanente ou temporário, diretamente ou por intermédio de prepostos, com ou sem o auxílio de empregados, utilizados a qualquer título, ainda que de forma não contínua;*

O garimpeiro sempre será considerado contribuinte individual, mesmo que não conte com o auxílio de empregados. Atente que concursos públicos frequentemente têm tentado confundir os estudantes, classificando o garimpeiro como segurado especial.

Exemplo de questão sobre este tema:

Veja a proposição elaborada pelo CESPE para o concurso de Procurador do Estado do Amapá:

"Considere que João seja garimpeiro e, portanto, segurado especial da previdência social. Nessa qualidade, para fazer jus aos benefícios que a legislação prevê, deverá comprovar, ainda que de forma descontínua, o recolhimento das contribuições previdenciárias em número de meses equivalentes à carência do benefício requerido."

Resposta: Errado

Por fim, salientamos que a atividade de garimpo é vedada para os menores de 18 anos pelo art. 13 da Lei 11.685/2008, que instituiu o "Estatuto do Garimpeiro".

III – o ministro de confissão religiosa e o membro de instituto de vida consagrada, de congregação ou de ordem religiosa;

Ministros de confissão religiosa são os padres, pastores, rabinos e demais líderes religiosos. São considerados contribuintes individuais.

IV – o brasileiro civil que trabalha no exterior para organismo oficial internacional do qual o Brasil é membro efetivo, ainda que lá domiciliado e contratado, salvo quando coberto por regime próprio de previdência social;

Perceba que essa definição é bastante semelhante a uma das categorias de empregados (**tópico 5.2.1, VIII**). A diferença existente é que, para ser considerado contribuinte individual, o **brasileiro** deve trabalhar para o próprio organismo oficial do qual o Brasil seja membro efetivo. Caso represente os interesses do governo, ou seja, tenha sido contratado pela União para representar o país no organismo internacional, será enquadrado na categoria de empregado.

Note ainda que esse é o único caso de expatriação em que o segurado não é considerado empregado.

Como técnica de memorização da classificação dos segurados expatriados, podemos utilizar as seguintes regras:

1) Toda vez que o segurado for contratado por **empresa privada** para trabalhar fora do país será este **empregado**, seja ele **brasileiro ou estrangeiro** residente no Brasil;

2) Quando se tratar de contratação unicamente de **brasileiros** civis para **organismos internacionais**, se o segurado representar a União, será empregado, se trabalhar para o próprio organismo, será contribuinte individual.

Vejam uma questão sobre o tema:

(CESPE – Técnico do Seguro Social – INSS/2016) Brasileiro contratado pela Organização das Nações Unidas, da qual o Brasil faz parte como membro efetivo, é considerado segurado obrigatório do RGPS, mesmo que domiciliado e contratado no exterior, salvo se estiver coberto por regime próprio de previdência social.

RESOLUÇÃO:

O segurado exemplificado nesta questão é enquadrado como contribuinte individual. Note-se, todavia, que se o brasileiro for contratado pela União para trabalhar em organismos internacionais do qual o Brasil seja membro efetivo, ele será enquadrado como segurado empregado.

Resposta: Certa

V - o titular de firma individual urbana ou rural, o diretor não empregado, o membro de conselho de administração na sociedade anônima, todos os sócios, nas sociedades em nome coletivo e de capital e indústria, o sócio gerente e o sócio cotista que recebam remuneração decorrente de seu trabalho e o administrador não empregado na sociedade por cotas de responsabilidade limitada, urbana ou rural;

Essa subcategoria é a dos empresários. Saliente-se que para o sócio gerente ou cotista serem considerados contribuintes individuais é necessário que recebam remuneração pelo trabalho, neste caso chamada pró-labore. Não recebendo remuneração, não será este segurado obrigatório do RGPS.

O novo Código Civil criou a figura do administrador não empregado da sociedade limitada, o qual deve ser enquadrado como contribuinte individual.

O diretor não empregado de uma sociedade anônima é o eleito para o cargo de direção, por meio de uma assembleia geral ordinária ou extraordinária (AGO e AGE), mesmo que seja este um empregado de carreira da empresa, devendo, nessa situação, o contrato de trabalho ser suspenso enquanto perdurar o mandato.

Atente-se para o fato de que o trabalhador indicado para função de direção de empresa pública ou sociedade de economia mista não é enquadrado como segurado contribuinte individual, mas como empregado, pois ocupa cargo de comissão de livre nomeação e exoneração.

No caso de sociedade civil de prestação de serviços relativos ao exercício de profissões legalmente regulamentadas, como escritórios contábeis ou de advocacia, a legislação previdenciária exige a segregação dos valores pagos a título de pró-labore e os provenientes do capital social (distribuição de lucros). Se tal discriminação não for efetuada, haverá presunção de que todos os valores pagos foram decorrentes do trabalho dos sócios.

VI - o associado eleito para cargo de direção em cooperativa, associação ou entidade de qualquer natureza ou finalidade, bem como o síndico ou administrador eleito para exercer atividade de direção condominial, desde que recebam remuneração;

O associado eleito para direção de uma cooperativa, associação ou entidade de qualquer natureza é classificado como contribuinte individual. Note-se que, para isso, é necessário que receba remuneração.

O síndico de condomínio que recebe remuneração também se enquadra nessa categoria. O art. 41, II da IN RFB 2.110/2022 considera a isenção do pagamento da taxa condominial como remuneração, devendo o síndico de condomínio enquadrado nessa situação ser considerado contribuinte individual. Esse também é o posicionamento do STJ já exarado em diversos julgados (STJ – REsp: 411832 RS 2002/0016098-2, Relator: Ministro Francisco Falcão, j. em 17/10/2005, T1 – Primeira Turma, DJ 19.12.2005, p. 211RDDT, vol. 126, p. 135).

VII – quem presta serviço de natureza urbana ou rural, em caráter eventual, a uma ou mais empresas, sem relação de emprego;

São os autônomos que prestam serviços a pessoas jurídicas. A principal característica dessa prestação de serviços é a eventualidade. Como visto, caso a empresa remunere o segurado como contribuinte individual, sendo, no entanto, atendidos todos os pressupostos do vínculo empregatício, o Auditor-Fiscal da Receita Federal do Brasil deve enquadrá-lo como segurado empregado, cobrando as diferenças de contribuições sociais porventura existentes.

Um pintor ou pedreiro que execute serviços eventuais de manutenção das instalações das empresas são exemplos desta subcategoria.

VIII – a pessoa física que exerce, por conta própria, atividade econômica de natureza urbana, com fins lucrativos ou não;

Aqui estão representados os autônomos que prestam serviços por conta própria a pessoas físicas ou jurídicas como, por exemplo, os psicanalistas, dentistas com consultório próprio, taxistas, vendedores de picolés, camelôs etc.

IX – o aposentado de qualquer regime previdenciário nomeado magistrado classista temporário da Justiça do Trabalho ou nomeado magistrado da Justiça Eleitoral;

A Emenda Constitucional 24, de 09/12/1999, extinguiu a categoria de magistrado classista temporário da Justiça do Trabalho, assegurando, entretanto, o cumprimento dos mandatos em exercício.

Saliente-se que, atualmente, como todos os mandatos de classistas já se expiraram, não mais existe a representação vogal na Justiça do Trabalho.

X – o cooperado de cooperativa de produção ou de trabalho que, nesta condição, presta serviço à sociedade cooperativa mediante remuneração ajustada ao trabalho executado;

Cooperativa de produção é a sociedade que detém os meios de produção, e seus associados contribuem com serviços laborativos ou profissionais para a produção em comum de bens ou serviços.

As pessoas físicas produtoras rurais de leite que se reúnem para produzir e vender seus produtos a grandes indústrias de laticínios poderão constituir-se sob a forma de cooperativa de produção.

Cooperativa de trabalho, também denominada cooperativa de mão de obra, é a sociedade formada por operários, artífices, pessoas da mesma profissão ou ofício ou de vários ofícios de uma mesma classe, que, na qualidade de associados, prestam serviços a terceiros, por seu intermédio.

XI – o médico-residente ou o residente em área profissional da saúde, contratados, respectivamente, na forma da Lei 6.932, de 1981, na redação dada pela Lei 10.405, de 2002, e da Lei 11.129, de 2005.

O médico-residente e o residente em área profissional da saúde são contribuintes individuais. Antes da Lei 11.129/2005 não havia previsão legal para o enquadramento dos residentes de outras áreas de saúde (enfermagem, por exemplo) como contribuintes individuais.

Ressalte-se que o enquadramento desse trabalhador tem sido objeto de questionamento em diversas provas de concurso público.

XII – o árbitro de jogos desportivos e seus auxiliares, desde que atuem em conformidade com a Lei 9.615, de 24 de março de 1998;

Os árbitros de jogos e os seus auxiliares (bandeirinhas, juiz reserva etc.) são contribuintes individuais.

XIII – aquele que trabalha como condutor autônomo de veículo rodoviário, inclusive como taxista ou motorista de transporte remunerado privado individual de passageiros, ou como operador de trator, máquina de terraplenagem, colheitadeira e assemelhados, sem vínculo empregatício;;

O condutor autônomo é o profissional que realiza transporte de passageiros (taxista, motorista de aplicativo), ou que faz fretes e carretos com veículo particular, cobrando por este serviço a sua remuneração e também os operadores de máquinas. Obviamente, a maior parte do valor recebido pela prestação do serviço é destinada à manutenção do veículo e uma pequena parte é considerada remuneração do trabalhador, como será visto em capítulo posterior.

XIV – o notário ou tabelião e o oficial de registros ou registrador, titular de cartório, que detêm a delegação do exercício da atividade notarial e de registro, não remunerados pelos cofres públicos, admitidos a partir de 21 de novembro de 1994;

Comentamos que a legislação considerou como empregado o escrevente e o auxiliar contratados pelo titular de serviços notariais. O notário, o tabelião e o oficial de registro que detêm a delegação do cartório (titulares de serviços notariais) são considerados contribuintes individuais. Fazendo a comparação com uma empresa para facilitar a memorização, seria como se o notário, o tabelião e o oficial de registro (titulares) fossem os sócios, e o escrevente e o auxiliar por eles contratados, os empregados.

XV – O Micro Empreendedor Individual – MEI de que tratam os arts. 18-A e 18-C da Lei Complementar 123, de 14 de dezembro de 2006, que opte pelo recolhimento dos impostos e contribuições abrangidos pelo Simples Nacional em valores fixos mensais.

O "Micro Empreendedor Individual" – MEI foi criado com a publicação da Lei Complementar 128, de 18/12/2008, que alterou a Lei Complementar 123 (Super-Simples). Como a mudança é relevante, consideramos grande a probabilidade de ser alvo de cobrança em prova de concurso público.

De acordo com o art. 18-A da LC 123, o Micro Empreendedor Individual – MEI poderá optar pelo recolhimento dos impostos e contribuições abrangidos pelo Simples Nacional em valores fixos mensais, independentemente da receita bruta por ele auferida no mês.

Micro empreendedor individual é o **empresário individual** ou o empreendedor que exerça as atividades de industrialização, comercialização e prestação de serviços no âmbito rural que tenha auferido **receita bruta**, no ano-calendário anterior, de **até R$ 81.000,00**, optante pelo Simples Nacional. Quando o MEI iniciar as atividades no curso do ano, o limite será de R$ 6.750,00 por mês de exercício da atividade, consideradas as frações de meses como um mês inteiro. Estes valores foram atualizados pela LC 155, de 27/10/2016, com vigência a partir de 01/01/2018.

A opção pelo enquadramento como microempreendedor individual importa em opção pelo recolhimento da contribuição previdenciária na forma simplificada, conforme veremos no Capítulo 8.

O MEI recolherá, na forma regulamentada pelo Comitê Gestor, valor fixo mensal correspondente à soma das seguintes parcelas:

a) R$ 75,90 (5% x 1 salário mínimo), a título da contribuição previdenciária simplificada;

b) R$ 1,00, a título de ICMS, caso seja contribuinte deste tributo;

c) R$ 5,00, a título de ISS, caso seja contribuinte deste tributo.

O microempreendedor individual não estará sujeito à incidência de IRPJ, IPI, CSLL, PIS, COFINS e Contribuição Previdenciária Patronal.

Não poderá optar por essa sistemática de recolhimento o MEI:

I - que atue como prestador de serviços, salvo autorização relativa a exercício de atividade isolada, na forma regulamentada pelo Comitê Gestor;

II - que possua mais de um estabelecimento;

III - que participe de outra empresa como titular, sócio ou administrador; ou

IV - que contrate empregado, salvo exceção prevista no art. 18-C da LC 123 (contratação de um empregado por um salário mínimo).

A empresa contratante de serviços de hidráulica, eletricidade, pintura, alvenaria, carpintaria e de manutenção ou reparo de veículos executados por intermédio do MEI mantém, em relação a esta contratação, a obrigatoriedade de recolhimento da contribuição previdenciária patronal e do cumprimento das obrigações acessórias relativas à contratação de contribuinte individual.

Observe-se que o art. 18-C da LC 123 dispõe que poderá se enquadrar como MEI o empresário individual ou o empreendedor que exerça as atividades de industrialização, comercialização e prestação de serviços no âmbito rural que possua um único empregado que receba apenas 1 salário mínimo ou o piso salarial da categoria profissional.

Para os casos de afastamento legal do único empregado do MEI, será permitida a contratação de outro empregado, inclusive por prazo determinado, até que cessem as condições do afastamento (LC 139/2011).

Ressalte-se que de acordo com o § 5º do art. 18-E da LC 123, alterado pela LC 155, de 27/10/2016, o empreendedor que exerça as atividades de industrialização, comercialização e prestação de serviços no âmbito rural que efetuar seu registro como MEI não perderá a condição de segurado especial da Previdência Social. Assim, estranhamente, a Lei possibilitou o enquadramento como MEI de trabalhadores rurais que poderão continuar sendo enquadrados na categoria previdenciária dos segurados especiais.

5.2.3.2. Espécies de contribuintes individuais menos recorrentes em concursos

A categoria dos contribuintes individuais é, sem dúvida, a que possui o maior número de subcategorias. As subcategorias até aqui estudadas são as mais cobradas pelas bancas examinadoras dos concursos públicos. Existem, entretanto, diversas outras subcategorias, conforme segue:

I - **o pescador que trabalha em regime de parceria, meação ou arrendamento, em embarcação de médio ou grande porte, nos termos da Lei 11.959, de 2009;**

O art. 10, § 1º, I, da Lei 11.959/2009 classifica as embarcações que operam na pesca comercial em:

> I - de pequeno porte: quando possui arqueação bruta - AB igual ou menor que 20;
>
> **II - de médio porte: quando possui arqueação bruta - AB maior que 20 e menor que 100;**
>
> **III - de grande porte: quando possui arqueação bruta - AB igual ou maior que 100.**

Caso o tamanho da embarcação seja igual ou inferior a 20 de arqueação bruta, este trabalhador será enquadrado como segurado especial, como veremos.

II – **os médicos participantes do programa mais médicos, previstos 12.871, de 22/10/2013, exceto na hipótese de cobertura securitária específica estabelecida por organismo internacional ou filiação a regime de seguridade social em seu país de origem, com o qual a República Federativa do Brasil mantenha acordo de seguridade social e o médico em curso de formação no âmbito do Programa Médicos pelo Brasil, instituído pela Lei nº 13.958, de 18 de dezembro de 2019;**

De acordo com o art. 20 da Lei 12.871/2013, o médico participante do programa enquadra-se como segurado obrigatório do Regime Geral de Previdência Social (RGPS), na condição de contribuinte individual.

III – o marisqueiro que, sem utilizar embarcação pesqueira, exerce atividade de captura dos elementos animais ou vegetais, com o auxílio de empregado;

Se não utilizar o auxílio de empregados, este trabalhador será enquadrado como segurado especial, como veremos.

IV – o brasileiro civil que trabalha em organismo oficial internacional ou estrangeiro em funcionamento no Brasil, a partir de 1º de março de 2000, em decorrência da Lei 9.876, de 1999, desde que não existentes os pressupostos que o caracterizem como segurado empregado;

V – o brasileiro civil que trabalha para órgão ou entidade da Administração Pública sob intermediação de organismo oficial internacional ou estrangeiro em funcionamento no Brasil, desde que não existentes os pressupostos que o caracterizem como segurado empregado;

VI – o administrador, exceto o servidor público vinculado a regime próprio de previdência social, nomeado pelo poder público para o exercício do cargo de administração em fundação pública de direito privado;

VII – o síndico da massa falida e o comissário de concordata (já não existente, desde a nova Lei de Falências), quando remunerados;

VIII – a pessoa física contratada para prestação de serviços em campanhas eleitorais por partido político ou por candidato a cargo eletivo, em razão do disposto no art. 100 da Lei 9.504, de 30 de setembro de 1997;

IX – os auxiliares de condutor autônomo de veículo rodoviário, no máximo de dois, conforme previsto no art. 1º da Lei 6.094, de 30 de agosto de 1974, que exercem atividade profissional em automóvel cedido em regime de colaboração;

X – o comerciante ambulante que, pessoalmente, por conta própria e a seu risco, exerce pequena atividade comercial em via pública ou de porta em porta, nos termos da Lei 6.586, de 6 de novembro de 1978;

XI - o membro de conselho fiscal de sociedade ou entidade de qualquer natureza, desde que remunerado;

XII - o diarista, assim entendida a pessoa física que, por conta própria, presta serviços de natureza não contínua à pessoa, à família ou à entidade familiar, no âmbito residencial desta, em atividade sem fins lucrativos, ***até dois dias por semana;***

XIII - o pequeno feirante que compra para revenda produtos hortifrutigranjeiros ou assemelhados;

XIV - a pessoa física que, habitualmente, edifica obra de construção civil com fins lucrativos;

XV - o incorporador de que trata o art. 29 da Lei 4.591, de 16 de dezembro de 1964;

XVI - o bolsista da Fundação Habitacional do Exército, contratado em conformidade com a Lei 6.855, de 18 de novembro de 1980;

XVII - o membro do conselho tutelar de que trata o art. 132 da Lei 8.069, de 13 de julho de 1990, quando remunerado;

XVIII - o interventor, o liquidante, o administrador especial e o diretor fiscal de instituição financeira, de que trata o § 6º do art. 93;

XIX - o atleta não profissional em formação, maior de dezesseis e menor de vinte anos de idade, que receber auxílio financeiro da entidade de prática desportiva formadora, sob a forma de bolsa de aprendizagem, nos termos da Lei 9.615, de 24 de março de 1998 (Lei Pelé);

XX - o interventor, o liquidante, o administrador especial e o diretor fiscal de instituição financeira, empresa ou entidade similar;

XXI - o repentista de que trata a Lei nº 12.198, de 14 de janeiro de 2010, desde que não se enquadre na condição de empregado, em relação à referida atividade; e

XXII - o artesão de que trata a Lei nº 13.180, de 22 de outubro de 2015, desde que não se enquadre em outras categorias de segurado obrigatório do RGPS em relação à referida atividade.

5.2.4. Trabalhador avulso

- **Art. 12, VI, Lei 8.212/1991**
- **Art. 9º, VI, Decreto 3.048/1999**

Trabalhador avulso é aquele que, **sindicalizado ou não**, presta serviços de natureza urbana ou rural a diversas empresas, sem vínculo empregatício, com a **intermediação**

obrigatória do sindicato da categoria **ou**, quando se tratar de atividade portuária, do **órgão gestor de mão de obra** (OGMO), assim considerados:

1. o trabalhador que exerça atividade portuária de capatazia, estiva, conferência e conserto de carga e vigilância de embarcação e bloco;

2. o trabalhador de estiva de mercadorias de qualquer natureza, inclusive carvão e minério;

3. o trabalhador em alvarenga (embarcação para carga e descarga de navios);

4. o amarrador de embarcação;

5. o ensacador de café, cacau, sal e similares;

6. o trabalhador na indústria de extração de sal;

7. o carregador de bagagem em porto;

8. o prático de barra em porto;

9. o guindasteiro; e

10. o classificador, o movimentador e o empacotador de mercadorias em portos.

Também é trabalhador avulso o que exerça atividade de movimentação de mercadorias em geral, nos termos do disposto na Lei nº 12.023, de 27 de agosto de 2009, em áreas urbanas ou rurais, sem vínculo empregatício, com intermediação obrigatória do sindicato da categoria, por meio de acordo ou convenção coletiva de trabalho, nas atividades de:

1. cargas e descargas de mercadorias a granel e ensacados, costura, pesagem, embalagem, enlonamento, ensaque, arrasto, posicionamento, acomodação, reordenamento, reparação de carga, amostragem, arrumação, remoção, classificação, empilhamento, transporte com empilhadeiras, paletização, ova e desova de vagões, carga e descarga em feiras livres e abastecimento de lenha em secadores e caldeiras; (Incluído pelo Decreto nº 10.410, de 2020).

2. operação de equipamentos de carga e descarga; e (Incluído pelo Decreto nº 10.410, de 2020).

3. pré-limpeza e limpeza em locais necessários às operações ou à sua continuidade; (Incluído pelo Decreto nº 10.410, de 2020).

O § 7º do art. 9º do Decreto 3.048 define, para fins deste inciso:

a) **capatazia** – a atividade de movimentação de mercadorias nas instalações dentro do porto, compreendidos o recebimento, a conferência, o transporte interno, a abertura de volumes para a conferência aduaneira, a manipulação, a arrumação e a entrega e o carregamento e a descarga de embarcações, quando efetuados por aparelhamento portuário;

b) **estiva** – a atividade de movimentação de mercadorias nos conveses ou nos porões das embarcações principais ou auxiliares, incluindo transbordo, arrumação, peação e despeação, bem como o carregamento e a descarga delas, quando realizados com equipamentos de bordo;

c) **conferência de carga** – a contagem de volumes, anotação de suas características, procedência ou destino, verificação do estado das mercadorias, assistência à pesagem, conferência do manifesto e demais serviços correlatos, nas operações de carregamento e descarga de embarcações;

d) **conserto de carga** – o reparo e a restauração das embalagens de mercadoria, nas operações de carregamento e descarga de embarcações, reembalagem, marcação, remarcação, carimbagem, etiquetagem, abertura de volumes para vistoria e posterior recomposição;

e) **vigilância de embarcações** – a atividade de fiscalização da entrada e saída de pessoas a bordo das embarcações atracadas ou fundeadas ao largo, bem como da movimentação de mercadorias nos portalós, rampas, porões, conveses, plataformas e em outros locais da embarcação;

f) **bloco** – a atividade de limpeza e conservação de embarcações mercantes e de seus tanques, incluindo batimento de ferrugem, pintura, reparo de pequena monta e serviços correlatos.

Para ser considerado avulso, o trabalhador deve prestar serviços com intermediação do sindicato (trabalhadores não portuários) ou do órgão gestor de mão de obra – OGMO (avulsos portuários). **Não é necessário, entretanto, que o trabalhador seja sindicalizado.**

Fiquem atentos para os seguintes pontos:

O avulso é o trabalhador contratado com a intermediação do sindicato ou do OGMO. A contratação não se dá diretamente pela empresa, devendo esta ser intermediada

Apesar de a intermediação do sindicato (para os avulsos não portuários) ou do OGMO (para avulsos portuários) ser obrigatória para a caracterização do trabalhador avulso, não é necessário que tais trabalhadores sejam sindicalizados

O trabalhador avulso pode exercer atividade urbana (portuária) ou rural (ensacador de café)

A Lei 12.815/2013 (Lei dos Portos) traz uma interessante exceção à obrigatoriedade de intermediação do OGMO na relação entre os avulsos e as empresas. É que o seu art. 32, parágrafo único, dispõe que "caso celebrado contrato, acordo ou convenção coletiva de trabalho entre trabalhadores e tomadores de serviços, o disposto no instrumento precederá o órgão gestor e dispensará sua intervenção nas relações entre capital e trabalho no porto".

Lembramos que a Constituição de 88 equiparou os avulsos aos empregados, conferindo-lhes todos os direitos trabalhistas.

> **Exemplo:**
>
> A Companhia Brasileira de Soja exportou 20 toneladas de seu produto. Para isso utilizou o transporte marítimo que partiu do porto de Santos. Para carregar a embarcação com os seus produtos, contratou mão de obra avulsa. No ato da contratação, solicitou ao OGMO que disponibilizasse o número de avulsos necessário para executar a tarefa de estiva. O OGMO, então, disponibilizou 20 trabalhadores, que prestaram serviços durante seis horas.
>
> No ato do pagamento da remuneração dos avulsos, o OGMO emitiu documento de cobrança para a Companhia Brasileira de Soja, constando discriminação do serviço prestado e incluindo os valores referentes à remuneração, acrescida das parcelas de 13º salário, férias e 1/3 de férias e demais direitos trabalhistas proporcionais às seis horas trabalhadas.
>
> Após o recebimento do valor relativo ao serviço, o OGMO repassou a cada trabalhador avulso que participou da sua execução parte do montante arrecadado.

5.2.5. Segurado especial

- **Art. 195, § 8º, CRFB 88**
- **Art. 12, VII, Lei 8.212/1991**
- **Art. 9º, VII, Decreto 3.048/1999**

Vimos, no **tópico 3**, que o único segurado definido no texto constitucional é o segurado especial. A Constituição assim o define:

> "O produtor, o parceiro, o meeiro, o arrendatário rurais e o pescador artesanal, bem como os respectivos cônjuges, **que exerçam suas atividades em regime de economia familiar**, sem empregados permanentes, contribuirão para a seguridade social mediante a aplicação de uma alíquota sobre o resultado da comercialização da produção e farão jus aos benefícios, nos termos da lei."

O enquadramento previdenciário dos trabalhadores rurais foi significativamente alterado pela Lei 11.718, de 20/06/2008. Antes desta Lei, o segurado especial não podia contar com o auxílio de empregados, mesmo que contratados apenas para o período da safra. Era permitido apenas o auxílio eventual de terceiros, entendido este como o regime de mútua colaboração, não remunerado. Observe-se que o texto constitucional não prevê tal vedação, vez que proíbe apenas a contratação de empregados permanentes.

Antes da Lei 11.718 não existia, também, uma limitação quanto ao tamanho da propriedade rural para o trabalhador ser considerado segurado especial. Vejamos como está a atual redação do art. 12, VII, da Lei 8.212/1991:

> "Considera-se segurado especial: a pessoa física **residente no imóvel rural ou em aglomerado urbano ou rural próximo** a ele que, individualmente ou em regime de economia familiar, ainda que com o auxílio eventual de terceiros a título de mútua colaboração, na condição de:
>
> a) produtor, seja proprietário, usufrutuário, possuidor, assentado, parceiro ou meeiro outorgados, comodatário ou arrendatário rurais, que explore atividade:
>
> 1. agropecuária em área de até **4 (quatro) módulos fiscais**; ou
>
> 2. de seringueiro ou extrativista vegetal que exerça suas atividades nos termos do inciso XII do *caput* do art. 2º da Lei 9.985, de 18 de julho de 2000, e faça dessas atividades o principal meio de vida;
>
> b) pescador artesanal ou a este assemelhado, que faça da pesca profissão habitual ou principal meio de vida; e
>
> c) cônjuge ou companheiro, bem como filho **maior de 16 anos** de idade ou a este equiparado, do segurado de que tratam as alíneas a e b deste inciso, que, comprovadamente, trabalhem com o grupo familiar respectivo."

Entende-se como regime de economia familiar a atividade em que o trabalho dos membros da família é indispensável à própria subsistência e ao desenvolvimento socioeconômico do núcleo familiar, e é exercido em condições de mútua dependência e colaboração, **sem a utilização de empregados permanentes.**

O STJ entende que, se comprovado o trabalho do menor de 16 anos juntamente com a sua família, o período pode ser contado como tempo de atividade rural para fins de concessão de benefício previdenciário (AR 3877/SP Ação Rescisória 2007/0275595-8; j. em 28/11/2012).

Como a Lei exige para a caracterização do segurado especial que o trabalho rural dos membros da família seja indispensável à própria subsistência do núcleo familiar, parte considerável da jurisprudência passou a entender que o trabalho urbano por um dos membros da família descaracterizaria a condição de segurado especial dos demais familiares. Isso porque o trabalho rural deixaria de ser indispensável à subsistência da família, pois o trabalhador urbano passaria a se responsabilizar por toda sua família.

Felizmente, essa dura interpretação foi rechaçada pela Turma Nacional de Uniformização de Jurisprudência dos Juizados Especiais Federais que editou a Súmula 41, da TNU, dispondo que "a circunstância de um dos integrantes do núcleo familiar desempenhar atividade urbana não implica, por si só, a descaracterização do trabalhador rural como segurado especial, condição que deve ser analisada no caso concreto".

Esta súmula foi, inclusive, alvo de questionamento no concurso para o cargo de Juiz Federal do TRF da 5ª Região. Vejamos:

Exemplo de questão sobre este tema:

(Juiz Federal do TRF da 5ª Região 2011 – CESPE) Para a caracterização de segurado especial, considera-se regime de economia familiar a atividade laboral dos membros de uma família e, ainda, que a referida atividade seja indispensável à subsistência e ao desenvolvimento socioeconômico do núcleo familiar e exercida em condições de mútua dependência e colaboração, sem a utilização de empregados permanentes. O exercício de atividade remunerada por um membro da família, ainda que urbana, não descaracteriza a condição de segurado especial.

Podemos notar que, a partir da Lei 11.718, passou-se a exigir que o segurado especial resida em imóvel rural ou conglomerado urbano próximo a ele. No ordenamento anterior, não havia tal exigência.

Outra importante alteração foi a limitação ao tamanho da propriedade, a qual deve agora contar com área igual ou inferior a quatro módulos fiscais, em atividade agropecuária, para que o segurado seja enquadrado como especial. Em propriedades rurais de área superior, o trabalhador rural será considerado contribuinte individual. Observe-se que o conceito de módulo fiscal já foi mencionado no tópico 5.2.3.1. Saliente-se que, nas atividades de seringueiro ou extrativista vegetal, não há limitação ao tamanho da propriedade.

O STJ decidiu, em 03/12/2013, que o tamanho da propriedade rural, por si só, não tem o condão de descaracterizar o regime de economia familiar, quando preenchidos os demais requisitos legalmente exigidos (REsp 1403506/MG).

O pescador artesanal também é classificado como segurado especial. O Regulamento da Previdência Social, aprovado pelo Decreto 3.048/1999 (art. 9º, § 14), definia o pescador artesanal, até a publicação do Decreto 8.424, de 31/03/2015, como aquele que, individualmente ou em regime de economia familiar, faz da pesca sua profissão habitual ou meio principal de vida, desde que:

I – não utilize embarcação;

II – utilize embarcação de até seis toneladas de arqueação bruta, ainda que com auxílio de parceiro;

III – na condição, exclusivamente, de parceiro outorgado, utilize embarcação de até dez toneladas de arqueação bruta.

Ocorre que o citado Decreto 8.424, de 31/03/2015, alterou a definição do pescador artesanal (art. 9º, § 14, do Decreto 3.048/1999), passando a defini-lo como aquele que, individualmente ou em regime de economia familiar, faz da pesca sua profissão habitual ou meio principal de vida, desde que:

> I – não utilize embarcação; ou
>
> II – utilize embarcação de pequeno porte, nos termos da Lei 11.959, de 29 de junho de 2009.

De acordo com o art. 8º, I, a, da citada Lei 11.959/2009, pesca comercial artesanal é a "praticada diretamente por pescador profissional, de forma autônoma ou em regime de economia familiar, com meios de produção próprios ou mediante contrato de parceria, desembarcado, podendo utilizar embarcações de **pequeno porte**".

O art. 10, § 1º, I, dessa mesma Lei classifica as embarcações que operam na pesca comercial em:

> **I - de pequeno porte: quando possui arqueação bruta - AB igual ou menor que 20;**
>
> II - de médio porte: quando possui arqueação bruta - AB maior que 20 e menor que 100;
>
> III - de grande porte: quando possui arqueação bruta - AB igual ou maior que 100.

Dessa forma, o pescador artesanal pode, atualmente, utilizar embarcação que possuir arqueação bruta de até 20, sendo este segurado especial.

A redação anterior ao Decreto 8.424, de 31/03/2015, considerava pescador artesanal o trabalhador que não utilizava embarcação ou utilizava uma de até seis toneladas de arqueação bruta, ainda que com auxílio de parceiro ou na condição, exclusivamente, de parceiro outorgado, utilizava embarcação de até dez toneladas de arqueação bruta.

Com a mudança, então, para ser considerado segurado especial, o pescador pode utilizar uma embarcação de até 20 de arqueação bruta. Acima desse tamanho, o pescador será enquadrado na categoria dos contribuintes individuais, conforme art. 9º, § 15, XI, da nova redação do Decreto 3.048/1999.

De acordo com o art. 9º, parágrafo 14-A, do RPS, incluído pelo Decreto 8.499, de 12/05/2015, considera-se assemelhado ao pescador artesanal aquele que realiza atividade de apoio à pesca artesanal, exercendo trabalhos de confecção e de reparos de artes e petrechos de pesca e de reparos em embarcações de pequeno porte ou atuando no processamento do produto da pesca artesanal.

Vejam que o enquadramento do pescador artesanal como segurado especial foi cobrado no concurso de 2012, para o cargo de Técnico do Seguro Social:

> **Exemplo de questão sobre este tema:**
>
> **(Técnico do Seguro Social – INSS 2012 – Carlos Chagas)** João exerce individualmente atividade de pescador artesanal e possui embarcação com cinco toneladas de arqueação bruta, com parceiro eventual, que o auxilia. Nessa situação, João é
>
> a) segurado facultativo.
>
> b) segurado especial.
>
> c) contribuinte individual.
>
> d) trabalhador avulso.
>
> e) não segurado da Previdência Social.
>
> *Resposta: B*

Observe-se que, para ser considerado "segurado especial", o cônjuge ou companheiro, assim como os filhos maiores de 16 anos ou os a estes equiparados deverão ter participação nas atividades rurais do grupo familiar.

Um ponto polêmico trazido pela Lei 11.718/2008 foi **a possibilidade de contratação de empregados pelos segurados especiais**. A redação do § 8º do art. 12, da Lei 8.212/1991, incluído pela Lei 11.718/2008, é bastante confusa. O novo texto permite que o grupo familiar se utilize de empregados contratados por prazo determinado ou trabalhadores autônomos rurais à razão de no máximo 120 pessoas/dia no ano civil, em períodos corridos ou intercalados, ou, ainda, por tempo equivalente em horas de trabalho, não sendo computado nesse prazo o período de afastamento em decorrência da percepção de auxílio por incapacidade temporária (redação dado pela Lei 12.873, de 24/10/2013).

Essa confusa redação pode nos levar a diversas interpretações em relação à expressão "120 pessoas/dia no ano civil, em períodos corridos ou intercalados ou, ainda, por tempo equivalente em horas de trabalho".

Fazendo uma interpretação literal, conclui-se que o segurado especial pode contratar 120 pessoas durante todos os dias do ano ou uma proporção equivalente em horas. Assim, chegaríamos ao absurdo de considerar que, se o segurado especial quisesse contratar empregados apenas por um mês, poderia utilizar até 1.440 empregados (120 x 12). Entendemos que essa interpretação não é a mais adequada, tendo em vista a integração das normas previdenciárias, e que a própria Constituição Federal veda a utilização pelo segurado especial de empregados permanentes.

Concluímos, pois, que o texto possibilita **a contratação de 120 empregados em apenas um dia do ano civil**, no período da safra, **ou em uma proporção equivalente a esta**. Logo, o segurado especial pode, por exemplo, contratar um empregado durante apenas 120 dias, assim como pode contratar quatro empregados durante um mês ou, da mesma forma, contratar dois empregados por 60 dias. Nestes três exemplos, foi mantida a mesma proporção em horas de trabalho.

A Lei 11.718 trouxe também uma série de novas situações nas quais não é descaracterizada a condição de segurado especial. A legislação anterior era muito mais restritiva, vedando ao segurado especial a obtenção de qualquer outro meio de renda, exceto a proveniente de atividade de dirigente de sindicato representativo da categoria dos segurados especiais ou a pensão por morte deixada por cônjuge segurado especial. Com a alteração legislativa, o art. 12, § 9º, da Lei 8.212/1991 passou a prever expressamente que as seguintes situações não descaracterizam a condição de segurado especial:

I – a outorga, por meio de contrato escrito de parceria, meação ou comodato, de até 50% de imóvel rural cuja área total não seja superior a quatro módulos fiscais, desde que outorgante e outorgado continuem a exercer a respectiva atividade, individualmente ou em regime de economia familiar;

O segurado especial pode outorgar ou receber a outorga de até 50% de imóvel rural. Note que tanto o outorgante quanto o outorgado serão enquadrados como segurados especiais, desde que exerçam atividade rural.

II - a exploração da atividade turística da propriedade rural, inclusive com hospedagem, por não mais de 120 dias ao ano;

A Lei 11.718 possibilitou a exploração de atividade turística pelo segurado especial, desde que este não a faça por mais de 120 dias por ano. O objetivo aqui foi permitir que os segurados especiais, que possuem propriedades rurais em áreas turísticas, pudessem exercer a atividade de exploração do turismo.

III - a participação em plano de previdência complementar instituído por entidade classista a que seja associado, em razão da condição de trabalhador rural ou de produtor rural em regime de economia familiar;

Como veremos a seguir, a renda obtida com os benefícios gerados por esses planos de previdência complementar não descaracteriza a condição de segurado especial.

IV - ser beneficiário ou fazer parte de grupo familiar que tem algum componente que seja beneficiário de programa assistencial oficial de governo;

A Lei 11.718/2008 possibilitou que o segurado especial possa ser beneficiário de programas assistenciais do governo, tais como o Bolsa Família, sem prejudicar a condição de especial.

V - a utilização pelo próprio grupo familiar, na exploração da atividade, de processo de beneficiamento ou industrialização artesanal, desde que não esteja sujeito à incidência de IPI; e

O grupo familiar pode transformar a sua produção com a finalidade de agregar valor, utilizando um processo de industrialização rudimentar. Pode, por exemplo, um segurado especial que planta laranja transformar a sua produção em suco e vender este produto derivado. Considera-se processo de beneficiamento ou industrialização artesanal aquele realizado diretamente pelo próprio produtor rural pessoa física, desde que não esteja sujeito à incidência do Imposto Sobre Produtos Industrializados – IPI (art. 9º, § 25, RPS).

VI - a associação, exceto em cooperativa de trabalho, conforme regulamento: (pela Lei nº 15.072, de 2024)

a) em cooperativa que tenha atuação vinculada às atividades de segurados especiais, conforme previsão em seu objeto social ou autorização da autoridade competente;

Os associados de cooperativas rurais não perdem a condição de segurado especial. Assim, se diversos segurados especiais produtores de leite se associarem em forma de cooperativa de produção, para juntos ganharem competitividade, manterão o enquadramento previdenciário de segurado especial.

VII - a incidência do Imposto Sobre Produtos Industrializados – IPI sobre o produto das atividades das sociedades empresárias compostas apenas com sócios segurados especiais.

VIII – a participação em programas e ações de pagamento por serviços ambientais (inserido pela Lei 14.119, de 13/01/2021).

Sobre o tema, veja questão elaborada pelo CESPE.

Exemplo de Questão do CESPE:

(DPGU – Defensor – 2010) Considere que Pedro explore, individualmente, em sua propriedade rural, atividade de produtor agropecuário em área contínua equivalente a três módulos fiscais, em região do Pantanal matogrossense, e que, durante os meses de dezembro, janeiro e fevereiro de cada ano, explore atividade turística na mesma propriedade, fornecendo hospedagem rústica. Nessa situação, Pedro é considerado segurado especial.

Resposta: Certo

Em tempos de pandemia, a Lei 14.048, de 24 de agosto de 2020 deixou claro no seu art. 3º, que não descaracteriza a condição de segurado especial, o recebimento do auxílio emergencial.

A Lei 11.718 acrescentou, ainda, o § 10 ao art. 12 da Lei 8.212/1991, dispondo que não é segurado especial o membro de grupo familiar **que possuir outra fonte de rendimento, exceto se decorrente de:**

I – benefício de **pensão por morte, auxílio-acidente ou auxílio-reclusão**, cujo valor não supere o do menor benefício de prestação continuada da Previdência Social;

Antes da alteração, somente era possível o segurado especial ser beneficiário de pensão por morte deixada por cônjuge segurado especial, que seria limitada a um salário mínimo, vez que todos os benefícios do segurado especial são limitados ao mínimo legal. Ocorria, no entanto, diversas situações injustas, como, por exemplo, a de um segurado especial que recebia pensão por morte de sua mulher, empregada doméstica, no valor de um salário mínimo, e que era, neste caso, excluído da condição de segurado especial.

Agora é permitido que o segurado especial seja beneficiário de pensão por morte, de um salário mínimo, independentemente da categoria previdenciária do seu cônjuge falecido.

II – benefício previdenciário pela **participação em plano de previdência complementar** instituído por entidade classista a que seja associado, em razão da condição de trabalhador rural ou de produtor rural em regime de economia familiar;

Como já mencionado, a renda obtida com os benefícios gerados por estes planos de previdência complementar não descaracteriza a condição de segurado especial.

III – exercício de **atividade remunerada não superior a 120 dias**, corridos ou intercalados, no ano civil, devendo, no entanto, contribuir para a previdência social de acordo com a atividade que exerce;

Antes da Lei 11.718, não era possível que o segurado especial exercesse qualquer outra atividade. Atualmente, pode ele trabalhar em qualquer atividade, desde que não ultrapasse 120 dias.

Interessante ressaltar que a TNU julgou o Tema 301, firmando o seguinte entendimento:

> "Cômputo do Tempo de Trabalho Rural
>
> Para a aposentadoria por idade do trabalhador rural não será considerada a perda da qualidade de segurado nos intervalos entre as atividades rurícolas. Descaracterização da condição de segurado especial
>
> II. A condição de segurado especial é descaracterizada a partir do 1º dia do mês seguinte ao da extrapolação dos 120 dias de atividade remunerada no ano civil (Lei 8.213/91, art. 11, § 9º, III);
>
> III. Cessada a atividade remunerada referida no item II e comprovado o retorno ao trabalho de segurado especial, na forma do art. 55, parag. 30, da Lei 8.213/91, o trabalhador volta a se inserir imediatamente no VII, do art. 11 da Lei 8.213/91, ainda que no mesmo ano civil.

IV – exercício de mandato eletivo de **dirigente sindical** de organização da categoria de trabalhadores rurais;

O exercício de mandato eletivo de dirigente sindical não descaracterizava a condição de segurado especial, mesmo antes da Lei 11.718, de 20/06/2008.

V - exercício de: (Redação dada pela Lei nº 15.072, de 2024)

a) mandato de vereador do Município em que desenvolve a atividade rural;

b) atividade remunerada, sem dedicação exclusiva ou regime integral de trabalho, derivada de mandato eletivo:

1. em cooperativa, exceto cooperativa de trabalho, que tenha atuação vinculada às atividades de segurados especiais, conforme previsão em seu objeto social ou autorização da autoridade competente.

A lei inovou bastante, na medida em que possibilitou o exercício do mandato de vereador pelo segurado especial, sem que este perca seu enquadramento originário. Já vimos, em tópico anterior, que o vereador é enquadrado como empregado do RGPS. Note que o segurado especial que exerce o cargo de vereador é obrigado a contribuir como empregado e, mesmo assim, continua mantendo o enquadramento previdenciário de segurado especial.

VI – parceria ou meação outorgada;

Note que a outorga deve respeitar as regras do art. 12, § 9º, I, da Lei 8.212/1991, ou seja, deve ser por meio de contrato escrito de parceria, meação ou comodato, de **até 50% de imóvel rural**, cuja área total não seja superior a quatro módulos fiscais, desde que outorgante e outorgado continuem a exercer a respectiva atividade, individualmente ou em regime de economia familiar.

> VII – **atividade artesanal** desenvolvida com matéria-prima produzida pelo respectivo grupo familiar, podendo ser utilizada matéria-prima de outra origem, desde que a renda mensal obtida na atividade não exceda ao menor benefício de prestação continuada da Previdência Social;

Esse novo inciso VII permite aos segurados especiais que desenvolvam atividade artesanal paralelamente à atividade rural, desde que a renda obtida não ultrapasse um salário mínimo.

> VIII – **atividade artística**, desde que em valor mensal inferior ao menor benefício de prestação continuada da Previdência Social.

A possibilidade da prática de atividade artística também foi uma inovação trazida pela Lei 11.718, de 20/06/2008, devendo tal remuneração ser inferior a um salário mínimo.

O segurado especial fica excluído dessa categoria (art. 12, § 11, da Lei 8.212/1991 c/c art. artigo 9, §23, do RPS):

I – a contar do primeiro dia do mês em que:

a) deixar de satisfazer as condições para o enquadramento como segurado especial, ou exceder qualquer dos limites estabelecidos para outorga de parceria meação ou comodato;

b) se enquadrar em qualquer outra categoria de segurado obrigatório do Regime Geral de Previdência Social, ressalvadas as hipóteses previstas pela Lei (exercício do cargo de Vereador, exploração de atividade turística, atividade artística etc.);

c) se tornar segurado obrigatório de outro regime previdenciário;

d) na hipótese de descumprimento da vedação de participação em sociedade:

1. participar de sociedade empresária ou de sociedade simples; ou
2. atuar como empresário individual ou como titular de empresa individual de responsabilidade limitada;

II – a contar do primeiro dia do mês subsequente ao da ocorrência, quando o grupo familiar a que pertence exceder o limite de:

a) utilização de trabalhadores à razão de no máximo 120 pessoas/dia no ano civil, em períodos corridos ou intercalados ou, ainda, por tempo equivalente em horas de trabalho;

b) 120 dias em atividade remunerada corridos ou intercalados;

c) 120 dias de hospedagem em sua propriedade rural.

A Lei 12.873, de 24/10/2013, trouxe uma inovação, ao permitir a participação do segurado especial em sociedade empresária, em sociedade simples, como empresário individual ou como titular de empresa individual de responsabilidade limitada de objeto ou âmbito agrícola, agroindustrial ou agroturístico, considerada microempresa, não o excluindo de tal categoria previdenciária, desde que mantido o exercício da sua atividade rural. Nesse caso, a pessoa jurídica deve ser composta apenas de segurados especiais e deve ter sede no mesmo Município ou em Município limítrofe àquele em que eles desenvolvam suas atividades.

O segurado especial contribui para a Previdência, a partir de um percentual sob o resultado da comercialização da produção rural, tendo, no entanto, direito a benefícios limitados ao salário mínimo.

O segurado especial poderá contribuir, **facultativamente, da mesma forma que o contribuinte individual que presta serviço à pessoa física ou que o segurado facultativo** (art. 200, § 2, RPS c/c art. 199, RPS), fazendo jus a todos os benefícios calculados como qualquer contribuinte individual. Atente-se para o fato de que, embora ele possa contribuir **facultativamente** como contribuinte individual ou como segurado facultativo, **jamais se transformará em segurado facultativo, sendo as contribuições mensais de caráter obrigatório.**

Ressaltamos, mais uma vez, que a permissiva legal de contribuir da mesma forma que o segurado facultativo não tira, de forma alguma, a condição de segurado obrigatório do RGPS do segurado especial, constituindo-se, apenas, em uma autorização legal para contribuir com as mesmas alíquotas do segurado facultativo ou do contribuinte individual, não alterando o seu enquadramento previdenciário. A vantagem é que se o segurado especial contribuir facultativamente como contribuinte individual não terá os seus benefícios limitados ao salário mínimo.

Note-se que o segurado especial que opte por contribuir facultativamente sobre um valor mensal continua sendo obrigado a contribuir sobre a comercialização da produção rural (vide redação do art. 202, § 2º, do RPS).

Observe-se que **a prova exclusivamente testemunhal não basta à comprovação da atividade rurícola**, para efeito da obtenção de benefício previdenciário, conforme já pacificado pela Súmula 149 do STJ. Assim, faz-se mister o início de prova material para comprovação de atividade rural, com o consequente direito à percepção do benefício previdenciário.

Até mesmo o novo CPC (Lei 13.105, de 16/03/2015) dispõe no seu art. 442 que a prova testemunhal é sempre admissível, não dispondo a lei de modo diverso. Saliente-se que o art. 55, § 3º, da Lei 8.213 veda para a contagem de tempo de contribuição a utilização de prova exclusivamente testemunhal, salvo na ocorrência de motivo de força maior ou caso fortuito, exigindo início de prova material contemporânea aos fatos.

A Súmula 6 da Turma Nacional de Uniformização de Jurisprudência dos Juizados Especiais Federais esclarece que "a certidão de casamento ou outro documento idôneo que evidencie a condição de trabalhador rural do cônjuge constitui início razoável de prova material da atividade rurícola".

De acordo com o art. 38-A da Lei 8.213/1991, alterado pela Lei 13.846/2019, o Ministério da Previdência manterá sistema de cadastro dos segurados especiais no Cadastro Nacional de Informações Sociais – CNIS e poderá firmar acordo de cooperação com o Ministério da Agricultura, Pecuária e Abastecimento e com outros órgãos da administração pública federal, estadual, distrital e municipal para a manutenção e a gestão do sistema de cadastro.

O sistema preverá a manutenção e a atualização anual do cadastro e conterá as informações necessárias à caracterização da condição de segurado especial, sem qualquer ônus para o segurado.

A atualização anual do cadastro do segurado especial deve ser feita até 30 de junho do ano subsequente. Decorrido esse prazo, o segurado especial só poderá computar o período de trabalho rural se efetuado em época própria o recolhimento da contribuição sobre a comercialização da produção rural. É vedada a atualização cadastral do segurado especial após o prazo de cinco anos, contado da data estabelecida para a atualização (30 de junho do ano subsequente).

A partir de 1º de janeiro de 2023, a comprovação da condição e do exercício da atividade rural do segurado especial ocorrerá exclusivamente pelas informações constantes do cadastro dos segurados especiais. Até 1º de janeiro de 2025, o cadastro dos segurados especiais poderá ser realizado, atualizado e corrigido. O cadastro e os prazos deverão ser amplamente divulgados por todos os meios de comunicação cabíveis para que todos os cidadãos tenham acesso à informação sobre a existência do referido cadastro e a obrigatoriedade de registro.

Para o período anterior a 1º de janeiro de 2023, o segurado especial comprovará o tempo de exercício da atividade rural por meio de autodeclaração ratificada por entidades públicas credenciadas pelo o Programa Nacional de Assistência Técnica e Extensão Rural na Agricultura Familiar e na Reforma Agrária – PRONATER, nos termos do disposto no art. 13 da Lei 12.188/2010, e por outros órgãos públicos, na forma prevista no Regulamento.

O § 1º do art. 25 da EC 103/2019 alterou o art. 38-B da Lei 8.213/1991, que havia sido recém-modificado pela Lei 13.846/2019. Dessa forma, para fins de comprovação de atividade rural exercida até a data de entrada em vigor dessa EC, o prazo de que tratam os §§ 1º e 2º do art. 38-B da Lei 8.213/1991 **será prorrogado até a data em que o**

Cadastro Nacional de Informações Sociais (CNIS) atingir a cobertura mínima de 50% dos segurados especiais, apurada conforme quantitativo da Pesquisa Nacional por Amostra de Domicílios Contínua (PNAD).

Na hipótese de haver divergência de informações, para fins de reconhecimento de direito com vistas à concessão de benefício, o INSS poderá exigir a apresentação dos documentos comprobatórios da atividade rural, previstos no art. 106 da Lei 8.213/1991, complementarmente a autodeclaração, conforme segue:

I – contrato individual de trabalho ou Carteira de Trabalho e Previdência Social;

II – contrato de arrendamento, parceria ou comodato rural;

III – revogado pela Lei 13.846/2019;

IV – declaração de Aptidão ao Programa Nacional de Fortalecimento da Agricultura Familiar, de que trata o inciso II do *caput* do art. 2º da Lei 12.188, de 11 de janeiro de 2010, ou por documento que a substitua, emitidas apenas por instituições ou organizações públicas;

V – bloco de notas do produtor rural;

VI – notas fiscais de entrada de mercadorias, de que trata o § 7º do art. 30 da Lei no 8.212, de 24 de julho de 1991, emitidas pela empresa adquirente da produção, com indicação do nome do segurado como vendedor;

VII – documentos fiscais relativos à entrega de produção rural à cooperativa agrícola, entreposto de pescado ou outros, com indicação do segurado como vendedor ou consignante;

VIII – comprovantes de recolhimento de contribuição à Previdência Social decorrentes da comercialização da produção;

IX – cópia da declaração de imposto de renda, com indicação de renda proveniente da comercialização de produção rural; ou

X – licença de ocupação ou permissão outorgada pelo Incra.

Salientamos que a Lei 13.846, de 18/06/2019, revogou o inciso III do art. 106 da Lei 8.213/1991, que possibilitava a comprovação da atividade rural mediante declaração fundamentada de sindicato que representasse o trabalhador rural ou, quando fosse o caso, de sindicato ou colônia de pescadores, desde que homologada pelo Instituto Nacional do Seguro Social – INSS. Como essa declaração possibilitava fraudes na concessão dos benefícios rurais, o governo achou necessária sua revogação.

Atenção!

Provas de concursos públicos frequentemente têm tentado confundir os estudantes, inserindo o garimpeiro na definição de segurado especial. Sabemos, no entanto, que este trabalhador pertence à categoria dos contribuintes individuais. Veja o texto que costuma aparecer nos exames seletivos:

"Segurado especial é o produtor, o parceiro, o meeiro e o arrendatário rurais, **o garimpeiro**, o pescador artesanal e o assemelhado, que exerçam suas atividades, individualmente ou em regime de economia familiar, ainda que com o auxílio eventual de terceiros, bem como seus respectivos cônjuges ou companheiros e filhos maiores de 16 anos ou a eles equiparados, desde que trabalhem, comprovadamente, com o grupo familiar respectivo".

5.2.6. Outras disposições

▶ **Art. 9º, §§ 1º a 18, Decreto 3.048/1999**

O dirigente sindical mantém, durante o exercício do mandato, o mesmo enquadramento no Regime Geral de Previdência Social de antes da investidura no cargo. Um trabalhador avulso que for eleito para presidente do seu sindicato, continuará enquadrado como trabalhador avulso durante o seu mandato.

O magistrado da Justiça Eleitoral mantém o mesmo enquadramento no Regime Geral de Previdência Social de antes da investidura no cargo. Se já estava aposentado pelo RGPS, no momento da nomeação, será considerado contribuinte individual.

Aquele que exerce, concomitantemente, mais de uma atividade remunerada sujeita ao Regime Geral de Previdência Social – RGPS é obrigatoriamente filiado em relação a cada uma dessas atividades.

O aposentado pelo Regime Geral de Previdência Social que voltar a exercer atividade abrangida por este regime é segurado obrigatório no que tange a esse novo trabalho, ficando sujeito às contribuições previdenciárias relativas ao novo vínculo.

O servidor civil, ocupante de cargo efetivo, ou o militar da União, Estado, Distrito Federal ou Município, bem como o das respectivas autarquias e fundações, são excluídos do Regime Geral de Previdência Social, desde que amparados por regime próprio de previdência social.

Se o servidor ou o militar, amparados por regime próprio de previdência social, forem requisitados para outro órgão ou entidade que não possua regime próprio, permanecerão vinculados ao regime de origem.

Caso o servidor ou o militar venha a exercer, concomitantemente, uma ou mais atividades abrangidas pelo Regime Geral de Previdência Social, tornar-se-á segurado obrigatório em relação a todas elas.

Entende-se por regime próprio de previdência social o que assegura, pelo menos, as aposentadorias e pensão por morte previstas no art. 40 da Constituição Federal.

5.3. SEGURADO FACULTATIVO

▶ **Art. 14, Lei 8.212/1991**

▶ **Art. 11, Decreto 3.048/1999**

A categoria do **segurado facultativo** foi criada para **atender ao preceito constitucional da universalidade na cobertura e no atendimento,** já que, em tese, ninguém poderia ser excluído do sistema de proteção previdenciária.

Para ser caracterizado como facultativo, o segurado deve não exercer qualquer atividade remunerada que o vincule obrigatoriamente ao sistema previdenciário e, ainda, possuir idade superior a 16 anos.

Não é permitida a filiação ao Regime Geral de Previdência Social, na qualidade de segurado facultativo, **de pessoa participante de regime próprio de previdência social**, salvo na hipótese de afastamento sem vencimento e desde que não permitida, nesta condição, contribuição ao respectivo regime próprio (art. 201, § 5º, CF/1988).

A filiação na qualidade de segurado facultativo gera efeito somente a partir da inscrição e do primeiro recolhimento, não podendo retroagir e não permitindo o pagamento de contribuições relativas a competências anteriores à data da inscrição.

Após a inscrição, o segurado facultativo somente poderá recolher contribuições em atraso, quando não tiver ocorrido perda da qualidade de segurado, como veremos em capítulo próprio.

São exemplos de segurados que podem filiar-se facultativamente:

I – I - aquele que se dedique exclusivamente ao trabalho doméstico no âmbito de sua residência;

II – o síndico de condomínio, quando não remunerado;

III – o estudante;

IV – o brasileiro que acompanha cônjuge que presta serviço no exterior;

V – aquele que deixou de ser segurado obrigatório da previdência social;

VI – o membro de conselho tutelar de que trata o art. 132 da Lei 8.069, de 13 de julho de 1990, quando não esteja vinculado a qualquer regime de previdência social;

VII – o estagiário que prestam serviços à empresa, de acordo com a Lei 11.788, de 2008;

VIII – o bolsista que se dedique em tempo integral à pesquisa, curso de especialização, pós-graduação, mestrado ou doutorado, no Brasil ou no exterior, desde que não esteja vinculado a qualquer regime de previdência social;

IX – o presidiário que não exerça atividade remunerada nem esteja vinculado a qualquer regime de previdência social;

X – o brasileiro residente ou domiciliado no exterior;

XI – o segurado recolhido à prisão sob regime fechado ou semiaberto, que, nesta condição, preste serviço, dentro ou fora da unidade penal, a uma ou mais empresas, com ou sem intermediação da organização carcerária ou entidade afim, ou que exerce atividade artesanal por conta própria;

Em relação à situação do segurado recolhido à prisão, é importante salientar que o Decreto 7.054, de 28/12/2009, alterou a sua classificação previdenciária. Antes da edição do citado Diploma, o preso que prestasse serviço remunerado era enquadrado como contribuinte individual e, atualmente, ele é enquadrado como segurado facultativo.

XII – o atleta beneficiário da Bolsa-Atleta não filiado a regime próprio de previdência social ou não enquadrado em uma das hipóteses previstas como segurado obrigatório do RGPS.

(CESPE – Técnico do Seguro Social – INSS/2016) Com relação ao segurado especial e ao segurado facultativo, julgue os próximos itens à luz do Decreto 3.048/1999.

Situação hipotética: Maria, com 22 anos de idade, recebe bolsa de estudos para se dedicar em tempo integral a trabalho de pesquisa, não possuindo qualquer vinculação a regime de previdência. Assertiva: Nessa situação, Maria poderá filiar-se facultativamente ao RGPS.

RESOLUÇÃO:

A questão trata de um exemplo de segurado que pode se filiar facultativamente ao RGPS, previsto no art. 11, § 1º, do Decreto 3048 /1999:

§ 1º Podem filiar-se facultativamente, entre outros:

VIII – o bolsista que se dedique em tempo integral a pesquisa, curso de especialização, pós-graduação, mestrado ou doutorado, no Brasil ou no exterior, desde que não esteja vinculado a qualquer regime de previdência social

Resposta: Certa.

5.4. FILIAÇÃO *X* INSCRIÇÃO

- **Art. 14, Lei 8.212/1991**
- **Art. 11, §§ 2º a 4º, Decreto 3.048/1999**
- **Arts. 18 a 20, Decreto 3.048/1999**

A inscrição é o ato formal que identifica o segurado na Previdência Social, representando o mero cadastro no INSS. Já a filiação ao regime previdenciário é o marco da relação jurídica entre os segurados e a Previdência Social.

Considera-se inscrição do segurado, para os efeitos da Previdência Social, o ato pelo qual este é cadastrado no Regime Geral de Previdência Social, mediante comprovação dos dados pessoais e de outros elementos necessários e úteis à sua caracterização, conforme segue:

I – ***empregado*** – *pelo empregador, por meio da formalização do contrato de trabalho e, a partir da obrigatoriedade do uso do Sistema de Escrituração Digital das Obrigações Fiscais, Previdenciárias e Trabalhistas – eSocial, instituído pelo Decreto nº 8.373, de 11 de dezembro de 2014, ou do sistema que venha a substituí-lo, por meio do registro contratual eletrônico realizado nesse Sistema;*

II – ***trabalhador avulso*** – *pelo cadastramento e pelo registro no órgão gestor de mão de obra, no caso de trabalhador portuário, ou no sindicato, no caso de trabalhador não portuário, e a partir da obrigatoriedade do uso do eSocial, ou do sistema que venha a substituí-lo, por meio do cadastramento e do registro eletrônico realizado nesse Sistema;*

III – ***empregado doméstico*** – *pelo empregador, por meio do registro contratual eletrônico realizado no eSocial;*

IV – ***contribuinte individual:***

a) por ato próprio, por meio do cadastramento de informações para identificação e reconhecimento da atividade, hipótese em que o Instituto Nacional do Seguro Social – INSS poderá solicitar a apresentação de documento que comprove o exercício da atividade declarada;

b) pela cooperativa de trabalho ou pela pessoa jurídica a quem preste serviço, no caso de cooperados ou contratados, respectivamente, se ainda não inscritos no RGPS; e

c) pelo MEI, por meio do sítio eletrônico do Portal do Empreendedor;

V – segurado especial – preferencialmente, pelo titular do grupo familiar que se enquadre como segurado especial, hipótese em que o INSS poderá solicitar a apresentação de documento que comprove o exercício da atividade declarada; e

VI – segurado facultativo – por ato próprio, por meio do cadastramento de informações pessoais que permitam a sua identificação, desde que não exerça atividade que o enquadre na categoria de segurado obrigatório.

As inscrições do segurado empregado e trabalhador avulso serão efetuadas diretamente pela empresa, sindicato ou órgão gestor de mão de obra, no próprio documento declaratório enviado mensalmente à Previdência (GFIP ou e-Social); quanto às inscrições dos demais segurados, elas devem ser por estes feitas, no Instituto Nacional do Seguro Social, por meio de suas agências, pela internet ou pelo atendimento telefônico da Previdência Social.

A responsabilidade pela inscrição do empregado doméstico é de seu empregador, pois sem a inscrição não é possível efetuar o recolhimento das contribuições retidas pelo patrão e nem mesmo das contribuições patronais. Após a publicação da Lei Complementar 150, de 01/06/2015, esta responsabilidade do empregador doméstico fica ainda mais evidente, pois a lei ampliou os direitos dos empregados domésticos, aproximando-os dos empregados.

Saliente-se que a partir de abril de 2003, em decorrência da Lei 10.666/2003, as empresas que contratarem serviços de contribuintes individuais passam a ser obrigadas a efetuar as inscrições desses segurados.

Para os segurados obrigatórios, a filiação dá-se com o exercício de atividade remunerada, independentemente de inscrição. Isso permite que qualquer segurado obrigatório efetue recolhimentos em atraso de períodos anteriores à inscrição, desde que comprove ter exercido atividade remunerada.

Para os **segurados facultativos**, entretanto, **a filiação é ato volitivo** e somente se concretiza após a inscrição e o recolhimento da primeira contribuição, não podendo as contribuições retroagir a períodos anteriores à sua inscrição. Pode este, no entanto, recolher contribuições em atraso após a inscrição, quando não tiver ocorrido perda da qualidade de segurado, que acontece, neste caso, após seis meses sem efetuar recolhimentos. Veremos, em capítulo posterior, como se opera a perda da qualidade de segurado.

É vedada a filiação ao Regime Geral de Previdência Social, na qualidade de segurado facultativo, de pessoa participante de regime próprio de previdência social, salvo na hipótese de afastamento sem vencimento e desde que não permitida, nesta condição, contribuição ao respectivo regime próprio.

Note-se, todavia, que, concernente aos servidores civis da União, regidos pela Lei 8.112/1990, no art. 183, § 3º, há expressa permissão para que o servidor licenciado ou afastado sem remuneração contribua para o regime próprio, sendo, nesta situação, afastada a possibilidade de contribuição como segurado facultativo do RGPS.

O segurado que exerce, concomitantemente, mais de uma atividade abrangida pelo RGPS será obrigatoriamente inscrito em cada uma delas.

Saliente-se que o segurado filiado ao Regime Próprio que exerce, ao mesmo tempo, atividade remunerada abrangida pelo RGPS, será filiado obrigatoriamente aos dois regimes. **O aposentado que retorna ao trabalho também é filiado obrigatório do Regime Geral.**

A idade mínima para inscrição é de 16 anos, salvo para o aprendiz, que pode exercer atividade laborativa desde os 14, podendo efetuar inscrição como empregado.

Ressalte-se que o limite de idade para inscrição do trabalhador urbano e rural já foi alvo de inúmeras mudanças legislativas, já tendo oscilado entre 12 e 14 anos, vejamos:

- Para atividades até 14 de março de 1967: 14 anos de idade;
- Para atividades de 15 de março de 1967 a 4 de outubro de 1988: 12 anos de idade;
- Para atividades de 5 de outubro de 1988 a 15 de dezembro de 1998: 14 anos de idade, para trabalhos comuns, e 12 anos de idade, para o menor aprendiz;
- Para atividades a partir de 16 de dezembro de 1998: 16 anos de idade, para trabalhos comuns, e 14 anos de idade, para menor aprendiz.

O STJ já decidiu que o tempo de serviço em atividade rural realizada por trabalhador com idade inferior a 14 anos, ainda que não vinculado a Regime de Previdência Social, pode ser averbado e utilizado para o fim de obtenção de benefício previdenciário. Comprovada a atividade rural do trabalhador com idade inferior a 14 anos e realizada em regime de economia familiar, esse tempo deve ser computado para fins previdenciários. De acordo com o entendimento da Corte Superior, a proibição do trabalho às pessoas com menos de 14 anos de idade foi estabelecida em benefício dos menores e não deve ser arguida para prejudicá-los (AR 3.877-SP, de 28.11.2012).

Depois de efetuada a inscrição do segurado contribuinte individual, a legislação previdenciária presumirá a continuidade da atividade até que o segurado providencie o encerramento dessa inscrição. Fica assegurada à pessoa inscrita a comprovação do não exercício de atividade que enseje a filiação obrigatória ao RGPS, para elidir-se das responsabilidades tributárias.

Não será admitida a inscrição após a morte do segurado contribuinte individual e do segurado facultativo (art. 8º, § 11º, IN 128/2022, do INSS). Esse dispositivo busca impedir que os dependentes dos segurados o inscrevam, após sua morte, para pleitear o benefício de pensão por morte.

> **Exemplo:**
>
> João, 27 anos, advogado autônomo, faleceu em acidente de trânsito, nunca tendo contribuído para a previdência social. Após sua morte, sua esposa, Mariana, juntou comprovação de exercício da atividade de João (petições, por exemplo) e dirigiu-se ao INSS, alegando que, como o seu falecido marido era filiado ao RGPS, poderia pagar as contribuições por ele devidas para obter a pensão. Não sabia, entretanto, que há dispositivo que veda a inscrição pós-morte de segurado.

Essa vedação de inscrição após a morte do segurado foi confirmada pelo STJ, entendendo que não se admite o recolhimento post mortem de contribuições previdenciárias, a fim de que, reconhecida a qualidade de segurado do falecido, seja garantida a concessão de pensão por morte aos seus dependentes. De acordo com o STJ, não obstante o exercício de atividade pelo segurado obrigatório ensejar sua filiação obrigatória no RGPS, para seus dependentes perceberem a pensão por morte, são necessários a inscrição e o recolhimento das respectivas contribuições em época anterior ao óbito, diante da natureza contributiva do sistema (REsp 1.328.298-PR, de 28/09/2012 e REsp 1.346.852-PR, de 21/05/2013).

Para deixar mais clara a vedação de inscrição post mortem, a MP 871, de 18/01/2019, convertida na Lei 13.846/2019, inseriu o § 7º ao art. 17 da Lei 8.213/1991, dispondo que não será admitida a inscrição post mortem de segurado contribuinte individual e de segurado facultativo.

Obviamente, não há vedação para inscrição post mortem dos segurados que têm as suas contribuições presumidas (empregados, domésticos e avulsos). Assim, em caso de empregado não registrado é possível efetuar a sua inscrição após o óbito para garantir a pensão por morte de seus dependentes.

A legislação permite a inscrição pós-morte apenas do segurado especial. O motivo é simples: este segurado não precisa comprovar o recolhimento de contribuição para ter direito à obtenção do benefício, necessitando, apenas, de comprovação do exercício na atividade rural. Isso ocorre devido ao fato de sua contribuição não ser recolhida mensalmente, mas apenas no ato da comercialização de sua produção rural. Este tema, inclusive, foi alvo de questionamento no concurso para Técnico do INSS de 2016. Vejamos:

> **Exemplo de questão sobre o tema:**
>
> **(Técnico do Seguro Social – INSS 2016 – CESPE)** Desde que presentes os demais pressupostos da filiação, admite-se a inscrição post mortem do segurado especial.

Resposta: certa

Os dados constantes do sistema de informação do INSS (CNIS) referentes a vínculos, remunerações e contribuições valem como prova de filiação à Previdência Social, tempo contribuição e salários de contribuição (art. 19, Dec. 3.048/99).

Constarão no CNIS as informações do segurado relativas aos períodos com deficiência leve, moderada e grave, fixadas em decorrência da avaliação médica e funcional. Essa informação é fundamental para a concessão da aposentadoria diferenciada do deficiente, prevista na Lei Complementar 142/2013.

O segurado poderá solicitar, a qualquer momento, a inclusão, exclusão ou retificação das informações constantes do CNIS, com a apresentação de documentos comprobatórios dos dados divergentes, independentemente de requerimento de benefício. Ressalte-se, todavia, que as informações inseridas extemporaneamente no CNIS somente serão aceitas se corroboradas por documentos que comprovem a sua veracidade.

A inscrição do dependente é efetuada **no momento do requerimento do benefício a que tiver direito**. Comumente, os segurados, por não possuírem essa informação, dirigem-se a agências do INSS para proceder à inscrição dos seus dependentes. Como veremos, os dependentes previdenciários são elencados pela legislação, não cabendo a livre escolha do segurado.

A inscrição do segurado é representada pela atribuição de um Número de Identificação do Trabalhador - NIT - perante a Previdência Social. O NIT utilizado pode ser o número de inscrição no próprio INSS, no Programa de Integração Social (PIS), Programa de Formação do Patrimônio do Servidor Público (PASEP) ou no Sistema Único de Saúde (SUS). Os empregados, em regra, utilizam, para sua inscrição, o número do PIS, enquanto os contribuintes individuais costumam adotar NIT do INSS.

A inscrição do segurado especial será feita de forma a vinculá-lo ao seu respectivo grupo familiar, e conterá, além das informações pessoais, a identificação da propriedade em que desenvolve a atividade e o título a que esta se dá, o Município onde reside e, quando for o caso, a identificação e inscrição da pessoa responsável pela unidade familiar.

O segurado especial integrante de grupo familiar que não seja proprietário ou dono do imóvel rural em que desenvolve sua atividade deverá informar, no ato da inscrição, conforme o caso, o nome do parceiro ou meeiro outorgante, arrendador, comodante ou assemelhado.

Observe-se também que, nos termos do § 7º do art. 17 da Lei 8.213/1991, acrescido pela MP 871/2019 já convertida na Lei 13.846/2019, não será admitida a inscrição *post mortem* de segurado contribuinte individual e de segurado facultativo.

A Instrução Normativa 28/2022, no seu art. 7º, conceitua a figura do não filiado, o definido como todo aquele que não possui forma de filiação, mas se relaciona com a Previdência Social. Esse relacionamento pode ocorrer na condição de dependente, representante legal, procurador, titular, bem como o titular ou componente de grupo familiar em requerimentos dos benefícios de prestação continuada da Lei Orgânica de Assistência Social - LOAS. Não será observada idade mínima para o cadastramento do não filiado, exceto do representante legal e do procurador.

O não filiado, quando da solicitação de algum serviço da Previdência Social, deverá ser identificado no CNIS e caso não possua número de identificação, deverá providenciar o seu cadastramento com o recebimento de um NIT, independentemente de idade mínima.

Segue questão sobre filiação e inscrição:

(CESPE - Técnico do Seguro Social - INSS/2016) A respeito da inscrição e da filiação dos segurados obrigatórios e facultativos na forma do Decreto 3.048/1999, julgue os itens a seguir.

A filiação do segurado obrigatório ao RGPS decorre automaticamente do exercício da atividade remunerada.

RESOLUÇÃO:

A questão está correta, de acordo com o art. 20, § 1º, do Regulamento da Previdência Social, aprovado pelo Decreto 3.048/1999. Vejamos:

§ 1o. A filiação à previdência social decorre automaticamente do exercício de atividade remunerada para os segurados obrigatórios, observado o disposto no § 2o, e da inscrição formalizada com o pagamento da primeira contribuição para o segurado facultativo.

Resposta: Certa.

Capítulo 6

Tomadores de Serviço

6.1. INTRODUÇÃO

Estudamos que a Previdência Social é custeada pelo Governo, segurados e empregadores. No capítulo anterior, definimos quem são os segurados do Regime Geral de Previdência Social. Para solucionarmos a equação do custeio, ainda resta respondermos quatro questionamentos, conforme segue:

- Quem são os tomadores de serviço (empregadores) que recolhem as contribuições para o sistema?
- Qual é a base de incidência utilizada para cálculo das contribuições previdenciárias?
- Quais são as alíquotas de contribuição dos segurados?
- Quais são as alíquotas de contribuição dos tomadores de serviço?

Neste capítulo, responderemos à primeira indagação e, nos próximos três, elucidaremos os outros questionamentos para que se possibilite a resolução da equação do custeio previdenciário.

Os tomadores de serviço são as empresas e entidades a ela equiparadas e os empregadores domésticos. Na sequência, definiremos cada um desses contratantes.

6.2. EMPRESA E EQUIPARADAS

▶ **Art. 15, I, Lei 8.212/1991**

▶ **Art. 12, I, Decreto 3.048/1999**

Empresa é a firma individual ou sociedade que assume o risco de atividade econômica urbana ou rural, **com fins lucrativos ou não**, bem como os órgãos e entidades da administração pública direta, indireta e fundacional.

Note que até mesmo um órgão público é considerado empresa para a legislação previdenciária. Uma prefeitura possui, assim, todas as obrigações pertinentes a qualquer empresa, devendo efetuar declarações para o Fisco Previdenciário e recolher contribuições, quando da contratação de segurados vinculados ao RGPS.

Equiparam-se à empresa, **para fins previdenciários:**

I – **o contribuinte individual, em relação a segurado que lhe presta serviço** – O dentista, proprietário de consultório particular, que contrata uma secretária para auxiliá-lo no desempenho do seu trabalho, equipara-se à empresa, devendo cumprir todas as obrigações relativas ao vínculo jurídico firmado com a Previdência Social. Deve elaborar folha de pagamento, documento de declaração (GFIP), recolher contribuições como contratante, em benefício de sua secretária etc. Perceba que fica ainda mantida a obrigação desse dentista de recolher suas contribuições como segurado contribuinte individual.

II – **a cooperativa, a associação ou a entidade de qualquer natureza ou finalidade, inclusive a missão diplomática e a repartição consular de carreiras estrangeiras** – Aqui se encontram abrangidas as Igrejas de qualquer culto, blocos de carnaval, entidades filantrópicas, embaixadas e consulados de outros países etc.

III – **o operador portuário e o órgão gestor de mão de obra** – Se até mesmo os órgãos públicos são considerados empresas, não há motivo para a exclusão dessas entidades.

IV – **o proprietário ou dono de obra de construção civil, quando pessoa física, em relação a segurado que lhe presta serviço** – A pessoa física que contrata, diretamente, segurado para edificar sua obra de construção civil, equipara-se à empresa. Obviamente, se a pessoa física contratar uma empresa construtora para realizar o empreendimento desejado, não há qualquer equiparação do contratante.

Em síntese: para a legislação previdenciária, toda pessoa jurídica, que contrata segurados filiados ao RGPS, seja ela de direito público ou privado, é considerada empresa. Adicionalmente, existem dois casos em que pessoas físicas podem equiparar-se à empresa – o contribuinte individual em relação aos segurados por ele contratados e o proprietário de obra de construção civil.

6.3. EMPREGADOR DOMÉSTICO

▶ **Art. 15, II, Lei 8.212/1991**

▶ **Art. 12, II, Decreto 3.048/1999**

Empregador doméstico é a pessoa ou a família que admite, a seu serviço, mediante remuneração, empregado doméstico para auxiliar no desempenho das atividades residenciais, **sem finalidade lucrativa.**

No capítulo anterior, estudamos a categoria do segurado empregado doméstico. O empregador doméstico é o contratante do serviço dessa categoria de segurado. Deve, então, contribuir como contratante de serviço. Não possui, todavia, todas as obrigações fiscais de uma empresa, não sendo obrigado a elaborar folha de pagamento e declaração à Previdência Social (GFIP).

> **Atenção!**
>
> O empregador doméstico não é segurado obrigatório do RGPS. Participa do sistema apenas como contribuinte por contratar serviço de trabalhador filiado ao sistema. Pode, no entanto, ser filiado ao Regime Geral em função da sua atividade profissional, ou, no caso de não a exercer, na qualidade de facultativo, desde que assim deseje.

6.4. MATRÍCULA DA EMPRESA E EQUIPARADAS

▶ **Arts. 49 e 50, Lei 8.212/1991**

▶ **Art. 256, Decreto 3.048/1999**

A matrícula da empresa será efetuada nos termos e condições estabelecidos pela Secretaria da Receita Federal do Brasil (art. 49 da Lei 8.212/1991).

No caso de **obra de construção civil**, seja realizada por pessoa física ou jurídica, a matrícula deverá ser efetuada mediante comunicação obrigatória do responsável por sua execução, no **prazo de 30 dias**, contados do início de suas atividades, obtendo, esta, número cadastral básico chamado de CEI - Cadastro Específico do INSS, de caráter permanente, sob pena de multa.

A reforma de pequeno valor, assim entendida aquela de responsabilidade de pessoa jurídica, que possui escrituração contábil regular, em que não há alteração de área construída, cujo custo estimado total, incluindo material e mão de obra, não ultrapasse o valor de 20 vezes o limite máximo do salário de contribuição vigente na data de início da obra, fica dispensada de matrícula. Atualmente, este valor é de R$ 163,148,20 (20 x 8.157,41).

Os contribuintes individuais que contratam segurados devem, também, matricular-se na RFB, no prazo de 30 dias, recebendo um número de controle chamado CAEPF - Cadastro de Atividade Econômica da Pessoa Física (IN 1.828, de 09/09/2018).

O Departamento Nacional de Registro Empresariais e Integração - DREI, por intermédio das Juntas Comerciais, bem como os Cartórios de Registro Civil de Pessoas Jurídicas prestarão, obrigatoriamente, à Secretaria da Receita Federal do Brasil, todas as informações referentes aos atos constitutivos e alterações posteriores relativos a empresas e entidades neles registradas.

A matrícula atribuída pela Secretaria da Receita Federal do Brasil ao produtor rural pessoa física ou ao segurado especial é o documento de inscrição do contribuinte (CAEPF - Cadastro de Atividade Econômica da Pessoa Física - IN 1.828, de 09/09/2018), em substituição à inscrição no Cadastro Nacional de Pessoa Jurídica - CNPJ, a ser apresentado em suas relações com o Poder Público, inclusive para licenciamento sanitário de produtos de origem animal ou vegetal submetidos a processos de beneficiamento ou industrialização artesanal, com as instituições financeiras, para fins de contratação de operações de crédito, e com os adquirentes de sua produção ou fornecedores de sementes, insumos, ferramentas e demais implementos agrícolas (art. 49, § 5º, da Lei 8.212/1991).

A pessoa jurídica domiciliada no exterior que possua, no Brasil, bens e direitos sujeitos ao registro público, dentre os quais se destacam as participações societárias e a sociedade de advogados, devem efetuar o cadastro na Receita Federal do Brasil – RFB.

Para fins de fiscalização da Receita, o Município ou o Distrito Federal, por intermédio do órgão competente, fornecerá mensalmente à Secretaria da Receita Federal do Brasil relação de alvarás para construção civil e documentos de "habite-se" concedidos (art. 50 da Lei. 8.212/1991). Note que esta obrigação deverá ser atendida mesmo nos meses em que não houver concessão de alvarás e documentos de "habite-se".

A falta de entrega, nos prazos estabelecidos, pelo município ou DF, da referida relação acarreta a penalidade de R$ 5.000,00, por mês-calendário.

Capítulo 7

Salário de contribuição

7.1. INTRODUÇÃO

As contribuições dos trabalhadores e dos tomadores de serviços para o Regime Geral da Previdência Social incidem sobre uma base denominada salário de contribuição. Esta mesma base é utilizada, também, no cálculo do valor da maioria dos benefícios.

Para um completo entendimento do conceito de salário de contribuição, é primeiramente necessário entendermos o que é remuneração, pois, na própria definição legal desse instituto previdenciário é utilizado o referencial trabalhista.

Existem inúmeras correntes doutrinárias acerca do conceito de salário e remuneração. Optamos por uma delas, por acreditar que atende ao objetivo desta obra.

Remuneração, então, pode ser definida como todo o ganho decorrente do trabalho, englobando **salário, gorjetas e complementos salariais.**

O salário é a parte fixa paga diretamente pelo patrão ao trabalhador como forma de retribuição pelo seu serviço. Não é necessariamente oferecido em dinheiro, em sua totalidade, podendo parte (70%) ser pago também em utilidades (por exemplo: vestuário, alimentação e outros benefícios fornecidos em decorrência da atividade).

A gorjeta é a parte variável. Não é paga pelo contratante, mas por terceiros, a quem se destinou o serviço. Exemplo: os conhecidos 10% que pagamos aos garçons quando vamos aos restaurantes.

Considera-se gorjeta não só a importância espontaneamente dada pelo cliente ao empregado, como também o valor cobrado pela empresa, como serviço ou adicional, a qualquer título, e destinado à distribuição aos empregados (art. 457, § 3º, da CLT).

Os complementos salariais, por outro lado, são as vantagens obtidas pelos trabalhadores, em decorrência de suas reivindicações atendidas por lei ou por norma coletiva, como férias, 13º salário, adicionais etc.

Boa parte da doutrina despreza os complementos salariais, considerando-os como parte do salário. Nesse caso, remuneração seria: salário, que é a parte paga diretamente pelo empregador ao empregado + gorjetas, que é parte paga por terceiros.

As **parcelas indenizatórias são excluídas** da remuneração, por não serem pagas como fruto do trabalho. São espécies de compensação por ações que tenham gerado algum prejuízo para o trabalhador. Exemplo: o acréscimo de 40% sobre FGTS. Nesse caso, o empregador indeniza o empregado por ter sido despedido sem justo motivo.

Os valores **ressarcitórios**, também, **não fazem parte da remuneração**. São reembolsos de pagamentos que o funcionário antecipou para executar alguma atividade de interesse do patrão. Exemplo: quando um representante de vendas paga o almoço de clientes da empresa para a qual trabalha, em busca do fechamento de um negócio, está antecipando uma despesa da empresa para posterior ressarcimento.

Vejamos o gráfico para se firmar o conceito de remuneração:

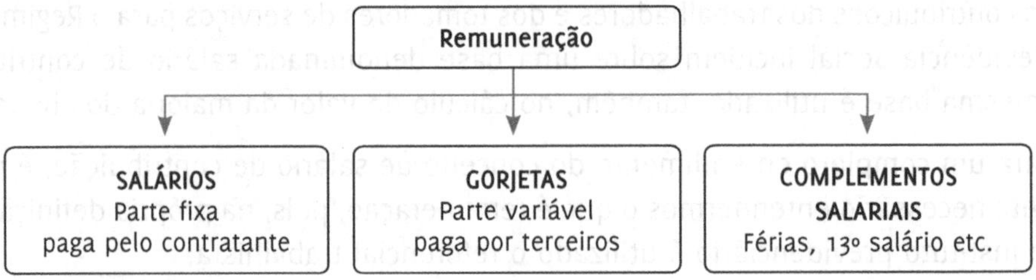

7.2. CONCEITO DE SALÁRIO DE CONTRIBUIÇÃO

- **Art. 28, Lei 8.212/1991**
- **Art. 214, Decreto 3.048/1999**

Salário de contribuição constitui um conceito muito mais abrangente que remuneração, possuindo particularidades próprias à legislação previdenciária.

Devemos, pois, partir do conceito de remuneração, para podermos entender o que é o salário de contribuição. Este, definido no art. 28 da Lei 8.212/1991, é, em verdade, a base de cálculo das contribuições previdenciárias, variando a depender das categorias de trabalhadores. Vejamos:

I – **para empregado e trabalhador avulso** – a remuneração recebida em uma ou mais empresas, assim entendida a totalidade dos rendimentos pagos, devidos ou creditados a qualquer título, durante o mês, destinados a retribuir o trabalho, qualquer que seja a sua forma, inclusive as gorjetas, os ganhos habituais sob a forma de utilidade e os adiantamentos decorrentes de reajustes salariais, quer pelos serviços efetivamente prestados, quer pelo tempo à disposição do empregador ou tomador de serviços, nos termos da lei ou do contrato, ou, ainda, de convenção ou acordo coletivo de trabalho ou sentença normativa.

A simples leitura do texto que define o salário de contribuição do empregado já marca alguns pontos relevantes desse instituto, conforme segue:

O trabalhador pode ter mais de uma remuneração durante o mês, mas terá apenas um salário-de-contribuição.

A base de contribuição dos segurados é única em um mês, sendo apurada a partir da soma de todas as suas remunerações recebidas em um mesmo mês.

Todos os valores pagos pelo empregador ao empregado e, também, os devidos por ele, mas ainda não pagos, compõe o salário de contribuição.

O referido texto legal menciona que o salário de contribuição é a totalidade dos rendimentos pagos, devidos ou creditados. Isso significa que o fato gerador da incidência da contribuição previdenciária é a prestação de serviço do empregado e do trabalhador avulso para tomadores, independentemente da data do pagamento da remuneração.

Tendo mais de um emprego, o empregado terá duas remunerações mensais, entretanto contará apenas com um salário de contribuição, que corresponderá à soma das remunerações recebidas em todas as empresas. Contribuirá para a previdência social sobre essa base unificada.

Quando a admissão do empregado ocorrer no curso do mês, o salário de contribuição será proporcional ao número de dias trabalhados. As faltas, dispensas e períodos de afastamento devem ser considerados para o cálculo dessa proporcionalidade.

II - **para o empregado doméstico** - a remuneração registrada na CTPS - Carteira de Trabalho e Previdência Social, observadas as normas a serem estabelecidas em regulamento para comprovação do vínculo empregatício e do valor da remuneração.

Da mesma forma que ocorre com o empregado, quando a admissão do empregado doméstico se operar no curso do mês, o salário de contribuição será proporcional ao número de dias trabalhados.

III - **para o contribuinte individual** - a remuneração recebida, durante o mês, pelo exercício de atividade por conta própria, prestada a pessoas físicas ou a empresas.

Observe-se que, apesar de o texto legal dispor que o salário de contribuição do contribuinte individual é a remuneração auferida em uma ou mais empresas, não podemos desconsiderar que os valores recebidos por este segurado relativos a serviços prestados a pessoas físicas também são incluídos no salário de contribuição.

IV – para o segurado facultativo – o valor por ele declarado.

Vimos que a única categoria de segurado obrigatório que não utiliza o conceito de salário de contribuição é a do segurado especial, pois este contribui de maneira diferenciada para o RGPS, utilizando, como base, a comercialização da produção rural, como já comentado. Os demais segurados levam em conta o salário de contribuição para calcular os seus recolhimentos e benefícios.

O facultativo, como não recebe qualquer remuneração, fica incumbido de definir o próprio salário de contribuição, mensalmente.

Vejamos uma questão sobre o tema:

(CESPE – Técnico do Seguro Social – INSS/2016) Zilda mantém vínculo empregatício com a empresa Y e com a empresa Z, das quais recebe remuneração mensal equivalente a dois e três salários mínimos, respectivamente. Nessa situação, a contribuição previdenciária de Zilda deverá incidir sobre os valores recebidos de ambos os empregos.

RESOLUÇÃO:

De acordo com o art. 28, I, da Lei 8.212/1991, o salário de contribuição para o segurado empregado é a remuneração auferida em uma ou mais empresas, assim entendida a totalidade dos rendimentos pagos, devidos ou creditados a qualquer título, durante o mês, destinados a retribuir o trabalho. Assim, Zilda deve contribuir sobre o somatório das suas duas remunerações uma vez que não ultrapassa o teto do salário de contribuição.

Resposta: Certa.

7.3. LIMITES PARA O SALÁRIO DE CONTRIBUIÇÃO

- **Art. 28, §§ 3º e 5º, Lei 8.212/1991**
- **Art. 214, §§ 3º e 5º, Decreto 3.048/1999**

Diferentemente da remuneração, o salário de contribuição tem **limites máximo e mínimo** para a incidência das contribuições mensais dos trabalhadores. Somente os segurados e um tipo de tomador de serviço, o empregador doméstico, utilizam tais limites para calcular seus recolhimentos mensais para a Previdência. As empresas e entidades a ela equiparadas não sofrem qualquer limitação para o cálculo da base de contribuição, utilizando, então, o salário de contribuição integral.

O limite mínimo corresponde ao **piso salarial, legal ou normativo, da categoria ou, inexistindo este, ao salário mínimo**, tomado no seu valor mensal, diário ou horário, conforme o ajustado e o tempo de trabalho efetivo durante o mês.

O teto do salário de contribuição é atualizado, em regra, anualmente, embora o Ministério da Previdência Social possa revisá-lo quando julgar conveniente. A última atualização passou a vigorar a partir de 01/01/2025, com a Portaria Interministerial MPF/MF 6, de 10/01/2025, que fixou o valor máximo em R$ 8.157,41. Caso os segurados recebam valores superiores, deverão contribuir com uma alíquota incidente sobre o referido teto, nada incidindo sobre o excedente. O mesmo ocorre para o empregador doméstico.

Já as empresas devem contribuir, aplicando a alíquota à totalidade dos rendimentos pagos, devidos ou creditados aos trabalhadores que lhes prestem serviço. No próximo capítulo, aprenderemos a calcular essas contribuições.

7.4. PARCELAS INTEGRANTES E NÃO INTEGRANTES DO SALÁRIO DE CONTRIBUIÇÃO

▶ **Art. 214, §§ 2º, 6º a 9º, Decreto 3.048/1999**

Um dos principais pontos do estudo do Direito Previdenciário é a análise da base de incidência das contribuições previdenciárias. A legislação, muitas vezes, suscita dúvidas a respeito da inclusão de algumas rubricas na composição da base de tributação previdenciária.

As empresas, por outro lado, costumam cometer equívocos cada vez mais frequentes na definição de sua tabela de incidência, ou seja, das parcelas que consideram integrantes do salário de contribuição. Quando esses erros são verificados pela Fiscalização Previdenciária, são gerados, de imediato, processos de débito, que comprometem o planejamento orçamentário das corporações, gerando gastos imprevistos.

Neste capítulo, alertaremos sobre as parcelas que integram o salário de contribuição e as que são expressamente excluídas deste conceito, apontando as condições legais que devem ser atendidas para permitir a não incidência. Ressalte-se, porém, que o objetivo deste livro não é debater com profundidade as inesgotáveis polêmicas acerca do salário de contribuição.

7.4.1. Férias, férias indenizadas na rescisão, adicional de 1/3 de férias e abono de férias

De acordo com o entendimento da Receita Federal do Brasil, a remuneração das férias dos empregados, incluindo o adicional de 1/3, é considerada salário de contribuição, desde que as férias sejam gozadas pelos empregados. A incidência da contribuição ocorrerá no **mês a que elas se referirem**, mesmo quando pagas antecipadamente, na forma da legislação trabalhista.

Exemplo:

> Rodrigo recebe uma remuneração total de R$ 3.000,00. Gozou suas férias no período de 16 de abril a 15 de maio. Por força da legislação trabalhista, a empresa antecipou-lhe a remuneração deste período, referente ao gozo de suas férias, adicionado de 1/3, pagando-lhe R$ 4.000,00, ainda no mês de abril. O empregador deve, entretanto, oferecer à tributação previdenciária o valor de R$ 2.000,00, no mês de abril, referente à metade do gozo, que ocorreu neste mês, deixando a outra metade para ser tributada no mês de maio.

Já as férias não gozadas pelo funcionário, pagas na rescisão do contrato de trabalho, inclusive o adicional de 1/3 sobre elas incidente, não devem compor o salário de contribuição. Isso porque têm caráter de indenização, ou seja, o empregado é compensado por ter trabalhado durante certo período, sem ter gozado as férias pertinentes.

A lógica é muito simples. As férias são oferecidas para os empregados que tenham trabalhado durante certo tempo, necessitando de um período de descanso para repor as suas energias e, em seguida, retornar ao trabalho. Trata-se, então, de uma parcela paga em função do trabalho, caracterizando remuneração. A jurisprudência do STJ já firmou posicionamento sobre a incidência de contribuição previdenciária sobre as férias gozadas (REsp 1.230.957-RS, Rel. Min. Mauro Campbell Marques, j. em 26/2/2014).

Quando há uma rescisão do contrato de trabalho, o empregador deve indenizar o seu trabalhador por não ter este aproveitado o descanso a que já tinha direito, não sendo tal parcela tributável.

É importante ressaltar, no entanto, que a jurisprudência dos tribunais, suportada por decisão do STF relativa a servidor público, vinha afastando a incidência de contribuição previdenciária sobre o adicional de 1/3 de férias gozadas, diferentemente do entendimento da Receita Federal do Brasil. Assim, **a jurisprudência pacificada no STJ entendia que o adicional de 1/3 de férias gozadas não compõe o salário de contribuição**, pois tal parcela tinha por finalidade ampliar a capacidade financeira do trabalhador durante seu período de férias, possuindo, portanto, natureza "compensatória/indenizatória" (REsp 1.230.957-RS, Rel. Min. Mauro Campbell Marques, j. em 26/2/2014).

O Supremo Tribunal Federal (STF), todavia, julgou o Tema 985, firmando o entendimento de que é legítima a incidência de contribuição previdenciária sobre o valor satisfeito a título de terço constitucional de férias, pacificando definitivamente a questão.

A legislação trabalhista, no art. 143 da CLT, permite, também, a conversão de 1/3 do período de férias a que o trabalhador tem direito em **abono pecuniário**. Esse procedimento é chamado popularmente de "venda" de dez dias das férias. O empregador, nesse caso, deve indenizar o empregado com o valor equivalente a dez dias de trabalho, adicionado de 1/3. Como é uma parcela tipicamente indenizatória, sobre ela não deve incidir contribuição previdenciária.

Exemplo:

Murilo recebe R$ 6.000,00 por mês. Decidiu entrar em gozo de férias e "vender" 10 dias para a empresa em que trabalha. Como fica o pagamento a Murilo, a título de férias, e a respectiva tributação, de acordo com o posicionamento da RFB?

Descrição da parcela paga a Murilo	Valor/memória de cálculo
Remuneração a título dos 20 dias de férias gozadas	R$ 4.000,00 (6.000 x 2/3)
Remuneração referente a 1/3 de férias gozadas	R$ 1.333,33 (4.000 x 1/3)
Remuneração referente à "venda" dos dez dias	R$ 2.000,00 (6.000 x 10/30)
Remuneração relativa ao adicional 1/3 das férias "vendidas"	R$ 666,67 (2.000 x 1/3)
Total recebido por Murilo a título de férias	R$ 8.000,00 (4.000 + 1.333,33 + 2.000 + 666,67)
Total da base tributável	R$ 5.333,33 (4.000 + 1.333,33)

Ressalte-se que no exemplo acima, Murilo terá, ainda, direito ao recebimento de R$ 2.000,00 referentes aos dez dias trabalhados durante as férias. O fundamento desse recebimento, todavia, não são as férias, mas o trabalho, devendo ser normalmente tributado, vez que se trata de parcela salarial.

Saliente-se que, sobre o valor correspondente à "dobra" de férias prevista no art. 137 da CLT, não incide contribuição. Esse pagamento dobrado é efetuado pelo empregador que não concede as férias ao empregado no período ordenado pela legislação trabalhista, sendo caracterizado como uma espécie de indenização pelo prejuízo causado.

Após os primeiros 12 meses trabalhados, os empregados adquirem o direito ao gozo das férias, que devem ser concedidas pelos empregadores durante os 12 meses seguintes. Ultrapassado esse prazo sem que as férias tenham sido gozadas, é necessário que o trabalhador seja indenizado com o pagamento da "dobra".

Por fim, o art. 144 da CLT previu a possibilidade de o empregador conceder aos trabalhadores, no ato das férias, um abono correspondente a, no máximo, 20 dias de salário, sem que tal parcela integrasse a remuneração. A legislação previdenciária adotou a não incidência tributária desta liberalidade do empregador.

Exemplo de questão sobre o tema:

(Técnico do Seguro Social – INSS 2016 – CESPE) O contrato de trabalho de Carlos, empregado da empresa L & M Ltda., foi rescindido antes que ele pudesse usufruir de férias vencidas. Nessa situação, haverá a incidência de contribuição previdenciária sobre a importância paga a título de indenização das férias vencidas e sobre o respectivo adicional constitucional.

Resposta: errada.

7.4.2. Décimo terceiro salário

Sobre o 13º salário há incidência de contribuição previdenciária. Ao contrário do que ocorre com as férias, sobre o 13º salário proporcional, pago na rescisão do contrato de trabalho, incide contribuição previdenciária.

A explicação é simples. As naturezas jurídicas dessas duas parcelas são completamente diferentes. Vimos que as férias pagas na rescisão têm caráter indenizatório, já que deveriam estas ter sido gozadas e não o foram. Já o 13º salário, pago no momento do término do contrato de trabalho, é referente a um período efetivamente trabalhado, compondo assim o salário de contribuição.

De acordo com a legislação previdenciária, a contribuição concernente ao 13º salário é calculada separadamente da remuneração dos meses em que são pagas a primeira e a segunda parcelas. O recolhimento previdenciário deve ser realizado até o dia 20 de dezembro, **independentemente da data em que ocorreu o pagamento da segunda parcela**. Da mesma forma, o 13º proporcional, pago no momento do desligamento do empregado, é considerado salário de contribuição e deve ser tributado junto com as demais parcelas do mês em que ocorreu o desligamento.

Existe ainda o 13º **salário indenizatório**, que é pago **em relação ao aviso prévio não gozado pelo trabalhador**. Explicamos: quando o empregador dispensa o seu empregado sem lhe conceder o aviso prévio de no mínimo 30 dias, deve indenizar o trabalhador em relação a este período e a todos os efeitos dele decorrentes. Ora, se o trabalhador tivesse trabalhado mais um mês, teria direito a mais 1/12 referentes ao 13º salário. Como o seu empregador o despediu sem conceder aviso prévio, deve, além da indenização de no mínimo 30 dias, pagar também a indenização referente à 1/12 do 13º salário a que teria direito.

Saliente-se, todavia, que, após a publicação do Decreto 6.727, de 12/01/2009, a Receita Federal do Brasil passou a entender que, mesmo sob o 13º salário indenizado, há incidência de contribuição previdenciária. Isso porque o mencionado Decreto revogou o dispositivo do Regulamento da Previdência Social que excluía expressamente da tributação previdenciária o aviso prévio indenizado (art. 214, § 9º, V, f). Como o acessório deve seguir o principal, sobre o 13º salário indenizado passou também a incidir contribuição previdenciária. Nesse mesmo sentido, o STJ firmou a tese no tema 1170 que incide contribuição previdenciária sobre o 13º salário proporcional referente ao aviso prévio indenizado.

Note que, pondo um fim a qualquer divergência jurisprudencial, o STF editou a Súmula 688, explicitando que "é legítima a incidência da contribuição previdenciária sobre o 13º salário".

7.4.3. Benefícios da Previdência Social

Em regra, os benefícios da previdência social não são considerados salário de contribuição, exceto o **salário-maternidade, que, de acordo com a Lei, é o único sobre os qual há incidência de contribuição previdenciária** (art. 28, § 9º, a, da Lei 8.212/1991).

Atenção!

A incidência de contribuição previdenciária sobre o salário-maternidade tem sido objeto de questionamento em diversas provas de concursos públicos.

A jurisprudência majoritária vinha validando a incidência de contribuição previdenciária sobre o salário-maternidade, com o argumento de que tal tributação está prevista expressamente (**art. 28**, § 9º, a, da Lei 8.212/1991). Algumas decisões isoladas, todavia, já consideravam inconstitucional a cobrança de contribuição previdenciária sobre o salário-maternidade.

Até mesmo o STJ, em Agravo Regimental no Agravo de Instrumento 1.420.247-DF, manifestou-se no sentido de que a verba recebida pela segurada durante o período de licença maternidade não traduz salário, mas sim uma compensação pelo não recebimento do salário durante o período em que a segurada se encontra afastada.

Depois de longo debate, o STJ alterou o entendimento, em julgamento que reuniu a sua 2ª Seção, consolidando o posicionamento de que o valor do salário-maternidade deveria integrar o salário de contribuição, pois o art. 201, § 11, da CF estabelece que "os ganhos habituais do empregado, a qualquer título, serão incorporados ao salário para efeito de contribuição previdenciária e consequente repercussão em benefícios, nos casos e na forma da lei" (REsp 1.230.957-RS, Rel. Min. Mauro Campbell Marques, j. em 26/02/2014).

Nesse mesmo julgamento, ficou decidido também que incide contribuição previdenciária sobre a licença paternidade, valor recebido pelo empregado durante os cinco dias de afastamento em razão do nascimento de filho (arts. 7º, XIX, da CF; 473, III, da CLT; e 10, § 1º, do ADCT). Ao contrário do que ocorre com o salário-maternidade, o salário paternidade constitui ônus da empresa, ou seja, não se trata de benefício previdenciário. Desse modo, em se tratando de verba de natureza salarial, é legítima a incidência de contribuição previdenciária.

O STF, todavia, concluiu o julgamento de recurso extraordinário, com repercussão geral reconhecida (Tema 72), em 04/08/2020, decidindo que **é inconstitucional a incidência de contribuição previdenciária sobre o salário-maternidade das empresas.** De fato, sempre defendemos essa tese em razão de entendermos que a tributação do salário--maternidade culminaria no agravamento da discriminação do trabalho da mulher, pois ao onerar o empregador que opta por contratar uma mulher, se desincentiva essa opção.

A PGFN editou o Parecer SEI 18.361/2020/ME passando a reconhecer a **inconstitucionalidade da tributação da empresa sobre o salário-maternidade, mas mantendo a incidência de contribuição previdenciária sobre o recebimento do salário-maternidade pelos segurados, uma vez que o STF não se manifestou expressamente sobre isso no Tema 72.** A Solução de Consulta 127/2021 da Receita Federal do Brasil vai nessa mesma linha, permitindo, ainda, a compensação ou restituição administrativa de valores pagos a título de contribuição previdenciária patronal, respeitada a decadência.

Assim, para concursos públicos, recomendamos que o candidato adote o posicionamento de que não incide contribuição sobre o salário-maternidade das empresas, mas incide sobre a parte dos segurados.

Mesmo após a aprovação da Emenda Constitucional 41/2003 (Reforma da Previdência), as aposentadorias e pensões do Regime Geral de Previdência Social continuaram imunes à contribuição previdenciária. A reforma somente acrescentou a possibilidade de tributação desses benefícios **concedidos pelos Regimes Próprios de Previdência Social**. Na ocasião, em polêmico julgamento, o STF entendeu ser constitucional o art. 4º da EC 41, que criou a contribuição sobre as aposentadorias e pensões dos servidores públicos, não havendo ofensa ao princípio do Direito Adquirido (ADIs 3105 e 3128).

Um tema bastante discutido nos tribunais é a incidência de contribuição previdenciária sobre os primeiros 15 dias de afastamento do empregado por motivo de doença, que são pagos pela empresa. O Fisco tem posição definida pela incidência de tributo sobre estes valores, com base no § 3º do art. 60 da Lei 8.213/1991, que dispõe que "durante os primeiros 15 dias consecutivos ao afastamento da atividade por motivo de doença, incumbirá à empresa pagar ao segurado empregado seu salário integral". Como o texto se referiu a "salário", o Fisco entende ser tal parcela tributável.

A jurisprudência consolidada do STJ, todavia, pacificou o entendimento de que não incide contribuição previdenciária sobre o pagamento referente aos primeiros 15 dias de afastamento, sob o fundamento de que tal rubrica não é acompanhada de uma contraprestação de serviços por parte do empregado. De acordo com o STJ, a importância paga não se enquadra na hipótese de incidência da exação, que exige verba de natureza remuneratória. Com efeito, esse pagamento tem apenas o escopo de transferir o encargo da Previdência Social para o empregador que, evidentemente, não paga salário, mas sim um "auxílio", cujo pagamento lhe foi transferido pela Lei. Trata-se, pois, de política previdenciária destinada a desonerar os cofres da Previdência. Acrescente-se que a opção legislativa, de estabelecer regra própria para o segurado empregado, não tem o condão de alterar a natureza da verba paga durante o período de incapacidade (REsp 1.230.957-RS, Rel. Min. Mauro Campbell Marques, j. em 26/2/2014).

O STF, por sua vez, no julgamento do Tema 482, entendeu inexistir repercussão geral sobre o tema, mantendo a consolidação do entendimento do STJ sobre a não incidência de contribuição previdenciária sobre os primeiros 15 dias pagos em virtude de afastamento do empregado incapacitado temporariamente para o trabalho.

A administração pública se curvou a esse entendimento com a aprovação do Parecer SEI 16120/2020, do Ministério da Economia, que reconheceu a não incidência de contribuição previdenciária sobre os primeiros 15 dias de afastamento por incapacidade do empregado.

7.4.4. Despesas de viagem

As diárias, a princípio, referem-se a pagamentos ressarcitórios. Até a vigência da reforma trabalhista, em 11/11/2017, aprovada pela Lei 13.467/2017, para evitar que as diárias fossem utilizadas indevidamente, com escopo dissimulatório, faziam parte do salário de contribuição, caso ultrapassassem 50% do valor da remuneração mensal. Salientamos que os gastos de viagem comprovadamente realizados nunca foram sujeitos a qualquer limite para efeito de identificação como parcela ressarcitória.

As diárias de viagem independiam de comprovação até o limite de 50% do valor do salário mensal, pois as despesas eram presumidas pela legislação.

Caso as diárias, entretanto, ultrapassassem o percentual de 50% da remuneração mensal do trabalhador, seriam incluídas na base de tributação.

A reforma trabalhista, no entanto, alterou substancialmente a sistemática da tributação das diárias de viagem. É que a Lei 13.467/2017 revogou o § 8º do art. 28 da Lei 8.212/1991 e alterou a alínea h do § 9º do mesmo artigo, dispondo que não incide contribuição previdenciária sobre as diárias de viagem, independentemente de qualquer valor pago ao empregado a este título.

Com a alteração, não mais incide contribuição previdenciária sobre os pagamentos de diárias de viagem ao empregado, mesmo que o valor supere 50% da sua remuneração. Os reembolsos comprovados mediante relatório de despesas de viagem, suportado por documentações hábeis (notas fiscais, recibos etc.) jamais foram considerados parcelas incidentes.

Ressalte-se que, mesmo antes da reforma trabalhista, o inciso XXVIII do art. 58 da Instrução Normativa RFB 971/2009 (atualmente, art. 34, XXVIII, da IN 2.110/2022) já dispunha que as diárias para viagens, independentemente do valor, pagas aos servidores públicos federais ocupantes exclusivamente de cargo em comissão, não integram o salário de contribuição. Assim, as diárias pagas a Ministros, Secretários Executivos, assessores etc. nunca puderam ser tributadas pelo Fisco Previdenciário.

O pagamento de um valor fixo por cada quilômetro rodado aos empregados, como forma de ressarcimento das despesas por uso de veículo próprio, não é considerado remuneração. Essa prática é bastante comum em viagens a trabalho, nas quais os empregados utilizam veículos próprios e tem a finalidade de cobrir não somente os gastos com combustível, mas também o desgaste do automóvel. As empresas devem efetuar o ressarcimento mediante comprovação por meio de relatório de viagem ou formulário próprio de reembolso.

As comissões e percentagens sobre as vendas fazem parte da remuneração, logo, integram o salário de contribuição. São parcelas tipicamente remuneratórias.

7.4.5. Gratificação, abono e prêmios

Gratificações são valores pagos a critério do empregador em função do resultado do trabalho, devendo sobre elas incidir contribuição, se forem pagas com habitualidade pela empresa. Sendo um pagamento eventual, de acordo com o entendimento do STJ, não incide contribuição previdenciária sobre prêmios e gratificações (REsp 1.275.695-ES, DJe 31/08/2015).

Ressalte-se que a Súmula 241 do STF pacificou o entendimento de que "a contribuição previdenciária incide sobre o abono incorporado ao salário".

Ocorre que a reforma trabalhista, aprovada pela Lei 13.467/2017, excluiu da base de cálculo da contribuição previdenciária os prêmios e os abonos, inserindo tal isenção no art. 28, § 9º, da Lei 8.212/1991.

De acordo com o art. 457, § 4º, da CLT, alterado pela Lei 13.467/2017, consideram-se prêmios as liberalidades concedidas pelo empregador em forma de bens, serviços ou valor em dinheiro a empregado ou a grupo de empregados, em razão de desempenho superior ao ordinariamente esperado no exercício de suas atividades.

Com essa alteração legislativa, qualquer prêmio concedido por liberalidade do empregador passa a não compor a base de cálculo da contribuição previdenciária.

7.4.6. Adicionais de periculosidade, de insalubridade, de trabalho noturno, de horas extras e de tempo de serviço

Sobre estes adicionais há incidência de contribuição previdenciária, por serem valores pagos em decorrência do trabalho.

Salientamos que a incidência de contribuição previdenciária sobre os adicionais de horas extras, de periculosidade e noturno ainda é alvo de questionamento judicial, sob o argumento de que não há trabalho adicional para que o empregado faça jus ao recebimento dessas parcelas.

O STJ, no entanto, já firmou posicionamento de que estas parcelas devem compor o salário de contribuição do trabalhador, por entender que tais verbas possuem natureza remuneratória, integrando o contrato de trabalho do empregado (REsp 1.358.281-SP, j. em 23/4/2014).

7.4.7. Transporte do trabalhador

O transporte deve ser pago obedecendo-se às exigências da Lei 7.418/1985 ("lei do vale-transporte"). Nela, está disposto que **o empregador participará do custeio do vale-transporte com a parcela que exceder a 6% do salário do empregado.**

Caso a empresa forneça vales-transportes, e o valor do custo seja inferior a 6% do salário do trabalhador, ela deve descontar o valor integral do transporte da remuneração do empregado. Se a empresa decidir estipular, para todos os seus empregados, uma participação no custo de aquisição de vale-transporte, com percentual inferior a 6%, a diferença entre o valor que deveria ser descontado e o efetivamente retido será considerada salário de contribuição. Isso porque a lei obriga o desconto de 6% do salário do empregado. A legislação previdenciária tem oscilado bastante em relação à forma de apuração desse crédito, impondo constantes mudanças a esta obra. Veremos no exemplo que segue a atual forma de cálculo do crédito decorrente do descumprimento do desconto obrigatório dos 6%.

De acordo com o antigo entendimento da Receita Federal do Brasil, os vales-transportes, quando substituídos por dinheiro, integravam a base de contribuição. A legislação apenas isentava os vales-transportes realmente entregues ao trabalhador.

Ressalte-se, entretanto, que o STF, destoando de toda a Jurisprudência anterior, decidiu no RE 478.410 (DJ 14/05/2010) que não incide contribuição previdenciária sobre os valores pagos em dinheiro a título de vale-transporte. Na fundamentação, o STF entendeu ser inconstitucional a vedação ao pagamento de transporte em dinheiro. Esta decisão alterou jurisprudência dos tribunais, que passaram a se posicionar no sentido de que não incide contribuição previdenciária sobre o valor destinado ao transporte do trabalhador, mesmo que pago em pecúnia.

A própria AGU se curvou ao posicionamento jurisprudencial consolidado de que não há incidência de contribuição previdenciária sobre o valor do transporte pago em dinheiro para os trabalhadores, editando a Súmula 60, em 08/12/2011, com a seguinte redação: "Não há incidência de contribuição previdenciária sobre o vale-transporte pago em pecúnia, considerando o caráter indenizatório da verba".

A Súmula 89 do CARF – Conselho Administrativo de Recursos Fiscais, de 16/12/2012, seguiu o entendimento já consolidado pelo STF e pela AGU, com a seguinte redação: "a contribuição social previdenciária não incide sobre valores pagos a título de vale-transporte, mesmo que em pecúnia".

Notem, todavia, que apesar de nem as súmulas da AGU (vide art. 43 da LC 73/1993) nem as do CARF vincularem os atos da Receita Federal do Brasil, o entendimento do órgão fiscalizador e arrecadador foi na prática alterado, passando a indicar que não incide contribuição sobre o transporte pago em pecúnia.

O empregador doméstico poderá fazer o pagamento do vale-transporte de seu empregado em dinheiro, conforme expressamente permitido pelo art. 19, parágrafo único, da LC 150/2015. Assim, o sistema eSocial do empregador doméstico já está programado para que considere tal parcela como não integrante do salário de contribuição.

Na prática, todavia, uma eventual autuação fiscal sobre vale-transporte pago em pecúnia não se manteria na esfera administrativa e, mesmo em caso de ausência de impugnação, não seria executada pela PFN, então, não há qualquer sentido lógico em a Receita Federal lançar débitos referentes a este fato gerador. A RFB já se manifestou no sentido da não incidência de contribuição previdenciária sobre o transporte pago em pecúnia na resposta da Solução de Consulta 4.021, de 17/08/2020 e o próprio Decreto 3.048/99 já reconhece a possibilidade de transporte pago em pecúnia no artigo 214, VI, alterado pelo Decreto 10.410/2020.

Para firmar o aprendizado, vejamos os exemplos sobre a tributação previdenciária do transporte concedido ao trabalhador, tomando como base o entendimento da Receita Federal do Brasil:

Exemplo 1:

Leo recebe R$ 2.500,00 em seu emprego de segurança da casa de shows Holanda Night Clube. Seu empregador, Ivo, entrega-lhe, mensalmente, 40 vales-transportes, num valor total equivalente a R$ 200,00, sem que, entretanto, efetue qualquer desconto em seu salário. A legislação previdenciária considera salário de contribuição o valor não descontado de 6%.

À primeira vista, parece-nos injusto que uma tão honrosa atitude da empresa Holanda Night Clube em oferecer uma vantagem para o seu empregado seja tributada. Por outro lado, o fato de a empresa não ter efetuado o desconto gera um acréscimo patrimonial para Leo de R$ 150,00 (2.500 x 6%), valor este que deveria ser despendido pelo empregado.

Assim, o Fisco considera este valor um benefício concedido por liberalidade do empregador, efetuando a tributação. Caso a Holanda Night Clube efetuasse um desconto inferior a 6%, como, por exemplo, 1%, a diferença seria considerada liberalidade e seria tributada. Nesse caso, a empresa efetuaria o desconto de apenas R$ 25,00 (1% x 2.500), enquanto deveria ter descontado R$ 150,00. A tributação, deste modo, incidiria sobre R$ 125,00 (150,00 – 25 reais descontados).

Exemplo 2:

Bruno é cozinheiro do restaurante "Massas do Brasil". Recebe, em dinheiro, R$ 200,00, a título de transporte. O gerente deste estabelecimento, Sr. Ciro, substitui os vales-transportes por dinheiro, por entender ser mais cômodo para ambas as partes. Com o novo entendimento das instâncias administrativas, o Fisco deve abster-se de lançar o valor como base de cálculo de contribuição.

Por fim, anote-se que, assim como a alimentação, o transporte concedido pela empresa, em canteiros de obra ou localidades distantes que exijam deslocamento e estada do empregado, não é considerado remuneração (Lei 8.212, art. 28, § 9º, *m*).

7.4.8. Alimentação do trabalhador

O art. 28, § 9º, "c", da Lei 8.212/1991, exclui da incidência previdenciária "a parcela *in natura* recebida de acordo com os programas de alimentação aprovados pelo Ministério do Trabalho e da Previdência Social, nos termos da Lei nº 6.321, de 14 de abril de 1976". A referida Lei delegou ao Ministério do Trabalho e Emprego a elaboração de Programa de Alimentação do Trabalhador – PAT. Como veremos, apesar de ainda constar da lei a exigência de inscrição do PAT, a reforma trabalhista deixou de exigir esse requisito.

Antes da reforma trabalhista, a empresa deveria seguir as regras do PAT – Programa de Alimentação do Trabalhador (Lei 6.321/76, regulada atualmente pela portaria MTP nº 672 de 08/11/2021), para que a alimentação fornecida não integrasse o salário de contribuição.

No caso de não inscrição no Programa de Alimentação do Trabalhador, os Auditores-Fiscais do Trabalho e da Receita Federal do Brasil (art. 504, IN 971, RFB – já revogado) deveriam lançar, respectivamente, os débitos referentes ao FGTS e à contribuição previdenciária sobre o valor da alimentação fornecida, pois esta passará a integrar o salário de contribuição.

A jurisprudência trabalhista consolidou também o entendimento de que era obrigatório o cumprimento das regras do PAT para que a parcela não integrasse a remuneração do trabalhador, conforme Orientação Jurisprudencial 133, da Seção de Dissídios Individuais I, do TST:

> "A ajuda alimentação. PAT. Lei 6.321/76. Não integração ao salário. A ajuda alimentação fornecida por empresa participante do Programa de Alimentação ao Trabalhador, instituído pela Lei nº 6.321/76, não tem caráter salarial. Portanto, não integra o salário, para nenhum efeito legal".

Sempre entendemos, todavia, ser desproporcional a integração da alimentação ao salário de contribuição pelo simples descumprimento formal de inscrição no PAT, sem que seja comprovado o descumprimento dos critérios materiais da norma. O que interessa, em verdade, é verificar se a empresa atende ou não as exigências materiais da regulamentação do PAT.

Existe, porém, uma modalidade de alimentação que sempre foi permitida pela legislação previdenciária, independentemente das regras do PAT, sem que haja incidência de contribuição previdenciária. É a alimentação concedida por empresas em canteiros de obra ou localidades distantes que exijam deslocamento e estada do empregado (Lei 8.212, art. 28, § 9º, "m").

De acordo com a Legislação Previdenciária e a lei do PAT, a alimentação deve ser fornecida como parcela *in natura*. Qualquer substituição por pagamento de um adicional compensatório em dinheiro acarretará perda da isenção previdenciária, sendo este agregado ao salário de contribuição.

Observem, no entanto, que a mesma situação ocorria com o transporte pago em dinheiro até a decisão do STF que entendeu que sobre esta parcela, mesmo que repassada em pecúnia para os trabalhadores, não há incidência de contribuição previdenciária, como veremos no próximo tópico. Não há, ainda, decisão similar em relação à alimentação paga em dinheiro, mas devemos ficar atentos, pois o mesmo argumento utilizado pelo STF para excluir a incidência de contribuição previdenciária sobre os valores de transporte pagos em pecúnia poderá ser utilizado para afastar a tributação dos valores de alimentação pagos em dinheiro.

Curiosamente, mesmo após a decisão do STF que afastou a tributação do vale-transporte pago em dinheiro, a TNU editou, em 24/09/2012, a Súmula 67, com a seguinte redação: "O auxílio-alimentação recebido em pecúnia por segurado filiado ao Regime Geral da Previdência Social integra o salário de contribuição e sujeita-se à incidência de contribuição previdenciária".

A alimentação fornecida pelos empregadores domésticos aos seus empregados não constitui salário de contribuição, sem a necessidade de inscrição no PAT, programa este destinado às empresas. É que o art. 18, § 3º, da Lei Complementar 150, de 01/06/2015, dispõe que as despesas com o fornecimento de alimentação, vestuário, higiene ou moradia não têm natureza salarial nem se incorporam à remuneração para quaisquer efeitos.

É muito importante ressaltar que a reforma trabalhista alterou o § 2º do art. 457 da CTL, dispondo que as importâncias, ainda que habituais, pagas a título de ajuda de custo, **auxílio-alimentação, vedado seu pagamento em dinheiro,** diárias para viagem, prêmios e abonos não integram a remuneração do empregado, não se incorporam ao contrato de trabalho **e não constituem base de incidência de qualquer encargo trabalhista e previdenciário.**

Assim, ao que parece, mesmo sem ter alterado expressamente o dispositivo previsto no art. 28, § 9º, "c", da Lei 8.212/1991, que continua exigindo a inscrição no PAT para que os gastos com alimentação não componham o salário de contribuição, a reforma trabalhista, em nossa visão, revogou tacitamente esse dispositivo.

Nessa interpretação, **não incide mais contribuição sobre os gastos com alimentação, independentemente de inscrição no PAT**, desde 11/11/2016, data de vigência da Lei 13.467/2017.

7.4.9. Plano de saúde médico-odontológico e reembolso de medicamentos

O valor relativo à assistência prestada por serviço médico ou odontológico, próprio da empresa ou com ela conveniado, inclusive o reembolso de despesas com medicamentos, óculos, aparelhos ortopédicos, despesas médico-hospitalares e outras similares não integra o salário de contribuição.

A reforma trabalhista alterou substancialmente a regra de isenção de tais despesas, pois antes da sua edição para que os gastos com a saúde não incidissem contribuição era necessário que à assistência abrangesse a totalidade dos empregados e dirigentes da empresa.

Depois da alteração, é possível que a empresa disponibilize o plano de saúde para apenas uma parcela dos empregados à sua livre escolha, que mesmo assim não incidirá contribuição previdenciária.

A principal exigência da antiga legislação, para a exclusão do rol de incidência previdenciária, era a necessidade de que tal benefício fosse extensivo à totalidade dos empregados e diretores. Algumas empresas não observam essa regra, fornecendo a vantagem apenas a um grupo de empregados, sendo esta, portanto, considerada parcela incidente.

Outras empresas disponibilizavam o seguro de saúde a todos, todavia estabeleciam a política de carência para sua obtenção. Por exemplo: estipulava-se que, para se ter direito à referida vantagem, devia-se cumprir 12 meses de carência, ou seja, somente teriam direito ao seguro os empregados com mais de um ano de contratação. Nesse caso, eram formados dois grupos de trabalhadores: os que têm direito ao benefício, por contarem com mais de

12 meses de contrato, e os que não o possuíam, por terem sido admitidos há menos de um ano, ficando descaracterizada a extensão do benefício a todos os empregados.

Os planos diferenciados em função da posição hierárquica dos empregados também podiam representar um óbice à disponibilização a todos os empregados. Caso uma empresa contratasse dois seguros, um abrangendo os empregados até o nível de supervisor e o outro, um plano diferenciado, disponível para os funcionários hierarquicamente superiores, este segundo plano seria parcela incidente, por constituir vantagem não extensível a todos.

Com essa exigência de abrangência a todos os empregados, diversas empresas eram autuadas por descumprimento do requisito normativo. Com isso, clamaram por uma alteração que foi efetuada pela reforma trabalhista, deixando o empresariado livre para decidir quem será beneficiado com os seus gastos com saúde. Perdem os empregados de postos inferiores que certamente serão excluídos de tal benefício.

7.4.10. Reembolso-creche

O reembolso-creche disponibilizado para os empregados que tenham filhos de até seis anos de idade, mediante **comprovação do gasto efetuado**, não integra o salário de contribuição. A comprovação do gasto com creche é fundamental para caracterizar o reembolso. Logo, as empresas devem manter arquivada a documentação comprobatória.

Observe-se, contudo, que a empresa pode disponibilizá-lo apenas aos empregados que mantenham a guarda da criança, sem que seja ferido o princípio da extensividade irrestrita das vantagens concedidas. Isso porque a finalidade desse benefício é garantir condições de trabalho àqueles que possuem crianças sob sua guarda. Seria um contrassenso se ambos os pais pudessem obter das empresas nas quais trabalhem o reembolso pelo mesmo gasto, gerando assim um enriquecimento sem propósito.

A Emenda Constitucional 53/2007 promoveu uma alteração no texto do inciso XXV do art. 7º da Constituição Federal, reduzindo o direito dos trabalhadores à assistência gratuita aos filhos e dependentes em creche e pré-escolas da idade de até seis anos para até cinco anos.

Observe-se que, diferentemente da posição da Secretaria da Receita Federal do Brasil, o STJ editou a Súmula 310, que afirma que "o auxílio-creche não integra o salário de contribuição", sem efetuar qualquer exigência de comprovação dos gastos.

Como consequência da sólida jurisprudência no sentido da não incidência de contribuição previdenciária sobre os valores pagos a título de creche, o Conselho Administrativo de Recursos Federais editou o Enunciado 19, com o seguinte teor: "Não incidem contribuições previdenciárias sobre as verbas concedidas aos segurados empregados a título de auxílio-creche, na forma do art. 7º, inciso XXV, da Constituição Federal, em face de sua natureza indenizatória".

A Lei 14.457/2022 regulamentou o pagamento do reembolso-creche autorizando o seu pagamento desde que cumpridos os seguintes requisitos:

> I – ser o benefício destinado ao pagamento de creche ou de pré-escola de livre escolha da empregada ou do empregado, bem como ao ressarcimento de gastos com outra modalidade de prestação de serviços de mesma natureza, comprovadas as despesas realizadas;
>
> II – ser o benefício concedido à empregada ou ao empregado que possua **filhos com até 5 anos e 11 meses de idade**, sem prejuízo dos demais preceitos de proteção à maternidade;
>
> III – ser dada ciência pelos empregadores às empregadas e aos empregados da existência do benefício e dos procedimentos necessários à sua utilização; e
>
> IV – ser o benefício oferecido de forma não discriminatória e sem a sua concessão configurar premiação.

A Lei 14.457/2022 passou a possibilitar além do pagamento da creche o pagamento da pré-escola dos filhos dos empregados menores de 6 anos de idade.

Ato do Poder Executivo federal disporá sobre os limites de valores para a concessão do reembolso-creche e as modalidades de prestação de serviços aceitas, incluído o pagamento de pessoa física.

Os valores pagos a título de reembolso-creche:

> I – não possuem natureza salarial;
>
> II – não se incorporam à remuneração para quaisquer efeitos;
>
> III – não constituem base de incidência de contribuição previdenciária ou do FGTS; e
>
> IV – não se configuram como rendimento tributável da empregada ou do empregado.

Os empregadores que adotarem o benefício do reembolso-creche ficam desobrigados da instalação de local apropriado para a guarda e a assistência de filhos de empregadas no período da amamentação, nos termos do CLT.

7.4.11. Reembolso-babá

As empresas podem conceder aos empregados que tiverem filhos de até seis anos de idade (menores de sete anos) o benefício de reembolso dos gastos com a contratação da babá. Esse benefício, quando disponibilizado pela empresa, não é considerado salário de contribuição, desde que o reembolso oferecido seja **limitado ao salário mínimo** e condicionado à comprovação, tanto do registro na Carteira de Trabalho e Previdência Social da babá contratada, quanto do pagamento da remuneração e do respectivo recolhimento da contribuição previdenciária.

Para fins de fiscalização, as empresas devem manter cópias da CTPS das babás das empregadas beneficiadas e dos respectivos comprovantes de pagamento de contribuições previdenciárias. Diferentemente do reembolso-creche, o fornecimento do benefício para contratação de babás deve ser limitado ao salário mínimo para que possa obter isenção.

Aplicam-se ao reembolso-babá as mesmas considerações efetuadas sobre o reembolso-creche, no que tange ao pagamento apenas aos empregados que detenham a guarda da criança.

7.4.12. Seguro de vida em grupo

Da mesma forma que nos casos anteriores, o seguro de vida em grupo deve estar **disponível à totalidade dos empregados** e diretores. Logo, os comentários a respeito da estipulação de carência ou de planos diferenciados em função da hierarquia são aqui aplicáveis.

A particularidade do seguro de vida em grupo é a **necessidade de previsão em acordo ou convenção coletiva de trabalho.** Então, em caso contrário, a legislação previdenciária ordena (no nosso ver sem justificativa plausível) a tributação dessa parcela.

7.4.13. Plano de previdência complementar

Não integra o salário de contribuição o valor das contribuições efetivamente pagas pelas pessoas jurídicas, relativas a plano de previdência complementar privada, aberta ou fechada, **desde que disponível à totalidade de seus empregados e dirigentes.**

As considerações referentes à carência e a planos diferenciados em função do nível hierárquico também se aplicam a esse benefício.

É muito comum que as empresas patrocinem planos privados de previdência complementar, participando do custo com uma parcela equivalente à contribuição de seus empregados. Tais planos de previdência devem atender às normas das Leis Complementares 108/2001 e 109/2001.

7.4.14. Participação nos lucros e resultados e Pró-Labore

A participação dos empregados nos lucros ou resultados da empresa, quando paga em conformidade com a Lei 10.101/2000, **não é considerada salário de contribuição.**

A participação nos lucros ou resultados (PLR) deve ser objeto de negociação entre a empresa e seus empregados, mediante um dos procedimentos a seguir descritos, escolhido pelas partes em comum acordo:

a) comissão paritária escolhida pelas partes, integrada, também, por um representante indicado pelo sindicato da respectiva categoria;

b) convenção ou acordo coletivo.

Dos instrumentos decorrentes da negociação, deverão constar regras claras e objetivas quanto à fixação dos direitos da participação e de suas regras, inclusive mecanismos de aferição das informações pertinentes ao cumprimento do acordado, periodicidade da distribuição, período de vigência e prazos para revisão do acordo, podendo ser considerados, entre outros, os seguintes critérios e condições:

1) índices de produtividade, qualidade ou lucratividade da empresa;

2) programas de metas, resultados e prazos, pactuados previamente.

A empresa deverá prestar aos representantes dos trabalhadores na comissão paritária informações que colaborem para a negociação. Em relação às metas estabelecidas, a Lei 12.832/2013 vedou a aplicabilidade das metas referentes à saúde e segurança no trabalho. O objetivo dessa vedação foi o de evitar que uma meta de redução de acidente de trabalho pudesse resultar em tentativa de sonegação dos acidentes ocorridos na empresa, como costumava acontecer.

Salientamos não haver impedimento legal para o pagamento de participação no lucro ou resultados por empresas que apresentaram prejuízo. O PLR tem como objetivo não apenas o incentivo à geração de lucros, mas também a melhoria dos resultados da empresa. Nessa ótica, seria adequada a estipulação da meta de redução de prejuízos em empresas deficitárias.

A participação nos lucros ou resultados não pode substituir ou complementar a remuneração devida a qualquer empregado.

> "É vedado o pagamento de qualquer antecipação ou distribuição de valores a título de participação nos lucros ou resultados da empresa **em mais de 2 vezes no mesmo ano civil e em periodicidade inferior a 1 trimestre civil.**" (art. 3, § 2º, Lei 10.101/2000).

Esse texto foi alterado pela Lei 12.832, de 20/06/2013, sendo que, antes da mudança, não se admitia o pagamento da PLR em periodicidade inferior a um **semestre civil**.

Note-se que o PLR não se confunde com a distribuição de lucros ou dividendos para os sócios, titulares e cotistas das empresas. O PLR é distribuído aos empregados e previsto em lei. A distribuição de lucros e dividendos é alternativa contábil para a remuneração dos capitalistas e sobre ela não incide contribuição, pois se trata da remuneração do capital.

A remuneração do trabalho dos sócios (como contribuinte individual) é o pró-labore e sobre ele incide contribuição previdenciária. Observe-se que, em regra, não é obrigatória a retirada de pró-labore pelos sócios gerentes ou cotistas. Eles podem retirar apenas as suas parcelas de distribuição de lucros.

No entanto, de acordo com o entendimento da Solução de Consulta 120 da COSIT/RFB, de 17/08/2016, apenas nas sociedades de profissão regulamentada (sociedade de advogados, de médicos etc.) é obrigatória a retirada de pró-labore, pois o trabalho dos sócios é presumido nessas sociedades.

7.4.15. Aviso prévio, programa de demissão voluntária e demais parcelas rescisórias

O empregado tem o direito de ser pré-avisado com uma antecedência mínima de 30 dias da data de sua dispensa. A Lei 12.506, de 11/10/2011, regulamentou o aviso prévio proporcional ao tempo de trabalho. A partir dessa Lei, ao aviso prévio mínimo de 30 dias são acrescidos três dias por ano de serviço prestado na mesma empresa, até o máximo de 60 dias. Assim, para o trabalhador que tenha 20 anos ou mais de trabalho em uma mesma empresa, o seu aviso deve ser concedido com uma antecedência mínima de 90 dias.

O aviso prévio terá natureza remuneratória se o empregado o tiver cumprido, integralmente, trabalhando, devendo, nesta hipótese, sofrer a incidência de contribuição previdenciária. Caso o empregador o dispense antes desse prazo, o aviso prévio terá natureza de indenização.

Saliente-se, todavia, que após a publicação do Decreto 6.727, de 12/01/2009, a Receita Federal do Brasil passou a entender que, mesmo **sob o aviso prévio indenizado, há incidência de contribuição previdenciária**. Isso porque o mencionado Decreto revogou o dispositivo do Regulamento da Previdência Social que excluía expressamente da tributação previdenciária o aviso prévio indenizado (art. 214, § 9º, V, f).

Observe-se, contudo, que, mesmo com a revogação do citado dispositivo, há quem entenda que não é possível a tributação do aviso prévio indenizado, por não estar incluída do conceito legal de salário de contribuição (art. 28, I, da Lei 8.212/1991), sendo esta a opinião deste autor. Para quem tiver interesse em se aprofundar mais no estudo do salário de contribuição, recomendamos a leitura do livro Salário de contribuição – A base de cálculo previdenciária das empresas e dos segurados, escrito por este autor, em parceria com o professor Sinésio Cyrino, publicado por esta mesma Editora.

No mesmo sentido, a jurisprudência do Superior Tribunal de Justiça firmou entendimento que não deve haver incidência de contribuição previdenciária sobre o aviso prévio, por tal parcela ter natureza indenizatória. Não concedido o aviso prévio pelo empregador, nasce para o empregado o direito aos salários correspondentes ao prazo do aviso, garantida sempre a integração desse período no seu tempo de serviço (art. 487, § 1º, da CLT). Segundo o STJ, não há como se conferir à referida verba o caráter remuneratório, por não retribuir o trabalho, mas sim reparar um dano. Ressalte-se que, se o aviso prévio é indenizado, no período que lhe for correspondente, o empregado não presta trabalho algum, nem fica à disposição do empregador (REsp 1.230.957-RS, Rel. Min. Mauro Campbell Marques, j. em 26/2/2014).

Tantas foram as derrotas judiciais que a receita federal passou a se curvar ao entendimento dos tribunais superiores passando a entender que não deve mais autuar empresas por não recolher contribuições previdenciárias sobre o aviso prévio indenizado (nota PGFN 485/2016 e Solução de Consulta COSIT/RFB 99014/2016). **Assim, o atual posicionamento da Receita Federal é que não incide contribuição previdenciária sobre o aviso prévio indenizado, exceto sobre o reflexo do 13º salário sobre esta parcela que a RFB ainda entende, absurdamente, que deve incidir contribuição previdenciária.**

Ressante-se, todavia, que o STJ firmou a tese no tema 1170 que incide contribuição previdenciária sobre o 13º salário proporcional referente ao aviso prévio indenizado.

Todas as demais verbas indenizatórias pagas na rescisão do contrato de trabalho não são consideradas salário de contribuição, como, por exemplo, o pagamento de 40% sobre o FGTS nas despedidas sem justa causa. Atente-se para o fato de que o pagamento indenizatório efetuado pelo empregador ao seu empregado é de apenas 40%, sendo devido ao Governo, adicionalmente, 10% a título de contribuição social.

Note-se, entretanto, que, como já mencionado, o 13º salário pago na rescisão não é parcela indenizatória, incidindo sobre ele contribuição previdenciária, mesmo sobre o decorrente de 1/12 do período do aviso prévio indenizado, uma vez que a Receita Federal continua entendendo, absurdamente, que sobre o reflexo do aviso prévio indenizado sobre o 13º salário deve haver incidência de contribuição. O saldo de salário pago na rescisão, obviamente, também é parcela tributável.

Os pagamentos a título de Programa de Demissão Voluntária – PDV não são considerados salário de contribuição.

7.4.16. Ajuda de custo

A ajuda de custo, **em parcela única**, recebida exclusivamente em decorrência de mudança de local de trabalho do empregado, **não será considerada como integrante da base de tributação**. Se o montante, porém, for dividido em dois ou mais meses, ou, ainda, se esta vantagem for utilizada para outra finalidade que não a mudança de local de trabalho, integrará ela o salário de contribuição.

> **Atenção!**
> A ajuda de custo **não se confunde** com o adicional de transferência de 25%, pago em razão de transferência provisória do empregado, parcela esta considerada tributável.

Curiosamente, o art. 457, § 2º, da CLT, alterado pela Reforma Trabalhista (Lei 13.467/2017), dispõe que as importâncias, **ainda que habituais, pagas a título de ajuda de custo,** auxílio-alimentação, vedado seu pagamento em dinheiro, diárias para viagem e prêmios, **não integram a remuneração do empregado**, não se incorporam ao contrato de trabalho **e não constituem base de incidência de encargo trabalhista e previdenciário.**

Ao que parece, a reforma trabalhista criou uma segunda modalidade de ajuda de custo, que pode ser paga com habitualidade sem integrar o salário de contribuição. Seria uma parcela para custear os gastos com a manutenção mensal do empregado transferido, tais como aluguel, condomínio etc.

Vejamos a questão do concurso de 2012 para o cargo de Juiz do Trabalho do TRT 20ª Região:

Exemplo de questões sobre o tema:

(Juiz do Trabalho Substituto 20ª região 2012 – Carlos Chagas – Adaptada) NÃO incide contribuição social previdenciária sobre a ajuda de custo, paga em

a) **duas parcelas** e recebida por conta do **desgaste do automóvel** do empregado, além das diárias para viagens, desde que não excedam a 50% da remuneração mensal.

b) **duas parcelas** e recebida exclusivamente em decorrência de mudança de local de trabalho do empregado, além das diárias para viagens, desde que não excedam a 50% da remuneração mensal.

c) parcela única e recebida **por conta do desgaste do automóvel** do empregado, além das diárias para viagens, **ainda que excedam a 50%** da remuneração mensal.

d) parcela única e recebida exclusivamente em decorrência de mudança de local de trabalho do empregado, além das diárias para viagens, independentemente do valor.

e) **duas parcelas** e recebida exclusivamente em decorrência de mudança de local de trabalho do empregado, além das diárias para viagens, **ainda que excedam a 50%** da remuneração mensal.

Resposta: D

7.4.17. Bolsa de estágio

A importância recebida a título de bolsa de complementação educacional de estagiários, quando paga nos termos da Lei 11.788/2008, não compõe o salário de contribuição. Caso haja descumprimento da legislação, os estagiários devem ser enquadrados na categoria de empregado, incidindo, nesta hipótese, contribuição previdenciária.

O art. 3º da Lei 11.788/2008 dispõe que o estágio não cria vínculo empregatício de qualquer natureza, desde que observados os seguintes requisitos:

I - matrícula e frequência regular do educando em curso de educação superior, de educação profissional, de ensino médio, da educação especial e nos anos finais do ensino fundamental, na modalidade profissional da educação de jovens e adultos e atestados pela instituição de ensino;

II - celebração de termo de compromisso entre o educando, a parte concedente do estágio e a instituição de ensino;

III - compatibilidade entre as atividades desenvolvidas no estágio e aquelas previstas no termo de compromisso.

Entre as regras previstas nessa Lei, encontra-se a obrigatoriedade de disponibilizar ao estudante, em qualquer hipótese, **seguro contra acidentes pessoais**. O relatório de atividades deve ser apresentado à instituição de ensino, pela parte concedente, com uma periodicidade mínima de seis meses.

O termo de compromisso do estágio deverá ser firmado pelo estagiário ou por seu representante ou assistente legal e pelos representantes legais da parte concedente e da instituição de ensino. Os agentes de integração, como o CIEE, por exemplo, não podem agir como representantes de quaisquer das partes.

Uma inovação trazida pela nova lei do estágio foi a **limitação ao número de estagiários por empresa**. Assim, o número máximo de estagiários em relação ao número de empregados por estabelecimento das entidades concedentes de estágio deverá atender às seguintes proporções:

Número de empregados	Número máximo de estagiários permitido
De 1 a 5	1 estagiário
De 6 a 10	2 estagiários
De 11 a 25	5 estagiários
Acima de 25	20% de estagiários

Quando o cálculo do percentual de 20% resultar em fração, poderá esta ser arredondada para o número inteiro imediatamente superior.

Observe-se, no entanto, que, de acordo com o § 4º do art. 17 da Lei 11.788/2008, a limitação ao número de estagiários não se aplica aos estágios de nível superior e de nível médio profissional, o que restringe bastante a aplicabilidade dessa norma.

Às pessoas portadoras de deficiência será garantida a destinação do percentual de 10% das vagas oferecidas pela parte concedente do estágio.

A duração do estágio **não poderá ultrapassar dois anos** na mesma unidade concedente, exceto quando se tratar de portador de deficiência.

Outra grande inovação trazida pela Lei 11.788/2008 é que passou a ser assegurado ao estagiário, sempre que o estágio tenha duração igual ou superior a 1 ano, período de **recesso de 30 dias**, a ser gozado preferencialmente durante suas férias escolares. O recesso deverá ser remunerado quando o estagiário receber bolsa ou outra forma de contraprestação. Se o estágio tiver duração inferior a um ano, os dias de recesso devem ser concedidos de maneira proporcional.

Por fim, a Lei 11.788/2008 dispõe que a **jornada de atividade em estágio** deve ser compatível com as atividades escolares e não pode ultrapassar:

I – quatro horas diárias e 20 horas semanais, no caso de estudantes de educação especial e dos anos finais do ensino fundamental, na modalidade profissional de educação de jovens e adultos;

II – seis horas diárias e 30 horas semanais, no caso de estudantes do ensino superior, da educação profissional de nível médio e do ensino médio regular.

O estágio relativo a cursos que alternem teoria e prática, nos períodos em que não estiverem programadas aulas presenciais, poderá ter carga horária de até 40 horas semanais, desde que isso esteja previsto no projeto pedagógico do curso e da instituição de ensino.

Se a instituição de ensino adotar verificações de aprendizagem periódicas ou finais, nos períodos de avaliação, a carga horária do estágio será reduzida pelo menos à metade, segundo estipulado no termo de compromisso, para garantir o bom desempenho do estudante.

7.4.18. Bolsa de estudos

Sobre as bolsas de estudo **não incide contribuição.** Se o estudante que recebe bolsa quiser filiar-se ao Regime Geral de Previdência Social, deve participar como segurado facultativo.

7.4.19. Abono do PIS

O pagamento do abono do Programa de Integração Social – PIS é ordenado pelo art. 239, § 3º, da Constituição Federal. É devido um salário mínimo anual, a título de abono, aos empregados que recebem até dois salários mínimos por mês. Essa parcela é considerada **não incidente de contribuição** previdenciária, mesmo porque é custeada pelo Governo Federal.

7.4.20. Complemento de auxílio por incapacidade temporária

Em regra, os benefícios da Previdência Social têm o limite máximo equivalente ao "teto" do salário de contribuição, que, como relatamos neste capítulo, foi aumentado pela Portaria Interministerial MPT/ME 6, de 10/01/2025, para o patamar de R$ 8.157,41.

O valor do auxílio por incapacidade temporária, benefício previdenciário oferecido aos segurados incapacitados temporariamente para o trabalho, em muitas situações, é inferior ao salário mensal.

As empresas são autorizadas pela legislação previdenciária a instituírem o benefício de complementação de auxílio por incapacidade temporária, **sem que essa parcela integre a base contributiva**, bastando, para isso, que seja extensiva à totalidade dos seus empregados. A complementação consiste no pagamento pela empresa da diferença entre o valor do auxílio por incapacidade temporária pago pelo INSS e o valor da remuneração do empregado.

> **Exemplo:**
>
> Gildásio é pedagogo e trabalha na Creche Oliveira Júnior, recebendo a remuneração mensal de R$ 2.000,00. Acometido de doença de fundo emocional, teve de se afastar de suas atividades, por indicação de seu psiquiatra, confirmada a necessidade pelo médico-perito do INSS, pelo período de três meses. Ao calcular a renda mensal do benefício, chegou-se ao valor mensal de R$ 1.600,00. Como a Creche Oliveira Júnior oferece a todos os seus empregados o benefício de complementação de auxílio por incapacidade temporária, passou esta a pagar a Gildásio o valor de R$ 400,00 (2.000,00, equivalente à sua remuneração, – 1.600,00, do auxílio por incapacidade temporária pago pelo INSS). Este valor não pode ser considerado salário de contribuição.

7.4.21. Direitos autorais

Os valores recebidos em decorrência da cessão de direitos autorais **não são parcelas tributáveis pela Previdência Social.** Não são estes decorrentes do trabalho do autor, mas da porcentagem referente à comercialização de um produto cuja propriedade é do escritor. Mesmo após o falecimento do autor, os direitos autorais continuam a ser pagos aos sucessores, o que demonstra que esta parcela não guarda relação direta com a atividade laboral do escritor. Não sendo correlacionada ao trabalho, não há razão para serem tributados pela Previdência Social.

7.4.22. Plano de educação

A Lei 12.513, de 26/10/2011, alterou o regramento da isenção dos gastos com a educação dos empregados. Antes da citada norma, o valor relativo ao plano educacional que visasse à educação básica e a cursos de capacitação e qualificação profissional vinculados às atividades desenvolvidas pela empresa não integrava o salário de contribuição, desde que não fosse utilizado em substituição de parcela salarial e que a este todos os empregados e dirigentes tivessem acesso.

Com a publicação da Lei 12.513/2011, "o valor relativo a plano educacional, ou bolsa de estudo, que vise à educação básica de empregados e seus dependentes e, desde que vinculada às atividades desenvolvidas pela empresa, à educação profissional e tecnológica de empregados", não integram o salário de contribuição, devendo, no entanto, satisfazer as seguintes condições:

1. não seja utilizado em substituição de parcela salarial;
2. o valor mensal do plano educacional ou bolsa de estudo, considerado individualmente, não ultrapasse 5% da remuneração do segurado a que se destina ou o valor correspondente a uma vez e meia o valor do limite mínimo mensal do salário de contribuição, o que for maior.

A educação básica refere-se à educação infantil e ao ensino fundamental e médio, podendo ser concedida tanto aos empregados quanto aos dependentes. Note-se que a sistemática vigente antes da publicação da Lei 12.513/2011 não possibilitava o pagamento do benefício educacional aos dependentes dos segurados.

Já a educação profissional e tecnológica deve ser vinculada às atividades desenvolvidas pela empresa, abrangendo cursos técnicos, pós-graduações e demais cursos que incrementem a formação profissional do empregado.

Com a alteração legislativa, a exigência de que o plano educacional envolvesse todos os empregados e dirigentes foi abolida. Atualmente, como se pode constatar da atenta leitura do dispositivo, o principal requisito para a isenção é que o valor não ultrapasse 5% da remuneração do trabalhador beneficiado ou 1,5 salário mínimo, dos dois, o maior valor.

Concluímos então que:

a) Não incidirá contribuição previdenciária sobre os gastos com a **educação básica** dos **empregados e dependentes**, desde que não utilizados em substituição de parcela salarial e que não superem 5% da sua remuneração ou 1,5 salário mínimo, o que for maior;

b) Não incidirá contribuição previdenciária sobre os gastos com a **educação profissional e tecnológica** de **empregados**, desde que vinculados às atividades desenvolvidas pela empresa, que não utilizados em substituição de parcela salarial e que não superem 5% da sua remuneração ou 1,5 salário mínimo, o que for maior;

c) Não há mais a necessidade de que este benefício seja extensível à totalidade de empregados e dirigentes da empresa.

7.4.23. Aluguéis, condomínios e demais despesas domésticas

As empresas, frequentemente, costumam pagar diversas despesas de seus empregados, executivos ou diretores. Estes benefícios concedidos por liberalidade **devem ser oferecidos à tributação previdenciária.** A legislação não dispõe sobre isenção fiscal para o pagamento de despesas domésticas dos empregados.

Assim, o pagamento de aluguéis e condomínios de executivos deve ser tributado pela Previdência Social, ainda que pago sob o título de "ajuda de custo". Observamos que a vantagem fiscal da isenção é apenas oferecida para a ajuda de custo, em uma única parcela, desde que destinada a ressarcir as despesas de mudança de localidade de trabalho dos empregados.

Ressalte-se que o inciso XXIX do art. 34 da Instrução Normativa RFB 2,110/2022, dispõe que o ressarcimento de valores pagos a título de auxílio-moradia aos servidores públicos federais ocupantes exclusivamente de cargo em comissão não compõe o salário de contribuição.

A disponibilização de veículos para os executivos e diretores também deve ser tributada se para o desempenho das atividades destes gestores, esta não for essencial. Caracterizando-se, neste caso, o fornecimento da vantagem como recompensa pelo trabalho. Atente, contudo, que o gasto com veículos oferecidos para empregados, que exerçam atividades em que o uso do carro é imprescindível, não é considerado salário de contribuição.

Note que todas as parcelas pagas aos empregados que não estejam diretamente relacionadas ao trabalho devem ser tributadas (habitação, vestuário etc.).

> **Exemplo:**
>
> Alan é representante de vendas da empresa Combustíveis Turbinado. A sua atividade consiste em efetuar visitas aos postos de gasolina para oferecer o produto. Como essa atividade exige a locomoção frequente, o veículo disponibilizado pela sua empregadora não é considerado parcela incidente.

O mesmo raciocínio se aplica ao valor correspondente a vestuários, equipamentos e outros acessórios fornecidos ao empregado e utilizados no local do trabalho para prestação dos respectivos serviços.

Assim como ocorre com o transporte e a alimentação, a habitação concedida por empresas em canteiros de obra ou localidades distantes que exijam deslocamento e estada do empregado não integra o salário de contribuição.

7.4.24. Luvas e bichos pagos ao jogador de futebol

As "luvas" são pagamentos ao jogador de futebol para incentivá-lo a assinar contrato com o clube de futebol. Os "bichos" são parcelas pagas pelo clube, condicionadas ao cumprimento de metas estipuladas, como, por exemplo, a de passar para a fase seguinte de determinado campeonato. Estes recebimentos são considerados salário de contribuição.

7.4.25. Adicional de quebra de caixa

Adicional de quebra de caixa são valores pagos mensalmente a empregados responsáveis pela administração do caixa das empresas que atuam na área comercial, a exemplo dos supermercados e das lojas de material de construção. Esse adicional tem natureza tipicamente salarial, devendo, assim, sobre ele incidir contribuição previdenciária.

7.4.26. Valores despendidos com ministro de confissão religiosa

Os ministros de confissão religiosa são os padres, pastores, rabinos e demais líderes religiosos. São considerados contribuintes individuais.

Atente-se para o fato de que não se considera, todavia, remuneração direta ou indireta os valores despendidos pelas entidades religiosas e instituições de ensino vocacional com ministro de confissão religiosa, membros de instituto de vida consagrada, de congregação ou de ordem religiosa em face do seu mister religioso ou para sua subsistência, desde que fornecidos em condições que independam da natureza e da quantidade do trabalho executado (art. 22, § 13, Lei 8.212/1991).

7.4.27. Indenização pela Supressão do Intervalo Intrajornada

A jurisprudência pacificada do TST entendia que os valores percebidos a título de indenização pela supressão do intervalo intrajornada tinham natureza salarial. Vejamos o texto da Sumula 437, III, do TST:

> INTERVALO INTRAJORNADA PARA REPOUSO E ALIMENTAÇÃO. APLICAÇÃO DO ART. 71 DA CLT (conversão das Orientações Jurisprudenciais 354 da SBDI-1). Possui natureza salarial a parcela prevista no art. 71, § 4º, da CLT, com redação introduzida pela Lei 8.923, de 27 de julho de 1994, quando não concedido ou reduzido pelo empregador

> o intervalo mínimo intrajornada para repouso e alimentação, repercutindo, assim, no cálculo de outras parcelas salariais.

Esse entendimento, apesar de muito criticado pela doutrina, inclusive por este autor, era o que predominava na jurisprudência trabalhista. Como efeito, os magistrados trabalhistas entendiam que sobre essa indenização deveria incidir contribuição previdenciária.

A Reforma Trabalhista, todavia, alterou a natureza jurídica do intervalo não concedido pelo empregador, que passou a ter natureza indenizatória, expressamente, com a nova redação do art. 71, § 4º, da CLT. Vejamos:

> § 4º A não concessão ou a concessão parcial do intervalo intrajornada mínimo, para repouso e alimentação, a empregados urbanos e rurais, implica o pagamento, de **natureza indenizatória**, apenas do período suprimido, com acréscimo de 50% (cinquenta por cento) sobre o valor da remuneração da hora normal de trabalho.

Dessa forma, o entendimento sumulado pelo TST deve ser revisto com base na alteração legislativa promovida pela Reforma Trabalhista.

7.4.28. Vale-Cultura

De acordo com o art. 28, § 9º, y, da Lei 8.212/1991, acrescentado pela Lei 12.761, de 27/12/2012, o valor do vale-cultura concedido aos empregados não integra o salário de contribuição.

O vale-cultura deve ser fornecido ao trabalhador que recebe até cinco salários mínimos mensais. Os empregados que recebam mais que o referido valor podem também ser contemplados com esse benefício.

O valor do vale-cultura é de R$ 50,00 mensais por usuário, podendo ser descontado apenas 10% desse valor do salário dos empregados que recebem até cinco salários mínimos. O desconto para quem recebe mais de cinco salários mínimos é variável entre 20% a 90% do valor do vale-cultura. Obviamente, os trabalhadores podem optar por não receber esse benefício.

7.4.29. Compensação Pecuniária do Programa de Proteção do Emprego – PPE

Em 19/11/2015 foi publicada a Lei 13.189, que criou o Programa de Proteção do Emprego – PPE. Este programa foi formatado para tentar evitar demissões durante a crise econômica que o Brasil está passando.

Poderão aderir ao PPE, até 31/12/2015, as empresas que se encontrarem em situação de dificuldade econômico-financeira, nas condições e forma estabelecidas em ato do Poder Executivo federal, tendo duração de, no máximo, 12 meses.

As empresas que aderirem ao PPE poderão reduzir, temporariamente, em até 30%, a jornada de trabalho de seus empregados, com a redução proporcional do salário. Para que essa redução seja efetuada, é necessária à celebração de acordo coletivo de trabalho específico com o sindicato de trabalhadores representativo da categoria da atividade econômica preponderante, conforme disposto em ato do Poder Executivo.

A redução temporária da jornada de trabalho deverá abranger todos os empregados da empresa ou, no mínimo, os empregados de um setor específico, podendo ter duração de até seis meses, prorrogáveis até 12 meses.

Os empregados que tiverem seu salário reduzido farão jus a uma compensação pecuniária equivalente a 50% do valor da redução salarial e limitada a 65% (sessenta e cinco por cento) do valor máximo da parcela do seguro-desemprego, enquanto perdurar o período de redução temporária da jornada de trabalho.

Essa compensação será paga pelo Governo Federal, sendo custeada pelo Fundo de Amparo ao Trabalhador – FAT. Incide contribuição previdenciária sobre esta compensação financeira, assim, mesmo ela sendo paga pelo Governo, as empresas e os empregados serão obrigados a pagar contribuição sobre esses valores (art. 9º da Lei 13.189/2015).

O salário a ser pago com recursos próprios do empregador, após a redução salarial, não poderá ser inferior ao valor do salário mínimo. As empresas que aderirem ao PPE ficam proibidas de dispensar arbitrariamente ou sem justa causa os empregados que tiverem sua jornada de trabalho temporariamente reduzida enquanto vigorar a adesão ao PPE e, após o seu término, durante o prazo equivalente a um terço do período de adesão.

7.4.30. Bolsa-Atleta

A lei 13.756, de 12/12/2018, inseriu a alínea *aa* ao art. 28, § 9º, da Lei 8.212/1991, dispondo que **não incide contribuição sobre os valores recebidos a título de bolsa-atleta**, em conformidade com a Lei 10.891, de 9 de julho de 2004.

A citada lei instituiu a Bolsa-Atleta, destinada prioritariamente aos atletas praticantes do esporte de alto rendimento em modalidades olímpicas e paraolímpicas, sem prejuízo da análise e deliberação acerca das demais modalidades, com a concessão de um auxílio financeiro para tais atletas.

7.5. TABELA RESUMO DE INCIDÊNCIA

Para facilitar o estudo das parcelas incidentes (no entendimento da Receita Federal), disponibilizamos a seguinte tabela:

Parcela paga de acordo com a legislação	Salário de contribuição	
	Sim	Não
Salário	X	
Férias gozadas	X	
Férias indenizadas		X
Adicional de 1/3 sobre as férias gozadas	X	

Parcela paga de acordo com a legislação	Salário de contribuição	
	Sim	Não
Adicional de 1/3 sobre as férias indenizadas		X
Abono de 20 dias pago no gozo das férias		X
"Venda" de 10 dias de férias		X
13º salário	X	
13º salário proporcional pago na rescisão	X	
13º salário referente à 1/12 do aviso prévio indenizado	X	
Aposentadorias		X
Salário-maternidade da empresa		X
Salário-maternidade do segurado	X	
Auxílio por incapacidade temporária, auxílio-acidente, salário-família		X
Periculosidade e insalubridade	X	
Horas extras	X	
Adicional noturno	X	
Diárias de viagem		X
Auxílio-creche ou auxílio-babá		X
Aviso prévio gozado	X	
Aviso prévio indenizado		X
Participação nos lucros ou resultados		X
Distribuição de lucros e dividendos		X
"Pró-labore" dos sócios	X	
Gratificações de desempenho pagas habitualmente	X	
Gratificações de desempenho pagas eventualmente		X
Prêmios e abonos		X
Previdência privada complementar		X
Aluguéis, condomínios e demais despesas domésticas	X	
Vale-transporte		X
Vale alimentação ou cesta básica		X
Pagamento de 40% do FGTS nas despedidas		X
Ajuda de custo pós-reforma trabalhista		X
Ajuda de custo para mudança paga em única parcela		X
Adicional de transferência	X	
Adicional por tempo de serviço	X	
Bolsa de estágios		X
Bolsas de estudos		X
Adicional de quebra de caixa	X	
Seguro de vida em grupo		X

Parcela paga de acordo com a legislação	Salário de contribuição	
	Sim	Não
Plano de educação		X
Luvas e bichos pagos ao jogador de futebol	X	
Complemento de auxílio por incapacidade temporária		X
Abono do PIS		X
Plano de saúde		X
Programa de demissão voluntária		X
Comissões e percentagens de venda	X	
Direitos autorais		X
Valores despendidos com ministros de confissão religiosa		X
Indenização por Supressão de Intervalo Intrajornada		X
Vale-cultura		X
Compensação Financeira do PPE	X	
Bolsa-atleta		X

Capítulo 8

Contribuições dos Segurados

8.1. INTRODUÇÃO

Como mencionado no Capítulo 3, a participação dos segurados no custeio previdenciário está disposta no art. 195, inciso II, da Constituição Federal, que prevê a contribuição do trabalhador e dos demais segurados da Previdência Social.

Neste capítulo, trataremos da participação dos segurados no sistema. Demonstraremos aqui o quanto cada categoria de segurado, especificamente, contribui para o RGPS.

Sabemos quais são os grupos de segurados existentes no sistema: empregado, empregado doméstico, contribuinte individual, avulso, segurado especial e segurado facultativo.

Estudamos também que a base de incidência da contribuição desses segurados é o salário de contribuição, respeitando-se os limites mínimos (piso normativo da categoria ou, na falta deste, salário mínimo) e o máximo (atualmente R$ 8.157,41).

Para solucionarmos, pois, a equação do custeio dos segurados é preciso apenas elucidarmos um questionamento: qual o percentual que deve incidir sobre o salário de contribuição de cada classe de trabalhador?

A fim de facilitar o entendimento para o estudo da participação dos segurados, dividiremos, didaticamente, esses contribuintes em quatro grupos:

1) Empregado, trabalhador avulso e empregado doméstico;

2) Contribuinte individual;

3) Segurado facultativo;

4) Segurado especial.

Unimos três classes de segurados no primeiro grupo, em decorrência da semelhança das alíquotas de contribuição para o RGPS.

8.2. EMPREGADO, TRABALHADOR AVULSO E EMPREGADO DOMÉSTICO

- **Art. 33, § 5º, Lei 8.212/1991**
- **Art. 198, Decreto 3.048/1999**

▶ **Art. 216, § 5º, Decreto 3.048/1999**

▶ **EC 103/2019**

Esses trabalhadores contribuem com um percentual sobre os seus salários de contribuição, respeitados os limites mínimo e máximo.

As alíquotas de contribuição dos trabalhadores mencionados **são progressivas**, ou seja, quanto maior o salário de contribuição, mais elevado será o percentual incidente. A progressividade das alíquotas está alinhada com os princípios constitucionais da equidade na participação do custeio e da solidariedade do sistema previdenciário.

As contribuições dos **segurados empregados, empregados domésticos e trabalhadores avulsos** para o Regime Geral de Previdência Social também foram alvo de alterações na Reforma da Previdência de 2019.

Antes da EC 103/2019, esses trabalhadores contribuíam com um percentual sobre os seus salários de contribuição, respeitados os limites mínimo e máximo.

As alíquotas eram fixadas por faixas de salário de contribuição, reajustadas na mesma época e com os mesmos índices que os benefícios de prestação continuada da Previdência Social (art. 20, Lei 8.212/1991). A Portaria ME 3569, de 10/02/2020, efetuou a última alteração, conforme segue:

Tabela de contribuição dos segurados empregado, empregado doméstico e trabalhador avulso, para pagamento de remuneração a partir de 1º de janeiro de 2020 até 29 de fevereiro de 2020	
Salário de contribuição (R$)	**Alíquota para fins de recolhimento à Previdência (%)**
Até 1.830,29	8,00
De 1.830,30 até 3.050,52	9,00
De 3.050,53 até 6.101,06	11,00

A incidência da alíquota **era não cumulativa**, ou seja, incidia **um único percentual sobre o valor total do salário de contribuição.** Essa antiga forma de cálculo é bem mais simples que a cumulativa, que aplica percentuais diferenciados, gradualmente, à cada faixa de remuneração.

O método não cumulativo, entretanto, traz uma curiosidade: o segurado pode ter uma remuneração maior e receber um valor líquido um pouco menor. A seguir, exemplificamos:

Exemplo:

Segurado	**Salário de contribuição (R$)**	**Alíquota (%)**	**Contribuição (R$)**	**Remuneração líquida (R$)**
Anne	3.050,00	9%	274,50	2.775,50
Yuri	3.060,00	11%	336,60	2.723,40

No exemplo, percebemos que, apesar de Yuri receber uma remuneração R$ 10,00 maior que a de Anne, após o desconto da contribuição social, acabou tendo direito a uma renda líquida menor.

A EC 103/2019 alterou significativamente a lógica contributiva dos segurados empregados, domésticos e avulsos do RGPS, usando a mesma regra das contribuições para o RPPS, que já estudamos, com as devidas adaptações.

O art. 195, II, da Constituição reformada, passou a dispor que as contribuições sociais serão cobradas do trabalhador e dos demais segurados da previdência social, **podendo ser adotadas alíquotas progressivas de acordo com o valor do salário de contribuição,** não incidindo contribuição sobre aposentadoria e pensão concedidas pelo Regime Geral de Previdência Social.

A alteração em relação à redação anterior se deu, exclusivamente, pelo acréscimo do texto destacado, que não trouxe qualquer novidade ao sistema, uma vez que, como acabamos de ver, as alíquotas já eram progressivas de acordo com o salário de contribuição.

De acordo com o art. 28 da EC 103/2019, até que lei altere a alíquota da contribuição de que trata a Lei 8.212/1991, devida pelo segurado empregado, inclusive o doméstico, e pelo trabalhador avulso, atualizado pela Portaria Interministerial MPS/MF 6, de 10/01/2025, esta será de:

I – até um salário mínimo, 7,5%;

II – acima de um salário mínimo até R$ 2.793,88, 9%;

III – de R$ 2.793,89 até R$ 4.190,83, 12%; e

IV – de R$ 4.190,84 até o limite do salário de contribuição, de 14%.

As alíquotas serão aplicadas de forma **progressiva sobre os salários de contribuição dos segurados, incidindo cada alíquota sobre a faixa de valores compreendida nos respectivos limites** (§ 1º do art. 35 da EC 103/2019). Dessa forma, diversas alíquotas serão aplicadas de forma cumulativa à remuneração do trabalhador.

A progressividade das alíquotas está alinhada com os princípios constitucionais da equidade na participação do custeio e da solidariedade do sistema previdenciário. A cumulatividade da alíquota acaba com a distorção do modelo anterior, que permitia que um trabalhador pudesse ganhar mais e receber menos, como vimos no exemplo de Yuri e Anne.

Não é difícil perceber que as faixas e alíquotas utilizadas no RGPS foram as mesmas que estudamos no tópico das contribuições para o RPPS, obviamente, até o limite máximo do salário de contribuição, aplicável à contribuição dos segurados do Regime Geral de Previdência Social. Vejamos a tabela de alíquotas:

SALÁRIO DE CONTRIBUIÇÃO	ALÍQUOTA
Até 1.412,00	7,50%

SALÁRIO DE CONTRIBUIÇÃO	ALÍQUOTA
De 1.412,01 a 2.666,68	9%
De 2.666,69 a 4.003,03	12%
De 4.003,04 a 7.786,02	14%

Os valores das faixas serão reajustados, a partir da data de entrada em vigor da Emenda Constitucional, na mesma data e no mesmo índice em que se der o reajuste dos benefícios do Regime Geral de Previdência Social, ressalvados aqueles vinculados ao salário mínimo, aos quais se aplica a legislação específica.

Exemplo de questão sobre o tema:

(Técnico do Seguro Social – INSS 2016 – CESPE) A alíquota de contribuição do empregado doméstico para o custeio da seguridade social é inferior à alíquota aplicável aos demais empregados.

Resposta: errada

Ressaltamos que tais alíquotas são aplicáveis cumulativamente, dessa forma, um empregado que recebe R$ 5.000,00, vai pagar a alíquota de 7,5% até R$ 1.518,00; 9% de R$ 1.518,01 até R$ 2.793,88; 12% de R$ 2.793,89 a 4.190,83; e 14% de R$ 4.190,84 a 5.000,00. A contribuição, neste caso, seria R$ 509,60 (7,5% x 1.518 + 9% x 1.275,88 + 12% x 1.396,95 + 14% x 809,17).

Uma forma bastante simplificada de se fazer esse complexo cálculo é utilizando a mesma lógica de redutores, aplicada à alíquota de Imposto de Renda da Pessoa Física, com as devidas adaptações. Com a tabela prática que criamos, basta calcular a contribuição com a alíquota correspondente incidente sobre o salário de contribuição total do servidor e abater o redutor que exclui os efeitos das diferenças de alíquotas das faixas anteriores. Vejamos:

SALÁRIO DE CONTRIBUIÇÃO R$	ALÍQUOTA	REDUTOR R$
até 1.518,00	7,50%	–
de 1.518,01 até 2.793,88	9%	22,77
de 2.793,89 até 4.190,83	12%	106,59
de 4.190,84 até 8.157,41	14%	190,40

O cálculo do redutor sempre exclui os efeitos das alíquotas anteriores, que são menores. Não é necessário compreender o cálculo do redutor apresentado para sabermos calcular a contribuição do trabalhador pela nova regra criada pela EC 103/2019, bastando somente aplicar a alíquota sobre o total da remuneração e abater o valor do redutor. Vimos o caso de um trabalhador que ganhava R$ 5.000,00, o qual acabamos de fazer um complexo cálculo e chegamos ao valor de contribuição de R$ 509,60. Pela tabela prática, bastava aplicar a alíquota de 14% ao valor total da remuneração e reduzir os R$ 190,40, que resultaria nos mesmos R$ 509,60.

Apesar da compreensão do cálculo do redutor não ser fundamental, na sequência segue a memória de cálculo apenas para os aficionados pela matemática poderem acompanhar a forma de calcular o redutor utilizado, mas creio que não seja o público predominante de leitores desta obra.

REDUTOR R$	MEMÓRIA DE CÁLCULO
22,77	**1518*1,5%**
106,59	**1518*4,5%+(2793,89-1518)*3%**
190,40	**1518*6,5%+(2793,89-1518)*5%+(4190,83-2793,88)*2%**

Vamos aos nossos exemplos para deixar mais clara a regra de contribuição estudada, inclusive comparando-a com a alíquota anteriormente vigente.

Exemplo 1

Gilberto, empregado doméstico na função de motorista, recebe R$ 2.000,00 de remuneração. Qual o valor de sua contribuição?

Resposta:

Com a nova regra, Gilberto deverá contribuir com a alíquota de 9% sobre os R$ 2.000,00, utilizando o redutor da nossa tabela prática de R$ 22,77, totalizando **R$ 157,23.**

Exemplo 2

Gregore, empregado de uma empresa privada, recebe R$ 4.000,00 de remuneração. Qual o valor de sua contribuição?

Resposta:

Com a nova regra, Gregore deverá contribuir com a alíquota de 12% sobre os R$ 4.000,00, utilizando o redutor da nossa tabela prática de R$ 106,59, totalizando **R$ 373,41.**

Exemplo 3

Nino, jogador de futebol profissional, recebe R$ 40.000,00 de remuneração. Qual o valor de sua contribuição?

Resposta:

Nino deverá contribuir com a alíquota de 14% até o teto do RGPS, ou seja, até R$ 8.157,41, utilizando o redutor da nossa tabela prática de R$ 190,40, totalizando **R$ 951,64.**

Os empregados, empregados domésticos e trabalhadores avulsos que recebiam até R$ 4.400,00, aproximadamente, obtiveram ganho com a alteração de alíquotas e aqueles que ultrapassaram esse patamar acabaram pagando uma contribuição mais elevada. A nova regra busca trazer justiça social, com base no princípio da equidade na forma de participação no custeio. De acordo com os cálculos do Governo, essa alteração trará um impacto negativo de arrecadação de R$ 27,6 bilhões aos cofres públicos no período de dez anos (conforme dados expostos na PEC 06/2019). Esse valor acabou sendo compensado com o acréscimo arrecadatório promovido pela alteração de alíquotas do servidor público na ordem de R$ 29,3 bilhões, no mesmo período, tendo sido a conta paga pelos atuais servidores públicos.

O art. 36, I, da EC 103/2019, publicada em 13/11/2019, define que as alterações das contribuições só entram em vigor a partir do primeiro dia do quarto mês subsequente ao da data de publicação dessa Emenda Constitucional, ou seja, a partir de 01/03/2020.

Uma particularidade existe no caso do **Microempreendedor Individual** – MEI, criado pela LC 128/2008. Observe-se que o art. 18-C da LC 123 dispõe que poderá se enquadrar como MEI o empresário individual ou o empreendedor que exerça as atividades de industrialização, comercialização e prestação de serviços no âmbito rural que possua um único empregado que receba exclusivamente um salário mínimo ou o piso salarial da categoria profissional. Nesta hipótese, o MEI deve reter e recolher as contribuições previdenciárias relativas ao segurado a seu serviço, estando sujeito ao recolhimento de contribuição previdenciária, calculada à alíquota correspondente ao seu salário de contribuição (salário mínimo ou piso salarial).

Para os casos de afastamento legal do único empregado do MEI, será permitida a contratação de outro empregado, inclusive por prazo determinado, até que cessem as condições do afastamento (LC 139/2011).

Cabe destacar que o percentual a ser aplicado incide somente até o teto do salário de contribuição, que, conforme a tabela de alíquotas, é R$ 8.157,41. A seguir apresentamos exemplo de contribuições dessas classes de segurados:

Exemplo:

Nome	Categoria	Remuneração (R$)	Alíquota (%)	Redutor	Contribuição (R$)
Lara	Empregada doméstica	2.500,00	9%	22,77	202,23
Amanda	Empregada	3.000,00	12%	106,59	253,41
Marcus	Trabalhador avulso	9.000,00	14%	190,40	951,64
Nina	Empregada	15.000,00	14%	190,40	951,64

Observe-se que Marcus e Nina, embora tenham remunerações bastante diferenciadas, contribuem com o mesmo valor, por receberem acima do teto. Pagam, então, 14% de R$ R$ 8.157,41, deduzindo R$ 190,40.

As contribuições do empregado, do trabalhador avulso e do empregado doméstico não são pagas diretamente por eles à Previdência.

A contribuição dos empregados é descontada da remuneração pelas empresas, que ficam responsáveis por efetuar o recolhimento à Previdência, juntamente com as contribuições da parte patronal, até o dia 20 do mês subsequente à prestação do serviço.

Não sendo este dia útil, deve-se antecipar o prazo para dia imediatamente anterior em que houver expediente bancário.

Atenção!

O prazo para recolhimento das contribuições previdenciárias das empresas foi objeto de duas alterações:

a) Antes da Medida Provisória 351, de 22 de janeiro de 2007, convertida na Lei 10.488, de 15/06/2007, que fez parte do tão festejado Programa de Aceleração do Crescimento – PAC, o prazo para recolhimento era dia 2, passando para o dia 10 do mês subsequente à prestação do serviço. Essa alteração foi resultado de atendimento a antigo pleito da comunidade empresarial, que clamava por um prazo mais elástico para o pagamento das contribuições previdenciárias. De fato, apurar a folha de pagamento até o último dia do mês e efetuar o pagamento no dia 2 subsequente mostrava-se, algumas vezes, bastante penoso para a rotina administrativa das empresas.

b) Em 14/11/2008 foi publicada a Medida Provisória 447, convertida na Lei 11.933/2009, que, movida pelo "Pacote Ante Crise", postergou mais uma vez o vencimento das contribuições previdenciárias das empresas. Assim, a data para pagamento da contribuição previdenciária passou a ser dia 20 do mês subsequente à prestação do serviço. Observe-se que, antes desta MP, o prazo do dia 10 deveria ser postergado para o próximo dia útil se não houvesse expediente bancário dia 10. Com a referida alteração, o prazo do dia 20 deve ser antecipado para o dia útil anterior, se não houver expediente bancário na data de vencimento da obrigação.

Note que os prazos de recolhimento que foram alterados com a edição da MP 447, de 14/11/2008, convertida na Lei 11.933/2009, foram os da empresa, os dos segurados especiais e os dos produtores rurais pessoa física. Os prazos de recolhimento dos contribuintes individuais, dos segurados facultativos e dos empregadores domésticos continuam sem qualquer alteração, conforme veremos.

Os **empregadores domésticos** devem, também, reter a contribuição dos empregados domésticos que lhes prestem serviço e repassá-la à Previdência Social, até o dia 20 do mês seguinte (art. 30, V da Lei 8.212/91, com redação dada pela Lei 14.438/2022), prazo que deverá ser antecipado caso não seja dia útil.

Até 120 dias após a publicação da lei regulamentadora do emprego doméstico, o prazo de vencimento da contribuição do empregador doméstico era dia 15 do mês subsequente, prorrogando-se o prazo se não fosse dia útil.

A referida lei criou o simples do empregador doméstico, unificando os recolhimentos de contribuição previdenciária do empregador, do empregado doméstico, o FGTS e o SAT/GILRAT, como estudaremos no tópico sobre contribuição do empregador doméstico.

Os avulsos, por sua vez, têm suas contribuições retidas pelo Órgão Gestor de Mão de Obra – OGMO, no caso de avulso portuário, ou pela empresa que remunera o trabalho do avulso, no caso de avulso não portuário. O prazo para recolhimento das contribuições é o mesmo adotado para as empresas.

O desconto de contribuição e de consignação legalmente autorizadas sempre se presume feito oportuna e regularmente pela empresa ou empregador doméstico a isso obrigados, não lhe sendo lícito alegar omissão para se eximir do recolhimento, ficando diretamente responsável pela importância.

Mesmo que as contribuições não tenham sido descontadas da remuneração dos trabalhadores, a SRFB cobrará a dívida dos empregadores. A empresa é responsável direta pelo pagamento da parte do prestador de serviço e tem a obrigação de reter os valores dos seus empregados e repassá-los à Previdência.

Descontar contribuições dos trabalhadores e não as repassar à Previdência constitui crime de apropriação indébita, que será estudado em capítulo próprio.

Tendo o trabalhador mais de um emprego, a alíquota de contribuição aplicada deve considerar a **soma de todas as remunerações recebidas**, pois este é o conceito de salário de contribuição. Veja a tabela:

Exemplo:

Nome	Emprego 1 (R$)	Emprego 2 (R$)	Salário de contribuição (R$)	Alíquota (%)	Redutor
Miguel	1.518	2.000,00	3.518,00	12	106,59
Natália	2.600,00	1.900,00	4.500,00	14	190,40

A legislação ordena que cada um dos empregadores desconte do segurado a contribuição com base na alíquota da faixa em que se encontram, considerando a soma das remunerações.

O segurado que possui mais de um vínculo deverá comunicar a todos os seus empregadores, mensalmente, a remuneração recebida em cada trabalho, a fim de que o empregador possa apurar corretamente o salário de contribuição sobre o qual deverá incidir a contribuição social previdenciária do segurado, bem como a alíquota a ser aplicada (art. 36, IN 2.110/2022, da RFB). Esta regra é aplicada também ao trabalhador avulso que prestar serviço, concomitantemente, como empregado (art. 36, § 4º, IN 2.110/2022 da RFB).

Com a implantação das alíquotas cumulativas pela EC 103/2019, as regras para a apuração do correto valor em caso de múltiplos empregos deverão ser regulamentadas. Certamente, tais regras deverão garantir que no total o valor arrecadado pelos diversos vínculos seja o mesmo que seria arrecadado em caso de único vínculo com a soma das remunerações. Vejamos os exemplos:

Exemplo:

Cláudio é administrador e trabalha para duas empresas: Farmácia Mascarenhas e Borracharia Ferreira. Na primeira, ele ganha R$ 6.500,00 e, na segunda, recebe R$ 2.500,00. Qual empresa será responsável por efetuar o desconto?

Nesse caso, como Cláudio recebe R$ 9.000,00, deve contribuir com a alíquota de 14% até o limite máximo de R$ 8.157,41, deduzindo o redutor de R$

190,40, resultando uma contribuição total de R$ 951,64. Pode eleger qual dos empregadores efetuará o desconto primeiro, deixando para o segundo, apenas, o desconto residual, se houver. Veja as possibilidades:

Empresa	Remuneração do primeiro desconto (R$)	Alíquota	Redutor	Valor descontado (R$)	Valor residual a ser descontado pela 2ª empresa (R$)	Soma
Farmácia Mascarenhas	6.500,00	14%	190,40	719,60	232,04	951,64
Borracharia Ferreira	2.500,00	9%	22,77	202,23	749,41	951,64

Percebe-se que, na primeira situação, Cláudio elegeu a farmácia para efetuar o primeiro desconto, sofrendo apenas o desconto da diferença pela borracharia. Na segunda situação, a borracharia efetuou o desconto sobre 2.500,00, restando à Farmácia Mascarenhas efetuar o desconto residual no valor de R$ 749,41. Nas duas alternativas, a contribuição paga pelo empregado foi a mesma: R$ 951,64.

Registre-se que o empregado deverá encaminhar cópia do comprovante de sua remuneração com a indicação do desconto da contribuição efetuada pela primeira empresa, para que a segunda a arquive para fins de fiscalização.

8.3. CONTRIBUINTE INDIVIDUAL

- **Art. 21, Lei 8.212/1991**
- **Arts. 4º e 5º, Lei 10.666/2003**
- **Arts. 199 e 199-A, Decreto 3.048/1999**
- **Art. 216, II e XII, Decreto 3.048/1999**
- **Art. 216, §§ 15, 20 a 31, Decreto 3.048/1999**
- **Art. 216-A, Decreto 3.048/1999**

8.3.1. Prestação de serviço a pessoas jurídicas

A partir de abril de 2003, com os efeitos da Lei 10.666/2003, o contribuinte individual sofreu significativa alteração em sua forma de contribuir. Antes, ele era sempre responsável pelo recolhimento de suas contribuições e, agora, tem, em regra, a contribuição descontada da sua remuneração, quando prestar serviço à empresa ou a entidades a ela equiparadas.

Assim, **o contribuinte individual que presta serviço à pessoa jurídica tem retido 11% da sua remuneração**, até o limite do teto do salário de contribuição (R$ 8.157,41).

A empresa fica obrigada a efetuar o recolhimento desta retenção, juntamente com a sua contribuição mensal, até o dia 20 do mês subsequente à prestação do serviço, se houver expediente bancário neste dia, antecipando-se o prazo quando não for dia útil (prazo de vencimento do recolhimento da contribuição alterado pela MP 447 de 14/11/2008, convertida na Lei 11.933/2009).

Tratando-se de **entidade beneficente** de assistência social "isenta" das contribuições sociais patronais, a alíquota de retenção a ser aplicada é de **20%**, devendo ser recolhida no dia 20 do mês subsequente, seguindo a regra da antecipação quando este dia não for útil. A alíquota é maior devido ao fato de não haver contribuição patronal da empresa contratante.

A **cooperativa de trabalho** era obrigada a descontar **11%** do valor da quota distribuída ao cooperado, referentes a serviços por ele prestados **a pessoas jurídicas** e **20%** em relação aos serviços prestados **a pessoas físicas**, devendo recolher o produto dessa arrecadação até o dia 20 do mês seguinte, antecipando-se o vencimento para o dia útil anterior quando não houver expediente bancário no dia 20.

Ocorre que o plenário do STF, por unanimidade, julgou o RE 595.838, com repercussão geral reconhecida, entendendo que a contribuição previdenciária incidente sobre a nota fiscal de cooperativa de trabalho é inconstitucional. Como consequência, passou a não existir contribuição previdenciária patronal sobre os serviços de cooperados de trabalho (vide tópico 9.3.4).

A própria Receita Federal do Brasil se curvou ao entendimento do STF, com a edição do Ato Declaratório Interpretativo 5, de 25/05/2015, determinando que a RFB não mais constitua o crédito referente à contribuição da empresa contratante de cooperativa de trabalho, que iremos estudar no próximo capítulo.

Por outro lado, este mesmo Ato Declaratório expressou o entendimento da Receita Federal de que a contribuição previdenciária devida pelo contribuinte individual que presta serviços a empresa ou a pessoa física por intermédio de cooperativa de trabalho é de 20% sobre o salário de contribuição. A cooperativa deve reter esse percentual e repassar a previdência social. Com a inconstitucionalidade declarada pelo STF e acatada pela Receita, não existe mais qualquer contribuição patronal relativa à contratação de cooperados por empresas, pois, se, por um lado, as contribuições que eram devidas pela própria cooperativa foram substituídas, por outro, a contribuição substituta foi julgada inconstitucional. Nesse cenário, não restou outra interpretação possível senão a de que os cooperados devem recolher o valor integral das contribuições devidas, com a **alíquota completa de 20%**, conforme previsto no art. 21 da Lei 8.212/1991, sem a redução de 45% prevista no art. 30, § 4º, da mesma lei (para melhor compreensão, vide o próximo tópico – **8.3.2**).

Se a cooperativa contratar **contribuintes individuais a ela não filiados,** deve efetuar a retenção, como qualquer empresa, com **a alíquota de 11%,** e repassar as contribuições à Previdência até o dia 20 do mês subsequente ao da prestação, antecipando-se o prazo quando não for dia útil. A alíquota é inferior à da retenção dos seus cooperados, pois, neste caso, a cooperativa de trabalho deve pagar contribuição previdenciária patronal sobre a remuneração de contribuintes individuais não cooperados.

> **Exemplo:**
>
> A Cooperativa dos Faxineiros da Cidade de Salvador, ao distribuir a remuneração aos cooperados, deve reter 20% da remuneração dos seus cooperados, independentemente se estes prestaram serviços para pessoas físicas ou jurídicas, recolhendo a contribuição até o dia 20 do mês subsequente. Caso contrate um pintor não filiado à cooperativa para efetuar a manutenção da sede, deve aplicar a alíquota de 11% de sua remuneração e repassá-la à Previdência até o dia 20, juntamente com a cota patronal devida (vide tópico **9.3.4**).

Quando a empresa efetuar retenção de segurados contribuintes individuais ainda não inscritos no RGPS, será ela obrigada a efetuar a inscrição na Previdência dos trabalhadores contratados.

A empresa que remunera contribuinte individual é obrigada a fornecer-lhe comprovante do pagamento do serviço prestado consignando, além dos valores da remuneração e do desconto efetuado, o número da inscrição do segurado do INSS.

São excluídos da obrigação de arrecadar (reter) a contribuição do contribuinte individual que lhe preste serviço o produtor rural pessoa física, a missão diplomática, a repartição consular, o contribuinte individual equiparado à empresa, ou quando se tratar de brasileiro civil que trabalha no exterior para organismo oficial internacional do qual o Brasil seja membro efetivo e o proprietário ou dono de obra de construção civil, quando pessoa física (art. 216, § 32, Dec. 3.048/1999 c/c Lei 10.666/2003).

Então, se um dentista que possui consultório particular contratar um encanador para fazer um reparo nas suas instalações hidráulicas, não deve ele reter a contribuição do contribuinte individual. O mesmo raciocínio aplica-se quando o tomador do serviço é uma missão diplomática ou repartição consular, imunes de tributação pelo princípio da imunidade jurisdicional dos Estados, ou pelo produtor rural pessoa física, que, como já estudado, trata-se de subcategoria de contribuinte individual equiparado à empresa.

Da mesma forma que ocorre com o empregado que possui mais de um emprego, o contribuinte individual que costuma prestar serviços a diversas empresas e equiparadas deve contribuir tendo em vista o limite máximo do salário de contribuição.

Caso o segurado já tenha sofrido desconto de valor que tenha ultrapassado o limite máximo do salário de contribuição, deve informar à empresa, fornecendo-lhe o comprovante das outras retenções para evitar que sejam efetuados novos descontos.

Se o segurado sofre desconto como empregado e, ao mesmo tempo, presta serviços a empresas como contribuinte individual, deve igualmente informar e comprovar tal fato aos seus contratantes, evitando que o desconto extrapole o valor máximo da contribuição mensal.

Exemplo 1:

O pintor Luciano prestou serviço para a Construtora Martinez e cobrou R$ 1.000,00. Qual o valor líquido que ele receberá?

Nesse caso, a Construtora Martinez irá pagar R$ 890,00 a Luciano e descontar-lhe R$ 110,00, efetuando o recolhimento para a Previdência. A Construtora Martinez deve fornecer a declaração a Luciano.

Exemplo 2:

O segurado Juarez é empregado da Farmácia Brasil e sua remuneração em julho foi R$ 4.000,00. No mesmo mês, entretanto, realizou "bico", nos finais de semana, efetuando reparos elétricos para a Oficina Hermidão, recebendo R$ 4.500,00. Quem deve efetuar o desconto?

O segurado teve retido, como empregado da Farmácia Brasil, o valor de 12% sobre R$ 4.000,00, aplicando o redutor de R$ 106,59. Para completar o teto, ele precisa contribuir sobre mais R$ 4.157,41 (R$ 8.157,41 – 4.000,00, já retidos). Logo, a Oficina Hermidão deve descontar R$ 457,32 (11% x R$ 4.157,41 e pagar-lhe R$ 4.042,68 (4.500,00 – 457,32). Juarez deve fornecer à Oficina Hermidão cópia do seu contracheque (holerite), que comprovará a ocorrência de retenção sobre R$ 4.000,00. A oficina deve fornecer-lhe a declaração de desconto.

Da mesma forma, caso, neste mesmo mês, Juarez preste serviços a mais três empresas como contribuinte individual, não sofrerá qualquer desconto previdenciário adicional, pois já contribuiu sobre o limite máximo do salário de contribuição. Terá de apresentar, contudo, aos novos contratantes, os comprovantes que demonstrem as retenções anteriormente efetuadas (contracheque e declaração).

8.3.2. Prestação de serviço a pessoas físicas

O contribuinte individual que presta serviços **à pessoa física** deve **efetuar pessoalmente o recolhimento aplicando alíquota de 20%**, até o dia 15 do mês subsequente, prorrogando-se o prazo para o próximo dia útil se não houver expediente bancário neste dia. É claro que o segurado deve considerar os valores já retidos, caso tenha prestado serviço à pessoa jurídica no mesmo mês, recolhendo, apenas, a diferença entre o salário de contribuição já descontado e o valor máximo.

Exemplo:

A advogada Marta prestou serviço ao Laboratório Oliveira, cobrando R$ 2.000,00. No mesmo mês, prestou serviço a Joana, cobrando-lhe R$ 8.000,00. Como fica a sua contribuição?

O Laboratório Oliveira deve descontar da remuneração contratada 11% sobre R$ 2.000,00. Adicionalmente, Marta deve pagar diretamente à Previdência a alíquota de 20% sobre R$ 6.157,41 (8.157,41 – 2.000,00, já retido), resultando R$ 1.231,48.

Quando o segurado contribuinte individual prestar serviço a outro contribuinte individual, produtor rural pessoa física, missão diplomática ou repartição consular de carreira estrangeira, ou quando se tratar de brasileiro civil que trabalha no exterior para organismo oficial internacional do qual o Brasil seja membro efetivo, ficará responsável pelo recolhimento das contribuições, já que a retenção não é aqui aplicável.

Assim, na hipótese de o contribuinte individual prestar serviço a outro contribuinte individual equiparado à empresa ou a produtor rural pessoa física ou à missão diplomática e repartição consular de carreira estrangeiras, cabe ao contribuinte individual prestador do serviço recolher a sua própria contribuição, sendo aplicada, nesse caso, a alíquota de 20% (art. 216, § 33, Dec. 3.048/1999). Pode, entretanto, deduzir da sua contribuição mensal 45% da contribuição patronal do contratante efetivamente recolhida ou declarada em GFIP ou em documento fornecido ao segurado. Essa dedução é limitada a 9% da base de contribuição do contribuinte individual (art. 216, § 20, Decreto 3.048/1999).

Esse complicado texto legal significa dizer que o contribuinte individual que prestar serviços a essas entidades equiparadas a empresas, embora não sofra a retenção, contribuirá com alíquota de 11% (em vez de 20%, pois descontará 9%) quando esses equiparados tiverem declarado ou recolhido a cota patronal. Transcrevemos esse árduo texto devido a algumas questões de concurso utilizá-lo, em suas proposições.

O contribuinte individual é obrigado a complementar, aplicando alíquota de **20%**, diretamente, a contribuição **até o valor mínimo** mensal do salário de contribuição, quando as remunerações recebidas no mês por serviços prestados a pessoas jurídicas forem inferiores a este. Caso não efetue a complementação, a contribuição do mês não será considerada pelo INSS, para qualquer efeito.

> **Exemplo:**
>
> João prestou no mês de 02/2025 serviço para a empresa Calçados Pé Torto Ltda., cobrando R$ 100,00. Sendo esta a única remuneração de João, durante o mês de fevereiro de 2025, como deve ser recolhida a sua contribuição?
>
> **Resposta:**
>
> 1) A empresa Calçados Pé Torto deve reter R$ 11,00 (11% x R$ 100,00) e repassar para a Previdência Social até o dia 20/03/2025.
>
> 2) Como João não atingiu o mínimo (R$ 1.518,00), deve recolher 20% sobre a diferença entre o salário mínimo e a base já paga, ou seja, 20% sobre R$ 1.418,00 (1.518,00 - 100,00 já pagos). Assim, João deve recolher uma GPS no valor de R$ 283,60.

É **facultado ao segurado contribuinte individual**, cujos salários de contribuição sejam iguais ao valor de **um salário mínimo**, optar pelo **recolhimento trimestral** das contribuições previdenciárias, com vencimento no dia 15 do mês seguinte ao de cada trimestre civil, prorrogando-se o vencimento para o dia útil subsequente, quando não houver expediente bancário no dia 15.

Lembramos aqui que a Emenda Constitucional 47 alterou o § 12 do art. 201 da CF/1988, com a seguinte Redação: "Lei disporá sobre sistema especial de inclusão previdenciária para atender a trabalhadores de baixa renda e àqueles sem renda própria que se dediquem exclusivamente ao trabalho doméstico no âmbito de sua residência, desde que pertencentes a famílias de baixa renda, garantindo-lhes acesso a benefícios de valor igual a um salário mínimo".

A EC 47/2005 previu também que o sistema especial de inclusão previdenciária deverá ter alíquotas e carências inferiores às vigentes para os demais segurados do regime geral de previdência social.

Esse sistema especial foi regulamentado pela Lei Complementar 123, de 14/12/2006, que inseriu os §§ 2º e 3º ao art. 21 da Lei 8.212/1991 e pelo Decreto 6.042 de 04/02/2007.

Com a regulamentação, passou a ser de 11% sobre o valor do salário mínimo a alíquota de contribuição do segurado contribuinte individual que trabalhe por conta própria, sem relação de trabalho com empresa ou equiparado, e do segurado facultativo que optarem pela exclusão do direito ao benefício de aposentadoria por tempo de contribuição, que, inclusive, já foi extinto pela EC 103/2019.

O segurado que tenha contribuído, valendo-se dessa forma especial, e que pretenda contar o tempo de contribuição correspondente para fins de obtenção da aposentadoria por tempo de contribuição (para os que adquiriram o direito até a data da EC 103/2019), publicada em 13/11/2019 ou da contagem recíproca do tempo de contribuição (vide tópico 23.4), deverá complementar a contribuição mensal mediante o recolhimento de mais 9%, acrescido dos juros moratórios. Essa contribuição complementar será exigida a qualquer tempo, sob pena do indeferimento ou cancelamento do benefício.

Saliente-se que essa forma de contribuição especial é bastante salutar para os segurados de baixa renda que desejavam ingressar no sistema previdenciário, mas não o faziam devido ao alto custo de manutenção na sistemática anterior. Um contribuinte individual ou segurado facultativo que optasse por fazer parte do RGPS teria, no modelo anterior, que contribuir, no mínimo, com R$ 303,60 mensais (20% x 1.518,00). Optando pelo sistema especial, é possível que mantenha o vínculo com a instituição previdenciária pagando a alíquota de 11% sobre o salário mínimo (R$ 166,98).

O empresário com receita bruta anual no ano-calendário anterior de até R$ 81.000,00 também pode contribuir de forma especial. É que a LC 128, de 19/12/2008, criou a figura do Microempreendedor Individual – MEI, alterando a Lei Complementar 123 (Super-Simples). Até a publicação da Lei 12.470/2011 a alíquota de contribuição do MEI era de 11% sobre o salário mínimo. Com a alteração promovida pela citada norma, o percentual de contribuição foi reduzido para 5%.

A data de vencimento da contribuição do MEI, diferentemente dos demais contribuintes individuais, é o **dia 20** do mês subsequente, **prorrogando-se o prazo** se não houver expediente bancário nessa data (art. 40, Resolução 140/2018, CGSN c/c art. 21, III, da LC 123).

A contribuição do MEI foi objeto de questionamento em prova de concurso público. Vejamos:

Exemplo de questões sobre o tema:

(Técnico do Seguro Social – INSS 2012 – Carlos Chagas) João montou seu próprio negócio em 2010, obteve receita bruta, no ano-calendário anterior, de R$ 30.000,00 (trinta mil reais) e é optante do Simples Nacional. João não pretende receber aposentadoria por tempo de contribuição. Nessa situação, a contribuição previdenciária a ser recolhida por João é de

a) 20% (vinte por cento) do limite mínimo do salário de contribuição.

b) 11% (onze por cento) do limite mínimo do salário de contribuição.

c) 8% (oito por cento) do limite mínimo do salário de contribuição.

d) 9% (nove por cento) do limite mínimo do salário de contribuição.

e) 5% (cinco por cento) do limite mínimo do salário de contribuição.

Resposta: E

Uma situação bastante peculiar em relação ao MEI foi trazida pela LC 188/2021 (art. 18-F da LC 123). Para o transportador autônomo de cargas inscrito como MEI, o limite da receita bruta anual será de R$ 251.600,00 ou de R$ 20.966,67 por mês da atividade no ano. Nesses casos, o valor mensal da contribuição corresponderá a 12% sobre o salário-mínimo mensal.

Não vemos muito sentido nesse dispositivo, uma vez que é perfeitamente possível que o transportador de cargas contribua como contribuinte individual, pagando no plano simplificado a alíquota de 11% sobre o salário mínimo.

8.3.3. Contribuinte individual condutor autônomo

O condutor autônomo de veículo rodoviário é o que exerce atividade profissional sem vínculo empregatício, quando proprietário, coproprietário ou promitente comprador de um só veículo, a exemplo do motorista de caminhão que realiza fretes e carretos ou, até mesmo, do taxista.

Considera-se remuneração do contribuinte individual que trabalha como condutor autônomo de veículo rodoviário, como auxiliar de condutor autônomo de veículo rodoviário, em automóvel cedido em regime de colaboração, nos termos da Lei 6.094, de 30 de agosto de 1974, como operador de trator, máquina de terraplenagem, colheitadeira e assemelhados, o montante correspondente a 20% do valor bruto do frete, carreto, transporte de passageiros ou do serviço prestado, observado o teto do salário de contribuição (art. 28, § 11, da Lei 8.212/1991).

O salário de contribuição desses profissionais corresponde, então, a 20% do valor bruto auferido pelo frete, carreto, transporte, não se admitindo a dedução de qualquer valor relativo a dispêndios com combustível e manutenção do veículo, ainda que figure discriminada no documento parcela a este título. A alíquota de contribuição desse segurado incidirá apenas sobre essa base.

Além da contribuição individual para a Previdência Social, o condutor autônomo de veículo rodoviário (inclusive o taxista) está sujeito ao pagamento da contribuição para o Serviço Social do Transporte (SEST) e para o Serviço Nacional de Aprendizagem do Transporte (SENAT). Essas contribuições totalizam a **alíquota de 2,5%**.

Quando o condutor autônomo prestar serviço para empresas, terá o valor de suas contribuições retido (inclusive as parcelas do SEST e do SENAT), devendo ser repassado à Previdência até o dia 20 do mês subsequente, antecipando-se o prazo quando não houver expediente bancário no dia 20.

Prestando serviços a pessoas físicas, deve recolher diretamente a contribuição previdenciária, acrescida do SEST e SENAT, até o dia 15.

Exemplo:

Pedro, condutor autônomo de caminhão, realizou em março três serviços de frete: o primeiro para Ricardo, servidor público removido, que o contratou por R$ 15.000,00 para transportar os seus bens de Aracaju a Salvador. Os dois outros, executou para a Madeireira Corta Tudo, que lhe encomendou serviços de transporte de longa distância, acordando o valor de R$ 30.000,00. Como deve ficar a contribuição de Pedro?

Resposta:

Primeiramente, devemos calcular o valor da contribuição referente ao transporte efetuado para a pessoa jurídica, já que haverá, neste caso, retenção. A Madeireira Corta Tudo vai calcular a contribuição de Pedro sobre 6.000,00 (20% x 30.000), devendo reter 11% sobre este valor. Reterá, adicionalmente, 2,5% referente às contribuições para o SEST e o SENAT. O valor total retido será de R$ 810,00 (13,5% x 6.000). Pagará a Pedro o valor acertado, subtraído da parcela retida.

Pedro deverá contribuir para a Previdência sobre os serviços prestados a Ricardo, cuja base é R$ 3.000,00 (15.000 x 20%). Como já contribuiu sobre R$ 6.000,00, deverá recolher apenas sobre a parcela até atingir o limite máximo do salário de contribuição, ou seja, R$ 2.157,41 (8.157,41 – 6.000,00, já contribuídos). Então, sobre este valor contribuirá com a alíquota de 22,5% (20% + 2,5% de SEST e SENAT), totalizando R$ 485,42.

É importante ressaltar que o STF jugou o Tema 1.223 firmando a tese de que "são inconstitucionais o Decreto nº 3.048/99 e a Portaria MPAS nº 1.135/01 no que alteraram a base de cálculo da contribuição previdenciária incidente sobre a remuneração paga ou creditada a transportadores autônomos, devendo o reconhecimento da inconstitucionalidade observar os princípios da congruência e da devolutividade". Assim, a base fixa do salário de contribuição de 20% da quantia recebida pelo transportador autônomo foi julgada inconstitucional.

8.3.4. Quadro resumo da contribuição do contribuinte individual

Com a finalidade de facilitar o estudo da matéria, elaboramos o seguinte quadro, que resume a situação do contribuinte individual, com as alíquotas correspondentes e data de recolhimento:

Situação	Retenção	Alíquota	Recolhimento
Empresa contrata contribuinte individual	Sim	11 %	Dia 20, pela empresa
Cooperativa remunera cooperado pelos serviços prestados a pessoas jurídicas	Sim	20%	Dia 20, pela cooperativa
Cooperativa remunera cooperado pelos serviços prestados a pessoas físicas	Sim	20%	Dia 20, pela cooperativa
Cooperativa contrata contribuinte individual não filiado a ela	Sim	11 %	Dia 20, pela cooperativa
Entidade beneficente "isenta" contrata contribuinte individual	Sim	20 %	Dia 20, pela entidade
Missão diplomática contrata contribuinte individual	Não	11%, se declarado, ou 20%, se não declarado	Dia 15, pelo contribuinte individual
Pessoa física contrata contribuinte individual	Não	20%	Dia 15, pelo contribuinte individual
Contribuinte individual ou equiparado à empresa ou PRPF contrata contribuinte individual	Não	11%, se declarado, ou 20%, se não declarado	Dia 15, pelo contribuinte individual prestador de serviço
Contribuinte individual que recebeu menos que 1 salário mínimo	Não	20 %	Dia 15, pelo contribuinte individual
Condutor autônomo que presta serviço à empresa	Sim	11% + 2,5%	Dia 20, pela empresa
Condutor autônomo que presta serviço à pessoa física	Não	20% + 2,5%	Dia 15, pelo condutor autônomo
Contribuinte individual que recolha sobre um salário mínimo	Não	11% sobre um salário mínimo	Dia 15, pelo segurado
Microempresário individual com receita de até R$ 81.000,00 (valor com vigência a partir de 01/01/2018)	Não	5% sobre um salário mínimo	Dia 20, pelo segurado

8.4. SEGURADO FACULTATIVO

- **Art. 21, Lei 8.212/1991**
- **Art. 199, Decreto 3.048/1999**
- **Art. 216, § 15, Decreto 3.048/1999**

O segurado facultativo deve sempre utilizar a alíquota de 20% sobre o salário de contribuição que declarar. Ele pode escolher, mensalmente, com quanto vai contribuir.

É claro que o valor declarado não pode ser inferior ao salário mínimo e nem superior ao teto do salário de contribuição. O segurado facultativo é responsável pelo próprio recolhimento, que deve ocorrer até o dia 15 do mês subsequente àquela a que este se refere, prorrogando-se o prazo para o dia útil posterior, em caso de não haver expediente bancário no dia 15.

Assim como para o contribuinte individual, **permite-se ao segurado facultativo**, cujos salários de contribuição sejam iguais ao valor de **um salário mínimo**, optar pelo **recolhimento trimestral** das contribuições previdenciárias, com vencimento no dia 15 do mês seguinte ao de cada trimestre civil, prorrogando-se o vencimento para o dia útil subsequente, quando não houver expediente bancário no dia 15.

Conforme já antecipado no **tópico 8.3.2**, passou a ser de 11% sobre o valor do salário mínimo a alíquota de contribuição do segurado facultativo que optar pela exclusão do direito ao benefício de aposentadoria por tempo de contribuição.

O segurado que tenha contribuído, valendo-se dessa forma especial, e que pretenda contar o tempo de contribuição correspondente para fins de obtenção da aposentadoria por tempo de contribuição (para os que adquiriram o direito até a EC 103/2019) ou da contagem recíproca do tempo de contribuição (vide **tópico 23.4**), deverá complementar a contribuição mensal mediante o recolhimento de mais 9%, acrescido dos juros moratórios. Essa contribuição complementar será exigida a qualquer tempo, sob pena do indeferimento ou cancelamento do benefício.

A Lei 12.470/2011 alterou a alíquota de contribuição do segurado facultativo sem renda própria que se dedique exclusivamente ao trabalho doméstico no âmbito de sua residência, desde que pertencente à família de baixa renda para 5% sobre o salário mínimo.

Estranhamente a redução de alíquota só é aplicável para os segurados facultativos que se dediquem ao trabalho doméstico, não se estendendo aos contribuintes individuais de baixa renda ou aos facultativos que não se dediquem ao trabalho doméstico, devendo estes continuar contribuindo com a alíquota de 11% sobre o salário mínimo.

A legislação, sem dúvida, é desprovida de razoabilidade, uma vez que distingue as/os donas(os) de casa dos demais segurados facultativos e dos contribuintes individuais de baixa renda.

Para fins específicos de enquadramento nesta condição e recolhimento na alíquota de 5%, não será considerada como renda aquela, exclusivamente, proveniente de auxílios assistenciais de natureza eventual e temporária e de valores oriundos de programas sociais de transferência de renda (art. 107, XIV, a, da IN 128/2022)

De acordo com o disposto no § 4º do art. 21 da Lei 8.212/1991, alterado pela Lei 12.470/2011, considera-se de baixa renda, para fins da contribuição especial das donas(os) de casa, a família inscrita no Cadastro Único para Programas Sociais do Governo Federal – CadÚnico, cuja renda mensal seja de até 2 salários mínimos.

Observe-se que, como a legislação previdenciária não exige prova para filiação do segurado facultativo, qualquer família que esteja inscrita no citado cadastro pode, na prática, verter contribuições na condição de dona(o) de casa, recolhendo 5% sobre o salário mínimo.

8.5. SEGURADO ESPECIAL

- **Art. 195, § 8º, CF/1988**
- **Art. 25, Lei 8.212/1991**
- **Art. 200, Decreto 3.048/1999**

A forma de contribuição do segurado especial é bastante diferente da de todas as outras categorias. Vimos, até agora, que todos os segurados recolhem mensalmente sua contribuição previdenciária com base no salário de contribuição. O segurado especial, entretanto, realiza seu recolhimento de modo diferenciado. Ele, como o próprio nome sugere, tem um tratamento especial dispensado pela própria Constituição Federal.

Nesses termos, como a atividade agrícola desse segurado somente gera renda no período de colheita, seria muito difícil que ele conseguisse recolher uma contribuição mensal. A Constituição Federal, por isso, autorizou que o segurado especial recolhesse sua contribuição com base em um percentual incidente sobre a venda da produção rural. Desse modo, somente recolhe para a Previdência depois da comercialização dos produtos.

A alíquota de contribuição é de **1,2%** sobre o valor bruto arrecadado com a comercialização da produção rural (alíquota reduzida de 2% para 1,2%, pela Lei 13.606, de 09/01/2018, que alterou o art. 25 da Lei 8.212/1991), ou seja, sobre toda a venda por ele efetuada. Deve, ainda, acrescentar **0,1% para o custeio do SAT** – Seguro de Acidente de Trabalho, chamado atualmente de **GILRAT** – Grau de Incidência de Incapacidade Laborativa Decorrente dos Riscos Ambientais do Trabalho, que lhe permitirá receber o benefício do auxílio-acidente.

O segurado especial deve, adicionalmente, contribuir com a alíquota de **0,2% para o SENAR** – Serviço Nacional de Aprendizagem Rural. Esse recolhimento, todavia, **não se destina aos cofres previdenciários**, mas à própria entidade de apoio à atividade rural.

A contribuição total do segurado especial, assim, alcança a alíquota de 1,5%, incidentes sobre o valor bruto da comercialização de sua produção rural.

Observe-se, ainda, que não há limite para a incidência do percentual de 1,5%, mesmo porque, nesse caso, a base de incidência da contribuição previdenciária não é o salário de contribuição.

Por força dessa forma diferenciada de contribuir, o segurado especial tem, também, uma forma peculiar de cálculo dos seus benefícios. Como veremos, o valor dos benefícios que substituem a remuneração é equivalente ao salário mínimo.

O segurado especial pode contribuir, facultativamente, da mesma forma que o contribuinte individual que presta serviços somente à pessoa física ou que o segurado facultativo, pagando a alíquota mensal de 20% sobre o valor por ele declarado. A vantagem é que, recolhendo como contribuinte individual, ele poderá receber benefícios superiores a um salário mínimo. Note que, nesse caso, além da contribuição ordinária do segurado especial (1,5% sobre a comercialização da produção rural), deve contribuir com os 20% sobre o salário de contribuição que escolher em cada mês (art. 200, § 2º, Dec. 3.048/1999).

Atenção!

A permissiva legal de contribuir da mesma forma que o segurado facultativo não tira, de forma alguma, a condição de segurado obrigatório do RGPS do segurado especial, constituindo-se, apenas, em uma vantagem legal de contribuir com as mesmas alíquotas do segurado facultativo ou do contribuinte individual, não alterando o seu enquadramento previdenciário.

Caso o segurado especial venda sua produção para pessoa jurídica, a contribuição incidente será recolhida pela empresa adquirente, mesmo que a operação de compra tenha sido intermediada por pessoa física. Quando uma pessoa física compra produção rural de segurado especial para revenda no varejo, fica também responsável pelo recolhimento. Nesses casos, os adquirentes devem reter 1,5% do valor bruto da comercialização e repassá-lo à Previdência até o dia 20 do mês subsequente ao que se efetivou a operação, antecipando-se o prazo para o dia útil anterior caso não haja expediente bancário nesse dia. Lembre-se de que o prazo para recolhimento das contribuições previdenciárias foi alterado pela MP 447, de 14/11/2008, convertida na Lei 11.933/2009, passando do dia 10 para o dia 20 do mês subsequente à prestação do serviço.

A Lei 12.873, de 24/10/2013, inseriu o art. 32-C na Lei 8.212/1991, dispondo que o segurado especial responsável pelo grupo familiar que contratar trabalhadores temporários deve apresentar as informações relacionadas ao registro de trabalhadores, aos fatos geradores, à base de cálculo e aos valores das contribuições devidas à Previdência Social e ao Fundo de Garantia do Tempo de Serviço – FGTS e outras informações de interesse da Secretaria da Receita Federal do Brasil, do Ministério da Previdência Social, do Ministério do Trabalho e Emprego e do Conselho Curador do FGTS, por meio de sistema eletrônico com entrada única de dados, e efetuará os recolhimentos por meio de documento único de arrecadação. Atualmente, o Ministério do Desenvolvimento Social e Agrário absorveu toda a estrutura do INSS, após a reforma ministerial promovida pela Lei 13.341, de 29/09/2016.

O segurado especial que contratar trabalhadores está obrigado a arrecadar as contribuições decorrentes de vendas a pessoas físicas, as retidas dos segurados que lhe prestem serviço e os valores referentes ao FGTS e os encargos trabalhistas sob sua responsabilidade, 20 do mês seguinte ao da prestação de serviço, antecipando-se o prazo se não for dia útil (art. 32-C, § 3º, da Lei 8.212/91, redação dada pela Lei 14.438/2022). Tais valores devem ser pagos em documento único de arrecadação.

Observem que **não há qualquer contribuição patronal** do segurado especial que contrata empregados temporários, por falta de previsão legal.

A empresa ou cooperativa adquirente, consumidora ou consignatária da produção fica obrigada a fornecer ao segurado especial cópia do documento fiscal de entrada da mercadoria, constando, além do registro da operação realizada, o valor da respectiva contribuição previdenciária.

Comercializando, no entanto, sua produção com adquirente domiciliado no exterior, diretamente no varejo a consumidor pessoa física, a outro produtor rural pessoa física ou a outro segurado especial, deve recolher diretamente as contribuições à Previdência Social até o dia 20 do mês seguinte.

A exportação da produção rural não gera obrigações tributárias por força do art. 149, § 2º, da Constituição Federal (imunidade às exportações).

Exemplo:

Altamiro, segurado especial, criador de bode da região de Caculé-BA, vende sua produção para o Supermercado Castilho, cobrando-lhe R$ 7.500,00. No mesmo mês, efetua venda para os residentes da cidade, faturando R$ 2.100,00. Como será paga a contribuição?

O Supermercado Castilho deve descontar do valor pago a Altamiro a quantia de R$ 112,50 (1,5% x 7.500,00) e repassá-la para a Previdência. Altamiro, por sua vez, deverá pagar, no dia 20 do mês seguinte à venda, a quantia de R$ 31,50 (1,5% x 2.100,00), decorrente da venda efetuada, diretamente, no varejo caculeense. Note-se que, nesse caso, a base de contribuição não está limitada ao valor de R$ 8.157,41. Lembre-se de que o segurado especial não contribui para a previdência social sobre o salário de contribuição.

Para a quantificação da contribuição, integram a base de cálculo os produtos de origem animal ou vegetal, em estado natural ou submetidos a processos de beneficiamento ou industrialização rudimentar, assim compreendidos, entre outros, os processos de lavagem, limpeza, descaroçamento, pilagem, descascamento, lenhamento, pasteurização, resfriamento, secagem, fermentação, embalagem, cristalização, fundição, carvoejamento, cozimento, destilação, moagem, torrefação, bem como os subprodutos e os resíduos obtidos por meio desses processos (art. 25, § 3º, Lei 8.212/1991).

Integra a receita bruta de que trata o referido artigo, além dos valores decorrentes da comercialização da produção relativa aos produtos listados anteriormente, a receita proveniente (art. 25, § 10, Lei 8.212/1991):

I – da comercialização da produção obtida em razão de contrato de parceria ou meação de parte do imóvel rural;

II – da comercialização de artigos de artesanato;

III – de serviços prestados, de equipamentos utilizados e de produtos comercializados no imóvel rural, desde que em atividades turística e de entretenimento desenvolvidas no próprio imóvel, inclusive hospedagem, alimentação, recepção, recreação e atividades pedagógicas, bem como taxa de visitação e serviços especiais;

IV – do valor de mercado da produção rural dada em pagamento ou que tiver sido trocada por outra, qualquer que seja o motivo ou finalidade;

V – de atividade artística, permitida ao segurado especial;

Note-se que o segurado especial é obrigado a recolher, diretamente, a contribuição incidente sobre a receita bruta proveniente:

a) da comercialização de artigos de artesanato elaborados com matéria-prima produzida pelo respectivo grupo familiar;

b) de comercialização de artesanato ou do exercício de atividade artística;

c) de serviços prestados, de equipamentos utilizados e de produtos comercializados no imóvel rural, desde que em atividades turística e de entretenimento desenvolvidas no próprio imóvel, inclusive hospedagem, alimentação, recepção, recreação e atividades pedagógicas, bem como taxa de visitação e serviços especiais.

O segurado especial é obrigado a arrecadar a contribuição de trabalhadores a seu serviço e a recolhê-la até o dia 20 do mês subsequente à prestação de serviço (art. 32-C, § 3º, da Lei 8.212/91, redação dada pela Lei 14.438/2022). Assim, fica obrigado a reter a contribuição dos empregados safristas e também dos contribuintes individuais safristas que venham a contratar e repassar os valores à Previdência Social.

Quando o grupo familiar a que o segurado especial estiver vinculado não tiver obtido no ano, por qualquer motivo, receita proveniente de comercialização de produção, deverá comunicar a ocorrência à Previdência Social, na forma do regulamento (art. 30, § 8º, da Lei 8.212/1991).

Deverá também ser comunicado à Previdência Social quando o segurado especial tiver comercializado sua produção do ano anterior exclusivamente com empresa adquirente, consignatária ou cooperativa.

8.6 LIMITE MÍNIMO DE CONTRIBUIÇÃO DOS SEGURADOS DO RGPS

▶ **EC 103/2019**

Como sabemos, o limite mínimo contributivo para os segurados do RGPS, de acordo com o art. 28, § 3º, da Lei 8.212/1991, corresponde ao **piso salarial, legal ou normativo da categoria ou, inexistindo este, ao salário mínimo**, tomado no seu valor mensal, diário ou horário, conforme o ajustado e o tempo de trabalho efetivo durante o mês.

A contribuição mensal não poderia ser paga a partir de uma base inferior à mínima, sob pena de não ser considerada pela Previdência para qualquer finalidade. Entretanto, se a remuneração paga fosse inferior ao valor do salário mínimo mensal, **em virtude de ajuste em função do tempo de trabalho efetivo durante o mês, a contribuição obrigatória poderia ter base proporcional ao salário mínimo.**

Assim, na sistemática anterior à Reforma da Previdência de 2019 era possível que um segurado empregado, doméstico ou trabalhador avulso, que recebesse remuneração durante o mês **inferior ao mínimo, em função de não trabalhar em tempo integral,** pudesse usufruir dos direitos previdenciários, contando esses meses para tempo de contribuição, carência, salário de benefício e manutenção da qualidade de segurado.

A EC 103/2019 alterou essa realidade ao passar a exigir as contribuições no valor mínimo mensal de todas as categorias de segurados. É que o § 14 do art. 195, inserido pela Reforma de 2019, dispõe que **o segurado somente terá reconhecida como tempo de contribuição ao Regime Geral de Previdência Social a competência cuja contribuição seja igual ou superior à contribuição mínima mensal exigida para sua categoria, assegurado o agrupamento de contribuições.**

O art. 29 da EC 103/2019 regulamenta essa nova regra, dispondo que até que entre em vigor lei que trate do tema, o segurado que, **no somatório de remunerações auferidas no período de um mês, receber remuneração inferior ao limite mínimo mensal do salário de contribuição, poderá:**

I - **complementar a sua contribuição, de forma a alcançar o limite mínimo exigido;**

II - **utilizar o valor da contribuição que exceder o limite mínimo de contribuição de uma competência em outra**; ou

III - **agrupar contribuições inferiores ao limite mínimo de diferentes competências, para aproveitamento em contribuições mínimas mensais.**

Tais ajustes de complementação ou agrupamento de contribuições somente poderão ser feitos ao longo do mesmo ano civil (parágrafo único do art. 29 da EC 103/2019). Assim, não é mais possível que os segurados, mesmo empregados, domésticos ou avulsos, que contribuíram com valor inferior ao mínimo por não terem alcançado a remuneração mínima durante o mês, em função de trabalho em tempo parcial, contem com tais contribuições para fins de benefício previdenciário, devendo optar por uma das hipóteses permitidas, conforme segue:

- **Complementar sua contribuição até o mínimo** – o segurado que recebeu o valor inferior a um salário mínimo poderá complementar a sua contribuição mensal até atingir o limite mínimo, passando a ter validade para fins de benefício. Apesar de a redação do parágrafo único do art. 29 da EC 103 exigir que esta complementação também seja feita no mesmo ano civil, não entendemos que tal exigência seja razoável. Vejam que, como não se trata de ajuste de guia, passando de um mês para o outro, não há aplicabilidade na exigência de que seja feita a complementação no mesmo ano civil, diferentemente do que deve ocorrer nas outras duas hipóteses.
- **Utilizar o valor que exceder o limite mínimo de uma competência para a outra** – é o caso do segurado que recebeu R$ 2.518,00 em janeiro/2023 e R$ 800,00 em março/2023. Ele pode transferir R$ 718,00 de janeiro para março, ficando com os salários de contribuição ajustados de R$ 1.800,00 em janeiro e R$ 1.518,00 em março. Esses ajustes só podem ser feitos dentro do mesmo ano civil.
- **Agrupar contribuições inferiores ao limite mínimo de diferentes competências, para aproveitamento em contribuições mínimas mensais** – é o caso do segurado que recebeu R$ 1.100,00 de janeiro a março/2025. Ele pode transferir R$ 418,00 de janeiro para os meses de fevereiro e março, ficando com os salários de contribuição ajustados de apenas R$ 264,00 em janeiro e R$ 1.518,00 de fevereiro e março, contando com esses dois meses de contribuição para todos os fins de benefícios. Esses ajustes só podem ser feitos dentro do mesmo ano civil.

8.7. TABELA RESUMO DAS CONTRIBUIÇÕES DOS SEGURADOS

Tabela resumo das contribuições dos segurados Portaria Interministerial MPS/MF 6, de 10/01/2025	
Base R$	**Alíquota**
até 1.518,00	7,50%
de 1.518,01 até 2.793,88	9%
de 2.793,89 até 4.190,83	12%
de 4.190,84 até 8.157,41	14%

Capítulo 9

Contribuições dos tomadores de serviços

9.1. INTRODUÇÃO

No **Capítulo 3** desta obra, identificamos quem são os patrocinadores do Regime Geral de Previdência Social. A atual Constituição Federal do Brasil ordena que a seguridade social seja financiada por toda a sociedade, por meio de receitas provenientes do Poder Público e das contribuições sociais.

No capítulo anterior estudamos as contribuições dos trabalhadores e demais segurados do RGPS. Agora, analisaremos as contribuições dos empregadores, da empresa e das entidades a ela equiparadas.

Primeiramente devemos reforçar que as contribuições sociais desses tomadores de serviço para a seguridade social podem incidir sobre:

a) A folha de salários e demais rendimentos do trabalho pagos ou creditados, a qualquer título, à pessoa física que lhe preste serviço, mesmo sem vínculo empregatício;

b) A receita ou faturamento;

c) O lucro.

Salientamos, contudo, que somente as contribuições sobre a folha de pagamento e demais rendimentos são classificadas como contribuições previdenciárias, já que são destinadas unicamente ao custeio dos benefícios da previdência social (art. 167, XI, CF/1988).

As contribuições sobre a receita ou faturamento (PIS e COFINS) e a incidente sobre o lucro (CSLL – Contribuição Social sobre o Lucro Líquido) destinam-se ao financiamento de toda a seguridade social, incluindo as áreas da saúde, da previdência social e da assistência social.

Neste capítulo, estudaremos as contribuições previdenciárias pagas pelos tomadores de serviços definidos no **Capítulo 6**.

9.2. CONTRIBUIÇÃO DOS EMPREGADORES DOMÉSTICOS

- **Art. 15, II, Lei 8.212/1991**
- **Arts. 31 a 35, Lei Complementar 150/2015**
- **Art. 216, VIII, Decreto 3.048/1999**
- **Art. 216, §§ 5º, 16 e 18, Decreto 3.048/1999**

O empregador doméstico é apenas contribuinte do RGPS. A sua contribuição não lhe dá direito a receber qualquer benefício. Ele participa apenas como tomador de serviço.

Até a publicação da Lei Complementar 150, de 01/06/2015, a alíquota de contribuição era de **12% sobre o salário de contribuição do seu empregado doméstico**. Com a edição desta Lei, foi criado o Simples Doméstico, entrando em vigor 120 dias após a sua publicação, reduzindo a contribuição patronal previdenciária para 8% sobre o salário de contribuição do empregado doméstico e 0,8% de contribuição para o Seguro contra Acidente do Trabalho – SAT.

Com a publicação da Lei Complementar 150, de 01/06/2015, foi gerada a dúvida se a contribuição do empregador doméstico ainda deveria incidir sobre o salário de contribuição de seu empregado.

Isso porque a referida lei complementar dispõe no art. 34, § 1º, que as contribuições deveriam ser incidentes sobre a remuneração dos empregados domésticos.

Observem, entretanto, que o próprio art. 34, II, da Lei Complementar 150, dispõe que a alíquota de contribuição patronal de 8% deve ser paga nos termos do art. 24 da Lei 8.212/1991, que define como base contributiva do empregador doméstico o salário de contribuição.

A Portaria Interministerial MF/MTE/MPS 822, de 30/09/2015 dirimiu qualquer dúvida sobre o tema, deixando claro que a contribuição patronal do empregador doméstico deve incidir sobre o salário de contribuição do seu empregado, nos termos do art. 5º da mencionada portaria, ou seja, se limita ao teto contributivo. Logo, o limite máximo da base de contribuição de R$ 8.157,41 deve ser respeitado.

Curiosamente, por incompetência do legislador, a LC 150/2015 não revogou expressamente o art. 24 da Lei 8.212/1991, que continuou dispondo que a alíquota de contribuição do empregador doméstico era de 12%. Felizmente, a Lei 13.202, publicada em 09/12/2015, corrigiu esse erro, dispondo que a contribuição do empregador doméstico incidente sobre o salário de contribuição do empregado doméstico a seu serviço é de 8% + 0,8% de SAT.

O Simples Doméstico, previsto na LC 150/2015, abrange, em documento único de arrecadação, os seguintes valores:

I – 8% a 11% de contribuição previdenciária do empregado doméstico;

II – 8% de contribuição patronal previdenciária a cargo do empregador doméstico;

III – 0,8% de contribuição social para o financiamento de seguro contra acidentes do trabalho;

IV – 8% de recolhimento de FGTS;

V – 3,2% referente à multa dos 40% por despedida sem justa causa ou por culpa do empregador. Tal valor será movimentado pelo empregador no caso de pedido de demissão, dispensa por justa causa, aposentadoria, término de contrato por prazo determinado ou de falecimento do empregado doméstico. Já nos casos de despedida sem justa causa ou por culpa do empregador, o fundo será movimentado pelo empregado doméstico. Em caso de rescisão por culpa recíproca, os valores serão divididos entre o empregador e o empregado doméstico;

VI – Imposto de Renda Retido na Fonte, se incidente.

Exemplo de questão sobre o tema:

(Técnico do Seguro Social – INSS 2016 – CESPE) A contribuição do empregador doméstico é de 20% e incide sobre o salário mínimo.

Resposta: errada

O recolhimento será arrecadado pela Caixa Econômica Federal, que deverá repassar os tributos federais para a União. O empregador está obrigado a fornecer cópia do documento único de arrecadação para o seu empregado doméstico, mensalmente.

Os tributos não recolhidos no prazo estabelecido se sujeitam à incidência de encargos legais (multa e juros) previstos na legislação do imposto de renda. Já as parcelas referentes ao FGTS (8% e 3,2%) não recolhidas no prazo estabelecido devem ser atualizadas e sofrerão multa prevista na lei 8.036/1990.

Observe-se que o art. 6º da Portaria Interministerial 822, de 30/09/2015, esclarece que se a data de vencimento não for dia útil, o prazo para o pagamento da guia do Simples Doméstico é antecipado. O art. 30, § 2º, II, da Lei 8.212/1991 foi alterado pela Lei 13.202, publicada em 09/12/2015, deixando claro que esse prazo deve ser antecipado caso a data de recolhimento não seja dia útil.

O recolhimento das contribuições previdenciárias retidas e da parte patronal referentes ao 13º salário deverá ocorrer até o dia 20 de dezembro, antecipando-se o prazo se não for dia útil (art. 4º da Portaria Interministerial MF / MTE / MPS 822/2015).

Há previsão também de ser criado um sistema eletrônico a ser disponibilizado em portal na internet para cadastramento das informações mensais sobre os pagamentos efetuadas ao empregado doméstico e para o cadastramento dos seus dados. Tal documento terá caráter declaratório, constituindo o crédito tributário e trabalhista, podendo estes ser exigidos a partir dessa declaração.

O art. 2º da Portaria Interministerial MF / MPS / MTE, de 30/09/2015, dispõe que a inscrição do empregador e a entrada única de dados cadastrais e de informações trabalhistas, previdenciárias e fiscais no âmbito do Simples Doméstico dar-se-á mediante registro no Sistema de Escrituração Digital das Obrigações Fiscais, Previdenciárias e Trabalhistas – eSocial.

Atente-se para o fato de que, diante da hipótese de o doméstico receber salário proporcional ao número de dias trabalhados, poderá ocorrer situação de pagamento de remuneração inferior ao mínimo legal. Nesse caso, o empregador deverá recolher as contribuições previdenciárias com base no valor efetivamente pago, mesmo sendo a base inferior ao salário mínimo (art. 30, § 3º, IN 2.110/2022). Como vimos no capítulo anterior, para que o segurado conte essa contribuição inferior ao mínimo para fins de benefícios, terá que complementar a contribuição, ou transferir a sobra de um mês para outro, ou, ainda, agrupar contribuições de meses distintos (vide tópico 8.6).

Exemplo:

Guilherme contratou a doméstica Leila para realização de serviços apenas 22 horas semanais, fazendo constar este acerto proporcional na carteira de trabalho da empregada. Como o salário era proporcional ao número de horas trabalhadas na semana, eles ajustaram a remuneração de R$ 700,00 mensais. O recolhimento das contribuições sociais, porém, deverá ser realizado sobre R$ 700,00, pois foi a remuneração efetivamente paga.

Lembre-se de que o empregador doméstico deve descontar a contribuição do salário pago ao seu empregado e recolhê-la, juntamente com a sua parte, à Previdência, em documento único de arrecadação, juntamente com o FGTS e o imposto de renda retido, se houver.

Veja a tabela de exemplos da parcela referente à contribuição previdenciária:

Exemplos:

Atividade	Remuneração (R$)	Alíquota do empregado	Redutor (R$)	Desconto empregado (R$)	Alíquota do empregador	Contribuição previdenciária do empregador (R$)	Total pago à Previdência pelo empregador (R$)
Cozinheira	2.500,00	9,00%	22,77	202,23	8,8%	220,00	402,23
Motorista	3.000,00	12%	106,59	253,41	8,8%	264,00	517,41
Piloto de jato particular	15.000,00	14%	190,40	951,64	8,8%	717,85	1.669,49

Note que, no exemplo do piloto de jato particular, tanto a alíquota de contribuição do empregado quanto a do empregador incidiram até o limite do teto: R$ 8.157,41.

O empregador doméstico é obrigado a arrecadar a contribuição do segurado empregado doméstico e recolhê-la até o dia 20 do mês subsequente à prestação do serviço, antecipando-se o prazo se não for dia útil (art. 30, V, da Lei 8.212/91, redação dada pela Lei 14.438/2022).

Durante o período da licença-maternidade da empregada doméstica, cabe ao empregador apenas o recolhimento da contribuição a seu cargo, facultada a opção pelo recolhimento trimestral. Atente-se que salário-maternidade é o único benefício da previdência social sobre o qual incide contribuição previdenciária.

O desconto da contribuição e da consignação legalmente determinado sempre se presumirá feito, oportuna e regularmente, pela empresa e pelo empregador doméstico, ficando estes diretamente responsáveis pelas importâncias que deixarem de descontar dos seus empregados.

Nesse sentido, a ausência de recolhimento dos valores retidos pelas empresas e pelos empregadores domésticos não prejudicam a concessão do benefício e nem o seu valor, desde que comprovado o valor de seus salários de contribuição. Antes da LC 150/2015 caso os empregadores domésticos retivessem a contribuição dos seus empregados e não repassassem para o INSS, o valor da base contributiva considerada pela autarquia seria de apenas um salário mínimo, mesmo que o valor da remuneração do doméstico fosse superior. Felizmente a LC 150/2015 eliminou essa injusta regra.

Para evitar fraudes, a Lei 12.470/2011 explicitou, no parágrafo único do art. 24 da Lei 8.212/1991 que, presentes os elementos da relação de emprego doméstico, o empregador doméstico não poderá contratar microempreendedor individual, sob pena de ficar sujeito a todas as obrigações dela decorrentes, inclusive trabalhistas, tributárias e previdenciárias.

O texto legal procura deixar claro que o empregador doméstico não pode contratar um MEI para lhe prestar serviço como empregado doméstico. Isso, sem dúvida, caracterizaria fraude, uma vez que como empregador doméstico existe a contribuição de 8,8% sobre o salário de contribuição do empregado, de 11,2% de FGTS e, ainda, deve ser efetuada a retenção de 7,5%, 9%, 12% ou 14% do segurado a depender da faixa do salário de contribuição.

Se o empregador acorda com o empregado doméstico, de maneira fraudulenta, que a contratação se dará na modalidade de MEI, a contribuição total a ser paga fica reduzida a 5% sobre o salário mínimo. Obviamente esse contrato é nulo, sem prejuízo das sanções penais cabíveis.

9.3. CONTRIBUIÇÃO DA EMPRESA E EQUIPARADOS

9.3.1. Sobre a remuneração de empregados e avulsos

9.3.1.1. Contribuição básica para o custeio do RGPS

- **Art. 22, I, § 1º, Lei 8.212/1991**
- **Art. 201, I e § 6º, Decreto 3.048/1999**

As empresas e equiparadas devem contribuir com **20% sobre a remuneração paga, devida ou creditada** aos segurados empregados e avulsos que lhes prestem serviço durante o mês. O fato gerador da contribuição previdenciária é a prestação do serviço, independentemente do pagamento da remuneração. Para que não fossem suscitadas quaisquer dúvidas, os legisladores embutiram no texto legal as expressões "devida ou creditada", ou seja, basta que haja prestação de serviço para que incida contribuição previdenciária.

No caso das **instituições financeiras**, é devida, complementarmente, **uma contribuição adicional de 2,5%** sobre a remuneração dos empregados e avulsos. A alíquota total para essas empresas perfaz 22,5%. Entende-se por instituições financeiras as seguintes empresas: bancos comerciais, bancos de investimento, caixas econômicas, sociedades de crédito, financiamento e investimento, sociedades de crédito imobiliário, sociedades corretoras, distribuidoras de títulos e valores mobiliários, empresas de arrendamento mercantil, cooperativas de crédito, empresa de seguros privados e de capitalização, agentes autônomos de seguros privados e de crédito e entidades de previdência privada abertas e fechadas.

De acordo com a Súmula 584 do STJ, editada em 14/12/2016, as sociedades corretoras de seguros, que não se confundem com as sociedades de valores mobiliários ou com os agentes autônomos de seguro privado, estão fora do rol de entidades constantes do art. 22, § 1º, da Lei 8.212/1991. Assim, tais empresas não se sujeitam ao adicional de alíquota de 2,5%, no entendimento do Tribunal Superior.

> **Exemplo:**
>
> A fabricante de biscoitos Douradão conta com 50 empregados em sua indústria, além de trabalhadores avulsos encarregados da movimentação de mercadorias, destinadas à exportação, em seu galpão no porto. No mês de maio, a folha de salários relativa aos seus empregados totalizou R$ 30.000,00, e a soma da remuneração dos serviços prestados pelos avulsos foi R$ 10.000,00. Quanto deve pagar à Previdência Social, referente à parcela básica?
>
> **Resposta:** Deve pagar o total de R$ 8.000,00 (20% x 40.000). Se, entretanto, a empresa fosse um banco comercial, ao invés de uma fábrica de biscoitos, deveria recolher o total de R$ 9.000 (22,5% x 40.000).

O STF já se pronunciou considerando que o adicional de alíquota de 2,5% das instituições financeiras, previsto no § 1º do art. 22 da Lei 8.212/1991, não fere o princípio da isonomia tributária (AC 1.109-MC e RE-598572).

Observe-se que a Lei Complementar 128, de 19/12/2008, criou uma forma de contribuição diferenciada para o Microempreendedor Individual – MEI. É que o art. 18-C da LC 123 dispõe que poderá se enquadrar como MEI o empresário individual ou o empreendedor que exerça as atividades de industrialização, comercialização e prestação de serviços no âmbito rural que possua um único empregado que receba exclusivamente um salário mínimo ou o piso salarial da categoria profissional. Nessa hipótese, o MEI deve recolher, a título de contribuição previdenciária patronal, a **alíquota fixa de 3%** sobre a remuneração efetivamente paga ao seu empregado.

A Lei 13.189, publicada em 19/11/2015, dispõe que incide contribuição previdenciária sobre a compensação financeira do Programa de Proteção do Emprego - PPE, assim, mesmo ela sendo paga pelo Governo, as empresas serão obrigadas a pagar contribuição sobre estes valores (vide tópico 7.4.30).

Em decisão proferida em 2017, por unanimidade dos votos, o Plenário do Supremo Tribunal Federal (STF) decidiu que os entes federativos devem pagar contribuição previdenciária sobre a remuneração dos agentes políticos não vinculados a regime próprio de previdência (RE 626837, com Repercussão geral reconhecida).

9.3.1.2. Contribuição para o custeio do SAT / GILRAT – parcela básica

- **Art. 22, II, § 1º, Lei 8.212/1991**
- **Art. 202, Decreto 3.048/1999**

O termo SAT - Seguro de Acidente de Trabalho é o nome utilizado para tratar da contribuição específica para o financiamento dos benefícios acidentários. O texto legal, todavia, trata tal contribuição com nome de GILRAT - Grau de Incidência de Incapacidade Laborativa Decorrente dos Riscos Ambientais do Trabalho. Atualmente, as duas expressões são utilizadas para tratar dessa parcela.

O art. 201, § 10, da Constituição, alterado pela Emenda 103/2019, prevê que cobertura de benefícios não programados, inclusive os decorrentes de acidente do trabalho, a ser atendida concorrentemente pelo Regime Geral de Previdência Social e pelo setor privado.. A previsão do constituinte derivado, contudo, ainda não foi implementada, de maneira que, atualmente, os benefícios acidentários são administrados pelo INSS.

Para o financiamento dos benefícios ocasionados por acidente de trabalho e das aposentadorias especiais, foi criada a contribuição para o SAT/GILRAT, incidente sobre a remuneração paga ou creditada pelas empresas, no decorrer do mês, aos segurados empregados e avulsos que lhes prestem serviço com as seguintes alíquotas:

a) 1% para os estabelecimentos em cuja atividade preponderante o risco de acidente do trabalho seja considerado leve;

b) 2% para os estabelecimentos em cuja atividade preponderante este risco seja considerado médio;

c) 3% para os estabelecimentos em cuja atividade preponderante este risco seja considerado grave.

Atualmente, essas alíquotas são utilizadas, unicamente, para o custeio dos acidentes de trabalho, pois, desde o ano 1999, foi instituída uma contribuição adicional para o custeio das aposentadorias especiais, que estudaremos em seguida.

A relação das atividades preponderantes e os correspondentes graus de risco podem ser encontrados no anexo V do Decreto 3.048/1999, não fazendo parte do objetivo do nosso estudo, pois não é cobrada pelas bancas examinadoras.

O enquadramento nos correspondentes graus de risco é de responsabilidade da empresa, devendo ser feito mensalmente, de acordo com a sua atividade econômica preponderante, conforme a Relação de Atividades Preponderantes e Correspondentes Graus de Risco, elaborada com base no Código Nacional de Atividades Econômica – CNAE, prevista no citado Anexo V do Regulamento da Previdência Social.

A Receita entendia, até a publicação da IN 1.453/2014, que atividade preponderante era a que contava com o maior número de empregados, levando em conta todos os estabelecimentos da empresa (art. 202, § 3º, Decreto 3.048/1999). Ou seja, mesmo que a empresa tivesse mais de um estabelecimento, o SAT deveria ser único, para toda a empresa, a depender da sua atividade preponderante.

A questão do SAT único para todos os estabelecimentos da empresa era objeto de questionamento judicial, pois tal dispositivo só encontrava respaldo no Decreto 3.048/1999, não tendo previsão em lei. Frequentemente demandava-se a utilização de alíquotas diferenciadas, levando-se em conta o grau de risco de cada estabelecimento, alcançando êxito, muitas vezes, as empresas. De fato, o mais correto seria a diferenciação de alíquotas, já que os diversos estabelecimentos podem possuir graus de risco de acidente de trabalho distintos.

Devido à grande polêmica acerca da legalidade do SAT único previsto em norma infralegal, decidiu o Presidente editar a Medida Provisória 316/2006, incluindo o § 14 no art. 22 da Lei 8.212/1991, que trouxe previsão expressa para a aplicação de um único grau de risco para todos os estabelecimentos da empresa. Ocorre que, com a conversão da MP na Lei 11.430, de 26/12/2006, o texto do § 14 do art. 22 da Lei 8.212/1991 não foi aproveitado, tendo sido rejeitado pelo Congresso. Assim, a tentativa de dar "status" legal a essa norma foi fracassada.

Dessa forma, judicialmente, continua sendo afastada a aplicabilidade do SAT único para toda a empresa, tendo sido vitoriosa a tese do SAT por estabelecimento. O STJ até publicou a Súmula 351, pacificando a questão neste Tribunal, nos seguintes termos: "A alíquota de contribuição para o Seguro de Acidente do Trabalho – SAT – é aferida pelo grau de risco desenvolvido em cada empresa, individualizada pelo seu CNPJ, ou pelo grau de risco da atividade preponderante quando houver apenas um registro".

A própria Procuradoria Geral da Fazenda Nacional se curvou ao entendimento pacificado no STJ, aprovando o Parecer PGFN/CRJ 2120/2011. Assim, a Procuradoria não recorre das decisões judiciais que consideram que a alíquota da contribuição para o SAT deva ser aferida por cada estabelecimento da empresa.

A Receita Federal acabou se curvando ao entendimento jurisprudencial, passando a entender que o SAT pode ser apurado em cada estabelecimento, com a publicação da

IN 1.453, de 24/02/2014, que alterou a redação do art. 72, § 1º, I, c, e II, da IN 971/2009 (atualmente, art. 43, § 1º, IN 2.110/2022).

Assim, a empresa com mais de um estabelecimento e com mais de uma atividade econômica deverá apurar a atividade preponderante em cada estabelecimento. Considera-se preponderante a atividade econômica que ocupa, **no estabelecimento**, o maior número de segurados empregados e trabalhadores avulsos, observado que, na ocorrência de mesmo número de segurados empregados e trabalhadores avulsos em atividades econômicas distintas, será considerada como preponderante aquela que corresponder ao maior grau de risco.

A obra de construção civil edificada por empresa cujo objeto social não seja construção ou prestação de serviços na área de construção civil será enquadrada no grau de risco próprio da construção civil, e não da atividade econômica desenvolvida pela empresa.

A empresa deve informar mensalmente, por meio da Guia de Recolhimento do Fundo de Garantia do Tempo de Serviço e Informações à Previdência Social – GFIP, a alíquota correspondente ao seu grau de risco, a respectiva atividade preponderante e a atividade do estabelecimento.

O enquadramento no correspondente grau de risco é de inteira responsabilidade da empresa. Cabe ao Auditor-Fiscal da Receita Federal do Brasil a verificação, a qualquer tempo, da exatidão do enquadramento, podendo efetuar notificações de eventuais diferenças.

A legislação previdenciária menciona que, com o intuito de estimular investimentos em prevenção de acidentes de trabalho, o Ministério da Previdência Social poderá alterar o enquadramento da empresa que demonstre a melhoria das condições de trabalho, ocasionada por sua política de segurança do trabalho. O art. 10 da Lei 10.666/2003 propõe a atenuação da alíquota em até 50% ou o seu acréscimo em até 100%, a depender do investimento em segurança do trabalho, podendo, então, variar de 0,5% a 6%.

O Decreto 6.042, de 12/02/2007, regulamentou a alteração das alíquotas do GILRAT, com o acréscimo do art. 202-A ao Decreto 3.048/1999, que criou o **Fator Acidentário de Prevenção – FAP**, como forma de aferição do investimento para prevenção de acidentes. O Decreto 6.957, de 09/09/2009, que alterou o Regulamento da Previdência Social, trouxe importantes alterações na forma final de cálculo do fator Acidentário de Prevenção.

Com as mudanças, o FAP consiste em um **multiplicador variável** num intervalo contínuo de cinco décimos (0,5000) a dois inteiros (2,0000), considerando quatro casas decimais, a ser aplicado à respectiva alíquota. Assim, o FAP pode ser definido, por exemplo, em 0,6312; 1,2356; 1,8978 etc. Esse valor será multiplicado pela alíquota de enquadramento do SAT/GILRAT, resultando na alíquota mensal apurada.

Exemplo:

Uma empresa que está enquadrada com grau de risco médio (GILRAT de 2%) e tem fixado o seu FAP em 1,3202 deve recolher, mensalmente, a alíquota de 2,6404% (2% x 1,3202).

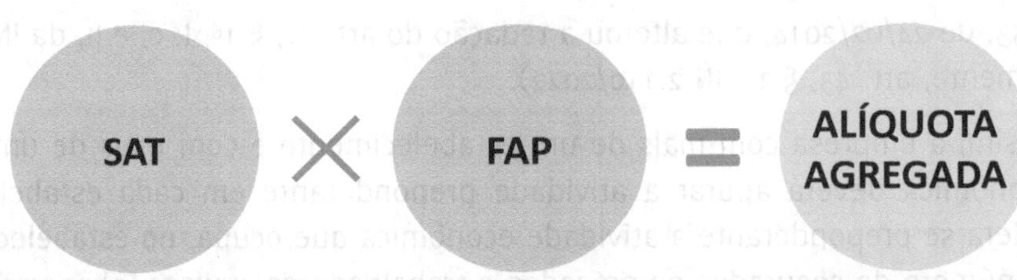

O FAP tem como variáveis os **índices de gravidade, de frequência e de custo,** considerando-se a ponderação de 50%, 35% e 15%, respectivamente. O índice de frequência representa o número de acidentes ocorridos no período para um milhão de horas trabalhadas. O índice de gravidade traz o número de dias de afastamento do trabalhador do labor, devido ao acidente de trabalho, durante a mesma quantidade de horas. Já o índice de custos trata-se de uma relação entre os valores pagos pela empresa de GIL-RAT e os valores desembolsados pela Previdência Social com os benefícios acidentários provocados pela empresa.

A partir da complexa metodologia de cálculo dos mencionados índices, é, então, definida a taxa padrão por atividade econômica, a qual será comparada com os índices obtidos individualmente por cada empresa do setor. As diferenças encontradas serão utilizadas para definição do FAP, com base em metodologia aprovada pelo Conselho Nacional de Previdência – CNP.

De acordo com a Resolução do CNP 1.327, de 24 de setembro de 2015, o Fator Acidentário de Prevenção – FAP da empresa com mais de um estabelecimento será calculado para cada estabelecimento, identificado pelo seu CNPJ completo. Assim, da mesma forma que o SAT, o FAP deve ser calculado por estabelecimento da empresa.

Os índices de frequência, gravidade e custo serão calculados segundo metodologia aprovada pelo Conselho Nacional de Previdência, levando-se em conta:

> I – para o índice de frequência, os registros de acidentes ou benefícios de natureza acidentária; (Redação dada pelo Decreto nº 10.410, de 2020)
>
> II – para o índice de gravidade, as hipóteses de auxílio por incapacidade temporária, auxílio-acidente, aposentadoria por incapacidade permanente, pensão por morte e morte de natureza acidentária, aos quais são atribuídos pesos diferentes em razão da gravidade da ocorrência, da seguinte forma: (Redação dada pelo Decreto nº 10.410, de 2020)
>
> a) pensão por morte e morte de natureza acidentária - peso de cinquenta por cento; (Redação dada pelo Decreto nº 10.410, de 2020)
>
> b) aposentadoria por incapacidade permanente - peso de trinta por cento; e (Redação dada pelo Decreto nº 10.410, de 2020)
>
> c) auxílio por incapacidade temporária e auxílio-acidente - peso de dez por cento para cada; e (Redação dada pelo Decreto nº 10.410, de 2020)
>
> III – para o índice de custo, os valores dos benefícios de natureza acidentária pagos ou devidos pela previdência social. (Redação dada pelo Decreto nº 10.410, de 2020)"

O Ministério da Previdência Social publicará anualmente, sempre no mesmo mês, no Diário Oficial, os percentuais de frequência, gravidade e custo por Subclasse da Classificação Nacional de Atividades Econômicas – CNAE e divulgará na rede mundial de computadores o FAP de cada empresa, com as respectivas ordens de frequência, gravidade, custo e demais elementos que possibilitem a esta verificar o respectivo desempenho dentro da sua CNAE-Subclasse.

O FAP somente produziria efeitos tributários a partir do primeiro dia do quarto mês subsequente ao de sua divulgação. A previsão para a data de divulgação do FAP foi adiada em duas oportunidades. Estava prevista, inicialmente, para setembro de 2007, mas o Decreto 6.257, de 19/11/2007, prorrogou para setembro de 2008 e, por fim, o Decreto 6.577, de 25/09/2008, adiou a divulgação para setembro de 2009. Finalmente, os índices de frequência, gravidade e de custo por atividade econômica foram publicados na Portaria Interministerial MPS/MF 254, de 24/09/2009. Já o FAP e os índices por empresa foram disponibilizados nos sites da Receita Federal do Brasil e da Previdência Social. Assim, **o FAP passou a ser aplicado a partir de 01/01/2010.**

Para o cálculo anual do FAP, são utilizados os dados de janeiro a dezembro de cada ano, até completar o período de dois anos, a partir do qual os dados do ano inicial serão substituídos pelos novos dados anuais incorporados. Para a empresa constituída após janeiro de 2007, o FAP somente será calculado a partir de 1º de janeiro do ano seguinte ao que completar dois anos de constituição.

No ano de 2010, o Fator Acidentário de Prevenção – FAP, na redação dada por esse Decreto, será aplicado ao que exceder a um inteiro com redução de 25%. O objetivo da norma aqui é atenuar os efeitos do FAP, em seu primeiro ano de utilização, para as empresas que tiverem os seus percentuais agravados.

Ressalte-se que desde que o FAP foi implementado, diversas empresas que foram prejudicadas com essa nova metodologia ajuizaram ações na tentativa de anular os efeitos do FAP, alegando inconstitucionalidade do novo instituto.

O STF já firmou posicionamento validando a constitucionalidade do FAP. No RE 677.725, julgado em novembro de 2021, o STF entendeu que o FAP não viola o princípio da legalidade tributária e na Ação Direta de Inconstitucionalidade 4397, de autoria da Confederação Nacional do Comércio de Bens e Turismo (CNC), firmou a tese de que é constitucional a delegação prevista art. 10 da Lei 10.666/2003 para que regulamento do Executivo fixe a alíquota individual da contribuição ao SAT. O argumento utilizado para tentar tornar inconstitucional o FAP é que ele tem alíquotas definidas por regulamento, o que feriria o princípio da legalidade, mas o STF não abarcou essa tese.

Para possibilitar a melhor fixação das contribuições até então abordadas, segue um exemplo que acumula a contribuição básica da empresa para o RGPS com o adicional do SAT e as contribuições dos segurados.

Exemplo:

Luana é dentista e possui um consultório para atendimento de seus pacientes, no qual emprega duas funcionárias: uma telefonista, que recebe R$ 2.000,00, e uma auxiliar, com remuneração de R$ 1.700,00. No final do mês, depois de pagar todos os custos do escritório, Luana recebeu, como remuneração de seu trabalho, R$ 10.000,00. Sabendo que o grau de risco dessa atividade é médio, e que o FAP não é aplicável, pois ela é pessoa física equiparada à empresa, quanto ela deve pagar em relação às contribuições já estudadas?

Resposta:

Primeiramente, lembramos que os contribuintes individuais que contratam empregados são equiparados à empresa. Luana, então, deve cumprir as suas obrigações com a Previdência Social da mesma forma que uma empresa cumpriria. Deve pagar contribuições relativas à contratação de empregados (parte patronal) sobre o valor de R$ 3.700,00, no percentual de 22% (20% parcela básica + 2% SAT), totalizando R$ 814,00 (22% x 3.700). Como estudamos no capítulo anterior, Luana deve reter e repassar para a Previdência a contribuição dos segurados que lhes prestem serviços, que, nesse caso, é de R$ 157,23 (9% x 2.000,00 – 22,77), relativos à telefonista, e R$ 130,23 (1.700,00 x 9% – 22,77), relativos à sua auxiliar. Não podemos nos esquecer de que Luana deve pagar a sua contribuição como segurada contribuinte individual, no valor de R$ 1.631,48 (20% x 8.157,41), considerando o limite máximo do salário de contribuição. Veja o resumo:

Descrição	Valor
Contribuição para a previdência parte patronal	22% x 3.700 = R$ 814,00
Contribuição descontada da telefonista	9% x 2.000 – 22,77 = R$ 157,23
Contribuição descontada da auxiliar	9% x 1.700 – 22,77 = R$ 130,23
Contribuição de Luana como segurada	20% x 8.157,41 = R$ 1.631,48

Note-se que, neste caso, entendemos que Luana, como equiparada a empresa, não deve pagar contribuição patronal sobre a sua própria remuneração. Vejamos a redação do art. 216, § 20, do RPS: "Na hipótese de o contribuinte individual prestar serviço **a outro contribuinte individual equiparado a empresa** ou a produtor rural pessoa física ou a missão diplomática e repartição consular de carreira estrangeiras, poderá deduzir, da sua contribuição mensal, 45% da contribuição patronal do contratante, efetivamente recolhida ou declarada, incidente sobre a remuneração que este lhe tenha pago ou creditado, no respectivo mês, limitada a 9% do respectivo salário de contribuição".

Perceba que, no caso em questão, Luana não prestou serviço a outro contribuinte individual, mas a si própria, não cabendo, portanto, contribuição patronal.

Observe que se Luana tivesse remunerado um pintor para fazer reparos em seu consultório, teria a obrigação de recolher a contribuição previdenciária patronal.

9.3.1.3. *Contribuição adicional ao SAT/GILRAT para o custeio das aposentadorias especiais*

- **Art. 57, §§ 6º e 7º, Lei 8.213/1991**
- **Art. 202, § 1º, Decreto 3.048/1999**

A aposentadoria especial é devida aos segurados empregados, avulsos e contribuintes individuais filiados à cooperativa de trabalho ou de produção que tenham trabalhado durante 15, 20 ou 25 anos, conforme o caso, em condições especiais que prejudiquem a saúde e a integridade física.

As alíquotas do GILRAT serão **acrescidas de 6%, 9% ou 12%**, respectivamente, se a atividade exercida pelo segurado, a serviço da empresa, ensejar a concessão de **aposentadoria especial após 25, 20 ou 15 anos de contribuição**. O referido complemento incide, exclusivamente, sobre a remuneração dos segurados expostos aos agentes nocivos que prejudiquem a saúde e a integridade física.

Caso a empresa tenha 500 funcionários contratados, mas somente dez deles estejam expostos a agentes nocivos à saúde, será devido o adicional apenas sobre a remuneração destes dez empregados.

Os agentes nocivos são:

- **Físicos** – Os ruídos, as vibrações, o calor, a umidade, a eletricidade, as pressões anormais, as radiações ionizantes e as radiações não ionizantes.
- **Químicos** – Os manifestados por névoas, neblinas, poeiras, fumos, gases, vapores de substâncias nocivas presentes no ambiente de trabalho absorvidos pela via respiratória, bem como aqueles que foram passíveis de absorção por meio de outras vias, por exemplo: benzeno e arsênio.
- **Biológicos** – Os micro-organismos como bactérias, fungos, parasitas, bacilos e vírus, dentre outros.

As empresas devem elaborar o PGR – Programa de Gerenciamento de Riscos, PCMSO – Programa de Controle Médico e Saúde Ocupacional e, em substituição aos antigos formulários SB-40, DISES BE 5235, DSS 8030, DIRBEN 8030, o PPP – Perfil Profissiográfico Previdenciário. Com base nessa documentação, é efetuado o enquadramento dos empregados em "expostos" ou "não expostos" a agentes nocivos.

Vamos ao nosso exemplo referente às contribuições estudadas, incluindo o adicional do GILRAT.

Exemplo:

A padaria Wanderley possui nove empregados, sendo que dois padeiros, Juarez e Juracy, exercem a atividade expostos ao agente nocivo calor. A folha de pagamento da padaria totaliza R$ 8.000,00 e, destes, os dois padeiros juntos recebem o valor de R$ 2.500,00. Sabendo que a alíquota de SAT/GILRAT é de 3% e que os padeiros têm direito à aposentadoria especial de 25 anos, qual deve ser o valor da contribuição patronal?

Veja a tabela resposta:

Descrição	Valor
Pagamento da parcela básica	20% x 8.000 = R$ 1.600,00
Pagamento da parcela do GILRAT	3% x 8.000 = R$ 240,00
Pagamento do adicional ao GILRAT	6% x 2.500 = R$ 150,00
Total da parte patronal	**1.600 + 240 + 150 = R$ 1.990,00**

9.3.1.4. Contribuição para outras entidades e fundos ("terceiros")

- **Art. 240, CF/1988**
- **Art. 274, Decreto 3.048/1999**

A Constituição Federal, no seu art. 240, dispõe que é possível instituir a cobrança de contribuições compulsórias dos empregadores sobre a folha de salários, destinada às entidades privadas de serviço social e de formação profissional vinculada ao sistema sindical ("terceiros").

Já o art. 212, § 5º, da Constituição dispõe sobre a contribuição social do salário-educação como fonte de financiamento adicional para o ensino fundamental público.

A contribuição para "terceiros" é incidente sobre as remunerações pagas ou creditadas aos empregados e segurados avulsos que prestem serviços à empresa. Exemplificando, essas entidades são:

- FNDE – Fundo Nacional de Desenvolvimento da Educação (salário-educação);
- INCRA – Instituto Nacional de Colonização e Reforma Agrária;
- SESI – Serviço Social da Indústria;
- SENAC – Serviço Nacional de Aprendizagem Comercial;
- SESC – Serviço Social do Comércio;
- SEBRAE – Serviço Brasileiro de Apoio às Micro e Pequenas Empresas;
- SENAT – Serviço Nacional de Aprendizagem do Transporte;
- SEST – Serviço Social do Transporte;
- SESCOOP – Serviço Social das Cooperativas;
- SENAR – Serviço Nacional de Aprendizagem Rural;

- DPC – Diretoria de Portos e Costas;
- Fundo Aeroviário.

Atenção!
Existe uma contribuição destinada ao FNDE, chamada **salário-educação**, que é utilizada pelo Governo Federal para promover projetos educacionais. Podemos ser levados a confundir o salário-educação, em razão do nome deste tributo, com alguma espécie de benefício previdenciário ou de benefício concedido pela empresa aos seus empregados. Como comentado, **trata-se de um tributo destinado ao FNDE.**

Como a maioria dessas entidades inicia as suas siglas com a letra "S", é bastante comum chamar-se popularmente esses fundos de Sistema "S".

Atente-se para o fato de que essas contribuições não são receitas da seguridade social e, muito menos, da previdência social. Ocorre que, como é utilizada a mesma base de cálculo das contribuições destinadas à Previdência Social, a SRFB recebeu a missão legal de arrecadar, fiscalizar e cobrar estas contribuições, repassando-as, posteriormente, para cada entidade (art. 3º, Lei 11.457/2007).

Por esse serviço, **a Seguridade Social é remunerada** com o percentual de **3,5% do montante arrecadado**, exceto sobre o **salário-educação** (FNDE), cujo percentual destinado à previdência é de 1%. Essa remuneração será creditada ao Fundo Especial de Desenvolvimento e Aperfeiçoamento das Atividades de Fiscalização – FUNDAF, instituído pelo Decreto-Lei 1.437, de 17/12/1975 (art. 3º, § 4º, da Lei 11.457/2007).

Obviamente, as empresas não são obrigadas a recolher contribuições para todas as entidades e fundos mencionados. Ela vai efetuar recolhimentos para os "terceiros" relacionados com a atividade da empresa. Essa relação de atividades é definida no Anexo I, da IN RFB 2.110/2022 – Relação de Atividades Preponderantes e Correspondentes Graus de Risco.

Com esse código, a empresa pode saber quais são as entidades para as quais deve efetuar recolhimentos de contribuições. A listagem que relaciona o código da atividade e o FPAS Fundo de Previdência e Assistência Social, identificando as alíquotas de terceiros de cada atividade pode ser encontrada no Anexo II, da IN RFB 2.110/2022.

As empresas de telecomunicação, por exemplo, são enquadradas no código FPAS 507, devendo, assim, contribuir com as seguintes entidades: 2,5% para o salário-educação, 0,2% para o INCRA, 0,6% para o SEBRAE, 2,5% para o SESCOOP, totalizando 5,8%.

A empresa pode, ainda, manter convênios para possibilitar o pagamento direto a essas entidades, sem a intermediação da SRFB. Por exemplo: caso uma empresa de telecomunicações firme um convênio com o SESCOOP para recolher essa contribuição diretamente a esta instituição, a empresa, então, passa a recolher para a Previdência apenas 3,3% referentes aos demais "terceiros" (5,8% totais – 2,5% conveniados).

Exemplo:

Mariana possui uma loja de artigos para casamento chamada Case Logo. A folha de pagamento dos empregados e avulsos totaliza R$ 30.000,00. Sabendo que não há funcionários expostos a agentes nocivos, que Mariana não retira pró-labore da empresa e, ainda, que o grau de risco de acidente de trabalho é baixo, qual deve ser o recolhimento da parte patronal da empresa Case Logo, sendo que o total de recolhimentos a "terceiros" é de 5,8%, considerando o FAP de 1,000?

Veja a tabela resposta:

Descrição	Valor
Parcela básica de contribuição	30.000 x 20% = R$ 6.000,00
Parcela referente ao SAT/GILRAT	30.000 x 1% = R$ 300,00
Parcela para "terceiros"	30.000 x 5,8% = R$ 1.740,00
Total dos recolhimentos	**R$ 8.040,00 (6.000 + 300 + 1.740)**

Salientamos que na mesma guia de recolhimento a empresa deve efetuar o pagamento de todas as parcelas devidas à Previdência Social e aos "terceiros", além das retidas dos segurados que lhes prestem serviços. Do total de recolhimento da empresa Case Logo, a Previdência deve repassar para as entidades e fundos R$ 1.740,00 e por este serviço cobrar uma comissão de 3,5%, exceto pela arrecadação do salário-educação para o FNDE, que o percentual é de 1%.

As empresas devem efetuar o recolhimento das contribuições devidas sobre a remuneração dos seus empregados e avulsos, **inclusive a parte destinada aos "terceiros"**, até o dia 20 do mês subsequente, antecipando-se o prazo para o dia útil anterior, em caso de não haver expediente bancário nesse dia.

9.3.1.5. Contribuição sobre o 13º salário dos empregados

- **Art. 214, §§ 6º e 7º, Decreto 3.048/1999**
- **Art. 216, §§ 1º a 3º, Decreto 3.048/1999**

A gratificação natalina – 13º salário – integra o salário de contribuição, exceto para o cálculo do salário de benefício.

As contribuições da empresa e do segurado sobre o 13º salário devem ser **calculadas separadamente** das contribuições incidentes sobre a remuneração de dezembro.

Essa fórmula de cálculo torna-se relevante para os empregados, quando a soma do 13º salário e da remuneração de dezembro ultrapassar o limite máximo do salário de contribuição. Para a empresa, não há qualquer diferença entre calcular as contribuições separada ou conjuntamente, pois não há limite máximo para a base de incidência da contribuição patronal. Vejamos:

Exemplo:

Pedro é gerente da Perfumaria Cheiro Bom, recebendo a remuneração mensal de R$ 5.000,00. Em dezembro a empresa pagou-lhe R$ 5.000,00, referentes ao salário do mês, e R$ 5.000,00, a título de 13º salário. Sabendo que a alíquota total de contribuição patronal é de 26,8%, quanto deve ser pago pela Perfumaria e por Pedro à Previdência Social?

Resposta:

1) A contribuição sobre o 13º salário deve ser calculada separadamente da de dezembro. A empresa deve, então, descontar de Pedro 14% sobre o salário de dezembro e 14% sobre o 13º salário, referentes à cota do segurado, diminuído do redutor de 190,40. O desconto totaliza, portanto, R$ 1.019,20 (14% x 5.000 - 190,40) x 2.
2) A contribuição patronal da Perfumaria Cheiro Bom perfaz R$ 2.680,00 (26,8% x 5.000 + 26,8% x 5.000).
3) Perceba que, caso a base do 13º salário fosse somada à remuneração de dezembro, a cota patronal seria a mesma, R$ 1.680,00 (26,8% x 10.000). A contribuição descontada de Pedro, entretanto, seria menor, já que se limitaria ao teto de R$ 8.157,41, resultando em R$ 951,64 (8.157,41 x 14% - 190,40).

O desconto da contribuição do segurado incidente sobre o valor bruto do 13º salário é devido quando do pagamento ou crédito da última parcela e deve ser recolhida juntamente com a contribuição a cargo da empresa, até o dia 20 do mês de dezembro, **antecipando-se o vencimento** para o dia útil imediatamente anterior, se não houver expediente bancário no dia vinte.

> **Atenção!**
>
> A regra para pagamento da contribuição sobre o 13º salário, mesmo antes da edição da MP 447 de 14/11/2008, sempre teve o prazo antecipado quando a data vencimento não recaía em dia útil.

No caso de rescisão de contrato de trabalho, as contribuições devidas serão recolhidas até o dia 20 do mês subsequente à rescisão, antecipando-se o prazo se não for dia útil. Deve-se computar em separado a parcela referente à gratificação natalina, para fins de tributação das verbas rescisórias.

9.3.1.6. *Tabela resumo da contribuição da empresa sobre os serviços de empregados e avulsos*

<table>
<tr><th colspan="2">Discriminação da contribuição</th><th>Alíquota</th></tr>
<tr><td rowspan="2">Parcela básica</td><td>Regra geral</td><td>20%</td></tr>
<tr><td>Financeiras</td><td>22,5%</td></tr>
<tr><td rowspan="3">SAT / GILRAT (pode ser atenuado em 50% ou agravado em 100%, a depender do FAP)</td><td>Risco leve</td><td>1%</td></tr>
<tr><td>Risco médio</td><td>2%</td></tr>
<tr><td>Risco alto</td><td>3%</td></tr>
<tr><td rowspan="3">Adicional SAT / GILRAT (apenas para os trabalhadores com direito à aposentadoria especial)</td><td>25 anos</td><td>6%</td></tr>
<tr><td>20 anos</td><td>9%</td></tr>
<tr><td>15 anos</td><td>12%</td></tr>
<tr><td>Outras entidades e fundos ("terceiros")</td><td colspan="2">variável</td></tr>
<tr><th>Descrição</th><th>Dia do recolhimento</th><th>Responsável</th></tr>
<tr><td>Contribuição sobre a remuneração de empregados e avulsos</td><td>Dia 20 ou dia útil anterior</td><td>Empresa tomadora do serviço</td></tr>
<tr><td>13º salário</td><td>20/12 ou dia útil anterior</td><td>Empresa tomadora do serviço</td></tr>
</table>

9.3.2. Contribuição da empresa e equiparados sobre as remunerações dos contribuintes individuais

- **Art. 22, III, Lei 8.212/1991**
- **Art. 1º, § 2º, Lei 10.666/1991**
- **Art. 201, II e § 6º, Decreto 3.048/1999**

Conforme mencionado no **tópico 3.3.4.1**, essa contribuição já foi alvo de uma série de questionamentos judiciais, sendo considerada inconstitucional (ADIn 1.102/DF, Rel. Min. Maurício Correa) até a edição da Lei Complementar 84/1996 que se valeu da competência residual para a instituição da contribuição.

A Lei 9.876 revogou a Lei Complementar 84, alterando a alíquota original dessa contribuição **patronal**, a partir de março de 2000.

As empresas e equiparadas, então, devem contribuir com **20%** sobre a remuneração paga ou creditada aos segurados **contribuintes individuais** que lhes prestem serviço durante o mês.

No caso das **instituições financeiras**, é devida, complementarmente, uma contribuição adicional de 2,5% sobre a remuneração dos contribuintes individuais. A alíquota total incidente para estas empresas perfaz **22,5%**. Entende-se por instituições financeiras as seguintes empresas: bancos comerciais, bancos de investimento, caixas econômicas, sociedades de crédito, financiamento e investimento, sociedades de crédito imobiliário, sociedades corretoras, distribuidoras de títulos e valores mobiliários, empresas de arrendamento mercantil, cooperativas de crédito, empresa de seguros privados e de capitalização, agentes autônomos de seguros privados e de crédito e entidades de previdência privada abertas e fechadas.

Atente-se que, sendo o sócio um segurado enquadrado na categoria de contribuinte individual, a sua remuneração recebida em decorrência de seu trabalho (pró-labore) deve ser tributada. Quando não houver discriminação na contabilidade da remuneração decorrente do trabalho e da proveniente do capital social, o total recebido, ainda que a título de antecipação de lucro, deve ser considerado como incidente de contribuição previdenciária.

Note-se que a alíquota de contribuição das empresas sobre a remuneração dos contribuintes individuais é idêntica àquela referente à remuneração dos empregados e avulsos (parcela básica, conforme estudado no **tópico 9.3.1.1**). A diferença é que, em relação aos contribuintes individuais, não há qualquer contribuição adicional quer para o SAT/GILRAT, quer para "terceiros". Veja o exemplo:

Exemplo 1:

A empresa de sapatos Marcus Calçados possui uma folha de pagamento de empregados de valor mensal de R$ 10.000,00. No mês de agosto, contratou o pintor Francisco para fazer a pintura das instalações e a faxineira diarista Elaide para efetuar uma faxina geral, após o serviço de pintura. Marcus Calçados remunerou o pintor com R$ 1.000,00 e a faxineira com R$ 100,00. Sabendo que a alíquota paga em relação a "terceiros" é de 5,8% e que o grau de risco é baixo e o FAP é 1,000, quanto deve pagar de contribuição patronal?

Veja a tabela resposta:

Descrição	Valor
Contribuição relativa à parcela	10.000 x 20% = R$ 2.000,00 básica dos empregados
Contribuição relativa ao SAT/GILRAT	10.000 x 1% = R$ 100,00
Contribuição para "terceiros"	10.000 x 5,8% = R$ 580,00
Contribuição relativa aos contribuintes individuais	1.100 (1.000, do pintor + 100, da faxineira) x 20% = R$ 220,00
Total da parte patronal	**2.000 + 100 + 580 + 220 = R$ 2.900,00**

A empresa deve recolher esse valor em guia única, incluindo, ainda, as contribuições retidas dos segurados empregados e contribuintes individuais.

Na contratação de serviços de transporte rodoviário de carga ou de passageiro, de serviços prestados com a utilização de trator, máquina de terraplenagem, colheitadeira e assemelhados, a base de cálculo da contribuição da empresa corresponde a 20%

do valor da nota fiscal, fatura ou recibo, quando esses serviços forem prestados por condutor autônomo de veículo rodoviário, auxiliar de condutor autônomo de veículo rodoviário, bem como por operador de máquinas (art. 22, § 15, da Lei 8.212/1991, incluído pela Lei 13.202, de 08/12/2015).

A remuneração paga ou creditada a condutor autônomo de veículo rodoviário pelo serviço de frete, carreto ou transporte de passageiros, realizado por conta própria, corresponde, então, a 20% do rendimento bruto. Isso porque, no valor total pago a este contribuinte individual, já estão inclusos os custos de combustível, manutenção e depreciação do veículo.

Exemplo 2:

A empresa Viva Bem Ltda. contratou Lucas, condutor autônomo de micro-ônibus, para transportar os seus empregados a um sítio de eventos, onde ocorria a festa de confraternização de final de ano, pagando-lhe R$ 1.500,00. Quanto deve recolher para a Previdência Social?

Resposta:

Dos R$ 1.500,00, apenas 20% serão considerados remuneração, ou seja, R$ 300,00. A alíquota de contribuição deve ser aplicada sobre essa base, pois os demais R$ 1.200,00 presumem-se terem sido utilizados para os outros custos (gasolina, manutenção e depreciação). A Viva Bem deve, então, oferecer ao Fisco Previdenciário 20% x R$ 300,00, totalizando R$ 60,00 de contribuição.

Como vimos ao estudarmos a contribuição dos contribuintes individuais, a empresa Viva Bem deve, ainda, descontar a contribuição previdenciária de Lucas acrescida das parcelas do SEST e SENAT.

Lembrando que o STF jugou o Tema 1.223 firmando a tese de que "são inconstitucionais o Decreto nº 3.048/99 e a Portaria MPAS nº 1.135/01 no que alteraram a base de cálculo da contribuição previdenciária incidente sobre a remuneração paga ou creditada a transportadores autônomos, devendo o reconhecimento da inconstitucionalidade observar os princípios da congruência e da devolutividade". Assim, a base fixa do salário de contribuição de 20% da quantia recebida pelo transportador autônomo foi julgada inconstitucional.

As empresas que contratam serviços de contribuintes individuais devem efetuar o recolhimento das contribuições juntamente com as devidas sobre a remuneração dos empregados, até o dia 20 do mês subsequente, sendo este prazo antecipado para o dia útil anterior se não houver expediente bancário no dia 20.

A empresa contratante exclusivamente de serviços de hidráulica, eletricidade, pintura, alvenaria, carpintaria e de manutenção ou reparo de veículos executados por intermédio do MEI mantém, em relação a essa contratação, a obrigatoriedade de recolhimento da contribuição previdenciária patronal de 20%, acrescida do adicional de

2,5% para empresas financeiras, e o cumprimento das obrigações acessórias relativas à contratação de contribuinte individual (art. 18-B da LC 123/2006).

9.3.2.1. Tabela resumo da contribuição da empresa sobre os serviços de contribuintes individuais

Discriminação da contribuição		Alíquota
Parcela básica	Regra geral	20%
	Financeiras	22,5%
SAT / GILRAT e "terceiros"	Não há	
Descrição	**Dia do recolhimento**	**Responsável**
Pagamento juntamente com a contribuição da empresa sobre a remuneração dos empregados e avulsos	Dia 20 ou dia útil anterior	Empresa tomadora do serviço

9.3.3. Contribuição da Cooperativa de Produção

Cooperativa de produção é aquela em que os associados contribuem com serviços laborativos ou profissionais para a produção em comum de bens, quando a cooperativa detenha os meios de produção.

Exemplo:

Pessoas físicas que produzem cadeiras em aço e madeira se unem para produzir em escala os seus produtos, com a finalidade de ganhar competitividade no mercado. Cada um destes produtores, isoladamente, é capaz de produzir mensalmente 20 cadeiras. Juntos, todavia, podem produzir 1.000 cadeiras mensais. Note-se que é muito mais fácil vender 1.000 que vender 20 cadeiras isoladamente. Unindo-se, eles podem tentar vender as suas 1.000 cadeiras para uma escola, faculdade ou para curso preparatório para concurso público.

Lembre-se de que a cooperativa de produção se equipara à empresa para fins de pagamento das contribuições previdenciárias e de que os cooperados de produção estão enquadrados na categoria dos contribuintes individuais. Assim sendo, toda vez que a cooperativa de produção remunerar os cooperados a ela filiados, deve contribuir com a alíquota de 20% (empresa remunerando contribuinte individual). Da mesma forma, quando remunerar os empregados que trabalhem na administração da cooperativa, devem pagar todas as contribuições patronais pertinentes (20% + SAT/GILRAT + terceiros).

Até a edição da Medida Provisória 83, convertida na Lei 10.666/2003, os cooperados de produção não faziam jus à aposentadoria especial. O referido diploma, no entanto, instituiu o benefício da aposentadoria especial para os cooperados de produção que estivessem expostos a agentes nocivos prejudiciais à saúde e à integridade física por 15, 20 ou 25 anos, a depender da nocividade do agente.

Cumprindo, pois, o dispositivo constitucional da preexistência de custeio em relação aos benefícios e serviços, o art. 1º, § 2º, da Lei 10.666 instituiu também a contribuição adicional de 12%, 9% ou 6%, a cargo da cooperativa de produção, incidente sobre a remuneração paga, devida ou creditada ao cooperado filiado, na hipótese de exercício de atividade que autorize a concessão de aposentadoria especial após 15, 20 ou 25 anos de contribuição, respectivamente.

Assim, a cooperativa de produção passou a ser enquadrada em uma situação bastante peculiar, em relação à contribuição referente à remuneração paga aos seus cooperados expostos a agentes nocivos. Ela deve recolher os 20%, referentes à parcela básica, mais os 6%, 9% ou 12% do adicional da aposentadoria especial, a depender da nocividade do agente, mas não recolhe a contribuição básica do SAT/GILRAT em relação aos seus cooperados. Lembre-se de que a empresa somente deve pagar SAT/GILRAT sobre a remuneração de empregados e avulsos que lhe prestem serviço. Deve, ainda, reter a contribuição de todos os segurados que lhe prestem serviços e repassar para a Previdência Social, até o dia 20 do mês subsequente.

Segue exemplo elucidativo das contribuições das cooperativas de produção:

Exemplo:

A Cooperativa Cadeirão foi formada a partir da união de 50 produtores de cadeiras. Ao final do mês de abril, a cooperativa remunerou cada cooperado com R$ 1.800,00. Remunerou, ainda, duas secretárias com R$ 1.200,00, cada, e um pintor que executou serviço de manutenção das instalações da cooperativa, cobrando R$ 3.000,00. Sabendo que 10 cooperados são responsáveis pela fundição do aço para moldagem das cadeiras, estando expostos a agente nocivo que enseja aposentadoria especial em 25 anos, qual deve ser a contribuição patronal desta cooperativa? Dados adicionais: GILRAT 3%, FAP 1,5000 e terceiros 5,8%.

Resposta:

1) A contribuição básica da cooperativa em relação aos cooperados é de R$ 20.000,00 (50 cooperados x 2.000,00 x 20%);

2) A contribuição adicional em relação aos segurados expostos é de R$ 1.200,00 (10 cooperados x 2.000,00 x 6%);

3) A contribuição da cooperativa em relação às duas secretárias é de R$ 1.030,20 (2 secretárias x 1.700 x 30,3% [20%+3% x 1,50 + 5,8%]);

4) A contribuição referente ao serviço do pintor é de R$ 600,00 (20% x 3.000,00);

5) O total da contribuição patronal da cooperativa é de R$ 22.830,20 (20.000 + 1.200 +1.030,20 + 600);

6) A cooperativa deve ainda reter a contribuição dos cooperados, da secretária e do pintor e repassar à Previdência Social até o dia 20 de maio.

9.3.3.1. *Tabela resumo da Contribuição da Cooperativa de Produção*

<table>
<tr><th colspan="2">Discriminação da contribuição</th><th>Alíquota</th></tr>
<tr><td colspan="2">Remuneração básica dos cooperados</td><td>20%</td></tr>
<tr><td rowspan="3">Adicional de aposentadoria especial dos cooperados</td><td>15 anos</td><td>12%</td></tr>
<tr><td>20 anos</td><td>9%</td></tr>
<tr><td>25 anos</td><td>6%</td></tr>
<tr><td colspan="2">Contribuição básica sobre a remuneração dos empregados</td><td>20%</td></tr>
<tr><td colspan="2">SAT/GILRAT sobre a remuneração dos empregados</td><td>1%, 2% ou 3%</td></tr>
<tr><td colspan="2">Terceiros sobre a remuneração dos empregados</td><td>Variável</td></tr>
<tr><td colspan="2">Remuneração sobre os contribuintes individuais não cooperados</td><td>20%, sem qualquer adicional</td></tr>
<tr><th>Descrição</th><th>Dia do recolhimento</th><th>Responsável</th></tr>
<tr><td>Contribuição sobre a remuneração de empregados e avulsos, cooperados e demais contribuintes individuais</td><td>Dia 20 ou dia útil anterior</td><td>Cooperativa</td></tr>
</table>

9.3.4. Contribuição da empresa sobre os serviços prestados por cooperativas de trabalho e contribuição da cooperativa de trabalho

- **Art. 22, IV, Lei 8.212/1991**
- **Art. 1º, § 1º, Lei 10.666/1991**
- **Art. 201, III e § 6º, Decreto 3.048/1999**

De acordo com o art. 22, IV, da Lei 8.212/1991 (já suspenso pela Resolução 10/2016), a empresa deveria pagar contribuição previdenciária de 15% sobre o valor bruto da nota fiscal ou fatura de prestação de serviços de cooperados por intermédio de cooperativas de trabalho.

As empresas que contratassem profissionais filiados a cooperativas de trabalho para exercerem suas atividades sob condições especiais que prejudiquem a saúde e a integridade física contribuíam, adicionalmente, com as alíquotas de 5%, 7% ou 9%, nos casos em que o agente nocivo enseje direito à aposentadoria especial de 25, 20 ou 15 anos, respectivamente (art. 1º, § 1º, Lei 10.666/2003).

Ocorre que, em sessão realizada em 23/4/2014, o plenário do STF, por unanimidade, julgou o RE 595.838, com repercussão geral reconhecida, entendendo que a contribuição previdenciária incidente sobre a nota fiscal de cooperativa de trabalho é inconstitucional.

O Relator, Ministro Dias Toffoli, votou pela inconstitucionalidade do dispositivo (inciso IV do art. 22 da Lei 8.212/1991, incluído pela Lei 9.876/1999), sob os seguintes argumentos: 1) extrapolação da base econômica prevista no art. 195, I, a, da CF; 2) contrariedade ao Princípio da Capacidade Contributiva (art. 145, § 1º, da CF); e 3) a contribuição só poderia ter sido instituída por Lei Complementar, conforme previsto no art. 195, § 4º, combinado com o art. 154, I, ambos da CF.

Assim, o STF acolheu a tese de que a contribuição prevista no art. 22, IV, da Lei 8.212/1991, de 15% sobre o valor bruto da nota fiscal ou fatura de prestação de serviços, relativamente a serviços que lhe são prestados por cooperados por intermédio de cooperativas de trabalho extrapola a previsão do art. 195, I, a, que possibilita a instituição de contribuição sobre a folha de salários e demais rendimentos do trabalho. Logo, para a instituição dessa contribuição, seria necessária a edição de lei complementar, com base na competência residual tributária, prevista no art. 195, § 4º, da CF de 1988.

A própria Receita Federal do Brasil se curvou ao entendimento do STF, com a edição do Ato Declaratório Interpretativo 5, de 25/05/2015, determinando que a RFB não mais constitua o crédito referente à contribuição da empresa contratante de cooperativa de trabalho (15%), ou dos respectivos adicionais de 5%, 7% ou 9%.

Por outro lado, esse mesmo Ato Declaratório expressou o entendimento da Receita Federal de que as cooperativas devem recolher 20% de contribuição previdenciária quando prestarem serviço para empresa. Isso porque, como não há contribuição patronal, não cabe a dedução dos 45% da contribuição patronal do contratante efetivamente recolhida ou declarada em GFIP, limitada a 9%, prevista no art. 216, § 20, Decreto 3.048/1999 (vide **tópico 8.3.4**).

Se o serviço for prestado por intermédio da cooperativa de trabalho, esta deve reter os 20% da remuneração de seus cooperados e repassar para a previdência social.

Em 31/03/2016, o Senado Federal editou a Resolução 10, suspendendo a execução do inciso IV do art. 22 da Lei 8.212/1991, que previa a contribuição sobre a nota fiscal das cooperativas de trabalho.

A contribuição das empresas tomadoras de serviço de cooperativas tinha a finalidade de **substituir as contribuições devidas pelas cooperativas de trabalho sobre a remuneração dos seus cooperados.** Anote que a cooperativa de trabalho, assim como a cooperativa de produção, é considerada empresa pela conceituação do Direito Previdenciário e, como tal, deveria contribuir com a alíquota de 20% sobre a remuneração paga a contribuintes individuais, categoria que abrange os cooperados. Os legisladores optaram por isentar as cooperativas de trabalho, no que tange às remunerações repassadas para os seus filiados, criando uma contribuição a cargo das empresas que contratarem seus serviços (Lei 9.876/1999).

Com a inconstitucionalidade declarada pelo STF e acatada pela Receita, não existe mais qualquer contribuição patronal relativa à contratação de cooperados por empresas, pois, se, por um lado, as contribuições que eram devidas pela própria cooperativa foram substituídas, por outro, a contribuição substituta foi julgada inconstitucional. Nesse cenário, não restou outra interpretação possível senão a de que os cooperados devem recolher o valor integral das contribuições devidas, com a alíquota completa de 20%, conforme previsto no art. 21 da Lei 8.212/1991, sem a redução de 45% prevista no art. 30, § 4º, da mesma lei.

Observe-se que essa contribuição de 15% (e os adicionais de 5%, 7% ou 9% para financiar a aposentadoria especial) apenas substituía a devida pela cooperativa de trabalho em relação à remuneração dos cooperados. Assim, a cooperativa ainda está obrigada a recolher todas as contribuições incidentes sobre a contratação de empregados, avulsos ou de contribuintes individuais distintos dos seus associados. Deve, ainda, efetuar a retenção de todos os segurados, inclusive os cooperados, e repassar os valores à previdência social.

Exemplo:

A empresa de transporte de valores Dinheiro Voador Ltda contrata serviços da Cooperativa de Vigilantes Fortaleza – Coovifor. No mês de setembro, o total da fatura da cooperativa foi de R$ 50.000,00. A Coovifor, depois de receber o pagamento, quitou a folha de seus empregados, no valor de R$ 10.000,00 (contava com duas secretárias, um vigia para segurança da sua sede, dois motociclistas e três auxiliares administrativos). Os R$ 40.000,00 restantes foram distribuídos aos cooperados, sob a forma de remuneração. Como deve ficar a contribuição da empresa Dinheiro Voador e da Coovifor, sabendo que a cota patronal total da cooperativa é de 28,8% (20% parcela básica, 3% GILRAT, 1,000 FAP e 5,8% "terceiros")?

Veja a tabela resposta:

Descrição	Valor
Contribuição da Dinheiro Voador sobre a nota fiscal da cooperativa	Não aplicável, pois foi julgada inconstitucional e já aceita pela RFB
Contribuição da Coovifor sobre a remuneração de seus empregados	10.000 x 28,8% = R$ 2.880,00

A Coovifor nada contribui em relação à remuneração paga aos cooperados, devendo apenas reter destes a parte relativa à contribuição dos segurados e repassá-la à Previdência Social, com a alíquota de 20%.

Como estudado no tópico anterior, as **cooperativas de produção não são beneficiadas por essa isenção**, devendo contribuir da mesma forma que qualquer empresa, inclusive sobre a remuneração de seus cooperados. A diferença em relação à cooperativa de trabalho é que esta não possui qualquer meio de produção, ficando limitada à venda da força de trabalho. Nunca é demais ressaltar que não há qualquer contribuição patronal das empresas que comprarem produtos das cooperativas de produção, mesmo porque a base de cálculo da contribuição previdenciária é o trabalho.

Para sintetizar:

1) A contribuição de 15% das empresas que tomam serviços de cooperativas de trabalho ainda constava da Lei 8.212/1991 e a contribuição adicional de 5%, 7% ou 9% ainda consta da Lei 10.666/2003, mas ambas suspensas pela Resolução 10/2016. Nessa sistemática, a cooperativa de trabalho deveria reter dos cooperados 20% quando prestassem serviço a Pessoas Físicas e 11% quando prestassem serviço a pessoas jurídicas (pois estas já iriam contribuir com a cota patronal sobre os serviços dos cooperados);

2) A jurisprudência consolidada no STF considerou as contribuições dos tomadores de serviço sobre a nota fiscal de cooperativas de trabalho inconstitucionais (tanto os 15%, quanto os adicionais de 5%, 7% ou 9% para o financiamento das aposentadorias especiais dos cooperados);

3) A Receita Federal acatou o entendimento do STF. Com isso, a Receita passou a entender que não deve mais cobrar a contribuição de 15% e seus adicionais de 5%, 7% ou 9% das empresas que tomarem serviço de cooperativas de trabalho. Em contrapartida, a cooperativa deve reter sempre 20% da remuneração repassada aos seus cooperados, independentemente de o serviço ter sido prestado para pessoas físicas ou jurídicas, uma vez que não existe mais a contribuição do contratante de cooperativa. Os cooperados continuam com direito aos mesmos benefícios previdenciários, inclusive a aposentadoria especial, mesmo sem a contribuição patronal de 5, 7 ou 9%.

9.4. CONTRIBUIÇÃO SUBSTITUTIVA DA PARTE PATRONAL

9.4.1. Introdução

Vimos, até então, que as empresas contribuem para a Previdência Social utilizando como base de cálculo a folha de remuneração dos trabalhadores que lhes prestem serviços. Essa base, entretanto, pode ser alterada em razão da atividade econômica do contribuinte (art. 195, § 9º). Neste caso, a empresa passa a contribuir para o RGPS sobre uma **base diferenciada**, em função das peculiaridades de sua atividade.

Lembramos de que, ao estudarmos a contribuição dos segurados, mencionamos que o segurado especial não contribui para o RGPS sobre sua remuneração, devido às características de sua atividade e a irregularidade do seu fluxo financeiro – que concentra todos os recebimentos do ano no momento da colheita e comercialização da produção rural – o impedir de contribuir mensalmente para o sistema. O mesmo pode ocorrer em relação aos tomadores de serviço.

De fato, determinados ramos possuem características singulares que dificultariam o pagamento da contribuição convencional. Nestes casos, a opção do legislador foi substituir a base de cálculo para adequar a contribuição previdenciária à capacidade de pagamento do empregador.

As atividades que foram beneficiadas com esse tratamento diferenciado são:

- Associações desportivas que mantêm equipe de futebol profissional;
- Produtores rurais pessoas físicas;
- Produtores rurais pessoas jurídicas;
- Agroindústrias.

Estudaremos, na sequência, cada um desses casos de substituição da contribuição patronal, demonstrando suas peculiaridades.

9.4.2. Associações desportivas que mantêm equipe de futebol profissional

▶ **Art. 22, §§ 6º a 10, Lei 8.212/1991**

▶ **Art. 205, Decreto 3.048/1999**

A contribuição empresarial das associações desportivas que mantêm equipe de futebol profissional corresponde a **5% da receita bruta**, decorrente dos espetáculos desportivos de que participem em todo o território nacional, em qualquer modalidade desportiva, inclusive jogos internacionais, e, também, 5% da receita de patrocínio, de licenciamento de uso de marcas e símbolos, de publicidade, de propaganda e de transmissão de espetáculos desportivos (art. 22, § 6º, Lei 8.212/1991).

Saliente-se que essa contribuição **substitui apenas as devidas pela empresa sobre a remuneração de empregados e avulsos**, ou seja, caso a associação desportiva contrate contribuinte individual, deverá pagar 20% sobre sua remuneração, a título de contribuição previdenciária. Fica mantida a obrigação de efetuar a retenção da contribuição dos segurados, repassando-a aos cofres previdenciários.

O pagamento a outras entidades e fundos ("terceiros") não é substituído pela contribuição sobre a receita das associações desportivas que mantêm equipe de futebol profissional. O código FPAS destas empresas é o "647", devendo recolher sobre a folha de pagamento o total de 4,5% para os "terceiros".

Observe-se que, para existir a contribuição substitutiva, é fundamental que a associação desportiva possua uma equipe de futebol profissional. Uma vez atendida essa condição, as contribuições incidem sobre **todas as modalidades desportivas** e substituem as relativas a todos os **empregados** da associação.

Exemplo:

O Guarani Futebol Clube, além da equipe de futebol, possui uma equipe de basquete e um clube de remo e ainda possui renda de venda de produtos licenciados. A contribuição deve incidir sobre os espetáculos e patrocínios de todas essas modalidades desportivas e serve como substituta da contribuição de todos os empregados, incluindo os jogadores de basquete, os remadores e, até mesmo, os administrativos do clube.

Outro ponto relevante é que somente serão devidas contribuições sobre a renda dos espetáculos ocorridos em território nacional. Caso o Esporte Clube Bahia realize dois jogos, na disputa da Taça Libertadores da América, contra o River Plate, sendo o primeiro na Argentina e o segundo no estádio da Fonte Nova, em Salvador, a renda recebida pelo jogo realizado no exterior não é parcela tributável. A renda do segundo jogo será tributada, pois, apesar de ser uma competição internacional, o fato gerador é a realização de partidas em território nacional.

Ressalte-se que a contribuição substitutiva das associações desportivas que mantêm equipe de futebol profissional aplica-se apenas às atividades diretamente relacionadas com a manutenção e administração de equipe profissional de futebol, não se estendendo às outras atividades econômicas exercidas pelas referidas sociedades empresariais beneficiárias (art. 22, § 11-A, da Lei 8.212/1991).

A responsabilidade pelo recolhimento é da entidade promotora do espetáculo ou da entidade patrocinadora, cabendo a estas o desconto da contribuição e o repasse para a Previdência Social. **No caso de espetáculos desportivos**, a contribuição deve ser recolhida no prazo de **dois dias úteis após a realização do evento** e, para os patrocínios a entidades desportivas, o prazo é o dia 20 do mês subsequente ao que ocorreu o patrocínio.

Exemplo:

A Rede Bobo firmou contrato com o São Gol Esporte Clube, no valor de R$ 100.000,00, para transmitir o jogo da final do campeonato estadual. Ela deve pagar apenas R$ 95.000,00 para o clube e repassar R$ 5.000,00 para a Previdência Social, a título de contribuição descontada, até o dia 20 do mês subsequente ao que ocorreu a operação. Da mesma maneira, a empresa de material desportivo Falta deve reter 5% do valor dos produtos cedidos para o clube sob a forma de patrocínio e repassá-los à Previdência, no mesmo prazo. O clube deve, ainda, apurar sua folha de pagamento e sobre ela recolher 4,5% para as entidades e fundos e, ainda, reter de seus empregados a contribuição parte dos segurados.

Atenção!

No caso da renda do espetáculo, a entidade promotora deve efetuar a retenção e repassá-la ao RGPS, **no prazo de dois dias úteis após a realização do espetáculo**, e não no dia 20 do mês subsequente ao do evento, como ocorre com todas as outras contribuições da empresa.

Saliente-se que a receita obtida com a venda de jogadores não é base de cálculo para a Previdência Social. Da mesma forma, o patrocínio à seleção brasileira de futebol, contratado com a CBF, não é fato gerador da contribuição substitutiva, pois a CBF não é uma associação desportiva que mantém equipe de futebol profissional.

Por fim, a substituição das contribuições patronais da entidade desportiva que mantém equipe de futebol profissional aplica-se apenas às atividades diretamente relacionadas com a manutenção e administração de equipe profissional de futebol, não se estendendo às outras atividades econômicas exercidas pelas referidas sociedades empresariais beneficiárias.

Assim, se o clube possuir uma atividade econômica fora do desporto, ele não será beneficiado com a isenção em relação a esta atividade econômica. Exemplificando: se o clube passar a construir campos e quadras de futebol, essa nova atividade não será substituída.

Exemplo de questão sobre o tema:

(Técnico do Seguro Social – INSS 2016 – CESPE) A contribuição empresarial de associação desportiva que mantenha equipe de futebol profissional distingue-se da contribuição exigida de outras empresas.

Resposta: certa

9.4.2.1. *Tabela resumo da contribuição substitutiva da associação desportiva que mantém equipe de futebol profissional*

Discriminação da contribuição		Alíquota
Parcela básica sobre o valor do patrocínio, renda dos espetáculos, transmissão dos jogos, propaganda etc.		5%
Pagamento aos "terceiros" sobre a remuneração dos empregados e avulsos		4,5%
Contribuição sobre a remuneração dos contribuintes individuais		20%
Descrição	**Dia do recolhimento**	**Responsável**
Contribuição sobre patrocínios, transmissão de espetáculos, licenciamento, uso de marcas etc.	Dia 20 ou dia útil anterior	Empresa patrocinadora
Contribuição sobre as rendas dos espetáculos realizados em território nacional	2º dia útil após o espetáculo	Empresa promotora do espetáculo
Contribuição sobre os serviços de contribuintes individuais, cooperativa de trabalho, para "terceiros" sobre a remuneração dos empregados, e demais não substituídas	Dia 20 ou dia útil anterior	Própria entidade desportiva

9.4.3. Produtor rural pessoa física

- **Arts. 22-B e 25, Lei 8.212/1991**
- **Art. 200, Decreto 3.048/1999**

A contribuição do produtor rural pessoa física, em substituição à parte patronal relativa à prestação de serviços de empregados e avulsos, é de:

- 1,2% da receita bruta proveniente da comercialização da produção rural (alíquota reduzida de 2% para 1,2% pela Lei 13.606, de 09/01/2018, que alterou o art. 25 da Lei 8.212/1991);

- 0,1% da receita bruta proveniente da comercialização da produção rural para financiamento das prestações por acidente de trabalho (SAT/GILRAT).

O produtor rural pessoa física deve, ainda, recolher 0,2% sobre a mesma base para o SENAR – Serviço Nacional de Aprendizagem Rural.

Atenção!

Note-se que essa contribuição é idêntica à recolhida pelos segurados especiais para o custeio dos próprios benefícios. **Não podemos confundir, entretanto, a contribuição do produtor rural pessoa física com a do segurado especial.**

A primeira tem a finalidade de substituir as contribuições para o custeio da parte patronal em relação aos empregados rurais contratados pelo produtor, e a segunda se refere à parte do segurado especial para o custeio de seus benefícios.

Ressaltamos a importante alteração legislativa promovida pela Lei 13.606, de 09/01/2018, que tornou a sistemática da contribuição substitutiva do Produtor Rural Pessoa Física facultativa, podendo ele optar por pagar suas contribuições patronais pela folha de pagamento ou pela comercialização da produção rural, como lhe for mais vantajoso.

É que a citada norma inseriu o § 13 ao art. 25 da Lei 8.212/1991, dispondo que o produtor rural pessoa física poderá optar por contribuir com a alíquota incidente sobre a comercialização da produção rural ou pela folha de pagamento, manifestando sua opção mediante o pagamento da contribuição incidente sobre a folha de salários relativa a janeiro de cada ano, ou à primeira competência subsequente ao início da atividade rural, e será irretratável para todo o ano-calendário.

O produtor rural pessoa física é segurado obrigatório da previdência social, na qualidade de contribuinte individual, e, como tal, deve contribuir com as mesmas alíquotas de qualquer outro contribuinte individual, como, por exemplo, um pedreiro autônomo.

Da mesma forma que o segurado especial, a norma prevê que caso o produtor rural pessoa física que opte pela contribuição sobre a produção rural **venda sua produção para pessoa jurídica,** a contribuição incidente deve ser **retida e recolhida pelo comprador**, juntamente com as contribuições dos empregados deste. Caberá ao próprio produtor, entretanto, o recolhimento de sua contribuição até o dia 20 do mês subsequente, quando a produção for vendida à pessoa física ou a outro segurado especial.

Ocorre que o Supremo Tribunal Federal julgou a ADI 4395 em dezembro de 2022 e concluiu pela inconstitucionalidade da retenção do FUNRURAL e a responsabilidade do adquirente pela sistemática da sub-rogação. Dessa forma, a contribuição sempre deve ser recolhida pelo próprio produtor rural pessoa física, mesmo que a venda tenha sido efetuada para uma pessoa jurídica.

> Para a quantificação da contribuição, integram a base de cálculo os produtos de origem animal ou vegetal, em estado natural ou submetidos a processos de beneficiamento ou industrialização rudimentar, assim compreendidos, entre outros, os processos de lavagem, limpeza, descaroçamento, pilagem, descascamento, lenhamento, pasteurização, resfriamento, secagem, fermentação, embalagem, cristalização, fundição, carvoejamento, cozimento, destilação, moagem, torrefação, bem como os subprodutos e os resíduos obtidos por meio desses processos, **exceto, no caso de sociedades cooperativas, a parcela de produção que não seja objeto de repasse ao cooperado por meio de fixação de preço.** (art. 25, § 3º, Lei 8.212/1991).

Equipara-se ao empregador rural pessoa física o **consórcio simplificado de produtores rurais** formado pela união de produtores rurais pessoas físicas que outorgam a um deles poderes para contratar, gerir e demitir trabalhadores para prestação de serviços, exclusivamente aos seus integrantes, mediante documento registrado em cartório de títulos e documentos. Nesse caso, a matrícula na Previdência deverá ser efetuada em nome do empregador a quem tenham sido outorgados os poderes, sendo os demais produtores responsáveis solidários em relação às obrigações previdenciárias.

Saliente-se que essa contribuição, assim como a das entidades desportivas que mantêm equipe de futebol profissional, **substitui apenas as devidas pela empresa sobre a remuneração de empregados e avulsos**, ou seja, caso o produtor rural contrate contribuinte individual, deverá pagar 20% sobre a remuneração, a título de contribuição previdenciária. Fica mantida a obrigação de efetuar a retenção da contribuição dos segurados empregados, repassando-as ao INSS.

Além da contribuição para o SENAR sobre a comercialização da produção rural, o produtor rural pessoa física deve contribuir com 2,5% para o FNDE (salário-educação) e 0,2% para o INCRA, ambas incidentes sobre a folha de pagamento de empregados e avulsos (FPAS 604).

Cabe salientar que o Supremo Tribunal Federal decidiu, em 03/02/2010, que a contribuição substitutiva da parte patronal, paga pelo Produtor Rural Pessoa Física, é inconstitucional, por ter sido instituída por lei ordinária anteriormente à alteração do texto constitucional do art. 195, pela EC 20/1998 (RE 363.852 / MG). Entendeu o STF que, para instituição da aludida contribuição, far-se-ia necessária a edição de Lei Complementar, até a edição da EC 20/1998.

A Procuradoria da Fazenda Nacional argumenta que a Lei 10.256/2001 teria sanado a inconstitucionalidade formal, uma vez que foi editada após a alteração do texto constitucional. O julgamento dessa matéria ocorreu em 2017, na apreciação do RE 718.874/RS, que teve a repercussão geral reconhecida.

Nesse julgamento, por maioria de votos, o Plenário do Supremo Tribunal Federal reconheceu a constitucionalidade da contribuição do empregador rural pessoa física sobre o faturamento (Funrural). A tese aprovada pelos ministros diz que "é constitucional, formal e materialmente, a contribuição social do empregador rural pessoa física, instituída pela Lei 10.256/2001, incidente sobre a receita bruta obtida com a comercialização de sua produção" (Tema 669, STF).

Com essa decisão, o STF pacifica o entendimento de que a contribuição do produtor rural pessoa física, incidente sobre a comercialização da produção rural era inconstitucional até a edição da Lei 10.256/2001, se tornando válida a partir desse ato normativo.

Cabe ressaltar que o Supremo Tribunal Federal decidiu que a exportação indireta de produtos – realizada por meio de trading companies (empresas que atuam como intermediárias) – não está sujeita à incidência de contribuições sociais. A análise da questão foi concluída no julgamento da Ação Direta de Inconstitucionalidade (ADI) 4735 e do Recurso Extraordinário (RE) 759244.

A Corte produziu a seguinte tese de repercussão geral (Tema 674): "A norma imunizante contida no inciso I do parágrafo 2º do artigo 149 da Constituição da República alcança as receitas decorrentes de operações indiretas de exportação, caracterizadas por haver participação negocial de sociedade exportadora intermediária". A imunidade prevista no dispositivo constitucional estabelece que as contribuições sociais e de intervenção no domínio econômico não incidem sobre receitas decorrentes de exportação.

Desta forma, fica afastada a previsão de incidência de contribuição previdenciária do art. 148 da IN 2.110/2022 sobre a comercialização de produção rural por intermédio de empresa comercial exportadora.

Segue um exemplo para consolidar o aprendizado acerca da contribuição substitutiva do produtor rural pessoa física:

Exemplo:

Rafael é um produtor rural que possui um pequeno pedaço de terra e opta por contribuir sobre a produção rural. Tem dois empregados, Ivo e Expedito, que o auxiliam no plantio da lavoura do feijão. Parte de sua terra é arrendada a Afonso, que trabalha em regime de economia familiar, sem a utilização de empregados. No mês de novembro, Rafael remunerou Ivo e Expedito com R$ 2.000,00 cada. Rafael vendeu toda sua produção para o Supermercado Pinto Marques, faturando R$ 6.000,00. Afonso vendeu sua produção para os moradores da cidade, arrecadando R$ 1.500,00. Depois de pagar todos os custos produtivos, Rafael retirou R$ 2.000,00, como fruto de seu trabalho. Quais devem ser as contribuições pagas por Afonso e Rafael?

Resposta:

- Sobre a venda da produção para o Supermercado Pinto Marques, Rafael deve receber o valor líquido de R$ 5.910,00, pois a empresa deve reter R$ 90,00 (6.000 x 1,5%) e repassá-los à Previdência até o dia 20 de dezembro;
- Sobre os salários de Ivo e Expedito, não é devida a cota patronal, já que as contribuições são substituídas. É, no entanto, mantida a obrigação de

reter o valor de R$ 157,23 (2.000 x 9% - 22,77), relativo à contribuição de cada um dos empregados. Rafael deve, então, pagar a remuneração de novembro de Ivo e Expedito, no valor de R$ 1.842,77 e repassar os valores retidos até o dia 20 de dezembro;

- Sobre os salários de Ivo e Expedito, são devidos, ainda, R$ 108,00 (4.000 x 2,7%), a título de "terceiros" (2,5% de salário-educação e 0,2% de INCRA);
- Sobre sua remuneração, Rafael, contribuinte individual, deve contribuir com a parte referente à do segurado, com R$ 400,00 (2.000 x 20%);
- Afonso deve contribuir com o valor de R$ 22,50 (1.500 x 1,5%) em relação a sua parte de segurado e de sua família. Deve recolher esse valor até o dia 20 de dezembro.

9.4.3.1. *Tabela resumo da contribuição substitutiva do produtor rural pessoa física optante pela contribuição sobre a produção rural*

Discriminação da contribuição		Alíquota
Parcela básica sobre a comercialização da produção rural		1,2%
SAT/GILRAT sobre a comercialização da produção rural		0,1%
SENAR sobre a comercialização da produção rural		0,2%
Salário-educação sobre a remuneração dos empregados e avulsos		2,5%
INCRA sobre a remuneração dos empregados e avulsos		0,2%
Descrição	**Dia do recolhimento**	**Responsável**
Contribuição sobre a comercialização da produção rural	Dia 20 ou dia útil anterior	Produtor rural pessoa física
Contribuição sobre os serviços de contribuintes individuais, cooperativa de trabalho, para "terceiros" sobre a remuneração dos empregados, e demais não substituídas	Dia 20 ou dia útil anterior	Produtor rural pessoa física
Salário-educação e INCRA sobre a remuneração dos empregados e avulsos	Dia 20 ou dia útil anterior	Produtor rural pessoa física

9.4.4. Produtor rural pessoa jurídica

▶ **Art. 25, Lei 8.870/1994**

▶ **Art. 201, IV, Decreto 3.048/1999**

Das contribuições previdenciárias, uma das únicas que não está regulamentada pela Lei 8.212/1991 é, justamente, a substitutiva da parte patronal devida pelos produtores rurais pessoa jurídica. Encontra-se disposta no art. 25 da Lei 8.870/1994.

De acordo com a Lei, a contribuição do produtor rural pessoa jurídica, em substituição à parte patronal relativa à prestação de serviços de empregados e avulsos, é de:

- 1,7% da receita bruta proveniente da comercialização da produção rural;
- 0,1% da receita bruta proveniente da comercialização da produção rural para financiamento das prestações por acidente de trabalho referente aos seus empregados (SAT/GILRAT).

O produtor rural pessoa jurídica deve, ainda, recolher 0,25% sobre a mesma base para o SENAR – Serviço Nacional de Aprendizagem Rural.

A alíquota de contribuição básica sobre a comercialização da produção rural foi reduzida de 2,5% para 1,7% pela Lei 13.606, de 09/01/2018.

Ressaltamos outra importante alteração legislativa promovida pela Lei 13.606, de 09/01/2018, que tornou a sistemática da contribuição substitutiva do Produtor Rural Pessoa Jurídica facultativa, podendo ele optar por pagar suas contribuições patronais pela folha de pagamento ou pela comercialização da produção rural, como lhe for mais vantajoso.

É que a citada norma inseriu o § 7º ao art. 25 da Lei 8.870/1994, dispondo que o produtor rural pessoa física poderá optar por contribuir com a alíquota incidente sobre a comercialização da produção rural ou pela folha de pagamento, manifestando sua opção mediante o pagamento da contribuição incidente sobre a folha de salários relativa a janeiro de cada ano, ou à primeira competência subsequente ao início da atividade rural, e será irretratável para todo o ano-calendário.

Mesmo antes da Lei 13.606/2018, o Decreto 3.048/1999 já acrescentava que essa substituição somente deve ocorrer quando se tratar de pessoas jurídicas que tenham como fim **apenas a atividade de produção rural**. Logo, a empresa que além da atividade rural explore também outra atividade econômica, quer seja comercial, industrial ou de serviços, no mesmo estabelecimento ou em outro distinto, independentemente de qual seja a atividade preponderante, contribuirá como qualquer empresa, não podendo optar pela contribuição substitutiva sobre a comercialização rural.

O Decreto, mesmo antes da alteração promovida pela Lei 13.606, de 09/01/2018, já trazia uma brecha para que fosse permitido que o produtor rural pudesse se utilizar desse artifício para promover o seu planejamento tributário. Caso o produtor percebesse que a contribuição substitutiva era mais onerosa para sua empresa rural, poderia valer-se dessa prerrogativa legal e alterar seu objeto social, incluindo neste uma atividade comercial que o libertasse da contribuição com base no faturamento.

Saliente-se que o produtor rural pessoa jurídica só pode optar por contribuir sobre o faturamento para o custeio dos benefícios de seus empregados. O sócio da empresa rural deverá contribuir para a Previdência Social na qualidade de contribuinte individual, desde que receba remuneração em função de seu trabalho (pró-labore) e, como tal, deve pagar as mesmas alíquotas de qualquer outro contribuinte individual, como, por exemplo, um pintor autônomo.

A empresa rural é sempre responsável pelo recolhimento das contribuições sobre a venda de sua produção, independentemente do comprador ser pessoa física ou jurídica que opta pela contribuição sobre a produção rural. O produtor pessoa jurídica deve recolher a contribuição até o dia 20 do mês subsequente ao que a produção for vendida, antecipando-se o prazo se não for dia útil, juntamente com as contribuições retidas dos seus empregados.

Note-se que essa contribuição, assim como a do produtor rural pessoa física, substitui apenas as devidas pela empresa sobre a remuneração de empregados e avulsos, ou seja, caso o produtor rural pessoa jurídica contrate contribuinte individual, deverá pagar 20% sobre a remuneração, a título de contribuição previdenciária. Fica mantida a obrigação de efetuar a retenção da contribuição dos segurados, repassando-a ao INSS.

Além da contribuição para o SENAR sobre a comercialização da produção rural, o produtor rural pessoa jurídica deve contribuir com 2,5% para o FNDE (salário-educação) e 0,2% para o INCRA, ambas incidentes sobre a folha de pagamento de empregados e avulsos.

Vamos ao nosso exemplo prático!

Exemplo:

A empresa rural Feijão de Irecê opta pela contribuição sobre a produção e produz grãos para comercialização. Em fevereiro, vendeu sua colheita para o Supermercado Parente, faturando R$ 10.000,00. O total da folha de pagamento foi de R$ 1.500,00, sendo que, nesse mesmo mês, gastou R$ 1.000,00 com a compra de sementes de feijão para revenda, do segurado especial Yuri. Quais devem ser as contribuições pagas pela empresa Feijão de Irecê?

Veja tabela resposta:

Descrição	Valor
Contribuição básica sobre a venda efetuada	1,7% x 10.000 = R$ 170,00
SAT/GILRAT sobre a venda efetuada	0,1% x 10.000 = R$ 10,00
SENAR sobre a venda efetuada	0,25% x 10.000 = R$ 25,00
Retenção sobre a compra efetuada de Yuri	1.000 x 1,5% = R$ 15,00
Valor pago pela empresa Feijão de Irecê a Yuri	1.000 – 15 = R$ 985,00

Sobre a folha de pagamento de empregados, a empresa deve reter apenas a contribuição dos empregados e repassá-la para a Secretaria da Receita Federal do Brasil, além de recolher a alíquota de 2,5% referente ao salário-educação e 0,2% para o INCRA.

Lembrando que o Supremo Tribunal Federal decidiu que a exportação indireta de produtos – realizada por meio de *trading companies* (empresas que atuam como intermediárias) – não está sujeita à incidência de contribuições sociais. A análise da questão foi concluída no julgamento da Ação Direta de Inconstitucionalidade (ADI) 4735 e do Recurso Extraordinário (RE) 759244.

A Corte produziu a seguinte tese de repercussão geral (Tema 674): "A norma imunizante contida no inciso I do parágrafo 2º do artigo 149 da Constituição da República alcança as receitas decorrentes de operações indiretas de exportação, caracterizadas por haver participação negocial de sociedade exportadora intermediária". A imunidade prevista no dispositivo constitucional estabelece que as contribuições sociais e de intervenção no domínio econômico não incidem sobre receitas decorrentes de exportação.

Desta forma, fica afastada a previsão de incidência de contribuição previdenciária do art. 148 da IN 2.110/2022 sobre a comercialização de produção rural por intermédio de empresa comercial exportadora.

Para concluir, por maioria dos votos, o Supremo Tribunal Federal (STF) declarou constitucional a contribuição devida à seguridade social incidente sobre a receita bruta do empregador rural pessoa jurídica, resultante da comercialização da sua produção. A decisão se deu no julgamento do Recurso Extraordinário (RE) 700922, e a tese de repercussão geral (Tema 651) será definida posteriormente pelo Plenário.

9.4.4.1. *Tabela resumo da contribuição substitutiva do produtor rural pessoa jurídica*

Discriminação da contribuição	Alíquota
Parcela básica sobre a comercialização da produção rural	1,7%
SAT/GILRAT sobre a comercialização da produção rural	0,1%
SENAR sobre a comercialização da produção rural	0,25%
Salário-educação sobre a remuneração dos empregados e avulsos	2,5%
INCRA sobre a remuneração dos empregados e avulsos	0,2%

Descrição	Dia do recolhimento	Responsável
Contribuição sobre a comercialização da produção rural	Dia 20 ou dia útil anterior	Produtor rural pessoa jurídica
Contribuição sobre os serviços de contribuintes individuais, cooperativa de trabalho, para "terceiros" sobre a remuneração dos empregados, e demais não substituídas	Dia 20 ou dia útil anterior	Produtor rural pessoa jurídica
Salário-educação e INCRA sobre a remuneração dos empregados e avulsos	Dia 20 ou dia útil anterior	Produtor rural pessoa jurídica

9.4.5. Agroindústria

- **Art. 22-A, Lei 8.212/1991**
- **Art. 201-A, Decreto 3.048/1999**

A agroindústria é o produtor rural pessoa jurídica cuja atividade econômica é a industrialização da produção própria, podendo, adicionalmente, industrializar também produção adquirida de terceiros.

A contribuição da agroindústria, em substituição à parte patronal, incidente sobre a prestação de serviços de empregados e avulsos, é de:

- 2,5% da receita bruta proveniente da comercialização da produção rural;
- 0,1% da receita bruta proveniente da comercialização da produção rural para financiamento das prestações por acidente de trabalho referente aos seus empregados (SAT/GILRAT);

A agroindústria deve, ainda, recolher 0,25% sobre a mesma base para o SENAR – Serviço Nacional de Aprendizagem Rural.

É importante ressaltar que a Lei 13.606, de 09/01/2018, que tornou facultativa a contribuição incidente sobre a produção rural do Produtor Pessoa Física e do Produtor Pessoa Jurídica, não estendeu expressamente essa facultatividade para as agroindústrias, pois não houve alteração no disposto no art. 22-A da Lei 8.212/1991. Acreditamos que não é razoável que as agroindústrias não possam ter o benefício da opção entre a contribuição sobre a comercialização rural e contribuição sobre a folha de salários, uma vez que estas também são espécies de produtores rurais pessoa jurídica. Aguardemos a regulamentação administrativa sobre o tema...

Para o cálculo da receita bruta, que servirá de base de incidência da contribuição previdenciária da agroindústria, a receita correspondente a operações relativas a serviços prestados a terceiros será excluída, devendo ser pagas contribuições sobre a folha de pagamento, exclusivamente dos empregados alocados nessas atividades.

A contribuição substitutiva da parte patronal **não se aplica** às sociedades cooperativas rurais e às agroindústrias de **piscicultura** (produção de peixes), **carcinicultura** (produção de crustáceos, camarão), **suinocultura** (produção de suínos) e **avicultura** (produção de aves) e, também, às agroindústrias que se dediquem apenas ao florestamento e reflorestamento como fonte de matéria-prima para a industrialização própria, mediante a utilização de processo industrial que modifique a natureza química da madeira ou a transforme em pasta celulósica (empresas fabricantes de papel).

As contribuições de empresas como a Sadia, a Perdigão ou a Seara, que, por exemplo, apesar de serem agroindústrias, já que produzem frangos e suínos para abate, industrialização e venda, não incidem sobre a comercialização da produção rural, devendo estas efetuar os recolhimentos com base na folha de pagamento.

Diferente do produtor rural pessoa física, a agroindústria é sempre responsável pelo recolhimento das contribuições sobre a venda de sua produção, independentemente de o comprador ser pessoa física ou jurídica. Deve, então, recolher a contribuição até o dia 20 do mês subsequente ao da venda da produção, juntamente com as contribuições retidas dos seus empregados.

Saliente-se que esta contribuição substitui apenas as devidas pela empresa sobre a remuneração de empregados e avulsos, ou seja, caso a agroindústria contrate contribuinte individual, deverá pagar 20% sobre sua remuneração, a título de contribuição previdenciária. Caso adquira produtos rurais de pessoa física, deve reter a contribuição sobre o valor da compra. Fica mantida, também, a obrigação de efetuar a retenção da contribuição dos segurados, repassando-as à Previdência.

Além da contribuição para o SENAR sobre a comercialização da produção rural, a agroindústria deve contribuir para terceiros com alíquotas variáveis, a depender do seu ramo de atividade, incidentes sobre a folha de pagamento de empregados e avulsos.

Ao contrário do produtor rural pessoa jurídica, **a substituição da parte patronal deve ocorrer mesmo que a agroindústria, além da atividade rural, explore também outra atividade econômica**, quer seja comercial, industrial ou de serviços, no mesmo estabelecimento ou em outro distinto. Contribuirá, então, sobre a comercialização da produção rural.

Vejamos o exemplo referente à contribuição da agroindústria.

Exemplo:

A Agroindústria Laranjal produz laranjas e, após processo de industrialização, efetua a sua transformação em suco, engarrafando-o. A folha de pagamento da empresa é de R$ 20.000,00, sendo que possui dez empregados que recebem R$ 2.000,00, cada. A empresa possui refeitório próprio para os seus empregados e adquiriu, no mês de junho, gêneros alimentícios de segurados especiais para preparo da alimentação dos trabalhadores, tendo gastado a quantia de R$ 7.000,00. Contratou, ainda, um jardineiro para efetuar serviço de corte dos jardins da fazenda produtiva, pagando-lhe R$ 1.000,00. Sabendo que, nesse mesmo mês, a empresa faturou R$ 100.000,00 com a comercialização de seus produtos e que a alíquota de terceiros é de 2,7%, quais são as contribuições que devem ser recolhidas?

Resposta: Veja a tabela resposta:

Descrição	Valor
Valor retido dos empregados (parte segurados)	(2.000 x 9% – 22,77) x 10 = R$ 1.572,30
Valor retido da aquisição de produtos rurais	7.000 x 1,5% = R$ 105,00 (a Agroindústria Laranjal deve pagar aos produtores R$ 6.895,00 e reter R$ 105,00)
Parte patronal em relação ao jardineiro	1.000 x 20% = R$ 200,00 (o jardineiro é um contribuinte individual)
Valor retido do jardineiro	1.000 x 11% = R$ 110,00 (a Agroindústria Laranjal deve pagar ao jardineiro R$ 890,00 e reter R$ 110,00)

Descrição	Valor
Valor de "terceiros" sobre a folha	20.000 x 2,7% = R$ 540,00
Valor da contribuição substitutiva	100.000 x 2,85% = R$ 2.850,00 (a alíquota aplicada já inclui 2,5% parte patronal, 0,1% SAT e 0,25% SENAR)
Total a recolher	**1.588,20 + 161 + 200 + 110 + 540 + 2.850 = R$ 5.449,20 (este valor deve ser pago até o dia 20 de julho)**

9.4.5.1. *Tabela resumo da contribuição substitutiva da parte patronal da agroindústria*

Discriminação da contribuição		Alíquota
Parcela básica sobre a comercialização da produção rural		2,5%
SAT/GILRAT sobre a comercialização da produção rural		0,1%
SENAR sobre a comercialização da produção rural		0,25%
Terceiros sobre a remuneração de empregados e avulsos		Variável
Descrição	**Dia do recolhimento**	**Responsável**
Contribuição sobre a comercialização da produção rural	Dia 20 ou dia útil anterior	Agroindústria
Contribuição sobre os serviços de contribuintes individuais, cooperativa de trabalho, para "terceiros" sobre a remuneração dos empregados e demais não substituídas	Dia 20 ou dia útil anterior	Agroindústria
Terceiros sobre a remuneração dos empregados e avulsos	Dia 20 ou dia útil anterior	Agroindústria

9.5. A DESONERAÇÃO DA FOLHA DE PAGAMENTO E AS CONTRIBUIÇÕES SUBSTITUTIVAS TEMPORÁRIAS

Há muitos anos, vem sendo travado o debate sobre a necessidade de substituição da contribuição previdenciária patronal incidente sobre a folha de pagamento, por outra que traga menos impacto para a sociedade. Com o agravamento do risco social do desemprego involuntário, o debate foi impulsionado.

O governo, pressionado pela sociedade e por setores empresariais, tem adotado medidas para reduzir os custos tributários sobre a mão de obra.

Nessa linha, foi editada a Lei 12.546, de 14 de dezembro de 2011, que substituiu a **contribuição previdenciária básica de 20%** incidente sobre a folha de pagamento dos **empregados, avulsos e dos contribuintes individuais** de diversos setores da economia.

Essas desonerações foram ampliadas para diversos setores, incluindo o da construção civil, o comercio varejista e para diversos setores industriais e de serviços, com a publicação de uma série de medidas provisórias que alteraram a redação da Lei 12.546/2011. A Instrução Normativa 1.436, de 30/12/2013, regulamentou a matéria, esclarecendo diversos pontos nebulosos sobre a desoneração da folha de pagamento.

Devido à complexidade da matéria e ao fato de ela não interessar a todos os leitores desta obra, fizemos um capítulo próprio para detalharmos os procedimentos da desoneração **(vide capítulo 27)**.

9.6. CONTRIBUIÇÃO DAS EMPRESAS OPTANTES PELO SIMPLES NACIONAL

A atual Constituição Federal do Brasil dispõe, em seu art. 179, que "a União, os Estados, o Distrito Federal e os Municípios dispensarão **às microempresas e às empresas de pequeno porte**, assim definidas em lei, **tratamento jurídico diferenciado**, visando a incentivá-las pela simplificação de suas obrigações administrativas, tributárias, previdenciárias e creditícias ou pela eliminação e redução destas por meio de lei". O art. 170, inciso IX, alberga "tratamento favorecido às empresas de pequeno porte constituídas sob as leis brasileiras e que tenham sua sede e administração no País".

Com a finalidade de tornar efetivo esse ordenamento constitucional, foi aprovada a Lei 9.317/1996, que instituiu o SIMPLES – Sistema Integrado de Pagamento de Impostos e Contribuições Previdenciária das Microempresas e das Empresas de Pequeno Porte. Essa lei foi, todavia, revogada pela Lei Complementar 123, de 14/12/2006, que instituiu o "Estatuto Nacional da Microempresa e da Empresa de Pequeno Porte", chamado de Super Simples. Essa Lei Complementar já foi alterada pela LC 127, de 14/08/2007, pela LC 128, de 19/12/2008, e pela LC 147, de 07/08/2014. O regime de tributação das microempresas e empresas de pequeno porte, definido na nova lei, entrou em vigor em 1º de julho de 2007 e foi por ela chamado de **Simples Nacional**.

Consideram-se microempresas o empresário, a pessoa jurídica ou a ela equiparada que aufira, em cada ano-calendário, receita bruta igual ou inferior a R$ 360.000,00 (valor atualizado pela LC 139, de 10/11/2011).

Consideram-se empresas de pequeno porte o empresário, a pessoa jurídica ou a ela equiparada que aufira, em cada ano-calendário, receita bruta superior a R$ 360.000,00 e igual ou inferior a R$ 4.800.000,00 (vide art. 3º, LC 123, atualizado pela LC 155/2016).

Observe-se, no entanto, que o art. 13-A da LC 123 dispõe que para efeito de recolhimento do ICMS e do ISS no Simples Nacional, o limite máximo será de R$ 3.600.000,00.

O Simples Nacional consiste em uma forma de **consolidação de diversos tributos** em um único, calculado mediante a aplicação de uma alíquota sobre a receita bruta da empresa. A grande vantagem do Simples Nacional em relação ao antigo Simples é a inclusão do ICMS e ISS no rol dos tributos substituídos pela alíquota única.

As empresas que se enquadram nos limites estabelecidos têm a faculdade de **optar** pelo sistema simplificado. Podem, ainda, continuar a contribuir da maneira tradicional, pagando isoladamente todos os tributos para cada ente arrecadador.

Serão consideradas inscritas no Simples Nacional as microempresas e empresas de pequeno porte regularmente optantes pelo regime tributário do antigo Simples, salvo as que estiverem impedidas de optar por alguma vedação imposta pela nova lei.

O tratamento diferenciado e favorecido dispensado às microempresas e empresas de pequeno porte será gerido pelas instâncias a seguir especificadas:

I - Comitê Gestor do Simples Nacional, vinculado ao Ministério da Economia, composto de 4 (quatro) representantes da União, 2 (dois) dos Estados e do Distrito Federal, 2 (dois) dos Municípios, 1 (um) do Serviço Brasileiro de Apoio às Micro e Pequenas Empresas (Sebrae) e 1 (um) das confederações nacionais de representação do segmento de microempresas e empresas de pequeno porte referidas no art. 11 da Lei Complementar nº 147, de 7 de agosto de 2014, para tratar dos aspectos tributários;

II - Fórum Permanente das Microempresas e Empresas de Pequeno Porte, com a participação dos órgãos federais competentes e das entidades vinculadas ao setor, para tratar dos demais aspectos, ressalvado o disposto no inciso III, que segue;

III - Comitê para Gestão da Rede Nacional para Simplificação do Registro e da Legalização de Empresas e Negócios - CGSIM, vinculado à Secretaria da Micro e Pequena Empresa da Presidência da República, composto por representantes da União, dos Estados e do Distrito Federal, dos Municípios e demais órgãos de apoio e de registro empresarial, na forma definida pelo Poder Executivo, para tratar do processo de registro e de legalização de empresários e de pessoas jurídicas.

Assim, verifica-se que o Simples Nacional, diferentemente do que ocorria com o Simples Federal, não é administrado pela Receita Federal, mas sim por um **Comitê Gestor**, contendo representantes de todos os entes federativos.

A competência para fiscalizar o cumprimento das obrigações principais e acessórias relativas ao Simples Nacional é da Secretaria da Receita Federal do Brasil e das Secretarias de Fazenda ou de Finanças do Estado ou do Distrito Federal, segundo a localização do estabelecimento, e, tratando-se de prestação de serviços incluídos na competência tributária municipal, a competência será também do respectivo Município.

Não se incluem no regime diferenciado do Simples Nacional, a pessoa jurídica (art. 3º, § 4º, da Lei Complementar 123/2006):

I - de cujo capital participe outra pessoa jurídica;

II - que seja filial, sucursal, agência ou representação, no País, de pessoa jurídica com sede no exterior;

III – de cujo capital participe pessoa física que seja inscrita como empresário, ou seja sócia de outra empresa que receba tratamento jurídico diferenciado nos termos dessa Lei Complementar, desde que a receita bruta global ultrapasse o limite de R$ 3.600.000,00;

IV – cujo titular ou sócio participe com mais de 10% do capital de outra empresa não beneficiada por esta Lei Complementar, desde que a receita bruta global ultrapasse o limite de R$ 3.600.000,00;

V – cujo sócio ou titular seja administrador ou equiparado de outra pessoa jurídica com fins lucrativos, desde que a receita bruta global ultrapasse o limite de R$ 3.600.000,00;

VI – constituída sob a forma de cooperativas, salvo as de consumo;

VII – que participe do capital de outra pessoa jurídica;

VIII – que exerça atividade de banco comercial, de investimentos e de desenvolvimento, de caixa econômica, de sociedade de crédito, financiamento e investimento ou de crédito imobiliário, de corretora ou de distribuidora de títulos, valores mobiliários e câmbio, de empresa de arrendamento mercantil, de seguros privados e de capitalização ou de previdência complementar;

IX – resultante ou remanescente de cisão ou qualquer outra forma de desmembramento de pessoa jurídica que tenha ocorrido em um dos 5 (cinco) anos-calendário anteriores;

X – constituída sob a forma de sociedade por ações;

XI – cujos titulares ou sócios guardem, cumulativamente, com o contratante do serviço, relação de pessoalidade, subordinação e habitualidade.

Caso a microempresa ou empresa de pequeno porte incorram em alguma das situações que impossibilitem a adesão ao Simples Nacional, serão excluídas do regime especial, com efeitos a partir do mês seguinte ao que incorrida a situação impeditiva. Sendo assim, os efeitos da exclusão são retroativos, pois será considerada a data do fato gerador do desenquadramento e não a data em que foi detectada a irregularidade pela fiscalização.

A Lei Complementar 123 instituiu, então, o "Regime Especial Unificado de Arrecadação de Tributos e Contribuições devidos pelas Microempresas e Empresas de Pequeno Porte – Simples Nacional", mediante o recolhimento mensal, em documento único de arrecadação, dos seguintes impostos e contribuições:

I – Imposto sobre a Renda da Pessoa Jurídica – IRPJ;

II – Imposto sobre Produtos Industrializados – IPI;

III – Contribuição Social sobre o Lucro Líquido – CSLL;

IV – Contribuição para o Financiamento da Seguridade Social – COFINS;

V – Contribuição para o PIS/Pasep;

VI - **Contribuição Previdenciária patronal;**

VII - Imposto sobre Operações Relativas à Circulação de Mercadorias e Sobre Prestações de Serviços de Transporte Interestadual e Intermunicipal e de Comunicação - ICMS;

VIII - Imposto sobre Serviços de Qualquer Natureza - ISS.

O recolhimento da guia do Simples Nacional não exclui a incidência dos seguintes impostos ou contribuições, devidos na qualidade de contribuinte ou responsável, em relação aos quais será observada a legislação aplicável às demais pessoas jurídicas:

I - Imposto sobre Operações de Crédito, Câmbio e Seguro, ou Relativas a Títulos ou Valores Mobiliários - IOF;

II - Imposto sobre a Importação de Produtos Estrangeiros - II;

III - Imposto sobre a Exportação, para o Exterior, de Produtos Nacionais ou Nacionalizados - IE;

IV- Imposto sobre a Propriedade Territorial Rural - ITR;

V - Imposto de Renda, relativo aos rendimentos ou ganhos líquidos auferidos em aplicações de renda fixa ou variável;

VI - Imposto de Renda relativo aos ganhos de capital auferidos na alienação de bens do ativo permanente;

VII - Contribuição Provisória sobre Movimentação ou Transmissão de Valores e de Créditos e Direitos de Natureza Financeira - CPMF (quando vigente);

VIII - **Contribuição para o Fundo de Garantia do Tempo de Serviço - FGTS;**

IX - **Contribuição para manutenção da Seguridade Social, relativa ao trabalhador;**

X - Contribuição para a Seguridade Social, relativa à pessoa do empresário, na qualidade de contribuinte individual;

XI - Imposto de Renda relativo aos pagamentos ou créditos efetuados pela pessoa jurídica a pessoas físicas;

XII - Contribuição para o PIS/Pasep, Cofins e IPI incidentes na importação de bens e serviços;

XIII - ICMS devido nas situações previstas na LC 123/2007;

XIV - ISS devido:

a) em relação aos serviços sujeitos à substituição tributária ou retenção na fonte;

b) na importação de serviços;

XV - demais tributos de competência da União, dos Estados, do Distrito Federal ou dos Municípios, não relacionados nos incisos anteriores.

As microempresas e empresas de pequeno porte optantes pelo Simples Nacional ficam **dispensadas, também, do pagamento de contribuições para outras entidades e fundos – terceiros.**

Em síntese, **do ponto de vista previdenciário, o SIMPLES substitui toda a parte patronal, inclusive a contribuição para terceiros.** Subsiste, contudo, a obrigação da empresa inscrita no sistema de **reter as contribuições dos empregados, contribuintes individuais e pessoas jurídicas, quando cabível, e de repassá-las à Previdência Social até o dia 20 do mês subsequente** (art. 40 da Resolução 140/2018 do CGSN).

Não poderão recolher os impostos e contribuições na forma do Simples Nacional a microempresa ou empresa de pequeno porte:

I – que explore atividade de prestação cumulativa e contínua de serviços de assessoria creditícia, gestão de crédito, seleção e riscos, administração de contas a pagar e a receber, gerenciamento de ativos (***asset management***) ou compra de direitos creditórios resultantes de vendas mercantis a prazo ou de prestação de serviços (***factoring***) ou que execute operações de empréstimo, de financiamento e de desconto de títulos de crédito, exclusivamente com recursos próprios, tendo como contrapartes microempreendedores individuais, microempresas e empresas de pequeno porte, inclusive sob a forma de empresa simples de crédito; (alterado pela LC 167 de 24/04/2019)

II – que tenha sócio domiciliado no exterior;

III – de cujo capital participe entidade da administração pública, direta ou indireta, federal, estadual ou municipal;

IV – que realize atividade de locação de imóveis próprios, exceto quando se referir à prestação de serviços tributados pelo ISS.

V – que possua débito com o Instituto Nacional do Seguro Social – INSS, ou com as Fazendas Públicas Federal, Estadual ou Municipal, cuja exigibilidade não esteja suspensa;

VI – que preste serviço de transporte intermunicipal e interestadual de passageiros, exceto quando na modalidade fluvial ou quando possuir características de transporte urbano ou metropolitano ou realizar-se sob fretamento contínuo em área metropolitana para o transporte de estudantes ou trabalhadores;

VII – que seja geradora, transmissora, distribuidora ou comercializadora de energia elétrica;

VIII – que exerça atividade de importação ou fabricação de automóveis e motocicletas;

IX – que exerça atividade de importação de combustíveis;

X – que exerça atividade de produção ou venda no atacado de:

a) cigarros, cigarrilhas, charutos, filtros para cigarros, armas de fogo, munições e pólvoras, explosivos e detonantes;

b) bebidas não alcoólicas a seguir descritas:

1. alcoólicas (revogado a partir de 01/01/2018 pela LC 155/2016);

2. cervejas sem álcool;

c) bebidas alcoólicas, exceto aquelas produzidas ou vendidas no atacado por:

1. micro e pequenas cervejarias;

2. micro e pequenas vinícolas;

3. produtores de licores;

4. micro e pequenas destilarias;

XI – que realize cessão ou locação de mão de obra;

XII – que se dedique ao loteamento e à incorporação de imóveis;

XIII – com ausência de inscrição ou com irregularidade em cadastro fiscal federal, municipal ou estadual, quando exigível.

Poderão optar pelo Simples Nacional sociedades que se dediquem exclusivamente à prestação de outros serviços que não tenham sido objeto de vedação expressa. Observe-se que no texto original da LC 123/2006, os outros serviços não vedados **não podem incluir as contribuições previdenciárias patronais.**

Não está vedada a opção pelo Simples Nacional, inclusive no concernente às contribuições previdenciárias, das empresas que exerçam as seguintes atividades:

I – creche, pré-escola e estabelecimento de ensino fundamental, escolas técnicas, profissionais e de ensino médio, de línguas estrangeiras, de artes, cursos técnicos de pilotagem, preparatórios para concursos, gerenciais e escolas livres;

II – agência terceirizada de correios;

III – agência de viagem e turismo;

IV – centro de formação de condutores de veículos automotores de transporte terrestre de passageiros e de carga;

V – agência lotérica;

VI – serviços de instalação, de reparos e de manutenção em geral, bem como de usinagem, solda, tratamento e revestimento em metais;

VII – transporte municipal de passageiros;

VIII – escritórios de serviços contábeis;

IX – produções cinematográficas, audiovisuais, artísticas e culturais, sua exibição ou apresentação, inclusive no caso de música, literatura, artes cênicas, artes visuais, cinematográficas e audiovisuais;

X – fisioterapia;

XI – corretagem de seguros;

XII – arquitetura e urbanismo;

XIII – medicina, inclusive laboratorial, e enfermagem;

XIV – odontologia e prótese dentária;

XV – psicologia, psicanálise, terapia ocupacional, acupuntura, podologia, fonoaudiologia, clínicas de nutrição e de vacinação e bancos de leite.

Algumas atividades de prestação de serviços poderão ser tributadas pelo Simples Nacional, sendo, no entanto, excluída a contribuição previdenciária patronal. Assim, as empresas devem pagar as contribuições previdenciárias na forma da legislação ordinária. São elas:

I – construção de imóveis e obras de engenharia em geral, inclusive sob a forma de subempreitada, execução de projetos e serviços de paisagismo, bem como decoração de interiores;

II – serviço de vigilância, limpeza ou conservação.

III – serviços advocatícios.

O objetivo desta obra não permite um maior detalhamento das diversas listagens de serviços constantes da LC 123.

Os tributos devidos pelas empresas optantes pelo Simples deverão ser pagos até o **dia 20** do mês subsequente àquele em que houver sido auferida a receita bruta. Na hipótese de a ME ou EPP possuir filiais, o recolhimento dos tributos do Simples Nacional dar-se-á por intermédio da matriz. Quando não houver expediente bancário no prazo estabelecido no *caput*, os tributos deverão ser pagos **até o dia útil imediatamente posterior** (art. 38 da Resolução 94 do CGSN).

Note-se que a data de pagamento da contribuição das empresas optantes pelo Simples **é diferente da regra geral de vencimento das contribuições previdenciárias, que estabelece o dia 20 como data de vencimento, antecipando-se o prazo, caso não seja dia útil.**

Atualmente o documento de arrecadação do Simples é chamado de DAS – Documento de Arrecadação do Simples e ele pode ser calculado pela internet, através do Portal do Simples Nacional (www.receita.fazenda.gov.br/SimplesNacional).

As alíquotas da contribuição unificada são variáveis, em relação ao setor de atividade e ao faturamento da empresa. O percentual relativo a cada tributo é definido em tabelas anexas à Lei Complementar 123/2007, variando, também, em relação ao setor de atividade e ao faturamento da empresa. A menor alíquota de contribuição constante das tabelas é de 4% e a maior é de 22,90%. A alíquota máxima pode, ainda, ser acrescida em situações especiais, como ocorre, por exemplo, se a empresa ultrapassar o limite máximo de faturamento permitido pela Lei.

A exclusão de ofício das empresas optantes pelo Simples Nacional dar-se-á quando (art. 29, LC 123):

I – verificada a falta de comunicação de exclusão obrigatória;

II – for oferecido embaraço à fiscalização, caracterizado pela negativa não justificada de exibição de livros e documentos a que estiverem obrigadas, bem como pelo não fornecimento de informações sobre bens, movimentação financeira, negócio ou atividade que estiverem intimadas a apresentar, e nas demais hipóteses que autorizam a requisição de auxílio da força pública;

III – for oferecida resistência à fiscalização, caracterizada pela negativa de acesso ao estabelecimento, ao domicílio fiscal ou a qualquer outro local onde desenvolvam suas atividades ou se encontrem bens de sua propriedade;

IV – a sua constituição ocorrer por interpostas pessoas;

V – tiver sido constatada prática reiterada de infração ao disposto nesta Lei Complementar;

VI – a empresa for declarada inapta, na forma dos arts. 81 e 82 da Lei 9.430, de 27 de dezembro de 1996, e alterações posteriores;

VII – comercializar mercadorias objeto de contrabando ou descaminho;

VIII – houver falta de escrituração do livro-caixa ou não permitir a identificação da movimentação financeira, inclusive bancária;

IX – for constatado que durante o ano-calendário o valor das despesas pagas supera em 20% (vinte por cento) o valor de ingressos de recursos no mesmo período, excluído o ano de início de atividade;

X – for constatado que durante o ano-calendário o valor das aquisições de mercadorias para comercialização ou industrialização, ressalvadas hipóteses justificadas de aumento de estoque, for superior a 80% (oitenta por cento) dos ingressos de recursos no mesmo período, excluído o ano de início de atividade;

XI – deixar de emitir documento fiscal de venda ou prestação de serviço, de acordo com instruções expedidas pelo Comitê Gestor;

XII – omitir da folha de pagamento da empresa ou de documento de informações previsto pela legislação previdenciária, trabalhista ou tributária, segurado empregado, trabalhador avulso ou contribuinte individual que lhe preste serviço.

Ressalte-se que a omissão em GFIP é motivo suficiente para que seja procedida a exclusão de ofício da empresa do Simples Nacional, desde a alteração promovida pela Lei Complementar 127, de 14/08/2007.

Por fim, ressaltamos a alteração trazida pela LC 128, de 19/12/2008, que criou o "Microempreendedor Individual" – MEI, alterando a Lei Complementar 123 (Super-Simples).

Como a alteração é bastante relevante, consideramos grande a probabilidade de ser alvo de cobrança em prova de concurso público.

De acordo com o art. 18-A da LC 123, o Micro Empreendedor Individual – MEI poderá optar pelo recolhimento dos impostos e contribuições abrangidos pelo Simples Nacional em valores fixos mensais, independentemente da receita bruta por ele auferida no mês.

Microemprendedor individual é o empresário individual que tenha auferido receita bruta, no ano-calendário anterior, de até R$ 81.000,00, optante pelo Simples Nacional. Quando o MEI iniciar as atividades no curso do ano, o limite será de R$ 6.750,00 por mês de exercício da atividade, consideradas as frações de meses como um mês inteiro. Esses valores foram atualizados pela LC 155, de 27/10/2016, com vigência a partir de 01/01/2018.

A opção pelo enquadramento como microempreendedor individual importa em opção pelo recolhimento da contribuição previdenciária na forma simplificada, conforme vimos no Capítulo 8 (item 8.3.2).

O MEI recolherá, na forma regulamentada pelo Comitê Gestor, valor fixo mensal correspondente à soma das seguintes parcelas:

a) R$ 75,90 (5% do salário mínimo), a título da contribuição previdenciária simplificada;

b) R$ 1,00, a título de ICMS, caso seja contribuinte deste tributo;

c) R$ 5,00, a título de ISS, caso seja contribuinte deste tributo.

O microempreendedor individual não estará sujeito à incidência de IRPJ, IPI, CSLL, PIS, COFINS e Contribuição Previdenciária Patronal.

Não poderá optar por esta sistemática de recolhimento o MEI (art. 18-A, § 4º):

I – que atue como prestador de serviços, salvo autorização relativa a exercício de atividade isolada na forma regulamentada pelo Comitê Gestor;

II – que possua mais de um estabelecimento;

III – que participe de outra empresa como titular, sócio ou administrador; ou

IV – que contrate empregado, salvo exceção prevista no art. 18-C da LC 123 (contratação de um empregado por um salário mínimo).

A empresa contratante de serviços de hidráulica, eletricidade, pintura, alvenaria, carpintaria e de manutenção ou reparo de veículos executados por intermédio do MEI mantém, em relação a essa contratação, a obrigatoriedade de recolhimento da contribuição previdenciária patronal e de cumprimento das obrigações acessórias relativas à contratação de contribuinte individual.

Observe-se que o art. 18-C da LC 123 dispõe que poderá se enquadrar como MEI o empresário individual ou o empreendedor que exerça as atividades de industrialização, comercialização e prestação de serviços no âmbito rural que possua um único empregado que receba exclusivamente 1 salário mínimo ou o piso salarial da categoria profissional. Nesta hipótese, o MEI deve recolher a título de contribuição previdenciária patronal a alíquota fixa de 3% sobre a remuneração efetivamente paga ao seu empregado.

Para os casos de afastamento legal do único empregado do MEI, será permitida a contratação de outro empregado, inclusive por prazo determinado, até que cessem as condições do afastamento (LC 139/2011).

A Lei Complementar 139, de 10 de novembro de 2011, acrescentou os §§ 10 a 12 ao art. 9º da LC 123, dispondo que no caso de existência de obrigações tributárias, previdenciárias ou trabalhistas, principais ou acessórias, o MEI poderá, a qualquer momento, solicitar a baixa nos registros, independentemente do pagamento dos valores devidos, sendo resguardado o direito do Fisco de cobrar posterirormente do MEI o valor do débito.

As provas de concursos não têm exigido um aprofundado conhecimento sobre as alíquotas de contribuição das empresas e dos segurados. Na maioria das provas, sequer aparece qualquer questão específica sobre o tema. De toda forma, recomendamos aos estudantes que se preparam para concursos para a carreira fiscal que não menosprezem esse tema. Por fazer parte da realidade do trabalho dos Auditores e Analistas Tributários da Receita Federal, pode, a qualquer tempo, voltar a ser exigido com profundidade, como ocorria nos concursos para a extinta carreira de Auditor-Fiscal da Previdência Social.

Exemplo de questão sobre contribuições:

(Analista Tributário da Receita Federal do Brasil Dezembro/2009 – ESAF) A arrecadação e recolhimento das contribuições destinadas à Seguridade Social devem ser feitos com a cooperação dos entes e pessoas envolvidos com o fato gerador da contribuição social. A respeito dessa cooperação imposta pela lei, assinale a assertiva incorreta, nos termos da legislação de custeio previdenciário em vigor.

a) Os segurados, contribuinte individual e facultativo, estão obrigados a recolher sua contribuição por iniciativa própria, até o dia 20 (vinte) do mês seguinte ao da competência.

b) A empresa é obrigada a recolher os valores arrecadados dos segurados empregados até o dia 20 (vinte) do mês subsequente ao da competência.

c) A empresa é obrigada a arrecadar as contribuições dos segurados empregados e trabalhadores avulsos a seu serviço, descontando-as da respectiva remuneração.

d) O empregador doméstico está obrigado a arrecadar a contribuição do segurado empregado a seu serviço e a recolhê-la, assim como a parcela a seu cargo.

e) Se não houver expediente bancário nas datas legais de recolhimento da contribuição, o recolhimento deverá ser efetuado no dia útil imediatamente posterior.

Resposta: A. No que se refere à proposição "e", observe-se que nem sempre os prazos são postergados, como afirmado no quesito, deixando a questão vulnerável a recursos.

9.7. TABELA RESUMO GERAL DAS CONTRIBUIÇÕES DA EMPRESA

Empregador	Segurados		Parcela básica sobre a remuneração	Acréscimo para Inst. Financ.	Terceiros*	SAT/GIL-RAT**	Retenção dos segurados	Data	Contribuições patronais retidas pelo:	13º Salário	Adicional do SAT/GIL-RAT***
Empresa e Equiparados	Empregados e Avulsos		20%	2,5%	Alíq. variável	1% risco leve; 2% risco médio; 3% risco grave	Tabela	20	Pago até 20/12 ou dia útil anterior	Sobre a remuneração	Sobre a remuneração 12% -15 anos 9% -20 anos 6% -25 anos
	Contrib. Individual		20%	2,5%	–	–	11%	20	–	–	–
	Cooperativa de Trabalho		–	–	–	–	20%	20	–	–	Julgada inconstitucional pelo STF
Empregador doméstico	Empregado doméstico		8 % + 0,8% de SAT até o teto				Tabela	20	–	–	–
Cooperativa de Produção	Empregados		20%	–	Alíq. variável	1% risco leve; 2% risco médio; 3% risco grave	Tabela	20	–	Pago até 20/12 ou dia útil anterior	Sobre a remuneração 12% – 15 anos 9% – 20 anos 6% – 25 anos
	Cooperados		20%	–	–	–	11%	20	–	–	
Contribuições Substitutivas	Associações desportivas		5% da receita	–	4,5% sobre a folha de pagamento	–	Dos segurados	20 Até 2 dias úteis da realização	Patrocinador O ente promotor de espetáculos	–	–
	Produtores rurais	PF	1,2% da fatura	–	0.2% SENAR	0,1% do faturamento	Tabela	20	Empresas agroindústrias que pagam sobre a folha: Aves; Suínos; Peixes; Camarões; Celulose e Papel. **Produtor Rural PJ** – para gozar da substituição, só pode exercer essa atividade. **Agroindústria** – pode exercer outras atividades, sem perder a substitutiva.		–
		PJ	1,7% do faturamento	–	0.25% SENAR	0,1% do faturamento	Tabela	20			–
	Agroindústrias		2,5% do faturamento	–	0.25% SENAR	0,1% do faturamento	Tabela	20			–
SIMPLES			Alíquota variável a depender do faturamento	–	–	–	Tabela	15	–	–	–

Capítulo 10

Outras Receitas da Seguridade Social

- **Art. 27, Lei 8.212/1991**
- **Art. 213, Decreto 3.048/1999**

Demonstramos, até então, que o art. 195 da Constituição Federal dispõe que a seguridade social será financiada pelo Poder Público e pelas contribuições sociais. Algumas dessas contribuições, estudadas nos capítulos 8 e 9, são destinadas exclusivamente à previdência social. Outras são vinculadas às demais áreas da seguridade social, a exemplo do PIS, COFINS, CSLL etc.

Existem, todavia, outras fontes de recursos que alimentam a seguridade social brasileira. O art. 27 da Lei 8.212/1991 define-as desta forma:

> *I - as multas, a atualização monetária e os juros moratórios;*

Esses valores são devidos à seguridade social sempre que o recolhimento das contribuições não ocorra na data fixada pela legislação. Estudaremos os percentuais a serem aplicados referentes às multas e juros decorrentes de pagamento em atraso de contribuições previdenciárias, em capítulo específico.

> *II - a remuneração recebida por serviços de arrecadação, fiscalização e cobrança prestados a terceiros;*

Conforme mencionado no **tópico 9.3.1.4**, a Previdência Social é remunerada pela arrecadação, fiscalização e cobrança das contribuições para outras entidades e fundos - "terceiros" - com o percentual de 3,5% do montante arrecadado, exceto sobre o salário-educação (FNDE), em que o percentual destinado à Seguridade é de 1%.

> *III - as receitas provenientes de prestação de outros serviços e de fornecimento ou arrendamento de bens;*
>
> *IV - as demais receitas patrimoniais, industriais e financeiras;*
>
> *V - as doações, legados, subvenções e outras receitas eventuais;*
>
> *VI - 50% dos valores obtidos e aplicados na forma do parágrafo único do art. 243 da Constituição Federal;*

O parágrafo único do artigo 243 da Constituição, com redação dada pela EC 81/2014, dispõe que "todo e qualquer bem de valor econômico apreendido em decorrência do tráfico ilícito de entorpecentes e drogas afins e da exploração de trabalho escravo será confiscado e reverterá a fundo especial com destinação específica, na forma da lei".

Antes o referido parágrafo afirmava expressamente que os valores confiscados seriam destinados aos **programas de tratamento de viciados.** Agora, o novo texto menciona que os valores serão aplicados em fundo especial com destinação específica na forma da lei. De toda forma, o art. 27, VI, da Lei 8.212 menciona expressamente que 50% desses valores apreendidos ainda se destinam à seguridade social.

> *VII – 40% do resultado dos leilões dos bens apreendidos pela Secretaria da Receita Federal do Brasil;*

Os bens apreendidos pela Receita Federal do Brasil são leiloados, sendo 40% dos valores arrecadados repassados à seguridade social.

> *VIII – outras receitas previstas em legislação específica.*

Adicionalmente, as companhias seguradoras que mantêm o seguro obrigatório de danos pessoais causados por veículos automotores de vias terrestres deverão repassar à Seguridade Social 50% do valor total do prêmio recolhido para ser destinado ao Sistema Único de Saúde – SUS, para custeio da assistência médico-hospitalar dos segurados vitimados em acidentes de trânsito. O seguro obrigatório aqui tratado é chamado DPVAT.

Dos valores arrecadados destinados à seguridade, 10% serão repassados mensalmente ao Coordenador do Sistema Nacional de Trânsito, ou seja, dos 50% que cabem à seguridade, 5% serão repassados ao referido órgão (10% x 50% = 5%). **A seguridade, por fim, ficará com 45% do valor arrecadado com o DPVAT.**

Exemplos de questão sobre o tema:

(Auditor-Fiscal da Receita Federal do Brasil Dezembro/2009 – ESAF) Além das contribuições sociais, a seguridade social conta com outras receitas. Não constituem outras receitas da seguridade social:

a) as multas.
b) receitas patrimoniais.
c) doações.
d) juros moratórios.
e) sessenta por cento do resultado dos leilões dos bens apreendidos pela Secretaria da Receita Federal do Brasil.

Resposta: E

(CESPE – Técnico do Seguro Social – INSS/2016) A respeito do custeio da seguridade social, julgue os itens que se seguem.

Constitui fonte de receita da seguridade social um percentual incidente sobre os valores arrecadados com os resultados dos leilões de bens apreendidos pela Receita Federal do Brasil.

RESOLUÇÃO:

A questão está de acordo com o art. 27, VII, da Lei 8.212/1991. Vejamos:

Art. 27. Constituem outras receitas da Seguridade Social:

VII - 40% do resultado dos leilões dos bens apreendidos pelo Departamento da Receita Federal;

Resposta: Certa

Capítulo 11

Retenção de 11% sobre a Nota Fiscal dos Prestadores de Serviços

- **Art. 31, Lei 8.212/1991**
- **Arts. 221 a 224, Decreto 3.048/1999**

11.1. NOÇÕES BÁSICAS – RETENÇÃO X SOLIDARIEDADE

Até janeiro de 1999, as empresas que contratassem serviços de pessoas jurídicas com a utilização de mão de obra respondiam solidariamente pelos débitos previdenciários da prestadora. Para abster-se desta responsabilidade, a tomadora do serviço deveria manter sob sua guarda a documentação que elidisse a responsabilidade solidária: nota fiscal, guia de recolhimento da prestadora, cópia da folha de pagamento etc. Atualmente, o instituto da responsabilidade solidária na construção civil existe apenas residualmente nos contratos por empreitada total.

A partir de fevereiro de 1999 (Lei 9.711/1998), **a empresa contratante de serviços executados mediante cessão de mão de obra** passou a ter a obrigação de **reter 11% do valor da nota fiscal ou fatura** de prestação de serviços **e recolhê-los, em nome da prestadora,** até o dia 20 do mês subsequente ao da emissão da nota, antecipando-se o prazo quando não for dia útil.

Note que o mês de recolhimento deverá ser o seguinte à data que conste da emissão da nota fiscal, independentemente de quando o serviço contratado foi pago.

A **empresa prestadora de serviço**, por sua vez, deve **destacar, na nota fiscal, o valor da retenção a ser efetuada pela contratante.** Independentemente do destaque, entretanto, a empresa que utilizar serviço envolvendo cessão de mão de obra deve, de toda maneira, efetuar a retenção. O erro cometido pela prestadora de não efetuar destaque na nota fiscal não exime a responsabilidade da tomadora de reter e recolher as contribuições.

Trata-se, assim, da obrigação acessória de reter, que, uma vez descumprida, acarreta a responsabilidade principal pelo tributo não arrecadado. A jurisprudência e a doutrina majoritárias acreditam tratar-se do instituto da substituição tributária, segundo o qual a lei atribui a responsabilidade pelo crédito tributário à terceira pessoa vinculada ao fato gerador da respectiva obrigação (art. 128, CTN). Ressalte-se que parte qualificada da doutrina prefere tratar esse instituto com a denominação de agente de retenção. A distinção minuciosa entre estes conceitos não faz parte do escopo desta obra.

Essa retenção é uma antecipação da contribuição previdenciária da prestadora de serviço, não gerando qualquer custo adicional para a contratante ou contratada. **A empresa cedente de mão de obra deve compensar-se dos valores retidos**, após apuração do valor da contribuição previdenciária a pagar, calculada no fechamento da folha de pagamento.

Exemplo:

A empresa MK Artigos Esportivos contratou a Limpelogo, prestadora de serviços de limpeza, por um período de dois anos, ajustando-se o pagamento de R$ 10.000,00. No mês de fevereiro, efetuou o destaque de R$ 700,00; em março, não efetuou o destaque e, em abril, destacou R$ 1.100,00. A contribuição a pagar da prestadora, apurada ao final de cada mês, com base na folha de pagamento, foi de R$ 2.000 mensais. Qual o valor que deve ser retido pela empresa MK e recolhido pela Limpelogo?

Resposta:

1) Independentemente do correto destaque na nota fiscal, a empresa MK deve reter da Limpelogo o valor de R$ 1.100,00 (11% x 10.000) em cada mês e recolhê-lo em nome da prestadora;

2) A MK deve pagar à Limpelogo a diferença entre o valor da nota e o retido, que totaliza R$ 8.900,00 (10.000 – 1.100);

3) A Limpelogo deve pagar em cada mês o valor da diferença entre as contribuições apuradas e as antecipadas mediante retenção, que totaliza R$ 900,00 (2.000 – 1.100).

Ressalte-se que o STF já se manifestou por diversas vezes, considerando constitucional a sistemática da retenção dos 11% sobre os serviços prestados por pessoas jurídicas (RE 455.956-AgR, RE 376.362-ED, AI 598.375-AgR, AI 484.418-AgR).

Em sede de Recurso Repetitivo, o STJ confirmou o entendimento sobre a **validade da retenção de 11% sobre os valores brutos das faturas dos contratos de prestação de serviço pelas empresas tomadoras**, uma vez que a Lei n. 9.711/1998, que alterou o art. 31 da Lei 8.212/1991, **não criou uma nova contribuição sobre o faturamento**, mas simplesmente revelou uma nova sistemática de arrecadação da contribuição previdenciária, colocando as empresas tomadoras de serviço como responsáveis tributárias pela forma de substituição tributária. A decisão deverá orientar a solução de muitos outros processos que versam sobre a mesma questão jurídica, e que estão sobrestados nos tribunais de segunda instância. (Recurso Especial 1.131.047 – MA (2009/0058138-0), Relator: Ministro Teori Zavascki).

11.2. RETENÇÃO DE PESSOAS JURÍDICAS X RETENÇÃO DOS CONTRIBUINTES INDIVIDUAIS

Não devemos confundir a retenção dos 11% incidentes sobre a nota fiscal de prestação de serviço de pessoa jurídica instituída pela Lei 9.711/1998, ora estudada, com a retenção dos 11% dos serviços prestados por contribuintes individuais à empresa, instituída pela Lei 10.666/2003, mencionada no capítulo IV.

Trata-se de institutos com finalidades completamente distintas. A retenção do prestador de serviço pessoa jurídica foi instituída com o objetivo de se evitar a inadimplência, bastante rotineira neste ramo de atividade. Com a transferência da responsabilidade da obrigação de recolher as contribuições, do prestador para o tomador do serviço, a Previdência Social alcançou o objetivo de garantir na origem o recolhimento das contribuições mensais das empresas prestadoras de serviço. A alíquota de 11% foi estipulada a partir de um cálculo comparativo entre o faturamento e o recolhimento previdenciário deste grupo de empresas, no qual restou comprovado que este percentual de antecipação é adequado.

Para o Fisco Previdenciário, a retenção dos prestadores de serviços significou melhor efetividade nas atividades de fiscalização e de cobrança, pois, em vez de preocupar-se com milhares de pequenos prestadores, passou a analisar os grandes contratantes de serviços.

Já a retenção de 11% dos serviços prestados por contribuintes individuais objetivou a inclusão de diversos segurados no sistema previdenciário. Antes da obrigatoriedade da retenção, poucos contribuintes individuais pagavam à Previdência Social, preferindo utilizar seus recursos noutros gastos que considerassem prioritários. O recolhimento refere-se à contribuição da parte do segurado contribuinte individual que presta serviços à empresa.

Anote-se que a única semelhança entre esses dois institutos é que ambos são espécies de retenção e, ainda, com a mesma alíquota: 11%. Por esses motivos é que, em uma primeira leitura, podemos misturar os conceitos.

11.3. RETENÇÃO DE PESSOAS JURÍDICAS X CONTRIBUIÇÃO SOBRE NOTAS FISCAIS DE COOPERATIVAS DE TRABALHO

Não devemos confundir, também, a retenção dos 11% incidentes sobre a nota fiscal de prestação de serviço de pessoa jurídica com a contribuição das empresas sobre o valor bruto das notas fiscais de serviços prestados por cooperativas de trabalho, estudadas no **tópico 9.3.4**.

Note-se que as contribuições incidentes sobre as notas fiscais de cooperativas de trabalho, antes do julgamento da inconstitucionalidade pelo STF e do reconhecimento da Receita Federal, eram pagas e custeadas pelo tomador do serviço. Não havia qualquer espécie de retenção do valor da nota fiscal emitida pela cooperativa de trabalho.

Por outro lado, quando uma empresa contrata uma prestadora de serviços, deve reter 11% da sua nota fiscal e pagar-lhe apenas a diferença. Observe-se que, nessa forma de contratação, o custo tributário é arcado pela prestadora.

> **Exemplo:**
>
> O Banco Cheque Voador necessita contratar 100 vigilantes terceirizados, para acompanhar o trânsito de valores entre suas agências. Adriano, Gerente de Contratos, recebeu duas propostas de prestação de serviços: a primeira, da Cooperativa Olho Vivo, que lhe enviou um orçamento, fixando o valor do serviço em R$ 100.000,00. A segunda, da empresa Carro Forte, prestadora de serviço de vigilância, que lhe propôs o mesmo serviço por R$ 110.000,00. Qual das empresas Adriano deve contratar?
>
> **Resposta:**
>
> 1) Atualmente, caso contrate a Cooperativa Olho Vivo, o Banco Cheque Voador não terá mais que recolher os R$ 15.000,00 (15% x 100.000) para os cofres previdenciários, devido ao reconhecimento da inconstitucionalidade desta contribuição pela Receita Federal. Assim, o custo mensal da contratação será de apenas R$ 100.000,00.
> 2) Se contratar a empresa Carro Forte, deverá pagar-lhe, mensalmente, o valor de R$ 97.900,00 (110.000 - 11% x 110.000), retendo a título de contribuição previdenciária R$ 12.100,00, que deve ser repassado à Previdência. O custo total da contratação será de R$ 110.000.
> 3) Considerando apenas o aspecto do custo direto da contratação, Adriano deve, então, contratar a Cooperativa Olho Vivo, pois o custo da contratação ficaria, atualmente R$ 10.000,00 inferior.

11.4. SERVIÇOS SUJEITOS À RETENÇÃO

Nem todos os serviços prestados por pessoas jurídicas sujeitam-se à obrigatoriedade da retenção. Para entendermos quais são os serviços abrangidos por este instituto, necessitamos, inicialmente, compreender o significado de duas expressões: **cessão de mão de obra e empreitada**.

Entende-se como **cessão de mão de obra a colocação à disposição do contratante**, em suas dependências ou nas de terceiros, de segurados que realizem **serviços contínuos**, relacionados ou não com a atividade-fim da empresa, quaisquer que sejam a natureza ou a forma de contratação (Lei 8.212, art. 31, § 3º).

Para caracterizar, então, cessão de mão de obra é necessária a contratação de serviço, no qual a contratada mantenha, integralmente, funcionários à disposição da empresa contratante para executarem tarefas de seu interesse. Esse tipo de contratação é bastante conhecido como "terceirização de pessoal".

Já a **empreitada é a execução contratualmente estabelecida de tarefa, de obra ou de serviço**, por preço ajustado, com ou sem o fornecimento de materiais ou uso de equipamentos, realizados nas dependências da empresa contratante, nas da contratada ou nas de terceiros, tendo como objetivo um fim específico ou resultado pretendido (art. 109, IN RFB 2.110/2022).

A empreitada é, então, a contratação de um serviço ou tarefa determinada efetuados por pessoal da prestadora. Diferencia-se da cessão de mão de obra, pois não há necessidade de os funcionários contratados estarem em tempo integral à disposição da contratante.

Note que o mesmo serviço pode ser contratado como cessão de mão de obra ou como empreitada. Caso, por exemplo, uma empresa contrate uma prestadora de serviço de manutenção para efetuar um reparo em uma máquina, teremos uma situação de empreitada. Se, no entanto, o contrato regular que a prestadora deve manter funcionários à disposição da empresa para efetuar manutenção permanente em seus equipamentos, caracterizaríamos tal situação como cessão de mão de obra.

A distinção entre esses dois conceitos é fundamental para a compreensão do tema em estudo, pois, para **alguns serviços**, como veremos em seguida, **há a obrigatoriedade de se efetuar a retenção apenas no caso de cessão de mão de obra. Já, para outros, tal obrigação existirá tanto para a cessão de mão de obra quanto para a contratação por empreitada.**

Estarão sujeitos à retenção, se contratados mediante **cessão de mão de obra ou empreitada**, os seguintes serviços (art. 111, IN RFB 2.110/2022):

I - limpeza, conservação ou zeladoria, que se constituam em varrição, lavagem, enceramento ou em outros serviços destinados a manter a higiene, o asseio ou a conservação de praias, jardins, rodovias, monumentos, edificações, instalações, dependências, logradouros, vias públicas, pátios ou de áreas de uso comum;

II - vigilância ou segurança, que tenham por finalidade a garantia da integridade física de pessoas ou a preservação de bens patrimoniais;

III - construção civil, que envolvam a construção, a demolição, a reforma ou o acréscimo de edificações ou de qualquer benfeitoria agregada ao solo ou ao subsolo ou obras complementares que se integrem a esse conjunto, tais como a reparação de jardins ou passeios, a colocação de grades ou de instrumentos de recreação, de urbanização ou de sinalização de rodovias ou de vias públicas;

IV - natureza rural, que se constituam em desmatamento, lenhamento, aração ou gradeamento, capina, colocação ou reparação de cercas, irrigação, adubação, controle de pragas ou de ervas daninhas, plantio, colheita, lavagem, limpeza, manejo de animais, tosquia, inseminação, castração, marcação, ordenhamento e embalagem ou extração de produtos de origem animal ou vegetal;

V – digitação, que compreendam a inserção de dados em meio informatizado por operação de teclados ou de similares;

VI – preparação de dados para processamento, executados com vistas a viabilizar ou a facilitar o processamento de informações, tais como o escaneamento manual ou a leitura ótica.

Observe-se que para estas modalidades de serviço haverá retenção, tanto na contratação por empreitada quanto na cessão de mão de obra. Logo, serviços de vigilância, limpeza ou qualquer outro anteriormente relacionado estará sujeito à retenção, independentemente da forma de contratação.

Os serviços de vigilância ou segurança prestados por meio de monitoramento eletrônico não estão sujeitos à retenção (art. 111, parágrafo único, IN RFB 2.110/2022).

Existem, ainda, os serviços que **somente** devem sujeitar-se à retenção, nos casos de contratação por **cessão de mão de obra**, conforme segue (art. 112, IN RFB 2.110/2022):

I – acabamento, que envolvam a conclusão, o preparo final ou a incorporação das últimas partes ou dos componentes de produtos, para o fim de colocá-los em condição de uso;

II – embalagem, relacionados com o preparo de produtos ou de mercadorias visando à preservação ou à conservação de suas características para transporte ou guarda;

III – acondicionamento, compreendendo os serviços envolvidos no processo de colocação ordenada dos produtos quando do seu armazenamento ou transporte, a exemplo de sua colocação em paletes, empilhamento, amarração, entre outros;

IV – cobrança, que objetivem o recebimento de quaisquer valores devidos à empresa contratante, ainda que executados periodicamente;

V – coleta ou reciclagem de lixo ou de resíduos, que envolvam a busca, o transporte, a separação, o tratamento ou a transformação de materiais inservíveis ou resultantes de processos produtivos, exceto quando realizados com a utilização de equipamentos tipo contêineres ou caçambas estacionárias;

VI – copa, que envolvam a preparação, o manuseio e a distribuição de todo ou de qualquer produto alimentício;

VII – hotelaria, que concorram para o atendimento ao hóspede em hotel, pousada, paciente em hospital, clínica ou em outros estabelecimentos do gênero;

VIII – corte ou ligação de serviços públicos, que tenham como objetivo a interrupção ou a conexão do fornecimento de água, de esgoto, de energia elétrica, de gás ou de telecomunicações;

IX - distribuição, que se constituam em entrega, em locais predeterminados, ainda que em via pública, de bebidas, de alimentos, de discos, de panfletos, de periódicos, de jornais, de revistas ou de amostras, entre outros produtos, mesmo que distribuídos no mesmo período a vários contratantes;

X - treinamento e ensino, assim considerado o conjunto de serviços envolvidos na transmissão de conhecimentos para a instrução ou para a capacitação de pessoas;

XI - entrega de contas e de documentos, que tenham como finalidade fazer chegar ao destinatário documentos diversos, tais como conta de água, conta de energia elétrica, conta de telefone, boleto de cobrança, cartão de crédito, mala direta ou similares;

XII - ligação de medidores, que tenham por objeto a instalação de equipamentos destinados a aferir o consumo ou a utilização de determinado produto ou serviço;

XIII - leitura de medidores, aqueles executados, periodicamente, para a coleta das informações aferidas por esses equipamentos, tais como a velocidade (radar), consumo de água, de gás ou de energia elétrica;

XIV - manutenção de instalações, de máquinas ou de equipamentos, quando indispensáveis ao seu funcionamento regular e permanente e desde que mantida equipe à disposição da contratante;

XV - montagem, que envolva a reunião sistemática, conforme disposição predeterminada em processo industrial ou artesanal, das peças de um dispositivo, de um mecanismo ou de qualquer objeto, de modo que possa funcionar ou atingir o fim a que se destina;

XVI - operação de máquinas, de equipamentos e de veículos relacionados com a sua movimentação ou funcionamento, envolvendo serviços do tipo manobra de veículo, operação de guindaste, painel eletroeletrônico, trator, colheitadeira, moenda, empilhadeira ou caminhão fora-de-estrada;

XVII - operação de pedágio ou de terminal de transporte, que envolvam a manutenção, a conservação, a limpeza ou o aparelhamento de terminal de passageiros terrestre, aéreo ou aquático, de rodovia, de via pública, e que envolvam serviços prestados diretamente aos usuários;

XVIII - operação de transporte de passageiros, inclusive nos casos de concessão ou de subconcessão, envolvendo o deslocamento de pessoas por meio terrestre, aquático ou aéreo;

XIX - portaria, recepção ou ascensorista, realizados com vistas ao ordenamento ou ao controle do trânsito de pessoas em locais de acesso público ou à distribuição de encomendas ou de documentos;

XX – recepção, triagem ou movimentação, relacionados ao recebimento, à contagem, à conferência, à seleção ou ao remanejamento de materiais;

XXI – promoção de vendas ou de eventos, que tenham por finalidade colocar em evidência as qualidades de produtos ou a realização de shows, de feiras, de convenções, de rodeios, de festas ou de jogos;

XXII – secretaria e expediente, quando relacionados com o desempenho de rotinas administrativas;

XXIII – saúde, quando prestados por empresas da área da saúde e direcionados ao atendimento de pacientes, tendo em vista avaliar, recuperar, manter ou melhorar o estado físico, mental ou emocional desses pacientes;

XXIV – telefonia ou de telemarketing, que envolvam a operação de centrais ou de aparelhos telefônicos ou de teleatendimento.

Logo, serviços de manutenção, montagem, operação de máquinas ou qualquer outro dentre os agora listados somente se sujeitarão à retenção na contratação por cessão de mão de obra.

A lista de serviços sujeitos à retenção é exaustiva, ou seja, nenhuma espécie de serviço não listada se sujeitará à incidência de retenção. Caso a empresa terceirize o seu departamento jurídico, mantendo advogados de um escritório contratado em suas instalações, não será necessário efetuar a retenção dos 11% sobre o valor da nota fiscal da prestadora, já que a modalidade "serviços advocatícios" não foi relacionada na listagem exaustiva.

As bancas examinadoras de concursos públicos, frequentemente, têm formulado questões genéricas sobre o instituto da retenção, sem exigir dos candidatos a memorização dessa fatigante lista. Como, todavia, os concursos das áreas fiscais, às vezes, contêm questões mais específicas do trabalho do auditor, disponibilizamos a citada relação.

11.5. RETENÇÃO PARA EMPRESAS OPTANTES PELO SIMPLES NACIONAL

Há uma forte polêmica no âmbito da Receita Federal sobre se as empresas que optam pelo SIMPLES devem sofrer a retenção dos 11% sobre a nota fiscal de prestação de serviços.

A legislação previdenciária, inicialmente, obrigava a retenção. A partir de 01/01/2000 até 31/08/2002, as empresas optantes ficaram dispensadas da retenção por força da IN 08/2000. Em 01/09/2002, a exigência de se efetuar retenção voltou a vigorar para empresas optantes pelo SIMPLES. Essa obrigação foi confirmada pela IN 100/2003 e pela redação original da IN SRP 3/2005.

Ocorre que a Instrução Normativa 938, de 15 de maio de 2009, alterou a IN 3, trazendo como regra geral a dispensa da retenção para empresas optantes pelo Simples Nacional. O texto trazido pela IN 938 foi mantido no art. 164 da IN 2.110/2022, até então vigente.

Dessa forma, as Microempresas e Empresas de Pequeno Porte optantes pelo Simples Nacional que prestarem serviços mediante cessão de mão de obra ou empreitada, **não estão sujeitas à retenção** referida no art. 31 da Lei 8.212/1991, sobre o valor bruto da nota fiscal, da fatura ou do recibo de prestação de serviços emitidos, excetuando-se as empresas tributadas na forma do Anexo IV da LC 123/2006.

As empresas tributadas conforme o citado Anexo IV são as que, apesar de poderem optar pelo regime simplificado de tributação, não substituem a parte patronal previdenciária, englobando, apenas, as atividades de construção civil, vigilância, limpeza e conservação e, também, serviços advocatícios (vide tópico 9.6).

É necessário, ainda, salientar que as empresas optantes pelo SIMPLES que prestem serviços de cessão ou locação de mão de obra, apesar de não estarem sujeitas à retenção, devem ser imediatamente excluídas. Isso porque tais atividades são vedadas para empresas optantes pela forma simplificada de tributação (art. 17, XII, LC 123/2006).

Sintetizando o ensinamento:

1) As empresas optantes pelo SIMPLES, que prestarem serviços de cessão de mão de obra ou empreitada, não devem sofrer a retenção de 11%, exceto para as atividades de vigilância, limpeza, serviços advocatícios, construção civil, que, por estarem listadas no anexo IV, estão sujeitas à retenção;

2) As empresas optantes pelo SIMPLES, que exercem atividades de cessão de mão de obra, devem ser excluídas do SIMPLES, exceto para as atividades de vigilância, limpeza, serviços advocatícios e construção civil, que podem ser optantes na forma do Anexo IV;

3) As empresas de construção civil, sérvios advocatícios, limpeza e vigilância podem optar pelo SIMPLES, devendo, todavia, pagar a parte patronal previdenciária.

À primeira vista, não parece lógica a sistemática adotada anteriormente, que impunha a obrigatoriedade de retenções para empresas optantes pelo Simples Nacional, pois, como estudamos no tópico 9.5, a opção pela forma simplificada de tributação exclui qualquer pagamento diretamente à Previdência, exceto em relação aos valores retidos dos segurados.

Como não há quantias expressivas a pagar à Previdência, a princípio parece-nos ilógico haver uma antecipação de tributos, que, possivelmente, não poderá ser compensada com os valores a pagar, pois estes são, quase sempre, bastante inferiores aos valores retidos.

Esse ponto de vista, todavia, pode ser contra argumentado, se lembrarmos do fato de que as empresas optantes são legalmente impedidas de prestar serviços de cessão de mão de obra (vide tópico 9.5). Há, no entanto, possibilidade de regular o cabimento de retenção para empresas optantes pelo SIMPLES, como ocorre nas atividades de manutenção, de transporte de passageiros e de digitação por empreitada. A maioria das atividades que ensejam retenção dos 11% é vedada às empresas tributadas de forma simplificada, exceto, como já vimos, o caso das atividades tributadas na forma do Anexo IV.

Caso a empresa optante pelo Simples preste serviço de locação de mão de obra estará descumprindo a legislação, exceto nos três casos citados. A forma que se utilizava para detectar tal fato era a imposição da retenção, pois, assim, as empresas acabavam solicitando a restituição dos valores pagos a maior diretamente na Receita Federal do Brasil.

Como a jurisprudência pacificou entendimento, inclusive já exarado na Súmula 425 do STJ, de que a retenção da contribuição para a seguridade social pelo tomador do serviço **não se aplica às empresas optantes pelo Simples**, a opção do legislador foi a de dispensar a retenção e verificar, mediante outros meios, a prestação irregular de serviços pelas empresas optantes.

11.6. SITUAÇÕES DE DISPENSA DA RETENÇÃO

Em apenas **três situações**, mesmo estando o serviço prestado incluído na lista exaustiva, é possível a **dispensa da retenção.**

A primeira ocorre quando o valor da retenção de 11% da nota fiscal do prestador for **menor que o valor mínimo** estipulado pela Previdência para o recolhimento de valores em guia de arrecadação (GPS). Este valor mínimo, atualmente, foi fixado em R$ 10,00 (art. 238 da IN 2.110/2022). Logo, para bases inferiores a R$ 90,91 a retenção é dispensada (90,91 x 11% = 10,00).

Também fica dispensada da retenção a contratada que **não possuir empregados, quando o serviço for prestado pessoalmente pelo titular ou sócio e, ainda, o faturamento do mês anterior for igual ou inferior a duas vezes o limite máximo do salário de contribuição** (atualmente R$ 8.157,41 x 2 = 16.314,82). Estas exigências deverão ocorrer cumulativamente.

Para comprovação desses requisitos, a contratada deverá apresentar à tomadora uma declaração assinada por seu representante legal de que não possui empregados e de que seu faturamento do mês anterior foi igual ou inferior a duas vezes o limite máximo do salário de contribuição. A contratante deve manter arquivado esse documento, que poderá ser exigido pelo Auditor-Fiscal da Receita Federal do Brasil durante o curso de uma fiscalização.

A última situação de dispensa da retenção ocorre quando a contratação envolver somente **serviços profissionais relativos ao exercício de profissão regulamentada ou de treinamento e ensino, desde que prestados pessoalmente pelos sócios da empresa** sem a participação de empregados ou outros contribuintes individuais.

Nesse caso, a contratante deve manter arquivada a declaração assinada pelo representante legal da prestadora de que todas as exigências foram cumpridas.

Serviços profissionais regulamentados são, entre outros, os prestados por administradores, advogados, agenciadores de propaganda, agrônomos, arquitetos, assistentes sociais, contabilistas, economistas etc.

A declaração pode ser substituída pela consignação das informações em nota fiscal, fatura ou recibo de prestação de serviço.

Veja tabela que resume as três situações de dispensa:

Situação		Observação
1ª	Valor da retenção a ser efetuada menor que o mínimo para recolhimento das contribuições.	Valor atual é de R$ 10,00.
2ª	Contratada que não possuir empregados + serviço prestado pelo titular ou sócio + faturamento do mês anterior igual ou inferior a duas vezes o limite máximo do salário de contribuição (R$ 16.314,82).	A contratante deve arquivar declaração da contratada de que não possui empregados e de que o faturamento do mês anterior se enquadrou no limite.
3ª	Contratação de serviços profissionais de profissão regulamentada ou de treinamento e ensino, desde que prestados pessoalmente pelos sócios da empresa sem a participação de empregados ou outros contribuintes individuais.	Declaração da contratada de que o serviço foi de profissão regulamentada prestado unicamente pelos sócios.

11.7. REDUÇÕES DA BASE DE CÁLCULO DA RETENÇÃO

Mencionamos, até então, que a base de cálculo de incidência da retenção de 11% sobre a prestação de serviço é o valor da nota fiscal ou fatura emitida pelo prestador. Comentamos que o percentual de 11% foi derivado de um estudo que identificou que, em média, o valor das contribuições previdenciárias devidas pelo prestador sobre a folha de pagamento corresponde a 11% de seu faturamento.

Há, contudo, situações em que a prestação de serviço pode estar acompanhada do fornecimento **de materiais ou utilização de equipamentos**. Nestes casos, o percentual de 11% deve apenas ser aplicado sobre o valor relativo ao serviço.

Mas, como é possível saber se a parcela da nota fiscal se refere ao serviço ou ao material e equipamentos?

A legislação previdenciária dispõe que o **contrato** celebrado entre as partes **deve indicar os valores de serviços e de materiais e equipamentos utilizados**, se for o caso, e apenas sobre a parcela correspondente a serviços deve incidir o percentual de 11% de retenção, desde que discriminados em nota fiscal (art. 116, IN RFB 2.110/2022).

Exemplo:

A Indústria Metalão contrata a firma de manutenção Conserta Tudo para manter equipe, de forma integral, nas instalações da empresa, efetuando reparos e serviço de manutenção preventiva. A Conserta Tudo utiliza ferramentas próprias e materiais, como, por exemplo, peças de reposição, óleos, graxas, parafusos, porcas, entre outros. No contrato firmado, consta que apenas 40% do valor contratado referem-se ao serviço, sendo o restante destinado aos equipamentos e materiais. Qual o percentual que deve ser utilizado como base de cálculo para retenção?

Resposta:

A empresa Metalão deve utilizar a base de 40% de retenção de cada nota fiscal emitida pela Conserta Tudo. Caso, no mês de abril, a prestadora emita uma nota de R$ 10.000,00, a base de incidência para a retenção de 11% deve ser R$ 4.000,00, desde que este valor conste da nota fiscal emitida, resultando em um total retido de R$ 440,00 (4.000 x 11%).

A Metalão deve pagar à empresa Conserta Tudo o valor de R$ 9.560,00 (10.000 – 440, retidos) e recolher o valor retido em nome da prestadora até o dia 20 do mês subsequente ao da emissão da nota fiscal.

Quando o fornecimento de material ou a utilização de equipamento **estiver previsto no contrato, mas sem a discriminação dos valores**, a legislação previdenciária estipula como **base de cálculo** da retenção o percentual de **50%** do valor da nota fiscal de prestação de serviços. Essa definição da base em 50% não atende a todos os serviços, pois alguns deles podem possuir bases diferenciadas a depender da atividade do prestador, como, por exemplo, 30% para serviço de transporte de passageiro, 65% para limpeza hospitalar e 80% para os demais serviços de limpeza. O percentual de 50%, no entanto, atende a maioria dos contratos (vide art. 116, IN RFB 2.110/2022).

Exemplo 1:

A Gráfica Carreiro contratou a empresa de fornecimento de alimentação coletiva Vera Forno e Fogão para efetuar a administração do restaurante onde é servida a alimentação dos empregados. No contrato, encontra-se mencionado que é de **responsabilidade da prestadora** a compra da alimentação, o preparo das refeições e o serviço de manuseio e distribuição dos alimentos aos empregados, não especificando, contudo, qual o valor referente à compra dos alimentos e aos serviços de copa. Qual deve ser a base da retenção?

Resposta:

A base da retenção deve ser de 50% do valor das notas fiscais emitidas pela empresa Vera Forno e Fogão. Caso o valor da nota seja de R$ 50.000,00, apenas R$ 25.000,00 comporá a base de retenção, resultando no valor de R$ 2.750,00 retido (25.000 x 11%).

A Gráfica Carreiro deve, então, pagar a Vera Forno e Fogão o valor de R$ 47.250,00 (50.000 – 2.750, retidos) e recolher o valor retido em nome da prestadora, até o dia 20 do mês subsequente ao da emissão da nota fiscal.

Por último ressaltamos, ainda, que é permitida a **dedução** do custo do fornecimento **de alimentação e de vale-transporte** pela prestadora aos empregados, fornecidos de acordo com as respectivas leis. Para isso, é necessário que tais valores estejam discriminados em nota fiscal, fatura ou recibo de prestação de serviço.

Exemplo 2:

O Banco Trocado contratou a firma de segurança patrimonial Vigilante, que fornece vales-alimentação e vales-transportes aos empregados. O valor mensal da fatura é de R$ 100.000,00. Sabendo que há previsão contratual para o fornecimento de equipamentos e materiais (fardas, armas, munição etc.) correspondente a 30% do faturamento mensal e que o custo da alimentação e transporte discriminado na nota fiscal é de R$ 10.000,00, qual deve ser o valor da retenção?

Resposta:

Como há previsão de fornecimento de materiais correspondente a 30% do valor da nota fiscal, a quantia despendida com o serviço é de R$ 70.000,00. A Vigilante gasta parte desse montante com alimentação e transporte, logo apenas R$ 60.000,00 (70.000 – 10.000) deve ser utilizado como base de tributação, com a aplicação da alíquota de 11%, resultando em um valor de retenção de R$ 6.600,00 (60.000 x 11%).

O Banco Trocado deve pagar à empresa Vigilante a quantia de R$ 93.400,00 (100.000 – 6.600, retidos) e recolher o valor retido em nome da prestadora, até o dia 20 do mês subsequente ao da emissão da nota fiscal.

11.8. ADICIONAL DE ALÍQUOTA PARA SERVIÇOS EM CONDIÇÕES ESPECIAIS

No **tópico 9.3.1.3**, foi ressaltado que as empresas que mantêm empregados trabalhando em condições especiais que prejudiquem a saúde ou a integridade física devem pagar uma alíquota adicional relativa ao SAT/GILRAT de 6%, 9% ou 12%, a depender de a exposição ao agente nocivo propiciar a aposentadoria especial aos 25, 20 ou 15 anos, respectivamente.

Note-se que o percentual de 11% de retenção sobre a prestação do serviço baseia-se na relação entre o valor a pagar de contribuição previdenciária e o faturamento. Obviamente, caso o serviço seja prestado em contato com agentes nocivos que acarretem a concessão de aposentadoria especial, a alíquota de 11% de antecipação seria inferior ao valor a pagar à Previdência Social, já que, nesta situação, a empresa prestadora pagaria uma alíquota adicional ao SAT/GILRAT.

Para adequar o valor da antecipação ao montante a pagar pelas prestadoras após a apuração da folha de pagamento, nos serviços contratados em que houver **exposição a agentes nocivos**, é necessária uma **complementação da alíquota de 11% em mais 2%, 3% ou 4%** para atividades sujeitas à **aposentadoria especial de 25, 20 ou 15 anos, respectivamente**. A alíquota total de retenção perfaz, então, 13%, 14% ou 15% (Lei 10.666/2003).

A base de cálculo da retenção segue as mesmas regras já estudadas neste capítulo.

Exemplo:

A Metalúrgica Ferro Quente contrata a empresa de manutenção Caldeira Boa. A prestadora emite uma nota fiscal mensal de R$ 20.000,00, sem a utilização de materiais e equipamentos. Sabendo que os empregados terceirizados trabalham expostos ao agente nocivo "calor", que propicia a aposentadoria especial de 25 anos, qual deve ser o valor da retenção efetuada?

Resposta:

A Metalúrgica Ferro Quente deve reter da empresa Caldeira Boa R$ 2.600,00 (13% x 20.000). Deve, ainda, pagar à prestadora o valor de R$ 17.400,00 (20.000 – 2.600, retidos) e recolher o valor retido em nome da prestadora, até o dia 20 do mês subsequente ao da emissão da nota fiscal.

Atenção!

Perceba que o adicional de alíquota de 2%, 3% ou 4% para o financiamento da aposentadoria especial é, também, uma antecipação da contribuição social da prestadora.

Note, também, que as cooperativas de produção deverão efetuar o pagamento do adicional do GILRAT, nos percentuais de 6%, 9% ou 12%, sobre o valor da remuneração repassado aos seus associados expostos a agentes nocivos que ensejem aposentadoria especial de 25, 20 ou 15 anos, respectivamente **(tópico 9.3.3)**. Em regra, esse adicional somente é pago sobre a remuneração dos empregados; entretanto, a Lei 10.666 estendeu o direito à aposentadoria especial aos trabalhadores associados às cooperativas de trabalho ou produção, instituindo essas fontes de custeio.

11.9. SOLIDARIEDADE RESIDUAL

- **Arts. 30, 42, Lei 8.212/1991**
- **Arts. 220 a 224, Decreto 3.048/1999**

Para as atividades de prestação de serviços de cessão de mão de obra e empreitada, a retenção de 11% sobre o valor da nota fiscal de prestação de serviços elide a responsabilidade solidária.

A responsabilidade solidária, entretanto, persiste para as obras de construção civil contratadas por empreitada total, ou seja, quando toda a obra é executada por apenas um prestador. Neste caso, o contratante pode optar pela retenção, elidindo-se da responsabilidade, ou escolher o instituto da solidariedade.

Quando a contratante de obra de construção civil por empreitada total optar pela solidariedade, deve manter cópias da folha de pagamento, GFIP (documento declaratório) e GPS (documento de arrecadação).

O proprietário, o incorporador ou condômino da unidade imobiliária, qualquer que seja a forma de contratação da construção, reforma ou acréscimo, são solidários com o construtor, e estes com a subempreiteira pelo cumprimento das obrigações para com a Seguridade Social, ressalvado o seu direito regressivo contra o executor ou contratante da obra. Admite-se, no entanto, a retenção de importância a este devida para garantia do cumprimento dessas obrigações, não se aplicando, em qualquer hipótese, o benefício de ordem.

Exclui-se da responsabilidade solidária perante a Seguridade Social o adquirente de prédio ou unidade imobiliária que realizar a operação com empresa de comercialização ou incorporador de imóveis, ficando estes solidariamente responsáveis com o construtor.

Os administradores de autarquias e fundações públicas, empresas públicas e de sociedades de economia mista, que se encontrarem em mora, por mais de 30 dias, no recolhimento das contribuições sociais, tornam-se solidariamente responsáveis pelo respectivo pagamento.

Outra situação de responsabilidade solidária ocorre entre as empresas que integram **grupo econômico de qualquer natureza** e os produtores rurais que integram **consórcio simplificado de pessoas físicas**, os quais respondem entre si, solidariamente, pelas obrigações previdenciárias.

O operador portuário (administrador do porto) e o órgão gestor de mão de obra também são solidariamente **responsáveis** pelo pagamento das contribuições previdenciárias devidas à Previdência Social, relativamente à requisição de mão de obra de trabalhador avulso.

As empresas tomadoras do trabalho avulso respondem solidariamente pela efetiva remuneração do trabalho contratado e são responsáveis pelo recolhimento dos encargos fiscais e sociais, bem como das contribuições ou de outras importâncias devidas à Seguridade Social, no limite do uso que fizerem do trabalho avulso intermediado pelo sindicato (Lei 12.023, de 27/08/2009).

Por fim, ressalte-se que o STJ editou a Súmula 430, exarando entendimento acerca da responsabilidade solidária do sócio-gerente, com a seguinte redação: "O inadimplemento da obrigação tributária pela sociedade não gera, por si só, a responsabilidade solidária do sócio-gerente" (Rel. Min. Luiz Fux, em 24/3/2010).

Capítulo 12

Reembolso, compensação e restituição

- Art. 89, Lei 8.212/1991
- Arts. 247 a 255, Decreto 3.048/1999

12.1. REEMBOLSO

Reembolso é o ressarcimento feito pela Receita Federal para empresas e equiparados a empresas das parcelas do **salário-maternidade e quotas do salário-família** pagos aos segurados a seu serviço.

Empresa é o empresário ou a sociedade que assume o risco de atividade econômica urbana ou rural, com fins lucrativos ou não, bem como os órgãos e as entidades da administração pública direta e indireta, inciso I do art. 2º da IN 2.110/2022

Equipara à empresa o contribuinte individual, em relação ao segurado que lhe presta serviços; a cooperativa urbana ou rural, a associação ou a entidade de qualquer natureza ou finalidade, inclusive o condomínio; a missão diplomática e a repartição consular de carreiras estrangeiras; o operador portuário e o Órgão Gestor de Mão-de-Obra (OGMO) e o proprietário do imóvel, o incorporador ou o dono de obra de construção civil, quando pessoa física, em relação a segurado que lhe presta serviços.

O salário-maternidade voltou a ser pago pela empresa a partir de setembro de 2003, de acordo com a lei 10.710/2003, podendo esta efetuar o reembolso através de dedução no ato do pagamento das contribuições devidas à Previdência Social.

Atenção!

A Lei 12.470/2011 alterou a forma de pagamento do salário-maternidade da empregada ou avulsa contratada pelo MEI, imputando à Previdência Social a responsabilidade pela quitação do benefício.

Para efetuar o Reembolso é necessário que a empresa deduza do valor devido à previdência social, na mesma competência, as parcelas pagas de salário-maternidade e quotas do salário-família, declarando essa operação na Guia de Recolhimento do FGTS e Informações à Previdência Social (GFIP).

Para os períodos de utilização da GFIP, caso o valor a deduzir seja superior às contribuições previdenciárias devidas no mês, o sujeito passivo poderá **compensar** o saldo a seu favor no recolhimento das contribuições dos meses subsequentes, ou requerer o reembolso.

Para as empresas que utilizam o Sistema de Escrituração Digital das Obrigações Fiscais, Previdenciárias e Trabalhistas (eSocial), a dedução das parcelas pagas de salário-maternidade e quotas do salário-família será realizada, **na mesma competência** do pagamento do benefício ao segurado, através da Declaração de Débitos e Créditos Tributários Federais Previdenciários e de Outras Entidades e Fundos - **DCTFWeb**[1].

Caso o contribuinte efetue o pagamento integral da contribuição previdenciária sem realizar o reembolso ou se o valor devido à previdência no mês for inferior ao valor a deduzir, a empresa deverá, em regra, requerer o reembolso do saldo remanescente através do programa **PGD PER/DCOMP**[2], disponível no sítio da Receita Federal.

Atenção: Para as empresas que utilizam o eSocial os valores do salário-família e salário-maternidade devem ser objeto de dedução na DCTFWeb no mês a que se referem. Entretanto, se houver sobra, esta não poderá ser objeto de compensação nos meses seguintes. O contribuinte, para rever o valor pago, deverá fazer o pedido de reembolso utilizando o PGD PER/DCOMP.

O requerimento do reembolso será através do programa PER/DCOMP ou, na impossibilidade de sua utilização, mediante o **formulário** Pedido de Reembolso de Quotas de Salário-Família e de Salário-Maternidade, constante do Anexo III da Instrução Normativa RFB 2.055/2021.

A não utilização do programa PER/DCOMP é situação excepcional, caracterizada, por exemplo, por existência de falha no programa que impeça a geração do pedido eletrônico. A impossibilidade da utilização do PER/DCOMP deve ser demonstrada pelo requerente no momento da entrega do formulário, sob pena de ser o pedido indeferido.

Quando o reembolso envolver valores não declarados ou declarados incorretamente na GFIP ou no eSocial, o deferimento do pedido ficará condicionado à retificação das declarações, art. 61 da IN RFB 2.055/2021.

Não se aplica ao reembolso o comando contido no artigo art. 92 da IN 2.055/2021 que obriga a RFB a compensar os valores de restituição e ressarcimento somente após verificar a ausência de débitos em nome do sujeito passivo credor perante a Fazenda Nacional.

1. A DCTFWeb calcula o valor devido de Contribuição previdenciária a partir dos dados informados no eSocial e na EFD-Reinf (Escrituração Fiscal Digital de Retenções e Outras Informações Fiscais).
2. Pedido Eletrônico de Restituição, Ressarcimento ou Reembolso e Declaração de Compensação.

O crédito será reembolsado com o acréscimo de juros equivalentes à taxa referencial do Sistema Especial de Liquidação e de Custódia (Selic) para títulos federais, acumulados mensalmente, e de juros de 1% (um por cento) no mês: i) da efetivação do reembolso, ii) que houver a entrega da declaração de compensação, ou iii) que for efetivada a compensação na GFIP, art. 148 da IN RFB 2.055/2021.

O termo inicial para aplicação dos juros é o segundo mês subsequente ao da competência cujo direito à percepção do salário-família ou do salário-maternidade tiver sido reconhecido pela empresa, art. 149, inciso X da IN RFB 2.055/2021.

O valor reembolsado será realizado, exclusivamente, através de crédito em conta corrente bancária ou de poupança de titularidade do sujeito passivo, dessa forma o contribuinte informará no momento do pedido, realizado através do PER/DCOMP, o banco, agência e o número da conta bancária.

12.2. RESTITUIÇÃO

12.2.1. Requerimento

Para o requerimento da restituição, o contribuinte deve utilizar o programa PER/DCOMP. O pedido de restituição da pessoa jurídica deve ser formalizado pelo próprio sujeito passivo, através do estabelecimento matriz, ou por pessoa autorizada a requerer a quantia.

A restituição de contribuição indevidamente descontada do segurado somente poderá ser feita ao próprio segurado ou ao seu procurador, salvo se comprovado que o responsável pelo recolhimento já lhe fez a devolução (art. 12, parágrafo único, IN RFB 2.055/2021.

Estando o contribuinte com as atividades encerradas, a legitimidade para pleitear a restituição será dos ex-sócios, conforme disposto no ato de dissolução. No caso de sucessão empresarial, a legitimidade para pleitear a restituição é da pessoa jurídica sucessora.

O pedido de restituição realizado através do programa PER/DCOMP **não** será acompanhado de documentação comprobatória do direito creditório. A apresentação de documentos somente ocorrerá, através de intimação realizada por autoridade competente, nas hipóteses em que o cruzamento interno de dados não permita a confirmação do direito do contribuinte.

Nos casos em que é permitido a apresentação de requerimento através de formulário, inconsistências do sistema por exemplo, a solicitação será realizada através do formulário "Pedido de Restituição ou de Ressarcimento", constante do Anexo I da Instrução Normativa RFB IN RFB 2.055/2021, no qual deverão ser juntados os seguintes documentos:

a. documentação comprobatória do direito à restituição;

b. ato constitutivo da empresa e documentos da pessoa autorizada a requerer a restituição, bem como que permita a conferência da assinatura aposta no formulário;

c. documento que autorize terceiro a solicitar a restituição no lugar do sujeito passivo (procuração pública/particular, alvará ou determinação judicial etc.);

d. demonstrar a impossibilidade da utilização do PER/DCOMP devido a ausência de previsão da hipótese de restituição no aplicativo, e/ou a existência de erro que impeça a geração do pedido eletrônico, sob pena de ser indeferido o pedido.

Quando o contribuinte solicita a restituição através do programa PER/DCOMP, quando a análise é concluída ele recebe uma mensagem na Caixa Postal (e-CAC) avisando: a data, o banco e a conta bancária na qual será efetuado o crédito, se for o caso.

Caso o contribuinte necessite corrigir os dados bancários da restituição pleiteada, pode fazer diretamente no e-CAC, em "Restituição e Compensação", "Dados Bancários", escolhendo a opção "Alteração de Dados Bancários p/Restituição e Ressarcimento".

Para restituição de valores realizados através de formulário (processo administrativo) a alteração de dados bancários deverá ser feita pessoalmente em uma unidade de atendimento da Secretaria da Receita Federal.

No caso de empresas baixadas, o responsável deverá comparecer presencialmente junto ao atendimento da RFB e apresentar:

a) petição solicitando o pagamento do crédito;

b) o distrato/encerramento da sociedade/empresa, e;

c) os dados bancários de todos os sócios, quando houver.

12.2.2. Procedimentos para restituição de valores

A RFB compensará, mediante procedimento de ofício, **dos valores a serem restituídos**, os débitos em nome do sujeito passivo credor perante a Fazenda Nacional.

A compensação de ofício abrange os débitos já encaminhados para inscrição em Dívida Ativa da União - de natureza tributária ou não, entretanto o não se aplica a débito objeto de parcelamento ativo.

A verificação da existência de débitos para efeitos de compensação de ofício abrangerá todos os estabelecimentos da empresa, inclusive obras de construção civil.

Antes da efetivação da compensação de ofício será solicitado manifestação do contribuinte, no prazo de 15 dias, contados a partir da ciência da comunicação enviada pela RFB, sendo o silêncio considerado como concordância.

Caso o sujeito passivo não concorde com a compensação de ofício, a unidade da RFB competente para efetuá-la reterá o valor da restituição até que o débito seja liquidado. O crédito em favor do sujeito passivo que remanescer do procedimento de ofício será restituído.

O crédito será restituído com o acréscimo de juros equivalentes à taxa referencial do Sistema Especial de Liquidação e de Custódia (Selic) para títulos federais, acumulados mensalmente, e de juros de 1% (um por cento) no mês da efetivação da restituição, art. 148 da IN 2.055/2021.

O termo inicial para aplicação dos juros é:

a) o mês subsequente, para pagamento indevido ou a maior de contribuições previdenciárias e de contribuições recolhidas para outras entidades ou fundos, art. 149, inciso VIII da IN 2.055/2021;

b) o segundo mês subsequente ao da emissão da nota fiscal, da fatura ou do recibo de prestação de serviços, para crédito referente à retenção de contribuição previdenciária na cessão de mão de obra e na empreitada, 149, inciso IX da IN 2.055/2021;

c) o segundo mês subsequente ao da competência no qual tenha ocorrido, para desconto indevido ou a maior de contribuição previdenciária do segurado, art. 149, inciso XI da IN 2.055/2021.

12.2.3. Do prazo para requerer a restituição

O direito de pleitear a restituição extingue-se com o decurso do prazo de 5 anos, contados da data da extinção do crédito nos casos de:

a) cobrança ou pagamento espontâneo de tributo indevido ou maior que o devido;

b) do erro na edificação do sujeito passivo, na determinação da alíquota aplicável, no cálculo do montante do débito ou na elaboração ou conferência de qualquer documento relativo ao pagamento.

Nas situações em que houver reforma, anulação, revogação ou rescisão de decisão condenatória de crédito tributário constituído, o prazo para requerer restituição é de 5 anos contados a partir da data em que se tornou definitiva a decisão administrativa ou passar em julgado a **decisão judicial**[3] que tenha reformado, anulado, revogado ou rescindido a decisão condenatória, arts. 165 e 168 do CTN.

12.2.4. Restituição de Valores Referentes à Retenção de Contribuições Previdenciárias – CP na Cessão de Mão de Obra e na Empreitada

A empresa prestadora de serviços que sofreu retenção de contribuição previdenciária no ato de quitação da nota fiscal, da fatura ou do recibo de prestação de

3. O crédito reconhecido judicialmente só poderá ser pago ao beneficiário via procedimento de pagamento de precatório judicial ou de requisição de pequeno valor, não podendo ser restituído administrativamente (Parecer PGFN/CAT nº 2.093/2011). Entretanto este crédito poderá ser compensado, conforme art. 74 da lei 9.430/1996.

serviços poderá compensar o valor retido quando do recolhimento das contribuições previdenciárias devida.

Caso a empresa não faça a opção por utilizar a retenção sofrida para abater contribuições previdenciárias devidas, ou se mesmo depois dessa dedução, ainda existir saldo em seu favor, poderá requerer a restituição do valor não compensado, desde que a retenção esteja destacada na nota fiscal, na fatura ou no recibo de prestação de serviços e declarada em Guia de Recolhimento do Fundo de Garantia do Tempo de Serviço e Informações à Previdência Social (GFIP).

A empresa prestadora de serviços que utilizar o Sistema de Escrituração Digital das Obrigações Fiscais, Previdenciárias e Trabalhistas (eSocial) para apuração das contribuições previdenciárias poderá pleitear restituição, caso possua saldo remanescente de compensação realizada, desde que o valor esteja destacado na nota fiscal, na fatura ou no recibo de prestação de serviços e declarada na Escrituração Fiscal Digital de Retenções e Outras Informações Fiscais (EFD-Reinf).

Nas hipótese de apuração das contribuições previdenciárias através da GFIP, não existindo destaque do valor da retenção na nota fiscal, fatura ou recibo de prestação de serviços, a empresa contratada poderá receber a restituição pleiteada somente se: i) comprovar o recolhimento do valor retido pela empresa contratante e ii) a empresa contratante não estiver obrigada à Escrituração Fiscal Digital de Retenções e Outras Informações Fiscais (EFD-Reinf), parágrafo único do art. 32 da IN 2.055/2021.

A empresa contratante que não utilizar o eSocial para apuração das contribuições previdenciárias, e que efetuar recolhimento de valor retido em duplicidade ou a maior, o pedido de restituição poderá ser apresentado pela empresa contratada ou pela empresa contratante. Caso o pedido de restituição seja feito o pela empresa contratante, esta deverá apresentar:

a) autorização expressa de responsável legal pela empresa contratada com poderes específicos para requerer e receber a restituição, na qual conste a competência em que houve recolhimento em duplicidade ou de valor a maior; e
b) declaração firmada pelo outorgante, sob as penas da lei, de que não compensou, nem foi restituído dos valores requeridos pela outorgada.

O pedido de restituição de Valores Referentes à Retenção de Contribuições Previdenciárias na Cessão de Mão de Obra e na Empreitada será requerida pelo sujeito passivo por meio do programa PER/DCOMP ou, na impossibilidade de utilização, por meio do formulário Pedido de Restituição ou de Ressarcimento, constante do Anexo I da IN 2.055/2021.

12.2.5. Pedido de restituição das empresas do Simples Nacional

O pedido de restituição de tributos administrados pela RFB abrangidos pelo Regime Especial Unificado de Arrecadação de Tributos e Contribuições devidos pelas

Microempresas e Empresas de Pequeno Porte (Simples Nacional), instituído pela Lei Complementar 123/2006, serão formalizados: (art. 13 da IN 2.055/2021)

a) na hipótese de pagamento indevido ou a maior efetuado em Documento de Arrecadação do Simples Nacional (DAS), por meio do programa Pedido Eletrônico de Restituição, disponível no Portal do Simples Nacional e no Portal do Centro Virtual de Atendimento (Portal e-CAC), no site da RF internet, no endereço ‹https://www.gov.br/receitafederal/pt-br›. Esta hipótese é aplicada também ao Microempreendedor Individual (MEI).

b) na hipótese de pagamento indevido ou a maior efetuado em DAS do Microempreendedor Individual (DAS-MEI), relativo à contribuição a que se refere o inciso IV do § 3º do art. 18-A da Lei Complementar nº 123, de 2006, por meio do aplicativo "MEI" para dispositivos móveis; ou

c) na hipótese de retenção indevida, por meio do formulário Pedido de Restituição ou de Ressarcimento, constante do Anexo I, ressalvado o disposto no art. 17 da IN 2.055/2021.

O pedido de restituição formalizado em desacordo com o disposto nos itens a e b, acima, será sumariamente indeferido, § 3º do art. 13 da IN 2.055/2021.

12.3. COMPENSAÇÃO

A **compensação** é o procedimento de ressarcimento de valores pagos a maior ou indevidamente pelo empregador, inclusive os referentes à atualização monetária, juros de mora e multa, por meio de dedução de valores a pagar. Deve ser efetuada, em regra, **diretamente pelos contribuintes**, ficando sujeita à conferência posterior por parte da autoridade fiscal.

O sujeito passivo que apurar crédito relativo às contribuições previdenciárias, passível de restituição, inclusive o crédito relativo à Contribuição Previdenciária sobre a Receita Bruta (CPRB), poderá utilizá-lo na compensação de contribuições previdenciárias correspondentes a períodos subsequentes.

Conforme art. 2º da IN 2.055/2021, poderão ser compensadas:

I – as contribuições previdenciárias:

a) das empresas e equiparadas, incidentes sobre a remuneração paga ou creditada aos segurados a seu serviço, e sobre o valor bruto da nota fiscal ou da fatura de prestação de serviços, relativamente aos serviços que lhes são prestados por cooperados por intermédio de cooperativas de trabalho;

b) dos empregadores domésticos;

c) dos trabalhadores e dos segurados facultativos, incidentes sobre seu salário de contribuição;

d) instituídas a título de substituição;

e) referentes à retenção na cessão de mão de obra e na empreitada;

II – as contribuições recolhidas para outras entidades ou fundos.

Os valores compensados indevidamente serão exigidos com os juros e multa previstos na legislação previdenciária. Na hipótese de compensação indevida, quando for comprovado a falsidade da declaração apresentada pelo sujeito passivo, o contribuinte estará sujeito à multa de ofício isolada aplicada no percentual de 150%, tendo como base de cálculo o valor total do débito indevidamente compensado (art. 89, § 10, da Lei 8.212/1991, incluído pela lei 11.941/2009).

Observe-se, todavia, que o STF no Tema 736 firmou a tese de que é inconstitucional a multa isolada prevista em lei para incidir diante da mera negativa de homologação de compensação tributária por não consistir em ato ilícito com aptidão para propiciar automática penalidade pecuniária.

Para que seja efetuada a compensação, a legislação previdenciária exige que o contribuinte esteja em situação regular, no que tange às contribuições previdenciárias. Seria de fato um contrassenso permitir a devolução de valores pagos a maior para empresas que estão em débito com a Previdência Social. Logo, não são permitidas compensações para contribuintes em débito com a Previdência Social.

Mas o que é estar em débito com a Previdência Social?

A legislação previdenciária considera débito qualquer lançamento que constitua o crédito previdenciário (auto de infração, notificação etc.) cuja exigibilidade não esteja suspensa, como também parcelas em atraso de dívida parcelada.

A declaração de valores devidos em documento próprio para este fim (GFIP/DCTFWEB), sem que haja o recolhimento subsequente, também é impeditivo para a compensação ou restituição.

As compensações relativas a saldo de retenção sobre nota fiscal de competências anteriores são permitidas mesmo que o contribuinte esteja em débito com a Previdência Social.

É permitida, também, a compensação dos valores retidos de prestadores de serviços sobre a nota fiscal, deduzida parcialmente na competência da emissão da fatura. Caso, entretanto, o valor retido do prestador sobre a nota fiscal emitida for superior ao saldo a pagar apurado com base na folha de pagamento, a diferença pode ser compensada com os valores a pagar nos meses subsequentes.

Poderão requerer a compensação de créditos as empresas que resultarem de fusão, transformação, incorporação ou cisão. A empresa sucessora ou a incorporadora poderá efetuar a compensação de créditos, no caso de sucessão ou incorporação.

Por fim, ressalte-se que há jurisprudência consolidada no Superior Tribunal de Justiça no sentido de que não cabe Mandado de Segurança para se exigir do Fisco a homologação da compensação requerida pelo contribuinte. Tal entendimento foi exarado na Súmula 460, com a seguinte redação: "É incabível o mandado de segurança para convalidar a compensação tributária realizada pelo contribuinte".

12.3.1. Compensação de créditos para as empresas que utilizam o eSocial

As empresas que utilizam o eSocial (e, portanto, transmitem Declaração de Débitos e Créditos Tributários Federais Previdenciários e de Outras Entidades e Fundos - DCTFWeb) podem aproveitar créditos, inclusive os judiciais com trânsito em julgado, relativos à tributo ou contribuição administrados pela RFB, passível de restituição ou de ressarcimento, para se compensar débitos próprios relativos **a quaisquer tributos e contribuições administrados pela RFB**, conforme art. 26-A da lei 11.457/2007 (incluído pela Lei 13.670/2018).

A alteração legislativa ampliou as possibilidades de compensação de contribuições previdenciárias para as empresas que utilizam o eSocial, conferindo o mesmo tratamento dado aos demais tributos administrados pela SRF, previsto no art. 74 da lei 9.430/1996.

A ampliação das possibilidades de compensação entre créditos e débitos juntos ao fisco federal comporta algumas exceções previstas no § 3º do art. 74 da lei 9.430/1996. Dessa forma, não poderão ser objeto de compensação pelo sujeito passivo:

a) o saldo a restituir apurado na Declaração de Ajuste Anual do Imposto de Renda da Pessoa Física;

b) os débitos relativos a tributos e contribuições devidos no registro da Declaração de Importação;

c) os débitos relativos a tributos e contribuições administrados pela Secretaria da Receita Federal que já tenham sido encaminhados à Procuradoria-Geral da Fazenda Nacional para inscrição em Dívida Ativa da União;

d) o débito consolidado em qualquer modalidade de parcelamento concedida pela Secretaria da Receita Federal - SRF;

e) o débito que já tenha sido objeto de compensação não homologada, ainda que a compensação se encontre pendente de decisão definitiva na esfera administrativa;

f) valor objeto de pedido de restituição ou de ressarcimento já indeferido pela autoridade competente da Secretaria da Receita Federal do Brasil, ainda que o pedido se encontre pendente de decisão definitiva na esfera administrativa;

g) o crédito objeto de pedido de restituição ou ressarcimento e o crédito informado em declaração de compensação cuja confirmação de liquidez e certeza esteja sob procedimento fiscal;

h) valores de quotas de salário-família e salário-maternidade; e

i) os débitos relativos ao recolhimento mensal por estimativa do Imposto sobre a Renda das Pessoas Jurídicas (IRPJ) e da Contribuição Social sobre o Lucro Líquido (CSLL) apurados na forma do art. 2º desta Lei.

A compensação de crédito decorrente de decisão judicial transitada em julgado observará o limite mensal estabelecido em ato do Ministro de Estado da Fazenda, sendo esse: (Art. 74-A, da Lei 9.430, com redação dada pela Lei nć 14.873, de 2024)

> I - será graduado em função do valor total do crédito decorrente de decisão judicial transitada em julgado;
>
> I - não poderá ser inferior a 1/60 (um sessenta avos) do valor total do crédito decorrente de decisão judicial transitada em julgado, demonstrado e atualizado na data da entrega da primeira declaração de compensação; e
>
> III - não poderá ser estabelecido para crédito decorrente de decisão judicial transitada em julgado cujo valor total seja inferior a R$ 10.000.000,00 (dez milhões de reais).

A primeira declaração de compensação deverá ser apresentada no prazo de até 5 anos, contado da data do trânsito em julgado da decisão ou da homologação da desistência da execução do título judicial.

Além das exceções acima o contribuinte que utiliza o eSocial para realizar compensação entre créditos e débitos previdenciários e fazendários, deverá atender aos limites estabelecidos pelo § 1º do art. 26-A da lei 11.457/2007, conforme detalharemos a seguir.

Não poderão ser objeto da compensação para as empresas que utilizam o eSocial:

I) **o débito referente às contribuições previdenciárias das empresas, incidentes sobre a remuneração paga ou creditada aos segurados a seu serviço; as dos trabalhadores, incidentes sobre o seu salário-de-contribuição e as devidas a terceiros, assim entendidas outras entidades e fundos:**

a) relativo a período de apuração **anterior à utilização do eSocial** para a apuração das referidas contribuições;

b) relativo a período de apuração **posterior à utilização do eSocial** com **crédito** dos demais tributos administrados pela Secretaria da Receita Federal do Brasil concernente a período de apuração **anterior** à utilização do eSocial para apuração das referidas contribuições.

II) **o débito dos demais tributos administrados pela Secretaria da Receita Federal do Brasil:**

a) relativo a período de apuração **anterior à utilização do eSocial** para apuração de tributos com crédito concernente às contribuições previdenciárias das empresas, incidentes sobre a remuneração paga ou creditada aos segurados a seu serviço; as dos trabalhadores, incidentes sobre o seu salário-de-contribuição e as devidas a terceiros, assim entendidas outras entidades e fundos;

b) com crédito concernente às contribuições previdenciárias das empresas, incidentes sobre a remuneração paga ou creditada aos segurados a seu serviço; as dos trabalhadores, incidentes sobre o seu salário-de-contribuição e as devidas a terceiros, assim entendidas outras entidades e fundos relativo a período de apuração **anterior à utilização do eSocial** para apuração das referidas contribuições.

12.3.2. Compensação de Contribuições Previdenciárias através da GFIP

A compensação deve ser informada em GFIP na competência de sua efetivação. Apenas no caso de compensação de débitos da CPRB será utilizado o Programa PER/

DCOMP ou, na impossibilidade de sua utilização, mediante a apresentação do formulário constante do Anexo IV da IN 2.055/2021, neste caso o contribuinte deverá juntar os documentos comprobatórios do direito creditório.

É vedada a compensação de contribuições previdenciárias de valor recolhido indevidamente para o SIMPLES NACIONAL.

12.3.3. Impossibilidade de compensação de contribuições destinadas a terceiros com contribuições previdenciárias.

Para as empresas que apuram as contribuições previdenciárias através da GFIP, os valores das contribuições pagas indevidamente ou a maior de contribuições destinadas a outras entidades e fundos ("terceiros"), arrecadados pela Secretaria da Receita Federal do Brasil, **não podem ser objeto de compensação** (art. 89, IN 2.055/2021, da RFB). Para esses sujeitos passivos, resta, apenas, a possibilidade de o contribuinte solicitar a restituição desses valores.

Para essas empresas, no período anterior o eSocial, a vedação em compensar créditos de contribuições destinadas a outras entidades e fundos com contribuições previdenciárias vem sendo desconsiderada pela justiça, fato que levou a Procuradoria da Fazenda Nacional a incluir na lista de temas com jurisprudência consolidada (com dispensa de contestar e a recorrer), conforme colacionamos no trecho a seguir:

> *NOTA PGFN/CRJ/Nº 1245/2016*
>
> *(...)*
>
> *Ante o exposto, com fulcro no art. 2º, VII, §§ 4º e 5º, III, da Portaria PGFN nº 502, de 2016, considerando o entendimento consolidado do Egrégio Superior Tribunal de Justiça, propõe-se a sua inclusão no "item 1" da lista de temas com jurisprudência consolidada (com dispensa de contestar e a recorrer), conforme explicitado a seguir:*
>
> ***Compensação.*** *Contribuições destinadas a outras entidades ou fundos. Vedação contida no art. 47 da Instrução Normativa RFB nº 900/2008 e no art. 59 da Instrução Normativa RFB nº 1.300/2012. Ilegalidade.*
>
> ***Precedentes:*** *AgInt no REsp 1591475/SC, AgInt no REsp 1536294/SC, AgInt no REsp 1547436/RS, AgInt no REsp 1591475/SC, REsp 1498234/ RS, AgInt no REsp 1585231/ SC e REsp nº 1607802/RS.*
>
> ***Resumo:*** *o STJ fi rmou orientação quanto à ilegalidade do art. 47 da IN/RFB nº 900, de 2008 (já revogado),* ***e do art. 59 da IN/RFB nº 1.300, de 2012***[4]*, que vedam a compensação das contribuições destinadas a outras entidades ou fundos, por exorbitarem de sua função meramente regulamentar. No entanto, ressalva o STJ que devem ser aplicados à hipótese os arts. 66 da Lei nº 8.383, de 1991, 39 da Lei nº 9.250, de 1995, e 89 da Lei nº 8.212, de 1991, afim de permitir que o indébito referente às contribuições destinadas a terceiros seja objeto de compensação com parcelas vencidas posteriormente ao pagamento, relativas a tributo de mesma espécie e destinação constitucional, observando-se, contudo, a limitação constante do art. 170-A do CTN.*

4. O art. 87, IN RFB 1.717/2017, possui a mesma redação *do art. 59 da IN/RFB nº 1.300, de 2012 (revogada).*

> *Sugere-se, ainda, o encaminhamento de cópia da presente Nota à PGFN/CASTJ, para ciência, e à RFB, para conhecimento e providências no sentido de garantir Procuradoria-Geral da Fazenda Nacional Coordenação-Geral da Representação Judicial da Fazenda Nacional – CRJ Coordenação de Consultoria Judicial – COJUD Registro nº 00462889/2016 8 a observância do entendimento firmado pelo STJ, inclusive no tocante à adequação dos atos normativos pertinentes à matéria.*
>
> *Por fim, recomenda-se a ampla divulgação da presente manifestação.*
>
> *PROCURADORIA-GERAL DA FAZENDA NACIONAL, em 19 de dezembro de 2016. GEILA LÍDIA BARRETO BARBOSA DINIZ Procuradora da Fazenda Nacional*
>
> *(...)*
>
> *Aprovo. Dê-se o encaminhamento proposto.*
>
> *PROCURADORIA-GERAL DA FAZENDA NACIONAL, em 21 de dezembro de 2016.*
>
> *CLAUDIO XAVIER SEEFELDER FILHO*
>
> *Procurador-Geral Adjunto de Consultoria e Contencioso Tributário*

12.3.4. Compensação entre estabelecimentos

A Lei 11.491/2009 alterou relevantemente a legislação concernente à compensação entre diferentes estabelecimentos. É que, a partir da publicação desse diploma, o art. 31, § 1º, da Lei 8.212/1991, passou a permitir a compensação de valores retidos das notas fiscais de prestação de serviços **por qualquer dos estabelecimentos da empresa.**

Antes dessa lei, apenas os créditos decorrentes de recolhimento indevido podiam ser compensados com débito de qualquer estabelecimento da empresa, mas em caso de créditos oriundos de retenções, as compensações deveriam ser efetuadas no estabelecimento que prestou o serviço.

O § 2º do art. 84 da IN 2.055/2021 da RFB dispõe que o crédito decorrente de pagamento ou de recolhimento indevido poderá ser utilizado entre os estabelecimentos da empresa, exceto obras de construção civil, para compensação com contribuições previdenciárias devidas. Caso haja pagamento indevido relativo à obra de construção civil encerrada ou sem atividade, a compensação poderá ser realizada pelo estabelecimento responsável pelo faturamento da obra.

12.4. ATUALIZAÇÃO DOS VALORES A COMPENSAR OU A RESTITUIR

O valor a ser restituído ou compensado será acrescido de juros obtidos pela aplicação da taxa referencial do Sistema Especial de Liquidação e de Custódia – SELIC para títulos federais, acumulada mensalmente, a partir do mês subsequente ao do pagamento indevido ou a maior que o devido, até o mês anterior ao da compensação ou restituição e de 1% relativamente ao mês em que estiver sendo efetuada.

Essa sistemática é nova, tendo sido implementada pela MP 449, convertida na lei 11.941, de 27/05/2009. Antes desse Diploma Legal, a atualização se iniciava no mês do pagamento indevido, com a alíquota de 1%, nos meses intermediários se aplicava a SELIC, e no mês de compensação ou restituição, 1%. A alteração promovida pela MP 449 apenas retirou a atualização de 1% do mês de pagamento.

O cálculo da atualização das contribuições pode ser feito pela internet, acessando-se o site da Previdência Social (www.previdenciasocial.gov.br) ou pelo site da Receita Federal do Brasil (www.receita.fazenda.gov.br).

Exemplo:

O Supermercado Pague Mais recolheu a maior o valor de R$ 10.000,00 referentes à competência de janeiro, tendo efetuado o pagamento em 20 de fevereiro. Supondo que os percentuais da taxa SELIC foram os a seguir estipulados, quanto deve ser o valor a compensar no recolhimento de 20 de maio?

Competências	SELIC
Fevereiro	2,00%
Março	1,40%
Abril	1,60%
Maio	1,67%

Resposta: A partir do mês subsequente ao pagamento (março) até o mês anterior à compensação (abril) deve-se aplicar a SELIC. No mês em que se procedeu a compensação (maio), devem ser aplicados os juros de 1%. Logo, o percentual total de atualização é:

- Março: 1,4%
- Abril: 1,6%
- Maio: 1%
- Total: 4%

O montante dos juros é, então, de R$ 400,00 (10.000 x 4%), e o valor a compensar é de R$ 10.400,00.

Veja tabela resumo:

<table>
<tr><th>Competências</th><th>Juros</th><th>Valor atualizado</th></tr>
<tr><td>Fevereiro</td><td>Não se aplica a correção - mês de pagamento</td><td rowspan="5">-----------
10.000,00 x 4% = 400,00
Total a compensar:
10.000,00 + 400,00 = 10.400,00</td></tr>
<tr><td>Março</td><td>1,4% (SELIC de Março)</td></tr>
<tr><td>Abril</td><td>1,6% (SELIC de Abril)</td></tr>
<tr><td>Maio</td><td>1% (mês em que foi efetuada a compensação)</td></tr>
<tr><td>Total de juros</td><td>4%</td></tr>
</table>

Capítulo 13

Certidão Negativa de Débito

- **Arts. 47 e 48, Lei 8.212/1991**
- **Art. 10, Lei 8.870/1994**

13.1. INTRODUÇÃO

Para que as empresas efetuem determinadas operações, a lei impõe a comprovação de regularidade fiscal. O documento emitido pelo Fisco que permite aos contribuintes realizar tais operações é a Certidão Negativa de Débito – CND.

Esse documento não **serve de prova absoluta de regularidade fiscal.** Pode ser utilizado **apenas para efetuar a transação específica.** Fica, então, o Fisco, resguardado do direito de apurar e constituir seus créditos, independentemente da emissão de CND.

Somente é possível constatar a regularidade fiscal de uma empresa por meio de uma completa auditoria-fiscal. Mesmo assim, existe a possibilidade de lançamento de débitos relativos a período já fiscalizado, desde que seja comprovado erro ou má-fé do auditor responsável pelo trabalho.

A CND e a fiscalização não extinguem o crédito tributário, e, havendo comprovação de débito, o Fisco tem a obrigação de constituir e cobrar seu crédito.

A Secretaria da Receita Federal do Brasil, como administradora do sistema previdenciário, encarrega-se de analisar a regularidade fiscal das empresas, no que concerne às contribuições previdenciárias, e emitir a CND, se for o caso.

A regularidade das contribuições sociais não previdenciárias (CSLL, PIS, COFINS) é também examinada pela Secretaria da Receita Federal do Brasil, que é a responsável pela emissão da Certidão Negativa de Débito unificada, relativa a todos os tributos por ela administrados.

Em regra, não há exigência de CND para pessoas físicas. Os segurados e o empregador doméstico nunca necessitam comprovar regularidade fiscal. Somente será exigido esse documento para pessoas físicas, quando na qualidade de responsáveis por matrícula de obra de construção civil ou para produtores rurais, responsáveis pelo recolhimento de sua própria contribuição, como veremos em seguida.

A CND pode ser obtida pela internet, acessando-se o site da Receita Federal do Brasil. Caso a empresa possua alguma restrição, deve comparecer ao Centro de Atendimento ao Contribuinte da Receita Federal de sua circunscrição. Depois de regularizada a pendência, o documento será emitido.

O prazo de validade deste documento já foi objeto de diversas ampliações. Inicialmente, era de apenas 60 dias, tendo passado para 90 dias e ampliado para 180 dias desde a publicação do Decreto 5.512, de 15/08/2005. Atualmente, o prazo de 180 dias está previsto no art. 10, da Portaria Conjunta RFB/PGFN 1.751, de 02/10/2014.

É vedada qualquer cobrança de taxa do contribuinte. A verificação da autenticidade da CND pode ser efetuada pelo site da RFB.

Cabe ressaltar que, desde 3 de novembro de 2014, com a vigência da Portaria 358, do Ministério da Fazenda, a CND é emitida conjuntamente pela Secretaria da Receita Federal do Brasil – RFB e pela Procuradoria-Geral da Fazenda Nacional – PGFN, referente a todos os tributos federais e à Dívida Ativa da União por elas administrados. Assim, não mais existe, em regra, uma CND específica da previdência social, tendo o prazo de vigência de 180 dias sido ratificado pelo art. 2º da referida Portaria.

A Lei 14.148, de 03/05/2021, alterou o § 5º do art. 47 da Lei 8.212/91, consolidando o prazo de 180 dias para a CND conjunta. De acordo com a nova redação, o prazo de validade da certidão expedida conjuntamente pela Secretaria Especial da Receita Federal do Brasil e pela Procuradoria-Geral da Fazenda Nacional, referente aos tributos federais e à dívida ativa da União por elas administrados, será de até **180 dias**, contado da data de emissão da certidão, prorrogável, excepcionalmente, pelo prazo determinado em ato conjunto dos referidos órgãos.

A única exceção, em que ainda persiste a exigência de CND previdenciária específica é para a regularização de obra de construção civil.

Curiosamente, em setembro de 2014, foi publicado o Decreto 8.302, que revogou diversos dispositivos regulamentadores da CND, que constavam no Decreto 3.048/1999 (arts. 227, 257, 258, 259, 262 e 263). Apesar da revogação, não houve qualquer alteração substancial no regramento da certidão negativa de débito, uma vez que as hipóteses de exigência desse documento estão previstas nos arts. 47 e 48 da Lei 8.212/1991 e no art. 10 da Lei 8.870/1994.

> **Atenção!**
>
> Devido ao nome desse documento, questões de concursos públicos têm insistido em formular proposições para confundir o estudante, mencionando que a Certidão Negativa de Débito constitui prova absoluta de regularidade fiscal. Essa afirmação está errada.

13.2. SITUAÇÕES DE EXIGIBILIDADE DA CND

13.2.1. Situações básicas de exigência para empresas

A Certidão Negativa de Débito da empresa deve ser exigida pelo órgão competente nas seguintes situações (art. 47 Lei 8.212/1991):

a) na contratação com o Poder Público e no recebimento de benefícios ou incentivo fiscal ou creditício concedido por ele;

b) na alienação ou oneração, a qualquer título, de bem imóvel ou direito a ele relativo;

c) na alienação ou oneração, a qualquer título, de bem móvel de valor superior ao estabelecido por Portaria que atualiza periodicamente o valor previsto no texto original da Lei 8.212/1991;

d) no registro ou arquivamento, no órgão próprio, de ato relativo a baixa ou redução de capital de firma individual, redução de capital social, cisão total ou parcial, transformação ou extinção de entidade ou sociedade comercial ou civil e transferência de controle de cotas de sociedades de responsabilidade limitada.

Ao analisar o rol de situações, compreende-se a razoabilidade da exigência desse documento. Não seria, de fato, lógico que empresas em débito com a Previdência Social pudessem auferir lucros, contratando com o Poder Público. A CND, para venda de ativos da empresa, busca garantir que o devedor não se desfaça de seu patrimônio antes de quitar as obrigações fiscais. No caso de baixa de empresas, a depender de seu porte, o auditor-fiscal deve analisar toda a documentação, para não permitir a extinção de uma pessoa jurídica em débito com a Previdência.

Nos processos licitatórios, a comprovação de regularidade fiscal das microempresas e empresas de pequeno porte somente será exigida para efeito de assinatura do contrato (art. 42 da Lei Complementar 123/2006). Para participar do processo licitatório, essas empresas deverão apresentar a certidão, mesmo que desta conste alguma restrição (Certidão Positiva de Débito).

As empresas que exploram, exclusivamente, a atividade de compra e venda de imóveis e outras correlatas são dispensadas da CND para alienação de bens imóveis. Essa dispensa visa a não embaraçar a atividade operacional das empresas comerciantes de edificações.

A portaria que define o valor máximo para a venda de bem móvel sem a necessidade de CND tem periodicidade anual. A Portaria Interministerial MPS/MF 6, de 10/01/2025, vigente a partir de 1º de janeiro de 2025, reajustou o limite para R$ 84.209,56.

As microempresas e empresas de pequeno porte não necessitam de CND para o arquivamento de seus atos constitutivos nas juntas comerciais, inclusive suas alterações contratuais e, a partir da publicação da LC 123/2006, nem mesmo para a extinção da empresa. Nesse caso, o empresário, os sócios ou os administradores ficarão responsáveis pelos débitos apurados antes ou após o ato de extinção (art. 9º, LC 123/2006).

Ressalte-se que a microempresa ou empresa de pequeno porte que se encontrem sem movimento há mais de três anos poderão dar baixa nos registros dos órgãos públicos federais, estaduais e municipais, independentemente do pagamento de débitos tributários, taxas ou multas devidas pelo atraso na entrega das respectivas declarações nesses períodos. Observe-se que essa situação é diferente da mencionada no parágrafo anterior, vez que, na primeira, é permitido o registro da baixa no cartório e, na segunda, é exigido ao menos três anos de inatividade para a baixa nos órgãos públicos.

A Lei 11.101/2005 (Lei de Falências) dispõe, em seu art. 52, inciso II, que à empresa em recuperação judicial fica "dispensada apresentação de certidões negativas para que o devedor exerça suas atividades, exceto para contratação com o Poder Público ou para recebimento de benefícios ou incentivos fiscais ou creditícios". Nesses casos, faz-se necessário, no entanto, que nos atos, contratos e documentos firmados pelo devedor sujeito ao procedimento de recuperação judicial seja acrescida, após o nome empresarial, a expressão "em Recuperação Judicial".

Para emissão da certidão, deve ser considerada a regularidade fiscal da empresa, em relação a **todas as suas dependências, estabelecimentos e obras de construção civil** executadas sob sua responsabilidade. Então, se em um pequeno estabelecimento da empresa for detectada uma inconsistência, a CND unificada não deve ser emitida até que seja regularizada a divergência.

A situação mais frequente que leva as empresas a necessitarem da prova de regularidade é a contratação com o Poder Público. Os contribuintes que não apresentarem a CND ficam impedidos de participar de processo de licitação, salvo o caso da pequena e microempresa, que, como acabamos de mencionar, somente necessita apresentar a CND no ato da assinatura do contrato.

Saliente-se que o Poder Judiciário tem decidido reiteradas vezes que para a recusa da emissão de CND pelo fisco é necessário que haja crédito tributário constituído. Assim, não pode o fisco, por exemplo, recusar-se a emitir a certidão sob a alegação de que há uma fiscalização em curso no contribuinte requerente.

Em relação a esse tema, a AGU editou a Súmula 18, com a seguinte redação: "Da decisão judicial que determinar a concessão de Certidão Negativa de Débito (CND), em face da inexistência de crédito tributário constituído, não se interporá recurso".

13.2.2. Exigência para obras de construção civil

Obra de construção civil é a construção, demolição, reforma ou ampliação de edificação ou outra benfeitoria agregada ao solo ou subsolo.

Deve ser exigida CND para obras de construção civil do proprietário do imóvel, **pessoa física ou jurídica**, quando da averbação de obra de construção civil no Cartório de Registro de Imóveis (art. 47, II, da Lei 8.212/1991). Para registrar a obra é, então, necessária a CND.

A legislação previdenciária dispensa a CND se o proprietário do imóvel ou dono da obra for pessoa física que não possua outro imóvel, e a construção for residencial e unifamiliar, com área total não superior a 70 m², destinada a uso próprio, do tipo econômico ou popular e, ainda, executada **sem mão de obra remunerada** (art. 278, decreto 3.048/1999). Obviamente, se a obra é executada sem mão de obra remunerada, não há que se falar em incidência de contribuição previdenciária, independentemente das demais condições.

É bastante comum a situação de pessoas físicas que contratam trabalhadores informalmente para executar obra de construção civil particular. Nesse caso, o dono da obra fica impedido de registrar em cartório sua construção. Decorridos cinco anos do término da obra, os créditos previdenciários não podem mais ser levantados, pois, como veremos em tópico próprio, ocorre a decadência do direito de constituí-los. O construtor pode, então, passado este prazo, obter a CND e registrar o seu imóvel. Por isso, é preciso celeridade da fiscalização da Receita Federal do Brasil para identificar e fiscalizar as obras de construção civil.

No **tópico 6.4** foi comentado que, para fins de fiscalização da Previdência, o Município, por intermédio do órgão competente, deverá fornecer relação de alvarás para construção civil e documentos de "habite-se" concedidos.

A análise da regularidade fiscal para emissão de CND, com finalidade de registro da obra de construção civil, **somente considera os recolhimentos da obra analisada**, não sendo necessária a verificação de todos os estabelecimentos da empresa. O objetivo do documento é permitir o registro da obra. Não seria a nosso ver sensata a conferência da regularidade de toda a empresa para possibilitar o registro.

A CND deve, também, ser exigida do incorporador, na ocasião da inscrição de memorial de incorporação no Cartório de Registro de Imóveis (art. 47, § 2º, da Lei 8.212/1991). Esse memorial é um projeto de construção civil e, para registrá-lo, é necessária a prova de regularidade, em relação a todos os estabelecimentos da empresa incorporadora.

Ao final da obra de construção civil, para possibilitar o seu registro, o incorporador deve solicitar a CND específica da obra, quando será analisada a regularidade dos recolhimentos previdenciários apenas da obra em questão.

Exemplo:

A Incorporadora Barretto decide executar a construção de um edifício residencial de luxo. Para inscrever o memorial desse projeto, a incorporadora deve obter uma CND geral da empresa. Uma vez concluída a construção do empreendimento, torna-se necessária a comprovação da regularidade da obra, por meio da obtenção de uma certidão específica.

Caso o dono da obra contrate empresa de construção civil para execução de todo o projeto (contrato de empreitada global), a responsabilidade pela regularidade fiscal passa do proprietário para o construtor. A CND deve, então, ser exigida da empresa construtora.

13.2.3. Exigência para o produtor rural pessoa física e segurado especial

A CND deve ser exigida do produtor rural pessoa física e do segurado especial, **quando contratarem crédito rural em qualquer de suas modalidades**, de instituição de crédito pública ou privada, desde que comercializem a sua produção com o adquirente domiciliado no exterior ou diretamente no varejo com consumidor pessoa física, com outro produtor rural pessoa física ou com outro segurado especial (art. 47, § 6º, b, da Lei 8.212/1991).

Essas são as hipóteses de responsabilidade direta do produtor rural pessoa física e do segurado especial pelo recolhimento das contribuições previdenciárias sobre a comercialização de sua produção rural. Na venda da produção para pessoas jurídicas, o responsável pelo recolhimento é o adquirente, não se exigindo CND.

13.2.4. Exigência para empresas na contratação de créditos com instituições financeiras

A Certidão Negativa de Débito deve ser exigida das empresas, na contratação de operações de crédito com instituições financeiras que envolvam (art. 10, Lei 8.870/1994):

a) **recursos públicos**, inclusive os provenientes de fundos constitucionais e de incentivo ao desenvolvimento regional (Fundo Constitucional de Financiamento do Norte, Fundo Constitucional de Financiamento do Nordeste, Fundo Constitucional de Financiamento do Centro Oeste, Fundo de Desenvolvimento da Amazônia e Fundo de Desenvolvimento do Nordeste);

b) **recursos do FGTS** – Fundo de Garantia do Tempo de Serviço, do Fundo de Amparo ao Trabalhador e do Fundo Nacional de Desenvolvimento da Educação; ou

c) **recursos** captados por meio **de Caderneta de Poupança.**

Considera-se instituição financeira a pessoa jurídica pública ou privada que tenha como atividade principal ou acessória a intermediação ou a aplicação de recursos financeiros próprios ou de terceiros, em moeda nacional ou estrangeira, autorizada pelo Banco Central do Brasil ou por decreto do Poder Executivo, a funcionar no território nacional.

De fato, não seria razoável que empresas em débito com o Poder Público pudessem contratar empréstimos, na maioria das vezes com taxas de juros especiais, valendo-se dos próprios recursos públicos.

A certidão deve ser solicitada, também, na **liberação de eventuais parcelas** previstas nos contratos de empréstimos com instituições financeiras que utilizem os citados recursos públicos.

13.2.5. Exigência para órgãos públicos

A inexistência de débito em relação às contribuições devidas ao Instituto Nacional do Seguro Social é condição necessária para que os Estados, o Distrito

Federal e os Municípios possam receber as **transferências dos recursos** do Fundo de Participação dos Estados, do Distrito Federal e dos Municípios, celebrar acordo, contrato, convênio ou ajuste, bem como receber empréstimo, financiamento, aval ou subvenção em geral de órgão ou entidade da administração indireta da União (art. 56 da Lei 8.212/1991).

Caso os Estados, o Distrito Federal e os Municípios possuam débitos com a Previdência, a União reterá os recursos dos Fundos de Participação, e, ainda, o ente federativo não poderá efetuar qualquer tipo de contratação de recursos com órgãos da União. Essa é a única forma de tornar exigível o pagamento de débitos previdenciários dos órgãos públicos.

Lembre-se que, na qualidade de equiparado à empresa, o órgão público possui todas as obrigações fiscais no que tange à contratação de trabalhadores vinculados ao Regime Geral de Previdência Social. Essa situação tem maior relevância quando o Município não possui regime próprio de previdência instituído, sendo, dessa forma, todos seus trabalhadores incluídos no RGPS.

Segundo entendimento pacífico do STJ, não é possível a emissão de certidão negativa de débito em favor do Município, na hipótese em que existente dívida previdenciária sob a responsabilidade da respectiva Câmara Municipal, pois a Câmara Municipal constitui órgão integrante do Município e, nesse sentido, não possui personalidade jurídica autônoma (REsp 1.408.562/SE, Rel. Min. Mauro Campbell Marques, DJe de 19/3/2014).

13.3. DISPENSA DA CND

De acordo com o art. 47, § 6º, da Lei 8.212/1991, independe de prova de inexistência de débito:

a) a lavratura ou assinatura de instrumento, ato ou contrato que constitua retificação, ratificação ou efetivação de outro anterior para o qual já foi feita a prova;

Trata-se aqui apenas de procedimento de retificação de ato pretérito. Caso a empresa descubra um erro no contrato social já registrado e queira corrigi-lo, não é necessária a apresentação de uma nova CND.

b) a constituição de garantia para concessão de crédito rural, em qualquer de suas modalidades, por instituição de crédito pública ou privada, desde que o contribuinte referido no art. 25 não seja responsável direto pelo recolhimento de contribuições sobre a sua produção para a Seguridade Social;

Esta situação de dispensa foi comentada ao estudarmos a exigência de CND para o produtor rural.

c) a averbação prevista no inciso II deste artigo, relativa a imóvel cuja construção tenha sido concluída antes de 22 de novembro de 1966;

d) o recebimento pelos Municípios de transferência de recursos destinados a ações de assistência social, educação, saúde e em caso de calamidade pública;

e) a averbação da construção civil localizada em área objeto de regularização fundiária de interesse social, na forma da Lei 11.977, de 7 de julho de 2009.

Esta hipótese de dispensa foi inserida no § 6º do art. 47 da Lei 8.212/1991, pela Lei 12.424/2011, objetivando facilitar a regularização fundiária.

13.4. CERTIDÃO POSITIVA DE DÉBITO COM EFEITOS DE NEGATIVA – CPD-EN

Em determinadas situações, mesmo estando o contribuinte em débito com a previdência social, será emitida CND. Isso ocorre nos casos de **suspensão do crédito tributário**, como, por exemplo: penhora, parcelamento, depósito judicial, recurso administrativo ou judicial.

Nesse caso, será emitida Certidão Positiva de Débito com Efeitos de Negativa (CPD-EN), tendo, rigorosamente, os mesmos efeitos da CND, quando houver débito:

a) Suspenso por recurso em processo administrativo-fiscal;

b) Garantido por depósito integral, atualizado, em moeda corrente;

c) Em relação ao qual tenha sido efetivada penhora suficiente garantidora do débito em curso de execução fiscal;

d) Regularmente parcelado, desde que o sujeito passivo esteja adimplente com o pagamento das parcelas;

e) Com exigibilidade suspensa por determinação judicial.

No caso de defesa ou de recurso parcial, a parte do débito não contestada deverá estar quitada, parcelada ou garantida por depósito, para possibilitar a emissão da CPD-EN.

> **Atenção!**
>
> A Legislação Previdenciária, originalmente, exigia garantia de 120% do valor do débito, no caso de parcelamento. As modalidades previstas de garantia eram: depósito integral, atualizado em moeda corrente, hipoteca de bens, fiança bancária, vinculação de vendas de bens e serviços futuros ou alienação fiduciária de bem móvel.
>
> Por força da Lei Complementar 104, de 10/01/2001, que acrescentou o inciso VI ao art. 151 do Código Tributário Nacional, o parcelamento, desde que em dia, por si só, suspende a exigibilidade do crédito. **As garantias, então, deixaram de ser exigidas.**

A falta de declaração de valores no documento próprio instituído pela Legislação Previdenciária - GFIP - constitui, também, impeditivo para emissão de CND. Embora a falta de declaração não signifique débito, os legisladores definiram que a CND deve ser obstada pela falta de declaração (art. 32, § 10, Lei 8.212/1991). Isso pode ser explicado devido à importância da GFIP, conforme comentaremos no capítulo específico de estudo deste documento.

A negativa de emissão de CND, em caso de divergências entre os valores declarados em GFIP e os efetivamente recolhidos, já foi alvo de inúmeros questionamentos na esfera judicial, que terminaram por resultar na edição da Súmula 466, do STJ, pacificando o entendimento de que "declarado e não pago o débito tributário pelo contribuinte, é legítima a recusa de expedição de certidão negativa ou positiva com efeito de negativa" (Rel. Min. Eliana Calmon, em 28/4/2010).

A Secretaria da Receita Federal do Brasil pode autorizar a emissão de CPD-EN para alienação de bens de empresas em processo de liquidação extrajudicial, visando à obtenção de recursos para pagamento aos seus credores, desde que o crédito previdenciário esteja no quadro geral de credores, observada a ordem de preferência legal.

Pode, ainda, autorizar a alienação de bem, desde que conste do instrumento lavrado que o valor total obtido com a transação será utilizado para a liquidação do débito.

13.5. RESPONSABILIDADE SOLIDÁRIA

O contratante ou o oficial de registro que lavrar ou registrar instrumento sem a observância das situações de exigência de comprovação de regularidade fiscal, tornar-se-á responsável solidário ao devedor.

Dessa forma, o banco que concede empréstimos, valendo-se de recursos públicos, à empresa devedora da Previdência Social, sem a exigência da apresentação de certidão de regularidade, responde, solidariamente, com o contribuinte beneficiado. Da mesma maneira, o oficial que registra a venda de um imóvel sem exigir a CND torna-se responsável solidário ao devedor.

O servidor, o serventuário da justiça, o titular de serventia extrajudicial e a autoridade de órgão que infringirem as normas para concessão de CND ficarão sujeitos à pena de multa, sem prejuízo das responsabilidades administrativas e penais cabíveis.

13.6. TABELA RESUMO DAS PRINCIPAIS SITUAÇÕES DE EXIGÊNCIA DA CND

Situação	Comentário
Contratação com o poder público e no recebimento de benefícios ou incentivo fiscal	Esta é a situação mais comum para as empresas. As pequenas e microempresas só necessitam apresentar no ato da assinatura do contrato.
Alienação de bem imóvel	Empresas que atuem com compra e venda de imóveis são dispensadas.
Alienação de bem móvel de valor superior a R$ 84.209,56	Valor atualizado no mês de janeiro de cada ano.

Situação	Comentário
Registro de ato relativo à baixa ou redução de capital, cisão, transformação ou extinção e transferência de controle de quotas	Microempresas e empresas de pequeno porte são dispensadas.
Averbação de obra de construção civil no Registro de Imóveis	Dispensada para obras de residência unifamiliar, sem trabalho remunerado.
Inscrição de memorial de incorporação no Registro de Imóveis	Não dispensa a CND de averbação, quando concluída a obra.
Contratação de crédito rural para produtor rural pessoa física e segurado especial	Apenas se comercializarem com pessoa física.
Contratação de empréstimos envolvendo recursos públicos	Engloba recursos do FGTS, FAT, FNDE, caderneta de poupança, e dos fundos de desenvolvimento regionais.
Para os entes federativos, nas transferências dos recursos do Fundo de Participação, celebração de acordo, convênio, empréstimo, aval da União	A União deve exigir os comprovantes de recolhimento referentes aos três meses imediatamente anteriores.

Capítulo 14

Competências do INSS, da SRFB e do AFRFB

- **Art. 33, Lei 8.212/1991**
- **Arts. 229 a 237, Decreto 3.048/1999**
- **Art. 6º, Lei 11.457/2007**

Até outubro de 2004, ao Instituto Nacional do Seguro Social – INSS competia arrecadar, fiscalizar, lançar e normatizar o recolhimento das contribuições sociais dos segurados e das empresas, incidentes sobre a remuneração dos trabalhadores, bem como as contribuições incidentes a título de substituição.

A Medida Provisória 222, de 04/10/2004, convertida na Lei 11.098/2005, atribuiu ao já extinto Ministério da Previdência Social as competências tributárias do INSS, com a criação da Secretaria da Receita Previdenciária – SRP, no âmbito da administração direta.

Como já mencionado, a intenção da criação da SRP foi preparar o órgão para a fusão do Fisco Previdenciário com a Receita Federal no intuito de dar mais efetividade à fiscalização dos tributos federais. A fusão tentou ser implementada com a edição da MP 258/2005, de 21/07/2005, que criou a Secretaria da Receita Federal do Brasil – SRFB, que como visto não foi apreciada pelo Congresso Nacional, perdendo a sua eficácia e voltando a existir as Secretarias anteriores (SRP e SRF).

Como já exaurido nesta obra, somente com a aprovação da Lei 11.457/2007 foi finalmente criada a Secretaria da Receita Federal do Brasil e os cargos de Auditor-Fiscal da Receita Federal do Brasil e Analista-Tributário da Receita Federal do Brasil.

Depois dessas alterações, então, o INSS passou a ser responsável, unicamente, pela administração dos benefícios previdenciários, enquanto à SRFB coube a competência para planejar, executar, acompanhar e avaliar as atividades relativas à tributação, fiscalização, arrecadação, cobrança e recolhimento das contribuições sociais (art. 33 da Lei 8.212/1991, alterada pela MP 449, de 03/12/2008).

De acordo com o art. 124-C, inserido pela MP 871/2019, convertida na Lei 13.846/2019, o servidor responsável pela análise dos pedidos dos benefícios previdenciários motivará suas decisões ou opiniões técnicas e responderá pessoalmente apenas na hipótese de dolo ou erro grosseiro.

O art. 125-A da Lei 8.213/1991, incluído pela MP 449/2008, dispõe que "compete ao Instituto Nacional do Seguro Social – INSS realizar, por meio dos seus próprios agentes, quando designados, todos os atos e procedimentos necessários à verificação do atendimento das obrigações não tributárias impostas pela legislação previdenciária e à imposição da multa por seu eventual descumprimento".

Esse dispositivo deu poderes aos servidores do INSS para efetuar diligências em empresas para verificação de assuntos de interesses dos segurados da previdência social. Pode, por exemplo, o servidor do INSS efetuar uma diligência para confirmar a prestação de serviço de determinado empregado, em período específico, para contagem de tempo de contribuição e concessão de benefícios previdenciários.

A empresa disponibilizará a servidor designado por dirigente do INSS os documentos necessários à comprovação de vínculo empregatício, de prestação de serviços e de remuneração relativos a trabalhador previamente identificado, não podendo a diligência abranger atividades de competência dos Auditores-Fiscais da Receita Federal do Brasil.

Atenção!

Questões de concurso público costumam incluir entre as competências da RFB a de instituição de tributos previdenciários, propondo a seguinte assertiva: "À SRFB compete instituir, arrecadar, fiscalizar, lançar e normatizar o recolhimento das contribuições sociais dos segurados e das empresas, incidentes sobre a remuneração dos trabalhadores, bem como as contribuições incidentes a título de substituição".

Tal proposição deve ser considerada errada, pois, como estudamos, as contribuições previdenciárias devem ser instituídas pela União, mediante instrumento legal.

Nesse sentido, **é prerrogativa da RFB o exame da contabilidade da empresa**, ficando esta, os segurados e os terceiros responsáveis pelo recolhimento previdenciário obrigados a prestar todas as informações e esclarecimentos solicitados, assim como a exibir todos os documentos e livros relacionados às contribuições sociais.

O STF já firmou entendimento de que "estão sujeitos à fiscalização tributária ou previdenciária quaisquer livros comerciais, limitado o exame aos pontos objeto da investigação" (Súmula 439).

No mesmo sentido, a **Súmula 8 do CARF** – Conselho Administrativo de Recursos Fiscais exara o entendimento de que "o **Auditor Fiscal da Receita Federal é competente para proceder ao exame da escrita fiscal da pessoa jurídica, não lhe sendo exigida a habilitação profissional de contador**".

A empresa, o segurado da Previdência Social, o serventuário da Justiça, o síndico ou seu representante, o comissário e o liquidante de empresa em liquidação judicial ou extrajudicial são obrigados a exibir todos os documentos e livros relacionados com as contribuições sociais (art. 33, § 2º, da Lei 8.212/1991)

Ocorrendo recusa ou sonegação de qualquer documento ou informação, ou sua apresentação deficiente, a SRFB pode, sem prejuízo da penalidade cabível, **inscrever, de ofício, importância devida.** Esta é a técnica do arbitramento de tributos que deve ser utilizada pelo Auditor-Fiscal da Receita Federal do Brasil sempre que a falta ou inadequação da documentação impeça seu trabalho de auditoria.

Observe-se que, em relação aos créditos tributários, os documentos comprobatórios do cumprimento das obrigações previdenciárias devem ficar arquivados na empresa, até que ocorra a prescrição relativa aos créditos decorrentes das operações a que se refiram (art. 32, § 11, Lei 8.212/1991).

A SRFB pode promover a apreensão de comprovantes de arrecadação e de pagamento de benefícios, bem como de quaisquer documentos pertinentes, inclusive contábeis, mediante lavratura do competente termo, com a finalidade de apurar administrativamente a ocorrência dos crimes previstos em lei.

De acordo com a Súmula 27 do CARF é valido o lançamento formalizado por Auditor-Fiscal da Receita Federal do Brasil de jurisdição diversa da do domicílio tributário do sujeito passivo.

Na falta de prova regular e formalizada, o montante dos salários pagos pela execução de obra de construção civil pode ser obtido mediante cálculo da mão de obra empregada, proporcional à área construída, de acordo com critérios estabelecidos pela Secretaria da Receita Federal do Brasil, cabendo ao proprietário, dono da obra, condômino da unidade imobiliária ou empresa corresponsável o ônus da prova em contrário.

O arbitramento da construção civil é bastante comum no âmbito previdenciário, principalmente no que tange a obras de construção civil executadas por pessoas físicas. Para isso a SRFB se utiliza de sistema informatizado que calcula o ARO – Aviso de Regularização de Obra a partir dos parâmetros definidos: área e padrão de execução da obra. Essas informações devem constar da DISO – Declaração de Informações Sobre a Obra, que deve ser apresentada, juntamente com o requerimento para a regularização da obra.

Aplicam-se às contribuições sociais as presunções legais de omissão de receita previstas nos §§ 2º e 3º do art. 12, Decreto-Lei 1.598, de 26 de dezembro de 1977, e nos arts. 40, 41 e 42 da Lei 9.430, de 27 de dezembro de 1996. Assim, sem querer aprofundar esse assunto, o que fugiria ao escopo de nossa obra, a RFB pode utilizar-se de certas técnicas previstas em Lei para, a partir da análise contábil, presumir que houve omissão de receita pelo contribuinte e constituir o crédito previdenciário. Observe-se, no entanto, que isso somente tem aplicabilidade para as contribuições sociais que têm como base a receita ou faturamento (PIS e COFINS) e para as contribuições previdenciárias substitutivas da parte patronal, incidentes sobre a receita.

Os Auditores-Fiscais da Receita Federal do Brasil têm livre acesso a todas as dependências ou estabelecimentos da empresa, podendo efetuar a verificação física dos segurados em serviço, para confronto com os registros e documentos da empresa, podendo requisitar e apreender livros, notas técnicas e demais documentos necessários ao perfeito desempenho de suas funções, caracterizando-se como embaraço à fiscalização qualquer dificuldade oposta à consecução do objetivo.

Se o Auditor-Fiscal da Receita Federal do Brasil constatar que o segurado contratado como contribuinte individual, trabalhador avulso, ou sob qualquer outra denominação, preenche as condições de empregado, pode efetuar seu enquadramento nesta categoria, cobrando todas as contribuições pertinentes.

Da mesma forma, o AFRFB pode desconsiderar a personalidade jurídica de uma empresa, considerando o seu sócio como empregado do tomador de serviço. Sabemos que é prática comum de algumas empresas coagir seus empregados a criarem pessoas jurídicas para, por meio dela, prestarem serviços para o seu empregador, sendo preservadas, contudo, todas as características do trabalho empregado.

Conforme comentamos no início desta obra, o projeto de lei que criou a Receita Federal do Brasil continha a enfadonha Emenda 3, prevendo que, no exercício das atribuições da autoridade fiscal, a desconsideração da pessoa, ato ou negócio jurídico que implicasse reconhecimento de relação de trabalho, com ou sem vínculo empregatício, deveria sempre ser precedida de decisão judicial. Ou seja, caso fosse aprovado esse dispositivo, o AFRFB não teria mais competência para desconsiderar a pessoa jurídica, impondo as devidas contribuições inerentes à relação de trabalho, dependendo previamente de decisão de Magistrado Trabalhista.

Felizmente, para os que acreditavam que a Emenda 3 repercutiria de forma negativa para o trabalhador, ela foi vetada pelo Presidente Lula, preservando-se a competência dos Auditores para desconsiderar a pessoa jurídica e impor os efeitos da relação de trabalho.

Apesar de toda a discussão sobre este tema, o STF tem se manifestado pela competência da fiscalização previdenciária para estabelecer o vínculo empregatício para efeito de tributação previdenciária (RE 236179).

A fiscalização das entidades fechadas de previdência privada e dos regimes próprios de previdência social dos servidores públicos e dos militares da União, dos Estados, do Distrito Federal e dos Municípios é de competência dos Auditores-Fiscais da Receita Federal do Brasil.

A autoridade policial prestará à fiscalização, mediante solicitação, o auxílio necessário ao regular desempenho dessa atividade.

De acordo com o art. 6º da Lei 11.457/2007, são atribuições dos ocupantes do cargo de Auditor-Fiscal da Receita Federal do Brasil:

I – no exercício da competência da Secretaria da Receita Federal do Brasil e em caráter privativo:

a) constituir, mediante lançamento, o crédito tributário e de contribuições;

b) elaborar e proferir decisões ou delas participar em processo administrativo-fiscal, bem como em processos de consulta, restituição ou compensação de tributos e contribuições e de reconhecimento de benefícios fiscais;

c) executar procedimentos de fiscalização, praticando os atos definidos na legislação específica, inclusive os relacionados com o controle aduaneiro, apreensão de mercadorias, livros, documentos, materiais, equipamentos e assemelhados;

d) examinar a contabilidade de sociedades empresariais, empresários, órgãos, entidades, fundos e demais contribuintes, não se lhes aplicando as restrições previstas nos arts. 1.190 a 1.192 do Código Civil e observado o disposto no art. 1.193 do mesmo diploma legal;

e) proceder à orientação do sujeito passivo no tocante à interpretação da legislação tributária;

f) supervisionar as demais atividades de orientação ao contribuinte;

II - em caráter geral, exercer as demais atividades inerentes à competência da Secretaria da Receita Federal do Brasil.

Já o § 2º do art. 6º da Lei 11.457/2007 dispõe que incumbe ao Analista-Tributário da Receita Federal do Brasil, resguardadas as atribuições privativas do Auditor-Fiscal:

I - exercer atividades de natureza técnica, acessórias ou preparatórias ao exercício das atribuições privativas dos Auditores-Fiscais da Receita Federal do Brasil;

II - atuar no exame de matérias e processos administrativos, ressalvado o disposto na alínea b do inciso I do *caput* deste artigo;

III - exercer, em caráter geral e concorrente, as demais atividades inerentes às competências da Secretaria da Receita Federal do Brasil.

Outro tema de interesse relativo à competência dos Auditores-Fiscais da Receita Federal do Brasil reside na possibilidade de ter acesso aos dados da movimentação bancária do contribuinte. A Lei Complementar 105/2001, em seu art. 6º, dispõe que "as autoridades e os agentes fiscais tributários da União, dos Estados, do Distrito Federal e dos Municípios somente poderão examinar documentos, livros e registros de instituições financeiras, **inclusive os referentes a contas de depósitos e aplicações financeiras**, quando houver processo administrativo instaurado ou procedimento fiscal em curso e tais exames sejam considerados indispensáveis pela autoridade administrativa competente".

Essa possibilidade de acesso aos dados bancários foi regulamentada pelo Decreto 3.724, de 10/01/2001, que fez previsão à possibilidade da autoridade que tem competência para a emissão de Mandado de Procedimento de Fiscal (em regra a chefia) requisitar, conforme o caso, ao Presidente do Banco Central do Brasil, ao Presidente da Comissão de Valores Mobiliários, ao presidente de instituição financeira ou ao gerente de agência os dados da movimentação do contribuinte fiscalizado.

Por fim, esclarecemos que os Auditores Fiscais e os Analistas Tributários da Receita Federal do Brasil têm autorização para portar arma de fogo, conforme disposto na Lei 11.501, de 11/07/2007.

Capítulo 15

Obrigações fiscais

15.1. DEFINIÇÃO

A relação entre o Fisco e as empresas é regida por uma série de obrigações impostas pela legislação. Todas as imposições devem ser atendidas pelos contribuintes para que se evite a aplicação de penalidades pelo ente fiscalizador.

As obrigações fiscais dividem-se em principais e acessórias. As principais são as de recolher os valores das multas e tributos devidos, enquanto as obrigações acessórias são imposições a que as empresas se submetem por exigência do tributante. São obrigações de fazer (positivas) ou deixar de fazer (negativas) que objetivam viabilizar a fiscalização ou garantir a liquidez dos créditos tributários.

Quando descumpridas, as obrigações acessórias podem desencadear uma obrigação principal, ou seja, se as empresas descumprirem um mandamento, podem sofrer a penalidade de multa, que deve, então, ser recolhida (obrigação de pagar). A transformação de uma obrigação acessória em principal **não é automática**, pois, além do descumprimento da obrigação, é necessário que essa irregularidade seja notada pelo Fisco, que, neste caso, aplicará a penalidade.

No que tange à Previdência Social, as empresas têm como obrigação principal o recolhimento das contribuições sociais e de outras importâncias (multa, juros etc.) devidas, e, ainda, um grande número de obrigações acessórias, como, por exemplo, a de elaborar mensalmente a folha de pagamento nos padrões exigidos, como veremos.

As obrigações previdenciárias principais não cumpridas (inadimplência) devem ser cobradas pelo órgão responsável pela administração do sistema (SRFB), acrescidas de juros de mora e multa. No curso de uma fiscalização, os AFRFB devem cobrar as contribuições devidas, efetuando o lançamento do crédito tributário.

Até antes da aplicabilidade do Decreto 70.235/1972 ao processo e procedimento administrativo fiscal previdenciário, que se deu em 1º de abril de 2008, para a cobrança de obrigações principais não recolhidas pelo contribuinte, o Fisco lavrava uma Notificação Fiscal de Lançamento de Débito – NFLD. A partir dessa data, todavia, passou-se a utilizar o instrumento do Auto de Infração para cobrança desses créditos.

Em relação às obrigações **acessórias descumpridas** não houve alteração, pois o Fisco já utilizava o Auto de Infração mesmo antes da aplicabilidade do Decreto 70.235/1972.

Assim, para cobrança pela Autoridade Fiscal de obrigações principais ou acessórias deve ser lavrado o mesmo documento: o **Auto de Infração – AI**.

De acordo com o Decreto 70.235/1972, existe a possibilidade de lavratura de um documento denominado **Notificação de Lançamento**. Tal lavratura, todavia, não é de competência do Auditor-Fiscal, podendo ser emitida pelo órgão que administra o tributo, até mesmo pela via eletrônica, nesse caso, independentemente de assinatura.

Neste capítulo, vamos entender os percentuais de multa e juros aplicáveis para os descumprimentos das obrigações principais, como, também, estudar as principais obrigações acessórias a serem cumpridas pelos contribuintes e seus respectivos Autos de Infrações.

15.2. OBRIGAÇÕES ACESSÓRIAS

- **Art. 225, Decreto 3.048/1999**
- **Arts. 283 a 289, Decreto 3.048/1999**

Demonstraremos as principais obrigações acessórias que devem ser cumpridas pelas empresas. O objetivo aqui não é esgotar o tema, pois, devido à sua amplitude, tal missão se tornaria inviável.

Apresentaremos, então, as obrigações acessórias mais comuns e que ensejam as principais penalidades.

15.2.1. Folha de pagamento

A empresa deve preparar folha de pagamento mensal da remuneração de todos os segurados a seu serviço, devendo manter, em cada estabelecimento, uma via desta e recibos de pagamento.

Na folha de pagamento, não devem ser incluídos somente os empregados, mas todos os segurados que prestaram serviço à empresa, durante o mês, inclusive os contribuintes individuais e os avulsos.

As folhas devem ser elaboradas **por estabelecimento, por obra de construção civil, por tomador de serviço** (caso de empresas prestadoras), com a devida totalização, e deve:

- Discriminar o nome dos segurados, cargo, função ou serviço prestado;
- Agrupar os segurados por categoria (empregados, avulsos e contribuintes individuais);
- Destacar os nomes das seguradas em gozo de salário-maternidade;
- Destacar as parcelas integrantes e não integrantes do salário de contribuição e os descontos legais;
- Indicar o número de cotas de salário-família atribuídas a cada segurado empregado ou trabalhador avulso.

Atenção!

Os elaboradores de provas de concursos públicos, frequentemente, têm exigido do candidato o conhecimento quanto à necessidade de preparação de folhas de pagamentos específicas para cada tomador de serviço e obra de construção civil.

Essa exigência objetiva tornar mais fácil o processo de fiscalização. É como se cada obra de uma construtora e cada cliente de uma prestadora de serviços com cessão de mão de obra representasse uma filial da empresa. Saliente-se que as obras de construção civil devem efetuar uma matrícula específica na SRFB.

No que se refere aos avulsos portuários, a obrigação de elaborar a folha de pagamento é do OGMO, restando apenas às empresas o dever de incluir a remuneração paga a avulsos não portuários em sua folha de pagamento. Observe-se que o art. 4º da Lei 12.023/2009 imputa a obrigação de elaboração da folha de pagamento ao sindicato, o que nos parece bastante estranho, uma vez que o pagamento da remuneração dos avulsos é feito pela empresa.

A ESAF, em prova para concurso para Analista Tributário da Receita Federal do Brasil, questionou esse tema. Vejamos:

Exemplo de questão sobre o tema:

(Analista Tributário da Receita Federal do Brasil Dezembro/2009 – ESAF) Além do pagamento das contribuições sociais, as empresas têm outras obrigações para com o fisco. Antônio José, empresário contribuinte individual, desejando cumprir com todas as suas obrigações fiscais, pede ao contador que seja elaborada a folha de pagamento das remunerações pagas ou creditadas por sua empresa. De acordo com a situação-problema apresentada acima e das obrigações acessórias da empresa, é correto afirmar que:

a) a referida folha de pagamento deve incluir todas as remunerações pagas ou creditadas a todos os segurados a serviço da empresa.

b) a referida folha de pagamento deve incluir só os empregados da empresa.

c) a referida folha de pagamento pode ser feita com qualquer padrão.

d) a referida folha de pagamento deve incluir só os sócios da empresa.

e) não há necessidade de elaboração de folha de pagamento, sendo necessário somente os depósitos bancários realizados no Livro de Caixa da empresa.

Resposta: A

15.2.1.1. *Penalidade*

A empresa que deixar de preparar a folha de pagamento nos padrões exigidos pela legislação previdenciária fica sujeita a Auto de Infração, no valor de R$ 3.368,43, atualizado anualmente (Portaria Interministerial MPS/MF 6, de 10/01/2025).

Caso a empresa deixe de elaborar folha de pagamento ou não a apresente à Auditoria Fiscal da Receita Federal do Brasil, ficará sujeita a AI, no valor de R$ 33.684,11. Nesse caso, a fiscalização poderá, ainda, efetuar o arbitramento do valor da folha de pagamento para calcular o valor das contribuições previdenciárias devidas.

Mesmo que a empresa não apresente todas as folhas de pagamento ou as prepare em desacordo com a legislação, este AI é aplicado apenas uma vez.

15.2.2. Guia de recolhimento de FGTS e informações à Previdência Social – GFIP

A GFIP é o documento de declaração mensal de valores devidos à Previdência Social e deve ser entregue, em meio digital, na Caixa Econômica Federal ou, pela Internet, até o dia 7 do mês subsequente aos fatos geradores. Caso não haja expediente bancário no dia 7, a entrega deverá ser antecipada para o dia de expediente bancário imediatamente anterior.

Nesse mesmo documento, é efetuado o recolhimento do FGTS dos empregados, no mesmo prazo em que a GFIP deve ser entregue.

Na GFIP, devem estar declarados todos os fatos geradores de contribuição previdenciária, como, por exemplo, a remuneração dos empregados, avulsos e contribuintes individuais que prestaram serviço à empresa durante o mês, a contratação de cooperativas de trabalho, as compras de produtos rurais diretamente de pessoas físicas, os valores retidos dos segurados etc.

Assim como a folha de pagamento, a GFIP deve ser elaborada por estabelecimento, por obra de construção civil ou por tomador de serviço.

Esse documento passou a ser obrigatório a partir de janeiro de 1999, e representou uma revolução na administração do sistema previdenciário. Como nele são declaradas as remunerações de cada segurado que presta serviço à empresa, torna-se instrumento fundamental à alimentação dos sistemas de informática do INSS. Atualmente, o cálculo do tempo de contribuição e do valor do benefício pode ser efetuado diretamente pelo sistema, com base nas informações declaradas pelas empresas.

A GFIP representou, também, grande avanço para a fiscalização previdenciária. Sendo os valores devidos declarados mensalmente, é possível, com uma simples consulta ao sistema, identificar as empresas inadimplentes. Basta, para isso, a comparação entre o valor declarado em GFIP e o valor efetivamente recolhido.

Além da notificação de débito, do auto de infração e da confissão de débito, a GFIP também constitui o crédito da seguridade social. Assim, a declaração em GFIP constitui confissão de dívida e instrumento hábil e suficiente para a exigência do crédito tributário, e suas informações comporão a base de dados para fins de cálculo e concessão dos benefícios previdenciários (art. 32, § 2º, da Lei 8.212/1991, com redação dada pela MP 449, de 03/12/2008).

A empresa está obrigada a entregar o documento, ainda que não ocorram fatos geradores de contribuição previdenciária (art. 32, § 4º, Lei 8.212/1991). Assim se não houver fatos geradores, a empresa deverá entregar à Receita Federal do Brasil uma GFIP sem movimento.

E se a empresa não declarar os valores devidos? Nesse caso, não terá como efetuar o recolhimento do FGTS dos empregados, e, em um curto espaço de tempo, essas contribuições serão exigidas, ou pelo sindicato, ou pela Delegacia Regional do Trabalho – DRT, no caso de homologação de rescisões, ou, pela Justiça do Trabalho, em uma eventual ação trabalhista.

Devido à grande importância da GFIP, a falta de entrega desta acarreta as mais onerosas multas e, ainda, constitui impeditivo para emissão de Certidão Negativa de Débito (art. 32, § 10, Lei 8.212/1991).

15.2.2.1. Penalidade

A penalidade relativa à falta de apresentação de GFIP ou de sua apresentação com incorreções ou omissões foi alterada pela MP 449, convertida na Lei 11.941, de 27/05/2009.

Após a profunda alteração que introduziu o art. 32-A na Lei 8.212/1991, o contribuinte que deixar de apresentar a GFIP **no prazo fixado** ou que a apresentar com **incorreções ou omissões** será intimado a apresentá-la ou a prestar esclarecimentos, e sujeitar-se-á às seguintes multas:

I – de **dois por cento ao mês-calendário ou fração**, incidente sobre o montante das contribuições informadas, ainda que integralmente pagas, no caso de falta de entrega da declaração ou entrega após o prazo, **limitada a vinte por cento**;

II – de **R$ 20,00** para cada grupo de **dez informações incorretas ou omitidas.**

Para efeito de aplicação da multa prevista no inciso I, será considerado como termo inicial o dia seguinte ao término do prazo fixado para entrega da declaração, ou seja, dia 7 do mês subsequente, e como termo final a data da efetiva entrega ou, no caso de não apresentação, a data da lavratura do auto de infração ou da notificação de lançamento.

A multa mínima a ser aplicada no caso de não apresentação ou entrega em atraso será de:

I – R$ 200,00, tratando-se de omissão de declaração sem ocorrência de fatos geradores de contribuição previdenciária;

II – R$ 500,00, nos demais casos.

As multas serão reduzidas, desde que não sejam inferiores ao valor mínimo mencionado:

I - à metade, quando a declaração for apresentada após o prazo, mas antes de qualquer procedimento de ofício;

II - a setenta e cinco por cento, se houver apresentação da declaração no prazo fixado em intimação.

Exemplo 1 – Omissão de Fato Gerador:

A empresa geradora de minerais Annecobre S.A. declarou na GFIP de 12/2008 apenas o valor devido em relação aos seus empregados. Omitiu, contudo, deste documento 400 informações relativas aos contribuintes individuais que lhe prestaram serviço. Sabendo que a empresa corrigiu a falta, apresentando nova declaração constando os segurados omitidos, dentro do prazo fixado pelo Auditor-Fiscal da Receita Federal do Brasil em intimação para correção da GFIP, qual deve ser o valor do Auto de Infração lavrado?

Resposta:

A multa a ser aplicada é de R$ 20,00, por cada grupo de dez informações omitidas. Como a empresa omitiu 40 grupos de dez informações (400 informações), deve ser autuada em R$ 800,00.

A questão menciona que a empresa corrigiu a falta no prazo constante da intimação, tendo esta, então, direito à redução do Auto em 25%, pagando apenas 75% dos R$ 800,00, ou seja, R$ 600,00.

Exemplo 2 – Atraso na Entrega da GFIP:

A Cia de Dedetização Verme Sujo deixou de apresentar a GFIP da competência 01/2009, omitindo o total de R$ 100.000,00 de contribuições previdenciárias, embora tenha quitado integralmente o valor devido. Ao ser fiscalizada, em 01/2010, o AFRFB concedeu prazo de cinco dias para empresa apresentar a GFIP. O gerente contábil, Sr. Lombriga, elaborou dentro do prazo concedido a GFIP, apresentando-a ao Auditor-Fiscal. Nesta situação, qual é o valor do AI a ser lavrado?

Resposta:

A empresa deve ser autuada em 2% do montante das contribuições informadas (R$ 100.000,00), por mês de atraso, limitado a 20%. Como a GFIP de 01/2009 deve ser entregue até 07/02/2009 e a empresa só a apresentou em 01/2010, configurou-se um atraso de 12 meses, gerando um AI de 20%, percentual máximo permitido pela norma, incidentes sobre os 100.000,00. Assim, o AI lavrado deve totalizar R$ 20.000,00

A empresa, no exemplo proposto, deve beneficiar-se pela atenuação da multa, pagando 75% do seu valor. Logo, o valor pago deve ser de R$ 15.000,00.

O problema reside em saber qual a base de cálculo que devemos utilizar se o contribuinte, mesmo intimado para apresentação da GFIP no curso de uma ação fiscal, não a apresentar. Observe-se que o inciso I do art. 32-A da Lei 8.212/1991 menciona que os 2% serão **incidentes sobre o montante das contribuições informadas**. Assim, em uma interpretação literal desse

> dispositivo, se a empresa insistir na conduta de não apresentar a GFIP, haveria lavratura de AI no valor mínimo (R$ 500,00), tendo em vista o fato de as contribuições não terem sido informadas.

Apesar de absurda essa interpretação, afrontando os critérios da lógica e do bom senso jurídico, ela não pode ser afastada. Afirmamos isso porque a norma que trata de penalidade deve ser interpretada de maneira literal, não sendo cabível a interpretação extensiva. Entendemos que o mais lógico seria que, nos casos em que a empresa não apresentasse a declaração, o Auditor-Fiscal da Receita Federal do Brasil apurasse o valor que deveria ter sido informado, aplicando o AI sobre essa base de cálculo. Isso, no entanto, seria estender os efeitos da penalidade, o que não é possível.

Por fim, note que os valores dessas penalidades não serão reajustados nas mesmas épocas e com os mesmos índices utilizados para o reajustamento dos benefícios de prestação continuada da Previdência Social, por força do art. 102, § 1º, da Lei 8.212/1991, incluído pela MP 449/2008.

15.2.3. Contabilização em títulos próprios

A empresa deve **lançar**, mensalmente, **em títulos próprios** de sua contabilidade, de forma discriminada, os **fatos geradores de todas as contribuições**, o montante das quantias descontadas, as contribuições da empresa e os totais recolhidos.

Lançar em títulos próprios significa segregar na contabilidade todas as operações que constituam fato gerador de contribuição previdenciária. Essa é uma exigência para viabilizar a fiscalização da empresa. As empresas que não separam os fatos geradores em sua contabilidade dificultam o trabalho de auditoria.

A empresa deve, então, contabilizar em contas específicas os valores da remuneração dos empregados, avulsos e contribuintes individuais, o valor das notas fiscais de cooperativas de trabalho, as compras de produtos rurais etc.

Os lançamentos devidamente escriturados nos livros Diário e Razão serão exigidos pela Fiscalização após 90 dias contados da ocorrência dos fatos geradores das contribuições.

15.2.3.1. Penalidade

A empresa que deixar de lançar em títulos próprios, na contabilidade, os fatos geradores de contribuição previdenciária fica sujeita a AI de R$ 33.684,11.

15.2.4. Distribuição de lucros

As pessoas jurídicas, enquanto estiverem em débito não garantido para com a União e suas autarquias de Previdência e Assistência Social, por falta de recolhimento de imposto, taxa ou contribuição, no prazo legal, não poderão (art. 52 da Lei 8.212/1991):

a) distribuir quaisquer bonificações a seus acionistas;

b) dar ou atribuir participação de lucros a seus sócios ou quotistas, bem como a seus diretores e demais membros de órgãos dirigentes, fiscais ou consultivos;

Se a empresa estiver devendo ao Fisco Previdenciário, não pode distribuir os resultados para os acionistas, sócios e diretores. Essa é uma obrigação acessória negativa (obrigação de deixar de fazer) que objetiva garantir a liquidez dos créditos previdenciários.

Observe-se que o texto do art. 52 foi alterado pela Medida Provisória 449/2008, convertida na Lei 11.941/2009. Com a alteração, passou a ser possível a distribuição de dividendos para os acionistas, o que era vedado antes da referida MP.

Mas que significa estar em débito com a seguridade social?

Consideram-se débitos, desde que não estejam com a exigibilidade suspensa, os Autos de Infração, os parcelamentos em atraso inscritos em dívida ativa, os Autos de Infrações transitados em julgado na fase administrativa, os valores declarados em GFIP e a provisão contábil de contribuições sociais não recolhidas.

15.2.4.1. Penalidade

A inobservância à vedação da distribuição de lucros ou bonificação a sócios ou acionistas importa em multa que será imposta:

I – às pessoas jurídicas que distribuírem ou pagarem bonificações ou remunerações, em montante igual a 50% das quantias distribuídas ou pagas indevidamente;

II – aos diretores e demais membros da administração superior que receberem as importâncias indevidas, em montante igual a 50% dessas importâncias.

As multas da empresa e dos diretores, no entanto, ficam limitadas, cada uma delas, a 50% do valor total do débito não garantido da pessoa jurídica, de acordo com a nova redação do art. 52 da Lei 8.212/1991. Isso faz com que o total das multas aplicadas não ultrapasse o valor total do débito da empresa.

Exemplo:

Determinada empresa deve R$ 200.000,00 à Previdência Social, não tendo oferecido qualquer garantia. No fechamento do resultado de 2018, distribuiu R$ 100.000,00 para cada um dos seus cinco diretores, a título de bonificação. Qual deve ser o valor do auto de infração aplicado?

Resposta: Devem ser aplicados seis AI, conforme segue:

1) **Para empresa** – Um Auto, equivalente a 50% do valor do débito, ou seja, R$ 100.000,00. Note-se que, apesar de a empresa ter distribuído R$ 500.000,00 para seus diretores, cabendo um AI de até R$ 250.000,00, tal valor fica limitado a 50% do valor do débito.

2) **Para os diretores** - Cada um dos cinco diretores deve receber um AI equivalente a 50% dos valores recebidos, ou seja, R$ 20.000,00 para cada sócio, totalizando R$ 100.000,00, vez que tal valor não ultrapassa 50% do valor devido pela empresa.

Percebe-se que o somatório dos seis autos de infração aplicados corresponde ao exato valor do débito (R$ 200.000,00). Essa sistemática impede que o total da penalidade supere o do próprio débito.

15.2.5. Entrega da comunicação de acidente do trabalho - CAT

A empresa ou empregador doméstico deverão comunicar à Previdência Social os acidentes de trabalho ocorridos com seus empregados e avulsos, até o primeiro dia útil posterior à ocorrência, e, em caso de morte, de imediato.

A entrega da CAT é fundamental para alimentar a base de dados dos sistemas do INSS com informações, possibilitando uma avaliação estatística e epidemiológica por empresa e por setor de atividade.

Ela era fundamental, também, como prova da ocorrência de acidente de trabalho, que, uma vez detectado, garante a estabilidade do empregado por 12 meses após a cessação do auxílio por incapacidade temporária acidentário. Ressalte-se que o empregado doméstico não goza da estabilidade acidentária de 12 meses por falta de previsão legal, pois o art. 118 da Lei 8.213/1991 somente garante a estabilidade para os empregados acidentados.

Atualmente, o critério para se considerar uma doença de natureza acidentária ou não foi alterado pela Lei 11.430, de 26/12/2006, que acrescentou o art. 21-A à Lei 8.123/1991. Passou esta a dispor que a perícia médica do INSS considerará caracterizada a natureza acidentária da incapacidade quando constatar ocorrência de nexo técnico epidemiológico entre o trabalho e o agravo. Tal nexo decorre da relação entre a atividade da empresa ou do empregado doméstico e a entidade mórbida motivadora da incapacidade, elencada na Classificação Internacional de Doenças - CID, em conformidade com o que dispuser o regulamento.

Dessa forma, com o Nexo Técnico Epidemiológico Previdenciário (NTEP) previsto em regulamento, o médico-perito da Previdência Social verificará a relação da doença do segurado com a atividade desenvolvida na empresa ou pelo empregado doméstico, a partir de decreto elaborado com essa finalidade, e presumirá, caso seja detectado nexo, que a doença foi decorrente de acidente de trabalho.

No caso de concessão de benefício acidentário com base no NTEP, não será emitido auto de infração por não entrega da CAT, conforme previsão no art. 22, § 5º, da Lei 8.213/1991.

15.2.5.1. Penalidade

A sonegação de CAT sujeita o responsável à multa variável entre os limites mínimos (R$ 1.518,00) e máximo (R$ 8.157,41) do salário de contribuição, por cada acidente que tenha deixado de comunicar no prazo legal.

A multa parte do valor mínimo e a cada reincidência é elevada em duas vezes, podendo atingir o limite do maior salário de contribuição.

15.2.6. Apresentação de dados em Meio Digital

A empresa que utiliza sistema de processamento eletrônico de dados para o registro de negócios e atividades econômicas, escrituração de livros ou produção de documentos de natureza contábil, fiscal, trabalhista e previdenciária está obrigada a arquivar e armazenar, com a devida certificação, os respectivos arquivos e sistemas, em meio digital ou assemelhado, durante cinco anos, mantendo-os à disposição da fiscalização.

Fica a critério da empresa a escolha da forma ou do processo de armazenamento dos arquivos e sistemas.

A pessoa jurídica que utilizar os sistemas de processamento eletrônico de dados, quando intimada pela fiscalização da Receita Federal do Brasil, deverá apresentar, no prazo estipulado, a documentação técnica completa e atualizada dos sistemas e arquivos solicitados.

Quando do recebimento dos arquivos solicitados, estes serão autenticados pelo Auditor-Fiscal da Receita Federal do Brasil, na presença do representante legal da empresa ou pessoa autorizada, mediante procuração pública ou particular, por sistema de autenticação de arquivos disponível na Internet, na página institucional da Receita Federal do Brasil.

A administração pública estabeleceu a forma de apresentação das informações digitalizadas da folha de pagamento e as especificações técnicas dos arquivos digitais por meio do Manual de Arquivos Digitais – MANAD, aprovado pela Instrução Normativa 12, de 20/06/2006.

A critério da autoridade requisitante, os arquivos digitais poderão ser recebidos em forma diferente da estabelecida pela RFB, inclusive em decorrência de exigência de outros órgãos públicos.

15.2.6.1. Penalidade

Devido à grande importância da entrega dos arquivos digitais para as atividades de fiscalização, o legislador resolveu impor severas multas para os contribuintes que não entregarem os arquivos no prazo exigido, conforme segue (art. 12, Lei 8.218/1991):

I - multa de **0,5% do valor da receita bruta** da pessoa jurídica no período, aos que não atenderem **à forma em que devem ser apresentados** os registros e respectivos arquivos;

II - multa de **5% sobre o valor da operação** correspondente, aos que **omitirem ou prestarem incorretamente as informações** solicitadas, limitada a 1% por cento da receita bruta da pessoa jurídica no período;

III - multa equivalente a **0,02% por dia de atraso**, calculada sobre a receita bruta da pessoa jurídica no período, até **o máximo de 1%** dessa, aos que não cumprirem o prazo estabelecido para apresentação dos arquivos e sistemas.

Para fins de aplicação das multas, o período de apuração da receita bruta, utilizada como base de cálculo, compreende o ano-calendário em que as operações foram realizadas.

15.2.7. Comunicação de Dados pelos Cartórios

O Titular do Cartório de Registro Civil de Pessoas Naturais remeterá ao INSS, em **até 1 dia útil**, pelo Sistema Nacional de Informações de Registro Civil (SIRC) ou por outro meio que venha a substituí-lo, a relação dos **nascimentos, dos natimortos, dos casamentos, dos óbitos, das averbações, das anotações e das retificações registradas** na serventia. Para os Municípios que **não dispõem de provedor de conexão** à internet, fica autorizada a remessa da relação **em até cinco dias úteis**.

A Lei 13.846, de 18/06/2019, alterou o texto do art. 68 da Lei 8.212, mudando o prazo para a comunicação dos óbitos do dia 10 de cada mês para o prazo de um dia útil, em regra. Para os registros de nascimento e de natimorto, constarão das informações, obrigatoriamente, a inscrição no Cadastro de Pessoas Físicas (CPF), o sexo, a data e o local de nascimento do registrado, bem como o nome completo, o sexo, a data e o local de nascimento e a inscrição no CPF da filiação. Para os registros de casamento e de óbito, constarão das informações, obrigatoriamente, a inscrição no CPF, o sexo, a data e o local de nascimento do registrado, bem como, acaso disponíveis, os seguintes dados:

I - número do cadastro perante o Programa de Integração Social (PIS) ou o Programa de Formação do Patrimônio do Servidor Público (Pasep);

II - número de Identificação do Trabalhador (NIT);

III - número de benefício previdenciário ou assistencial, se a pessoa falecida for titular de qualquer benefício pago pelo INSS;

IV - número de registro da Carteira de Identidade e respectivo órgão emissor;

V - número do título de eleitor;

VI - número e série da Carteira de Trabalho e Previdência Social (CTPS).

No caso de não haver sido registrado nenhum nascimento, natimorto, casamento, óbito ou averbações, anotações e retificações no mês, deverá o Titular do Cartório de Registro Civil de Pessoas Naturais comunicar este fato ao INSS até o 5º dia útil do mês subsequente.

15.2.7.1. Penalidade

O descumprimento dessa obrigação e o fornecimento de informação inexata sujeitarão o titular do Cartório de Registro Civil de Pessoas Naturais ao pagamento de multa de R$ 3.368,43 e ação regressiva proposta pelo INSS, em razão dos danos sofridos.

15.2.8. Outras obrigações acessórias e suas penalidades

Além das obrigações acessórias anteriormente mencionadas, existem diversas outras que acarretam penalidades, quando descumpridas.

Serão penalizados com AI de R$ 3.368,43 os responsáveis que descumprirem as seguintes obrigações acessórias:

- Deixar a empresa de se matricular na SRFB, dentro de 30 dias contados da data de início de sua atividade, quando não sujeita à inscrição no CNPJ. Caso efetue a inscrição no CNPJ, a matrícula no INSS/SRFB é efetuada automaticamente;
- Deixar de descontar da remuneração paga aos segurados a seu serviço importância devida à Seguridade Social. A partir de abril de 2003, essa obrigação foi estendida aos contribuintes individuais;
- Deixar a empresa de elaborar o Perfil Profissiográfico Previdenciário – PPP, abrangendo as atividades desenvolvidas pelo trabalhador, e fornecer a este, quando da rescisão do contrato de trabalho, cópia autêntica desse documento.

Serão penalizados, ainda, com AI de R$ 33.684,11, os responsáveis que descumprirem as seguintes obrigações acessórias:

- Deixar de apresentar à SRFB os documentos que contenham as informações cadastrais, financeiras e contábeis de interesse, na forma estabelecida ou os esclarecimentos necessários à fiscalização;
- Deixar o servidor, o serventuário da Justiça ou o titular de serventia extrajudicial de exigir CND, quando da contratação com o Poder Público ou no recebimento de benefício fiscal ou creditício ou, ainda, na alienação de bem imóvel ou móvel incorporado ao ativo permanente da empresa de valor superior a R$ 84.209,56;
- Deixar o servidor, o serventuário da Justiça ou o titular de serventia extrajudicial de exigir CND no registro, no órgão público, de ato relativo à baixa, redução de capital, cisão, transformação ou extinção e transferência do controle de cotas de sociedade Ltda.;

- Deixar o servidor, o serventuário da Justiça ou o titular de serventia extrajudicial de exigir CND de proprietário ou incorporador de obra de construção civil, no ato da averbação da obra;
- Deixar a empresa, o servidor, o segurado, o serventuário da Justiça, o síndico, o comissário ou liquidante de exibir documentos e livros relacionados às contribuições sociais ou apresentá-los sem atender às formalidades exigidas;
- Deixar a entidade promotora de espetáculo desportivo de efetuar o desconto dos 5% relativos aos espetáculos promovidos;
- Deixar a empresa de manter laudo técnico atualizado com referência aos agentes nocivos existentes no ambiente de trabalho ou emitir documento de comprovação de efetiva exposição em desacordo com o laudo.

Para fins de fiscalização da Receita, o Município ou o Distrito Federal, por intermédio do órgão competente, fornecerá mensalmente à Secretaria da Receita Federal do Brasil relação de alvarás para construção civil e documentos de "habite-se" concedidos (art. 50 da Lei. 8.212/1991). Note que essa obrigação deverá ser atendida mesmo nos meses em que não houver concessão de alvarás e documentos de "habite-se".

A falta de entrega, nos prazos estabelecidos pelo Município ou DF, da relação de alvarás para construção civil e documentos de "habite-se" concedidos acarreta a penalidade de R$ 5.000,00 por mês-calendário (art. 50, § 2º, da Lei 8.212/1991).

A falta de inscrição do segurado sujeita o responsável à multa de R$ 3.368,43 por segurado não inscrito.

A empresa também é obrigada a comunicar, mensalmente, aos empregados, por intermédio de documento a ser definido em regulamento, os valores recolhidos sobre o total de sua remuneração ao INSS (art. 32, VI, da Lei 8.212/1991, inserido pela Lei 12.692, de 24/07/2012).

A MP 589, de 13/11/2012, convertida na Lei 12.810/2013, inseriu o art. 32-B na Lei 8.212/1991, dispondo que os órgãos da administração direta, autarquias, fundações e empresas públicas da União, dos Estados, do Distrito Federal e dos Municípios ficam obrigados a apresentar a contabilidade entregue ao Tribunal de Controle Externo e a folha de pagamento até o dia 30 de abril do ano seguinte ao encerramento do exercício.

A Lei 12.873, de 24/10/2013 inseriu o art. 32-C na Lei 8.212/1991, dispondo que o segurado especial responsável pelo grupo familiar que contratar trabalhadores temporários deve apresentar as informações relacionadas ao registro de trabalhadores, aos fatos geradores, à base de cálculo e aos valores das contribuições devidas à Previdência Social e ao Fundo de Garantia do Tempo de Serviço – FGTS e outras informações de interesse da Secretaria da Receita Federal do Brasil, do Ministério da Previdência Social, do Ministério do Trabalho e Emprego e do Conselho Curador do FGTS, por meio de sistema eletrônico com entrada única de dados, e efetuará os recolhimentos por meio de documento único de arrecadação.

15.2.9. Circunstâncias agravantes do Auto de Infração

Constituem circunstâncias agravantes da penalidade, das quais dependerá a gradação da multa, ter o infrator:

- **Tentado subornar servidor dos órgãos competentes** – a multa será agravada em três vezes;
- **Agido com dolo, fraude ou má-fé** – a multa será agravada em três vezes;
- **Desacatado, no ato da ação fiscal, o agente da fiscalização** – a multa será agravada em duas vezes;
- **Obstado a ação da fiscalização** – a multa será agravada em duas vezes;
- **Incorrido em reincidência** – a multa será agravada em três vezes a cada reincidência no mesmo tipo de infração (específicas) e em duas vezes em caso de reincidência em infrações diferentes (genéricas).

Somente sofrerão esses agravamentos os Autos de Infração mencionados no tópico anterior (15.2.7). O agravamento pode atingir o valor máximo de R$ 336.841,70.

Caso uma empresa receba um AI de R$ 33.684,11 por não apresentação da folha de pagamento, e tenha incorrido em três reincidências específicas, deveria ter a penalidade agravada em 27 vezes (3 x 3 x 3), conforme demonstrado.

a) A primeira reincidência agravaria três vezes, resultando no valor de R$ 101.052,33 (3 x 33.684,11);

b) A segunda reincidência agravaria em mais três vezes o valor da multa anterior, totalizando R$ 303.156,99 (3 x 101.052.33);

c) A terceira agravaria, novamente, em três vezes, resultando em R$ 909.470,97 (3 x 303.156,99);

No total, o valor de R$ 33.684,11, deveria ser agravado em 27 vezes (27 x 33.684,11 = 909.470,97).

Como, no entanto, há um limitador para o valor máximo da penalidade agravada – R$ 336.841,70 – este deve ser o valor da lavratura deste AI.

Caracteriza reincidência a prática de nova infração a dispositivo da legislação, por uma mesma pessoa ou por seu sucessor, dentro de cinco anos da data em que se tornar irrecorrível administrativamente a decisão condenatória, da data do pagamento ou da data em que se configurou a revelia, referentes à autuação anterior (art. 290, parágrafo único, RPS).

Observe-se que, para que se considere reincidente, não há necessidade de que o Auto de Infração anteriormente lavrado seja idêntico ao atual. Caso a empresa tenha recebido um AI há dois anos por erro de campo na GFIP, e, agora, seja multada por não apresentação do Livro Diário, não poderá ser considerada infratora primária e terá o segundo AI agravado em duas vezes. Se tivesse recebido novamente o AI por erro de campo da GFIP, teria o valor da multa agravado em três vezes.

15.2.10. Redução e circunstâncias atenuantes do Auto de Infração

As circunstâncias atenuantes dos autos de infração e as situações que ensejavam o direito ao seu pagamento reduzido, bem como a possibilidade de relevação do auto de infração foram substancialmente alteradas com a publicação da MP 449, de 03/12/2008, e do Decreto 6.727, de 12/01/2009.

Antes das citadas normas, a multa poderia sofrer redução de 50% se o infrator a pagasse no prazo de 30 dias do recebimento do AI ou, até mesmo, ser completamente relevada, mediante pedido e correção da falta, dentro do prazo de defesa, ainda que não contestada a infração, se o infrator fosse primário, e não tivesse ocorrido nenhuma circunstância agravante.

Atualmente, essas regras não estão mais vigentes, vez que o Decreto 6.727 de 12/01/2009 revogou os arts. 291 e 295, V, do Regulamento da Previdência Social.

A Receita Federal do Brasil, entretanto, entende que, a partir da MP 449, convertida na Lei 11.941, de 27/05/2009, existe a possibilidade de redução dos Autos de Infração lavrados por descumprimento de obrigação acessória, tomando como base o art. 6º da Lei 8.218/1991. Por conseguinte, os AI podem ser reduzidos da seguinte forma:

I - 50% se for efetuado o pagamento ou a compensação no prazo de 30 dias, contados da data em que o sujeito passivo foi notificado do lançamento;

II - 40% se o sujeito passivo requerer o parcelamento no prazo de 30 dias, contados da data em que foi notificado do lançamento;

III - 30%, se for efetuado o pagamento ou a compensação no prazo de 30 dias, contados da data em que o sujeito passivo foi notificado da decisão administrativa de primeira instância;

IV - 20%, se o sujeito passivo requerer o parcelamento no prazo de 30 dias, contados da data em que foi notificado da decisão administrativa de primeira instância.

Quando houver provimento de recurso de ofício interposto por autoridade julgadora em primeira instância, aplica-se a redução prevista no inciso III, para o caso de pagamento ou compensação, e no inciso IV, para o caso de parcelamento. Esse dispositivo busca abarcar a situação do contribuinte que teve a decisão administrativa de primeira instância favorável ao seu interesse, e que a administração pública, por dever de ofício, recorreu de sua própria decisão. Se o julgamento do recurso, em segunda instância, for contrário ao contribuinte, ele poderá pagar, compensar ou parcelar o auto de infração com redução.

Note que a atenuação da multa da GFIP, estudada no tópico 15.2.2.1, prevista no art. 32-A da Lei 8.212/1991, continua vigente, pois foi introduzida pela própria MP 449 (atenuação de 50% ou 25%).

Observe-se que, das decisões que atenuarem multa, cabe recurso de ofício, ou seja, a própria administração pública recorrerá de sua decisão para julgamento pelo Conselho de Recursos da Previdência Social (art. 366, II).

15.2.11. Penalidade de restrições

A empresa que transgredir as normas previdenciárias, além de outras sanções previstas, sujeitar-se-á às seguintes restrições:

I – suspensão de empréstimos e financiamentos, por instituições financeiras oficiais;

II – revisão de incentivo fiscal de tratamento tributário especial;

III – inabilitação para licitar e contratar com qualquer órgão ou entidade da administração pública direta ou indireta federal, estadual, do Distrito Federal ou municipal;

IV – interdição para o exercício do comércio, se for sociedade mercantil ou comerciante individual;

V – desqualificação para impetrar concordata;

VI – cassação de autorização para funcionar no País, quando for o caso.

15.3. OBRIGAÇÃO PRINCIPAL

▶ Arts. 238 a 245, Decreto 3.048/1999

A obrigação principal previdenciária consiste em recolher as contribuições sociais devidas, **no prazo fixado pela legislação**. Em caso de atraso no cumprimento dessa obrigação, o contribuinte fica sujeito à pena de multa e ao pagamento de juros de mora.

Os juros, diferentemente da multa, não objetivam a punição dos contribuintes que deixaram de recolher as contribuições no prazo regulamentar. Visam à atualização do valor devido ao ente arrecadador.

A multa por atraso é automática e, ao contrário da penalidade fiscal (auto de infração), independe de ação fiscalizadora.

15.3.1. Juros de mora e atualização monetária

Atualização monetária é a diferença entre o valor atualizado e o valor originário das contribuições sociais, refletindo no tempo a desvalorização da moeda nacional. Para fatos geradores ocorridos a partir de janeiro de 1995, não há incidência de atualização monetária (art. 6º da Lei 8.981/1995).

Juros de mora são acréscimos decorrentes do não pagamento das contribuições sociais e de outras importâncias arrecadadas pela RFB, até a data do vencimento. Os juros de mora têm caráter indenizatório.

A sistemática de cálculo dos juros moratórios referentes às contribuições previdenciárias e dos devidos às outras entidades e fundos ("terceiros") foi alvo de profunda alteração, com a publicação da Medida Provisória 449, de 03/12/2008. A partir dessa MP, que revogou o art. 34 da Lei 8.212/1991, os juros passaram a ser regulamentados pelo § 3º do art. 61 da Lei 9.430/1996, unificando a sistemática para todos os tributos arrecadados pela RFB - Receita Federal do Brasil.

Assim, sobre os débitos previdenciários e os referentes às contribuições para outras entidades e fundos ("terceiros") incidirão juros de mora calculados à taxa referencial do Sistema Especial de Liquidação e Custódia - SELIC, a partir do primeiro dia do mês subsequente ao vencimento do prazo, até o mês anterior ao do pagamento, e de 1% no mês de pagamento.

A grande alteração promovida pela MP 449, convertida na Lei 11.941, de 27/05/2009, foi a seguinte: antes da sua publicação, os juros eram calculados à razão de 1% no mês de vencimento, SELIC nos meses intermediários e 1% no mês de pagamento. Com a nova regulamentação, não há incidência de juros no mês de vencimento. Vejamos os exemplos que seguem para deixar mais claro o exposto:

> **Exemplo 1 – Pagamento em atraso no mês de vencimento:**
>
> Devendo a empresa efetuar o recolhimento de uma contribuição no dia 20 de abril, e apenas o fazendo depois desta data, mas ainda dentro do mês de abril, deverá pagar 1% a título de juros de mora. Isso porque o mês de vencimento é o mesmo do pagamento, e, de acordo com a redação legal, no mês de pagamento, devem incidir juros de 1%.
>
> **Exemplo 2 – Pagamento em atraso fora do mês de vencimento**
>
> Se uma empresa recolher a contribuição referente ao mês de dezembro (que vence em 20 de janeiro) em 15 de maio, deve pagar juros SELIC dos meses de fevereiro, março e abril, e 1%, referente ao mês de maio. Note que a nova sistemática não impõe juros de 1%, no mês de janeiro (mês de vencimento).

Os juros de mora pagos pelas empresas não podiam ser inferiores a 1% ao mês, ou seja, quando a taxa mensal SELIC era inferior a 1%, os juros cobrados deviam atingir esse percentual. Ocorre que o Decreto 6.224, de 04/10/2007, revogou o § 1º do art. 239, do RPS, que dispunha sobre a impossibilidade de cobrança de taxa de juros inferiores a 1%. Assim, a partir desse Decreto, a SELIC deve ser utilizada, mesmo nos meses em que ela for inferior a 1%.

Conforme já estudado, o contribuinte individual pode comprovar a atividade em período passado, mesmo que já tragado pela decadência, devendo indenizar a Previdência Social, se quiser contar esse tempo para fins de benefício. Sobre as contribuições devidas pelo contribuinte individual que comprovar o exercício de atividade remunerada, com vistas à concessão de benefícios, incidirão juros moratórios de 0,5% ao mês, capitalizados, anualmente, limitados ao percentual máximo de 50%, e multa de 10% (art. 45-A da Lei 8.212/1991). Caso o débito se refira a competências não alcançadas pela decadência, obedecer-se-ão as mesmas regras do recolhimento em atraso das empresas.

Observe-se que para débitos resultantes de decisão judicial, inclusive as custas e honorários advocatícios, nas execuções de título da dívida líquida e certa, haverá correção monetária contada a partir do respectivo vencimento (art. 1º, § 1º, Lei 6.899/1981).

Em se tratando de juros relativos a créditos originários de ações judiciais, o STJ editou a Súmula 204, que afirma que "os juros de mora nas ações relativas a benefícios previdenciários incidem a partir da citação válida".

Exemplo de questão sobre o tema:

(Técnico do Seguro Social – INSS 2016 – CESPE) As contribuições sociais incluídas ou não em notificação fiscal de lançamento ou inscritas em dívida ativa que forem pagas com atraso estarão sujeitas a atualização monetária, juros de mora e multa, a qual varia entre 8% e 20% sobre o crédito devido.

Resposta: errada

15.3.2. Multa moratória

As contribuições sociais previdenciárias e outras importâncias arrecadadas pela Secretaria da Receita Federal do Brasil, pagas em atraso, ficam sujeitas à multa variável, de caráter irrelevável.

A sistemática de cálculo da multa por pagamento em atraso das contribuições previdenciárias e das devidas às outras entidades e fundos ("terceiros") foi alvo de profunda alteração, com a publicação da Medida Provisória 449, de 03/12/2008. A partir desta MP, que alterou o art. 35 da Lei 8.212/1991, a multa passou a ser regulamentada pelo art. 61 da Lei 9.430/1996, unificando a sistemática para todos os tributos arrecadados pela RFB – Receita Federal do Brasil.

Assim, os débitos para com a União, decorrentes de tributos e contribuições administrados pela Secretaria da Receita Federal, cujos fatos geradores ocorrerem a partir de 1º de janeiro de 1997, não pagos nos prazos previstos na legislação específica, serão acrescidos de multa de mora, calculada à taxa de 0,33% por dia de atraso.

Essa multa deve ser calculada, a partir do primeiro dia subsequente ao do vencimento do prazo previsto para o pagamento do tributo ou da contribuição, até o dia em que ocorrer o seu pagamento. O percentual de multa a ser aplicado fica limitado a 20%.

Saliente-se que o dispositivo legal que garantia a atenuação de multa moratória em 50% para débitos incluídos em GFIP foi revogado pela nova sistemática introduzida pela Medida Provisória 449 de 03/12/2008.

Exemplo:

A Cia de Brinquedos "Lombriga Doida" recolheu a GPS de valor original de R$ 100.000,00, referentes à competência 11/2018, em 29/12/2018. Considerando que o dia 20/12/18 foi um sábado, quanto deve ser a multa aplicável a esse pagamento?

Resposta: O vencimento da contribuição previdenciária do mês 11/2018 ocorre em 20/12/2018, antecipando-se o prazo para o dia útil anterior, se não houver expediente bancário neste dia. Como dia 20/12 foi um sábado, a GPS deveria ter sido quitada no dia 19/12. Já que a empresa somente pagou a GPS em 29/12/2018, e a multa deve ser calculada a partir do primeiro dia subsequente ao prazo, até o dia do pagamento, a "Lombriga Doida" incorreu em mora de 10 dias, devendo lhe ser aplicada uma multa de 3,3%. Dessa forma, a multa calculada é de R$ 3.300,00 (3,3% x 100.000).

O art. 239, § 9º, do Decreto 3.048/1999, alterado pelo Decreto 6.042/2007, dispõe que as **multas** por recolhimento fora do prazo ou qualquer outra pena pecuniária **não se aplicam às massas falidas e às missões diplomáticas** estrangeiras no Brasil e **seus respectivos membros,** quando assegurada a isenção em tratado, convenção ou outro acordo internacional de que o Estado estrangeiro ou organismo internacional e o Brasil sejam partes.

A redação anterior desse artigo incluía a impossibilidade de imposição de multa ou outras penalidades também às pessoas jurídicas de direito público. A supressão desse dispositivo faz crer que agora é possível cobrar multas e penalidades de pessoas jurídicas de direito público. Isso não nos parece ser coerente, vez que o fundamento da não imposição de penalidade é a própria manutenção do pacto federativo, no qual os entes não têm supremacia uns em relação aos outros.

Note-se, todavia, que o extinto Tribunal Federal de Recursos tinha editado a Súmula 93, que tratava do assunto, com a seguinte redação: "A multa decorrente do atraso no pagamento das contribuições previdenciárias não é aplicável às pessoas de direito público".

A Instrução Normativa 23, de 30/04/2007, incluiu o § 7º no art. 334 da IN 03/2006, deixando clara a intenção de se cobrar multa moratória de pessoas jurídicas de direito público. A IN 971/2009, que revogou a IN 03/2005, manteve o dispositivo que impõe a cobrança de multa moratória dos órgãos públicos (art. 203, § 4º, IN RFB 2.110/2022).

15.3.3. Multa de ofício

A Medida Provisória 449, de 03/12/2008, introduziu no campo da fiscalização previdenciária as multas de ofício, já comuns aos tributos administrados pela antiga Secretaria da Receita Federal. É que a citada MP introduziu o art. 35-A na Lei 8.212/1991, dispondo que, nos casos de lançamento de ofício, aplica-se o disposto no art. 44 da Lei 9.430, de 1996.

O inciso I do art. 44 da Lei 9.430/1996 prevê multa de 75% sobre a totalidade ou diferença de imposto ou contribuição, nos casos de falta de pagamento ou de declaração e, ainda, nos casos de declaração inexata.

O percentual de multa de 75% será majorado, na hipótese de ocorrência de sonegação, fraude ou conluio, independentemente de outras penalidades administrativas ou criminais cabíveis e passará a ser de (Lei 14.689, de 20/09/2023):

a) **100%** sobre a totalidade ou a diferença de imposto ou de contribuição objeto do lançamento de ofício;

b) **150%** sobre a totalidade ou a diferença de imposto ou de contribuição objeto do lançamento de ofício, nos casos em que verificada a reincidência do sujeito passivo.

Verifica-se a reincidência quando, no prazo de dois anos, contado do ato de lançamento em que tiver sido imputada a ação ou omissão de fraude, sonegação ou conluio, ficar comprovado que o sujeito passivo incorreu novamente em qualquer uma dessas ações ou omissões.

A qualificação da multa prevista não se aplica quando:

> I – não restar configurada, individualizada e comprovada a conduta dolosa de sonegação, fraude ou conluio;
>
> II – houver sentença penal de absolvição com apreciação de mérito em processo do qual decorra imputação criminal do sujeito passivo.

Para fins desse dispositivo, entende-se:

Sonegação – toda ação ou omissão **dolosa** tendente a impedir ou retardar, total ou parcialmente, o conhecimento por parte da autoridade fazendária:

a) da ocorrência do fato gerador da obrigação tributária principal, sua natureza ou circunstâncias materiais;

b) das condições pessoais de contribuinte, suscetíveis de afetar a obrigação tributária principal ou o crédito tributário correspondente.

Fraude – toda ação ou omissão **dolosa** tendente a impedir ou retardar, total ou parcialmente, **a ocorrência do fato gerador da obrigação tributária principal**, ou a excluir ou modificar as suas características essenciais, de modo a reduzir o montante da contribuição devida a evitar ou diferir o seu pagamento.

Conluio – é o ajuste doloso entre duas ou mais pessoas naturais ou jurídicas, visando qualquer dos efeitos da sonegação ou da fraude.

Os percentuais de multa de 75, 100% ou 150% serão aumentados na metade, na hipótese de o sujeito passivo não atender o quanto determinado, no prazo constante da intimação para:

I - prestar esclarecimentos;

II - apresentar os arquivos ou sistemas, quando a empresa utilizar sistema de processamento eletrônico de dados;

III - apresentar a documentação técnica completa e atualizada do sistema, suficiente para possibilitar a sua auditoria, no caso do sujeito passivo ser usuário de sistema de processamento de dados.

Assim, a multa de ofício pode totalizar 112,5%, 150% ou 225%, no caso de agravamento em 50% das multas de 75%, 100% e 150%, respectivamente.

Para o sujeito passivo notificado que efetuar o pagamento, a compensação ou o parcelamento dos tributos administrados pela Secretaria da Receita Federal do Brasil, inclusive em relação às contribuições instituídas a título de substituição e às contribuições devidas a terceiros (outras entidades e fundos), será concedida redução da multa de lançamento de ofício nos seguintes percentuais (art. 6º da Lei 8.218/1991, redação dada pela MP 449, de 2008):

I - 50% se for efetuado o pagamento ou a compensação no prazo de 30 dias, contados da data em que o sujeito passivo foi notificado do lançamento;

II - 40% se o sujeito passivo requerer o parcelamento no prazo de 30 dias, contados da data em que foi notificado do lançamento;

III - 30%, se for efetuado o pagamento ou a compensação no prazo de 30 dias, contados da data em que o sujeito passivo foi notificado da decisão administrativa de primeira instância;

IV - 20%, se o sujeito passivo requerer o parcelamento no prazo de 30 dias, contados da data em que foi notificado da decisão administrativa de primeira instância.

Quando houver provimento de recurso de ofício interposto por autoridade julgadora de primeira instância, aplica-se a redução prevista no inciso III, para o caso de pagamento ou compensação, e, no inciso IV, para o caso de parcelamento. Esse dispositivo busca abarcar a situação do contribuinte que teve a decisão administrativa de primeira instância favorável ao seu interesse, e que a administração pública, por dever de ofício, recorreu de sua própria decisão. Se o julgamento do recurso, em segunda instância, for contrário ao contribuinte, pode ele pagar, compensar ou parcelar o tributo, com redução da multa de ofício.

Saliente-se, contudo, que a rescisão do parcelamento, motivada pelo descumprimento das normas que o regulam, implicará restabelecimento do montante da multa proporcionalmente ao valor ainda não quitado.

Por fim, a multa de ofício é devida, com os seus agravantes e atenuantes, pelos contribuintes que derem causa a ressarcimento indevido de tributo ou contribuição decorrente de qualquer incentivo ou benefício fiscal. Assim, caso um contribuinte se compense indevidamente de um crédito inexistente, a glosa do valor compensado deverá ser acompanhada da multa de ofício.

15.4. EXEMPLOS PRÁTICOS DE PAGAMENTO DE CONTRIBUIÇÕES EM ATRASO

Exemplo 1:

O laboratório de análises Yureca apurou as contribuições referentes à folha do mês de maio, no valor de R$ 10.000,00. Sabendo que as taxas SELIC foram as apresentadas a seguir, e que, no dia de vencimento, houve expediente bancário, qual é o valor que deve ser recolhido pelo contribuinte, em 10 de agosto desse mesmo ano?

Taxas SELIC
Maio – 1,88%
Junho – 1,79%
Julho – 2%
Agosto – 2,03%

Resposta:

Taxa de juros: A contribuição referente à folha do mês de maio deveria ter sido recolhida até dia 20 de junho. As taxas de juros cobradas são: a SELIC do mês seguinte ao vencimento até o mês anterior ao pagamento e 1% no mês de pagamento (agosto). Logo, o laboratório deverá pagar juros de mora de 2% no mês de julho (SELIC) e de um 1% no mês de pagamento (agosto). O total de acréscimo de juros será de 3%.

Note-se que, no mês de junho, correspondente ao mês de vencimento, não há qualquer pagamento de juros moratórios, por força da alteração promovida pela MP 449 de 03/12/2008.

Multa moratória: Considerando que o contribuinte deveria ter efetuado o recolhimento em 20 de junho, e só o fez em 10 de agosto, para efeito de aplicação da multa, está em mora de 51 dias (10 dias de junho + 31 dias de julho + 10 dias de agosto). Assim, a multa aplicada deve ser de 16,83% (51 x 0,33%).

Acréscimo total: O acréscimo total deve ser de 19,83%, incidentes sobre o valor do débito, sendo 3% de juros e 16,83% de multa.

Valor pago: O valor a pagar deve sofrer um acréscimo de R$ 1.983,00 (10.000 x 19,83%), sendo recolhidos R$ 11.983,00.

Exemplo 2:

A Empresa Cata Vento não recolheu as contribuições previdenciárias vencidas em julho de 2005, não tendo declarado, dolosamente, os valores devidos em GFIP. A partir de um processo de fiscalização, que culminou na lavratura de Auto de Infração, decidiu, após 15 dias da ciência da decisão da autoridade julgadora sobre a defesa apresentada, pagar a dívida, em dezembro de 2008. Sabendo que a taxa SELIC acumulada de agosto de 2005 a novembro de 2008 foi de 42%, qual deve ser a taxa total de acréscimo?

Resposta:

Taxa de Juros: A taxa de juros a ser cobrada deverá ser de 1% no mês de pagamento (dezembro de 2008) e de 42% entre os meses de agosto de 2005 e dezembro de 2008 (SELIC acumulada). O total de acréscimo de juros será de 43%.

Multa moratória: Quando há lançamento de ofício, a multa de ofício já inclui a multa moratória. Assim, o percentual da multa de 20% não é devido, já estando embutido na multa de ofício.

Multa de ofício: Considerando que a conduta da empresa configura crime de sonegação fiscal (art. 337-A do Código Penal), deve ser aplicada a multa de ofício de 100%. Como a empresa pagou o débito até 30 dias da ciência da decisão de primeira instância, a multa deve ser atenuada em 30%. Assim, a multa de ofício aplicada deve ser de 70% (100% – [30% x 100%]).

Acréscimo total: O acréscimo total deve ser de 113% (43% de juros + 70% de multa de ofício).

Capítulo 16

Parcelamento de contribuições

▶ **Arts. 11 a 16, Lei 10.522/2002**

A sistemática de parcelamento das contribuições previdenciárias foi alterada com a publicação da Medida Provisória 449, de 04/12/1998, que revogou o art. 38 da Lei 8.212/1991, o qual tratava da matéria. O parcelamento das contribuições previdenciárias, a partir dessa MP, passou a ser submetido às regras contidas na Lei 10.522/2002.

De acordo com o art. 10 da Lei 10.522/2002, os débitos de qualquer natureza para com a Fazenda Nacional poderão ser parcelados **em até 60 parcelas mensais.**

O parcelamento terá sua formalização condicionada ao **prévio pagamento da primeira prestação**, conforme o montante do débito e o prazo solicitado, observado o valor mínimo para cada prestação, fixado por ato em ação conjunta do Secretário da Receita Federal do Brasil e do Procurador-Geral da Fazenda Nacional. (art. 11 da Lei 10.522/2002).

Em relação ao valor mínimo de cada prestação, o art. 2º da Portaria Conjunta PGFN/RFB 895, de 15/05/2019, dispõe que será de:

> I - **R$ 200,00**, quando o devedor for pessoa física; ou
>
> II - **R$ 500,00**, quando:
>
> a) o devedor for pessoa jurídica;
>
> b) o débito for relativo a obra de construção civil, de responsabilidade de pessoa física ou jurídica; ou
>
> c) se tratar do parcelamento previsto no art. 10-A da Lei nº 10.522, de 2002.

De acordo com o art. 12 da Lei 10.522/2002, o pedido de parcelamento constitui confissão de dívida e instrumento hábil e suficiente à exigência do crédito tributário, podendo a exatidão dos valores parcelados ser objeto de verificação.

Cumpridas as condições estabelecidas, o parcelamento será consolidado na data do pedido ou considerado automaticamente deferido, quando decorrido o prazo de 90 dias, contados da data do pedido de parcelamento, sem que a Fazenda Nacional tenha se pronunciado.

O valor de cada prestação mensal, por ocasião do pagamento, será acrescido de juros equivalentes à taxa referencial do Sistema Especial de Liquidação e de Custódia – SELIC, acumulada mensalmente, calculados a partir do mês subsequente ao da consolidação, até o mês anterior ao do pagamento, e de 1%, relativamente ao mês em que o pagamento estiver sendo efetuado. Essa sistemática de atualização é a mesma utilizada para a compensação e restituição de créditos e para a cobrança de tributos pelo Fisco.

Observe-se que é possível o parcelamento de débito inscrito em Dívida Ativa da União, sendo que, neste caso, o devedor pagará custas, emolumentos e demais encargos do processo de execução, quando já ajuizado.

Note que, de acordo com o art. 14, I, da Lei 10.522/2002, é vedada a concessão de parcelamento de débitos relativos a tributos passíveis de retenção na fonte, de desconto de terceiros ou de sub-rogação, independentemente da retenção ter sido efetuada. Logo, não é possível o parcelamento de débitos relativos a contribuições previdenciárias passíveis de retenção de segurados ou de outras empresas. Essa foi a grande inovação trazida pela MP 449/2008, convertida na lei 11.941 de 27/05/2009, já que, antes desse Diploma, era possível parcelar os débitos passíveis de retenção, quando ficasse demonstrado que o tributo não havia sido efetivamente retido.

Não é possível também parcelar tributo, enquanto não integralmente pago o parcelamento anterior relativo ao mesmo tributo. Há, contudo, a possibilidade de pedido de reparcelamento, ficando este condicionado ao recolhimento da **primeira parcela em valor correspondente** a:

I - 10% do total dos débitos consolidados; ou

II - 20% do total dos débitos consolidados, caso haja débito com histórico de reparcelamento anterior.

No reparcelamento, poderão ser incluídos novos débitos não consolidados no parcelamento anterior.

Saliente-se que não é possível parcelar tributos devidos por pessoa jurídica com falência ou pessoa física com insolvência civil decretadas.

Implicará imediata **rescisão do parcelamento** e remessa do débito para inscrição em Dívida Ativa da União ou prosseguimento da execução, conforme o caso, a **falta de pagamento**:

I - de três parcelas, consecutivas ou não; ou

II - de uma parcela, estando pagas todas as demais.

A Medida Provisória 449/2008 possibilitou a concessão de parcelamento simplificado, importando o pagamento da primeira prestação em confissão de dívida e instrumento hábil e suficiente para a exigência do crédito tributário. Atualmente, o limite máximo do valor do débito que pode ser incluído nesta modalidade de parcelamento é de R$ 5.000.000,00 (art. 15, da IN RFB 1.891/2019).

Saliente-se que, no caso de concessão do parcelamento simplificado, não se aplicam as vedações ao parcelamento convencional. Assim, é possível, por exemplo, o parcelamento simplificado de débitos passíveis de retenção.

Os parcelamentos concedidos a Estados, Distrito Federal ou Municípios conterão cláusulas em que estes autorizem a retenção do Fundo de Participação dos Estados

– FPE ou do Fundo de Participação dos Municípios – FPM e o repasse à União do valor correspondente:

I – a cada prestação mensal do parcelamento, por ocasião do vencimento desta;

II – às obrigações tributárias correntes do mês anterior ao do recebimento do respectivo Fundo de Participação;

III – à mora, quando verificado atraso superior a sessenta dias no cumprimento das obrigações tributárias correntes, inclusive prestações de parcelamento em atraso.

O pedido de parcelamento deverá também conter cláusula autorizando a retenção pelas instituições financeiras de outras receitas estaduais, distritais ou municipais nelas depositadas e o repasse à União do restante da dívida tributária apurada, na hipótese em que os recursos oriundos do FPE e do FPM não forem suficientes à quitação do parcelamento e das obrigações tributárias correntes.

Mensalmente, a Secretaria da Receita Federal do Brasil e a Procuradoria-Geral da Fazenda Nacional divulgarão, em seus *sites*, na Internet, demonstrativos dos parcelamentos concedidos no âmbito de suas competências.

Todas estas regras citadas se referem ao parcelamento convencional. Existe, ainda, a possibilidade de criação de parcelamentos especiais, mediante lei, com regras específicas, podendo, por exemplo, ser autorizado o parcelamento em 180 vezes, incluindo até os valores oriundos de apropriação indébita, como ocorrido no Programa de Recuperação Fiscal – REFIS, instituído pela Lei 9.964/2000. Em 2003, tivemos um novo parcelamento especial, desta vez denominado PAES.

A Medida Provisória 255 (MP do Bem), convertida na Lei 11.196, de 21/11/2005, criou um sistema especial de parcelamento para as dívidas municipais contraídas até 30 de setembro de 2005. De acordo com a Lei, as tais dívidas poderiam ser quitadas em até 240 meses, com valor mínimo da parcela equivalente a 1,5% do repasse do Fundo de Participação do Município e parcela máxima limitada a 9% do repasse do Fundo.

A Medida Provisória 303, de 29/06/2006, criou um novo parcelamento especial para os débitos dos contribuintes juntos às extintas Secretaria da Receita Federal e Secretaria da Receita Previdenciária. Foi o chamado REFIS 3. Ocorre que, em 27/10/2006, a aludida Medida Provisória foi arquivada, perdendo sua eficácia, pois já que a matéria não foi votada na Câmara de Deputados.

As entidades desportivas que mantêm equipe de futebol profissional também foram contempladas com parcelamento especial específico a ser quitado em até 180 parcelas mensais, previsto pela Lei 11.345, de 14 de setembro de 2006.

Outro parcelamento especial foi o trazido pela Lei 11.457/2007, que aprovou a possibilidade de os débitos de responsabilidade dos Estados e do Distrito Federal, de suas autarquias e fundações, relativos às contribuições sociais patronais e dos segurados, com vencimento até o mês de abril de 2007, serem parcelados em até 240 prestações mensais e consecutivas.

Finalizando o rol dos parcelamentos especiais, a Medida Provisória 449, convertida na Lei 11.941, de 27/05/2009, criou mais um parcelamento especial em até 180 meses, permitindo a inclusão dos débitos de todos os parcelamentos anteriores. Tal parcelamento pode ser efetuação com redução ou eliminação de multa e com atenuação dos juros, a depender do número de parcelas escolhido, conforme disposto no art. 1º, da MP 449/2008. Esta Lei concedeu também remissão para débitos que em 31 de dezembro de 2007 estavam vencidos há cinco anos ou mais e cujo valor total fosse igual ou inferior a R$ 10.000,00.

O art. 17 da Lei 12.865/2013 reabriu até 31/12/2013 o prazo para inclusão nos parcelamentos especiais instituídos pelas Leis 11.941/2009 e 12.249/2010.

Lembramos que a EC 103/2019 alterou o § 11 do art. 195 da CF/1988, dispondo que são vedados a moratória **e o parcelamento em prazo superior a 60 meses.**

A alteração teve o claro objetivo de acabar com os inúmeros parcelamentos especiais de longo prazo, que superam o prazo de 60 meses do parcelamento convencional, chegando a 180 ou até 240 meses. Os parcelamentos, sem dúvida, beneficiavam a prática da sonegação fiscal, permitido que os débitos, mesmo que identificados em procedimento fiscalizatório, pudessem ser parcelados em longo prazo, inclusive com o perdão ou redução da multa e dos juros.

Esse foi um ponto bastante positivo da Reforma, que merece elogios por tentar moralizar o processo de cobrança de dívidas previdenciárias.

O art. 31 da EC 103/2019 evidencia que a vedação aos parcelamentos de mais de 60 meses não se aplica aos previstos na legislação vigente até a data de entrada em vigor da EC, sendo vedadas a reabertura ou a prorrogação de prazo para adesão. Assim, os inúmeros parcelamentos especiais ativos, tais como REFIS, PAES, PROFUT, Parcelamento Especial dos Municípios, Parcelamento Especial Rural, foram preservados.

Capítulo 17

Processo administrativo previdenciário

- Arts. 37 e 93, § único, Lei 8.212/1991
- Arts. 108 e 126, Lei 8.213/1991
- Arts. 243, 293, 305 a 310, Decreto 3.048/1999
- Arts. 25 a 31, Lei 11.457/2007

O processo administrativo é utilizado para garantir a ampla defesa e o contraditório aos contribuintes e segurados da Previdência Social, no âmbito administrativo.

Aos contribuintes que, em uma fiscalização, receberem notificação de débito ou ato de infração, fica garantido o direito ao contraditório. Da mesma forma, o segurado que teve a sua requisição de benefício indeferida pode, administrativamente, tentar uma revisão do ato indeferitório.

Note-se que a Lei 11.457/2007 alterou significativamente a normatização acerca do Processo Administrativo Fiscal Previdenciário. Com a edição desse diploma, a partir de 01/04/2008, os procedimentos fiscais e os processos administrativo-fiscais de determinação e exigência de créditos tributários referentes às contribuições previdenciárias e de terceiros passaram a ser regidos pelo Decreto 70.235, de 6 de março de 1972. Tal decreto é o aplicado para os demais tributos federais administrados pela Secretaria da Receita Federal do Brasil.

Com essa alteração, a competência para julgamento de recursos referentes às contribuições previdenciárias e de terceiros foi transferida do Conselho de Recursos da Previdência Social para o 2º Conselho de Contribuintes do Ministério da Fazenda e, depois, para o **Conselho de Recursos Administrativos Fiscais**. O prazo aplicável para impugnação passou de 15 para 30 dias, e os processos administrativos passaram a ser julgados por órgão colegiado (turmas de julgamento).

A Portaria da Receita Federal do Brasil 10.875, de 16/08/2007, é o ato normativo que detalha o novo processo administrativo-fiscal.

Nesta obra, trataremos de estudar o processo administrativo fiscal previdenciário atualmente vigente, após as alterações originadas pela criação da Receita Federal do Brasil.

17.1. PROCESSO ADMINISTRATIVO FISCAL – RELATIVO AOS CONTRIBUINTES

Constatado o não recolhimento total ou parcial das contribuições previdenciárias não declaradas na GFIP, a falta de pagamento de benefício reembolsado (salário-família ou salário-maternidade) ou o descumprimento de obrigação acessória será lavrado auto de infração ou notificação de lançamento (art. 37 da Lei 8.212/1991, alterado pela MP 449/2008).

O Auto de Infração – AI por descumprimento de obrigação acessória deve ser lavrado com discriminação clara e precisa da infração e das circunstâncias em que foi praticada, dispositivo legal infringido, a penalidade aplicada e os critérios de sua gradação, indicando local, dia e hora de sua lavratura.

Assim, o processo administrativo fiscal decorre da antiga Notificação Fiscal de Lançamento de Débito (NFLD), Auto de Infração e, no que couber, de cancelamento de isenção, de pedido de isenção da cota patronal, de reembolso ou de restituição de pagamentos relativos às contribuições previdenciárias (art. 3º, Portaria MF 20/2023).

Atualmente, o julgamento administrativo compete:

I - em primeira instância, por decisão colegiada (Delegacia da Receita de Julgamento – DRJ), a impugnação ou manifestação de inconformidade relativa a contencioso administrativo fiscal cujo lançamento ou controvérsia supere sessenta salários mínimos;

II - em primeira instância, por decisão monocrática, a impugnação ou manifestação de inconformidade apresentada pelo sujeito passivo, em relação ao:

a) contencioso administrativo fiscal de pequeno valor, assim considerado aquele cujo lançamento fiscal ou controvérsia não supere sessenta salários mínimos; e

III - em última instância, por decisão colegiada, os recursos contra as decisões de que trata o inciso II.

Antes da alteração promovida pela MP 449, convertida na Lei 11.941, de 27/05/2009, o órgão de julgamento em segunda instância era o Conselho de Contribuintes. A citada MP criou o **Conselho Administrativo de Recursos Fiscais – CARF.**

Recebido o Auto de Infração, abre-se o prazo de **30 dias** para que a empresa, o empregador doméstico ou o segurado efetue o pagamento ou **apresente a defesa.** Decorrido esse prazo, será automaticamente declarada a revelia, considerando-se procedente o lançamento. O processo deverá, nesse caso, permanecer no órgão jurisdicionante, pelo prazo de 30 dias, para cobrança amigável, após o qual o débito será inscrito em Dívida Ativa da União.

Antes da edição do Decreto 6.032/2007, os autos de infrações decorrentes de descumprimento de obrigações acessórias, lavrados pelas autoridades fiscalizadoras, deveriam ser submetidos ao reexame da autoridade julgadora de 1ª instância, independentemente de impugnação. Após a edição do mencionado Decreto, restou alterada a redação do art. 293, § 4º, do RPS, acabando com a necessidade da análise de ofício da validade do auto de infração, devendo a empresa impugná-lo se desejar uma reapreciação.

No caso de impugnação parcial, não cumprida a exigência relativa à parte não litigiosa do crédito tributário, o órgão preparador, antes da remessa dos autos a julgamento, providenciará a formação de autos apartados para a imediata cobrança da parte não contestada, consignando essa circunstância no processo original.

A autoridade julgadora de primeira instância determinará, de ofício ou a requerimento do impugnante, a realização de diligências ou perícias, quando entendê-las necessárias, indeferindo as que considerar prescindíveis ou impraticáveis.

As decisões de primeira instância, no âmbito das DRJs, devem ser consubstanciadas em acórdão e devem conter o relatório e o voto do julgador.

O Presidente de Turma de Julgamento da Delegacia da Receita Federal do Brasil recorrerá de ofício ao Segundo Conselho de Contribuintes do Ministério da Fazenda sempre que a decisão (art. 366, RPS):

I - declarar indevida contribuição ou outra importância apurada pela fiscalização; e

II - relevar ou atenuar multa aplicada por infração a dispositivos deste Regulamento.

O Ministro de Estado da Fazenda poderá estabelecer limite abaixo do qual será dispensada a interposição do recurso de ofício.

Observem, no entanto, que o art. 34 do Decreto 70.235/1973 dispõe que a autoridade de primeira instância deve recorrer de ofício sempre que a decisão:

I - exonerar o sujeito passivo do pagamento de tributo e encargos de multa de valor total (lançamento principal e decorrentes) a ser fixado em ato do Ministro de Estado da Fazenda.

II - deixar de aplicar pena de perda de mercadorias ou outros bens cominada à infração denunciada na formalização da exigência.

Na prática, as turmas de julgamento recorrem de ofício tanto nas hipóteses previstas no art. 366 do RPS quanto nas previstas no art. 34 do Decreto 70.235/1973.

De acordo com a Súmula 102 do CARF é válida a decisão proferida por Delegacia da Receita Federal de Julgamento – DRJ de localidade diversa do domicílio fiscal do sujeito passivo. Assim, os processos podem ser distribuídos para julgamento em primeira instância para qualquer DRJ do Brasil, independentemente do domicílio do contribuinte.

Apresentada impugnação, o processo será submetido à autoridade competente, que decidirá sobre a autuação ou sobre a notificação.

Das decisões da Secretaria da Receita Federal do Brasil, nos processos de interesse dos contribuintes, caberá recurso voluntário com efeito suspensivo dirigido ao Conselho de Recursos Administrativos Fiscais, situado em Brasília. Mantida a decisão, depois da análise da defesa apresentada, os **contribuintes têm o prazo de 30 dias para interposição de recursos**, contados da ciência da decisão.

Não cabe recurso da decisão que cancelar a isenção com fundamento na falta de apresentação das certidões exigidas para fins de obtenção dos benefícios fiscais, seja ela a de reconhecimento de utilidade pública federal, emitida pelo Ministério da Justiça, ou a de reconhecimento da utilidade pública pelo respectivo Estado, Distrito Federal ou Município onde se encontre a sua sede ou do Certificado de Entidade Beneficente de Assistência Social fornecidos pelo Conselho Nacional de Assistência Social. Isso porque, nesses casos, o recurso deve ser protocolado na entidade que negou a emissão do documento.

Decorrido o prazo sem que o recurso tenha sido interposto, será o sujeito passivo cientificado do trânsito em julgado administrativo e intimado a regularizar sua situação no prazo 30 dias, contados da ciência da intimação. Esgotados os meios de cobrança amigável, o processo será encaminhado ao órgão competente para inscrição em Dívida Ativa da União.

É facultativo o oferecimento de contrarrazões pela Secretaria da Receita Federal do Brasil nos processos administrativos.

Note-se que até a edição da MP 413, de 03/01/2008, em se tratando de processo que tenha por objeto a discussão de crédito previdenciário, o recurso somente teria seguimento se o recorrente, **pessoa jurídica ou seu sócio**, o instruísse com prova de depósito, em favor da Previdência, de valor correspondente a 30% da exigência fiscal definida na decisão. Com a edição da mencionada MP, restou revogado o § 1º do art. 126 da Lei 8.213/1991 que dispunha sobre tal exigência. Assim, atualmente o depósito recursal de 30% não é mais exigido no âmbito do processo administrativo-fiscal previdenciário.

Essa MP derivou da forte tendência de rejeição jurisprudencial da exigência do depósito. Saliente-se que, em 28/03/2007, o STF julgou inconstitucional o arrolamento de bens no valor de 30% para garantia de instância no processo administrativo fiscal dos tributos federais regidos pelo Decreto 70.235/1972, com efeitos *erga omnes*, abrangendo todos os processos (ADIn 1976).

Nessa mesma data, foram julgados diversos Recursos Extraordinários e Agravos, em que o STF entendeu ser inconstitucional a cobrança de depósito recursal no âmbito previdenciário. Saliente-se, todavia, que estes julgamentos, ao contrário do promovido em sede de ADIn, tem eficácia apenas entre as partes (RREE 388359/PE, 389383/SP, 390513/SP rel. Min. Marco Aurélio; AI 398.933 AgR/RJ e AI 408914 AgR/RJ rel. Min. Sepúlveda Pertence).

Com base nessas decisões, que, ressalte-se, não alteraram o processo administrativo-fiscal previdenciário *erga omnes*, criou-se forte expectativa de extinção da exigência do referido depósito no âmbito dos recursos previdenciários, que foi atendida pela MP 413/2008.

O STF editou a Súmula Vinculante 21, fulminando qualquer discussão a respeito do tema. Vejamos: "É inconstitucional a exigência de depósito ou arrolamento prévios de dinheiro ou bens para admissibilidade de recurso administrativo".

Recebida a decisão que julgar o recurso improcedente, a SRFB insistirá por 30 dias na **cobrança amigável**, sendo, depois, o débito inscrito em Dívida Ativa. A Procuradoria tentará, então, executar o crédito previdenciário.

Por ocasião da notificação de débito ou, quando for o caso, da inscrição na Dívida Ativa da União, a Fiscalização poderá proceder ao arrolamento de bens e direitos do sujeito passivo, que será utilizada para instrução do processo de execução fiscal.

Até a edição da MP 449, de 04/12/2008, a responsabilidade dos sócios e acionistas em relação ao débito com a seguridade social estava regulamentada pelo art. 13 da Lei 8.620/1993. A citada MP revogou o art. 13 da Lei 8.620/1993 que dispunha que "o titular da firma individual e os sócios das empresas por cotas de responsabilidade limitada respondem, solidariamente, com seus bens pessoais, pelos débitos junto à Seguridade Social" e que "os acionistas controladores, os administradores, os gerentes e os diretores respondem solidariamente e subsidiariamente, com seus bens pessoais, quanto ao inadimplemento das obrigações para com a Seguridade Social, por dolo ou culpa".

Com a revogação, a responsabilidade dos sócios em relação aos débitos com a seguridade social passou a ser regida pelo art. 135, III, do CTN que responsabiliza os gestores, pessoalmente, apenas em caso de atos praticados com excesso de poderes, infração à Lei ou ao contrato social ou estatuto. Ressalte-se que é possível, ainda, responsabilizar os sócios, a partir da aplicação do art. 50 do Código Civil: "Em caso de abuso da personalidade jurídica, caracterizado pelo desvio de finalidade, ou pela confusão patrimonial, pode o juiz decidir, a requerimento da parte, ou do Ministério Público quando lhe couber intervir no processo, que os efeitos de certas e determinadas relações de obrigações sejam estendidos aos bens particulares dos administradores ou sócios da pessoa jurídica".

Vejamos, a seguir, o fluxograma do PAF – Processo Administrativo Fiscal, construído para consolidação do aprendizado:

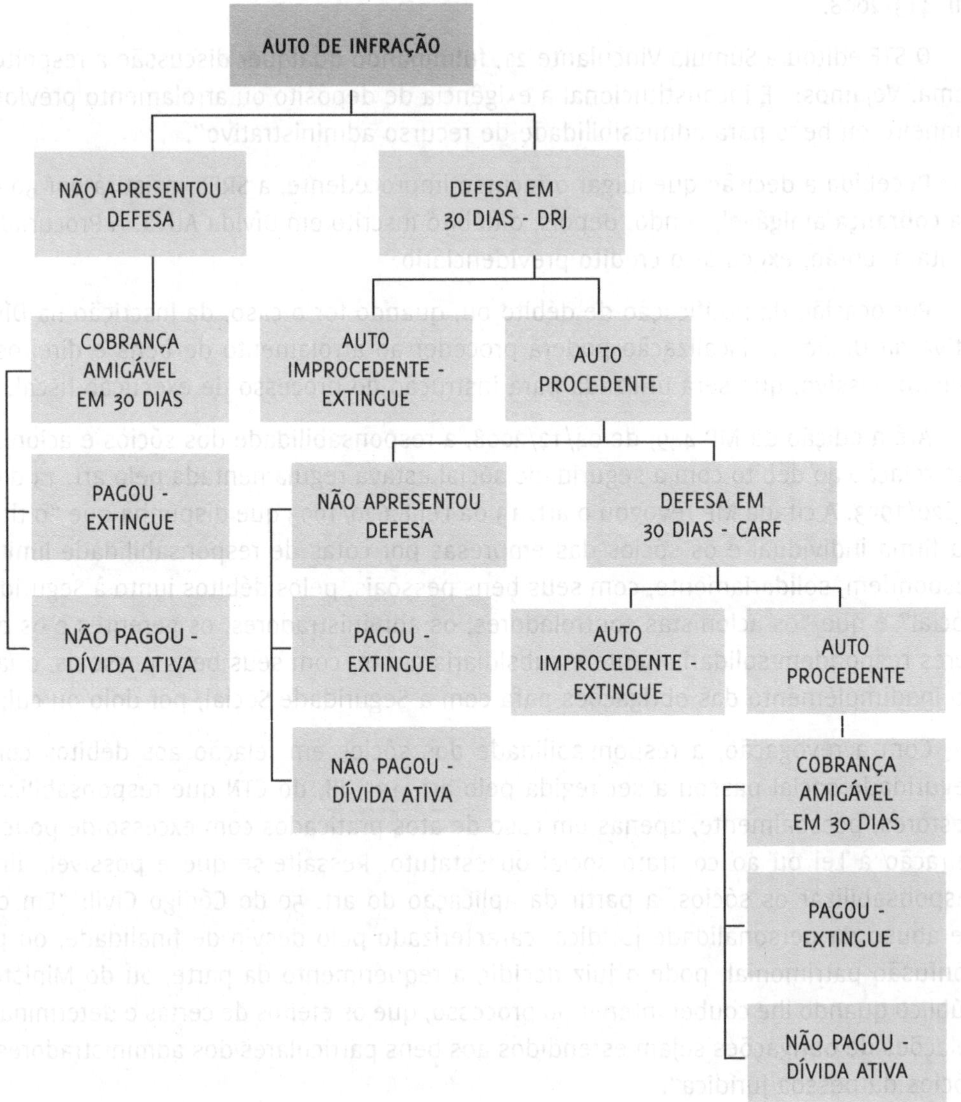

17.2. PROCESSO ADMINISTRATIVO – RELATIVO AOS BENEFICIÁRIOS

No que tange às decisões do INSS concernentes a direitos dos beneficiários, é garantido o prazo de **30 dias para interposição de recurso às Juntas de Recursos do CRPS** (art. 305, RPS). Tal recurso é denominado recurso ordinário, de acordo com o art. 29 do Regimento do Conselho de Recursos da Previdência Social.

O INSS deve analisar o processo antes de enviá-lo à Junta, podendo, inclusive, reformular totalmente a decisão em favor do recorrente, hipótese em que o processo não será encaminhado ao CRPS. Caso a reconsideração seja parcial, o processo seguirá à Junta de recursos para que sejam analisados os pontos controversos.

Após a análise do recurso ordinário pela Junta, caso seja mantida a decisão contrária ao interessado, correrá prazo de **30 dias para interposição de recursos às Câmaras de Julgamento do CRPS**, contados da ciência da decisão. Esse recurso é denominado recurso especial, de acordo com o art. 30 do Regimento do Conselho de Recursos da Previdência Social.

A interposição tempestiva do recurso especial suspende os efeitos da decisão de primeira instância e devolve à instância superior o conhecimento integral da causa.

Contra a decisão da Câmara de julgamento não cabe recurso na esfera administrativa.

De acordo com o art. 126 da Lei 8.213, alterado pela Lei 13.846, de 18/06/2019, compete ao Conselho de Recursos da Previdência Social julgar:

I – **recursos das decisões do INSS nos processos de interesse dos beneficiários**;

II – **contestações e recursos relativos à atribuição, pelo** Ministério da Previdência, **do Fator Acidentário de Prevenção aos estabelecimentos das empresas**;

III – recursos das decisões do INSS relacionados **à comprovação de atividade rural de segurado especial**, ou demais informações relacionadas ao CNIS.

Os recursos de que tratam os incisos I e III poderão ser interpostos diretamente ao Conselho de Recursos da Previdência Social, que emitirá notificação eletrônica automática para o INSS reanalisar, no prazo máximo de 30 dias, a decisão administrativa, na forma disciplinada por ato conjunto do Ministério da Previdência, do Conselho de Recursos da Previdência Social e do INSS (art. 126, § 4º, da Lei 8.213/91, incluído pela Lei nº 14.441/2022).

A propositura de ação que tenha por objeto idêntico pedido sobre o qual versa o processo administrativo importa renúncia ao direito de recorrer na esfera administrativa e desistência do recurso interposto.

Vejamos, a seguir, o fluxograma do PAB – Processo Administrativo de Benefícios, construído para consolidação do aprendizado:

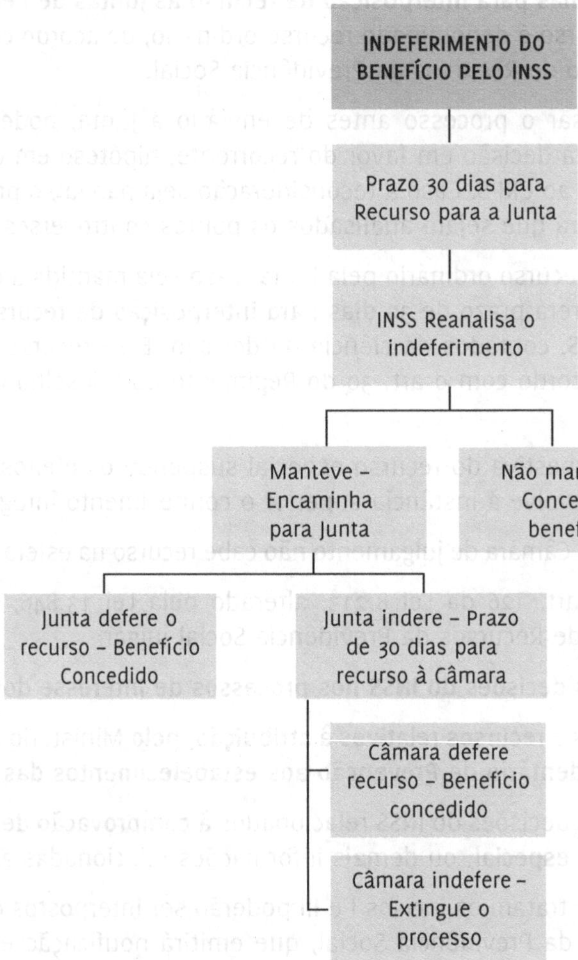

17.3. ESTRUTURA DO CONSELHO DE RECURSOS DA PREVIDÊNCIA SOCIAL – PROCESSO ADMINISTRATIVO DE BENEFÍCIOS

► **Arts. 303 e 304, Decreto 3.048/1999**

O Conselho de Recursos da Previdência Social – CRPS, integrante da estrutura do Ministério da Previdência, é órgão colegiado de controle jurisdicional das decisões do Instituto Nacional do Seguro Social, nos processos de interesse dos beneficiários. Das decisões do INSS nos processos de interesse dos beneficiários cabe recurso para o CRPS.

O Conselho de Recursos da Previdência Social compreende os seguintes órgãos:

I – Juntas de Recursos, com a competência para julgar:

a) os recursos das decisões proferidas pelo INSS nos processos de interesse de seus beneficiários;

b) os recursos das decisões proferidas pelo INSS relacionados à comprovação de atividade rural de segurado especial de que trata o art. art. 38-B da Lei nº 8.213, de 1991, ou às demais informações relacionadas ao CNIS de que trata o art. 29-A da referida Lei;

c) os recursos de decisões relacionadas à compensação financeira de que trata a Lei nº 9.796, de 5 de maio de 1999;

d) as contestações relativas à atribuição do FAP aos estabelecimentos da empresa; e

e) os recursos relacionados aos processos sobre irregularidades verificadas em procedimento de supervisão e de fiscalização nos regimes próprios de previdência social e aos processos sobre apuração de responsabilidade por infração às disposições da Lei nº 9.717, de 1998;

II - Câmaras de Julgamento, com sede em Brasília, Distrito Federal, com a competência para julgar os recursos interpostos contra as decisões proferidas pelas Juntas de Recursos;

III - Conselho Pleno, com a competência para uniformizar a jurisprudência previdenciária mediante enunciados, podendo ter outras competências definidas no Regimento Interno do Conselho de Recursos da Previdência Social,

Atenção!

Aos contribuintes são garantidas duas instâncias na esfera administrativa: a análise da defesa no âmbito da DRJ e do recurso, no Conselho de Contribuintes. Para os processos que envolvam direitos de beneficiários, existem três graus de jurisdição: a análise no INSS, o recurso à Junta de Recursos e, posteriormente, o recurso à CAJ.

O Conselho de Recursos da Previdência Social é presidido por representante do Governo, com notório conhecimento da legislação previdenciária, nomeado pelo Ministro de Estado da Previdência Social, cabendo-lhe dirigir os serviços administrativos do órgão.

As Juntas e as Câmaras, presididas por representante do Governo, são compostas por quatro membros, denominados conselheiros e nomeados pelo Ministro de Estado da Economia, sendo dois representantes do Governo, um das empresas ou entes federativos e um dos trabalhadores.

O mandato dos membros do Conselho de Recursos da Previdência Social é de três anos, permitida a recondução, atendidas as seguintes condições:

I – os representantes **do Governo federal** serão escolhidos entre servidores federais, preferencialmente do Ministério da Previdência ou do INSS, ou de outro órgão da administração pública federal, estadual, municipal ou distrital, com **graduação em Direito**, os quais prestarão serviços exclusivos ao CRPS, sem prejuízo dos direitos e das vantagens percebidos no cargo de origem;

II – os **representantes das empresas e dos trabalhadores** serão escolhidos entre os indicados em lista tríplice pelas entidades de classe ou sindicais das respectivas jurisdições, **com graduação em Direito**, e serão enquadrados como segurados obrigatórios do RGPS na condição de contribuintes individuais;

III – os **representantes dos entes federativos e dos servidores públicos** serão escolhidos entre os indicados em lista tríplice pelo Conselho Nacional dos Regimes Próprios de Previdência Social, observadas as respectivas representações, com graduação em Direito, e manterão a qualidade de segurados do regime próprio a que estejam vinculados; e

IV – os representantes não poderão incidir em situações que caracterizem conflito de interesses, nos termos do disposto no art. 10 da Lei nº 12.813, de 16 de maio de 2013.

17.4. ESTRUTURA DO CONSELHO DE RECURSOS FISCAIS – PROCESSO ADMINISTRATIVO FISCAL

O Conselho Administrativo de Recursos Fiscais será constituído por seções e pela Câmara Superior de Recursos Fiscais. As seções serão especializadas por matéria e constituídas por câmaras.

A Câmara Superior de Recursos Fiscais será constituída por turmas, compostas pelos Presidentes e Vice-Presidentes das câmaras.

As câmaras poderão ser divididas em turmas. As turmas da Câmara Superior de Recursos Fiscais serão constituídas pelo Presidente do Conselho Administrativo de Recursos Fiscais, pelo Vice-Presidente, pelos Presidentes e pelos Vice-Presidentes das câmaras. A presidência das turmas da Câmara Superior de Recursos Fiscais será exercida pelo Presidente do Conselho Administrativo de Recursos Fiscais e a vice-presidência, por conselheiro representante dos contribuintes.

Os cargos de Presidente das Turmas da Câmara Superior de Recursos Fiscais, das câmaras, de suas turmas e das turmas especiais serão ocupados por conselheiros representantes da Fazenda Nacional, que, em caso de empate, terão o voto de qualidade, e os cargos de Vice-Presidente por representantes dos contribuintes.

17.5. JUSTIFICAÇÃO ADMINISTRATIVA – JA

► **Arts. 142 a 151, Decreto 3.048/1999**

No âmbito administrativo do INSS, em algumas situações, é permitida a utilização de justificação administrativa, que é o procedimento utilizado para suprir a falta ou insuficiência de documento ou produzir prova de fato ou circunstância de interesse dos beneficiários, perante a Previdência Social.

A JA não poderá ser utilizada quando o fato a comprovar exigir registro público de casamento, de idade, de óbito ou de qualquer ato jurídico para o qual a lei prescreva forma especial.

Somente será admitido o processamento de justificação administrativa quando necessário para corroborar o início de prova material apto a demonstrar a plausibilidade do que se pretende comprovar. A justificação administrativa ou judicial, no caso de prova de dependência econômica, identidade e relação de parentesco, somente produzirá efeito quando baseada em início de prova material contemporânea dos fatos, não sendo admitida prova exclusivamente testemunhal, salvo por motivo de força maior ou caso fortuito.

Caracteriza, por exemplo, motivo de força maior ou caso fortuito a verificação de ocorrência notória, tais como incêndio, inundação ou desmoronamento, que tenha atingido a empresa na qual o segurado alegue ter trabalhado, devendo ser comprovada mediante registro da ocorrência policial feito em época própria ou apresentação de documentos contemporâneos aos fatos, e, desde que verificada a correlação entre a atividade da empresa e a profissão do segurado.

Se a empresa não estiver mais em atividade, deverá o interessado juntar prova oficial de sua existência no período que pretende comprovar.

No caso dos segurados empregado doméstico e contribuinte individual, após a homologação do processo, este deverá ser encaminhado ao setor competente de arrecadação para levantamento e cobrança do crédito.

A homologação da justificação judicial processada com base em prova exclusivamente testemunhal dispensa a justificação administrativa, desde que complementada com início de prova material contemporânea dos fatos. Note que a legislação previdenciária procura resguardar os cofres públicos, não permitindo que a homologação judicial embasada, exclusivamente, em prova testemunhal, gere benefícios previdenciários. Constando, entretanto, aos autos, início de prova material, o benefício poderá ser concedido.

> **Exemplo:**
>
> Eustáquio, empregado doméstico, acionou a sua antiga empregadora, Odete, para o reconhecimento de vínculo trabalhista no período de 1974 a 1993. Não possuía, no entanto, qualquer documento que comprovasse o seu pleito. Valeu-se, então, dos depoimentos de sua empregadora, Odete, e das supostas companheiras de trabalho, Cleide e Noélia. O Juiz do Trabalho, com base nas provas testemunhais reconheceu a relação de emprego no período que abrange os 20 anos demandados.
>
> Eustáquio, então, dirigiu-se à Agência da Previdência Social mais próxima e requereu a contagem de tempo, conforme o reconhecimento judicial.
>
> Nessa situação, segundo a legislação previdenciária, Eustáquio não terá direito a contagem de tempo, pois o processo não foi instruído com prova material. Sentindo-se prejudicado, a solução é recorrer à Justiça Federal, pleiteando o reconhecimento do tempo para fins previdenciários.

Para o processamento de justificação administrativa, o interessado deverá, sem qualquer ônus, apresentar requerimento, expondo, clara e minuciosamente, os pontos que pretende justificar, **indicando testemunhas idôneas, em número não inferior a dois nem superior a seis**, cujos depoimentos possam levar à convicção da veracidade do que se pretende comprovar.

Depois dos testemunhos, a autoridade deverá homologar ou não a justificação realizada. Não caberá recurso da decisão da autoridade competente do INSS que considerar eficaz ou ineficaz a justificação administrativa.

Capítulo 18

Crimes contra a Seguridade Social

18.1. INTRODUÇÃO

Estudamos, no **tópico 15**, que as empresas possuem obrigações fiscais perante a Previdência Social, que, quando descumpridas, acarretam penalidades administrativas.

Existem, ainda, outras imposições proibitivas de condutas, que, uma vez desrespeitadas, podem acarretar crime contra a "Seguridade Social". Tais condutas estavam tipificadas na Lei 8.212/1991 e, a partir de 14 de julho de 2000, foram incorporadas ao Código Penal, pela Lei. 9.983/2000.

Mas quais são os atos ilícitos que constituem crimes contra a seguridade social?

Os crimes e a legislação que tipificam a conduta são:

- Apropriação Indébita Previdenciária – art. 168-A do Código Penal;
- Sonegação Fiscal Previdenciária – art. 337-A do Código Penal;
- Falsificação de Documento Público – art. 297 do Código Penal;
- Inserção de Dados Falsos em Sistema de Informações – art. 313-A do Código Penal;
- Modificação ou Alteração não Autorizada em Sistema de Informações – art. 313-B do Código Penal;
- Divulgação de Informações Sigilosas ou Reservadas – art. 153 do Código Penal;
- Estelionato – art. 171 do Código Penal.

Os dois primeiros da lista, **apropriação indébita e sonegação fiscal, são, sem dúvida, os mais cobrados em provas de concursos públicos.** O nosso estudo, então, priorizará estes tipos penais, devido às suas particularidades, no que diz respeito à legislação previdenciária.

Em 28/02/2018, o STJ julgou o REsp 1.688.878-SP (Tema 157) fixando a tese de que incide o princípio da insignificância aos **crimes tributários federais** e de descaminho quando o débito tributário verificado não ultrapassar o limite de R$ 20.000,00, a teor do disposto no art. 20 da Lei 10.522/2002, com as atualizações efetivadas pela Portaria 90/AGU, de 08/05/2023.

18.2. PROCEDIMENTO NOS CRIMES CONTRA A SEGURIDADE SOCIAL

O Auditor-Fiscal da Receita Federal do Brasil, ao iniciar uma ação fiscal, torna ciente a empresa por meio da entrega do Termo de Início de Procedimento Fiscal - TIPF. No curso de uma fiscalização, o AFRFB pode identificar a ocorrência de conduta tipificada, em tese, como crime contra a seguridade social. Deve, então, elaborar uma Representação Fiscal para Fins Penais - RFFP, relatando, precisamente, a conduta verificada com a devida fundamentação legal.

A RFFP deve ser instruída com indícios de provas materiais da ocorrência do crime e descrição dos meses de sua ocorrência, constando desta, ainda, a identificação dos responsáveis legais pela empresa, em cada período.

A Representação Fiscal deve ser remetida ao Ministério Público Federal - MPF, devendo o Procurador da República analisar o conteúdo das informações. O MPF pode, ainda, se achar necessário, remeter o processo à Polícia Federal para auxiliá-lo na investigação (não faz parte do escopo desta obra a discussão sobre a competência do MPF para investigação e apuração de fatos).

De acordo com o art. 83 da Lei 9.430/1996, com redação dada pela MP 497/2010, a Representação Fiscal para fins penais relativa aos crimes contra a ordem tributária e aos crimes contra a Previdência Social, somente poderá ser encaminhada ao Ministério Público depois de proferida a decisão final na esfera administrativa sobre a exigência fiscal do crédito tributário correspondente. Assim, a Representação elaborada pelo Auditor-Fiscal deve ficar sobrestada até o trânsito em julgado do processo administrativo.

Depois de analisados os processos, os Procuradores da República podem:

a) Pedir pelo arquivamento do processo, se não considerarem os indícios suficientes à caracterização da conduta criminosa; ou
b) Abrir processo crime contra os responsáveis, oferecendo denúncia à Justiça Federal.

O Juiz Federal pode receber a denúncia do Ministério Público, iniciando, assim, o processo crime ou arquivá-la.

Observe-se que já há jurisprudência pacificada de que a constituição definitiva do crédito tributário é pressuposto da persecução penal concernente a crime contra a ordem tributária (Súmula 50, TRF4).

Obviamente, o objetivo aqui é de forma resumida e simplificada passar breves informações sobre os procedimentos adotados em caso de constatação de crimes contra a seguridade social, pois acreditamos que o entendimento desta tramitação é fundamental para a compreensão dos textos legais relativos a estes crimes.

18.3. APROPRIAÇÃO INDÉBITA PREVIDENCIÁRIA

Art. 168-A, Código Penal

O texto legal do crime de apropriação indébita traz particularidades que serão comentadas a seguir:

Art. 168-A – Deixar a empresa de repassar à Previdência Social as contribuições recolhidas dos contribuintes no prazo ou forma legal ou convencional.

Pela simples análise do *caput* do artigo, percebemos que o legislador considerou crime de apropriação indébita previdenciária o fato de não repassar à Previdência Social ou, até mesmo, atrasar o recolhimento das contribuições previdenciárias retidas dos contribuintes.

Mas quais são as contribuições retidas dos contribuintes?

A legislação previdenciária costuma transferir a responsabilidade pelo recolhimento de contribuições previdenciárias das pessoas físicas para as empresas e até de algumas pessoas jurídicas para outras. As retenções mais comuns são:

- Retenção das contribuições dos empregados e dos empregados domésticos;
- Retenção das contribuições devidas pelo contribuinte individual que presta serviços a empresas;
- Retenção das contribuições devidas pelo produtor rural pessoa física ou segurado especial, quando da aquisição de seus produtos rurais;
- Retenção dos 11% incidentes sobre a nota fiscal de prestação de serviço por empreitada ou por cessão de mão de obra, conforme a Lei 9.711/1998;
- Retenção das contribuições devidas pelas entidades desportivas que mantêm equipe de futebol profissional, quando da contratação de patrocínios ou promoção de eventos.

Os valores retidos devem ser repassados, tempestivamente, para a Previdência. Os valores, geralmente, devem ser recolhidos na mesma guia em que são pagas as contribuições patronais e as para outras entidades (exceto no caso de retenção de prestadores de serviço em que as contribuições são recolhidas em guia constando a identificação do fornecedor).

Caso a empresa não tenha disponibilidade de recursos para efetuar o pagamento do valor integral (parte patronal, terceiros e valores retidos), deve, com a finalidade de evitar a ocorrência de crime, pagar, ao menos, as quantias retidas. **A ausência de recolhimento da parte patronal e de terceiros não constitui crime, nem infração sujeita a auto de infração.** Nesse caso, há, apenas, a obrigação de recolher o valor do débito, acrescido de multa e juros.

Pena – reclusão, de 2 (dois) a 5 (cinco) anos e multa.

Durante a vigência da Lei 8.212/1991, a pena desse crime era de, no máximo, seis anos. Com a Lei 9.983/2000, a pena máxima reduziu-se para cinco anos e, por ser mais benéfica ao réu, deve retroagir na esfera penal.

§ 1º – Nas mesmas penas incorre quem deixar de:

I – recolher, no prazo legal, contribuição de outra importância destinada à previdência social que tenha sido descontada de pagamento efetuado a segurados.

A lei penal, neste inciso, quis apenas enfatizar as retenções descontadas dos segurados, embora na prática o *caput* do artigo já englobe essa situação, pois os valores descontados dos segurados também são valores retidos de contribuintes (os segurados também são contribuintes).

II – recolher contribuições devidas à Previdência Social que tenham integrado despesas contábeis ou custos relativos à venda de produtos ou prestação de serviços.

Esse inciso demonstra o completo desconhecimento do legislador em matéria contábil. As normas contábeis determinam que não podem haver despesas e custos não registrados. Obviamente, todos os gastos devem compor despesas contábeis ou custo dos produtos ou serviços vendidos. Caso o Auditor-Fiscal verifique que as contribuições devidas não estão registradas na contabilidade de forma correta, deverá desconsiderar a contabilidade, podendo efetuar o arbitramento das contribuições devidas e lavrar um auto de infração por não contabilização em títulos próprios.

Esse inciso vai de encontro às normas contábeis e à própria legislação previdenciária, não tendo, na prática, qualquer aplicabilidade. A interpretação literal desse texto legal implicaria caracterizar qualquer inadimplência como crime.

III – pagar benefícios devidos a segurado, quando as respectivas cotas ou valores já tiverem sido reembolsados à empresa pela Previdência Social.

Esta é a situação que pode ocorrer com os benefícios da Previdência Social que são pagos diretamente pelas empresas aos segurados: o salário-família e o salário-maternidade.

A empresa deve pagar os benefícios juntamente com a folha de salários dos empregados e proceder ao reembolso no momento do pagamento das contribuições previdenciárias. Se a empresa proceder ao reembolso sem efetuar o pagamento ao empregado, fica caracterizado o crime de apropriação indébita.

§ 2º – É extinta a punibilidade se o agente, espontaneamente, declara, confessa e efetua o pagamento das contribuições, importâncias ou valores e presta as informações devidas à Previdência Social, na forma definida em lei ou regulamento, antes do início da ação fiscal.

Para que a punibilidade seja extinta, deve-se efetuar o pagamento integral até o início da ação fiscal, que ocorre com a entrega do TIPF – Termo de Início do Procedimento Fiscal pelo Auditor-Fiscal da Receita Federal do Brasil.

O pagamento efetuado em atraso, mediante denúncia espontânea, extingue a punibilidade da apropriação indébita previdenciária. A jurisprudência majoritária tem entendido que o parcelamento do débito também pode extinguir a punibilidade.

Embora o *caput* do artigo disponha que o pagamento em atraso constitui conduta criminosa, a punibilidade será extinta se o débito for regularizado até o início da ação fiscal.

Depois da edição da Lei 10.684/2003, que criou um parcelamento especial de tributos federais, a discussão sobre o momento da extinção da punibilidade ganhou fôlego nos tribunais. Isso porque a referida lei, absurdamente, em seu art. 9º mencionou que a adesão ao sistema de parcelamento especial por ela trazida suspendia a pretensão punitiva do Estado em relação aos crimes de apropriação indébita previdenciária e sonegação fiscal previdenciária. Essa norma funcionou como espécie de anistia condicional, ou seja, extinguiu a punibilidade para o crime já consumado de apropriação indébita, desde que a empresa aderisse ao parcelamento. Ressalte-se que tal previsão era pontual, valendo apenas para as empresas que participassem do parcelamento especial previsto na Lei 10.684/2003.

Assim, os tribunais passaram a entender que se uma Lei extinguiu a punibilidade do crime de apropriação indébita previdenciária em caso de adesão ao parcelamento especial, analogicamente, o pagamento em qualquer momento das contribuições previdenciárias retidas e não repassadas tem o condão de afastar a pretensão punitiva do Estado. O Ministério Público acompanhando este entendimento jurisprudencial, em regra, pede o arquivamento do processo em caso de quitação de quantias retidas dos empregados e não repassadas, independentemente de esse pagamento ter ocorrido antes do início da ação fiscal.

A Lei 11.941, de 27/05/2009, fulminou, de uma vez por todas, as discussões a respeito desse tema. É que o seu art. 67 dispõe que "na hipótese de parcelamento do crédito tributário antes do oferecimento da denúncia, essa somente poderá ser aceita na superveniência de inadimplemento da obrigação objeto da denúncia".

A mesma Lei, no art. 68, determina que fica suspensa a pretensão punitiva do Estado, limitada a suspensão aos débitos que tiverem sido objeto de concessão de parcelamento, enquanto não forem rescindidos os parcelamentos especiais regulamentados pela Lei 11.941. Neste caso, a prescrição criminal não corre durante o período de suspensão da pretensão punitiva.

De acordo com o art. 69 desta Lei, extingue-se a punibilidade quando a pessoa jurídica relacionada com o agente efetuar o pagamento integral dos débitos oriundos de tributos e contribuições sociais, inclusive acessórios, que tiverem sido objeto de concessão de parcelamento. Na hipótese de pagamento efetuado pelas pessoas físicas responsabilizadas por tributos devidos por pessoas jurídicas, a extinção da punibilidade ocorrerá com o pagamento integral dos valores correspondentes à ação penal.

Por fim, o STF julgou a ADI 4.273, entendendo como constitucional os dispositivos legais de suspensão ou extinção da punibilidade pela prática de crimes contra a ordem tributária quando há quitação da dívida.

§ 3º – É facultado ao juiz deixar de aplicar a pena ou aplicar somente a multa se o agente for primário e de bons antecedentes, desde que:

I – tenha promovido, após o início da ação fiscal e antes de oferecida a denúncia, o pagamento da contribuição social previdenciária, inclusive acessórios; ou

II – o valor das contribuições devidas, inclusive acessórios, seja igual ou inferior àquele estabelecido pela Previdência Social, administrativamente, como sendo o mínimo para o ajuizamento de suas ações fiscais.

O Juiz Federal poderá **deixar de aplicar a pena ou aplicar apenas multa**, até o recebimento da denúncia do Ministério Público Federal. Saliente-se que, efetuando-se o pagamento antes do início da ação fiscal, resta extinta a punibilidade (antes do recebimento do TIPF – Termo de Início do Procedimento Fiscal).

O valor de que trata o inciso II atualmente está fixado em R$ 20.000,00, de acordo com a Portaria 90/AGU, de 08/05/2023. Se o réu for primário, possuir bons antecedentes e, ainda, o valor do débito for inferior ao mínimo para ajuizamento de ações, o Juiz pode deixar de aplicar a pena ou aplicar apenas multa.

Atenção!

Perceba que o pagamento que ocorre até antes do início da ação fiscal é decorrente de denúncia espontânea, extinguindo, dessa maneira, a punibilidade do agente. Depois do início da ação fiscal, o pagamento apenas tem condão de beneficiar o devedor com a faculdade do Juiz em deixar de aplicar a pena ou aplicar somente pena de multa.

§ 4º A faculdade prevista no § 3º deste artigo não se aplica aos casos de parcelamento de contribuições cujo valor, inclusive dos acessórios, seja superior àquele estabelecido, administrativamente, como sendo o mínimo para o ajuizamento de suas execuções fiscais.

A Lei 13.606, de 09/01/2018, inseriu o § 4º ao art. 168-A do Código Penal, deixando claro que se o valor do débito de apropriação indébita previdenciária for superior aos R$ 20.000,00 previstos na Portaria 90/AGU, de 08/05/2023, o pagamento parcelado não permite que o juiz deixe de aplicar a pena ou aplique somente multa.

Essa alteração legislativa tenta forçar que o fiscalizado representado por apropriação indébita previdenciária promova o pagamento à vista do débito para evitar uma condenação penal mais grave.

Como já estudamos na análise do § 2º do art. 168-A, a jurisprudência suspende a punibilidade a qualquer tempo no caso de parcelamento de débitos. Aguardemos o comportamento da jurisprudência após a alteração legislativa...

Exemplo de questão sobre o tema:

(Técnico do Seguro Social – INSS 2016 – CESPE) Maria, proprietária de uma sorveteria situada em uma cidade litorânea, adquiriu, de forma financiada, dois novos freezers para seu estabelecimento comercial. Em razão do período de baixa temporada, ocorreu considerável queda nas vendas da sorveteria, e o seu faturamento tornou-se insuficiente para arcar com todas as despesas. Diante dessa situação e visando honrar com o pagamento das prestações dos freezers, Maria deixou de repassar à previdência social as contribuições previdenciárias recolhidas dos cinco funcionários do estabelecimento, no prazo e na forma legal, tendo incorrido em crime contra seguridade social. Tendo como referência essa situação hipotética e com base nas disposições legais a respeito dos crimes contra a seguridade social, julgue o próximo item.

Iniciada ação fiscal em desfavor de Maria, o juiz responsável pelo processo não poderá deixar de aplicar pena, ainda que Maria efetue os pagamentos devidos, seja ré primária e goze de bons antecedentes.

Resposta: errada

A jurisprudência dominante reconhece a **inexigibilidade de conduta diversa** como forma de afastar a punibilidade nos crimes de apropriação indébita previdenciária, quando caracterizado, nos autos, o estado de insolvência incontestável da empresa. Para isso, é necessário que os bens da empresa e dos sócios-gerentes, diretores ou administradores encontrem-se onerados.

18.4. SONEGAÇÃO FISCAL PREVIDENCIÁRIA

▶ **Art. 337-A, Código Penal**

A sonegação fiscal encontra-se no Código Penal com a seguinte redação:

Art. 337-A Suprimir ou reduzir contribuição social previdenciária e qualquer acessório, mediante as seguintes condutas:

Podemos perceber que, para que a conduta seja caracterizada como sonegação fiscal, há a necessidade de que o sujeito passivo da relação tributária **não tenha efetuado o recolhimento de todas as contribuições previdenciárias devidas**, pois o texto legal anuncia que o crime consiste em "suprimir ou reduzir contribuições previdenciárias", valendo-se de uma das condutas a seguir.

I – omitir de folha de pagamento da empresa ou de documento de informação previsto na legislação previdenciária, segurados empregado, empresário, trabalhador avulso ou trabalhador autônomo ou a este equiparado que lhe preste serviços;

O documento de informação previsto na legislação previdenciária, a que se refere este inciso, é a GFIP – Guia de Recolhimento de FGTS e Informações à Previdência Social, amplamente mencionada nesta obra.

Tamanha é a importância deste documento, que a falta de entrega, além de representar os mais onerosos autos de infração, acarreta crime contra a Seguridade Social, **caso as contribuições não tenham sido recolhidas.**

> **Atenção!**
> O simples fato de não declarar em GFIP ou omitir em folha de pagamento, por si só, não configura, em tese, crime. É necessário que essa conduta seja acompanhada da falta de recolhimento.

II – deixar de lançar mensalmente em títulos próprios da contabilidade da empresa as quantias descontadas dos segurados ou as devidas pelo empregador ou pelo tomador de serviços;

Este inciso obriga a correta contabilização dos valores devidos a título de contribuições previdenciárias. A ausência de registro contábil, acompanhada da falta de recolhimento, constitui crime de sonegação fiscal previdenciária.

III – omitir, total ou parcialmente, receitas ou lucros auferidos, remuneração pagas ou creditadas e demais fatos geradores de contribuições previdenciárias.

Todos os fatos geradores devem, então, estar discriminados na GFIP.

"Pena – reclusão, de 2 a 5 anos, e multa."

Esta é a mesma pena aplicável para o crime de apropriação indébita previdenciária.

§ 1º – É extinta a punibilidade se o agente, espontaneamente, declara e confessa as contribuições, importância ou valores e presta informações devidas à Previdência Social, na forma da lei ou regulamento, antes do início da ação fiscal.

A punibilidade é extinta no caso de o contribuinte prestar espontaneamente as informações pendentes antes do início da ação fiscal, independentemente do recolhimento dos valores referentes às contribuições informadas.

Saliente-se, mais uma vez, que a inadimplência não constitui crime. A conduta criminosa é a falta de declaração acompanhada do não recolhimento. Se a declaração for elaborada, espontaneamente, antes do início da ação fiscal, resta extinta a punibilidade.

§ 2º – É facultado ao juiz deixar de aplicar a pena ou aplicar somente multa se o agente for primário e de bons antecedentes, desde que:

I – Vetado.

II – O valor das contribuições devidas, inclusive acessórios, seja igual ou inferior àquele estabelecido pela previdência social, administrativamente, como sendo o mínimo para ajuizamento de suas ações fiscais.

Vimos que este valor é de R$ 20.000,00 (Portaria 90/AGU, de 08/05/2023). Se o réu for primário, possuir bons antecedentes e, ainda, o valor do débito for inferior ao mínimo para ajuizamento de ações, o Juiz pode deixar de aplicar a pena ou aplicar apenas multa.

§ 3º - Se o empregador não é pessoa jurídica e sua folha de pagamento mensal não ultrapassa R$ 7.201,70, o juiz pode reduzir a pena de um terço até metade ou aplicar apenas multa.

Esse valor é atualizado anualmente pelos mesmos índices de reajustes dos benefícios da Previdência Social. A última atualização se deu com a Portaria Interministerial MPS/MF 6, de 10/01/2025.

Da mesma forma que na apropriação indébita, o Auditor-Fiscal da Receita Federal do Brasil que identifique a ocorrência, em tese, de crime, deve efetuar uma Representação Fiscal para Fins Penais ao Ministério Público Federal para que este ajuíze ação, com o oferecimento da denúncia, caso julgue necessário.

Por fim, ressaltamos que as relevantes alterações constantes da Lei 11.941/2009, já estudadas quando comentamos o crime de apropriação indébita previdenciária, aplicam-se também a este tipo penal. Assim, na hipótese de parcelamento do crédito tributário obsta a aceitação da denúncia e suspende a pretensão punitiva do Estado.

De acordo com o art. 69 dessa Lei, extingue-se a punibilidade quando a pessoa jurídica relacionada com o agente efetuar o pagamento integral dos débitos oriundos de tributos e contribuições sociais, inclusive acessórios, que tiverem sido objeto de concessão de parcelamento. Na hipótese de pagamento efetuado pela pessoa física responsabilizadas por tributos devidos por pessoas jurídicas, a extinção da punibilidade ocorrerá com o pagamento integral dos valores correspondentes à ação penal.

18.5. FALSIFICAÇÃO DE DOCUMENTO PÚBLICO

▶ Art. 297, Código Penal

A Lei 9.983/2000 acrescentou os §§ 3º e 4º ao art. 297 do Código Penal, especificando os documentos da Legislação Previdenciária.

Art. 297 – Falsificar, no todo ou em parte, ou alterar documento público verdadeiro.

Este crime não é exclusivamente previdenciário, constando do título referente aos crimes contra a fé pública.

Pena – reclusão, de 2 a 6 anos, e multa

Percebe-se que este crime é punido com mais rigor que a apropriação indébita previdenciária e a sonegação fiscal previdenciária, ambos com pena máxima limitada a 5 anos.

§ 1º Se o agente é funcionário público, e comete o crime prevalecendo-se do cargo, aumenta-se a pena de sexta parte;

Constitui agravante o fato de o crime ter sido executado por funcionário público, nos atributos de suas funções.

Se o funcionário do INSS falsificar documento público para facilitar a concessão de benefício de um amigo ou parente, por exemplo, a pena será agravada.

§ 2º Para os efeitos penais, equiparam-se a documento público o emanado de entidade paraestatal, o título ao portador ou transmissível por endosso, as ações de sociedade comercial, os livros mercantis e o testamento particular.

§ 3º Nas mesmas penas incorre quem insere ou faz inserir:

I – na folha de pagamento ou em documento de informações que seja destinado a fazer prova perante a Previdência Social, pessoa que não possua a qualidade de segurado obrigatório;

II – na Carteira de Trabalho e Previdência Social do empregado ou em documento que deva produzir efeito perante a Previdência Social, declaração falsa ou diversa da que deveria ter sido escrita;

III – em documento contábil ou em qualquer outro documento relacionado com as obrigações da empresa perante a Previdência Social, declaração falsa ou diversa da que deveria ter constado;

Estes três incisos buscam punir severamente a conduta de inserir segurado em documento que constitua prova de vínculo de trabalho para a Previdência Social, ocasionando a concessão de benefícios indevidos a falsos segurados.

Pode ficar uma dúvida a respeito dessa conduta: a empresa que inserir falso segurado não deverá arcar com os custos das contribuições previdenciárias da parte patronal e também da parte que deveria ter sido retida do segurado?

Depende. Caso a empresa insira dados falsos de períodos já atingidos pela decadência das contribuições, o benefício será devido, muito embora o Fisco fique impossibilitado de efetuar a cobrança dos valores devidos. Caso o período não esteja decadente, a Secretaria da Receita Federal do Brasil poderá cobrar as contribuições.

Outra forma de tentativa de fraude é a de empresas imunes ou isentas de contribuição previdenciária (entidades beneficentes, hospitais e entidades de ensino) ou empresas optantes pelo Simples Nacional, que estão dispensadas de pagamento de contribuição patronal, inserirem falsos segurados em sua folha de pagamento para beneficiá-los com a contagem de tempo de contribuição.

Outro exemplo comum de inserção de dados falsos em documentos da legislação previdenciária é o da empresa que insere o nome de uma gestante, na maioria das vezes amiga ou parente dos proprietários, com um salário bastante elevado, com a finalidade de favorecê-la com o direito ao gozo de salário-maternidade. Veremos que, para a concessão desse benefício à segurada empregada, a legislação previdenciária não exige qualquer carência.

§ 4º – Nas mesmas penas incorre quem omite, nos documentos mencionados no § 3º, nome do segurado e seus dados pessoais, a remuneração na vigência do contrato de trabalho ou de prestação de serviços.

Obviamente, a omissão de que trata o referido parágrafo deve ter a intenção de lesar a Previdência Social.

18.6. INSERÇÃO DE DADOS FALSOS EM SISTEMA DE INFORMAÇÃO

Art. 313-A – Inserir ou facilitar, o funcionário autorizado, a inserção de dados falsos, alterar ou excluir indevidamente dados corretos dos sistemas de informações ou bancos de dados da Administração Pública com o fim de obter vantagem para si ou para outrem ou para causar dano.

Pena – reclusão, de 2 a 12 anos, e multa

Este crime é próprio, ou seja, somente pode ser cometido por determinadas pessoas, no caso, servidores públicos. A atividade pública exige a lisura dos atos para resguardar o bem comum. O funcionário que altera as informações a respeito de seus salários de contribuição para possibilitar um benefício de aposentadoria precoce ou mais elevado está incorrendo neste crime, podendo ser punido com até 12 anos de reclusão.

18.7. MODIFICAÇÃO NÃO AUTORIZADA DE SISTEMA DE INFORMAÇÃO

▶ **Art. 313-B, Código Penal**

Art. 313-B – Modificar ou alterar, o funcionário, sistema de informação ou programa de informática sem autorização ou solicitação de autoridade competente.

Pena – detenção, de 3 meses a 2 anos, e multa.

Parágrafo único. As penas são aumentadas de um terço até a metade se da modificação ou alteração resulta dano para a Administração Pública ou para o administrado.

Este crime, diferentemente da inserção de dados em sistema de informação, não busca um benefício próprio ou de alguém de interesse do infrator. A alteração do sistema de informática que resultar em dano para administração terá a pena agravada.

18.8. DIVULGAÇÃO DE INFORMAÇÕES SIGILOSAS OU RESERVADAS

▶ **Art. 153, Código Penal**

Art. 153

....

§ 1º A. Divulgar, sem justa causa, informações sigilosas ou reservadas, assim definidas em lei, contidas ou não nos sistemas de informações ou banco de dados da Administração Pública:

Pena – detenção, de 1 (um) a 4 (quatro) anos, e multa.

§ 2º Quando resultar prejuízo para a Administração Pública, a ação penal será incondicionada.

O funcionário do Instituto Nacional do Seguro Social que divulgar informações sigilosas, como, por exemplo, o valor do salário de qualquer segurado ou o valor do débito de determinada empresa, pode ser punido com esta pena.

18.9. ESTELIONATO

Art. 171 – Obter, para si ou para outrem, vantagem ilícita, em prejuízo alheio, induzindo ou mantendo alguém em erro, mediante artifício, ardil, ou qualquer outro meio fraudulento.

Pena – reclusão, de 1 a 5 anos, e multa.

§ 1º – Se o criminoso é primário, e é de pequeno valor o prejuízo, o juiz pode aplicar a pena conforme o disposto no art. 155, § 2º (substituir a pena de reclusão pela de detenção, diminuí-la de um a dois terços, ou aplicar somente a pena de multa).

....

§ 3º – A pena aumenta-se de 1/3, se o crime é cometido em detrimento de entidade de direito público ou de instituto de economia popular, assistência social ou beneficência.

....

Fraude para recebimento de indenização ou valor de seguro

V – destrói, total ou parcialmente, ou oculta coisa própria, ou lesa o próprio corpo ou a saúde, ou agrava as consequências da lesão ou doença, com o intuito de haver indenização ou valor de seguro;

Um exemplo clássico dessa conduta criminosa no âmbito dos seguros em geral é a do segurado que pratica autolesão com a finalidade de obter o benefício previdenciário.

Um exemplo de estelionato que pode ser aplicável especificamente à Previdência Social é o do segurado que finge possuir uma doença mental para induzir o médico perito a avaliá-lo como incapaz e, consequentemente, conceder-lhe benefício por incapacidade.

De acordo com o entendimento do STJ, não extingue a punibilidade do crime de estelionato previdenciário (art. 171, § 3º, do CP) a devolução à Previdência Social, antes do recebimento da denúncia, da vantagem percebida ilicitamente, podendo a iniciativa, eventualmente, caracterizar arrependimento posterior, previsto no art. 16 do CP. O art. 9º da Lei 10.684/2003 prevê hipótese excepcional de extinção de punibilidade, "quando a pessoa jurídica relacionada com o agente efetuar o pagamento integral dos débitos oriundos de tributos e contribuições sociais, inclusive acessórios", que somente abrange os crimes de sonegação fiscal, apropriação indébita previdenciária e sonegação de contribuição previdenciária, ontologicamente distintos do estelionato previdenciário, no qual há emprego de ardil para o recebimento indevido de benefícios (REsp 1.380.672-SC, DJe 06/04/2015).

Por fim, ressalte-se que o STF tem entendido que o estelionato cometido contra a Previdência Social é crime instantâneo de efeitos permanentes (HC 91716). Isso significa que sua prescrição começa a contar a partir da data do pagamento indevido do primeiro benefício previdenciário.

Capítulo 19

Conceitos introdutórios sobre Plano de Benefícios

Estudamos, até então, as categorias de segurados, a definição de empresa e as contribuições dos participantes do RGPS para o financiamento do sistema previdenciário.

As contribuições previdenciárias arrecadadas são destinadas, exclusivamente, ao pagamento dos benefícios da Previdência Social (art. 167, XI, CF/1988). Estudaremos neste capítulo quem são os beneficiados pelo RGPS e os conceitos básicos para a compreensão dos benefícios previdenciários.

19.1. BENEFICIÁRIOS DO RGPS

Beneficiário da Previdência Social é todo aquele que pode ser contemplado com algum benefício previdenciário. São, então, os **segurados e os seus dependentes.**

Os segurados do RGPS são os que exercem atividade remunerada de filiação obrigatória ou os que, mesmo não as exercendo, optam pela inclusão no sistema de proteção social.

No **tópico 5** definimos as categorias de segurados, conforme segue:

- Empregado;
- Empregado doméstico;
- Trabalhador avulso;
- Contribuinte individual;
- Segurado especial;
- Segurado Facultativo.

Os segurados do Regime Geral da Previdência Social contribuem para o custeio do sistema e, em contrapartida, têm direito a usufruir dos benefícios e serviços por ele oferecidos. Os dependentes dos segurados também podem se beneficiar das prestações disponibilizadas pelo RGPS, sem que para isso necessitem contribuir para a Previdência. Eles são favorecidos pelos recolhimentos dos segurados dos quais dependem.

As categorias de dependentes serão estudadas ainda neste tópico.

19.2. MANUTENÇÃO E PERDA DA QUALIDADE DE SEGURADO

- **Art. 15, Lei 8.213/1991**
- **Arts. 13 e 14, Decreto 3.048/1999**

Sabemos que o Regime Geral da Previdência Social é um sistema previdenciário essencialmente contributivo. Para fazer jus a qualquer benefício previdenciário, é necessário, em regra, que o requerente seja filiado ao sistema e, ao mesmo tempo, efetue as contribuições.

Esse sistema, entretanto, permite que o segurado passe algum tempo sem efetuar os seus recolhimentos, mantendo, mesmo assim, a condição de beneficiário do RGPS. Muito injusto seria se um segurado que contribuiu durante vários anos, tendo, por um descuido, deixado de efetuar apenas uma contribuição, fosse justamente nesse mês acometido de doença incapacitante e não obtivesse a cobertura previdenciária.

O período em que o segurado pode deixar de recolher contribuições sem perder os seus direitos é chamado **"período de graça"**, que, como demonstrado, objetiva dar, por algum tempo, proteção ao trabalhador filiado ao sistema. O empregado, por exemplo, surpreendido por situação de desemprego involuntário, manterá o vínculo com a Previdência Social durante algum tempo, podendo nesse período ser contemplado com benefícios previdenciários.

As situações que garantem a manutenção da qualidade de segurado, independentemente de contribuições, são:

1. **Sem limite de prazo, quem estiver em gozo de benefício, exceto o auxílio-acidente;**

Observe-se que, em regra, não há qualquer limite de prazo, mesmo que o recebimento do benefício se prolongue por vários anos.

> **Exemplo:**
>
> Marcelo trabalhava no jornal Toda Hora, exercendo a função de digitador. Devido ao seu forte ritmo de trabalho contraiu LER – Lesão por Esforço Repetitivo, sendo, dessa forma, afastado das suas atividades durante quatro anos. Após sua completa recuperação, retornou às suas atividades. Durante todo o período de afastamento, recebeu o benefício de auxílio por incapacidade temporária, mantendo-se vinculado ao sistema.
>
> Perceba que, neste exemplo, Marcelo terá ainda estabilidade no emprego, garantida durante os 12 meses seguintes ao seu retorno ao trabalho, tendo em vista que a doença incapacitante foi decorrente de acidente de trabalho.

Vejam que a Lei 13.846, de 18/06/2019, excetuou o auxílio acidente da regra de manutenção da qualidade de segurado, sem limite de prazo. Dessa forma, o segurado que passar a receber auxílio acidente não manterá mais a qualidade de segurado se não estiver contribuindo para a previdência social.

Relembramos que o auxílio-acidente não é um benefício por incapacidade total para o trabalho, então, os segurados que o recebem podem trabalhar e contribuir para a previdência social mantendo a qualidade de segurado. A regra anterior que fazia com que tais beneficiários mantivessem a qualidade de segurado sem qualquer limite de prazo, acabava por garantir a vinculação previdenciária, sem qualquer contribuição, até a data da aposentadoria ou morte do segurado, pois essas são as hipóteses mais comuns de cessação do benefício de auxílio-acidente.

Situação que certamente gerará bastante polêmica é a do segurado que já recebia auxílio-acidente antes da citada alteração legislativa. Antes da mudança, era garantida a manutenção da qualidade de segurado até a cessação desse seu benefício (provavelmente com a morte ou aposentadoria), mesmo que não tivesse exercendo atividade ou que estivesse sem contribuição. Portanto, sempre contaria com a cobertura previdenciária para a concessão de novos benefícios como, por exemplo, auxílio por incapacidade temporária, aposentadoria por incapacidade permanente ou pensão por morte para seus dependentes.

Com a alteração fica a dúvida como tais segurados que já gozavam do auxílio-acidente serão afetados. Terão eles que passar a contribuir imediatamente, sob pena de perda imediata da qualidade de segurado? Ou teriam direito adquirido a manter a qualidade de segurado, sem limite de prazo?

Em primeira análise, me parece mais razoável que esses segurados mantenham a qualidade de segurado por 12 meses, 24 meses ou 36 meses, aplicando o regramento do inciso II do art. 15 da Lei 8.213/1991, que será estudado no próximo tópico, que garante ao segurado a manutenção por esses prazos, na hipótese de cessação do benefício por incapacidade. Nesse caso, como o auxílio-acidente é precedido de auxílio por incapacidade temporária cessado no dia anterior à concessão desta prestação, consideramos que os citados prazos do inciso II do art. 15 não correram durante todo o período de gozo do auxílio-acidente, ficando suspensos. Com a alteração da Lei 13.846, de 18/06/2019, os prazos passariam a correr, garantindo a manutenção da qualidade para que já gozava auxílio-acidente por, no mínimo, 12 meses.

De fato, essa nossa interpretação foi parcialmente manifestada pela Autarquia com a edição da Portaria 231, de 23/03/2020, que entendeu que os auxílios acidentes concedidos ou que tenham data da consolidação das lesões até 17/07/2019, deve ter o período de manutenção da qualidade de segurado de **12 meses** iniciado em 18/06/2019, data da publicação da Lei 13.846/2019. Assim, a Portaria 231 entendeu que o prazo do período de graça é sempre de 12 meses, não possibilitando a ampliação para 24 ou 36 meses, que estudaremos a seguir.

2. **Até 12 meses após a cessação de benefício por incapacidade (auxílio por incapacidade temporária ou aposentadoria por incapacidade permanente) ou 12 meses após a cessação das contribuições, o segurado que deixar de exercer atividade remunerada abrangida pelo RGPS ou estiver suspenso ou**

licenciado sem remuneração ou ainda, até 12 meses após deixar de receber o benefício do seguro desemprego;

Note que, nos casos de benefício por incapacidade, mesmo após a cessação da prestação, o segurado continua filiado por um período de 12 meses.

O segurado que deixou de exercer atividade remunerada pode usufruir dos benefícios previdenciários por período de 12 meses.

Para o segurado que já tiver efetuado mais de 120 recolhimentos mensais (10 anos), sem interrupções que acarretem perda da qualidade de segurado, o prazo desse item será prorrogado para até 24 meses.

Se a interrupção das atividades ocorreu em decorrência de situação de desemprego, devidamente informada aos órgãos do Ministério da Previdência, o prazo será acrescido de mais 12 meses.

Ressalte-se que, de acordo com o § 5º do art. 184 da IN 128/2022, a condição de desemprego pode ser comprovada, **dentre outras formas**:

I – comprovação do recebimento do seguro-desemprego; ou

II – inscrição cadastral no Sistema Nacional de Emprego – SINE, órgão responsável pela política de emprego nos Estados da federação.

De acordo com o art. 184, § 10, da IN 128/2022, o segurado contribuinte individual também faz jus à prorrogação em razão de comprovação de desemprego.

O prazo aqui tratado pode alcançar até 36 meses, na situação dos segurados desempregados registrados no MTE que possuam mais de 120 meses de contribuição.

Atente que, nas situações de cessação do benefício por incapacidade, o prazo poderá alcançar até 24 meses, se o segurado já contar com 120 contribuições mensais, sem interrupções que tenham acarretado a perda da qualidade de segurado.

Vejamos gráfico demonstrativo das situações trazidas nesse inciso:

Situação Básica 12 meses		
+ 12 meses por contar com mais de 120 contribuições mensais – **totaliza 24 meses**	+ 12 meses por desemprego registrado no Ministério – **totaliza 24 meses**	+ 24 meses por contar com mais de 120 contribuições e ter a situação de desemprego registrada – **totaliza 36 meses**

Ressalte-se, ainda, que a TNU julgou o Tema 300, referente à manutenção da qualidade de segurado nas situações de limbo entendendo que quando o empregador não autorizar o retorno do segurado, por considerá-lo incapacitado, mesmo após a cessação de benefício por incapacidade pelo INSS, a sua qualidade de segurado se mantém até o encerramento do vínculo de trabalho, que ocorrerá com a rescisão contratual, quando dará início a contagem do período de graça do art. 15, II, da Lei n. 8.213/1991.

3. **Até 12 meses após a cessação da segregação, o segurado acometido de doença de segregação compulsória;**

O inciso exposto abrange quem tenha sofrido doença epidemiológica para qual a vigilância sanitária obriga o isolamento com o intuito de evitar a difusão da contaminação. É utilizado apenas em relação a casos em que a enfermidade não enseje a concessão de auxílio por incapacidade temporária. Afirmamos isso porque, se ensejada a concessão do auxílio por incapacidade temporária, será garantida a manutenção da qualidade de segurado, nos termos do supracitado item 2.

4. **Até 12 meses após o livramento ou fuga, o segurado detido ou recluso;**

Observe que, mesmo no caso de fuga do segurado detido ou recluso, ele terá direitos previdenciários durante o período de 12 meses.

Exemplo:

Alcapone, chefe do crime organizado da favela do Cai Duro, era segurado facultativo do RGPS. Como resultado de uma diligência policial, foi preso em flagrante, tendo sido condenado a cinco anos de reclusão. Nesse momento parou de recolher suas contribuições.

Após cumprir apenas um ano da pena, fugiu da unidade penitenciária. Dois meses depois, foi novamente encontrado pela polícia e, em uma troca de tiros, foi baleado. Alcapone terá direito a usufruir do benefício de auxílio por incapacidade temporária, pois mantinha, ainda, a qualidade de segurado.

Atenção!

O fugitivo que exerce atividade remunerada durante o período de fuga, contribuindo para o sistema, não perde a qualidade de segurado. Pode, ainda, efetuar contribuições como segurado facultativo, evitando, assim, a perda da qualidade de segurado.

Note-se, todavia, que o art. 187, da Instrução Normativa 128/2022/INSS dispõe que no caso de fuga do recolhido à prisão, será descontado do prazo para perda da qualidade de segurado a partir da data da fuga, o período de graça já usufruído anteriormente ao recolhimento. Assim, se um segurado é preso no último dia do quinto mês do seu período de graça, ocorrendo fuga, manterá a qualidade de segurado por apenas mais sete meses.

Havendo livramento do segurado recolhido à prisão, permanece o prazo integral de 12 meses, contados a partir da soltura. Assim, a legislação diferencia os casos de livramento e de fuga para a manutenção da qualidade de segurado.

Obviamente, o período de graça previsto nesse artigo só pode ser aplicado se o preso já era segurado na data em que foi recolhido à prisão ou se passou a contribuir no período em que esteve preso.

5. **Até três meses após o licenciamento, o segurado incorporado às Forças Armadas para prestar serviço militar;**
6. **Até seis meses após a interrupção das contribuições, o segurado facultativo.**

Atente-se para o fato de que, em todas as outras situações, o "período de graça" é de 12 meses, podendo, em alguns casos, ser acrescentado de iguais períodos. Para os militares licenciados e para os segurados facultativos que deixarem de efetuar recolhimentos, os prazos de manutenção da qualidade de segurado são de, respectivamente, três e seis meses.

Na sua redação original, o parágrafo único do art. 13 da IN 20/INSS, de 2007, contrariando a Lei, dispunha que o segurado facultativo, após a cessação do benefício por incapacidade, teria o "período de graça" pelo prazo de seis meses. Observe-se que o item 2 anteriormente mencionado não faz qualquer distinção entre os segurados obrigatórios e facultativos ao considerar, para todos, o prazo de 12 meses de manutenção da qualidade de segurado após a cessação do benefício por incapacidade. Felizmente, esta ilegal redação foi alterada pela IN 40, de 16/06/2008, garantindo ao segurando facultativo o período de graça de 12 meses, dispositivo este mantido pela IN 128/2022 (art. 184, II).

E o que acontece se o segurado que foi despedido do emprego depois de mais de 10 anos de trabalho, gozando assim de um período de graça de 36 meses, contribuir apenas no mês seguinte à sua dispensa na categoria de segurado facultativo? Ele abre mão do prazo de 36 meses e passa a gozar os seis meses de período de graça do facultativo?

Não. A IN 128/2022, no § 7º do seu art. 184, dispõe que o segurado obrigatório que, durante o prazo de manutenção da sua qualidade de segurado (12, 24 ou 36 meses, conforme o caso), se filiar ao RGPS como facultativo, ao deixar de contribuir nesta última classe, terá o direito de usufruir o período de graça de sua condição anterior.

De acordo com § 7º do art. 13 do RPS, para o contribuinte individual, o período de manutenção da qualidade de segurado inicia-se no primeiro dia do mês subsequente ao da última contribuição com valor igual ou superior ao salário-mínimo. Isso porque as contribuições efetuadas com uma base inferior ao salário mínimo não garantem a manutenção da condição de segurado pela sistemática da legislação previdenciária.

Nesta linha de raciocínio, o polêmico § 8º do art. 13 do RPS dispõe que o segurado que receber remuneração inferior ao limite mínimo mensal do salário de contribuição somente manterá a qualidade de segurado se efetuar os ajustes de complementação, utilização e agrupamento de contribuições. Assim, as contribuições efetuadas sobre base inferior ao salário mínimo não contam para qualquer finalidade. Cria-se, com isso, uma situação no mínimo atípica, em que um segurado obrigatório com rendimentos inferiores ao mínimo permanece contribuindo compulsoriamente ao RGPS, sem, no entanto, manter qualidade de segurado...

A análise desse tema não para por aqui, pois merece uma abordagem bem mais aprofundada...então, vejamos o que diz exatamente a redação do § 14 do art. 195, da EC 103/2019: *"O segurado somente terá reconhecida como tempo de contribuição ao Regime Geral de Previdência Social a competência cuja contribuição seja igual ou superior à contribuição mínima mensal exigida para sua categoria, assegurado o agrupamento de contribuições".*

Agora vejamos a redação do caput do art. 19-E, incluso no RPS pelo Dec. 10.410/2020: "A partir de 13 de novembro de 2019, para fins de aquisição e ***manutenção da qualidade de segurado****, de carência, de tempo de contribuição e de cálculo do salário de benefício exigidos para o reconhecimento do direito aos benefícios do RGPS e para fins de contagem recíproca, somente serão consideradas as competências cujo salário de contribuição seja igual ou superior ao limite mínimo mensal do salário de contribuição.*

Ocorre, no entanto, que o texto do § 14 do art. 195, da EC 103/2019, determina que as competências com *recolhimentos abaixo da contribuição mínima mensal não serão reconhecidas* ***como tempo de contribuição***

Ao dispor que esses recolhimentos não serão aceitos ***como tempo de contribuição, como carência e para fins de aquisição e manutenção da qualidade de segurado****, o regulamento ultrapassa o texto da emenda, fazendo uma interpretação extensiva, limitando direito que a emenda não limitou. Assim, em tese, a parte do Decreto que vai muito além do determinado na emenda* ***é inconstitucional****.*

O segurado empregado, doméstico e avulso, mantém a qualidade de segurado de forma ordinária, pois estão exercendo atividade profissional remunerada e vertendo contribuições compulsoriamente ao RGPS – ainda que inferiores ao piso contributivo. Observe que aqui não se fala em manutenção extraordinária de qualidade de segurado – como é a hipótese do art. 13 desse regulamento.

Observem que o § 7º do art. 19-E, incluindo pelo Decreto 10.410, de 30/06/2020, ***possibilita o ajuste de contribuições post mortem*** *de quem* ***já era segurado*** *do RGPS,* ***não tratando da inscrição post mortem****. Vejamos:*

> *§ 7º Na hipótese de falecimento do segurado, os ajustes previstos no § 1º poderão ser* ***solicitados por seus dependentes para fins de reconhecimento de direito para benefício a eles devidos até o dia quinze do mês de janeiro subsequente ao do ano civil correspondente...***

Este texto estabelece prazo decadencial para o requerimento dos ajustes das contribuições pelos dependentes para fins de concessão da pensão por morte – até o dia 15 do mês de janeiro subsequente ao do ano civil correspondente ao óbito.

Observem que a EC 103 não trata da possibilidade de ajustes de contribuição *post mortem*, inovando o Decreto em favor do segurado ao possibilitar tais ajustes pelos dependentes para fins de concessão de pensão por morte.

Assim, antes da alteração no RPS pelo Dec. 10.410/2020, um contribuinte individual que tivesse recolhido contribuições abaixo do limite mínimo mensal para o salário de contribuição, e viesse a óbito, não instituiria pensão por morte em favor de seus dependentes, se dependesse das competências daqueles recolhimentos a menor para fins de manutenção da qualidade de segurado. Agora, após essa inovação do RPS, o dependente desse segurado poderá efetuar esses ajustes, complementando, transferindo excedentes ou agrupando contribuições, possibilitando assim a concessão da pensão por morte em seu favor. Neste passo, o Decreto avançou em proteção aos dependentes do segurado contribuinte individual.

Já em relação aos segurados empregados, domésticos e trabalhadores avulsos, embora a inovação do Decreto, permitindo o ajuste *post mortem* das contribuições, também represente uma proteção em favor dos dependentes, entendemos ser **inconstitucional** a exigência de recolhimentos no mínimo mensal do salário de contribuição, **para fins de manutenção da qualidade de segurado.**

Observem que o texto do § 14 do art. 195, da EC 103/2019, determina que as competências com *recolhimentos abaixo da contribuição mínima mensal não serão reconhecidas* ***como tempo de contribuição****. Ao dispor que esses recolhimentos não serão aceitos como tempo de contribuição, como carência* ***e para fins de aquisição e manutenção da qualidade de segurado,*** *o regulamento ultrapassa o texto da emenda, fazendo uma interpretação extensiva, limitando direito que a emenda não limitou.*

O segurado empregado, doméstico e avulso, mantém a qualidade de segurado de forma ordinária, pois estão exercendo atividade profissional remunerada e vertendo contribuições compulsoriamente ao RGPS. Observe que aqui não se fala em manutenção extraordinária de qualidade de segurado – como é a hipótese do art. 13 desse regulamento. **Logo, os ajustes de contribuição posteriores à morte dos segurados empregados, domésticos e avulsos, sequer deveriam ser exigidos**

Cabe ainda pontuar que o Decreto criou em relação aos dependentes um prazo decadencial para ajuste das contribuições *post mortem* que não existe em relação ao segurado. Nesse ponto, nossa crítica é quanto a ausência de prazo diferenciado em relação ao dependente menor de 16 anos, como existe no inciso I do art. 74, da Lei 8.213/91.

Durante o "período de graça", o segurado pode obter todos os benefícios previdenciários, exceto o salário-maternidade para as empregadas gestantes despedidas sem justa causa (art. 97, parágrafo único, do RPS) e o salário-família (art. 88, IV, RPS).

A legislação previdenciária mencionava que o salário-maternidade somente seria devido à empregada, enquanto houvesse relação de emprego (antiga redação do art. 97, Decreto 3.048/1999).

Foi ajuizada pelo Ministério Público Federal ação civil pública com a finalidade de obrigar o INSS a reconhecer o direito das desempregadas à concessão do salário-maternidade. No mês de agosto de 2004, a Autarquia foi compelida a conceder o benefício, nesta situação, por força de decisão liminar. Em fevereiro de 2005, todavia, os efeitos dessa decisão foram suspensos, logo o INSS interrompeu o pagamento das prestações (ACP 2004.51.02.001.662-4, 1ª vara Federal/TRF2).

Felizmente, o Governo decidiu corrigir essa injustiça ocasionada pela vedação de concessão do salário-maternidade para seguradas empregadas, durante o período de graça, editando o Decreto 6.122, de 13/06/2007. Tal diploma dispõe que durante o período de graça, a segurada desempregada fará jus ao recebimento do salário-maternidade nos casos de demissão antes da gravidez, ou, durante a gestação, nas hipóteses de dispensa por justa causa ou a pedido, situações em que o benefício será pago diretamente pela previdência social (art. 97, parágrafo único, Dec. 3.048/1999).

Note-se que o texto excluiu apenas a possibilidade de pagamento pelo INSS de salário-maternidade em caso de dispensa sem justa causa de empregada gestante, uma vez que, nesta situação, a empregada goza de estabilidade, devendo ser reintegrada no emprego ou indenizada pelo empregador com quantia equivalente aos salários correspondentes ao período de estabilidade.

Mesmo em relação ao salário-maternidade em caso de dispensa sem justa causa durante a gestação, o STJ, diferentemente do texto do Decreto 3.048/1999, entende que a responsabilidade pelo pagamento do benefício é do INSS, e não do empregador. Isso porque, ainda que o pagamento de salário-maternidade, no caso de segurada empregada, constitua atribuição do empregador, essa circunstância não afasta a natureza de benefício previdenciário da referida prestação (REsp 1.309.251-RS, de 21/05/2013).

Em decisão prolatada na ACP 5055114-88.2017.4.04.0000/PR, o INSS foi obrigado a reconhecer a obrigação de conceder o salário-maternidade mesmo às empregadas despedidas sem justa causa, tendo reconhecido esse direito com a publicação do Memorando-Circular 44, em 30/11/2017. Dessa forma, o INSS já reconhece o direito aos salário-maternidade para a empregada despedida sem justa causa, em todo território nacional.

Somente a partir da publicação do Decreto 6.722, de 30/12/2008, o segurado passou a fazer jus ao auxílio-acidente, durante o período de manutenção da qualidade de segurado. Antes desse Diploma, havia expressa vedação, no art. 104, § 7º, do Regulamento da Previdência Social.

O reconhecimento da perda da qualidade de segurado ocorrerá **no dia seguinte ao do vencimento da contribuição do contribuinte individual relativa ao mês imediatamente posterior ao término dos prazos fixados.** Vamos ao exemplo para elucidar a lógica dessa complicada sistemática adotada pelo legislador.

Exemplo:

David, contribuinte individual, após dois anos de contribuição, interrompeu os pagamentos à Previdência Social em 31/12/2019. Recolheu, então, a última GPS em 15/01/2020, referente ao mês de dezembro de 2019. Quando ele perderá a qualidade de segurado?

Resposta:

Perceba que David poderá ficar sem contribuir, pelo prazo de 12 meses, mantendo, mesmo assim, a qualidade de segurado até a competência de dezembro de 2020. Terá, no entanto, que recolher a contribuição referente a janeiro de 2021, sob pena de perder a qualidade de segurado. Para isso, poderá efetuar o recolhimento até o dia 15/02/2021.

Vejamos, então, a tabela de perguntas e respostas que elucidam o texto legal.

Pergunta	Resposta
O período de graça de David termina em que mês?	Dezembro/2020
Qual é o mês imediatamente posterior ao período de graça?	Janeiro/2021
Quando é o vencimento da contribuição do contribuinte individual referente ao mês de janeiro de 2021?	15/02/2021, se este dia for útil
Quando vai ocorrer a perda da qualidade de segurado?	16/02/2021, se o dia 15 for dia útil

Veja, então, que a perda da qualidade de segurado se deu no dia seguinte (dia 16/02/2021) ao vencimento da contribuição do contribuinte individual relativa ao mês posterior (janeiro/2021) ao término do período de graça (dezembro/2020).

Observe-se que, mesmo que David fosse segurado empregado, a perda da qualidade de segurado dar-se-ia neste mesmo dia, pois a legislação utiliza, como parâmetro, a data do recolhimento do contribuinte individual, independentemente da categoria do segurado.

A partir da Lei 10.666, de abril de 2003, a perda da qualidade de segurado não está sendo considerada para efeito de concessão das aposentadorias por tempo de contribuição, especial e por idade. Nesta última, observe-se, é necessário que o segurado conte, na data do requerimento do benefício, com, no mínimo, o número de contribuições mensais exigido para efeito de carência. Esses benefícios podem ser concedidos mesmo que o segurado permaneça durante anos sem efetuar os recolhimentos.

Situação interessante ocorre quando o trabalhador que perdeu a qualidade de segurado consegue comprovar que ficou incapacitado para o trabalho durante o período de graça. Neste caso, pode pleitear o benefício por incapacidade, tendo em vista que, como já estava incapacitado desde o período de graça, tinha direito adquirido à sua concessão.

Exemplo:

João perdeu seu emprego em 31/12/2006, tendo mantido a qualidade de segurado até 31/12/2008. Em março de 2009, João faleceu devido à metástase de tumor maligno. Sua esposa, Teresa, pleiteou o benefício de pensão por morte, tendo juntado atestados e exames que demonstraram que a incapacidade de João teve início ainda no ano de 2007. Teresa, dessa forma, faz jus ao benefício de pensão por morte, pois João tinha direito adquirido ao benefício por incapacidade laborativa.

Ressalte-se que, nesse mesmo sentido, a própria Advocacia Geral da União editou a Súmula 26, de 09/06/2008, dispondo que "para a concessão de benefício por incapacidade, não será considerada a perda da qualidade de segurado decorrente da própria moléstia incapacitante". Esta Súmula trata da situação em que o segurado perde a sua qualidade, em decorrência da própria doença incapacitante, como, por exemplo, o caso do segurado que perde o seu emprego em decorrência da baixa produtividade motivada por uma doença incapacitante, parando de trabalhar sem requerer o benefício por incapacidade.

Observe-se também que o Judiciário já pacificou o entendimento de que os dependentes têm direito ao benefício previdenciário de pensão por morte se o segurado, quando do seu falecimento, já preenchia os requisitos necessários para obter qualquer das aposentadorias do Regime Geral de Previdência Social. Assim, não há que se falar em perda da qualidade de segurado como justificativa para se negar o benefício de pensão por morte para dependente, quando o segurado já possuía direito adquirido a qualquer modalidade de aposentadoria. Vejamos o exemplo:

Exemplo:

João Pedro, segurado da previdência social na condição de borracheiro, contribuiu para a previdência social por mais de 20 anos. Faleceu aos 67 anos, estando há exatos cinco anos sem efetuar contribuições para o INSS. Nesta situação, ao falecer, João Pedro já possuía direito adquirido à aposentadoria por idade, apesar de não ter requerido este benefício. Sua filha Taís, menor de idade, fará jus ao benefício de pensão por morte, não podendo o INSS alegar perda da qualidade de segurado de João Pedro para negar a concessão desse benefício

Observe-se, por fim, que o entendimento dos Tribunais aqui retratado foi consolidado, em definitivo, com a publicação em dezembro de 2009 da Súmula 416, do STJ, com a seguinte redação: "É devida a pensão por morte aos dependentes do segurado que, apesar de ter perdido essa qualidade, preencheu os requisitos legais para a obtenção de aposentadoria até a data do seu óbito".

Por fim, saliente-se que a jurisprudência aqui mencionada já foi alvo de questionamento pelo CESPE/UNB em certame. Esta banca tem focado bastante os seus questionamentos na jurisprudência pacificada pelos Tribunais. Vejamos:

Exemplo de questão sobre o tema:

(Juiz do Tribunal Regional Federal 1ª Região 2009 – CESPE/UNB) Maria, segurada obrigatória do RGPS, preenchia todos os requisitos para a obtenção da aposentadoria por tempo de serviço, de acordo com as exigências previstas na Lei 8.213/1991. Entretanto, no momento de requerer a aposentadoria, ela desistiu. Pouco tempo depois, por não concordar mais com as ordens emitidas por seu empregador, Maria resolveu deixar o emprego. Após 38 meses sem contribuir para a previdência social, Maria sofreu um ataque cardíaco e faleceu, sem haver requerido aposentadoria. Nessa situação hipotética, com relação ao benefício da pensão por morte, os dependentes de Maria

a) não terão direito de recebê-lo, nos termos da Lei 8.213/1991, uma vez que Maria não havia requerido aposentadoria à previdência social.

b) terão direito de recebê-lo, mas o seu valor, pelo fato de Maria ter cessado as contribuições, será reduzido em um terço.

c) não terão direito de recebê-lo, pois Maria havia perdido a condição de segurada.

d) terão direito de recebê-lo, sendo o seu valor reduzido pela metade.

e) terão direito de recebê-lo, pois Maria havia preenchido todos os requisitos para requerer a aposentadoria por tempo de serviço.

Resposta: E

19.3. OS DEPENDENTES DOS SEGURADOS

- **Art. 16, Lei 8.213/1991**
- **Art. 16, Decreto 3.048/1999**

Os dependentes são, também, beneficiários do Regime Geral de Previdência Social, podendo usufruir de alguns benefícios previdenciários.

A relação dos dependentes é definida pela legislação previdenciária, que a subdivide em três classes, não cabendo ao segurado a livre indicação dos seus dependentes.

Note que os dependentes dos segurados não efetuam inscrição prévia no Instituto Nacional do Seguro Social, devendo dirigir-se às agências da Previdência Social com essa finalidade apenas no momento do requerimento do benefício a que tiver direito. Os dependentes arrolados na primeira classe terão prioridade na inscrição, seguidos pelos da segunda e, por último, os da terceira classe.

As reformas legais previdenciárias ocorridas em 2015 alteraram diversas vezes o rol de dependentes previsto no art. 16 da Lei 8.213/1991, gerando grande insegurança sobre o tema. Primeiramente, a MP 664, de 30/12/2014, alterou esse artigo, sofrendo mudanças no processo de conversão na Lei 13.135, de 17/06/2015. Logo em seguida, a Lei 13.146, de 06/07/2015, com vigência a partir de 03/01/2015. Observem que a EC 103/2019 não alterou as categorias de dependentes, mas mudou completamente a forma de cálculo do valor dos benefícios, como veremos ainda neste capítulo.

Depois de toda essa confusão legislativa, podemos resumir as três classes de dependentes da seguinte forma:

Até 02/01/2016 – Antes de a Lei 13.146/2015 entrar em vigor

Primeira classe – o cônjuge, a companheira, o companheiro e o filho não emancipado, de qualquer condição, menor de 21 anos ou inválido ou que tenha deficiência intelectual ou mental que o torne absoluta ou relativamente incapaz, assim declarado judicialmente;

Segunda classe – os pais;

Terceira classe – o irmão não emancipado, de qualquer condição, menor de 21 anos ou inválido ou que tenha deficiência intelectual ou mental que o torne absoluta ou relativamente incapaz, assim declarado judicialmente.

A partir de 03/01/2016 – Após a Lei 13.146/2015 entrar em vigor

Primeira classe – o cônjuge, a companheira, o companheiro e o filho não emancipado, de qualquer condição, menor de 21 anos ou inválido ou que tenha deficiência intelectual ou mental ou deficiência grave;

Segunda classe – os pais;

Terceira classe – o irmão não emancipado, de qualquer condição, menor de 21 anos ou inválido ou que tenha deficiência intelectual ou mental ou deficiência grave.

Com a alteração, percebe-se que a mudança ocorreu somente em relação aos filhos e irmãos com deficiência intelectual ou mental. Na legislação válida até 02/01/2016, eles eram dependentes se a deficiência intelectual ou mental os tornasse absoluta ou relativamente incapazes, assim declarado judicialmente. Na nova norma, vigente a partir de 03/01/2016, os filhos e irmãos são dependentes se tiverem deficiência intelectual ou mental ou deficiência grave.

Portanto, esclarecendo que são os dependentes a partir da vigência da Lei 13.146/2015, podemos dividi-los da seguinte forma:

Primeira classe:

a) O **cônjuge**, que pode ser o marido ou a mulher;

b) A companheira e o companheiro, que, embora não casados oficialmente, vivam juntos com a intenção de constituir família, tendo os mesmos direitos dos cônjuges, incluindo, aqui, **os parceiros homossexuais, desde que comprovem a vida em comum**;

c) A ex-mulher e o ex-marido que recebam **pensão alimentícia**, sendo qualquer ajuda financeira comprovada equiparada à pensão alimentícia;

d) O filho menor de 21 anos, desde que não emancipado. A emancipação pode ocorrer pelo casamento, pela concessão dos pais, pela existência de relação de emprego que garanta o próprio sustento ou pela colação de grau em curso superior de ensino, a partir dos 16 anos.

e) O filho **inválido** ou que tenha deficiência intelectual ou mental ou deficiência grave. Note-se que a invalidez ou deficiência deve ter ocorrido antes de completar 21 anos, ou, antes da emancipação, **salvo** se a emancipação decorreu de **colação de grau em curso superior.** Esse dispositivo (art. 16, I, da Lei 8.213/1991) foi alterado pelo Estatuto da Pessoa com Deficiência (Lei 13.146/2015), publicado em 07/07/2015, tendo excluído do rol de dependentes o filho que tenha deficiência intelectual ou mental que o torne absolutamente ou relativamente incapaz, passando a exigir a deficiência grave. Ressaltamos, no entanto, que a Lei 13.146/2015 só entrou em vigor após 180 da data de sua publicação, ou seja, no dia 03/01/2016. Até lá foi garantida a permanência destes no rol de dependentes.

f) Equiparados a filho, **menor tutelado ou enteado.** Nestes casos é necessária declaração escrita do segurado, comprovação de dependência econômica e, para a tutela, apresentação do respectivo termo.

Segunda classe:

Os pais, desde que comprovem dependência econômica.

Terceira classe:

a) O irmão menor de 21 anos, não emancipado, desde que comprove dependência econômica – A emancipação pode ocorrer pelo casamento, pela concessão dos pais, pela existência de relação de emprego que garanta o próprio sustento ou pela colação de grau em curso superior de ensino, a partir dos 16 anos.

b) O irmão inválido ou que tenha deficiência intelectual ou mental ou deficiência grave, **de qualquer idade**, devendo a incapacidade ser atestada por perícia médica do INSS, desde que comprove dependência econômica. Esse dispositivo (art. 16, III, da Lei 8.213/1991) foi alterado pelo Estatuto da Pessoa com Deficiência (Lei 13.146/2015), publicado em 07/07/2015, tendo excluído do rol de dependentes o irmão que tenha deficiência intelectual ou mental que o torne absolutamente ou relativamente incapaz, passando a exigir a deficiência grave. Ressaltamos, no entanto, que a Lei 13.146/2015 só entrou em vigor após 180 da data de sua publicação, ou seja, no dia 03/01/2016. Até lá foi garantida a permanência destes no rol de dependentes.

Note que **os dependentes da primeira classe têm a dependência econômica em relação ao segurado presumida** pela legislação, exceto os equiparados a filho (enteado ou tutelado). Os dependentes das segunda e terceira classes devem comprovar a dependência econômica para ter direito aos benefícios previdenciários.

De acordo com o Tema 226 da TNU, a dependência econômica do cônjuge ou do companheiro relacionada no inciso I do art. 16 da Lei 8.213/91, em atenção à presunção disposta no §4º do mesmo dispositivo legal, é absoluta.

De acordo com o art. 181, § 8º, da IN 128/2022, é assegurada a qualidade de dependente perante a Previdência Social para o menor de 21 anos, durante o período de serviço militar, obrigatório ou voluntário.

A Lei 13.846, de 18/06/2019, inseriu o § 5º ao art. 16 da Lei 8.213/1991, dispondo que a prova de união estável e de dependência econômica exigem início de prova material contemporânea dos fatos, **produzido em período não superior a 24 meses anterior à data do óbito ou do recolhimento à prisão do segurado**, não admitida a prova exclusivamente testemunhal, exceto na ocorrência de motivo de força maior e ou caso fortuito, conforme disposto no Regulamento.

Para o cônjuge ou companheiro, que queira receber o benefício de pensão por morte escalonado em função de sua idade, deve comprovar a união estável com início de prova material, por pelo menos dois anos antes do óbito do segurado. Vamos estudar mais à frente as regras específicas de cessação da pensão por morte dos cônjuges ou companheiros.

A Lei 13.846, de 18/06/2019, inseriu, também, o § 7º ao art. 16 da Lei 8.213/1991, dispondo que será excluído definitivamente da condição de dependente quem tiver sido condenado criminalmente por sentença com trânsito em julgado, como autor, coautor ou partícipe de homicídio doloso, ou de tentativa desse crime, cometido contra a pessoa do segurado, ressalvados os absolutamente incapazes e os inimputáveis.

De acordo com o estabelecido no art. 5º da Lei 10.406, de 10 de janeiro de 2002, Código Civil Brasileiro, a emancipação ocorre:

I - pela concessão dos pais ou de um deles, na falta do outro, mediante instrumento público, independente de homologação judicial, ou por sentença de juiz, ouvido o tutor, se o menor tiver dezesseis anos completos;

II - pelo casamento;

III - pelo exercício de emprego público efetivo;

IV - pela colação de grau em ensino de curso superior;

V - pelo estabelecimento civil ou comercial ou pela existência de relação de emprego, desde que, em função deles, o menor com dezesseis anos completos tenha economia própria.

Considerando ausência expressa na legislação de definição quanto a economia própria, resta prejudicada a aplicação de perda de qualidade ao dependente filho ou enteado ou tutelado, ou ao irmão, menor de 21 (vinte e um) anos de idade, que constitua estabelecimento civil ou comercial ou possua relação de emprego que não seja público efetivo (art. 181, § 9º, da IN 128/2022).

Observe-se que a emancipação extingue os direitos previdenciários do filho e irmão. Dessa forma, um filho que se casa aos 17 anos de idade perde a qualidade de dependente previdenciário. Em verdade, a IN 128/2022, esclarece que as causas de emancipação geram a perda da qualidade de dependente até os 21 anos de idade, pois esta é a maioridade previdenciária (art. 378, § 4º, da IN 128/2022). Assim, se um dependente de 20 anos se casa, ele perde a qualidade de dependente.

Salientamos, todavia, que o filho ou irmão que se emancipar depois de estar recebendo o benefício de pensão por morte não perde a sua cota. Isso porque a Lei 13.135/2015 excluiu das hipóteses de cessação da pensão por morte a emancipação do filho ou irmão (art. 77, § 2º, II, da Lei 8.213/1991). Dessa forma, caso um filho que recebe pensão por morte em decorrência do falecimento de seu pai venha se casar, o seu benefício continuará sendo pago até ele completar 21 anos. Se tivesse se casado antes do óbito de seu pai, não receberia o benefício de pensão por morte, pois não seria enquadrado como dependente na data do falecimento.

Como a legislação previdenciária não exige prova de dependência econômica para dependentes da primeira classe, é possível que um milionário receba, em decorrência do falecimento de sua esposa, uma pensão por morte de R$ 2.500,00, mesmo que para ele esse valor nada represente.

Os filhos adotivos, de outro casamento e os filhos espúrios têm os mesmos direitos dos filhos do atual casamento. São inscritos na primeira classe. A filiação é sempre respeitada por nossas leis.

Note que o fato da maioridade civil ter sido alterada com a entrada em vigor do Código Civil de 2002, passando de 21 anos para 18 anos, nada influencia na maioridade previdenciária que continua sendo de 21 anos. Isso porque a lei previdenciária é específica, além de ser mais benéfica para o dependente.

Saliente-se, todavia, que o fato de o filho maior de 21 anos ser estudante universitário não o confere direito a continuar sendo enquadrado como dependente do RGPS. Na legislação do Imposto de Renda e na legislação de certos regimes próprios o estudante universitário pode ser considerado dependente até os 24 anos, mas isso não é possível para o RGPS.

Esse tema foi objeto da edição da Súmula 37 da Turma Nacional de Uniformização dos Juizados Especiais Federais, com a seguinte redação: "A pensão por morte, devida ao filho até os 21 anos de idade, não se prorroga pela pendência do curso universitário".

No mesmo sentido, o STJ julgou recurso repetitivo (REsp 1.369.832-SP), entendendo que o filho maior de 21 anos, ainda que esteja cursando o ensino superior, não tem direito à pensão por morte, ressalvadas as hipóteses de invalidez ou deficiência mental ou intelectual previstas em Lei.

Veja como o CESPE/UNB questionou sobre esse tema:

Exemplos de questão sobre o tema:

(Juiz Federal Substituto do Tribunal Regional Federal 5ª Região 2007 – CESPE/UNB) Cláudio, segurado da previdência social, morreu, e seu filho Sérgio, com 16 anos, passou a receber pensão por morte. Nessa situação, Sérgio terá direito ao recebimento da pensão somente até os 21 anos, improrrogável, independentemente de ainda estar cursando algum curso universitário.

Resposta: Certo

(Defensor Público do Estado do Ceará 2008 – CESPE/UNB) Considere que Cláudio, filho único de Sérgio, tenha passado a receber pensão após o falecimento do pai. Nessa situação, Cláudio poderá receber a pensão até que complete 24 anos, desde que esteja matriculado em curso superior de graduação.

Resposta: Errado

Uma questão polêmica é a que se refere à inscrição como dependente previdenciário do menor sob guarda. Até a publicação da Lei 9.528/1997, era permitida a inscrição do menor sob guarda como dependente, todavia essa Lei alterou o § 2º do art. 16 da Lei 8.213/1991, excluindo-o da condição de dependente.

A partir dessa alteração, várias ações judiciais foram ajuizadas contra a autarquia previdenciária, pleiteando a inscrição de dependentes sob guarda. Alguns julgados têm considerado que o direito deste dependente ainda persiste, baseando-se no art. 33, § 3º, da Lei 8.069/1990 – Estatuto da Criança e Adolescente (ECA), que reza que o menor sob guarda possui os direitos previdenciários.

Havia diversas decisões, contudo, julgando que, a partir da Lei 9.528/1997, não mais caberia inscrição do menor sob guarda, afastando a aplicabilidade do ECA, entendendo ser esta lei anterior e genérica, tendo sido revogada pela lei posterior e específica.

Em sentido contrário, reconhecendo o direito do menor sob guarda a ser enquadrado como dependente previdenciário, o STJ havia consolidado o entendimento de que o ECA deve prevalecer para a garantia da dignidade da pessoa humana (RMS 36.034-MT, Rel. Min. Benedito Gonçalves, j. em 26/02/2014, EREsp 1.141.788/RS, Rel. Min. João Otávio de Noronha, Corte Especial, DJe 16/12/2016, AgRg no REsp 1540576/PR, Rel. Min. Og Fernandes, Segunda Turma, j. em 04/05/2017). O STJ firmou esse posicionamento Tema 732, publicado em 21/02/2018).

No julgamento do REsp 1574859, em 22/11/2016, o STJ concedeu pensão por morte ao neto que foi criado pelos avós como se fossem seus filhos.

O Conselho Federal da Ordem dos Advogados do Brasil ajuizou no Supremo Tribunal Federal a Ação Direta de Inconstitucionalidade (ADI) 5083, com pedido de liminar, contra o art. 2º da Lei 9.528/1997, que alterou o artigo 16, § 2º, da Lei 8.213/1991. Segundo a OAB, o dispositivo é inconstitucional, porque suprimiu os menores sob guarda do rol de dependentes previdenciários do segurado.

No mesmo sentido, a Procuradoria-Geral da República já havia ajuizado a Ação Direta de Inconstitucionalidade (ADI) 4878, com pedido de medida cautelar, a fim de que crianças e adolescentes sob guarda sejam incluídos entre os beneficiários do Regime Geral de Previdência Social.

Com toda esta polêmica, o § 6º do art. 23 da EC 103/2019 dispõe que se **equiparam a filho**, para fins de recebimento da pensão por morte, **exclusivamente o enteado e o menor tutelado**, desde que comprovada a dependência econômica. Aqui, o texto tentou deixar claro a exclusão do menor sob guarda do rol de dependentes previdenciários...

As ADIs 5083 e 4878 foram julgadas pelo STF em 08/06/2021, que por 6 votos a 5 reconheceu o direito do menor sob guarda a ser considerado dependente previdenciário, mesmo após a exclusão promovida pela Lei 9.528/97, mas o período posterior a EC 103/2019 ainda não foi analisado pelo STF. O voto vencedor do Ministro Edson Fachin, no entanto, indica a possibilidade de mesmo após a EC 103/2021 o menor sob guarda ser considerado dependente previdenciário, apesar da decisão não tratar do tema, persistindo a polêmica em relação ao período posterior à Reforma da Previdência. Vejamos o trecho:

> "Os pedidos formulados nas ADIs 5083 e 4878, contudo, não contemplaram a redação do art. 23 da EC 103/2019, razão pela qual, ao revés do e. Ministro Relator, **não procedo à verificação da constitucionalidade do dispositivo**, em homenagem ao princípio da demanda. De toda sorte, **os argumentos veiculados na presente manifestação são em todo aplicáveis ao art. 23 referido.**"

Por fim, o INSS acabou se curvando ao entendimento jurisprudencial reconhecendo o menor sob guarda como dependente previdenciário, para óbitos ocorridos até a data da publicação da Ec 103 de 13/11/2019 (art. 26, § 1º, Portaria 991/2022).

É muito comum o desconhecimento dos estudantes do Direito Previdenciário da diferenciação entre os conceitos de tutela, guarda judicial e curatela.

Tutela é o encargo conferido a uma pessoa civilmente capaz, a fim de que gerencie a vida pessoal e patrimonial de menor incapaz, sobre o qual não se exerça o poder familiar. O art. 1.728 do Código Civil de 2002 dispõe que os filhos menores são postos em tutela com o falecimento dos pais, ou sendo estes considerados ausentes, e em caso dos pais decaírem do poder familiar.

A **guarda** é relação típica do poder familiar, a qual poderá ser concedida a terceiro, como tutor, ou a alguém que não exerça a tutela, como é o caso da guarda provisória no processo de adoção. Pode ocorrer a hipótese de os pais deterem o poder familiar, e a guarda ser atribuída a terceiro, às vezes por vontade dos próprios pais (aos avós, aos tios etc.).

A **curatela** é encargo conferido a alguém capaz para reger e administrar os bens de quem não o pode fazer por si mesmo, devendo o curador prestar contas ao Juízo. Assim, serão postas em curatela as pessoas que, por enfermidade ou deficiência mental, não tiverem discernimento necessário para a prática dos atos da vida civil.

A pensão por morte passou a ser concedida por prazo determinado a depender da idade do cônjuge ou companheiro sobrevivente, conforme estudaremos nos tópicos relativos à perda da qualidade de dependente (logo à frente).

A lei 13.135, de 17/06/2015, exigiu que para que o cônjuge, o companheiro ou a companheira faça jus à pensão por morte escalonada em função da idade, o casamento ou o início da união estável tenha ocorrido há, ao menos, dois anos da data do falecimento do instituidor do benefício, excetuando-se os casos em que o óbito do segurado tenha sido decorrente de acidente de qualquer natureza ou doença profissional ou do trabalho. Caso não conte com os 24 meses de união ou casamento, e o óbito não seja decorrente de acidente, a pensão por morte será concedida por um prazo de apenas quatro meses.

No processo de conversão da MP 664/2014, a Lei 13.135/2015 dispôs, também, que perde o direito à pensão por morte o cônjuge, o companheiro ou companheira, se provada, a qualquer tempo, simulação ou fraude no casamento ou na união estável, ou na sua formalização com o fim exclusivo de constituir benefício previdenciário apuradas em processo judicial no qual será assegurado o direito ao contraditório e à ampla defesa (art. 74, § 2º, da Lei 8.213/1991, alterado pela Lei 13.135/2015).

Perde também o direito à pensão por morte, após o trânsito em julgado, o condenado por prática de crime de que tenha dolosamente resultado na morte de segurado (art. 74, § 1º, da Lei 8.213/1991, alterado pela Lei 13.135/2015).

Em relação ao ex-cônjuge, a legislação previdenciária só o considera dependente previdenciário se ele receber pensão alimentícia. A jurisprudência do STJ pacificada pela Súmula 336 relativiza esse entendimento ao dispor: "A mulher que renunciou aos alimentos na separação judicial tem direito à pensão previdenciária por morte do ex-marido, comprovada a necessidade econômica superveniente".

O § 1º do art. 373 da IN 128/2022 equipara à percepção de pensão alimentícia, o recebimento de ajuda econômica ou financeira sob qualquer forma. Assim, qualquer comprovante de que o ex-cônjuge recebe ajuda financeira é suficiente para enquadrá-lo como dependente previdenciário.

O irmão ou o filho maior inválido farão jus à pensão, desde que exame médico pericial conclua que a invalidez ocorreu em data anterior ao óbito do segurado e antes da maioridade ou da emancipação. Em realidade, o irmão ou filho maior de 21 anos somente terão direito aos benefícios, na qualidade de dependentes, se a invalidez ocorrer antes da maioridade previdenciária. Caso a invalidez tenha ocorrido depois de completar 21 anos, mesmo que tenha se dado antes do óbito, o maior não fará jus a qualquer benefício (vide **tópico 19.4**).

Sobre a questão dessa necessidade de a invalidez ser anterior aos 21 anos de idade, o INSS publicou a Portaria Conjunta 4, DIRBEN/PFE/INSS de 2020, dispondo que, em cumprimento da ACP 0059826.86.2010.4.01.3800/MG, a Autarquia deve reconhecer como dependente previdenciário o filho ou o irmão maior inválido, de 21 anos, mesmo que a invalidez tenha iniciado após os 21 anos de idade, desde que anterior ao óbito. Nesses casos, considera-se a dependência econômica relativa, sendo descaracterizada quando o filho ou irmão já recebe benefício previdenciário ou assistencial.

O dependente que recebe benefício de pensão, na condição de menor, e que, no período anterior à sua maioridade ou emancipação, torna-se inválido, terá direito à manutenção do benefício, independentemente de a invalidez ter ocorrido antes ou após o óbito do segurado.

Exemplo:

Tomás, 14 anos, recebia pensão por morte devido ao falecimento de seu pai. Aos 19 anos, sofreu acidente automobilístico, tornando-se inválido. Manterá, nessa situação, sua pensão, mesmo depois de completar 21 anos de idade, já que a invalidez se deu antes de completar a maioridade previdenciária. Obviamente, tornando-se inválido depois da maioridade, não faz jus ao restabelecimento da pensão.

Caso o segurado tenha familiares da primeira classe, os das outras duas não poderão ser inscritos como dependentes. Se, entretanto, não possuir familiares da primeira classe, inscrever-se-ão, preferencialmente, os da segunda e, somente na ausência destes, os da terceira.

No caso de o segurado possuir mais de um dependente de mesma classe, concorrerão, eles em igualdade de condições, sendo dividido o benefício em partes iguais. Os exemplos abaixo são esclarecedores:

Exemplo 1:

O taxista Flávio faleceu, deixando para os seus dependentes uma pensão. Ele era divorciado, e sua ex-mulher, Francis, recebia pensão alimentícia equivalente a 30% de sua remuneração. Ele tinha, ainda, dois filhos com ela: Maurício, de 23 anos e Amanda, de 15. Como ficou dividida a sua pensão?

Dependente	Receberá?	Observação
Francis	Sim	Apesar de divorciada, recebia pensão, mantendo a qualidade de dependente e divide igualmente com os demais dependentes.
Amanda	Sim	Filha menor de 21 anos.
Maurício	Não	Tinha mais de 21 anos, logo, perdeu a qualidade de dependente.

Atenção!

As bancas examinadoras de concursos públicos frequentemente têm elaborado questões sobre o recebimento da cota de benefício do ex-cônjuge. Os textos mencionam que as cotas devem ser proporcionais à pensão alimentícia recebida pelo dependente. Não há, contudo, **qualquer relação entre o percentual da pensão alimentícia e a cota do benefício.** Os dependentes de uma mesma classe dividem, sempre, o valor do benefício deixado pelo segurado em **partes iguais.**

Exemplo 2:

O cabeleireiro Murilo foi casado com Carol, mas dela se separou sem pagar pensão alimentícia. Após o trauma da separação, descobriu o seu grande amor, Leo, homem com o qual viveu por mais de 10 anos. Ao falecer, Murilo deixou para seus dependentes uma pensão. Como os seus pais, Fernando e Vera, nunca aceitaram sua orientação sexual, deram entrada, juntamente com Carol e Leo, em requerimento, reivindicando pensão ao INSS. Como ficou a divisão?

Dependente	Receberá?	Observação
Carol	Não	Divórcio sem pensão perde a qualidade de dependente.
Leo	Sim	União homoafetiva já é reconhecida pelo INSS.
Fernando e Vera	Não	Os dependentes da segunda classe somente recebem o benefício caso não existam dependentes da primeira.

Exemplo 3:

O empresário André faleceu, deixando para os seus dependentes uma pensão. André era órfão, solteiro, sem filhos. Apenas namorava Roberta, que, entretanto, com ele não mantinha união estável. Tinha, ainda, uma irmã, Juliana, 18 anos, proprietária da maior rede de farmácias da Bahia. Como foi dividida a sua pensão?

Dependente	Receberá?	Observação
Roberta	Não	Como não tinha união estável, não era dependente.
Juliana	Não	Irmã somente pode receber benefícios caso comprove dependência econômica do segurado.

Neste caso, nenhum dos pretendentes à pensão cumpriu os requisitos para poder recebê-la. A pensão, então, não será concedida, por ausência de dependentes habilitados.

Os cônjuges, mesmo que separados de fato, farão jus aos benefícios previdenciários, desde que recebam pensão alimentícia ou qualquer ajuda financeira. Havendo, nesse caso, também um atual companheiro(a), ambos dividirão o benefício em partes iguais (§ 1º do art. 374 da IN 128/2022).

Por fim, antecipamos uma frequente dúvida a respeito da cumulação de pensão por morte e aposentadoria. Seria possível um homem aposentado receber a pensão por morte decorrente do falecimento de sua mulher, sem que perca a sua aposentadoria?

A resposta é sim. A aposentadoria, seja qual for a sua espécie, pode ser acumulada com o benefício de pensão por morte deixada por cônjuge ou companheiro. Veremos posteriormente que a EC 103/2019 restringiu o valor dos benefícios em caso de acumulação.

19.3.1. União estável

As pessoas que mantêm união estável são consideradas companheiras, sendo incluídas, pois, na primeira classe dos dependentes.

O regulamento da Previdência Social até pouco tempo, fugindo completamente ao regramento constitucional e civil, somente considerava união estável aquela verificada entre o homem e a mulher como entidade familiar, **quando forem solteiros**, separados judicialmente, divorciados ou viúvos, ou que tivessem prole em comum, enquanto não se separassem.

Felizmente, essa regra foi alterada pelo Decreto 6.384, de 27/02/2008, que alterou a redação do art. 16, § 6º, do Regulamento da Previdência Social, aprovado pelo Decreto 3.048/1999. A nova redação dispõe que "considera-se união estável aquela configurada na convivência pública, contínua e duradoura entre pessoas, estabelecida com intenção de constituição de família, observado o § 1º do art. 1.723 do Código Civil, instituído pela Lei 10.406, de 10 de janeiro de 2002". O texto atual do Decreto nos remete ao próprio Código Civil.

De acordo com o citado art. 1723 do Código Civil, "é reconhecida como entidade familiar a união estável entre o homem e a mulher (o decreto atualiza para pessoas, uma vez que a legislação previdenciária reconhece o direito na união homoafetiva), configurada na convivência pública, contínua e duradoura e estabelecida com o objetivo de constituição de família". Já o seu § 1º menciona que "a união estável não se constituirá se ocorrerem os impedimentos do art. 1.521; **não se aplicando a incidência do inciso VI no caso de a pessoa casada se achar separada de fato ou judicialmente**".

Vejamos, então, quais são os impedimentos para casar que impedem também a constituição da união estável do ponto de vista civil e agora também previdenciário (art. 1521 do Código Civil):

I – os ascendentes com os descendentes, seja o parentesco natural ou civil;

II – os afins em linha reta;

III – o adotante com quem foi cônjuge do adotado e o adotado com quem o foi do adotante;

IV – os irmãos, unilaterais ou bilaterais, e demais colaterais, até o terceiro grau inclusive;

V – o adotado com o filho do adotante;

VI – **as pessoas casadas**;

VII – o cônjuge sobrevivente com o condenado por homicídio ou tentativa de homicídio contra o seu consorte.

Assim, a grande mudança trazida pela atual redação do decreto foi o reconhecimento da possibilidade de constituição de união estável pela pessoa casada, que esteja separada de fato, independentemente de terem filhos em comum (como exigia o texto anterior). Note-se que o texto não exige um tempo determinado para a caracterização da separação de fato.

A partir de 7 de junho de 2000, com a edição da IN 25, o INSS passou a reconhecer os direitos da união homoafetiva. Desse modo, os casais de mesmo sexo que vivam juntos podem usufruir dos benefícios previdenciários deixados por seus parceiros.

Note-se que a IN 118, de 14/04/2005, (art. 30) trouxe uma triste redução ao direito dos companheiros de união homoafetiva, exigindo a comprovação de dependência econômica para que o parceiro homoafetivo tivesse direito aos benefícios previdenciários. Antecipamos esse tema no exemplo 2, que envolveu os parceiros Murilo e Leo. Esse texto inconstitucional e que descumpria a decisão prolatada na Ação Civil Pública 2000.71.00.009347-0, felizmente foi revogado com a edição da IN 20, de 10/10/2007, que voltou a exigir apenas a comprovação da vida em comum, como se exige para a união estável.

Como é possível, entretanto, comprovar a união estável para se ter direito aos benefícios previdenciários?

A comprovação da união estável ou da vida em comum deve ser efetuada com a apresentação de, no mínimo, **dois documentos** da lista que segue, após a alteração trazida pelo Decreto 10.410, de 30/06/2020 (art. 22, § 3º, Decreto 3.48/99). Antes dessa alteração eram exigidos três documentos, assim, o novo texto facilitou a comprovação da união estável. Vejamos a lista:

I – certidão de nascimento de filho havido em comum;

II – certidão de casamento religioso;

III – declaração do imposto de renda do segurado, em que conste o interessado como seu dependente;

IV – disposições testamentárias;

V –revogado;

VI – declaração especial feita perante tabelião;

VII –prova de mesmo domicílio;

VIII – prova de encargos domésticos evidentes e existência de sociedade ou comunhão nos atos da vida civil;

IX – procuração ou fiança reciprocamente outorgada;

X – conta bancária conjunta;

XI – registro em associação de qualquer natureza, onde conste o interessado como dependente do segurado;

XII –anotação constante de ficha ou livro de registro de empregados;

XIII – apólice de seguro da qual conste o segurado como instituidor do seguro e a pessoa interessada como sua beneficiária;

XIV – ficha de tratamento em instituição de assistência médica, da qual conste o segurado como responsável;

XV – escritura de compra e venda de imóvel pelo segurado em nome de dependente;

XVI – declaração de não emancipação do dependente menor de vinte e um anos;

XVII – quaisquer outros que possam levar à convicção do fato a comprovar.

Essa mesma listagem é utilizada pelos dependentes das segunda e terceira classes e pelo menor enteado e tutelado, para fins de comprovação de dependência econômica em relação ao segurado.

Saliente-se, contudo, que a referida lista é exemplificativa, sendo, então, admitido qualquer outro documento que possa comprovar a união estável ou a dependência econômica, conforme fica evidenciado no item XVII listado.

Judicialmente, entretanto, os Juizados Especiais Federais têm aceitado a comprovação de união estável, mesmo sem a apresentação de prova material. É o que dispõe a Súmula 63 da TNU: "A comprovação de união estável para efeito de concessão de pensão por morte prescinde de início de prova material".

No mesmo sentido, O STJ entende que, para a concessão de pensão por morte, é possível a comprovação da união estável por meio de prova exclusivamente testemunhal. De fato, a Lei 8.213/1991 somente exige prova documental quando se tratar de comprovação do tempo de serviço (AR 3.905-PE, de 26/06/2013).

Por conta dessas decisões, o governo alterou o texto valendo-se da MP 871/2019, convertida na Lei 13.846/2019, ao inserir o § 5º ao art. 16 da Lei 8.213/1991, dispondo que a prova de união estável e de dependência econômica exigem início de prova material contemporânea dos fatos, **produzido em período não superior a 24 meses anterior à data do óbito ou do recolhimento à prisão do segurado**, não admitida a prova exclusivamente testemunhal, exceto na ocorrência de motivo de força maior e ou caso fortuito, conforme disposto no Regulamento.

Vale registrar a dolorosa jurisprudência do STF reafirmada de que "a preexistência de casamento ou de união estável de um dos conviventes, ressalvada a exceção do artigo 1.723, parágrafo 1º, do Código Civil, impede o reconhecimento de novo vínculo referente ao mesmo período, inclusive para fins previdenciários, em virtude da consagração do dever de fidelidade e da monogamia pelo ordenamento jurídico-constitucional brasileiro" (RE 1045273, julgado em 18/12/2020). No RE 883.168, julgado em 02/08/2021, o STF reafirmou a tese de que é inconstitucional o reconhecimento de direitos previdenciários no caso de concubinato, ainda que a união tenha sido mantida por longo período e com aparência familiar.

Assim, uma união paralela ao casamento, mesmo que longa e duradoura, não gera efeito a pensão por morte de acordo com essa ABSURDA decisão do STF, que reafirma a famosa decisão do caso da pensão por morte do fiscal de rendas baiano Valdemar do Amor Divino Santos que foi concedida apenas para sua esposa – Railda

Conceição Santos, com quem teve 11 filhos, e não dividida entre essa e sua concubina por 37 anos, Joana da Paixão Luz, com quem teve 9 filhos (RE 397762 julgado em 03/06 2008).

Essa absurda decisão foi ratificada em 2021 pelo tema 529, do STF, que firmou a seguinte tese: "a preexistência de casamento ou de união estável de um dos conviventes, ressalvada a exceção do artigo 1.723, § 1º, do Código Civil (separação de fato), impede o reconhecimento de novo vínculo referente ao mesmo período, inclusive para fins previdenciários, em virtude da consagração do dever de fidelidade e da monogamia pelo ordenamento jurídico-constitucional brasileiro".

Percebe-se que o Supremo Tribunal Federal veda o reconhecimento de mais de um vínculo mesmo que o primeiro seja uma união estável, não sendo necessário o casamento.

No mesmo sentido, o tema 526, em 2022, firmou a seguinte tese: "é incompatível com a Constituição Federal o reconhecimento de direitos previdenciários (pensão por morte) à pessoa que manteve, durante longo período e com aparência familiar, união com outra casada, porquanto o concubinato não se equipara, para fins de proteção estatal, às uniões afetivas resultantes do casamento e da união estável".

Interessante ressaltar que o INSS reconhece o poliamor no caso dos indígenas, permitindo a divisão dos benefícios. O art. 178, § 5º, da IN 128/2022 dispõe que será reconhecida, para fins previdenciários, a união estável entre um segurado indígena e mais de um(a) companheiro(a), em regime de poligamia ou poliandria devidamente comprovado junto à Fundação Nacional do Índio (FUNAI).

Por fim, registre-se que a Súmula 382 do STF dispõe que "a vida em comum sob o mesmo teto 'more uxorio' não é indispensável à caracterização do concubinato". Note-se que a mesma posição é atualmente adotada administrativamente pelo INSS, vez que, como podemos observar na mencionada lista, a prova de mesmo domicílio é apenas um dos documentos aceitos para comprovação da união estável (inciso VII).

19.4. PERDA DA QUALIDADE DE DEPENDENTE

- **Art. 17, Decreto 3.048/1999**
- **Art. 77, § 2º, Lei 8.213/1991**

As situações que implicam a perda da qualidade de dependente ocorrem (art. 77, § 2º, da Lei 8.213/1991, alterada pela Lei 13.135/2015):

I - Pela morte do pensionista;

II - Para o filho, a pessoa a ele equiparada ou o irmão, de ambos os sexos, ao completar vinte e um anos de idade, salvo se for inválido ou tiver deficiência intelectual ou mental ou deficiência grave;

III – Para o filho e o irmão inválido, pela cessação da invalidez;

IV – Para o filho ou irmão que tenha deficiência intelectual ou mental ou deficiência grave, pelo afastamento da deficiência, nos termos do regulamento.

V – Para o cônjuge ou companheiro:

a) se inválido ou com deficiência, pela cessação da invalidez ou pelo afastamento da deficiência, respeitados os períodos mínimos de gozo do benefício da pensão.

b) em quatro meses, se o óbito ocorrer sem que o segurado tenha vertido 18 contribuições mensais ou se o casamento ou união estável tiverem sido iniciados em menos de dois anos antes do óbito do segurado.

c) transcorridos os seguintes períodos, estabelecidos de acordo com a idade do beneficiário na data do óbito do segurado, se o óbito ocorrer depois de vertidas 18 contribuições mensais e pelo menos dois anos após o início do casamento ou da união estável (atualizado pela Portaria 424 de 29/12/2020):

1) 3 anos, com menos de 22 anos de idade;

2) 6 anos, entre 22 e 27 anos de idade;

3) 10 anos, entre 28 e 30 anos de idade;

4) 15 anos, entre 31 e 41 anos de idade;

5) 20 anos, entre 42 e 44 anos de idade;

6) vitalícia, com 45 ou mais anos de idade.

d) para o cônjuge, pelo divórcio ou pela separação judicial ou de fato, enquanto não lhe for assegurada a prestação de alimentos, pela anulação do casamento, pelo óbito ou por sentença judicial transitada em julgado;

VI – Pela condenação criminal por sentença com trânsito em julgado, como autor, coautor ou partícipe de homicídio doloso, ou de tentativa desse crime, cometido contra a pessoa do segurado, ressalvados os absolutamente incapazes e os inimputáveis.

Em caso de óbito do segurado decorrente de acidente de qualquer natureza ou doença profissional ou do trabalho, não é necessário o cumprimento da carência de 18 contribuições mensais para que seu cônjuge ou companheiro(a) tenha direito ao recebimento da pensão por morte escalonada em função da idade. Da mesma forma, os óbitos por acidente de qualquer natureza ou por doença profissional ou do trabalho dispensam a necessidade de dois anos de união estável ou casamento para que seu cônjuge ou companheiro(a) faça jus à pensão por morte escalonada em função da idade.

Assim, os óbitos decorrentes dos acidentes e das doenças ocupacionais dispensam tanto o cumprimento da carência de 18 contribuições mensais quanto a necessidade de dois anos de união para que os cônjuges ou companheiros(as) tenham direito à pensão por morte pelos prazos previstos no inciso V, c. Caso não cumpram alguma dessas exigências, terão direito à pensão por morte pelo prazo de quatro meses, previsto no inciso V, b.

Para o cônjuge ou companheiro(a) inválido ou com deficiência, a pensão por morte será concedida até a duração dessa condição. Se a cessação da invalidez ou da deficiência se der antes dos prazos de duração definidos para o dependente capaz, o deficiente gozará o benefício por esse prazo mínimo.

> **Exemplo:**
>
> João, deficiente, 39 anos de idade, perdeu a sua esposa, passando a receber o benefício de pensão por morte. Ele terá direito a esse benefício enquanto durar a sua condição de deficiente. Se, todavia, a sua deficiência for cessada antes de 15 anos de recebimento do benefício, lhe será garantido o gozo do benefício por esse período.

O tempo de contribuição para o RPPS será considerado para efeito de contagem das 18 contribuições mensais. Se, então, o trabalhador era servidor público e passou a ser vinculado ao RGPS, o tempo de serviço público será considerado para a apuração dessa exigência.

De acordo com o § 2º-B do art. 77 da Lei 8.213/1991, inserido pela Lei 13.135/2015, somente após o transcurso de três anos e desde que tenha o incremento mínimo de um ano na expectativa de vida do brasileiro ao nascer, considerando a tabela de ambos os sexos, poderão ser fixadas novas idades para os prazos de recebimento da pensão, por ato do Ministério da Previdência Social. Ressalte-se que os prazos de duração da pensão devem ser mantidos, podendo ser alteradas apenas as idades.

Dessa forma, caso em três anos a expectativa do brasileiro, considerando a tabela de ambos os sexos, aumente em dois anos, as idades previstas no inciso V, c, que acabamos de estudar, podem ser acrescentadas também em dois anos, mediante ato do Ministério do Trabalho e Previdência Social. Assim, com menos de 23 anos, os segurados teriam direito a apenas três anos de pensão e somente a partir dos 46 anos os segurados teriam direito à pensão vitalícia.

Para ficar bem claro este dispositivo que trata do escalonamento da pensão por morte, salientamos que ele só se aplica aos cônjuges ou companheiros(as), não interferindo nas pensões dos demais dependentes. Assim, se um pai que contribui há apenas 2 meses (menos de 18 contribuições) falece, deixa a pensão por morte do filho até que este complete 21 anos de idade.

Em edições anteriores desta obra, fazíamos dura crítica à antiga redação do art. 17 do Decreto 3.048/1999, que, absurdamente, previa até a possibilidade de "emancipação do inválido". É que o item "c", antes da alteração legislativa, possuía a seguinte redação: "Para o filho ou irmão, de qualquer condição, ao completarem 21 anos de idade, salvo se inválidos, ou pela emancipação, **ainda que inválido**, exceto, neste caso, se a emancipação decorreu de colação de grau em curso de ensino superior".

Nessa antiga redação, a legislação fazia uma enorme confusão entre os conceitos de inválido e incapaz. É que os inválidos, ao contrário do que muitas pessoas pensam, não correspondem aos civilmente incapazes. Um segurado que perdeu três membros certamente será considerado inválido pelo médico perito do INSS, mesmo estando em plenas condições de exercer os atos da vida civil. Essa pessoa será considerada inválida e terá direito a benefícios, independentemente da idade. Isso porque a invalidez previdenciária está relacionada com a capacidade do indivíduo de prover o próprio sustento. Lembre-se de que o papel da Previdência Social é o de cobrir os riscos sociais.

Felizmente o texto legal foi alterado, prevalecendo hoje uma redação muito mais adequada. No texto atual, note-se que o inválido não perde a condição de dependente, exceto se a invalidez ocorrer após a maioridade ou após qualquer situação causadora de sua emancipação, exceto a colação de grau.

Dessa forma, não se recupera a qualidade de dependente quando a invalidez se dá após 21 anos. Não se considera dependente o menor de 21 anos que se emancipou antes de tornar-se inválido, salvo se a emancipação decorreu de colação de grau em curso superior de ensino.

> **Exemplo:**
>
> Aristides, 19 anos, tornou-se inválido após cair do cavalo. Dez anos depois, o seu pai faleceu, tendo ele direito ao benefício de pensão por morte, pois a invalidez se deu antes de completar a maioridade previdenciária. Se, contudo, Aristides tivesse se casado aos 18 anos, não faria jus ao benefício, porque teria ocorrido a emancipação antes da invalidez. Perderia também o direito ao benefício se a invalidez se desse após os 21 anos.

De acordo com o texto do RPS, um filho que se invalida aos 23 anos, não fará jus à pensão por morte do seu pai, mesmo que falecido após a sua invalidez. A lógica é que a previdência garante a condição de dependente até completar 21 anos (ou até emancipar-se), idade na qual o cidadão deve manter-se com o próprio esforço laboral ou assumir todos os riscos. Na situação proposta, se o filho estivesse trabalhando, teria direito à aposentadoria por incapacidade permanente, tendo o seu sustento garantido pela Previdência Social.

Observe, todavia, que no ano de 2010, ao julgar o incidente de uniformização no processo 2005.71.95.001467-0, a TNU adotou o entendimento de que, ocorrendo a invalidez do filho após os 21 anos, mas antes do óbito de seus pais, deve ser reconhecida a qualidade de dependente, concedendo-se, portanto, o benefício de pensão por morte em favor deste, mas com presunção relativa de dependência em relação aos pais. Igual entendimento foi adotado pelo STJ ao julgar o AGRESP 201100458904.

Assim, de acordo com o posicionamento do judiciário, caso a invalidez tenha ocorrido posteriormente aos 21 anos, mas antes do óbito do segurado, o dependente fará jus à pensão, desde que comprove a efetiva dependência econômica.

Sobre a questão dessa necessidade de a invalidez ser anterior aos 21 anos de idade, o INSS publicou a Portaria Conjunta 4, DIRBEN/PFE/INSS de 2020, dispondo que, em cumprimento da ACP 0059826.86.2010.4.01.3800/MG, a Autarquia deve reconhecer como dependente previdenciário o filho ou o irmão maior inválido, de 21 anos, mesmo que a invalidez tenha iniciado após os 21 anos de idade, desde que anterior ao óbito. Nesses casos, considera-se a dependência econômica relativa, sendo descaracterizada quando o filho ou irmão já recebe benefício previdenciário ou assistencial.

De acordo com o art. 74, § 2º, da Lei 8.213/1991, alterado pela Lei 13.135/2015, perde o direito à pensão por morte o cônjuge, o companheiro ou companheira se provada, a qualquer tempo, simulação ou fraude no casamento ou na união estável, ou na sua formalização com o fim exclusivo de constituir benefício previdenciário apuradas em processo judicial no qual será assegurado o direito ao contraditório e à ampla defesa.

Perde o direito à pensão por morte o condenado criminalmente por sentença com trânsito em julgado, como autor, coautor ou partícipe de homicídio doloso, ou de tentativa desse crime, cometido contra a pessoa do segurado, ressalvados os absolutamente incapazes e os inimputáveis (art. 74, § 1º, da Lei 8.213/1991, alterado pela Lei 13.846/2019).

Outra questão bastante polêmica na legislação previdenciária é a manutenção da qualidade de dependente para os filhos, equiparados e irmãos, **até completarem 21 anos de idade.**

Sabemos que o Código Civil de 2002 alterou a maioridade para 18 anos. Essa modificação influencia na manutenção da qualidade de dependente?

Não. A legislação previdenciária versa especificamente sobre o tema, fixando a idade limite em 21 anos, logo deve esta prevalecer sobre a civil. Esta é, registre-se, a posição amplamente dominante na doutrina previdenciária e a aceita na prática do INSS. Nesse contexto, o fato de o segurado ter completado a maioridade civil não afeta a continuidade da relação de dependência com o segurado.

19.5. NOÇÕES BÁSICAS SOBRE PRESTAÇÕES PREVIDENCIÁRIAS

Prestações previdenciárias são os benefícios e os serviços da Previdência Social. Benefícios são prestações oferecidas em dinheiro aos segurados ou aos seus dependentes. Serviços são prestações não pecuniárias, que buscam, na maioria das vezes, auxiliar o INSS na concessão dos benefícios previdenciários ou intermediar a relação entre o segurado e a Previdência Social.

Para possibilitar uma melhor compreensão dos conceitos que regem o Plano de Benefícios da Previdência Social, fornecemos algumas noções básicas sobre cada um dos benefícios oferecidos pelo RGPS.

O objetivo aqui não é esgotar o tema. Apenas forneceremos conceitos introdutórios, com a finalidade de promover a familiarização do leitor. Todas as regras da legislação previdenciária acerca dos benefícios e serviços serão estudadas, mais profundamente, em tópicos específicos.

Os benefícios previdenciários são prestações pagas em dinheiro aos trabalhadores ou aos seus dependentes. Alguns deles substituem a remuneração do trabalhador que ficou, por algum motivo, impedido de exercer sua atividade. Outros são oferecidos como complementação de rendimento do trabalho ou, até mesmo, independentemente do exercício de atividade.

Alguns benefícios são pagos aos segurados, enquanto outros são destinados aos dependentes. Veja o esquema que segue, já ajustada de acordo com a EC 103/2019:

1) Pagos aos Segurados

a) Aposentadorias

- Aposentadoria por Incapacidade Permanente (por invalidez)
- Aposentadoria Programada e por Idade do Trabalhador Rural
- Aposentadorias Especiais
  - Por Agentes Nocivo
  - Da Pessoa com Deficiência
  - Aposentadorias Compulsória

b) Salários

- Salário-Família
- Salário-Maternidade

c) Auxílios

- Auxílio Incapacidade Temporária (auxílio-doença)
- Auxílio-Acidente

2) Pagos aos Dependentes

a) Pensão por Morte

b) Auxílio-Reclusão

Oferecemos essa divisão por compreendermos que facilita o aprendizado do estudante. Forneceremos, neste momento, uma sintética definição sobre cada um dos benefícios.

Aposentadoria por Invalidez (por Incapacidade Permanente) – É o benefício disponibilizado ao segurado que ficou incapacitado para todo e qualquer trabalho com possibilidade remota de recuperação.

Aposentadoria Programada – É o benefício concedido a pessoa que completou 65 anos de idade e 20 anos de contribuição, se homem, e 62 anos de idade e 15 anos de contribuição, se mulher. Os trabalhadores rurais são beneficiados com redução nessas idades, podendo aposentar-se com 60 anos, se homens, e 55 anos, se mulheres. Os professores se aposentam com idades diferenciadas aos 60 anos, homens, e 57 anos, mulheres. Essa aposentadoria substituiu as antigas aposentadorias por idade e por tempo de contribuição, que tinha as regras que veremos a seguir.

Aposentadoria por Idade – Era o benefício concedido à pessoa que completasse 65 anos de idade, se homem, e 60 anos de idade, se mulher. Os trabalhadores rurais eram beneficiados com redução de cinco anos nessas idades, podendo aposentar-se com 60 anos, se homens, e 55 anos, se mulheres.

Aposentadoria por Tempo de Contribuição – Tinha direito a esse benefício os segurados que tivessem contribuído por 35 anos, se homens, e 30 anos, se mulheres. Os professores que exercessem atividade, em tempo integral, no ensino infantil, fundamental e médio eram contemplados com redução de cinco anos, podendo aposentar-se com 30 anos de contribuição, se homens, e 25 anos, se mulheres.

Aposentadoria Especial por Agente Nocivo – É o benefício concedido ao segurado empregado, avulso ou cooperado exposto a agentes nocivos prejudiciais à sua saúde e à sua integridade física, gerando aposentadoria em 15, 20 ou 25 anos de contribuição, a depender do grau de nocividade do agente. A EC 103/2019 incluiu idades mínimas para essa modalidade de aposentadoria de 60 anos, para 25 anos de exposição, 58 anos, para 20 anos de exposição, e, 55 anos, para 15 anos de exposição.

Aposentadoria Especial da Pessoa com Deficiência – Segurado com deficiência pode gozar da aposentadoria aos 25 anos de contribuição, se homem, e 20 anos, se mulher, no caso de deficiência grave; aos 29 anos de contribuição, se homem, e 24 anos, se mulher, no caso de deficiência moderada; aos 33 anos de contribuição, se homem, e 28 anos, se mulher, no caso de deficiência leve; ou aos 60 anos de idade, se homem, e 55 anos de idade, se mulher, independentemente do grau de deficiência, desde que cumprido tempo mínimo de contribuição de 15 anos e comprovada a existência de deficiência durante igual período.

Aposentadoria Compulsória do RGPS – Com a EC 103/2019, empregados dos consórcios públicos, das empresas públicas, das sociedades de economia mista e das suas subsidiárias serão aposentados compulsoriamente, observado o cumprimento do tempo mínimo de contribuição, ao atingir a idade máxima de 70 anos, homens e mulheres.

Salário-Família – É o valor fixo pago ao segurado empregado, doméstico e avulso de baixa renda que possuir filhos menores de 14 anos ou inválidos de qualquer idade.

A cota do salário-família é paga por cada filho e não substitui à remuneração do trabalhador. Serve de acréscimo para a manutenção da família.

Salário-Maternidade – É a concessão de 120 dias de licença remunerada à segurada por ocasião de seu parto. Pode ser pago, também, nos casos de adoção, aborto ou natimorto e até para os homens, em caso de adoção ou de morte da mãe.

Auxílio por Incapacidade Temporária – Benefício concedido aos segurados que ficaram temporariamente incapacitados para o exercício de sua atividade.

Auxílio-Acidente – Benefício concedido aos segurados empregado, doméstico e segurado especial que tenham sofrido acidente de qualquer natureza, do qual tenha resultado sequelas que dificulte o exercício da atividade. Perceba que o auxílio-acidente não substitui a remuneração do trabalhador.

Pensão por Morte – Benefício concedido aos dependentes do segurado, em razão de seu falecimento.

Auxílio-Reclusão – Benefício concedido aos dependentes do segurado de baixa renda, detido ou recluso.

De acordo com o § 4º do art. 18 da Lei 8.213/1991, inserido pela Lei 13.846, de 18/01/2019, os benefícios previdenciários poderão ser solicitados, pelos interessados, aos Oficiais de Registro Civil das Pessoas Naturais, que encaminharão, eletronicamente, requerimento e respectiva documentação comprobatória de seu direito para deliberação e análise do Instituto Nacional do Seguro Social (INSS), nos termos do regulamento. Essa regra, ainda pendente de regulamentação, possibilita que os benefícios previdenciários sejam requeridos em cartórios.

Atente-se, também, para o fato de que o **seguro-desemprego**, embora haja previsão constitucional nesse sentido, não faz parte do rol de benefícios disponibilizados pela Previdência Social, exceto o seguro-defeso do pescador artesanal, que a partir da MP 664/2014, convertida na Lei 13.135/2015, passou a ser pago pelo INSS. Apesar do seguro-desemprego ser um benefício tipicamente previdenciário (conforme previsto no art. 201 da Constituição), pois cobre o risco social do desemprego involuntário, atualmente, com exceção do seguro-defeso, **é pago pelo Ministério do Trabalho e Emprego**, que utiliza, para este fim, os recursos do Fundo de Amparo ao Trabalhador – FAT.

O aposentado do RGPS que retorna ao trabalho é segurado obrigatório da Previdência Social, contudo **somente fará jus a dois dos benefícios** oferecidos pelo INSS, na qualidade de segurado: **salário-maternidade** para todas as aposentadas e **salário-família**, para os aposentados por idade e por invalidez e, para as demais modalidades, desde que atinjam a idade de 65 anos, se homem, e 60 anos, se mulher. Poderá, ainda, ser beneficiado com o serviço de reabilitação profissional.

Observem, todavia, que o aposentado por invalidez não vai ter direito ao salário-maternidade por impossibilidade jurídica, vez que este benefício é devido aos aposentados que retornam ao trabalho e o segurado que recebe aposentadoria por incapacidade permanente não pode retornar ao trabalho. Ademais, o próprio art. 102 do RPS veda a acumulação de salário-maternidade com benefício por incapacidade.

Perceba que, dificilmente, ele preencherá os requisitos necessários para a obtenção desses benefícios, pois, raramente, os aposentados com a idade exigida têm filhos menores de 14 anos ou as aposentadas tornam-se gestantes. Poderão, no entanto, usufruir do salário-família, em caso de filho inválido, ou do salário-maternidade, em caso de adoção.

Os aposentados podem, também, ser contemplados com o serviço de reabilitação profissional.

O benefício concedido a segurado ou dependente não pode ser objeto de penhora, arresto ou sequestro, sendo nula, de pleno direito, a sua venda, cessão, ou a constituição de qualquer ônus sobre ele, bem como a outorga de poderes irrevogáveis ou em causa própria para seu recebimento.

As aposentadorias **programada** e especial são irreversíveis e irrenunciáveis. Note que essa regra não se estende aos demais benefícios previdenciários.

Desde a publicação da Medida Provisória 404, de 11/12/2007, os benefícios com renda mensal superior a um salário mínimo passaram a ser pagos do primeiro ao quinto dia útil do mês subsequente ao de sua competência, observada a distribuição proporcional do número de beneficiários por dia de pagamento. Já os benefícios com renda mensal no valor de até um salário mínimo passaram a ser pagos no período compreendido entre o quinto dia útil que anteceder o final do mês de sua competência e o quinto dia útil do mês subsequente, observada a distribuição proporcional dos beneficiários por dia de pagamento (art. 41, §§ 2º e 3º, da Lei 8.213/1991).

Note-se que antes da citada MP o prazo para pagamento de benefícios já foi até o dia 10 do mês subsequente e a partir de 04/2004 até a MP 404/07 o prazo era do primeiro ao quinto dia útil do mês seguinte ao de sua competência, independentemente do valor do benefício.

Observe-se que os pagamentos dos benefícios de prestação continuada não poderão ser antecipados (art. 169, RPS). Excepcionalmente, nas hipóteses de estado de calamidade pública, reconhecidas por ato do Poder Executivo federal, o INSS poderá, nos termos estabelecidos em ato do Secretário Especial de Previdência e Trabalho do Ministério da Economia, antecipar aos beneficiários domiciliados nos respectivos Municípios:

I – o cronograma de pagamento dos benefícios de prestação continuada previdenciária e assistencial, enquanto perdurar o estado de calamidade; e

II – o valor correspondente a uma renda mensal do benefício devido, excetuados os temporários, mediante opção dos beneficiários, sendo o valor antecipado, posteriormente descontado dos pagamentos futuros.

O primeiro pagamento do benefício será efetuado até 45 dias após a data da apresentação, pelo segurado, da documentação necessária à sua concessão.

Saliente-se, mais uma vez, que o objetivo desta breve explanação é, apenas, facilitar a compreensão dos tópicos seguintes. As especificidades de cada um dos benefícios serão estudadas em capítulo próprio.

19.6. CARÊNCIA

- **Arts. 24 a 27, Lei 8.213/1991**
- **Arts. 26 a 30, Decreto 3.048/1999**

O conceito de carência faz parte do cotidiano da sociedade. Frequentemente, deparamo-nos com situações em que o conhecimento do significado dessa palavra é exigido. É o que ocorre quando contratamos um plano de saúde. Para se ter direito ao atendimento em consulta médica, por exemplo, é necessário que decorra certo lapso de tempo em relação à contratação do plano. Certamente, para determinados procedimentos, a carência não é exigida, como, por exemplo, para os atendimentos de urgência.

Na Previdência Social, a carência é aplicada da mesma maneira que nos contratos de seguros. Para se ter o direito a usufruir de alguns benefícios previdenciários é necessário um determinado número de contribuições mensais.

Carência é, então, o número de contribuições mensais necessárias para efetivação do direito a um benefício. Lembramos que desde a Reforma da Previdência trazida pela EC 103/2019 somente são consideradas para efeito de carência as competências cujo salário de contribuição seja igual ou superior ao seu limite mínimo mensal. Obviamente, as contribuições inferiores ao mínimo anteriores à data de publicação da EC 103/2019 serão consideradas na contagem da carência.

O conceito de carência não pode ser confundido com o de tempo de contribuição. A carência é contada mês a mês, enquanto o tempo de contribuição é contado dia a dia. Se, por exemplo, a pessoa iniciou sua atividade no dia 30/11/2015 e foi despedida no dia seguinte, 01/12/2015, terá dois dias de contribuição e duas contribuições mensais para efeito de carência, não sendo relevante que tenha contribuído apenas um dia de cada mês.

Essa primeira diferença, inclusive, foi bastante mitigada pelo Decreto 10.410, de 30/06/2020, que inseriu o § 2º do art. 19-C do RPS dispondo que as *competências em que o salário de contribuição* ***mensal tenha sido igual ou superior ao limite mínimo serão computadas integralmente como tempo de contribuição, independentemente da quantidade de dias trabalhados***.

Obviamente a diferença ainda se mantem se o valor da contribuição proporcional for inferior ao salário mínimo, pois este período não contará como tempo de contribuição integralmente.

Outra diferença entre carência e tempo de contribuição é que a carência não admite contribuições anteriores à data da inscrição, enquanto o tempo de contribuição pode retroagir. Se, por exemplo, o segurado que nunca pagou suas contribuições desejar comprovar o exercício da atividade nos últimos cinco anos e recolher os valores em atraso, terá cinco anos de contribuição, mas, apenas, uma contribuição de carência, porque esta não admite recolhimentos anteriores à inscrição.

Estudamos que os segurados obrigatórios podem recolher as suas contribuições retroativamente, desde que comprovem o exercício da atividade. Lembre-se de que a filiação para esses segurados é decorrente do seu trabalho. Um segurado, pois, que efetua no mês de novembro 20 contribuições relativas a períodos anteriores a data da sua inscrição no RGPS contará com 20 meses de contribuição e somente um de carência.

O objetivo da carência é evitar que os segurados comecem a contribuir para o sistema de proteção social com o único objetivo: obter determinado benefício. Se não houvesse a necessidade de cumprimento de carência, seria possível que uma pessoa, no momento de sua doença, contribuísse por um mês para o RGPS e de imediato solicitasse o benefício por incapacidade temporária.

A contribuição sobre o 13º salário não é considerada para efeito de carência. Se a carência é o número de contribuições mensais para fazer jus aos benefícios, não há sentido em considerar o recolhimento da contribuição sobre a gratificação natalina para efeito de carência, pois o ano somente possui 12 meses. Ademais, o segurado em gozo de benefício previdenciário recebe o abono anual, parcela equivalente ao 13º salário.

Nessa ótica, os benefícios sujeitos à carência são os seguintes (art. 25, Lei 8.213/1991):

I – auxílio por incapacidade temporária e aposentadoria por incapacidade permanente: 12 contribuições mensais.

Esta carência, contudo, é dispensada, nos seguintes casos:

- Acidente de qualquer natureza ou causa, doença profissional ou do trabalho;

Entende-se como acidente de qualquer natureza ou causa aquele de origem traumática e por exposição a agentes exógenos (físicos, químicos e biológicos) que acarrete lesão corporal ou perturbação funcional causadora de perda ou a redução permanente ou temporária da capacidade laborativa.

Atenção!

A carência é dispensada em caso de acidente de qualquer natureza. Não há, então, a exigência de que o acidente seja de trabalho para que haja dispensa de carência. Note que as doenças profissionais e do trabalho (LER, DORT etc.) também excluem a carência.

- Doenças e afecções especificadas em lista elaborada pelos Ministérios da Saúde e da Previdência Social, atualizada a cada três anos, de acordo com os critérios de estigma, deformação, mutilação, deficiência, ou outro fator que lhe confira especificidade e gravidade que mereçam tratamento particularizado. Obviamente, o segurado deve ter contraído alguma das doenças constantes da referida lista, após filiar-se ao Regime Geral de Previdência Social.

Apesar de a legislação exigir a revisão do rol de doenças a cada três anos, a lista presente da Portaria Interministerial 2.998/2001 ficou vigente por 14 anos sem qualquer alteração. Finalmente, o art. 151 da Lei 8.213/1991, alterado pela Lei 13.135/2015, efetuou uma tímida alteração na lista, incluindo apenas mais uma doença: a esclerose múltipla e posteriormente a Portaria Interministerial 22/2022 incluiu AVC e abdome agudo cirúrgico. A seguir estão listadas as doenças presentes no citado art. 151, da Lei 8.213/1991, contendo as seguintes doenças e afecções:

I – tuberculose ativa;

II – hanseníase;

III – alienação mental;

IV – neoplasia maligna;

V – cegueira;

VI – paralisia irreversível e incapacitante;

VII – cardiopatia grave;

VIII – doença de Parkinson;

IX – espondiloartrose anquilosante;

X – nefropatia grave;

XI – estado avançado da doença de Paget (osteíte deformante);

XII – síndrome da deficiência imunológica adquirida – Aids;

XIII – contaminação por radiação, com base em conclusão da medicina especializada;

XIV – hepatopatia grave;

XV – esclerose múltipla;

XVI – acidente vascular encefálico (agudo); e (Portaria Interministerial MTPS/MS 22, de 31/08/2022)

XVII – abdome agudo cirúrgico. (Portaria Interministerial MTPS/MS 22, de 31/08/2022)

Não há necessidade de que o estudante memorize as doenças constantes dessa lista, já que não vem sendo questionada em concursos públicos. Disponibilizamo-la neste material com o intuito de deixar mais claro o ensinamento.

A TNU firmou posicionamento em 30/04/2021 no Tema 220 que o rol de doenças que dispensa a carência é exemplificativo, firmando a seguinte tese:

> 1. O rol do inciso II do art. 26 da Lei 8.213/91 é exaustivo.
>
> 2. A lista de doenças mencionada no inciso II, atualmente regulamentada pelo art. 151 da Lei nº 8.213/91, não é taxativa, admitindo interpretação extensiva, desde que demonstrada a especificidade e gravidade que mereçam tratamento particularizado.
>
> 3. A gravidez de alto risco, com recomendação médica de afastamento do trabalho por mais de 15 dias consecutivos, autoriza a dispensa de carência para acesso aos benefícios por incapacidade.

Embora a TNU tenha firmado essa tese baseando-se em um caso em que existia "gravidez de alto risco", este entendimento abre precedente para que outras situações possam também dispensar a carência.

Segue uma questão sobre carência:

(CESPE - Técnico do Seguro Social - INSS/2016) Em regra, o período de carência para a concessão do benefício de auxílio por incapacidade temporária é de 12 contribuições mensais.

RESOLUÇÃO:

A assertiva trata da regra geral para carência do auxílio por incapacidade temporária, previsto no art. 25, I, da Lei 8.213/1991, que, de fato, é de 12 meses. O art. 26, II, trata das exceções em que não se exige carência para a concessão deste benefício, sendo os casos de acidente de qualquer natureza ou causa e de doença profissional ou do trabalho, bem como nos casos de segurado que, após filiar-se ao RGPS, for acometido de alguma das doenças e afecções especificadas em lista elaborada pelos Ministérios da Saúde e da Previdência Social, atualizada a cada três anos, de acordo com os critérios de estigma, deformação, mutilação, deficiência ou outro fator que lhe confira especificidade e gravidade que mereçam tratamento particularizado.

Resposta: Certa.

II - aposentadoria por idade, por tempo de contribuição e especial: 180 contribuições mensais;

A Lei 8.213/1991 ainda utiliza a nomenclatura dos benefícios anterior às alterações promovidas pela EC 103/2019. Veja que não há carência especificada para o benefício de aposentadoria programada, que substituiu as aposentadorias por idade e por tempo de contribuição, mas entendemos que a carência de 180 contribuições mensais deve ser aplicada ao novo benefício que substituiu os outros dois.

Esse prazo de carência é aplicado aos segurados que se filiaram ao RGPS depois da aprovação da Lei 8.213, de 24/07/1991. O trabalhador que já estava filiado antes desta data deve seguir a regra de transição do art. 142 desta lei, que exige carência de acordo com o ano em que o segurado implementou ou implementará todas as condições para a concessão desses benefícios. Veja a tabela:

Ano de implementação das condições	Meses de contribuição exigidos
1991	60 meses
1992	60 meses
1993	66 meses
1994	72 meses
1995	78 meses
1996	90 meses
1997	96 meses
1998	102 meses
1999	108 meses
2000	114 meses
2001	120 meses
2002	126 meses
2003	132 meses
2004	138 meses
2005	144 meses
2006	150 meses
2007	156 meses
2008	162 meses
2009	168 meses
2010	174 meses
2011	180 meses

De acordo com a Súmula 44 da TNU, "para efeito de aposentadoria urbana por idade, a tabela progressiva de carência prevista no art. 142 da Lei 8.213/1991 deve ser aplicada **em função do ano em que o segurado completa a idade mínima** para concessão do benefício, ainda que o período de carência só seja preenchido posteriormente".

Com essa interpretação, o homem que completou 65 anos de idade em 2006 e somente em 2013 completou as 150 contribuições mensais pode se aposentar, pois, em 2006, quando completou a idade necessária para a concessão deste benefício, ele apenas necessitava de 150 meses de carência.

Saliente-se que, para a correta aplicação da carência das aposentadorias por idade e por tempo de contribuição, deve ser considerado o número de meses necessários no momento em que o segurado implementou todas as condições para o direito ao benefício.

> **Exemplo:**
>
> Dina, segurada da previdência social inscrita em 1965, completou 60 anos em 2004 (idade necessária para a aposentadoria por idade de uma mulher). Em 2009, requereu a aposentadoria por idade, mesmo estando há mais de dez anos sem contribuir para a previdência social. Ao verificar o seu histórico de recolhimento, o analista do INSS identificou apenas 153 contribuições. Como o requerimento se deu no ano de 2009, ele negou o direito ao benefício sob a alegação de que a segurada não havia cumprido a carência exigida para o benefício, que, no caso em questão, era de 168 contribuições mensais. Pergunta-se: agiu corretamente o analista do INSS?
>
> **Resposta:**
>
> Não. A análise foi feita de forma equivocada. O analista do INSS não considerou que quando Dina completou 60 anos de idade, em 2004, ela já possuía as mesmas 153 contribuições. Assim, a carência que deveria ter sido exigida era de 138 contribuições mensais, referentes ao ano de 2004. Como Dina já possuía 153 contribuições, e 60 anos de idade em 2004, já tinha o direito à aposentadoria, ou seja, ela possui direito adquirido à concessão desse benefício.

De acordo com a jurisprudência do STJ, o inscrito no RGPS até 24/7/1991, **mesmo que nessa data não mais apresente condição de segurado, caso restabeleça relação jurídica com o INSS e volte a ostentar a condição de segurado após a Lei 8.213/1991**, tem direito à aplicação da regra de transição prevista no art. 142 do mencionado diploma, devendo o requisito da carência, para a concessão de aposentadoria urbana por idade, ser definido de acordo com o ano em que o segurado implementou **apenas o requisito etário** – e não conforme o ano em que ele tenha preenchido, simultaneamente, tanto o requisito da carência quanto o requisito etário (REsp 1.412.566-RS, Rel. Min. Mauro Campbell Marques, j. em 27/03/2014).

III – salário-maternidade para as seguradas contribuinte individual, especial e facultativa: 10 contribuições mensais.

Em caso de parto antecipado, o período de carência será reduzido em número de contribuições equivalente ao número de meses em que o parto foi antecipado.

Note que apenas as seguradas contribuintes individuais, especiais e facultativas necessitam cumprir carência para ter direito ao salário-maternidade. Para as empregadas, empregadas domésticas e avulsas, não é exigida qualquer carência.

A explicação é muito simples. As empregadas, empregadas domésticas e avulsas não são responsáveis pelo próprio recolhimento, sendo os seus contratantes encarregados dos pagamentos das contribuições previdenciárias previamente retidas.

Buscou a legislação previdenciária dificultar a fraude, evitando que as pessoas responsáveis pelo próprio recolhimento o façam, mesmo sem haver qualquer prestação de serviço, com o único escopo de fazer jus ao salário-maternidade. É bem verdade que, não se exigindo carência para as seguradas empregadas, empregadas domésticas e avulsas, ainda persiste, na prática, a possibilidade de ocorrência de ilicitudes. Se, por exemplo, uma pessoa contratar empregada doméstica no nono mês de gestação, terá ela direito ao salário-maternidade.

A carência será dispensada para o segurado especial que não optar por recolher da mesma forma que o contribuinte individual, desde que comprove o exercício de atividade rural, ainda que de forma descontínua, por período igual ao número de meses necessários à concessão do benefício requerido. Para ter direito ao salário-maternidade, por exemplo, a segurada especial deve comprovar dez meses de exercício de atividade rural. O STF, no julgamento da **ADI 2111/DF e ADI 2110/DF**, quanto no mérito, julgado em 21.03.2024, **considerou inconstitucional a carência de 10 (dez) contribuições para a segurada contribuinte individual, especial e facultativa**, prevista no inciso III, do art. 25, da Lei 8.213/91.

A Suprema Corte entendeu que a fixação de carência apenas para as trabalhadoras contribuintes individuais fere o princípio da isonomia, estabelece inadmissível presunção de má-fé das trabalhadoras autônomas e viola o princípio da integral proteção à maternidade e à criança, previsto no art. 227 da CF/88.

O INSS ainda não está aplicando essa decisão, pois aguarda o trânsito em julgado e posterior normatização administrativa.

IV – auxílio-reclusão: 24 contribuições mensais.

A MP 871, de 18/01/2019, convertida na Lei 13.846/2019, alterou o art. 25 da Lei 8.213/1991, passando a exigir carência de 24 contribuições mensais para o benefício do auxílio-reclusão. A intenção foi a de dificultar a concessão desse tão criticado benefício, criando uma carência até superior a todos os demais benefícios.

A necessidade do cumprimento de carência para o benefício de pensão por morte e, reflexamente, do auxílio-reclusão já havia sido inserida pela Medida Provisória 664, de 30/12/2014, prevendo um prazo de 24 meses. Ocorre que, no processo de conversão da MP na Lei 13.135/2015, foi excluída a necessidade de cumprimento de carência para a concessão desses benefícios.

Em vez da carência, o legislador preferiu instituir um prazo escalonado para o pagamento do benefício de pensão por morte para os cônjuges ou companheiros, dependendo, no entanto, para a aplicação dos referidos prazos, que o segurado já contasse com 18 contribuições para a previdência social. Tal regra se aplica à pensão por morte, uma vez que com a MP 871/2019, convertida na Lei 13.846/2019, passou a ser necessário o cumprimento da carência para o auxílio-reclusão de 24 contribuições mensais.

A Lei 13.135, de 17/06/2015, garantiu um benefício de apenas quatro meses para os cônjuges ou companheiros(as) dos segurados que não cumprirem 18 contribuições mensais. Já para os demais dependentes (filhos ou equiparados, pais e irmãos), o número de contribuições vertidas pelo segurado não influencia o prazo de duração da pensão por morte. Assim, caso um filho de um ano de idade perca o pai que contribuía há apenas seis meses para o INSS, ele terá direito à pensão por morte até completar 21 anos de idade.

Antes desse ato normativo, não havia prazo de duração para gozar o benefício de pensão por morte. Assim, bastava apenas uma contribuição do segurado para ensejar o direito ao seu cônjuge ou companheiro(a) de usufruir desse benefício, vitaliciamente. No processo de conversão da MP, a Lei 13.135/2015 passou a exigir **18 contribuições mensais** para que o prazo à pensão por morte desses dependentes fosse escalonado (art. 77, § 2º, V, c, da Lei 8.213/1991).

Atualmente, então, é necessário que o segurado já tenha efetuado 18 contribuições mensais para garantir o direito de seu cônjuge ou companheiro(a) gozar da pensão por morte, por prazo superior a quatro meses.

Se o segurado falecer sem ter cumprido as 18 contribuições mensais, deixará o benefício de pensão por morte para seu cônjuge ou companheiro(a) pelo período de apenas quatro meses. No entanto, se o óbito for decorrente de acidente de qualquer natureza ou de doença profissional ou do trabalho, mesmo que o segurado não tenha cumprido as 18 contribuições necessárias, deixará a pensão por morte por período variável, a depender da idade do cônjuge sobrevivente.

A tabela de escalonamento do prazo de duração da pensão por morte do cônjuge, companheiro ou companheira está previsto no art. 77, V, c, da Lei 8.213/1991, conforme segue (atualizada pela Portaria 424 de 29/12/2020):

Idade do companheiro ou companheira	Duração do benefício
Menores que 22 anos	3 anos
A partir de 22 anos até 27 anos	6 anos
A partir de 28 anos até 30 anos	10 anos
A partir de 31 anos até 41 anos	15 anos
A partir de 42 anos até 44 anos	20 anos
A partir de 45 anos	Vitalícia

No caso de cônjuge ou companheiro(a) inválido ou com deficiência, a pensão por morte será concedida até a duração dessa condição. Se a cessação da invalidez ou da deficiência se der antes dos prazos de duração definidos para o dependente capaz, o deficiente gozará do benefício pelo prazo mínimo. Caso, então, um dependente inválido de 35 anos de idade que perca o cônjuge recupere a capacidade depois de dois anos, receberá o benefício de pensão por morte durante 15 anos.

Apesar de a legislação não deixar cristalino, entendemos que se o cônjuge que está em gozo de benefício por prazo determinado ficar inválido ou deficiente antes do término do prazo, ele passará a fazer jus ao benefício vitalício, pois a invalidez foi anterior à extinção de sua cota do benefício (art. 77, § 2º, V, a, da Lei 8.213/1991).

O tempo de contribuição para o RPPS será considerado para efeito de contagem das 18 contribuições mensais. Se, então, o trabalhador era servidor público e passou a ser vinculado ao RGPS, o tempo de serviço público será considerado para a apuração dessa exigência.

Curioso notar que o art. 77, § 2º, V, da Lei 8.213/1991, alterado pela Lei 13.135/2015 apenas incluiu a necessidade de cumprimento das 18 contribuições mensais para o escalonamento do prazo da pensão por morte, deixando de fora o auxílio-reclusão.

Acreditamos que, como o art. 80 da Lei 8.213/1991 afirma que o benefício de auxílio-reclusão deve ser concedido **nas mesmas condições da pensão por morte**, na omissão do legislador, o escalonamento do benefício aplicável à pensão por morte era extensível ao auxílio-reclusão, até a publicação da MP 871, de 18/01/2019, que instituiu a carência de 24 meses para esse benefício. Assim, se o segurado de baixa renda recluso não tivesse contribuído por 18 meses, deixaria o benefício de auxílio-reclusão para seu cônjuge ou companheiro(a) por apenas quatro meses, antes da MP 871/2019.

Com a MP 871, convertida na Lei 13.846, de 18/01/2019, o segurado tem que cumprir a carência de 24 contribuições para deixar aos seus dependentes o direito ao auxílio-reclusão. Caso tenha cumprido a citada carência, os dependentes terão direito ao benefício pelos prazos previstos na tabela de escalonamento da pensão por morte. Assim, o prazo de 18 contribuições aplicável à pensão por morte não se aplica mais ao auxílio-reclusão, pois este benefício exige, atualmente, uma carência de 24 contribuições mensais, que, uma vez cumprida, dá direito aos dependentes de gozar o benefício pelo mesmo prazo de escalonamento previsto para a pensão por morte.

Observamos, no entanto, que as exceções da necessidade de cumprimento do prazo de 18 meses de contribuição da pensão relativas à morte por acidente de qualquer natureza, doenças profissionais ou do trabalho, não se aplicam ao auxílio-reclusão, pois o fato gerador desse benefício não está relacionado com a morte, mas sim com o recolhimento à prisão do segurado.

Anote-se que os benefícios de auxílio-acidente, salário-família e salário-maternidade, para empregadas, avulsas e empregadas domésticas e, ainda, as exceções já mencionadas do auxílio por incapacidade temporária e aposentadoria por incapacidade permanente não exigem qualquer carência. A pensão por morte também não exige carência, pois o prazo de 18 contribuições mensais não se confunde com este instituto, já que não impede a concessão do benefício, mas, apenas, reduz a sua duração, apenas para o cônjuge ou companheiro(a).

Muitas questões de concurso indagam apenas as noções mais básicas sobre carência. Vejamos exemplo, que dispensa comentários:

Exemplo de questão sobre o tema:

(FUNRIO – Analista do Seguro Social – INSS/2014) A concessão das prestações pecuniárias do Regime Geral de Previdência Social depende de que períodos de carência?

a) Aposentadoria por idade, aposentadoria por tempo de serviço, aposentadoria especial e abono de permanência em serviço: 180 (cento e oitenta) contribuições mensais;

b) Aposentadoria por idade, aposentadoria por tempo de serviço e aposentadoria especial: 120 contribuições mensais;
c) Auxílio-doença e aposentadoria por invalidez: 24 (vinte e quatro) contribuições mensais;
d) Auxílio-doença e aposentadoria por invalidez: 12 (doze) contribuições mensais;
e) Aposentadoria por idade, aposentadoria por tempo de serviço, aposentadoria especial e abono de permanência em serviço: 150 (cento e cinquenta) contribuições mensais.

Resposta: D

Para efeito de carência, considera-se presumido o recolhimento das contribuições do segurado empregado, do empregado doméstico e do trabalhador avulso e as descontadas do contribuinte individual que presta serviços a empresas.

Colocamos, agora, a seguinte questão prática:

Exemplo:

Oscar, segurado facultativo, iniciou o recolhimento de suas contribuições, em janeiro de 2013. Em abril de 2014, adoeceu, dirigindo-se, então, a uma agência do INSS para requerer o auxílio por incapacidade temporária. Ao analisar o sistema da Autarquia, o funcionário percebeu que Oscar deixou de contribuir durante os meses de setembro e outubro de 2013, contando, assim, com 13 contribuições. Deve o analista conceder o auxílio por incapacidade temporária a Oscar?

É claro que sim. Essa é uma das maiores confusões feitas pelos estudantes que iniciam o aprendizado do Direito Previdenciário. A carência é o número de **contribuições mensais** necessárias para obtenção de um benefício. **Note que, em nenhum momento, a legislação exigiu o recolhimento de contribuições consecutivas.**

Ilógico seria se o segurado que contribuiu durante 185 meses, deixando, durante todo o período, de efetuar apenas um recolhimento, não tivesse atendido o requisito da carência para aposentadorias.

Mas quanto tempo, então, o segurado pode deixar de recolher sem que perca a possibilidade de contar as contribuições anteriores para efeito de carência?

Para que as contribuições anteriores sejam contadas para efeito de carência, não pode ocorrer a perda da qualidade de segurado.

Até a publicação da MP 767, de 06/01/2017, quando houvesse perda da qualidade de segurado, as contribuições anteriores a essa perda somente seriam computadas para efeito de carência depois que o segurado contasse, a partir da nova filiação, com, no mínimo, um terço do número de contribuições exigidas para o cumprimento da carência.

Com a publicação da citada MP, convertida na Lei 13.457, de 26/07/2017, havendo perda da qualidade de segurado para a concessão dos benefícios de auxílio por incapacidade temporária, de aposentadoria por incapacidade permanente e de salário-maternidade, o segurado deveria contribuir com metade do número de contribuições exigidas para o cumprimento da carência (seis contribuições para os dois primeiros e cinco para o último).

Essa exigência, contudo, não se aplica aos benefícios de aposentadoria por idade, especial e tempo de contribuição e, agora, entendemos que não se aplica à aposentadoria programada, sucessora das antigas aposentadorias por idade e por tempo de contribuição, pois, a partir de janeiro de 2003, a perda da qualidade de segurado passou a não ser considerada para a concessão desses benefícios.

A MP 871/2019 tentou exigir que os segurados, em vez de serem obrigados a cumprir apenas metade da carência exigida para retomar a qualidade de segurado, passassem a cumprir a carência integralmente após a perda da qualidade de segurado. No processo de conversão da MP 871 na Lei 13.846, de 18/06/2019, todavia, o texto não foi aprovado, retornando a regra anterior que só exige o cumprimento de metade da carência.

Assim, no caso de auxílio por incapacidade temporária e aposentadoria por incapacidade permanente, havendo perda da qualidade do segurado, para que as contribuições anteriores à perda sejam computadas para efeito de carência, são exigidas apenas seis contribuições de carência. No caso de salário-maternidade, são exigidas cinco novas contribuições após a retomada das contribuições. Para o auxílio-reclusão são exigidas mais 12 contribuições de carência.

Exemplo:

Camargo contribuiu por 10 meses para a previdência social em 2015, quando parou de recolher as suas contribuições. Em abril de 2019, voltou a recolher as suas contribuições e, após pagar oito meses, ficou doente, precisando se afastar por um mês de suas atividades. Camargo terá direito a gozar do auxílio por incapacidade temporária?

Resposta:

Sim. Ele terá direito após cumprir a metade das 12 contribuições exigidas para a carência do auxílio por incapacidade temporária, ou seja, seis contribuições, a ter o período anterior à perda da qualidade de segurado contado para efeitos de carência. Assim, no caso de Camargo, depois de completar as seis contribuições depois da retomada da qualidade de segurado, ele somará as dez contribuições anteriores à perda da qualidade de segurado para efeito de apuração do cumprimento do requisito da carência.

Em síntese: havendo perda da qualidade de segurado, as contribuições anteriores a essa perda não contarão para efeito de carência a menos que o segurado contribua com metade da carência exigida para a concessão de salário-maternidade, auxílio por incapacidade temporária, aposentadoria por incapacidade permanente e auxílio-reclusão. Para os benefícios de aposentadoria por idade, especial e tempo de contribuição, se houver perda da qualidade de segurado as contribuições anteriores contarão para efeito de carência.

Já em relação à pensão por morte, o segurado não precisa contar com qualquer número de contribuições, pois esse benefício não exige carência. Não podemos confundir a exigência das 18 contribuições para que o cônjuge ou companheiro tenha o benefício escalonado com o instituto da carência.

Assim, caso um segurado que já contribuiu por mais de 18 meses perca a qualidade de segurado e volte a contribuir, já no mês seguinte poderá gerar o direito à pensão por morte escalonada para seu cônjuge ou companheiro(a), em caso de óbito.

Em se tratando, todavia, de aposentadoria por idade, especial e por tempo de contribuição e, atualmente, aposentadoria programada, poder-se-á sempre contar o período pretérito, sem que seja exigido qualquer requisito.

O período de carência é contado (art. 28, Decreto 3.048/1999):

I - **para o segurado empregado, empregado doméstico e trabalhador avulso, da data de filiação ao Regime Geral de Previdência Social; e**

II - **para o contribuinte individual, especial que opte por recolher como contribuinte individual e facultativo, da data do efetivo recolhimento da primeira contribuição sem atraso.**

Para efeito de carência, considera-se presumido o recolhimento das contribuições do segurado empregado, do trabalhador avulso e, relativamente ao contribuinte individual, a partir da competência abril de 2003, as contribuições dele descontadas pela empresa. Obviamente, os segurados que têm suas contribuições retidas das empresas não podem ser prejudicados por eventuais faltas de repasse de tais valores para o INSS, assim, a comprovação do trabalho já conta para fins de carência (art. 26, § 4º, do Decreto 3.048/99)

O mesmo ocorre no caso de segurado empregado doméstico, que se considera presumido o recolhimento das contribuições dele descontadas pelo empregador doméstico, a partir da competência junho de 2015 (art. 26, § 4º-A, do Decreto 3.048/99).

Já o segurado empregado doméstico filiado ao RGPS nessa condição até 31 de maio de 2015 (LC 150/2015), o período de carência será contado a partir da data do efetivo recolhimento da primeira contribuição sem atraso, de acordo com o disposto no artigo 26 § 4º-B, do RPS. Para o período de filiação comprovado como empregado doméstico sem a comprovação do recolhimento ou sem a comprovação da primeira contribuição sem atraso, será reconhecido o direito ao benefício, considerando o valor de um salário mínimo para os meses que o segurado não demonstrar o valor do salário de contribuição efetivamente recebido.

De fato, o empregado doméstico mesmo antes de 06/2015 (LC 150/2015) já tinha suas contribuições retidas pelo empregador doméstico não podendo também ser prejudicado por eventual falta de recolhimento. A Portaria INSS 1.382, de 19/11/2021 interpretou no seu art. 10, que tal período deve ser contado para todos os fins, ainda que sem a comprovação do efetivo recolhimento.

Em relação as contribuições recolhidas em atraso, após o recolhimento da primeira contribuição em dia, o art. 3º, da Portaria 1.382, de 19/11/2021 dispôs que somente serão considerados para carência as contribuições recolhidas em atraso antes da perda da qualidade de segurado. Vamos ao nosso exemplo para deixar mais claro:

> **Exemplo:**
>
> Robson, contribuinte individual, deixou de contribuir para o INSS em janeiro de 2021, mantendo a qualidade de segurado por 12 meses. Em março de 2022 decidiu retomar as contribuições e pagar as contribuições do período em que deixou de recolhê-las. O período pago em atraso contará para fins de tempo de contribuição, mas não contará para fins de carência, de acordo com a interpretação da Portaria 1.382/2021. Se Robson tivesse pagado as contribuições em atraso em dezembro de 2021, esse período iria contar para fins de carência

Para o segurado especial que não contribua facultativamente como contribuinte individual, o período de carência é contado a partir do efetivo exercício da atividade rural, mediante comprovação.

No caso dos segurados contribuintes individuais e facultativos que efetuem o recolhimento trimestral, a carência é contada a partir da inscrição e, certamente, cada contribuição contará por três meses de carência.

Para os segurados empregados e avulsos, a carência e o tempo de contribuição são equivalentes, pois o recolhimento mensal é sempre presumido, sendo responsabilidade do empregador. As contribuições retidas do contribuinte individual também são contadas para efeito de carência.

A partir da publicação da Lei Complementar 150, de 01/06/2015, o tempo de contribuição do empregado doméstico passou a equivaler ao tempo de carência, pois o trabalho do doméstico passou a contar para efeito de carência, mesmo que o empregador doméstico não efetue o recolhimento das contribuições devidas.

Antes dessa lei, injustamente, o Regulamento da Previdência Social e a própria Lei 8.213 imputava ao empregado doméstico a responsabilidade de exigir do seu empregador o recolhimento das contribuições que lhe foram retidas, sob pena de não atendimento do requisito de carência. O art. 146, § 5º, da Instrução Normativa 77/2015, no entanto, já dispunha que, para fins de concessão de benefício no valor de um salário-mínimo para os empregados domésticos, a carência pode contar a partir da data da filiação, igualmente à regra aplicável para os empregados e avulsos.

De acordo com o entendimento consolidado no STJ, o período em que o segurado recebeu apenas auxílio-acidente deve contar para efeito de carência para a concessão de aposentadoria por idade. De acordo com o entendimento da Corte Superior, o § 5º do art. 29 da Lei 8.213/1991 dá margem para que todos os benefícios por incapacidade sejam computados como tempo de contribuição e como carência, para efeito de concessão de novos benefícios (REsp 1.243.760-PR, de 02/04/2013).

Na mesma linha, entende o STJ que o período de recebimento de auxílio por incapacidade temporária deve ser considerado no cômputo do prazo de carência necessário à concessão de aposentadorias. Isso porque, se o período de recebimento de auxílio por incapacidade temporária é contado como tempo de contribuição (art. 29, § 5º, da Lei 8.213/1991), consequentemente, também deverá ser computado para fins de carência (REsp 1.334.467-RS, Rel. Min. Castro Meira, 28/05/2013).

Por força de decisão judicial proferida na Ação Civil Pública 2009.71.00.004103-4, para benefícios requeridos a partir de 19 de setembro de 2011, fica garantido o cômputo, para fins de carência, do período em gozo de benefício por incapacidade, inclusive os decorrentes de acidente do trabalho, desde que intercalado com períodos de contribuição ou atividade (art. 193, § 1º, da IN 128/2022).

A Portaria Conjunta ME/INSS 12, 19/05/2020 determinou que para cumprimento a decisão judicial proferida na Ação Civil Pública-ACP nº 0216249-77.2017.4.02.5101/RJ, o INSS deve computar, para fins de carência, o período em gozo de benefício por incapacidade não acidentário intercalado e o período em gozo de benefício por incapacidade acidentário, intercalado ou não.

Por último, salientamos que as contribuições vertidas para regime próprio de previdência social serão consideradas para todos os efeitos, inclusive para os de carência, para os segurados que se desvinculem desse regime, filiando-se ao RGPS.

19.7. REGRAS DE CÁLCULO DO VALOR DO BENEFÍCIO E O SALÁRIO DE BENEFÍCIO

- **Arts. 28 a 32, Lei 8.213/1991**
- **Arts. 31 a 34, Decreto 3.048/1999**

Vimos no **tópico 7** que o salário de contribuição é a base de incidência das contribuições previdenciárias. O salário de contribuição do empregado, por exemplo, é a remuneração auferida em uma ou mais empresas durante o mês em decorrência de sua atividade laboral.

Mesmo que o segurado exerça diversas atividades, terá, ele, apenas um salário de contribuição mensal, equivalente à soma de todas as suas remunerações, limitada esta ao teto de R$ 8.157,41. Sobre esta base consolidada, será aplicada a alíquota de contribuição, a depender da classe do segurado.

Com toda certeza, seguindo a lógica da contributividade do sistema previdenciário, essas contribuições devem influenciar no valor do cálculo dos benefícios previdenciários. É exatamente o que ocorre.

Até a aprovação da Lei 9.876/1999, o valor do benefício era baseado nos últimos 36 salários de contribuição do segurado. Essa forma de cálculo era desprovida de razoabilidade financeira e afrontava, fortemente, a "saúde" da Previdência Social, colocando em risco a continuidade do sistema de proteção social. Os segurados costumavam, nessa época, aumentar as suas contribuições, sempre que possível, apenas nos três últimos anos, para alcançar benefícios mais elevados.

Após a aprovação da "curativa" Lei, o valor dos benefícios concedidos pelo INSS, como veremos, passou a ser calculado com base em um período muito mais extenso.

A base de cálculo dos benefícios do Regime Geral de Previdência Social é o salário de benefício – SB. A partir dessa base é que será calculado o efetivo valor da renda mensal do benefício previdenciário, por meio de aplicação de percentuais, a depender do benefício.

Traçando um paralelo, o salário de benefício está para o valor do benefício, assim como o salário de contribuição está para o valor da contribuição. Perceba que, para determinar o efetivo valor do recolhimento, é necessário aplicar percentuais sobre o salário de contribuição – alíquotas, a depender da categoria do segurado. O mesmo ocorre com o salário de benefício, pois, para determinar o exato valor do benefício, é, ainda, necessário valer-se da aplicação de percentuais, a depender do benefício a ser calculado.

A EC 103/2019 fez relevantes alterações na base de cálculo dos benefícios previdenciários, que demonstraremos no decorrer deste tópico.

A partir da Lei 9.876/1999, que alterou o dispositivo da Lei 8.213/1991, então, o salário de benefício consiste:

I – para a **aposentadoria por idade e tempo de contribuição** – média aritmética simples dos 80% maiores salários de contribuição de todo o período contributivo, **multiplicado pelo fator previdenciário.** O fator é obrigatório para a aposentadoria por tempo de contribuição, exceto para os casos de cumprimento dos requisitos da fórmula 96 e 86, que veremos a seguir, e facultativo na por idade.

II – para a **aposentadoria por incapacidade permanente, especial, auxílio por incapacidade temporária e auxílio-acidente** – média aritmética simples dos 80% maiores salários de contribuição de todo o período contributivo.

No modelo anterior, o salário de benefício era calculado com base na média dos 80% maiores salários de contribuição, possibilitando o descarte dos 20% menores.

Com a publicação da Emenda Constitucional 103/2019, o seu art. 26 determina que **até que lei discipline o cálculo dos benefícios** do Regime Próprio de Previdência Social da União e do **Regime Geral de Previdência Social**, será utilizada a **média aritmética simples dos salários de contribuição e das remunerações adotados como base para contribuições a Regime Próprio de Previdência Social e ao Regime Geral de Previdência Social**, ou como base para contribuições decorrentes das atividades militares, atualizados monetariamente, **correspondentes a 100% do período contributivo desde a competência julho de 1994** ou desde o início da contribuição, se posterior àquela competência.

Essa regra é mais uma das disposições transitórias que pode ser alterada por lei. Vale, então, a regra da média de todas as contribuições, até que lei venha alterar essa disposição.

Importante ressaltar que essa regra de cálculo prevista no art. 26 da EC 103/2019 será aplicável a muitos dos novos benefícios previdenciários, tanto do RGPS quanto do RPPS, com algumas especificidades, como iremos demonstrar ao estudar cada alteração.

Antecipamos que, em nossa visão, essa nova regra de cálculo dos benefícios revoga o disposto do artigo 29, incisos I e II da Lei 8.213/1991, que trata do cálculo do salário de benefício das aposentadorias e do auxílio por incapacidade temporária e auxílio-acidente. Notem que o texto fala de "cálculo dos benefícios" e não apenas das aposentadorias. Desta forma, entendemos que mesmo o auxílio por incapacidade temporária e o auxílio-reclusão serão afetados, no que couber, por essa nova regra, devendo ser calculados sem direito a descartar os 20% menores salários de contribuição a partir de julho de 1994.

Muito relevante ressaltar também que o STF julgou o Tema 1102 em 01/12/2022, conhecido como Revisão da Vida Toda, entendendo que os segurados que tenham vantagem com a utilização dos salários de contribuição anteriores a julho de 1994 podem utilizá-los para aumentar o valor de seus benefícios. Com isso, os segurados que tinham remunerações maiores antes de 1994 podem elevar o valor de seus benefícios, respeitando o prazo decadencial de 10 anos para revisão de benefícios. Logo após, o mesmo STF julgou, em 2024, a ADI 2110, derrubando em definitivo a tese da Revisão da Vida toda, em grande reviravolta da decisão anterior. Dessa forma, o cálculo dos benefícios deve desprezar os salários de contribuição anteriores a julho de 1994.

Para os segurados **vinculados ao RGPS, a média será limitada ao valor máximo do salário de contribuição** do Regime Geral de Previdência Social.

Uma novidade trazida pela Lei 14.331/2022 foi a inclusão do art. 135-A na Lei 8.213/91, criando o chamado divisor mínimo para evitar que os segurados que possuam poucas contribuições posteriores a julho de 1994 tenham suas aposentadorias calculadas apenas com esses valores.

Imaginem o exemplo de um segurado que possuía 179 contribuições sobre o salário mínimo anteriores a julho de 1994, que não entra na base de cálculo do benefício, e que tenha apenas uma contribuição posterior a julho de 1994 efetuada com base no teto. Nessa esquisita situação, a média do segurado, antes da alteração do art. 135-A, da Lei 8.213/91, seria o teto, uma vez que só conta para efetuar a média as contribuições posteriores a julho de 1994. Essa situação foi permitida a partir da EC 103/2019 e ficou conhecida como "Milagre da Contribuição Única".

Assim, o art. 135-A passou a dispor que para o segurado filiado à Previdência Social até julho de 1994, no cálculo do salário de benefício das aposentadorias, exceto a aposentadoria por incapacidade permanente, o divisor considerado no cálculo da média dos salários de contribuição não poderá ser inferior a 108 meses.

Dessa forma, o segurado tem que contar com no mínimo 108 contribuições (9 anos) posteriores a julho de 1994 para que não tenha redução no valor de sua média, pois para se calcular a média é necessário somar todas as bases contributivas posteriores a julho de 1994 e dividir por, no mínimo, 108.

No exemplo citado, o segurado, que só conta com uma contribuição posterior a julho de 1994 sobre o teto (atualmente, R$ 8.157,41), terá esse valor dividido por 108, resultando em uma média de menos de 66 reais. Nesse caso, o valor do benefício seria apenas um salário mínimo.

Para deixar mais claro o mínimo divisor criado, vamos supor que o segurado tenha apenas 54 contribuições, todas com base de valor corrigido equivalente ao teto (R$ 8.157,41). A média dele considerará a soma dos 54 tetos (54 x R$ 8.157,41 = 440.500,14), dividido por 108 que é o mínimo divisor, resultando em R$ 4.078,71 (440.500,14/108).

Depois de calcular a média sem possibilitar mais o descarte dos 20% menores salários de contribuição, o § 2º combinado com o § 5º do art. 26 da EC 103/2019 determina que o valor do benefício de aposentadoria corresponda a **60% da referida média, com acréscimo de 2% para cada ano de contribuição que exceder o tempo de 20 anos de contribuição, para os homens, e de 15 anos de contribuição, para as mulheres filiadas ao RGPS.**

Percebemos que os homens só terão direito ao valor correspondente a 100% da média após completarem 40 anos de contribuição, recebendo 60% aos vinte anos, somados com 2% por cada um dos 20 anos adicionais de contribuição. Já as mulheres alcançarão os 100% ao atingirem 35 anos de contribuição, recebendo 60% aos 15 anos, somados com 2% por cada um dos 20 anos adicionais de contribuição.

A tabela abaixo sintetiza as novas regras de cálculo das aposentadorias voluntários no RGPS:

Tempo de Contribuição	Homens	Mulheres
15 anos	60%	60%
16 anos	60%	62%
17 anos	60%	64%
18 anos	60%	66%
19 anos	60%	68%
20 anos	60%	70%
21 anos	62%	72%
22 anos	64%	74%

Tempo de Contribuição	Homens	Mulheres
23 anos	66%	76%
24 anos	68%	78%
25 anos	70%	80%
26 anos	72%	82%
27 anos	74%	84%
28 anos	76%	86%
29 anos	78%	88%
30 anos	80%	90%
31 anos	82%	92%
32 anos	84%	94%
33 anos	86%	96%
34 anos	88%	98%
35 anos	90%	100%
36 anos	92%	102%
37 anos	94%	104%
38 anos	96%	106%
39 anos	98%	108%
40 anos	100%	110%
41 anos	102%	112%
42 anos	104%	114%

A tabela demonstra com clareza que não há limitação a 100%, sendo possível que as mulheres que ultrapassem 35 anos de contribuição e os homens que superem os 40 anos de contribuição possam ganhar mais de 100% de suas médias remuneratórias, uma vez que o artigo 26 da EC 103/2019 não limitou a esse percentual. Equivale, então, à lógica do fator previdenciário, que poderia elevar o valor do benefício nos casos de segurado que contassem com grandes tempos de contribuição e elevadas idades.

É inegável que a nova regra trouxe grande perda no valor das aposentadorias em relação ao modelo antigo. A primeira redução ocorre ao não mais permitir o descarte de 20% no valor dos benefícios, que pode representar uma redução significativa na média. Vamos ver dois exemplos que demonstram cálculos da perda com a impossibilidade de descarte.

EXEMPLO 1

Um homem que contribuiu oito anos com a base contributiva corrigida de R$ 1500,00 (valor próximo do mínimo) e durante 32 anos sobre o valor corrigido de R$ 7.000,00. Qual seria a sua perda por não poder descartar os 20% menores salários de contribuição?

Resposta

Cálculo com descarte de 20% – O valor da média seria exatamente R$ 7.000,00, uma vez que foram descartados todos os salários de contribuição dos oito menores anos contributivos (20% de 40 anos), restando apenas os 32 anos em que o segurado contribuiu sobre R$ 7.000,00.

Cálculo sem descarte de 20% – O valor da média seria exatamente R$ 5.900,00, calculados somando os 32 anos em o segurado contribuiu sobre R$ 6.000 e os oito anos em que ele contribuiu sobre R$ 1.500,00. A demonstração do cálculo é (7000 x 32 + 8 x 1500)/40 = R$ 5.900,00.

A perda foi de exatamente 16% do valor da média.

EXEMPLO 2

Vamos ao segundo exemplo que demonstra um cálculo mais ameno de perda com a mudança da base de cálculo. Uma mulher que possua sete anos contribuindo com média corrigida de R$ 2.500,00 e mais 28 anos contribuindo com uma média corrigida de R$ 5.500,00, perde quanto com a nova sistemática?

Resposta

Cálculo com descarte de 20% – O valor da média seria exatamente R$ 5.500,00, uma vez que foram descartados todos os salários de contribuição dos sete menores anos contributivos (20% de 35 anos), restando apenas os 28 anos em que a segurada contribuiu sobre R$ 5.500,00.

Cálculo sem descarte de 20% – O valor da média seria exatamente R$ 4.900,00, calculados somando os 28 anos em que a segurada contribuiu sobre R$ 5.500 e os sete anos em que ela contribuiu sobre R$ 2.500,00. A demonstração do cálculo é (5500 x 28 + 7 x 2500)/35 = R$ 4.900,00.

A perda foi de exatamente 12% do valor da média.

A perda é tão relevante que o constituinte derivado se preocupou com a possibilidade de que a inclusão de novas contribuições que superem o tempo mínimo de 20 anos ou 15 anos exigidos pudesse resultar em diminuição no valor dos benefícios, o que feriria o bom senso. Para evitar que isso ocorresse, foi criada a regra da **garantia do melhor benefício**, que estudaremos ao final deste tópico.

Mas as perdas com a nova forma de cálculo do benefício previdenciário não pararam na média. A renda mensal do benefício também foi bastante afetada. Basta perceber que quem cumpre a regra permanente para a concessão da nova aposentadoria (65 anos de idade, homens urbanos, com 20 anos de contribuição, 62 anos de idade, urbanas, e 15 anos de contribuição, mulheres), na maioria das vezes já teriam cumprido as regras para a concessão da extinta aposentadoria por idade (65 anos, homens urbanos, e 60 anos de idade, mulheres urbanas, todos com carência de 180 contribuições).

Na antiga regra da renda mensal da aposentadoria por idade o segurado teria direito a 70% do salário de benefício, acrescentados de 1% por cada ano de tempo de contribuição. Assim, um segurado que se aposentasse aos 65 anos com 20 anos de contribuição, teria 90% do seu salário de benefício.

Vejamos a tabela que demonstra mais essa perda no valor das aposentadorias dos homens e das mulheres.

Tempo de Contribuição	Homens com 65 anos			Mulheres com 60/62		
	Regra antiga	Nova regra	Perda %	Regra antiga	Nova regra	Perda %2
15 anos	85%	-	**100%**	85%	60%	**29%**
16 anos	86%	-	**100%**	86%	62%	**28%**
17 anos	87%	-	**100%**	87%	64%	**26%**
18 anos	88%	-	**100%**	88%	66%	**25%**
19 anos	89%	-	**100%**	89%	68%	**24%**
20 anos	90%	60%	**33%**	90%	70%	**22%**
21 anos	91%	62%	**32%**	91%	72%	**21%**
22 anos	92%	64%	**30%**	92%	74%	**20%**
23 anos	93%	66%	**29%**	93%	76%	**18%**
24 anos	94%	68%	**28%**	94%	78%	**17%**
25 anos	95%	70%	**26%**	95%	80%	**16%**
26 anos	96%	72%	**25%**	96%	82%	**15%**
27 anos	97%	74%	**24%**	97%	84%	**13%**
28 anos	98%	76%	**22%**	98%	86%	**12%**
29 anos	99%	78%	**21%**	99%	88%	**11%**
30 anos	100%	80%	**20%**	100%	90%	**10%**
31 anos	100%	82%	**18%**	100%	92%	**8%**
32 anos	100%	84%	**16%**	100%	94%	**6%**
33 anos	100%	86%	**14%**	100%	96%	**4%**
34 anos	100%	88%	**12%**	100%	98%	**2%**
35 anos	100%	90%	**10%**	100%	100%	**0%**
36 anos	100%	92%	**8%**	100%	102%	**-2%**
37 anos	100%	94%	**6%**	100%	104%	**-4%**
38 anos	100%	96%	**4%**	100%	106%	**-6%**
39 anos	100%	98%	**2%**	100%	108%	**-8%**
40 anos	100%	100%	**0%**	100%	110%	**-10%**

A análise da tabela demonstra a grande perda com a alteração da regra de cálculo do benefício. Além da média já ser reduzida pela impossibilidade de qualquer descarte, o valor do benefício também sofre nova redução.

Ressaltamos que não existe qualquer regra de transição para o cálculo do valor do benefício do Regime Geral da Previdência. Assim, um segurado homem que possua 64 anos e 11 meses de idade e 20 anos de contribuição, faltando apenas um mês para completar os requisitos da aposentadoria por idade, com expectativa de receber 90% (70% + 1% por ano) de sua média contributiva, se a Reforma da Previdência foi publicada antes da data de sua aposentadoria, terá direito a apenas 60% da sua média, impondo-lhe uma perda de 1/3 do valor de seu benefício. Sempre lembramos que a sua média já estará reduzida pela impossibilidade de descarte, fazendo com que essa perda possa chegar a um percentual ainda maior.

De acordo com o § 6º do art. 26 da EC 103/2019, **poderão ser excluídas da média as contribuições que resultem em redução do valor do benefício**, desde que mantido o tempo mínimo de contribuição exigido, vedada a utilização do tempo excluído para qualquer finalidade, inclusive para o acréscimo de 2% por ano adicional ao tempo mínimo ou para a averbação em outro regime previdenciário e para a obtenção dos proventos de inatividade.

Esse dispositivo institui a **garantia do melhor benefício**, ou seja, sempre que a utilização de salários de contribuição adicionais ao tempo mínimo de 20 anos de contribuição para homens, ou de 15 anos de contribuição para mulheres possam resultar em diminuição do valor do benefício, estes poderão ser excluídos, desde que não seja utilizado para qualquer finalidade. A exclusão do tempo pode gerar um acréscimo da média, mas, em contrapartida, vai gerar uma redução no valor do benefício de 2% por cada ano suprimido da média.

Para fins ilustrativos, veremos dois exemplos em que se aplica a regra do melhor benefício para constatar que essa regra pode, em algumas situações, ter efeitos positivos.

> **EXEMPLO 1**
>
> Um homem que contribuiu oito anos com a base contributiva corrigida de R$ 1.500,00 (valor próximo ao mínimo) e durante 32 anos sobre o valor corrigido de R$ 7.400,00. Qual seria o valor de seu benefício, nas hipóteses de não utilização ou de utilização da regra do melhor benefício?
>
> **Resposta**
>
> **SEM UTILIZAR A REGRA DO MELHOR BENEFÍCIO**
>
> **Cálculo da aposentadoria programada com todos os salários de contribuição – O valor da média seria exatamente R$ 6.220,00**, calculados somando os 32 anos em o segurado contribuiu sobre R$ 7.400 e os oito anos em que ele contribuiu sobre R$ 1.500,00. A demonstração do cálculo é (7400 x 32 + 8 x 1500)/40 = R$ 6.220,00.

Dessa média, aplica-se 100% (60% +2% por ano) para se alcançar o valor do benefício previdenciário.

Valor da aposentadoria: R$ 6.220,00

UTILIZANDO A REGRA DO MELHOR BENEFÍCIO

Cálculo da aposentadoria programada, excluindo os salários de contribuição de R$ 1.500,00 – O valor da média seria exatamente R$ 7.400,00, uma vez que foram descartados todos os salários de contribuição dos oito menores anos contributivos, restando apenas os 32 anos em que o segurado contribuiu sobre R$ 7.400,00.

Dessa média, aplica-se 84% (60% +2% por cada um dos 12 anos adicionais aos 20) para se alcançar o valor do benefício previdenciário, uma vez que o segurando contou com 32 anos na sua base de cálculo. O valor da aposentadoria seria de exatamente R$ 6.216,00.

Valor da aposentadoria: R$ 6.216,00

EXEMPLO 2

Uma mulher que possui 24 anos de contribuição, sendo 20 deles com um valor contributivo corrigido de R$ 5.600,00 e os demais quatro anos com R$ 1.500,00. Qual seria o valor de seu benefício, nas hipóteses de não utilização ou de utilização da regra do melhor benefício?

Resposta

SEM UTILIZAR A REGRA DO MELHOR BENEFÍCIO

Cálculo da aposentadoria programada com todos os salários de contribuição – O valor da média seria exatamente R$ 4.916,67, calculados somando os 20 anos em a segurada contribuiu sobre R$ 5.600,00 e os quatro anos em que ela contribuiu sobre R$ 1.500,00. A demonstração do cálculo é (5600 x 20 + 4 x 1500)/24 = R$ 4.916,67.

Dessa média, aplica-se 78% (60% +2% por cada um dos nove anos adicionais aos 15) para se alcançar o valor do benefício previdenciário. O valor da aposentadoria seria de exatamente R$ 3.835,00 (4916,67 x 78%).

Valor da aposentadoria: R$ 3.835,00

UTILIZANDO A REGRA DO MELHOR BENEFÍCIO

Cálculo da aposentadoria programada, excluindo os salários de contribuição de R$ 1200,00 – O valor da média seria exatamente R$ 5.600,00, uma vez que foram descartados todos os salários de contribuição dos quatro menores anos contributivos, restando apenas os 20 anos em que a segurada contribuiu sobre R$ 5.600,00.

Dessa média, aplica-se 70% (60% +2% por cada um dos cinco anos adicionais aos 15) para se alcançar o valor do benefício previdenciário, uma vez que o segurando contou com 20 anos na sua base de cálculo. O valor da aposentadoria seria de exatamente R$ 3.920,00 (5600 x 70%)

Valor da aposentadoria: R$ 3.920,00

Percebemos que o aumento no valor da aposentadoria, aplicando a regra do melhor benefício, não é muito substancial, mas como se trata de benefício de prestação continuada, em longos prazos, pode trazer diferenças relevantes.

O § 7º do art. 26 da Emenda Constitucional 103/2019 dispõe que os benefícios calculados serão reajustados nos termos estabelecidos para o Regime Geral de Previdência Social, que, atualmente, se vale do INPC – Índice Nacional de Preços ao Consumidor, calculado pelo IBGE.

A Medida Provisória 664/2014, convertida na Lei 13.135, de 17/06/2015, estabeleceu que o auxílio por incapacidade temporária não poderá exceder a média aritmética simples dos últimos 12 salários de contribuição, inclusive no caso de remuneração variável, ou, se não alcançado o número de 12, a média aritmética simples dos salários de contribuição existentes (art. 29, § 10º, da Lei 8.213/1991).

De acordo com essa regra, o valor do auxílio por incapacidade temporária não pode ultrapassar a média dos últimos 12 salários de contribuição apurados durante todo período contributivo. Se o segurado não tiver 12 salários de contribuição em seu histórico contributivo, o valor não pode ultrapassar a média das bases contributivas existentes. Vamos ao costumeiro exemplo elucidativo:

Exemplo:

Lívia, segurada do Regime Geral da Previdência Social há mais de 20 anos, teve de se afastar de suas atividades por motivo de doença. O valor de seu benefício, calculado com base na média aritmética simples dos salários de contribuição de todo seu período contributivo, foi de R$ 4.000,00. Ao calcular a média dos seus últimos 12 salários de contribuição, chegou-se ao valor de R$ 3.200,00. Nesta situação, Lívia receberá o auxílio por incapacidade temporária limitado ao valor de R$ 3.200,00. Se Lívia tivesse, em vez de 20 anos de contribuição, apenas cinco contribuições, o limite máximo do seu auxílio por incapacidade temporária seria a média das cinco contribuições existentes.

Antes mesmo da MP 664, a Medida Provisória 242, de 24/03/2005, já havia tentado alterar as regras de cálculo do salário de benefício para auxílio por incapacidade temporária e o auxílio-acidente, tendo sido, entretanto, rejeitada pelo Congresso Nacional. A MP 242/2005 produziu efeitos da data da sua publicação até 01/07/2005, quando o Ministro do Supremo Tribunal Federal Marco Aurélio deferiu liminar em Ação Direta de Inconstitucionalidade para suspender a eficácia da MP 242/2005.

De acordo com a MP, o salário de benefício para o auxílio por incapacidade temporária e auxílio-acidente seria a média aritmética simples dos 36 últimos salários de contribuição ou, não alcançado esse limite, na média aritmética simples dos salários de contribuição existentes.

Como mencionado, a MP 242 acabou sendo rejeitada pelo Congresso (depois da liminar do STF), retornando às regras anteriormente mencionadas, como veremos no exemplo que trata sobre o salário de benefício.

A Súmula 65 da TNU, publicada em 24/09/2012, dispõe que "os benefícios de auxílio por incapacidade temporária, auxílio-acidente e aposentadoria por incapacidade permanente concedidos no período de 28/3/2005 a 20/7/2005 devem ser calculados nos termos da Lei 8.213/1991, em sua redação anterior à vigência da Medida Provisória 242/2005". Dessa forma, para a TNU, mesmo os benefícios concedidos na égide da MP 242/2005 devem ser calculados com as regras anteriores a ela, como se a MP jamais tivesse existido.

Os benefícios, como vimos, são reajustados periodicamente com a finalidade de manutenção do valor real. Nenhum benefício reajustado, contudo, poderá exceder o limite máximo do salário de benefício na data do reajustamento, respeitados os direitos adquiridos.

Por fim, o Decreto 6.939/2009 acrescentou o § 22 ao art. 32 do RPS, dispondo que se considera período contributivo:

I - para o empregado, inclusive o doméstico, e o trabalhador avulso – o conjunto de competências em que houve ou deveria ter havido contribuição em razão do exercício de atividade remunerada sujeita à filiação obrigatória ao RGPS; ou

II - para os demais segurados, inclusive o facultativo: o conjunto de meses de efetiva contribuição ao regime de que trata este Regulamento.

Este dispositivo apenas sedimenta o procedimento já adotado de que a falta de recolhimento por parte dos tomadores de serviço responsáveis pelos pagamentos das contribuições retidas não pode prejudicar a contagem de tempo de contribuição dos segurados.

19.7.1. Fator previdenciário

A EC 103/2019 alterou significativamente a regra de cálculo dos benefícios previdenciários, deixando de aplicar, na grande maioria dos casos, o fator previdenciário. Veremos no capítulo específico da aposentadoria **programada** que mesmo após a Reforma de 2019 o fator previdenciário é utilizado em uma das regras de transição. Então vamos estudar as suas regras, que serão utilizadas para concessão das aposentadorias por tempo de contribuição concedidas em função de direito adquirido e para uma das novas regras de transição.

A Emenda 20/1998 extinguiu a aposentadoria por tempo de serviço, com a criação da aposentadoria por tempo de contribuição, acabando com a chamada contagem fictícia de tempo de serviço. Tentou-se, nessa ocasião, tornar obrigatória a cumulação dos requisitos de idade e tempo de contribuição para aposentadorias concedidas pelo

Regime Geral da Previdência Social e para os Regimes Próprios. Esse foi, sem dúvida, o tema mais polêmico da Reforma Previdenciária de 1998.

O Governo Fernando Henrique Cardoso estava empenhado em aprovar o texto da Emenda com a exigência da cumulação para os dois regimes. Houve, entretanto, forte resistência de alguns setores da sociedade que queriam garantir a aposentadoria nos antigos moldes, tanto para o servidor público quanto para o trabalhador da iniciativa privada.

As regras de aposentadoria dos dois regimes permitiam concessão de benefícios precocemente, fugindo ao objetivo da Previdência Social: cobrir os riscos sociais. O tempo de serviço ou de contribuição não é risco social a ser coberto pela Previdência, pois nada indica que um segurado que tenha contribuído por 30 anos ou mais não tenha condições de exercer a sua atividade. No calor das discussões, lembramos que o Presidente afirmou que quem se aposentava muito cedo era "vagabundo".

Para viabilizar a aprovação da Emenda Constitucional, tal como o Governo queria, foi retirada do texto a parte que exigia a cumulação dos requisitos de idade e tempo de contribuição para aposentadorias concedidas pelo RGPS, mantendo-se essa exigência apenas para o setor público, já que havia menos pressões para a alteração das regras dos Regimes Próprios.

Colocou-se, então, como destaque para votação posterior, somente esse item. O texto básico da reforma foi aprovado, inclusive constando as regras de transição das aposentadorias do RGPS, mesmo antes de a alteração desse regime ser aprovada na votação do destaque. Isso mesmo! Os nossos legisladores conseguiram efetuar a proeza de aprovar uma regra de transição, antes da aprovação da alteração que motivaria tal regra.

Ocorre que, quando foi votado o destaque, em uma das votações mais notórias da Câmara dos Deputados, a necessidade de cumulação de idade com tempo de contribuição para as aposentadorias concedidas pelo INSS não foi aprovada por apenas um voto. Quando o Governo contabilizou os votos, percebeu que o Deputado governista Antônio Kandir, ex-ministro do Planejamento e Orçamento de FHC, havia votado contra a posição defendida pelo seu partido. Entrevistado pela mídia, alegou que apertou o botão errado no momento da votação.

Resultado: a cumulação foi aprovada nos Regimes Próprios e não o foi para o RGPS. Foi, entretanto, aprovada regra de transição também para o RGPS.

Notem que só em 2019, com a promulgação da EC 103/2019, é que a cumulação dos requisitos idade e tempo de contribuição se tornou obrigatória para as aposentadorias do Regime Geral de Previdência Social.

O Governo, inconformado com o resultado da votação e motivado a promover o "saneamento" do Regime Geral de Previdência Social, decidiu, então, criar uma alternativa legal para se reduzir o benefício previdenciário concedido pelo INSS, nos casos de aposentadorias precoces. Nesse contexto histórico, foi criado o fator previdenciário, para ser aplicado, obrigatoriamente, às aposentadorias por tempo de contribuição e, facultativamente, às aposentadorias por idade.

O fator previdenciário é utilizado como multiplicador da média aritmética simples dos salários de contribuição, nas aposentadorias por idade e tempo de contribuição. **O fator pode ter valor maior ou menor que o número um.** Sendo maior, elevará o valor do salário de benefício, e o contrário ocorrerá, caso seja menor.

Veja a fórmula de cálculo do fator previdenciário:

$$F = \frac{Tc \times a}{Es} \times 1 + \frac{(Id + Tc \times a)}{100}$$

Onde,

F = Fator Previdenciário

Es = Expectativa de Sobrevida

Tc = Tempo de Contribuição

Id = Idade no Momento da Aposentadoria

a = alíquota fixa correspondente a 0,31

Percebe-se que **o fator previdenciário é influenciado pelo tempo de contribuição, pela idade do segurado e pela expectativa de sobrevida no momento da aposentadoria.**

A idade e o tempo de contribuição encontram-se no numerador da fórmula de cálculo do salário de benefício – SB, ou seja, quanto maiores a idade e o tempo de contribuição, maior será o SB, elevando o valor do benefício. Já a expectativa de sobrevida, baseada em tabela do IBGE, está no denominador da fórmula, logo, quanto maior a expectativa de sobrevida, menor será o benefício.

Essa fórmula foi concebida para as aposentadorias em 35 anos de contribuição. Como a mulher e o professor do sexo masculino têm redução de cinco anos no tempo de contribuição para aposentadoria, podendo requerer o benefício após 30 anos de contribuição, e a professora tem redução de dez anos, podendo aposentar-se com 25 anos de contribuição, serão acrescidos ao Tc, para efeito da aplicação do fator previdenciário, os seguintes valores:

I – cinco anos, quando se tratar de mulher;

II – cinco anos, quando se tratar de professor que comprove exclusivamente tempo de efetivo exercício das funções de magistério na educação infantil e no ensino fundamental e médio;

III – dez anos, quando se tratar de professora que comprove exclusivamente tempo de efetivo exercício das funções de magistério na educação infantil e no ensino fundamental e médio.

Foram ajuizadas diversas ações, na tentativa de excluir a aplicação do fator previdenciário para a aposentadoria dos professores, pois, como estes se aposentam mais cedo, acabam tendo um prejuízo com a aplicação da fórmula. Notem que, ao acrescentar cinco ou dez anos no tempo de contribuição do professor ou da professora, a fórmula corrige apenas parcialmente os efeitos da precocidade da aposentadoria desse profissional. Isso porque, devido ao fato de necessitarem de cinco anos a menos de contribuição, acabam aposentando-se com uma idade também reduzida, gerando decréscimo do fator previdenciário.

A utilização do fator previdenciário na aposentadoria dos professores era bastante controvertida no STJ. Em 2014, a 5ª Turma do Superior Tribunal de Justiça afastou a aplicação do fator previdenciário para o cálculo da aposentadoria por tempo de contribuição do professor (RE 1.251.165 – RS, j. em 07/10/2014). Já a 2ª Turma entendeu que o fator deveria ser aplicado na aposentadoria do professor (AgRg no AREsp 477607, de 22/04/2014). O TRF 1 publicou a Súmula 22 sobre esse tema entendendo que o fator previdenciário incide na aposentadoria de professor (art. 201, § 8º, da CF/1988; art. 56 da Lei 8.213/1991), salvo em relação ao beneficiário que tenha adquirido o direito à jubilação antes da edição da Lei 9.876/1999.

O STF pacificou o entendimento de que é constitucional a aplicação do fator previdenciário à aposentadoria do professor, encerrando definitivamente a grande polêmica em julgamento do RE 1221630, em 05/06/2020 (Tema 1091).

Em 2021 o STJ também firmou o entendimento de que incide o fator previdenciário no cálculo da renda mensal inicial de aposentadoria por tempo de contribuição de professor vinculado ao Regime Geral de Previdência Social (Tema 1011).

Veja as simulações sobre o fator previdenciário:

Exemplo 1:

Josefina, 44 anos de idade, contribui para a Previdência Social desde os 14 anos (anteriormente essa era a idade mínima para filiação), contando com 30 anos de contribuição. A sua expectativa de sobrevida, de acordo com a tabela do IBGE, é de mais 36,4 anos (vide tabela do próximo tópico). Qual é o valor do fator previdenciário?

Resposta:

$Es = 36,4$

$Tc = 30 + 5$ (acréscimo para mulheres)

$Id = 44$

$a = 0,31$

$$F = \frac{35 \times 0,31}{36,4} \times 1 + \frac{(44 + 35 \times 0,31)}{100}$$

O resultado do fator previdenciário, que deve ser utilizado, obrigatoriamente para a aposentadoria de Josefina, é **0,46**. Para fins didáticos, escolhemos a possibilidade de aposentadoria mais precoce para bem ilustrar a situação.

Exemplo 2:

Carlito, 70 anos de idade, depois de completar 35 anos de contribuição, requereu aposentadoria por idade. A sua expectativa de sobrevida, de acordo com a tabela do IBGE, é de mais 15,7 anos (vide tabela do próximo tópico). Qual é o valor do fator previdenciário?

Resposta:

$Es = 15{,}7$

$Tc = 35$

$Id = 70$

$a = 0{,}31 \ 1{,}8085$

$$F = \frac{35 \times 0{,}31}{15{,}7} \times 1 + \frac{(70 + 35 \times 0{,}31)}{100}$$

O resultado do fator previdenciário, que deve ser utilizado, facultativamente, para a aposentadoria de Carlito, é 1,26. Obviamente, esse valor será usado no cálculo do SB, pois beneficiará o segurado.

Ressalte-se que no processo de conversão da MP 664/2014 na Lei 13.135, de 17/06/2015, o Congresso Nacional aprovou a flexibilização do fator previdenciário, que deixaria de ser utilizado quando a soma da idade e do tempo de contribuição dos homens resultasse em 95 (60 anos de idade e 35 de contribuição, por exemplo) e das mulheres resultasse em 85 (54 anos de idade e 31 de contribuição, por exemplo). Essa regra, no entanto, foi vetada pela Presidente Dilma, que no mesmo dia editou a Medida Provisória 676, de 17/06/2015, introduzindo as citadas fórmulas 95 para homens e 85 para mulheres, com a inserção do art. 29-C da Lei 8.213/1991. A MP 676 foi convertida, com alterações, na Lei 13.183, de 04/11/2015.

Com essa relevante alteração, o segurado que preencher o requisito para a aposentadoria por tempo de contribuição, ou seja, 35 anos para homens e 30 anos para mulheres, com redução de cinco anos para professores do ensino básico, **poderá optar pela não incidência do fator previdenciário, no cálculo de sua aposentadoria**, quando o total resultante da soma de sua idade e de seu tempo de contribuição, **incluídas as frações**, na data de requerimento da aposentadoria, for:

I - igual ou superior a 95 pontos, se homem, observando o tempo mínimo de contribuição de 35 anos; ou

II - igual ou superior a 85 pontos, se mulher, observando o tempo mínimo de contribuição de 30 anos.

Para o cálculo dos pontos, serão somadas as frações em meses completos de tempo de contribuição e idade. Se, então, o homem contar com 36 anos e seis meses de contribuição e 58 anos e seis meses de idade, pode se aposentar sem a incidência do fator previdenciário.

A Lei 13.183/2015 trouxe também uma regra de progressão das fórmulas 85 e 95, que passa a valer a partir da data da publicação da norma e perdura até 30/12/2018. A partir desta data as citadas fórmulas serão majoradas em um ponto, conforme tabela abaixo:

A partir de	Pontos homens	Pontos mulheres
31 de dezembro de 2018	96	86
31 de dezembro de 2020	97	87
31 de dezembro de 2022	98	88
31 de dezembro de 2024	99	89
31 de dezembro de 2026	100	90

Para efeito de aplicação das fórmulas, serão acrescidos cinco pontos à soma da idade com o tempo de contribuição do professor e da professora que comprovarem exclusivamente tempo de efetivo exercício de magistério na educação infantil e no ensino fundamental e médio. Além disso, o tempo mínimo de contribuição do professor e da professora que comprovarem exclusivamente tempo de efetivo exercício de magistério na educação infantil e no ensino fundamental e médio será de, respectivamente, 30 e 25 anos para possibilitar a aplicação da fórmula, ou seja, contam com cinco anos de redução.

Ao segurado que alcançar os requisitos necessários ao exercício da opção pela fórmula que exclui o fator previdenciário e deixar de requerer aposentadoria será assegurado o direito à opção com a aplicação da pontuação exigida na data do cumprimento do requisito da fórmula. Assim, o segurado que atendeu aos requisitos, mas não requereu a aposentadoria tem direito ao cálculo do valor do benefício sem a aplicação do fator previdenciário, mesmo que no momento do requerimento ele não mais atenda aos requisitos da fórmula por conta da progressão da pontuação.

Vamos aos nossos exemplos para deixar mais claro essa importante alteração.

Exemplo 1:

Um homem que conte com 35 anos de contribuição e 60 anos de idade, requerendo a sua aposentadoria com a utilização do fator previdenciário em 07/2016, teria uma redução de 15% no valor de sua aposentadoria. Com a nova regra ele vai optar por não utilizar o fator previdenciário, pois já completou os 95 pontos exigidos para a opção pela não aplicação do fator. Mesmo que ele não requeira o benefício nesta data, terá direito a se aposentar sem a utilização do fator a qualquer tempo, pois já tem direito adquirido a não utilizar mais a fórmula redutora do benefício.

Exemplo 2:

Uma mulher que já conta, em 11/2015, com 30 anos e 6 meses de contribuição e possui 54 anos e 6 meses de idade, teria o seu fator previdenciário reduzindo

32,5% do valor de seu benefício. Com a nova regra, como já conta com 85 pontos, terá a aposentadoria concedida sem a aplicação do fator previdenciário.

Exemplo 3:

Uma professora que conta com 25 anos de contribuição e 54 anos de idade, se requerer a sua aposentadoria em 07/2015 terá a aplicação obrigatória do fator previdenciário, pois não completou os 80 pontos exigidos para a professora, tendo redução de 32,5% no valor de seu benefício. Se, todavia, aguardar até 01/2016 para se aposentar, terá completado 54 anos e 6 meses de idade e 25 anos e 6 meses de tempo de contribuição, podendo receber um benefício sem a redução dos 32,5% promovida pelo fator previdenciário.

Exemplo 4:

Um segurado homem que completará 35 anos de contribuição em 2023, quando contará com 63 anos de idade, poderá se aposentar sem a incidência do fator previdenciário. Isso porque contará com os 98 pontos que serão exigidos em 2023 para a não aplicação do fator.

19.7.1.1. Tábua de Mortalidade do IBGE

Para fins de consulta, disponibilizamos a tabela de mortalidade do IBGE, utilizada para cálculo do fator previdenciário. Obviamente, essa tabela não é cobrada em provas de concurso público.

BRASIL: Tábua Completa de Mortalidade – Ambos os Sexos – 2021 – Utilizada para Concessão de Aposentadoria no ano de 2023						
Idades Exatas (X)	Probabilidades de Morte entre Duas Idades Exatas Q (X, N) (Por Mil)	Óbitos D (X, N)	l (X)	L (X, N)	T(X)	Expectativa de Vida à Idade X E(X)
0	11,203	1120	100000	98968	7702721	77,0
1	0,782	77	98880	98841	7603753	76,9
2	0,497	49	98802	98778	7504912	76,0
3	0,375	37	98753	98735	7406134	75,0
4	0,306	30	98716	98701	7307399	74,0
5	0,261	26	98686	98673	7208698	73,0
6	0,232	23	98660	98649	7110025	72,1
7	0,212	21	98637	98627	7011376	71,1
8	0,200	20	98617	98607	6912749	70,1
9	0,196	19	98597	98587	6814142	69,1
10	0,200	20	98578	98568	6715555	68,1
11	0,216	21	98558	98547	6616987	67,1

BRASIL: Tábua Completa de Mortalidade – Ambos os Sexos – 2021 – Utilizada para Concessão de Aposentadoria no ano de 2023						
Idades Exatas (X)	Probabilidades de Morte entre Duas Idades Exatas Q (X, N) (Por Mil)	Óbitos D (X, N)	l (X)	L (X, N)	T(X)	Expectativa de Vida à Idade X E(X)
12	0,247	24	98537	98524	6518440	66,2
13	0,300	30	98512	98497	6419916	65,2
14	0,385	38	98483	98464	6321418	64,2
15	0,653	64	98445	98413	6222955	63,2
16	0,814	80	98380	98340	6124542	62,3
17	0,957	94	98300	98253	6026202	61,3
18	1,069	105	98206	98154	5927949	60,4
19	1,155	113	98101	98045	5829795	59,4
20	1,239	121	97988	97927	5731751	58,5
21	1,323	129	97866	97802	5633823	57,6
22	1,380	135	97737	97670	5536022	56,6
23	1,403	137	97602	97534	5438352	55,7
24	1,401	137	97465	97397	5340818	54,8
25	1,389	135	97329	97261	5243421	53,9
26	1,380	134	97194	97126	5146160	52,9
27	1,383	134	97059	96992	5049034	52,0
28	1,404	136	96925	96857	4952041	51,1
29	1,440	139	96789	96719	4855184	50,2
30	1,482	143	96650	96578	4758465	49,2
31	1,524	147	96507	96433	4661886	48,3
32	1,573	152	96359	96284	4565453	47,4
33	1,627	157	96208	96130	4469170	46,5
34	1,688	162	96051	95970	4373040	45,5
35	1,760	169	95889	95805	4277070	44,6
36	1,843	176	95721	95632	4181265	43,7
37	1,936	185	95544	95452	4085632	42,8
38	2,042	195	95359	95262	3990181	41,8
39	2,160	206	95164	95062	3894919	40,9
40	2,292	218	94959	94850	3799857	40,0

BRASIL: Tábua Completa de Mortalidade – Ambos os Sexos – 2021 – Utilizada para Concessão de Aposentadoria no ano de 2023						
Idades Exatas (X)	Probabilidades de Morte entre Duas Idades Exatas Q (X, N) (Por Mil)	Óbitos D (X, N)	l (X)	L (X, N)	T(X)	Expectativa de Vida à Idade X E(X)
41	2,440	231	94741	94626	3705007	39,1
42	2,611	247	94510	94387	3610382	38,2
43	2,809	265	94263	94131	3515995	37,3
44	3,031	285	93999	93856	3421864	36,4
45	3,274	307	93714	93560	3328008	35,5
46	3,535	330	93407	93242	3234448	34,6
47	3,815	355	93077	92899	3141206	33,7
48	4,112	381	92722	92531	3048307	32,9
49	4,428	409	92340	92136	2955776	32,0
50	4,769	438	91931	91712	2863640	31,1
51	5,137	470	91493	91258	2771928	30,3
52	5,529	503	91023	90771	2680670	29,5
53	5,946	538	90520	90251	2589898	28,6
54	6,392	575	89981	89694	2499648	27,8
55	6,875	615	89406	89099	2409954	27,0
56	7,398	657	88792	88463	2320855	26,1
57	7,954	701	88135	87784	2232392	25,3
58	8,542	747	87434	87060	2144608	24,5
59	9,173	795	86687	86289	2057547	23,7
60	9,860	847	85892	85468	1971258	23,0
61	10,615	903	85045	84593	1885790	22,2
62	11,448	963	84142	83660	1801197	21,4
63	12,369	1029	83179	82664	1717536	20,6
64	13,386	1100	82150	81600	1634872	19,9
65	14,483	1174	81050	80463	1553272	19,2
66	15,685	1253	79876	79250	1472809	18,4
67	17,046	1340	78624	77953	1393559	17,7
68	18,597	1437	77283	76565	1315605	17,0
69	20,332	1542	75846	75075	1239040	16,3

BRASIL: Tábua Completa de Mortalidade – Ambos os Sexos – 2021 – Utilizada para Concessão de Aposentadoria no ano de 2023						
Idades Exatas (X)	Probabilidades de Morte entre Duas Idades Exatas Q (X, N) (Por Mil)	Óbitos D (X, N)	l (X)	L (X, N)	T(X)	Expectativa de Vida à Idade X E(X)
70	22,207	1650	74304	73479	1163965	15,7
71	24,222	1760	72654	71774	1090486	15,0
72	26,434	1874	70894	69957	1018712	14,4
73	28,871	1993	69020	68024	948755	13,7
74	31,535	2114	67027	65971	880731	13,1
75	34,393	2233	64914	63797	814761	12,6
76	37,467	2348	62681	61507	750963	12,0
77	40,834	2464	60333	59101	689456	11,4
78	44,544	2578	57869	56580	630355	10,9
79	48,607	2688	55291	53948	573775	10,4
80 ou mais	1000,000	52604	52604	519828	519828	9,9

Fonte: IBGE, Diretoria de Pesquisas (DPE), Coordenação de População e Indicadores Sociais (COPIS).

Notas:
N = 1
Q(X, N) = Probabilidades de morte entre as idades exatas X e X+N.
l(X) = Número de sobreviventes à idade exata X.
D(X, N) = Número de óbitos ocorridos entre as idades X e X+N.
L(X, N) = Número de pessoas-anos vividos entre as idades X e X+N.
T(X) = Número de pessoas-anos vividos a partir da idade X.
E(X) = Expectativa de vida à idade X.

19.8. RENDA MENSAL DE BENEFÍCIO

- **Arts. 33 a 40, Lei 8.213/1991**
- **Arts. 35 a 39, Decreto 3.048/1999**

A renda mensal do benefício (RMB) é o valor que efetivamente "entra no bolso" do beneficiário. No tópico anterior, mencionamos que, para encontrarmos o valor do benefício efetivamente recebido pelo beneficiário, seria necessário aplicar um percentual sobre o salário de benefício e já adiantamos o valor das aposentadorias **programadas**.

A renda mensal do benefício, então, será calculada, aplicando-se, sobre a média dos salários de contribuição, os seguintes percentuais, já considerando as alterações promovidas pelo art. 26 da EC 103/2019:

I - auxílio por incapacidade temporária - 91% do salário de benefício;

II - aposentadoria por incapacidade permanente - 60% do salário de benefício, acrescentados de 2% por ano que ultrapassar 20 anos de contribuição para homens e 15 anos de contribuição para mulheres;

III - extinta aposentadoria por idade (ainda válida em caso de direito adquirido) - 70% do salário de benefício, mais 1% deste por grupo de 12 contribuições mensais, até o máximo de 30%;

IV - extinta aposentadoria por tempo de contribuição (ainda válida em caso de direito adquirido):

a) para a mulher - 100% do salário de benefício aos 30 anos de contribuição;

b) para o homem - 100% do salário de benefício aos 35 anos de contribuição; e

c) 100% do salário de benefício, para o professor aos 30 anos, e para a professora aos 25 anos de contribuição e de efetivo exercício em função de magistério na educação infantil, no ensino fundamental ou no ensino médio.

V - aposentadoria **programada** (EC 103/2019) - 60% do salário de benefício, acrescentados de 2% por ano que ultrapassar 20 anos de contribuição para homens e 15 anos de contribuição para mulheres;

VI - aposentadoria especial - 60% do salário de benefício, acrescentados de 2% por ano que ultrapassar 20 anos de contribuição para homens e 15 anos de contribuição para mulheres e para aposentadorias especiais de 15 anos de exposição; e

VI - auxílio-acidente - 50% do valor da aposentadoria por incapacidade permanente que teria direito.

O valor mensal da pensão por morte ou do auxílio-reclusão será de **100%** do valor da aposentadoria que o segurado recebia ou daquela a que teria direito se estivesse aposentado por invalidez, na data de seu falecimento ou recolhimento à prisão.

A Medida Provisória 664, de 30/12/2014, tentou, sem sucesso, alterar a regra de cálculo do valor da pensão por morte, mas no processo de conversão em lei, o Congresso Nacional rejeitou a mudança. Pelo texto da MP 664, o valor mensal da pensão por morte corresponderia a **50%** do valor da aposentadoria que o segurado recebia ou daquela a que teria direito se estivesse aposentado por invalidez, na data de seu falecimento, acrescido de tantas cotas individuais de **10%** do valor da mesma aposentadoria, quantos forem os **dependentes** do segurado, **até o máximo de cinco.**

A EC 103/2019, entretanto, promoveu profundas alterações no cálculo das pensões por morte ressuscitando, inclusive, a regra prevista na citada MP 664/2014, com algumas adaptações que serão estudadas detalhadamente no capítulo da pensão por morte.

Conforme explicado no tópico anterior, a Medida Provisória 664, de 30/12/2014, estabeleceu que o auxílio por incapacidade temporária não poderá exceder a média aritmética simples dos últimos 12 salários de contribuição, inclusive no caso de remuneração variável, ou, se não alcançado o número de doze, a média aritmética simples dos salários de contribuição existentes (art. 29, § 10º, da Lei 8.213/1991).

Para efeito do percentual de acréscimo de 2% por ano adicional nas aposentadorias, presumir-se-á efetivado o recolhimento correspondente, quando se tratar de segurado empregado ou trabalhador avulso.

De acordo com a Súmula 76 da Turma Nacional de Uniformização de Jurisprudência dos Juizados Especiais Federais, a averbação de tempo de serviço rural não contributivo não permite majorar o coeficiente de cálculo da renda mensal inicial de aposentadoria por idade previsto no art. 50 da Lei 8.213/1991, ou seja, o tempo rural não contribuído não acrescenta 1% a cada grupo de 12 contribuições.

Veja o exemplo da renda mensal do benefício da extinta aposentadoria por idade, que ainda será concedida por muitos anos em função de direito adquirido:

Exemplo:

Ronaldo requereu a sua aposentadoria por idade ao completar 65 anos, contando com 22 anos de contribuição. Qual será sua RMB?

Resposta:

Será de 92% do salário de benefício, pois aos 70% mínimos se somará 1% a cada ano contribuído (grupo de 12 contribuições).

A renda mensal do benefício de prestação continuada que substituir o salário de contribuição ou o rendimento do trabalho do segurado não terá valor inferior ao do salário mínimo, nem superior ao do limite máximo do salário de contribuição, salvo nos casos de **aposentadoria por incapacidade permanente, em que o segurado necessite de assistência permanente de outra pessoa, situação que o valor do benefício será acrescido de 25%, podendo, inclusive, ultrapassar o teto do salário de contribuição.**

Atenção!

Questões de concursos públicos têm cobrado com frequência essa matéria, geralmente mencionando que jamais os benefícios podem ser pagos em valores superiores ao limite máximo do salário de contribuição. Como vimos, essa proposição é errada, pois existe a exceção do aposentado por invalidez que necessite de assistência permanente de outra pessoa.

A renda mensal dos benefícios, concedidos com base em acordos internacionais de Previdência Social, pode ter valor inferior ao do salário mínimo.

No cálculo do valor da renda mensal do benefício, inclusive o decorrente de acidente do trabalho, serão computados:

I - **para o segurado empregado, empregado doméstico e trabalhador avulso**, os salários de contribuição referentes aos meses de contribuições devidas, ainda que não recolhidas pela empresa, sem prejuízo da respectiva cobrança e da aplicação das penalidades cabíveis;

A legislação previdenciária imputa ao empregador a responsabilidade pela retenção e repasse das contribuições de seus empregados. Caso a empresa não honre os seus compromissos, não poderá o segurado ser penalizado. A regra da retenção foi criada pelos legisladores por acharem mais fácil o controle e a cobrança dos tributos às empresas.

II - **para o segurado empregado, o empregado doméstico, o trabalhador avulso e o segurado especial**, o valor mensal do auxílio-acidente, considerado como salário de contribuição para fins de concessão de qualquer aposentadoria;

Lembre-se de que o salário de contribuição do auxílio-acidente será considerado para o cálculo do salário de benefício das aposentadorias. A Lei somente se refere a essas quatro categorias de segurado por serem apenas as que têm direito ao benefício de auxílio-acidente, como veremos futuramente.

III - para os demais segurados, **os salários de contribuição referentes aos meses de contribuições efetivamente recolhidas.**

No caso de segurado empregado, empregado doméstico ou de trabalhador avulso que tenham cumprido todas as condições para a concessão do benefício pleiteado, mas não possam comprovar o valor dos seus salários de contribuição no período básico de cálculo, considerar-se-á, para o cálculo do benefício, no período sem comprovação do valor do salário de contribuição, o valor do salário mínimo, devendo essa renda ser recalculada quando da **apresentação de prova dos salários de contribuição (art. 35, Lei 8.213/1991, alterado pela Lei Complementar 150/2015)**.

Observe-se que, até a publicação da **Lei Complementar 150, de 01/06/2015**, para o segurado empregado doméstico que, mesmo tendo satisfeito as condições exigidas para a concessão do benefício requerido, não pudesse comprovar o efetivo recolhimento das contribuições devidas, seria concedido o benefício de valor mínimo, devendo sua renda ser recalculada quando da **apresentação da prova do recolhimento das contribuições.** Esse dispositivo está ainda presente no art. 36 da Lei 8.213/1991, mas foi revogado tacitamente pela LC 150/2015, que alterou a redação do art. 35 da Lei 8.213/1991, ficando o art. 36 incompatível com o novo texto.

A legislação previdenciária imputava ao empregado doméstico a responsabilidade pela comprovação dos recolhimentos, mesmo não sendo ele o responsável pelos recolhimentos das suas contribuições, enquanto os empregados e avulsos necessitavam apenas comprovar o salário de contribuição. Sabemos que o empregado doméstico tem as suas contribuições retidas pelo seu empregador. Sendo ele a parte mais fraca da relação de emprego, como poderia exigir do patrão o recolhimento dos valores retidos? Este era mais um dos absurdos da legislação protetiva, felizmente corrigido pela Lei Complementar 150/2015.

Os segurados especiais têm, como já foi falado diversas vezes neste material, seus benefícios que substituem a remuneração do trabalho, fixados em um salário mínimo, desde que comprovem o exercício de atividade rural, ainda que de forma descontínua, no período imediatamente anterior ao requerimento do benefício, igual ao número de meses correspondentes à carência do benefício requerido.

19.9. ABONO ANUAL

É devido abono anual ao segurado e ao dependente da Previdência Social que, durante o ano, recebeu auxílio por incapacidade temporária, auxílio-acidente, aposentadoria, salário-maternidade, pensão por morte ou auxílio-reclusão.

O abono anual equivale ao "13º pago" pelo INSS, quando os segurados estão em gozo de benefício. Perceba que esse abono, ao contrário do 13º salário decorrente do trabalho, **deve ser pago a todas as categorias de segurado**, mas não apenas aos segurados empregados, domésticos e trabalhadores avulsos.

Não vemos justificativa para a Previdência Social oferecer o abono anual para os segurados que não recebiam e nem contribuíam sobre o 13º salário quando na ativa, pois somente as categorias que recebem o 13º salário ao trabalharem efetuam 13 contribuições mensais a cada ano, devendo apenas elas serem contempladas com o abono anual. Ademais, a Previdência deve manter o sustento de quem não possui condições de trabalho, fugindo ao seu objetivo a concessão do abono a categorias de segurados que não o recebem enquanto estão em pleno gozo de suas capacidades laborativas.

O abono anual será calculado, no que couber, da mesma forma que a gratificação natalina dos trabalhadores, tendo por base o valor da renda mensal do benefício do mês de dezembro de cada ano. A Previdência Social paga o abono anual, juntamente com o pagamento da última parcela do benefício de cada ano e seu pagamento será efetuado em duas parcelas, da seguinte forma (art. 40, parágrafo único, Lei 8.213/1991, alterado pela MP 891/2019):

I - a primeira parcela corresponderá a até 50% do valor do benefício devido no mês de agosto e será paga juntamente com os benefícios dessa competência; e

II - a segunda parcela corresponderá à diferença entre o valor total do abono anual e o valor da primeira parcela e será paga juntamente com os benefícios da competência de novembro.

Para os demais benefícios, a Previdência Social paga o abono anual, juntamente com o pagamento da última parcela do benefício de cada ano.

Exemplo:

Eliza, empregada, foi afastada das suas atividades por dez meses, estando em gozo de auxílio por incapacidade temporária, cuja renda mensal do benefício fora de R$ 2.000,00. Recebeu, então, quatro parcelas mensais do benefício, em 2018, e as outras seis, em 2019. Quando lhe será pago o abono anual?

Resposta: Uma parte do abono anual será fornecida em dezembro de 2018. O valor do abono pago nesse ano será de 4/12 do valor do benefício, ou seja, R$ 666,66. O 13º salário correspondente aos outros oito meses em que Eliza estava em atividade será pago pela empresa. A outra parte será paga juntamente com a última parcela do benefício em 2019 e o seu valor será de 6/12 do benefício, ou seja, R$ 1.000,00.

Capítulo 20

Benefícios da Previdência Social

Neste tópico, estudaremos, com profundidade, cada um dos benefícios previdenciários disponibilizados pelo RGPS.

Os benefícios previdenciários, como mencionado no **tópico 19.5**, são prestações pagas, em dinheiro, aos trabalhadores ou a seus dependentes. Alguns deles substituem a remuneração do trabalhador que ficou, por algum motivo, impedido de exercer a sua atividade. Outros são oferecidos como complementação de rendimento do trabalho ou, até mesmo, independentemente do exercício da atividade.

Para facilitar o estudo dos benefícios da Previdência Social, efetuamos a seguinte divisão:

1) Pagos aos Segurados
   a) Aposentadorias
      - Aposentadoria por Invalidez (por incapacidade permanente)
      - **Aposentadoria Programada (EC 103/2019)**
      - **Aposentadoria por Idade (extinta, mas aplicável em razão de direito adquirido)**
      - Aposentadoria por Tempo de Contribuição **(extinta, mas aplicável em razão de direito adquirido)**
      - Aposentadoria Especial
      - Por Exposição a Agente Nocivo
      - Da Pessoa com Deficiência
      - Aposentadoria Compulsória do RGPS
   b) Salários
      - Salário-Família
      - Salário-Maternidade
   c) Auxílios
      - Auxílio por incapacidade temporária
      - Auxílio-Acidente
2) Pagos aos Dependentes
   a) Pensão por Morte
   b) Auxílio-Reclusão

20.1. APOSENTADORIAS

20.1.1. Aposentadoria por incapacidade permanente

- **EC 103/2019**
- **Arts. 42 a 47, Lei 8.213/1991**
- **Arts. 43 a 50, Decreto 3.048/1999**

A aposentadoria por incapacidade permanente será devida ao segurado que, **estando ou não em gozo de auxílio por incapacidade temporária**, for considerado incapaz para o trabalho e insuscetível de reabilitação para o exercício de atividade que lhe garanta a subsistência, sendo-lhe paga enquanto permanecer nessa condição.

A concessão de aposentadoria por incapacidade permanente dependerá da verificação da condição de incapacidade, mediante exame médico-pericial a cargo da Previdência Social, podendo o segurado, às suas expensas, fazer-se acompanhar de médico de sua confiança.

O art. 201, I, da Constituição Federal de 1988, que fundamenta esse benefício foi alterado pela EC 103/2019. A antiga redação dispunha:

> *Art. 201. A previdência social será organizada sob a forma de regime geral, de caráter contributivo e de filiação obrigatória, observados critérios que preservem o equilíbrio financeiro e atuarial, e atenderá, nos termos da lei, a:*
>
> *I – **cobertura dos eventos de doença, invalidez, morte e idade avançada;***

Com a Reforma da Previdência de 2019, atualmente, a redação desse dispositivo foi alterada, constando o seguinte texto:

> *Art. 201. A previdência social será organizada sob a forma do Regime Geral de Previdência Social, de caráter contributivo e de filiação obrigatória, observados critérios que preservem o equilíbrio financeiro e atuarial, e atenderá, na forma da lei, a:*
>
> *I – **cobertura dos eventos de incapacidade temporária ou permanente para o trabalho e idade avançada***

Podemos perceber que o evento morte foi excluído desse inciso, mas isso não significa, de forma alguma, que a previdência pós-reforma desprotege a morte de seus segurados, o que seria uma completa aberração técnica. A proteção à pensão por morte continua garantida constitucionalmente, uma vez que o inciso V desse mesmo artigo continua mencionando expressamente a pensão por morte, que estudaremos em tópico específico.

Outro ponto que chama a nossa atenção no comparativo dos textos constitucionais é que a cobertura a eventos de **doença e invalidez** foi substituída pela cobertura dos eventos de **incapacidade temporária ou permanente para o trabalho.**

Essa alteração influencia nas próprias nomenclaturas dos benefícios, que antes eram chamados de auxílio-doença e aposentadoria por invalidez e, agora, tecnicamente, deverão ser chamados auxílio incapacidade temporária e aposentadoria por incapacidade permanente. Sabemos que, em um primeiro momento, como até os textos legais ainda não foram atualizados, naturalmente, as nomenclaturas anteriores coexistirão, então, nesta obra, utilizaremos os dois nomes.

De fato, havia forte crítica doutrinária ao antigo texto, uma vez que a doença, por si só, pode não gerar qualquer incapacidade para o trabalho ou para a atividade habitual, não justificando a concessão de qualquer benefício em caso de doença não incapacitante. Essa é a razão da alteração da redação, incluindo, claramente, a necessidade de incapacidade permanente ou temporária para o trabalho, para que o segurado goze de proteção securitária.

A alteração, entretanto, foi alvo de algumas críticas por deixar expresso na constituição que a proteção seria a incapacidade temporária ou permanente **para o trabalho**. Alguns renomados professores se manifestaram na mídia, entendendo que essa alteração poderia afetar a concessão de benefícios por incapacidade (auxílio por incapacidade temporária ou aposentadoria por incapacidade permanente) para os segurados facultativos, uma vez que estes não trabalham.

De fato, melhor seria se o texto constitucional tivesse optado pela expressão "incapacidade temporária ou permanente para as atividades habituais", tal como a redação do art. 59 da Lei 8.213/1991, o que não ocorreu. Acreditamos, todavia, que essa alteração não afetará a concessão dos benefícios por incapacidade para os segurados facultativos, uma vez que tal garantia nunca esteve na constituição, mas somente na lei.

Admitimos, no entanto, que a preocupação é válida, pois, muito provavelmente, teremos em breve uma grande alteração na lei previdenciária para deixá-la em conformidade com a Reforma de 2019 e este ponto pode justificar uma futura exclusão do direito do facultativo.

A grande alteração trazida pela EC 103/2019 em relação à aposentadoria por incapacidade permanente do RGPS foi o cálculo do valor do benefício. Como visto no capítulo anterior, esse benefício era calculado com base na média dos 80% maiores salários de contribuição do período contributivo (a partir de julho de 1994), aplicando-se 100% dessa média.

Com a Reforma da Previdência de 2019, **o valor da aposentadoria por incapacidade permanente ordinária**, ou seja, quando não decorrente de acidente do trabalho e seus equiparados, seguirá a regra geral de cálculo das aposentadorias **programadas**, conforme será relembrado a seguir.

Com a publicação da Emenda Constitucional 103/2019, o seu art. 26 determina que **até que lei discipline o cálculo dos benefícios** do Regime Próprio de Previdência Social da União e do Regime Geral de Previdência Social, será utilizada a **média aritmética simples dos salários de contribuição e das remunerações adotados como base para contribuições a regime próprio de previdência social e ao Regime Geral de Previdência Social**, ou como base para contribuições decorrentes das atividades militares, atualizados monetariamente, **correspondentes a 100% do período contributivo desde a competência julho de 1994** ou desde o início da contribuição, se posterior àquela competência.

Essa regra é mais uma das regras de transição "permanentes" (disposição transitória) que pode ser alterada por lei. Vale, então, a regra da média de todas as contribuições, até que lei venha alterar essa disposição.

Para os segurados vinculados ao RGPS, **a média será limitada ao valor máximo do salário de contribuição** do Regime Geral de Previdência Social.

Depois de calcular a média sem possibilitar mais o descarte dos 20% menores salários de contribuição, o § 2º combinado com o § 5º do art. 26 da EC 103/2019 determina que o valor do benefício de aposentadoria corresponda a **60% da referida média, com acréscimo de 2% para cada ano de contribuição que exceder o tempo de 20 anos de contribuição, para os homens, e de 15 anos de contribuição, para as mulheres** filiadas ao RGPS.

Percebemos que os homens só terão direito ao valor correspondente a 100% da média após completarem 40 anos de contribuição, recebendo 60% aos 20 anos, somados com 2% por cada um dos 20 anos adicionais de contribuição. Já as mulheres alcançarão os 100% ao atingirem 35 anos de contribuição, recebendo 60% aos 15 anos, somados com 2% por cada um dos 20 anos adicionais de contribuição.

A tabela abaixo sintetiza as novas regras de cálculo das aposentadorias por incapacidade permanente no RGPS:

Tempo de contribuição	Homens	Mulheres
Até 15 anos	60%	60%
16 anos	60%	62%
17 anos	60%	64%
18 anos	60%	66%
19 anos	60%	68%
20 anos	60%	70%
21 anos	62%	72%
22 anos	64%	74%
23 anos	66%	76%
24 anos	68%	78%
25 anos	70%	80%
26 anos	72%	82%
27 anos	74%	84%
28 anos	76%	86%
29 anos	78%	88%
30 anos	80%	90%
31 anos	82%	92%
32 anos	84%	94%
33 anos	86%	96%
34 anos	88%	98%
35 anos	90%	100%

Tempo de contribuição	Homens	Mulheres
36 anos	92%	102%
37 anos	94%	104%
38 anos	96%	106%
39 anos	98%	108%
40 anos	100%	110%

É inegável que a nova regra trouxe grande perda no valor das aposentadorias, em relação ao modelo antigo. A primeira redução ocorre ao não mais permitir o descarte de 20% no valor dos benefícios, que pode representar uma redução significativa na média, como já vimos no capítulo específico sobre o cálculo do valor do benefício.

Mas as perdas com a nova forma de cálculo da aposentadoria por incapacidade permanente ordinária não pararam na média. A renda mensal do benefício foi também bastante afetada, uma vez que antes receberia 100% e agora, recebem 60%, com acréscimo de 2% por ano adicional aos 20 anos, para homens, e, 15 anos, para mulheres.

Já a **aposentadoria por incapacidade permanente decorrente de acidente de trabalho, de doença profissional e de doença do trabalho**, ou seja, as modalidades acidentárias receberam um tratamento diferenciado. Para estes casos, faz-se a média de todas as contribuições, **aplicando-se 100% da média**, independentemente do número de anos de contribuição, trazendo menor prejuízo ao segurado (art. 26, § 3º, III, da EC 103/2019).

Certamente, um ponto que gerará muita polêmica é a definição de quais segurados poderão ser contemplados com essas regras diferenciadas para cálculo do benefício acidentário. De acordo com a legislação previdenciária, apenas os segurados empregados, empregados domésticos, trabalhadores avulsos e segurados especiais têm direito aos benefícios acidentários (art. 104, Decreto 3.048/1999) e os segurados devem estar a serviço da empresa ou do empregador doméstico (art. 19, Lei 8.213/1991).

Por sua vez, o art. 26, § 3º, III, da EC 103/2019 garante a integralidade da média para os segurados aposentados por invalidez, quando **decorrente de acidente de trabalho, de doença profissional e de doença do trabalho.** Em nenhum momento o texto limitou a possibilidade de contribuintes individuais autônomos pudessem usufruir dessa vantagem, quando sofrer acidente no exercício de seu trabalho. Certamente, será um tema que terminará nos tribunais...

Percebam que a EC 103/2019 trouxe uma diferenciação entre o benefício por incapacidade permanente acidentário e o comum, retornando a uma realidade que já ocorreu na legislação previdenciária anteriormente a Lei 9.032/1995.

Em nossa visão, tecnicamente não há razão para se diferenciar o valor dos benefícios acidentários dos benefícios ordinários, pois o risco social e a necessidade de proteção do segurado por ele atingido é o mesmo, nas duas hipóteses. Em ambos, o segurado está incapaz de trabalhar e necessita, permanentemente, da proteção do seguro social para o seu sustento e da sua família. O fato de o evento causador da incapacidade ter origem acidentária não faz com que o segurado necessite de um maior valor, pois as suas necessidades são exatamente as mesmas.

Tecnicamente, as duas hipóteses de concessão desse benefício poderiam ser igualadas em um patamar superior, com regras diferenciadas em relação às aposentadorias programadas. Vejam que nenhum segurado controla o momento em que se tornará inválido, não sendo justificável progredir o valor em função do tempo de contribuição para os benefícios não programados.

Vamos aos exemplos de cálculo do valor das aposentadorias por invalidez no RGPS:

Exemplo 1:

Caio ficou incapacitado permanentemente para suas atividades laborais, após contar com 25 anos de contribuição, ao sofrer acidente de carro nas suas férias. Sabendo que a média de todos seus salários de contribuição corrigidos é de R$ 5.000,00, qual será o valor do benefício de Caio?

Resposta:

Caio terá direito a 70% do valor da sua média, pois conta com cinco anos a mais de contribuição que o mínimo de 20 anos, logo, o valor de sua aposentadoria por incapacidade permanente será de **R$ 3.500,00.**

Se tivesse ficado inválido no dia anterior à publicação da EC 103/2019, o valor de seu benefício, provavelmente, seria superior a R$ 5.000,00, pois seria calculado com base em 100% da média, com direito ao descarte dos 20% menores salários de contribuição, o que, certamente, elevaria o valor dessa média.

Exemplo 2:

Antônia, empregada doméstica com 12 anos de contribuição, sofreu grave acidente enquanto limpava os vidros do apartamento onde trabalhava, caindo pela janela do terceiro andar. Felizmente, sobreviveu ao acidente, mas as sequelas lhe deixaram incapaz permanentemente para o exercício de qualquer atividade. Sabendo que a média de todos seus salários de contribuição corrigidos é de R$ 2.000,00, qual será o valor do benefício de Antônia?

Resposta:

Antônia terá direito a 100% do valor da sua média, pois sofreu acidente do trabalho típico, logo, o valor de sua aposentadoria por incapacidade permanente será de **R$ 2.000,00.**

Se tivesse ficado inválida por motivo não acidentário, o valor de seu benefício seria 60% de sua média, ou seja, **salário mínimo**.

Essa nova regra de cálculo da aposentadoria por incapacidade permanente não é razoável do ponto de vista técnico-previdenciário. Não faz sentido relacionar o valor de um benefício não programado ao tempo de contribuição. É como se o segurado pudesse optar pelo momento da vida que ficará inválido. Notem, ainda, que na invalidez precoce é quando o segurado, em regra, tem filhos para sustentar, necessitando, em tese, de uma renda maior.

Outro ponto curioso é que o valor da aposentadoria por incapacidade permanente poderá ser inferior ao valor da aposentadoria por incapacidade temporária (antigo auxílio-doença). Isso porque em uma invalidez ocorrida até os 20 anos de contribuição, homens, e 15 anos de contribuição mulher, o benefício será calculado com o coeficiente de 60% da média, enquanto o de incapacidade temporária será de 91% da média.

Essa absurda distorção, certamente, ensejará uma série de ações pleiteando a não conversão do auxílio incapacidade temporária na aposentadoria por incapacidade permanente. Ademais, visualizamos que os auxílios-doença que tiveram origem em período anterior à reforma e que foram convertidos em aposentadoria por incapacidade permanente em período posterior a EC 103/2019, poderão ser revisados com o argumento de que a invalidez foi anterior à reforma e que o cálculo do valor desse benefício deve feito com base em 100% do salário de benefício, permitindo o descarte dos 20% menores salários de contribuição. A tese é que a incapacidade permanente ocorreu desde a data de início do auxílio por incapacidade temporária, mas o médico perito do INSS não reconheceu de imediato essa condição, gerando prejuízo ao segurado.

Importante ressaltar que, em nossa visão, a EC 103/2019 não garantiu a possibilidade de exclusão de salários de contribuição da média para garantir o melhor benefício, tal como fez com as aposentadorias **programadas**.

Para melhor visualização, segue um esquema que resume as novas regras de cálculo da aposentadoria por incapacidade permanente do RGPS:

APOSENTADORIA POR INVALIDEZ DO RGPS

- Média de 100% das remunerações dos servidores, desde a competência julho de 1994
- Invalidez ordinária: 60% da referida média, com acréscimo de 2% para cada ano de contribuição que exceder o tempo de 20 anos de contribuição, para os homens, e de 15 anos de contribuição, para as mulheres
- Invalidez acidentária: 100% da referida média, independentemente do tempo de contribuição

De acordo com o art. 15, § 6º, da Lei 10.741/2003, alterado pela Lei 12.896, de 18/12/2013, é assegurado à pessoa idosa enferma o atendimento domiciliar pela perícia médica do Instituto Nacional do Seguro Social – INSS, pelo serviço público de saúde ou pelo serviço privado de saúde, contratado ou conveniado, que integre o Sistema Único de Saúde – SUS, para expedição do laudo de saúde necessário ao exercício de seus direitos sociais e de isenção tributária. Ressalte-se que a previdência, mesmo antes da citada Lei, sempre possibilitou a perícia domiciliar ou a hospitalar, sempre que o segurado enfermo não tivesse condições de se deslocar.

De acordo com o entendimento da Turma Nacional de Uniformização de Jurisprudência dos Juizados Especiais Federais, "uma vez reconhecida **a incapacidade parcial** para o trabalho, o juiz deve analisar as condições pessoais e sociais do segurado para a concessão de aposentadoria por incapacidade permanente" (Súmula 47 da TNU).

O STJ segue o mesmo entendimento, considerando que, para a concessão de aposentadoria por incapacidade permanente, na hipótese em que o laudo pericial tenha concluído pela **incapacidade parcial** para o trabalho, devem ser considerados os aspectos socioeconômicos, profissionais e culturais do segurado (AgRg no AREsp 283.029-SP, Rel. Min. Humberto Martins, j. em 09/04/2013, 2ª T).

Realmente, é fundamental que, para a concessão de benefício por incapacidade, a perícia médica avalie não só a condição física do segurado, mas a sua condição social (incapacidade social). É natural, por exemplo, que a perícia do INSS considere aspectos como a idade do segurado, a sua condição social e cultural, o estigma de sua doença para conceder o benefício. Note-se que tais aspectos influenciam diretamente na capacidade de recuperação do segurado.

Um segurado que perde um braço com 20 anos de idade, certamente, não necessitará de aposentadoria por incapacidade permanente, pois, após um longo período de reabilitação, poderá ser requalificado para outra atividade. Já um trabalhador que aos 62 anos de idade tenha sofrido do mesmo mal poderá ser aposentado por invalidez, uma vez que a perícia pode concluir que, neste caso, a incapacidade total seria permanente.

A incapacidade social tem sido recepcionada pelos nossos tribunais. A Súmula 78 da TNU, por exemplo, dispõe que "comprovado que o requerente de benefício é portador do vírus HIV, cabe ao julgador verificar as condições pessoais, sociais, econômicas e culturais, de forma a analisar a incapacidade em sentido amplo, em face da elevada estigmatização social da doença".

Com esse entendimento, é possível a concessão da aposentadoria por incapacidade permanente de um segurado que teve reconhecida a incapacidade parcial, a depender de suas condições pessoais e sociais. Para ficar mais claro esse posicionamento, segue um exemplo:

Exemplo:

Carlos, motorista, 65 anos de idade, e João, eletricista, 20 anos de idade, sofreram acidente de carro, tendo como resultado a necessidade de amputarem uma de suas pernas. Nesta situação, é natural que Carlos seja aposentado por invalidez, pois uma análise pessoal e social de sua situação pode demonstrar que a readaptação para outra atividade é bastante complexa. Já João, com apenas 20 anos, pode, perfeitamente, ser readaptado para outra função, ou, até mesmo, com a ajuda de uma prótese, continuar exercendo a atividade de eletricista.

A doença ou lesão de que o segurado já era portador ao filiar-se ao RGPS não lhe conferirá direito à aposentadoria por incapacidade permanente, **salvo quando a incapacidade sobrevier por motivo de progressão ou agravamento dessa doença ou lesão.**

Nesse mesmo sentido, a Súmula 53 da TNU dispõe que "não há direito a auxílio por incapacidade temporária ou a aposentadoria por incapacidade permanente quando a incapacidade para o trabalho é preexistente ao reingresso do segurado no Regime Geral de Previdência Social". Assim, se o segurado perdeu a sua qualidade, ficando incapaz para o trabalho durante esse período, mesmo que retome as contribuições à previdência social, não fará jus aos benefícios por incapacidade.

A carência para a concessão da aposentadoria por incapacidade permanente é de 12 contribuições mensais, sendo, contudo, dispensada nos casos de acidente de qualquer natureza ou causa, doença profissional ou do trabalho e de doenças e afecções especificadas em lista elaborada pelos Ministérios da Saúde e da Previdência Social.

Atente-se para o fato de que a concessão de aposentadoria por incapacidade permanente aos segurados especiais independe de carência, desde que comprovem o exercício de atividade rural no período imediatamente anterior ao requerimento do benefício, ainda que de forma descontínua, igual ao número de meses correspondente à carência do benefício requerido.

Para fins de apuração do salário de benefício de qualquer aposentadoria precedida de auxílio-acidente, o valor mensal deste será somado ao salário de contribuição, antes da aplicação da correção legal, não podendo o total apurado ser superior ao limite máximo do salário de contribuição.

Exemplo:

Em 1993, Ernani, após a consolidação das lesões decorrentes de acidente sofrido, passou a receber auxílio-acidente de R$ 1.000,00. Retornou, neste ano, ao trabalho, recebendo remuneração mensal de R$ 2.000,00. Em 2019, sofreu novo acidente, que o deixou incapacitado para o trabalho permanentemente. Desprezando-se os cálculos de atualização e considerando que os valores mencionados se mantiveram durante todo o período, qual será o valor da sua aposentadoria?

Resposta: O valor será de R$ 3.000,00, pois, para o cálculo do valor do benefício, contarão, apenas, os salários de contribuição, a partir de julho de 1994, sendo considerada a soma do auxílio-acidente com a sua remuneração.

A aposentadoria por incapacidade permanente será devida ao segurado, quando precedida de auxílio por incapacidade temporária, a partir da sua cessação, ou, concluindo a perícia médica inicial pela existência de incapacidade total e definitiva para o trabalho. A aposentadoria por incapacidade permanente será devida:

a) **ao segurado empregado**, a contar do 16º dia do afastamento da atividade ou a partir da entrada do requerimento, se entre o afastamento e a entrada do requerimento decorrerem mais de 30 dias;

b) **ao segurado empregado doméstico, trabalhador avulso, contribuinte individual, especial e facultativo**, a contar da data do início da incapacidade ou da data da entrada do requerimento, se entre essas datas decorrerem mais de 30 dias.

Durante os primeiros 15 dias de afastamento, caberá à empresa pagar ao segurado empregado o salário correspondente. Perceba que essa obrigatoriedade não se estende expressamente ao empregador doméstico, devendo a Previdência conceder-lhe o benefício a partir do início da incapacidade.

A Medida Provisória 664/2014 tentou alterar a regra de início do benefício para o empregado, estendendo a obrigatoriedade da empresa de arcar com os 30 primeiros dias de incapacidade do empregado. A Lei 13.135, de 17/06/2015, no entanto, não acatou essa alteração, assim, o empregador continua obrigado a arcar somente com os 15 primeiros dias de afastamento, sendo a previdência social responsável pela concessão da aposentadoria por incapacidade permanente a partir do 16º dia de afastamento.

Saliente-se que o valor da aposentadoria por incapacidade permanente do segurado que necessitar da assistência permanente de outra pessoa será acrescido de 25%, sendo devido ainda que o valor da aposentadoria ultrapasse o limite máximo do salário de contribuição (art. 45 da Lei 8.213/1991). Obviamente, esse **acréscimo cessará com a morte do aposentado**, não sendo incorporável ao valor da pensão.

O anexo I do Decreto 3.048/1999 traz as situações em que esse adicional pode ser fornecido. A título de curiosidade, transcrevemo-las nesta obra:

1. Cegueira total;
2. Perda de nove dedos das mãos ou superior a esta;
3. Paralisia dos dois membros superiores ou inferiores;
4. Perda dos membros inferiores, acima dos pés, quando a prótese for impossível;
5. Perda de uma das mãos e de dois pés, ainda que a prótese seja possível;
6. Perda de um membro superior e outro inferior, quando a prótese for impossível;
7. Alteração das faculdades mentais com grave perturbação da vida orgânica e social;
8. Doença que exija permanência contínua no leito;
9. Incapacidade permanente para as atividades da vida diária.

Considerando que o art. 45 da Lei 8.213/1991 prevê o acréscimo de 25% para o segurado que necessite da assistência permanente de outra pessoa, sem remeter a qualquer regulamentação, entendemos que a lista constante do anexo I do Decreto 3.048/1999 deve ser considerada meramente exemplificativa. Esse entendimento, todavia, diverge do entendimento da autarquia previdenciária, que somente concede o referido acréscimo quando a doença estiver presente na lista.

Há grande polêmica se esse adicional de 25% pode ser concedido, por analogia, para outras espécies de aposentado, como o aposentado por idade, por tempo de contribuição ou especial, que, após a aposentadoria, seja acometido de doença que o torne necessitado de assistência permanente de outra pessoa.

A Primeira Seção do Superior Tribunal de Justiça (STJ) decidiu por maioria que, comprovada a necessidade de auxílio permanente de terceira pessoa, é devido o acréscimo de 25% em todas as modalidades de aposentadoria pagas pelo Instituto Nacional do Seguro Social (INSS). Ao julgar recurso repetitivo (Tema 982) sobre o assunto, a seção fixou a seguinte tese: "Comprovada a necessidade de assistência permanente de terceiro, é devido o acréscimo de 25%, previsto no art. 45 da Lei 8.213/1991, a todas as modalidades de aposentadoria".

A Primeira Turma do Supremo Tribunal Federal (STF), todavia, em julgamento ocorrido em 11/03/2019, suspendeu o trâmite, em todo o território nacional, de ações judiciais individuais ou coletivas e em qualquer fase processual, que tratam sobre a extensão do pagamento do adicional de 25% não relacionada às aposentadorias por invalidez (Pet 8002).

Por fim, o STF fulminou a tese da extensão dos 25% para as demais aposentadorias, firmando a tese de que no âmbito do RGPS, somente lei pode criar ou ampliar benefícios e vantagens previdenciárias, não havendo, por ora, previsão de extensão do auxílio da grande invalidez a todas as espécies de aposentadoria (RE 1.221.446, com repercussão geral, julgado em junho de 2021).

O benefício devido ao segurado ou dependente civilmente incapaz será pago ao cônjuge, pai, mãe, tutor ou curador, admitindo-se, na sua falta e por período não superior a seis meses, o pagamento a herdeiro necessário, mediante termo de compromisso firmado no ato do recebimento (art. 162, RPS). Observe-se que a apresentação do termo de curatela não se faz mais necessário desde a edição do Decreto 5.699/2006.

Como o processo de curatela pode levar alguns meses, a Previdência Social pode prorrogar o pagamento provisório por iguais períodos de seis meses, desde que o representante do segurado ou dependente civilmente incapaz comprove o ajuizamento de processo de curatela e o seu regular andamento.

Uma relevante alteração promovida pela Lei 14.774, de 14/11/2023, inseriu o § 1º-A, no art. 42, da Lei 8.213/91, permitindo que o exame médico-pericial possa ser realizado com o uso de **tecnologia de telemedicina ou por análise documental** conforme situações e requisitos definidos em regulamento. Esse novo procedimento é fundamental para agilizar a análise médico-pericial do INSS.

De acordo com o art. 101, da Lei 8.212/91, alterada pela Lei 14.441/2022, o segurado em gozo de **auxílio por incapacidade temporária, auxílio-acidente ou aposentadoria**

por incapacidade permanente e o pensionista inválido, cujos benefícios tenham sido concedidos judicial ou administrativamente, estão obrigados, sob pena de suspensão do benefício, a submeter-se a:

> I – **exame médico a cargo da Previdência Social** para avaliação das condições que ensejaram sua concessão ou manutenção;
>
> II – processo de **reabilitação profissional** por ela prescrito e custeado; e
>
> III – tratamento dispensado gratuitamente, **exceto o cirúrgico e a transfusão de sangue, que são facultativos.**

Ressalte-se, no entanto, que a TNU fixou a tese no julgamento do Tema 272 de que *a circunstância de a recuperação da capacidade depender de intervenção cirúrgica não autoriza, automaticamente, a concessão de aposentadoria por invalidez (aposentadoria por incapacidade permanente), sendo necessário verificar a inviabilidade de reabilitação profissional e a manifestação inequívoca do segurado a respeito da recusa ao procedimento cirúrgico.*

O segurado aposentado por incapacidade permanente poderá ser convocado a qualquer momento para avaliação das condições que ensejaram o afastamento ou a aposentadoria, concedida judicial ou administrativamente. Também fica obrigado, sob pena de suspensão do pagamento do benefício, a submeter-se a exame médico-pericial pela Perícia Médica Federal, a processo de reabilitação profissional a cargo do INSS e a tratamento dispensado gratuitamente, exceto o cirúrgico e a transfusão de sangue, que são facultativos. (art. 46, do RPS).

O aposentado por incapacidade permanente que não tenha retornado à atividade estará isento do exame médico-pericial de revisão após completar 55 anos de idade e quando decorridos 15 anos da data de concessão da aposentadoria por incapacidade permanente ou do auxílio por incapacidade temporária que a tenha precedido; ou após completar 60 anos de idade.

Essa isenção de perícia não se aplica quando o exame tem as seguintes finalidades (art. 101, §2º da Lei 8.213/1991):

I – verificar a necessidade de assistência permanente de outra pessoa para a concessão do acréscimo de 25% sobre o valor do benefício, conforme dispõe o art. 45;

II – verificar a recuperação da capacidade de trabalho, mediante solicitação do aposentado ou pensionista que se julgar apto;

III – subsidiar autoridade judiciária na concessão de curatela.

De acordo com o art. 43, § 5º, da Lei 8.213/1991, inserido pela Lei 13.847, de 19/06/2019, o segurado aposentado por invalidez com HIV/Aids é dispensado ao exame médico pericial de revisão.

De acordo com a alteração legislativa promovida pela MP 767, convertida na Lei 13.457, de 26/06/2017, o segurado aposentado por invalidez poderá ser convocado a qualquer momento para avaliação das condições que ensejaram o afastamento ou a aposentadoria, concedida judicial ou administrativamente, salvo os casos de isenção de perícia dos idosos, que estudamos agora.

Essa convocação se justifica na medida em que há uma necessidade de se verificar se as condições que motivaram a concessão da aposentadoria por incapacidade permanente ainda se mantêm, pois muitos benefícios dessa espécie eram concedidos e jamais revisados pela perícia médica.

A concessão de aposentadoria por incapacidade permanente, inclusive mediante transformação de auxílio por incapacidade temporária, está condicionada ao afastamento de todas as atividades.

O aposentado por invalidez que retornar voluntariamente à atividade terá sua aposentadoria automaticamente **cancelada**, a partir da data do retorno, e os valores recebidos, indevidamente, deverão ser devolvidos à Previdência Social. Se esse benefício é concedido aos trabalhadores que não têm condições de exercer atividade, não há sentido em mantê-lo em caso de retorno ao trabalho.

O aposentado por invalidez pode, entretanto, ser considerado apto para o trabalho, mediante avaliação do médico-perito do INSS. Verificada, dessa forma, a recuperação da capacidade de trabalho, será observado o seguinte procedimento:

I - **quando a recuperação ocorrer dentro de cinco anos**, contados da data do início da aposentadoria por incapacidade permanente ou do auxílio por incapacidade temporária que a antecedeu sem interrupção, o benefício cessará:

a) **de imediato, para o segurado empregado que tiver direito a retornar à função que desempenhava na empresa** quando se aposentou, na forma da legislação trabalhista, valendo como documento, para tal fim, o certificado de capacidade fornecido pela Previdência Social; ou

b) **após tantos meses quantos forem os anos de duração do auxílio por incapacidade temporária que a antecedeu sem interrupção**, para os demais segurados.

II - **quando a recuperação for parcial ou ocorrer após cinco anos de afastamento ou, ainda, quando o segurado for declarado apto para o exercício de trabalho diverso do qual habitualmente exercia**, a aposentadoria será mantida, sem prejuízo da volta à atividade:

a) **no seu valor integral, durante seis meses** contados da data em que for verificada a recuperação da capacidade;

b) **com redução de 50%, no período seguinte de seis meses;**

c) **com redução de 75%, também por igual período de seis meses**, ao término do qual cessará definitivamente.

Note-se que, no item I, é necessário que a recuperação para o trabalho seja completa, pois, sendo parcial, independentemente do prazo em que ela se dê, aplicar-se-á o item II. Quando a recuperação ocorrer depois de cinco anos, será garantida a "mensalidade de recuperação" por 18 meses.

Veja a tabela resumo:

Situação	Solução
Se a recuperação for total para o exercício de trabalho que o segurado habitualmente exercia. **E** Se essa recuperação tiver ocorrido dentro de cinco anos contados da data do início da aposentadoria por incapacidade permanente ou do auxílio por incapacidade temporária que a antecedeu sem interrupção.	• **Para o segurado empregado:** O benefício cessará de imediato. • **Para os demais segurados:** O benefício cessará depois de tantos meses quantos forem os anos de duração do auxílio por incapacidade temporária e da aposentadoria por incapacidade permanente.
Se for verificada recuperação parcial para o exercício de trabalho que o segurado habitualmente exercia. **Ou** Se essa recuperação tiver ocorrido depois de cinco anos contados da data do início da aposentadoria por incapacidade permanente ou do auxílio por incapacidade temporária que a antecedeu sem interrupção. **Ou ainda** Se for declarada a aptidão do segurado para o exercício de trabalho diverso do qual habitualmente exercia.	• **Para todos os segurados:** a) O benefício terá valor integral: Durante os seis primeiros meses. b) O benefício terá redução de 50%: No período seguinte de seis meses. c) O benefício terá redução de 75%: Por igual período de seis meses, ao término do qual cessará definitivamente.

Durante o período de percepção da mensalidade de recuperação (I, b, e II), embora o segurado continue na condição de aposentado, será permitida a volta ao trabalho, sem prejuízo do pagamento da referida mensalidade.

Atenção!

Os organizadores de concursos públicos têm, frequentemente, elaborado "pegadinhas" propondo o seguinte texto: "sempre que o aposentado por invalidez retornar ao trabalho, o seu benefício será cessado". Esta proposição está errada, pois existe a exceção do pagamento da mensalidade de recuperação.

Durante o período de percepção da mensalidade de recuperação integral, não caberá concessão de novo benefício, mas, no período de percepção das parcelas reduzidas, **poderá** ser concedido novo benefício, **sendo facultado ao segurado optar entre o benefício e a renda de recuperação.**

De acordo com o § 2º do art. 50, do RPS alterado pelo Decreto 10.410, de 30/06/2020, na hipótese de opção pelo recebimento de novo benefício cuja duração se encerre antes da cessação da mensalidade recuperação, o pagamento deste poderá ser restabelecido pelo período remanescente, respeitadas as reduções correspondentes.

Exemplo:

Natália, psicanalista de uma grande empresa, invalidou-se para o trabalho, em decorrência de distúrbios mentais. Após quatro anos de tratamento psiquiátrico da melhor qualidade, recuperou parcialmente a capacidade para o trabalho, tendo sido aceita pelo seu antigo empregador, certamente para exercer o trabalho em atividade diversa. Nesta situação, terá ela direito à mensalidade de recuperação?

Resposta:

Natália terá direito a 18 meses da mensalidade, pois, embora ela tenha retornado ao trabalho e a sua incapacidade tenha durado menos de cinco anos, a sua recuperação foi parcial, devendo ser aplicado o item II.

Caso Natália adoeça nos seis primeiros meses do recebimento da mensalidade integral, não fará jus ao benefício. Se esta nova incapacidade ocorrer durante os 12 meses seguintes, poderá ela optar entre o auxílio por incapacidade temporária e a continuidade do recebimento da mensalidade. Optando pelo auxílio, a mensalidade de recuperação será cessada, podendo ser reativada pelo tempo faltante se o benefício escolhido cessar antes do fim do prazo da mensalidade de recuperação.

Questão polêmica no âmbito da Secretaria da Receita Federal do Brasil é a possibilidade de baixa da empresa, enquanto o empregado estiver com contrato suspenso devido à aposentadoria por incapacidade permanente. O funcionário, nessas condições, tem o direito ao retorno às atividades ou à correspondente indenização, se for considerado reabilitado. Por outro lado, as empresas que desejem encerrar suas atividades não podem ser compelidas a manter-se em funcionamento apenas porque possuem funcionários afastados por incapacidade.

Sabemos que, para extinção da empresa, deve ela solicitar uma Certidão Negativa de Débito. Nessas circunstâncias, deve a SRFB emitir a CND?

A polêmica foi dirimida por manifestação oficial de entendimento do INSS, por meio de consulta técnica formulada. A posição da Autarquia é a de que a empresa pode ser baixada e, em caso de retorno do trabalhador, ficarão os seus representantes legais responsáveis pelo cumprimento das obrigações trabalhistas.

A jurisprudência do STJ entende que a citação válida deve ser considerada como termo inicial para a implantação da aposentadoria por incapacidade permanente concedida na via judicial quando ausente prévia postulação administrativa. Assim, caso o segurado demande diretamente no judiciário a sua aposentadoria por incapacidade permanente, e este entenda que no caso concreto é dispensável o prévio requerimento administrativo, o marco inicial da aposentadoria em caso de deferimento do benefício deve ser a citação válida (REsp 1.369.165-SP, j. em 26/2/2014).

Este tema, inclusive, foi alvo da edição da Súmula 576, do STJ, em 27/06/2016, com a seguinte redação: "Ausente requerimento administrativo no INSS, o termo inicial para a implantação da aposentadoria por incapacidade permanente concedida judicialmente será a data da citação válida".

Por último, a aposentadoria por incapacidade permanente pode ser extinta pela cessação da incapacidade ou pela morte do segurado.

Até a publicação do decreto 6.722/2008, havia expressa previsão no art. 55 do RPS que possibilitava a transformação, a pedido do segurado, da aposentadoria por incapacidade permanente em aposentadoria por idade, desde que cumpridos os requisitos necessários à concessão desse benefício. O citado Decreto, todavia, revogou o art. 55 do RPS. Assim, à primeira vista, deixou de ser possível a mencionada transformação direta, devendo antes ser cessado o benefício por incapacidade, para somente depois ser concedido o novo benefício.

A vantagem em promover a transformação da aposentadoria por incapacidade permanente em aposentadoria por idade, para os segurados que já tiverem cumprido as exigências legais, é que, dessa forma, não necessitarão comparecer bianualmente ao INSS para fins de avaliação médico-pericial.

20.1.1.1. Quadro resumo – Aposentadoria por incapacidade permanente

Quadro resumo – Aposentadoria por incapacidade permanente	
Requisito	Incapacidade permanente para trabalho ou para a atividade habitual, com pequena possibilidade de recuperação.
Beneficiários	Todos os segurados.
Carência	Doze contribuições mensais ou nenhuma para acidentes e algumas doenças (ver lista).
Renda mensal (valor)	Média de todas as contribuições. 60% da média contributiva, acrescido de 2% por ano adicional aos 20 anos de contribuição, homens, e aos 15 anos de contribuição, mulheres. Invalidez acidentária: 100% da referida média, independentemente do tempo de contribuição

<table>
<tr><th colspan="2">Quadro resumo – Aposentadoria por incapacidade permanente</th></tr>
<tr><td>Início do pagamento</td><td>• Empregados:
a) A contar do 16º dia de afastamento da atividade, quando requerida até o 30º dia.
b) A partir da data de entrada do requerimento, se entre o afastamento e o requerimento decorrerem mais de 30 dias.
• Demais segurados:
a) A contar da data de início da incapacidade, quando requerer até o 30º dia.
b) Da data de entrada do requerimento, se entre a data da incapacidade e a do requerimento passarem mais de 30 dias.</td></tr>
<tr><td>Suspensão do pagamento</td><td>Quando o segurado não comparecer à perícia médica periódica, ou à convocação do INSS.</td></tr>
<tr><td rowspan="2">Cessação do pagamento</td><td>Quando ocorrer a recuperação da capacidade para o trabalho ou a morte do segurado.</td></tr>
<tr><td>Quando o segurado aposentado por invalidez retornar voluntariamente à atividade o seu benefício é cancelado, desde a data do retorno ao trabalho.</td></tr>
</table>

20.1.2. Aposentadoria programada do RGPS

20.1.2.1 Regramento Permanente da EC 103/2019

Neste tópico, analisaremos as mudanças ocorridas nas aposentadorias **programadas** do Regime Geral de Previdência Social, trazendo, primeiramente, a legislação anterior à Reforma da Previdência; em seguida, a regra permanente trazida pela constituição e, por fim, as diversas regras de transição. Repetiremos também as regras de cálculo do valor do benefício para permitir a fixação desse novo tema.

O novo modelo de aposentadoria **programadas** do RGPS cumula os requisitos de idade e tempo de contribuição, tal como já ocorria nos Regimes Próprios de Previdência Social, desde a promulgação da EC 20/1998. O § 7º do art. 201 da Constituição Federal de 1988, com texto alterado pela Emenda Constitucional 103/2019, dispõe que é assegurada aposentadoria no Regime Geral de Previdência Social, nos termos da lei, obedecidas as seguintes condições:

I - **65 anos de idade, se homem,** e **62 anos de idade, se mulher**, observado tempo mínimo de contribuição;

II - **60 anos de idade, se homem,** e **55 anos de idade, se mulher, para os trabalhadores rurais** e para os que exerçam suas atividades em regime de economia familiar, nestes incluídos o **produtor rural, o garimpeiro e o pescador artesanal.**

Percebe-se que a EC 103/2019 não alterou as regras para a aposentadoria rural, mantendo as idades reduzidas. O Decreto 10.410/2020 deixou claro também que não houve alteração na regra de cálculo do valor dos benefícios rurais.

O valor da renda mensal da aposentadoria por idade do empregado rural; contribuinte individual rural; avulso rural; para o garimpeiro e para o **segurado especial que contribua facultativamente**, corresponderá a 70% do salário de benefício (calculado pela média aritmética de 100% das contribuições vertidas entre julho de 1994, ou da data de filiação se posterior a esta data), com acréscimo de 1% para cada ano de contribuição. Ou seja, o **Decreto mantém a fórmula de cálculo da RMI da aposentadoria por idade na sistemática anterior à reforma, mas muda a forma de cálculo do salário de benefício para a sistemática nova da EC 103/2019** (art. 57, § 1º, do RPS).

Ainda em relação ao cálculo do valor da aposentadoria rural, no caso de segurado especial que se aposenta com o valor de um salário mínimo em caso de recebimento de auxílio-acidente, o valor desse benefício deve ser considerado para majoração do valor da aposentadoria. Esse foi o entendimento da TNU no julgamento do Tema 322, fixando a seguinte tese: "devem ser computados os valores percebidos a título de auxílio-acidente no Período Básico de Cálculo (PBC) da aposentadoria por idade rural do segurado especial, para fins de incremento da Renda Mensal Inicial (RMI), independentemente do recolhimento de contribuições facultativas, a teor do § 6º do art. 36 do Decreto n. 3.048/1999, excetuadas as hipóteses de cumulação de benefícios contempladas na Súmula 507 do STJ".

De acordo com o § 8º do art. 201 da Constituição Federal reformada, **o requisito de idade dos trabalhadores urbanos será reduzido em cinco anos, para o professor** que comprove tempo de efetivo exercício das funções de magistério na educação infantil e no ensino fundamental e médio fixado em lei complementar. Nesse ponto, a reforma trouxe uma adaptação relevante, pois, no modelo anterior, os professores garantiam a redução de cinco anos na aposentadoria por tempo de contribuição e, nesse novo modelo, a redução se aplica, inicialmente, às idades. O **professor** se aposenta, então, aos **60 anos de idade, se homem, e aos 57 anos de idade, se mulher.**

Percebam que a regra permanente de aposentadoria **programada** urbana (inciso I) não define o tempo de contribuição mínimo para o direito a aposentadoria.

Somente a disposição transitória estabelecida no art. 19 da Emenda Constitucional 103/2019 vai tratar do tema, regulando, **até que lei disponha sobre esse tempo de contribuição, que o segurado filiado ao Regime Geral de Previdência Social, após a data de entrada em vigor da Emenda Constitucional** 103/2019, será aposentado aos **62 anos de idade, se mulher, 65 anos de idade, se homem, 15 anos de tempo de contribuição, se mulher, e 20 anos de tempo de contribuição, se homem.**

Essa disposição transitória complementa a regra permanente, incluindo apenas os tempos de contribuição necessários para os homens e para as mulheres. Os homens necessitam cumprir 20 anos de contribuição, enquanto as mulheres necessitam atingir os 15 anos de contribuição. Tais tempos de contribuição mínimos podem ser alterados por lei ordinária.

Em síntese, a regra "permanente" da aposentadoria **programada** do RGPS pode ser assim esquematizada:

Sexo	Idade	Tempo mínimo de Contribuição
Homens	65 anos	20 anos
Mulheres	62 anos	15 anos

O art. 19, § 1º, II, da EC 103/2019 institui a "regra permanente" (disposição transitória), dispondo que o **professor, homem ou mulher, que comprove 25 anos de contribuição** exclusivamente em efetivo exercício das funções de magistério na educação infantil e no ensino fundamental e médio e possua **57 anos de idade, se mulher, e 60 anos de idade, se homem**, podem se aposentar voluntariamente. Essa regra é válida até que lei complementar venha dispor sobre o tema.

Notem que o tempo mínimo de contribuição na atividade de docência dos professores homens foi reduzido de 30 para 25 anos, com a Reforma da Previdência.

Em síntese, a regra "permanente" da aposentadoria **programada** do professor vinculado ao RGPS pode ser assim esquematizada:

Sexo	Idade	Tempo mínimo de contribuição
Professor	60 anos	25 anos
Professora	57 anos	25 anos

Atenção!

O tempo mínimo de contribuição da aposentadoria voluntaria comum (**20 anos, homens, e 15 anos, mulheres**) pode ser alterado por lei ordinária, enquanto o tempo mínimo de contribuição do professor (**25 anos**) só pode ser alterado por lei complementar, nos termos do art. 19 e seu § 1º da EC 103/2019.

A EC 103/2019 não definiu o tempo de contribuição necessário para a aposentadoria dos trabalhadores rurais. Entendemos, todavia, que a regra da carência prevista no art. 25, II, da Lei 8.213, que define 180 contribuições mensais para as aposentadorias por idade, tempo de contribuição e especial deve ser aplicada à nova aposentadoria **programada**. Dessa forma, o dispositivo do art. 39, I, da Lei 8.213/91 que exige para o segurado especial, em substituição da carência, a comprovação do mesmo número de meses de atividade rural também é aplicável.

Percebam que essas regras permanentes só são obrigatórias para os trabalhadores que se filiarem ao Regime Geral de Previdência Social a partir da entrada em vigor da Emenda Constitucional 103, que, para este caso, é a data de sua publicação.

As regras aplicáveis aos trabalhadores que já eram filiados ao RGPS são regidas por diversas regras de transição, que serão estudadas nos próximos tópicos.

O art. 3º da EC 103/2019 quis deixar bem claro que a Reforma da Previdência **respeita o direito adquirido dos segurados** que já cumpriram os requisitos para aposentadoria até a data da sua publicação, que ocorreu em 13/11/2019. Por óbvio, não podia ser diferente, pois a proteção ao direito adquirido é cláusula pétrea do nosso sistema jurídico. O excesso de zelo, entretanto, é justificável, pois, toda vez que uma reforma extensa da constituição é promovida, há uma desconfiança geral da população e mesmo de alguns especialistas.

De acordo com o art. 3º, a concessão de aposentadoria ao servidor público federal vinculado a regime próprio de previdência social e ao segurado do Regime Geral de Previdência Social e de pensão por morte aos respectivos dependentes será assegurada, a qualquer tempo, desde que tenham sido cumpridos os requisitos para obtenção desses benefícios **até a data de entrada em vigor desta Emenda Constitucional, em 13/11/2019,**, observados os critérios da legislação vigente na data em que foram atendidos os requisitos para a concessão da aposentadoria ou da pensão por morte.

Atenção!

Os trabalhadores que cumpriram as regras de benefício até o exato dia da publicação da EC 103, em 13/11/2019 ainda terão direito adquirido às regras anteriores. Essa definição do art. 3º da EC 103/2019 é muito relevante, pois garante o direito às regras anteriores para os segurados que cumpriram os requisitos no dia exato da sua publicação.

Nesse caso, o valor da aposentadoria e da pensão concedida para o segurado do Regime Geral de Previdência Social ou para seus dependentes será apurado de acordo com a legislação em vigor à época em que foram atendidos os requisitos nela estabelecidos para a concessão do benefício, deixando expressa a garantia do reajuste conforme regramento anterior à Reforma.

Para melhor visualização, segue esquema que resume as novas regras da aposentadoria **programada** do RGPS:

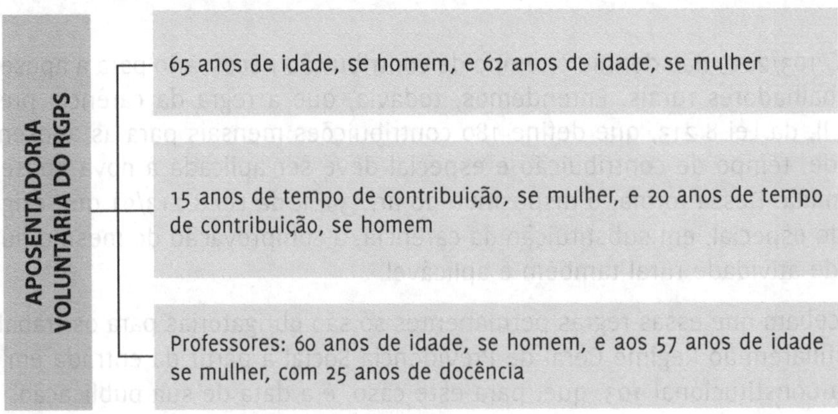

20.1.2.2. Cálculo do Valor das Aposentadorias Programadas do RGPS

Uma outra mudança substancial trazida pela Reforma da Previdência de 2019 é a forma de cálculo do valor dos benefícios previdenciários.

No modelo anterior, o salário de benefício era calculado com base na média dos 80% maiores salários de contribuição, possibilitando o descarte dos 20% menores.

Com a publicação da EC 103/2019, o seu art. 26 determina que **até que lei discipline o cálculo dos benefícios** do Regime Próprio de Previdência Social da União e do Regime Geral de Previdência Social, será utilizada a **média aritmética simples dos salários de contribuição e das remunerações adotados como base para contribuições a Regime Próprio de Previdência Social e ao Regime Geral de Previdência Social**, ou como base para contribuições decorrentes das atividades militares, atualizados monetariamente, **correspondentes a 100% do período contributivo desde a competência julho de 1994** ou desde o início da contribuição, se posterior àquela competência.

Essa regra é mais uma das disposições transitórias que pode ser alterada por lei. Vale, então, a regra da média de todas as contribuições, até que lei venha alterar esta disposição.

Importante ressaltar que essa regra de cálculo prevista no art. 26 da EC 103/2019 será aplicável a muitos dos novos benefícios previdenciários, tanto do RGPS quanto do RPPS, com algumas especificidades, como iremos demonstrar ao estudar cada alteração.

Para os segurados **vinculados ao RGPS, a média será limitada ao valor máximo do salário de contribuição** do Regime Geral de Previdência Social.

Depois de calcular a média sem possibilitar mais o descarte dos 20% menores salários de contribuição, o § 2º combinado com o § 5º do art. 26 da EC 103/2019 determina que o valor do benefício de aposentadoria corresponda a **60% da referida média, com acréscimo de 2% para cada ano de contribuição que exceder o tempo de 20 anos de contribuição, para os homens, e de 15 anos de contribuição, para as mulheres filiadas ao RGPS.**

Percebemos que os homens só terão direito ao valor correspondente a 100% da média após completarem 40 anos de contribuição, recebendo 60% aos 20 anos, somados com 2% por cada um dos 20 anos adicionais de contribuição. Já as mulheres alcançarão os 100% ao atingirem 35 anos de contribuição, recebendo 60% aos 15 anos, somados com 2% por cada um dos 20 anos adicionais de contribuição.

A tabela a seguir sintetiza as novas regras de cálculo das aposentadorias **programadas** no RGPS:

Tempo de contribuição	Homens	Mulheres
15 anos	-	60%
16 anos	-	62%
17 anos	-	64%
18 anos	-	66%
19 anos	-	68%
20 anos	60%	70%
21 anos	62%	72%
22 anos	64%	74%
23 anos	66%	76%
24 anos	68%	78%
25 anos	70%	80%
26 anos	72%	82%
27 anos	74%	84%
28 anos	76%	86%
29 anos	78%	88%
30 anos	80%	90%
31 anos	82%	92%
32 anos	84%	94%
33 anos	86%	96%
34 anos	88%	98%
35 anos	90%	100%
36 anos	92%	102%
37 anos	94%	104
38 anos	96%	106%
39 anos	98%	108%
40 anos	100%	110%

É inegável que a nova regra trouxe grande perda no valor das aposentadorias em relação ao modelo antigo. A primeira redução ocorre ao não mais permitir o descarte de 20% no valor dos benefícios, que pode representar uma redução significativa na média. Vamos ver dois exemplos que demonstram cálculos da perda com a impossibilidade de descarte.

Exemplo 1

Um homem que contribuiu oito anos com a base contributiva corrigida de R$ 1.500,00 (valor próximo do mínimo) e durante 32 anos sobre o valor corrigido de R$ 5.000,00. Qual seria a sua perda por não poder descartar os 20% menores salários de contribuição?

Resposta

Cálculo com descarte de 20% – O valor da média seria exatamente R$ 5.000,00, uma vez que foram descartados todos os salários de contribuição dos oito menores anos contributivos (20% de 40 anos), restando apenas os 32 anos em que o segurado contribuiu sobre R$ 5.000,00.

Cálculo sem descarte de 20% – O valor da média seria exatamente R$ 4.300,00, calculados somando os 32 anos em que o segurado contribuiu sobre R$ 5.000 e os oito anos em que ele contribuiu sobre R$ 1.500,00. A demonstração do cálculo é (5000 x 32 + 8 x 1500)/40 = R$ 4.300,00.

A perda foi de cerca de 14% do valor da média.

Exemplo 2

Vamos ao segundo exemplo que demonstra um cálculo mais ameno de perda com a mudança da base de cálculo. Uma mulher que possua sete anos contribuindo com média corrigida de R$ 2.500,00 e mais 28 anos contribuindo com uma média corrigida de R$ 5.500,00, perde quanto com a nova sistemática?

Resposta

Cálculo com descarte de 20% – O valor da média seria exatamente R$ 5.500,00, uma vez que foram descartados todos os salários de contribuição dos sete menores anos contributivos (20% de 35 anos), restando apenas os 32 anos em que a segurada contribuiu sobre R$ 5.500,00.

Cálculo sem descarte de 20% – O valor da média seria exatamente R$ 4.900,00, calculados somando os 28 anos em que a segurada contribuiu sobre R$ 5.500 e os 7 anos em que ela contribuiu sobre R$ 2.500,00. A demonstração do cálculo é (5500 x 28 + 7 x 2500)/35 = R$ 4.900,00.

A perda foi de exatamente 12% do valor da média.

A perda é tão relevante que o constituinte derivado se preocupou com a possibilidade da inclusão de novas contribuições que superem o tempo mínimo de 20 anos ou 15 anos exigidos pudesse resultar em diminuição no valor dos benefícios, o que feriria o bom senso. Para evitar que isso ocorresse, foi criada a regra da **garantia do melhor benefício**, que estudaremos ao final deste tópico.

Mas as perdas com a nova forma de cálculo do benefício previdenciário não pararam na média. A renda mensal do benefício também foi bastante afetada. Basta perceber que quem cumpre a regra permanente para a concessão da nova aposentadoria (65 anos de idade, homens urbanos, com 20 anos de contribuição, 60 anos homens rurais e 15 anos de contribuição, 62 anos de idade, mulheres urbanas, 55 rurais, e 15 anos de contribuição, mulheres), na maioria das vezes, já teriam cumprido as regras para a concessão da extinta aposentadoria por idade (65 anos, homens urbanos, 60, homens rurais, e 60 anos de idade, mulheres urbanas, 55 anos, rurais, todos com carência de 180 contribuições). Vejamos a tabela que demonstra mais essa perda no valor das aposentadorias dos homens e das mulheres.

	Homens com 65 anos			Mulheres com 60/62 anos		
Tempo de contribuição	**Regra antiga**	**Nova regra**	**Perda %**	**Regra antiga**	**Nova regra**	**Perda %2**
15 anos	85%	-	**100%**	85%	60%	**29%**
16 anos	86%	-	**100%**	86%	62%	**28%**
17 anos	87%	-	**100%**	87%	64%	**26%**
18 anos	88%	-	**100%**	88%	66%	**25%**
19 anos	89%	-	**100%**	89%	68%	**24%**
20 anos	90%	60%	**33%**	90%	70%	**22%**
21 anos	91%	62%	**32%**	91%	72%	**21%**
22 anos	92%	64%	**30%**	92%	74%	**20%**
23 anos	93%	66%	**29%**	93%	76%	**18%**
24 anos	94%	68%	**28%**	94%	78%	**17%**
25 anos	95%	70%	**26%**	95%	80%	**16%**
26 anos	96%	72%	**25%**	96%	82%	**15%**
27 anos	97%	74%	**24%**	97%	84%	**13%**
28 anos	98%	76%	**22%**	98%	86%	**12%**
29 anos	99%	78%	**21%**	99%	88%	**11%**
30 anos	100%	80%	**20%**	100%	90%	**10%**
31 anos	100%	82%	**18%**	100%	92%	**8%**
32 anos	100%	84%	**16%**	100%	94%	**6%**
33 anos	100%	86%	**14%**	100%	96%	**4%**
34 anos	100%	88%	**12%**	100%	98%	**2%**
35 anos	100%	90%	**10%**	100%	100%	**0%**
36 anos	100%	92%	**8%**	100%	100%	**0%**
37 anos	100%	94%	**6%**	100%	100%	**0%**
38 anos	100%	96%	**4%**	100%	100%	**0%**
39 anos	100%	98%	**2%**	100%	100%	**0%**
40 anos	100%	100%	**0%**	100%	100%	**0%**

A análise da tabela demonstra a grande perda com a alteração da regra de cálculo do benefício. Além da média já ser reduzida pela impossibilidade de qualquer descarte, o valor do benefício também sofre nova redução.

Ressaltamos que não existe qualquer regra de transição para o cálculo do valor do benefício do Regime Geral da Previdência. Assim, um segurado homem que possua 64 anos e 11 meses de idade e 20 anos de contribuição, faltando apenas um mês para completar os requisitos da aposentadoria por idade, com expectativa de receber 90% (70% + 1% por ano) de sua média contributiva, se a Reforma da Previdência foi publicada antes da data de sua aposentadoria, terá direito a apenas 60% da sua média, impondo-lhe uma perda de 1/3 do valor de seu benefício. Sempre lembramos que a sua média já estará reduzida pela impossibilidade de descarte, fazendo com que essa perda possa chegar a um percentual ainda maior.

De acordo com o § 6º do art. 26 da EC 103/2019, **poderão ser excluídas da média as contribuições que resultem em redução do valor do benefício**, desde que mantido o tempo mínimo de contribuição exigido, vedada a utilização do tempo excluído para qualquer finalidade, inclusive para o acréscimo de 2% por ano adicional ao tempo mínimo ou para a averbação em outro regime previdenciário e para a obtenção dos proventos de inatividade.

Esse dispositivo institui a **garantia do melhor benefício**, ou seja, sempre que a utilização de salários de contribuição adicionais ao tempo mínimo de 20 anos de contribuição para homens, ou de 15 anos de contribuição para mulheres possam resultar em diminuição do valor do benefício, estes poderão ser excluídos, desde que não seja utilizado para qualquer finalidade. A exclusão do tempo pode gerar um acréscimo da média, mas, em contrapartida, vai gerar uma redução no valor do benefício de 2% por cada ano suprimido da média.

Para fins ilustrativos, veremos dois exemplos em que se aplica a regra do melhor benefício para constatar que essa regra pode, em algumas situações, ter efeitos positivos.

Exemplo 1

Um homem que contribuiu oito anos com a base contributiva corrigida de R$ 1.500,00 (valor próximo ao mínimo) e durante 32 anos sobre o valor corrigido de R$ 5.800,00. Qual seria o valor de seu benefício, nas hipóteses de não utilização ou de utilização da regra do melhor benefício?

Resposta

SEM UTILIZAR A REGRA DO MELHOR BENEFÍCIO

Cálculo da aposentadoria programada com todos os salários de contribuição – O valor da média seria exatamente R$ 4.940,00, calculados somando os 32 anos em o segurado contribuiu sobre R$ 5.800 e os oito anos em que ele contribuiu sobre R$ 1.500,00. A demonstração do cálculo é (5800 x 32 + 8 x 1500)/40 = R$ 4.940,00.

Dessa média, aplica-se 100% (60% +2% por ano) para se alcançar o valor do benefício previdenciário.

Valor da aposentadoria: R$ 4.940,00

UTILIZANDO A REGRA DO MELHOR BENEFÍCIO

Cálculo da aposentadoria programada, excluindo os salários de contribuição de R$ 1.500,00 – O valor da média seria exatamente R$ 5.800,00, uma vez que foram descartados todos os salários de contribuição dos oito menores anos contributivos, restando apenas os 32 anos em que o segurado contribuiu sobre R$ 5.800,00.

Valor da aposentadoria: R$ 4.872,00 (84%)

Exemplo 2

Uma mulher que possui 24 anos de contribuição, sendo 20 deles com um valor contributivo corrigido de R$ 5.600,00 e os demais quatro anos com R$ 1.500,00. Qual seria o valor de seu benefício, nas hipóteses de não utilização ou de utilização da regra do melhor benefício?

Resposta

SEM UTILIZAR A REGRA DO MELHOR BENEFÍCIO

Cálculo da aposentadoria programada com todos os salários de contribuição – O valor da média seria exatamente R$ 4.866,67, calculados somando os 20 anos em que a segurada contribuiu sobre R$ 5.600,00 e os quatro anos em que ela contribuiu sobre R$ 1.500,00. A demonstração do cálculo é (5600 x 20 + 4 x 1500)/24 = R$ 4.833,33.

Dessa média, aplica-se 78% (60% +2% por cada um dos nove anos adicionais aos 15) para se alcançar o valor do benefício previdenciário. O valor da aposentadoria seria de exatamente R$ 3.770,00 (4833,33 x 78%).

Valor da aposentadoria: R$ 3.770,00

UTILIZANDO A REGRA DO MELHOR BENEFÍCIO

Cálculo da aposentadoria programada, excluindo os salários de contribuição de R$ 1.200,00 – O valor da média seria exatamente R$ 5.600,00, uma vez que foram descartados todos os salários de contribuição dos quatro menores anos contributivos, restando apenas os 20 anos em que a segurada contribuiu sobre R$ 5.600,00.

Dessa média, aplica-se 70% (60% +2% por cada um dos cinco anos adicionais aos 15) para se alcançar o valor do benefício previdenciário, uma vez que o segurando contou com 20 anos na sua base de cálculo. O valor da aposentadoria seria de exatamente R$ 3.920,00 (5600 x 70%)

Valor da aposentadoria: R$ 3.920,00

Percebemos que o aumento no valor da aposentadoria, aplicando a regra do melhor benefício não é muito substancial, mas como se trata de benefício de prestação continuada, em longos prazos, podem trazer diferenças relevantes. Conhecendo a rotina administrativa do INSS, acreditamos que será muito difícil que a autarquia consiga oferecer administrativamente aos segurados a melhor opção de benefício.

Visualizamos, então, um grande campo de trabalho para os advogados que militarem na área previdenciária.

Por fim, o § 7º do art. 26 da EC 103/2019 dispõe que os benefícios calculados serão reajustados nos termos estabelecidos para o Regime Geral de Previdência Social, que, atualmente, se vale do INPC – Índice Nacional de Preços ao Consumidor, calculado pelo IBGE.

Para melhor visualização, segue um esquema que resume a regra geral de cálculo do valor da aposentadoria **programada**:

CÁLCULO DO VALOR DA APOSENTADORIA VOLUNTÁRIA

- Média de 100% dos salários de contribuição ou das remunerações dos trabalhadores, desde a competência julho de 1994
- 60% da referida média, com acréscimo de 2% para cada ano de contribuição que exceder o tempo de 20 anos de contribuição, para os homens, e de 15 anos de contribuição, para as mulheres
- Possibilidade de excluir contribuições que superem o número mínimo exigido, para garantia do melhor benefício

20.1.2.3. Regras de Transição das Aposentadorias Programadas do RGPS

A partir de agora vamos estudar as complexas regras de transição trazidas pela Emenda Constitucional 103/2019. Didaticamente, classificamos as seguintes regras de transição para o Regime Geral de Previdência Social:

- Regra 1 – Fórmula 86/96 Progressiva – art. 15 da EC 103/2019;
- Regra 2 – Tempo de Contribuição Mínimo e Idade Progressiva – art. 16 da EC 103/2019;
- Regra 3 – Tempo de Contribuição + Pedágio – art. 17 da EC 103/2019;
- Regra 4 – Idade Mínima, Tempo de Contribuição + Pedágio – art. 20 da EC 103/2019;
- Regra 5 – Aposentadoria por Idade – art. 18 da EC 103/2019.

Vamos iniciar nossa análise!

20.1.2.3.1. Regra 1 – Fórmula 86/96 Progressiva – art. 15 da EC 103/2019

Essa regra de transição se baseia nas já conhecidas Fórmulas 85/95 progressivas, que, na legislação revogada, possibilitava a concessão da aposentadoria por tempo de contribuição, sem a utilização do fator previdenciário.

O art. 15 da EC 103/2019 dispõe que **ao segurado filiado ao Regime Geral de Previdência Social até a data de entrada em vigor desta Emenda Constitucional**, fica assegurado o direito à aposentadoria, quando preencher, cumulativamente, **os seguintes requisitos:**

I – **30 anos de contribuição, se mulher, e 35 anos de contribuição, se homem**; e

II – **somatório da idade e do tempo de contribuição**, incluídas as frações, equivalente a **86 pontos, se mulher, e 96 pontos, se homem.**

Tais pontuações são progressivas e, de acordo com o § 2º do art. 15 da EC 103/2019, **a partir de 1º de janeiro de 2020, a pontuação será acrescida de um ponto a cada ano para o homem e para a mulher, até atingir o limite de 100 pontos, se mulher, e de 105 pontos, se homem.** A idade e o tempo de contribuição serão apurados em dias para o cálculo da pontuação, uma vez que as frações de ano também devem ser consideradas.

Para o **professor** que comprovar exclusivamente 25 anos de contribuição, se mulher, e 30 anos de contribuição, se homem, em efetivo exercício das funções de magistério na **educação infantil e no ensino fundamental e médio**, o somatório da idade e do tempo de contribuição, incluídas as frações, será equivalente a **81 pontos, se mulher, e 91 pontos, se homem,** aos quais serão acrescentados, **a partir de 1º de janeiro de 2020, um ponto a cada ano para o homem e para a mulher, até atingir o limite de 92 pontos, se mulher, e 100 pontos, se homem.**

Então a aposentadoria do professor, por essa regra de transição, exige:

I – **25 anos de contribuição, se mulher, e 30 anos de contribuição, se homem**; e

II – **somatório da idade e do tempo de contribuição**, incluídas as frações, equivalente a **81 pontos, se mulher, e 91 pontos, se homem.**

Vejamos a tabela esquemática que sintetiza essa regra de transição, progredindo a idade:

Data até	Homens			Mulheres		
	TC mínimo	Idade	Fórmula	TC mínimo	Idade	Fórmula
31/12/2019	35	61	96	30	56	86
31/12/2020	35	62	97	30	57	87
31/12/2021	35	63	98	30	58	88
31/12/2022	35	64	99	30	59	89
31/12/2023	35	65	100	30	60	90
31/12/2024	35	66	101	30	61	91
31/12/2025	35	67	102	30	62	92
31/12/2026	35	68	103	30	63	93

Data até	Homens			Mulheres		
	TC mínimo	Idade	Fórmula	TC mínimo	Idade	Fórmula
31/12/2027	35	69	104	30	64	94
31/12/2028	35	70	105	30	65	95
31/12/2029	35	70	105	30	66	96
31/12/2030	35	70	105	30	67	97
31/12/2031	35	70	105	30	68	98
31/12/2032	35	70	105	30	69	99
Permanente	35	70	105	30	70	100
31/12/2019	30	61	91	25	56	81
31/12/2020	30	62	92	25	57	82
31/12/2021	30	63	93	25	58	83
31/12/2022	30	64	94	25	59	84
31/12/2023	30	65	95	25	60	85
31/12/2024	30	66	96	25	61	86
31/12/2025	30	67	97	25	62	87
31/12/2026	30	68	98	25	63	88
31/12/2027	30	69	99	25	64	89
31/12/2028	30	70	100	25	65	90
31/12/2029	30	70	100	25	66	91
31/12/2030	30	70	100	25	67	92
31/12/2031	30	70	100	25	68	92
31/12/2032	30	70	100	25	69	92
Permanente	30	70	100	25	70	92

Na tabela, mantivemos os tempos de contribuição mínimos fixos e aumentamos a idade a cada ano para atingirmos a pontuação exigida pela fórmula. Obviamente, a cada ano que ultrapassar os tempos mínimos exigidos constantes na tabela, pode ser reduzido um ano das idades correspondentes. Notem que só há sentido na utilização dessa regra até 65 anos, se homens, 62 anos, se mulheres, 60 anos, se professores ou

57, se professoras, pois, nestas idades, já se cumpre a "regra permanente" que garante a aposentadoria **programada**.

Vamos visualizar, agora, outra tabela, progredindo o tempo de contribuição mínimo:

Data até	Homens			Mulheres		
	TC mínimo	Idade	Fórmula	TC mínimo	Idade	Fórmula
31/12/2019	35	61	96	30	56	86
31/12/2020	36	61	97	31	56	87
31/12/2021	37	61	98	32	56	88
31/12/2022	38	61	99	33	56	89
31/12/2023	39	61	100	34	56	90
31/12/2024	40	61	101	35	56	91
31/12/2025	41	61	102	36	56	92
31/12/2026	42	61	103	37	56	93
31/12/2027	43	61	104	38	56	94
31/12/2028	44	61	105	39	56	95
31/12/2029	44	61	105	40	56	96
31/12/2030	44	61	105	41	56	97
31/12/2031	44	61	105	42	56	98
31/12/2032	44	61	105	43	56	99
Permanente	44	61	105	44	56	100
31/12/2019	30	61	91	25	56	81
31/12/2020	31	61	92	26	56	82
31/12/2021	32	61	93	27	56	83
31/12/2022	33	61	94	28	56	84
31/12/2023	34	61	95	29	56	85
31/12/2024	35	61	96	30	56	86
31/12/2025	36	61	97	31	56	87
31/12/2026	37	61	98	32	56	88
31/12/2027	38	61	99	33	56	89
31/12/2028	39	61	100	34	56	90
31/12/2029	40	61	100	35	56	91
31/12/2030	41	61	100	36	56	92

Data até	Homens			Mulheres		
	TC mínimo	Idade	Fórmula	TC mínimo	Idade	Fórmula
31/12/2031	42	61	100	37	56	92
31/12/2032	43	61	100	38	56	92
Permanente	44	61	100	39	56	92

Esta segunda tabela demonstra mais claramente a possibilidade de utilizar a regra de transição para os segurados conseguirem aposentar-se com idade inferior à mínima definida na regra permanente (na disposição transitória).

Vamos aos exemplos elucidativos:

Exemplo 1

Luana tinha exatos 27 anos de contribuição e 54 anos de idade na data da aprovação da Emenda Constitucional 103/2019, faltando apenas três anos para sua aposentadoria. Quando poderá aposentar-se, valendo-se da regra de transição da Fórmula 86/96 Progressiva?

Resposta

Vamos analisar a progressão de Luana:

Data	TC	Idade	Pontuação	Fórmula
Novembro de 2020	28	55	83	87
Novembro de 2021	29	56	85	88
Novembro de 2022	30	57	87	89
Novembro de 2023	31	58	89	90
Novembro de 2024	32	59	91	91

Luana alcançará os requisitos dessa regra de transição em **novembro de 2024**, quando terá alcançado a pontuação exigida pela fórmula daquele ano. Observem que ela poderá aposentar-se aos 59 anos de idade com a utilização dessa regra de transição, três anos antes de completar os 62 anos exigidos na regra permanente.

Exemplo 2

Carlos, professor do ensino infantil, tinha exatos 26 anos de contribuição como professor e 54 anos de idade na data da aprovação da Emenda Constitucional

103/2019, faltando apenas quatro anos para sua aposentadoria por tempo de contribuição. Quando poderá aposentar-se, valendo-se da regra de transição da Fórmula 86/96 Progressiva?

Resposta

Vamos analisar a progressão de Carlos:

Data	TC	Idade	Pontuação	Fórmula
Novembro de 2020	27	55	82	92
Novembro de 2021	28	56	84	93
Novembro de 2022	29	57	86	94
Novembro de 2023	30	58	88	95
Novembro de 2024	31	59	90	96
Novembro de 2025	32	60	92	97

Percebemos que, no caso de Carlos, essa regra de transição não lhe traz qualquer proveito, pois, antes de alcançar a fórmula exigida, ele completará os 60 anos de idade e 30 anos de docência, em **novembro de 2025**, podendo se aposentar pela regra permanente.

Importante ressaltar que essa regra de transição, por não exigir idade mínima, pode beneficiar muitos segurados que iniciaram a sua vida contributiva precocemente a não serem obrigados a atingir as idades da regra permanente (65 anos, homens, e 62, mulheres), uma vez que o sistema de pontuação crescente é limitado a 105 pontos, homens, e 100 pontos, mulheres. Vamos ao exemplo para melhor visualização:

Exemplo 3

Leo contava 40 anos de idade e 23 anos de contribuição na data da publicação da EC 103/2019. Quando poderá aposentar-se, valendo-se da regra de transição da Fórmula 86/96 Progressiva?

Resposta

Para responder essa pergunta com facilidade, basta termos em vista que Leo deverá atingir os 105 pontos para ter direito à sua aposentadoria. Na data da publicação da Reforma ele já possuía 63 pontos, faltando, ainda, 42 pontos para alcançar os 105 pontos. Assim, após mais 21 anos ininterruptos de contribuição, ele atingirá a idade de 61 anos e o tempo de contribuição de 44 anos, somando 105 pontos.

Percebe-se que essa regra de transição pode ser bastante vantajosa aos segurados que iniciaram cedo a sua vida contributiva. No exemplo, Leo terá direito à sua aposentadoria aos 61 anos de idade, quatro anos antes da regra permanente.

O valor da aposentadoria concedida por essa regra de transição segue a regra geral estudada no tópico específico, ou seja, faz-se a média de todos os salários de contribuição e aplica-se sobre ela o percentual de 60%, acrescentados de 2% por ano que ultrapasse 15 anos de contribuição para mulheres, e 20 anos de contribuição para homens (art. 26, § 2º, I, da EC 103/2019).

Para melhor visualização, segue um esquema que resume a regra de transição da Fórmula 86/96 Progressiva:

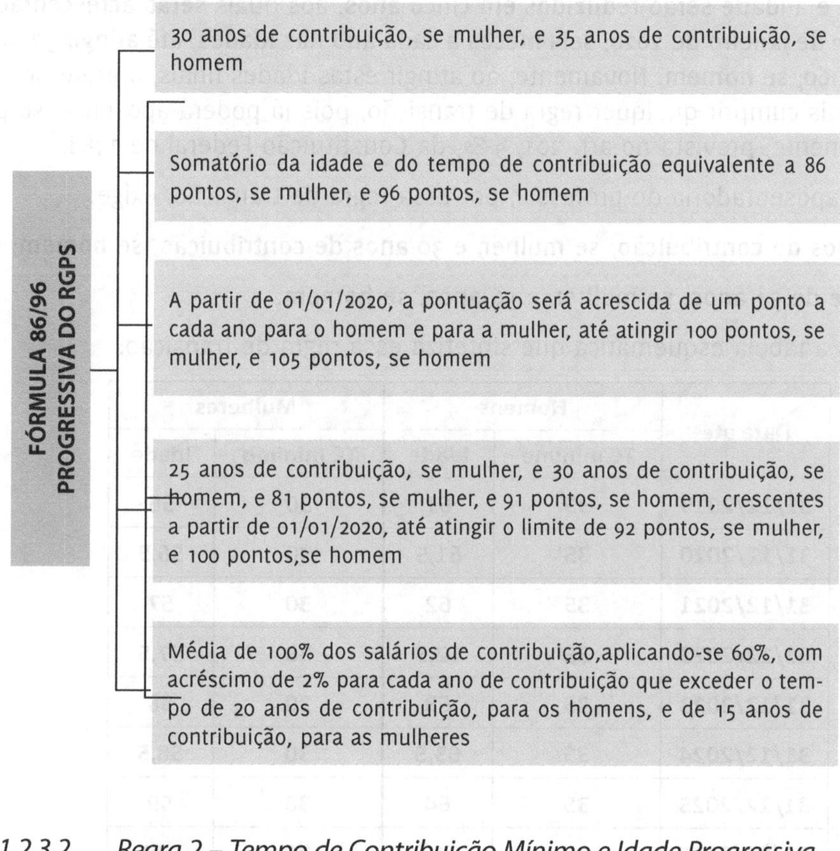

20.1.2.3.2. Regra 2 – Tempo de Contribuição Mínimo e Idade Progressiva – art. 16 da EC 103/2019

A segunda regra de transição é bem parecida com a primeira, mas em certos casos específicos pode fazer diferença para a aposentadoria **programada**. Determina o art. 16 da EC 103/2019 que o segurado filiado ao Regime Geral de Previdência Social até a data de entrada em vigor da Reforma da Previdência tem assegurado o direito à aposentadoria quando preencher, cumulativamente, os seguintes requisitos:

I - **30 de contribuição, se mulher, e 35 anos de contribuição, se homem**; e

II - **idade de 56 anos, se mulher, e 61 anos, se homem.**

A partir de 1º de janeiro de 2020, a idade será **acrescida de seis meses a cada ano, até atingir 62 anos de idade, se mulher, e 65 anos de idade, se homem.** Observem que nestas idades finais, o segurado não necessita mais cumprir qualquer regra de transição, pois já poderá aposentar-se pela regra permanente, prevista no art. 201, § 7º, da Constituição Federal de 1988.

Para o **professor** que comprovar exclusivamente tempo de efetivo exercício das funções de magistério na educação infantil e no ensino fundamental e médio, **o tempo de contribuição e a idade serão reduzidos em cinco anos**, aos quais **serão acrescentados, a partir de 1º de janeiro de 2020, seis meses a cada ano nas idades, até atingir 57 anos, se mulher, e 60, se homem.** Novamente, ao atingir estas idades finais, o professor não necessita mais cumprir qualquer regra de transição, pois já poderá aposentar-se pela regra permanente, prevista no art. 201, § 8º, da Constituição Federal de 1988.

Então a aposentadoria do professor, por essa regra de transição, exige:

I - **25 anos de contribuição, se mulher, e 30 anos de contribuição, se homem**; e

II - **idade de 51 anos, se mulher, e 56 anos, se homem.**

Vejamos a tabela esquemática que sintetiza essa regra de transição:

Data até	Homens		Mulheres	
	TC mínimo	Idade	TC mínimo	Idade
31/12/2019	35	61	30	56
31/12/2020	35	61,5	30	56,5
31/12/2021	35	62	30	57
31/12/2022	35	62,5	30	57,5
31/12/2023	35	63	30	58
31/12/2024	35	63,5	30	58,5
31/12/2025	35	64	30	59
31/12/2026	35	64,5	30	59,5
31/12/2027	35	65	30	60

Data até	Homens		Mulheres	
	TC mínimo	Idade	TC mínimo	Idade
31/12/2028	35	65	30	60,5
31/12/2029	35	65	30	61
31/12/2030	35	65	30	61,5
31/12/2031	35	65	30	62
31/12/2019	30	56	25	51
31/12/2020	30	56,5	25	51,5
31/12/2021	30	57	25	52
31/12/2022	30	57,5	25	52,5
31/12/2023	30	58	25	53
31/12/2024	30	58,5	25	53,5
31/12/2025	30	59	25	54
31/12/2026	30	59,5	25	54,5
31/12/2027	30	60	25	55
31/12/2028	30	60	25	55,5
31/12/2029	30	60	25	56
31/12/2030	30	60	25	56,5
31/12/2031	30	60	25	57

Observem que as regras de transição do RGPS só aproveitam quem estava, de fato, muito perto da aposentadoria. Pela tabela percebemos que os homens cumprem a idade da regra permanente em 2027 e as mulheres em 2031, então, após estes anos, essa regra vai tornar-se inaplicável.

Vamos utilizar os dois exemplos da regra de transição anterior, que é muito parecida com esta, para termos a comparação das duas regras:

Exemplo 1

Luana tinha exatos 27 anos de contribuição e 54 anos de idade na data da aprovação da EC 103/2019, faltando apenas três anos para sua aposentadoria. Quando poderá aposentar-se, valendo-se da regra de transição da Idade Progressiva?

Resposta

Vamos analisar a progressão de Luana, sabendo que ela deve atingir os 30 anos de contribuição para aposentar-se:

Data	TC Luana	Idade Luana	Idade da regra
Novembro de 2020	28	55	56,5
Novembro de 2021	29	56	57
Novembro de 2022	30	57	57,5
Novembro de 2023	31	58	58

Luana alcançará os requisitos dessa regra de transição em **novembro de 2023**, quando terá alcançado a idade exigida daquele ano e os 30 anos e contribuição. Observem que ela poderá aposentar-se aos 58 anos de idade com a utilização dessa regra de transição, quatro anos antes de completar os 62 anos exigidos na regra permanente.

Pela regra de transição anterior, Luana só se aposentaria em **novembro de 2024,** aos 59 anos de idade.

Exemplo 2

Carlos, professor do ensino infantil, tinha exatos 26 anos de contribuição como professor e 54 anos de idade na data da aprovação da EC 103/2019, faltando apenas quatro anos para sua aposentadoria por tempo de contribuição. Quando poderá aposentar-se, valendo-se da regra de transição da Fórmula 86/96 Progressiva?

Resposta

Vamos analisar a progressão de Carlos:

Data	TC Carlos	Idade Carlos	Idade da regra
Novembro de 2020	27	55	56,5
Novembro de 2021	28	56	57
Novembro de 2022	29	57	57,5
Novembro de 2023	30	58	58

Utilizando a regra de transição da idade progressiva, Carlos poderá aposentar-se em **novembro de 2023**, quando terá completado 58 anos de idade exigidos, antecipando em dois anos a data de sua aposentadoria pela regra permanente.

A regra da fórmula 86/96, para comparação, não pode ser aproveitada por Carlos.

O valor da aposentadoria concedida por essa regra de transição segue a regra geral estudada no tópico específico, ou seja, faz-se a média de todos os salários de contribuição e aplica-se sobre ela o percentual de 60%, acrescentados de 2% por ano que ultrapasse 15 anos de contribuição para mulheres, e 20 anos de contribuição para homens (art. 26, § 2º, I, da EC 103/2019).

Para melhor visualização, segue esquema que resume a regra de transição do Tempo de Contribuição Mínimo e Idade Progressiva:

TEMPO DE CONTRIBUIÇÃO MÍNIMO E IDADE PROGRESSIVA

- 30 de contribuição, se mulher, e 35 anos de contribuição, se homem.
- Idade de 56 anos, se mulher, e 61 anos, se homem.
- A partir de 1º/01/2020, a idade será acrescida de 6 meses a cada ano, até atingir 62 anos de idade, se mulher, e 65 anos de idade, se homem
- Professor: 25 anos de contribuição, se mulher, e 30 anos de contribuição, se homem; e idade de 51 anos, se mulher, e 56 anos, se homem, acrescidas de 6 meses por ano a partir de 1º/01/2020
- Valor de 100% da média dos salários de contribuição, aplicando-se 60%, com acréscimo de 2% para cada ano de contribuição que exceder o tempo de 20 anos de contribuição, para homens, e de 15 anos de contribuição, para mulheres

20.1.2.3.3. Regra 3 – Tempo de Contribuição + Pedágio – art. 17 da EC 103/2019

Esta regra de transição faz-nos recordar das clássicas regras de transição da EC 20/1998, que impunham aos segurados a necessidade de cumprimento do tempo de contribuição anteriormente vigente, acrescentado de um pedágio correspondente ao tempo faltante para alcançar o tempo de contribuição na data da publicação daquela Emenda.

Parece-nos que as regras de transição baseadas no pedágio são de mais fácil compreensão e, também, podem ser estruturadas de forma mais isonômica. Infelizmente, não foi o que aconteceu na Reforma da Previdência de 2019, que criou diversas regras de transição praticamente inteligíveis e mesmo esta do pedágio foi bastante restritiva e anti-isonômica, como veremos agora.

De acordo com o texto do art. 17 da EC 103/2019, ao segurado filiado ao Regime Geral de Previdência Social até a data de sua entrada em vigor e que na referida data **contar com mais de 28 anos de contribuição, se mulher, e 33 anos de contribuição, se homem,** fica assegurado o direito à aposentadoria quando preencher, cumulativamente, os seguintes requisitos:

I – **30 de contribuição, se mulher, e 35 anos de contribuição, se homem;** e

II – cumprimento de **período adicional correspondente a 50% do tempo** que, na data de entrada em vigor da Emenda Constitucional 103/2019, **faltaria para atingir 30 anos de contribuição, se mulher, e 35 anos de contribuição, se homem.**

Podemos perceber que essa regra é bastante restrita, só abarcando os segurados para os quais faltavam menos de dois anos para completar o tempo necessário para a concessão da aposentadoria por tempo de contribuição, ou seja, 35 anos, homens, e 30 anos, mulheres.

Atenção!

Os segurados que possuíam exatamente 33 anos de contribuição, homens, e 28 anos, mulher, na data da entrada em vigor da EC 103/2019, não poderão se valer dessa regra de transição, pois o texto exige que os segurados contem com mais de 33 e 28 anos de contribuição, homens e mulheres, respectivamente.

Dessa forma, o segurado que faltava apenas um ano para alcançar a sua aposentadoria por tempo de contribuição, basta cumprir o pedágio de seis meses (50%) e se aposentará após 1,5 ano da data da Reforma.

Como afirmada, essa regra de transição é de muito simples compreensão. Ela peca ao restringir a utilização apenas aos segurados para os quais faltavam menos de dois anos para alcançar o tempo de contribuição exigido. Certamente, haverá situações em que os segurados serão excluídos dessa regra por apenas um dia de contribuição faltante, devendo se submeter a regras muito mais rígidas como as que já estudamos.

Essa regra de transição, diferentemente das duas anteriores, não traz regra especial para os professores, não se aplicando a estes.

Em relação ao valor do benefício concedido com base nessa regra de transição, o parágrafo único do art. 17 da EC 103/2019 dispõe que **o valor será apurado de acordo**

com a média aritmética simples dos salários de contribuição e das remunerações calculada na forma da lei (art. 26, da EC 103/2019, que revogou o artigo 29, I e II, da Lei 8213/1991), **multiplicada pelo fator previdenciário**, calculado na forma do disposto nos §§ 7º a 9º do art. 29 da Lei 8.213, de 24 de julho de 1991.

A redação desse dispositivo cria uma nova forma de cálculo, utilizando a média de todas os salários de contribuição dos segurados, multiplicada pelo fator previdenciário. Em verdade, o artigo troca a regra trazida pela reforma do percentual de 60%, acrescido de 2% por ano que ultrapassar o tempo mínimo, pelo fator previdenciário.

Vamos ver um exemplo de cálculo do benefício:

Exemplo

Gilberto possuía média contributiva no valor de R$ 5.000,00 e completou o tempo de contribuição e o pedágio necessário para se aposentar pela regra de transição em estudo. Ele contava com 36 anos de contribuição e com 57 anos de idade. Qual será o valor de seu benefício?

Resposta

O valor do benefício será a média de R$ 5.000,00, multiplicada pelo fator previdenciário, neste caso, corresponde a 76% (considerando a idade e o tempo de contribuição do segurado).

O valor de seu benefício será de R$ 3.800,00

Observe que se essa regra de transição utilizasse a regra geral de cálculo do valor dos benefícios trazida pelo art. 26 da EC 103/2019, a média de R$ 5.000, seria multiplicada por 92% (60% + 16 x 2%), resultando no valor de R$ 4.600,00.

O exemplo deixa claro o que já havíamos percebido. A utilização do fator previdenciário nessa regra de transição busca aviltar, ainda mais, o valor do benefício. Percebam que para cumprir essa regra, os segurados devem contar com mais de 35 anos de contribuição, homens, e 30 anos, mulheres, o que já garantiria pela regra do art. 26 da Reforma o percentual de 90% da média, para ambos os sexos.

Obviamente, o fator previdenciário, em regra, trará redução no valor deste benefício.

Para melhor visualização, segue um esquema que resume a regra de transição do Tempo de Contribuição + Pedágio:

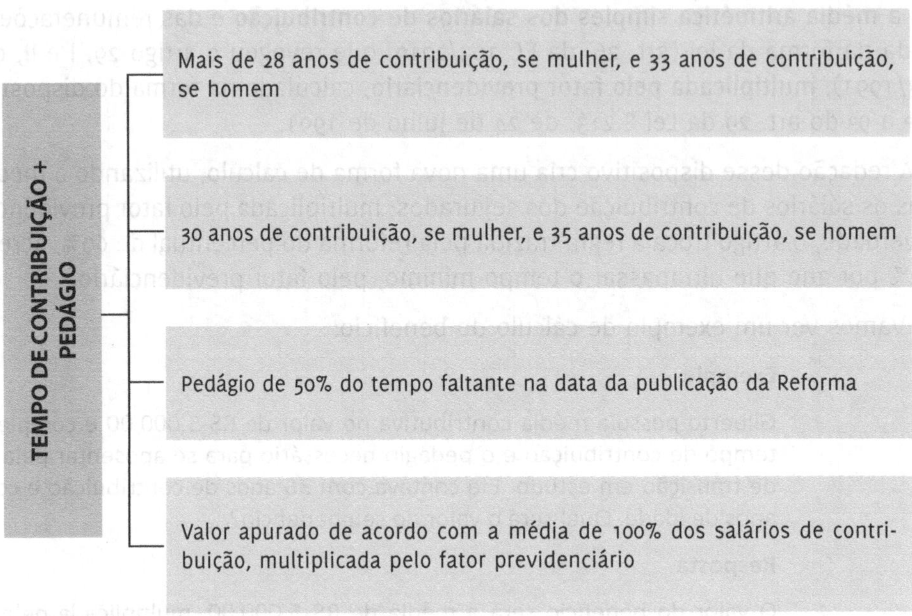

20.1.2.3.4. Regra 4 – Idade Mínima, Tempo de Contribuição + Pedágio – art. 20 da EC 103/2019

Esta regra de transição, diferentemente das demais, é aplicada tanto para os servidores públicos vinculados a Regime Próprio de Previdência Social quanto para os trabalhadores vinculados ao RGPS. Neste tópico, vamos estudar esta regra, apenas sobre o que concerne ao Regime Geral de Previdência Social, deixando para tratar das disposições específicas do RPPS em tópico próprio.

De acordo com o art. 20 da EC 103/2019, o segurado do Regime Geral de Previdência Social e o servidor público federal que tenham se filiado ao Regime Geral de Previdência Social ou ingressado no serviço público em cargo efetivo até a data de entrada em vigor dessa Emenda poderão aposentar-se voluntariamente quando preencherem, cumulativamente, os seguintes requisitos:

I – **57 de idade, se mulher, e 60 anos de idade, se homem;**

II – **30 de contribuição, se mulher, e 35 anos de contribuição, se homem;**

III – Inaplicável para o RGPS (estudaremos quando tratarmos do RPPS);

IV – **período adicional de contribuição correspondente ao tempo que**, na data de entrada em vigor desta Emenda Constitucional, **faltaria para atingir o tempo mínimo de contribuição de 30 anos, se mulher, e 35 anos, se homem.**

Essa regra de transição também traz disposição específica para professores que comprovarem exclusivamente tempo de efetivo exercício das funções de magistério na educação infantil e no ensino fundamental e médio. Para eles, serão reduzidos, em ambos os sexos, os requisitos de idade e de tempo de contribuição em cinco anos. Seguindo esse dispositivo, os professores do RGPS poderão se aposentar cumprindo:

I - **52 de idade, se mulher, e 55 anos de idade, se homem;**

II - **25 de contribuição, se mulher, e 30 anos de contribuição, se homem;**

III - Inaplicável para o RGPS (estudaremos quando tratarmos do RPPS);

IV - **período adicional de contribuição correspondente ao tempo que**, na data de entrada em vigor desta Emenda Constitucional, **faltaria para atingir o tempo mínimo de contribuição de 25 anos, se mulher, e 30 anos, se homem.**

Vejamos a tabela esquemática que sintetiza essa regra de transição:

Homens				**Mulheres**			
Idade mínima	**TC na EC**	**Pedágio**	**TC total**	**Idade mínima**	**TC na EC**	**Pedágio**	**TC total**
60	**35**	**0**	**35**	**57**	**30**	**0**	**30**
60	**34**	**1**	**36**	**57**	**29**	**1**	**31**
60	**33**	**2**	**37**	**57**	**28**	**2**	**32**
60	**32**	**3**	**38**	**57**	**27**	**3**	**33**
60	**31**	**4**	**39**	**57**	**26**	**4**	**34**
60	**30**	**5**	**40**	**57**	**25**	**5**	**35**
60	**29**	**6**	**41**	**57**	**24**	**6**	**36**
60	**28**	**7**	**42**	**57**	**23**	**7**	**37**
60	**27**	**8**	**43**	**57**	**22**	**8**	**38**
60	**26**	**9**	**44**	**57**	**21**	**9**	**39**
60	**25**	**10**	**45**	**57**	**20**	**10**	**40**
55	**30**	**0**	**30**	**52**	**25**	**0**	**25**
55	**29**	**1**	**31**	**52**	**24**	**1**	**26**
55	**28**	**2**	**32**	**52**	**23**	**2**	**27**
55	**27**	**3**	**33**	**52**	**22**	**3**	**28**
55	**26**	**4**	**34**	**52**	**21**	**4**	**29**

Homens				Mulheres			
Idade mínima	**TC na EC**	**Pedágio**	**TC total**	**Idade mínima**	**TC na EC**	**Pedágio**	**TC total**
55	**25**	**5**	**35**	**52**	**20**	**5**	**30**
55	**24**	**6**	**36**	**52**	**19**	**6**	**31**
55	**23**	**7**	**37**	**52**	**18**	**7**	**32**
55	**22**	**8**	**38**	**52**	**17**	**8**	**33**
55	**21**	**9**	**39**	**52**	**16**	**9**	**34**
55	**20**	**10**	**40**	**52**	**15**	**10**	**35**

Percebemos que quanto mais se afasta do tempo de contribuição faltante para a aposentadoria na data da Reforma, mais difícil fica para se valer dessa regra de transição. Assim como as outras regras, o aproveitamento, na prática, só é possível para os segurados que estiverem próximos da aposentadoria.

Lembramos que a regra de transição anterior é, em regra, mais benéfica para quem está faltando menos de dois anos para a aposentadoria, pois nem idade mínima é exigida. Nessa regra, além de se exigir idade mínima, o pedágio de 100% do tempo faltante é superior ao exigido na anterior, de apenas 50%.

De toda forma, para quem já tem a idade, essa regra em alguns casos pode ser melhor que a anterior, pois a que exige pedágio de 50% do tempo faltante impõe o fator previdenciário no cálculo do valor do benefício, enquanto a regra em análise neste tópico segue a mesma regra geral, como veremos.

Vamos aos dois costumeiros exemplos para podermos visualizar melhor a aplicação dessa regra de transição:

Exemplo 1

Fernanda tinha exatos 27 anos de contribuição e 51 anos de idade na data da aprovação da EC 103/2019, faltando apenas três anos para sua aposentadoria por tempo de contribuição. Quando poderá aposentar-se, valendo-se da regra de transição da idade com pedágio?

Resposta

Vamos analisar a progressão de Fernanda, sabendo que ela só poderá aposentar-se aos 57 anos de idade e quando tiver atingido os 33 anos de contribuição (30 anos + 3 anos de pedágio):

Data	TC Fernanda	Idade Fernanda
Novembro de 2020	28	52
Novembro de 2021	29	53
Novembro de 2022	30	54
Novembro de 2023	31	55
Novembro de 2024	32	56
Novembro de 2025	33	57

Fernanda alcançará os requisitos dessa regra de transição em **novembro de 2025**, quando terá alcançado a idade exigida de 57 anos e os 33 anos e contribuição (30 anos + 3 de pedágio). Observem que ela poderá aposentar-se aos 57 anos de idade com a utilização dessa regra de transição, cinco anos antes de completar os 62 anos exigidos na regra permanente.

Exemplo 2

Renato, professor do ensino médio, tinha exatos 26 anos de contribuição como professor e 48 anos de idade na data da aprovação da EC 103/2019, faltando apenas quatro anos para sua aposentadoria por tempo de contribuição. Quando poderá aposentar-se, valendo-se da regra de transição da idade com pedágio?

Resposta

Vamos analisar a progressão de Renato, sabendo que ele só poderá aposentar-se aos 55 anos de idade e quando tiver atingido os 34 anos de contribuição (30 anos + 4 anos de pedágio):

Data	TC Renato	Idade Renato
Novembro de 2020	27	49
Novembro de 2021	28	50

Data	TC Renato	Idade Renato
Novembro de 2022	29	51
Novembro de 2023	30	52
Novembro de 2024	31	53
Novembro de 2025	32	54
Novembro de 2027	33	55
Novembro de 2027	34	56

Utilizando a regra de transição da idade e tempo de contribuição com pedágio, Renato poderá aposentar-se em **novembro de 2027**, quanto terá completado 56 anos de idade, um a mais que os 55 exigidos, antecipando em quatro anos a data de sua aposentadoria pela regra permanente.

Atenção!

O valor da aposentadoria concedida por essa regra de transição será de **100% da média de todos os salários de contribuição** do segurado, não se aplicando a regra geral estudada no tópico específico (**2.1.4**), que aplica o percentual de 60%, acrescentados de 2% por ano que ultrapasse 15 anos de contribuição para mulheres, e 20 anos de contribuição para homens (art. 26, § 3º, I, da EC 103/2019).

Essa forma de cálculo beneficia bastante o segurado que cumpre os requisitos dessa regra de transição, podendo elevar o valor de seu benefício, principalmente no caso do professor que se aposenta com menos tempo de contribuição.

A atualização do valor dos benefícios concedidos por essa regra de transição segue a regra geral dos benefícios concedidos pelo Regime Geral de Previdência Social, que, atualmente, são atualizados pelo INPC – Índice Nacional de Preços ao Consumidor, calculado pelo IBGE.

Para melhor visualização, segue um esquema que resume a regra de transição da Idade Mínima, Tempo de Contribuição + Pedágio:

IDADE MÍNIMA, TEMPO DE CONTRIBUIÇÃO + PEDÁGIO

- 57 idade, se mulher, e 60 anos de idade, se homem
- 30 de contribuição, se mulher, e 35 anos de contribuição, se homem
- Pedágio de 100% do tempo faltante na data da publicação da Reforma
- Professor: 52 de idade, se mulher, e 55 anos de idade, se homem e 25 de contribuição, se mulher, e 30 anos de contribuição, se homem + pedágio de 100% do tempo de contribuição faltante na data da publicação da Reforma
- Valor de 100% da média de todos os salários de contribuição

20.1.2.3.5. Regra 5 – Aposentadoria por Idade – art. 18 da EC 103/2019

O art. 18 da EC 103/2019 traz a regra de transição aplicável à antiga aposentadoria por idade urbana. Como já estudado, os urbanos podiam se aposentar aos 65 anos de idade, homens, e aos 60 anos, mulheres, desde que cumprissem a carência de 180 contribuições mensais, equivalente a 15 anos de contribuição. Com a Reforma da Previdência de 2019, a idade da mulher foi elevada para 62 anos e o tempo de contribuição do homem aumentou para 20 anos, justificando a necessidade de uma regra de transição específica.

Nessa regra, o segurado urbano filiado ao Regime Geral de Previdência Social até a data de entrada em vigor da EC 103/2019 poderá aposentar-se quando preencher, cumulativamente, os seguintes requisitos:

I – **60 anos de idade, se mulher, e 65 anos de idade, se homem**; e

II – **15 anos de contribuição, para ambos os sexos.**

A partir de 1º **de janeiro de 2020, a idade de 60 anos da mulher será acrescida em seis meses a cada ano, até atingir 62 anos de idade.**

Atenção!

A regra permanente para os homens exige 65 anos de idade e 20 anos de contribuição. Para os homens que já eram filiados ao RGPS antes da aprovação da Reforma, **só são exigidos 15 anos de contribuição**, de acordo com o texto dessa regra de transição. Então, os homens já ingressados no sistema antes da reforma só necessitam cumprir, permanentemente, 15 anos de contribuição e 65 anos de idade, não tendo alteração nos requisitos básicos para a fruição da aposentadoria.

Vejamos a tabela esquemática dessa regra de transição:

Data até	Homens		Mulheres	
	TC mínimo	Idade	TC mínimo	Idade
31/12/2019	**15**	**65**	**15**	**60**
31/12/2020	**15**	**65**	**15**	**60,5**
31/12/2021	**15**	**65**	**15**	**61**
31/12/2022	**15**	**65**	**15**	**61,5**
31/12/2023	**15**	**65**	**15**	**62**

O valor da aposentadoria concedida por essa regra de transição segue a regra geral estudada no tópico específico, ou seja, faz-se a média de todos os salários de contribuição e aplica-se sobre ela o percentual de 60%, acrescentados de 2% por ano que ultrapasse 15 anos de contribuição para mulheres, e 20 anos de contribuição para homens (art. 26, § 2º, I, da EC 103/2019).

Vamos ao nosso exemplo de aplicação dessa regra de transição:

Exemplo 1

Taís tinha exatos 14 anos de contribuição e 59 anos de idade na data da aprovação da EC 103/2019, faltando apenas 1 ano para sua aposentadoria por idade. Quando poderá aposentar-se, valendo-se da regra de transição da aposentadoria por idade?

Resposta

Vamos analisar a progressão de Taís, sabendo que ela deve atingir a idade exigida na data da sua aposentadoria:

Data	TC Taís	Idade Taís
Novembro de 2020	15	60
Novembro de 2021	16	61

Em **novembro de 2021**, Taís completará 61 anos de idade, exatamente a exigida para este ano, e já terá ultrapassado o tempo de contribuição mínimo de 15 anos, podendo se valer desta regra.

Para melhor visualização, segue um esquema que resume a regra de transição da Aposentadoria por Idade:

APOSENTADORIA POR IDADE

- 60 anos de idade, se mulher, e 65 anos de idade, se homem
- 15 anos de contribuição, para ambos os sexos
- A partir de 1º/01/2020, a idade de 60 anos da mulher será acrescida em 6 meses a cada ano, até atingir 62 anos de idade.
- Valor apurado pela média de 100% dos salários de contribuição, aplicando-se 60%, com acréscimo de 2% para cada ano de contribuição que exceder o tempo de 20 anos de contribuição, para os homens, e de 15 anos de contribuição, para mulheres

20.1.3. Aposentadorias por idade

- **Arts. 48 a 51, Lei 8.213/1991**
- **Arts. 51 a 55, Decreto 3.048/1999**
- **EC 103/2019**

Apesar de a aposentadoria por idade pura ter sido extinta pela EC 103/2019, ela ainda será concedida por muitos anos por força de direito adquirido. Ademais, muitas de suas regras serão aplicáveis à nova aposentadoria **programada** que acabamos de estudar, como demonstraremos no decorrer do tópico.

A aposentadoria por idade era devida ao segurado que completar 65 anos de idade, se homem, ou 60, se mulher, reduzidos esses limites para 60 e 55 anos de idade, para os trabalhadores rurais, respectivamente homens e mulheres.

A redução de cinco anos para os trabalhadores rurais abrangia todas as categorias de segurados, bastando, para isso, exercer atividade tipicamente rural. Dessa forma, estavam incluídos os empregados rurais, avulsos rurais, contribuintes individuais rurais e o garimpeiro.

Atenção!

O garimpeiro é objeto de diversas questões de concursos públicos. Perceba que ele não é segurado especial, mas contribuinte individual. Beneficia-se, contudo, da redução de cinco anos da idade exigida para a concessão da aposentadoria por idade. Essa mesma lógica deve ser usada para a redução da idade dos rurais válida, também, na nova aposentadoria programada.

A carência para a concessão desse benefício era de 180 contribuições mensais. Acreditamos que essa mesma carência será aplicada para a aposentadoria **programada**, ainda não regulamentada.

Para efeito da redução de cinco anos, o trabalhador rural deveria comprovar o efetivo exercício de atividade rural, ainda que de forma descontínua, no período imediatamente anterior ao requerimento do benefício ou ao que cumpriu o requisito etário, por tempo igual ao número de meses de contribuição correspondente à carência desse benefício, computado o período de exercício das atividades não vedadas ao segurado especial (vereador, dirigente sindical, atividade artística, artesanal etc.). Essa mesma regra pode ser aplicada para comprovação do tempo na nova aposentadoria **programada.**

Caso o trabalhador rural não consiga comprovar a atividade rural no período de 180 meses imediatamente anterior ao requerimento, mas satisfaça as condições para a aposentadoria por idade, utilizando o tempo de atividade exercida em outra categoria de segurado, fará jus ao benefício ao completar 65 anos, se homem, e 62 anos, se mulher (aposentadoria por idade híbrida). Neste caso, para o cálculo do valor do benefício (média aritmética simples dos salários de contribuição), nos meses de atividade exercida como segurado especial, será considerado como salário de contribuição o valor de um salário mínimo, não sendo aplicado o fator previdenciário. Nesta hipótese, o valor do benefício previdenciário poderá superar um salário mínimo.

Para a aposentadoria híbrida, então, o segurado deverá contar com 62 anos de idade e 15 anos de tempo de contribuição, sendo mulher; e 65 anos de idade e 20 anos de tempo de contribuição, sendo homem.

O art. 57 do Decreto 3.048/99, alterado pelo Dec. 10410/2020, recepcionou o benefício da aposentadoria por idade híbrida, *a qual deve ser calculada pela sistemática do art. 26 da EC 103/2019 (60% do salário de benefício, mais 2% para cada ano de contribuição que ultrapasse 20 anos, para o homem, e 15 anos, para a mulher).* ***Observem que o § 2º determina que a aposentadoria híbrida deve ser concedida mesmo que o segurado não esteja exercendo atividade rural no momento do requerimento do benefício.*** *O Decreto, neste ponto, foi ao encontro do entendimento da TNU sobre o tema.*

Segundo o Tema 131 da TNU, para a concessão da aposentadoria por idade híbrida ou mista, na forma do art. 48, § 3º, da Lei 8.213/1991, ***é irrelevante a natureza rural ou urbana da atividade exercida pelo segurado no período imediatamente anterior à implementação do requisito etário ou ao requerimento do benefício.***

Observem, ainda, que não há vedação para que o tempo rural anterior à Lei 8.213/1991 seja considerado para efeito de carência, mesmo que não verificado o recolhimento das respectivas contribuições.

A TNU firmou a tese de que para a concessão da aposentadoria por idade híbrida ou mista, na forma do art. 48, § 3º, da Lei 8.213/1991, cujo requisito etário é o mesmo exigido para a aposentadoria por idade urbana, é irrelevante a natureza rural ou urbana da atividade exercida pelo segurado no período imediatamente anterior à implementação do requisito etário ou ao requerimento do benefício. Ainda, não há vedação para que o tempo rural anterior à Lei 8.213/1991 seja considerado para efeito de carência, mesmo que não verificado o recolhimento das respectivas contribuições (Tema 131).

Assim, mesmo que o segurado não esteja exercendo atividade rural no momento do requerimento do benefício, a aposentadoria híbrida deve ser concedida.

A Primeira Seção do Superior Tribunal de Justiça (STJ), em julgamento sob o rito dos recursos repetitivos, fixou a seguinte tese: "O tempo de serviço rural, ainda que remoto e descontínuo, anterior ao advento da Lei 8.213/1991, pode ser computado para fins da carência necessária à obtenção da aposentadoria híbrida por idade, ainda que não tenha sido efetivado o recolhimento das contribuições, nos termos do artigo 48, parágrafo 3º, da Lei 8.213/1991, seja qual for a predominância do labor misto exercido no período de carência ou o tipo de trabalho exercido no momento do implemento do requisito etário ou do requerimento administrativo" (**Tema 1.007**).

De acordo com o art. 38-A da Lei 8.213/1991, alterado pela Lei 13.846/2019, o Ministério do Trabalho e Previdência – Lei 14.261, de 16/12/2021 manterá sistema de cadastro dos segurados especiais no Cadastro Nacional de Informações Sociais – CNIS e poderá firmar acordo de cooperação com o Ministério da Agricultura, Pecuária e Abastecimento e com outros órgãos da administração pública federal, estadual, distrital e municipal para a manutenção e a gestão do sistema de cadastro.

O sistema preverá a manutenção e a atualização anual do cadastro e conterá as informações necessárias à caracterização da condição de segurado especial, sem qualquer ônus para o segurado.

A atualização anual do cadastro do segurado especial deve ser feita até 30 de junho do ano subsequente. Decorrido este prazo, o segurado especial só poderá computar o período de trabalho rural se efetuado em época própria o recolhimento da contribuição sobre a comercialização da produção rural. É vedada a atualização cadastral do segurado especial após o prazo de cinco anos, contado da data estabelecida para a atualização (30 de junho do ano subsequente).

A partir de 1º de janeiro de 2023, a comprovação da condição e do exercício da atividade rural do segurado especial ocorrerá exclusivamente pelas informações constantes do cadastro dos segurados especiais. Para o período anterior a 1º de janeiro de 2023, o segurado especial comprovará o tempo de exercício da atividade rural por meio de autodeclaração ratificada por entidades públicas credenciadas pelo Programa

Nacional de Assistência Técnica e Extensão Rural na Agricultura Familiar e na Reforma Agrária – PRONATER, nos termos do disposto no art. 13 da Lei 12.188/2010, e por outros órgãos públicos, na forma prevista no Regulamento.

Na hipótese de haver divergência de informações, para fins de reconhecimento de direito com vistas à concessão de benefício, o INSS poderá exigir a apresentação dos documentos comprobatórios da atividade rural, previstos no art. 106 da Lei 8.213/1991, complementarmente à autodeclaração, conforme segue:

I – contrato individual de trabalho ou Carteira de Trabalho e Previdência Social;

II – contrato de arrendamento, parceria ou comodato rural;

III – revogado pela MP 871/2009;

IV – declaração de Aptidão ao Programa Nacional de Fortalecimento da Agricultura Familiar, de que trata o inciso II do *caput* do art. 2º da Lei 12.188, de 11 de janeiro de 2010, ou por documento que a substitua, emitidas apenas por instituições ou organizações públicas;

V – bloco de notas do produtor rural;

VI – notas fiscais de entrada de mercadorias, de que trata o § 7º do art. 30 da Lei 8.212, de 24 de julho de 1991, emitidas pela empresa adquirente da produção, com indicação do nome do segurado como vendedor;

VII – documentos fiscais relativos a entrega de produção rural à cooperativa agrícola, entreposto de pescado ou outros, com indicação do segurado como vendedor ou consignante;

VIII – comprovantes de recolhimento de contribuição à Previdência Social decorrentes da comercialização da produção;

IX – cópia da declaração de imposto de renda, com indicação de renda proveniente da comercialização de produção rural; ou

X – licença de ocupação ou permissão outorgada pelo Incra.

Salientamos que a MP 871, de 18/01/2019, convertida na Lei 13.846/2019, revogou o inciso III do art. 106 da Lei 8.213/1991, que possibilitava a comprovação da atividade rural mediante declaração fundamentada de sindicato que representasse o trabalhador rural ou, quando fosse o caso, de sindicato ou colônia de pescadores, desde que homologada pelo Instituto Nacional do Seguro Social – INSS. Como essa declaração possibilitava fraudes na concessão dos benefícios rurais, o governo achou necessária sua revogação.

O STJ editou em 22/06/2016 a Súmula 577, entendendo que é possível reconhecer o tempo de serviço rural anterior ao documento mais antigo apresentado, desde que amparado em convincente prova testemunhal colhida sob o contraditório.

De acordo com a Súmula 46 da TNU, de 15/03/2012, "o exercício de atividade urbana intercalada não impede a concessão de benefício previdenciário de trabalhador rural, condição que deve ser analisada no caso concreto". Assim, o INSS não deve negar o benefício previdenciário pelo simples fato de comprovar, por meio de pesquisas em seus sistemas, que o segurado especial contribuiu um ou dois meses como trabalhador urbano.

Lembramos, mais uma vez, de que a carência para os segurados especiais é substituída pela comprovação do exercício de atividade rural por período igual ao número de meses correspondente à carência do benefício requerido.

Sobre a carência para concessão desse benefício para os trabalhadores rurais, a TNU editou a Súmula 54, em 07/05/2012, com a seguinte redação: "Para a concessão de aposentadoria por idade de trabalhador rural, o tempo de exercício de atividade equivalente à carência deve ser aferido no período imediatamente anterior ao requerimento administrativo ou à data do implemento da idade mínima".

O salário de benefício da aposentadoria por idade era calculado pela média dos 80% maiores salários de contribuição, com a utilização facultativa do fator previdenciário.

O valor do benefício consistia numa renda mensal de 70% do salário de benefício, mais 1% deste, por grupo de 12 contribuições, não podendo ultrapassar 100% do salário de benefício.

De acordo com a Súmula 76 da Turma Nacional de Uniformização de Jurisprudência dos Juizados Especiais Federais, a averbação de tempo de serviço rural não contributivo não permite majorar o coeficiente de cálculo da renda mensal inicial de aposentadoria por idade previsto no art. 50 da Lei 8.213/1991, ou seja, o tempo rural não contribuído não acrescenta 1% a cada grupo de 12 contribuições.

A aposentadoria por idade será devida (regra que deverá ser aplicada também às aposentadorias **programadas**, ainda não regulamentada):

I - **ao segurado empregado**, inclusive o doméstico:

a) a partir da data do desligamento do emprego, quando requerida até 90 dias depois dela;

b) a partir da data do requerimento, quando não houver desligamento do emprego ou quando for requerida após o prazo de 90 dias.

II - **para os demais segurados**, a partir da data da entrada do requerimento.

Atente-se para o fato de que a regra para início desse benefício difere-se da utilizada para a aposentadoria por incapacidade permanente. Aqui, o empregado doméstico segue as mesmas regras do empregado, enquanto, na aposentadoria por incapacidade permanente, os domésticos seguem as regras dos demais segurados.

Veremos que a regra aplicável para a aposentadoria por incapacidade permanente se repete no auxílio por incapacidade temporária, enquanto a data de início da aposentadoria por idade é também utilizada para as aposentadorias por tempo de contribuição e especial, com as devidas adaptações e acreditamos que deverá também ser utilizada na nova aposentadoria **programada**.

A aposentadoria por idade pode ser requerida **compulsoriamente** pela empresa, desde que o segurado tenha cumprido a carência quando completar 70 anos de idade, se do sexo masculino, ou 65, se do sexo feminino. Neste caso, será garantida ao empregado a indenização prevista na legislação trabalhista, considerada como data da rescisão do contrato de trabalho a imediatamente anterior à do início da aposentadoria.

A indenização em caso de aposentadoria compulsória é a mesma que deve ser paga pelo empregador em caso de despedida arbitrária, tendo caído por isso em desuso, pois o empregador que deseje afastar o empregado das suas funções o despedirá.

Até a edição do Decreto 6.722, de 30/12/2008, a aposentadoria por idade poderia ser decorrente da transformação de aposentadoria por incapacidade permanente ou auxílio por incapacidade temporária, desde que requerida pelo segurado.

O benefício de aposentadoria por idade cessa com a morte do segurado.

20.1.3.1. Quadro resumo – Aposentadoria por idade

Quadro resumo – Aposentadoria por idade	
Requisito	Idade de 65 anos, para o homem, e 60 anos, para a mulher, com redução de cinco anos para os trabalhadores rurais, homens e mulheres.
Beneficiários	Todos os segurados.
Carência	180 contribuições mensais.
Renda mensal (valor)	70% do salário de benefício + 1% a cada grupo de 12 contribuições mensais.
Início do pagamento	• **Empregado e empregado doméstico:** a) A partir da data de desligamento do emprego, quando requerida até 90 dias deste fato; b) A partir do requerimento, quando não houver desligamento do emprego ou quando for requerida após 90 dias do desligamento. • **Demais segurados:** A partir da data de entrada do requerimento.
Suspensão do pagamento	Cumpridos os requisitos para o recebimento do benefício, não há situação que gere a sua suspensão.
Cessação do pagamento	Somente com a morte do segurado.

20.1.4. Aposentadoria por tempo de contribuição e Contagem de Tempo de Contribuição

- **Arts. 52 a 56, Lei 8.213/1991**
- **Arts. 56 a 63, Decreto 3.048/1999**
- **EC 103/2019**

Apesar de a aposentadoria por tempo de contribuição ter sido extinta pela EC 103/2019, ela ainda será concedida por muitos anos por força de direito adquirido. Ademais, muitas de suas regras serão aplicáveis à nova aposentadoria **programada** que acabamos de estudar, como demonstraremos no decorrer do tópico.

Comentamos, no **tópico 19.7.1**, que a Emenda 20/1998 extinguiu a aposentadoria por tempo de serviço e criou a aposentadoria por tempo de contribuição, acabando com a chamada contagem fictícia de tempo de serviço, como ocorria com as licenças contadas em dobro, por exemplo.

A aposentadoria por tempo de contribuição era o benefício devido a todos os segurados, **exceto o especial que não contribuía como contribuinte individual**, que tivessem contribuído durante 35 anos, se homem, ou 30 anos, se mulher.

Esses tempos de contribuição eram **reduzidos em cinco anos para o professor** que comprovasse, **exclusivamente**, tempo de efetivo exercício das funções de magistério na educação infantil e no ensino fundamental ou no ensino médio, fazendo jus à aposentadoria após **30 anos de contribuição, se homem, ou 25 anos, se mulher.**

Observem que na atual aposentadoria **programada**, os professores ainda mantêm a redução de cinco anos no tempo de contribuição, sendo aplicadas as regras da extinta aposentadoria por tempo de contribuição.

> **Atenção:**
>
> Não existia necessidade de cumulação dos requisitos tempo de contribuição e idade nas aposentadorias concedidas pelo RGPS. Comentamos, no **tópico 19.7.1**, que a Emenda 20 tentou implantar essa alteração para o Regime Geral e para os Regimes Próprios, logrando êxito apenas para os últimos e que a EC 103/2019, finalmente, implantou tal cumulação de requisitos para o RGPS.

Ressalte-se que a aposentadoria por tempo de contribuição, independente de idade mínima, já vinha sendo duramente criticada pela doutrina especializada. É que o tempo de contribuição não corresponde a qualquer risco social que deve ser coberto pela previdência social. O fato de o segurado ter contribuído por determinado número de anos não pressupõe, necessariamente, que ele não tenha mais condições de exercer a sua atividade. Este Autor, inclusive, já publicou artigo intitulado "O Fim da Aposentadoria por Tempo de Contribuição", em que critica o formato legal desse benefício (inserido no Livro A defesa do INSS em juízo, ed. Quartier Latin, 2008). Veja questão de concurso de 2010 sobre esse tema:

> **Exemplos de questão sobre o tema:**
>
> **(DPGU/Defensor/2010 – CESPE/UNB)** A aposentadoria por tempo de contribuição sofre constantes ataques da doutrina, e número razoável de especialistas defende sua extinção, o que se deve ao fato de esse benefício não ser tipicamente previdenciário, pois não há, nesse caso, risco social sendo protegido, já que o tempo de contribuição não gera presunção de incapacidade para o trabalho.
>
> *Resposta: Certo*

Saliente-se que **o segurado especial** que recolhe sua contribuição no momento da comercialização da produção rural **não tinha direito a essa modalidade de aposentadoria**, pois não contribui mensalmente para o custeio do RGPS. Ressalte-se, ainda, que os segurados que optassem por contribuir pelo sistema especial de inclusão previdenciária, conforme já comentado anteriormente, também ficavam excluídos dessa modalidade de aposentadoria, atualmente extinta.

Para fins da redução de cinco anos, a legislação previdenciária considerava função de magistério a atividade docente do professor exercida, exclusivamente, em sala de aula.

Observe-se que a Súmula 726 do STF (DJ 09/12/2003) confirmou que, "para efeito de aposentadoria especial de professores, não se computa o tempo de serviço prestado fora da sala de aula".

Ocorre que a Lei 11.301, de 10/05/2006, promovendo uma alteração, colocou à prova a validade do entendimento jurisprudencial já pacificado.

Isso porque dispõe a mencionada Lei que, para fins de aposentadoria por tempo de contribuição, "são consideradas **funções de magistério** as exercidas por professores e especialistas em educação no desempenho de atividades educativas, quando exercidas em estabelecimento de educação básica em seus diversos níveis e modalidades, **incluídas, além do exercício da docência, as de direção de unidade escolar e as de coordenação e assessoramento pedagógico**".

A Procuradoria Geral da República ajuizou a Ação Direta de Inconstitucionalidade 3772/DF, por entender que a Constituição não prevê o direito de redução de cinco anos para as atividades de direção e coordenação (art. 40, 5º, e art. 201, § 8º). A ADI foi, todavia, julgada, por maioria, parcialmente procedente, dando uma interpretação de que os diretores, coordenadores e assessores pedagógicos têm direito à redução de cinco anos, desde que estes cargos sejam exercidos por professores. A decisão afastou a possibilidade de redução em cinco anos para os diretores e coordenadores administradores que jamais tiverem exercido a docência.

Em 2017, o STF reafirmou a sua jurisprudência em sede de repercussão geral e foi fixada a seguinte tese: "para a concessão da aposentadoria especial de que trata o art. 4º, § 5º, da Constituição, conta-se o tempo de efetivo exercício, pelo professor, da docência e das atividades de direção de unidade escolar e de coordenação e assessoramento pedagógico, desde que em estabelecimentos de educação infantil ou de ensino fundamental e médio" (RE 1039644).

Entendemos que esse mesmo raciocínio pode ser aplicado na análise da redução de tempo do professor para concessão da atual aposentadoria **programada.**

Se a professora, todavia, ensinasse durante 20 anos em uma escola infantil, exercendo posteriormente a atividade de professora universitária por mais cinco anos, teria direito à aposentadoria?

Não. O professor universitário deixou de ter direito à redução de tempo de contribuição, a partir da Emenda 20/1998. O tempo de serviço dos professores universitários anterior à Reforma, devido à regra de transição, deve ser acrescido de 17%, para homens, e 20%, para mulheres, desde que se aposentem na atividade de magistério.

No caso em questão, a professora deveria contribuir, ainda, por mais cinco anos, completando, assim, os 30 anos de contribuição necessários à aposentadoria por tempo de contribuição convencional.

Não é permitida, então, a conversão de tempo de serviço de magistério, exercido em qualquer época, em tempo de serviço comum. Esse tema, algumas vezes, já foi alvo de questionamento pelas bancas organizadoras de concursos públicos. Vejamos:

> **Exemplo de questão sobre o tema:**
>
> **(Técnico do INSS 2008 – CESPE/UNB)** Firmino foi professor do ensino fundamental durante vinte anos e trabalhou mais doze anos como gerente financeiro em uma empresa de exportação. Nessa situação, excluindo-se as regras de transição, Firmino pode requerer o benefício integral de aposentadoria por tempo de contribuição, haja vista a possibilidade de computar o tempo em sala de aula em quantidade superior ao efetivamente trabalhado, dada a natureza especial da prestação de serviço.
>
> *Resposta: Errado*

A comprovação da condição de professor far-se-á mediante a apresentação:

I - do respectivo diploma registrado nos órgãos competentes federais e estaduais, ou de qualquer outro documento que comprove a habilitação para o exercício do magistério, na forma de lei específica; e

II - dos registros em Carteira Profissional e/ou Carteira de Trabalho e Previdência Social, complementados, quando for o caso, por declaração do estabelecimento de ensino onde foi exercida a atividade, sempre que necessária essa informação, para efeito e caracterização do efetivo exercício da função de magistério.

A carência da aposentadoria por tempo de contribuição é de 180 contribuições mensais, que no nosso entendimento será aplicada também à aposentadoria **programada**, ainda não regulamentada. O salário de benefício era apurado, a partir da média dos 80% maiores salários de contribuição, com a utilização **obrigatória** do fator previdenciário, exceto nos casos de preenchimento das condições das fórmulas 96 e 86, introduzida pela MP 676/2015, e a renda mensal deste benefício é de 100% do salário de benefício.

A data do início da aposentadoria por tempo de contribuição segue a mesma regra da aposentadoria por idade e que deverá ser aplicada também à nova aposentadoria **programada**, conforme exposto:

I – **para o segurado empregado, inclusive o doméstico:**

a) a partir da data do desligamento do emprego, quando requerida até 90 dias depois dela;

b) a partir da data do requerimento, quando não houver desligamento do emprego ou quando for requerida após o prazo de 90 dias;

II – **para os demais segurados**, a partir da data da entrada do requerimento.

Considera-se tempo de contribuição o tempo, contado de data a data, desde o início, até a data do requerimento ou do desligamento de atividade abrangida pela Previdência Social, descontados os períodos legalmente estabelecidos como de suspensão de contrato de trabalho, de interrupção de exercício e de desligamento da atividade.

Todo o regramento que veremos agora sobre tempo de contribuição é aplicável também à atual aposentadoria **programada**. O artigo 60 do Decreto 3.048/1999 dispunha sobre a contagem de tempo de contribuição, mas ele foi revogado pelo Decreto 10.410, de 30/06/2020, que trouxe as novas regras nos artigos 19-C e 188-G Vejamos:

*Art. 19-C. Considera-se tempo de contribuição o tempo correspondente aos períodos para os quais **tenha havido contribuição obrigatória ou facultativa ao RGPS**, dentre outros, o período: (Incluído pelo Decreto nº 10.410, de 2020)*

I – de contribuição efetuada por segurado que tenha deixado de exercer atividade remunerada que o enquadrasse como segurado obrigatório da previdência social;

II – em que a segurada tenha recebido salário-maternidade;

III – de licença remunerada, desde que tenha havido desconto de contribuições;

IV – em que o segurado tenha sido colocado em disponibilidade remunerada pela empresa, desde que tenha havido desconto de contribuições;

V – de atividade patronal ou autônoma, exercida anteriormente à vigência da Lei nº 3.807, de 26 de agosto de 1960, desde que tenha sido indenizado conforme o disposto no art. 122;

VI - de atividade na condição de empregador rural, desde que tenha havido contribuição na forma prevista na Lei nº 6.260, de 6 de novembro de 1975, e indenização do período anterior, conforme o disposto no art. 122;

VII - de exercício de mandato eletivo federal, estadual, distrital ou municipal, desde que tenha havido contribuição na época apropriada e este não tenha sido contado para fins de aposentadoria por outro regime de previdência social;

VIII - de licença, afastamento ou inatividade sem remuneração do segurado empregado, inclusive o doméstico e o intermitente, desde que tenha havido contribuição na forma prevista no § 5º do art. 11; e

IX - em que o segurado contribuinte individual e o segurado facultativo tenham contribuído na forma prevista no art. 199-A, observado o disposto em seu § 2º.

Já o § 1º, do art. 19-C dispõe que será computado o tempo intercalado de recebimento de benefício por incapacidade, na forma do disposto no inciso II do caput do art. 55 da Lei nº 8.213, de 24 de julho de 1991, exceto para efeito de carência. Importante ressaltar que a antiga redação do art. 60, III e IX, só considerava como tempo de contribuição o período de benefício por incapacidade intercalado entre períodos de atividade, ou o proveniente de acidente do trabalho, intercalado ou não. Vejamos os comentários detalhados sobre essa alteração que troucemos no livro "Regulamento da Previdência Social Comentado", em coautoria com Luana Horiuchi:

§ 1º: *"Será computado o tempo intercalado de recebimento de benefício por incapacidade, na forma do disposto no inciso II do caput do art. 55 da Lei nº 8.213, de 24 de julho de 1991, exceto para efeito de carência".*

Revogados: Arts. 60, III e IX - *"o período em que o segurado esteve recebendo auxílio-doença ou aposentadoria por invalidez, entre períodos de atividade"; "o período em que o segurado esteve recebendo benefício por incapacidade por acidente do trabalho, intercalado ou não".*

Primeiro vamos lembrar que "tempo intercalado" é o período não contributivo, localizado entre períodos de contribuição.

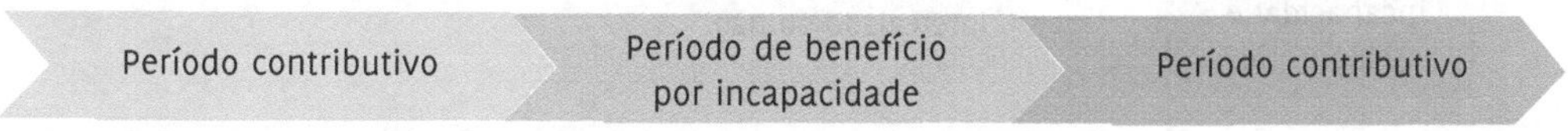

Façamos uma comparação do texto do art. 55, II, Lei 8.213/91, com o art. 60, III e IX da redação anterior do Dec. 3.048/99:

Art. 55, II, LBPS: *o tempo de serviço será comprovado na forma estabelecida no Regulamento, compreendendo, além do correspondente às atividades de qualquer das categorias de segurados de que trata o art. 11 desta Lei, mesmo que anterior à perda da qualidade de segurado: (...) II - o tempo intercalado em que esteve em gozo de auxílio-doença ou aposentadoria por invalidez.*

Ou seja:

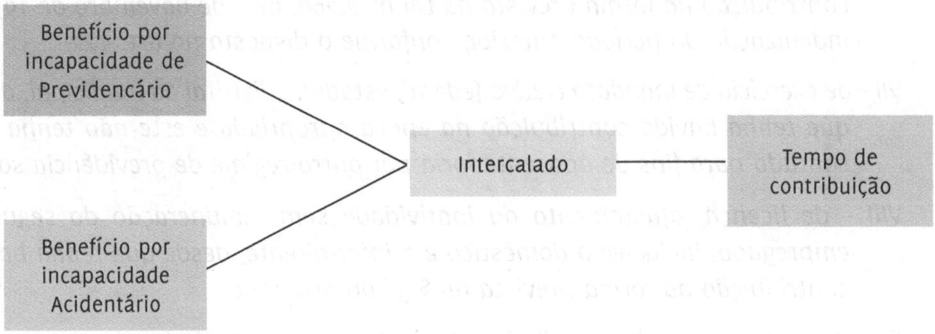

Art. 60, III e IX da redação anterior RPS: *até que lei específica discipline a matéria, são contados como tempo de contribuição, entre outros: (...) III – o período em que o segurado esteve recebendo auxílio-doença ou aposentadoria por invalidez, entre períodos de atividade; (...) IX – o período em que o segurado esteve recebendo benefício por incapacidade por acidente do trabalho, intercalado ou não.*

Ou seja, o RPS ultrapassou o texto legal, retirando a necessidade de tempo intercalado quando da percepção de benefícios por incapacidade de natureza acidentária. Essa determinação seria ilegal, mas ao menos beneficiava o segurado. No entanto, assim como na Lei 8.213/91, o Decreto permitia a utilização do período de recebimento de benefício por incapacidade enquanto tempo de contribuição, mas não para fins de carência:

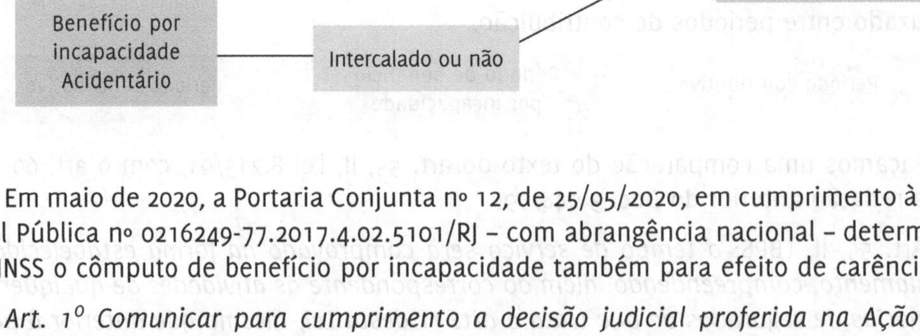

Em maio de 2020, a Portaria Conjunta nº 12, de 25/05/2020, em cumprimento à Ação Civil Pública nº 0216249-77.2017.4.02.5101/RJ – com abrangência nacional – determinou ao INSS o cômputo de benefício por incapacidade também para efeito de carência:

Art. 1º Comunicar para cumprimento a decisão judicial proferida na Ação Civil Pública-ACP nº 0216249-77.2017.4.02.5101/RJ, determinando ao INSS que compute, para fins de carência, o período em gozo de benefício por incapacidade não acidentário intercalado e o período em gozo de benefício por incapacidade acidentário, intercalado ou não. Ou seja:

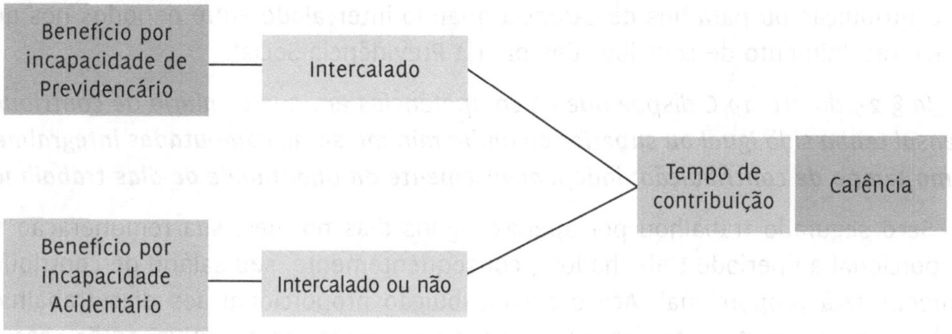

Com o Decreto 10.410, o art. 60 do RPS foi revogado. Agora vamos ao texto do art. 19-C, §1º, Incluído pelo Decreto nº 10.410, de 2020: *§ 1º Será computado o tempo intercalado de recebimento de benefício por incapacidade, na forma do disposto no inciso II do caput do art. 55 da Lei nº 8.213, de 24 de julho de 1991, exceto para efeito de carência.*

Ou seja:

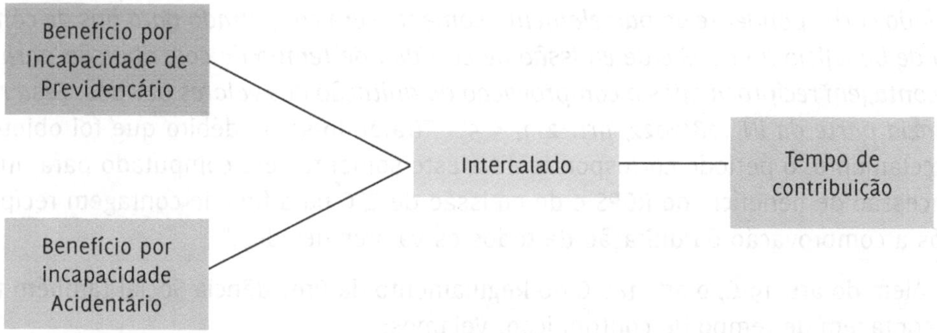

Observe que o Decreto 10.410/2020 adequou o Regulamento à Lei de benefícios, passando a exigir que o tempo em benefício por incapacidade seja intercalado, independentemente da natureza do benefício ter sido previdenciária ou acidentária, para que possa então ser considerado a título de tempo de contribuição. No entanto, o Regulamento não incorporou a tese da ACP nº 0216249-77.2017.4.02.5101/RJ, pois permanece sem computar o período para fins de carência. No entanto, até a data de fechamento desta obra, permanece vigendo a Portaria Conjunta nº 12, de 25/05/2020. Observem que o Decreto não incorporou a tese da ACP.

Súmula nº 73, TNU: O tempo de gozo de auxílio-doença ou de aposentadoria por invalidez não decorrentes de acidente de trabalho só pode ser computado como tempo de contribuição ou para fins de carência quando intercalado entre períodos nos quais houve recolhimento de contribuições para a Previdência Social.

Já § 2º, do art. 19-C dispõe que as competências em que o salário de contribuição mensal tenha sido ***igual ou superior ao limite mínimo serão computadas integralmente como tempo de contribuição, independentemente da quantidade de dias trabalhados.***

Se o segurado trabalhou por apenas alguns dias no mês, sua remuneração será proporcional ao período trabalhado e, consequentemente, seu salário de contribuição também será proporcional. Acaso a contribuição proporcional aos dias trabalhados tenha valor suficiente para alcançar – ou superar – o piso contributivo, então esse mês será integralmente considerado como para fins de cálculo de tempo de contribuição e de carência, e não apenas os dias efetivamente trabalhados.

Observem que, por essa lógica, o tempo de contribuição deixa de ser contado de data a data, e passa a ser contado por competência recolhida, como já ocorria com a contagem da carência, mudando completamente a lógica da contagem de tempo de contribuição e aproximando os institutos de carência e tempo de contribuição.

Por fim, o § 3º dispõe que na hipótese de o débito ser objeto de parcelamento, o período correspondente ao parcelamento somente será computado para fins de concessão de benefício no RGPS e de emissão de certidão de tempo de contribuição para fins de contagem recíproca após a comprovação da quitação dos valores devidos. Essa regra já fazia parte da IN 128/2022, art. 211, § 5º: "Tratando-se de débito que foi objeto de parcelamento, o período correspondente a este somente será computado para fins de concessão de benefício no RGPS e de emissão de CTC para fins de contagem recíproca após a comprovação da quitação de todos os valores devidos."

Além do art. 19-C, o art. 188-G do Regulamento da Previdência Social também trata de contagem de tempo de contribuição. Vejamos:

> *Art. 188-G. O tempo de contribuição* ***até 13 de novembro de 2019*** *será contado de data a data, desde o início da atividade até a data do desligamento, considerados, além daqueles referidos no art. 19-C, os seguintes períodos:*
>
> *I – o tempo de serviço militar, exceto se já contado para inatividade remunerada nas Forças Armadas ou auxiliares ou para aposentadoria no serviço público federal, estadual, distrital ou municipal, ainda que anterior à filiação ao RGPS, obrigatório, voluntário ou alternativo, assim considerado o tempo atribuído pelas Forças Armadas àqueles que, após o alistamento, alegaram imperativo de consciência, entendido como tal aquele decorrente de crença religiosa ou de convicção filosófica ou política, para se eximirem de atividades de caráter militar;*
>
> *II – o tempo em que o anistiado político esteve compelido ao afastamento de suas atividades profissionais, em decorrência de punição ou de fundada ameaça de punição, por motivo exclusivamente político, situação que será comprovada nos termos do disposto na Lei nº 10.559, de 13 de novembro de 2002;*

> *III – o tempo de serviço público federal, estadual, distrital ou municipal, inclusive aquele prestado a autarquia, sociedade de economia mista ou fundação instituída pelo Poder Público, regularmente certificado na forma prevista na Lei nº 3.841, de 15 de dezembro de 1960, desde que a certidão tenha sido requerida na entidade para a qual o serviço tenha sido prestado até 30 de setembro de 1975, data imediatamente anterior ao início da vigência da Lei nº 6.226, de 14 de junho de 1975;*
>
> *IV – o tempo de serviço do segurado trabalhador rural anterior à competência novembro de 1991;*
>
> *V – o tempo de exercício de mandato classista junto a órgão de deliberação coletiva em que, nessa qualidade, tenha havido contribuição para a previdência social;*
>
> *VI – o tempo de serviço prestado à Justiça dos Estados, às serventias extrajudiciais e às escrivanias judiciais, desde que não tenha havido remuneração pelo erário e que a atividade não estivesse, à época, vinculada a regime próprio de previdência social;*
>
> *VII – o tempo de atividade dos auxiliares locais de nacionalidade brasileira no exterior amparados pela Lei nº 8.745, de 9 de dezembro de 1993, anteriormente a 1º de janeiro de 1994, desde que a sua situação previdenciária esteja regularizada no INSS;*
>
> *VIII – o tempo de contribuição efetuado pelo servidor público de que tratam as alíneas "i", "j" e "l" do inciso I do caput do art. 9º e o § 2º do art. 26, com fundamento do disposto nos art. 8º e art. 9º da Lei nº 8.162, de 8 de janeiro de 1991, e no art. 2º da Lei nº 8.688, de 21 de julho de 1993; e*
>
> *IX – o tempo exercido na condição de aluno-aprendiz referente ao período de aprendizado profissional realizado em escola técnica, desde que comprovados a remuneração pelo erário, mesmo que indireta, e o vínculo empregatício.*

O tema deste último inciso foi inclusive objeto de Súmula da TNU e da AGU. Vejamos:

> **Súmula 18 da TNU:** Para fins previdenciários, o cômputo do tempo de serviço prestado como aluno-aprendiz exige a comprovação de que, durante o período de aprendizado, houve simultaneamente: (i) retribuição consubstanciada em prestação pecuniária ou em auxílios materiais; (ii) à conta do Orçamento; (iii) a título de contraprestação por labor; (iv) na execução de bens e serviços destinados a terceiros.
>
> **Súmula 24 AGU:** É permitida a contagem, como tempo de contribuição, do tempo exercido na condição de aluno-aprendiz referente ao período de aprendizado profissional realizado em escolas técnicas, desde que comprovada a remuneração, mesmo que indireta, à conta do orçamento público e o vínculo empregatício.

Não será computado como tempo de contribuição o já considerado para concessão de qualquer aposentadoria do RGPS ou de outro regime de previdência social.

A prova de tempo de contribuição é feita mediante apresentação de documentos que comprovem o exercício de atividade, nos períodos a serem contados, devendo esses documentos ser contemporâneos aos fatos que pretendem comprovar, podendo ser utilizados para esse fim:

I – o contrato individual de trabalho, a Carteira Profissional e/ou a Carteira de Trabalho e Previdência Social, a carteira de férias, a carteira sanitária, a caderneta de matrícula e a caderneta de contribuições dos extintos institutos de aposentadoria e pensões, a caderneta de inscrição pessoal visada pela Capitania dos

Portos, pela Superintendência do Desenvolvimento da Pesca, pelo Departamento Nacional de Obras Contra as Secas e declarações da Receita Federal;

II - certidão de inscrição em órgão de fiscalização profissional, acompanhada do documento que prove o exercício da atividade;

III - contrato social e respectivo distrato, quando for o caso, ata de assembleia geral e registro de firma individual;

IV - contrato de arrendamento, parceria ou comodato rural;

V - certificado de sindicato ou órgão gestor de mão de obra que agrupe trabalhadores avulsos;

VI - comprovante de cadastro do Instituto Nacional de Colonização e Reforma Agrária, no caso de produtores em regime de economia familiar;

VII - bloco de notas do produtor rural;

VIII - declaração de sindicato de trabalhadores rurais ou colônia de pescadores, desde que homologada pelo Instituto Nacional do Seguro Social.

Na falta de documento contemporâneo podem ser aceitos declaração do empregador ou seu preposto, atestado de empresa ainda existente, certificado ou certidão de entidade oficial dos quais constem seus dados, desde que extraídos de registros efetivamente existentes e acessíveis à fiscalização da Previdência Social.

De acordo com a Súmula 75 da Turma Nacional de Uniformização, a Carteira de Trabalho e Previdência Social (CTPS) em relação à qual não se aponta defeito formal que lhe comprometa a fidedignidade goza de presunção relativa de veracidade, formando prova suficiente de tempo de serviço para fins previdenciários, ainda que a anotação de vínculo de emprego não conste no Cadastro Nacional de Informações Sociais (CNIS).

Observe que a prova exclusivamente testemunhal não basta à comprovação da atividade rurícola, para efeito da obtenção de benefício previdenciário, conforme já pacificado pela Súmula 149 do STJ. Assim, faz-se mister o início de prova material para comprovação de atividade rural, com o consequente direito à percepção do benefício previdenciário.

Até mesmo o novo CPC (Lei 13.105, de 16/03/2015) dispõe no seu art. 442 que a prova testemunhal é sempre admissível, não dispondo a lei de modo diverso. Saliente-se que o art. 55, § 3º, da Lei 8.213 veda para a contagem de tempo de contribuição a utilização de prova exclusivamente testemunhal, salvo na ocorrência de motivo de força maior ou caso fortuito.

A Súmula 6 da Turma Nacional de Uniformização de Jurisprudência dos Juizados Especiais Federais esclarece que "a certidão de casamento ou outro documento idôneo que evidencie a condição de trabalhador rural do cônjuge constitui início razoável de prova material da atividade rurícola".

A AGU editou a Súmula 32, em 09/06/2008, dispondo que serão considerados como início razoável de prova material documentos públicos e particulares dotados de fé pública, desde que não contenham rasuras ou retificações recentes, dos quais conste expressamente a qualificação do segurado, de seu cônjuge, enquanto casado, ou companheiro, enquanto durar a união estável, ou de seu ascendente, enquanto dependente deste, como rurícola, lavrador ou agricultor, salvo a existência de prova em contrário.

A aposentadoria por tempo de contribuição somente cessa com a morte do segurado.

20.1.4.1. Quadro resumo – Aposentadoria por tempo de contribuição

	Quadro resumo – Aposentadoria por tempo de contribuição
Requisito	35 anos de contribuição, para o homem, e 30 anos, para a mulher, com redução de 5 anos para os professores de ensino infantil, fundamental ou médio.
Beneficiários	Todos os segurados, exceto o especial, quando não contribui como individual e o segurado que opte pelo sistema especial de inclusão previdenciária.
Carência	180 contribuições mensais.
Renda mensal (valor)	100% do salário de benefício.
Início do pagamento	• **Empregado e empregado doméstico:** a) A partir da data de desligamento do emprego, quando requerida até 90 dias deste fato. b) A partir do requerimento, quando não houver desligamento do emprego ou quando for requerida após 90 dias do desligamento. • **Demais segurados:** A partir da data de entrada do requerimento.
Suspensão do pagamento	Cumpridos os requisitos para o recebimento do benefício, não há situação que gere a sua suspensão.
Cessação do pagamento	Somente com a morte do segurado.

20.1.5. Aposentadoria especial

20.1.5.1. Aposentadoria Especial por Exposição a Agente Nocivo

- **Arts. 57 e 58, Lei 8.213/1991**
- **Arts. 64 a 70, Decreto 3.048/1999**
- **EC 103/2019**

Antes da Reforma da Previdência de 2019, aposentadoria especial era devida ao segurado empregado, trabalhador avulso e contribuinte individual, este somente quando cooperado filiado à cooperativa de trabalho ou de produção, que tivesse **trabalhado durante 15, 20 ou 25 anos**, conforme o caso, sujeito a **condições especiais que prejudiquem a saúde ou a integridade física.**

> **Atenção!**
> A legislação não exigia qualquer critério de idade para o direito à aposentadoria especial. Assim, o segurado que tivesse iniciado a sua vida laboral aos 18 anos, trabalhando durante 15 anos em uma mineração subterrânea, na frente de produção, poderia aposentar-se aos 33 anos de idade.

A forma de comprovação da exposição aos agentes nocivos não sofreu alterações com a EC 103/2019. O segurado deverá comprovar a efetiva exposição aos agentes nocivos químicos, físicos, biológicos ou associação de agentes prejudiciais à saúde ou à integridade física, pelo período equivalente ao exigido para a concessão do benefício.

Sempre fizemos uma crítica a concepção da aposentadoria especial, pois nos parece que esse benefício distorce, de certa forma, a lógica da legislação protetiva. Ocorre aqui uma verdadeira **troca de saúde por dinheiro**, em que o trabalhador desgasta a sua saúde e, como forma de recompensa, o Estado e toda a sociedade o "premia" com um benefício até o final de sua vida.

Se constatado que o trabalho em contato com o agente nocivo por determinado tempo é prejudicial à saúde e à integridade física, dever-se-ia proteger o trabalhador, encurtando a sua exposição a um período que comprovadamente não danifique a sua saúde. Nesse período, obviamente, o empregador deveria ser compelido a pagar um pesado adicional de insalubridade e o vínculo poderia ser desfeito com garantias adicionais para possibilitar uma recolocação mais tranquila no mercado de trabalho, tais como seguro desemprego mais amplo e percentual de periculosidade diferido para esta eventualidade. Essa análise deve basear-se em consistente estudo técnico que apure os efeitos da exposição a agente.

Um trabalhador que exerça a atividade de extração subterrânea de cobre a 900 metros de profundidade não deveria trabalhar durante 15 anos nessa condição subumana, se os estudos apontassem que este tempo seria prejudicial à sua saúde. O tempo máximo de exposição poderia ser reduzido, por exemplo, para cinco anos de atividade e, nesse período, a empresa seria obrigada a pagar um adicional de, por exemplo, 100% a 200%, a depender da nocividade do agente, que poderia ser depositado em conta segregada. Dessa forma, a integridade física do trabalhador seria preservada e a sociedade não precisaria arcar com um benefício de aposentadoria por longo período de fruição e o trabalhador ao ser desligado desta atividade em proteção a sua saúde, teria os recursos adicionais liberados para garantir a sua subsistência até a sua recolocação no mercado de trabalho em atividade não exposta. Aliado a isso, poderia, também, contar com um seguro desemprego diferenciado de prazo estendido.

Obviamente, não foi nesse sentido que veio a Reforma da Previdência de 2019, com o objetivo de proteger a saúde do trabalhador. Ao contrário, ela **inseriu uma idade mínima**, que será estudada a partir de agora, sem nenhum plano para garantia de melhores condições de trabalho.

O art. 201, § 1º, da Constituição Federal de 1988 foi alterado pela EC 103/2019. Vamos aos comparativos do texto antigo e do texto atual:

Texto anterior à Reforma de 2019:

> *§ 1º É vedada a adoção de requisitos e critérios diferenciados para a concessão de aposentadoria aos beneficiários do regime geral de previdência social, ressalvados os casos de* ***atividades exercidas sob condições especiais que prejudiquem a saúde ou a integridade física e quando se tratar de segurados portadores de deficiência****, nos termos definidos em lei complementar.*

Texto pós-Reforma de 2019:

> *É vedada a adoção de requisitos ou critérios diferenciados para concessão de benefícios, ressalvado, nos termos de lei complementar, a* ***possibilidade de previsão de idade e tempo de contribuição distintos da regra geral para concessão de aposentadoria exclusivamente em favor dos segurados****:*
>
> *I – com* ***deficiência****, previamente submetidos à avaliação biopsicossocial realizada por equipe multiprofissional e interdisciplinar;*
>
> *II – cujas atividades sejam exercidas com* ***efetiva exposição a agentes nocivos*** *químicos, físicos e biológicos prejudiciais à saúde, ou associação destes agentes,* ***vedada a caracterização por categoria profissional ou ocupação****.*

O texto constitucional base que fundamenta a aposentadoria especial manteve as duas possibilidades de concessão desse benefício: a exposição a agentes nocivos e a deficiência do segurado. A alteração substancial se deu, basicamente, em um ponto: o novo texto indica claramente que **a aposentadoria especial terá idade e tempo de contribuição distintos da regra geral**, indicando a possibilidade de se exigir, mediante lei complementar, uma idade mínima para as aposentadorias especiais.

A Reforma estabelece idade mínima para as aposentadorias especiais, até que lei complementar venha a tratar sobre o tema, como será estudado ainda neste tópico.

O texto reformado vedou a aposentadoria especial por categoria profissional ou por ocupação e, tentou, sem sucesso, vedar também, nos casos de **enquadramento por periculosidade**, mas o último destaque do Senado Federal acabou por suprimir esse texto.

O enquadramento por categoria profissional ou por ocupação, já não é mais possível desde a Lei 9.032/1995, apenas tendo sido constitucionalizada essa realidade.

Em relação à tentativa de vedar expressamente o enquadramento da aposentadoria especial por agente perigoso, ressalte-se que não havia previsão legal expressa que permitisse a aposentadoria especial para os trabalhadores que estivessem em contato com agentes perigosos, mas apenas para quem estivesse em contato com agente nocivo prejudicial à saúde ou à integridade física, ou seja, os agentes insalubres.

Diversas decisões judiciais, no entanto, ampliam o direito à aposentadoria especial para alguns casos de periculosidade, como, por exemplo, o trabalho com eletricidade e para os vigilantes. Foi justamente para combater tais decisões, que a EC 103/2019 tentou fazer a vedação constitucional, sem sucesso.

Sempre nos posicionamos contrários à concessão da aposentadoria especial em caso de trabalho perigoso, pois, nesses casos, ao contrário do que ocorre com a insalubridade, entendemos que não há uma deterioração contínua da saúde do trabalhador, mas sim um risco de vida permanente. O trabalhador que exerça sua atividade em grande altura ou em "contato" com a eletricidade não deteriora a sua saúde em exposição contínua a essas situações. Se ocorrer um acidente, obviamente, ele pode ser fatal, mas desde o primeiro dia de atividade, diferentemente dos agentes insalubres.

A lógica do seguro social para a aposentadoria especial é a de proteger o trabalhador que, em contato com agentes nocivos por longos períodos, possa ter a sua saúde prejudicada. Nos parece que esse raciocínio não se aplica aos agentes perigosos, sendo passíveis, apenas, ao adicional salarial de risco.

Como já comentado, a EC 103/2019, art. 19, § 1º, passou a exigir uma idade mínima, até que a lei complementar venha a tratar do tema. Vejamos:

> *Art. 19.*
>
> *§ 1º até que lei complementar disponha sobre a redução de idade mínima ou tempo de contribuição prevista nos §§ 1º e 8º do art. 201 da Constituição Federal, será concedida aposentadoria:*
>
> *I – aos segurados que comprovem o exercício de atividades com efetiva exposição a agentes nocivos químicos, físicos e biológicos prejudiciais à saúde, ou associação desses agentes, vedada a caracterização por categoria profissional ou ocupação,* ***durante, no mínimo, 15, 20 ou 25 anos,*** *nos termos do disposto nos arts. 57 e 58 da Lei 8.213, de 24 de julho de 1991, quando cumpridos:*
>
> ***a) 55 anos de idade, quando se tratar de atividade especial de 15 anos de contribuição;***
>
> ***b) 58 anos de idade, quando se tratar de atividade especial de 20 anos de contribuição;*** *ou*
>
> ***c) 60 anos de idade, quando se tratar de atividade especial de 25 anos de contribuição;***

As idades estabelecidas impedem que os segurados expostos a agentes nocivos se aposentem mesmo tendo completado os tempos de contribuição exigidos pela Constituição. Nesse contexto, muitos trabalhadores deverão continuar expostos a agentes nocivos até completarem a idade permitida para sua aposentadoria, causando risco à saúde do trabalhador. A nossa ideia de reduzir o tempo de contribuição ao agente agressor não foi adotada pela alteração promovida pela Reforma de 2019, que vai agravar, ainda mais, as situações de trabalho com agentes insalubres.

A aposentadoria especial, então, poderá ser concedida aos **60, 58 ou 55 anos de idade, para ambos os sexos**, quando estiverem expostos aos agentes físicos, químicos ou biológicos que ensejem aposentadoria, **respectivamente, aos 25, 20 ou 15 anos de contribuição.**

A nova regra fulmina por completo a possibilidade de aposentadoria precoce, em razão de exposição habitual ou contínua a agentes nocivos à saúde ou à integridade física.

O valor do benefício da aposentadoria especial por exposição a agentes nocivos no RGPS segue a regra geral, com pequenas adaptações. Nesse sentido, **o valor da aposentadoria especial por contato com agente nocivo** seguirá a regra geral de cálculo das aposentadorias **programadas**, ou seja, utiliza-se a **média aritmética simples dos salários de contribuição adotados como base para contribuições ao Regime Geral de Previdência Social**, atualizados monetariamente, **correspondentes a 100% do período contributivo desde a competência julho de 1994** ou desde o início da contribuição, se posterior àquela competência (art. 26 da EC 103/2019).

Depois de calcular a média sem possibilitar mais o descarte dos 20% menores salários de contribuição, o § 2º, IV, combinado com o § 5º do art. 26 da EC 103/2019 determina que o valor do benefício de aposentadoria corresponda a **60% da referida média, com acréscimo de 2% para cada ano de contribuição que exceder o tempo de 15 anos de contribuição, para mulheres ou para homens com direito a especial com 15 anos de exposição, e 20 anos de contribuição para homens que se aposentarem pela especial de 20 ou 25 anos de contribuição** (art. 26, § 2º, I, da EC 103/2019).

Vejam que na aposentadoria especial de 15 anos de contribuição **o homem também contará com o acréscimo de 2% adicionais a partir dos 15 anos de contribuição**, enquanto na regra geral, aplicável às demais modalidades de aposentadorias especiais (20 anos e 25 anos), os homens só acrescentam 2% por ano adicional aos 20 anos de contribuição.

Vamos ao exemplo:

Exemplo

Carlos, segurado do RGPS com 55 anos de idade, aposentou-se pela aposentadoria especial por trabalhar em uma mineração subterrânea, na frente de produção, durante 15 anos, além de contar com mais dez anos de tempo comum. Sabendo que a média dos salários de contribuição de Carlos é de R$ 4.000,00, qual será o valor de seu benefício?

Resposta

Carlos terá direito ao seu benefício calculado com base em 80% de sua média contributiva (60% + 2% por ano x 10 anos). **O valor de seu benefício será R$ 3.200,00** (4.000 x 80%).

O art. 25, § 2º, da EC 103/2019 vedou a conversão de tempo especial em comum a partir da sua publicação. Garantiu, todavia, que o tempo especial prestado até a data de entrada em vigor dessa Emenda Constitucional pudesse ser convertido em tempo de atividade comum. Essa relevante alteração promovida pela Reforma impede a conversão com os adicionais do tempo especial trabalhado após a data da publicação da EC 103/2019, em tempo comum.

Muitos segurados, no entanto, já estavam trabalhando em contato com agentes insalubres antes da reforma. Certamente, a imposição dessas idades iria ferir a expectativa de direito daqueles que estivessem próximos a completar o tempo de contribuição exigido. Por essa razão, o art. 21 da EC 103/2019 estabeleceu regras de transição, válidas tanto para os servidores públicos federais (que será analisado posteriormente) quanto para os trabalhadores vinculados ao RGPS, objeto de estudo neste tópico.

De acordo com o citado art. 21, o segurado que tenha se filiado ao Regime Geral de Previdência Social **até a data de entrada em vigor da EC 103/2019**, cujas atividades tenham sido exercidas com efetiva exposição a agentes nocivos químicos, físicos e biológicos prejudiciais à saúde, ou associação desses agentes, vedada a caracterização por categoria profissional ou ocupação, poderá **aposentar-se quando o total da soma resultante da sua idade e do tempo de contribuição e o tempo de efetiva exposição forem, respectivamente**, de:

I – **66 pontos e 15 anos de efetiva exposição**;

II – **76 pontos e 20 anos de efetiva exposição**; e

III – **86 pontos e 25 anos de efetiva exposição.**

A tabela seguinte demonstra algumas possibilidades de atingimento da regra de transição:

	Especial em 15 anos			Especial em 20 anos			Especial em 25 anos		
Data até	**Idade**	**TC**	**Fórmula**	**Idade**	**TC**	**Fórmula**	**Idade**	**TC**	**Fórmula**
31/12/2019	**51**	**15**	**66**	**56**	**20**	**76**	**61**	**25**	**86**
31/12/2020	**50**	**16**	**66**	**55**	**21**	**76**	**60**	**26**	**86**
31/12/2021	**49**	**17**	**66**	**54**	**22**	**76**	**59**	**27**	**86**
31/12/2022	**48**	**18**	**66**	**53**	**23**	**76**	**58**	**28**	**86**
31/12/2023	**47**	**19**	**66**	**52**	**24**	**76**	**57**	**29**	**86**
31/12/2024	**46**	**20**	**66**	**51**	**25**	**76**	**56**	**30**	**86**
31/12/2025	**45**	**21**	**66**	**50**	**26**	**76**	**55**	**31**	**86**
31/12/2026	**44**	**22**	**66**	**49**	**27**	**76**	**54**	**32**	**86**

	Especial em 15 anos			Especial em 20 anos			Especial em 25 anos		
Data até	**Idade**	**TC**	**Fórmula**	**Idade**	**TC**	**Fórmula**	**Idade**	**TC**	**Fórmula**
31/12/2027	**43**	**23**	**66**	**48**	**28**	**76**	**53**	**33**	**86**
31/12/2028	**42**	**24**	**66**	**47**	**29**	**76**	**52**	**34**	**86**
31/12/2029	**41**	**25**	**66**	**46**	**30**	**76**	**51**	**35**	**86**

Ao analisar essa tabela, percebemos que para cumprir as fórmulas e se aposentar com a idade mínima permitida na regra de transição é necessário aumentar o tempo de contribuição. Percebam que o tempo de contribuição exigido não precisa ser, necessariamente, todo ele exposto a agente nocivo. Basta possuir o tempo mínimo de exposição e complementar com tempo comum que poderá se aposentar de acordo com esta regra transitória.

Curioso notar que a regra permanente exige 60, 58 ou 55 anos de idade para a garantia da aposentadoria aos 25, 20 ou 15 anos de contribuição. Comparando a idade de 60 anos exigida para os 25 anos de exposição, com a tabela dessa regra de transição, que exige, no início, 61 anos de idade, podemos concluir que **a regra transitória só poderá ser utilizada para os segurados que possuam mais de 25 anos de contribuição, podendo reduzir a idade.**

O objetivo dessa regra, então, é reduzir a idade de quem tenha longos tempos de contribuição, somados os tempos mínimos de 15, 20 e 25 anos expostos a agentes nocivos, com o tempo trabalhado em atividade comum.

O valor do benefício da aposentadoria especial por exposição a agentes nocivos no RGPS que se aposentar por essa regra de transição segue a regra padrão, com pequenas adaptações. Dessa forma, **o valor da aposentadoria especial por contato com agente nocivo** seguirá a regra geral de cálculo das aposentadorias **programadas**, ou seja, utiliza-se a **média aritmética simples dos salários de contribuição adotados como base para contribuições ao Regime Geral de Previdência Social**, atualizados monetariamente, **correspondentes a 100% do período contributivo desde a competência julho de 1994** ou desde o início da contribuição, se posterior àquela competência (art. 26 da EC 103/2019).

Depois de calcular a média sem possibilitar mais o descarte dos 20% menores salários de contribuição, o § 2º, IV, combinado com o § 5º do art. 26 da EC 103/2019 determina que o valor do benefício de aposentadoria corresponda a **60% da referida média, com acréscimo de 2% para cada ano de contribuição que exceder o tempo de 15 anos de contribuição, para mulheres ou para homens com direito a especial com 15 anos de exposição, e 20 anos de contribuição para homens que se**

aposentarem pela especial de 20 ou 25 anos de contribuição (art. 26, § 2º, I, e § 5º da EC 103/2019).

Vejam que tal como a regra "permanente" da aposentadoria especial, aposentando-se por essa regra transitória, os homens só acresceram 2% por ano que ultrapassar 15 anos, em caso de especial de 15 anos de exposição.

Vamos ao exemplo:

Exemplo

Amarildo, segurado do RGPS, se aposentou pela especial de 20 anos de exposição aos 56 anos de idade e exatos 20 anos de exposição, completando a pontuação de 76 exigida. Sabendo que a média dos salários de contribuição de Amarildo é de R$ 3.000,00, qual será o valor de seu benefício?

Resposta

Amarildo terá direito ao seu benefício calculado com base em 60% de sua média contributiva (60%, sem qualquer ano adicional aos 20). **O valor de seu benefício será R$ 1.800,00** (3.000 x 60%).

Para melhor visualização, segue um esquema que resume as regras da EC 103/2019 sobre aposentadoria por exposição a agente nocivo no RGPS:

APOSENTADORIA POR EXPOSIÇÃO A AGENTE NOCIVO NO RGPS

- 60, 58 ou 55 anos de idade, para ambos os sexos, respectivamente, aos 25, 20 ou 15 anos de contribuição
- Regra de transição:
  66 pontos e 15 anos de efetiva exposição; 76 pontos e 20 anos de efetiva exposição; e 86 pontos e 25 anos de efetiva exposição
- Valor do benefício da regra de transição: média de 100% das remunerações, aplicando-se 60% da referida média, com acréscimo de 2% para cada ano de contribuição que exceder o tempo de 15 anos de contribuição, para mulheres ou para homens com direito especial com 15 anos de exposição, e, 20 anos de contribuição para homens que se aposentarem pela especial de 20 ou 25 anos de contribuição

De acordo com a Lei 8.213/1991, a aposentadoria especial será devida ao segurado empregado, trabalhador avulso e contribuinte individual, este somente quando cooperado filiado à cooperativa de trabalho ou de produção, que tenha trabalhado durante 15, 20 ou 25 anos, conforme o caso, sujeito a condições especiais que prejudiquem a saúde ou a integridade física.

Percebe-se que os segurados que têm direito a essa modalidade de aposentadoria são, justamente, os que, de alguma forma, geram contribuição para o seu custeio.

As empresas contribuem sobre a remuneração dos seus empregados e avulsos com o adicional de 6, 9 ou 12%, para o custeio das suas aposentadorias especiais (**tópico 9.3.1.3**). Adicionalmente, pagavam contribuição de 5, 7 ou 9% sobre o valor bruto da nota fiscal da cooperativa de trabalho, quando seus associados ficavam expostos a agentes nocivos (**tópico 9.3.4**), mas tal contribuição foi julgada inconstitucional pelo STF. As cooperativas de produção recolhem o mesmo adicional de 6, 9 ou 12%, em relação aos seus associados (**tópico 9.3.3**).

Acerca dos segurados que fazem jus a este benefício, veja a proposição elaborada pelo CESPE/UNB:

> **Exemplo de questão sobre o tema:**
>
> **(Juiz do Tribunal Regional Federal da 5ª Região 2007 – CESPE/UNB)** Sérgio é titular de firma individual e trabalha com manutenção de máquinas exposto de maneira permanente, não ocasional nem intermitente, a níveis de ruído acima de 90 decibéis. Nessa situação, que é de prestação de trabalho sujeito a condições especiais que prejudicam a saúde, Sérgio terá direito, cumprida a carência exigida e demais requisitos legais, a aposentadoria especial.
>
> *Resposta: Errado*

Há, todavia, posicionamento firmado nos Juizados Especiais Federais de que "o segurado contribuinte individual pode obter reconhecimento de atividade especial para fins previdenciários, desde que consiga comprovar exposição a agentes nocivos à saúde ou à integridade física" (Súmula 62 da TNU, de 03/07/2012). Esta jurisprudência se firmou devido ao fato de que o art. 57 da Lei 8.213/1991 não exclui de qualquer dos segurados o direito à aposentadoria especial, desde que comprove efetiva exposição a agente nocivo.

Como visto, a concessão da aposentadoria especial dependerá da comprovação, durante os 15, 20 ou 25 anos do tempo de trabalho permanente, **não ocasional nem intermitente** exercido com exposição do segurado aos **agentes nocivos químicos, físicos, biológicos ou a associação de agentes** prejudiciais à saúde ou à integridade física.

Considera-se tempo de trabalho permanente aquele que é exercido de forma **não ocasional nem intermitente**, no qual a exposição do empregado, do trabalhador avulso ou do cooperado ao agente nocivo seja indissociável da produção do bem ou da prestação do serviço.

Os períodos de descanso determinados pela legislação trabalhista, inclusive férias, bem como os de percepção de salário-maternidade, contam como tempo especial, desde que, à data do afastamento, o segurado estivesse exposto aos fatores de risco.

Consideram-se condições especiais que prejudiquem a saúde e a integridade física aquelas nas quais a exposição ao agente nocivo ou associação de agentes presentes no ambiente de trabalho esteja **acima dos limites de tolerância estabelecidos** segundo critérios **quantitativos** ou esteja caracterizada segundo os critérios da avaliação **qualitativa**.

De acordo com o § 2º do art. 68 do Decreto 3.048/1999, com redação dada pelo Decreto 8.123, de 16/10/2013, a **avaliação qualitativa de riscos e agentes nocivos** será comprovada mediante descrição:

> I – das circunstâncias de exposição ocupacional a determinado agente ou associação de agentes prejudiciais à saúde presentes no ambiente de trabalho durante toda a jornada de trabalho;
>
> II – de todas as fontes e possibilidades de liberação dos agentes mencionados no inciso I; e
>
> III – dos meios de contato ou exposição dos trabalhadores, as vias de absorção, a intensidade da exposição, a frequência e a duração do contato.

A necessidade de o trabalho ser exercido com exposição permanente foi alvo de questionamento em certame. Vejamos:

Exemplo de questão sobre o tema:

(Procurador do Município de Aracaju 2008 – CESPE/UNB) O trabalhador de empresa de conservação e limpeza que presta serviços a diversos hospitais e que recebe adicional de insalubridade, por, **eventualmente**, manter contato com lixo hospitalar de natureza tóxica, tem direito a aposentar-se com tempo reduzido de contribuição, já que trabalha em condições especiais prejudiciais a sua saúde.

Resposta: Errado

O segurado deverá comprovar a efetiva exposição aos agentes nocivos **químicos, físicos, biológicos** ou associação de agentes prejudiciais à saúde ou à integridade física, pelo período equivalente ao exigido para a concessão do benefício.

A legislação previdenciária define os seguintes agentes:

I – **físicos** – os ruídos, as vibrações, o ar comprimido, o calor, a umidade, a eletricidade, as pressões anormais, as radiações ionizantes, as radiações não ionizantes;

II – **químicos** – os manifestados por: névoas, neblinas, poeiras, fumos, gases, vapores de substâncias nocivas presentes no ambiente de trabalho, absorvidos pela via respiratória, bem como aqueles que forem passíveis de absorção por meio de outras vias;

III – **biológicos** – os micro-organismos como bactérias, fungos, parasitas, bacilos, vírus e ricketesias, dentre outros.

A relação dos agentes nocivos químicos, físicos, biológicos ou associação de agentes prejudiciais à saúde ou à integridade física, considerados para fins de concessão de aposentadoria especial, consta no Anexo IV do Decreto 3.048/1999.

Apenas a título exemplificativo, citamos alguns agentes e o respectivo tempo de exposição para efeito de concessão de aposentadoria especial:

	Tempo de exposição
Agentes químicos	
- Arsênio e seus compostos	25 anos
- Benzeno e seus compostos tóxicos	25 anos
- Chumbo e seus compostos tóxicos	25 anos
- Petróleo, xisto betuminoso, gás natural e seus derivados	25 anos
Agentes físicos	
- Ruído	25 anos
- Radiações ionizantes	25 anos
- Temperaturas anormais	25 anos
- Pressão atmosférica anormal	25 anos
Agentes biológicos	
- Microorganismos e parasitas infecciosos vivos e suas toxinas	25 anos
Associação de agente físicos, químicos e biológicos	
- Mineração subterrânea, cujas atividades sejam exercidas afastadas das frentes de produção	20 anos
- Trabalhos em atividades permanentes no subsolo de minerações subterrâneas em frentes de produção	15 anos

Nas avaliações ambientais deverão ser considerados, além dos agentes previstos no Anexo IV do Decreto 3.048/1999, a metodologia e os procedimentos de avaliação estabelecidos pela Fundação Jorge Duprat Figueiredo de Segurança e Medicina do Trabalho – FUNDACENTRO.

Na hipótese de não terem sido estabelecidos pela FUNDACENTRO a metodologia e procedimentos de avaliação, caberá ao Ministério do Trabalho e Previdência definir outras instituições que os estabeleçam.

Esse benefício foi causador de grande sangria nos cofres previdenciários, pois, antes da aprovação da Lei 9.032, em 1995, não era necessário que o trabalhador comprovasse a exposição permanente ao agente nocivo para ter direito ao benefício. Nessa época, inúmeros benefícios foram concedidos, sem qualquer comprovação de efetiva exposição ao agente nocivo.

A Turma Nacional de Uniformização de Jurisprudência dos Juizados Especiais Federais, inclusive, firmou entendimento de que para reconhecimento de condição especial de trabalho antes de 29/04/1995 (data da publicação da Lei 9.032/1995), a exposição a agentes nocivos à saúde ou à integridade física não precisa ocorrer de forma permanente (Súmula 49 da TNU).

Não existia, ainda, o adicional que atualmente as empresas pagam quando expõem empregados a agentes nocivos. Este somente foi instituído pela Lei 9.732/1998, tendo eficácia a partir de abril de 1999. As empresas, então, "abusavam" no enquadramento do empregado na aposentadoria especial, procedimento este chamado de superenquadramento. Utilizavam-se deste benefício como se fosse uma "vantagem salarial" fornecida aos seus trabalhadores.

Felizmente, os nossos legisladores alteraram a regra, exigindo mais responsabilidade da empresa para efetuar o enquadramento, e em seguida criaram o adicional do GILRAT para financiamento da aposentadoria especial, desestimulando o superenquadramento.

Como é feita a comprovação da exposição permanente, não ocasional nem intermitente ao agente nocivo?

O Laudo Técnico das Condições Ambientais do Trabalho é um documento base que pode ser utilizado para identificação da exposição a agentes nocivos no ambiente do trabalho. Poderão ser aceitos, em substituição ao LTCAT, e ainda de forma complementar, os seguintes documentos (art. 277, IN 128/2022, do INSS-Pres):

I – laudos técnico-periciais realizados na mesma empresa, emitidos por determinação da Justiça do Trabalho, em ações trabalhistas, individuais ou coletivas, acordos ou dissídios coletivos, ainda que o segurado não seja o reclamante, desde que relativas ao mesmo setor, atividades, condições e local de trabalho;

II – laudos emitidos pela Fundação Jorge Duprat Figueiredo de Segurança e Medicina do Trabalho – FUNDACENTRO;

III – laudos emitidos por órgãos da Secretaria de Trabalho do Ministério do Trabalho e Previdência – MTP;

IV – laudos individuais acompanhados de:

a) autorização escrita da empresa para efetuar o levantamento, quando o responsável técnico não for seu empregado;

b) nome e identificação do acompanhante da empresa, quando o responsável técnico não for seu empregado; e

c) data e local da realização da perícia.

V – as demonstrações ambientais:

a) Programa de Prevenção de Riscos Ambientais – PPRA, previsto na NR 9, até 02 de janeiro de 2022;

b) Programa de Gerenciamento de Riscos – PGR, previsto na NR 1, a partir de 3 de janeiro de 2022;

c) Programa de Gerenciamento de Riscos – PGR, na mineração, previsto na NR 22;

d) Programa de Condições e Meio Ambiente de Trabalho na Indústria da Construção – PCMAT, previsto na NR 18;

e) Programa de Controle Médico de Saúde Ocupacional – PCMSO, previsto na NR 7; e

f) Programa de Gerenciamento de Riscos no Trabalho Rural – PGRTR, previsto na NR 31.

Ressalte-se que, atualmente, o PPRA não é mais exigido, passando a valer como documento para identificação da exposição a agentes nocivos o PGR – Programa de Gerenciamento de Risco.

O Perfil Profissiográfico Previdenciário – PPP é importante para fins de concessão da aposentadoria especial, pois reúne as informações dos demais documentos, analisando a situação específica de cada segurado.

A partir de 01/01/2004, a elaboração do PPP tornou-se obrigatória, devendo ele ser mantido atualizado pela empresa ou entidade a ela equiparada, de forma individualizada para seus empregados, trabalhadores avulsos e cooperados que laborem expostos a agentes nocivos químicos, físicos, biológicos ou associação de agentes prejudiciais à saúde ou à integridade física, considerados para fins de concessão de aposentadoria especial. Registre-se que, **ainda que não estejam presentes os requisitos para a concessão desse benefício**, seja pela eficácia dos equipamentos de proteção, coletivos ou individuais, seja por não se caracterizar a permanência, a elaboração do PPP é obrigatória.

A empresa deverá elaborar e manter atualizado o perfil profissiográfico previdenciário, ou o documento eletrônico que venha a substituí-lo, no qual deverão ser contempladas as atividades desenvolvidas durante o período laboral, garantido ao trabalhador o acesso às informações nele contidas.

O trabalhador ou seu preposto deve ter acesso às informações prestadas pela empresa sobre o seu perfil profissiográfico, podendo inclusive solicitar a retificação de informações quando em desacordo com a realidade do ambiente de trabalho.

Vejamos uma questão sobre o tema:

(CESPE – Técnico do Seguro Social – INSS/2008) Getúlio julga-se na condição de requerer aposentadoria especial. Nessa situação, ele deverá instruir seu pedido com o perfil profissiográfico previdenciário, documento emitido pela empresa em que trabalha e embasado no laudo técnico das condições ambientais do trabalho que comprove as condições para habilitação de benefícios previdenciários especiais.

Resolução

O art. 58 da Lei 8.213/1991, que trata da aposentadoria especial, dispõe que a comprovação da efetiva exposição do segurado aos agentes nocivos será feita mediante formulário, na forma estabelecida pelo Instituto Nacional do Seguro Social, emitido pela empresa ou seu preposto, com base em laudo técnico de condições ambientais do trabalho expedido por médico do trabalho ou engenheiro de segurança do trabalho nos termos da legislação trabalhista, assim como a empresa deverá elaborar e manter atualizado perfil profissiográfico abrangendo as atividades desenvolvidas pelo trabalhador e fornecer a este, quando da rescisão do contrato de trabalho, cópia autêntica desse documento.

Resposta: Certa

Caso a empresa forneça equipamentos de proteção individual (EPI) e coletiva (EPC) que eliminem, minimizem ou controlem a exposição a agentes nocivos, não será devida a aposentadoria especial, devendo esta informação constar do PPP.

A jurisprudência dos Juizados Especiais Federais, todavia, tem se manifestado no sentido de que o simples uso de EPI, no caso de exposição ao ruído, por si só não descaracteriza o tempo de serviço especial (Súmula 09 da Turma Nacional de Uniformização dos JEFs).

O Supremo Tribunal Federal decidiu no julgamento do Recurso Extraordinário com Agravo (ARE) 664335, em 04/12/2014, com repercussão geral reconhecida, que o direito à aposentadoria especial pressupõe **a efetiva exposição do trabalhador a agente nocivo à sua saúde**, de modo que, se o **Equipamento de Proteção Individual (EPI) for realmente capaz de neutralizar a nocividade, não haverá respaldo à concessão constitucional de aposentadoria especial.**

Decidiu, ainda, no mesmo julgamento, que, na hipótese de exposição do trabalhador a ruído acima dos limites legais de tolerância, a declaração do empregador no âmbito do Perfil Profissiográfico Previdenciário de que o EPI fornecido é eficaz não descaracteriza o tempo de serviço especial para a aposentadoria. Assim, no caso deste agente nocivo, o STF entendeu que não há EPI eficaz, e que, estando exposto ao ruído acima dos limites de tolerância, o segurado fará jus à aposentadoria especial. Esse entendimento confirma o exarado anteriormente na Súmula 09 da TNU.

O Tema 1083 do STJ, julgado em 25/11/2021, firmou a tese de que o reconhecimento do exercício de atividade sob condições especiais pela exposição ao agente nocivo ruído, quando constatados diferentes níveis de efeitos sonoros, deve ser aferido através do Nível de Exposição Normalizado (NEN). Ausente tal informação, deverá ser adotado como critério o nível máximo de ruído (pico de ruído), desde que perícia técnica judicial comprove a habitualidade e a permanência da exposição ao agente nocivo na produção do bem ou na prestação do serviço.

Nesses termos, o Nível de Exposição Normatizado (NEN), que é aferido com base na média de ruído aferido durante um tempo é o método preferencial para apuração do direito a aposentadoria especial, mas não havendo registro dessa média deve-se considerar o pico de ruído para concessão do benefício.

Segundo o INSS, se a nocividade dos agentes presentes no ambiente de trabalho é eliminada ou reduzida a níveis toleráveis pela utilização de EPI eficaz, com a correspondente desoneração da contribuição previdenciária destinada ao custeio do Seguro de Acidente do Trabalho (SAT) – que é paga pelo empregador, não há direito à aposentadoria especial.

Os trabalhadores podem, alternativamente, comprovar a exposição ao agente nocivo pelos antigos formulários SB-40, DISES BE 5235, DSS-8030, DIRBEN-8030, desde que emitidos até 31/12/2003.

O PPP é o documento histórico-laboral do trabalhador, segundo modelo instituído pelo INSS que entre outras informações deve conter registros ambientais, resultados de monitoramento e todos os períodos de exposição a agentes nocivos do trabalhador. Deve ser fornecida ao trabalhador, quando da rescisão do contrato de trabalho ou do desligamento do cooperado, cópia autêntica desse documento.

Há também jurisprudência firmada de que "o laudo pericial não contemporâneo ao período trabalhado é apto à comprovação da atividade especial do segurado" (Súmula 68 da TNU, de 24/09/2012). Obviamente, se o laudo pericial, mesmo que extemporâneo, não pudesse comprovar o exercício da atividade especial do segurado, as empresas que preparassem a documentação laboral sem reconhecer a efetiva exposição dos seus empregados a agentes nocivos iriam se beneficiar de sua própria torpeza.

A presença no ambiente de trabalho de agentes nocivos reconhecidamente cancerígenos em humanos, listados pelo Ministério da Previdência, será suficiente para a comprovação de efetiva exposição do trabalhador (art. 68, § 4º, do Decreto 3.048/1999, acrescentado pelo Dec. 8.123/2013).

Os agentes reconhecidamente cancerígenos para humanos, listados pelo Ministério da Previdência, serão avaliados em conformidade com a documentação ambiental (LTCAT, PCMSO, PGR...) e, caso sejam adotadas as medidas de controle previstas na legislação trabalhista que eliminem a nocividade, será descaracterizada a efetiva exposição (art. 68, § 4º, do RPS, alterado pelo Dec. 10.410/2020).

Até essa alteração, a presença no ambiente de trabalho de agentes nocivos reconhecidamente cancerígenos em humanos, listados pelo Ministério da Previdência, era suficiente para a comprovação de efetiva exposição do trabalhador.

O fato de existir no ambiente de trabalho de um dos agentes cancerígenos constantes da lista da LINACH – Lista Nacional de Agentes Cancerígenos para Humanos – implicava no reconhecimento do tempo trabalhado como de efetiva exposição do segurado, para fins de concessão da aposentadoria especial, independentemente da empresa adotar qualquer precaução.

Observem que a análise permanece sendo qualitativa, porém, após a alteração do Regulamento pelo Dec. 10.410/2020, se a empresa comprovar a adoção de medidas de controle (uso de EPI ou EPC) que eliminem a nocividade da exposição ao agente cancerígeno, será descaracterizada a efetiva exposição, e, assim, o período trabalhado nessa condição não vai mais contar como especial, para fins de concessão da aposentadoria especial.

O regulamento fala em "eliminar nocividade" através da adoção de medidas de controle previstas na legislação trabalhista. Observem que existe diferença entre neutralizar um risco e eliminar um risco. Quando um risco não pode ser eliminado, o uso de EPI/EPC serve para reduzir a nocividade a limites toleráveis, limites seguros de exposição. Ocorre que, quanto aos agentes cancerígenos, não há como estabelecer quais seriam os limites toleráveis de exposição.

Essa é uma discussão que, seguramente, chegará em breve aos tribunais...Até a publicação do Decreto 8.123/2013, o aposentado especial que retornava ao exercício de atividade que o sujeitasse aos agentes nocivos, ou nele permanecer, tinha o benefício cessado (art. 69, parágrafo único, Dec. 3.048/1999). Embora o texto legal falasse em cancelamento do benefício, na prática, ele era suspenso, pois, uma vez que o segurado se afastasse da atividade, o seu benefício era restabelecido.

Com a nova redação do parágrafo único do art. 69 do RPS, o segurado que retornar ao exercício de atividade ou operação que o sujeite aos riscos e agentes nocivos, ou nele permanecer, na mesma ou em outra empresa, qualquer que seja a forma de prestação do serviço ou categoria de segurado, **será imediatamente notificado da cessação do pagamento de sua aposentadoria especial**, no prazo de 60 dias contado da data de emissão da notificação, salvo comprovação, nesse prazo, de que o exercício dessa atividade ou operação foi encerrado.

Assim, o segurado que se aposenta pela especial e que continua exercendo atividade sujeita a agente nocivo deve ser notificado antes de ser cessado o seu benefício e, se comprovar que deixou de exercer a atividade que ensejou a notificação, o benefício deve ser mantido. O segurado aposentado especial pode, todavia, exercer atividade comum, sem qualquer prejuízo.

O STF jugou o tema 709 em 08/06/2020, fixando a tese de que "é constitucional a vedação de continuidade da percepção de aposentadoria especial se o beneficiário permanece laborando em atividade especial ou a ela retorna, seja essa atividade especial aquela que ensejou a aposentação precoce ou não¨. Entendeu, ainda que nas hipóteses em que o segurado solicitar a aposentadoria e continuar a exercer o labor especial, a data de início do benefício será a data de entrada do requerimento, remontando a esse marco, inclusive, os efeitos financeiros. Efetivada, contudo, seja na via administrativa, seja na judicial a implantação do benefício, uma vez verificado o retorno ao labor nocivo ou sua continuidade, cessará o benefício previdenciário em questão.

O STJ vinha entendo antes da EC 103/2019 que em algumas atividades em contato com agente perigoso é possível a concessão de aposentadoria especial. Nesse sentido, a Primeira Seção do STJ, no julgamento do REsp 1.306.113/SC, fixou a orientação de que, a despeito da supressão do agente eletricidade pelo Decreto 2.172/1997, é possível o reconhecimento da especialidade da atividade, desde que comprovada a exposição do trabalhador a agente perigoso de forma permanente, não ocasional nem intermitente. Seguindo essa mesma orientação, é possível reconhecer a caracterização da atividade de vigilante como especial, com ou sem o uso de arma de fogo, mesmo após a publicação do Decreto 2.172/1997, desde que comprovada a exposição do trabalhador à atividade nociva, de forma permanente, não ocasional nem intermitente (Pet 10.679-RN, Rel. Min. Napoleão Nunes Maia Filho, Primeira Seção, por unanimidade, j. em 22/05/2019, DJe 24/05/2019).

No caso específico do vigilante, o STJ manteve o entendimento no julgamento do Tema 1031 firmando a tese que é possível o reconhecimento da especialidade da atividade de Vigilante, **mesmo após EC 103/2019**, com ou sem o uso de arma de fogo, em data posterior à Lei 9.032/1995 e ao Decreto 2.172/1997, desde que haja a comprovação da efetiva nocividade da atividade, por qualquer meio de prova até 5.3.1997, momento em que se passa a exigir apresentação de laudo técnico ou elemento material equivalente, para comprovar a permanente, não ocasional nem intermitente, exposição à atividade nociva, que coloque em risco a integridade física do Segurado. Ocorre que o STF afetou o tema, suspendendo os processos até o julgamento pelo seu plenário. Aguardemos...

O art. 267, § 4º, da IN 128/2022, dispõe que os valores indevidamente recebidos por segurado aposentado especial que retornou ao trabalho em contato com agente nocivo deverão ser devolvidos ao INSS.

A carência exigida para a aposentadoria especial é de 180 contribuições mensais. A data de início do benefício é fixada da mesma forma que a da aposentadoria por idade, conforme segue:

I - **ao segurado empregado:**

a) a partir da data do desligamento do emprego, quando requerida até 90 dias depois dela;

b) a partir da data do requerimento, quando não houver desligamento do emprego ou quando for requerida após o prazo de 90 dias; e

II - **para os demais segurados (avulso e cooperado)**, a partir da data da entrada do requerimento.

A aposentadoria especial somente cessa com a morte do segurado.

20.1.5.1.1. Conversão de tempo entre atividades especiais

Para o segurado que houver exercido, sucessivamente, duas ou mais atividades sujeitas a condições especiais prejudiciais à saúde ou à integridade física, sem completar, em qualquer delas, o prazo mínimo exigido para a aposentadoria especial, os respectivos períodos serão somados após conversão, considerando-se a proporcionalidade matemática e a atividade preponderante, conforme tabela que segue:

Tempo a converter	Multiplicadores		
	para 15	para 20	para 25
de 15 anos	1,00	1,33	1,67
de 20 anos	0,75	1,00	1,25
de 25 anos	0,60	0,80	1,00

Vide o exemplo elucidativo para a melhor compreensão.

Exemplo:

Mário trabalhou, durante cinco anos, na Mineração Acabavida, exercendo atividade subterrânea que enseja aposentadoria especial em 15 anos. Foi transferido para a indústria metalúrgica do grupo, trabalhando por 17 anos em contato com o agente "calor", que enseja aposentadoria em 25 anos. Mário já pode requerer a aposentadoria especial?

Resposta: Para converter os cinco anos que Mário trabalhou na mina, devemos utilizar o fator 1,67 (de 15 anos para 25 anos), ou seja, este tempo representa 8,35 anos (5 x 1,67) de trabalho para aposentadorias que exigem 25 anos de exposição. Somados com os 17 anos, totaliza em 25,35 anos, restando, portanto, garantido o direito de Mario à aposentadoria.

A lógica da tabela é muito simples, pois ela se utiliza da proporcionalidade matemática. Resolvendo a questão de Mário apenas com a lógica matemática, sem a utilização da tabela, teríamos:

1) Mário trabalhou cinco anos em atividade sujeita a aposentadoria em 15 anos, logo cumpriu 1/3 do tempo exigido.
2) Para ter direito à aposentadoria, necessita cumprir, ainda, 2/3 dos 25 anos exigidos na metalúrgica, logo deve cumprir 16,67 (25 x 2/3).
3) Como Mario trabalhou por 17 anos na metalúrgica, cumpriu os requisitos para a aposentadoria especial.

20.1.5.1.2. Conversão de tempo de atividade especial para comum

Conforme já estudado, o art. 25, § 2º, da EC 103/2019 vedou a conversão de tempo especial em comum a partir da sua publicação. Garantiu, todavia, que o tempo especial prestado até a data de entrada em vigor desta Emenda Constitucional pudesse ser convertido em tempo de atividade comum. Essa relevante alteração promovida pela Reforma impede a conversão com os adicionais do tempo especial trabalhado após a data da publicação da EC 103/2019, em tempo comum.

Até a data da EC 103/2019, o tempo de trabalho nas atividades expostas a agentes nocivos prejudiciais à saúde e à integridade física do trabalhador poderá ser convertido para fins de concessão de aposentadoria comum. Mesmo contando o segurado com apenas um dia de trabalho exposto a agente nocivo, poderá ser beneficiado com a conversão.

A conversão de tempo de atividade sob condições especiais em tempo de atividade comum dar-se-á de acordo com a seguinte tabela:

Tempo a converter	Multiplicadores	
	mulher (para 30)	homem (para 35)
de 15 anos	2,00	2,33
de 20 anos	1,50	1,75
de 25 anos	1,20	1,40

Vamos, mais uma vez, ao exemplo elucidativo.

Exemplo:

Aline trabalhou, durante dez anos, em atividade exposta a agente nocivo que enseja aposentadoria especial em 20 anos. Ao se desligar do emprego, passou a exercer a atividade de ensino infantil. Por quantos anos terá que trabalhar para requerer a sua aposentadoria?

Resposta: O fato de Aline exercer atividade de ensino infantil não afeta o fator de conversão, pois, para ter direito à redução do tempo de contribuição, é necessário tempo **exclusivo** de magistério. Note-se que a tabela não traz possibilidade de diferenciação.

Seguindo a tabela, então, Aline já possui 15 anos de atividade comum, pois deve ser aplicado o fator 1,5 sobre os dez anos trabalhados. Necessita, ainda, de 15 anos para completar os 30 anos de contribuição exigidos para a aposentadoria da mulher.

Elucidando o exemplo com uso da lógica matemática, teríamos:

1) Aline trabalhou dez anos em atividade sujeita a aposentadoria em 20 anos, logo cumpriu metade do tempo exigido.
2) Para ter direito à aposentadoria, necessita trabalhar a metade dos 30 anos exigidos pela aposentadoria comum da mulher, logo deve trabalhar 15 anos.

20.1.5.1.3. Conversão de tempo de atividade comum para especial

A legislação previdenciária não permite a conversão de tempo comum para a concessão de aposentadoria especial. O segurado, entretanto, pode converter o tempo de exercício em atividade especial para comum, requisitando essa modalidade de aposentadoria.

> **Exemplo:**
>
> Moacir trabalhou, durante 17,5 anos, como autônomo, tendo, durante todo este período, recolhido suas contribuições previdenciárias. Posteriormente, foi contratado para trabalhar em atividade que enseja aposentadoria em 20 anos, na qual permaneceu durante dez anos.
>
> Nessa situação, Moacir não poderá converter os 17,5 anos de atividade comum para requisitar a aposentadoria especial. Converterá, entretanto, os dez anos da atividade especial em 17,5 anos de comum, podendo, assim, dar entrada em requerimento de aposentadoria comum.

Note-se que não haverá impedimento legal para que Moacir continue exercendo suas atividades em contato com agentes nocivos, pois, no exemplo, ele se aposentou pela aposentadoria por tempo de contribuição. A vedação somente ocorre para os aposentados especiais.

20.1.5.2. Aposentadoria Especial do Segurado com Deficiência

Antes de adentrarmos ao estudo deste benefício, é importante mencionar que o classificamos como uma modalidade de aposentadoria especial, por entendermos que o texto constitucional (art. 201, § 1º) trata especificamente da aposentadoria do portador de deficiência como espécie de aposentadoria especial ou apenas diferenciada. Parte da doutrina, contudo, tem classificado este novo benefício como uma modalidade de aposentadoria por tempo de contribuição e por idade, terminologia prevista no art. 70-A do Regulamento da Previdência Social. Preferimos classificá-lo como aposentadoria especial, pois acreditamos que é mais adequado, tendo em vista o texto da nossa Constituição Federal.

Como já visto no tópico anterior, o art. 201, 1º, da Constituição Federal de 1988 foi alterado pela EC 103/2019. Vamos trazer novamente os comparativos do texto antigo e do texto atual, sob a ótica da aposentadoria da pessoa com deficiência:

Texto anterior à Reforma de 2019:

> § 1º *É vedada a adoção de requisitos e critérios diferenciados para a concessão de aposentadoria aos beneficiários do regime geral de previdência social, ressalvados os casos de atividades exercidas sob condições especiais que prejudiquem a saúde ou a integridade física e* ***quando se tratar de segurados portadores de deficiência, nos termos definidos em lei complementar.***

Texto pós-Reforma de 2019:

> *É vedada a adoção de requisitos ou critérios diferenciados para concessão de benefícios, ressalvada, nos termos de lei complementar, a* ***possibilidade de previsão de idade e tempo de contribuição distintos da regra geral para concessão de aposentadoria exclusivamente em favor dos segurados:***
>
> ***I – com deficiência, previamente submetidos à avaliação biopsicossocial realizada por equipe multiprofissional e interdisciplinar;***

> *II – cujas atividades sejam exercidas com efetiva exposição a agentes nocivos químicos, físicos e biológicos prejudiciais à saúde, ou associação destes agentes, vedada a caracterização por categoria profissional ou ocupação.*

O texto constitucional base que fundamenta a aposentadoria especial manteve as duas possibilidades de concessão desse benefício: a exposição a agentes nocivos e a deficiência do segurado. A exigência trazida pela atual redação, de prévia avaliação biopsicossocial realizada por equipe multiprofissional e interdisciplinar, traz para a Constituição a evolução do conceito de pessoa com deficiência, não sendo apenas uma limitação do ponto de vista médico, mas também psicológico e social, devendo ser identificada por equipe multidisciplinar.

A aposentadoria do segurado com deficiência no âmbito do RGPS foi regulamentada pela Lei Complementar 142/2013, que dispôs sobre o § 1º do art. 201 da Constituição Federal. Esta lei complementar foi regulamentada pelo Decreto 8.145, de 03/12/2013, que inseriu os arts. 70-A a 70-I no RPS.

Notem que o art. 22 da EC 103/2019 recepcionou as regras já existentes relativas à aposentadoria do segurado com deficiência, ampliando, inclusive, o seu âmbito de validade para alcançar os servidores públicos federais.

> *Art. 22. Até que lei discipline o § 4º-A do art. 40 e o inciso I do § 1º do art. 201 da Constituição Federal, a* ***aposentadoria da pessoa com deficiência segurada do Regime Geral de Previdência Social ou do servidor público federal com deficiência vinculado a regime próprio de previdência social****, desde que cumpridos, no caso do servidor, o tempo mínimo de dez anos de efetivo exercício no serviço público e de cinco anos no cargo efetivo em que for concedida a aposentadoria,* ***será concedida na forma da Lei Complementar 142****, de 8 de maio de 2013,* ***inclusive quanto aos critérios de cálculo dos benefícios.***

Notem que as regras da LC 142/2013 serão utilizadas tanto para o RGPS, quanto para o RPPS. Neste tópico, analisaremos as regras relativas ao RGPS, que servirão também para os servidores públicos e, em tópico específico, veremos as particularidades da aposentadoria do servidor do RPPS da União com deficiência.

Em 09/05/2013, foi publicada a Lei Complementar 142, que regulamentou o § 1º do art. 201 da Constituição Federal, no tocante à aposentadoria da pessoa com deficiência segurada do Regime Geral de Previdência Social – RGPS. As regras entraram em vigor após seis meses da data da publicação da Lei, ou seja, em 09/11/2013. Esta lei complementar foi regulamentada pelo Decreto 8.145, de 03/12/2013, que inseriu os arts. 70-A a 70-I no RPS.

De acordo com a LC 142, para o reconhecimento do direito a essa aposentadoria especial, considera-se pessoa com deficiência aquela que tem impedimentos de longo prazo de natureza física, mental, intelectual ou sensorial, os quais, em interação com diversas barreiras, podem obstruir sua participação plena e efetiva na sociedade em igualdade de condições com as demais pessoas.

Ato conjunto do Ministro de Estado Chefe da Secretaria de Direitos Humanos da Presidência da República, dos Ministros de Estado da Previdência Social, da Fazenda, do

Planejamento, Orçamento e Gestão e do Advogado-Geral da União considera impedimento de longo prazo aquele que produza efeitos de natureza física, mental, intelectual ou sensorial, pelo prazo mínimo de dois anos, contados de forma ininterrupta (art. 3º da Portaria Interministerial SDH/MPS/MF/MOG/AGU 1, de 27/01/2014).

Sendo, então, considerado deficiente, o segurado pode gozar dessa aposentadoria especial, nas seguintes condições (art. 3º da LC 142):

> I – aos **25 anos** de tempo de contribuição, **se homem**, e **20 anos, se mulher**, no caso de segurado com **deficiência grave**;
>
> II – aos **29 anos** de tempo de contribuição, se homem, e **24 anos, se mulher**, no caso de segurado com **deficiência moderada**;
>
> III – aos **33 anos** de tempo de contribuição, **se homem**, e **28 anos, se mulher**, no caso de segurado com **deficiência leve**; ou
>
> IV – aos **60 anos de idade**, se homem, e **55 anos de idade**, se mulher, independentemente do grau de deficiência, desde que cumprido tempo mínimo de **contribuição de 15 anos** e comprovada a existência de deficiência durante igual período.

Percebe-se que a Lei criou duas modalidades distintas de aposentadoria especial para o portador de deficiência. A primeira, representada pelos incisos I, II e III, pode ser chamada de aposentadoria por tempo de contribuição especial do deficiente, e a segunda, prevista no inciso IV, é a aposentadoria por idade especial do deficiente.

Mas quais são os critérios para definir se a deficiência é grave, moderada ou leve? De acordo com a LC 142, essa missão foi delegada ao Poder Executivo, que ficou incumbido de publicar um ato para definir as deficiências grave, moderada e leve para os fins da concessão desse benefício, partindo, obviamente, de uma avaliação médica e funcional atestada pelo médico perito do INSS.

A Portaria Interministerial SDH/MPS/MF/MOG/AGU 1, de 27/01/2014, dispõe que compete à perícia própria do Instituto Nacional do Seguro Social – INSS, por meio de avaliação médica e funcional, avaliar o segurado e fixar a data provável do início da deficiência e o respectivo grau, assim como identificar a ocorrência de variação no grau de deficiência e indicar os respectivos períodos em cada grau (art. 2º). Para tanto, a avaliação funcional deve ser realizada com base no conceito de funcionalidade disposto na Classificação Internacional de Funcionalidade, Incapacidade e Saúde – CIF, da Organização Mundial de Saúde, e mediante a aplicação do Índice de Funcionalidade Brasileiro Aplicado para Fins de Aposentadoria – IFBrA.

O art. 70-D do Decreto 3.048/1999, alterado pelo Decreto 10.410, de 30/06/2020, dispõe que para efeito de concessão da aposentadoria da pessoa com deficiência, a avaliação deverá:

I – avaliar o segurado e fixar a data provável do início da deficiência e o seu grau; e

II – identificar a ocorrência de variação no grau de deficiência e indicar os respectivos períodos em cada grau.

A critério do INSS, o segurado com deficiência deverá, a qualquer tempo, submeter-se à perícia própria para avaliação ou reavaliação do grau de deficiência.

A data do início da deficiência deve ser comprovada para fins de contagem de tempo de atividade para concessão da aposentadoria especial do deficiente.

A existência de deficiência anterior à data da vigência da Lei Complementar deverá ser certificada, inclusive quanto ao seu grau, por ocasião da primeira avaliação, sendo obrigatória a fixação da data provável do início da deficiência. Assim, o médico-perito do INSS tem a árdua missão de identificar quando a deficiência se iniciou e qual era o seu grau desde o início.

A comprovação de tempo de contribuição na condição de segurado com deficiência em período anterior à entrada em vigor da Lei Complementar 142 não será admitida por meio de prova exclusivamente testemunhal.

Caso o segurado, após a filiação ao RGPS, torne-se pessoa com deficiência, ou tenha seu grau de deficiência alterado, o tempo de atividade necessário para sua aposentadoria deve ser proporcionalmente ajustado, considerando-se o número de anos em que o segurado exerceu atividade laboral sem deficiência e com deficiência, observado o grau de deficiência correspondente, conforme dispuser o regulamento.

Darei um exemplo para que essa regra da proporcionalidade fique mais clara:

Maria trabalhou durante 7,5 anos, quando sofreu um acidente que a deixou com uma grave deficiência. Quantos anos serão necessários para a sua aposentadoria?

A aposentadoria de uma mulher requer 30 anos de contribuição. Vejam que Maria já havia cumprindo 1/4 desse tempo antes do acidente. A aposentadoria da mulher com grave deficiência requer 20 anos de atividade. Assim, Maria necessita trabalhar ainda por mais 3/4 desse tempo, ou seja, por mais 15 anos com deficiência para ter o direito da aposentadoria especial.

O grau de deficiência preponderante será aquele em que o segurado cumpriu maior tempo de contribuição, antes da conversão, e servirá como parâmetro para definir o tempo mínimo necessário para a aposentadoria por tempo de contribuição da pessoa com deficiência e para a conversão.

Saliente-se, que de acordo com o art. 70-A do Decreto 3.048/1999, para o segurado ter direito a aposentadoria especial do deficiente é necessário que cumpra 15 anos de contribuição nessa condição.

A renda mensal da aposentadoria devida ao segurado com deficiência será calculada nos seguintes percentuais, incidentes sobre a média de todos os salários de contribuição (art. 26, EC 103/2019):

I - **100%, no caso da aposentadoria por tempo de atividade**, conforme dispõe os incisos I, II e III do art. 3º, ou seja, aos 25, 29 ou 33 anos de atividade para os homens e aos 20, 24 ou 28 anos de atividade para as mulheres.

II - **70% mais 1% do salário de benefício por grupo de 12 contribuições mensais** até o máximo de 30%, no caso de aposentadoria por idade, aos 60 anos de idade, se homem, e 55 anos de idade, se mulher.

O fator previdenciário somente será utilizado em benefício do segurado aposentado especial por deficiência, sendo esta uma grande vantagem para o cálculo do valor do benefício, pois, se a utilização do fator fosse obrigatória, os benefícios dos deficientes sofreriam forte decréscimo por conta da redução do tempo de contribuição e da idade previstas na própria Lei.

De acordo com o art. 9º, II, da LC 142/2013, é permitida a contagem recíproca do tempo de contribuição na condição de segurado com deficiência relativa à filiação ao RGPS, ao regime próprio de previdência do servidor público ou a regime de previdência militar, devendo os regimes compensar-se financeiramente. Assim, o segurado deficiente que for aprovado em concurso público poderá converter o tempo de atividade especial para fins de aposentadoria no serviço público.

Curiosamente, o art. 125, § 1º, II, do Regulamento da Previdência Social, alterado pelo Decreto 8.145/2013, veda a conversão do tempo cumprido pelo segurado com deficiência em tempo de contribuição comum para fins de contagem recíproca de tempo de contribuição, contrariando o texto da LC 142.

Obviamente, a redução do tempo de contribuição do segurado portador de deficiência não pode ser acumulada, no tocante ao mesmo período contributivo, com a redução assegurada aos casos de atividades exercidas sob condições especiais que prejudiquem a saúde ou a integridade física.

Interessante salientar que a LC 142/2013 garantiu a concessão da aposentadoria especial para o deficiente enquadrado em qualquer uma das categorias de segurados. Assim, até mesmo o segurado facultativo tem direito a essa modalidade de aposentadoria.

Outro ponto polêmico é que a LC 142/2013 não prevê a necessidade de cumprimento de carência para a concessão da aposentadoria especial do deficiente. Dessa forma, de acordo com a LC, bastaria comprovar o tempo de contribuição que o segurado fará jus a este benefício. O art. 70-C do Decreto 3.048/1999, alterado pelo Decreto 8.145, de 03/12/2013, extrapolando o texto legal, prevê a necessidade de cumprimento de carência para a aposentadoria do deficiente, nos mesmos moldes que na aposentadoria comum.

Para melhor visualização, segue um esquema que resume a aposentadoria do segurado com deficiência no RGPS trazidas pela EC 103/2019:

APOSENTADORIA DO SEGURADO COM DEFICIÊNCIA

I - Grave - 25 anos de tempo de contribuição, se homem, e 20 anos, se mulher
II - Moderada - aos 29 anos de tempo de contribuição, se homem, e 24 anos, se mulher
III - Leve - 33 anos de tempo de contribuição, se homem, e 28 anos, se mulher
60 anos de idade, se homem, e 55 anos de idade, se mulher, independentemente do grau de deficiência, com de 15 anos de contribuição com deficiência.

Média de 100% dos salários de contribuição, aplicando-se:
I - 100%, aos 25, 29 ou 33 anos de atividade para os homens e aos 20, 24 ou 28 anos de atividade para as mulheres.
II - 70% mais 1% por grupo de 12 contribuições mensais, aos 60 anos de idade, se homem, e 55 anos de idade, se mulher.
O fator previdenciário somente será utilizado em benefício do segurado aposentado especial por deficiência

20.1.5.3. Quadro resumo – Aposentadoria especial

Quadro resumo – Aposentadoria Especial		
	Por exposição a agente nocivo	**Do deficiente**
Requisito	Exercício de trabalho sujeito a exposição contínua e habitual a agentes nocivos físicos, químicos ou biológicos, durante 15, 20 ou 25 anos.	Contribuição do deficiente para o RGPS por 25, 29 e 33 anos, se homem, e por 20, 24 e 28 anos, se mulher. Contribuição do deficiente por 15 anos, completando as idades de 60 anos, homens, e 55 anos, mulheres.
Beneficiários	Segurados empregados, trabalhadores avulsos e contribuintes individuais filiados à cooperativa de trabalho e de produção.	Todos os segurados.
Carência	180 contribuições mensais.	Não há previsão na LC 142/2013, mas o Decreto 3.408/1999 prevê a carência de 180 contribuições mensais.
Renda mensal (valor)	Média de 100% das remunerações, aplicando-se 60%, com acréscimo de 2% por anos que exceder 15 anos de contribuição, para mulheres ou para homens com direito a especial com 15 anos, e 20 anos de contribuição para homens que se aposentarem pela especial de 20 ou 25 anos de contribuição	100% do salário de benefício para aposentadoria por tempo de atividade do deficiente 70% mais 1% do salário de benefício por grupo de 12 contribuições mensais até o máximo de 30%, no caso de aposentadoria por idade.

Quadro resumo – Aposentadoria Especial		
	Por exposição a agente nocivo	**Do deficiente**
Início do pagamento	• **Empregado:** a) A partir da data de desligamento do emprego, quando requerida até 90 dias deste fato; b) A partir do requerimento, quando não houver desligamento do emprego ou quando for requerida após 90 dias do desligamento. • **Demais segurados (avulso e cooperados):** A partir da data de entrada do requerimento.	Não há previsão na LC 142/2013
Suspensão do pagamento	Retorno ao trabalho que exponha o segurado a agentes nocivos (embora a lei trate como cessação).	Não há hipótese de suspensão.
Cessação do pagamento	Somente com a morte do segurado.	Somente com a morte do segurado.

20.1.6. Aposentadoria compulsória do RGPS

Antes da entrada em vigor da EC 103/2019, o único dispositivo que tratava de **aposentadoria compulsória no âmbito do Regime Geral de Previdência Social** era o art. 51 da Lei 8.213/1991. Vejamos:

> *Art. 51. A aposentadoria por idade pode ser requerida pela empresa, desde que o segurado empregado tenha cumprido o período de carência e completado 70 (setenta) anos de idade, se do sexo masculino, ou 65 (sessenta e cinco) anos, se do sexo feminino, sendo compulsória, caso em que será garantida ao empregado a indenização prevista na legislação trabalhista, considerada como data da rescisão do contrato de trabalho a imediatamente anterior à do início da aposentadoria.*

A aposentadoria por idade pode ser requerida compulsoriamente pela empresa, desde que o segurado tiver cumprido a carência quando completar 70 anos de idade, se do sexo masculino, ou 65, se do sexo feminino. Nesse caso, é garantida ao empregado a indenização prevista na legislação trabalhista, considerada como data da rescisão do contrato de trabalho a imediatamente anterior à do início da aposentadoria.

A indenização em caso de aposentadoria compulsória, no entanto, é a mesma devida pelo empregador em caso de despedida arbitrária, tendo, por isso, caído em desuso, pois o empregador que desejar afastar o empregado das suas funções o despede, em vez de aposentá-lo compulsoriamente.

Acreditamos que, apesar de a aposentadoria por idade ter sido extinta pela EC 103/2019, esse regramento ainda é compatível com a aposentadoria **programada**, sendo possível a sua aplicação. Na prática, todavia, ela já não era utilizada mesmo antes da reforma, por não trazer qualquer economia para o empregador em relação à rescisão por dispensa imotivada, e, também, não será utilizada após a EC 103/2019, a menos que seja regulamentada, posteriormente, com novas regras, que, por exemplo, possam dispensar a multa dos 40% do saldo do FGTS.

A EC 103/2019 impossibilitou que os servidores públicos vinculados ao Regime Geral de Previdência Social, ou ocupantes de cargo ou emprego público continuassem trabalhando em caso de optarem pela aposentadoria. É o que dispõe o art. 37, § 14, da Constituição Federal de 1988. Vejamos:

> *§ 14. A aposentadoria concedida com a utilização de tempo de contribuição decorrente de cargo, emprego ou função pública, inclusive do Regime Geral de Previdência Social,* ***acarretará o rompimento do vínculo*** *que gerou o referido tempo de contribuição.*

Antes da Reforma Previdenciária de 2019, era possível que o servidor público vinculado ao RGPS ou o empregado público das empresas estatais pudessem se aposentar pelo Regime Geral e continuar exercendo as suas atividades. Esse dispositivo, no entanto, dispõe que **nas aposentadorias concedidas com o aproveitamento do tempo de contribuição de cargo, emprego ou função pública, o vínculo será extinto.**

O art. 6º da EC 103/2019 deixa claro que esse dispositivo não se aplica a aposentadorias concedidas pelo RGPS até a data de entrada em vigor desta Emenda Constitucional, garantindo-se, obviamente, o direito adquirido.

O STF, inclusive, validou esse dispositivo ao analisar o Tema 606, firmando a tese de que a natureza do ato de demissão de empregado público é constitucional-administrativa e não trabalhista, o que atrai a competência da Justiça comum para julgar a questão. A concessão de aposentadoria aos empregados públicos inviabiliza a permanência no emprego, nos termos do art. 37, § 14, da CRFB, salvo para as aposentadorias concedidas pelo Regime Geral de Previdência Social até a data de entrada em vigor da Emenda Constitucional nº 103/19, nos termos do que dispõe seu art. 6º.

O § 16 do art. 201 da Constituição Federal, alterado pela EC 103/2019, cria uma aposentadoria compulsória no âmbito do RGPS ao dispor que **os empregados dos consórcios públicos, das empresas públicas, das sociedades de economia mista e das suas subsidiárias serão aposentados compulsoriamente**, observado o cumprimento do tempo mínimo de contribuição, ao atingir a idade máxima de que trata o inciso II do § 1º do art. 40, na forma estabelecida em lei. Vejamos o citado inciso:

> *II – compulsoriamente, com proventos proporcionais ao tempo de contribuição, aos 70 (setenta) anos de idade, ou aos 75 (setenta e cinco) anos de idade, na forma de lei complementar;*

A Lei Complementar 152/15 somente definiu a idade de 75 para a aposentadoria compulsória dos servidores públicos titulares de cargo. Portanto, a idade para a aposentadoria compulsória dos empregados públicos é de 70 anos de idade, homens e mulheres.

Situação que pode gerar grande polêmica é a do empregado público que já tem idade superior a 70 anos e não se aposentou compulsoriamente, pois não havia previsão para isso na data em que completou essa idade. Esses trabalhadores deverão se aposentar compulsoriamente no dia da publicação da EC 103/2019 por possuírem idade superior aos 70 anos ou não serão por atingidos por já terem a situação consolidada?

Entendemos que, nesse caso, tais trabalhadores não se sujeitam à aposentadoria compulsória pela interpretação utilizando a máxima do *tempus regit actum*, ou seja, a regra aplicável ao seu regime jurídico é a vigente à época em que completou os 70 anos de idade.

Para melhor visualização, segue um esquema que resume a aposentadoria compulsória do RGPS:

APOSENTADORIA COMPULSÓRIA DO RGPS

- 70 anos de idade, se do sexo masculino, ou 65, se do sexo feminino, devendo pagar toda a indenização trabalhista.
- Aposentadoria concedida com a utilização de tempo de contribuição decorrente de cargo, emprego ou função pública, inclusive do Regime Geral de Previdência Social, **acarretará o rompimento do vínculo** que gerou o referido tempo de contribuição.
- **Empregados dos consórcios públicos, das empresas públicas, das sociedades de economia mista e das suas subsidiárias serão aposentados compulsoriamente**, observado o cumprimento do tempo mínimo de contribuição, ao atingir a idade máxima de 70 anos, homens e mulheres.

20.2. SALÁRIOS

20.2.1. Salário-família

- **Arts. 65 a 70 da Lei 8.213/1991**
- **Arts. 81 a 92, Decreto 3.048/1999**
- **EC 103/2019**

O salário-família é o benefício devido ao **segurado empregado, inclusive o doméstico, e ao trabalhador avulso de baixa renda**, na proporção do respectivo número de **filhos ou equiparados, menores de 14 anos, ou inválidos, de qualquer idade**. Ressaltamos que o empregado doméstico passou a fazer jus a este benefício, após a regulamentação da EC 72/2013, pela Lei Complementar 150/2015. Este diploma garantiu a extensão do salário-família aos trabalhadores domésticos.

Para o pagamento deste benefício, em decorrência de filho ou equiparado inválido, esta situação deve ser verificada em exame médico-pericial a cargo da Previdência Social. De acordo com o art. 85 do RPS, deve ser **comprovada a dependência econômica dos dois últimos para ser considerado dependente.**

Os empregados e avulsos aposentados por invalidez, os por idade e os demais aposentados, a partir dos 65 anos, se do sexo masculino, ou 60 anos, se do feminino, terão direito ao salário-família, pago juntamente com a aposentadoria. Note que este é um dos poucos benefícios devidos aos aposentados.

Entendemos que com a EC 103/2019, o salário-família deve ser pago também aos aposentados voluntariamente, uma vez que este benefício substituiu as antigas aposentadorias por idade e por tempo de contribuição.

Considera-se trabalhador de baixa renda o que recebe remuneração igual ou inferior a R$ 1.906,04, (Portaria Interministerial MPS/MF 6, de 10/01/2025, e art. 27 da EC 103/2019). Este valor é atualizado, em regra, anualmente.

A cota do salário-família sofreu alteração com a EC 103/2019. Antes da Reforma de 2019, ela consistia em um **valor fixo** pago mensalmente ao segurado por cada filho que atendesse às exigências legais, conforme segue:

I - R$ 46,54, **para o segurado com remuneração mensal não superior a** R$ 907,77;

II - R$ 32,80, **para o segurado com remuneração mensal superior a** R$ 907,77 **e igual ou inferior a** R$ 1.364,43.

O § 2º do art. 27 da EC 103/2019, todavia, definiu que até que a lei discipline o valor do salário-família, ele será de **R$ 46,54, acabando assim com a cota de valor inferior, trazendo vantagem aos segurados.**

A Portaria Interministerial MPS/MF 6, de 10/01/2025, atualizou o valor da cota do salário família para R$ 65,00 **para o segurado com remuneração mensal não superior a R$ 1.906,04.**

Para os fins de apuração da faixa salarial do segurado, considera-se remuneração mensal o valor total do respectivo salário de contribuição, ainda que resultante da soma dos valores recebidos em diversos vínculos (art. 4º, § 1º, da Portaria Interministerial MPS/MF 6, de 10/01/2025). Desta forma, se o segurado recebe R$ 1.700,00 em um emprego e R$ 1.600,00 em outro, não fará jus a salário-família em nenhum dos dois.

O direito à cota do salário-família é definido em razão da remuneração que seria devida ao empregado no mês, independentemente do número de dias efetivamente trabalhados. Todas as importâncias que integram o salário de contribuição são consideradas como parte integrante da remuneração do mês para fins de percepção do salário-família, exceto o 13º salário e o adicional constitucional de 1/3 de férias.

O salário-família será **pago pela empresa ao empregado e pelo empregador doméstico ao seu empregado doméstico**, juntamente com a sua remuneração mensal. A empresa e o empregador doméstico deverão compensar-se dos valores despendidos com o pagamento deste benefício no momento do pagamento da contribuição previdenciária devida. Embora a legislação previdenciária utilize o termo "compensar", tecnicamente, vimos que se trata de reembolso.

Quando o salário do empregado não for mensal, o salário-família será pago, juntamente com o último pagamento relativo ao mês.

O sindicato e o órgão gestor de mão de obra podem, mediante convênio com a Autarquia, pagar este benefício aos trabalhadores avulsos. O salário-família destes segurados independe do número de dias trabalhados no mês, devendo o seu pagamento ser correspondente ao valor integral da cota. Já em relação aos segurados empregados, nos meses de admissão e demissão, a cota do salário-família é devida proporcionalmente aos dias trabalhados.

O trabalhador deve dar quitação à empresa, sindicato ou órgão gestor de mão de obra de cada recebimento mensal do salário-família, na própria folha de pagamento ou por outra forma admitida, de modo que a quitação fique plena e claramente caracterizada.

Cabe ao INSS realizar o pagamento de salário-família aos empregados e trabalhadores avulsos aposentados por incapacidade permanente ou em gozo de auxílio por incapacidade temporária, juntamente com o benefício.

O salário-família correspondente ao **mês de afastamento** do trabalho será **pago integralmente pela empresa**, pelo sindicato ou órgão gestor de mão de obra, conforme o caso, e o do **mês de retorno** ao trabalho pelo **INSS**.

O INSS deve efetuar, também, o pagamento da cota aos trabalhadores aposentados por idade e aos demais empregados e trabalhadores avulsos aposentados aos 65 anos de idade, se do sexo masculino, ou 60 anos, se do sexo feminino, juntamente com a aposentadoria.

Quando o pai e a mãe são segurados empregados, domésticos ou trabalhadores avulsos, **ambos têm direito ao salário-família**, mesmo que trabalhem na mesma empresa.

> **Exemplo:**
>
> Marco é casado com Alice, possuindo dois filhos em comum: Isabel, três anos de idade, e Roberto, sete anos. Marco possui, ainda, três filhos do primeiro casamento: Pablo, 10 anos, Mônica, 13 anos, e Juliana, 15 anos. Marco e Alice são empregados da mesma fábrica de cimento, recebendo, respectivamente, R$ 1.800,00 e R$ 1.700,00. Nestas circunstâncias, quantas cotas de salário-família devem ser pagas? E com que valor?
>
> **Respostas:**
>
> 1) Marco deverá receber quatro cotas de salário-família de R$ 65,00, totalizando R$ 260,00. Note que Juliana já ultrapassou a idade limite para gerar recebimento da cota.

2) Alice receberá duas cotas de R$ 65,00, totalizando R$ 130,00. Perceba que tanto Marco quanto Alice serão contemplados com cotas relativas aos filhos em comum (Isabel e Roberto).
3) A fábrica de cimento pagará R$ 390,00 (260,00 + 130,00) ao casal, devendo reembolsar-se deste valor na GPS.

Exemplo de questão sobre o tema:

(Técnico do INSS 2008 – CESPE/UNB) Rubens e sua esposa Amélia têm, juntos, dois filhos, trabalham e são segurados do regime geral da Previdência Social, além de serem considerados trabalhadores de baixa renda. Nessa situação, o salário-família somente será pago a um dos cônjuges.

Resposta: Errado

Não há necessidade de cumprimento de carência para iniciar o recebimento do salário-família.

Para ter direito a este benefício, a legislação previdenciária exige que os filhos estejam vacinados e regularmente matriculados na escola.

O pagamento do salário-família será devido a partir da data de apresentação da certidão de nascimento do filho ou da documentação relativa ao enteado e ao menor tutelado, desde que comprovada a dependência econômica dos dois últimos, e fica condicionado à **apresentação anual de atestado de vacinação** obrigatória dos referidos dependentes, **de até seis anos de idade**, e de **comprovação semestral de frequência à escola** dos referidos dependentes, **a partir de quatro anos de idade** (art. 84, Decreto 3.048/99).

A comprovação semestral de frequência escolar será feita por meio da apresentação de documento emitido pela escola em nome do aluno, de qual conste o registro de frequência regular, ou de atestado do estabelecimento de ensino que comprove a regularidade da matrícula e a frequência escolar do aluno.

Se o segurado não apresentar o atestado de vacinação obrigatória e a comprovação de frequência escolar do filho ou equiparado, o benefício do salário-família será **suspenso**, até que a documentação seja apresentada.

Se, após a suspensão do pagamento do salário-família, o segurado comprovar a vacinação do filho, ainda que fora de prazo, caberá o pagamento das cotas relativas ao período suspenso.

Não é devido salário-família, no período entre a suspensão do benefício motivada pela falta de comprovação da frequência escolar e o seu reativamento, salvo se provada a frequência escolar regular no período.

Para efeito de concessão e manutenção do salário-família, o segurado deve firmar **termo de responsabilidade,** no qual se comprometa a comunicar à empresa, ao empregador doméstico ou ao INSS qualquer fato ou circunstância que determine a perda do direito ao benefício, como, por exemplo, o falecimento do filho.

A falta de comunicação oportuna de fato que implique cessação do salário-família, bem como a prática, pelo empregado, de fraude para o seu recebimento, autoriza a empresa, o empregador doméstico, o INSS, o sindicato ou órgão gestor de mão de obra, conforme o caso, a descontar os pagamentos de cotas devidas com relação a outros filhos ou, na falta delas, do próprio salário do empregado ou da renda mensal do seu benefício, o valor das cotas indevidamente recebidas, na forma da legislação previdenciária.

Vejamos, o esquema que representa a documentação que o empregado e o avulso devem apresentar para o pagamento do salário-família:

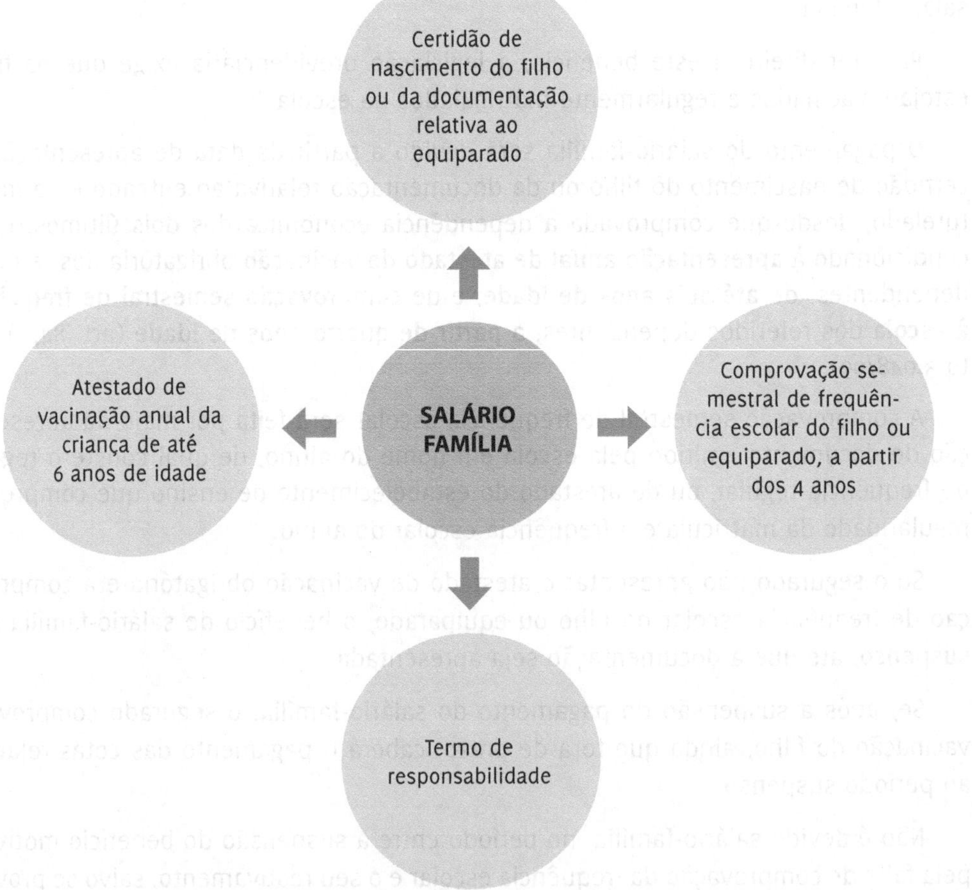

Em relação à documentação exigida para o pagamento do salário-família do empregado doméstico, o art. 67, parágrafo único, da Lei 8.213/1991 dispõe que deve ser apenas apresentado ao empregador, a certidão de nascimento do filho, não sendo necessários os demais documentos previstos para o empregado (certificado de vacinação e atestado de frequência escolar).

De acordo com o desatualizado art. 68, § 1º, da Lei 8.213/1991, a empresa e o empregador doméstico deverão conservar, durante **dez anos**, os comprovantes dos pagamentos e as cópias das certidões correspondentes, para exame pela fiscalização da Previdência Social.

Note que, de acordo com o art. 84, § 1º, do Regulamento da Previdência Social, o prazo obrigatório para guarda da documentação referente ao salário-família é de apenas **cinco anos**. Ressalta-se que o prazo correto para guarda da documentação é mesmo de cinco anos pois a Súmula Vinculante 8/2008, do STF, que considerou inconstitucional o prazo decadencial de dez de anos para que o Fisco efetuasse a cobrança de seus créditos, definindo o novo prazo em cinco anos, conforme previsto no CTN (maiores informações no Capítulo 24).

Ademais, o art. 32, § 11, da Lei 8.212/1991, inserido pós-Súmula Vinculante 8 pela Lei 11.941/2009, dispõe que, em relação aos créditos tributários, os documentos comprobatórios do cumprimento das obrigações previdenciárias devem ficar arquivados na empresa até que ocorra a prescrição relativa aos créditos decorrentes das operações a que se refiram.

Tendo havido divórcio, separação judicial ou de fato dos pais ou em caso de abandono legalmente caracterizado, ou perda do pátrio-poder, o salário-família passará a ser pago diretamente àquele a cujo cargo ficar o sustento do menor ou à outra pessoa, se houver determinação judicial nesse sentido.

O direito ao salário-família cessa automaticamente:

> I – por morte do filho, do enteado ou do menor tutelado, a contar do mês seguinte ao do óbito; II – quando o filho, o enteado ou o menor tutelado completar quatorze anos de idade, exceto se inválido, a contar do mês seguinte ao da data do aniversário; III – pela recuperação da capacidade do filho, do enteado ou do menor tutelado inválido, a contar do mês seguinte ao da cessação da incapacidade; ou IV – pelo desemprego do segurado.

20.2.1.1. Quadro resumo – Salário-família

Quadro resumo – Salário-família	
Requisito	Ter filho menor de 14 anos ou inválido de qualquer idade; Ser segurado de baixa renda (até R$ 1.906,04).
Beneficiários	Somente segurados empregados, domésticos e trabalhadores avulsos; Aposentados por invalidez e idade e os aposentados de outras modalidades, a partir de 65 anos, se homem, e 60, se mulher, e aposentados voluntariamente; Empregados domésticos passaram a fazer jus após a LC 150/2015.
Carência	Não há.

Quadro resumo – Salário-família	
Renda mensal (valor)	R$ 65,00.
Início do pagamento	No ato da apresentação da documentação pertinente (certidão de nascimento, carteira de vacinação anual, até 6 anos, atestado de frequência escolar semestral, dos 4 aos 13 anos, e termo de compromisso ou apenas da certidão de nascimento para o doméstico).
Suspensão do pagamento	Na falta da entrega da renovação da documentação mencionada.
Cessação do pagamento	a) com a morte do filho ou do equiparado; b) quando o filho ou equiparado completar 14 anos, salvo se inválido; c) pela recuperação da capacidade do filho inválido; d) pelo desemprego do segurado ou término do trabalho avulso.

20.2.2. Salário-maternidade

- **Arts. 71 a 73, Lei 8.213/1991**
- **Arts. 93 a 103, Decreto 3.048/1999**

O salário-maternidade é o benefício devido à segurada, **durante 120 dias**, com início 28 dias antes e término 91 dias depois do parto. Mesmo em caso de parto antecipado, este benefício será devido por 120 dias.

Uma leitura desatenta da legislação levar-nos-ia a acreditar que existe algum erro, pois, se o benefício se inicia 28 dias antes do parto e se encerra 91 dias depois, teríamos 119 dias de licença, ao invés dos 120 mencionados. Ocorre que este raciocínio é equivocado, uma vez que despreza o dia do parto, ou seja, temos 28 dias de licença até o parto, o dia do parto e mais 91 dias depois dele.

Um tema importante é a extensão do prazo de afastamento do salário-maternidade. Isso porque foi criado o programa "Empresa Cidadã", por meio da Lei 11.770, de 09/09/2008, destinado à prorrogação da licença-maternidade, mediante à concessão de incentivo fiscal.

Observe que tal programa possibilita às empresas que nele se inscreverem, concederem 60 dias adicionais de licença para as mães, em razão do parto, adoção ou guarda judicial, desde que requerida pela empregada até um mês após o parto.

A pessoa jurídica tributada com base no lucro real poderá deduzir do imposto devido o total da remuneração integral da empregada pago nos 60 dias de prorrogação de sua licença-maternidade. Assim, as empresas que não são tributadas pelo lucro real (lucro presumido ou optantes pelo simples) ficaram excluídas deste programa. Como consequência, a possibilidade de adesão a tal programa ficou restrito às seguradas empregadas de empresas tributadas pelo lucro real. Os entes federativos também podem, mediante ato próprio, ampliar o benefício de licença-maternidade para 180 dias.

A prorrogação será garantida à empregada da pessoa jurídica que aderir ao Programa, desde que a empregada a requeira até o final do primeiro mês após o parto, e concedida imediatamente após a fruição da licença-maternidade. A prorrogação será garantida, na mesma proporção, também à empregada que adotar ou obtiver guarda judicial para fins de adoção de criança.

No período de prorrogação da licença-maternidade, a empregada não poderá exercer qualquer atividade remunerada, e a criança não poderá ser mantida em creche ou organização similar, sob pena de perder o direito à prorrogação.

Atenção!

O salário-maternidade, espécie de benefício previdenciário, não sofreu qualquer alteração com o citado programa. Ressalta-se que a prorrogação opcional de sessenta dias não tem natureza de benefício previdenciário, uma vez que não é financiada pela Previdência Social. Constitui-se em verdadeira espécie de interrupção do contrato de trabalho, incentivada pelo Estado, mediante dedução do valor a pagar a título de imposto de renda.

De acordo com o § 3º do art. 18 da Lei 13.301/2016, a licença-maternidade prevista no art. 392 da CLT será de 180 dias no caso das mães de crianças acometidas por sequelas neurológicas decorrentes de doenças transmitidas pelo *Aedes aegypti*, assegurado, nesse período, o recebimento de salário-maternidade previsto no art. 71 da Lei 8.213, de 24 de julho de 1991, sendo devido à segurada especial, contribuinte individual, facultativa e trabalhadora avulsa.

Nessa mesma linha, o art. 5º, da Lei 13.985, de 07/12/2020 dispõe que no caso de mães de crianças nascidas até 31 de dezembro de 2019 acometidas por sequelas neurológicas decorrentes da Síndrome Congênita do Zika Vírus, a licença-maternidade e o salário maternidade serão de 180 dias.

É permitido pela legislação que a concessão do benefício do salário-maternidade ocorra até o dia do parto, já que se trata de um evento imprevisível. Em realidade, ele pode ser obtido até quando não tiver sido encerrado o prazo decadencial (vide **Capítulo 24**).

Em regra, a Legislação Previdenciária não exige exame médico-pericial para a concessão do salário-maternidade.

Quando o benefício for requerido após o parto, o documento comprobatório é a Certidão de Nascimento, podendo, no caso de dúvida, a segurada ser submetida à avaliação pericial junto ao Instituto Nacional do Seguro Social.

Em casos excepcionais, os períodos de repouso anteriores e posteriores ao parto podem ser aumentados para **mais duas semanas**, mediante atestado médico específico. Assim, a segurada pode obter até quatro semanas adicionais de descanso.

A reforma trabalhista, aprovada pela Lei 13.467/2017, havia criado uma nova possibilidade de extensão do salário-maternidade. É que inseriu a possibilidade de afastamento da gestante que exerça suas atividades em contato com agentes insalubres, com a possibilidade de receber salário-maternidade neste período (art. 394-A, § 3º, da CLT).

O § 3º do art. 394-A da CLT passou a prever que, quando não for possível que a gestante ou a lactante afastada das atividades insalubres exercesse suas atividades em local salubre na empresa, a hipótese será considerada como gravidez de risco e **ensejará a percepção de salário-maternidade, nos termos da Lei 8.213/1991, durante todo o período de afastamento.**

Este criticado texto criou então a absurda possibilidade de extensão do salário-maternidade por vários meses, sem sequer ter um limite de prazo. Se a empresa não tiver uma atividade salubre para alocar a sua empregada gestante ou lactante, esta receberá salário-maternidade por todo o período do afastamento, podendo ser desde o descobrimento da gestação até o final da amamentação, durando meses ou até anos.

Entendemos que a extensão do salário-maternidade não é razoável e até inconstitucional nos termos propostos pelo texto da Reforma Trabalhista, pois impõe demasiado custo ao sistema previdenciário, sem a preexistência da fonte de custeio, como determina o art. 195, § 5º, da Constituição Federal de 1988.

Somente é exigida carência para concessão do salário-maternidade para as seguradas **contribuinte individual, especial e facultativa**, equivalente a **dez contribuições mensais.** Em caso de parto antecipado, o período de carência será reduzido em número de contribuições equivalente ao número de meses em que o parto foi antecipado.

Será devido salário-maternidade à segurada especial, desde que comprove o exercício de atividade rural, nos últimos dez meses imediatamente anteriores ao requerimento do benefício, mesmo que de forma descontínua.

As seguradas empregadas, avulsas e empregadas domésticas independem de carência para o recebimento deste benefício. O STF, no julgamento da **ADI 2111/DF e ADI 2110/DF**, quanto no mérito, julgado em 21.03.2024, **considerou inconstitucional a carência de 10 (dez) contribuições para a segurada contribuinte individual, especial e facultativa**, prevista no inciso III, do art. 25, da Lei 8.213/91.

A Suprema Corte entendeu que a fixação de carência apenas para as trabalhadoras contribuintes individuais fere o princípio da isonomia, estabelece inadmissível presunção de má-fé das trabalhadoras autônomas e viola o princípio da integral proteção à maternidade e à criança, previsto no art. 227 da CF/88.

O INSS ainda não está aplicando.

Em caso de aborto não criminoso, comprovado mediante atestado médico, a segurada terá direito ao **salário-maternidade correspondente a duas semanas** (art. 93, § 5º, RPS, aprovado pelo Decreto 3.048/1999). Em caso de natimorto será garantido o salário-maternidade por 120 dias (art. 358, I, da IN 128/2022).

A responsabilidade pelo pagamento do salário-maternidade já foi objeto de algumas alterações. Até agosto de 2003, o INSS era encarregado do pagamento deste benefício a todas as categorias de seguradas. A Lei 10.710/2003 definiu que, a partir de setembro de

2003, o salário-maternidade das seguradas empregadas passaria a ser pago diretamente pela empresa, devendo esta efetuar o reembolso, por meio de dedução do valor da guia de pagamento de contribuições previdenciárias (GPS). As seguradas das demais categorias, inclusive as empregadas domésticas, continuam a receber o benefício diretamente do INSS.

A Lei 12.470/2011 alterou a forma de pagamento do salário-maternidade da empregada ou avulsa contratada pelo MEI, imputando a responsabilidade pela quitação do benefício à Previdência Social.

A responsabilidade pelo pagamento do salário-maternidade foi objeto de questionamento na prova do concurso para Técnico do Seguro Social, realizado em 2012. Vejamos:

Exemplo de questão sobre o tema:

(Técnico do Seguro Social – INSS 2012 – Carlos Chagas) Em relação ao salário-maternidade e ao salário-família pagos às seguradas empregadas, é correto afirmar que são:

a) pagos pela empresa que poderá compensá-las com as contribuições incidentes sobre a folha de salários.
b) pagos pelo INSS.
c) pagos pelas empresas sem direito à compensação.
d) pagos pela Assistência Social.
e) indevidos às seguradas autônomas.

Resposta: A

A segurada que exerça atividades concomitantes fará jus ao salário-maternidade relativo a cada atividade para a qual tenha cumprido os requisitos exigidos, observadas as seguintes condições: (art. 98, RPS))

I – na hipótese de uma ou mais atividades ter remuneração ou salário de contribuição inferior ao salário-mínimo mensal, o benefício somente será devido se o somatório dos valores auferidos em todas as atividades for igual ou superior a um salário-mínimo mensal;

II – o salário-maternidade relativo a uma ou mais atividades poderá ser inferior ao salário-mínimo mensal; e

III – o valor global do salário-maternidade, consideradas todas as atividades, não poderá ser inferior ao salário-mínimo mensal.

A empregada deve dar quitação à empresa dos recebimentos mensais do salário-maternidade, na própria folha de pagamento ou por outra forma admitida, de modo que a quitação fique plena e claramente caracterizada.

A empresa deve conservar, durante cinco anos, os comprovantes dos pagamentos e os atestados ou certidões correspondentes para exame pela fiscalização da Previdência Social.

Note que, de acordo com o art. 94, § 4º, do Regulamento da Previdência Social e com o art. 72, § 2º, da Lei 8.213/1991, o prazo obrigatório para guarda da documentação referente ao salário-maternidade é de dez anos. Ressalta-se, no entanto, que, em nosso entendimento, estes artigos foram revogados tacitamente pela Súmula Vinculante 8/2008, do STF, que considerou inconstitucional o prazo decadencial de dez de anos para que o Fisco efetue a cobrança de seus créditos, definindo o novo prazo em cinco anos, conforme previsto no CTN (maiores informações no Capítulo 24).

Ademais, o art. 32, § 11, da Lei 8.212/1991, inserido pós Súmula Vinculante 8 pela Lei 11.941/09, dispõe que em relação aos créditos tributários, os documentos comprobatórios do cumprimento das obrigações previdenciárias devem ficar arquivados na empresa até que ocorra a prescrição relativa aos créditos decorrentes das operações a que se refiram.

A renda mensal do salário-maternidade, como já estudado, não é calculada com base no salário de benefício. A forma de cálculo do valor deste benefício dependerá da categoria da segurada, conforme segue:

- **Empregadas** – o valor da sua remuneração integral, podendo ultrapassar o teto do salário de contribuição, sendo limitado apenas ao valor do subsídio mensal dos Ministros do Supremo Tribunal Federal – STF (art. 248, CF), correspondente a R$ 46.366,19 a partir de fevereiro de 2025. Salienta-se, contudo, que, sendo a remuneração da empregada superior ao subsídio do Ministro do STF, deve a empresa arcar com o custo adicional do salário-maternidade, evitando, dessa forma, prejuízo à empregada. Se a remuneração da empregada for variável, a empresa deve calcular o valor do salário-maternidade com base na média dos seis meses anteriores à concessão do benefício.

  Exemplo:

  Ludmila, executiva de uma empresa multinacional, recebe R$ 50.000,00 para exercer as funções de Diretora de Marketing. Ao se afastar em decorrência do gozo do salário-maternidade, sua empresa lhe remunerou durante os 120 dias, com a remuneração integral. A dedução mensal da guia da Previdência Social permitida, entretanto, foi de R$ 46.366,19, pois este é o valor do limite máximo do salário-maternidade. A empresa ficou onerada da parcela que excedeu este valor.

  Lembre-se ainda que, como o salário-maternidade é considerado salário de contribuição, durante o período de afastamento a empresa deve reter as contribuições previdenciárias de Ludmila e recolhê-las juntamente com a parte patronal.

- **Trabalhadoras avulsas** – sua última remuneração integral equivalente a um mês de trabalho, não sujeito ao limite máximo do salário de contribuição, exceto ao limite imposto aos Ministros do STF.

- **Empregada doméstica** – valor correspondente a seu último salário de contribuição, sujeito ao limite do maior salário de contribuição.

  Exemplo:

  Catarina, governanta da residência de um multimilionário, recebe salário mensal de R$ 10.000,00. Em decorrência de seu estado de gravidez, requereu, diretamente ao INSS, alguns dias antes do parto, o salário-maternidade. Tal benefício lhe foi pago pelo INSS, atendendo ao limite máximo do salário de contribuição, ou seja, R$ 8.157,41.

- **Segurada especial** - um salário mínimo, salvo se recolher suas contribuições, facultativamente, como contribuinte individual ou facultativo.
- **Contribuinte individual e facultativa e seguradas que mantenham a qualidade de seguradas (período de graça)** - 1/12 da soma dos doze últimos salários de contribuição, apurados em período não superior a quinze meses, limitado ao teto do salário de contribuição.

Caso a segurada possua menos de 12 salários de contribuição nos 15 meses anteriores ao parto, seu benefício corresponderá a 1/12 do montante correspondente à soma dos meses de contribuição.

Exemplo:

Melissa, contribuinte individual, realizou dez contribuições, no período de janeiro a outubro de 2018, utilizando R$ 2.000,00 como salário de contribuição. Em março de 2019, ela engravidou, retomando, então, as suas contribuições, por nove meses, sobre a mesma base. No mês de dezembro de 2019, com a ocorrência do parto, deu entrada em requerimento de salário-maternidade. Terá ela direito ao benefício? De qual valor?

Resposta: Primeiramente, lembramos que a carência exigida para a concessão do salário-maternidade é de dez contribuições. A carência, entretanto, não exige que estas contribuições sejam consecutivas, sendo apenas necessária a continuidade da qualidade de segurado. Observe que, no exemplo exposto, não houve perda da qualidade de segurado, o que somente ocorreria após doze meses sem efetuar contribuições. Melissa poderá, desta forma, usufruir do salário-maternidade.

O valor deste benefício deverá considerar os últimos 12 salários-de-contribuição, em período não superior a 15 meses. Devemos somar todas as bases contributivas de Melissa, de setembro de 2018 até novembro de 2019 (15 meses). Desta maneira, teremos bases de R$ 2.000,00, em 11 meses (setembro e outubro de 2018 e os nove meses de 2019). O valor do salário-maternidade será, então, de R$ 1.833,33 (22.000/12).

De acordo com a inovadora redação do art. 71-A da Lei 8.213/1991, alterada pela Lei 12.873/2013, **ao segurado ou segurada** da Previdência Social que **adotar ou obtiver guarda judicial para fins de adoção de criança** é devido salário-maternidade pelo período de 120 dias.

Assim, esta nova redação dispõe que o salário-maternidade é devido tanto a homens quanto a mulheres que adotarem **crianças** de qualquer idade. Conforme a definição do art. 2º do Estatuto da Criança e do Adolescente, criança é a pessoa **menor de 12 anos de idade,** e adolescente é a pessoa de 12 anos até completar 18 anos de idade. Conclui-se, assim, que o salário-maternidade será devido aos homens ou mulheres que adotarem pessoas menores de 12 anos, uma vez que a lei só garantiu tal direito em caso de adoção de criança, excluindo a possibilidade de concessão para quem adotar adolescente.

Ressalvado o pagamento do salário-maternidade à mãe biológica e ao benefício pago em caso de falecimento do cônjuge ou companheiro, não poderá ser concedido o benefício a mais de um segurado, decorrente do mesmo processo de adoção ou guarda, ainda que os cônjuges ou companheiros estejam submetidos ao Regime Próprio de Previdência Social.

O art. 93, § 4º, do RPS dispõe que, quando houver adoção ou guarda judicial para adoção de mais de uma criança, é devido um único salário-maternidade. O termo "menor de idade" deixou de fazer sentido a partir do momento em que a Lei passou a considerar que não há mais escalonamento do benefício.

Para a concessão do salário-maternidade, é indispensável que conste da nova certidão de nascimento da criança ou do termo de guarda o nome do segurado adotante ou guardião.

Atenção!

O salário-maternidade da adotante é pago diretamente pela Previdência Social, **mesmo para as seguradas empregadas**, salvo se a empresa possuir convênio com o INSS permitindo efetuar o pagamento diretamente à sua empregada.

Em relação ao prazo de concessão do benefício do salário-maternidade para o adotante que, com a nova redação do art. 71-A da Lei 8.213/1991, como já visto, foi fixado em 120 dias para adoção de criança de qualquer idade, trazemos a importante evolução legislativa.

A norma que criou o direito ao salário-maternidade, no caso de adoção, foi a Lei 10.710/2013. Não havia dúvidas de que o benefício era devido apenas às mulheres adotantes, e o prazo de duração do salário-maternidade variava em função da idade da criança adotada, nos seguintes termos:

a) até um ano completo – 120 dias;

b) a partir de um ano, até quatro anos completos – 60 dias

c) a partir de quatro anos, até completar a criança oito anos – 30 dias.

Esses limites de idade estavam dispostos tanto nos §§ 1º a 3º do art. 392-A da CLT, quanto no art. 71-A da Lei 8.213/1991. Ocorre que, com a edição da Lei 12.010/2009, os §§ 1º a 3º do art. 392-A da CLT foram revogados. A Lei, todavia, não revogou o art. 71-A da Lei 8.213/1991.

A posição inicial do INSS era que, como a Lei 12.010/2009 não revogou o art. 71-A da Lei de Benefícios da Previdência Social, os prazos de concessão do salário-maternidade da adotante continuavam sendo escalonados a depender da idade da criança. Neste caso, a revogação do texto da CLT somente teria efeitos trabalhistas, impondo às empresas a concessão da licença-maternidade de 120 dias, sem prejuízo da remuneração. A Previdência Social, entretanto, continuou pagando o salário-maternidade escalonado, sendo a diferença paga diretamente pela empresa. Com esse posicionamento, passou a existir um período de suspensão contratual, coberto pelo salário-maternidade da mãe adotiva, e outro de interrupção, sendo este último o prazo residual que deveria ser arcado pela empresa.

Sempre defendemos, mesmo antes da atual redação do Art. 71-A da Lei 8.213/1991, que o entendimento inicial do INSS anteriormente exposto, apesar de possível, não era o que melhor se coadunava com as diretrizes constitucionais. Valendo-se de uma interpretação sistemática e histórica, é razoável concluir que o art. 71-A da Lei 8.213/1991 já havia sido revogado tacitamente desde a edição da Lei 12.010/2009.

Note que foi a mesma lei que acrescentou o art. 71-A à Lei 8.212/1991 e o art. 392-A à CLT, dando o direito ao salário-maternidade às adotantes. Não faria sentido a revogação de apenas um destes dispositivos, já que tiveram origem no mesmo momento e com a mesma finalidade. Do ponto de vista sistemático, entendemos que haveria flagrante inconstitucionalidade em onerar as empresas nos casos de licença-maternidade, pois isso feriria frontalmente o princípio constitucional da isonomia, tornando o trabalho da mulher mais caro que o trabalho do homem. Desta forma, a interpretação que melhor se harmonizava com o ordenamento, na visão deste Autor, era a que considera que os prazos constantes do art. 71-A da Lei 8.213/1991 foram revogados tacitamente pela Lei 12.010/2009.

Note que, se a nossa interpretação prevalecer, as mães já tinham direito ao salário-maternidade nos casos de adoção de **criança** de qualquer idade, mesmo anteriormente à atual redação do art. 71-A da Lei 8.213/1991, deixando de existir o esquisito limite de oito anos para o pagamento do benefício, desde a publicação da Lei 12.010/2009. Dessa forma, seguindo a diferenciação dos conceitos de criança e adolescente trazida pelo art. 2º do Estatuto da Criança e do Adolescente – ECA, as mães já tinham direito ao benefício de salário-maternidade de 120 dias ao adotar menores de doze anos de idade desde 2009.

O prazo de duração do salário-maternidade da adotante sempre foi alvo de bastante polêmica. Note que, por força da decisão proferida em 03/05/2012, na Ação Civil Pública 5019632-23.2011.404.7200/SC, o INSS foi obrigado a pagar o salário-maternidade da mãe adotante de **criança ou adolescente** pelo prazo de 120 dias, independentemente da idade do adotado, desde que cumpridos os demais requisitos legais para a percepção do benefício. Assim, a decisão obrigou o INSS a pagar o benefício para a mãe adotante de criança ou adolescente (menores de 18 anos), durante o prazo de 120 dias. Em grau de recurso, o acórdão do TRF, entretanto, somente considerou a possibilidade de concessão de salário-maternidade para crianças, excluindo da decisão os adolescentes.

Sabemos que a própria Lei 12.873/2013 já reconheceu o direito ao salário-maternidade de 120 dias, mas somente para quem adotar pessoa menor que 12 anos. Note que a Lei 12.873/2013 criou uma sistemática diferente de concessão deste benefício, reconhecendo, inclusive, o prazo de 120 dias e o direito ao pagamento para homens.

Ressalta-se que a Lei 13.509/2017 alterou a redação do art. 392-A da CLT dispondo que a empregada que adotar criança **ou adolescente** tem direito à licença-maternidade de 120 dias, dando ainda mais força ao entendimento de que a adotante tem direito ao salário maternidade no caso de adoção de adolescente. Como o INSS não paga o salário-maternidade da pessoa que adota um adolescente, esta terá direito a se afastar durante 120 dias do emprego, nos termos do art. 392-A, e a empresa arcará com os salários sem possibilidade de se reembolsar do valor das contribuições previdenciárias devidas, uma vez que o direito ao salário-maternidade não é reconhecido. O entendimento da 1ª Turma do STF, no entanto, é que a adoção de adolescente enseja a conseção do salário-maternidade (ARE 1435957, julgado em 10/05/2024).

Já demonstramos que a redação atual do art. 71-A da Lei 8.213/1991, alterada pela Lei 12.873/2013, garante **ao segurado ou segurada** da Previdência Social que **adotar ou obtiver guarda judicial para fins de adoção de criança** a concessão do salário-maternidade. Assim, homens ou mulheres que adotarem crianças farão jus ao salário-maternidade.

Perceba que a Lei não alterou o nome do benefício em caso de concessão para os homens, sendo chamado, mesmo assim, de salário-maternidade e não de salário paternidade.

A avançada Lei 12.873/2013 garantiu também que no caso de **falecimento da segurada ou segurado** que fizer jus ao recebimento do salário-maternidade, **o benefício será pago**, por todo o período ou pelo tempo restante a que teria direito, **ao cônjuge ou companheiro** sobrevivente **que tenha a qualidade de segurado**, exceto no caso do falecimento do filho ou de seu abandono, observadas as normas aplicáveis ao salário-maternidade (art. 71-B da Lei 8.213/1991).

Esta redação deixa claro que o homem passa a ter direito ao salário-maternidade também em caso de morte da mulher no parto ou durante o gozo do salário-maternidade, desde que ele seja segurado do RGPS ou mantenha esta qualidade. A lei faz alusão também ao pagamento para mulher em caso de morte do homem, somente sendo isso possível em caso de falecimento do homem adotante. Vejam que § 3º do art. 71-B da Lei 8.213/1991 dispõe que se aplica o salário-maternidade em caso de falecimento do segurado para quem adotar ou obtiver guarda judicial para fins de adoção. Assim, o cônjuge ou companheiro do adotante passa a ter direito ao gozo deste benefício.

Entendemos que, para a concessão deste benefício para o cônjuge ou companheiro, não se faz necessário o cumprimento da carência, mas somente da manutenção da qualidade de segurado. No caso de morte da mãe no parto, por exemplo, o requisito da carência deve ser analisado em relação à mulher, e, fazendo ela jus a este benefício, o seu marido ou companheiro terá direito ao recebimento, sem a necessidade de carência.

Vamos a um exemplo para deixar mais claro este ensinamento:

Exemplo:

Maria, segurada empregada há apenas quatro meses, morreu no parto, deixando o seu filho Pedro aos cuidados de seu marido Carlos, segurado contribuinte individual há apenas dois meses. Nesta situação, Carlos terá direito ao salário-maternidade?

Resposta: Para elucidar esta questão, é necessário, primeiramente, analisar se Maria faria jus ao salário-maternidade, se viva estivesse. Para as empregadas, o salário-maternidade dispensa a carência, então Maria teria direito ao salário-maternidade. Desta forma, Carlos, que mantem a qualidade de segurado, terá direito ao salário-maternidade. Observem que, se fosse exigida de Carlos a comprovação da carência, ele não teria direito ao benefício, uma vez que o contribuinte individual necessita comprovar dez meses de contribuição para gozar do salário-maternidade.

O salário-maternidade, em caso do falecimento de segurado ou segurada, deve ser requerido até o último dia do prazo previsto para o término do salário-maternidade originário, devendo ser pago diretamente pela Previdência Social durante o período entre a data do óbito e o último dia do término do salário-maternidade originário e será calculado sobre:

I - a remuneração integral, para o empregado e trabalhador avulso;

II - o último salário de contribuição, para o empregado doméstico;

III - 1/12 da soma dos 12 últimos salários de contribuição, apurados em um período não superior a 15 meses, para o contribuinte individual, facultativo e desempregado; e

IV - o valor do salário mínimo, para o segurado especial.

Em relação ao valor do salário-maternidade em caso de falecimento do segurado, podemos perceber que o benefício deve ser calculado com base nos salários de contribuição do segurado sobrevivente (ou remuneração integral no caso de empregado ou avulso), que será contemplado com o benefício. Vejamos o exemplo:

Exemplo:

Ana Carla, empregada que recebia R$ 2.000,00, faleceu 30 dias após estar gozando o salário-maternidade pelo nascimento de seu filho, Nino. Seu companheiro, José Martins, empregado que recebia R$ 10.000,00 mensais, requereu o benefício de salário-maternidade logo após o falecimento de Ana Carla. Qual será o valor do benefício concedido para José Martins?

Resposta: O benefício será pago no valor de R$ 10.000,00, durante os 90 dias restantes, pois, para o cálculo do valor do benefício, deve-se considerar a situação de quem vai recebê-lo e não do segurado falecido. Da mesma forma, se Ana Carla recebesse R$ 10.000,00 e José Martins apenas R$ 2.000,00, o benefício seria pago no valor de R$ 2.000,00.

Curioso, no caso retratado, é que José Martins, além de fazer jus ao salário-maternidade remanescente ainda terá direito à pensão por morte deixada por Ana Carla, podendo cumular os dois benefícios.

Esta forma de cálculo do valor do benefício se alia a um dos principais objetivos da Previdência Social, que é o de substituição da remuneração pelo trabalho de quem, por algum motivo, a lei garante a possibilidade de não exercer a sua atividade habitual. Perceba que, se o valor do benefício fosse calculado com base na remuneração do falecido, ficaria inviabilizada a fruição do salário-maternidade quando o sobrevivente tivesse uma renda bastante superior a do cônjuge ou companheiro falecido.

Obviamente, a percepção do salário-maternidade, inclusive o concedido no caso de falecimento, está condicionada ao afastamento do segurado do trabalho ou da atividade desempenhada, sob pena de suspensão do benefício.

As novas modalidades de salário-maternidade em caso de união homoafetiva foi decidida pelo Supremo Tribunal Federal, no Tema 1072, tratando sobre a possibilidade de concessão de licença-maternidade à mãe não gestante, em união estável homoafetiva, cuja companheira engravidou após procedimento de inseminação artificial. A tese fixada pelo STF foi: "A mãe servidora ou trabalhadora não gestante em união homoafetiva tem direito ao gozo de licença-maternidade. Caso a companheira tenha utilizado o benefício, fará jus à licença pelo período equivalente ao da licença-paternidade".

Na mesma linha da evolução da proteção social à maternidade, a Lei Complementar 146, de 25/06/2014 determinou que o direito a estabilidade provisória da gestante, nos casos em que ocorrer o falecimento da genitora, será assegurado a quem detiver a guarda do seu filho. Desta forma, durante o período da estabilidade de cinco meses após o parto, fica vedada a dispensa arbitrária ou sem justa causa do empregado que detenha a guarda da criança.

O STF decidiu na ADI 6327 que a data da alta da mãe ou do recém-nascido como marco inicial da licença-maternidade, em casos de partos que geraram complicações que necessitaram de internação. Segundo a decisão, a medida deve se restringir aos casos mais graves, como internações que excederem o período de duas semanas.

No período de salário-maternidade da segurada empregada doméstica, caberá ao empregador recolher apenas a parcela da contribuição a seu cargo, sendo que a parcela devida pela empregada doméstica será descontada pelo INSS no benefício. Para as seguradas contribuinte individual e facultativa, o INSS descontará a contribuição devida, de acordo com a alíquota da última contribuição, podendo ser de 20%, de 11% (optantes pelo regime especial de inclusão previdenciária) ou de 5% (donas de casa e MEI).

No **tópico 19.2**, mencionamos que a legislação previdenciária dispõe que o salário-maternidade somente era devido à empregada, enquanto houver relação de emprego (antiga redação do art. 97, Decreto 3.048/1999).

Felizmente, o Governo decidiu corrigir esta injustiça ocasionada pela vedação de concessão do salário-maternidade para seguradas empregadas, durante o período de graça, editando o Decreto 6.122 de 13/06/2007. Tal diploma dispõe que durante o período de graça, a segurada desempregada fará jus ao recebimento do salário-maternidade nos casos de demissão antes da gravidez, ou, durante a gestação, nas hipóteses de dispensa por justa causa ou a pedido, situações em que o benefício será pago diretamente pela Previdência Social (art. 97, parágrafo único, Decreto 3.048/1999).

Mesmo em relação ao salário-maternidade em caso de dispensa sem justa causa durante a gestação, o STJ, diferentemente do posicionamento da Autarquia Previdenciária, entende que a responsabilidade pelo pagamento do benefício é do INSS e não do empregador. Isso porque, ainda que o pagamento de salário-maternidade, no caso de segurada empregada, constitua atribuição do empregador, essa circunstância não afasta a natureza de benefício previdenciário da referida prestação (REsp 1.309.251-RS, de 21/05/2013).

O INSS, inclusive, publicou o Memorando Circular Conjunto 44, em 30/11/2017, cumprindo determinação de ação civil pública, determinando que a Autarquia conceda salário-maternidade às seguradas demitidas sem justa causa, preenchidos os demais requisitos, devendo o valor ser pago diretamente pelo INSS.

Acertadamente, o Decreto 10.410/2020 alterou o texto do parágrafo único do artigo 97, do RPS dispondo que "durante o período de graça a que se refere o art. 13, a segurada desempregada fará jus ao recebimento do salário-maternidade, situação em que o benefício será pago diretamente pela previdência social". Assim, encerra-se essa polêmica com o reconhecimento do direito por parte da Autarquia.

De acordo com o art. 100-B, do RPS, o salário-maternidade devido à **empregada intermitente** será pago **diretamente pela previdência social** e o valor da contribuição previdenciária será deduzido da renda mensal do benefício.

O salário-maternidade da empregada intermitente consiste na média aritmética simples das remunerações apuradas no período referente aos **12 meses que antecederem o parto, a adoção ou a obtenção da guarda para fins de adoção.** No caso de empregos intermitentes concomitantes, a média aritmética será calculada em relação a todos os empregos e será pago somente um salário-maternidade.

A contribuição previdenciária a cargo da empresa terá como base de cálculo a soma das remunerações pagas no período de doze meses anteriores à data de início do salário-maternidade, dividida pelo número de meses em que houve remuneração.

O salário-maternidade devido à **empregada com jornada parcial** cujo salário de contribuição seja inferior ao seu limite mínimo mensal **será pago diretamente pela previdência social**, e o valor da contribuição previdenciária deverá ser deduzido da renda mensal do benefício (art. 100-C, do RPS).

Na hipótese de empregos parciais concomitantes, se o somatório dos rendimentos auferidos em todos os empregos for igual ou superior ao limite mínimo mensal do salário de contribuição, o salário-maternidade será pago pelas empresas. A empresa que pagar remuneração inferior ao salário mínimo deverá exigir da empregada cópia dos comprovantes de pagamento efetuado pelas demais empresas.

Cabe à empresa recolher a contribuição previdenciária a seu cargo durante a percepção do salário-maternidade pela segurada a seu serviço, mesmo na hipótese de o benefício ser pago pela previdência social, tendo como base de cálculo a remuneração integral que a empresa pagava à empregada antes da percepção do salário-maternidade.

Veremos, em tópico próprio, que o salário-maternidade não pode ser acumulado com benefício por incapacidade, ou seja, com auxílio por incapacidade temporária ou aposentadoria por incapacidade permanente. Quando ocorrer incapacidade durante o período de pagamento do salário-maternidade, o benefício por incapacidade deverá ser suspenso, enquanto perdurar aquele, ou terá sua data de início adiada para o primeiro dia seguinte ao término do período de 120 dias.

De acordo com o entendimento do STJ, o não preenchimento da idade exigida para a filiação ao RGPS como segurada especial não constitui óbice à concessão de salário-maternidade a jovem menor de dezesseis anos impelida a exercer trabalho rural em regime de economia familiar. O STJ já assentou a orientação de que a legislação, ao vedar o trabalho infantil, teve por escopo a proteção da criança ou adolescente, não podendo tal vedação trazer ser arguida em seu prejuízo (REsp 1.440.024-RS, DJe 28/8/2015).

No período da pandemia da Covid 19, a Lei 14.251, de 12/05/2021 determinou que durante a emergência de saúde pública de importância nacional decorrente do novo coronavírus, a empregada gestante deverá permanecer afastada das atividades de trabalho presencial, sem prejuízo de sua remuneração, ficando à disposição para exercer as atividades em seu domicílio, por meio de teletrabalho, trabalho remoto ou outra forma de trabalho a distância. Obviamente, não se trata de benefício de salário-maternidade, mas de direito trabalhista da gestante.

De acordo com o art. 424-A, da Portaria 991, alterada pela Portaria 1.132, de 15/05/2023, será devido o pagamento do salário-maternidade ao titular menor de 16 anos, desde que preenchidos os demais requisitos, por força da Ação Civil Pública nº 5017267-34.2013.4.04.7100. Na citada ACP, o Instituto Nacional do Seguro Social foi impedido de fixar idade mínima para o reconhecimento de tempo de serviço e de contribuição. Com essa decisão, independentemente da faixa etária, crianças poderão ter direito a benefícios previdenciários, mesmo que tenham exercido atividades ilegais.

Por fim, a segurada aposentada que retornar à atividade fará jus ao pagamento do salário-maternidade. Juntamente com o salário-família, esses são os únicos benefícios que os aposentados fazem jus.

20.2.2.1. Quadro resumo – Salário-maternidade

Quadro resumo – Salário-maternidade	
Requisito	Parto, aborto e adoção, morte do segurado com direito ao benefício.
Beneficiários	Todos os segurados, inclusive para os homens em caso de adoção ou morte da mãe.
Carência	• **Empregados, empregados domésticos e trabalhadores avulsos:** Não há. • **Segurados contribuintes individuais e facultativos:** 10 (dez) contribuições mensais. • **Segurados especiais:** Comprovação do exercício de atividade rural, nos últimos dez meses imediatamente anteriores ao requerimento do benefício, mesmo que de forma descontínua.

Quadro resumo – Salário-maternidade	
Renda mensal (valor)	• **Empregado:** A remuneração devida, no mês de seu afastamento, não sujeito ao limite máximo do salário de contribuição. Sujeita-se ao teto do STF. • **Trabalhador avulso:** A última remuneração integral equivalente a um mês de trabalho, não sujeito ao limite máximo do salário de contribuição. Sujeita-se ao teto do STF. • **Empregado doméstico:** O último salário de contribuição, sujeito ao limite máximo correspondente. • **Para o segurado especial:** Um salário mínimo, exceto se, por opção, estiver contribuindo na qualidade de contribuinte individual. • **Para o contribuinte individual e para o segurado facultativo:** Média aritmética dos 12 últimos salários de contribuição, apurados em período não superior a quinze meses, sujeita ao limite máximo do salário de contribuição.
Início do pagamento	Vinte e oito dias antes do parto ou a partir do dia do parto. Em caso de abortamento e adoção, a partir da data do requerimento.
Suspensão do pagamento	Cumpridos os requisitos para o recebimento do benefício, não há situação que gere a sua suspensão.
Cessação do pagamento	• **Em caso de parto:** 120 dias depois do dia de início. • **Em caso de abortamento não criminoso:** Depois de duas semanas. • **Em caso de adoção:** 120 dias após o dia de início.

20.3. AUXÍLIOS

20.3.1. Auxílio por Incapacidade Temporária / Acidente de Trabalho

- **Arts. 19 a 23, Lei 8.213/1991**
- **Arts. 59 a 64, Lei 8.213/1991**
- **Arts. 71 a 80 e 337, Decreto 3.048/1999**
- **EC 103/2019**

Como já visto, o art. 201, I, da Constituição Federal de 1988 foi alterado pela EC 103/2019. A antiga redação deste dispunha:

> *Art. 201. A Previdência Social será organizada sob a forma de regime geral, de caráter contributivo e de filiação obrigatória, observados critérios que preservem o equilíbrio financeiro e atuarial, e atenderá, nos termos da lei, a:*
>
> ***I – cobertura dos eventos de doença, invalidez, morte e idade avançada;***

Com a Reforma da Previdência de 2019, atualmente, a redação deste dispositivo foi alterada, constando o seguinte texto:

> *Art. 201. A Previdência Social será organizada sob a forma do Regime Geral de Previdência Social, de caráter contributivo e de filiação obrigatória, observados critérios que preservem o equilíbrio financeiro e atuarial, e atenderá, na forma da lei, a:*

> ***I – cobertura dos eventos de incapacidade temporária ou permanente para o trabalho e idade avançada***

Note que a cobertura a eventos de **doença e invalidez** foi substituída pela cobertura dos eventos de **incapacidade temporária ou permanente para o trabalho.**

Esta alteração influencia nas próprias nomenclaturas do benefício, que antes eram chamados de auxílio-doença e aposentadoria por invalidez e, agora, tecnicamente, deverão ser chamados auxílio incapacidade temporária e aposentadoria por incapacidade permanente. Sabemos que, em um primeiro momento, como até os textos legais ainda não foram atualizados, naturalmente, as nomenclaturas anteriores coexistirão, então, nesta obra, utilizaremos os dois nomes.

De fato, havia forte crítica doutrinária ao antigo texto, uma vez que a doença, por si só, pode não gerar qualquer incapacidade para o trabalho ou para a atividade habitual, não justificando a concessão de qualquer benefício em caso de doença não incapacitante. Esta é a razão da alteração da redação, incluindo, claramente, a necessidade de incapacidade permanente ou temporária para o trabalho, para que o segurado goze de proteção securitária.

A alteração, entretanto, foi alvo de algumas críticas por deixar expresso na constituição que a proteção seria a incapacidade temporária ou permanente **para o trabalho.** Alguns renomados professores se manifestaram na mídia, entendendo que esta alteração poderia afetar a concessão de benefícios por incapacidade (auxílio-doença ou aposentadoria por invalidez) para os segurados facultativos, uma vez que estes não trabalham.

De fato, melhor seria se o texto constitucional tivesse optado pela expressão "incapacidade temporária ou permanente para as atividades habituais", tal como a redação do art. 59 da Lei 8.213/1991, o que não ocorreu. Acreditamos, todavia, que esta alteração não afetará a concessão dos benefícios por incapacidade para os segurados facultativos, uma vez que tal garantia nunca esteve na constituição, mas somente na lei.

Admitimos, no entanto, que a preocupação é válida, pois, muito provavelmente, teremos em breve uma grande alteração na lei previdenciária para deixá-la em conformidade com a Reforma de 2019 e este ponto pode justificar uma futura exclusão do direito do facultativo.

O auxílio por incapacidade temporária é o benefício devido ao segurado que ficar **incapacitado** para seu trabalho ou para a atividade habitual por mais de quinze dias consecutivos.

Da mesma forma que a aposentadoria por incapacidade permanente, não será devido auxílio por incapacidade temporária ao segurado que se filiar ao RGPS já sendo portador de doença ou lesão invocada como causa da concessão do benefício, salvo quando a incapacidade sobrevier, por motivo de progressão ou agravamento dessa doença ou lesão.

De acordo com os §§ 2º a 8º do art. 59 da Lei 8.213/1991, inserido pela Lei 13.846, de 19/06/2019, **não será devido o auxílio por incapacidade temporária para o segurado recluso em regime fechado**, que tenha sido recolhido à prisão após esta alteração legislativa. O segurado recluso em cumprimento de pena em regime aberto ou semiaberto terá direito ao auxílio por incapacidade temporária.

O segurado em gozo de auxílio por incapacidade temporária na data do recolhimento à prisão terá o benefício **suspenso pelo prazo de até 60 dias, contados da data do recolhimento à prisão,** cessado o benefício após o referido prazo. Na hipótese de o segurado ser colocado em liberdade antes dos 60 dias, o benefício será restabelecido a partir da data da soltura. Em caso de prisão declarada ilegal, o segurado terá direito à percepção do benefício por todo o período devido, efetuado o encontro de contas na hipótese de ter havido pagamento de auxílio-reclusão com valor inferior ao do auxílio por incapacidade temporária no mesmo período.

A verificação da incapacidade é feita mediante exame médico-pericial a cargo do INSS. A Previdência Social deve processar, de ofício, o auxílio por incapacidade temporária, quando tiver ciência da incapacidade do segurado, mesmo que o trabalhador não o tenha requerido.

De acordo com o art. 15, § 6º, da Lei 10.741/2003, alterado pela Lei 12.896, de 18/12/2013, é assegurado à pessoa idosa enferma o atendimento domiciliar pela perícia médica do Instituto Nacional do Seguro Social - INSS, pelo serviço público de saúde ou pelo serviço privado de saúde, contratado ou conveniado, que integre o Sistema Único de Saúde - SUS, para expedição do laudo de saúde necessário ao exercício de seus direitos sociais e de isenção tributária. Ressalta-se que a Previdência, mesmo antes da citada Lei, sempre possibilitou a perícia domiciliar ou a hospitalar, sempre que o segurado enfermo não tivesse condições de se deslocar.

A empresa pode, também, protocolar requerimento de auxílio por incapacidade temporária de seu empregado ou de contribuinte individual a ela vinculado ou a seu serviço. A empresa que adotar este procedimento pode ter acesso às decisões administrativas vinculadas ao requerimento do benefício.

O INSS poderá estabelecer, mediante avaliação médico-pericial, o prazo que entender suficiente para a recuperação da capacidade para o trabalho do segurado, dispensada, nessa hipótese, a realização de nova perícia. Caso o prazo concedido para a recuperação se revele insuficiente, o segurado poderá solicitar a realização de nova perícia médica (art. 78, §§ 1º e 2º, do Dec. 3.048/1999, acrescido pelo Dec. 5.844, de 13/07/2006).

É a chamada alta programada, duramente criticada por grande parte da doutrina previdenciária. Com esta sistemática, os benefícios de auxílio por incapacidade temporária são cessados após o prazo estabelecido, independentemente de nova perícia médica que aponte a recuperação para a capacidade para o trabalho. Se o segurado não estiver apto para o trabalho, pode solicitar prorrogação do seu benefício.

Ressalta-se que o STJ no julgamento do AResp 1049440 de 27/06/2017 considerou a alta programada ilegal por ofensa ao art. 62 da Lei 8.213/1991, entendendo haver necessidade de perícia para o cancelamento do benefício.

A TNU julgou o Tema 277 firmando a tese de que o direito à continuidade do benefício por incapacidade temporária com estimativa de DCB (alta programada) pressupõe, por parte do segurado, pedido de prorrogação (art. 60, § 9º, da Lei n. 8.213/1991), recurso administrativo ou pedido de reconsideração, quando previstos normativamente, sem o que não se configura interesse de agir em juízo.

Uma relevante alteração promovida pela Lei 14.774, de 14/11/2023, inseriu o § 1º-A no art. 42 da Lei 8.213/91, permitindo que o exame médico-pericial possa ser realizado com o uso de **tecnologia de telemedicina ou por análise documental** conforme situações e requisitos definidos em regulamento. Esse novo procedimento é fundamental para agilizar a análise médico-pericial do INSS.

De acordo com o art. 101 da Lei 8.212/91, o segurado em gozo de **auxílio por incapacidade temporária, auxílio-acidente ou aposentadoria por incapacidade permanente e o pensionista inválido**, cujos benefícios tenham sido concedidos judicial ou administrativamente, estão obrigados, sob pena de suspensão do benefício, a submeter-se a:

I – **exame médico a cargo da Previdência Social** para avaliação das condições que ensejaram sua concessão ou manutenção;

II – processo de **reabilitação profissional** por ela prescrito e custeado; e

III – tratamento dispensado gratuitamente, **exceto o cirúrgico e a transfusão de sangue, que são facultativos.**

Ato do Ministro de Estado do Trabalho e Previdência poderá estabelecer as condições de dispensa da emissão de parecer conclusivo da perícia médica federal quanto à incapacidade laboral, hipótese na qual a concessão do benefício de auxílio por incapacidade temporária será feita por meio de análise documental, incluídos atestados ou laudos médicos, realizada pelo INSS. Essa inovação legislativa permite a concessão de benefício por incapacidade sem avaliação médico-pericial em determinadas circunstâncias (art. 60. § 14º, da Lei 8.213/91).

Antes mesmo dessa previsão legal que possibilitou a análise documental, a TNU já havia julgado o Tema 288, fixando a tese de que em resposta emergencial e preventiva, para evitar o risco de transmissão e contágio por Coronavírus (SARS-CoV-2) durante a crise pandêmica, é possível a dispensa de perícia médica para concessão de benefício por incapacidade laboral, quando apresentados pareceres técnicos ou documentos médicos elucidativos, suficientes à formação da convicção judicial, desde que observado o contraditório, a ampla defesa e o princípio da não surpresa.

A avaliação pericial poderá ser realizada também por forma remota estabelecida por ato do Ministro de Estado do Trabalho e Previdência, que disporá sobre as hipóteses de substituição de exame pericial presencial por exame remoto e as condições e as limitações para sua realização (art. 101. § 6º e 7º, da Lei 8.213/91)

O segurado em gozo de auxílio por incapacidade temporária, insusceptível de recuperação para sua atividade habitual, deve submeter-se a processo de reabilitação profissional para o exercício de sua atividade habitual ou de outra atividade. O benefício deve ser mantido até que o segurado seja considerado reabilitado para o desempenho de atividade que lhe garanta a subsistência ou, quando considerado não recuperável, seja aposentado por invalidez.

Uma importante alteração trazida pela Lei 14.331, de 03/08/2022, foram os novos procedimentos adotados pelo art. 129-A da Lei 8.213/91, tratando das ações judiciais de benefícios por incapacidade. De acordo com esse dispositivo, **os litígios e as medidas cautelares relativos aos benefícios por incapacidade**, inclusive os relativos a acidentes do trabalho, observarão o seguinte:

I – quando o fundamento da ação for a discussão de ato praticado pela perícia médica federal, a petição inicial deverá conter:

a) descrição clara da doença e das limitações que ela impõe;

b) indicação da atividade para a qual o autor alega estar incapacitado;

c) possíveis inconsistências da avaliação médico-pericial discutida; e

d) declaração quanto à existência de ação judicial anterior, esclarecendo os motivos pelos quais se entende não haver litispendência ou coisa julgada, quando for o caso;

II – a petição inicial, qualquer que seja o rito ou procedimento adotado, deverá ser instruída pelo autor com os seguintes documentos:

a) comprovante de indeferimento do benefício ou de sua não prorrogação, quando for o caso, pela administração pública;

b) comprovante da ocorrência do acidente de qualquer natureza ou do acidente do trabalho, sempre que houver um acidente apontado como causa da incapacidade;

c) documentação médica de que dispuser relativa à doença alegada como a causa da incapacidade discutida na via administrativa.

Determinada pelo juízo, a realização de exame médico-pericial por perito do juízo, deverá, no caso de divergência com as conclusões do laudo administrativo, indicar em seu laudo de forma fundamentada as razões técnicas e científicas que amparam o dissenso, especialmente no que se refere à comprovação da incapacidade, sua data de início e a sua correlação com a atividade laboral do periciando.

Quando a conclusão do exame médico pericial, realizado por perito designado pelo juízo, mantiver o resultado da decisão proferida pela perícia realizada na via administrativa, poderá o juízo, após a oitiva da parte autora, julgar improcedente o pedido. Se a controvérsia versar sobre outros pontos além do que exige exame médico-pericial, observado o disposto no § 1º deste artigo, o juízo dará seguimento ao processo, com a citação do réu.

De acordo com o § 2º do art. 62 da Lei 8.213/1991, inserido pela Lei 13.846, de 19/01/2019, a alteração das atribuições e responsabilidades do segurado compatíveis com a limitação que tenha sofrido em sua capacidade física ou mental não configura desvio de cargo ou função do segurado reabilitado ou que estiver em processo de reabilitação profissional a cargo do INSS.

De acordo com a Súmula 72 da Turma Nacional de Uniformização de Jurisprudência, é possível o recebimento de benefício por incapacidade durante período em que houve exercício de atividade remunerada, quando comprovado que o segurado estava incapaz para as atividades habituais na época em que trabalhou. Desta forma, entende a TNU que o segurado que estiver em gozo de auxílio por incapacidade temporária pode exercer atividade remunerada, desde que comprove que não exerceu a atividade habitual que originou o benefício.

Se, então, com base neste entendimento, um professor entrar em gozo de auxílio por incapacidade temporária devido a problemas nas cordas vocais, ele poderá exercer outra atividade que não dependa diretamente de sua voz, sem que isso gere a cessação do benefício.

A Turma Nacional de Uniformização (TNU), em sessão ordinária de 28.04.2021, firmou entendimento no Tema 259 de que **"é possível a percepção conjunta de subsídio decorrente do exercício de mandato eletivo de vereador com benefício por incapacidade, ao fundamento de que ambos constituem vínculos de natureza diversa, porquanto a incapacidade para o trabalho não significa, necessariamente, invalidez para os atos da vida política."**

A 1ª Turma do Superior Tribunal de Justiça, no julgamento do Recurso Especial 1.573.146-SP, decidiu que o segurado considerado incapaz tem direito a receber auxílio por incapacidade temporária, mesmo que tenha retornado ao trabalho **após indeferimento indevido do benefício pelo INSS**. Ou seja, o segurado que retorna ao trabalho sem condições de exercer a atividade por extrema necessidade causada por indeferimento indevido do benefício previdenciário, tem direito ao benefício do período que trabalhou incapaz. Nesse caso o segurado cumula o recebimento da sua remuneração com o do benefício pago posteriormente.

A Lei 13.135, de 17/06/2015, inseriu os §§ 7º e 8º no art. 60 da Lei 8.213/1991, dispondo que o segurado que durante o gozo do auxílio por incapacidade temporária vier a exercer atividade que lhe garanta subsistência poderá ter o benefício cancelado a partir do retorno à atividade. Caso o segurado, durante o gozo do auxílio por incapacidade temporária, vier a exercer atividade diversa daquela que gerou o benefício, deverá ser verificada a incapacidade para cada uma das atividades.

A renda mensal do auxílio por incapacidade temporária é de 91% do salário de benefício, calculado a partir da média de todos os salários de contribuição, sem a utilização do fator previdenciário.

Como já mencionado, antigamente, nos casos de **auxílio-doença e de aposentadoria por incapacidade permanente**, para o segurado que contasse com **menos de 144 contribuições mensais** no período contributivo, o salário de benefício corresponderia à soma dos salários de contribuição, dividida pelo número de contribuições apuradas, ou seja, não haveria eliminação dos 20% menores salários de contribuição.

Esta regra, todavia, foi alterada pelo Decreto 6.939, de 18/08/2009, que modificou a redação do § 4º do art. 188-A do Regulamento da Previdência Social e revogou o § 20 do seu art. 32. Com isso, o salário de benefício do auxílio-doença ou da aposentadoria por incapacidade permanente passou a seguir a regra geral da média aritmética dos 80% maiores salários de contribuição, independentemente do número de meses contribuídos. Atualmente, esses benefícios são calculados com base na média de todas as contribuições, por força do art. 26 da EC 103/2019.

A Medida Provisória 664, de 30/12/2014, estabeleceu que o auxílio por incapacidade temporária não poderá exceder a média aritmética simples dos últimos doze salários de contribuição, inclusive no caso de remuneração variável, ou, se não alcançado o número de doze, a média aritmética simples dos salários de contribuição existentes (art. 29, § 10º, da Lei 8.213/1991).

De acordo com esta regra, o valor do auxílio por incapacidade temporária não pode ultrapassar a média dos últimos 12 salários de contribuição apurados durante todo período contributivo. Se o segurado não tiver 12 salários de contribuição em seu histórico contributivo, o valor não pode ultrapassar a média das bases contributivas existentes.

Lembre-se de que a carência para o auxílio por incapacidade temporária é de 12 contribuições mensais, sendo dispensada nos casos de acidente de qualquer natureza, doença profissional ou do trabalho e doenças e afecções especificadas em lista elaborada pelos Ministérios da Saúde e da Previdência Social, de acordo com os critérios de estigma, deformação, mutilação, deficiência, ou outro fator que lhe confira especificidade e gravidade que mereçam tratamento particularizado.

Salienta-se que independe de carência a concessão de auxílio por incapacidade temporária aos segurados especiais, desde que comprovem o exercício de atividade rural, no período de 12 meses imediatamente anterior ao requerimento do benefício, ainda que de forma descontínua.

O auxílio por incapacidade temporária pode ser de dois tipos:

a) **Auxílio por incapacidade temporária acidentário –** Quando decorrente de acidentes do trabalho e seus equiparados, doença profissional e doença do trabalho;

b) **Auxílio por incapacidade temporária ordinário (chamado também de previdenciário) –** Em relação aos demais casos, de origem não ocupacional.

Nota-se que, do ponto de vista previdenciário, as únicas diferenças entre estas duas modalidades de auxílios-doença é que o primeiro dispensa a carência e, se for ocasionado por acidente de trabalho ou doença ocupacional, exige a emissão da Comunicação de Acidente de Trabalho – CAT. Já o segundo somente dispensará a carência se for oriundo de acidente de origem não ocupacional ou das doenças constantes em lista específica. Todas as demais regras são equivalentes, incluindo a forma de cálculo do seu valor.

Outra diferença é que o segurado que sofreu acidente do trabalho tem garantida, pelo prazo mínimo de 12 meses, a manutenção do seu contrato de trabalho na empresa, após a cessação do auxílio por incapacidade temporária acidentário, independentemente da percepção de auxílio-acidente. Esta é uma garantia trabalhista ao acidentado.

Acidente de qualquer natureza ou causa é aquele de origem traumática e por exposição a agentes físicos, químicos ou biológicos, que acarrete lesão corporal ou perturbação funcional que cause a perda ou a redução permanente ou temporária da capacidade laborativa (art. 30, §1º, do Dec. 3.048/1999). Pode ou não ter origem ocupacional.

Exemplo de acidente de origem não ocupacional:

Acidente automobilístico ocorrido na volta de uma festa, no final de semana.

Acidente do trabalho é o que ocorre pelo exercício do trabalho a serviço da empresa ou de empregador doméstico ou pelo exercício do trabalho dos segurados especiais, provocando lesão corporal ou perturbação funcional que cause a morte ou a perda ou redução, permanente ou temporária, da capacidade para o trabalho. As doenças ocupacionais equiparam-se a acidente de trabalho.

Até a publicação da Lei Complementar 150, de 01/06/2015, apenas o empregado e o trabalhador avulso poderiam sofrer acidente do trabalho. Com a regulamentação da chamada PEC das Domésticas pela referida lei, os empregados domésticos passaram a fazer jus aos benefícios acidentários.

Exemplo de acidente:

Segurado eletricista cai da escada durante a reparação da iluminação da empresa.

Doenças ocupacionais são as doenças ocorridas em virtude da atividade do trabalhador. São equiparadas ao acidente de trabalho, dividindo-se em doença profissional e do trabalho, conforme a seguinte conceituação legal:

a) **Doença profissional** é a produzida ou desencadeada pelo exercício do trabalho peculiar a determinada atividade e constante da respectiva relação elaborada pelo Ministério do Trabalho e Previdência;

Exemplo:

LER – a lesão por esforço repetitivo, sofrida pelo digitador.

b) **Doença do trabalho** é a adquirida ou desencadeada em função de condições especiais em que o trabalho é realizado, e com ele se relaciona diretamente.

Exemplo:

A disacusia neurossensorial (perda da audição induzida por ruído) do trabalhador da construção civil.

A empresa é responsável pela adoção e uso das medidas coletivas e individuais de proteção e segurança da saúde do trabalhador, constituindo contravenção penal, deixar a empresa de cumprir as normas de segurança e higiene do trabalho.

Não são consideradas doenças do trabalho:

a) a doença degenerativa;

b) a inerente a grupo etário;

c) a que não produza incapacidade para o trabalho;

d) a doença endêmica adquirida por segurado habitante de região em que ela se desenvolva, salvo comprovação de que é resultante de exposição ou contato direto determinado pela natureza do trabalho.

Exemplo:

Não se pode considerar o segurado, habitante da região amazônica, atingido por doença do trabalho, quando picado pelo mosquito transmissor da malária, eis que se trata de doença endêmica da região. A situação, entretanto, poderia gerar a caracterização de doença do trabalho, se o referido segurado, por força do seu trabalho, teve de se expor ao contato direto com os citados insetos, hipótese aplicável aos "caça-mosquitos".

O art. 2º da Lei 14.128, de 26/03/2021, que criou uma compensação financeira para os profissionais de saúde ou seus dependentes incapacitado permanentemente ou falecido devido à Covid 19, dispõe que se presume a Covid-19 como causa da incapacidade permanente para o trabalho ou óbito, **mesmo que não tenha sido a causa única, principal ou imediata**, desde que mantido o nexo temporal entre a data de início da doença e a ocorrência da incapacidade permanente para o trabalho ou óbito, se houver:

I - diagnóstico de Covid-19 comprovado mediante laudos de exames laboratoriais; ou

II - laudo médico que ateste quadro clínico compatível com a Covid-19.

Equiparam-se, também, ao acidente do trabalho:

I – o acidente ligado ao trabalho que, embora não tenha sido a causa única, haja contribuído diretamente para a morte do segurado, para redução ou perda da sua capacidade para o trabalho, ou produzido lesão que exija atenção médica para a sua recuperação;

II – o acidente sofrido pelo segurado no local e no horário do trabalho, em consequência de:

a) ato de agressão, sabotagem ou terrorismo praticado por terceiro ou companheiro de trabalho;

b) ofensa física intencional, inclusive de terceiro, por motivo de disputa relacionada ao trabalho;

c) ato de imprudência, de negligência ou de imperícia de terceiro ou de companheiro de trabalho;

d) ato de pessoa privada do uso da razão;

e) desabamento, inundação, incêndio e outros casos fortuitos ou decorrentes de força maior;

III – a doença proveniente de contaminação acidental do empregado, no exercício de sua atividade;

IV – o acidente sofrido pelo segurado, ainda que fora do local e horário de trabalho:

a) na execução de ordem ou na realização de serviço sob a autoridade da empresa;

b) na prestação espontânea de qualquer serviço à empresa para lhe evitar prejuízo ou proporcionar proveito;

c) em viagem a serviço da empresa, inclusive para estudo, quando financiada por esta dentro de seus planos para melhor capacitação da mão de obra, independentemente do meio de locomoção utilizado, inclusive veículo de propriedade do segurado;

d) **no percurso da residência para o local de trabalho** ou deste para aquela, qualquer que seja o meio de locomoção, inclusive veículo de propriedade do segurado.

Nos períodos destinados a refeição ou descanso, ou por ocasião da satisfação de outras necessidades fisiológicas, no local do trabalho ou durante este, o empregado é considerado no exercício do trabalho.

Vejamos questão que foi cobrada em concurso sobre os equiparados a acidente do trabalho:

Exemplo de questão:

(FUNRIO – Analista do Seguro Social – INSS/2014) Equipara-se a acidente de trabalho, para fins da Lei 6.367/1976

a) o ocorrido em viagem a serviço da empresa, seja qual for o meio de locomoção utilizado, **exceto veículo de propriedade do empregado**;

b) o acidente sofrido pelo empregado ainda que fora do local e horário de trabalho;

c) a doença profissional ou do trabalho, assim entendida a inerente ou peculiar a determinado ramo de atividade e constante de relação organizada pelo Ministério do Trabalho e Emprego;

d) o acidente **somente ligado ao trabalho** que tenha tido causa única, haja contribuído diretamente para a morte, perda ou redução da capacidade para o trabalho;

e) o ocorrido nos períodos destinados a refeição ou descanso, ou por ocasião da satisfação de outras necessidades fisiológicas, no local do trabalho ou durante este, quando o empregado **não será considerado a serviço** da empresa.

A resposta da questão é a letra B. Negritamos os erros das demais alternativas para facilitar a visualização. Observem que a alternativa C está errada, pois utiliza a mesma definição para as doenças profissionais e do trabalho, sem efetuar a diferenciação prevista na legislação.

Não é considerada agravação ou complicação de acidente do trabalho a lesão que, resultante de acidente de outra origem, associe-se ou se superponha às consequências do acidente de trabalho.

Será considerado agravamento do acidente aquele sofrido pelo acidentado quando estiver sob a responsabilidade do serviço de reabilitação profissional.

Lembramos de que a empresa ou empregador doméstico deverão comunicar o acidente do trabalho à Previdência Social, até o 1º dia útil seguinte ao da ocorrência, e, em caso de morte, de imediato, à autoridade competente, devendo ser entregue cópia fiel da CAT ao acidentado ou aos seus dependentes, bem como ao sindicato a que corresponda a categoria do acidentado, salvo no caso de doença ocupacional já prevista no Nexo Técnico Epidemiológico Previdenciário, como já estudado.

Considera-se como dia do acidente, no caso de doença profissional ou do trabalho, a data do início da incapacidade laborativa para o exercício da atividade habitual, ou o dia da segregação compulsória, ou, ainda, o dia em que for realizado o diagnóstico, valendo para este efeito o que ocorrer primeiro.

O art. 120 da Lei 8.213/1991, alterado pela Lei 13.846/2019, prevê que nos casos de negligência quanto às normas padrão de segurança e higiene do trabalho indicados para a proteção individual e coletiva e de violência doméstica e familiar contra a mulher, a

Previdência Social proporá ação regressiva contra os responsáveis". Isso significa dizer que o INSS deve tentar se ressarcir na Justiça dos gastos que tem com a concessão de benefícios acidentários concedidos em razão de culpa da empresa ou concedidos em casos de violência doméstica contra a mulher.

Para instrumentalizar o processo o §1º do art. 341 do RPS dispõe que o Ministério do Trabalho e Emprego – MTE encaminhará à Previdência Social os respectivos relatórios de análise de acidentes do trabalho com indícios de negligência quanto às normas de segurança e saúde do trabalho que possam contribuir para a proposição de ações judiciais regressivas. Observa-se que a partir de 1º de março de 2011, o Ministério da Previdência Social passou a fornecer, trimestralmente, informações relativas aos dados de acidentes e doenças do trabalho constantes das comunicações de acidente de trabalho registradas no período, exigindo, em contrapartida, os relatórios do MTE.

A Medida Provisória 316, convertida na Lei 11.430, de 26/12/2006, acrescentou o art. 21-A à Lei 8213/1991, com a seguinte redação: "Presume-se caracterizada incapacidade acidentária quando estabelecido o nexo técnico epidemiológico entre o trabalho e o agravo, decorrente da relação entre a atividade da empresa e a entidade mórbida motivadora da incapacidade, em conformidade com o que dispuser o regulamento".

Dessa forma, com o Nexo Técnico Epidemiológico Previdenciário (NTEP) previsto em regulamento, o Médico Perito da Previdência Social verificará a relação da doença do segurado com a atividade desenvolvida na empresa, a partir de decreto elaborado com esta finalidade, e presumirá, caso seja detectado nexo, que a doença foi decorrente de acidente de trabalho.

O STF validou a sistemática do NTEP no julgamento da ADI 3.931, considerando constitucional a previsão legal de presunção de vínculo entre a incapacidade do segurado e suas atividades profissionais quando constatado o nexo técnico epidemiológico ente o trabalho e o agravo.

O Decreto 6.042/1999 regulamentou o NTEP, inserindo os §§ 3º a 13º no art. 337 do Regulamento da Previdência Social – RPS, aprovado pelo Decreto 3.048/1999. Assim, considera-se estabelecido o nexo entre o trabalho e o agravo quando se verificar nexo técnico epidemiológico entre a atividade da empresa e a entidade mórbida motivadora da incapacidade, elencada na Classificação Internacional de Doenças (CID), em conformidade com o disposto na Lista C do Anexo II, do RPS.

A Lista B do Anexo II do RPS traz os fatores de risco de natureza ocupacional que podem ser preponderantes para a ocorrência de cada doença específica, enquanto a Lista C faz a correlação das atividades das empresas a estes fatores de risco.

Exemplificando, a lista C faz as seguintes correlações:

INTERVALO CID-10	CNAE
A15-A19 (TUBERCULOSES, MENINGITES e PESTES)	0810 - Extração de ardósia, granito, calcário, gesso, arreia, argila... 1091 - Padarias, fabricação de torradas, confeitaria... 1411 - Fabricação de calcinhas, camisolas, pijamas, roupas intimas... 1412 - Agasalhos, biquínis, blazers, casacos... 1533 - Calçados, chinelos, sandálias... Outros CNAES 1540 2330 3011 3701 3702 3811 3812 3821 3822 3839 3900 4120 4211 4213 4222 4223 4291 4299 4312 4321 4391 4399 4687 4711 4713 4721 4741 4742 4743 4744 4789 4921 4923 4924 4929 5611 7810 7820 7830 8121 8122 8129 8610 9420 9601
E10-E14 (DIABETES)	1091 - Padarias, fabricação de torradas, confeitaria... 3600 - Abastecimento de agua, filtragem, Tratamento e distribuição... 3701 - Drenagem de agua e rede de esgoto... 3702 - Limpeza de Canais Urbanos, retirada de lama... 3811 - Remoção de lixo urbano, entulho... Outros CNAES: 3812 3821 3822 3839 3900 4120 4211 4213 4222 4223 4291 4292 4299 4313 4319 4329 4399 4721 4921 4922 4923 4924 4929 4930 5030 5231 5239 8011 8012 8020 8030 8121 8122 8129 8411 9420

As doenças e respectivos agentes etiológicos ou fatores de risco de natureza ocupacional listados são exemplificativos e complementares.

Já a Lista C aponta os intervalos de CID-10, ou seja, grupos de doenças, em que se reconhece Nexo Técnico Epidemiológico entre a entidade mórbida e as classes de CNAE indicadas, concluindo quais atividades são geradoras de cada grupo de doença.

Considera-se agravo, para fins de correlação entre este e o trabalho, a lesão, doença, transtorno de saúde, distúrbio, disfunção ou síndrome de evolução aguda, subaguda ou crônica, de natureza clínica ou subclínica, inclusive morte, independentemente do tempo de latência.

No caso de reconhecimento pela perícia médica do INSS da incapacidade para o trabalho e o nexo entre o trabalho e o agravo, serão devidas as prestações acidentárias a que o beneficiário tenha direito.

A empresa ou empregador doméstico poderá requerer a não aplicação do nexo técnico epidemiológico previdenciário, no prazo de 15 dias da data para entrega da GFIP ou outro documento informativo que registre a movimentação do trabalhador, sob pena de não conhecimento da alegação na fase administrativa.

Explicando: sendo reconhecido pelo Médico Perito o NTEP, com a concessão do correspondente benefício acidentário, a empresa deve incluir em GFIP a informação de que o seu empregado está afastado por motivo de acidente de trabalho. O prazo para defesa inicia-se, então, a partir da data de entrega deste documento. Se, todavia, restar caracterizado o não conhecimento tempestivo do diagnóstico do agravo, o requerimento poderá ser apresentado no prazo de 15 dias da data em que a empresa tomar ciência da decisão da perícia médica do INSS.

Para provar a inexistência de nexo entre o trabalho e o agravo, a empresa poderá trazer, entre outros meios de prova, evidências técnicas circunstanciadas e tempestivas à exposição do segurado, podendo ser produzidas no âmbito de programas de gestão de risco, a cargo da empresa, que possuam responsável técnico legalmente habilitado.

O INSS informará ao segurado sobre a contestação da empresa, para, querendo, impugná-la.

Da decisão do Médico-Perito que determinar a aplicação ou não do NTEP, caberá recurso com efeito suspensivo, da empresa ou do segurado, ao Conselho de Recursos da Previdência Social.

Também da mesma forma que a aposentadoria por incapacidade permanente, o auxílio por incapacidade temporária será devido (art. 60, Lei 8.213/1991):

a) **ao segurado empregado**, a contar do 16º dia do afastamento da atividade ou a partir da entrada do requerimento, se entre o afastamento e a entrada do requerimento decorrerem mais de 30 dias;

b) **ao segurado empregado doméstico, trabalhador avulso, contribuinte individual, especial e facultativo**, a contar da data do início da incapacidade ou da data da entrada do requerimento, se entre essas datas decorrerem mais de 30 dias.

Durante os primeiros 15 dias de afastamento, caberá à empresa pagar ao segurado empregado o salário correspondente. Perceba que esta obrigatoriedade não se estende expressamente ao empregador doméstico, devendo a Previdência conceder o benefício ao empregado doméstico a partir do início da incapacidade. A Medida Provisória 664, de 30/12/2014 tentou alterar a regra de início do benefício para o empregado, estendendo a obrigatoriedade da empresa de arcar com os 30 primeiros dias de incapacidade do empregado. A Lei 13.135/2015, no entanto, não acatou esta alteração. Assim, o empregador continua obrigado a pagar somente os 15 primeiros dias de afastamento, sendo a Previdência Social responsável pela concessão do auxílio por incapacidade temporária a partir do 16º dia de afastamento.

Ficando o segurado não empregado incapacitado, este terá direito ao benefício a partir do primeiro dia de afastamento, desde que a incapacidade perdure por no mínimo 16 dias. Salienta-se que não está entre as garantias elencadas na Constituição Federal, do empregado doméstico, o recebimento de remuneração durante os primeiros 15 de afastamento, embora, na prática, os seus empregadores costumem pagar os primeiros 15 dias seu salário quando ocorrem pequenos períodos de licença.

Quando o acidentado não se afastar do trabalho no dia do acidente, os 15 dias de responsabilidade da empresa são contados a partir da data do afastamento.

O auxílio por incapacidade temporária do segurado que exercer mais de uma atividade abrangida pelo RGPS será devido, mesmo no caso de incapacidade apenas para o exercício de uma delas, *hipótese em que o segurado deverá informar a Perícia Médica Federal a respeito de todas as atividades que estiver exercendo.* .

Neste caso, o auxílio por incapacidade temporária será concedido em relação à atividade para a qual o segurado estiver incapacitado, considerando-se para efeito de carência somente as contribuições relativas a essa atividade. Se, nas várias atividades, o segurado exercer a mesma profissão, será exigido, de imediato, o afastamento de todas elas.

Ocorrendo afastamento apenas para uma das atividades, **o valor do auxílio por incapacidade temporária poderá ser inferior ao salário mínimo**, desde que a soma do benefício com as demais remunerações recebidas resulte em valor superior ao piso salarial. Aqui, temos mais uma exceção quanto ao pagamento de benefícios em valor inferior ao salário mínimo, o que ocorre, também, para prestações decorrentes de acordos internacionais.

Quando o segurado que exercer mais de uma atividade, incapacitar-se, definitivamente, para uma delas, deverá o **auxílio por incapacidade temporária ser mantido, indefinidamente**, não cabendo sua transformação em aposentadoria por incapacidade permanente, enquanto essa incapacidade não se estender às demais atividades. Retomaremos esta questão ao estudar o auxílio-acidente, no próximo tópico.

Se concedido novo benefício decorrente **da mesma doença, dentro de 60 dias** contados da cessação do benefício anterior, **a empresa fica desobrigada do pagamento relativo aos 15 primeiros dias** de afastamento, prorrogando-se o benefício anterior e descontando-se os dias trabalhados, se for o caso (art. 75, § 3º, RPS).

> **Exemplo:**
>
> Jorge afastou-se das suas atividades de digitador, por dois meses, em decorrência de uma lesão na mão esquerda. Retornou ao trabalho e, dez dias depois, devido a um sangramento na mesma mão, foi obrigado a afastar-se novamente. Neste caso, o INSS assumirá o pagamento do auxílio por incapacidade temporária, desde o primeiro dia do novo afastamento.

Se o segurado empregado, por motivo de doença, afastar-se do trabalho, durante 15 dias, **retornando à atividade no 16º dia**, e se dela voltar a se afastar, dentro de 60 dias, **em decorrência da mesma doença,** fará jus ao auxílio por incapacidade temporária, a partir da data do novo afastamento (art. 75, § 4º, RPS).

> **Exemplo:**
>
> Fábio ficou afastado por 15 dias das suas atividades, devido a uma cirurgia de pequeno porte, retornando ao trabalho no 16º dia. Um mês após seu retorno ao serviço, voltou a sentir dores no local da cirurgia, necessitando de um novo afastamento. O INSS concederá o auxílio por incapacidade temporária a Fábio, a partir do primeiro dia de afastamento.

A legislação previdenciária prevê, ainda, que, no caso de afastamentos por **prazo inferior a 15 dias**, o auxílio por incapacidade temporária por novo afastamento, dentro de 60 dias, em decorrência da **mesma doença**, seja concedido a partir do 16º dia, considerando a soma dos períodos de afastamento.

> **Exemplo:**
>
> Taís ficou afastada das suas atividades, por um período de dez dias, devido a um problema renal. Após 30 dias do retorno às suas atividades, foi, novamente, acometida do mesmo mal, desta vez, necessitando afastar-se do trabalho por 12 dias. Nesta situação, o auxílio por incapacidade temporária deve ser concedido a partir do 6º dia do segundo afastamento.

E o que ocorre quando o médico assistente do segurado indica que este necessita de um afastamento de 30 dias, mas quando o segurado agenda a perícia no INSS só encontra vaga para depois de 60 dias, por exemplo?

Neste caso, o art. 75, § 6º, do RPS, alterado pelo Decreto 10.410 de 30/06/2020 esclarece que a impossibilidade de atendimento pela Previdência Social ao segurado antes do término do período de recuperação indicado pelo médico assistente na documentação autoriza o retorno do empregado ao trabalho no dia seguinte à data indicada pelo médico assistente. Assim, na situação exposta, o segurado deve retornar ao trabalho após o término dos 30 dias indicado pelo seu médico e efetuar a perícia no INSS que lhe garantirá o afastamento até o 30º dia de afastamento.

O auxílio por incapacidade temporária cessa com a recuperação da capacidade para o trabalho, com a transformação em auxílio-acidente ou com a morte do segurado.

A recepção de novo atestado fornecido por médico assistente com declaração de alta médica do segurado, antes do prazo estipulado na concessão ou na prorrogação do auxílio por incapacidade temporária, gera a cessação do benefício na nova data indicada. Então se o INSS programou a alta para data posterior ao atestado emitido pelo médico particular do segurado, o benefício deve cessar na data indicada pelo atestado.

Caso não seja estabelecido prazo de duração do benefício esse cessará após o prazo de 120 dias, contado da data de concessão ou de reativação do auxílio por incapacidade temporária, exceto se o segurado requerer a sua prorrogação ao INSS.

O segurado empregado, inclusive o doméstico, em gozo de auxílio por incapacidade temporária, é considerado pela empresa ou pelo empregador doméstico como licenciado, sendo o seu contrato de trabalho suspenso. A empresa que garantir ao segurado licença remunerada ficará obrigada a pagar-lhe, durante o período de auxílio por incapacidade temporária, a eventual diferença entre o valor do benefício previdenciário e a importância garantida pela licença. Esta vantagem é conhecida como complemento de auxílio por incapacidade temporária e, como já visto, não é considerado salário de contribuição, desde que extensível a todos os empregados.

A Medida Provisória 767, convertida na Lei 13.457, de 26/06/2016, inseriu os §§ 10 a 13 no art. 60 da Lei 8.213/1991, dispondo que, sempre que possível, o ato de concessão ou de reativação de auxílio por incapacidade temporária, judicial ou administrativo, deverá fixar o prazo estimado para a duração do benefício. Na ausência de fixação do prazo, o benefício cessará após 120 dias, contado da data de concessão ou de reativação, exceto se o segurado requerer a sua prorrogação junto ao INSS, na forma do regulamento.

Esta norma objetiva que a concessão judicial do auxílio por incapacidade temporária não se perpetue caso o Juiz não defina uma data de duração do benefício.

A Sexta Turma do Superior Tribunal de Justiça (STJ) entendeu que a natureza jurídica do afastamento por até seis meses em razão de violência doméstica e familiar prevista na Lei Maria da Penha é de interrupção do contrato de trabalho, incidindo, analogicamente, o auxílio por incapacidade temporária, devendo a empresa se responsabilizar pelo pagamento dos quinze primeiros dias, ficando o restante do período a cargo do INSS. A decisão foi lavrada no âmbito do REsp 1.757.775-SP, tendo como relator o ministro Rogerio Schietti Cruz.

O segurado em gozo de auxílio por incapacidade temporária, concedido judicial ou administrativamente, poderá ser convocado a qualquer momento para avaliação das condições que ensejaram a concessão ou a manutenção.

O auxílio por incapacidade temporária cessa com a recuperação da capacidade para o trabalho ou com a transformação em aposentadoria por incapacidade permanente ou em auxílio-acidente de qualquer natureza, neste caso, desde que resulte sequela que implique redução da capacidade para o trabalho que habitualmente exercia.

Vejamos um exemplo de questão de concurso público sobre o auxílio por incapacidade temporária:

Exemplo de questão sobre o tema:

(Procurador do Município de Natal 2008 – CESPE/UNB) Célio, segurado obrigatório da Previdência Social, trabalha em uma fábrica de sapatos em Natal – RN desde janeiro de 2000. Em virtude de ter sido infectado pelo vírus da dengue durante seu descanso semanal, no primeiro domingo de fevereiro de 2008, necessitou afastar-se de suas atividades laborais pelo período de 60 dias. Tendo como referência essa situação hipotética e com base na legislação que rege o benefício do auxílio por incapacidade temporária, assinale a opção correta.

a) Célio tem direito à percepção do auxílio por incapacidade temporária, e o benefício é devido a partir do décimo sexto dia do afastamento da atividade, uma vez que, durante os primeiros 15 dias consecutivos ao do afastamento, incumbe à empresa pagar o seu salário integral.

b) Célio não tem direito à percepção de auxílio por incapacidade temporária, uma vez que o período de carência desse benefício é de 180 contribuições mensais.

c) O auxílio por incapacidade temporária, inclusive o decorrente de acidente do trabalho, consiste em uma renda mensal correspondente a 100% do salário de benefício.

d) Se a empresa em que Célio trabalha dispuser de serviço médico, próprio ou em convênio, ele não deverá ser encaminhado à perícia médica da Previdência Social, uma vez que a incapacidade não superou 60 dias.

Resposta: A

20.3.1.1. Quadro resumo – Auxílio por incapacidade temporária

Quadro resumo – Auxílio por incapacidade temporária	
Requisito	Incapacidade para o trabalho ou para a atividade habitual, por mais de 15 dias consecutivos.
Beneficiários	Todos os segurados.
Carência	Doze contribuições mensais ou nenhuma para acidentes e algumas doenças especificadas em lista elaborada pelos Ministérios da Saúde e da Previdência Social.
Renda mensal (valor)	91% do salário de benefício, limitada à média dos 12 últimos salários de contribuição.
Início do pagamento	• **Empregados:** a) A contar do 16º dia de afastamento da atividade, quando requerida até o 30º dia; b) A partir da data de entrada do requerimento, se entre o afastamento e o requerimento decorrerem mais de 30 dias. • **Demais segurados:** A contar da data de início da incapacidade ou da data de entrada do requerimento, se entre estas datas passarem mais de 30 dias.
Suspensão do pagamento	Quando o segurado não comparecer à perícia médica periódica, ou à convocação do INSS.
Cessação do pagamento	Quando cessar a incapacidade ou pela transformação em aposentadoria por incapacidade permanente ou em auxílio-acidente. Quando o segurado retornar à atividade que gerou o benefício.

20.3.2. Auxílio-acidente

- **Arts. 86, Lei 8.213/1991**
- **Arts. 104, Decreto 3.048/1999**

O auxílio-acidente é o benefício concedido, como forma de indenização, ao segurado **empregado**, o empregado doméstico, ao **trabalhador avulso e ao segurado especial** quando, após a consolidação das lesões decorrentes de **acidente de qualquer natureza**, resultar sequela definitiva, conforme as situações discriminadas no Anexo III do Decreto 3.048/1999, que implique:

a) redução da capacidade para o trabalho que habitualmente exerciam;

b) redução da capacidade para o trabalho que habitualmente exerciam e exija maior esforço para o desempenho da mesma atividade que exerciam a época do acidente;

c) impossibilidade de desempenho da atividade que exerciam a época do acidente, porém que permita o desempenho de outra, após processo de reabilitação profissional, nos casos indicados pela perícia médica do Instituto Nacional do Seguro Social.

Os empregados domésticos passaram a fazer jus ao auxílio-acidente após a regulamentação da EC 72/2013, com a publicação da Lei Complementar 150, de 01/06/2015, que estendeu este benefício aos trabalhadores domésticos.

De acordo com a tese firmada no Tema 269 da TNU, o conceito de acidente de qualquer natureza, para os fins do art. 86 da Lei n. 8.213/1991 (auxílio-acidente), consiste em evento súbito e de origem traumática, por exposição a agentes exógenos físicos, químicos ou biológicos, ressalvados os casos de acidente do trabalho típicos ou por equiparação, caracterizados na forma dos arts. 19 a 21 da Lei n. 8.213/1991.

O STJ pacificou o entendimento que os contribuintes individuais não têm direito a concessão do benefício de auxílio-acidente por falta de previsão legal (Agravo Regimental REsp 1171779, de 10/11/2015).

A concessão do auxílio-acidente está condicionada à confirmação, pela perícia médica do INSS, da redução da capacidade laborativa do segurado, em decorrência de acidente de qualquer natureza.

Exemplo:

Eunice, digitadora de um jornal, perdeu um dedo ao soltar uma bomba na festa de São João de Amargosa. Como o médico perito avaliou que ela teria condições de continuar exercendo a atividade de digitadora, embora com um pouco mais de dificuldade, foi concedido o benefício do auxílio-acidente, baseado no item "b".

Caso Eunice tivesse perdido quatro dedos, não haveria mais condições de continuar exercendo a atividade de digitadora. Neste caso, ela poderia, após processo de reabilitação profissional que a capacitasse para uma nova função, como, por exemplo, a de telefonista, receber, da mesma forma, o auxílio-acidente, com base no item "c".

Atenção!

O auxílio-acidente é devido, em decorrência de **acidente de qualquer natureza**, e não, apenas, em caso de acidente de trabalho, como muitas pessoas costumam acreditar.

Perceba que a legislação previdenciária versa, de maneira **conflitante**, sobre o que ocorre com o segurado que exerce mais de uma atividade e fica incapacitado apenas para uma delas. No tópico anterior, mencionamos que, quando essa situação ocorrer, deverá ser mantido o **auxílio por incapacidade temporária indefinidamente**. Note, contudo, que um outro dispositivo reza que, quando houver acidente que acarrete **à impossibilidade de desempenho da atividade habitual, porém permita o desempenho de outra**, após processo de reabilitação profissional, **será concedido auxílio-acidente.**

Estes dois dispositivos, quando analisados conjuntamente, ficam desfalcados de uma lógica convincente. Na prática do INSS, entretanto, o auxílio por incapacidade temporária **nunca é concedido** indefinidamente e, sempre que se tratar de acidente de qualquer natureza que deixe sequelas que impliquem redução da capacidade de trabalho, o médico-perito autoriza a concessão do auxílio-acidente.

Note que os segurados contemplados com este benefício são os mesmos que, de alguma forma, contribuem para o SAT/GILRAT. Lembre-se de que as empresas pagam 1, 2 ou 3% sobre a remuneração dos empregados e avulsos que lhe prestem serviço, para o custeio deste benefício. O segurado especial deve destinar 0,1% sobre a comercialização da sua produção rural, para esta finalidade.

Quando o segurado, durante toda sua vida profissional, exerceu o trabalho, enquadrado em diferentes categorias de segurado, considera-se, para fins de concessão deste benefício, o trabalho que estava exercendo, na data do acidente.

Atenção!

O médico-residente fazia jus a este benefício até 2001. Atualmente, este contribuinte individual não mais tem direito a esta prestação (alteração formalizada pelo Decreto 4.032/2001). O § 3º do art. 352 da IN 128/2022, do INSS, dispõe que o médico-residente terá direito ao auxílio-acidente, quando o acidente tiver ocorrido antes de 26/11/2001, data de publicação do Decreto 4.032/2001, que excluiu este segurado do rol dos beneficiários do auxílio-acidente.

Salienta-se, ainda, que o § 2º do art. 4º da Lei 6.932/1981 dispõe que o médico-residente terá direito aos benefícios acidentários. Com base neste dispositivo, muitos doutrinadores consideram, a nosso ver equivocadamente, que o médico-residente tem direito ao auxílio-acidente. Note que o art. 18, § 1º, da Lei 8.213/1991, lei esta específica e posterior à Lei 6.932/1981, dispõe que somente os trabalhadores empregados, avulsos e segurados especiais têm direito ao auxílio-acidente. Assim, a lei previdenciária revogou tacitamente o dispositivo da Lei 6.932/1981 que garantia aos médicos residentes a concessão das prestações acidentárias.

Ademais, pela regra da contrapartida, deve haver preexistência do custeio em relação aos benefícios e serviços. Como o auxílio-acidente é financiado por contribuições para o SAT/GILRAT e estas são pagas pelos empregadores sobre a remuneração de **empregados e avulsos**, assim como pelo **segurado especial** sobre a comercialização de sua produção, não há qualquer previsão de prévio custeio para financiar o benefício de auxílio-acidente para os médicos-residentes, sendo inconstitucional a ampliação do rol de beneficiários.

Lembramos de que não há necessidade de carência para a concessão deste benefício.

O auxílio-acidente será devido, a contar **do dia seguinte ao da cessação do auxílio por incapacidade temporária, independentemente de qualquer remuneração ou rendimento auferido pelo acidentado**, vedada sua acumulação com qualquer aposentadoria, salvo direito adquirido.

Ressalta-se que antes da Lei 9.528/1997 o benefício de auxílio-acidente era vitalício, podendo inclusive ser cumulado com as aposentadorias do RGPS. Esta Lei, no entanto, alterou a forma de cálculo da aposentadoria precedida de auxílio-acidente, incorporando o valor desse benefício no salário de contribuição para cálculo do valor da aposentadoria. Em contrapartida, vedou a acumulação destes dois benefícios, salvo direito adquirido.

Entende a Advocacia Geral da União que, para a acumulação do auxílio-acidente com proventos de aposentadoria, a lesão incapacitante e a concessão da aposentadoria devem ser anteriores às alterações inseridas no art. 86, § 2º, da Lei 8.213/1991, pela Lei 9.528/1997 (Súmula 65 da AGU, de 05/06/2012). Ou seja, para que seja caracterizado o direito adquirido à cumulação dos dois benefícios, é necessário, de acordo com o entendimento sumulado pela AGU, que tanto a incapacidade geradora do auxílio-acidente quanto a concessão da aposentadoria (ou direito a ela) sejam anteriores à alteração legislativa.

No mesmo sentido, em 2014, o STJ editou a súmula 507, dispondo que "a acumulação de auxílio-acidente com aposentadoria pressupõe que a lesão incapacitante e a aposentadoria sejam anteriores a 11/11/1997, observado o critério do art. 23 da Lei 8.213/1991 para definição do momento da lesão nos casos de doença profissional ou do trabalho" (Primeira Seção, j. em 26/03/2014, DJe 31/03/2014).

Perceba que o auxílio-acidente somente é pago após a recuperação do segurado afastado por auxílio por incapacidade temporária. O segurado pode, então, retornar ao trabalho remunerado, recebendo, cumulativamente, o benefício.

Após a alteração promovida pelo art. 26 da EC 103/2019, o valor do auxílio-acidente é calculado com base na média de 100% dos salários de contribuição, sem a utilização do fator previdenciário. Não é mais permitido, então, o descarte dos 20% menores salários de contribuição.

A renda mensal do auxílio-acidente corresponderá a 50% do salário de benefício que deu origem ao auxílio por incapacidade temporária do segurado, corrigido até o mês anterior ao do início do auxílio-acidente, e será devido até a véspera de início de qualquer aposentadoria ou até a data do óbito do segurado. Não há impedimento para que este benefício seja pago em valor inferior ao do salário mínimo, uma vez que não substitui a remuneração do trabalho.

O art. 243, § 3º, da IN 128, no entanto, dispõe que o valor mensal dos benefícios de auxílio-acidente e auxílio-suplementar, decorrente de reajustamento, não poderá ser inferior ao respectivo percentual de benefício aplicado sobre o salário mínimo vigente. Assim, o valor do auxílio-acidente não pode ser inferior a meio salário mínimo.

De acordo com o entendimento do STJ, o agravamento da lesão incapacitante tem como consequência a alteração do auxílio-acidente, sendo considerado um novo fato gerador para a concessão do benefício. Dessa forma, o agravamento da lesão gera a concessão de um novo benefício, devendo-se aplicar a lei em vigor na data do fato agravador, por incidência do princípio "tempus regit actum" (AgRg no REsp 1.304.317-SP, de 04/12/2012).

Como já comentado, para cálculo do salário de benefício das aposentadorias, os valores mensais do auxílio-acidente devem ser somados ao salário de contribuição, repercutindo no valor do benefício.

A legislação dispõe, redundantemente, que não ensejará a concessão do auxílio--acidente o caso:

I – que apresente danos funcionais ou redução da capacidade funcional, **sem repercussão na capacidade laborativa**;

II – de mudança de função, mediante readaptação profissional promovida pela empresa, como medida preventiva, em decorrência de inadequação do local de trabalho.

A perda da audição, em qualquer grau, somente proporcionará a concessão do auxílio-acidente, quando, além do reconhecimento do nexo de causa entre o trabalho e o agravo (doença), resultar, comprovadamente, na redução ou perda da capacidade para o trabalho que o segurado habitualmente exercia.

A legislação proibia a concessão de auxílio-acidente, quando o segurado estivesse desempregado, durante o período de manutenção da qualidade de segurado. O Decreto 6.722, de 30/12/2008, todavia, alterou a redação do § 7º do art. 104 do RPS, permitindo a concessão do auxílio-acidente durante o período de graça.

Quando o segurado, em gozo de auxílio-acidente, fizer jus a um novo auxílio-acidente, em decorrência de outro acidente ou de doença, serão comparadas as rendas mensais dos dois benefícios e mantido o benefício mais vantajoso. Não é permitida a cumulação de dois auxílios-acidente.

Salienta-se que o auxílio-acidente será suspenso, quando da concessão ou da reabertura do auxílio por incapacidade temporária **em razão do mesmo acidente ou doença** que lhe tenha dado origem. O auxílio-acidente suspenso será restabelecido, após a cessação do auxílio por incapacidade temporária concedido ou reaberto.

Exemplo:

Francisco sofreu acidente, ao manipular uma máquina da gráfica em que trabalhava. O seu salário de benefício era de R$ 2.000,00. No primeiro momento, recebeu o auxílio por incapacidade temporária, no valor de R$ 1.820,00 (91% x 2.000). O médico perito constatou que o mencionado acidente reduziria sua capacidade para o trabalho que costumava exercer. Após o seu retorno às atividades, foi encerrado o auxílio por incapacidade temporária e iniciado o auxílio-acidente, no valor de R$ 1.000,00 (50% x 2.000). Ele continuou recebendo o seu salário, normalmente.

Alguns dias depois, foi constatado que ele não teria condições para o retorno ao trabalho, necessitando de mais dois meses de repouso. Foi, então, suspenso o auxílio-acidente e reaberto o auxílio por incapacidade temporária. Quando retornou, finalmente, para o trabalho, foi, mais uma vez, cessado o auxílio por incapacidade temporária e reiniciado o auxílio-acidente.

No ano seguinte, sofreu um acidente de trânsito e ficou, mais uma vez, incapacitado para o trabalho. Continuou recebendo o auxílio-acidente, cumulado com o novo auxílio por incapacidade temporária. Note que o auxílio-acidente somente será suspenso, no caso de reabertura do mesmo auxílio por incapacidade temporária.

O auxílio-acidente cessa com a aposentadoria do trabalhador, ocasião em que o valor deste será considerado salário de contribuição, para cálculo do salário de benefício da aposentadoria. Cessa, também, com a morte do segurado.

Observa-se que o INSS entende que para os segurados fazerem jus ao auxílio-acidente é necessário que a lesão sofrida em decorrência de acidente de qualquer natureza e causa esteja prevista no anexo III do Decreto 3.048/1999. A título meramente ilustrativo, demonstramos algumas situações que garantem a concessão de auxílio-acidente, conforme anexo III do Decreto 3.048/1999:

1) Perda da audição no ouvido acidentado;
2) Perturbação da palavra em grau médio ou máximo, desde que comprovada por métodos clínicos objetivos;
3) Perda do segmento do aparelho digestivo, cuja localização ou extensão traz repercussões sobre a nutrição e o estado geral;
4) Encurtamento do membro inferior;
5) Redução da força e/ou de capacidade funcional da mão, do punho, do antebraço ou de todo membro superior, em grau sofrível ou inferior da classificação de desempenho muscular.

Um ponto da legislação que vem sendo alvo de discussão judicial é o que pertine à necessidade de que a **sequela seja definitiva** para a concessão do **auxílio-acidente**. A redação do art. 86 da Lei 8.213/1991 não exige que a sequela seja definitiva, mas o texto do art. 104 do Dec. 3.048/1999 inclui este requisito. O INSS, obviamente, somente concede o auxílio-acidente em caso de sequela irreversível.

O STJ, todavia, pacificou entendimento, em recurso repetitivo (REsp 1112886), de que este benefício **deve ser concedido**, mesmo no caso em que a **sequela seja reversível**.

20.3.2.1. Quadro resumo – Auxílio-acidente

Quadro resumo – Auxílio-acidente	
Requisito	Acidente de qualquer natureza que cause redução da capacidade para o trabalho.
Beneficiários	Somente empregados, empregados domésticos, trabalhadores avulsos e segurados especiais.
Carência	Não há.
Renda mensal (valor)	50% do salário de benefício que deu origem ao auxílio por incapacidade temporária do segurado, podendo ser inferior ao salário mínimo.
Início do pagamento	A partir do primeiro dia da cessação do auxílio por incapacidade temporária originário.
Suspensão do pagamento	Em caso de retorno da mesma doença que o originou.
Cessação do pagamento	No momento da aposentadoria ou pela morte do segurado.

20.4. PAGOS AOS DEPENDENTES

20.4.1. Pensão por morte

- **Arts. 74 a 79, Lei 8.213/1991**
- **Arts. 105 a 115, Decreto 3.048/1999**
- **EC 103/2019**

A pensão por morte é devida aos dependentes dos segurados, estudados no tópico 19.3.

A pensão por morte será devida ao conjunto dos dependentes do segurado que falecer, aposentado ou não, a contar da data (art. 74, Lei 8.213/1991, alterado pela Lei 13.846/2019):

I – **do óbito**, quando requerida:

a) pelo dependente maior de 16 anos, até 90 dias da data do óbito;

b) pelo dependente menor até 16 anos, até 180 da data do óbito;

II – **do requerimento**, quando requerida após os prazos previstos no inciso I;

III – **da decisão judicial**, no caso de morte presumida;

Antes da publicação da Lei 13.183, de 04/11/2015, a pensão por morte deveria ser requerida até 30 dias da data do óbito para retroagir. Esta lei, todavia, ampliou o prazo de requerimento com retroação para 90 dias. Atualmente, a MP 871/2009 passou a exigir do menor de 16 anos prazo de 180 dias para requerimento do benefício de pensão por morte com retroação do pagamento desde a data do óbito. Antes da alteração o menor poderia requerer o benefício até 90 dias após a data em que completasse 16 anos, que teria direito ao benefício desde a data do óbito, podendo a data de início do benefício retroagir alguns anos.

Observe, no entanto, que a Portaria 991/2022, art. 491, permite a retroação dos efeitos financeiros da pensão por morte ao menor de 16 anos desde a data do óbito, quando a data do falecimento do segurado for anterior a 18 de janeiro de 2019, data da publicação da MP 871/2019, mesmo que o requerimento ocorra depois da mudança legislativa.

A questão da retroação do benefício para o menor de 16 anos até a data do óbito já foi objeto de inúmeras alterações na legislação previdenciária. O art. 105 do RPS já foi alterado por diversas vezes, assim como as diversas instruções normativas do INSS.

Atualmente, após a publicação da MP 871, de 18/01/2019, convertida na Lei 13.846/2019, as cotas do menor de 16 anos só podem retroagir até a data do óbito quando requerida até 180 dias. Vejamos:

> **Situação 1:**
>
> Batista, habitante da cidade de Juazeiro/BA, mantinha união estável com Débora, tendo um filho, Tiago, de dois anos. Batista foi "tentar a sorte" em São Paulo, deixando sua companheira e seu filho no interior da Bahia, sem jamais ter enviado notícias. Dois anos depois, Batista morreu em decorrência de atropelamento. Decorridos dez anos, Débora e Tiago foram informados da morte de Batista. Tiago, agora com 14 anos, deu entrada em requerimento de pensão por morte, tendo recebido seu benefício, somente a partir da data do requerimento. Débora perdeu a qualidade de dependente desde a separação.
>
> **Situação 2:**
>
> Se, no exemplo anterior, Batista tivesse se casado em São Paulo com Tereza, tendo esta se inscrito, como dependente, no mês do óbito de Batista, Tiago, ao descobrir o óbito de seu pai, após dez anos, passaria a dividir o benefício com Tereza, em partes iguais, a partir da data do requerimento.

Em relação ao tema, em 22/05/2014, ou seja, antes da edição da MP 871/2019, convertida na Lei 13.846/2019, o Superior Tribunal de Justiça entendeu que a pensão por morte será devida ao dependente menor de **18 anos** desde a data do óbito, ainda que tenha requerido o benefício mais de trinta dias após completar dezesseis anos. O STJ se pronunciou no sentido de que a menoridade de que trata a legislação previdenciária só pode desaparecer com a maioridade, nos termos do art. 5º do CC – segundo o qual "A menoridade cessa aos dezoito anos completos, quando a pessoa fica habilitada à prática de todos os atos da vida civil" –, e não aos dezesseis anos de idade (REsp 1.405.909-AL).

No caso de habilitação tardia de dependente, a data de início do benefício será a data do óbito, aplicados os devidos reajustamentos até a data de início do pagamento, não sendo devida qualquer importância relativa ao período anterior à data de entrada do requerimento (art. 105, § 1º, do RPS).

O que este complexo texto quer dizer é que se houver habilitação tardia de dependente o **valor do benefício** será calculado com base no valor que deveria ser pago na data do óbito, aplicando os devidos reajustes até a data da primeira prestação recebida. Não será, no entanto, pago qualquer valor referente ao período compreendido entre a data do óbito e a da entrada no requerimento.

A concessão da pensão por morte não será protelada pela falta de habilitação de outro possível dependente, e qualquer habilitação posterior que importe exclusão ou inclusão de dependente somente produzirá efeito, a contar da data da habilitação.

Atente para o fato de que a inscrição do dependente somente é possível no ato do requerimento do benefício. Não é possível, então, que o INSS proceda a conversão automática dos benefícios de aposentadoria em pensão por morte.

De acordo com § 3º do art. 74 da Lei 8.213/1991, inserido pela Lei 13.846, de 18/06/2019, **ajuizada a ação judicial para reconhecimento da condição de dependente**, este poderá requerer a sua **habilitação provisória ao benefício de pensão por morte**, exclusivamente para fins de rateio dos valores com outros dependentes, vedado o pagamento da respectiva cota até o trânsito em julgado da respectiva ação, **ressalvada a existência de decisão judicial em contrário**.

Nas ações em que o INSS for parte, este poderá proceder de ofício à **habilitação excepcional da pensão, apenas para efeitos de rateio, descontando-se os valores referentes a esta habilitação das demais cotas**, vedado o pagamento da respectiva cota até o trânsito em julgado da respectiva ação, ressalvada a existência de decisão judicial em contrário. Julgada improcedente a ação, o valor retido será corrigido pelos índices legais de reajustamento e será pago de forma proporcional aos demais dependentes, de acordo com as suas cotas e o tempo de duração de seus benefícios. Em qualquer caso, fica assegurada ao INSS a cobrança dos valores indevidamente pagos em função de nova habilitação.

Problema usual é o que ocorre com o cônjuge do aposentado falecido, que não informa o óbito ao INSS e continua sacando o benefício de aposentadoria, sem requerer, contudo, a sua transformação em pensão por morte. Nesta situação, se o INSS for informado do óbito do segurado, cancelará o benefício de aposentadoria, e os valores sacados deverão ser devolvidos à Previdência.

A pensão por morte somente será devida ao dependente inválido, se for comprovada pela perícia médica a existência de invalidez, na data do óbito do segurado.

De acordo com o art. 101, da Lei 8.212/91, o segurado em gozo de **auxílio por incapacidade temporária, auxílio-acidente ou aposentadoria por incapacidade permanente e o pensionista inválido**, cujos benefícios tenham sido concedidos judicial ou administrativamente, estão obrigados, sob pena de suspensão do benefício, a submeter-se a:

> I - **exame médico a cargo da Previdência Social** para avaliação das condições que ensejaram sua concessão ou manutenção;
>
> II - processo de **reabilitação profissional** por ela prescrito e custeado; e
>
> III - tratamento dispensado gratuitamente, **exceto o cirúrgico e a transfusão de sangue, que são facultativos.**

Percebam que este artigo ainda menciona, equivocadamente, **"independentemente de sua idade"**, uma vez que de acordo com o art. 101 da Lei 8.213/1991, alterado pela MP 871, de 18/01/2019, convertida na Lei 13.846/2019, o aposentado por invalidez e o pensionista inválido estarão isentos do exame pericial após completarem sessenta anos de idade.

Esta isenção de perícia não se aplica quando o exame tem as seguintes finalidades:

I - verificar a necessidade de assistência permanente de outra pessoa para a concessão do acréscimo de 25% sobre o valor do benefício, conforme dispõe o art. 45;

II - verificar a recuperação da capacidade de trabalho, mediante solicitação do aposentado ou pensionista que se julgar apto;

III - subsidiar autoridade judiciária na concessão de curatela.

A perícia terá acesso aos prontuários médicos do periciado no Sistema Único de Saúde (SUS), desde que haja a prévia anuência do periciado e seja garantido o sigilo sobre os dados dele.

É assegurado o atendimento domiciliar e hospitalar pela perícia médica e social do INSS ao segurado com dificuldades de locomoção, quando seu deslocamento, em razão de sua limitação funcional e de condições de acessibilidade, imponha-lhe ônus desproporcional e indevido, nos termos do regulamento.

O dependente menor de idade que se invalidar antes de completar 21 anos deverá ser submetido a exame médico-pericial, não se extinguindo a respectiva cota, se confirmada a invalidez.

> **Exemplo:**
>
> Emílio, 12 anos, recebe pensão pela morte de seu pai, desde os cinco anos de idade. Aos 19 anos, teve diagnosticada doença degenerativa, que, de imediato, deixou-o inválido. Quando completou 21 anos, a sua cota não foi cessada, já que a invalidez se deu antes que completasse a maioridade previdenciária. Se, entretanto, a mesma doença tivesse gerado incapacidade, aos 21 anos de idade, após a perda da qualidade de dependente, o benefício de pensão por morte **não** seria reativado.

A pensão poderá ser concedida, em caráter provisório, por **morte presumida**:

I – mediante sentença declaratória de ausência, expedida por autoridade judiciária, a contar da data de sua emissão;

II – em caso de desaparecimento do segurado por motivo de catástrofe, acidente ou desastre, a contar da data da ocorrência, mediante prova hábil.

A autoridade judicial competente pode emitir sentença declaratória, depois de seis meses de ausência.

Note que, no caso de desaparecimento do segurado, em consequência de acidente, desastre ou catástrofe, seus dependentes farão jus à pensão provisória, **independentemente da declaração judicial de ausência**, desde que possua prova hábil.

Verificado o reaparecimento do segurado, o pagamento da pensão cessa, imediatamente, ficando os dependentes desobrigados da reposição dos valores recebidos, salvo má-fé.

> **Atenção!**
> O cônjuge do ausente somente fará jus ao benefício, a partir da data de sua habilitação e **mediante prova de dependência econômica**, não excluindo o direito da companheira ou do companheiro. Esta é uma exceção à regra da presunção da dependência econômica do cônjuge.

O benefício da pensão por morte independe de carência. A necessidade do cumprimento de carência para o benefício de pensão por morte foi inserida pela Medida Provisória 664, de 30/12/2014, prevendo um prazo de 24 meses. Ocorre que no processo de conversão da MP 664 na Lei 13.135/2015, foi excluída a necessidade de cumprimento de carência para os benefícios de pensão por morte e auxílio reclusão.

O legislador, todavia, instituiu prazo de duração da pensão por morte devida aos cônjuges ou companheiros(as), escalonado em função de suas idades, desde que o segurado tenha recolhido, ao menos, 18 contribuições mensais. Garantiu, também, para os cônjuges ou companheiros de segurados que não efetuaram as 18 contribuições mensais, um benefício por apenas quatro meses. Já para os demais dependentes (filhos ou equiparados, pais e irmãos), o número de contribuições vertidas pelo segurado não influencia o prazo de duração da pensão por morte. Assim, caso um filho de um ano de idade perca o pai que contribuía há apenas seis meses para o INSS, este terá direito à pensão por morte até completar 21 anos de idade.

A Lei 13.135, de 17/06/2015, exigiu que para que o cônjuge, o companheiro ou a companheira faça jus à pensão por morte escalonada em função da idade, o casamento ou o início da união estável tenha ocorrido há, ao menos, dois anos da data do falecimento do instituidor do benefício, excetuando-se os casos em que o óbito do segurado tenha sido decorrente de acidente de qualquer natureza ou doença profissional ou do trabalho.

Caso não conte com os 24 meses de união ou casamento, e o óbito não seja decorrente de acidente, a pensão por morte será concedida por um prazo de apenas quatro meses.

Antes deste ato normativo, não havia prazo de duração para o cônjuge ou companheiro(a) gozar do benefício de pensão por morte. Assim, bastava apenas uma contribuição do segurado para ensejar o direito do cônjuge ou companheiro(a) de usufruir deste benefício, vitaliciamente. No processo de conversão da MP, a Lei 13.135/2015 passou a exigir **18 contribuições mensais** para que o prazo da pensão por morte fosse escalonado (art. 77, § 2º, V, c, da Lei 8.213/1991).

Recapitulando: atualmente, então, em regra, é necessário que o segurado já tenha efetuado 18 contribuições mensais e que tenha mais de 24 meses de união para garantir o direito do cônjuge ou companheiro(a) de gozar a pensão por morte, por prazo superior a quatro meses.

Se o segurado falecer sem ter cumprido as 18 contribuições mensais ou os dois anos de união, deixará o benefício de pensão por morte para o seu cônjuge ou companheira(a) pelo período de apenas quatro meses. No entanto, se o segurado tiver cumprido as 18 contribuições e os dois anos de união ou, mesmo sem cumprir estes requisitos, se o óbito for decorrente de acidente de qualquer natureza ou de doença profissional ou do trabalho, deixará a pensão por morte por período variável a depender da idade do cônjuge sobrevivente, de acordo com a seguinte tabela (art. 77, V, c, da Lei 8.213/1991, atualizado pela Portaria 424 de 29/12/2020):

Idade do companheiro ou companheira	Duração do benefício
Menores que 22 anos	3 anos
A partir de 22 anos até 27 anos	6 anos
A partir de 28 anos até 30 anos	10 anos
A partir de 31 anos até 41 anos	15 anos
A partir de 42 anos até 44 anos	20 anos
A partir de 45 anos	Vitalícia

A pensão por morte, então, não exige carência, pois o prazo de 18 contribuições mensais não se confunde com este instituto, vez que não impede a concessão do benefício, mas, apenas, reduz a duração do benefício do cônjuge ou companheiro(a) para **quatro meses**. Para os demais dependentes, o escalonamento não é aplicável, ou seja, um filho de um ano de idade que perde o pai que contribuía há apenas seis meses para o INSS, terá direito à pensão por morte até completar os 21 anos de idade.

O tempo de contribuição para o RPPS será considerado para efeito de contagem das 18 contribuições mensais. Se, então, o trabalhador era servidor público e passou a ser vinculado ao RGPS, o tempo de serviço público será considerado para a apuração desta exigência.

Em síntese, a Lei 13.135/2015 exigiu para a aplicação dos prazos de duração da pensão por morte escalonados 18 contribuições do segurado e dois anos de união estável ou casamento. Em caso de óbitos por acidente de qualquer natureza ou por doença profissional ou do trabalho, tanto o prazo de união quanto o de contribuição são dispensados, podendo a pensão por morte ser concedida conforme os escalonamentos de prazos em função da idade do cônjuge sobrevivente. Se na data do falecimento do segurado o dependente não tiver os dois anos de casamento ou de união estável ou o segurado falecido não possuir 18 contribuições, a pensão por morte será concedida por apenas quatro meses, salvo o caso de morte por acidente. Assim, os óbitos decorrentes dos acidentes e das doenças ocupacionais dispensam tanto o cumprimento das 18 contribuições mensais, quanto a necessidade de dois anos de união para que o cônjuge ou companheiro tenha direito à pensão por morte com os prazos escalonados em relação às idades.

No caso de dependente inválido ou com deficiência, a pensão por morte será concedida até a duração desta condição. Se a cessação da invalidez ou da deficiência se der antes dos prazos de duração definidos para o dependente capaz, o deficiente gozará o benefício por este prazo mínimo.

Exemplo:

João, deficiente, 39 anos de idade, perdeu a sua esposa, passando a receber o benefício de pensão por morte. Ele terá direito a este benefício enquanto durar a sua condição de deficiente. Se, todavia, a sua deficiência for cessada antes de 15 anos de recebimento do benefício, lhe será garantido o gozo do benefício por este período, contado a partir da data do óbito.

Vejamos uma questão sobre o tema:

(CESPE – 2018 – STJ – Analista Judiciário – Judiciária) A respeito do regime geral da Previdência Social (RGPS), julgue o item que se segue, considerando a jurisprudência dos tribunais superiores.

Situação hipotética: Lúcia, que por doze meses foi contribuinte da Previdência Social e que era casada, há quatro anos, com Mário, de 45 anos idade, faleceu após complicações de saúde decorrentes de uma cirurgia estética. Assertiva: Nessa situação, Mário terá direito ao benefício de pensão por morte em caráter vitalício.

RESOLUÇÃO:

Como Lúcia não possui as 18 contribuições necessárias para a aplicação da regra de escalonamento da pensão por morte, prevista no art. 77, V, *c*, da Lei 8.213/1991, Mário receberá apenas quatro meses de pensão por morte.

Resposta: Errada

De acordo com o § 2º-B do art. 77 da Lei 8.213/1991, inserido pela Lei 13.135/2015, somente após o transcurso de três anos e desde que tenha o incremento mínimo de um ano na expectativa de vida do brasileiro ao nascer, considerando a tabela de ambos os sexos, poderão ser fixadas novas idades para os prazos de recebimento da pensão, por ato do Ministério do Trabalho e Previdência. Ressalta-se que os prazos de duração da pensão devem ser mantidos, podendo ser alteradas apenas as idades.

Desta forma, caso em três anos a expectativa do brasileiro, considerando a tabela de ambos os sexos, aumente em dois anos, as idades previstas no inciso V, c, que acabamos de estudar, podem ser acrescentadas também em dois anos, mediante ato do Ministério da Previdência. Assim, com menos de 24 anos, os segurados teriam direito a apenas três anos de pensão e somente a partir dos 47 anos, os segurados teriam direito à pensão vitalícia.

A Portaria 424 de 29/12/2020 fez a primeira elevação das idades, aumentando em um ano em cada faixa. Assim, a faixa para obtenção da pensão vitalícia passou de 44 anos para 45 anos, por exemplo.

A Lei 13.846/2019 fez outras significativas alterações na legislação da pensão por morte. De acordo com o art. 74, § 1º, da Lei 8.213/1991, perde o direito à pensão por morte o condenado criminalmente por sentença com trânsito em julgado, como autor, coautor ou partícipe de homicídio doloso, ou de tentativa desse crime, cometido contra a pessoa do segurado, ressalvados os absolutamente incapazes e os inimputáveis (art. 74, § 1º, da Lei 8.213/1991, alterado pela Lei 13.846/2019).

De acordo com o art. 77, § 7º, da Lei 8.213/1991, alterada pela Lei 13.846/2019, se houver **fundados indícios de autoria, coautoria ou participação de dependentes**, ressalvados os absolutamente incapazes e os inimputáveis, **em homicídio, ou em tentativa desse crime, cometido contra a pessoa do segurado**, será possível a **suspensão provisória de sua parte no benefício de pensão por morte, mediante processo administrativo próprio**, respeitados a ampla defesa e o contraditório, e serão devidas, em caso de absolvição, todas as parcelas corrigidas desde a data da suspensão, bem como a reativação imediata do benefício.

O valor mensal da pensão por morte ou do auxílio-reclusão foi bastante alterado pela EC 103/2019. Até a promulgação da Reforma, o valor de tais benefícios era equivalente a **100%** do valor da aposentadoria que o segurado recebia ou daquela a que teria direito se estivesse aposentado por invalidez, na data de seu falecimento ou recolhimento à prisão.

A EC 103/2019 alterou significativamente a forma de cálculo do benefício da pensão por morte, de forma reflexa, pois ao alterar o cálculo da aposentadoria por incapacidade permanente e da aposentadoria, consequentemente, alterou o cálculo da pensão por morte.

De acordo com o art. 23 da EC 103/2019, **a pensão por morte concedida a dependente de segurado do Regime Geral de Previdência Social** ou de servidor público federal será equivalente **a uma cota familiar de 50% do valor da aposentadoria recebida pelo segurado ou servidor ou daquela a que teriam direito se fossem aposentados por incapacidade permanente na data do óbito, acrescida de cotas de 10% por dependente, até o máximo de 100%.**

Para se chegar, então, ao valor da pensão por morte após a Reforma da Previdência de 2019, devemos seguir os seguintes passos:

1) Utilizar o valor da aposentadoria ou, para os ativos o valor da aposentadoria por incapacidade permanente que teria direito se tivesse ficado inválido na data do óbito;
2) Para calcular o valor da aposentadoria por incapacidade permanente, utiliza-se a média de todos os salários de contribuição dos segurados, não permitindo o descarte dos 20% menores;
3) Depois de calcular a média, aplica-se o percentual de 60%, acrescidos de 2% por ano de contribuição adicional aos 15 anos, para mulheres, e aos 20 anos para homens;
4) Por fim, sobre o resultado, aplica-se o percentual de 50%, acrescidos de 10% por dependente até o limite de 100%.

Para piorar ainda mais essa já tão dura forma de cálculo o § 1º do art. 23 da EC 103/2019 dispõe que **as cotas por dependente cessarão com a perda dessa qualidade e não serão reversíveis aos demais dependentes**, preservado o valor de 100% da pensão por morte, quando o número de dependentes remanescente for igual ou superior a cinco. Neste caso, a cota do dependente que perdeu sua qualidade é extinta e o dependente remanescente terá o valor de sua cota recalculada, uma vez que o adicional de 10% é devido em razão de cada dependente ativo.

Vejamos um exemplo de cálculo de pensão por morte de trabalhador vinculado ao RGPS:

Exemplo:

Arnaldo trabalhava como empregado do RGPS há 16 anos, quando sofreu de infarto fulminante. Arnaldo deixou dois filhos menores de 21 anos de idade. Sabendo que sua média contributiva era de R$ 5.000,00, qual o valor da pensão por morte deixada por Arnaldo?

Resposta:

Como Arnaldo tinha apenas 16 anos de contribuição, sobre sua média aplica-se 60% para encontrar o valor da aposentadoria por incapacidade permanente a que ele teria direito, resultando em **R$ 3.000,00** (5.000 x 60%).

Sobre esse valor, ele deixará 70% para seus filhos (50% + 20%, dois dependentes), resultando no valor de **R$ 2.100,00** (70% x 3.000).

Cada um de seus filhos receberá uma cota de **R$ 1.050,00**, mas, quando o primeiro completar a maioridade previdenciária (21 anos), a sua cota será extinta e o segundo passará a receber **R$ 1.800,00** (60% x 3.000), ou seja, foi reduzido os 10% relativo ao dependente que teve a cota extinta.

Se Arnaldo tivesse falecido antes da reforma, o valor do benefício deixado para seus dependentes seria de **R$ 5.000,00**, ou até mais, pois sua média seria superior a este valor devido a eliminação dos 20% menores salários de contribuição. Cada um de seus filhos receberia **R$ 2.500,00** e, quando um perdesse a qualidade de dependente, o outro passaria a receber **R$ 5.000,00**.

Concluindo, Arnaldo faleceu na hora errada...

Não podemos deixar de relembrar que no exemplo que acabamos de estudar, se Arnaldo tivesse falecido em razão de acidente do trabalho não seriam aplicados os primeiros 60% em razão de contar com apenas 16 anos de contribuição na data de seu óbito. Isso porque, o valor da aposentadoria por incapacidade permanente decorrente de acidente do trabalho não é afetado pelo tempo de contribuição do segurado, devendo sempre ser calculado com base em 100% da média.

O Plenário do Supremo Tribunal Federal validou a nova regra de cálculo das pensões por morte de segurados do RGPS antes da aposentadoria. Por maioria, o colegiado declarou constitucional regra da Reforma da Previdência de 2019 que fixou os novos critérios para a concessão do benefício. O tema foi discutido em 23/06/2023, no julgamento da Ação Direta de Inconstitucionalidade (ADI) 7051.

Uma situação que vai gerar muitas distorções no cálculo do valor da pensão por morte é o caso do segurado que já possuía direito adquirido à concessão da aposentadoria antes da EC 103/2019 e falece após a data da sua publicação. Certamente, aplicando a letra da lei, o INSS irá utilizar como base de cálculo do valor da pensão por morte, o valor da aposentadoria por incapacidade permanente que o segurado teria direito a data do óbito, uma vez que o falecido não exerceu a opção pela sua aposentadoria, mesmo possuindo direito adquirido a ela. Nesse caso, entendemos ser completamente possível o pleito pelos dependentes de revisão do benefício para que seja calculado com base na aposentadoria por idade ou tempo de contribuição que o instituidor tinha direito adquirido antes do óbito, resultando, certamente em acréscimo do valor da pensão por morte.

Na hipótese de existir **dependente inválido ou com deficiência intelectual, mental ou grave**, o valor da pensão por morte será equivalente a (art. 23, § 2º, da EC 103/2019):

I – **100%** da aposentadoria recebida pelo segurado ou servidor ou daquela a que teriam direito se fossem aposentados por incapacidade permanente na data do óbito, até o limite máximo de benefícios do Regime Geral de Previdência Social; e

II – a uma cota familiar de **50% acrescida de cotas de 10% por dependente**, até o máximo de 100%, para o valor que supere o limite máximo de benefícios do Regime Geral de Previdência Social.

Quando não houver mais dependente inválido ou com deficiência intelectual, mental ou grave, o valor da pensão será recalculado de acordo com a regra geral (50% + 10% por dependente).

Vamos ao exemplo para elucidar o cálculo da pensão por morte, em caso de haver dependente inválido ou com deficiência. Utilizaremos o mesmo caso do exemplo anterior:

> **Exemplo:**
>
> Arnaldo trabalhava como empregado do RGPS há 16 anos, quando sofreu de infarto fulminante. Arnaldo deixou dois filhos menores de 21 anos de idade, **sendo um deles inválido**. Sabendo que sua média contributiva era de R$ 5.000,00, qual o valor da pensão por morte deixada por Arnaldo?
>
> **Resposta:**
>
> Como Arnaldo tinha apenas 16 anos de contribuição, sobre sua média aplica-se 60% para encontrar o valor da aposentadoria por incapacidade permanente a que ele teria direito, resultando em **R$ 3.000,00** (5.000 x 60%).
>
> Sobre este valor, ele deixará 100% para seus filhos (pois um deles é inválido). Cada um de seus filhos receberá uma cota de **R$ 1.500,00**, mas, se o inválido perder primeiro a qualidade de dependente (por morte ou recuperação da capacidade), a sua cota será extinta e o segundo passará a receber **R$ 1.800,00** (3.000 x 60%), ou seja, foi recalculada a base de cálculo, em função de não haver mais dependente inválido.

Ressaltamos que o valor do benefício e, também, as regras para distribuição das cotas são definidas no momento do fato gerador do benefício, ou seja, na data do óbito do segurado. Com esse raciocínio, concluímos que, caso uma pensão já tenha sido instituída para três dependentes antes da Reforma da Previdência de 2019, as cotas poderão ser revertidas integralmente entre os dependentes, mesmo que a perda da qualidade de qualquer deles venha a ocorrer após a EC 103/2019.

Após tentativa de mudança pela Reforma, o texto permanente do art. 201, V, da Constituição Federal foi mantido garantindo a pensão por morte do segurado, homem ou mulher, ao cônjuge ou ao companheiro e aos seus dependentes, observado o **limite mínimo de um salário mínimo.**

Não é possível, então, a concessão de benefício de pensão por morte inferior ao salário mínimo mesmo nos casos em que o dependente já possua outra fonte formal de renda, tais como, outra pensão por morte ou um emprego com carteira assinada.

> **Exemplo:**
>
> Carlos Eduardo, empregado do RGPS há 10 anos, quando faleceu deixando uma mulher, **também empregada do RGPS**, e um filho de 16 anos de idade. Sabendo que sua média contributiva era de R$ 1.500,00, qual o valor da pensão por morte deixada por Carlos Eduardo?
>
> **Resposta:**
>
> Para calcular o valor da pensão de Carlos Eduardo, aplicamos o percentual de 60% sobre sua média, resultando em **R$ 900,00** (1.500 x 60%).
>
> Sobre este valor, ele deixará 70% para seus dependentes (50% + 20%, dois dependentes), resultando no valor de **R$ 630,00** (70% x 900).
>
> Como o valor da pensão por morte deixada por Carlos Eduardo não pode ser inferior ao salário mínimo, deixará este valor para ser dividido entre a sua mulher e seu filho.
>
> Quando o filho de Carlos Eduardo completar a maioridade previdenciária (21 anos), a sua mãe passará a receber a pensão no valor de um salário mínimo.

O art. 23, § 4º, da EC 103/2019 dispõe que o tempo de duração da pensão por morte e das cotas individuais por dependente até a perda dessa qualidade, o rol de dependentes, a sua qualificação e as condições necessárias para enquadramento serão aqueles estabelecidos na Lei 8.213/1991. A EC 103/2019, recepcionou, então, as demais regras sobre a pensão por morte, prevista na Lei de Benefícios.

Para o dependente inválido ou com deficiência intelectual, mental ou grave, a **condição de deficiente pode ser reconhecida previamente ao óbito do segurado**, por meio de avaliação biopsicossocial realizada por equipe multiprofissional e interdisciplinar, observada revisão periódica na forma da legislação (art. 23, § 4º, da EC 103/2019). Isso é fundamental para a segurança dos segurados de que não haverá problemas no reconhecimento do direito do seu dependente inválido, antecipando a discussão da controvérsia, se for o caso.

O § 6º do art. 23 da EC 103/2019 dispõe que se **equiparam a filho**, para fins de recebimento da pensão por morte, **exclusivamente o enteado e o menor tutelado**, desde que comprovada a dependência econômica. Aqui, o texto tenta deixar clara a exclusão do menor sob guarda do rol de dependentes previdenciários. Em verdade, este dependente já havia sido excluído desde a Lei 9.528/1997, mas diversas decisões judiciais ainda consideravam o menor sob guarda como dependente previdenciário do RGPS, com fundamento no Estatuto da Criança e do Adolescente - ECA.

As regras sobre pensão previstas no art. 23 da EC 103/2019 poderão ser alteradas na forma da lei, para o Regime Geral de Previdência Social, assim, as regras aqui estudadas podem ser alteradas por lei ordinária.

Para melhor visualização, segue um esquema que resume a pensão por morte no RGPS:

PENSÃO POR MORTE NO RGPS

- A pensão por morte do RGPS é de 50% do valor da aposentadoria recebida pelo segurado ou servidor ou daquele a quem teriam direitos se fossem aposentados por incapacidade permanente na data do óbito, acrescida de cotas de 10% por dependente, até o máximo de 100%.
- Média de 100% das remunerações do trabalhador, aplicando-se 60%, com acréscimo de 2% para cada ano de contribuição que exceder o tempo de 15 anos de contribuição, para mulheres, e , 20 anos de contribuião para homens.
- Para o dependente inválido ou com deficiência será de 100% da média, aplicando-se os 50% + 10% por cada dependente.
- Limite mínimo de um salário mínimo
- Cotas recalculadas quando um dos dependentes perde sua qualidade de dependente.

Como visto, outra relevante alteração trazida pela Lei 13.135/2015, de 17/06/2015 foi a definição de prazo de validade de pensão por morte do cônjuge ou companheiro. Antes deste ato normativo, a pensão por morte era concedida ao companheiro e durava até o seu falecimento. Por isso, era muito comum a ocorrência de falsos casamentos, às vezes entre parentes, com o intuito único de recebimento de uma futura pensão por morte. Na realidade brasileira, era corriqueiro o casamento, simulado ou não, de aposentados da Previdência com segurados muito mais jovens, que, muitas vezes, objetivava apenas a perpetuação do benefício previdenciário.

Com a alteração legislativa, o tempo de duração da pensão por morte devida ao cônjuge, companheiro ou companheira será calculado de acordo com sua idade no momento do óbito do instituidor segurado, conforme tabela que já foi vista e que repetiremos para melhor fixação (art. 77, § 2º, V, da Lei 8.213/1991, alterada pela Lei 13.135/2015):

Idade do companheiro ou companheira	Duração do benefício
Menores que 22 anos	3 anos
A partir de 22 anos até 27 anos	6 anos
A partir de 28 anos até 30 anos	10 anos
A partir de 31 anos até 41 anos	15 anos
A partir de 42 anos até 44 anos	20 anos
A partir de 45 anos	Vitalícia

Analisando-se a tabela, chegamos à conclusão de que ela faz uma correlação entre a idade do dependente no momento do óbito do segurado, **independentemente de quando a pensão por morte foi requerida**, definindo prazo de duração do benefício.

Salientamos que, se no momento do óbito o dependente tiver 44 anos e 11 meses, submeter-se-á à pensão com prazo limitado a 20 anos, mesmo que o requerimento do benefício tenha ocorrido após completar 45 anos.

Um importante registro histórico em relação à evolução do valor da pensão por morte é que, na redação original do art. 75 da Lei 8.213/1991, a Renda Mensal do Benefício variava, tendo como ponto de partida o valor de 80%. Este valor foi aumentado para 100% com a redação dada pela Lei 9.032/1995. Com isso, deu origem a diversas demandas judiciais de pensionistas que recebiam valores inferiores a 100%, que pleiteavam o acréscimo no valor do benefício. O STJ pacificou o entendimento de que a lei aplicável para concessão de pensão é aquela vigente na data do óbito do segurado (Súmula 340). No mesmo sentido, o STF julgou diversos Recursos Extraordinários pondo um fim as discussões sobre o tema. Este tema já foi inclusive alvo de questionamento em prova de concurso público para o cargo de Defensor Público da União, conforme segue:

Exemplo de questão do CESPE:

(DPGU/Defensor/2010) A jurisprudência consolidou o entendimento de que a concessão da pensão por morte é regida pela norma vigente ao tempo da

> implementação da condição fática necessária à concessão do benefício, qual seja, a data do óbito do segurado.
>
> *Resposta: C*

Como estudado no **tópico 19.3**, os dependentes são divididos em três classes, de acordo com a prioridade. Os inscritos em uma mesma classe concorrem em igualdade de condições, devendo dividir o valor do benefício em partes iguais. Havendo perda da qualidade de dependente, a cota será redistribuída entre os demais habilitados da mesma classe.

Chamamos a atenção, mais uma vez, para o fato de que o cônjuge divorciado ou separado judicialmente, ou de fato, que recebia pensão de alimentos receberá sua cota de pensão por morte em igualdade de condições com os demais dependentes.

A MP 871, convertida na Lei 13.846/2019, inseriu o § 3º ao art. 76 da Lei 8.213/1991, dispondo que, na hipótese de o segurado falecido estar, na data de seu falecimento, obrigado por determinação judicial a pagar alimentos temporários a ex-cônjuge, ex-companheiro ou ex-companheira, a pensão por morte será devida pelo prazo remanescente na data do óbito, caso não incida outra hipótese de cancelamento anterior do benefício.

Vamos ao costumeiro exemplo:

> Alberlan era divorciado de Michele, tendo sido obrigado por determinação judicial a pagar cinco anos de pensão alimentícia a sua ex-cônjuge. Exatamente dois anos após o acordo judicial, Alberlan faleceu. Nesta situação, Michele terá direito a gozar a pensão por morte de Alberlan por apenas três anos, ou por período inferior do caso de ocorrência de outra hipótese de perda da qualidade de dependente, tal como decurso do prazo de escalonamento ou óbito da dependente.

Relembramos que a pensão por morte deixada por cônjuge ou companheiro pode ser acumulada com aposentadoria, seja qual for a sua espécie.

As situações que implicam a perda da cota individual da pensão por morte ocorrem (art. 77, § 2º, da Lei 8.213/1991, alterada pela Lei 13.135/2015):

I – Pela morte do pensionista;

II – Para o filho, a pessoa a ele equiparada ou o irmão, de ambos os sexos, ao completar 21 anos de idade, salvo se for inválido ou tiver deficiência intelectual ou mental ou deficiência grave;

III – Para o filho e o irmão inválido, pela cessação da invalidez;

IV – Para o filho ou irmão que tenha deficiência intelectual ou mental ou deficiência grave, pelo afastamento da deficiência, nos termos do regulamento.

V – Para o cônjuge ou companheiro:

a) se inválido ou com deficiência, pela cessação da invalidez ou pelo afastamento da deficiência, respeitados os períodos de gozo do benefício da pensão.

b) em quatro meses, se o óbito ocorrer sem que o segurado tenha vertido 18 contribuições mensais ou se o casamento ou união estável tiverem sido iniciados em menos de dois anos antes do óbito do segurado.

c) transcorridos os seguintes períodos, estabelecidos de acordo com a idade do beneficiário na data do óbito do segurado, se o óbito ocorrer depois de vertidas 18 contribuições mensais e pelo menos dois anos após o início do casamento ou da união estável (atualizado pela Portaria 424 de 29/12/2020):

1) 3 anos, com menos de 22 anos de idade;

2) 6 anos, entre 22 e 27 anos de idade;

3) 10 anos, entre 28 e 30 anos de idade;

4) 15 anos, entre 31 e 41 anos de idade;

5) 20 anos, entre 42 e 44 anos de idade;

6) vitalícia, com 45 ou mais anos de idade.

Percebemos que o filho ou irmão que se emancipar após estar recebendo o benefício de pensão por morte não perde a sua cota. Isso porque a Lei 13.135/2015 excluiu das hipóteses de cessação da pensão por morte a emancipação do filho ou irmão (art. 77, § 2º, II, da Lei 8.213/1991). Dessa forma, caso um filho que recebe pensão por morte em decorrência do falecimento de seu pai venha se casar, o seu benefício continuará sendo pago até ele completar 21 anos. Se tivesse se casado antes do óbito de seu pai, não receberia o benefício de pensão por morte, pois não seria enquadrado como dependente da data do falecimento.

O art. 114 do Decreto 3.048/1999 traz, ainda, a possibilidade de extinção da cota de pensão por morte no caso de adoção, para o filho adotado que receba pensão por morte dos pais biológicos. Este dispositivo, acrescentado pelo Decreto 5.545, de 22/09/2005, resulta em um desestímulo à adoção, uma vez que o adotado passa a perder a pensão do pai biológico, sendo prejudicado pela própria adoção. Em nossa visão, trata-se de regra socialmente injusta.

O Decreto 5.545/2005 prevê que a adoção não implica em perda da qualidade de pensionista do adotado em relação aos pais biológicos, quando o cônjuge ou companheiro adota o filho do seu parceiro.

Com a extinção da cota do último pensionista, a pensão por morte será encerrada, não podendo ser passada para pensionistas de classe inferior.

A pensão por morte será devida ao filho, ao enteado, ao menor tutelado e ao irmão, desde que comprovada a dependência econômica dos três últimos, que sejam inválidos ou que tenham deficiência intelectual, mental ou grave, cuja invalidez ou deficiência tenha ocorrido antes da data do óbito, observado o disposto no § 1º do art. 17 (art. 108 do RPS, alterado pelo Decreto 10.410/2020).

Um filho que se invalida aos 23 anos, obviamente, não fará jus à pensão por morte do seu pai, mesmo que falecido após a sua invalidez. Consideramos essa regra bastante razoável, pois a Previdência garante a condição de dependente até completar 21 anos, idade na qual o cidadão deve manter-se com o próprio esforço laboral ou assumir todos os riscos. Na situação proposta, se o filho estivesse trabalhando, teria direito à aposentadoria por incapacidade permanente, tendo o seu sustento garantido pela Previdência Social.

De acordo com a antiga redação do art. 77, § 4º, da Lei 8.213/1991, inserido pela Lei 12.470/2011, a parte individual da pensão do dependente com deficiência intelectual ou mental que o tornasse absoluta ou relativamente incapaz, assim declarado judicialmente, que exercesse atividade remunerada, seria reduzida em 30%, devendo ser integralmente restabelecida em face da extinção da relação de trabalho ou da atividade empreendedora. Ocorre que este dispositivo foi revogado pela Lei 13.135, de 17/06/2006, não estando mais esta regra vigente.

A Lei 13.183, de 04/11/2015, incluiu o § 6º no art. 77 da Lei 8.213/1991, esclarecendo que o exercício de atividade remunerada, inclusive na condição de microempreendedor individual, não impede a concessão ou manutenção da parte individual da pensão do dependente com deficiência intelectual ou mental ou com deficiência grave. Neste caso, após a revogação do mencionado § 4º, o dependente com deficiência que trabalhar recebe a cota integral da pensão por morte.

Uma situação que sempre é debatida na esfera judicial é a do dependente que requer o benefício de pensão por morte de segurado contribuinte individual que perdeu a qualidade por deixar de efetuar recolhimentos por muitos anos. Obviamente, mesmo que o dependente efetue o recolhimento das contribuições devidas, não cabe a concessão da pensão por morte. Este é também o entendimento da TNU, exarado na Súmula 52, com o seguinte texto: "Para fins de concessão de pensão por morte, é incabível a regularização do recolhimento de contribuições de segurado contribuinte individual posteriormente a seu óbito, exceto quando as contribuições devam ser arrecadadas por empresa tomadora de serviços".

20.4.1.1. Quadro resumo – Pensão por morte

Quadro resumo – Pensão por morte	
Requisito	Morte do segurado.
Beneficiários	Dependentes de todas as categorias de segurados.
Carência	Não há.
Renda mensal (valor)	**50%** do valor da aposentadoria que o segurado recebia ou daquela a que teria direito se estivesse aposentado por invalidez na data de seu falecimento **+ 10% por dependente. Caso haja um dependente inválido ou com deficiência, o valor será de 100%.**

Quadro resumo – Pensão por morte	
Início do pagamento	• **Data do óbito:** a) Quando requerida pelo maior de 16 anos até 90 dias do falecimento; b) Quando requerido pelo menor de 16 anos, até 180 dias após a data do falecimento. • **Data do requerimento:** quando requerida após os prazos acima mencionados. • No caso de morte presumida, a partir da decisão judicial.
Suspensão do pagamento	Quando o dependente inválido não comparecer ao exame médico-pericial.
Cessação do pagamento	I) Pela morte do pensionista; II) Para o filho, a pessoa a ele equiparada ou o irmão, de ambos os sexos, ao completar 21 anos de idade, salvo se for inválido ou com deficiência intelectual ou mental ou deficiência grave; III) Para o filho e o irmão inválido, pela cessação da invalidez; IV) Para o filho ou irmão que tenha deficiência intelectual ou mental ou deficiência grave, pelo afastamento da deficiência, nos termos do regulamento; V) Para o cônjuge ou companheiro, pelo decurso do prazo de recebimento de pensão.

20.4.2. Auxílio-reclusão

- **Arts. 80, Lei 8.213/1991**
- **Arts. 116 a 119, Decreto 3.048/1999**
- **EC 103/2019**

Da mesma forma que a pensão por morte, o auxílio-reclusão é o benefício devido aos dependentes dos segurados estudados no **tópico 19.3**.

O auxílio-reclusão é devido, nas mesmas condições da pensão por morte, desde que cumprida a carência, aos dependentes do segurado de **baixa renda** recolhido à prisão em regime fechado, que não receber remuneração da empresa nem estiver em gozo de auxílio por incapacidade temporária, pensão por morte, salário-maternidade, aposentadoria ou abono de permanência em serviço (benefício já extinto).

Ao estudarmos o salário-família, definimos que segurado de baixa renda é aquele que recebe remuneração igual ou inferior a R$ 1.906,04 (atualizado pela Portaria Interministerial MPF/MF 6, de 10/01/2025, conforme art. 27 da EC 103/2019).

A baixa renda a ser considerada para a concessão do benefício do auxílio-reclusão, de acordo com o art. 201, IV, da Constituição, é relativa à remuneração do segurado.

Havia, entretanto, uma grande discussão na jurisprudência se ao invés da renda do segurado, não poderia ser considerada a renda do dependente. O STF pacificou a questão, confirmando que a baixa renda que deve ser considerada é a do segurado e não a do seu dependente, com a apreciação dos Recursos Extraordinários 486.413 e 587.365, reconhecendo a existência de repercussão geral.

O STJ flexibilizou o limite constitucional de baixa renda no julgamento do Recurso Especial 1.112.557, em 26/11/2014, para uma segurada reclusa que tinha renda um pouco superior à definida na legislação previdenciária. Argumentou o STJ que este caso é semelhante ao da jurisprudência firmada em relação ao Benefício de Prestação Continuada, que permite ao julgador flexibilizar o critério econômico para concessão do benefício.

Observem que o valor do auxílio-reclusão não é limitado a R$ 1.906,04. Tal valor se refere ao critério de apuração de baixa renda para concessão deste benefício. Até a EC 103/2019, como o valor do benefício era apurado pela média histórica contributiva do segurado, era perfeitamente possível que o valor do auxílio-reclusão fosse muito superior ao limite de baixa renda.

O § 1º do art. 27 da EC 103/2019, entretanto, dispõe que até que lei discipline o valor do auxílio-reclusão, seu cálculo se dará na forma da pensão por morte, **não podendo exceder o valor de um salário mínimo**. Assim, o valor do benefício de auxílio-reclusão foi limitado a um salário mínimo.

Até a MP 871, convertida na Lei 13.846/2019, o critério para a apuração da baixa renda era o último salário de contribuição do segurado. Com a alteração, a aferição da renda mensal bruta para enquadramento do segurado como de **baixa renda** ocorre pela **média dos salários de contribuição apurados no período de 12 meses anteriores ao mês do recolhimento à prisão.**

A Lei 13.846/2019 inseriu o § 6º ao art. 80 da Lei 8.213/1991, esclarecendo que **se o segurado tiver recebido benefícios por incapacidade** no período de 12 meses que serve de base para a apuração da baixa renda, **o salário de benefício que serviu de base para o cálculo da renda mensal do benefício por incapacidade, reajustado, será considerado como o salário de contribuição** para a apuração da baixa renda, não podendo ser inferior ao valor de um salário mínimo.

Assim, se o segurado recebeu auxílio por incapacidade temporária no valor de R$ 1.820,00, durante três meses no período de base de cálculo da baixa renda, nestes meses, será considerado o salário de contribuição de R$ 2.000,00 (2,000 x 91% = 1.820,00). Percebam que o que se considera como salário de contribuição nos meses que o segurado recebeu benefício por incapacidade é o salário de benefício que serviu de base (2.000,00) para o cálculo do valor do benefício (1.820,00).

Para fins de concessão do auxílio-reclusão considera-se segurado de baixa renda aquele que tenha renda bruta mensal igual ou inferior a R$ 1.906,04, corrigidos pelos mesmos índices de reajuste aplicados aos benefícios do RGPS, calculada com base na média aritmética simples dos salários de contribuição apurados no período dos 12 meses anteriores ao mês do recolhimento à prisão. Entendemos que, até que seja regulamentada, caso não haja salários de contribuição nos 12 últimos meses, o segurado deve ser considerado de baixa renda. Da mesma forma, quando o segurado que for preso estiver mantendo a qualidade de segurado por estar em gozo de auxílio por incapacidade temporária ou auxílio-acidente e não tiver qualquer salário de contribuição nos 12 meses anteriores à prisão, poderá gerar o auxílio-reclusão para seus dependentes, uma vez que tais benefícios não contam como salário de contribuição.

Em 19/4/23 a TNU – Turma Nacional de Uniformização decidiu o Tema 310 (PEDILEF 5027480-64.2020.4.04.7000/PR, Rel. Juiz Federal Francisco Glauber Pessoa Alves), fixando a seguinte tese: "a partir da vigência da Medida Provisória 871/19, convertida na lei 13.846/19, a aferição da renda para enquadramento do segurado como baixa renda, visando à concessão de auxílio-reclusão, dá-se pela média dos salários de contribuição apurados no período de 12 meses anteriores ao mês do recolhimento à prisão, computando-se no divisor apenas o número de salários de contribuição efetivamente existentes no período".

Dessa forma, se o segurado não tiver contribuído com todos os 12 últimos meses anteriores ao recolhimento à prisão, deve-se somar os salários de contribuição dos meses contribuídos e dividir pelo número de meses contribuídos, e não por 12 meses.

De acordo com a Lei de benefícios, não é necessário o trânsito em julgado da ação para a concessão do auxílio-reclusão, sendo qualquer sentença judicial que restrinja a liberdade do segurado suficiente para ensejar o direito a este benefício. O art. 80 da Lei 8.213/1991, alterado pela MP 871, de 18/01/2019, convertida na Lei 13.846/2019, dispõe que o auxílio-reclusão será devido, nas mesmas condições da pensão por morte, aos dependentes do segurado recolhido à prisão em regime fechado, sem exigir o trânsito em julgado da decisão condenatória.

A MP 871/2019, convertida na Lei 13.846/2019, passou, então, a exigir a prisão em regime fechado, excluindo a possibilidade de concessão do benefício de auxílio-reclusão para os presos em regime semiaberto, possibilidade esta que está prevista no § 5º do art. 116 do Dec. 3048/1999, que define que somente fará jus ao auxílio-reclusão o segurado que estiver recolhido à prisão sob **regime fechado**. Atualmente, então, este texto do Decreto que autoriza a concessão do auxílio-reclusão para os presos em regime semiaberto está revogado tacitamente.

A questão da possibilidade de concessão do auxílio-reclusão nas prisões cautelares já foi objeto de grande polêmica. Na prova do concurso de Auditor-Fiscal da Receita Federal de 2005, a ESAF considerou não ser possível a concessão do auxílio reclusão aos dependentes do segurado que estiver preso preventivamente. Na mesma linha, na prova de Técnico do Seguro Social 2008, a CESPE-UNB não considerou ser possível a concessão de auxílio-reclusão no caso de prisão em flagrante.

O interessante é que a própria IN 128/2022, do INSS, em seu art. 382, II, em sentido contrário ao RPS e ao que vinha sendo considerado correto pelas bancas examinadoras, considera pena privativa de liberdade, **para fins de reconhecimento do direito ao benefício de auxílio-reclusão**, aquela cumprida em:

> I – **regime fechado**, definido em legislação penal especial; e
>
> II – **prisão provisória, preventiva ou temporária.**

O art. 382, § 3º, da IN 128/2022, dispõe que o cumprimento de pena em prisão domiciliar não impede o recebimento do benefício de auxílio-reclusão pelo dependente, se o regime previsto for o fechado ou semiaberto. A monitoração eletrônica do instituidor do benefício de auxílio-reclusão não interfere no direito do dependente ao recebimento do benefício, uma vez que tem a função de fiscalizar o preso, desde que mantido o regime semiaberto ou a prisão domiciliar. Acreditamos que tais regras também devem ser interpretadas de acordo com a alteração promovida pela Lei 13.846/2012, que passou a exigir prisão em regime fechado. Assim, caso a prisão domiciliar seja em regime fechado deve garantir o auxílio-reclusão. Caso seja em regime semiaberto não será mais concedido o benefício, por força da Lei 13.846/2019.

Essa confusão certamente traz grande insegurança para os estudantes que se dedicam ao estudo para aprovação em concurso público...

De acordo com § 1º do art. 80 da Lei 8.213/1991, alterado pela Lei 13.846/2019, o requerimento do auxílio-reclusão será instruído com certidão judicial que ateste o recolhimento efetivo à prisão, obrigatória, para a manutenção do benefício, a apresentação de prova de permanência na condição de presidiário. O INSS celebrará convênios com os órgãos públicos responsáveis pelo cadastro dos presos para obter informações sobre o recolhimento à prisão.

Equipara-se à condição de recolhido à prisão a situação do maior de 16 e menor de 18 anos de idade que se encontre internado em estabelecimento educacional ou congênere, sob custódia do Juizado da Infância e da Juventude.

Não cabe a concessão de auxílio-reclusão aos dependentes do segurado que esteja em livramento condicional ou que cumpra pena em regime aberto, assim entendido aquele cuja execução da pena seja em casa de albergado ou estabelecimento adequado.

O exercício de atividade remunerada do segurado recluso, em cumprimento de pena em regime fechado, não acarreta a perda do direito ao recebimento do auxílio-reclusão para seus dependentes (art. 80, § 7º, da Lei 8.213/1991, inserido pela Lei 13.846/2019).

Antes desta alteração legislativa, o exercício de atividade em regime fechado ou semiaberto não acarretava perda do auxílio-reclusão, mas a Lei 13.846/2019 restringiu esta possibilidade para o regime fechado.

Observa-se, todavia, que, conforme já comentado nesta obra, o Decreto 7.054/2009 alterou o enquadramento do segurado preso que exerce atividade remunerada, considerando-o segurado facultativo (vide tópico 5.3).

O segurado recluso, ainda que contribua para a Previdência Social, não faz jus aos benefícios de auxílio por incapacidade temporária e de aposentadoria, durante a percepção, pelos dependentes, do auxílio-reclusão, permitida a opção, **desde que também manifestada pelos dependentes**, pelo benefício mais vantajoso.

O pedido de auxílio-reclusão deve ser instruído com certidão do efetivo recolhimento do segurado à prisão, firmada pela autoridade competente. O valor do auxílio-reclusão será apurado na forma estabelecida para o cálculo da pensão por morte, não poderá exceder o valor de um salário-mínimo e será mantido enquanto o segurado permanecer em regime fechado.

Para fins de controle, os dependentes deverão apresentar, **trimestralmente**, atestado de que o segurado continua detido ou recluso, firmado pela autoridade competente. A certidão judicial e a prova de permanência na condição de presidiário poderão ser substituídas pelo acesso à base de dados, por meio eletrônico, a ser disponibilizada pelo Conselho Nacional de Justiça, com dados cadastrais que assegurem a identificação plena do segurado e da sua condição de presidiário (art. 89, § 5º, da Lei 8.213/1991, alterada pela Lei 13.846/2019).

No caso de fuga, o benefício será **suspenso** e, havendo recaptura do segurado, será restabelecido, a contar da data em que esta ocorrer, desde que esteja, ainda, mantida a qualidade de segurado. Se houver exercício de atividade dentro do período de fuga, o mesmo será considerado para a verificação da perda ou não da qualidade de segurado.

Em relação ao critério econômico para a concessão do auxílio-reclusão, decidiu o STJ que o fato de o recluso que mantenha a condição de segurado pelo RGPS estar desempregado ou sem renda no momento do recolhimento à prisão indica o atendimento ao requisito econômico da baixa renda, independentemente do valor do último salário de contribuição (REsp 1.480.461-SP, Rel. Min. Herman Benjamin, j. em 23/9/2014).

Após a MP 871/2019, convertida na Lei 13.846/2019, a data de início do benefício será fixada na data do efetivo recolhimento do segurado à prisão, se requerido até 90 dias depois desta, para o maior de 16 anos de idade. Para o dependente de até 16 anos de idade, será concedido a partir da data da prisão se requerido até 180 dias desta. Caso tais prazos sejam ultrapassados, será concedido o auxílio-reclusão a partir da data do requerimento.

Na hipótese de óbito do segurado recluso, o auxílio-reclusão que estiver sendo pago ***será cessado e será concedida a pensão por morte****. Não havendo concessão de auxílio-reclusão, em razão da não comprovação da baixa renda, será devida pensão por morte aos dependentes se o óbito do segurado tiver ocorrido no prazo de manutenção da qualidade de segurado.* Em caso de morte de segurado recluso **que tenha contribuído para a Previdência Social durante o período de reclusão**, o valor da pensão por morte será calculado **levando-se em consideração o tempo de contribuição adicional e os correspondentes salários de contribuição, facultada a opção pelo valor do auxílio-reclusão** (Lei 13.846/2019).

O benefício de auxílio-reclusão exige carência de 24 contribuições mensais, desde a publicação da MP 871, de 18/01/2019. A necessidade do cumprimento de carência para o benefício de auxílio-reclusão foi primeiramente inserida pela Medida Provisória 664, de 30/12/2014, prevendo um prazo de 24 meses. Ocorre que, no processo de conversão da Lei 13.135/2015, foi excluída a necessidade de cumprimento de carência para o benefício de auxílio reclusão. Só com a MP 871/2019, convertida na Lei 13.846, de 18/06/2019, que a carência de 24 contribuições passou a ser exigida.

Antes, todavia, o legislador instituiu prazo de duração da pensão por morte e, reflexamente, do auxílio-reclusão devido aos cônjuges ou companheiros(as), escalonado em função de suas idades, desde que o segurado tenha recolhido, ao menos, 18 contribuições mensais. Garantiu, também, para os cônjuges ou companheiros de segurados que não efetuaram as 18 contribuições mensais, um benefício por apenas quatro meses. Já para os demais dependentes (filhos ou equiparados, pais e irmãos), o número de contribuições vertidas pelo segurado não influencia o prazo de duração do auxílio-reclusão. Assim, antes da MP 871, caso um filho de um ano de idade tivesse seu pai preso, mesmo que contribuísse há apenas seis meses para o INSS, teria direito ao auxílio-reclusão até completar 21 anos de idade ou, obviamente, até a soltura. Após a MP 871, convertida na Lei 13.846/2019, as 24 contribuições mensais passaram a ser exigidas para todos os dependentes do segurado recluso.

Antes da MP 664, convertida na Lei 13.135/2015, não havia prazo de duração para gozar o benefício de auxílio-reclusão. Assim, bastava apenas uma contribuição do segurado para ensejar o direito ao cônjuge ou companheiro de usufruir deste benefício, até a libertação ou morte do segurado. No processo de conversão da MP, a Lei 13.135/2015 passou a exigir **18 contribuições mensais** para que o prazo da pensão por morte fosse escalonado, e, como consequência, do auxílio-reclusão também, uma vez que este benefício segue, no que couber, as regras da pensão por morte (art. 80, Lei 8.213/1991). Obviamente, o escalonamento não se aplica aos demais dependentes (filhos, equiparados, irmãos e pais), independentemente do número de contribuições vertidas pelo segurado.

Atualmente, então, é necessário que o segurado já tenha efetuado 18 contribuições mensais e possua dois anos de união para garantir o direito do seu cônjuge ou companheiro de gozarem do auxílio-reclusão por prazo superior a quatro meses. Veja que com a publicação da MP 871/2019, o segurado que cumprir a carência de 24 contribuições terá também cumprido a regra das 18 contribuições mensais, garantindo para seu cônjuge ou companheiro o escalonamento do benefício. Assim, hoje, são necessárias 24 contribuições de carência e dois anos de união para garantir o benefício escalonado para o cônjuge ou companheiro.

Se o segurado for preso sem ter cumprido a carência não deixará o auxílio-reclusão para nenhum de seus dependentes. Caso seja preso sem contar com os dois anos de união, mas já tiver cumprido a carência de 24 contribuições mensais, gerará o benefício de auxílio-reclusão para o cônjuge ou companheiro pelo período de apenas quatro meses. Se já possuir a carência de 24 contribuições mensais e os dois anos de união, o benefício será escalonado, de acordo com a seguinte tabela (art. 77, V, c, da Lei 8.213/1991, atualizado pela Portaria 424, de 29/12/2020):

Idade do companheiro ou companheira	Duração do benefício
Menores que 22 anos	3 anos
A partir de 22 anos até 27 anos	6 anos
A partir de 28 anos até 30 anos	10 anos
A partir de 31 anos até 41 anos	15 anos
A partir de 42 anos até 44 anos	20 anos
A partir de 45 anos	Vitalícia

Analisando a tabela, chegamos à conclusão de que ela faz uma correlação entre a idade do dependente no momento do recolhimento à prisão, **independentemente de quando o auxílio-reclusão foi requerido**, definindo prazo de duração do benefício.

Salientamos que se, no momento da prisão, o dependente tiver 44 anos e 11 meses, gozará do auxílio-reclusão com prazo limitado a 20 anos, mesmo que o requerimento do benefício tenha ocorrido após completar 45 anos.

Acreditamos que, como o art. 80 da Lei 8.213/1991 afirma que o benefício de auxílio-reclusão deve ser concedido nas mesmas condições da pensão por morte, na omissão do legislador estas regras são também aplicáveis ao auxílio-reclusão.

O tempo de contribuição para o RPPS será considerado para efeito de contagem das da carência. Se, então, o trabalhador era servidor público e passou a ser vinculado ao RGPS, o tempo de serviço público será considerado para a apuração desta exigência.

Da mesma forma, a Lei 13.135/2015 exigiu, para a aplicação dos prazos de duração do auxílio-reclusão escalonados, dois anos de união estável ou casamento. Se na data do recolhimento à prisão do segurado o dependente não tiver os dois anos de casamento ou de união estável, o auxílio-reclusão será concedido por apenas **quatro meses**, desde que tenha cumprido a carência de 24 contribuições mensais.

A MP 871, convertida na Lei 13.846/2019, inseriu o § 3º ao art. 76 da Lei 8.213/1991, dispondo que, na hipótese de o segurado falecido estar, na data de seu falecimento, obrigado por determinação judicial a pagar alimentos temporários a ex-cônjuge, ex-companheiro ou ex-companheira, a pensão por morte será devida pelo prazo remanescente na data do óbito, caso não incida outra hipótese de cancelamento anterior do benefício. Esta mesma regra pode ser adaptada ao auxílio-reclusão, ou seja, a duração do benefício deve ser equiparada a duração da pensão alimentícia.

O valor mensal do auxílio-reclusão era de **100%** do valor da aposentadoria que o segurado recebia ou daquela a que teria direito se estivesse aposentado por invalidez, na data de seu recolhimento à prisão.

Com a EC 103/2019, as mesmas alterações efetuadas nas regras da pensão por morte devem ser aplicadas ao auxílio-reclusão. Desta forma, o valor deste benefício será equivalente **a uma cota familiar de 50% do valor da aposentadoria recebida pelo segurado**

ou daquela a que teria direito se fosse aposentado por incapacidade permanente na data do óbito, acrescida de cotas de 10% por dependente, até o máximo de 100%.

Para se chegar, então, ao valor do auxílio-reclusão após a Reforma da Previdência de 2019, devemos seguir os seguintes passos:

1) Utilizar o valor da aposentadoria ou, para os ativos o valor da aposentadoria por incapacidade permanente que teria direito se tivesse ficado inválido na data do óbito;

2) Para calcular o valor da aposentadoria por incapacidade permanente, utiliza-se a média de todos os salários de contribuição dos segurados, não permitindo o descarte dos 20% menores;

3) Depois de calcular a média, aplica-se o percentual de 60%, acrescidos de 2% por ano de contribuição adicional aos 15 anos, para mulheres, e aos 20 anos para homens;

4) Por fim, sobre o resultado, aplica-se o percentual de 50%, acrescidos de 10% por dependente até o limite de 100%.

Para piorar ainda mais essa já tão dura forma de cálculo, o § 1º do art. 23 da EC 103/2019 dispõe que **as cotas por dependente cessarão com a perda dessa qualidade e não serão reversíveis aos demais dependentes**, preservado o valor de 100% do auxílio-reclusão, quando o número de dependentes remanescente for igual ou superior a cinco. Neste caso, a cota do dependente que perdeu sua qualidade é extinta e o dependente remanescente terá o valor de sua cota recalculada, uma vez que o adicional de 10% é devido em razão de cada dependente ativo.

Na hipótese de existir **dependente inválido ou com deficiência intelectual, mental ou grave**, o valor da pensão por morte será equivalente a (de acordo com o art. 23, § 2º, da EC 103/2019):

I - **100%** da aposentadoria recebida pelo segurado ou servidor ou daquela a que teriam direito se fossem aposentados por incapacidade permanente na data da prisão, até o limite máximo de benefícios do Regime Geral de Previdência Social; e

II - a uma cota familiar de **50% acrescida de cotas de 10% por dependente**, até o máximo de 100%, para o valor que supere o limite máximo de benefícios do Regime Geral de Previdência Social.

Quando não houver mais dependente inválido ou com deficiência intelectual, mental ou grave, o valor do auxílio-reclusão será recalculado, de acordo com a regra geral (60% + 2% por ano adicional).

Feito este cálculo, o valor não poderá ser inferior ao salário mínimo e também não poderá ser superior, por força do disposto no § 1º do art. 27 da EC 103/2019 que dispõe que até que lei discipline o valor do auxílio-reclusão, seu cálculo se dará na forma da pensão por morte, **não podendo exceder o valor de um salário mínimo**. Assim, pelas regras atuais, o valor do auxílio-reclusão será sempre de um salário-mínimo.

Não havendo concessão de auxílio-reclusão, em razão de salário de contribuição superior a R$ 1.906,04, será devida pensão por morte aos dependentes, se o óbito do segurado tiver ocorrido até doze meses após o livramento.

O valor da pensão por morte devida aos dependentes do segurado recluso que, nessa condição, exercia atividade remunerada será obtido mediante a realização de cálculo, com base no novo tempo de contribuição, considerando os salários de contribuição do período em que esteve preso. Os dependentes podem, contudo, receber a pensão no valor correspondente ao do auxílio-reclusão, se for mais benéfico.

Os pagamentos do auxílio-reclusão serão suspensos:

a) no caso de fuga;

b) se o segurado, ainda que privado de liberdade, passar a receber auxílio por incapacidade temporária;

c) se o dependente deixar de apresentar atestado trimestral, firmado pela autoridade competente, para prova de que o segurado permanece recolhido à prisão;

d) quando o segurado deixar a prisão por livramento condicional, por cumprimento da pena em regime aberto ou por prisão albergue.

O auxílio-reclusão cessa:

a) pela perda da qualidade de dependente, com a extinção da última cota individual;

b) se o segurado, ainda que privado de sua liberdade ou recluso, passar a receber aposentadoria;

c) pelo óbito do segurado;

d) na data da soltura;

e) pelo decurso do prazo de recebimento do benefício pelo cônjuge, companheiro ou companheira

20.4.2.1. Quadro resumo – Auxílio-reclusão

Quadro resumo – Auxílio-reclusão	
Requisito	Recolhimento do segurado à prisão sob regime fechado, que não receber remuneração da empresa nem estiver em gozo de auxílio por incapacidade temporária, pensão por morte, salário-maternidade, aposentadoria ou abono de permanência em serviço, desde que o seu último salário de contribuição seja inferior ou igual a R$ 1.906,04.
Beneficiários	Dependentes de todas as categorias de segurados.
Carência	24 contribuições mensais.

Quadro resumo – Auxílio-reclusão	
Renda mensal (valor)	**50%** do valor da aposentadoria que o segurado recebia ou daquela a que teria direito se estivesse aposentado por invalidez na data de seu recolhimento à prisão **+ 10% por dependente limitado a um salário mínimo. Caso haja um dependente inválido ou com deficiência, o valor será de 100%.**
Início do pagamento	Quando requerido até 90 dias, na data do recolhimento do segurado à prisão ou, após este prazo, na data do requerimento, salvo se o dependente for menor de 16 anos, quando será pago a partir da data do recolhimento, até 180 dias depois desta.
Suspensão do pagamento	a) no caso de fuga; b) recebimento de auxílio por incapacidade temporária; c) se o dependente deixar de apresentar atestado trimestral, firmado pela autoridade competente; d) quando o segurado deixar a prisão por livramento condicional, por cumprimento da pena em regime aberto ou por prisão albergue.
Cessação do pagamento	a) pela perda da qualidade de dependente, com a extinção da última cota individual; b) se o segurado passar a receber aposentadoria; c) pelo óbito do segurado; d) na data da soltura; e) pelo decurso do prazo de recebimento do benefício pelo cônjuge, companheiro ou companheira.

20.5. TABELA RESUMO GERAL DOS BENEFÍCIOS

Benefício	Beneficiários	Requisito básico	Salário de benefício – SB	Renda mensal do benefício	Carência	Data de início
Aposentadoria por incapacidade permanente	Todos.	Incapacidade permanente para o trabalho.	Média dos 100% SC.	60% da média + 2% por ano que ultrapassar 15 anos de contribuição, mulheres, e 20 anos, homens.	12 CM, salvo acidentes ou doenças listadas.	**Empregado:** a) A contar do 16º dia de afastamento da atividade quando requerida até o 30º dia; b) A partir da data de entrada do requerimento, se entre o afastamento e o requerimento decorrerem mais de 30 dias. **Demais segurados:** A contar da data de início da incapacidade ou da data de entrada do requerimento, se entre estas datas passarem mais de 30 dias.

Benefício	Beneficiários	Requisito básico	Salário de benefício – SB	Renda mensal do benefício	Carência	Data de início
Aposentadoria Programada	Todos.	65 anos de idade e 20 de contribuição, homens, 62 anos de idade e 15 de contribuição, mulheres.	Média dos 100% SC.	60% da média + 2% por ano que ultrapassar 15 anos de contribuição, mulheres, e 20 anos, homens.	180 CM (em nossa visão).	**Mesma da aposentadoria por idade (em nossa visão).**
Aposentadoria por idade	Todos.	65 anos, se homens, 60, se mulheres, com redução de cinco anos para os rurais.	Média 80% › SC x fator previdenciário facultativo.	70% x SB + 1% x SB, por grupo 12 SC.	180 CM.	**Empregado e Empregado Doméstico:** a) A partir da data de desligamento do emprego, quando requerida até 90 dias deste fato; b) A partir do requerimento quando não houver desligamento do emprego ou quando for requerida após 90 dias do desligamento. **Demais segurados:** A partir da data de entrada do requerimento.
Aposentadoria por tempo de contribuição	Todos, exceto segurado especial, MEI, e CI e facultativo de baixa renda que optam por recolher com 11%.	35 anos, se homens, 30, se mulheres, com redução de cinco anos para professores do ensino fundamental e médio.	Média 80% › SC x fator previdenciário obrigatório, exceto se atender às fórmulas 96 e 86.	100% x SB.	180 CM.	
Aposentadoria especial por exposição a agentes nocivos	Empregados, avulsos e cooperados.	Contato com agente nocivo por 15, 20 ou 25 anos.	Média dos 100% SC.	60% da média + 2% por ano que ultrapassar 15 anos de contribuição, mulheres, e 15 anos, homens.	180 CM.	
Aposentadoria especial do deficiente	Todos os segurados portadores de deficiência.	Contribuição do deficiente 25, 29 e 33 anos, se homem, e por 20, 24 e 28 anos, se mulher. Contribuição do deficiente por 15 anos, completando as idades de 60 anos, homens, e 55 anos, mulheres.	Média dos 100% SC, com utilização do FP facultativa.	100% x SB para aposentadoria por tempo de contribuição do deficiente 70% x SB + 1% x SB por grupo de 12 contribuições mensais, no caso de aposentadoria por idade.	180 CM (Decreto 3.048/1999).	Mesma da aposentadoria por idade.

Benefício	Beneficiários	Requisito básico	Salário de benefício – SB	Renda mensal do benefício	Carência	Data de início
Salário--família	Empregado, empregados domésticos e avulso, aposentados por idade e demais com 65 anos, homens, 60 anos mulheres.	Filhos menores de 14 anos ou inválidos; Baixa renda (até R$ 1906,04,26).	Não aplicável.	65,00 para renda até R$ 1.906,04	Não há.	Apresentação da documentação (certidão de nascimento, atestados de vacinação anual e de frequência escolar semestral e termo de responsabilidade).
Salário--maternidade	Todos os segurados, inclusive para os homens em caso de adoção ou morte da mãe.	Parto, adoção ou aborto, morte do segurado com direito ao benefício.	Não aplicável.	Para empregado e avulso sua remuneração integral até o teto STF. Para os demais segurados teto do SC.	10 CM para os contribuintes individuais e facultativos e dez meses de trabalho rural para os especiais.	28 dias antes do parto.
Auxílio por incapacidade temporária	Todos.	Incapacidade temporária, por mais de 15 dias.	Média dos 100% SC.	91% x SB, limitado à média dos 12 últimos SC.	12 CM, salvo acidentes ou doenças listadas.	Idem aposentadoria por invalidez.
Auxílio--acidente	Empregado, empregados domésticos, avulso e segurado especial.	Acidente de qualquer natureza que deixe sequela.	Média dos 100% SC.	50% do valor da aposentadoria por incapacidade permanente.	Não há.	Após a cessação do auxílio por incapacidade temporária.
Pensão por morte	Todos.	Morte do segurado.	Não aplicável.	50% do valor da aposentadoria que o segurado recebia ou daquele a que teria direito se estivesse aposentado por invalidez na data de seu falecimento + 10% por dependente.	Não há.	Data do óbito, quando requerida pelo maior de 16 anos até 90 dias do falecimento ou quando requerido pelo menor de 16 anos, até 180 dias após data do falecimento.

Benefício	Beneficiários	Requisito básico	Salário de benefício – SB	Renda mensal do benefício	Carência	Data de início
Pensão por morte						Data do requerimento: quando requerida após os prazos acima mencionados. No caso de morte presumida, a partir da decisão judicial e no caso de catástrofe, acidente ou desastre, se requerida até 90 dias desta, na data da ocorrência.
Auxílio-reclusão	Todos.	Prisão do segurado em regime fechado. Baixa renda (até R$ 1.906,04)	Não aplicável.	50% do valor da aposentadoria que o segurado recebia ou daquele a que teria direito se estivesse aposentado por invalidez na data de sua prisão + 10% por dependente. Limitado a um salário mínimo.	24 CM.	Quando requerido até 90 dias, na data do recolhimento do segurado à prisão ou, após este prazo, na data do requerimento, salvo se o dependente for menor de 16 anos, quando será pago a partir da data do recolhimento, até 180 dias após completar esta idade.

Capítulo 21

Serviços da Previdência Social

Além dos benefícios analisados no tópico anterior, a Previdência Social oferece serviços para os segurados e seus dependentes. Os benefícios, como vimos, são prestações pecuniárias concedidas aos beneficiários que se encontrem nas situações abrangidas pelo sistema de proteção social. Já os serviços buscam apoiar os segurados, no exercício da sua atividade ou na relação com a Previdência Social e com a própria sociedade.

São considerados serviços do INSS:

a) Serviço social;

b) Habilitação e reabilitação profissional;

c) Perícia médica.

Ressalta-se que o art. 18 da Lei 8.213/1991 lista como serviços da Previdência Social apenas o serviço social e a habilitação e reabilitação profissional, deixando de fora a perícia médica. Didaticamente, contudo, entendemos que a perícia médica se constitui em verdadeira espécie de serviço auxiliar da Previdência Social.

21.1. SERVIÇO SOCIAL

- **Art. 88, Lei 8.213/1991**
- **Art. 161, Decreto 3.048/1999**

O serviço social constitui atividade auxiliar do seguro social e visa a prestar ao beneficiário, orientação e apoio, no que concerne à solução dos problemas pessoais e familiares e à melhoria da sua inter-relação com a Previdência Social, para a solução de questões referentes a benefícios, bem como, quando necessário, à obtenção de outros recursos sociais da comunidade.

Compete ao serviço social esclarecer aos beneficiários seus direitos sociais e os meios de exercê-los, estabelecendo conjuntamente, o processo de solução dos problemas que emergirem da sua relação com a Previdência Social, tanto no âmbito interno da Instituição, como na dinâmica com a sociedade.

Assim, se um segurado se manteve inconformado, depois de ver negada a sua solicitação de benefício, será o serviço social o responsável pela orientação e apoio.

A prioridade no atendimento deve ser destinada a segurados em gozo de benefício por incapacidade temporária, e este serviço deve dar atenção especial a aposentados e pensionistas. Para assegurar o efetivo atendimento aos beneficiários, poderão ser utilizados mecanismos de intervenção técnica, ajuda material, recursos sociais, intercâmbio com empresas, inclusive mediante celebração de convênios, acordos ou contratos, ou pesquisa social (art. 161, § 2º, do RPS, incluído pelo Dec. 6.722, de 30/12/2008).

O serviço social tem como diretriz a participação do beneficiário na implementação e no fortalecimento da política previdenciária, em articulação com as associações e entidades de classe.

O serviço social, considerando a universalização da Previdência Social, prestará assessoramento técnico aos Estados e Municípios, na elaboração e implantação de suas propostas de trabalho.

Os assistentes sociais do INSS são responsáveis pela elaboração de Parecer Social, de Pesquisa Social e pela avaliação social da pessoa com deficiência que requer o benefício assistencial.

O Parecer Social é um pronunciamento profissional do Assistente Social, podendo ser emitido na fase de concessão, manutenção, recurso de benefícios ou para embasar decisão médico-pericial, por solicitação do setor respectivo ou por iniciativa do próprio Assistente Social, observados os seguintes pontos:

I – a elaboração do Parecer Social pautar-se-á em estudo social, de caráter sigiloso, constante de prontuário do Serviço Social;

II – a escolha do instrumento a ser utilizado para elaboração do parecer (visitas, entrevistas colaterais ou outros) é de responsabilidade do assistente social;

III – o parecer social não se constituirá em instrumento de constatação de veracidade de provas ou das informações prestadas pelo usuário;

IV – nas intercorrências sociais que interfiram na origem, na evolução e no agravamento de patologias, o parecer social objetivará subsidiar decisão médico-pericial; e

V – deverá ser apresentado aos setores solicitantes por formulário específico denominado Parecer Social, conforme Anexo II.

A pesquisa social é um recurso técnico que busca identificar o perfil socioeconômico cultural dos beneficiários como recursos para a qualificação dos serviços prestados.

A avaliação social, em conjunto com a avaliação médica da pessoa com deficiência, consiste num instrumento destinado à caracterização da deficiência e do grau de incapacidade, e considerará os fatores ambientais, sociais, pessoais, a limitação do desempenho de atividades e a restrição da participação social dos requerentes do Benefício de Prestação Continuada da pessoa portadora de deficiência.

O problema é que, por falta de estrutura, este serviço não é disponibilizado, na prática, pelo INSS, tal como concebido pelos nossos legisladores.

> Atenção!
>
> **O serviço social é uma modalidade de serviço da Previdência Social**, embora o seu nome nos faça acreditar que está vinculado à Assistência Social. Esta é uma pegadinha rotineira em questões de provas de concursos públicos.

21.2. HABILITAÇÃO E REABILITAÇÃO PROFISSIONAL

- **Arts. 89 a 93, Lei 8.213/1991**
- **Arts. 136 a 141, Decreto 3.048/1999**

A habilitação e reabilitação profissional é serviço que visa a proporcionar aos beneficiários, incapacitados parcial ou totalmente para o trabalho, **em caráter obrigatório,** independentemente de carência, e às pessoas portadoras de deficiência os meios indicados para o reingresso no mercado de trabalho e no contexto em que vivem.

Lembramos de que os segurados aposentados por invalidez, em gozo de auxílio por incapacidade temporária, e os dependentes inválidos que recebem benefícios estão obrigados a submeter-se a processo de reabilitação profissional. O benefício de auxílio por incapacidade temporária será mantido até que o segurado seja considerado reabilitado para o desempenho de atividade que lhe garanta a subsistência ou, quando considerado não recuperável, seja aposentado por invalidez.

O INSS deve promover a prestação deste serviço aos segurados, **inclusive aposentados**, e, de acordo com as possibilidades administrativas, técnicas, financeiras e as condições locais do órgão, aos seus dependentes, preferencialmente mediante a contratação de serviços especializados.

As pessoas portadoras de deficiência serão atendidas, mediante celebração de convênio de cooperação técnico-financeira.

O processo de habilitação e de reabilitação profissional do beneficiário será desenvolvido por meio das funções básicas de:

I - avaliação do potencial laborativo;

II - orientação e acompanhamento da programação profissional;

III - articulação com a comunidade, com vistas ao reingresso no mercado de trabalho;

IV - acompanhamento e pesquisa da fixação no mercado de trabalho.

O serviço de habilitação e reabilitação profissional será executado, mediante o trabalho de equipe multiprofissional especializada, *sempre que possível, na localidade do domicílio do beneficiário, ressalvadas as situações excepcionais em que ele tenha direito à reabilitação profissional fora dela.*

Quando indispensáveis ao desenvolvimento do processo de reabilitação profissional, o INSS fornecerá aos segurados, **inclusive aposentados**, em caráter obrigatório, prótese e órtese, seu reparo ou substituição, instrumentos de auxílio para locomoção, bem como equipamentos necessários à habilitação e à reabilitação profissional, transporte urbano e alimentação e, na medida das possibilidades do Instituto, aos seus dependentes.

No caso das pessoas portadoras de deficiência, a concessão dos recursos materiais (prótese, órtese etc.) ficará condicionada à celebração de convênio de cooperação técnico-financeira.

O Instituto Nacional do Seguro Social não reembolsará as despesas realizadas com a aquisição de órtese ou prótese e outros recursos materiais não prescritos ou não autorizados por suas unidades de reabilitação profissional.

A programação profissional é desenvolvida, mediante cursos e/ou treinamentos na comunidade, por meio de contratos, acordos e convênios com instituições e empresas públicas ou privadas.

O INSS costuma, então, elaborar convênios com empresas para promover um período de reabilitação aos segurados. O treinamento do reabilitando, quando realizado em empresa, não estabelece qualquer vínculo empregatício ou funcional entre o reabilitando e a empresa, bem como entre estes e o Instituto Nacional do Seguro Social.

Concluído o processo de reabilitação profissional, o INSS emitirá certificado individual, indicando a função para a qual o reabilitando foi capacitado profissionalmente, sem prejuízo do exercício de outra para a qual se julgue capacitado.

Atenção!

Não constitui obrigação da Previdência Social a manutenção do segurado no mesmo emprego ou a sua colocação em outro para o qual foi reabilitado, cessando o processo de reabilitação profissional com a emissão do certificado.

De acordo com o § 2º do art. 62 da Lei 8.213/1991, inserido pela Lei 13.846, de 19/01/2019, a alteração das atribuições e responsabilidades do segurado compatíveis com a limitação que tenha sofrido em sua capacidade física ou mental não configura desvio de cargo ou função do segurado reabilitado ou que estiver em processo de reabilitação profissional a cargo do INSS.

Cabe à Previdência Social a articulação com a comunidade, com vistas ao levantamento da oferta do mercado de trabalho, ao direcionamento da programação profissional e à possibilidade de reingresso do reabilitando no mercado formal.

A Lei 8.212/1991 procura incentivar o trabalho dos portadores de deficiência, dispondo que o Poder Executivo estabelecerá, na forma da Lei Orgânica da Seguridade Social, ouvido o Conselho Nacional de Seguridade Social, mecanismos de estímulo às empresas que se utilizem de empregados portadores de deficiência física, sensorial e/ou mental com desvio do padrão médio.

Assim, dando efetividade a este dispositivo, o Regulamento da Previdência Social estabelece que a empresa que conta com número igual ou superior a 100 empregados está obrigada a preencher de 2 a 5% de seus cargos com beneficiários reabilitados ou pessoas portadoras de deficiência, habilitadas, na seguinte proporção:

Número de segurados	% obrigatório
De 100 a 200	2%
De 201 a 500	3%
De 501 a 1000	4%
De 1001 em diante	5%

A dispensa de pessoa com deficiência ou de beneficiário reabilitado da Previdência Social ao final de contrato por prazo determinado de mais de 90 dias e a dispensa imotivada em contrato por prazo indeterminado somente poderão ocorrer após a contratação de outro trabalhador com deficiência ou beneficiário reabilitado da Previdência Social.

Ao Ministério do Trabalho e Emprego incumbe estabelecer a sistemática de fiscalização, bem como gerar dados e estatísticas sobre o total de empregados e as vagas preenchidas por pessoas com deficiência e por beneficiários reabilitados da Previdência Social, fornecendo-os, quando solicitados, aos sindicatos, às entidades representativas dos empregados ou aos cidadãos interessados.

Para a reserva de cargos será considerada somente a contratação direta de pessoa com deficiência, excluído o aprendiz com deficiência de que trata a Consolidação das Leis do Trabalho (CLT).

Registramos, porém, que, ao contrário do que sugerem os nomes "habilitação" e "reabilitação", os serviços oferecidos pelo INSS não dizem respeito ao recondicionamento físico ou mental dos beneficiários, mas à (re)capacitação para uma nova atividade, inclusive por meio de promoção de treinamentos junto a entidades conveniadas, como, por exemplo, SENAI e SENAC.

O segurado ou dependente que for obrigado a se deslocar de sua cidade, por determinação do INSS, para submeter-se a habilitação ou reabilitação profissional, receberá uma diária que, a partir de 1° de janeiro de 2025, foi fixada em R$ 136,31 (Portaria Interministerial MPS/MF 6, de 10/01/2025).

Será concedido, ainda, transporte ao reabilitando e ao seu acompanhante, caso este seja indispensável, de sua residência até a Agência da Previdência Social em que se desenvolver o programa. Os beneficiários e acompanhantes que tiverem carteira de transporte para portadores de deficiência ou passe livre não receberão recurso.

De acordo com o art. 416, da IN 128/2022, poderão ser encaminhados para o Programa de Reabilitação Profissional:

I – o segurado em gozo de auxílio por incapacidade temporária, acidentário ou previdenciário;

II – o segurado sem carência para benefício por incapacidade temporária, incapaz para as atividades laborais habituais;

III – o segurado em gozo de aposentadoria por incapacidade permanente;

IV – o pensionista inválido;

V – o segurado em gozo de aposentadoria programada, especial ou por idade do trabalhador rural, que voltar a exercer atividade abrangida pelo Regime Geral de Previdência Social, tenha reduzido a sua capacidade funcional em decorrência de doença ou acidente de qualquer natureza ou causa;

VI – o segurado em atividade laboral mas que necessite da concessão, reparo ou substituição de Órteses, Próteses e meios auxiliares de locomoção (OPM);

VII – o dependente do segurado; e

VIII – as Pessoas com Deficiência – PcD.

É obrigatório o atendimento pela Reabilitação Profissional aos beneficiários descritos nos incisos I a V listados.

21.3. PERÍCIA MÉDICA

Salienta-se, inicialmente, que a Lei 8.213/1991 não considera, expressamente, a perícia médica uma espécie de prestação da Previdência Social (art. 18). Entendemos, contudo, que o procedimento médico-pericial pode ser compreendido como serviço auxiliar da Previdência Social.

Nesta ótica, a perícia médica é o serviço da Previdência Social que busca assessorar o INSS na concessão dos benefícios, principalmente por incapacidade, e no encaminhamento para o serviço de habilitação/reabilitação profissional.

A concessão do auxílio por incapacidade temporária, aposentadoria por incapacidade permanente e auxílio-acidente dependem do laudo médico-pericial. O médico perito, assim, será o responsável pela avaliação da capacidade de trabalho do segurado, informando, em seu parecer, a possibilidade ou não de recuperação.

Deve constar do laudo a necessidade de fornecimento de prótese ou órtese para a recuperação do potencial de trabalho do segurado incapacitado.

A perícia médica do INSS é gratuita. O segurado, entretanto, poderá, desde que arque com as despesas, ser acompanhado por médico de sua confiança, ou oferecer o laudo do seu médico particular como subsídio para o exame do médico-perito.

Como vimos, aqueles que estejam em gozo de benefício por incapacidade permanente serão obrigados a submeter-se a exame médico-pericial, periodicamente, em geral a cada dois anos, com o objetivo de verificar a continuidade da incapacidade para o trabalho.

Compete privativamente ao médico-perito do INSS a realização de exames médico-periciais para concessão e manutenção de benefícios e serviços do RGPS.

Os médicos-peritos poderão solicitar ao médico assistente do beneficiário que forneça informações sobre antecedentes médicos para subsidiar a emissão de laudo médico pericial conclusivo.

Devido à carência no quadro de Médicos do INSS, a Autarquia, no passado, celebrava convênios que autorizavam alguns médicos credenciados a efetuar o exame médico-pericial. Felizmente, os últimos concursos públicos para Médico-Perito repuseram o quadro de servidores, tendo sido dispensado o trabalho dos médicos credenciados. Após o Decreto 6.939, de 18/08/2009, a legislação previdenciária passou a não mais permitir a contratação de médicos conveniados.

De acordo com o art. 15, § 6º, da Lei 10.741/2003, alterado pela Lei 12.896, de 18/12/2013, é assegurado à pessoa idosa enferma o atendimento domiciliar pela perícia médica do Instituto Nacional do Seguro Social - INSS, pelo serviço público de saúde ou pelo serviço privado de saúde, contratado ou conveniado, que integre o SUS, para expedição do laudo de saúde necessário ao exercício de seus direitos sociais e de isenção tributária. Ressalta-se que a Previdência, mesmo antes da citada Lei, sempre possibilitou a perícia domiciliar ou a hospitalar, sempre que o segurado enfermo não tivesse condições de se deslocar.

Capítulo 22

Assistência Social

- Arts. 20 a 21, Lei 8.742/1993
- Decreto 6.214/2007
- Arts. 623 a 631, IN 20/2007 – INSS/PRES

22.1. BENEFÍCIO DE PRESTAÇÃO CONTINUADA - BPC

No Capítulo 21, estudamos os benefícios da Previdência Social. Mencionamos que somente os segurados que contribuam para o regime de proteção têm direito a usufruir dos benefícios previdenciários ou a gerar direito em favor de seus dependentes.

Que ocorre, todavia, com as pessoas que não contribuíram, durante suas vidas, para o custeio da Previdência Social, quando não têm mais condições de sustentabilidade?

Responderemos esta indagação lembrando que, no **tópico 1.2**, relativo à assistência social, vimos que a Constituição Brasileira dispõe sobre a garantia de um salário mínimo de benefício mensal à pessoa **portadora de deficiência** e ao **idoso** que comprovem **não possuir meios de prover à própria manutenção, ou de tê-la provida por sua família,** conforme dispuser a lei.

A Constituição Federal delega, assim, a uma Lei, o papel de definir as regras para instituição dos benefícios assistências. A Lei 8.742/1993, chamada Lei Orgânica da Assistência Social - LOAS, é o ato normativo que define todas os parâmetros para a concessão deste benefício, especialmente em relação aos seguintes pontos:

a) **definição de pessoa portadora de deficiência** (atualmente, pessoa com deficiência);

b) **definição de idoso;**

c) parâmetros para definir "**pessoa que não possui meios de prover à própria manutenção, ou de tê-la provida por sua família**";

d) **conceituação de família.**

Atenção!

A LOAS foi substancialmente alterada em 2011 pelas Leis 12.435, de 06/07/2011, e 12.470, de 31/08/2011. As alterações serão vistas neste capítulo, que traz toda a legislação atualizada.

A definição da idade para considerar a pessoa como **idosa** já foi objeto de mudanças, mas, atualmente, o idoso é a pessoa a partir dos **65 anos de idade.**

Já a **pessoa portadora de deficiência**, após a alteração promovida pelas Leis 12.435/2011 e 12.470/2011, é aquela que tem **impedimentos de longo prazo de natureza física, intelectual ou sensorial, os quais, em interação com diversas barreiras, podem obstruir sua participação plena e efetiva na sociedade em igualdade de condições com as demais pessoas** (art. 20, § 2º, da Lei 8.742/1993). Considera-se impedimento de longo prazo aquele que produza efeitos pelo prazo mínimo de dois anos.

O Tema 173 da TNU validou o prazo de 2 anos de deficiência para concessão do BPC da LOAS, firmando a seguinte tese: "para fins de concessão do benefício assistencial de prestação continuada, o conceito de pessoa com deficiência, que não se confunde necessariamente com situação de incapacidade laborativa, exige a configuração de impedimento de longo prazo com duração mínima de 2 (dois) anos, a ser aferido no caso concreto, desde o início do impedimento até a data prevista para a sua cessação (tese alterada em sede de embargos de declaração)."

A concessão do benefício ficará sujeita à avaliação da deficiência e do grau de impedimento mediante avaliação médica e avaliação social realizadas por médicos peritos e por assistentes sociais do Instituto Nacional de Seguro Social – INSS.

A Lei 14.724/2023 inseriu o § 2º ao art. 40-B da LOAS possibilitando que a avaliação médica prevista possa ser realizada com o uso de tecnologia de telemedicina ou por análise documental conforme situações e requisitos definidos em regulamento. Esse procedimento agiliza a análise da condição de deficiência para concessão do BPC.

Note que **tanto o deficiente físico quanto o mental podem receber o benefício assistencial, desde o nascimento.** Antes das citadas alterações, não era suficiente para a caracterização da deficiência, a incapacidade para o trabalho, sendo, ainda, necessária a incapacidade para a vida independente.

Assim, no texto anterior, se uma pessoa fosse incapaz para o trabalho, mas pudesse andar, dirigir e exercer os atos da vida sem acompanhamento, ela não faria jus ao benefício assistencial. Se tivesse uma doença mental que o impedisse de trabalhar, mas fisicamente fosse apto, teria o seu benefício negado.

A redação do § 2º do art. 20 da Lei 8.742/1993, promovida pela Lei 12.470/2011, felizmente, corrigiu este absurdo, ao excluir a exigência da incapacidade para a vida independente para que o segurado seja considerado deficiente. Veja que a nova redação só exige que o portador de deficiência tenha impedimentos de longo prazo que obstruam sua participação plena e efetiva na sociedade em igualdade de condições com as demais pessoas.

Os benefícios da assistência social destinam-se apenas aos **brasileiros natos e aos estrangeiros naturalizados e domiciliados no Brasil** (art. 7º, Decreto 6.214/2007).

Salientamos que, em posição oposta à vedação de concessão de benefício assistencial aos estrangeiros, por unanimidade, o Supremo Tribunal Federal decidiu que **a condição de estrangeiro residente no Brasil não impede o recebimento do Benefício de Prestação Continuada (BPC)**, pago pelo Instituto Nacional do Seguro Social às pessoas com deficiência e aos idosos.

O recurso extraordinário RE 587970 teve repercussão geral reconhecida, ou seja, tal entendimento deve ser aplicado pelas demais instâncias do Poder Judiciário a processos semelhantes. A tese de repercussão geral aprovada foi: "Os estrangeiros residentes no país são beneficiários da assistência social prevista no art. 203, inciso V, da Constituição Federal, uma vez atendidos os requisitos constitucionais e legais".

Quais são, entretanto, os critérios adotados para que se considere que o idoso ou deficiente não possuem meios de prover o próprio sustento e nem de tê-lo provido por sua família?

Para responder a esta questão, é necessário primeiramente definirmos o conceito de família para fins de recebimento do benefício assistencial. A Lei 12.435/2011 alterou também a antiga definição de família da LOAS. Atualmente, **a família é composta pelo requerente, o cônjuge ou companheiro, os pais e, na ausência de um deles, a madrasta ou o padrasto, os irmãos solteiros, os filhos e enteados solteiros e os menores tutelados, desde que vivam sob o mesmo teto** (art. 20, § 1º, da Lei 8.742/1993).

Tome nota

E quem são os idosos e deficientes incapacitados de prover o próprio sustento ou de tê-lo provido por sua família? A lei os define como aqueles cujo cálculo da renda per capita (que corresponde à soma da renda mensal de todos os seus integrantes, dividida pelo número total de membros que compõem o grupo familiar) seja igual ou inferior a ¼ do salário mínimo (art. 20, § 3º, da Lei 8.742/1993, alterado pela Lei 14.176, de 22/06/2021).

Antes da alteração promovida pela Lei 14.176/2021, a renda familiar tinha que ser inferior a ¼ de salário mínimo, ou seja, se fosse exatamente igual a esse valor o benefício assistencial não era concedido. Tal lei flexibilizou esse ponto, permitindo que as famílias que tiverem rendimentos igual a ¼ de salário mínimo possam ser contempladas com benefícios assistenciais do LOAS.

Se, então, existem quatro pessoas na mesma família em que um deles é idoso e outro recebe um salário mínimo, tal idoso terá direito ao benefício, pois a renda familiar, neste caso, é exatamente ¼ de salário mínimo. Notem, meus amigos, que, para receber o benefício assistencial, a renda familiar deve ser igual ou inferior a este limite. É como se apenas um salário mínimo fosse suficiente para uma família com quatro membros sobreviver com dignidade. Absurdo!!!

Ressaltamos que as decisões do Supremo Tribunal Federal estão permitindo que os assistidos sejam contemplados com benefícios assistenciais da LOAS mesmo possuindo uma renda familiar per capita superior a ¼ de salário mínimo, desde que provem a sua situação de miserabilidade.

O STF havia pacificado o entendimento com base em diversos julgados fundamentados na decisão proferida em sede da ADI 1.232/1998 de que é inadmissível a concessão do benefício assistencial a necessitado quando a renda familiar per capita for superior ao estabelecido na Lei. Nas últimas decisões, todavia, o **Supremo Tribunal começou a alterar o entendimento anteriormente consolidado, julgando ser possível a flexibilização do critério estabelecido pela Lei, se restar provado no processo a falta de condição de sustento.**

Em 18/04/2013, o Supremo Tribunal Federal confirmou a inconstitucionalidade do § 3º do art. 20 da Lei Orgânica da Assistência Social, que previa como critério para as pessoas idosas ou portadoras de deficiência a renda familiar mensal per capita inferior a ¼ do salário mínimo (antes da alteração promovida pela Lei 14.176/2021), por considerar que esse requisito está defasado para caracterizar a situação de miserabilidade (Reclamação 4374, REs 567985 e 580963, ambos com repercussão geral).

O próprio legislador resolveu regular a questão no Estatuto da Pessoa com Deficiência, publicado em 07/07/2015 e vigente a partir de 03/01/2016, dispondo que para concessão do benefício da LOAS, poderão ser utilizados outros elementos probatórios da condição de miserabilidade do grupo familiar e da situação de vulnerabilidade, **conforme regulamento** (art. 20, § 11, da Lei 8.742/1993).

Posteriormente, a Lei 14.176, de 22/06/2021 dispôs que **o citado regulamento** poderá ampliar o limite de renda mensal familiar *per capita* para até **1/2 salário-mínimo** (art. 20, § 11-A, da Lei 8.742/1993), e que na avaliação de outros elementos probatórios da condição de miserabilidade e da situação de vulnerabilidade serão considerados os seguintes aspectos para ampliação do critério de aferição da renda familiar mensal per capita (art. 20-B da Lei 8.742/93):

> I – o grau da deficiência;
>
> II – a dependência de terceiros para o desempenho de atividades básicas da vida diária; e
>
> III – o comprometimento do orçamento do núcleo familiar exclusivamente com gastos médicos, com tratamentos de saúde, com fraldas, com alimentos especiais e com medicamentos do idoso ou da pessoa com deficiência não disponibilizados gratuitamente pelo SUS, ou com serviços não prestados pelo Suas, desde que comprovadamente necessários à preservação da saúde e da vida.

A ampliação da renda familiar *per capita* ocorrerá na forma de escalas graduais, definidas em regulamento, aplicando-se à pessoa com deficiência os incisos I e III, e à pessoa idosa os incisos II e III mencionados.

O grau da deficiência será aferido por meio de instrumento de avaliação biopsicossocial e o valor referente ao comprometimento do orçamento do núcleo familiar com gastos de que trata o inciso III artigo será definido em ato conjunto do Ministério do Desenvolvimento Social, do Ministério da Previdência Social e do Ministério do Trabalho, a partir de valores médios dos gastos realizados pelas famílias exclusivamente com essas finalidades, facultada ao interessado a possibilidade de comprovação, conforme critérios definidos em regulamento, de que os gastos efetivos ultrapassam os valores médios.

Enquanto não estiver regulamentado o instrumento de avaliação de que tratam os §§ 1º e 2º do art. 2º da Lei nº 13.146, de 6 de julho de 2015 (Estatuto da Pessoa com Deficiência), a concessão do benefício de prestação continuada a pessoa com deficiência ficará sujeita à avaliação do grau da deficiência e do impedimento de que trata o § 2º do art. 20 desta Lei, composta de avaliação médica e avaliação social realizadas, respectivamente, pela perícia médica federal e pelo serviço social do INSS, com a utilização de instrumentos desenvolvidos especificamente para esse fim, e será obrigatório o registro, nos sistemas informacionais utilizados para a concessão do benefício, do código da Classificação Internacional de Doenças (CID), garantida a preservação do sigilo (art. 40-B da Lei 8.742/93 redação dada pela Lei 15.077/2024).

Outra alteração trazida pela Lei 12.470/2011 foi a possibilidade de que **a remuneração da pessoa com deficiência na condição de aprendiz não seja considerada para fins do cálculo da renda familiar per capita de ¼ de salário mínimo.** Assim, se o deficiente trabalhar como aprendiz, além de não perder o seu benefício assistencial, ainda tem o valor de sua remuneração excluído da renda familiar para concessão de qualquer outro benefício assistencial.

O Estatuto da Pessoa com Deficiência (Lei 13.146), publicado em 07/07/2015 e vigente desde 03/01/2016, estendeu esta mesma vantagem à renda oriunda do **estágio supervisionado, que passa a não ser considerada para fins do cálculo da renda familiar per capita de ¼ de salário mínimo.**

O benefício poderá ser pago a mais de um membro da família, desde que comprovadas todas as condições exigidas, ou seja, caso um grupo familiar contenha as pessoas idosas ou portadoras de deficiência, os dois podem ter direito ao benefício.

De acordo com §14, do artigo 20, da Lei 8.742, incluído pela Lei 13.982/2020, o benefício de prestação continuada ou o benefício previdenciário no valor de até um salário-mínimo concedido a idoso acima de 65 anos de idade ou pessoa com deficiência não será computado, para fins de concessão do benefício de prestação continuada a outro idoso ou pessoa com deficiência da mesma família.

> **Exemplo:**
>
> Se um casal de idosos mora sozinho, e ambos não possuem qualquer renda, os dois serão contemplados com benefício assistencial da LOAS. Explico: quando o primeiro passar a receber o benefício, esta renda não entrará para

o cálculo da renda familiar do casal, e o segundo vai ter direito também a receber o seu benefício.

O INSS confirmou esse entendimento com a publicação da Portaria 1.282, de 22/03/2021. Vejamos o art. 1º da citada Portaria:

> Art. 1º Estabelecer que não será computado para o cálculo da renda per capita familiar o benefício previdenciário de até um salário-mínimo ou o Benefício de Prestação Continuada (BPC/LOAS) concedido a idoso, acima de 65 (sessenta e cinco) anos de idade, ou a pessoa com deficiência, para a concessão do BPC/LOAS, diante do disposto no § 14 do art. 20 da Lei nº 8.742, 7 de dezembro de 1993, incluído pela Lei nº 13.982, de 2 de abril de 2020.

Em 2024, grande debate sobre o BPC tentou enrigidecer as regras para sua concessão, mas o texto da Lei 15.077/2024 acabou mantendo a exclusão dos benefícios de um salário mínimo da renda familira, nos termos do § 3º-A, do art. 20, da Lei 8.742/93.

Atenção!

A MP 871/2019, convertida na Lei 13.846/2019, trouxe novas exigências para a concessão do Benefício de Prestação Continuada. De acordo com o § 12 do art. 20 da LOAS, são requisitos para a concessão, a manutenção e a revisão do benefício **as inscrições no Cadastro de Pessoas Físicas – CPF** e no Cadastro Único para Programas Sociais do Governo Federal – **Cadastro Único**. Também condicionou o requerimento, a concessão e a revisão do benefício **à autorização do requerente para acesso aos seus dados bancários**, certamente, com um objetivo de verificar se o requerente tem alguma renda não declarada. Já a Lei 14.973/2024, passou a exigir do requerente do benefício de prestação continuada, ou ao responsável legal, o registro biométrico nos cadastros da Carteira de Identidade Nacional (CIN), do título eleitoral ou da Carteira Nacional de Habilitação (CNH). Na impossibilidade de registro do requerente, será exigido do responsável legal (Lei 15.077/2024).

A TNU julgou o Tema 284, firmando a interessante tese de que os dependentes que recebem ou que têm direito à cota de pensão por morte podem renunciar a esse direito para o fim de receber benefício assistencial de prestação continuada, uma vez preenchidos os requisitos da Lei 8.742/1993.

O benefício de prestação continuada deve ser **revisto a cada dois anos, para avaliação da continuidade das condições que lhe deram origem.** O desenvolvimento das capacidades cognitivas, motoras ou educacionais e a realização de atividades não remuneradas de habilitação e reabilitação, entre outras, não constituem motivo de suspensão ou cessação do benefício da pessoa com deficiência (art. 21, § 3º, da Lei 8.742/1993).

A cessação do benefício de prestação continuada concedido à pessoa com deficiência não impede nova concessão do benefício em momento posterior.

A lei 14.176/2021 incluiu o § 5º ao art. 21 da Lei 8.742/93 dispondo que o beneficiário em gozo de benefício de prestação continuada concedido judicial ou administrativamente poderá ser **convocado para avaliação das condições que ensejaram sua concessão ou manutenção**, sendo-lhe exigida a presença dos requisitos legais para a manutenção do benefício.

De acordo com o disposto no art. 21-A da Lei 8.742/1993, **o benefício de prestação continuada será suspenso quando a pessoa com deficiência exercer atividade remunerada, inclusive na condição de microempreendedor individual.**

Extinta, contudo, a relação trabalhista ou a atividade empreendedora, e, quando for o caso, encerrado o prazo de pagamento do seguro-desemprego, e não tendo o beneficiário adquirido direito a qualquer benefício previdenciário, poderá ser requerida a continuidade do pagamento do benefício suspenso, sem necessidade de realização de perícia médica ou reavaliação da deficiência e do grau de incapacidade para esse fim, respeitado o período de revisão de 2 anos.

Atenção

A contratação de pessoa com deficiência como aprendiz não acarreta a suspensão do benefício de prestação continuada, limitado a dois anos o recebimento concomitante da remuneração e do benefício.

A cessação do pagamento do benefício ocorrerá nas seguintes situações:

I – superação das condições que lhe deram origem;

II – morte do beneficiário;

III – morte presumida do beneficiário, declarada em juízo;

IV – ausência declarada do beneficiário;

V – falta de comparecimento do beneficiário portador de deficiência ao exame médico-pericial, por ocasião de revisão de benefício;

VI – falta de apresentação pelo idoso ou pela pessoa portadora de deficiência da declaração de composição do grupo e renda familiar, por ocasião de revisão de benefício.

O beneficiário ou seus familiares são obrigados a informar ao INSS a ocorrência de morte, atestada ou presumida, e em caso de superação das condições que deram origem ao benefício (art. 48, parágrafo único, do Decreto 6.214/2007).

O art. 6º da Lei nº 10.820/2003, alterado pela Lei 14.601/2023, passou a permitir empréstimos consignados nos BPC da LOAS, sendo os descontos limitados a 35% do valor dos benefícios, sendo 30% destinados exclusivamente a empréstimos, financiamentos e arrendamentos mercantis, 5% destinados exclusivamente à amortização de despesas contraídas por meio de cartão de crédito consignado ou cartão consignado de benefício ou à utilização com a finalidade de saque por meio de cartão de crédito consignado ou cartão consignado de benefício.

A responsabilidade pelo pagamento dos créditos será direta e exclusiva do beneficiário, e a União não poderá ser responsabilizada, ainda que subsidiariamente, em qualquer hipótese.

As alterações nas condições que deram origem ao benefício, quando ocorridas após a concessão, não constituem irregularidades. **O benefício assistencial é intransferível, não gerando direito à pensão. Não é pago abono anual em relação aos benefícios da LOAS.** É devido, entretanto, pagamento de resíduo a herdeiros ou a sucessores, na forma da lei civil.

Estas são as duas principais queixas dos beneficiários do Benefício de Prestação Continuada – BPC da LOAS. Como sempre confundem este benefício com a aposentadoria, esperam receber o 13º salário (abono anual) e deixar pensão por morte para seus dependentes, o que não são permitidos pela legislação, causando, muitas vezes, frustração nos beneficiários.

O benefício assistencial da LOAS **não pode ser acumulado com qualquer outro no âmbito da seguridade social ou de outro regime**, salvo os da assistência médica e da pensão especial de natureza indenizatória e, também a remuneração advinda de contrato de aprendizagem no caso de pessoa com deficiência pelo prazo de dois anos. **Não pode ser acumulado com o seguro-desemprego**, nos termos do art. 5º do Decreto 6.214/2007.

Um exemplo de possibilidade de cumulação é a pensão especial devida aos dependentes das vítimas da hemodiálise de Caruaru/PE, prevista na Lei 9.422, de 24 de dezembro de 1996.

Em 1996, ocorreu a morte de 72 pacientes renais submetidos a tratamento de hemodiálise em hospital público em Caruaru, devido à presença de toxinas produzidas por uma microalga encontrada na água utilizada, durante o processo de filtragem do sangue, a Microcystina LR. A água era retirada de um açude. O governo, então, resolveu indenizar os dependentes dos mortos com uma pensão de um salário mínimo.

Nessa mesma linha de benefícios especiais criados, a Lei 13.985, de 07/04/2020 instituiu a pensão especial destinada a crianças com Síndrome Congênita do Zika Vírus, nascidas entre 1º de janeiro de 2015 e 31 de dezembro de 2019, beneficiárias do Benefício de Prestação Continuada (BPC) de que trata o art. 20 da Lei nº 8.742, de 7/12/1993. Tal pensão será mensal, vitalícia e intransferível e terá o valor de um salário mínimo.

Essa pensão especial não poderá ser acumulada com indenizações pagas pela União em razão de decisão judicial sobre os mesmos fatos ou com o BPC de que trata o art. 20 da Lei nº 8.742, de 7 de dezembro de 1993 e não gerará direito a abono ou a pensão por morte

Vejam o gráfico que representa os principais requisitos para o recebimento do Benefício de Prestação Continuada da LOAS:

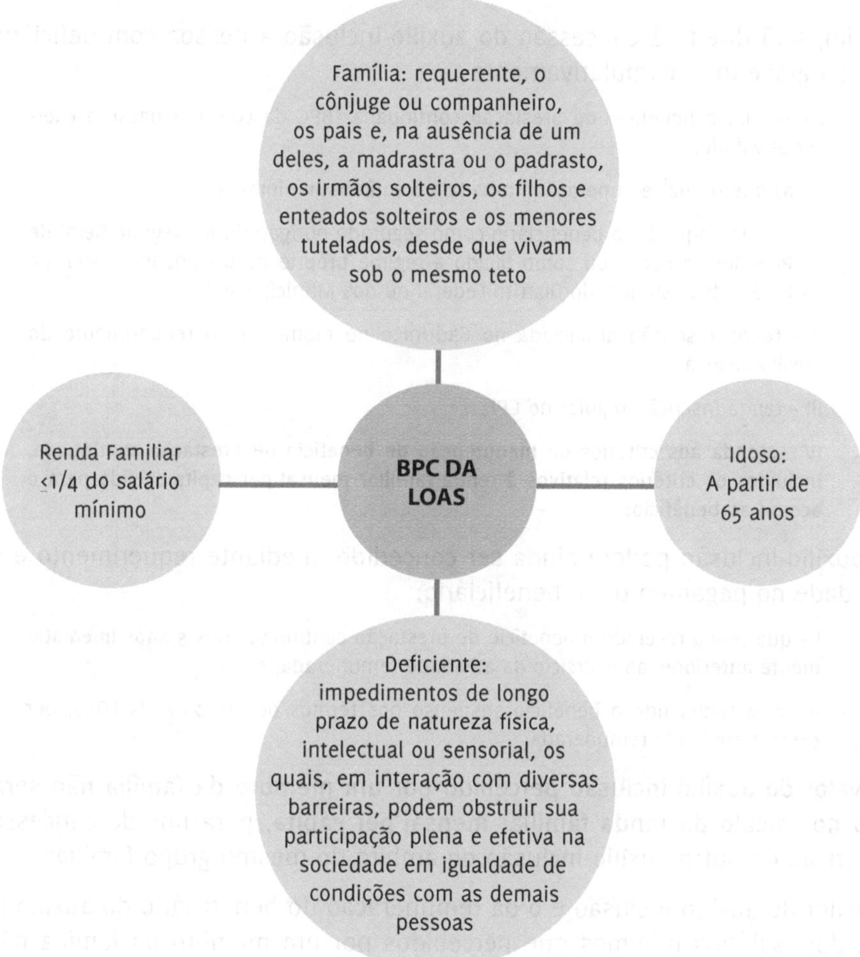

22.2. AUXÍLIO-INCLUSÃO

A Lei 13.146/2015 (Estatuto da Pessoa com Deficiência) dispôs sobre o auxílio-inclusão (art. 94). De acordo com o dispositivo, terá direito a auxílio-inclusão a pessoa com **deficiência moderada ou grave** que:

> I – receba o benefício de prestação continuada previsto no art. 20 da Lei nº 8.742/93, e que passe a exercer atividade remunerada que a enquadre como segurado obrigatório do RGPS;
>
> II – tenha recebido, nos últimos 5 anos, o benefício de prestação continuada previsto no art. 20 da Lei nº 8.742/93, e que exerça atividade remunerada que a enquadre como segurado obrigatório do RGPS.

Somente com a publicação da Lei 14.176/2021 é que o benefício do auxílio inclusão foi regulamento, com a inclusão dos artigos 26-A a 26-H na Lei 8.742/93.

Assim, terá direito à concessão do auxílio-inclusão a pessoa com deficiência moderada ou grave que, cumulativamente:

> I – receba o benefício de prestação continuada (BPC da LOAS), e passe a exercer atividade:
>
> a) que tenha remuneração limitada a **2 salários-mínimos**; e
>
> b) que enquadre o beneficiário como segurado obrigatório do Regime Geral de Previdência Social ou como filiado a regime próprio de previdência social da União, dos Estados, do Distrito Federal ou dos Municípios;
>
> II – tenha inscrição atualizada no CadÚnico no momento do requerimento do auxílio-inclusão;
>
> III – tenha inscrição regular no CPF; e
>
> IV – **atenda aos critérios de manutenção do benefício de prestação continuada, incluídos os critérios relativos à renda familiar mensal per capita exigida para o acesso ao benefício.**

O auxílio-inclusão poderá ainda ser concedido, mediante requerimento e sem retroatividade no pagamento, ao beneficiário:

> I – que tenha recebido o benefício de prestação continuada nos **5 anos imediatamente anteriores** ao exercício da atividade remunerada; e
>
> II – que tenha tido o benefício suspenso nos termos do art. 21-A da LOAS, por exercer atividade remunerada;

O valor do auxílio-inclusão percebido por um membro da família não será considerado no cálculo da renda familiar mensal per capita, para fins de concessão e de manutenção de outro auxílio-inclusão no âmbito do mesmo grupo familiar.

O valor do auxílio-inclusão e o da remuneração do beneficiário do auxílio-inclusão de até dois salários mínimos que percebidos por um membro da família não serão considerados no cálculo da renda familiar mensal per capita para fins de manutenção de benefício de prestação continuada concedido anteriormente a outra pessoa do mesmo grupo familiar.

Para fins de cálculo da renda familiar per capita para concessão do auxílio-inclusão, serão **desconsideradas:**

I - as **remunerações obtidas pelo requerente** em decorrência de exercício de atividade laboral, desde que o total recebido no mês seja **igual ou inferior a dois salários-mínimos**; e

II - as **rendas** oriundas dos rendimentos decorrentes de **estágio supervisionado e de aprendizagem.**

O auxílio-inclusão será devido a partir da data do requerimento, e o seu **valor corresponderá a 50% do valor do benefício de prestação continuada** em vigor. Ao requerer o auxílio-inclusão, **o beneficiário autorizará a suspensão do benefício de prestação continuada** (art. 26-B, da Lei 8.742/93).

O pagamento do auxílio-inclusão não será acumulado com o pagamento de:

I - benefício de prestação continuada da LOAS;

II - prestações a título de aposentadoria, de pensões ou de benefícios por incapacidade pagos por qualquer regime de previdência social; ou

III - seguro-desemprego.

O pagamento do auxílio-inclusão cessará na hipótese de o beneficiário:

I - deixar de atender aos critérios de manutenção do benefício de prestação continuada; ou

II - deixar de atender aos critérios de concessão do auxílio-inclusão.

O auxílio-inclusão **não está sujeito a desconto de qualquer contribuição e não gera direito a pagamento de abono anual.**

Compete ao Ministério do Desenvolvimento Social a gestão do auxílio-inclusão, e ao INSS a sua operacionalização e pagamento. As despesas decorrentes do pagamento do auxílio-inclusão correrão à conta do orçamento do Ministério. O Poder Executivo federal compatibilizará o quantitativo de benefícios financeiros do auxílio-inclusão com as dotações orçamentárias existentes. O regulamento indicará o órgão do Poder Executivo responsável por avaliar os impactos da concessão do auxílio-inclusão na participação no mercado de trabalho, na redução de desigualdades e no exercício dos direitos e liberdades fundamentais das pessoas com deficiência.

No prazo de 10 anos será promovida a revisão do auxílio-inclusão, com vistas a seu aprimoramento e ampliação.

22.3. OBJETIVOS, DIRETRIZES E PRINCÍPIOS DA ASSISTÊNCIA SOCIAL

De acordo com o art. 1º da LOAS, a **assistência social**, direito do cidadão e dever do Estado, é **Política de Seguridade Social não contributiva**, que provê os **mínimos sociais**, realizada por meio de um conjunto integrado de **ações de iniciativa pública e da sociedade**, para garantir o atendimento às necessidades básicas. Esta definição está alinhada aos arts. 203 e 204 da Constituição Federal.

O art. 2º da LOAS dispõe sobre os objetivos da assistência social, listando:

I – a proteção social, que visa à garantia da vida, à redução de danos e à prevenção da incidência de riscos, especialmente:

a) **a proteção à família, à maternidade, à infância, à adolescência e à velhice;**

b) **o amparo às crianças e aos adolescentes carentes;**

c) **a promoção da integração ao mercado de trabalho;**

d) **a habilitação e reabilitação das pessoas com deficiência e a promoção de sua integração à vida comunitária;** e

e) **a garantia de 1 (um) salário mínimo de benefício mensal à pessoa com deficiência e ao idoso que comprovem não possuir meios de prover a própria manutenção ou de tê-la provida por sua família;**

Notem que estes objetivos do inciso I não trazem qualquer inovação em relação aos objetivos que constam no art. 203 da Constituição Federal de 1988, sendo mera transcrição de texto.

II – a **vigilância socioassistencial**, que visa a analisar territorialmente a capacidade protetiva das famílias e nela a ocorrência de vulnerabilidades, de ameaças, de vitimizações e danos;

III – **a defesa de direitos**, que visa a garantir o pleno acesso aos direitos no conjunto das provisões socioassistenciais.

Para o enfrentamento da pobreza, a assistência social realiza-se de forma integrada às políticas setoriais, garantindo mínimos sociais e provimento de condições para atender contingências sociais e promovendo a universalização dos direitos sociais.

O art. 3º da LOAS considera **entidades e organizações de assistência social aquelas sem fins lucrativos que, isolada ou cumulativamente, prestam atendimento e assessoramento aos beneficiários abrangidos na LOAS**, bem como as que atuam na defesa e garantia de direitos.

São de atendimento aquelas entidades que, de forma continuada, permanente e planejada, prestam serviços, executam programas ou projetos e concedem benefícios de prestação social básica ou especial, dirigidos às famílias e indivíduos em situações de vulnerabilidade ou risco social e pessoal e respeitadas as deliberações do Conselho Nacional de Assistência Social (CNAS).

Entidades de atendimento são, então, entidades sem fins lucrativos que executam a assistência para a população, fornecendo benefícios.

Já as **entidades de assessoramento** são aquelas que, de forma continuada, permanente e planejada, prestam serviços e executam programas ou projetos voltados prioritariamente para o fortalecimento dos movimentos sociais e das organizações de usuários, formação e capacitação de lideranças, dirigidos ao público da política de assistência social, respeitadas as deliberações do CNAS.

São **entidades de defesa e garantia de direitos** aquelas que, de forma continuada, permanente e planejada, prestam serviços e executam programas e projetos voltados prioritariamente para a defesa e efetivação dos direitos socioassistenciais, construção de novos direitos, promoção da cidadania, enfrentamento das desigualdades sociais, articulação com órgãos públicos de defesa de direitos, dirigidos ao público da política de assistência social, respeitadas as deliberações do CNAS.

Vejam o gráfico que esquematiza as entidades assistenciais:

ENTIDADES DE ATENDIMENTO	• Prestam serviços, executam programas ou projetos e concedem benefícios de prestação social básica ou especial, dirigidos às famílias e indivíduos em situações de vulnerabilidade ou risco social e pessoal.
ENTIDADES DE ASSESSORAMENTO	• Prestam serviços e executam programas ou projetos voltados prioritariamente para o fortalecimento dos movimentos sociais e das organizações de usuários, formação e capacitação de lideranças, dirigidos ao público da política de assistência social.
ENTIDADES DE DEFESA E GARANTIA DE DIREITOS	• Prestam serviços e executam programas e projetos voltados prioritariamente para a defesa e efetivação dos direitos socioassistenciais, construção de novos direitos, promoção da cidadania, enfrentamento das desigualdades sociais, articulação com órgãos públicos de defesa de direitos, dirigidos ao público da política de assistência social.

De acordo com o art. 4º da LOAS, a assistência social é regida pelos seguintes princípios:

I – **supremacia do atendimento às necessidades sociais sobre as exigências de rentabilidade econômica;**

II - **universalização dos direitos sociais**, a fim de tornar o destinatário da ação assistencial alcançável pelas demais políticas públicas;

III - **respeito à dignidade do cidadão**, à sua autonomia e ao seu direito a benefícios e serviços de qualidade, bem como à convivência familiar e comunitária, vedando-se qualquer comprovação vexatória de necessidade;

IV - **igualdade de direitos no acesso ao atendimento**, sem discriminação de qualquer natureza, garantindo-se equivalência às populações urbanas e rurais;

V - **divulgação ampla dos benefícios, serviços, programas e projetos assistenciais**, bem como dos recursos oferecidos pelo Poder Público e dos critérios para sua concessão.

Já a organização da assistência social tem como base as seguintes diretrizes:

I - **descentralização político-administrativa** para os Estados, o Distrito Federal e os Municípios, e comando único das ações em cada esfera de governo;

II - **participação da população**, por meio de organizações representativas, na formulação das políticas e no controle das ações em todos os níveis;

III - **primazia da responsabilidade do Estado** na condução da política de assistência social em cada esfera de governo.

22.4. ORGANIZAÇÃO E GESTÃO DA ASSISTÊNCIA SOCIAL

A gestão das ações na área de assistência social fica organizada sob a forma de sistema descentralizado e participativo, denominado **Sistema Único de Assistência Social (Suas)**, com os seguintes objetivos:

I - **consolidar a gestão compartilhada**, o cofinanciamento e a cooperação técnica entre os entes federativos que, de modo articulado, operam a proteção social não contributiva;

II - **integrar a rede pública e privada de serviços**, programas, projetos e benefícios de assistência social;

III - **estabelecer as responsabilidades dos entes federativos na organização**, regulação, manutenção e expansão das ações de assistência social;

IV - **definir os níveis de gestão**, respeitadas as diversidades regionais e municipais;

V - **implementar a gestão do trabalho e a educação permanente na assistência social**;

VI - **estabelecer a gestão integrada de serviços e benefícios**;

VII - **afiançar a vigilância socioassistencial e a garantia de direitos.**

Assim, as ações ofertadas no âmbito do Suas têm por objetivo a proteção à família, à maternidade, à infância, à adolescência e à velhice e, como base de organização, o território.

O Suas é integrado pelos entes federativos, pelos respectivos conselhos de assistência social e pelas entidades e organizações de assistência social abrangidas na LOAS.

De acordo com a LOAS, o Ministério do Desenvolvimento Social é a instância coordenadora da Política Nacional de Assistência Social.

Cabe à instância coordenadora da Política Nacional de Assistência Social normatizar e padronizar o emprego e a divulgação da identidade visual do Suas. A identidade visual do Suas deverá prevalecer na identificação de unidades públicas estatais, entidades e organizações de assistência social, serviços, programas, projetos e benefícios vinculados ao Suas.

De acordo com o art. 6º-A da Lei 8.742/1993, a assistência social organiza-se pelos seguintes tipos de proteção:

PROTEÇÃO SOCIAL BÁSICA	• conjunto de serviços, programas, projetos e benefícios da assistência social que visa a prevenir situações de vulnerabilidade e risco social por meio do desenvolvimento de potencialidades e aquisições e do fortalecimento de vínculos familiares e comunitários.
PROTEÇÃO SOCIAL ESPECIAL	• conjunto de serviços, programas e projetos que tem por objetivo contribuir para a reconstrução de vínculos familiares e comunitários, a defesa de direito, o fortalecimento das potencialidades e aquisições e a proteção de famílias e indivíduos para o enfrentamento das situações de violação de direitos.

A **vigilância socioassistencial** é um dos instrumentos das proteções da assistência social que identifica e previne as situações de risco e vulnerabilidade social e seus agravos no território.

As proteções sociais básica e especial serão ofertadas pela rede socioassistencial, de forma integrada, diretamente pelos entes públicos e/ou pelas entidades e organizações de assistência social vinculadas ao Suas, respeitadas as especificidades de cada ação.

A vinculação ao Suas é o reconhecimento pelo Ministério do Desenvolvimento Social de que a entidade de assistência social integra a rede socioassistencial.

Para o reconhecimento que a entidade integra a rede socioassistencial deverá cumprir os seguintes requisitos:

I – **constituir-se prestando atendimento e assessoramento aos beneficiários;**

II – **inscrever-se em Conselho Municipal ou do Distrito Federal;**

III – **integrar o sistema de cadastro de entidades;**

As entidades e organizações de assistência social vinculadas ao Suas celebrarão convênios, contratos, acordos ou ajustes com o poder público para a execução, garantido financiamento integral, pelo Estado, de serviços, programas, projetos e ações de assistência social, nos limites da capacidade instalada, aos beneficiários abrangidos pela LOAS, observando-se as disponibilidades orçamentárias.

As proteções sociais, básica e especial, serão ofertadas precipuamente no **Centro de Referência de Assistência Social (Cras)** e no **Centro de Referência Especializado de Assistência Social (Creas)**, respectivamente, e pelas entidades sem fins lucrativos de assistência social.

O **Cras é a unidade pública municipal**, de base territorial, localizada em áreas com maiores índices de vulnerabilidade e risco social, destinada à articulação dos serviços socioassistenciais no seu território de abrangência e à prestação de serviços, programas e projetos socioassistenciais de proteção social básica às famílias.

Já o **Creas é a unidade pública de abrangência e gestão municipal, estadual ou regional**, destinada à prestação de serviços a indivíduos e famílias que se encontram em situação de risco pessoal ou social, por violação de direitos ou contingência, que demandam intervenções especializadas da proteção social especial.

Os Cras e os Creas são unidades públicas estatais instituídas no âmbito do Suas, que possuem interface com as demais políticas públicas e articulam, coordenam e ofertam os serviços, programas, projetos e benefícios da assistência social.

As instalações dos Cras e dos Creas devem ser compatíveis com os serviços neles ofertados, com espaços para trabalhos em grupo e ambientes específicos para recepção e atendimento reservado das famílias e indivíduos, assegurada a acessibilidade às pessoas idosas e com deficiência.

CRAS	• unidade pública municipal, de base territorial, localizada em áreas com maiores índices de vulnerabilidade e risco social; • destinada à articulação dos serviços socioassistenciais no seu território de abrangência e à prestação de serviços, programas e projetos socioassistenciais de proteção social básica às famílias.
CREAS	• unidade pública de abrangência e gestão municipal, estadual ou regional; • destinada à prestação de serviços a indivíduos e famílias que se encontram em situação de risco pessoal ou social, por violação de direitos ou contingência, que demandam intervenções especializadas da proteção social especial.

Vejamos uma questão sobre o tema:

(Técnico do Seguro Social – INSS/2016 – CESPE) O centro de referência de assistência social (CRAS) é uma unidade de base estadual e tem por finalidade atender a população de baixa renda e as pessoas que estejam submetidas ao cumprimento de pena de reclusão.

RESOLUÇÃO:

O Centro de Referência de Assistência Social (Cras) **tem base municipal** e o seu objetivo é a prevenção dos riscos sociais e não as pessoas que estejam submetidas ao cumprimento de pena de reclusão, de acordo com o art. 6º-C da LOAS.

Resposta: Errada

Os recursos do cofinanciamento do Suas, destinados à execução das ações continuadas de assistência social, poderão ser aplicados no pagamento dos profissionais que integrarem as equipes de referência, responsáveis pela organização e oferta daquelas ações, conforme percentual apresentado pelo Ministério do Desenvolvimento Social e aprovado pelo CNAS.

A formação das equipes de referência deverá considerar o número de famílias e indivíduos referenciados, os tipos e modalidades de atendimento e as aquisições que devem ser garantidas aos usuários, conforme deliberações do CNAS.

Foi instituído o Cadastro Único para Programas Sociais do Governo Federal (CadÚnico), registro público eletrônico com a finalidade de coletar, processar, sistematizar e disseminar informações para a identificação e a caracterização socioeconômica das famílias de baixa renda.

As famílias de baixa renda poderão inscrever-se no CadÚnico no CRAS ou no CREAS ou por meio eletrônico. A inscrição no CadÚnico poderá ser obrigatória para acesso a programas sociais do Governo Federal.

Os dados do CNIS incluídos no CadÚnico poderão ser acessados pelos órgãos gestores do CadÚnico, nas três esferas da Federação, conforme termo de adesão do ente federativo ao CadÚnico, do qual constará cláusula de compromisso com o sigilo de dados.

O CadÚnico coletará informações que caracterizem a condição socioeconômica e territorial das famílias, as quais serão objeto de checagem em outras bases de dados, nos termos estabelecidos em ato do Poder Executivo federal (vide Lei nº 15.077, de 2024).

As ações de assistência social, no âmbito das entidades e organizações de assistência social, observarão as normas expedidas pelo Conselho Nacional de Assistência Social (CNAS). **A União, os Estados, o Distrito Federal e os Municípios fixarão suas respectivas Políticas de Assistência Social.**

O funcionamento das entidades e organizações de assistência social depende de **prévia inscrição no respectivo Conselho Municipal de Assistência Social**, ou no **Conselho de Assistência Social do Distrito Federal**, conforme o caso. Cabe ao Conselho Municipal de Assistência Social e ao Conselho de Assistência Social do Distrito Federal a fiscalização das entidades de assistência social.

As entidades e organizações de assistência social podem, para defesa de seus direitos referentes à inscrição e ao funcionamento, recorrer aos Conselhos Nacional, Estaduais, Municipais e do Distrito Federal.

De acordo com o art. 10 da Lei 8.742/1992, a União, os Estados, os Municípios e o Distrito Federal podem celebrar convênios com entidades e organizações de assistência social, em conformidade com os Planos aprovados pelos respectivos Conselhos. As ações das três esferas de governo na área de assistência social realizam-se de forma articulada, cabendo a coordenação e as normas gerais à esfera federal e a coordenação e execução dos programas, em suas respectivas esferas, aos Estados, ao Distrito Federal e aos Municípios.

Os arts. 12 a 14 da LOAS tratam da distribuição de competência entre a União, os Estados, Distrito Federal e os Municípios, nos seguintes termos:

Compete à União:

I – responder pela concessão e manutenção dos **benefícios de prestação continuada**;

II – cofinanciar, por meio de **transferência automática**, o aprimoramento da gestão, os serviços, os programas e os projetos de assistência social em âmbito nacional;

III – atender, em conjunto com os Estados, o Distrito Federal e os Municípios, às **ações assistenciais de caráter de emergência**.

IV – realizar o **monitoramento e a avaliação** da política de assistência social e **assessorar Estados, Distrito Federal e Municípios** para seu desenvolvimento.

A União apoiará financeiramente o aprimoramento à gestão descentralizada dos serviços, programas, projetos e benefícios de assistência social, por meio do **Índice de Gestão Descentralizada (IGD) do Sistema Único de Assistência Social (Suas)**, para a utilização no âmbito dos Estados, dos Municípios e do Distrito Federal, destinado, sem prejuízo de outras ações a serem definidas em regulamento, a:

I – medir os resultados da gestão descentralizada do Suas, com base na atuação do gestor estadual, municipal e do Distrito Federal na implementação, execução e monitoramento dos serviços, programas, projetos e benefícios de assistência social, bem como na articulação intersetorial;

II – incentivar a obtenção de resultados qualitativos na gestão estadual, municipal e do Distrito Federal do Suas; e

III - calcular o montante de recursos a serem repassados aos entes federados a título de apoio financeiro à gestão do Suas.

Compete aos Estados:

I - **destinar recursos financeiros aos Municípios**, a título de participação no custeio do pagamento dos benefícios eventuais, mediante critérios estabelecidos pelos Conselhos Estaduais de Assistência Social;

II - **cofinanciar**, por meio de transferência automática, **o aprimoramento da gestão, os serviços, os programas e os projetos de assistência social em âmbito regional ou local**;

III - atender, em conjunto com os Municípios, às **ações assistenciais de caráter de emergência**;

IV - **estimular e apoiar técnica e financeiramente as associações e consórcios municipais na prestação de serviços de assistência social**;

V - **prestar os serviços assistenciais** cujos custos ou ausência de demanda municipal justifiquem uma rede regional de serviços, desconcentrada, no âmbito do respectivo Estado.

VI - realizar o **monitoramento e a avaliação da política de assistência social** e assessorar os Municípios para seu desenvolvimento.

Compete ao Distrito Federal:

I - **destinar recursos financeiros para custeio do pagamento dos benefícios eventuais**, mediante critérios estabelecidos pelos Conselhos de Assistência Social do Distrito Federal;

II - efetuar o pagamento dos **auxílios natalidade e funeral**;

III - executar os **projetos de enfrentamento da pobreza**, incluindo a parceria com organizações da sociedade civil;

IV - atender às **ações assistenciais de caráter de emergência**;

V - **prestar os serviços assistenciais.**

VI - **cofinanciar o aprimoramento da gestão, os serviços, os programas e os projetos de assistência social em âmbito local**;

VII - realizar o **monitoramento e a avaliação da política de assistência social** em seu âmbito.

Compete aos Municípios:

I - **destinar recursos financeiros para custeio do pagamento dos benefícios eventuais**, mediante critérios estabelecidos pelos Conselhos Municipais de Assistência Social;

II - efetuar o pagamento dos **auxílios natalidade e funeral**;

III – executar os **projetos de enfrentamento da pobreza**, incluindo a parceria com organizações da sociedade civil;

IV – atender às **ações assistenciais de caráter de emergência;**

V – **prestar os serviços assistenciais.**

VI – **cofinanciar o aprimoramento da gestão, os serviços, os programas e os projetos de assistência social em âmbito local;**

VII – realizar o **monitoramento e a avaliação da política de assistência social** em seu âmbito.

As instâncias deliberativas do Suas, de caráter permanente e composição paritária entre governo e sociedade civil, são:

I – o Conselho Nacional de Assistência Social;

II – os Conselhos Estaduais de Assistência Social;

III – o Conselho de Assistência Social do Distrito Federal;

IV – os Conselhos Municipais de Assistência Social.

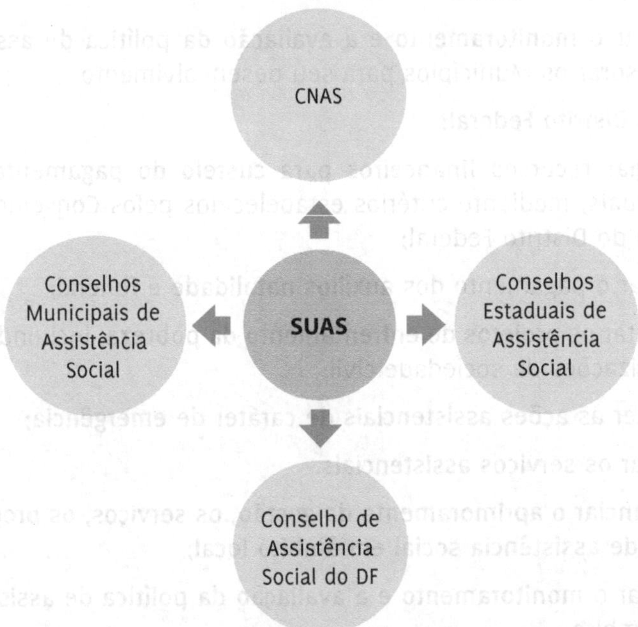

Os Conselhos de Assistência Social estão vinculados ao órgão gestor de assistência social, que deve prover a infraestrutura necessária ao seu funcionamento, garantindo recursos materiais, humanos e financeiros, inclusive com despesas referentes a passagens e diárias de conselheiros representantes do governo ou da sociedade civil, quando estiverem no exercício de suas atribuições.

O **CNAS – Conselho Nacional de Assistência Social** é um importante órgão superior de deliberação colegiada, vinculado à estrutura do órgão da Administração Pública Federal responsável pela **coordenação da Política Nacional de Assistência Social**, cujos membros, **nomeados pelo Presidente da República**, têm **mandato de dois anos**, permitida **uma única recondução por igual período.**

O Conselho Nacional de Assistência Social (CNAS) é **composto por 18 membros e respectivos suplentes**, cujos nomes são indicados ao órgão da Administração Pública Federal responsável pela coordenação da Política Nacional de Assistência Social, de acordo com os critérios seguintes:

I - **nove representantes governamentais**, incluindo um representante dos Estados e um dos Municípios;

II - **nove representantes da sociedade civil**, dentre representantes dos usuários ou de organizações de usuários, das entidades e organizações de assistência social e dos trabalhadores do setor, escolhidos em foro próprio sob fiscalização do Ministério Público Federal.

O Conselho Nacional de Assistência Social (CNAS) é **presidido por um de seus integrantes, eleito dentre seus membros, para mandato de um ano, permitida uma única recondução por igual período**. Conta, também, com uma Secretaria Executiva, a qual terá sua estrutura disciplinada em ato do Poder Executivo.

Os Conselhos, com competência para acompanhar a execução da política de assistência social, apreciar e aprovar a proposta orçamentária, em consonância com as diretrizes das conferências nacionais, estaduais, distrital e municipais, de acordo com seu âmbito de atuação, deverão ser instituídos, respectivamente, pelos Estados, pelo Distrito Federal e pelos Municípios, mediante lei específica.

Vejamos uma questão sobre o tema:

> **(Defensor Público – ES/ 2012 – CESPE) O** CNAS, instância responsável pela coordenação da PNAS, é presidido alternadamente pelo(a) ministro(a) da Previdência Social e por um representante eleito da sociedade civil, sendo de dois anos o mandato do seu presidente, permitida a recondução.
>
> **RESOLUÇÃO:**
>
> O CNAS é presidido por um de seus membros, para mandato de um ano sendo admitida uma recondução. Não existe obrigatoriedade que o presidente seja um Ministro de Estado. O mandato do presidente é de 1 ano, podendo ser reconduzido apenas uma vez (vide art. 17, § 2º, da LOAS).
>
> *Resposta: Errada*

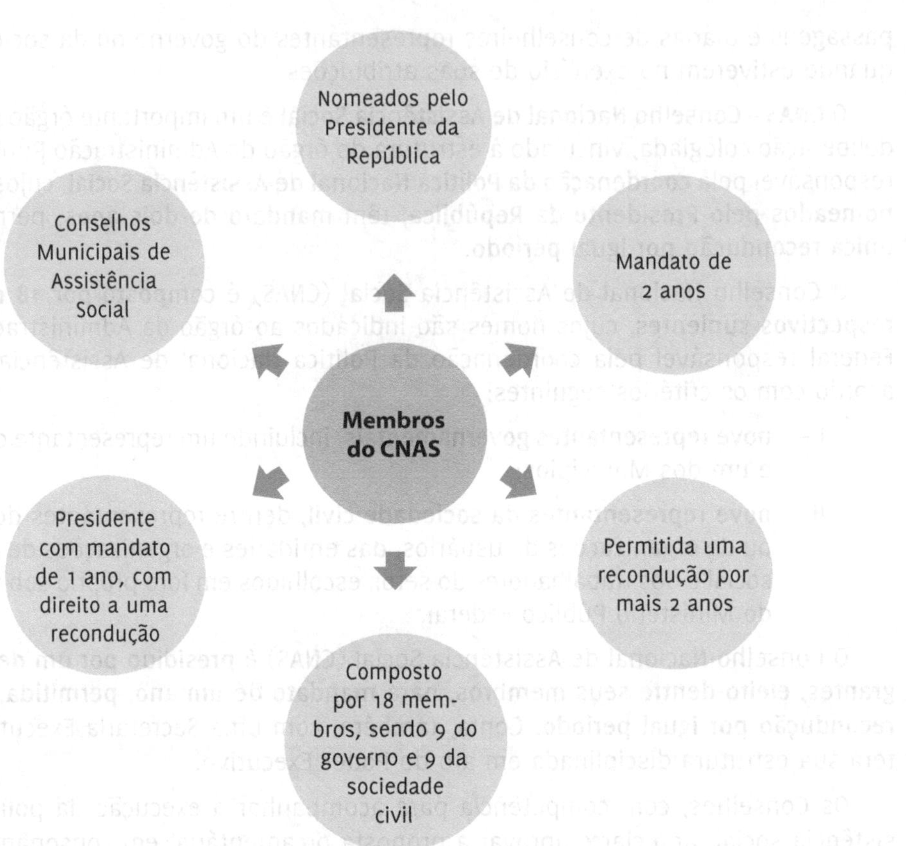

Compete ao Conselho Nacional de Assistência Social:

I – aprovar a **Política Nacional de Assistência Social;**

II – normatizar as ações e regular a prestação de serviços de natureza pública e privada no campo da assistência social;

III – acompanhar e fiscalizar o processo de **certificação das entidades e organizações de assistência social** no Ministério do Desenvolvimento Social;

IV – **apreciar relatório anual** que conterá a relação de entidades e organizações de assistência social certificadas como beneficentes e encaminhá-lo para conhecimento dos Conselhos de Assistência Social dos Estados, Municípios e do Distrito Federal;

V – zelar pela **efetivação do sistema descentralizado e participativo de assistência social;**

VI – a partir da realização da II Conferência Nacional de Assistência Social em 1997, **convocar ordinariamente a cada quatro anos a Conferência Nacional de Assistência Social**, que terá a atribuição de avaliar a situação da assistência social e propor diretrizes para o aperfeiçoamento do sistema;

VII – **apreciar e aprovar a proposta orçamentária da Assistência Social** a ser encaminhada pelo órgão da Administração Pública Federal responsável pela coordenação da Política Nacional de Assistência Social;

VIII – **aprovar critérios de transferência de recursos** para os Estados, Municípios e Distrito Federal, considerando, para tanto, indicadores que informem sua regionalização mais equitativa, tais como: população, renda per capita, mortalidade infantil e concentração de renda, além de disciplinar os procedimentos de repasse de recursos para as entidades e organizações de assistência social, sem prejuízo das disposições da Lei de Diretrizes Orçamentárias;

IX – **acompanhar e avaliar a gestão dos recursos**, bem como os ganhos sociais e o desempenho dos programas e projetos aprovados;

X – **estabelecer diretrizes, apreciar e aprovar os programas anuais e plurianuais do Fundo Nacional de Assistência Social (FNAS);**

XI – **indicar o representante do Conselho Nacional de Assistência Social** (CNAS) junto ao Conselho Nacional da Seguridade Social;

XII – **elaborar e aprovar seu regimento interno;**

XII – **divulgar, no Diário Oficial da União, todas as suas decisões**, bem como as contas do Fundo Nacional de Assistência Social (FNAS) e os respectivos pareceres emitidos.

Compete ao órgão da Administração Pública Federal responsável pela coordenação da Política Nacional de Assistência Social:

I – **coordenar e articular as ações no campo da assistência social;**

II – **propor ao Conselho Nacional de Assistência Social (CNAS) a Política Nacional de Assistência Social**, suas normas gerais, bem como os critérios de prioridade e de elegibilidade, além de padrões de qualidade na prestação de benefícios, serviços, programas e projetos;

III – **prover recursos para o pagamento dos benefícios de prestação continuada** definidos nesta lei;

IV – **elaborar e encaminhar a proposta orçamentária da assistência social**, em conjunto com as demais da Seguridade Social;

V – **propor os critérios de transferência dos recursos** de que trata esta lei;

VI – **proceder à transferência dos recursos destinados à assistência social**, na forma prevista nesta lei;

VII – **encaminhar à apreciação do Conselho Nacional de Assistência Social** (CNAS) relatórios trimestrais e anuais de atividades e de realização financeira dos recursos;

VIII – **prestar assessoramento técnico** aos Estados, ao Distrito Federal, aos Municípios e às entidades e organizações de assistência social;

IX – **formular política para a qualificação sistemática e continuada de recursos humanos no campo da assistência social;**

X – **desenvolver estudos e pesquisas** para fundamentar as análises de necessidades e formulação de proposições para a área;

XI – coordenar e manter atualizado o **sistema de cadastro de entidades e organizações de assistência social**, em articulação com os Estados, os Municípios e o Distrito Federal;

XII – **articular-se com os órgãos responsáveis pelas políticas de saúde e Previdência Social**, bem como com os demais responsáveis pelas políticas socioeconômicas setoriais, visando à elevação do patamar mínimo de atendimento às necessidades básicas;

A atenção integral à saúde, inclusive a dispensação de medicamentos e produtos de interesse para a saúde, às famílias e indivíduos em situações de vulnerabilidade ou risco social e pessoal, será executada **independentemente da apresentação de documentos que comprovem domicílio ou inscrição no cadastro no Sistema Único de Saúde (SUS)**, em consonância com a diretriz de articulação das ações de assistência social e de saúde.

XIII – **expedir os atos normativos necessários à gestão do Fundo Nacional de Assistência Social (FNAS)**, de acordo com as diretrizes estabelecidas pelo Conselho Nacional de Assistência Social (CNAS);

XIV – elaborar e submeter ao Conselho Nacional de Assistência Social (CNAS) os **programas anuais e plurianuais** de aplicação dos recursos do Fundo Nacional de Assistência Social (FNAS).

22.5. BENEFÍCIOS EVENTUAIS E SERVIÇOS DA ASSISTÊNCIA SOCIAL

De acordo com o art. 22 da LOAS, entendem-se por **benefícios eventuais** as provisões suplementares e provisórias que integram organicamente as garantias do Suas e são prestadas aos cidadãos e às famílias **em virtude de nascimento, morte, situações de vulnerabilidade temporária e de calamidade pública**.

A concessão e o valor dos benefícios eventuais serão definidos pelos Estados, Distrito Federal e Municípios e previstos nas respectivas leis orçamentárias anuais, com base em critérios e prazos definidos pelos respectivos Conselhos de Assistência Social.

O **CNAS**, ouvidas as respectivas representações de Estados e Municípios dele participantes, poderá propor, na medida das disponibilidades orçamentárias das três esferas de governo, **a instituição de benefícios subsidiários no valor de até 25% do salário mínimo para cada criança de até seis anos de idade.**

Os benefícios eventuais subsidiários não poderão ser cumulados com aqueles instituídos pelas Leis 10.954, de 29 de setembro de 2004 (Benefício Assistencial em Caso de

Desastre ou Calamidade Pública), e 10.458, de 14 de maio de 2002 (Bolsa-Renda para trabalhadores rurais atingidos pela estiagem).

Já os serviços da Assistência social estão previstos no art. 23 da LOAS. Entendem-se por **serviços socioassistenciais as atividades continuadas que visem à melhoria de vida da população** e cujas ações, voltadas para as necessidades básicas, observem os objetivos, princípios e diretrizes estabelecidos nesta Lei.

Vejam o gráfico resumo:

BENEFÍCIOS EVENTUAIS	• Prestados aos cidadãos e às famílias em virtude de nascimento, morte, situações de vulnerabilidade temporária e de calamidade pública.
BENEFÍCIOS SUBSIDIÁRIOS	• no valor de até 25% do salário-mínimo para cada criança de até 6 anos de idade.
SERVIÇOS DE ASSISTÊNCIA SOCIAL	• as atividades continuadas que visem à melhoria de vida da população e cujas ações, voltadas para as necessidades básicas, observem os objetivos, princípios e diretrizes estabelecidos nesta Lei.

Na organização dos serviços da assistência social serão criados programas de amparo, entre outros:

I - às crianças e adolescentes em situação de risco pessoal e social, em cumprimento ao disposto no art. 227 da Constituição Federal e na Lei 8.069, de 13 de julho de 1990 (Estatuto da Criança e do Adolescente);

II - às pessoas que vivem em situação de rua.

22.6. PROGRAMAS ASSISTENCIAIS E PROJETOS DE ENFRENTAMENTO DA POBREZA

Os **programas de assistência social** compreendem **ações integradas e complementares com objetivos, tempo e área de abrangência definidos para qualificar, incentivar e melhorar os benefícios e os serviços assistenciais.**

Os programas devem ser definidos pelos respectivos Conselhos de Assistência Social, obedecidos os objetivos e princípios que regem a LOAS, com prioridade para a inserção profissional e social. Os programas voltados para o idoso e a integração da pessoa com deficiência serão devidamente articulados com o benefício de prestação continuada - BPC.

O art. 24 da LOAS instituiu o **Serviço de Proteção e Atendimento Integral à Família (Paif)**, que integra a proteção social básica e consiste na **oferta de ações e serviços socioassistenciais de prestação continuada, nos Cras, por meio do trabalho social com famílias em situação de vulnerabilidade social**, com o objetivo de prevenir o rompimento dos vínculos familiares e a violência no âmbito de suas relações, garantindo o direito à convivência familiar e comunitária.

Instituiu, ainda, o **Serviço de Proteção e Atendimento Especializado a Famílias e Indivíduos (Paefi)**, que integra a proteção social especial e consiste no **apoio, orientação e acompanhamento a famílias e indivíduos em situação de ameaça ou violação de direitos**, articulando os serviços socioassistenciais com as diversas políticas públicas e com órgãos do sistema de garantia de direitos.

Foi instituído, também, o **Programa de Erradicação do Trabalho Infantil (Peti)**, de caráter intersetorial, integrante da Política Nacional de Assistência Social, que, no âmbito do Suas, compreende **transferências de renda, trabalho social com famílias e oferta de serviços socioeducativos para crianças e adolescentes que se encontrem em situação de trabalho.**

Vejam o esquema com os três programas:

Serviço de Proteção e Atendimento Integral à Família (PAIF)	• integra a proteção social básica e consiste na oferta de ações e serviços socioassistenciais de prestação continuada, nos Cras, por meio do trabalho social com familias em situação de vulnerabilidade social, com o objetivo de prevenir o rompimento dos vínculos familiares e a violência no âmbito de suas relações, garantindo o direito à convivência familiar e comunitária.
Serviço de Proteção e Atendimento Especializado à Fampilias e Indivíduos (PAEFI)	• integra a proteção social especial e consiste no apoio, orientação e acompanhamento a familias e indivíduos em situação de ameaça ou violação de direitos, articulando os serviços socioassistenciais com as diversas políticas públicas e com órgãos do sistema de garantia de direitos.
Programa de Errradicação do Trabalho Infantil (PETI)	• o âmbito do SUAS, compreende transferências de renda, trabalho social com famílias e oferta de serviços socioeducativos para crianças e adolescentes que se encontrem em situação de trabalho

O Peti tem abrangência nacional e será desenvolvido de forma articulada pelos entes federados, com a participação da sociedade civil, e tem como objetivo contribuir para a retirada de crianças e adolescentes com idade inferior a 16 anos em situação de trabalho, ressalvada a condição de aprendiz, a partir de 14 anos.

As crianças e os adolescentes em situação de trabalho deverão ser identificados e ter os seus dados inseridos no Cadastro Único para Programas Sociais do Governo Federal (CadÚnico), com a devida identificação das situações de trabalho infantil.

Os projetos de enfrentamento da pobreza compreendem a instituição de investimento econômico-social nos grupos populares, buscando subsidiar, financeira e tecnicamente, iniciativas que lhes garantam meios, capacidade produtiva e de gestão para melhoria das condições gerais de subsistência, elevação do padrão da qualidade de vida, a preservação do meio ambiente e sua organização social.

O incentivo a projetos de enfrentamento da pobreza se baseia em mecanismos de articulação e de participação de diferentes áreas governamentais e em sistema de cooperação entre organismos governamentais, não governamentais e da sociedade civil.

22.7. FINANCIAMENTO DA ASSISTÊNCIA SOCIAL

O financiamento dos programas de assistência social é efetuado pelo Fundo Nacional de Assistência Social (FNAS). O financiamento dos benefícios, serviços, programas e projetos assistenciais é feito com os recursos da União, dos Estados, do Distrito Federal e dos Municípios, e, obviamente, das demais contribuições sociais previstas no art. 195 da Constituição Federal, além daqueles que compõem o Fundo Nacional de Assistência Social (FNAS).

Cabe ao órgão da Administração Pública responsável pela coordenação da Política de Assistência Social nas três esferas de governo gerir o Fundo de Assistência Social, sob orientação e controle dos respectivos Conselhos de Assistência Social.

O financiamento da assistência social no Suas deve ser efetuado mediante **cofinanciamento dos três entes federados**, devendo os recursos alocados nos fundos de assistência social ser voltados à operacionalização, prestação, aprimoramento e viabilização dos serviços, programas, projetos e benefícios desta política.

Os recursos de responsabilidade da União destinados à assistência social serão automaticamente repassados ao Fundo Nacional de Assistência Social (FNAS), à medida que se forem realizando as receitas. Os recursos de responsabilidade da União destinados ao financiamento dos benefícios de prestação continuada (BPC), poderão ser repassados pelo Ministério da Previdência e Assistência Social diretamente ao INSS, órgão responsável pela sua execução e manutenção.

É condição para os repasses, aos Municípios, aos Estados e ao Distrito Federal, dos recursos de que trata esta lei, a efetiva instituição e funcionamento de:

I - Conselho de Assistência Social, de composição paritária entre governo e sociedade civil;

II - Fundo de Assistência Social, com orientação e controle dos respectivos Conselhos de Assistência Social;

III - Plano de Assistência Social.

É, ainda, condição para transferência de recursos do FNAS aos Estados, ao Distrito Federal e aos Municípios a comprovação orçamentária dos recursos próprios destinados à Assistência Social, alocados em seus respectivos Fundos de Assistência Social, a partir do exercício de 1999.

O cofinanciamento dos serviços, programas, projetos e benefícios eventuais, no que couber, e o aprimoramento da gestão da política de assistência social no Suas se efetuam por meio de transferências automáticas entre os fundos de assistência social e mediante alocação de recursos próprios nesses fundos nas três esferas de governo.

As transferências automáticas de recursos entre os fundos de assistência social efetuadas à conta do orçamento da seguridade social, conforme o art. 204 da Constituição Federal, caracterizam-se como despesa pública com a seguridade social.

Caberá ao ente federado responsável pela utilização dos recursos do respectivo Fundo de Assistência Social o controle e o acompanhamento dos serviços, programas, projetos e benefícios, por meio dos respectivos órgãos de controle, independentemente de ações do órgão repassador dos recursos.

A utilização dos recursos federais descentralizados para os fundos de assistência social dos Estados, dos Municípios e do Distrito Federal será declarada pelos entes recebedores ao ente transferidor, anualmente, mediante relatório de gestão submetido à apreciação do respectivo Conselho de Assistência Social, que comprove a execução das ações na forma de regulamento. Os entes transferidores poderão requisitar informações referentes à aplicação dos recursos oriundos do seu fundo de assistência social, para fins de análise e acompanhamento de sua boa e regular utilização.

22.8. BOLSA FAMÍLIA

22.8.1. Regras de concessão

A Emenda Constitucional 114, de 16/12/2021 inseriu o parágrafo único ao art. 6º, da Constituição Federal de 1988, trazendo à Lei Maior a previsão de um programa de transferência de renda à população. Vejamos:

> Art. 6º
>
> Parágrafo único. Todo brasileiro em situação de vulnerabilidade social terá direito a uma renda básica familiar, garantida pelo poder público em programa permanente de transferência de renda, cujas normas e requisitos de acesso serão determinados em lei, observada a legislação fiscal e orçamentária."

O benefício assistencial do Bolsa Família (substituindo o Auxílio Brasil) foi recriado pela Lei 14.601, de 19/06/2023, e regulamentado pela Portaria 897/2003, sendo destinado às **ações de transferência de renda** com condicionalidades.

O Bolsa Família unificou os diversos outros programas de transferência de renda do Governo Federal existentes, tais como os antigos Bolsa Escola, Programa Nacional de Acesso à Alimentação (PNAA), Bolsa Alimentação e o Auxílio-Gás.

São elegíveis ao Programa Bolsa Família as famílias:

I - inscritas no CadÚnico; e

II - cuja renda familiar **per capita** mensal seja igual ou inferior a R$ 218,00.

Constituem benefícios financeiros do Programa Bolsa Família:

I - Benefício de Renda de Cidadania, no valor de R$ 142,00 por integrante, destinado a todas as famílias beneficiárias do Programa Bolsa Família;

II - Benefício Complementar, destinado às famílias beneficiárias do Programa Bolsa Família cuja soma dos valores relativos aos benefícios financeiros de que trata o inciso I seja inferior a R$ 600,00, calculado pela diferença entre este valor e a referida soma;

III - Benefício Primeira Infância, no valor de R$ 150,00 por criança, destinado às famílias beneficiárias que possuírem, em sua composição, crianças com idade entre 0 (zero) e 7 (sete) anos incompletos;

IV - Benefício Variável Familiar, no valor de R$ 50,00, destinado às famílias beneficiárias que possuírem, em sua composição:

a) gestantes;

b) nutrizes;

c) crianças com idade entre 7 anos e 12 anos incompletos; ou

d) adolescentes, com idade entre 12 anos e 18 anos incompletos;

V - Benefício Extraordinário de Transição, destinado exclusivamente às famílias que constarem como beneficiárias do Programa Auxílio Brasil na data de entrada em vigor deste inciso, que será calculado pela diferença entre o valor recebido pela família em maio de 2023 e o que vier a receber em junho de 2023.

Os benefícios financeiros serão calculados na ordem estabelecida nos incisos listados anteriormente, observada a elegibilidade da família a cada um deles, na forma estabelecida em regulamento e poderão ser pagos cumulativamente às famílias beneficiárias, na forma estabelecida em regulamento.

Os benefícios financeiros serão pagos mensalmente pelo agente pagador do Programa Bolsa Família, na forma estabelecida em regulamento, sendo feito:

I - ao responsável familiar, de acordo com os dados constantes da inscrição da família no CadÚnico; e

II - preferencialmente, à mulher.

Capítulo 23

Assuntos gerais de benefícios

23.1. ACUMULAÇÃO DE BENEFÍCIOS

- **Art. 86, § 2º, Lei 8.213/1991**
- **Arts. 102, 103, 104, §§ 2º, 167 e 168, Decreto 3.048/1999**
- **EC 103/2019**

Em regra, o segurado ou seus dependentes somente poderão ser contemplados com um único benefício que substitua a remuneração do trabalho, pois o objetivo da Previdência Social é criar condições de sustentabilidade aos seus segurados e dependentes.

Assim, a legislação previdenciária imprimiu uma série de vedações de acumulação de benefícios no âmbito do RGPS, dispondo que, salvo no caso de direito adquirido, não será permitido o recebimento conjunto dos seguintes benefícios da Previdência Social, inclusive quando decorrentes de acidente do trabalho:

I - aposentadoria com auxílio por incapacidade temporária;

II - mais de uma aposentadoria;

III - aposentadoria com abono de permanência em serviço;

IV - salário-maternidade com auxílio por incapacidade temporária ou aposentadoria por incapacidade permanente;

V - mais de um auxílio-acidente;

VI - mais de uma pensão deixada por cônjuge;

VII - mais de uma pensão deixada por companheiro ou companheira;

VIII - mais de uma pensão deixada por cônjuge e companheiro ou companheira;

IX - auxílio-acidente com qualquer aposentadoria.

No caso das pensões deixadas por cônjuge ou companheiro(a) no âmbito do RGPS, é facultado ao dependente **optar pela mais vantajosa**. Percebe-se, entretanto, que não há óbice para acumulação de uma pensão por morte de pai e outra de companheiro(a), pois, em ambas, não há necessidade de comprovação de dependência econômica.

> **Exemplo:**
>
> Ariane recebe pensão por morte de seu pai, desde os cinco anos. Aos 18 anos, constituiu união estável com Gilson.

Dois anos mais tarde, Gilson faleceu e Ariane teve direito a mais uma pensão por morte. Quando completou 21 anos, ela perdeu a qualidade de dependente em relação ao seu pai, tendo sua pensão cessada. Continuou, todavia, a receber a pensão por morte de Gilson, até completar o prazo de duração deste benefício.

Aos 21 anos, logo após o óbito de Gilson, Ariane casou-se novamente, dessa vez com Hans, que veio a falecer dois anos mais tarde. Ariane, então, optou pela pensão mais vantajosa entre as deixadas por Gilson e Hans.

Atenção!

Um novo casamento do viúvo não faz com que ele perca o benefício de pensão anteriormente concedido. Esta é uma preocupação bastante presente entre a população. As pessoas que recebem pensão por morte deixam de formalizar o casamento, temendo a perda do benefício.

A EC 103/2019 fez restrições em relação à possibilidade de acumulação ilimitada de mais de uma pensão por morte ou de aposentadoria com pensão por morte, mesmo que oriundos de diferentes regimes previdenciários.

O art. 24 da citada Emenda Constitucional veda a acumulação **de mais de uma pensão por morte deixada por cônjuge ou companheiro, no âmbito do mesmo regime de Previdência Social, ressalvadas as pensões do mesmo instituidor decorrentes do exercício de cargos acumuláveis** na forma do art. 37 da Constituição Federal, ou seja, dois na área de saúde, dois de professor ou um técnico e um de professor.

O ponto de maior inovação em relação à acumulação de benefícios trazido pela Reforma foi a permissão de acumulação parcial de alguns benefícios. Nesses termos, será admitida a acumulação de:

I – **pensão por morte deixada por cônjuge ou companheiro de um regime de Previdência Social com pensão por morte concedida por outro regime de Previdência Social ou com pensões decorrentes das atividades militares** de que tratam os arts. 42 e 142 da Constituição Federal; ou

II – **pensão por morte deixada por cônjuge ou companheiro de um regime de Previdência Social com aposentadoria concedida no âmbito do Regime Geral de Previdência Social ou de regime próprio de Previdência Social ou com proventos de inatividade decorrentes das atividades militares** de que tratam os arts. 42 e 142 da Constituição Federal; ou

III – de **aposentadoria concedida no âmbito do Regime Geral de Previdência Social ou de regime próprio de Previdência Social com pensões decorrentes das atividades militares** de que tratam os arts. 42 e 142 da Constituição Federal.

A Reforma, então, continuou permitindo a acumulação de aposentadoria e pensões entre regimes previdenciários, mas impõe uma limitação, conforme veremos. Dessa forma, nas hipóteses das acumulações previstas, **é assegurada a percepção do valor**

integral do benefício mais vantajoso e de uma parte de cada um dos demais benefícios, apurada cumulativamente de acordo com as seguintes faixas:

I - 60% do valor que exceder 1 salário mínimo, até o limite de 2 salários mínimos;

II - 40% do valor que exceder 2 salários mínimos, até o limite de 3 salários mínimos;

III - 20% do valor que exceder 3 salários mínimos, até o limite de 4 salários mínimos; e

IV - 10% do valor que exceder 4 salários mínimos.

Para elucidar esse texto, basta entendermos que o benefício mais vantajoso será mantido integralmente e os outros serão pagos parcialmente. Caso o segundo benefício seja de um salário mínimo, o dependente terá direito a 100% deste valor, pois o texto constitucional não traz qualquer redução para benefícios de até um salário mínimo. Se for de dois salários mínimos, terá direito a 100% do primeiro e 60% do segundo salário mínimo, ou seja 1,6 salário mínimo (160%). Se o benefício deixado for de três salários mínimos, além dos valores anteriores, receberá mais 40% do terceiro, ficando com 2,0 salário mínimo. Finalmente, se o valor for de quatro salários mínimos, acrescentará 20% deste último, totalizando 2,2 salários mínimos.

Assim, para benefícios deixados de valor superior a quatro salários mínimos os dependentes receberão 2,2 salários mínimos, acrescidos de 10% da parcela que ultrapassar este valor.

Vamos analisar alguns exemplos para esclarecer a relevância da alteração:

Exemplo 1

Elaide, aposentada do RPPS que recebia R$ 20.000,00 era casada com Juarez, servidor aposentado que recebia R$ 14.000,00. Em caso de falecimento de Elaide, qual seria o valor da pensão deixada para Juarez?

Resposta:

Primeiramente, é preciso calcular qual o valor da pensão deixada por Elaide para Juarez. Como Elaide era aposentada e só tinha Juarez como dependente, o valor da pensão seria de R$ 12.000,00 (60% x 20.000). Como o valor da aposentadoria de Juarez é maior que a pensão que seria deixada por Elaide, ele receberá a sua aposentadoria integral e a pensão reduzida.

O valor deixado por Elaide seria de **R$ 3.932,40** (3.339,60, correspondentes a 2,2 salários mínimos dos quatro primeiros + 592,80, equivalentes a 10% do valor que ultrapassou os quatro salários mínimos [10% x (12000-6072)], que acumularia com a aposentadoria integral de Juarez de R$ 14.000,00.

Observe que se Elaide tivesse falecido um dia antes da Reforma da Previdência de 2019, ela deixaria para Juarez uma pensão por Morte no valor equivalente ao teto do RGPS da época (5.839,45) somado a 70% do valor que ultrapassar este limite, resultando em uma pensão para Juarez no valor de **R$ 15.751,84**. Esse valor seria reajustado até a presente data, ultrapassando os R$ 20.000,00.

Elaide, definitivamente, não soube a hora certa de morrer...

Exemplo 2

Yuri, empregado do RGPS há 35 anos, com média remuneratória de R$ 7.000,00 era casado com Kassandra, aposentada do RGPS que recebia R$ 3.036,00 (dois salários mínimos). No caso de falecimento de Yuri, qual serão os benefícios acumulados por Kassandra?

Resposta:

Primeiramente, é necessário calcular o valor do benefício de pensão por morte deixado por Yuri. Como possuía 35 anos de contribuição, deixaria uma pensão com base em 90% do valor de sua média, ou seja, R$ 6.300,00. Como tem apenas um dependente, Kassandra receberia 60% do valor da média, ou seja, R$ 3.780,00. Portanto, receberia o valor da pensão por morte integral de **R$ 3.780,00** e seu benefício de aposentadoria seria pago parcialmente, no valor de **R$ 2.428,80** (1,6 salário mínimo – 1,6 x 1.518), totalizando **R$ 6.208,80**.

Observe que se as regras vigentes fossem as anteriores à Reforma da Previdência de 2019, ele deixaria a pensão de **R$ 7.000,00** para Kassandra, que acumularia com sua aposentadoria de **R$ 3,036,00**, totalizando **R$ 10.036,00.**

De acordo com o § 3º do art. 24 da EC 103/2019, a acumulação poderá ser revista a qualquer tempo, a pedido do interessado, em razão de alteração de algum dos benefícios. Assim, caso um benefício tenha sofrido importante reajuste que possa alterar a definição do benefício principal, o cálculo pode ser revisto.

As restrições de acumulação de benefícios não serão aplicadas se o direito aos benefícios houver sido adquirido até a data de entrada em vigor da EC 103/2019, ou seja, se o óbito tiver ocorrido até o dia da publicação da Emenda Constitucional, obviamente, ficam respeitados os critérios de cálculo do benefício e a possibilidade de acumulação regida pelo texto revogado.

As regras sobre acumulação poderão ser alteradas por lei complementar, na forma do § 6º do art. 40 e do § 15 do art. 201 da Constituição Federal.

O citado § 6º do art. 40 dispõe que, ressalvadas as aposentadorias decorrentes dos cargos acumuláveis, é vedada a percepção de mais de uma aposentadoria à conta de regime próprio de Previdência Social, **aplicando-se outras vedações, regras e condições para a acumulação de benefícios previdenciários estabelecidas no Regime Geral de Previdência Social**. Dispõe, então, sobre a aplicação subsidiária das regras do RGPS relativas à acumulação de benefícios.

Ressalte-se que a acumulação de benefícios é uma situação personalíssima e não do conjunto de beneficiários. Assim, os redutores do art. 24 da EC nº 103, de 2019, devem ser aplicados mensalmente sobre a cota-parte de cada beneficiário que é o valor individual que esse efetivamente receberia e não sobre o valor total da pensão (item

41 da Nota Informativa SEI 33521/2020). Desta forma, havendo divisão do benefício entre o filho e o cônjuge que cumula outro benefício, a redução dessa será calculada, obviamente, com base na sua cota-parte recebida.

Somente é possível a cumulação de dois vencimentos ou proventos oriundos de cargos públicos, não sendo possível a cumulação tríplice em qualquer hipótese, mesmo que a investidura nos cargos tenha ocorrido antes da EC 20/98, quando não havia essa limitação, conforme tese fixada pelo STF no Tema 921.

O § 12 do art. 40 do texto reformado manteve a aplicação subsidiária das regras do RGPS ao dispor que além do disposto no art. 40, será observado, em regime próprio de Previdência Social, no que couber, os requisitos e critérios fixados para o Regime Geral de Previdência Social.

Já o § 15 do art. 201, ao tratar do RGPS dispõe que **lei complementar estabelecerá vedações, regras e condições para a acumulação de benefícios previdenciários**, podendo este regramento ser aplicado subsidiariamente ao RPPS.

É vedado o recebimento conjunto do **seguro-desemprego** com qualquer benefício de prestação continuada da Previdência Social, **exceto pensão por morte, auxílio-reclusão, auxílio-acidente**, auxílio-suplementar ou abono de permanência em serviço.

O abono de permanência em serviço e o auxílio-suplementar são benefícios já extintos. O primeiro garantia 25% do salário de benefício aos segurados que já tivessem preenchido os requisitos para a aposentadoria por tempo de serviço, sem que a tivessem requerido. Já o chamado auxílio-suplementar consistia em um desmembramento do atual auxílio-acidente e era pago aos acidentados que, após a consolidação das lesões resultantes do acidente, apresentassem como sequela definitiva perda anatômica ou redução da capacidade funcional, embora sem impedir o desempenho da mesma atividade, correspondendo a 20% do valor do salário de contribuição. Este benefício era cessado com a aposentadoria do segurado.

É permitida acumulação dos **benefícios previdenciários com a pensão vitalícia dos portadores da deficiência física conhecida como "Síndrome da Talidomida"**, de que trata a Lei 7.070, de 20 de dezembro de 1982.

A talidomida é um medicamento que foi desenvolvido na Alemanha, em 1954, inicialmente como sedativo. A partir de sua comercialização, em 1957, gerou milhares de casos de Focomelia, que é uma síndrome caracterizada pela aproximação ou encurtamento dos membros junto ao tronco do feto, tornando-os semelhantes aos de uma foca.

A ingestão de um único comprimido, nos três primeiros meses de gestação, ocasionava a Focomelia, efeito descoberto em 1961, que provocou a sua retirada imediata do mercado mundial. No Brasil, entretanto, esse medicamento foi retirado de circulação, com pelo menos quatro anos de atraso. Dessa forma, foi criada uma pensão mensal vitalícia e intransferível para as vítimas desta doença, que tem o seu valor variável, a depender do grau de deformação.

O valor da pensão das vítimas da Talidomida não poderá ser reduzido em razão de eventual aquisição de capacidade laborativa ou de redução de incapacidade para o trabalho ocorrida após a sua concessão.

A Lei 12.190/2010 concedeu, ainda, indenização por dano moral às pessoas com deficiência física decorrente do uso da talidomida, no valor de 50 mil reais, multiplicado pelo número dos pontos indicadores da natureza e do grau da dependência resultante da deformidade física.

É permitida a cumulação dos benefícios previdenciário e dos benefícios da LOAS com a pensão especial devida aos dependentes das vítimas da hemodiálise de Caruaru/PE, prevista na Lei 9.422, de 24 de dezembro de 1996.

Salienta-se que a pensão das vítimas de hemodiálise de Caruaru foi criada, no valor de um salário mínimo, após a morte de 72 pacientes renais submetidos a tratamento de hemodiálise em hospital público em Caruaru, devido à contaminação da água utilizada.

Os benefícios assistenciais concedidos aos idosos e aos deficientes não podem ser acumulados com qualquer benefício da Previdência Social.

O segurado recluso em regime fechado, durante a percepção, pelos dependentes, do benefício de auxílio-reclusão, não terá o direito aos benefícios de salário-maternidade e de aposentadoria reconhecido, exceto se manifestada a opção pelo benefício mais vantajoso também pelos dependentes. Neste caso, o segurado recluso que atenda aos requisitos para a fruição da aposentadoria ou do auxílio por incapacidade temporária, deverá submeter-se a opção de sua família. Obviamente, o segurado já aposentado que for recolhido à prisão continua recebendo o seu benefício, pois, uma vez concedida, a aposentadoria é irrevogável.

De acordo com a redação do art. 80 da Lei 8.213/1991, promovida pela Lei 13.846/2019, não é possível que o segurado que esteja em gozo de pensão por morte ou de salário-maternidade gere o auxílio-reclusão para seus dependentes. Não há vedação, no entanto, que o dependente que esteja em gozo de salário-maternidade ou de pensão por morte possa receber auxílio-reclusão de segurado de quem dependa.

De acordo com os §§ 2º a 8º do art. 59 da Lei 8.213/1991, inserido pela Lei 13.846, de 19/06/0219, **não será devido o auxílio por incapacidade temporária para o segurado recluso em regime fechado**, que tenha sido recolhido à prisão após esta alteração legislativa. O segurado recluso em cumprimento de pena em regime aberto ou semiaberto terá direito ao auxílio por incapacidade temporária.

O segurado em gozo de auxílio por incapacidade temporária na data do recolhimento à prisão terá o benefício **suspenso pelo prazo de até 60 dias, contados da data**

do recolhimento à prisão, cessado o benefício após o referido prazo. Na hipótese de o segurado ser colocado em liberdade antes dos 60 dias, o benefício será restabelecido a partir da data da soltura. Em caso de prisão declarada ilegal, o segurado terá direito à percepção do benefício por todo o período devido.

O retorno do aposentado à atividade não prejudica o recebimento de sua aposentadoria, que será mantida no valor integral, salvo nos casos de aposentadoria por incapacidade permanente ou especial, em que o trabalhador retorna à atividade que o exponha a agente nocivo prejudicial à saúde.

Salienta-se que o **aposentado que retornar ao trabalho somente fará jus aos benefícios de salário-maternidade e do salário-família, em se tratando de aposentados por idade e demais, neste caso, desde que com idade a partir de 65 anos, se homens, e 60 anos, se mulheres**. Poderão participar, também, do serviço de reabilitação profissional. Devido aos requisitos destas prestações, dificilmente os aposentados as obterão.

O auxílio-acidente será devido, a partir do dia seguinte ao da cessação do auxílio por incapacidade temporária, independentemente de qualquer remuneração ou rendimento auferido pelo acidentado, vedada sua acumulação com qualquer aposentadoria, salvo direito adquirido.

Antes da Lei 9.528/1997, era possível a cumulação de aposentadoria com auxílio-acidente. O segurado, então, recebia o benefício de indenização acidentária até o óbito, podendo receber conjuntamente a aposentadoria. Em contrapartida, o valor do auxílio acidente não era considerado como salário de contribuição para o cálculo das aposentadorias.

De acordo com a Súmula 75 da AGU, para a acumulação do auxílio-acidente com proventos de aposentadoria, a consolidação das lesões decorrentes de acidentes de qualquer natureza, que resulte sequelas definitivas, nos termos do art. 86 da Lei 8.213/1991, e a concessão da aposentadoria devem ser anteriores às alterações inseridas no art. 86, § 2º da Lei 8.213/1991, pela Medida Provisória 1.596-14, convertida na Lei 9.528/1997.

O salário-maternidade não pode ser cumulado com benefício por incapacidade. Quando ocorrer incapacidade em concomitância com o período de pagamento do salário-maternidade, o benefício por incapacidade deverá ser suspenso, enquanto perdurar o referido pagamento, ou terá sua data de início adiada para o primeiro dia seguinte ao término do período de 120 dias.

É admitida a acumulação de auxílio por incapacidade temporária com auxílio-acidente, desde que originário de outro acidente ou de outra doença.

Não é permitida acumulação entre a pensão mensal vitalícia de seringueiro (soldado da borracha), com qualquer outro benefício de prestação continuada, mantido pela Previdência Social (Lei 7.986/1989 e decisão STJ REsp 1.755.140-AM, *DJe* 30/05/2019). Esta pensão foi destinada aos seringueiros carentes recrutados pelo Governo Brasileiro para trabalhar na Amazônia, na produção de borracha, durante a segunda guerra mundial. O benefício era de dois salários mínimos e podia ser transferido para os dependentes reconhecidamente carentes, baseados em critérios definidos pela lei. Note que tal benefício ingressou no ordenamento jurídico com base constitucional (art. 54, ADCT, CF/1988).

Por fim, em 24 de maio de 2007, com a publicação da Medida Provisória 273, convertida na Lei 11.520, de 18/09/2007, foi criada a pensão mensal vitalícia para as pessoas atingidas pela hanseníase, que foram submetidas a isolamento e internação compulsórios em hospitais-colônia, até 31 de dezembro de 1986. Esta pensão teve valor original de R$ 750,00, reajustado anualmente conforme os índices concedidos aos benefícios de valor superior ao piso do Regime Geral de Previdência Social.

Este benefício foi instituído em caráter personalíssimo, não sendo transmissível a dependentes e herdeiros. O recebimento desta pensão especial não impede a fruição de qualquer benefício previdenciário.

23.1.1. Tabela resumo da acumulação de benefícios no RGPS

	Aposentadorias por Idade, Tempo de Contribuição e Especial	Aposentadoria por incapacidade permanente	Salário-Família	Salário-Maternidade	Auxílio por incapacidade temporária	Auxílio-Acidente	Pensão por Morte	Auxílio-Reclusão
Aposentadoria por Idade, Tempo de Contribuição e Especial	Não	Não	Sim[1]	Sim	Não	Não[5]	Sim[2]	Sim[2]
Aposentadoria por Invalidez	Não	Não	Sim[4]	Não	Não	Não[5]	Sim[2]	Sim[2]
Salário-Família	Sim[1]	Sim	Sim[3]	Sim	Sim[4]	Sim	Sim[2]	Sim[2]
Salário-Maternidade	Sim	Não	Sim	Não	Não	Sim	Sim[2]	Sim[2]
Auxílio por incapacidade temporária	Não	Não	Sim[4]	Não	Não	Sim[6]	Sim[2]	Sim[2]
Auxílio-Acidente	Não[5]	Não[5]	Sim	Sim	Sim[6]	Não[7]	Sim[2]	Sim[2]
Pensão por Morte	Sim[2]	Sim[2]	Sim[2]	Sim[2]	Sim[2]	Sim[2]	Não[8]	Não

	Aposentadorias por Idade, Tempo de Contribuição e Especial	Aposentadoria por incapacidade permanente	Salário-Família	Salário-Maternidade	Auxílio por incapacidade temporária	Auxílio-Acidente	Pensão por Morte	Auxílio-Reclusão
Auxílio-Reclusão	Sim[2]	Sim[2]	Sim[2]	Sim[2]	Sim[2]	Sim[2]	Não	Não
Seguro-Desemprego	Não	Não	Não	Não	Não	Sim	Sim	Sim
Benefício Assistencial idoso e do deficiente	Não	Não	Não	Não	Não	Não	Não	Não
Pensão Hemodiálise Caruaru	Sim	Sim	Sim	Sim	Sim	Sim	Sim	Sim
Pensão Talidomida	Sim	Sim	Sim	Sim	Sim	Sim	Sim	Sim
Pensão Serigueiro	Não	Não	Não	Não	Não	Não	Não	Não
Pensão Hanseníase	Sim	Sim	Sim	Sim	Sim	Sim	Sim	Sim

Legenda:

1. Somente os aposentados por idade e os aposentados das demais categorias a partir de 65 anos, se homens, e 60 anos, se mulheres.
2. Não há impedimento para que o dependente que recebe cota de pensão ou de auxílio-reclusão obtenha seus benefícios como segurados.
3. O segurado pode receber mais de uma cota do salário-família.
4. A Previdência Social paga o salário-família em caso de auxílio por incapacidade temporária e de aposentadoria por incapacidade permanente.
5. O valor do auxílio-acidente é somado ao salário de contribuição para o cálculo do salário de benefício da aposentadoria.
6. O auxílio-acidente não pode ser acumulado com o auxílio por incapacidade temporária decorrente da mesma doença que o originou.
7. Em caso de o segurado fazer jus a dois auxílios-acidente, pode ele optar pelo mais benéfico.
8. Somente é permitida a acumulação de duas pensões, quando uma é relativa a companheiro(a) e a outra aos pais. Também é possível a acumulação de duas pensões por morte recebidas pelo filho relativas às mortes do pai e da mãe.

23.2. DISPOSIÇÕES DIVERSAS SOBRE BENEFÍCIOS, DESAPOSENTAÇÃO, PRÉVIO REQUERIMENTO ADMINISTRATIVO, INDENIZAÇÃO E OUTRAS CONTROVÉRSIAS JURISPRUDENCIAIS

▶ **Arts. 152 a 182-C, Decreto 3.048/1999**

O benefício concedido a segurado ou dependente não pode ser objeto de penhora, arresto ou sequestro, sendo nula a sua venda ou cessão, ou a constituição de qualquer ônus sobre ele, bem como a outorga de poderes irrevogáveis ou em causa própria para seu recebimento.

O Instituto Nacional do Seguro Social pode, contudo, descontar da renda mensal do benefício, as seguintes parcelas (art. 115, Lei 8.213):

I – contribuições devidas pelo segurado à Previdência Social;

II – pagamento administrativo ou judicial de benefício previdenciário ou assistencial indevido, ou além do devido, inclusive na hipótese de cessação do benefício pela revogação de decisão judicial, **em valor que não exceda 30%** da sua importância, nos termos do regulamento (Lei 13.846/2019);

III – imposto de renda na fonte;

IV – alimentos decorrentes de sentença judicial;

V – mensalidades de associações e demais entidades de aposentados legalmente reconhecidas, desde que autorizadas por seus filiados;

VI – pagamento de empréstimos, financiamentos e operações de arrendamento mercantil concedidos por instituições financeiras e sociedades de arrendamento mercantil, ou por entidades fechadas ou abertas de previdência complementar, públicas e privadas, quando expressamente autorizado pelo beneficiário, até o limite de 45% do valor dos benefícios, dos quais 35% destinados exclusivamente a empréstimos, a financiamentos e a arrendamentos mercantis, 5% destinados exclusivamente à amortização de despesas contraídas por meio de cartão de crédito consignado ou à utilização com a finalidade de saque por meio de cartão de crédito consignado. (Lei nº 14.601, de 2023)

A restituição de importância recebida indevidamente por beneficiário da Previdência Social, **nos casos comprovados de dolo, fraude ou má-fé, deverá ser feita de uma só vez ou mediante acordo de parcelamento**, atualizada na forma da Legislação, independentemente de outras penalidades legais. Se ao mesmo tempo houver desconto de valores de empréstimo consignado previsto no inciso VI, haverá prioridade do desconto do valor pago indevidamente.

De acordo com o art. 36 da Lei 13.846/2019, os valores creditados indevidamente em razão de óbito, em favor de pessoa natural falecida, em instituições integrantes do sistema financeiro nacional, por pessoa jurídica de direito público interno, deverão ser restituídos. A necessidade de restituição:

I - aplica-se aos créditos realizados, inclusive anteriormente à data de entrada em vigor da Lei 13.846/2019;

II - não se aplica aos créditos referentes a períodos de competência anteriores ao óbito;

III - não se aplica aos benefícios do Programa Bolsa Família, de que trata a Lei 10.836, de 9 de janeiro de 2004 (atualmente, Lei 14.601/2003); e

IV - não afasta outros mecanismos de restituição de valores pagos por entes públicos.

O ente público informará à instituição financeira o valor monetário exato a ser restituído, considerando a proporcionalidade dos valores pagos referentes ao período posterior ao falecimento do beneficiário.

O ente público comprovará o óbito à instituição financeira utilizando-se de um dos seguintes instrumentos:

I - certidão de óbito original;

II - cópia autenticada, em cartório ou administrativamente, da certidão de óbito, inclusive por meio eletrônico;

III - comunicação eletrônica remetida pelo cartório ao ente público;

IV - informação relativa ao óbito prestada por órgão integrante do Sistema Único de Saúde (SUS); ou

V - informação prestada pelo INSS, por meio de relatório conclusivo de apuração de óbito.

Após o recebimento do requerimento de restituição a instituição financeira:

I - bloqueará, imediatamente, os valores disponíveis; e

II - restituirá ao ente público os valores bloqueados até o 45º dia após o recebimento do requerimento.

Na hipótese de não haver saldo suficiente para a restituição, a instituição financeira restituirá o valor disponível e comunicará a inexistência ou insuficiência de saldo ao ente público. Consideram-se disponíveis os valores existentes na conta corrente do beneficiário ou nas aplicações automáticas de recursos a ela vinculadas na data em que a instituição retornar ao ente público.

Na hipótese de a instituição financeira constatar erro no requerimento de restituição, por meio do comparecimento do beneficiário ou de prova de vida, deverá, imediatamente:

I - desbloquear os valores; e

II - comunicar o desbloqueio ao ente público requerente.

Será fornecido ao beneficiário demonstrativo minucioso das importâncias pagas, discriminando-se o valor da mensalidade, as diferenças eventualmente pagas com o período a que se referem e os descontos efetuados.

O desconto das mensalidades de associações ficará na dependência da conveniência administrativa do setor de benefícios do Instituto Nacional do Seguro Social.

Caso o débito seja originário de erro da Previdência Social, o segurado, usufruindo de benefício regularmente concedido, poderá devolver o valor de forma parcelada, atualizado na forma da legislação, **devendo cada parcela corresponder, no máximo, a 30% do valor do benefício**, e ser descontado em número de meses necessários à liquidação do débito.

Se o débito for originário de erro da Previdência Social, e o segurado não usufruir de benefício, o valor deverá ser devolvido da seguinte forma:

I - **no caso de empregado** - mediante requisição do INSS à empresa, que ficará obrigada a descontar, da remuneração paga aos segurados a seu serviço, a importância proveniente de dívida, relativa a benefícios pagos indevidamente;

II - **no caso dos demais beneficiários**, será observado:

a) se superior a cinco vezes o valor do benefício suspenso ou cessado, no prazo de 60 dias, contados da notificação para fazê-lo, sob pena de inscrição em Dívida Ativa;

b) se inferior a cinco vezes o valor do benefício suspenso ou cessado, no prazo de 30 dias, contados da notificação para fazê-lo, sob pena de inscrição em Dívida Ativa.

O INSS deve fornecer ao beneficiário demonstrativo minucioso das importâncias pagas, discriminando o valor da mensalidade, as diferenças eventualmente pagas, o período a que se referem e os descontos efetuados.

O benefício será pago diretamente ao beneficiário, salvo em caso de ausência, moléstia contagiosa ou impossibilidade de locomoção, quando será pago a procurador, cujo mandato não terá prazo superior a 12 meses, podendo ser renovado ou revalidado pelos setores de benefícios do INSS (art. 156 do RPS).

O procurador do beneficiário deverá firmar, perante o INSS, termo de responsabilidade, mediante o qual se comprometa a comunicar ao Instituto qualquer evento que possa anular a procuração, principalmente o óbito do outorgante, sob pena de incorrer nas sanções criminais cabíveis. O INSS apenas poderá se negar a aceitar procuração, quando houver indício de inidoneidade do documento ou do mandatário.

O benefício devido ao segurado ou dependente civilmente incapaz será pago ao cônjuge, pai, mãe, tutor ou curador, admitindo-se, na sua falta e por período não superior a seis meses, o pagamento a herdeiro necessário, mediante termo de compromisso firmado no ato do recebimento (art. 162 do RPS). Observa-se que a apresentação do termo de curatela não se faz mais necessário desde a edição do Decreto 5.699/2006. O período de seis meses poderá ser prorrogado por iguais períodos, desde que comprovado o andamento regular do processo legal de tutela ou curatela.

O dependente excluído por ter sido condenado por crime cometido contra o segurado, ou que tenha a parte provisoriamente suspensa por processo administrativo, não poderá representar outro dependente, civilmente incapaz, para fins de recebimento e percepção do benefício (§ 2º do art. 110 da Lei 8.213/1991, inserido pela Lei 13.846/2019).

O Estatuto da Pessoa com Deficiência, publicado em 07/07/2015, ratificou este posicionamento, dispondo que no ato de requerimento de benefícios operacionalizados pelo INSS, não será exigida apresentação de termo de curatela de titular ou de beneficiário com deficiência, observados os procedimentos a serem estabelecidos em regulamento.

O segurado e o dependente, após 16 anos de idade, poderão firmar recibo de benefício, independentemente da presença dos pais ou do tutor.

O valor não recebido em vida pelo segurado somente será pago aos seus dependentes habilitados à pensão por morte ou, na falta deles, aos seus sucessores, na forma da lei civil, independentemente de inventário ou arrolamento.

Os benefícios poderão ser pagos mediante depósito em conta corrente bancária em nome do beneficiário. Na hipótese da falta de saque em conta corrente, cujos depósitos sejam decorrentes, exclusivamente, de pagamento de benefícios, por prazo superior a 60 dias, os valores dos benefícios remanescentes serão estornados e creditados à Conta Única do Tesouro Nacional, com a identificação de sua origem.

O primeiro pagamento do benefício é efetuado em até 45 dias após a data da apresentação, pelo segurado, da documentação necessária à sua concessão. Nos casos de justificação administrativa ou outras providências de interesse do segurado, a contagem do prazo inicia-se a partir da data da conclusão dos procedimentos requeridos.

A Lei Complementar 128, de 19/12/2008, inseriu o art. 45-A à Lei 8.212/1991, dispondo que o contribuinte individual que pretenda contar como tempo de contribuição, para fins de obtenção de benefício no Regime Geral de Previdência Social ou de contagem recíproca do tempo de contribuição, período de atividade remunerada alcançada pela decadência deverá indenizar o INSS.

O valor da indenização corresponderá a 20%:

I – da média aritmética simples dos maiores salários de contribuição, reajustados, correspondentes a 80% de todo o período contributivo decorrido desde a competência julho de 1994; ou

II – da remuneração sobre a qual incidem as contribuições para o regime próprio de Previdência Social a que estiver filiado o interessado, no caso de indenização para fins da contagem recíproca de tempo de contribuição.

Interessante notar que para o cálculo do valor da indenização, mesmo após a Reforma da Previdência, a média considerada ainda exclui os 20% menores salários de contribuição posteriores a julho de 1994, uma vez que o art. 45-A, da Lei 8.212/91 não foi afetado pelo art. 26, da EC 103/2019.

Sobre os valores indenizados incidirão juros moratórios de 0,5% ao mês, capitalizados anualmente, limitados ao percentual máximo de 50%, e multa de 10%. Sobre o tema, segue questão de concurso público:

Exemplo de questão:

IPAJM/ ES/ Advogado/ 2010

No que respeita à contagem recíproca, é correto afirmar que o tempo de serviço anterior ou posterior à obrigatoriedade de filiação à Previdência Social será contado mediante indenização da contribuição correspondente ao período respectivo, desde que com acréscimo de juros moratórios de:

a) 0,5% ao mês, capitalizados anualmente, e multa de 10%.

b) 0,5% ao mês, capitalizados anualmente, independentemente do pagamento de multa.

c) 1,0% ao mês, capitalizados anualmente, e multa de 5%.

d) 1,0% ao mês, capitalizados anualmente, e multa de 10%.

e) 1,0% ao mês e multa de 5%, não sendo legítima a aplicação de qualquer espécie de capitalização.

Resposta: a

A indenização não se aplica aos casos de contribuições em atraso não alcançadas pela decadência do direito de a Previdência constituir o respectivo crédito. Em relação a estas contribuições, para o cálculo do valor devido devem-se aplicar as disposições relativas à cobrança de contribuições em atraso das empresas em geral.

O pagamento das parcelas relativas a benefícios, efetuado com atraso, independentemente de ocorrência de mora e de quem lhe deu causa, será atualizado de acordo com índice definido para essa finalidade, apurado no período compreendido entre o mês em que deveria ter sido pago e o mês do efetivo pagamento.

Havendo indício de irregularidade na concessão ou na manutenção de benefício, a Previdência Social notificará o beneficiário para apresentar defesa, provas ou documentos de que dispuser, no prazo de: (art. 179, § 1º, do RPS)

*I – **trinta dias**, no caso de trabalhador urbano; ou*

*II – **sessenta dias**, no caso de:*

a) trabalhador rural individual;

b) trabalhador rural avulso;

c) agricultor familiar; ou

d) segurado especial.

Observa-se que aqui temos uma divergência entre o texto da Lei 8.213/1991, que no art. 69, § 1º, dispõe que o referido prazo é de 30 dias e o Decreto 3.048/1099, que fixa tal prazo em dez dias. É que a Lei 10.666/2003 alterou o prazo de 30 dias para dez dias, sem, contudo, mudar a redação da Lei 8.213/1991 (art. 11, § 1º, da Lei 10.666/2003).

A notificação para regularização será feita, preferencialmente:

I – por rede bancária, conforme definido em ato do INSS;

II – por meio eletrônico, por meio de cadastramento prévio, na forma definida em ato do INSS, a ser realizado por procedimento em que seja assegurada a identificação adequada do interessado;

III – por via postal, por meio de carta simples destinada ao endereço constante do cadastro do segurado que requereu o benefício, hipótese em que o aviso de recebimento será considerado prova suficiente da sua notificação;

IV – pessoalmente, quando entregue ao interessado em mão; ou

V – por edital, na hipótese de o segurado não ter sido localizado por meio da comunicação a que se refere o inciso III.

As aposentadorias por idade, tempo de contribuição e especial concedidas pela Previdência Social são irreversíveis e irrenunciáveis. O segurado pode, contudo, desistir do pedido de aposentadoria, desde que manifeste essa intenção e requeira o arquivamento definitivo do pedido antes do recebimento do primeiro pagamento do benefício, ou de sacar o respectivo FGTS ou PIS, ou até 30 dias da data do processamento do benefício, prevalecendo o que ocorrer primeiro.

Ressaltamos, no entanto, que a tese da desaposentação, que permitiria ao segurado renunciar à sua aposentadoria para alcançar um benefício mais vantajoso, vinha sendo cada vez mais aceita pela jurisprudência. A desaposentação poderia ser vantajosa em diversas situações, como exemplificado a seguir:

1) Um segurado que após a aposentadoria continuou trabalhando e contribuindo para o INSS, se refizesse o cálculo do valor de sua aposentadoria obteria um benefício maior.

2) Um aposentado por tempo de contribuição pode obter um benefício maior com o recálculo do fator previdenciário, considerando uma idade superior ao da data da sua aposentadoria originária.

3) Um aposentado por tempo de contribuição que completa após a sua aposentadoria a idade mínima para se aposentar por idade pode pedir a sua desaposentação por tempo de contribuição e uma nova aposentadoria por idade. A vantagem que obteria nesta situação seria a eliminação da influência negativa do fator previdenciário.

Algumas decisões, entretanto, apesar de reconhecerem a possibilidade da renúncia à aposentadoria dos que buscam um benefício melhor, exigiam que o segurado devolvesse aos cofres previdenciários os valores recebidos desde a data da aposentadoria que deseja renunciar. Este, inclusive, era o posicionamento adotado por algumas das Turmas dos Juizados Especiais Federais. Já o STJ tinha firmado posicionamento de que era possível a renúncia à aposentadoria para fins de concessão de novo benefício, sem que para isso fosse necessária a devolução ao erário dos valores já recebidos.

De fato, a Primeira Seção do STJ confirmava o entendimento que já vinha sendo manifestado em diversos recursos de que o aposentado tem o direito de renunciar ao benefício para requerer nova aposentadoria em condição mais vantajosa, seja no mesmo regime ou em regime diverso, e que para isso ele não precisa devolver o dinheiro recebido.

Conforme esta tese, os benefícios previdenciários são direitos patrimoniais disponíveis e, portanto, suscetíveis de desistência pelos seus titulares, dispensando-se a devolução dos valores recebidos da aposentadoria a que o segurado deseja renunciar para a concessão de nova e posterior aposentadoria (REsp 1.334.488-SC, de 08/05/2013).

Observa-se, todavia, que a possibilidade da desaposentação foi apreciada em definitivo pelo Supremo Tribunal Federal no julgamento dos Recursos Extraordinários (RE) 381367, de relatoria do ministro Marco Aurélio, 661256, com repercussão geral, e 827833, ambos de relatoria do ministro Luís Roberto Barroso.

Prevaleceu o entendimento do ministro Dias Toffoli, apresentado na sessão de 29 de outubro de 2014. Ele afirmou que, embora não exista vedação constitucional expressa à desaposentação, também não há previsão desse direito. O ministro Toffoli salientou que a Constituição Federal dispõe de forma clara e específica que compete à legislação ordinária estabelecer as hipóteses em que as contribuições previdenciárias repercutem diretamente no valor dos benefícios, como é o caso da desaposentação, que possibilitaria a obtenção de benefício de maior valor a partir de contribuições recolhidas após a concessão da aposentadoria. Com isso, o STF por maioria entendeu não ser possível a desaposentação, encerrando uma longa discussão sobre o tema que já durava anos.

O STJ já tinha jurisprudência firmada, no sentido de que não seria possível que os sucessores demandassem revisão de benefício de pensão por morte, se a alteração pretendida dependesse de um pedido de desaposentação que não foi requerido em vida pelo segurado. Entendeu o STJ que a desaposentação, por ser um direito personalíssimo, só poderia ser exercido pelo segurado (AgRg no AREsp 436.056/RS).

O Plenário do Supremo Tribunal Federal, em sessão realizada em 06/02/2020, definiu que os aposentados pelo Regime Geral de Previdência Social (RGPS) que tiveram o direito à desaposentação ou à reaposentação reconhecido por decisão transitada em julgado manterão seus benefícios no valor recalculado. Em relação às pessoas que obtiveram o recálculo por meio de decisões das quais ainda cabe recurso, ficou definido que os valores recebidos de boa-fé não serão devolvidos ao INSS. Entretanto, os benefícios voltarão aos valores anteriores à data da decisão judicial (RE 381367, RE 827833 e RE 661256).

Os ministros também reformularam a tese de repercussão geral firmada no julgamento dos REs unicamente para incluir o termo reaposentação. Desta forma, a nova tese é a seguinte: "No âmbito do Regime Geral de Previdência Social - RGPS, somente lei pode criar benefícios e vantagens previdenciárias, não havendo, por ora, previsão legal do direito à 'desaposentação' ou 'reaposentação', sendo constitucional a regra do artigo 18, parágrafo 2º, da Lei 8.213/1991".

Ainda havia quem diferenciasse os institutos da desaposentação e o da reaposentação, pois nesse segundo o segurado buscava uma nova aposentadoria sem utilizar o tempo que á foi utilizado para a concessão da primeira aposentadoria. Assim, o segurado que após a primeira aposentadoria completava integralmente as regras para se aposentar novamente pleiteava a reaposentação, ou seja, a concessão dessa nova aposentadoria com o valor mais vantajoso. O STF, todavia, não acatou a tese, igualando os dois institutos.

O STJ julgou o Tema 1.018, firmando a tese de que o Segurado tem direito de opção pelo benefício mais vantajoso concedido administrativamente, no curso de ação judicial em que se reconheceu benefício menos vantajoso. Em cumprimento de sentença, o segurado possui o direito à manutenção do benefício previdenciário concedido administrativamente no curso da ação judicial e, concomitantemente, à execução das parcelas do benefício reconhecido na via judicial, limitadas à data de implantação daquele conferido na via administrativa.

O STJ acatou a Reafirmação da DER - Data de Entrada do Requerimento, firmou também a tese de que é possível a reafirmação da DER (Data de Entrada do Requerimento) para o momento em que implementados os requisitos para a concessão do benefício, mesmo que isso se dê no interstício entre o ajuizamento da ação e a entrega da prestação jurisdicional nas instâncias ordinárias, nos termos dos arts. 493 e 933 do CPC/2015, observada a causa de pedir (Tema 995).

Outro ponto bastante polêmico que sempre é discutido no judiciário é o da necessidade de prévio requerimento administrativo de benefício no INSS para caracterização do interesse de agir no judiciário. Apesar de o tema ser bastante controverso, o STJ decidiu que o interesse de agir ou processual se configura com a existência do binômio necessidade-utilidade da pretensão submetida ao Juiz. Assim, a necessidade da prestação jurisdicional exige a demonstração de resistência por parte do devedor da obrigação e, em regra, **não se materializa a resistência do INSS** à pretensão de concessão de benefício previdenciário **não requerido previamente na esfera administrativa** (RE 1.310.042 - PR e AgRg no REsp 1.341.269-PR, de 09/04/2013).

Desta forma, entendeu o STJ que, em regra, é necessário o prévio requerimento administrativo para caracterizar o interesse processual do segurado, nas hipóteses de recusa de recebimento do requerimento ou negativa de concessão do benefício previdenciário, seja pelo concreto indeferimento do pedido, seja pela notória resistência da autarquia na concessão do benefício na forma requerida. Obviamente, nestes termos, se a resistência do INSS puder ser comprovada sem o prévio requerimento, este pode ser dispensado. É o que ocorre quando há posição contrária à tese do autor da ação, normatizada nas Instruções Normativas ou Portarias da Autarquia.

O STF julgou, em 2014, o RE 631240/MG, reconhecendo também a necessidade de prévio requerimento administrativo para se configurar a lide, não exigindo o esgotamento da via administrativa para o ajuizamento da ação. Assim, a não apreciação do requerimento pelo INSS no prazo de 45 dias já possibilitaria ao segurado buscar a sua pretensão na via judicial. Consignou, ainda, que a exigência de prévio requerimento administrativo não deveria prevalecer quando o entendimento da Administração fosse notório e reiteradamente contrário à postulação do segurado.

O Enunciado 16 da Câmara de Coordenação em Direito Previdenciário da Defensoria Pública da União orienta que "não deve ser exigido o prévio requerimento administrativo para a propositura de ações revisionais, bem como para a propositura de ações concessórias nas localidades onde não exista agência da Previdência Social".

Entende o STJ que na ausência de prévio requerimento administrativo, o termo inicial para a implantação da aposentadoria por idade rural deve ser a data da citação válida do INSS – e não a data do ajuizamento da ação (REsp 1.450.119-SP, DJe 1º/7/2015).

Em 2017, o STF acabou com a grande polêmica referente aos índices de correção monetária e os juros de mora a serem aplicados nos casos de condenações impostas contra a Fazenda Pública. No julgamento do Recurso Extraordinário 870947 o Plenário do Supremo Tribunal Federal definiu duas teses sobre a matéria.

Por maioria, **foi afastado o uso da Taxa Referencial (TR) como índice de correção monetária dos débitos judiciais da Fazenda Pública,** mesmo no período da dívida anterior à expedição do precatório. O entendimento acompanha o já definido pelo STF quanto à correção no período posterior à expedição do precatório. Em seu lugar, **o índice de correção monetária adotado foi o Índice de Preços ao Consumidor Amplo Especial (IPCA-E)**, considerado mais adequado para recompor a perda de poder de compra.

Em relação aos **juros de mora** incidentes sobre esses débitos, o julgamento manteve o uso do **índice de remuneração da poupança**, previsto na legislação, **apenas para débitos de natureza não tributária**, como é o caso da disputa com o Instituto Nacional do Seguro Social (INSS) em causa. Na hipótese de **causas de natureza tributária**, ficou definido que deverá ser usado o mesmo índice adotado pelo Fisco para corrigir os débitos dos contribuintes, a fim de se preservar o princípio da isonomia. Hoje essa taxa é a **Selic**.

É pacífico na jurisprudência que o segurado tem direito ao melhor benefício. Para o Supremo Tribunal Federal cumpre observar o momento do preenchimento dos requisitos para fruição do benefício ou em qualquer momento posterior que tenha elevado o valor com novas contribuições efetuadas. Se o segurado deixa de requerer a aposentadoria e continua na ativa, lei posterior que revogue o benefício ou estabeleça critério de cálculo menos favorável, não pode ferir o direito adquirido, já incorporado ao patrimônio do segurado. Neste contexto, é garantido ao segurado a opção pelo melhor benefício de todo período que o segurado manteve o seu direito. (RE 630.501/RS).

O STJ entendeu, todavia, que há decadência para revisão do melhor benefício e firmou tese de que o prazo decadencial se aplica às revisionais que buscam o direito ao melhor benefício. (REsp 1631021/PR, Rel. Min. Mauro Campbell Marques, Primeira Seção, j. 13.02.2019, - Representativo da Controvérsia - Tema 966).

Outro tema que vem gerando bastante controvérsia jurisprudencial é a necessidade de devolver valores recebidos de boa-fé pelo segurado em virtude de tutela antecipada posteriormente revogada. A Primeira Seção do Superior Tribunal de Justiça (STJ) entendeu que o segurado deve devolver tais valores, uma vez que a decisão liminar é precária, não ensejando a presunção, pelo segurado, de que os valores recebidos integrem em definitivo o seu patrimônio.

A decisão da Seção foi por maioria de votos, pois há divergências jurisprudenciais na Corte sobre a obrigação da devolução desses benefícios de caráter alimentar, além de posições antagônicas aplicadas a servidores públicos e a segurados do Regime Geral de Previdência Social. Nos Recursos Especiais 674.181, 1.341.308 e 1.263.480, a tese defendida foi a do não cabimento da devolução dos valores recebidos de boa-fé. Já nos REsp 639.544, 1.177.349 e 988.171, o STJ declarou que a os valores indevidamente pagos por força de decisão judicial liminar posteriormente revogada são passíveis de devolução, sob pena de enriquecimento ilícito por parte dos beneficiados (REsp 1.401.560, de 12/02/2014, e Tema 692).

Esta decisão, inclusive, altera o posicionamento majoritário anterior do Tribunal, que entendia que a ilegalidade do pagamento do benefício previdenciário não importa na obrigatoriedade da devolução das importâncias recebidas de boa-fé. (AI 746.442-AgR, Min. Cármen Lúcia, j. em 25/08/2009, Primeira Turma, DJe de 23/10/2009.)

O STJ decidiu, todavia, que não está sujeito à repetição o valor correspondente a benefício previdenciário recebido por determinação de sentença que, confirmada em segunda instância, **vem a ser reformada apenas no julgamento de recurso especial** (EREsp 1.086.154-RS, j. em 20/11/2013).

A TNU editou a Súmula 51, com a seguinte redação: "Os valores recebidos por força de antecipação dos efeitos de tutela, posteriormente revogada em demanda previdenciária, são irrepetíveis em razão da natureza alimentar e da boa-fé no seu recebimento". Em 2017, esta Sumula foi cancelada por estar contrária ao entendimento já pacificado pelo STJ (Processo 0004955-39.2011.4.03.6315).

Tamanha é a polêmica que ainda gira em torno do tema da devolução de valores de benefícios previdenciários indevidamente recebidos de boa-fé, que a Primeira Seção do Superior Tribunal de Justiça (STJ), em 2019, acolheu proposta de revisão do **Tema Repetitivo 692**, no qual o colegiado fixou tese no sentido da obrigatoriedade de devolução de benefícios previdenciários, pelo autor da ação, em virtude de decisão judicial de urgência que venha a ser posteriormente revogada. Com a proposta de revisão, o colegiado determinou a **suspensão, no território nacional, do trâmite de todos os processos ainda sem trânsito em julgado, individuais ou coletivos, que tenham matéria relacionada ao Tema 692**. Estão ressalvados incidentes, questões e tutelas que sejam interpostos a título geral de provimentos de urgência nos processos sobrestados (REsp 1734627, REsp 1734641, REsp 1734647, REsp 1734656, REsp 1734685 e REsp 1734698).

Em mais um capítulo relacionado a repetitividade dos valores pagos indevidamente pela a Previdência Social o STJ firmou a seguinte tese no Tema 979:

> "Com relação aos **pagamentos indevidos** aos segurados **decorrentes de erro administrativo** (material ou operacional), não embasado em interpretação errônea ou equivocada da lei pela Administração, **são repetíveis**, sendo legítimo o desconto no percentual de até 30% (trinta por cento) de valor do benefício pago ao segurado/beneficiário, **ressalvada a hipótese em que o segurado, diante do caso concreto, comprova sua boa-fé objetiva, sobretudo com demonstração de que não lhe era possível constatar o pagamento indevido.**

Dessa forma, o STJ entendeu que os valores pagos por erro material ou operacional da administração podem ser descontados dos benefícios futuros dos segurados, mas ressalvou a hipótese de comprovação de recebimento de boa-fé, **com a demonstração que não era possível a constatação do pagamento indevido**. Nos parece que essa "exceção" é o mais comum de ocorrer, pois a complexidade do cálculo dos benefícios previdenciários impossibilita totalmente a compreensão por parte do cidadão comum das regras que determinaram o valor do benefício que lhe foi concedido. Em nossa visão, a exceção trazida no tema 979 é a própria regra, fazendo com que a polemica continue viva na discussão dos casos concretos mesmo após a *pseudo* pacificação do tema.

O Enunciado 17 do CRPS também tratou da repetibilidade de valores pagos equivocadamente, nos seguintes termos:

> "São repetíveis os pagamentos indevidos de benefícios previdenciários do Regime Geral de Previdência Social decorrentes de erro administrativo (material ou operacional), exceto quando comprovada a boa-fé objetiva pelo interessado, sobretudo quando há demonstração de que não lhe era possível constatar o erro no pagamento.
>
> I - Os pagamentos indevidos feitos em benefícios previdenciários embasados em interpretação errônea ou equivocada da lei pela Administração são irrepetíveis, independentemente da comprovação de má-fé.
>
> II - São repetíveis os pagamentos indevidos decorrentes do BPC/LOAS somente quando estiver comprovada a má-fé do beneficiário, nos termos do art. 49 do Decreto nº 6.214/07."

Um outro julgado que muito interessa a advocacia previdenciária é o Tema 1050 do STJ que firmou a tese de que o eventual pagamento de benefício previdenciário na via administrativa, seja ele total ou parcial, após a citação válida, não tem o condão de alterar a base de cálculo para os honorários advocatícios fixados na ação de conhecimento, que será composta pela totalidade dos valores devidos. Logo, uma vez ajuizada a ação previdenciária, mesmo que o INSS decida quitar total ou parcialmente ou valores, os honorários devem ser pagos com base no valor integral do crédito.

A Lei 13.846, de 18/06/2019, alterou o § 3º do art. 115 da Lei 8.213/1991, dispondo que serão inscritos em dívida ativa pela Procuradoria-Geral Federal os créditos constituídos pelo INSS em razão de benefício previdenciário ou assistencial pago indevidamente ou além do devido, inclusive na hipótese de cessação do benefício pela revogação de decisão judicial, hipótese na qual se aplica a Lei de Execução Fiscal (Lei 6.830/1980).

Será objeto de inscrição em dívida ativa, em conjunto ou separadamente, o terceiro beneficiado que sabia ou deveria saber da origem do benefício pago indevidamente em razão de fraude, dolo ou coação, desde que devidamente identificado em procedimento administrativo de responsabilização, de acordo com as regras do processo administrativo.

A alienação ou a oneração de bens ou rendas, ou o início de um desses processos, por beneficiário ou responsabilizado inscrito em dívida ativa, será presumida fraudulenta e caberá ao regulamento disciplinar a forma de atribuir publicidade aos débitos dessa natureza.

A AGU editou a Súmula 72, dispondo que não estão sujeitos à repetição os valores recebidos de boa-fé pelo servidor público, em decorrência de errônea ou inadequada interpretação da lei por parte da Administração Pública.

De acordo com o entendimento exarado pela Primeira Seção do STJ, em análise de recurso repetitivo, não é possível a inscrição em dívida ativa de valores recebidos indevidamente pelos beneficiários e a posterior execução fiscal. O meio para autarquia reaver o pagamento indevido é o desconto do mesmo benefício a ser pago em períodos posteriores. Caso os descontos não sejam possíveis, pode-se ajuizar ação de cobrança por enriquecimento ilícito, assegurando o contraditório e a ampla defesa ao acusado, com posterior execução (REsp 1350804).

A Lei 14.199, de 02/09/2021, inseriu art. 68-A na Lei 8.212, dispondo que a lavratura de procuração pública e a emissão de sua primeira via para fins exclusivos de recebimento de benefícios previdenciários ou assistenciais administrados pelo INSS são isentas do pagamento das custas e dos emolumentos.

Em análise ao Recurso Extraordinário 630501, que teve repercussão geral reconhecida, os ministros do Supremo Tribunal Federal reconheceram, por maioria dos votos, o direito de cálculo de benefício mais vantajoso a segurado do Instituto Nacional do Seguro Social (INSS), desde que já preenchidas as condições para a concessão da aposentadoria.

Assim, o segurado tem direito a retroagir à data de início do benefício ao qual já tinha direito adquirido à concessão, até a data que lhe garanta o maior valor. Vamos ver um exemplo para ficar mais claro o direito ao benefício mais vantajoso:

> **Exemplo:**
>
> Um segurado que já possuía direito adquirido à aposentadoria desde 01/2012 requereu o benefício em 01/2014, o qual foi concedido no valor de R$ 2.000,00. Nos anos de 2012 e 2013, este segurado efetuou recolhimentos para a Previdência Social sobre a base de cálculo de apenas um salário mínimo, o que acabou por reduzir o valor do seu benefício. Caso o segurado tivesse requerido o benefício em 01/2012, antes de iniciar as contribuições pela base mínima, ele teria o benefício concedido no valor de R$ 2.500,00. Neste caso, o STF entende que o segurado tem direito à revisão do valor do benefício para garantir o valor mais vantajoso.

O Decreto 10.410, de 30/06/2020 consolidou duas importantes teses no RPS, a Reafirmação da Data de Entrada no Requerimento – DER e a Fungibilidade dos Benefícios. Tratamos do tema no livro "Regulamento da Previdência Social Comentado, em parceria com Luana Horiuchi. Vejamos:

> *Art. 176-D, RPS. Se, na data de entrada do requerimento do benefício, o segurado não satisfizer os requisitos para o reconhecimento do direito, mas implementá-los em momento posterior, antes da decisão do INSS, o requerimento poderá ser reafirmado para a data em que satisfizer os requisitos, que será fixada como início do benefício, exigindo-se, para tanto, a concordância formal do interessado, admitida a sua manifestação de vontade por meio eletrônico.*

COMENTÁRIOS SOBRE O ARTIGO:

Se durante a análise do requerimento for verificado que na data de entrada no requerimento – DER o segurado não satisfazia os requisitos para o reconhecimento do direito, mas que os implementou em momento posterior, deverá o servidor informar ao interessado sobre a possibilidade de **reafirmação da DER**, exigindo-se para sua efetivação a expressa concordância por escrito, regra que **se aplica a todas as situações que resultem em benefício mais vantajoso ao interessado.**

> *Art. 176-E. Caberá ao INSS conceder o benefício mais vantajoso ao requerente ou benefício diverso do requerido, desde que os elementos constantes do processo administrativo assegurem o reconhecimento desse direito. (Incluído pelo Decreto nº 10.410, de 2020)*
>
> *Parágrafo único. Na hipótese de direito à concessão de benefício diverso do requerido, caberá ao INSS notificar o segurado para que este manifeste expressamente a sua opção pelo benefício, observado o disposto no art. 176-D. (Incluído pelo Decreto nº 10.410, de 2020)*

COMENTÁRIOS SOBRE O ARTIGO:

Novidade importante, inserida pelo Dec. 10.410/2020.

Durante a análise de um requerimento administrativo de benefício, o servidor do INSS pode identificar que o segurado **preenche os requisitos para concessão de outro benefício mais vantajoso**, diverso do requerido. O INSS então concedia o benefício mais vantajoso, **mantendo como DER a data da solicitação do agendamento do benefício que era menos vantajoso.** Ou seja, a Autarquia aproveitava como DER a data na qual o segurado agendou o atendimento para concessão daquele primeiro benefício, retroagindo assim o pagamento do benefício, o que representa lucro para o segurado, mas, com a exigência que **o benefício requerido e o devido fizerem parte do mesmo grupo** estabelecido em cada inciso a seguir, na forma da Carta de Serviços ao Cidadão:

I – aposentadorias;

II – benefícios por incapacidade;

III – benefícios aos dependentes do segurado;

IV – salário-maternidade; e

V – benefícios assistenciais.

Exemplo:

No dia 1º de janeiro de 2018, Joana solicitou agendamento de benefício para concessão de benefício de prestação continuada BPC/LOAS, benefício de natureza assistencial. Em 15.02.2018, Joana foi atendida na agência da Previdência Social, e, ao analisar a documentação apresentada, o servidor do INSS identificou que Joana fazia jus a uma aposentadoria por idade como segurada especial, benefício mais vantajoso que o BPC/LOAS, apresentando a ela essa opção e formalizando seu aceite pela aposentadoria. Como o BPC/LOAS (inciso V) e a aposentadoria por idade do trabalhador rural (inciso I) não fazem parte do mesmo grupo de benefícios, será fixada como DER para fins de concessão da aposentadoria por idade a data na qual Joana foi atendida na APS, ou seja, 15.02.2018, não sendo possível manter como DER o dia 1º de janeiro de 2018, quando a segurada solicitou o agendamento do benefício.

Com a inclusão do art. 176-E pelo Dec. 10.410/2020, será admitida a fungibilidade dos benefícios. Assim, ocorrendo concessão de **benefício mais vantajoso** ao requerente **ou benefício diverso do requerido**, desde que os elementos constantes do processo administrativo assegurem o reconhecimento desse direito, **a DER a ser fixada será a data da solicitação de agendamento do benefício requerido, independentemente do benefício requerido fazer ou não parte do mesmo grupo do benefício concedido.**

Assim, se a hipótese de Joana ocorresse atualmente, sua aposentadoria por idade teria como DER o dia 1º de janeiro de 2018.

Por fim, observa-se que a Emenda Constitucional 41/2003 (art. 8º da EC 41, c/c art. 248, CF/1988) impôs, com aplicabilidade imediata, o limite da remuneração dos Ministros do STF para os benefícios previdenciários. Com isso, o INSS se viu autorizado a determinar a revisão de todos os benefícios pagos pelo INSS com valores superiores ao teto remuneratório constitucional. Então, foi publicada a IN 07 – INSS/PRES, de 20/06/2006, impondo os limites do referido teto, com efeitos retroativos a partir da data da publicação da Emenda 41, de 19/12/2003. Logo, todos os benefícios previdenciários foram revisados, implicando, inclusive, em redução de valor, conforme exposto abaixo:

I – a partir de 1/1/2004 – R$ 19.115,19;

II – a partir de 1/1/2005 – R$ 21.500,00;

III – a partir de 1/1/2006 – R$ 24.500,00;

IV – a partir de 1/10/2009 – R$ 25.795,00;

V – a partir de 1/2/2010 – R$ 26.723,13;

VI – a partir de 1/1/2013 – R$ 28.059,29;

VII – a partir de 1/1/2014 – R$ 29.462,25;

VIII – a partir de 1/1/2015 – R$ 33.763,00;

IX – a partir de 1/1/2019 – R$ 39.273,32;

X - a partir de 1/4/2023 – R$ 41.650,92;

XI - a partir de 1/2/2024 – R$ 44.008,52;

XII - a partir de 1/2/2025 – R$ 46.366,19.

Obviamente, a redução dos benefícios é amplamente questionável, uma vez que, para alguns, há flagrante violação ao princípio constitucional basilar do direito adquirido. Outros defendem a constitucionalidade da redução, justificando-a sob a ótica da relativização do direito adquirido, em nome do princípio da moralidade, de acordo com a ponderação de interesses entre estes dois princípios.

23.3. COMPETÊNCIA PARA PROCESSAMENTO DAS AÇÕES PREVIDENCIÁRIAS

▶ **Art. 109, I e § 3º, CF/1988**

De acordo o art. 109, I, da Constituição Federal de 1988, aos juízes federais compete processar e julgar as causas em que a União, entidade autárquica ou empresa pública federal forem interessadas na condição de autoras, rés, assistentes ou oponentes, exceto as de falência, **as de acidentes de trabalho** e as sujeitas à Justiça Eleitoral e à Justiça do Trabalho.

As **ações previdenciárias movidas contra o INSS,** como regra geral, devem ser julgadas na **Justiça Federal,** exceto as decorrentes de **acidentes do trabalho**, que são de competência da **Justiça Estadual**. A Súmula 501, do STF esclarece que "compete à Justiça Ordinária Estadual o processo e o julgamento, em ambas as instâncias, das causas de acidente do trabalho, ainda que promovidas contra a União, suas autarquias, empresas públicas ou sociedades de economia mista".

Um dos grandes pontos de debate nas discussões sobre a Reforma da Previdência de 2019 foi a necessidade de se alterar a competência das ações acidentárias previdenciárias, transferindo-a da justiça estatual para a justiça federal.

A competência acidentária da justiça estadual gera inúmeros conflitos de competência, pois, mesmo sendo o segurado considerado incapaz para o exercício de suas atividades pela perícia judicial – o que torna evidente o seu direito ao benefício –, este pode ser processado por duas Justiças: caso a incapacidade seja originária de acidente do trabalho ou seus equiparados (doenças profissionais ou do trabalho), a ação deverá ser julgada na justiça estadual; caso seja doença ordinária ou acidente não relacionado ao trabalho, a ação deve ser processada na justiça federal. Em caso de dúvida na perícia, sobre a natureza acidentária da incapacidade, muitas vezes nasce conflito de competência, que termina por retardar um direito certo.

A doutrina é praticamente unânime no reconhecimento da necessidade de se transferir a competência acidentária para a justiça federal, não havendo necessidade de se falar em qualquer prejuízo para o segurado, que poderia se valer da regra geral de competência complementar da justiça estadual nos casos em que o seu domicílio não fosse sede de vara federal, nos termos do § 3º do art. 109 da CF/1988.

A PEC 06/2019 foi encaminhada contendo essa salutar alteração de competência, mas, infelizmente, na última hora, o relatório complementar do Deputado Samuel Moreira acabou retirando tal alteração. Com isso, apenas uma pequena mudança foi efetuada no art. 109. Vejamos:

Antes da Reforma de 2019

> *§ 3º **Serão processadas e julgadas na justiça estadual**, no foro do domicílio **dos segurados ou beneficiários**, as causas em que forem parte instituição de Previdência Social e segurado, sempre que a comarca não seja sede de vara do juízo federal, e, se verificada essa condição, a lei poderá permitir que outras causas sejam também processadas e julgadas pela justiça estadual.*

Depois da Reforma de 2019

> *Art. 109*
>
> *...*
>
> *§ 3º **Lei poderá autorizar que as causas de competência da Justiça Federal**, em que forem parte instituição de Previdência Social e segurado, possam ser processadas e julgadas na justiça estadual, quando a comarca do domicílio **do segurado** não for sede de vara federal.*

Percebemos que a EC 103/2019 retirou a competência complementar obrigatória da justiça estadual para as causas que forem parte instituição de Previdência Social e segurado, sempre que a comarca não seja sede de vara do juízo federal, ficando, agora, dependentes de lei autorizativa.

Outra relevante alteração que podemos notar no texto constitucional reformado é que na redação anterior, a competência das causas tanto dos segurados quanto dos beneficiários (inclui aí dependentes e assistidos da assistência social) seriam processadas na justiça estadual quando não houvesse sede de vara federal na comarca. No novo texto, essa competência só é ampliada para as causas dos segurados, deixando de fora os dependentes (pensão por morte e auxílio-reclusão) e a os assistidos (LOAS). Vamos acompanhar o posicionamento jurisprudencial...

Interessante ressaltar que mesmo antes da Reforma da Previdência, publicada em 13/11/2019, entrar em vigor, a Lei 13.876, de 20/09/2019 já havia, estranhamente, regulamentado esse dispositivo, com a alteração do art. 15, III, da Lei 5.010/1966.

De acordo com a citada norma, em vigor a partir de 01/01/2010, quando a Comarca não for sede de Vara Federal, poderão ser processadas e julgadas na Justiça Estadual as causas em que forem parte instituição de previdência social e segurado e que se referirem a benefícios de natureza pecuniária, **quando a Comarca de domicílio do segurado estiver localizada a mais de 70 km de Município sede de Vara Federal.**

Caberá ao respectivo Tribunal Regional Federal indicar as Comarcas que se enquadram no critério de distância de mais de 70 km previsto na norma.

Mesmo entrando em vigor após a data da publicação da reforma, em nossa visão, a lei regulamentadora já nasce viciada, uma vez que quando aprovada o texto constitucional impunha a competência obrigatória da justiça estadual nas situações em que a comarca não fosse sede de vara federal.

Mantida a competência acidentária na justiça estadual, mesmo nas ações revisionais de benefícios acidentários a competência para processar e julgar é da Justiça Estadual, conforme já pacificado pelo STJ (CC 102.459, de 18/12/2009).

De acordo com a tese firmada pelo STF no julgamento em 06/03/2021 do RE 860.508 as ações judiciais propostas por segurados contra instituição de previdência social são, em regra, julgadas pela Justiça Federal. Elas excepcionalmente podem ser julgadas pela Justiça Comum quando não houver Vara Federal na Comarca do domicílio do segurado.

As ações que buscam a concessão do benefício de pensão por morte decorrente de acidente do trabalho já foram alvos de diferentes entendimentos no âmbito do STJ. Em julgamentos iniciais o STJ entendia que tal competência era da Justiça Federal (3ª Seção, do STJ), mas passou a entender que a competência para julgar essas lides é mesmo da Justiça Estadual (1ª Seção – CC 121.352, de 11/04/2012). O STF já exarou entendimento de que tal competência é mesmo da Justiça Estadual (AI 722.821, de 20/10/2009).

O STJ decidiu que a competência para julgar ação visando à concessão de pensão por morte decorrente de acidente de trabalho é da Justiça Estadual, no julgamento do Conflito de Competência 121.352, de 11.04.2012.

Da mesma forma, o STJ decidiu que a competência para julgar pedido de aposentadoria da pessoa com deficiência com contagem reduzida, em razão de sequelas de acidente do trabalho (CC 183.143-RS, de 10/11/2021).

A Terceira Seção do STJ entendia que a competência para processar as ações acidentárias ajuizadas por segurados especiais era da justiça federal, sob o argumento que era necessário avaliar a condição de segurado especial antes da análise da questão acidentária. Com o deslocamento das ações previdenciárias da Terceira para a Primeira Seção do STJ, o Tribunal passou a entender que a competência para a concessão de benefícios derivados de acidente de trabalho aos segurados especiais é da justiça estadual (Agravo Interno no Conflito de Competência 152187/MT, DJe 01/02/2018).

As lides **movidas contra o empregador**, buscando a sua responsabilização civil pelos danos sofridos pelo empregado em razão da ocorrência de **acidente de trabalho,** devem ser ajuizadas na Justiça do Trabalho, conforme previsto expressamente no art. 114, VI, da Constituição Federal.

O Plenário do Supremo Tribunal Federal decidiu também, em 20/02/2013, que compete à Justiça Comum julgar processos decorrentes de contrato de Previdência complementar privada. A decisão ocorreu nos Recursos Extraordinários (REs) 586453 e 583050, de autoria da Fundação Petrobrás de Seguridade Social (Petros) e do Banco Santander Banespa, respectivamente. A matéria teve repercussão geral reconhecida e, portanto, passa a valer para todos os processos semelhantes que tramitam nas diversas instâncias do Poder Judiciário.

O Plenário também decidiu modular os efeitos dessa decisão e definiu que permanecerão na Justiça do Trabalho todos os processos que já tiverem sentença de mérito até a data da decisão. Dessa forma, todos os demais processos que tramitam na Justiça Trabalhista, mas ainda não tenham sentença de mérito, a partir da data da decisão, foram remetidos à Justiça Comum.

Em 2001, foram criados os Juizados Especiais Federais (JEF) para agilizar o processo judiciário, com competência para julgar litígios de valor de até 60 salários mínimos (Lei 10.259/2001). Atualmente, a maioria esmagadora dos processos de competência da Justiça Federal movidos contra o INSS é processada nos JEFs.

23.4. CONTAGEM RECÍPROCA DE TEMPO DE CONTRIBUIÇÃO

- **Arts. 94 a 99, Lei 8.213/1991**
- **Arts. 125 a 135, Decreto 3.048/1999**
- **EC 103/2019**

Contagem recíproca de tempo de contribuição é a possibilidade de comunicabilidade dos tempos de contribuição na atividade privada, rural e urbana, com o do tempo de contribuição ou de serviço na administração pública, para efeito dos benefícios concedidos.

Assim, o segurado que conte com dez anos de serviço público e resolva pedir exoneração, em face de uma proposta de trabalho irrecusável na iniciativa privada, pode migrar este tempo para o RGPS. Da mesma forma, o trabalhador que ingresse no serviço público pode levar o seu tempo de contribuição do RGPS para utilizá-lo em futuro pleito de benefício do Regime Próprio, obviamente desde que cumpra todos os requisitos legais.

O § 9º do art. 40 da Constituição, reformado pela EC 103/2019, sem alterações relevantes em relação ao texto anterior, dispõe que, para fins de aposentadoria, será assegurada a contagem recíproca do tempo de contribuição entre o **Regime Geral de Previdência Social e os regimes próprios de Previdência Social,** e destes entre si, observada a compensação financeira, de acordo com os critérios estabelecidos em lei.

A contagem recíproca já estava prevista no mesmo parágrafo do texto anterior da Constituição, tendo uma melhora técnica na redação. Vejamos o texto anterior:

> *§ 9º Para efeito de aposentadoria, é assegurada a contagem recíproca do tempo de contribuição* ***na administração pública e na atividade privada, rural e urbana,*** *hipótese em que os diversos regimes de Previdência Social se compensarão financeiramente, segundo critérios estabelecidos em lei.*

Já o § 9º-A do art. 201 traz uma inovação na constituição, deixando claro que **o tempo de serviço militar exercido nas atividades de Policiais Militares, Corpos de Bombeiros Militares e Forças Armadas, constituídas pela Marinha, pelo Exército e pela**

Aeronáutica e o tempo de contribuição ao Regime Geral de Previdência Social ou ao regime próprio de Previdência Social terão contagem recíproca para fins de inativação militar ou aposentadoria e a compensação financeira será devida entre as receitas de contribuição referentes aos militares e as receitas de contribuição aos demais regimes.

De acordo com o art. 125 do RPS, para efeito de contagem recíproca, hipótese em que os diferentes sistemas de previdência social ou proteção social se compensarão financeiramente, fica assegurado:

I – o cômputo do tempo de contribuição na administração pública e de serviço militar exercido nas atividades de que tratam os art. 42, art. 142 e art. 143 da Constituição, para fins de concessão de benefícios previstos no RGPS, inclusive de aposentadoria em decorrência de tratado, convenção ou acordo internacional; e, no caso de contagem recíproca, o regime que concedeu o benefício ao segurado, valendo-se de tempo trazido de um outro, será por ele compensado financeiramente, em relação aos tempos de contribuições migrados. Esta compensação foi regulamentada pela Lei 9.796/1999.

Poderá, ainda, ser contado o tempo de serviço prestado à administração pública direta, autárquica e fundacional dos Estados, do Distrito Federal e dos Municípios, desde que estes assegurem aos seus servidores a contagem de tempo do serviço em atividade vinculada ao Regime Geral de Previdência Social.

De acordo com o art. 96 da Lei 8.213/1991, o tempo de contribuição ou de serviço será contado de acordo com a legislação pertinente, observadas as normas seguintes:

> I – não será admitida a contagem em dobro ou em outras condições especiais – é a conhecida contagem fictícia de tempo de serviço que ocorria, por exemplo, com as licenças não gozadas, a qual foi vedada pela Emenda Constitucional 20/1998;
>
> II – é vedada a contagem de tempo de serviço público com o de atividade privada, quando concomitantes – se o segurado exerceu ao mesmo tempo duas atividades, uma no serviço público e outra na iniciativa privada, não há como se pleitear contagem recíproca do período concomitante. Ele pode, todavia, habilitar-se a benefícios dos dois regimes previdenciários;
>
> III – não será contado por um sistema o tempo de serviço utilizado para concessão de aposentadoria pelo outro;
>
> IV – o tempo de serviço anterior ou posterior à obrigatoriedade de filiação à Previdência Social só será contado mediante indenização da contribuição correspondente ao período respectivo, com acréscimo de juros moratórios de 0,5% ao mês, capitalizáveis anualmente, e multa de 10% – se o segurado não contribuiu para o regime previdenciário, somente poderá requerer a contagem recíproca se efetuar os devidos recolhimentos (indenização), com juros e multa.
>
> V – é vedada a emissão de Certidão de Tempo de Contribuição – CTC com o registro exclusivo de tempo de serviço, sem a comprovação de contribuição efetiva, exceto para o segurado empregado, empregado doméstico e trabalhador avulso e, a partir de 1º de abril de 2003, para ao **contribuinte individual que presta serviço a empresa** obrigada a arrecadar a contribuição a seu cargo; (Incluído pela Lei 13.846/2019);
>
> VI – a CTC somente poderá ser emitida por regime próprio de Previdência Social para ex-servidor;

> VII – é vedada a contagem recíproca de tempo de contribuição do RGPS por regime próprio de Previdência Social sem a emissão da CTC correspondente, ainda que o tempo de contribuição RGPS tenha sido prestado pelo servidor público ao próprio ente instituidor; e
>
> VIII – é vedada a desaverbação de tempo em regime próprio de Previdência Social quando o tempo averbado tenha gerado a concessão de vantagens remuneratórias ao servidor público em atividade;
>
> IX – para fins de elegibilidade às aposentadorias especiais, os períodos reconhecidos pelo regime previdenciário de origem como de tempo especial, sem conversão em tempo comum, deverão estar incluídos nos períodos de contribuição compreendidos na CTC e discriminados de data a data (inserido pela Lei 13.846/2019).

Sobre esse último inciso, a TNU julgou o Tema 278, fixando a tese que o(a) segurado(a) que trabalhava sob condições especiais e passou, sob qualquer condição, para regime previdenciário diverso, tem direito à expedição de certidão desse tempo identificado como especial, discriminado de data a data, ficando a conversão em comum e a contagem recíproca à critério do regime de destino, nos termos do art. 96, IX, da Lei n.º 8.213/1991;

A EC 103/2019 acrescentou o § 14 ao art. 201 da Constituição Federal de 1988, dispondo que **é vedada a contagem de tempo de contribuição fictício para efeito de concessão dos benefícios previdenciários e de contagem recíproca**. Notem que esse dispositivo espelha o art. 40, § 10, da CF/1988, que, desde a publicação da EC 20/1998, já vedava a contagem de tempo fictício no âmbito do RPPS.

O art. 25 da Reforma da Previdência de 2019, garante, entretanto, que será assegurada a contagem de tempo de contribuição fictício no Regime Geral de Previdência Social decorrente de hipóteses descritas na legislação vigente até a data de entrada em vigor da EC 103/2019, para fins de concessão de aposentadoria, observado, a partir da sua entrada em vigor, a vedação à contagem ficta.

O STF tem posicionamento firmado de que a contagem recíproca do tempo de serviço rural, para fins de aposentadoria no serviço público, apenas é admitida se comprovado o recolhimento das contribuições previdenciárias referentes ao período (Mandados de Segurança 28.106, 27.699 e 26.872).

Nesses precedentes, ressalta-se que o art. 201, § 9º, da Constituição Federal subordina o aproveitamento do tempo de serviço rural à prova do recolhimento das contribuições devidas.

O Tema 609 do STJ reforçou o mesmo entendimento jurisprudencial firmando a tese de que o servidor público tem direito a contar o trabalho rurícola prestado em período anterior à vigência da Lei 8.213/1991, com a respectiva expedição de certidão para cômputo do tempo no serviço público, desde que recolha as contribuições previdenciárias, ou seja, a indenização prevista pelo art. 96, IV, da Lei 8.213/1991 é obrigatória para possibilitar a contagem recíproca.

A regra de cobrança de juros ainda prevista no art. 96, IV, da Lei 8.213/1991 parece-nos contraditória quando comparada à nova regra do § 2º do art. 45-A da mesma

Lei, alterada pela LC 128/2008. É que o novo texto, como já comentado nesta obra, impõe nesta situação a cobrança de juros moratórios de 0,5% ao mês, capitalizados anualmente, **limitados ao percentual máximo de 50%**, enquanto o art. 96, IV, da Lei 8.213/1991 não faz referência a este limitador.

O benefício resultante de contagem recíproca de tempo de serviço será concedido e pago pelo sistema a que o interessado estiver vinculado ao requerê-lo e calculado na forma da respectiva legislação.

O documento que servirá de base para comprovação do tempo de contribuição em regime previdenciário é a Certidão de Tempo de Contribuição (CTC) (art. 125, II, Dec. 3.048/1999).

Note que a legislação previdenciária, para fins de contagem recíproca de tempo de contribuição, veda a conversão de tempo de serviço exercido em atividade sujeita a condições especiais do RGPS, em tempo de contribuição comum do RPPS, bem como a contagem de qualquer tempo de serviço fictício (art. 125, § 1º, do RPS). Desta forma, um minerador que, no RGPS, tiver direito à aposentadoria após 15 anos de contribuição e que desejar levar o seu tempo de contribuição para o serviço público, contará apenas com estes 15 anos para efeitos de contagem recíproca.

Embora, num primeiro momento, esta regra possa parecer injusta, ela se fundamenta no fato de que, no serviço público, não há qualquer vantagem regulamentada para fins de aposentadoria dos servidores que trabalhem em condições prejudiciais à saúde e à integridade física.

Ressalta-se, entretanto, que a própria CF de 1988 prevê em seu art. 40, § 4º, que é vedada a adoção de requisitos e critérios diferenciados para a concessão de aposentadoria aos abrangidos pelo RPPS, ressalvados os casos de servidores portadores de deficiência que exerçam atividades de risco ou cujas atividades sejam exercidas sob condições especiais que prejudiquem a saúde ou a integridade física.

Embasando-se neste artigo, o STF já reconheceu, em sede de mandado de injunção, o direito da aposentadoria especial do servidor público, aplicando a mesma regra dos trabalhadores vinculados ao RGPS (art. 57 da Lei 8.213/1991).

Também em relação ao servidor público, os Juizados Especiais Federais reconhecem o direito de conversão do tempo trabalhado em atividade especial na iniciativa privada em tempo de contribuição para aposentadoria no RPPS. Vejamos o texto da Súmula 66, da TNU, de 24/09/2012: "O servidor público ex-celetista que trabalhava sob condições especiais antes de migrar para o regime estatutário tem direito adquirido à conversão do tempo de atividade especial em tempo comum com o devido acréscimo legal, para efeito de contagem recíproca no regime previdenciário próprio dos servidores públicos".

Mesmo para períodos de contribuição posteriores à data da aposentadoria no Regime Geral de Previdência Social, é permitida a emissão de Certidão de Tempo de Contribuição. Então, o aposentado que retornou ao serviço pode contar com este tempo pós-aposentadoria para contagem recíproca. Obviamente, nesta CTC, não será incluído o tempo de contribuição já utilizado para a concessão da aposentadoria.

Para efeito de contagem recíproca, o período em que o segurado contribuinte individual e o facultativo tiverem contribuído com 11% sobre o salário mínimo só será computado se forem complementadas as contribuições, conforme regramento já estudado.

A certidão de tempo de contribuição, para fins de averbação do tempo em outros regimes de Previdência, somente será expedida pelo Instituto Nacional do Seguro Social após a comprovação da quitação de todos os valores devidos, inclusive de eventuais parcelamentos de débito.

Por fim, o segurado em gozo de auxílio-acidente, auxílio-suplementar ou abono de permanência em serviço terá o benefício encerrado na data da emissão da Certidão de Tempo de Contribuição.

23.5. CONVÊNIOS, CONTRATOS, CREDENCIAMENTOS E ACORDOS

As empresas em geral podem fazer convênios com o INSS para requerer benefícios previdenciários para seus empregados, na forma dos arts. 311 a 317, do Regulamento da Previdência Social, aprovado pelo Decreto 3.048/1999.

Empresas, sindicatos e entidades fechadas de previdência complementar poderão, mediante celebração de acordo de cooperação técnica com o INSS, encarregar-se, relativamente a seus empregados, associados ou beneficiários, de requerer benefícios previdenciários por meio eletrônico, preparando-os e instruindo-os nos termos do acordo. Poderão, também, realizar o pagamento integral dos benefícios previdenciários devidos a seus beneficiários, mediante celebração de contrato com o INSS, dispensada a licitação. Os contratos deverão prever as mesmas obrigações, condições e valores devidos pelas instituições financeiras responsáveis pelo pagamento dos benefícios pelo INSS.

Em regra, os benefícios são requeridos pela empresa, mas pagos pelo INSS, exceto os casos já estudados de salário-família e salário-maternidade para empregadas. Há, ainda, a possibilidade de a empresa pagar, mediante convênio, diretamente, o benefício ao segurado, observada a conveniência administrativa do INSS. Isso somente será permitido, todavia, nos casos em que as empresas convenentes complementarem benefícios.

A título exemplificativo, as empresas que complementam o auxílio por incapacidade temporária dos empregados até o valor do salário recebido na empresa (conforme estudado no tópico salário de contribuição) podem firmar convênio em que garanta o pagamento direto do auxílio por incapacidade temporária ao empregado, com a posterior compensação.

O art. 212 do Regulamento da Previdência Social dispõe que a concessão e manutenção de prestação devida ao beneficiário residente no exterior devem ser efetuadas nos termos do acordo entre o Brasil e o país de residência do beneficiário ou, na sua falta, nos termos de instruções expedidas pelo Ministério da Previdência. Assim, existindo um acordo previdenciário entre o Brasil e outro país, os termos deste acordo devem ser observados para concessão de benefícios aos residentes neste país.

O INSS possui setores específicos para firmar convênios, credenciamentos e acordos da linha do seguro social. Obviamente, tais setores são responsáveis por firmar os acordos e convênios do Instituto Nacional do Seguro Social.

Nestes acordos, pode haver previsão para que o INSS colabore para a complementação das instalações e equipamentos de entidades de habilitação e reabilitação profissional, com as quais mantenha convênio, ou, até mesmo, forneça recursos materiais para a melhoria do padrão de atendimento aos beneficiários.

A prestação de serviços da entidade que mantém convênio, contrato, credenciamento ou acordo com o Instituto Nacional do Seguro Social não cria qualquer vínculo empregatício entre este e o prestador de serviço.

Os órgãos da administração pública direta, autárquica e fundacional dos Estados, do Distrito Federal e dos Municípios poderão, mediante convênio com a Previdência Social, encarregar-se, relativamente aos seus funcionários, de formalizar processo de pedido de certidão de tempo de contribuição para fins de contagem recíproca, preparando-o e instruindo-o de forma a ser despachado pelo Instituto Nacional do Seguro Social (art. 315 do RPS).

O Instituto Nacional do Seguro Social, de acordo com as possibilidades administrativas e técnicas das unidades executivas de reabilitação profissional, poderá estabelecer convênios e/ou acordos de cooperação técnico-financeira, para viabilizar o atendimento às pessoas portadoras de deficiência. De fato, não é comum o INSS prestar diretamente o serviço de reabilitação profissional, buscando, em regra, a forma de convênio com outras entidades para viabilizar este serviço.

Nos casos de impossibilidade de instalação de órgão ou setor próprio competente do Instituto Nacional do Seguro Social, assim como de efetiva incapacidade física ou técnica de implementação das atividades e atendimento adequado à clientela da Previdência Social, as unidades executivas de reabilitação profissional poderão solicitar a celebração de convênios, contratos ou acordos com entidades públicas ou privadas de comprovada idoneidade financeira e técnica, ou seu credenciamento, para prestação de serviço, por delegação ou simples cooperação técnica, sob coordenação e supervisão dos órgãos competentes do Instituto Nacional do Seguro Social.

23.6. SEGURO DEFESO

A partir da publicação da MP 665/2004, convertida na Lei 13.134, de 16/06/2015, o seguro-desemprego do pescador artesanal, previsto na Lei 10.779, de 25 de novembro de 2003, passou a ser concedido e administrado pelo INSS.

De acordo com o art. 1º da Lei 10.779/2003, o pescador profissional que exerça sua atividade exclusiva e ininterruptamente, de forma artesanal, individualmente ou em regime de economia familiar, fará jus ao benefício de seguro-desemprego, **no valor de um salário mínimo mensal**, durante o período de defeso de atividade pesqueira para a preservação da espécie.

A definição de regime de economia familiar foi estudada no capítulo 5 desta obra, sendo este o trabalho dos membros da mesma família, indispensável à própria subsistência e exercido em condições de mútua dependência e colaboração, sem a utilização de empregados.

O período de defeso de atividade pesqueira é o fixado pelo Instituto Brasileiro do Meio Ambiente e dos Recursos Naturais Renováveis (IBAMA), em relação à espécie marinha, fluvial ou lacustre a cuja captura o pescador se dedique (art. 1º, § 2º, da Lei 10.779/2003).

Considera-se ininterrupta a atividade exercida durante o período compreendido **entre o defeso anterior e o em curso, ou nos doze meses imediatamente anteriores ao do defeso em curso**, o que for menor. Assim, se entre um defeso e o seguinte decorrer mais de 12 meses, considerar-se-á como ininterrupto o trabalho exercido pelos 12 meses anteriores ao defeso em que se pleiteia o benefício.

O pescador profissional artesanal não fará jus a mais de um benefício de seguro--desemprego no mesmo ano decorrente de defesos relativos a espécies distintas. Se, então, o pescador artesanal pescar mais de uma espécie de marisco, fará jus a apenas um seguro defeso.

A concessão do benefício não será extensível às atividades de apoio à pesca e nem aos familiares do pescador profissional que não satisfaçam os requisitos e as condições estabelecidos para concessão do benefício, sendo o benefício do seguro-desemprego pessoal e intransferível.

O período de recebimento do benefício não poderá exceder o limite máximo de cinco meses, conforme art. 4º da Lei 7.998/1990, ressalvada a possibilidade de ampliação em dois meses a critério do Codefat.

Cabe ao Instituto Nacional do Seguro Social (INSS) receber e processar os requerimentos e habilitar os beneficiários, nos termos do Decreto 8.424, de 31/03/2015.

De acordo com o art. 2º, § 1º, da Lei 10.779/2003, para fazer jus ao benefício, o pescador não poderá estar em gozo de qualquer benefício decorrente de programa de transferência de renda com condicionalidades ou de benefício previdenciário ou assistencial de natureza continuada, **exceto pensão por morte e auxílio-acidente**.

O benefício de seguro-desemprego será concedido ao pescador profissional artesanal cuja família seja beneficiária de programa de transferência de renda com condicionalidades, e caberá ao órgão ou à entidade da administração pública federal responsável pela manutenção do programa a **suspensão do pagamento pelo mesmo período da percepção do benefício de seguro-desemprego**. Assim, o INSS disponibilizará aos órgãos ou às entidades da administração pública federal responsáveis pela manutenção de programas de transferência de renda com condicionalidades as informações necessárias para identificação dos beneficiários e dos benefícios de seguro-desemprego concedidos, inclusive as relativas à duração, à suspensão ou à cessação do benefício art. 2º, §§ 8º e 9º, da Lei 10.779/2003).

Para se habilitar ao benefício, o pescador deverá apresentar ao INSS os seguintes documentos:

I - registro como Pescador Profissional, categoria artesanal, devidamente atualizado no Registro Geral da Atividade Pesqueira – RGP, emitido pelo Ministério da Pesca e Aquicultura, com antecedência mínima de um ano, contado da data do requerimento do benefício;

II - cópia do documento fiscal de venda do pescado a empresa adquirente, consumidora ou consignatária da produção, em que conste, além do registro da operação realizada, o valor da respectiva contribuição previdenciária ou comprovante do recolhimento da contribuição previdenciária, caso tenha comercializado sua produção a pessoa física; e

III - outros estabelecidos em ato do Ministério Previdência Social que comprovem:

a) o exercício da profissão de pescador artesanal;

b) que se dedicou à pesca, em caráter ininterrupto, durante o período entre defesos ou de 12 meses anteriores ao defeso atual, o que for menor;

c) que não dispõe de outra fonte de renda diversa da decorrente da atividade pesqueira.

O INSS, no ato da habilitação ao benefício, **deverá verificar a condição de segurado pescador artesanal e o pagamento da contribuição previdenciária nos últimos doze meses imediatamente anteriores ao requerimento do benefício ou desde o último período de defeso até o requerimento do benefício.** Assim, para receber o seguro-defeso o pescador artesanal, mesmo sendo segurado especial, deve comprovar o recolhimento das contribuições previdenciárias. Curioso notar que esta exigência não é feita para o gozo dos benefícios previdenciários pelo segurado especial.

De acordo com o art. 4º do Decreto 8.424, de 31/03/2015, o **prazo para requerer** o benefício do seguro-desemprego do pescador profissional artesanal **se iniciará 30 dias antes da data de início do período de defeso e terminará no último dia do referido período**. Desde que requerido dentro do prazo, o pagamento do benefício será devido **desde o início do período de defeso**, independentemente da data do requerimento.

Sem prejuízo das sanções civis e penais cabíveis, todo aquele que fornecer ou beneficiar-se de atestado falso para o fim de obtenção do benefício de que trata esta Lei estará sujeito (art. 3º da Lei 10.779/2003):

I - à demissão do cargo que ocupa, se servidor público;

II – à suspensão de sua atividade, com cancelamento do seu registro, por dois anos, se pescador profissional.

O INSS cessará o benefício de seguro-desemprego nas seguintes hipóteses (art. 6º, Decreto 8.424/2015):

I – início de atividade remunerada ou de percepção de outra renda que seja incompatível com a percepção do benefício;

II – desrespeito ao período de defeso ou a quaisquer proibições estabelecidas em normas de defeso;

III – obtenção de renda proveniente da pesca de espécie alternativa não contemplada no ato que fixar o período de defeso;

IV – suspensão do período de defeso;

V – morte do beneficiário, exceto em relação às parcelas vencidas;

VI – início de percepção de renda proveniente de benefício previdenciário ou assistencial de natureza continuada, exceto auxílio-acidente ou pensão por morte;

VII – prestação de declaração falsa; ou

VIII – comprovação de fraude.

O benefício do seguro-desemprego do pescador artesanal será pago à conta do Fundo de Amparo ao Trabalhador (FAT), instituído pela Lei 7.998, de 11 de janeiro de 1990.

23.7. PROGRAMA DE REVISÃO DE BENEFÍCIOS PELO INSS

De acordo com o art. 69 da Lei 8.212/1991, alterado pela Lei 13.846, de 18/06/2019, o INSS manterá programa permanente de **revisão da concessão e da manutenção dos benefícios** por ele administrados, a fim de apurar **irregularidades ou erros materiais.** Na hipótese de haver indícios de irregularidade ou erros materiais na concessão, na manutenção ou na revisão do benefício, o **INSS notificará o beneficiário**, o seu representante legal ou o seu procurador para apresentar defesa, provas ou documentos dos quais dispuser, no prazo de:

I – **30 dias, no caso de trabalhador urbano;**

II – **60 dias, no caso de trabalhador rural** individual e avulso, agricultor familiar ou segurado especial.

A notificação será feita:

I - preferencialmente por rede bancária ou por meio eletrônico, conforme previsto em regulamento;

II - (Revogado pela Lei nº 14.973, de 2024)

III - pessoalmente, quando entregue ao interessado em mãos; ou

IV - (Revogado pela Lei nº 14.973, de 2024)

As notificações por via postal e por edital que eram possíveis antes da Lei 14.973/2024 não são mais permitidas, uma vez que a citada lei revogou essa modalidade de intimação.

Na ausência de ciência, em até 30 dias, da notificação, o valor referente ao benefício será bloqueado, nos termos de ato do Poder Executivo.

O parágrafo § 2º-A, do art. 68, da Lei 8.212/91, dispõe que a defesa poderá ser apresentada pelo canal de atendimento eletrônico do INSS ou na Agência da Previdência Social do domicílio do beneficiário, na forma do regulamento.

O **benefício será suspenso** nas seguintes hipóteses:

I – **não apresentação da defesa** no prazo estabelecido;

II – **defesa considerada insuficiente ou improcedente** pelo INSS;

III – ausência de ciência de que trata o § 2º-A, nos termos de ato do Poder Executivo. (Incluído pela Lei nº 14.973, de 2024)

O INSS deverá notificar o beneficiário quanto à suspensão do benefício e conceder-lhe **prazo de 30 dias para interposição de recurso, sem efeito suspensivo.** Decorrido o prazo de 30 dias após a suspensão, sem que o beneficiário, o seu representante legal ou o seu procurador apresente recurso administrativo aos canais de atendimento do INSS ou a outros canais autorizados, o benefício será cessado.

O INSS poderá realizar recenseamento para atualização do cadastro dos beneficiários, abrangidos os benefícios administrados pelo INSS. Aquele que receber benefício realizará anualmente, **no mês de aniversário do titular do benefício**, a comprovação de vida, preferencialmente por meio de atendimento eletrônico com uso de biometria, ou outro meio definido pelo INSS que assegure a identificação inequívoca do beneficiário, implementado pelas instituições financeiras pagadoras dos benefícios, observadas as seguintes disposições (art. art. 69, § 8º, da Lei 8.212/91, alterado pela Lei 14.199/2021):

I – a prova de vida e a renovação de senha serão efetuadas pelo beneficiário, preferencialmente no mesmo ato, mediante identificação por funcionário da instituição financeira responsável pelo pagamento, quando não realizadas por atendimento eletrônico com uso de biometria;

II – a prova de vida poderá ser realizada por representante legal ou por procurador do beneficiário, legalmente cadastrado no INSS;

III – revogado;

IV – os órgãos competentes deverão dispor de meios alternativos que garantam a realização da prova de vida do beneficiário com idade igual ou superior a 80 anos ou com dificuldade de locomoção, inclusive por meio de atendimento domiciliar quando necessário;

IV-A – as instituições financeiras deverão, obrigatoriamente, envidar esforços a fim de facilitar e auxiliar o beneficiário com idade igual ou superior a 80 anos ou com dificuldade de locomoção, de forma a evitar ao máximo o seu deslocamento até a agência bancária e, caso isso ocorra, dar-lhe preferência máxima de atendimento, para diminuir o tempo de permanência do idoso no recinto e evitar sua exposição a aglomeração;

IV-B - a instituição financeira, quando a prova de vida for nela realizada, deverá enviar as informações ao INSS, bem como divulgar aos beneficiários, de forma ampla, todos os meios existentes para efetuar o procedimento, especialmente os remotos, a fim de evitar o deslocamento dos beneficiários; e

V - o INSS poderá bloquear o pagamento do benefício encaminhado às instituições financeiras até que o beneficiário realize a prova de vida, permitida a liberação do pagamento automaticamente pela instituição financeira.

Preservados a integridade dos dados e o sigilo eventualmente existente, o INSS:

I - terá acesso a todos os dados biométricos mantidos e administrados pelos órgãos públicos federais; e

II - poderá ter, por meio de convênio, acesso aos dados biométricos:

a) da Justiça Eleitoral; e

b) de outros entes federativos

De acordo com o art. 76, da Lei 8.212/91, alterado pela Lei 14.199/2021 o INSS deverá proceder ao recadastramento de todos aqueles que, por intermédio de procuração, recebem benefícios da Previdência Social. A procuração deverá ser revalidada anualmente e na hipótese de pagamento indevido de benefício a pessoa não autorizada, ou após o óbito do titular do benefício, a instituição financeira é responsável pela devolução dos valores ao INSS, em razão do descumprimento das obrigações a ela impostas por lei ou por força contratual.

23.8. INSS DIGITAL E INTERCÂMBIO DE INFORMAÇÕES SIGILOSAS

De acordo com o art. 124-A da Lei 8.213/1991, inserido pela MP 871/2019, convertida na Lei 13.846/2019 o INSS deve utilizar **processo administrativo eletrônico para requerimento de benefícios e serviços e disponibilizará canais eletrônicos de atendimento.** É a regulamentação do chamado **INSS digital**, que visa modernizar o processo de concessão e revisão dos benefícios previdenciário com o uso da informatização.

O INSS deve facilitar o atendimento, o requerimento, a concessão, a manutenção e a revisão de benefícios por meio eletrônico, implementando **procedimentos automatizados, de atendimento e prestação de serviços por meio de atendimento telefônico ou de canais remotos.**

Poderão ser celebrados acordos de cooperação, na modalidade de adesão, com órgãos e entidades da União, dos Estados, do Distrito Federal e dos Municípios para a recepção de documentos e apoio administrativo às atividades do INSS que demandem serviços presenciais.

A implementação de serviços eletrônicos deverá possuir mecanismos de controle preventivos de fraude e identificação segura do cidadão. As ligações telefônicas realizadas de telefone fixo ou móvel que visem à solicitação dos serviços do INSS deverão ser gratuitas e serão consideradas de utilidade pública (art. 124-A, § 4º, da Lei 8.213/91, alterado pela Lei 14.199, de 02/09/2021).

De acordo com o art. 12 da EC 103/2019, a União instituirá **sistema integrado de dados relativos às remunerações, proventos e pensões dos segurados dos RPPS, RGPS e Regime Complementar**, aos benefícios dos programas de assistência social e às remunerações, proventos de inatividade e pensão por morte decorrentes das atividades militares, em interação com outras bases de dados, ferramentas e plataformas, **para o fortalecimento de sua gestão, governança e transparência** e o controle do limite do teto remuneratório do serviço público.

A União, os Estados, o Distrito Federal e os Municípios e os órgãos e entidades gestoras dos regimes, dos sistemas e dos programas disponibilizarão as informações necessárias para a estruturação do sistema integrado de dados e terão acesso ao compartilhamento das referidas informações, na forma da legislação.

É vedada a transmissão das informações a qualquer pessoa física ou jurídica para a prática de atividade não relacionada à fiscalização dos regimes, dos sistemas e dos programas.

Já o art. 124-B da Lei 8.213/1991, também inserido pela MP 871/2019, dispõe que o INSS, para o exercício de suas competências, terá acesso a todos os dados de interesse para a recepção, a análise, a concessão, a revisão e a manutenção de benefícios por ele administrados, em especial:

I – vetado;

II – os dados dos prontuários eletrônicos do Sistema Único de Saúde (SUS) e dos documentos médicos mantidos por entidades públicas e privadas será exclusivamente franqueado aos peritos médicos federais designados pelo INSS;

III – os dados dos documentos médicos mantidos por entidades públicas e privadas, sendo necessário, no caso destas últimas, a celebração de convênio para garantir o acesso; e

IV – os dados de movimentação das contas do Fundo de Garantia por Tempo de Serviço – FGTS, instituído pela Lei 5.107, de 13 de setembro de 1966, mantidas pela Caixa Econômica Federal.

Obviamente, serão **preservados a integridade dos dados e o sigilo dos dados acessados pelo INSS** eventualmente existente.

O Ministério da Previdência terá acesso às bases de dados geridas ou administradas pelo INSS, incluída a folha de pagamento de benefícios com o detalhamento dos pagamentos. As bases de dados e as informações poderão ser compartilhadas com os regimes próprios de Previdência Social, para estrita utilização em suas atribuições relacionadas à recepção, à análise, à concessão, à revisão e à manutenção de benefícios por eles administrados, preservados a integridade dos dados e o sigilo eventualmente existente, na forma disciplinada conjuntamente pela Ministério do Trabalho e Previdência e pelo gestor dos dados.

Esta Medida Provisória tentou, também, criar o Conselho Nacional de Previdência Complementar (CNPC), órgão da estrutura básica do Ministério do Trabalho e Previdência, que substituiria o antigo Conselho de Gestão da Previdência Complementar (CGPC), exercendo a função de órgão regulador do regime de previdência complementar operado pelas entidades fechadas.

Finalmente em 24/12/2009, com a publicação da Lei 12.154/2009, foi novamente criada a Superintendência Nacional de Previdência Complementar (PREVIC), autarquia de natureza especial, dotada de autonomia administrativa e financeira e patrimônio próprio. A PREVIC atua como entidade de fiscalização e de supervisão das atividades das entidades fechadas de previdência complementar e de execução das políticas para o regime de previdência complementar operado pelas entidades fechadas de previdência complementar. De acordo com esta mesma lei, o Conselho de Gestão de Previdência Complementar passou a se chamar Conselho Nacional de Previdência Complementar (art. 13 da Lei 12.154/2009).

Fica dispensada a celebração de convênio, acordo de cooperação técnica ou instrumentos congêneres para a efetivação do acesso aos dados de que trata o *caput*, quando se tratar de dados hospedados por órgãos da administração pública federal, e caberá ao INSS a responsabilidade de arcar com os custos envolvidos, quando houver, no acesso ou na extração dos dados, exceto quando estabelecido de forma diversa entre os órgãos envolvidos.

As solicitações de acesso a dados hospedados por entidades privadas possuem característica de requisição, dispensados a celebração de convênio, acordo de cooperação técnica ou instrumentos congêneres para a efetivação do acesso aos dados e o ressarcimento de eventuais custos, vedado o compartilhamento dos dados com demais entidades de direito privado.

A administração pública federal desenvolverá ações de segurança da informação e comunicações, incluídas as de segurança cibernética, de segurança das infraestruturas, da qualidade dos dados e da segurança de interoperabilidade de bases governamentais, e efetuará a sua integração, inclusive com as bases de dados e informações dos Estados, dos Municípios e do Distrito Federal, com o objetivo de atenuar riscos e inconformidades em pagamentos de benefícios sociais.

O Ministério da Previdência divulgará, mensalmente, o resultado financeiro do Regime Geral de Previdência Social, no qual considerará: (art. 80, § 1º, da Lei 8.212/91, incluído pela Lei nº 14.360, de 2022)

I – para fins de aferição do equilíbrio financeiro do regime, as renúncias previdenciárias em adição às receitas realizadas; e

II – para os demais fins, apenas as receitas efetivamente arrecadadas e as despesas orçamentárias e financeiras efetivamente liquidadas e pagas.

Para fins de apuração das renúncias previdenciárias, serão consideradas as informações prestadas pela Secretaria Especial da Receita Federal do Brasil.

23.9. BENEFÍCIOS DE LEGISLAÇÃO ESPECIAL

23.9.1. Pensão Especial da Síndrome da Talidomida

A talidomida é um medicamento que foi desenvolvido na Alemanha, em 1954, inicialmente como sedativo. A partir de sua comercialização, em 1957, gerou milhares de casos de Focomelia, que é uma síndrome caracterizada pela aproximação ou encurtamento dos membros junto ao tronco do feto, tornando-os semelhantes aos de uma foca.

A ingestão de um único comprimido, nos três primeiros meses de gestação, ocasionava a Focomelia, efeito descoberto em 1961, que provocou a sua retirada imediata do mercado mundial. No Brasil, entretanto, esse medicamento foi retirado de circulação, com pelo menos quatro anos de atraso. Dessa forma, foi criada uma pensão mensal vitalícia e intransferível para as vítimas desta doença, que tem o seu valor variável, a depender do grau de deformação, conforme Lei 7.070/82.

A Lei 7.070/82 instituiu a **pensão especial, mensal, vitalícia e intransferível,** aos portadores da deficiência física conhecida como **"Síndrome da Talidomida"**.

O valor da pensão especial, reajustável a cada ano, será calculado, em função dos pontos indicadores da natureza e do grau da dependência resultante da deformidade física. Cada ponto obtido corresponderá a metade do salário mínimo vigente no País.

Quanto à natureza, a dependência compreenderá a **incapacidade para o trabalho, para a deambulação (andar), para a higiene pessoal e para a própria alimentação,** atribuindo-se a cada uma **um ou dois pontos**, respectivamente, conforme seja o seu **grau parcial ou total.**

A percepção do benefício da síndrome da talidomida dependerá unicamente da apresentação de atestado médico comprobatório, passado por junta médica oficial para esse fim constituída pelo INSS, sem qualquer ônus para os interessados.

A pensão especial da talidomida, ressalvado o direito de opção, **não é acumulável com rendimento ou indenização que, a qualquer título, venha a ser pago pela União a seus beneficiários**, salvo a indenização por dano moral concedida por lei específica.

Esse benefício é de natureza indenizatória, **não prejudicando eventuais benefícios de natureza previdenciária**, e não poderá ser reduzido em razão de eventual aquisição de capacidade laborativa ou de redução de incapacidade para o trabalho, ocorridas após a sua concessão.

O beneficiário desta pensão especial, **maior de 35, que necessite de assistência permanente de outra pessoa** e que tenha recebido pontuação superior ou igual a 6, fará jus a um **adicional de 25%** sobre o valor deste benefício.

Além desse adicional de 25%, o beneficiário desta pensão especial fará jus a mais um **adicional de 35% sobre o valor do benefício**, desde que comprove pelo menos:

I - **25 anos, se homem, e 20 anos, se mulher, de contribuição para a Previdência Social;**

II - **55 anos de idade, se homem, ou 50 anos de idade, se mulher, e contar pelo menos 15 anos de contribuição para a Previdência Social.**

A pensão especial será mantida e paga pelo Instituto Nacional de Previdência Social, por conta do Tesouro Nacional, que porá à disposição da Previdência Social, à conta de dotações próprias consignadas no Orçamento da União, os recursos necessários ao pagamento da pensão especial, em **cotas trimestrais**, de acordo com a programação financeira da União.

A pensão da síndrome da talidomida e qualquer outro valor recebido em decorrência dessa deficiência é isenta do imposto de renda

A Lei 12.190/2010 concedeu, ainda, indenização por dano moral às pessoas com deficiência física decorrente do uso da talidomida, no valor de 50 mil reais, multiplicado pelo número dos pontos indicadores da natureza e do grau da dependência resultante da deformidade física.

23.9.2. Pensão Especial dos Seringueiros

A pensão especial dos Seringueiros (apelidados de **soldados da borracha**), instituída pela Lei 7.986/89, foi destinada aos seringueiros carentes recrutados pelo Governo Brasileiro para trabalhar na Amazônia, na produção de borracha, durante a segunda guerra mundial. O benefício era de dois salários mínimos e podia ser transferido para os dependentes reconhecidamente carentes, baseados em critérios definidos pela lei. Note que tal benefício ingressou no ordenamento jurídico com base constitucional (art. 54, ADCT, CF/1988).

Vejamos o texto do art. 54, do Ato das Disposições Constitucionais Transitórias, que fundamenta a pensão especial dos seringueiros:

> "Art. 54. Os **seringueiros recrutados** nos termos do Decreto-Lei nº 5.813, de 14 de setembro de 1943, e amparados pelo Decreto-Lei nº 9.882, de 16 de setembro de 1946, receberão, **quando carentes, pensão mensal vitalícia no valor de dois salários mínimos.**

> § 1º O benefício é estendido aos seringueiros que, atendendo a apelo do Governo brasileiro, **contribuíram para o esforço de guerra, trabalhando na produção de borracha, na Região Amazônica**, durante a Segunda Guerra Mundial.
>
> § 2º Os benefícios estabelecidos neste artigo são **transferíveis aos dependentes reconhecidamente carentes.**
>
> § 3º A concessão do benefício far-se-á conforme lei a ser proposta pelo Poder Executivo dentro de cento e cinquenta dias da promulgação da Constituição.

Com a finalidade de regulamentar esse dispositivo constitucional foi editada a Lei 7.986/89, dispondo que a comprovação da efetiva prestação de serviços como seringueiro na segunda guerra, inclusive mediante justificação administrativa ou judicial, só produzirá efeito quando baseada em **início de prova material, não sendo admitida prova exclusivamente testemunhal.**

Caberá à Defensoria Pública, por solicitação do interessado, quando necessitado, promover a **justificação judicial com prazo de julgamento de 15 dias**, ficando o solicitante isento de quaisquer custas judiciais ou outras despesas.

A comprovação da carência do beneficiário ou do dependente será feita com a apresentação de atestado fornecido por órgão oficial.

De acordo com o art. 5º da Lei 7.986/89, os pedidos de concessão do benefício ou de sua transferência, devidamente instruídos, serão processados e julgados no prazo de **45 dias**, sob pena de responsabilidade. Os **pagamentos de pensão especial** iniciar-se-ão no **prazo máximo de 30 dias após o reconhecimento do direito.**

O órgão previdenciário encarregado do pagamento da pensão deverá firmar convênios com outros órgãos públicos federais, estaduais ou municipais, a fim de possibilitar aos beneficiários desta Lei perceberem mensalmente as respectivas pensões, preferencialmente nos locais onde residem, sem necessidade de grandes deslocamentos.

Não é permitida acumulação entre a pensão mensal vitalícia de seringueiro (soldado da borracha), com qualquer outro benefício de prestação continuada, mantido pela Previdência Social.

23.9.3. Pensão Especial de Ex-Combatente

A pensão do ex-combatente, da mesma forma que a dos seringueiros, tem fundamento constitucional, estando prevista no art. 53, II e III do Ato das Disposições Constitucionais Transitórias – ADCT. Vejamos o texto:

> Art. 53. Ao ex-combatente que tenha efetivamente participado de operações bélicas durante a Segunda Guerra Mundial, nos termos da Lei nº 5.315, de 12 de setembro de 1967, serão assegurados os seguintes direitos:
>
> .....
>
> II – **pensão especial** correspondente à deixada por segundo-tenente das Forças Armadas, que **poderá ser requerida a qualquer tempo**, sendo **inacumulável com**

quaisquer rendimentos recebidos dos cofres públicos, exceto os benefícios previdenciários, ressalvado o direito de opção;

III – em caso de morte, **pensão à viúva ou companheira ou dependente**, de forma proporcional, de valor igual à do inciso anterior;

A Lei nº 8.059/90 regulamentou a pensão especial de ex-combatente, devida a quem tenha **participado de operações bélicas durante a Segunda Guerra Mundial**, e aos respectivos dependentes, considerando:

I – **pensão especial** o benefício pecuniário **pago mensalmente ao ex-combatente** ou, em caso de falecimento, a **seus dependentes**;

II – pensionista especial o ex-combatente ou dependentes, que percebam pensão especial;

III – pensão-tronco a pensão especial integral;

IV – cota-parte cada parcela resultante da participação da pensão-tronco entre dependentes;

V – viúva a mulher com quem o ex-combatente estava casado quando falecera, e que não voltou a casar-se;

VI – ex-esposa a pessoa de quem o ex-combatente tenha-se divorciado, desquitado ou separado por sentença transitada em julgado;

VII – companheira que tenha filho comum com o ex-combatente ou com ele viva no mínimo há cinco anos, em união estável;

VIII – concessão originária a relativa ao ex-combatente;

IX – reversão a concessão da pensão especial aos dependentes do ex-combatente, por ocasião de seu óbito.

A pensão especial corresponderá à pensão militar deixada por segundo-tenente das Forças Armadas, sendo **inacumulável com quaisquer rendimentos percebidos dos cofres públicos, exceto os benefícios previdenciários.**

O ex-combatente, ou dependente legalmente habilitado, **que passar a receber importância dos cofres públicos perderá o direito à pensão especial pelo tempo em que permanecer nessa situação**, não podendo a sua cota-parte ser transferida a outros dependentes. Pode, todavia, optar pelo mais vantajoso entre a pensão ou por esses rendimentos.

Consideram-se dependentes do ex-combatente para recebimento da pensão:

I – a viúva;

II – a companheira;

III – o filho e a filha de qualquer condição, solteiros, menores de 21 anos ou inválidos;

IV – o pai e a mãe inválidos; e

V – o irmão e a irmã, solteiros, menores de 21 anos ou inválidos.

Os pais e irmãos só terão direito à pensão se viviam sob a dependência econômica do ex-combatente, por ocasião de seu óbito.

A pensão especial é devida ao ex-combatente e somente em caso de sua morte será revertida aos dependentes, sendo dividida entre o conjunto dos dependentes habilitáveis, em cotas-partes iguais.

A condição de dependentes comprova-se:

I – por meio de certidões do registro civil;

II – por declaração expressa do ex-combatente, quando em vida;

III – por qualquer meio de prova idôneo, inclusive mediante justificação administrativa ou judicial.

De acordo com o art. 8º da Lei 8.059/90, a pensão especial não será deferida:

I – à ex-esposa que **não tenha direito a alimentos**;

II – à viúva que voluntariamente **abandonou o lar conjugal há mais de cinco anos** ou que, mesmo por tempo inferior, abandonou-o e a ele recusou-se a voltar, desde que esta situação tenha sido reconhecida por sentença judicial transitada em julgado;

III – à companheira, quando, antes da morte do ex-combatente, houver cessado a dependência, pela ruptura da relação concubinária;

IV – ao dependente que tenha sido condenado por crime doloso, do qual resulte a morte do ex-combatente ou de outro dependente.

A ex-esposa que estiver percebendo alimentos por força de decisão judicial terá direito à pensão especial no valor destes até o valor da pensão militar deixada pelo segundo tenente. Havendo excesso, este se destinará aos demais dependentes. O direito à essa parcela da pensão especial perdurará enquanto a ex-esposa não contrair novas núpcias.

A pensão especial pode ser requerida a qualquer tempo, sendo o benefício pago mediante requerimento, devidamente instruído, em qualquer organização militar do ministério competente, se na data do requerimento o ex-combatente, ou o dependente, preencher os requisitos legais.

A cota-parte da pensão dos dependentes se extingue:

I – pela morte do pensionista;

II – pelo casamento do pensionista;

III – para o filho, filha, irmão e irmã, quando, não sendo inválidos, completam 21 anos de idade;

IV – para o pensionista inválido, pela cessação da invalidez.

A ocorrência de qualquer dos casos de extinção da cota parte de um dependente **não acarreta a transferência da cota-parte aos demais dependentes.**

A pensão especial não está sujeita a penhora, sequestro ou arresto, exceto nos casos especiais previstos ou determinados em lei.

Mediante requerimento do interessado, **qualquer outra pensão já concedida ao ex-combatente ou dependente que preencha os requisitos poderá ser substituída pela pensão especial do ex-combatente,** para todos os efeitos.

O valor do benefício da pensão especial será revisto, na mesma proporção e na mesma data, sempre que se modificarem os vencimentos dos servidores militares, tomando-se por base a pensão-tronco.

23.9.4. Pensão Especial às Vítimas de Hemodiálise de Caruaru

Em 1996, ocorreu a morte de 72 pacientes renais submetidos a tratamento de hemodiálise em hospital público em Caruaru, devido à presença de toxinas produzidas por uma microalga encontrada na água utilizada, durante o processo de filtragem do sangue, a Microcystina LR. A água era retirada de um açude. O governo, então, resolveu indenizar os dependentes dos mortos com uma pensão de um salário mínimo.

A Lei 9.422/96 regulamentou essa **pensão mensal, retroativa à data do óbito, no valor de um salário mínimo**, ao **cônjuge, companheiro ou companheira, descendente, ascendente e colaterais até segundo grau das vítimas fatais de hepatite tóxica**, por contaminação em processo de hemodiálise no Instituto de Doenças Renais, com sede na cidade de Caruaru, no Estado de Pernambuco, no período compreendido entre fevereiro e março de 1996, mediante evidências clínico-epidemiológicas determinadas pela autoridade competente.

Havendo mais de um pensionista habilitado ao recebimento da pensão de que trata o artigo anterior, aplicam-se as mesmas regras de divisão de benefício previstas na legislação previdenciária.

O recebimento do benefício dependerá do atestado de óbito da vítima, indicativo de **causa mortis relacionada com a hemodiálise de Caruaru**, comprovados com o respectivo prontuário médico, podendo ser utilizada a via da justificação judicial, quando inexistir documento oficial comprobatório.

A pensão especial às vítimas de hemodiálise não se transmitirá ao sucessor e se extinguirá com a morte do último beneficiário.

A pensão especial será cessada imediatamente no caso de a Justiça sentenciar os proprietários do Instituto com o pagamento de pensão ou indenização aos dependentes das vítimas, ou seja, para receber a pensão os dependentes devem abrir mão de qualquer possibilidade de reparação judicial.

A despesa decorrente deste benefício será paga com recursos alocados ao orçamento do Instituto Nacional do Seguro Social, à conta da subatividade "Aposentadorias e Pensões Especiais concedidas por legislação específica e de responsabilidade do Tesouro Nacional".

23.9.5. Pensão Vitalícia às Vítimas do Césio 137

Em 1987 aconteceu o acidente com o Césio 137 em Goiânia-GO. O **manuseio indevido de um aparelho de radioterapia abandonado**, onde funcionava o Instituto Goiano de Radioterapia, gerou um acidente que envolveu direta e indiretamente centenas de pessoas.

Com a violação do equipamento radiológico, foram espalhados no meio ambiente vários fragmentos de Césio 137, na forma de pó azul brilhante, provocando a contaminação de diversos locais, especificamente naqueles onde houve manipulação do material e para onde foram levadas as várias partes do aparelho de radioterapia.

Por conter chumbo, material de relativo valor financeiro, a fonte foi **vendida para um depósito de ferro-velho**, cujo dono a repassou a outros dois depósitos, além de distribuir os fragmentos do material radioativo a parentes e amigos que por sua vez os levaram para suas casas.

Em fusão desse absurdo acidente que gerou 4 vítimas fatais e centenas de afetados, com grande comoção social, a Lei 9.425/96 instituiu a pensão especial **vitalícia** às vítimas do Césio 137. Essa pensão é personalíssima, **não sendo transmissível ao cônjuge sobrevivente ou aos herdeiros**, em caso de morte do beneficiário.

A pensão será concedida do seguinte modo:

I - **300 UFIR** - Unidades Fiscais de Referência para as vítimas com **incapacidade funcional laborativa parcial ou total permanente**, resultante do evento;

II - **200 UFIR** - aos pacientes não abrangidos pelo inciso anterior, irradiados ou contaminados em proporção **igual ou superior a 100 Rads;**

III - **150 UFIR** para as vítimas irradiadas ou contaminadas em doses **inferiores a 100 e equivalentes ou superiores a 50 Rads;**

IV - **150 UFIR** para os **descendentes de pessoas irradiadas ou contaminadas que vierem a nascer com alguma anomalia** em decorrência da exposição comprovada dos genitores ao CÉSIO 137;

V - **150 UFIR** para os demais **pacientes irradiados e/ou contaminados, não abrangidos pelos incisos anteriores**, sob controle médico regular pela Fundação Leide das Neves a partir da sua instituição até a data da vigência desta Lei, desde que cadastrados nos grupos de acompanhamento médico I e II da referida entidade.

O valor mensal da pensão **será o valor da UFIR à época** da publicação desta Lei, **atualizado**, a partir de então, na mesma época e **índices concedidos aos servidores públicos federais.**

A comprovação de ser a pessoa vítima do acidente radioativo ocorrido com o CÉSIO 137 e do grau de contaminação deverá ser feita por meio de junta médica oficial, a cargo da Fundação Leide das Neves Ferreira, com sede em Goiânia, Estado de Goiás e supervisão do Ministério Público Federal, devendo-se anotar o tipo de sequela que impede o desempenho profissional e/ou o aprendizado de maneira total ou parcial.

Os funcionários da Vigilância Sanitária que, em pleno exercício de suas atividades, foram expostos às radiações do CÉSIO 137 também serão submetidos a exame para comprovação e sua classificação como vítimas do acidente, devendo-se igualmente anotar o tipo de sequela que impede ou limita o desempenho profissional.

Havendo condenação judicial da União ao pagamento de indenização por responsabilidade civil em decorrência do acidente de que trata esta Lei, o montante da pensão ora instituída será obrigatoriamente deduzido do quantum da condenação.

O pagamento desse benefício ocorrerá à conta de encargos previdenciários dos Recursos da União sob a supervisão do Ministério da Fazenda, com a despesa prevista no Orçamento da União.

23.9.6. Aposentadoria e Pensão Excepcional ao Anistiado Político

A aposentadoria e pensão especial do Anistiado Político tem fundamento no art. 8º do Ato das Disposições Constitucionais Transitórias - ADCT.

De acordo com esse artigo é **concedida anistia** aos que, no período de 18 de setembro de 1946 até a data da promulgação da Constituição de 1988, **foram atingidos**, em decorrência de **motivação exclusivamente política**, por atos de exceção, institucionais ou complementares, asseguradas as promoções, na inatividade, ao cargo, emprego, posto ou graduação a que teriam direito se estivessem em serviço ativo, obedecidos os prazos de permanência em atividade previstos nas leis e regulamentos vigentes, respeitadas as características e peculiaridades das carreiras dos servidores públicos civis e militares e observados os respectivos regimes jurídicos.

O ADCT assegurou essas mesmas garantias aos trabalhadores do setor privado, dirigentes e representantes sindicais que, por motivos exclusivamente políticos, tenham sido punidos, demitidos ou compelidos ao afastamento das atividades remuneradas que exerciam, bem como aos que foram impedidos de exercer atividades profissionais em virtude de pressões ostensivas ou expedientes oficiais sigilosos.

Aos cidadãos que foram **impedidos de exercer, na vida civil, atividade profissional específica**, em decorrência das Portarias Reservadas do Ministério da Aeronáutica será concedida **reparação de natureza econômica**, na forma que **dispuser lei** de iniciativa do Congresso Nacional e a entrar em vigor no prazo de doze meses a contar da promulgação da Constituição.

Aos que, por força de atos institucionais, tenham exercido gratuitamente mandato eletivo de vereador serão computados, para efeito de aposentadoria no serviço público e previdência social, os respectivos períodos.

A Lei 10.559/2002 institui aposentadoria e pensão para os anistiados políticos. São considerados **Anistiados Políticos** aqueles que, por motivação exclusivamente política, tenham sofrido perseguições por órgãos ou indivíduos ligados ao Estado brasileiro entre os anos de 1946 e 1988.

O Regime do Anistiado Político compreende os seguintes direitos:

II – **reparação econômica**, de caráter **indenizatório**, em **prestação única ou em prestação mensal**, permanente e continuada, asseguradas a readmissão ou a promoção na inatividade;

III – **contagem**, para todos os efeitos, do **tempo em que o anistiado político esteve compelido ao afastamento de suas atividades profissionais**, em virtude de punição ou de fundada ameaça de punição, por motivo exclusivamente político, **vedada a exigência de recolhimento de quaisquer contribuições previdenciárias;**

São declarados anistiados políticos aqueles que, **no período de 18 de setembro de 1946 até 5 de outubro de 1988**, por **motivação exclusivamente política**, foram:

I – atingidos por atos institucionais ou complementares, ou de exceção na plena abrangência do termo;

II – **punidos com transferência** para localidade diversa daquela onde exerciam suas atividades profissionais, impondo-se mudanças de local de residência;

III – **punidos com perda de comissões** já incorporadas ao contrato de trabalho ou inerentes às suas carreiras administrativas;

IV – **compelidos ao afastamento da atividade profissional remunerada**, para acompanhar o cônjuge;

V – **impedidos de exercer, na vida civil, atividade profissional específica** em decorrência das Portarias Reservadas do Ministério da Aeronáutica no S-50-GM5, de 19 de junho de 1964, e no S-285-GM5;

VI – **punidos, demitidos ou compelidos ao afastamento das atividades remuneradas** que exerciam, bem como **impedidos de exercer atividades profissionais em virtude de pressões ostensivas ou expedientes oficiais sigilosos**, sendo trabalhadores do setor privado ou dirigentes e representantes sindicais;

VII – **punidos com fundamento em atos de exceção**, institucionais ou complementares, ou sofreram punição disciplinar, sendo **estudantes;**

VIII – abrangidos pelo Decreto Legislativo no 18, de 15 de dezembro de 1961, e pelo Decreto-Lei no 864, de 12 de setembro de 1969;

IX – **demitidos, sendo servidores públicos civis e empregados em todos os níveis de governo ou em suas fundações públicas**, empresas públicas ou empresas mistas ou sob controle estatal, exceto nos Comandos militares no que se refere ao disposto no § 50 do art. 80 do Ato das Disposições Constitucionais Transitórias;

X – **punidos com a cassação da aposentadoria ou disponibilidade**;

XI – **desligados, licenciados, expulsos ou de qualquer forma compelidos ao afastamento de suas atividades remuneradas**, ainda que com fundamento na legislação comum, ou decorrentes de expedientes oficiais sigilosos.

XII – **punidos com a transferência para a reserva remunerada, reformados**, ou, já na condição de inativos, com perda de proventos, por atos de exceção, institucionais ou complementares, na plena abrangência do termo;

XIII – **compelidos a exercer gratuitamente mandato eletivo de vereador**, por força de atos institucionais. Nesse caso, o período de mandato exercido gratuitamente conta apenas para efeito de aposentadoria no serviço público e de previdência social;

XIV – **punidos com a cassação de seus mandatos eletivos nos Poderes Legislativo ou Executivo**, em todos os níveis de governo;

XV – **na condição de servidores públicos civis ou empregados em todos os níveis de governo ou de suas fundações**, empresas públicas ou de economia mista ou sob controle estatal, punidos ou demitidos por interrupção de atividades profissionais, em decorrência de decisão de trabalhadores;

XVI – **sendo servidores públicos, punidos com demissão ou afastamento**, e que não requereram retorno ou reversão à atividade, no prazo que transcorreu de 28 de agosto de 1979 a 26 de dezembro do mesmo ano, ou tiveram seu pedido indeferido, arquivado ou não conhecido e tampouco foram considerados aposentados, transferidos para a reserva ou reformados;

XVII – **impedidos de tomar posse ou de entrar em exercício de cargo público**, nos Poderes Judiciário, Legislativo ou Executivo, em todos os níveis, tendo sido válido o concurso.

Os sucessores ou dependentes daquele que seria beneficiário da condição de anistiado político podem requerer a correspondente declaração do anistiado político.

A reparação econômica ao anistiado político será financiada pelo Tesouro Nacional. A reparação econômica em **prestação única não é acumulável com a reparação econômica em prestação mensal**, permanente e continuada.

A reparação econômica em **prestação única** consistirá no pagamento de **trinta salários mínimos por ano de punição** e será devida aos anistiados políticos que não puderem comprovar vínculos com a atividade laboral, não podendo ultrapassar R$ 100.000.

A reparação econômica em **prestação mensal**, permanente e continuada, será assegurada aos anistiados políticos que **comprovarem vínculos com a atividade laboral, à exceção dos que optarem por receber em prestação única.**

Dessa forma, será concedida essa prestação mensal ao anistiado que perdeu o cargo ou emprego por ato de exceção no regime militar.

O **valor da prestação mensal**, permanente e continuada, será igual ao da **remuneração que o anistiado político receberia se na ativa estivesse, considerada a graduação a que teria direito,** asseguradas as promoções ao oficialato, independentemente de requisitos e condições, respeitadas as características e peculiaridades dos regimes jurídicos dos servidores públicos civis e dos militares, e, se necessário, considerando-se os seus paradigmas.

O valor da prestação mensal, permanente e continuada, **será estabelecido conforme os elementos de prova oferecidos pelo requerente**, informações de órgãos oficiais, bem como de fundações, empresas públicas ou privadas, ou empresas mistas sob controle estatal, ordens, sindicatos ou conselhos profissionais a que o anistiado político estava vinculado ao sofrer a punição, podendo ser arbitrado até mesmo com base em pesquisa de mercado.

Para o cálculo do valor da prestação serão considerados os direitos e vantagens incorporados à situação jurídica da categoria profissional a que pertencia o anistiado político.

Considera-se **paradigma a situação funcional de maior frequência constatada entre os pares ou colegas contemporâneos do anistiado** que apresentavam o mesmo posicionamento no cargo, emprego ou posto quando da punição.

O valor da prestação mensal, permanente e continuada, **não será inferior ao do salário mínimo nem superior ao do teto equivalente a remuneração dos Ministros do STF.**

Se o anistiado político era, na data da punição, comprovadamente **remunerado por mais de uma atividade laboral**, não eventual, o valor da prestação mensal, permanente e continuada, será igual à **soma das remunerações a que tinha direito**, até o teto do STF, obedecidas as regras constitucionais de não acumulação de cargos, funções, empregos ou proventos.

Para o cálculo da prestação mensal, são asseguradas, na inatividade, na aposentadoria ou na reserva, **as promoções ao cargo, emprego, posto ou graduação a que teria direito se estivesse em serviço ativo.**

O reajustamento do valor da prestação mensal, permanente e continuada, será feito **quando ocorrer alteração na remuneração que o anistiado político estaria recebendo se estivesse em serviço ativo.**

Os valores pagos por anistia **não poderão ser objeto de contribuição ao INSS, a caixas de assistência ou fundos de pensão ou previdência**, nem objeto de ressarcimento por estes de suas responsabilidades estatutárias e são **isentos do Imposto de Renda.**

No caso de **falecimento do anistiado político**, o direito à reparação econômica transfere-se aos seus dependentes, observados os critérios fixados nos regimes jurídicos dos servidores civis e militares da União.

23.9.7. Pensão Especial às Pessoas Atingidas pela Hanseníase

No Brasil, as pessoas diagnosticadas com hanseníase (chamados à época de leprosos) eram internadas compulsoriamente em hospitais colônia para evitar risco de contaminação. Os leprosários foram arquitetados e construídos entre 1935 a 1940, objetivando isolar os pacientes portadores de hanseníase.

O confinamento perdurou até a década de 80, quando os antigos hospitais colônias foram transformados em hospitais gerais ou manicômios.

A Lei 11.520/2007, assim, instituiu a pensão especial reparadora dessa atrocidade feita com as pessoas com hanseníase que foram internadas nesses hospitais colônia. A pensão especial é **mensal, vitalícia e intransferível**, concedida às pessoas atingidas pela **hanseníase e que foram submetidas a isolamento e internação compulsórios em hospitais-colônia**, até 31 de dezembro de 1986, que a requererem, a título de indenização especial, correspondente a **R$ 750,00**.

A pensão especial é personalíssima, **não sendo transmissível a dependentes e herdeiros**. O valor da pensão especial **será reajustado anualmente**, conforme os índices concedidos aos benefícios de valor superior ao piso do Regime Geral de Previdência Social (INPC). Atualmente, esse valor é de cerca de R$ 1.900.

O Instituto Nacional do Seguro Social - INSS é o responsável pelo processamento, a manutenção e o pagamento dessa pensão, mas as despesas são arcadas pelo Tesouro Nacional e devem constar de programação orçamentária específica no orçamento do Ministério da Previdência Social.

Para a comprovação da situação do beneficiário dessa pensão será admitida a ampla produção de prova documental e testemunhal, e, caso necessário, prova pericial, podendo ser colhido depoimentos de terceiros.

A pensão especial da hanseníase, **ressalvado o direito à opção, não é acumulável com indenizações que a União venha a pagar** decorrentes de responsabilização civil sobre os mesmos fatos, mas **pode ser acumulada com qualquer benefício previdenciário.**

O Ministério da Saúde, em articulação com os sistemas de saúde dos Estados e Municípios, implementará ações específicas em favor dos beneficiários da pensão especial, voltadas à garantia de fornecimento de órteses, próteses e demais ajudas técnicas, bem como na realização de intervenções cirúrgicas e assistência à saúde por meio do Sistema Único de Saúde - SUS.

23.9.8. Pensão Especial Destinada a Crianças com Síndrome Congênita do Zika Vírus

A Síndrome Congênita associada à infecção pelo vírus Zika (SCZ) compreende um conjunto de anomalias congênitas que podem incluir alterações visuais, auditivas e neuropsicomotoras que ocorrem em indivíduos (embriões ou fetos) **expostos à infecção**

pelo vírus Zika durante a gestação. Tais alterações podem variar quanto à sua severidade, sendo que quanto mais cedo a infecção ocorre na gestação, mais graves tendem a ser esses sinais e sintomas.

A principal forma de transmissão da infecção pelo vírus Zika em mulheres grávidas é através da picada pela fêmea do mosquito Aedes aegypti, mas a transmissão também pode ocorrer através de relação sexual com indivíduos infectados ou através de transfusão sanguínea, a qual apresenta baixo risco devido à triagem de doadores e testes hematológicos.

A Lei 13.985/2020 instituiu a **pensão especial destinada a crianças** com Síndrome Congênita do Zika Vírus (microcefalia, **nascidas entre 1º de janeiro de 2015 e 31 de dezembro de 2019**, beneficiárias do Benefício de Prestação Continuada (BPC) da Lei Orgânica da Assistência Social – LOAS (lei 8.742/93).

A pensão especial será **mensal, vitalícia e intransferível** e terá o valor de **um salário mínimo** e **não poderá ser acumulada com indenizações pagas pela União em razão de decisão judicial sobre os mesmos fatos** ou com o BPC da LOAS.

O reconhecimento da pensão especial ficará condicionado à desistência de ação judicial que tenha por objeto pedido idêntico sobre o qual versa o processo administrativo. A pensão especial será devida a partir do dia posterior à cessação do BPC ou indenização, que **não poderão ser acumulados com a pensão.**

A pensão especial das crianças com Zika Vírus **não gera direito a abono ou a pensão por morte** e o requerimento deve ser feito no Instituto Nacional do Seguro Social – INSS, devendo ser realizado exame pericial por perito médico federal para constatar a relação entre a síndrome congênita adquirida e a contaminação pelo vírus da zika.

As despesas decorrentes dessa pensão são arcadas a conta da programação orçamentária Indenizações e Pensões Especiais de Responsabilidade da União.

No caso de mães de crianças nascidas até 31 de dezembro de 2019 acometidas por sequelas neurológicas decorrentes da Síndrome Congênita do Zika Vírus, **a licença-maternidade e o salário-maternidade será de 180 dias.**

23.9.9. Pensão Especial para os Filhos e Dependentes de Vítimas de Feminicídio

A Lei 14.717, de 31/10/2023, instituiu a pensão especial aos filhos e dependentes crianças ou adolescentes, órfãos em razão do crime de feminicídio.

Foi, então, instituída pensão especial aos filhos e dependentes menores de 18 anos de idade, órfãos em razão do crime de feminicídio tipificado no inciso VI do § 2º do art. 121 do Código Penal, cuja renda familiar mensal ***per capita*** seja **igual ou inferior a 1/4 do salário mínimo.**

O benefício foi fixado no valor de um salário mínimo, sendo pago ao conjunto dos filhos e dependentes menores de 18 anos de idade na data do óbito de mulher vítima de feminicídio.

O benefício é concedido, ainda que provisoriamente, mediante requerimento, sempre que houver fundados indícios de materialidade do feminicídio, na forma definida em regulamento, vedado ao autor, coautor ou partícipe do crime representar as crianças ou adolescentes para fins de recebimento e administração da pensão especial.

Verificado em processo judicial com trânsito em julgado que não houve o crime de feminicídio, o pagamento do benefício cessará imediatamente, desobrigados os beneficiários do dever de ressarcir os valores recebidos, salvo má-fé.

A pensão do feminicídio, ressalvado o direito de opção, não é acumulável com benefícios previdenciários recebidos do Regime Geral de Previdência Social (RGPS) ou dos regimes próprios de previdência social, nem com pensões ou benefícios do sistema de proteção social dos militares.

Será excluído definitivamente do recebimento do benefício a criança ou o adolescente que tiver sido condenado, mediante sentença com trânsito em julgado, pela prática de ato infracional análogo a crime como autor, coautor ou partícipe de feminicídio doloso, ou de tentativa desse ato, cometido contra a mulher vítima da violência, ressalvados os absolutamente incapazes e os inimputáveis.

O benefício cessará quando o beneficiário completar 18 anos de idade, ou em razão de seu falecimento, e a respectiva cota será reversível aos demais beneficiários.

Obviamente a concessão desse benefício não prejudica os direitos de quem o receber, relativos ao dever de o agressor ou o autor do ato delitivo indenizar a família da vítima. A pensão será concedida às crianças e aos adolescentes elegíveis à prestação mensal na data de publicação desta Lei, inclusive nos casos de feminicídios ocorridos anteriormente, sem efeitos retroativos.

As despesas decorrentes da pensão serão classificadas na função orçamentária Assistência Social e estarão sujeitas a previsão nas respectivas leis orçamentárias anuais.

Capítulo 24

Prescrição e decadência

- **Arts. 45 e 46 da Lei 8.212/1991**
- **Arts. 103 e 104 da Lei 8.213/1991**
- **Arts. 253, 345, 347 a 349, Decreto 3.048/1999**

A distinção entre os institutos da prescrição e da decadência sempre foi assunto polêmico na doutrina.

Modernamente, tem logrado bastante repercussão a diferenciação feita por Agnelo Amorim Filho, a partir da classificação das ações feitas por Chiovenda, em condenatórias, constitutivas e declaratórias.

Para fins de estudo do Direito Previdenciário, todavia, deixaremos de lado estas discussões, por entendê-las pertinentes ao Direito Civil. Não contribuindo, de forma decisiva, para a compreensão da legislação previdenciária, a tentativa de definição precisa destes conceitos jurídicos pode acarretar a confusão dos leitores.

Preferimos, assim, esclarecer, apenas, e de forma mais didática, que a decadência visa à segurança nos negócios jurídicos, tendo sido concebida com o fim de restringir o exercício de direito por quem o possui, a certo lapso de tempo.

A prescrição, por sua vez, tem como objeto a ação relativa ao direito, de forma que, com o decurso do tempo, a ação cabível é perdida, atingindo o próprio direito.

Exemplo 1:

A Receita Federal do Brasil tem um prazo para exigir dos contribuintes o recolhimento das contribuições previdenciárias. Não o fazendo, algum dia, este direito será extinto, e a Previdência não mais poderá lançar os seus créditos. É a chamada decadência do direito.

Exemplo 2:

O segurado que deixou de apresentar toda a documentação que comprove as suas contribuições, e, por isso, teve o benefício concedido com o valor menor que o devido, tem um prazo para requisitar a revisão do seu benefício, apresentando a documentação complementar. Se não o fizer, no prazo determinado, o seu direito decairá.

Exemplo 3:

A União tem um prazo para executar os seus créditos na Justiça. Este prazo é de prescrição.

Exemplo 4:

O contribuinte tem um prazo de prescrição para pleitear judicialmente a restituições de valores que acredita ter pagado indevidamente à Previdência Social.

24.1. DECADÊNCIA PARA A RECEITA FEDERAL DO BRASIL EXIGIR OS CRÉDITOS PREVIDENCIÁRIOS

O prazo decadencial para exigência das contribuições previdenciárias sofreu forte alteração. De acordo a redação já revogada (LC 128/2008) do art. 45 da Lei 8.212/1991, o direito de a Seguridade Social apurar e constituir seus créditos extinguia-se após **dez anos**, contados:

I – **do primeiro dia do exercício seguinte àquele em que o crédito poderia ter sido constituído;**

II – **da data em que se tornar definitiva a decisão que houver anulado, por vício formal, a constituição de crédito anteriormente efetuada.**

O prazo de decadência previdenciária de dez anos, previsto no art. 45 da Lei 8.212/1991, sempre foi objeto de inúmeros questionamentos. Isso porque o art. 146, inciso III, alínea b, da Constituição Federal dispõe que cabe à lei complementar estabelecer normas gerais em matéria de legislação tributária, especialmente sobre obrigação, lançamento, crédito, **prescrição e decadência** de tributos.

A lei 8.212/1991 não é uma lei complementar, mas ordinária. A doutrina majoritária, a partir de determinado momento, passou a entender que o prazo aplicável deveria ser do art. 173, do Código Tributário Nacional (CTN), que tem status de lei complementar, definido em cinco anos, contados da mesma forma.

No âmbito dos tribunais, existiam, predominantemente, três posicionamentos acerca do tema, em relação ao prazo de dez anos previsto no art. 45 da Lei 8.212/1991:

1) Inconstitucional – afronta diretamente o texto constitucional do art. 146, III, b, que dispõe que cabe à lei complementar estabelecer normas gerais de legislação tributária, especificamente sobre prescrição e decadência;

2) Constitucional – "prazo" não é norma geral de Direito Tributário. Neste caso, quando a Constituição delegou à lei complementar a missão de tratar sobre normais gerais de prescrição e decadência, o que deveria ficar restrito a este instrumento normativo seria a forma de contagem de prazo, podendo a definição do prazo ser feita por lei ordinária;

3) Constitucional – o prazo de cinco anos previsto no CTN deve prevalecer para a decadência, mas este prazo somente começaria a correr após a homologação tácita. Assim, o Fisco teria o prazo de cinco anos após o fato gerador para lançar o tributo, após o qual ocorreria a homologação tácita, iniciando-se o prazo de

cinco anos para a decadência do tributo. Na prática, de acordo com este posicionamento, o prazo decadencial seria de dez anos (cinco para a homologação tácita + cinco para a decadência);

Sempre defendemos o primeiro posicionamento, por entendermos que os argumentos que consideram o prazo constitucional não são convincentes, procurando apenas preservar os créditos tributários já constituídos. Prescrição e decadência são justamente os PRAZOS para o exercício dos direitos de cobrar e de lançar o crédito tributário.

Diversas decisões da Corte Especial do Superior Tribunal de Justiça – STJ pacificaram o entendimento sobre a inconstitucionalidade do prazo decadencial de dez anos definido no art. 45 da Lei 8.212/1991. As decisões, contudo, somente tiveram eficácia "inter partes".

O STF nunca havia se manifestado sobre esta questão, até que, em junho de 2008, julgou diversos Recursos Extraordinários, posicionando-se no sentido de que o prazo decadencial de dez anos, previsto na Lei 8.212/1991, é inconstitucional, devendo prevalecer o prazo de cinco anos do Código Tributário Nacional. Estes julgamentos culminaram na edição da Súmula Vinculante 8, de 12/06/2008, com a seguinte redação:

> **"São inconstitucionais o parágrafo único do art. 5º do Decreto-Lei 1.569/1977 e os arts. 45 e 46 da Lei 8.212/1991, que tratam de prescrição e decadência de crédito tributário".**

Note que as Súmulas Vinculantes são de aplicação obrigatória a toda estrutura judiciária, assim como à própria Administração Pública direta ou indireta, da União, Estados, Distrito Federal e Municípios (art. 103-A, CF/1988).

O conteúdo da Súmula Vinculante 8 já foi objeto de indagação pela ESAF. Vejamos:

Exemplo de questão sobre o tema:

(Auditor-Fiscal da Receita Federal do Brasil Dezembro/2009 – ESAF) A arrecadação e o recolhimento das contribuições destinadas à seguridade social constituem uma das principais tarefas de gestão tributária. Sobre elas o tempo decorrido mostra-se importante, considerando a jurisprudência dos Tribunais Superiores sobre a legislação previdenciária de custeio. Entre as assertivas a seguir indicadas, assinale a correta.

a) Prazos de prescrição e decadência podem ser definidos em lei ordinária.

b) O prazo decadencial das contribuições da seguridade social é de cinco anos.

c) A arrecadação e o recolhimento das contribuições podem ser feitos em qualquer momento.

d) Valores recolhidos pelo fisco antes do julgamento de recursos extraordinários que discutiam o prazo de prescrição deverão ser devolvidos se forem superiores ao prazo de cinco anos do lançamento.

e) A ação de cobrança do crédito tributário oriundo de contribuição social pode ser impetrada em qualquer momento.

Resposta: B

Assim, na prática, a Receita Federal passou a exigir as contribuições previdenciárias, considerando o prazo decadencial de cinco anos para constituir seus créditos. Desta forma, o direito de a Seguridade Social apurar e constituir seus créditos extingue-se após **cinco anos**, contados:

I – do primeiro dia do exercício seguinte àquele em que o crédito poderia ter sido constituído;

> **Exemplo:**
>
> A empresa de transportes aéreos Calotão deixou de recolher as guias de contribuições previdenciárias referentes a fevereiro de 2003. O Fisco poderia ter constituído este crédito, por meio do lançamento, desde a falta do pagamento, em 20 de março de 2003. O prazo de cinco anos para a decadência começa a correr a partir de 01/01/2004. A Previdência Social terá, então, até 31/12/2008, para constituir o seu crédito, com a lavratura de um Auto de Infração.

II – da data em que se tornar definitiva a decisão que houver anulado, por vício formal, a constituição de crédito anteriormente efetuada.

A constituição do crédito tributário deve seguir algumas formalidades. Enumeramos algumas informações que devem constar do lançamento:

1) A identificação do sujeito passivo;
2) A descrição dos fatos e a base de cálculo;
3) O montante da contribuição;
4) O nome, o cargo, o número de matrícula e a assinatura do Auditor-Fiscal;
5) A competência a que o lançamento se refere.

Havendo erro no preenchimento de alguma destas informações, ocorre o vício formal, e o crédito deve ser anulado. A decadência será contada a partir da data em que se tornar definitiva a decisão da anulação.

> **Exemplo:**
>
> No exemplo anterior, caso o Auditor-Fiscal da Receita Federal do Brasil, ao efetuar o lançamento do crédito relativo a fevereiro de 2003, tivesse, por falta de atenção, digitado, em seu sistema, que o débito se referia ao mês de fevereiro de 2004, teríamos um vício formal. A empresa Calotão poderia apontar este vício, que implicaria, fatalmente, na anulação do crédito. A Previdência teria cinco anos para relançar este crédito, a partir da data de sua anulação.

Na hipótese de ocorrência de dolo, fraude ou simulação, a Seguridade Social pode, a qualquer tempo, apurar e constituir seus créditos.

De toda forma, passados estes cinco anos, a Previdência Social não pode mais exigir o recolhimento de valores. Por isso, muitas empresas costumam aguardar, durante o prazo decadencial, para requerer Certidão Negativa de Débito para baixa da empresa ou para averbação de obra de construção civil.

Esta forma de contagem de prazo, prevista no art. 173 do CTN (primeiro dia do exercício seguinte...) é aplicável apenas ao lançamento de ofício do crédito tributário. Caso o lançamento do tributo seja efetuado por homologação, o prazo de cinco anos deve ser contado a partir da ocorrência do fato gerador, de acordo com o art. 150, § 4º, do CTN. Assim, expirado o prazo de cinco anos sem que a Fazenda Pública se tenha pronunciado, considera-se homologado o lançamento, e definitivamente extinto o crédito, salvo se comprovada a ocorrência de dolo, fraude ou simulação.

Note que o tributo previdenciário é lançado por homologação, vez que o contribuinte declara o valor na GFIP e efetua o recolhimento das contribuições previdenciárias, ficando este sujeito à conferência posterior do Fisco. Assim, se o contribuinte efetuou o pagamento das contribuições de determinado mês, mesmo de forma inexata, o prazo decadencial de cinco anos deve iniciar-se a partir do fato gerador.

De acordo com a Súmula 106 do Conselho Administrativo de Recursos Fiscais (CARF), com efeito vinculante a toda a administração pública, caracterizada a ocorrência de apropriação indébita de contribuições previdenciárias descontadas de segurados empregados e/ou contribuintes individuais, a contagem do prazo decadencial rege-se pelo art. 173, inciso I, do CTN.

A Súmula 622 do STJ exara o entendimento de que a notificação do auto de infração faz cessar a contagem da decadência para a constituição do crédito tributário; exaurida a instância administrativa com o decurso do prazo para a impugnação ou com a notificação de seu julgamento definitivo e esgotado o prazo concedido pela Administração para o pagamento voluntário, inicia-se o prazo prescricional para a cobrança judicial.

Em reunião do CARF realizada no dia 09/12/2013, foi aprovada súmula a respeito do tema com o seguinte conteúdo: "Para fins de aplicação da regra decadencial prevista no art. 150, § 4º, do CTN para as contribuições previdenciárias, caracteriza pagamento antecipado o recolhimento, ainda que parcial, do valor considerado como devido pelo contribuinte na competência do fato gerador a que se referir a autuação, mesmo que não tenha sido incluída, na base de cálculo deste recolhimento, parcela relativa a rubrica especificamente exigida no auto de infração".

De acordo com o entendimento do CARF, então, se houver uma guia de recolhimento de contribuição previdenciária da empresa, o prazo decadencial que deve ser aplicado é o do art. 150, § 4º, do CTN, ou seja, o prazo deverá iniciar-se a partir da ocorrência do fato gerador e não a partir do primeiro dia do exercício seguinte, conforme previsto no art. 173, do Código Tributário Nacional.

A legislação previdenciária dispõe que, para comprovar o exercício de atividade remunerada, com vistas à concessão de benefícios, será exigido do contribuinte individual, a qualquer tempo, o recolhimento das correspondentes contribuições. É a chamada indenização, que se presta a possibilitar a contagem de tempo de contribuição de períodos pretéritos, não recolhidos em época própria.

Salienta-se que os contribuintes individuais são segurados obrigatórios e, como tal, têm a possibilidade de pagar contribuições, retroativamente, desde que comprovem que exerciam atividade remunerada. Caso o contribuinte demonstre que trabalhou, nos últimos 20 anos, sem, entretanto, efetuar recolhimentos, pode pagar todo este período para obter o seu benefício. Se ele não quiser pagar os 15 anos que estão decadentes, a Previdência não poderá obrigá-lo, contudo este tempo não será considerado para fins de concessão de benefício.

A Lei Complementar 128, de 19/12/2008, inseriu o art. 45-A à Lei 8.212/1991, dispondo que o contribuinte individual que pretenda contar como tempo de contribuição, para fins de obtenção de benefício no Regime Geral de Previdência Social ou de contagem recíproca do tempo de contribuição, período de atividade remunerada alcançada pela decadência deverá indenizar o INSS.

O valor da indenização corresponderá a 20%:

I – da média aritmética simples dos maiores salários de contribuição, reajustados, correspondentes a 80% de todo o período contributivo decorrido desde a competência julho de 1994; ou

II – da remuneração sobre a qual incidem as contribuições para o regime próprio de Previdência Social a que estiver filiado o interessado, no caso de indenização para fins da contagem recíproca de tempo de contribuição.

Interessante notar que para o cálculo do valor da indenização, mesmo após a Reforma da Previdência, a média considerada ainda exclui os 20% menores salários de contribuição posteriores a julho de 1994, uma vez que o art. 45-A, da Lei 8.212/91 não foi afetado pelo art. 26, da EC 103/2019.

Contagem recíproca ocorre quando o segurado deseja levar o tempo de contribuição do RGPS para o seu Regime Próprio ou vice-versa.

Sobre os valores indenizados incidirão juros moratórios de 0,5% ao mês, capitalizados anualmente, limitados ao percentual máximo de 50%, e multa de 10%.

A indenização não se aplica aos casos de contribuições em atraso não alcançadas pela decadência do direito de a Previdência constituir o respectivo crédito. Em relação a estas contribuições, para o cálculo do valor devido, devem ser aplicadas as disposições relativas à cobrança de contribuições em atraso das empresas em geral.

24.2. PRESCRIÇÃO PARA A PREVIDÊNCIA SOCIAL EM RELAÇÃO AOS CONTRIBUINTES

Note que a mesma polêmica relatada em relação à inconstitucionalidade do prazo decadencial de dez anos é aplicável ao prazo prescricional previdenciário.

Isso porque, de acordo com o já revogado art. 46 da Lei 8.212/1991 (LC 128/2008), o direito de cobrar os créditos da Seguridade Social **prescreve em dez anos, a partir da data de sua constituição.**

Com a edição da Súmula Vinculante 8, de 12/06/2008, tal prazo foi julgado inconstitucional. Vejamos novamente a redação da referida Súmula:

> "São inconstitucionais o parágrafo único do art. 5º do Decreto-Lei 1.569/1977 e os arts. 45 e 46 da Lei 8.212/1991, que tratam de prescrição e decadência de crédito tributário".

Assim, o atual prazo prescricional é de **cinco anos,** contados da data de sua constituição definitiva, conforme dispõe o art. 174 do Código Tributário Nacional.

O crédito da Seguridade Social é constituído por meio de notificação de débito, auto de infração, confissão ou documento declaratório de valores devidos e não recolhidos apresentado pelo contribuinte (GFIP).

Note que a legislação considera que a GFIP constitui o crédito tributário.

A Procuradoria da Fazenda Nacional tem prazo de **cinco anos**, após a constituição do crédito, para mover ação de execução fiscal contra o devedor.

O prazo prescricional pode ser suspenso pela moratória, pelo depósito do montante integral do débito, pelos recursos e pela concessão de medida liminar (art. 151 do CTN).

A prescrição pode ser interrompida (art. 174 do CTN):

I - pelo despacho do juiz que ordenar a citação em execução fiscal;

II - pelo protesto judicial;

III - por qualquer ato judicial que constitua em mora o devedor;

IV - por qualquer ato inequívoco, ainda que extrajudicial, que importe em reconhecimento de débito do devedor.

24.3. DECADÊNCIA DO DIREITO DE RESTITUIR OU COMPENSAR

O direito de pleitear restituição ou reembolso ou de realizar compensação de contribuições ou de outras importâncias extingue-se em cinco anos, contados da data de ciência do sujeito passivo acerca do seu crédito, podendo ser a partir:

I - do recolhimento ou do pagamento indevido;

II - em que se tornar definitiva a decisão administrativa ou passar em julgado a decisão judicial que tenha reformado, anulado ou revogado a decisão condenatória;

III - do vencimento da competência em que deixou de ser efetuado o reembolso, mediante dedução;

IV - do vencimento para recolhimento da retenção efetuada com base na nota fiscal, fatura ou recibo de prestação de serviços.

Os contribuintes podem efetuar, em um prazo de cinco anos, a compensação, restituição ou reembolso. Passado este prazo, não poderão mais beneficiar-se dos valores pagos indevidamente.

Se a compensação e restituição são procedimentos executados automaticamente pelo contribuinte, como, então, a Previdência Social fica sabendo se estas foram efetuadas tempestivamente?

No curso da fiscalização, o Auditor-Fiscal da Receita Federal do Brasil verificará o prazo decadencial das compensações e restituições efetuadas pelo contribuinte, sob pena de serem glosados os valores aproveitados, cobrando-os com juros e multa.

De acordo com a Súmula 625 do STJ, o pedido administrativo de compensação ou de restituição não interrompe o prazo prescricional para a ação de repetição de indébito tributário de que trata o art. 168 do CTN nem o da execução de título judicial contra a Fazenda Pública.

24.4. PRAZO PARA DESCONSTITUIÇÃO DO CRÉDITO

O direito de pleitear judicialmente a desconstituição de exigência fiscal fixada pela SRFB, no julgamento de litígio em processo administrativo fiscal, extingue-se com o decurso do prazo de 180 dias, contado da intimação da referida decisão.

O contribuinte terá 180 dias, contados da ciência da decisão definitiva que manteve o seu débito para pleitear, na Justiça, a desconstituição do crédito da Previdência Social.

Note que, se o contribuinte não ajuizar ação para a desconstituição do crédito ou não obtiver sucesso neste pleito, poderá, ainda, usar de todos os meios para provar que o débito é improcedente, na defesa do processo de execução fiscal ajuizado pela procuradoria do INSS.

Por fim, ressalta-se que respeitável parte da doutrina tem entendido que este prazo é decadencial e não prescricional.

24.5. DECADÊNCIA PARA A PREVIDÊNCIA SOCIAL EM RELAÇÃO AOS BENEFICIÁRIOS

O direito de a Previdência Social anular os atos administrativos de que decorram efeitos favoráveis para os seus beneficiários decai em dez anos, contados da data em que foram praticados, salvo comprovada má-fé (art. 103-A da Lei 8.213/1991, incluído pela Lei 10.839/2004).

O INSS pode cometer erro em favor dos beneficiários, na análise de processo de requerimento de benefício. Nesta situação, terá o prazo de dez anos para anular este ato.

No caso de efeitos patrimoniais contínuos, o prazo decadencial correrá a partir da percepção do primeiro pagamento, como, por exemplo, se o erro tiver resultado na concessão de um benefício de aposentadoria.

Na hipótese de ocorrência de dolo, fraude ou simulação, a Seguridade Social pode, a qualquer tempo, anular o ato administrativo.

O STJ decidiu que, nas demandas ajuizadas pelo INSS contra o empregador do segurado falecido em acidente laboral, visando ao ressarcimento dos valores decorrentes do pagamento da pensão por morte, o termo a quo da prescrição quinquenal é a data da concessão do referido benefício previdenciário (REsp 1.457.646-PR, Rel. Min. Sérgio Kukina, j. em 14/10/2014).

24.6. DECADÊNCIA PARA OS BENEFICIÁRIOS

O prazo de decadência do direito ou da ação do segurado ou beneficiário para a revisão do ato de concessão, indeferimento, cancelamento ou cessação de benefício, do ato de deferimento, indeferimento ou não concessão de revisão de benefício é de dez anos, contado (art. 103 da Lei 8.213/1991, alterado pela Lei 13.846/2019).

I - do dia primeiro do mês subsequente ao do recebimento da primeira prestação ou da data em que a prestação deveria ter sido paga com o valor revisto; ou

II - do dia em que o segurado tomar conhecimento da decisão de indeferimento, cancelamento ou cessação do seu pedido de benefício ou da decisão de deferimento ou indeferimento de revisão de benefício, no âmbito administrativo.

Exemplo:

Cláudia requereu sua aposentadoria por idade, tendo constatado que faltava, no sistema do INSS, os sete últimos meses de seus recolhimentos. Como, nestas competências Cláudia havia recolhido com base no limite máximo do salário de contribuição, o valor do seu benefício foi concedido a menor. Cláudia terá o prazo de dez anos para pleitear do INSS a revisão do benefício, por meio da apresentação da documentação faltante.

Fundamental comentar que o STF, na Ação Direta de Inconstitucionalidade (ADI) 6096, decidiu pela inconstitucionalidade do art. 24 da Lei n° 13.846/19, que ampliou substancialmente as situações para aplicação do prazo decadencial.

Através da MP 871/19, o art. 24 da Lei n° 13.846/19 havia dado a nova redação aqui explicitada para o art. 103 da Lei n° 8.213/91. Antes da mudança a decadência de 10 anos era limitada a **revisão de benefício**, mas após a mudança julgada inconstitucional pelo STF, o prazo decadencial passou a ser aplicado também para as hipóteses de **indeferimento, cancelamento ou cessação de benefício, do ato de deferimento, indeferimento ou não concessão de revisão de benefício.**

Com o julgamento da inconstitucionalidade da ADI 6096, retorna redação anterior do art. 103 da Lei 8.213, limitando o prazo decadencial somente para a revisão do ato de concessão de benefício:

> "Art. 103. É de dez anos o prazo de decadência de todo e qualquer direito ou ação do segurado ou beneficiário para a revisão do ato de concessão de benefício, a contar do dia primeiro do mês seguinte ao do recebimento da primeira prestação ou, quando for o caso, do dia em que tomar conhecimento da decisão indeferitória definitiva no âmbito administrativo."

É vedado ao INSS cessar ou suspender o benefício, ou reduzir o seu valor, se concedido ou revisto há mais de dez anos, salvo comprovada má-fé, situação em que o benefício poderá ser cancelado, a qualquer tempo.

Não há que se falar em prescrição ou decadência, em caso de direito adquirido.

> **Exemplo:**
>
> Um segurado que já implementou todas as condições para sua aposentadoria, pode, a qualquer tempo, requisitá-la. Não o fazendo, seus dependentes, mesmo após o seu falecimento, podem, a qualquer tempo, requerer a pensão por morte.

Notem que, apesar de o texto fixar em dez anos o prazo para a revisão do ato de **concessão de benefício**, este mesmo prazo decadencial deve ser considerado para revisão de ato que **indeferiu o benefício**. Vejamos o texto da Súmula 64, da TNU: "O direito à revisão do ato de indeferimento de benefício previdenciário ou assistencial sujeita-se ao prazo decadencial de dez anos".

Até a publicação da MP 1.523-9/1997, convertida na Lei 9.528/1997, não havia previsão legal de decadência para revisão de benefícios, então os segurados poderiam exercer tal direito a qualquer tempo.

Com a criação do prazo decadencial, foi gerada uma forte polêmica em relação à aplicabilidade do prazo para os benefícios concedidos antes da Lei 9.528/1997. Alguns doutrinadores defendiam e ainda defendem que o prazo não se aplica aos benefícios concedidos anteriormente à citada norma, podendo estes serem revisados a qualquer tempo. Outros defendem que, para os antigos benefícios, o prazo de dez anos somente se iniciou a partir da publicação da MP 1.523-9/1997.

O STF decidiu por unanimidade, em 16/10/2013, que o prazo de dez anos para a revisão de benefícios previdenciários é aplicável aos benefícios concedidos antes da Medida Provisória 1.523-9/1997. A matéria foi discutida no RE 626489, que teve repercussão geral reconhecida, e a decisão tomada pelo STF servirá como parâmetro para os processos semelhantes em todo o país, que estavam com a tramitação suspensa (sobrestados) à espera da conclusão do julgamento.

O STJ julgou o Tema 1.117, firmando a tese de que o marco inicial da fluência do prazo decadencial, previsto no caput do art. 103 da Lei n. 8.213/1991, quando houver pedido de revisão da renda mensal inicial (RMI) para incluir verbas remuneratórias recebidas em ação trabalhista nos salários de contribuição que integraram o período básico de cálculo (PBC) do benefício, deve ser o trânsito em julgado da sentença na respectiva reclamatória.

De acordo com a Súmula 81 da TNU (DOU de 24/06/2015), não incide o prazo decadencial previsto no art. 103, *caput*, da Lei 8.213/1991, nos casos de indeferimento e cessação de benefícios, bem como em relação às questões não apreciadas pela Administração no ato da concessão.

O STJ decidiu no REsp 1.840.570-RS, por unanimidade, julgado em 16/11/2021, que o prazo prescricional para o segurado demandar indenização por danos materiais por demora na concessão do benefício se inicia na data da decisão administrativa de concessão.

24.7. PRESCRIÇÃO PARA OS BENEFICIÁRIOS

Prescreve em cinco anos, a contar da data em que deveriam ter sido pagas, toda e qualquer ação para haver prestações vencidas ou quaisquer restituições ou diferenças devidas pela Previdência Social, salvo o direito dos menores, dos incapazes e dos ausentes, na forma do Código Civil.

As ações referentes à prestação por acidente do trabalho prescrevem em cinco anos, contados da data:

I - do acidente, quando dele resultar a morte ou a incapacidade temporária, verificada esta em perícia médica a cargo da Previdência Social;

II - em que for reconhecida pela Previdência Social, a incapacidade permanente ou o agravamento das sequelas do acidente.

Capítulo 25

Previdência Complementar

- Art. 40, §§ 14 a 16 da CF/1988
- Art. 202 da CF/1988
- Lei Complementar 108/2001
- Lei Complementar 109/2001
- MP 233/2004

25.1. NOÇÕES INTRODUTÓRIAS

No primeiro capítulo desta obra foi mencionada a existência de três modalidades de regimes previdenciários: o RGPS, estudado ao longo deste material, os Regimes Próprios e o Regime de Previdência Complementar.

Neste tópico, estudaremos o funcionamento do sistema de Previdência Complementar brasileira.

Lembramos de que o regime de Previdência complementar pode ser de duas modalidades:

a) Regime de Previdência Complementar dos Servidores Públicos;

b) Regime de Previdência Privada Complementar.

O Regime de Previdência Complementar dos Servidores Públicos está previsto na Constituição Federal (art. 40, §§ 14 a 16, CF/1988). Como mencionado, a União, os Estados, o Distrito Federal e os Municípios, desde que instituam regime de Previdência complementar para os seus respectivos servidores titulares de cargo efetivo, poderão fixar, para o valor das aposentadorias e pensões a serem concedidas por seus regimes, o limite máximo estabelecido para os benefícios do Regime Geral de Previdência Social.

A previdência complementar dos servidores públicos federais (FUNPRESP) foi aprovada pela Lei 12.618, de 30/04/2012, mas ainda depende de ato administrativo para a sua instituição. Obviamente, a criação da previdência complementar dos demais entes federativos depende de lei ordinária de iniciativa do respectivo Poder Executivo. Muitos dos entes federativos já criaram as suas previdências complementares oficiais. (São Paulo, Rio de Janeiro, Minas Gerais, Espírito Santo, Ceará, Pernambuco e Rondônia) e outros já enviaram ao Poder Legislativo proposta de lei prevendo a sua criação em prol de seus servidores

A EC 103/2019 acrescentou o § 15 ao art. 37 da CF/1988 dispondo que **é vedada a complementação de aposentadorias de servidores públicos e de pensões por morte a**

seus dependentes, excetuadas as hipóteses da Previdência oficial do servidor público (§§ 14 a 16 do art. 40) ou que esteja prevista em lei que extinga regime próprio de Previdência Social.

O constituinte derivado se preocupou com a possibilidade de leis locais instituírem vantagens sobre a forma de complementação de aposentadoria a servidores, fora as hipóteses já previstas na Constituição. O art. 7º da EC 103/2019 deixa claro que esta vedação não se aplica a complementações de aposentadorias e pensões concedidas até a data de entrada em vigor da Reforma da Previdência de 2019.

A Reforma da Previdência de 2019 alterou também os dispositivos da constituição federal que tratam da Previdência complementar oficial do servidor público. Vejamos o comparativo dos textos dos §§ 14 a 16 do art. 40 anteriores e posteriores à EC 103/2019:

Antes da EC 103/2019

> *§ 14. A União, os Estados, o Distrito Federal e os Municípios, desde que instituam regime de previdência complementar para os seus respectivos servidores titulares de cargo efetivo, poderão fixar, para o valor das aposentadorias e pensões a serem concedidas pelo regime de que trata este artigo, o limite máximo estabelecido para os benefícios do regime geral de Previdência Social de que trata o art. 201.*
>
> *§ 15. O regime de previdência complementar de que trata o § 14 será instituído por lei de iniciativa do respectivo Poder Executivo, observado o disposto no art. 202 e seus parágrafos, no que couber, por intermédio de* ***entidades fechadas de previdência complementar, de natureza pública****, que oferecerão aos respectivos participantes planos de benefícios somente na modalidade de contribuição definida.*
>
> *§ 16. Somente mediante sua prévia e expressa opção, o disposto nos §§ 14 e 15 poderá ser aplicado ao servidor que tiver ingressado no serviço público até a data da publicação do ato de instituição do correspondente regime de previdência complementar.*

Depois da EC 103/2019

> *§ 14. A União, os Estados, o Distrito Federal e os Municípios* ***instituirão, por lei de iniciativa do respectivo Poder Executivo****, regime de previdência complementar para servidores públicos ocupantes de cargo efetivo,* ***observado o limite máximo dos benefícios do Regime Geral de Previdência Social para o valor das aposentadorias e das pensões em regime próprio de Previdência Social****, ressalvado o disposto no § 16.*
>
> *§ 15. O regime de previdência complementar de que trata o § 14 oferecerá plano de benefícios somente na modalidade contribuição definida, observará o disposto no art. 202 e será efetivado por intermédio de entidade fechada de previdência complementar* ***ou de entidade aberta de previdência complementar.***
>
> *§ 16. Somente mediante sua prévia e expressa opção, o disposto nos §§ 14 e 15 poderá ser aplicado ao servidor que tiver ingressado no serviço público até a data da publicação do ato de instituição do correspondente regime de previdência complementar.*

O comparativo dos dois textos demonstra que a partir da EC 103/2019 todos os entes federativos **passam a ser obrigados a instituir regime de Previdência complementar oficial em prol de seus servidores.** Os servidores vinculados ao RPPS que forem contratados após a instituição do citado regime complementar oficial, passarão a contribuir até o limite máximo aplicável ao RGPS e terão seus benefícios submetidos ao mesmo teto. Antes da alteração, os entes federativos tinham a opção de instituir ou não as suas previdências complementares e, a maior parte, acabava não instituindo.

Outra relevante modificação é a que possibilitou que tais regimes complementares pudessem ser administrados por entidades abertas de previdência complementar, abrindo a possibilidade de terceirização da gestão dos fundos dos servidores para os bancos privados. Percebam que na antiga redação do § 15, o regime de previdência complementar do servidor **deveria ser gerido por entidade fechada de natureza pública.**

O art. 9º, § 6º, da EC 103/2019 dispõe que a instituição do regime de previdência complementar na forma dos §§ 14 a 16 do art. 40 da Constituição Federal e a adequação do órgão ou entidade gestora do regime próprio de Previdência Social ao § 20 do art. 40 da Constituição Federal deverão ocorrer no **prazo máximo de dois anos da data de entrada em vigor da Emenda Constitucional.**

Assim, todos os entes federativos têm o prazo de dois anos para instituir os seus respectivos planos de Previdência complementar e para unificar a unidade gestora do seu RPPS, em caso de haver mais de um, nos termos do § 20 do art. 40 da CF/1988.

Interessante notar que, apesar da Reforma de 2019 ter exigido a instituição das previdências complementares oficiais pelos entes federativos em um prazo máximo de dois anos, contados da sua publicação, não há previsão de qualquer consequência em caso de descumprimento deste mandamento. Fica o questionamento: o que ocorrerá com os entes federativos que não instituírem, neste prazo, as suas Previdências complementares oficiais?

O melhor seria se a Reforma tivesse previsto que, nestes casos, o valor da contribuição dos servidores que ingressarem após este prazo ficasse limitada ao teto do RGPS, mas isso não está previsto na Constituição reformada, ficando uma lacuna jurídica.

Note que a regra constitucional permanente reformada do art. 40, § 2º estabelece que o valor da aposentadoria do servidor não poderá ser superior ao teto do RGPS, observadas as regras dos §§ 14 a 16, da Constituição de 1988. Estes parágrafos, já transcritos neste tópico, só permitem a limitação da aposentadoria ao teto do RGPS para os servidores que ingressarem após a instituição da previdência complementar oficial ou em caso de expressa opção.

O art. 202 da Constituição Federal também foi alterado pela EC 103/2019, mais precisamente os seus §§ 4º a 6º, conforme segue:

Antes da EC 103/2019

> § 4º. *Lei complementar disciplinará a relação entre a União, Estados, Distrito Federal ou Municípios, inclusive suas autarquias, fundações, sociedades de economia mista e empresas controladas direta ou indiretamente, enquanto patrocinadoras* ***de entidades fechadas de previdência privada, e suas respectivas entidades fechadas de previdência privada.***

> *§ 5º. A lei complementar de que trata o parágrafo anterior aplicar-se-á, no que couber, às empresas privadas permissionárias ou concessionárias de prestação de serviços públicos, quando patrocinadoras* ***de entidades fechadas de previdência privada.***
>
> *§ 6º. A lei complementar a que se refere o § 4º deste artigo estabelecerá os requisitos para a designação dos membros das diretorias* ***das entidades fechadas de previdência privada*** *e disciplinará a inserção dos participantes nos colegiados e instâncias de decisão em que seus interesses sejam objeto de discussão e deliberação.*

Depois da EC 103/2019

> *§ 4º. Lei complementar disciplinará a relação entre a União, Estados, Distrito Federal ou Municípios, inclusive suas autarquias, fundações, sociedades de economia mista e empresas controladas direta ou indiretamente, enquanto patrocinadores* ***de planos de benefícios previdenciários, e as entidades de previdência complementar.***
>
> *§ 5º. A lei complementar de que trata o parágrafo anterior aplicar-se-á, no que couber, às empresas privadas permissionárias ou concessionárias de prestação de serviços públicos, quando patrocinadoras* ***de planos de benefícios em entidades de previdência complementar.***
>
> *§ 6º. Lei complementar estabelecerá os requisitos para a designação dos membros das diretorias das* ***entidades fechadas de previdência complementar*** *instituídas pelos patrocinadores de que trata o § 4º e disciplinará a inserção dos participantes nos colegiados e instâncias de decisão em que seus interesses sejam objeto de discussão e deliberação. (NR)*

O objetivo da alteração foi o de manter a coerência com os §§ 14 a 16 do art. 40, que possibilitaram a instituição de previdência complementar aberta para os servidores públicos. Dessa forma, as redações do art. 202, §§ 4º a 6º foram alteradas substituindo os textos que mencionavam "entidades fechadas de previdência complementar" por "entidades de previdência complementar", que abrange abertas e as fechadas.

O art. 33 da EC 103/2019 dispõe que **até que seja disciplinada a relação entre a União, os Estados, o Distrito Federal e os Municípios e entidades abertas de previdência complementar** na forma do disposto nos §§ 4º e 5º do art. 202 da Constituição Federal, **somente entidades fechadas de previdência complementar estão autorizadas a administrar planos de benefícios** patrocinados pela União, Estados, Distrito Federal ou Municípios, inclusive suas autarquias, fundações, sociedades de economia mista e empresas controladas direta ou indiretamente.

A Lei 12.618/2012 criou o FUNPRESP, Previdência Complementar Oficial dos servidores públicos federais, tendo como patrocinadora a União e como participante os servidores públicos federais. O participante pode contribuir com o percentual máximo de 8,5% sobre a parte de sua remuneração que ultrapassar o teto do RGPS (incluindo o cargo em comissão ou função de confiança), definindo anualmente o percentual que deseja contribuir, e o patrocinador contribuirá com o mesmo valor do participante. O servidor pode, ainda, fazer aportes suplementares, sem a contrapartida do patrocinador (art. 16 da Lei 12.618/2012).

Assim, um servidor que receba R$ 15.000,00 pode contribuir com até 8,5% sobre R$ 6.842,59 (R$ 15.000 - R$ 8.157,51), totalizando R$ 581,62. A união deve patrocinar a Previdência do servidor com este mesmo valor.

Os servidores que recebem menos que o teto do RGPS podem também participar do FUNPRESP, mas não terão o patrocínio da União (art. 13, parágrafo único, da Lei 12.618/2012).

Quem já era servidor antes da vigência do FUNPRESP teve o prazo de 24 meses para optar por fazer parte da previdência complementar oficial, passando a contribuir com as novas regras. Neste caso, lhe é assegurado um benefício especial quando da sua aposentadoria, que busca lhe compensar da contribuição que ele efetuou, sem o limite máximo do RGPS, antes da opção pela previdência complementar oficial (art. 3º da Lei 12.618/2012). Este prazo foi reaberto pela MP 859/2018, convertida na Lei 13.809/2019, possibilitando a opção pela migração para o Funpresp até 29/03/2019.

A Lei 13.183, de 04/11/2015, alterou a sistemática de adesão ao FUNPRESP. Antes, os servidores que ingressassem no serviço público federal deveriam optar por se desejavam fazer parte do regime complementar, se inscrevendo ou não.

Depois da referida alteração, os novos servidores passam a ser automaticamente inscritos no respectivo plano de Previdência complementar desde a data de entrada em exercício, ficando assegurado ao participante o direito de requerer, a qualquer tempo, o cancelamento de sua inscrição. Se o requerimento de cancelamento for efetuado no prazo de até 90 dias da data da inscrição, fica assegurado o direito à restituição integral das contribuições vertidas, a ser paga em até 60 dias do pedido de cancelamento, corrigidas monetariamente. Neste caso, a contribuição aportada pelo patrocinador será devolvida à respectiva fonte pagadora no mesmo prazo da devolução da contribuição aportada pelo participante.

Além da aposentadoria, o plano de benefícios do FUNPRESP deve prever, ao menos, os benefícios não programados de aposentadoria por incapacidade permanente e pensão por morte.

O FUNPRESP será fiscalizado pelo ao órgão fiscalizador das entidades fechadas de previdência complementar, ou seja, pela PREVIC.

Observa-se que, após a efetiva instituição do Regime de Previdência Complementar oficial, contaremos com três regimes públicos de Previdência: RGPS, RPPS e Regime Complementar dos Servidores.

O Decreto 7.808 já, inclusive, criou a Fundação de Previdência Complementar do Servidor Público Federal do Poder Executivo (Funpresp-Exe), mas para que possa efetivamente entrar em operação é necessário a edição de um regulamento da previdência complementar, que ainda não ocorreu. Assim, os servidores que forem nomeados antes da publicação do regimento ainda contribuirão para o respectivo RPPS sobre a totalidade da sua remuneração.

O Plano de Benefícios do Funpresp-Exe, plano direcionado aos servidores públicos do Poder Executivo, somente foi publicado pela Portaria 44, em 04/02/2013, da Superintendência Nacional de Previdência Complementar (SNPC). Então, a partir desta data, os novos servidores federais que ingressaram ou venham a ingressar no serviço público executivo federal não contribuirão mais para o RPPS sobre o valor total da remuneração, ficando a sua contribuição sujeita ao mesmo limite máximo do salário de contribuição do RGPS. Estes servidores, no entanto, podem contribuir para o Funpresp-Exe sobre a diferença entre a remuneração do cargo e o teto contributivo.

O Plano de Benefícios dos Servidores do Poder Legislativo Federal somente foi publicado pela Portaria 239, da SNPC, em 07/05/2013, e somente após esta data os servidores que ingressaram no legislativo federal passaram a contribuir obrigatoriamente com a nova sistemática.

Já o Plano de Benefícios dos servidores públicos do Poder Judiciário foi aprovado pela Portaria 559, da SNPC, publicada em 14/10/2013, devendo, a partir de então, os novos servidores do judiciário federal contribuir para o RPPS valendo-se do mesmo teto aplicável ao RGPS.

Vejamos como o assunto costuma ser cobrado em concursos públicos:

(PUC – Procurador do Estado – PR/2015 – adaptada) Com relação ao regime próprio de Previdência Social dos titulares de cargos efetivos, julgue os seguintes itens:

A) Todos os regimes próprios de Previdência Social são administrados pelo Governo Federal e não se admite a instituição de Previdência complementar.

B) A União, os estados e os municípios são obrigados a instituir regime próprio de Previdência Social para seus servidores.

RESOLUÇÃO

A assertiva "A" é FALSA. A assertiva possui dois erros. Primeiro, cada regime próprio de Previdência Social é administrado por unidade gestora única, **integrante da estrutura da Administração Pública de cada ente federativo.** Segundo o texto constitucional dispõe que a União, os Estados, o Distrito Federal e os Municípios, **instituirão regime de Previdência complementar** para os seus respectivos servidores titulares de cargo efetivo (art. 40, § 14, da CF/1988).

A assertiva "B" é VERDADEIRA. Como mencionado, após a EC 103/2019, a União, os Estados, o Distrito Federal e os Municípios, **instituirão regime de Previdência complementar** para os seus respectivos servidores titulares de cargo efetivo (art. 40, § 14, da CF/88). Já o art. 9º, § 6º, da EC 103/2019 dispõe que a instituição dos Regimes de Previdência Complementar dos entes federativos deve ocorrer no prazo de dois anos.

O Regime de Previdência Privada Complementar, disciplinado pelo art. 202 da Constituição Federal, é facultativo e, obviamente, de natureza privada. É organizado de forma autônoma em relação ao Regime Geral de Previdência Social e baseia-se na constituição de reservas que garantam o benefício contratado.

As contribuições do empregador, os benefícios e as condições contratuais previstas nos estatutos, regulamentos e planos de benefícios das entidades de Previdência privada não integram o contrato de trabalho dos participantes, assim como, à exceção dos benefícios concedidos, não integram a remuneração dos participantes (art. 202, § 2º).

O Regime de Previdência Privada pode ser dividido em duas categorias: Previdência Complementar Fechada e Previdência Complementar Aberta.

Os planos de Previdência fechada são os aplicáveis a grupos fechados que contribuam para obter os respectivos benefícios. Podem ser acessíveis, desta forma, aos empregados de empresa, aos servidores dos entes federativos, em sentido amplo, e aos associados ou membros de pessoas jurídicas de caráter profissional, setorial ou classista.

As empresas e os entes federativos que instituam plano de Previdência fechada para os seus empregados ou servidores são chamadas patrocinadoras, enquanto as associações são tratadas como instituidoras.

Intitulam-se participantes as pessoas vinculadas a regimes de Previdência complementar, aberta ou fechada e assistidos os participantes que estejam em gozo de benefícios.

As entidades fechadas de Previdência complementar, EFPC, são constituídas sob a forma de fundações ou sociedades civis, sem finalidade lucrativa.

Com a publicação da Medida Provisória 233, de 31/12/2004, tentou-se criar a Superintendência Nacional de Previdência Complementar (PREVIC), autarquia de natureza especial dotada de autonomia administrativa e financeira e patrimônio próprio, vinculada ao Ministério da Previdência Social, que passou a atuar como entidade de fiscalização e de supervisão das atividades das entidades fechadas de previdência complementar e de execução das políticas para o regime de previdência complementar operado pelas entidades fechadas. A PREVIC substituiria a Secretaria de Previdência Complementar (SPC), nas atribuições de fiscalização das entidades fechadas.

Esta Medida Provisória tentou, também, criar o Conselho Nacional de Previdência Complementar (CNPC), órgão da estrutura básica do Ministério da Previdência Social, que substituiria o antigo Conselho de Gestão da Previdência Complementar (CGPC), exercendo a função de órgão regulador do regime de previdência complementar operado pelas entidades fechadas.

Ocorre que em 14 de junho de 2005, foi encerrado o prazo do Congresso Nacional para a conversão em lei da MP 233/2005, sem que a matéria fosse apreciada. Com isso, as estruturas da PREVIC e do CNPC deixaram de existir, retornando os órgãos anteriores a edição da citada Medida Provisória: Secretaria de Previdência Complementar

(SPC) – responsável pela fiscalização das entidades fechadas e Conselho de Gestão da Previdência Complementar (CGPC) – órgão regulador do regime de previdência complementar fechado.

Finalmente em 24/12/2009, com a publicação da Lei 12.154/2009, foi novamente criada a Superintendência Nacional de Previdência Complementar (PREVIC), autarquia de natureza especial, dotada de autonomia administrativa e financeira e patrimônio próprio, vinculada ao Ministério da Previdência Social. A PREVIC atua como entidade de fiscalização e de supervisão das atividades das entidades fechadas de previdência complementar e de execução das políticas para o regime de previdência complementar operado pelas entidades fechadas de previdência complementar. De acordo com esta mesma lei, o Conselho de Gestão de Previdência Complementar passou a se chamar Conselho Nacional de Previdência Complementar (art. 13 da Lei 12.154/2009).

Estas entidades podem oferecer planos coletivos de previdência privada ou planos individuais. Diferentemente das EFPC, as abertas são regulamentadas pelo Conselho Nacional de Seguros Privados (CNSP) e fiscalizadas pela Superintendência de Seguros Privados (SUSEP). A intervenção estatal neste setor se dá também com o auxílio do Conselho Monetário Nacional, Banco Central, Comissão de Valores Mobiliários e Instituto de Resseguros do Brasil.

A Lei Complementar 108/2001 dispõe sobre a relação entre a União, os Estados, o Distrito Federal e os Municípios, incluindo suas autarquias, fundações, sociedade de economia mista e outras entidades públicas, e suas respectivas entidades fechadas de previdência complementar.

A Lei Complementar 109/2001 dispõe sobre a previdência complementar, aberta e fechada, do setor privado. Observa-se que uma empresa pode patrocinar uma entidade fechada de previdência complementar, constituída sob a forma de fundação ou sociedade civil, ou pode contratar um plano coletivo de uma entidade aberta de previdência complementar.

Nos dois casos, as contribuições do empregador, os benefícios e as condições contratuais previstas nos estatutos, regulamentos e planos de benefícios das entidades de previdência privada não integram o contrato de trabalho dos participantes, nem a sua remuneração, desde que o benefício seja extensível a todos os empregados.

É vedado o aporte de recursos a entidade de previdência privada pela União, Estados, Distrito Federal e Municípios, suas autarquias, fundações, empresas públicas, sociedades de economia mista e outras entidades públicas, salvo na qualidade de patrocinador, situação na qual, em hipótese alguma, sua contribuição normal poderá exceder a do segurado.

Um tema que tem sido frequentemente levado aos tribunais é o que se refere à possibilidade de penhora dos fundos de previdência complementar privada. O STJ tem decidido que o saldo de depósito em fundo de previdência privada complementar na modalidade Plano Gerador de Benefícios Livres (PGBL) é impenhorável, a menos que sua natureza previdenciária seja desvirtuada pelo participante. A faculdade de resgate da totalidade das contribuições vertidas ao plano pelo participante (art. 14, III, da LC 109/2001) não tem o condão de afastar, de forma absoluta, a natureza essencialmente previdenciária e, portanto, alimentar, do saldo existente naquele fundo. (EREsp 1.121.719-SP, j. em 12/2/2014).

O STJ decidiu no REsp 1.510.689-MG que não há obrigatoriedade da concessão de aumento real nos reajustes de aposentadoria complementar de entidade de previdência privada, mesmo que o estatuto do plano preveja que os valores devam ser reajustados nas mesmas datas dos reajustes dos benefícios do Instituto Nacional do Seguro Social (INSS) e segundo os mesmos índices expedidos pelo Ministério da Previdência Social. Neste caso, estranhamente, o STJ decidiu que apenas é garantida a reposição das perdas inflacionarias, e, mesmo que os benefícios do INSS recebam reajuste com ganho real, estes não necessitam ser repassados para os benefícios de planos privados, mesmo que o estatuto do plano garanta o reajuste igual ao dos aposentados do INSS.

Com suporte na distinção entre as entidades abertas e fechadas, o STJ modificou o seu posicionamento com relação à aplicação da Súmula 321 às Entidades Fechadas de Previdência Complementar, cancelando-a e aprovando outra em seu lugar; a súmula 563, nos seguintes termos: "O Código de Defesa do Consumidor é aplicável às entidades abertas de previdência complementar, não incidindo nos contratos previdenciários celebrados com entidades fechadas.

Assim, no novo entendimento da corte superior, o CDC só se aplica as entidades abertas de previdência, não sendo aplicáveis às previdências fechadas.

Comentaremos, a seguir, os principais pontos das leis complementares 108/2001 e 109/2001, que têm sido alvo de questionamento nas provas de concursos públicos.

Vejamos como o assunto costuma ser cobrado em concursos públicos:

(FCC – Procurador do Estado – RN/2014) Sobre o regime de Previdência Social dos servidores públicos, é correto afirmar:

a) Servidor público ocupante de cargo efetivo que ingressar no serviço público, após a introdução de Previdência complementar de servidores públicos, continuará pertencendo a regime próprio de Previdência Social, mas poderá também optar por contribuir para aquele fundo complementar ou para o Regime Geral de Previdência Social, na condição de segurado facultativo.

b) Servidor público ocupante de cargo efetivo que ingressar no serviço público, após a introdução de Previdência complementar de servidores públicos, não mais continuará pertencendo a regime próprio de Previdência Social, pois estará compulsoriamente vinculado a esse novo modelo de Previdência privada.

c) Servidor público ocupante de cargo efetivo que ingressar no serviço público, após a introdução de Previdência complementar de servidores públicos, terá a faculdade de escolher entre continuar pertencendo a regime próprio de Previdência Social ou aderir ao novo fundo previdenciário, que poderá pagar prestações superiores ao limite teto do Regime Geral de Previdência Social.

d) Servidor público ocupante de cargo efetivo que ingressar no serviço público, após a introdução de Previdência complementar de servidores públicos, continuará pertencendo a regime próprio de Previdência Social, com limitação de seus proventos de aposentadoria ao limite teto do Regime Geral de Previdência Social, podendo complementar sua aposentadoria, com garantia de proventos iguais ao do cargo em que se aposentar, caso faça a adesão, mediante contrato, ao respectivo fundo previdenciário.

e) Servidor público ocupante de cargo efetivo que ingressar no serviço público, após a introdução de Previdência complementar de servidores públicos, continuará pertencendo a regime próprio de Previdência Social, mas com possibilidade de limitação de seus proventos de aposentadoria ao limite teto do Regime Geral de Previdência Social.

RESOLUÇÃO:

Alternativa "a": de acordo com o art. 40, §§ 14 a 16, os servidores públicos que ingressarem após a instituição de Regime de Previdência Complementar continuam vinculados ao RPPS, mas contribuem até o teto do RGPS. Podem optar por contribuir sobre a diferença entre o referido teto e a remuneração para o Regime Oficial de Previdência do Servidor. Não há opção para contribuir como facultativo do RGPS.

Alternativa "b": de acordo com o art. 40, §§ 14 a 16, os servidores públicos que ingressarem após a instituição de Regime de Previdência Complementar continuam vinculados ao RPPS, mas contribuem até o teto do RGPS. Podem optar por contribuir sobre a diferença entre o referido teto e a remuneração para o Regime Oficial de Previdência do Servidor.

Alternativa "c": conforme explicado, não há qualquer possibilidade deste servidor não ser vinculado a RPPS.

Alternativa "d": não há garantia de proventos iguais ao do cargo em que se aposentar, caso faça a adesão, mediante contrato, ao respectivo fundo previdenciário.

Alternativa "e": a questão segue o disposto no art. 40, §§ 14 a 16. De fato, os servidores públicos que ingressarem após a instituição de Regime de Previdência Complementar continuam vinculados ao RPPS, mas contribuem até o teto do RGPS. Podem optar por contribuir sobre a diferença entre o referido teto e a remuneração para o Regime Oficial de Previdência do Servidor.

Resposta: letra "e".

25.2. REGIME DE PREVIDÊNCIA PRIVADA COMPLEMENTAR

Constitucionalmente, as regras referentes ao **Regime de Previdência Complementar (RPC)** localizam-se nos §§ 1º a 6º do **art. 202 da CF/1988**, com regulamentação pelas **Leis Complementares 108/2001 e 109/2001**. Enquanto a Lei Complementar 108/2001 regula a relação jurídica entre a União, os Estados, o Distrito Federal e os Municípios, suas autarquias, fundações, sociedades de economia mista e outras entidades públicas e suas respectivas entidades fechadas de previdência complementar; a Lei Complementar 109/2001 estabelece regras gerais sobre o regime de previdência privada complementar.

Segundo determinação constitucional, o RPC possui **caráter complementar**, sendo **organizado de forma autônoma** em relação ao RGPS, baseado na **constituição de reservas que garantam o benefício contratado**. O RPC é regulamentado por lei complementar, como dito acima, a qual deve assegurar aos participantes dos planos de benefícios o pleno acesso às informações relativas à gestão de seus respectivos planos.

A concessão de benefício pela previdência complementar **não depende** da concessão de benefício pelo regime geral de Previdência Social!!!

Atente que, enquanto a filiação ao RGPS é obrigatória, a vinculação ao RPC é **totalmente facultativa**.

A Lei Complementar 109/2001 não define o rol dos dependentes dos participantes que podem figurar como beneficiários da previdência privada, cabendo aos planos de benefícios a indicação dos dependentes.

Vamos entender alguns conceitos...

Benefício Programado: benefício de caráter previdenciário, em que a data de seu início é previsível, conforme as condições estabelecidas no regulamento.

Instituidor: pessoa jurídica de caráter profissional, classista ou setorial, que oferece aos seus associados planos de benefícios de caráter previdenciário, administrado por uma EFPC.

Participante: pessoa física que adere ao plano de benefícios administrado por uma EFPC.

Assistido: participante ou o seu beneficiário que esteja recebendo complementação de aposentadoria ou de pensão, ou seja, as pessoas que estejam em gozo de benefícios de prestação continuada.

Patrocinador: empresa ou grupo de empresas, a União, os Estados, o Distrito Federal, os Municípios, suas autarquias, fundações, sociedades de economia mista e outras entidades públicas que instituam, para seus empregados ou servidores, plano de benefícios de caráter previdenciário, administrado por uma EFPC.

Planos de Benefícios: conjunto de direitos e obrigações, reunidos em um regulamento, com o objetivo de pagar benefícios aos seus participantes e beneficiários, mediante a formação de poupança advinda das contribuições de patrocinadores e participantes e da rentabilidade dos investimentos em ativos financeiros.

No RPC o benefício do participante será pago com base nas reservas acumuladas ao longo dos anos de contribuição, ou seja, o que o trabalhador contribui forma uma espécie de poupança, que será utilizada para o pagamento de seu futuro benefício. Esse **sistema de financiamento** é conhecido como **Regime de Capitalização**, enquanto o RGPS e o RPPS adotam o Regime de Repartição (também conhecido como "Pay As You Go"), no qual não há formação de reservas.

As contribuições do empregador, os benefícios e as condições contratuais previstas nos estatutos, regulamentos e planos de benefícios das entidades de Previdência privada **não integram o contrato de trabalho dos participantes**, assim como, à exceção dos benefícios concedidos, **não integram a remuneração dos participantes**. Isto porque a relação contratual entre a entidade de Previdência privada administradora do plano de benefícios e o participante não se confunde com a relação entre o empregado (participante do plano) e o empregador (patrocinador do plano).

É vedado o aporte de recursos a entidade de Previdência privada pela União, Estados, Distrito Federal e Municípios, suas autarquias, fundações, empresas públicas, sociedades de economia mista e outras entidades públicas, salvo na qualidade de patrocinador, situação na qual, em hipótese alguma, sua contribuição normal poderá exceder a do segurado. Por exemplo: o Banco do Brasil, que é uma sociedade de economia mista integrante da administração pública indireta federal, pode efetuar aporte de recursos para a PREVI (que é uma EFPC), na condição de patrocinadora. No entanto, sua contribuição jamais poderá ser maior que a contribuição do funcionário que aderiu ao plano.

As entidades de previdência complementar constituirão **reservas técnicas, provisões e fundos**, em conformidade com os critérios e normas fixados pelo órgão regulador e fiscalizador, sendo **vedado o estabelecimento de aplicações compulsórias ou limites mínimos de aplicação.**

Vejamos uma questão de concurso sobre o tema:

(FCC – 2018 – TRT – 15ª Região (SP) – Analista Judiciário – Área Judiciária) De acordo com a Lei Complementar 109/2001, as entidades de Previdência complementar constituirão reservas técnicas, provisões e fundos, de conformidade com os critérios e normas fixados pelo órgão regulador e fiscalizador, sendo que a aplicação desses recursos será feita conforme diretrizes estabelecidas pelo Conselho Monetário Nacional, sendo:

a) vedado o estabelecimento de aplicações compulsórias, mas são permitidos limites mínimos de aplicação.

b) vedado o estabelecimento de aplicações compulsórias ou limites mínimos de aplicação.

c) permitido o estabelecimento de aplicações compulsórias ou limites mínimos de aplicação.

d) permitido o estabelecimento de aplicações compulsórias, mas vedada a estipulação de quaisquer limites mínimos de aplicação.

e) permitido o estabelecimento de aplicações compulsórias, mas vedada a estipulação de limites mínimos de aplicação que ultrapassem 30% do valor total desses recursos.

RESOLUÇÃO:

Alternativa "b": está correta. A assertiva está de acordo com o disposto no art. 9º, § 2º, da LC 109/2001.

Alternativas "a","c","d" e "e": estão erradas pela razão acima exposta.

Resposta: letra "b".

A todo pretendente será disponibilizado e a todo participante entregue, quando de sua inscrição no plano de benefícios:

I - certificado onde estarão indicados os requisitos que regulam a admissão e a manutenção da qualidade de participante, bem como os requisitos de elegibilidade e forma de cálculo dos benefícios;

II - cópia do regulamento atualizado do plano de benefícios e material explicativo que descreva, em linguagem simples e precisa, as características do plano;

III - cópia do contrato, no caso de plano coletivo de que trata o inciso II do art. 26 desta Lei Complementar; e

IV - outros documentos que vierem a ser especificados pelo órgão regulador e fiscalizador.

Na divulgação dos planos de benefícios, não poderão ser incluídas informações diferentes das que figurem nos documentos referidos.

Embora o tema não tenha sido abordado em questões de concursos públicos até o momento, é interessante que o **STF**, até então, entende que o **princípio da precedência de fonte de custeio não se aplica ao RPC**, mesmo a previdência privada fazendo parte da Previdência Social.

Vide decisão do STF no RE 583687 AgR, de 29.03.2011, 2ª Turma.

Para assegurar compromissos assumidos junto aos participantes e assistidos de planos de benefícios, **as entidades de previdência complementar poderão contratar operações de resseguro**, por iniciativa própria ou por determinação do órgão regulador e fiscalizador, observados o regulamento do respectivo plano e demais disposições legais e regulamentares.

Os benefícios serão considerados **direito adquirido** do participante quando implementadas todas as condições estabelecidas para elegibilidade consignadas no regulamento do respectivo plano.

As contribuições vertidas para as entidades de previdência complementar, destinadas ao custeio dos planos de benefícios de natureza previdenciária, são **dedutíveis para fins de incidência de imposto sobre a renda**, nos limites e nas condições fixadas em lei, e **sobre estas não incidem tributação e contribuições** de qualquer natureza. Sobre a portabilidade de recursos de reservas técnicas, fundos e provisões entre planos de benefícios de entidades de previdência complementar, titulados pelo mesmo participante, **não incidem tributação e contribuições** de qualquer natureza.

Sem prejuízo do benefício, **prescreve em cinco anos o direito às prestações não pagas nem reclamadas na época própria**, resguardados os direitos dos menores dependentes, dos incapazes ou dos ausentes, na forma do Código Civil.

As entidades de previdência complementar somente poderão instituir e operar planos de benefícios para os quais tenham autorização específica, segundo as normas aprovadas pelo órgão regulador e fiscalizador, sendo que os planos de benefícios atenderão a padrões mínimos fixados pelo órgão regulador e fiscalizador, com o objetivo de assegurar **transparência, solvência, liquidez e equilíbrio econômico-financeiro e atuarial**.

O órgão regulador e fiscalizador normatizará planos de benefícios nas modalidades de **benefício definido, contribuição definida** e **contribuição variável**, bem como outras formas de planos de benefícios que reflitam a evolução técnica e possibilitem flexibilidade ao regime de previdência complementar.

Vamos entender mais alguns conceitos...

Autopatrocínio: possibilidade de o participante permanecer vinculado ao plano de previdência complementar após a perda de seu vínculo empregatício, hipótese em que o participante assume a responsabilidade pelo pagamento da parcela da contribuição que cabia anteriormente ao patrocinador.

Benefício Proporcional Diferido: instituto que faculta ao participante, em razão da cessação do seu vínculo empregatício com o patrocinador, ou associativo com o instituidor, antes da aquisição do direito a um benefício pleno programado, a interrupção de suas contribuições para o custeio de benefícios previdenciários, optar por receber, em tempo futuro, um benefício programado, quando do preenchimento dos requisitos regulamentares. Nessa hipótese o participante, classificado como remido, deixa de contribuir para o plano, arcando exclusivamente com o pagamento do custeio administrativo até a data do recebimento do benefício.

Benefício de Risco: benefício de caráter previdenciário, cuja concessão depende da ocorrência de eventos não previsíveis, como a morte, invalidez, doença ou reclusão.

Portabilidade: instituto que faculta ao participante transferir os recursos financeiros, correspondente ao seu direito acumulado, para outro plano de benefícios de caráter previdenciário operado por EFPC ou sociedade seguradora autorizada a operar o referido plano (segmento aberto).

Resgate: instituto que faculta ao participante o recebimento de valor decorrente do seu desligamento do plano de benefícios conforme regulamento do plano.

Plano de Benefício Definido: modalidade de plano, no qual no momento da contratação do plano se sabe o quanto irá receber ao se aposentar e o valor da contribuição, o valor da contribuição poderá variar ao longo do tempo, de forma a garantir que o valor predeterminado possa ser atingido. Essa modalidade de plano tem natureza mutualista, isto é, de caráter solidário entre os participantes, sendo determinante o seu equilíbrio atuarial.

Plano de Contribuição Definida: modalidade de plano no qual o valor da contribuição é acertado no ato da contratação do plano e o montante que será recebido varia em função desta quantia, do tempo de contribuição e da rentabilidade.

Plano de contribuição variável: modalidade de plano no qual os benefícios programados apresentam a conjugação das características das modalidades de contribuição definida e benefício definido.

Os planos de benefícios atenderão às seguintes regras:

I - **carência mínima de 60 contribuições mensais a plano de benefícios e cessação do vínculo com o patrocinador**, para se tornar elegível a um benefício de prestação que seja programada e continuada; e

II - concessão de benefício pelo regime de Previdência ao qual o participante esteja filiado por intermédio de seu patrocinador, quando se tratar de plano na modalidade benefício definido, instituído depois da publicação da Lei Complementar 108/2001.

Os reajustes dos benefícios em manutenção serão efetuados de acordo com critérios estabelecidos nos regulamentos dos planos de benefícios, **vedado o repasse de ganhos de produtividade, abono e vantagens de qualquer natureza para tais benefícios.**

O RPC é composto por dois segmentos, cada qual com suas especificidades e características próprias. O segmento **aberto** é administrado por pessoas jurídicas organizadas necessariamente sob a forma de **sociedades anônimas**, as **Entidades Abertas de Previdência Complementar (EAPC)**, e fiscalizado pela Superintendência de Seguros Privados (**Susep**). Já o segmento **fechado** é administrado por **entidades sem fins lucrativos**, as **Entidades Fechadas de Previdência Complementar (EFPC)**, e fiscalizado pela Superintendência Nacional de Previdência Complementar (**Previc**).

As **EFPC** administram planos de benefícios de caráter previdenciário para **indivíduos que possuam vínculo empregatício ou associativo com empresas, órgãos públicos, sindicatos e/ou associações representativas.** Já as **EAPC** oferecem planos de benefícios de caráter previdenciário concedidos em forma de renda continuada ou pagamento único, **acessíveis a quaisquer pessoas físicas.**

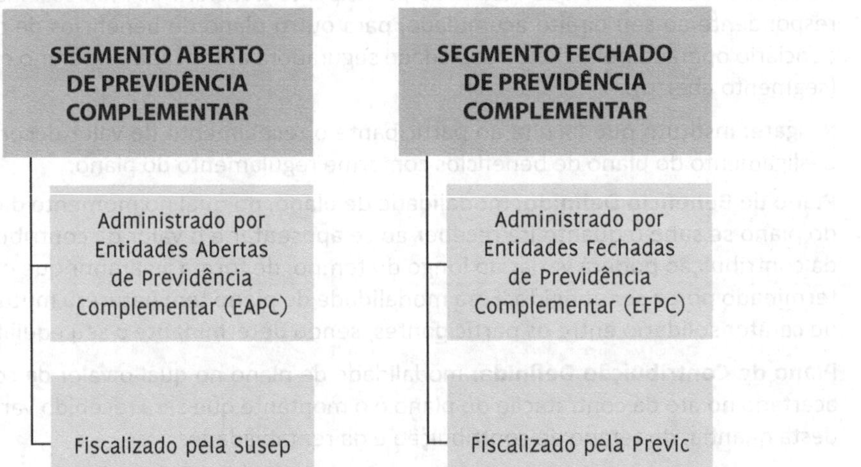

Veremos a seguir, detalhadamente, as regras específicas sobre os segmentos abertos e fechados de previdência complementar mais cobradas nos concursos públicos. Ânimo, amigos!!!

25.3. SEGMENTO FECHADO DE PREVIDÊNCIA COMPLEMENTAR

Como vimos, o segmento **fechado** do RPC é administrado por **Entidades Fechadas de Previdência Complementar (EFPC)** (popularmente conhecidas como "Fundos de Pensão"), e fiscalizado pela Superintendência Nacional de Previdência Complementar (**Previc**).

As **EFPC**, obrigatoriamente **organizadas sob a forma de fundação ou sociedade civil e sem fins lucrativos**, administram planos de benefícios de caráter previdenciário para **indivíduos que possuam vínculo empregatício ou associativo com empresas, órgãos públicos, sindicatos e/ou associações representativas.**

As entidades fechadas são aquelas acessíveis, na forma regulamentada pelo órgão regulador e fiscalizador, exclusivamente:

I - aos empregados de uma empresa ou grupo de empresas e aos servidores da União, dos Estados, do Distrito Federal e dos Municípios, entes denominados **patrocinadores**; e

II - aos associados ou membros de pessoas jurídicas de caráter profissional, classista ou setorial, denominadas **instituidores**. Nesta hipótese, as EFPC devem terceirizar a gestão dos recursos garantidores das reservas técnicas e provisões mediante a contratação de instituição especializada autorizada a funcionar pelo Banco Central do Brasil ou outro órgão competente; e ofertar exclusivamente planos de benefícios na modalidade contribuição definida.

Os planos de benefícios devem ser, **obrigatoriamente, oferecidos a todos os empregados dos patrocinadores ou associados dos instituidores**, sendo equiparáveis aos empregados e associados os gerentes, diretores, conselheiros ocupantes de cargo eletivo e outros dirigentes de patrocinadores e instituidores. Essa regra, no entanto, não se aplica aos planos em extinção, assim considerados aqueles aos quais o acesso de novos participantes esteja vedado.

O custeio dos planos de benefícios será responsabilidade do **patrocinador** e dos **participantes**, inclusive **assistidos**, sendo que a **contribuição normal do patrocinador** para plano de benefícios, **em hipótese alguma, excederá a do participante.** Além das contribuições normais, os planos poderão prever o aporte de recursos pelos participantes, a título de **contribuição facultativa, sem contrapartida do patrocinador. É vedado ao patrocinador assumir encargos adicionais** para o financiamento dos planos de benefícios, além daqueles previstos nos respectivos planos de custeio.

A relação entre a União, os Estados, o Distrito Federal e os Municípios, inclusive suas autarquias, fundações, sociedades de economia mista e empresas controladas direta ou indiretamente, enquanto patrocinadores de entidades fechadas de previdência complementar, e suas respectivas entidades fechadas, é disciplinada pelo disposto na Lei Complementar 108/2001.

Os planos de benefícios de entidades fechadas poderão ser instituídos por patrocinadores e instituidores, sendo admitida a solidariedade entre patrocinadores ou entre instituidores, com relação aos respectivos planos, desde que expressamente prevista no convênio de adesão.

Os planos de benefícios deverão prever os seguintes institutos, observadas as normas estabelecidas pelo órgão regulador e fiscalizador:

I - **benefício proporcional diferido**, em razão da cessação do vínculo empregatício com o patrocinador ou associativo com o instituidor antes da aquisição do direito ao benefício pleno, a ser concedido quando cumpridos os requisitos de elegibilidade;

II - **portabilidade** do direito acumulado pelo participante para outro plano, sendo que o órgão regulador e fiscalizador estabelecerá período de carência para o instituto; e

III - **resgate** da totalidade das contribuições vertidas ao plano pelo participante, descontadas as parcelas do custeio administrativo, na forma regulamentada; e

IV - **faculdade de o participante manter o valor de sua contribuição e a do patrocinador, no caso de perda parcial ou total da remuneração recebida**, para assegurar a percepção dos benefícios nos níveis correspondentes àquela remuneração ou em outros definidos em normas regulamentares.

Atenção!

A **portabilidade** só é permitida nas EFPC na hipótese de **cessação do vínculo empregatício do participante com o patrocinador**, sendo que portabilidade não caracteriza resgate e é **vedado que os recursos financeiros correspondentes transitem pelos participantes dos planos de benefícios**, sob qualquer forma.

O direito acumulado corresponde às reservas constituídas pelo participante ou à reserva matemática, o que lhe for mais favorável.

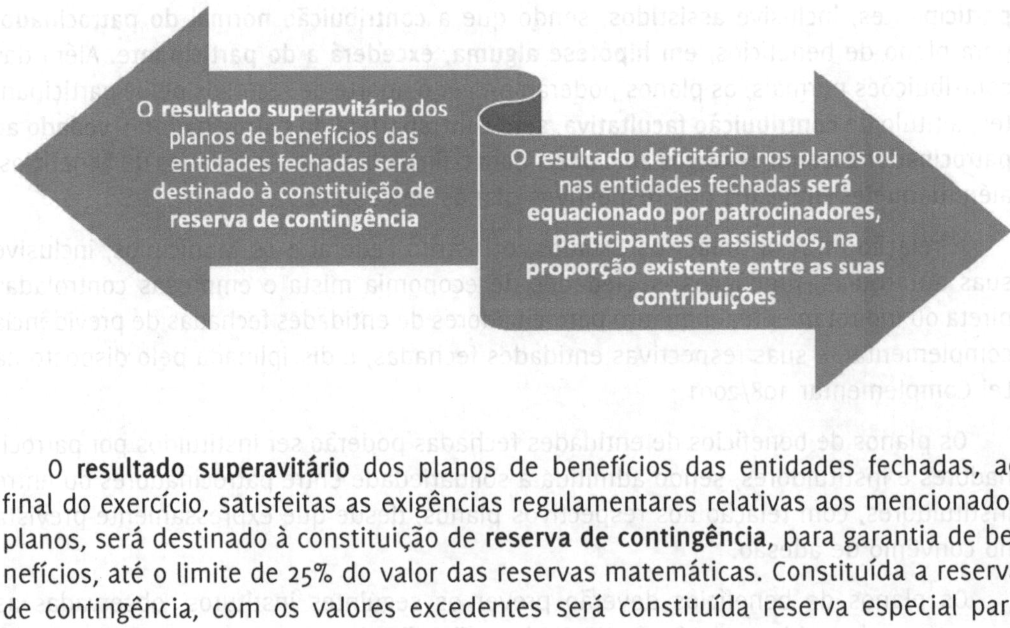

O **resultado superavitário** dos planos de benefícios das entidades fechadas, ao final do exercício, satisfeitas as exigências regulamentares relativas aos mencionados planos, será destinado à constituição de **reserva de contingência**, para garantia de benefícios, até o limite de 25% do valor das reservas matemáticas. Constituída a reserva de contingência, com os valores excedentes será constituída reserva especial para revisão do plano de benefícios. A não utilização da reserva especial por três exercícios consecutivos determinará a revisão obrigatória do plano de benefícios da entidade. Se a revisão do plano de benefícios implicar redução de contribuições, deverá ser levada em consideração a proporção existente entre as contribuições dos patrocinadores e dos participantes, inclusive dos assistidos.

O **resultado deficitário** nos planos ou nas entidades fechadas **será equacionado por patrocinadores, participantes e assistidos, na proporção existente entre as suas contribuições**, sem prejuízo de ação regressiva contra dirigentes ou terceiros que deram causa a dano ou prejuízo à entidade de previdência complementar.

É vedado à União, aos Estados, ao Distrito Federal e aos Municípios, suas autarquias, fundações, empresas públicas, sociedades de economia mista e outras entidades públicas o aporte de recursos a entidades de previdência privada de caráter complementar, **salvo na condição de patrocinador.**

A estrutura organizacional das entidades de previdência complementar é constituída de **conselho deliberativo, conselho fiscal e diretoria-executiva.**

Na composição dos conselhos deliberativo e fiscal das entidades qualificadas como multipatrocinadas, deverá ser considerado o número de participantes vinculados a cada patrocinador ou instituidor, bem como o montante dos respectivos patrimônios.

A fiscalização e controle dos planos de benefícios e das EFPC competem ao órgão regulador e fiscalizador das entidades fechadas de previdência complementar, sendo que as ações exercidas por esses órgãos **não eximem os patrocinadores da responsabilidade pela supervisão e fiscalização sistemática das atividades das suas respectivas entidades de previdência complementar.**

Vejamos como o tema costuma ser cobrado em questões de concursos públicos:

(Cespe – Procurador Municipal – Pref. de João Pessoa – PB/2018) O regime de previdência complementar:

a) é operado por entidades de previdência complementar, que são classificadas em fechadas e abertas.

b) é de filiação compulsória, embora seja organizado de forma autônoma em relação ao regime geral de Previdência Social.

c) prevê, obrigatoriamente, a portabilidade, que é o saque da totalidade das contribuições vertidas pelo participante, descontadas as parcelas de custeio administrativo.

d) poderá prever o benefício proporcional diferido, a ser concedido depois de cumpridos os requisitos de elegibilidade.

e) prevê, facultativamente, o resgate, que é o direito do participante para migrar para outro plano.

RESOLUÇÃO:

Observe que a LC 109/2001 dispõe sobre o Regime de Previdência Complementar, enquanto a LC 108/2001 dispõe sobre a relação entre a União, os Estados, o Distrito Federal e os Municípios, suas autarquias, fundações, sociedades de economia mista e outras entidades públicas e suas respectivas entidades fechadas de previdência complementar.

Alternativa "a": a assertiva está de acordo com o art. 4º da LC 109/2001.

Alternativa "b": segundo disposto no art. 1º da LC 109/2001, o regime de previdência privada é facultativo.

Alternativa "c": portabilidade é a transferência dos recursos para outro plano de benefícios (art. 14, II, da LC 109/2001), e não caracteriza resgate (art. 27, § 1º, LC 109/2001). Ademais, a portabilidade é um direito do participante, e não uma obrigação (art. 27, *caput*, LC 109/2001).

Alternativa "d": os planos de benefícios devem prever o benefício proporcional diferido. Esta é uma obrigação, não uma faculdade (art. 14, I, da LC 109/2001).

Alternativa "e": os planos de benefícios devem prever o resgate. Esta é uma obrigação, não uma faculdade (art. 14, II, da LC 109/2001).

Resposta: letra "a".

25.4. SEGMENTO ABERTO DE PREVIDÊNCIA COMPLEMENTAR

Como vimos, o segmento **aberto** do RPC é administrado por pessoas jurídicas organizadas necessariamente sob a forma de **sociedades anônimas**, as **Entidades Abertas de Previdência Complementar (EAPC)**, e fiscalizado pela Superintendência de Seguros Privados (**Susep**).

As **EAPC** administram planos de benefícios de caráter previdenciário concedidos em forma de renda continuada ou pagamento único, **acessíveis a quaisquer pessoas físicas.**

Interessante que, embora a vinculação a um RPC seja totalmente facultativa, como vimos nesta aula, no julgamento do REsp 861.830, de 05/04/2016, e do REsp 679.865-RS, publicado no DJ 04/12/2006, o STJ entendeu que é lícito às instituições bancárias condicionarem ao consumidor prévia contratação de entidade aberta de Previdência complementar como condição para contrato de empréstimo financeiro. Isto porque, segundo o parágrafo único do art. 71 da Lei Complementar 109/2001, para as EAPC é admitida a realização de operações financeiras com seus filiados e assistidos.

Os planos de benefícios instituídos por entidades abertas poderão ser:

I - **individuais**, quando acessíveis a quaisquer pessoas físicas; ou

II - **coletivos**, quando tenham por objetivo garantir benefícios previdenciários a **pessoas físicas vinculadas, direta ou indiretamente, a uma pessoa jurídica contratante.** O plano coletivo poderá ser contratado por **uma ou várias pessoas jurídicas.**

Atentem que o **"vínculo indireto" se refere aos casos em que uma entidade representativa de pessoas jurídicas contrata plano previdenciário coletivo para grupos de pessoas físicas vinculadas a suas filiadas.** Esses grupos de pessoas poderão ser constituídas por uma ou mais categorias específicas de empregados de um mesmo empregador, podendo abranger empresas coligadas, controladas ou subsidiárias, e por membros de associações legalmente constituídas, de caráter profissional ou classista, e seus cônjuges ou companheiros e dependentes econômicos, sendo **equiparáveis aos empregados e associados os diretores, conselheiros ocupantes de cargos eletivos e outros dirigentes ou gerentes da pessoa jurídica contratante.**

Tome nota

É vedada à entidade aberta a contratação de plano coletivo com pessoa jurídica cujo objetivo principal seja estipular, em nome de terceiros, planos de benefícios coletivos.

Observados os conceitos, a forma, as condições e os critérios fixados pelo órgão regulador, é assegurado aos participantes o direito à **portabilidade**, inclusive para plano de benefício de entidade fechada, e ao **resgate** de recursos das reservas técnicas, provisões e fundos, **total ou parcialmente.**

Atente, no entanto, que a **portabilidade não caracteriza resgate**. E, em havendo portabilidade, **é vedado que os recursos financeiros transitem pelos participantes, sob qualquer forma; bem como a transferência de recursos entre participantes.**

Vejamos como o assunto costuma ser cobrado em concursos públicos:

(FCC – 2017 – TRF – 5ª REGIÃO – Analista Judiciário – Área Judiciária) De acordo com a Lei Complementar 109/2001, com relação aos planos de benefícios instituídos por entidades abertas, considere:

I. Os planos de benefícios instituídos por entidades abertas poderão ser coletivos, sendo que nesses casos terão por objetivo garantir benefícios previdenciários a pessoas físicas vinculadas, direta ou indiretamente, a uma pessoa jurídica contratante.

II. É vedada à entidade aberta a contratação de plano coletivo com pessoa jurídica cujo objetivo principal seja estipular, em nome de terceiros, planos de benefícios coletivos.

III. Observados os conceitos, a forma, as condições e os critérios fixados pelo órgão regulador, é assegurado aos participantes o direito à portabilidade, exceto para plano de benefício de entidade fechada, sendo que a portabilidade caracteriza resgate.

IV. É vedado, no caso de portabilidade: que os recursos financeiros transitem pelos participantes, sob qualquer forma; e a transferência de recursos entre participantes.

Está correto o que se afirma APENAS em:

a) II e IV.

b) I, II e III.

c) I, II e IV.

d) III e IV.

e) I e III.

RESOLUÇÃO:

Item I: o item está de acordo com o disposto no art. 26, II, da LC 109/2001.

Item II: o item está de acordo com o disposto no art. 26, § 6º, da LC 109/2001.

Item III: o item possui dois erros. Segundo o disposto no art. 14, § 2º, da LC 109/2001, as entidades fechadas admitem a portabilidade, assim como as abertas. Outro erro consiste em afirmar que portabilidade configura resgate, quando o art. 15, I, da LC 109/2001, diz expressamente que **não** configura.

Item IV: o item está de acordo com o disposto no art. 27, § 2º, I, da LC 109/2001.

Resposta: letra "c".

Capítulo 26

Regimes Próprios de Previdência Social

26.1. INTRODUÇÃO

Conforme estudado no capítulo inicial desta obra, os Regimes Próprios de Previdência Social são regidos constitucionalmente pelo art. 40 da Constituição Federal de 1988 e são destinados a servidores públicos de cargo efetivo das unidades federativas que instituíram tal regime em prol de seus servidores.

Este artigo garante aos servidores titulares de cargos efetivos da União, dos Estados, do Distrito Federal e dos Municípios, incluídas suas autarquias e fundações, regime de Previdência de caráter **contributivo e solidário**, mediante contribuição do **respectivo ente federativo**, de servidores ativos, de aposentados e de pensionistas, observados critérios que preservem o equilíbrio financeiro e atuarial.

As regras previdenciárias do art. 40 são aplicáveis também aos magistrados e aos membros do Ministério Público, por expressa previsão constitucional (arts. 93, VI, e 129, § 4º, da CF/1988).

O servidor ocupante, exclusivamente, de cargo em comissão declarado em lei de livre nomeação e exoneração bem como de outro cargo temporário, inclusive os detentores de cargos eletivos, ou de emprego público são excluídos do RPPS, aplicando-se o regime geral de Previdência Social (art. 40, § 13, CF/1988).

Sobre os servidores abrangidos pelo RPPS, vejam a questão de concurso público cobrada pela Fundação Carlos Chagas:

> **Exemplo de questão:**
>
> **(FCC – Procurador do Estado – RO/ 2011)** Com as modificações efetuadas a partir das Emendas Constitucionais 20/1998 e 41/2003, a garantia do regime previdenciário próprio restringe-se aos servidores titulares de cargos
>
> a) efetivos e aos titulares de cargo em comissão da União, dos Estados, do Distrito Federal e dos Municípios.
>
> b) efetivos e aos ocupantes de cargo temporário da União, dos Estados, do Distrito Federal e dos Municípios.
>
> c) efetivos e aos empregados públicos da União, dos Estados, do Distrito Federal e dos Municípios.

d) efetivos, aos titulares de cargo em comissão, aos ocupantes de cargo temporário e aos empregados públicos da União, dos Estados, do Distrito Federal e dos Municípios.

e) efetivos da União, dos Estados, do Distrito Federal e dos Municípios, incluídas suas autarquias e fundações.

Resposta: Alternativa correta: letra "e": O art. 40, *caput*, da CF/1988, com redação dada pela EC 41/2003, determina que aos servidores titulares de cargos efetivos da União, dos Estados, do Distrito Federal e dos Municípios, incluídas suas autarquias e fundações, é assegurado regime de Previdência de caráter contributivo e solidário, mediante contribuição do respectivo ente público, dos servidores ativos e inativos e dos pensionistas, observados critérios que preservem o equilíbrio financeiro e atuarial e o disposto neste artigo.

Alternativas "a", "b", "c" e "d": estão erradas. De acordo com o art. 40, § 13, da CF/1988, o servidor ocupante de cargo em comissão, o temporário e o ocupante de emprego público são vinculados ao RGPS.

Além do disposto no art. 40 da Constituição, o regime de Previdência dos servidores públicos titulares de cargo efetivo observará, no que couber, os requisitos e critérios fixados para o regime geral de Previdência Social (art. 40, § 12, CF/1988). Assim, as regras constitucionais do RGPS aplicam-se subsidiariamente ao RPPS.

A Previdência Social dos servidores públicos vem sofrendo constantes alterações normativas, objetivando corrigir antigas distorções do sistema. É que no passado, a Previdência dos servidores públicos muito mais se parecia um prêmio para os servidores que se comportassem nos padrões exigidos pela Administração Pública que um plano de Previdência calcado em uma lógica protetiva que se vale de regras atuariais.

Antes da EC 20/1998, primeira grande reforma constitucional previdenciária, a Previdência do servidor nem mesmo era obrigatoriamente contributiva, pois o art. 40 somente trouxe a contributividade como requisito deste Regime após a alteração promovida pela citada Emenda Constitucional.

O art. 127, IV, da Lei 8.112/1990 prevê, inclusive, a pena de cassação de aposentadoria como uma das possíveis penalidades disciplinares aplicáveis aos servidores públicos. Em nossa visão, esta penalidade não se coaduna com uma Previdência contributiva, tendo sido revogada tacitamente pela EC 20/1998.

Há, inclusive, Ação Direta de Inconstitucionalidade (ADI 4882), no Supremo Tribunal Federal (STF), ajuizada pela ANFIP, contra dispositivos legais que autorizam a cassação da aposentadoria de servidores públicos. Tais dispositivos seriam inconstitucionais porque a aposentadoria atualmente é uma contraprestação estatal decorrente da efetiva contribuição do servidor público. Ressalta-se que existem alguns julgados antigos no STF que validam a pena de cassação de aposentadoria (MS 21.948/RJ e RMS 24.557-DF, por exemplo), mas nenhum deles enfrenta a argumentação da alteração da natureza da Previdência do servidor, com a obrigatoriedade da contribuição. Aguardemos, então, o desfecho da ADI...

A Previdência do servidor público foi alterada por diversas emendas constitucionais. As Emendas Constitucionais 20/1998, 41/2003, 47/2005 e 103/2019 modificaram significativamente o sistema.

Antes da EC 20/1998, por exemplo, o servidor público podia se aposentar por tempo de serviço, independentemente da idade. Este diploma legal passou a exigir o cumprimento cumulativo dos requisitos de idade e de tempo de contribuição para a aposentadoria no RPPS.

Também era possível na sistemática anterior à EC 20/1998 que os servidores contassem com períodos fictícios de tempo de serviço. A licença prêmio não gozada, por exemplo, contava em dobro para fins de aposentadoria. Este benefício consistia em um período de três meses de licença a cada cinco anos trabalhados. Se o servidor optasse por não gozar os três meses de afastamento do serviço, teria direito a ter este tempo contado em dobro para fins de aposentadoria. Atualmente, o § 10 do art. 40 da Constituição traz vedação expressa para qualquer contagem fictícia de tempo de contribuição.

Antes da edição da EC 20/1998 era possível cumulação de aposentadorias públicas indiscriminadamente. Era possível também a acumulação de cargo público com proventos de aposentadoria. Assim, um Auditor Fiscal aposentado poderia fazer concurso público para o mesmo ou para outro cargo, cumulando a sua aposentadoria com a remuneração do cargo.

A EC 41/2003 também trouxe uma série de alterações, acabando com a integralidade e a paridade. A integralidade é o direito do servidor de receber aposentadoria no valor da sua última remuneração como ativo, e a paridade é a garantia de que os proventos de aposentadoria serão reajustados toda vez que a remuneração dos servidores ativos seja aumentada.

Esta Emenda criou também a polêmica contribuição dos inativos, aposentados e pensionistas e alterou a forma de cálculo do valor das aposentadorias e pensões concedidas pelo RGPS, além de prever a possibilidade de instituição de Regime de Previdência Complementar para Servidores Públicos, impondo fortes alterações no sistema após a criação dos referidos Institutos.

A EC 47/2005 também trouxe algumas alterações, sem dúvida, menos representativas que as outras duas citadas. Ela alterou regras de transição e de contribuição dos servidores inativos.

A EC 103/2019 alterou a idade necessária para a aposentadoria dos servidores e todas as regras de cálculo do valor dos benefícios previdenciários, conforme será estudado em detalhes neste capítulo.

Todas estas Emendas Constitucionais foram acompanhadas de regras de transição que diferenciam os servidores públicos em relação ao momento em que ingressaram no serviço público.

As regras de transição diferenciam os servidores em função da data de ingresso no serviço público: se anteriores à data da publicação da EC 20, em 16/12/1998, da EC 41, em 19/12/2003 ou da data da EC 103/2019. Temos, também, a diferenciação entre quem entrou no serviço público antes da criação do Regime de Previdência Complementar Oficial e quem ingressou depois dele. Sabemos que para os servidores federais das três esferas de poder já foram criados os FUNPRESPs.

Todo este emaranhado de regras constitucionais será estudado neste capítulo. Além disso, veremos alguns dispositivos trazidos pela Lei 9.717/1998, que dispõe sobre regras gerais para a organização e o funcionamento dos regimes próprios de Previdência Social dos servidores públicos da União, dos Estados, do Distrito Federal e dos Municípios, dos militares dos Estados e do Distrito Federal.

De acordo com o art. 1º da Lei 9.717/1998, os regimes próprios de Previdência Social dos servidores públicos da União, dos Estados, do Distrito Federal e dos Municípios, dos militares dos Estados e do Distrito Federal deverão ser organizados, baseados em normas gerais de contabilidade e atuária, de modo a garantir o seu equilíbrio financeiro e atuarial, observados os seguintes critérios:

> I – realização de avaliação atuarial inicial e em cada balanço utilizando-se parâmetros gerais, para a organização e revisão do plano de custeio e benefícios;
>
> II – financiamento mediante recursos provenientes da União, dos Estados, do Distrito Federal e dos Municípios e das contribuições do pessoal civil e militar, ativo, inativo e dos pensionistas, para os seus respectivos regimes;
>
> III – as contribuições e os recursos vinculados ao Fundo Previdenciário da União, dos Estados, do Distrito Federal e dos Municípios e as contribuições do pessoal civil e militar, ativo, inativo, e dos pensionistas, somente poderão ser utilizadas para pagamento de benefícios previdenciários dos respectivos regimes, ressalvadas as despesas administrativas
>
> IV – cobertura de um número mínimo de segurados, de modo que os regimes possam garantir diretamente a totalidade dos riscos cobertos no plano de benefícios, preservando o equilíbrio atuarial sem necessidade de resseguro, conforme parâmetros gerais;
>
> V – cobertura exclusiva a servidores públicos titulares de cargos efetivos e a militares, e a seus respectivos dependentes, de cada ente estatal, vedado o pagamento de benefícios, mediante convênios ou consórcios entre Estados, entre Estados e Municípios e entre Municípios;
>
> VI – pleno acesso dos segurados às informações relativas à gestão do regime e participação de representantes dos servidores públicos e dos militares, ativos e inativos, nos colegiados e instâncias de decisão em que os seus interesses sejam objeto de discussão e deliberação;
>
> VII – registro contábil individualizado das contribuições de cada servidor e dos entes estatais, conforme diretrizes gerais;
>
> VIII – identificação e consolidação em demonstrativos financeiros e orçamentários de todas as despesas fixas e variáveis com pessoal inativo civil, militar e pensionistas, bem como dos encargos incidentes sobre os proventos e pensões pagos;
>
> IX – sujeição às inspeções e auditorias de natureza atuarial, contábil, financeira, orçamentária e patrimonial dos órgãos de controle interno e externo.

> X – vedação de inclusão nos benefícios, para efeito de percepção destes, de parcelas remuneratórias pagas em decorrência de local de trabalho, de função de confiança ou de cargo em comissão, exceto quando tais parcelas integrarem a remuneração de contribuição do servidor que se aposentar com fundamento no art. 40 da Constituição Federal;
>
> XI – vedação de inclusão nos benefícios, para efeito de percepção destes, do abono de permanência.

O tempo de contribuição federal, estadual ou municipal será contado para efeito de aposentadoria, e o tempo de serviço correspondente para efeito de disponibilidade (art. 40, § 9º, da CF/1988).

Tal como ocorre nos benefícios concedidos pelo Regime Geral de Previdência Social, no Regime Próprio é assegurado o reajustamento dos benefícios para preservar-lhes, em caráter permanente, o valor real, conforme critérios estabelecidos em lei.

A Constituição Federal, no art. 40, § 20, veda a existência de mais de um regime próprio de Previdência Social e de mais de um órgão ou entidade gestora deste regime em cada ente federativo, abrangidos todos os poderes, os órgãos e as entidades autárquicas e fundacionais, que serão responsáveis pelo seu financiamento, observados os critérios, os parâmetros e a natureza jurídica definidos na lei complementar.

É necessário ressaltar que, de acordo com o art. 5º da Lei 9.717/1998, os regimes próprios de Previdência Social dos servidores não poderão conceder benefícios distintos dos previstos no Regime Geral de Previdência Social, salvo disposição em contrário da Constituição Federal.

Em relação à responsabilidade dos gestores dos RPPS, o art. 8º da Lei 9.717/1998 dispõe que os dirigentes do órgão ou da entidade gestora do regime próprio de Previdência Social dos entes estatais, bem como os membros dos conselhos administrativo e fiscal dos fundos respondem diretamente por infração cometida, devendo estas ser apuradas mediante processo administrativo que tenha por base o auto, a representação ou a denúncia positiva dos fatos irregulares, em que se assegure ao acusado o contraditório e a ampla defesa.

No caso de extinção de regime próprio de Previdência Social, o ente federativo assumirá integralmente a responsabilidade pelo pagamento dos benefícios concedidos durante a sua vigência, bem como daqueles benefícios cujos requisitos necessários à sua concessão foram implementados anteriormente à sua extinção.

De acordo com o art. 1º-A da Lei 9.717/1998, o servidor público titular de cargo efetivo da União, dos Estados, do Distrito Federal e dos Municípios ou o militar dos Estados e do Distrito Federal filiado a regime próprio de Previdência Social, quando cedido a órgão ou entidade de outro ente da federação, com ou sem ônus para o cessionário, permanecerá vinculado ao regime de origem.

Vamos, então, iniciar o estudo detalhado das regras de contribuição e de benefício dos regimes próprios de Previdência Social.

26.2. CONTRIBUIÇÃO DOS SERVIDORES ATIVOS E DO ENTE FEDERATIVO

As regras de contribuição dos servidores ativos passaram por uma intensa mudança, como consequência dos dispositivos constitucionais inseridos pela EC 41/2003. Antes deste citado diploma, o servidor que recebesse R$ 20.000,00 relativos a proventos de cargo público deveria contribuir para a Previdência Social sobre a sua remuneração integral. Assim, este servidor deveria contribuir com um percentual sobre estes R$ 20.000,00.

De acordo com o art. 3º da Lei 9.711/1998, as alíquotas de contribuição dos servidores ativos dos Estados, do Distrito Federal e dos Municípios para os respectivos regimes próprios de Previdência Social **não serão inferiores às dos servidores titulares de cargos efetivos da União**, devendo ainda ser observadas, no caso das contribuições sobre os proventos dos inativos e sobre as pensões, as mesmas alíquotas aplicadas às remunerações dos servidores em atividade do respectivo ente estatal.

O § 1º do art. 149 da Constituição, alterado pela Reforma da Previdência de 2019 dispõe que a União, os Estados, o Distrito Federal e os Municípios instituirão, por meio de lei, contribuições para custeio de regime próprio de Previdência Social, cobradas dos servidores ativos, dos aposentados e dos pensionistas, que poderão ter **alíquotas progressivas de acordo com o valor da base contribuição ou dos proventos de aposentadorias e pensões.**

Este novo texto permite as alíquotas progressivas para os servidores públicos o que na redação anterior, apesar de não vedar tal modalidade, não trazia autorização constitucional expressa. Na prática, todos os entes federativos instituíram alíquotas lineares para a contribuição de seus servidores. A União, por exemplo, possuía a alíquota de 11% para todos os servidores, independentemente do valor da remuneração (art. 4º da Lei 10.887/2004, revogado tacitamente pela EC 103/2019).

O art. 149, § 1º-A, dispõe que a contribuição ordinária dos **aposentados e pensionistas poderá incidir sobre o valor dos proventos de aposentadoria e de pensões que superem o salário mínimo quando houver déficit atuarial**. Este parágrafo abre a possibilidade de que, ao invés dos inativos contribuírem para a Previdência sobre o valor que ultrapassar o teto do RGPS (atualmente, R$ 8.157,41), eles possam passar a contribuir sobre o valor que ultrapasse o salário mínimo, em caso de déficit atuarial, o que pelas contas apresentadas pelo Governo pode ser feito a qualquer momento.

Observamos que a regra constitucional que prevê que a contribuição do inativo incide apenas sobre o valor que ultrapassasse o limite máximo do RGPS foi mantida (§ 18 do art. 40 da CF/1988). Vejamos o texto:

> *Art. 40, CF/1988*
>
> *§ 18. Incidirá contribuição sobre **os proventos de aposentadorias e pensões concedidas pelo regime de que trata este artigo que superem o limite máximo** estabelecido para os benefícios do regime geral de previdência social de que trata o art. 201, com percentual igual ao estabelecido para os servidores titulares de cargos efetivos.*

Dessa forma, na sistemática constitucional de tributação dos inativos, a contribuição deve incidir apenas sobre o valor que superar o teto do RGPS, salvo se houver **déficit**

atuarial e lei específica do ente federativo que altere a base mínima de incidência para um salário mínimo.

A regra constitucional que previa que a contribuição do inativo portador de doença incapacitante incidia apenas sobre o valor que ultrapassasse o dobro do limite máximo do RGPS, no entanto, foi revogada pela EC 103/2019. Vejamos o texto revogado:

> *Art. 40, CF/1988*
>
> *§ 21. A contribuição prevista no § 18 deste artigo incidirá apenas sobre as parcelas de proventos de aposentadoria e de pensão que superem **o dobro do limite máximo** estabelecido para os benefícios do regime geral de previdência social de que trata o art. 201 desta Constituição, quando o beneficiário, na forma da lei, **for portador de doença incapacitante.***

Percebam que a antiga regra constitucional só obrigava a contribuição dos servidores públicos inativos sobre o valor que ultrapassasse o **dobro do teto do RGPS**, em caso de portador de doença incapacitante. Com a revogação, os inativos portadores de doença incapacitante passarão a contribuir sobre o valor que ultrapassar o teto do RGPS.

Com a EC 103/2019, o próprio *caput* do art. 40 da CF passou a prever a contribuição dos servidores públicos aposentados e pensionistas ao dispor que "o regime próprio de Previdência Social dos servidores titulares de cargos efetivos terá caráter contributivo e solidário, **mediante contribuição do respectivo ente federativo, de servidores ativos, de aposentados e de pensionistas**, observados critérios que preservem o equilíbrio financeiro e atuarial".

A previsão da contribuição dos inativos sobre o valor que ultrapassar o teto do RGPS está, também, no art. 11, § 4º, da EC 103/2019, dispondo que a contribuição será **devida pelos aposentados e pensionistas de quaisquer Poderes da União**, incluídas suas entidades autárquicas e suas fundações, incidentes sobre o valor da parcela dos proventos de aposentadorias e pensões que **superem o limite máximo estabelecido para os benefícios do Regime Geral de Previdência Social**, hipótese em que será considerada a totalidade do valor do benefício para fins de definição das alíquotas aplicáveis.

> **Atenção!**
>
> Com a revogação do § 21 do art. 40, não há mais previsão para que a contribuição dos inativos com doença incapacitante incida apenas sobre o valor que ultrapassar o dobro do teto, devendo passar a contribuir a partir do limite máximo do RGPS.

O STF entendeu em 27/02/2021 que a **imunidade de contribuição previdenciária** para sujeitos com doenças incapacitantes que estava prevista no art. 40, §21, da CF, possuía **eficácia limitada**. Seus efeitos estavam condicionados à existência de **lei complementar ou regulação específica** dos entes federados (RE 630.137-RS). (Repercussão Geral - Tema 317)

Além da redução do limite de isenção dos inativos, o § 1º-B do art. 149 da Constituição prevê que, demonstrada a insuficiência dessa medida para equacionar o déficit atuarial, é facultada a instituição de **contribuição extraordinária, no âmbito da União, dos servidores públicos ativos, dos aposentados e dos pensionistas.**

Tal possibilidade deixa em alerta todos os servidores públicos, que podem ser "chamados" para financiar o déficit apurado pelas contas do Governo, assim como ocorre, frequentemente, com regimes complementares em dificuldade financeira. Neste caso, os servidores seriam chamados para pagar uma conta deixada, no mínimo, pelos seus antecessores, que se aposentaram valendo-se de regras bem flexíveis aplicáveis à sua geração. Esta contribuição extraordinária "ilimitada" é um dos grandes absurdos do texto da Reforma.

Dispõe o 1º-C do art. 149 da CF que a contribuição extraordinária deverá ser instituída simultaneamente com outras medidas para equacionamento do déficit e vigorará por período determinado, contado a partir da data de sua instituição. O art. 9º, § 8º, da EC 103/2019 dispõe que, por meio de lei, **poderá ser instituída contribuição extraordinária pelo prazo máximo de 20 anos**, ou seja, por boa parte da vida laboral do servidor.

O art. 11 da EC 103/2019 alterou as alíquotas contributivas ordinárias dos servidores públicos, dispondo que até que entre em vigor lei que altere a alíquota da contribuição previdenciária dos servidores ativos e inativos (arts. 4º, 5º e 6º da Lei 10.887/2004), **esta será de 14%.**

O § 1º deste artigo dispõe, ainda, que a alíquota de 14% será reduzida ou majorada, considerado o valor da base de contribuição ou do benefício recebido, de acordo com os seguintes parâmetros, atualizados pelo INPC:

I – até um salário mínimo, redução de 6,5%;

II – acima de um salário mínimo até R$ 2.793,88, redução de 5%;

III – de R$ 2.793,89 até R$ 4.190,83, redução de 2%;

IV – de R$ 4.190,84 até R$ 8,157,41, sem redução ou acréscimo;

V – de R$ 8,157,42 até R$ 13.969,49, acréscimo de 0,5%;

VI – de R$ 13.969,50 até R$ 27.938,95, acréscimo de 2,5%;

VII – de R$ 27.938,96 até R$ 54.480,97, acréscimo de 5%; e

VIII – acima de R$ 54.480,97, acréscimo de 8%.

A alíquota, reduzida ou majorada, será aplicada de forma **progressiva sobre a base de contribuição do servidor público, incidindo cada alíquota sobre a faixa de valores compreendida nos respectivos limites.** Dessa forma, diversas alíquotas serão aplicadas de forma cumulativa à remuneração do servidor.

Esse confuso texto pode ser melhor visualizado em uma tabela de alíquotas. Vejamos:

REMUNERAÇÃO R$	ALÍQUOTA
até 1.518,00	**7,50%**
de 1.518,01 até 2.793,88	**9%**

REMUNERAÇÃO R$	ALÍQUOTA
de 2.793,89 até 4.190,83	12%
de 4.190,84 até 8.157,41	14%
de 8.157,42 até 13.969,49	14,50%
de 13.969,50 até 27.938,95	16,50%
de 27.938,96 até 54.480,97	19%
acima de 54.480,97	22%

Ressaltamos que estas alíquotas são aplicáveis cumulativamente, dessa forma, um servidor que recebe R$ 9.000,00, pagará a alíquota de 7,5% até um salário mínimo; 9% de um salário até R$ 2.793,88; 12% de R$ 2.79389 até 4.190,83; 14% de R$ 4.190,84 até 8.157,41 e 14,5% de R$ 8.157,42 até 9.000,00. A contribuição, nesse caso, seria de R$ 1.073,81 (7,5% x 1.518 + 9% x 1.275,88 + 12% x 1.396,95 + 14% x 3.966,58 + 14,5% x 842,59).

Uma forma bastante simplificada de se fazer este complexo cálculo é utilizando a mesma lógica de redutores aplicada à alíquota de Imposto de Renda da Pessoa Física, com as devidas adaptações. Com a tabela prática que criamos, basta calcular a contribuição com a alíquota correspondente incidente sobre a remuneração total do servidor e abater o redutor que exclui os efeitos das diferenças de alíquotas das faixas anteriores. Vejamos:

REMUNERAÇÃO R$	ALÍQUOTA	REDUTOR R$
até 1.518,00	7,50%	-
de 1.518,01 até 2.793,88	9%	22,77
de 2.793,89 até 4.190,83	12%	106,59
de 4.190,84 até 8.157,41	14%	190,40
de 8.157,42 até 13.969,49	14,50%	230,02
de 13.969,50 até 27.938,95	16,50%	510,58
de 27.938,96 até 54.480,97	19%	1209,05
acima de 54.480,97	22%	2843,48

O cálculo do redutor sempre exclui os efeitos das alíquotas anteriores, que são menores. Não é necessário compreender o cálculo do redutor apresentado para sabermos calcular a contribuição do servidor a partir da nova regra criada pela EC 103/2019, bastando aplicar a alíquota sobre o total da remuneração e abater o valor do redutor. Vejamos o caso do servidor que ganhava R$ 9.000,00, que acabamos de fazer um complexo cálculo, chegando ao valor de contribuição de **R$ 1.073,81**. Pela tabela prática, bastava aplicar a alíquota de 14,5% ao valor total da remuneração e reduzir os R$ 230,02, que resultaria nos mesmos **R$ 1.073,81**.

Apesar da compreensão do cálculo do redutor não ser fundamental, na sequência trazemos a memória de cálculo apenas para os aficionados pela matemática poderem acompanhar a forma de calcular o redutor utilizado, mas creio que não seja o público predominante de leitores desta obra.

REDUTOR R$	MEMÓRIA DE CÁLCULO
22,77	**1518*1,5%**
106,59	**1518*4,5%+(2793,89-1518)*3%**
190,40	**1518*6,5%+(2793,89-1518)*5%+(4190,83-2793,88)*2%**
230,02	**1518*7%+(2666,68-1412)*5,5%+(4190,83-2793,88)*2,5%+(8157,42-4190,83)*0,5%**
510,58	**1518*9%+(2793,89-1518)*7,5%+(4190,83-2793,88)*4,5%+(8157,41-4190,83)*2,5%+(13969,49-8157,41)*2%**
1209,05	**1518*11,5%+(2793,89-1518)*10%+(4190,83-2793,88)*7%+(8157,41-4190,83)*5%+(13969,49-8157,41)*4,5%+(27938,96-13969,49)*2,5%**
2843,48	**1518*14,5%+(2793,89-1518)*13%+(4190,83-2793,88)*10%+(8157,41-4190,83)*8%+(13969,49-8157,41)*7,5%+(27938,96-13969,49)*5,5%+(54480,97-27938,95)*3%**

Atenção!

Muito importante ressaltar que a alteração de alíquotas, diferentemente das demais regras da Reforma, deveriam ser aplicáveis também os servidores públicos dos Estados e dos Municípios, pois, de acordo com o art. 9º, § 4º da EC 103/2019, as alíquotas dos servidores dos Estados e Municípios não poderão ser inferiores às aplicadas pela União. Há entendimento, todavia, que para se efetivar a alteração das alíquotas é necessária a edição de lei de cada um dos entes federativos que defina as exatas alíquotas contributivas, desde que não inferiores às previstas pela União. Caso o ente federativo não publique a referida lei, estará em situação irregular, não obtendo o Certificado de Regularidade Previdenciário – CRP, sofrendo restrições tais como o impedimento de receber as transferências voluntárias da União e de receber financiamento de banco público.

Os **valores das remunerações da tabela de alíquotas serão reajustados** a partir da data de entrada em vigor da Emenda Constitucional, **na mesma data e no mesmo índice em que se der o reajuste dos benefícios do Regime Geral de Previdência Social**, ressalvados aqueles vinculados ao salário mínimo, aos quais se aplica a legislação específica.

Vamos aos nossos exemplos para deixar mais clara a regra de contribuição estudada, inclusive comparando-a com a alíquota vigente até então.

Exemplo 1

Marcionílio, servidor público federal de cargo efetivo, recebe R$ 30.000,00 de remuneração. Qual o valor de sua contribuição?

Resposta:

Com a nova regra, Marcionílio deverá contribuir com a alíquota de 19% sobre os R$ 30.000,00, utilizando o redutor da nossa tabela prática de R$ 1.209,05, totalizando **R$ 4.490,95.**

Observem que, antes da Reforma, a contribuição de Marcionílio era de 11% sobre sua remuneração, totalizando **R$ 3.300,00**. Ele teve uma perda de **R$ 1.190,05** em sua remuneração total.

Exemplo 2

Marina, servidora pública federal administrativa, recebe R$ 3.000,00 de remuneração. Qual o valor de sua contribuição?

Resposta:

Com a nova regra, Marina deverá contribuir com a alíquota de 12% sobre os R$ 3.000,00, subtraindo o redutor da nossa tabela prática de R$ 6,59, totalizando **R$ 253,41.**

Observem que, antes da Reforma, a contribuição de Marina era de 11% sobre sua remuneração, totalizando **R$ 330,00**. Ele teve um ganho de **R$ 76,59** em sua remuneração total.

Analisando os dois exemplos, chegamos à conclusão de que as alíquotas dos servidores públicos foram alteradas de forma que os servidores com menor remuneração obtivessem redução nas contribuições, enquanto os servidores com maior remuneração tivessem acréscimo contributivo.

Em regra, os servidores que recebiam até, aproximadamente, R$ 4.400,00 obtiveram ganho com a alteração de alíquotas e aqueles que ultrapassaram esse patamar acabaram pagando uma contribuição mais elevada. A nova regra busca, em tese, trazer justiça social, mas acrescenta uma arrecadação de R$ 29,3 bilhões aos cofres públicos no período de dez anos (conforme dados expostos na PEC 06/2019), ou seja, o decréscimo de alíquota dos que recebem remuneração inferior aos R$ 4.400,00 foi muito menor se comparado ao acréscimo de alíquota dos que recebem mais. O acréscimo arrecadatório do servidor público acabou servindo também para financiar a diminuição de arrecadação do RGPS, que segundo o texto da PEC 06/2019, foi de R$ 27,6 bilhões em dez anos.

Vamos a um terceiro exemplo:

Exemplo 3

Elaide, servidora pública federal aposentada, com doença incapacitante, recebe proventos de R$ 20.000,00. Qual o valor de sua contribuição previdenciária?

Resposta:

Com a nova regra, Elaide deverá contribuir sobre o valor que ultrapassar R$ 8.157,41, aplicando-se as novas alíquotas. Assim, ela deve pagar 14,5%

sobre a primeira faixa, até R$ 13.969,49 e 16,5% sobre a segunda faixa, até R$ 20.000,00. O valor total da sua contribuição será de **R$ 1.837,78** (14,5% x 5.812,08 + 16,5 x 6.030,51).

Observem que, antes da Reforma, a contribuição de Elaide já era de 11%, mas só era aplicável ao valor que ultrapassava o dobro do teto, ou seja, R$ 16.314,82, pois ela é portadora de doença incapacitante, disposição que foi revogada com a Reforma. Assim, a contribuição de Elaide seria de **R$ 487,08** (11% x 4.427,96). Ela teve uma perda de **R$ 1.350,70** em seus proventos totais.

O art. 36, I, da EC 103/2019 define que as alterações das contribuições só entram em vigor a partir do primeiro dia do quarto mês subsequente ao da data de publicação desta EC, ou seja, a partir de 01/03/2020.

Conforme estudado no primeiro capítulo desta obra, a Reforma da Previdência, efetivada pela Emenda Constitucional (EC) 41/2003, fez previsão para mudança nas regras de contribuição dos servidores públicos. É que esta EC possibilitou a limitação da base de contribuição à mesma utilizada pelo RGPS, porém condicionou a vigência da nova regra à instituição de uma previdência complementar oficial para os servidores públicos (art. 40, §§ 14 a 16, CF/1988).

Em 30/04/2012, foi publicada a Lei 12.618, que previu a criação da previdência complementar para os servidores públicos federais (Funpresp), que logo foi regulamentada pelo Decreto 7.808/2012. Para a efetiva instituição das regras do Funpresp, entretanto, fazia-se necessária a aprovação de um Plano de Benefícios.

O Plano de Benefícios do Funpresp-Exe, direcionado aos servidores públicos do Poder Executivo, somente foi publicado em 04/02/2013, pela Portaria 44 da Superintendência Nacional de Previdência Complementar (SNPC). Então, a partir desta data, os novos servidores federais que ingressaram ou venham ingressar no serviço público executivo federal não contribuirão mais para o RPPS sobre o valor total da remuneração, ficando a sua contribuição sujeita ao mesmo limite máximo do salário de contribuição do RGPS. Estes servidores, no entanto, podem contribuir para o Funpresp-Exe sobre a diferença entre a remuneração do cargo e o teto contributivo.

Exemplo:

Thiago tomou posse em cargo público do Poder Executivo federal em janeiro de 2020, com remuneração de R$ 10.000,00. Ele deve contribuir para o RPPS sobre a base de R$ 8.157,41, teto atual. Sobre a diferença entre os seus vencimentos e o teto contributivo, ou seja, sobre R$ 1.842,59 (R$ 10.000,00 – 8.157,41), ele poderá contribuir para o FUNPRESP, se optar pela adesão a este plano, em busca de um benefício da Previdência complementar.

O Plano de Benefícios dos Servidores do Poder Legislativo Federal somente foi publicado pela Portaria 239, da SNPC, em 07/05/2013, e apenas após esta data os servidores que ingressarem no legislativo federal passarão a contribuir obrigatoriamente com a nova sistemática.

Já o Plano de Benefícios dos servidores públicos do Poder Judiciário foi aprovado pela Portaria 559, da SNPC, publicada em 14/10/2013, devendo, a partir de então, os novos servidores do judiciário federal contribuir para o RPPS, valendo-se do mesmo teto aplicável ao RGPS.

Em resumo:

1) Os servidores públicos federais que entraram no serviço público antes da instituição dos respectivos Planos de Benefício não estão obrigados a contribuir até o limite máximo do RGPS (R$ 8.157,41), mas podem optar por esta nova regra, aderindo ao Funpresp. Se optarem, no entanto, os seus benefícios do RPPS ficarão limitados pelo mesmo teto;

2) Os servidores que estão incluídos na nova sistemática de contribuição e optarem por fazer parte do Regime de Previdência Complementar (Funpresp), além de terem direito a gozar de benefícios do RPPS limitados ao teto contributivo, gozarão, ainda, de benefícios da previdência complementar;

3) Os servidores públicos dos Estados e Municípios continuam contribuindo sobre o valor de suas remunerações integrais, possuindo benefícios que podem atingir até este valor, até que sejam instituídos os respectivos planos de previdência complementar oficial. A EC 103/2019 fixou o prazo de dois anos para a criação dos regimes complementares oficiais dos entes federativos.

De acordo com o § 16 do art. 40 da Constituição Federal, apenas mediante sua prévia e expressa opção, a previdência complementar poderá ser aplicada ao servidor que tiver ingressado no serviço público até a data da publicação do ato de instituição deste regime.

Em relação a este dispositivo, há uma grande insegurança dos servidores públicos vinculados a determinado ente federativo, desde antes da regulamentação da previdência complementar oficial, que pretendem migrar mediante concurso público para outro ente federativo que já instituiu a previdência complementar oficial. como neste caso o servidor público ingressou antes da regulamentação do plano complementar, entendemos que ele deve contribuir sobre a sua remuneração integral, só ficando sujeito à previdência complementar oficial mediante prévia e expressa opção.

Ocorre que o entendimento da Administração Pública de determinados entes federativos que já instituíram a previdência complementar oficial é a de que estes servidores que migraram de outros regimes próprios de Previdência Social devem contribuir até o teto do INSS para o RPPS, podendo optar pela Previdência oficial. Este é inclusive o entendimento da União, exarado na Orientação Normativa 12, de 23/12/2013, da Secretaria de Gestão Pública. Vejamos:

> Art. 2º Estão sujeitos ao regime de previdência complementar de que trata a Lei 12.618 de 2012, e consequentemente, terão suas contribuições previdenciárias submetidas ao limite máximo estabelecido para os benefícios do Regime Geral de Previdência Social:

> I – os servidores federais que ingressaram ou ingressarem em cargos públicos efetivos no Poder Executivo Federal a partir de 04 de fevereiro de 2013;
>
> II – os servidores egressos de órgãos ou entidades de qualquer dos entes da federação mencionados no parágrafo único do art. 1º desta Orientação Normativa que tenham ingressado ou ingressarem em cargo público efetivo do Poder Executivo Federal a partir de 04 de fevereiro de 2013.
>
> Parágrafo único. O disposto no inciso II deste artigo aplica-se inclusive aos servidores que tenham tomado posse e entrado em exercício no respectivo órgão ou entidade federal sem descontinuidade.

Em 29/11/2017 o STF decidiu em sessão administrativa que os servidores oriundos de estados, do Distrito Federal e dos municípios que ingressaram no STF depois da criação do regime complementar de Previdência dos servidores públicos e da instituição do Fundo de Previdência dos Servidores do Judiciário da União (Funpresp-Jud) têm direito ao regime previdenciário próprio anterior, sem limitação ao teto do Regime Geral de Previdência Social. A exigência é que tenham sido ocupantes titulares de cargos efetivos nos entes federativos e que não tenha havido descontinuidade no serviço público – ou seja, desde que o servidor tenha saído do poder público local e entrado imediatamente no STF.

O Supremo Tribunal Federal (STF) vai decidir essa polêmica questão definindo se servidor que ingressou no serviço público federal após a instituição do regime complementar de previdência, mas que ocupava cargo público de outro ente federado, pode ser vinculado ao regime previdenciário próprio anterior. A matéria, objeto do Recurso Extraordinário (RE) 1050597, teve repercussão geral reconhecida em deliberação no Plenário Virtual. Aguardemos o julgamento...

A Lei 13.183, de 04/11/2015, alterou a sistemática de adesão ao Funpresp. Antes, os servidores que ingressassem no serviço público federal deveriam optar por fazer parte do regime complementar, se inscrevendo ou não.

Depois da referida alteração, os novos servidores passam a ser automaticamente inscritos no respectivo plano de Previdência complementar desde a data de entrada em exercício, ficando assegurado ao participante o direito de requerer, a qualquer tempo, o cancelamento de sua inscrição. Se o requerimento de cancelamento for efetuado no prazo de até 90 dias da data da inscrição, fica assegurado o direito à restituição integral das contribuições vertidas, a ser paga em até 60 dias do pedido de cancelamento, corrigidas monetariamente. Neste caso, a contribuição aportada pelo patrocinador será devolvida à respectiva fonte pagadora no mesmo prazo da devolução da contribuição aportada pelo participante

A contribuição de ente federativo também é obrigatória, estando expressamente prevista no *caput* do art. 40 da Constituição Federal de 1988. O art. 1º, II, da Lei 9.717/1998 também prevê tal obrigatoriedade, traçando como diretriz da Previdência do servidor público financiamento mediante recursos provenientes da União, dos Estados, do Distrito Federal e dos Municípios e das contribuições do pessoal civil e militar, ativo, inativo e dos pensionistas, para os seus respectivos regimes.

A contribuição dos entes federativos para os regimes próprios de Previdência Social a que estejam vinculados seus servidores não poderá ser inferior ao valor da contribuição do servidor ativo, nem superior ao dobro desta contribuição (art. 2º da Lei 9.717/1998). Também ficam responsáveis pela cobertura de eventuais insuficiências financeiras do respectivo regime próprio, decorrentes do pagamento de benefícios previdenciários.

O art. 8º da Lei 10.887/2004 estabeleceu que a contribuição da União, de suas autarquias e fundações para o custeio do regime de Previdência será **o dobro da contribuição do servidor ativo**, devendo o produto de sua arrecadação ser contabilizado em conta específica. Assim, optou por fixar a contribuição da União no limite máximo previsto pela Lei 9.717/98.

O art. 183 da Lei 8.112/1990 dispõe que será assegurada ao servidor licenciado ou afastado sem remuneração a manutenção da vinculação ao regime do Plano de Seguridade Social do Servidor Público, mediante o recolhimento mensal da respectiva contribuição, no mesmo percentual devido pelos servidores em atividade, incidente sobre a remuneração total do cargo a que faz jus no exercício de suas atribuições, computando-se, para esse efeito, inclusive, as vantagens pessoais.

A responsabilidade pela retenção e recolhimento das contribuições será do dirigente e do ordenador de despesa do órgão ou entidade que efetuar o pagamento da remuneração ou do benefício (art. 8-A da Lei 10.887/2004).

A Lei 10.887/2004 fixa, também, os prazos para recolhimento das contribuições para os regimes próprios de Previdência Social, conforme segue:

> I – até o dia 15, no caso de pagamentos de remunerações ou benefícios efetuados no primeiro decêndio do mês;
>
> II – até o dia 25, no caso de pagamentos de remunerações ou benefícios efetuados no segundo decêndio do mês; ou
>
> III – até o dia 5 do mês posterior, no caso de pagamentos de remunerações ou benefícios efetuados no último decêndio do mês.

Caso o recolhimento das contribuições não seja efetuado nos prazos previstos, incidirão os acréscimos de mora previstos para os tributos federais e sujeitará o responsável às sanções penais e administrativas cabíveis.

A não retenção das contribuições pelo órgão pagador também sujeita o responsável às sanções penais e administrativas, cabendo a esse órgão apurar os valores não retidos e proceder ao desconto na folha de pagamento do servidor ativo, do aposentado e do pensionista, em rubrica e classificação contábil específicas, podendo essas contribuições ser parceladas. A Secretaria da Receita Federal do Brasil formalizará representações aos órgãos de controle e constituirá o crédito tributário relativo à parcela devida pelo servidor ativo, aposentado ou pensionista.

A União, os Estados, o Distrito Federal e os Municípios publicarão, **até 30 dias após o encerramento de cada bimestre**, demonstrativo financeiro e orçamentário da receita e despesa previdenciárias acumuladas no exercício financeiro em curso.

A Súmula 69 da AGU dispõe que a partir da edição da Lei 9.783/1999, não é devida pelo servidor público federal a contribuição previdenciária sobre parcela recebida a título de cargo em comissão ou função de confiança.

Por fim, o Supremo Tribunal Federal julgou o RE 593068, com repercussão geral reconhecida, interposto por servidora em disputa com a União. Por maioria, o STF considerou que a contribuição previdenciária do servidor não deve incidir sobre aquilo que não é incorporado à sua aposentadoria, firmando a seguinte tese: "Não incide contribuição previdenciária sobre verba não incorporável aos proventos de aposentadoria do servidor público, tais como terço de férias, serviços extraordinários, adicional noturno e adicional de insalubridade".

26.3. APOSENTADORIAS NOS REGIMES PRÓPRIOS DE PREVIDÊNCIA SOCIAL

A Constituição Federal de 1988 prevê as seguintes modalidades de aposentadoria para os servidores públicos:

a) Aposentadoria **programada**, com cumulação dos requisitos idade e tempo de contribuição;

b) Aposentadoria compulsória;

c) Aposentadoria por incapacidade permanente (por invalidez);

d) Aposentadorias especiais.

Vamos, então, estudar com mais profundidade cada uma destas modalidades de aposentadoria e suas regras de transição.

26.3.1. Aposentadoria programada – Regras permanentes

As regras da aposentadoria **programada** para os servidores federais foram alteradas pela EC 103/2019. Antes desta alteração, de acordo com o inciso III do § 1º do art. 40 da Constituição Federal de 1988, os servidores poderiam se aposentar voluntariamente, desde que cumprido tempo mínimo de **dez anos de efetivo exercício no serviço público** e **cinco anos no cargo efetivo** em que se dará a aposentadoria, observadas as seguintes condições:

a) **60 anos de idade e 35 de contribuição, se homem, e 55 anos de idade e 30 de contribuição, se mulher;**

b) **65 anos de idade, se homem, e 60 de idade, se mulher, com proventos proporcionais ao tempo de contribuição.**

Estas regras ainda são válidas para os servidores municipais e estaduais, pois a Reforma da Previdência de 2019, estranhamente, só alterou as regras para os servidores federais.

De acordo com o art. 40 da Constituição Federal de 1988, alterado pela EC 103/2019, o regime próprio de Previdência Social dos servidores titulares de cargos efetivos terá caráter contributivo e solidário, mediante contribuição do respectivo ente federativo, de servidores ativos, de aposentados e de pensionistas, observados critérios que preservem o equilíbrio financeiro e atuarial.

O novo texto constitucional traz uma mudança em relação ao anterior: retira os Estados e Municípios da obrigatoriedade de seguir o texto permanente da Constituição Federal. Antes da EC 103/2019, as regras do art. 40 eram aplicáveis para todos os entes federativos e, após forte embate político, os Estados e Municípios foram retirados da Reforma da Previdência de 2019.

O inciso III, § 1º, do art. 40 dispõe que o servidor abrangido por regime próprio de Previdência Social será aposentado:

> III – no âmbito da União, aos **62 anos de idade, se mulher, e aos 65 anos de idade, se homem**, e, no âmbito dos Estados, do Distrito Federal e dos Municípios, na idade mínima estabelecida mediante emenda às respectivas Constituições e Leis Orgânicas, **observados o tempo de contribuição e os demais requisitos estabelecidos em lei complementar do respectivo ente federativo.**

O § 5º do art. 40 da CF/1988 dispõe que os ocupantes do cargo de **professor terão idade mínima reduzida em cinco anos**, desde que comprovem tempo de efetivo exercício das funções de magistério na educação infantil e no ensino fundamental e médio fixado em lei complementar do respectivo ente federativo.

O texto da Constituição, reformado pela EC 103/2019, define as idades para a aposentadoria **programada** somente para o RPPS da União, deixando a cargo da legislação de cada ente federativo a alteração das regras previstas na redação anterior à Constituição de 1988. Para os Estados e Municípios, então, continuam vigentes as regras constitucionais da redação anterior a EC 103/2019, até que a legislação de cada ente federativo defina novas regras. Neste ponto, houve uma desconstitucionalização das regras previdenciárias para os Estados e Municípios, que passam a poder tratar do tema por legislação local.

Percebam que, apesar de a idade ter sido definida no texto da Constituição Federal de 1988, o tempo de contribuição deve ser aprovado por lei complementar de cada ente federativo.

O art. 10, § 1º, da EC 103/2019 traz a **definição deste tempo de contribuição para o RPPS da União**. De acordo com o citado dispositivo, até que entre em vigor lei federal que discipline os benefícios do regime próprio de Previdência Social dos servidores da União, os servidores públicos federais serão aposentados:

> I – voluntariamente, observados, cumulativamente, os seguintes requisitos:
>
> a) **62 anos de idade, se mulher, e 65 anos de idade, se homem**; e

b) **25 anos de contribuição**, desde que cumprido o tempo mínimo de **dez anos de efetivo exercício no serviço público e de cinco anos no cargo** efetivo em que for concedida a aposentadoria.

> **Atenção!**
>
> O tempo de contribuição mínimo para a concessão da aposentadoria programada do servidor público foi reduzido com a Reforma da Previdência, em relação à aposentadoria por tempo de contribuição. Antes, os homens só poderiam aposentar-se com 35 anos de contribuição e as mulheres com 30 anos de contribuição, tendo o tempo mínimo sido reduzido para 25 anos de contribuição. Obviamente, no sistema anterior aos 65 anos de idade, homens, e, aos 60 anos, mulheres, era possível que os servidores se aposentassem por idade, proporcionalmente.

O inciso III do § 1º do art. 10, da EC 103/2019 dispõe que o titular do cargo federal de **professor se aposenta** aos **60 anos de idade, se homem, aos 57 anos, se mulher, 25 anos de contribuição exclusivamente em efetivo exercício das funções de magistério** na educação infantil e no ensino fundamental e médio, **dez anos de efetivo exercício de serviço público e cinco anos no cargo efetivo** em que for concedida a aposentadoria, para ambos os sexos.

As regras para cálculo de proventos de aposentadoria também serão disciplinadas em lei do respectivo ente federativo (§ 3º, art. 40, CF/1988).

Os proventos de aposentadoria **não poderão ser inferiores** ao valor mínimo do RGPS, ou seja, **ao salário mínimo, ou superiores ao limite máximo estabelecido para o Regime Geral de Previdência Social**, observada a necessidade de instituição de Previdência complementar para o servidor, conforme disposto nos §§ 14 a 16 do art. 40 da CF/1988.

Obviamente, a regra permanente e as regras de transição ainda garantem aos servidores públicos ingressados antes da instituição da Previdência complementar pelo ente federativo ao qual está vinculado, aposentadoria no valor superior ao teto do RGPS. Não haveria qualquer sentido limitar para os antigos servidores a sua aposentadoria ao teto do RGPS, uma vez que estes contribuem para o RPPS, em regra, sobre o valor total da sua remuneração. Este tema será mais detalhado no próximo tópico, quando trataremos do valor do benefício.

A Reforma da Previdência de 2019 manteve o pagamento da verba chamada de "Abono de Permanência em Serviço", já constante no texto anterior, que consiste no pagamento correspondente ao valor da contribuição previdenciária devida pelo servidor, quando este já tiver direito à aposentadoria, mas continuar na ativa. Vejamos a redação do § 19 do art. 40 da CF/1988.

> *§ 19. Observados critérios a serem estabelecidos em lei do respectivo ente federativo, o servidor titular de cargo efetivo que tenha completado as exigências para a aposentadoria voluntária e que opte por permanecer em atividade poderá fazer jus a um abono de permanência equivalente, no máximo, ao valor da sua contribuição previdenciária, até completar a idade para aposentadoria compulsória.*

O § 20 do art. 40 continua vedando a existência de mais de um regime próprio de Previdência Social e de mais de um órgão ou entidade gestora deste regime em cada ente federativo, abrangidos todos os poderes, os órgãos e as entidades autárquicas e fundacionais, que serão responsáveis pelo seu financiamento, observados os critérios, os parâmetros e a natureza jurídica definidos na lei complementar.

Um ponto de grande controvérsia da Reforma da Previdência Social de 2019 foi a **desconstitucionalização das regras previdenciárias.** O texto original enviado pelo Governo propunha uma desconstitucionalização total, tanto para o RGPS, quanto para o RPPS. Este texto acabou sofrendo diversas alterações e muitas das regras previdenciárias foram mantidas na constituição, principalmente em relação ao RGPS.

No RPPS, todavia, apesar de diversas regras terem sido inseridas na Constituição, muitas outras podem ser alteradas por instrumentos legais. O § 22 do art. 40 da Constituição Federal de 1988, traz diversas hipóteses concernentes ao RPPS, que poderão ser tratadas por lei complementar. Vejamos:

> § 22. *Vedada a instituição de novos regimes próprios de Previdência Social, lei complementar federal estabelecerá, para os que já existam, normas gerais de organização, de funcionamento e de responsabilidade em sua gestão, dispondo, entre outros aspectos, sobre:*
>
> *I – requisitos para sua extinção e consequente migração para o Regime Geral de Previdência Social;*
>
> *II – modelo de arrecadação, de aplicação e de utilização dos recursos;*
>
> *III – fiscalização pela União e controle externo e social;*
>
> *IV – definição de equilíbrio financeiro e atuarial;*
>
> *V – condições para instituição do fundo com finalidade previdenciária de que trata o art. 249 e para vinculação a ele dos recursos provenientes de contribuições e dos bens, direitos e ativos de qualquer natureza;*
>
> *VI – mecanismos de equacionamento do déficit atuarial;*
>
> *VII – estruturação do órgão ou entidade gestora do regime, observados os princípios relacionados com governança, controle interno e transparência;*
>
> *VIII – condições e hipóteses para responsabilização daqueles que desempenhem atribuições relacionadas, direta ou indiretamente, com a gestão do regime;*
>
> *IX – condições para adesão a consórcio público;*
>
> *X – parâmetros para apuração da base de cálculo e definição de alíquota de contribuições ordinárias e extraordinárias. (NR)*

O art. 9º da EC 103/2019 dispõe que até que entre em vigor a referida lei complementar, aplicam-se aos regimes próprios de Previdência Social o disposto na Lei 9.717, de 27 de novembro de 1998, e também, o disposto no próprio art. 9º citado, criando diversas regras que deverão ser seguidas.

Em relação ao disposto no inciso IV, o equilíbrio financeiro e atuarial do regime próprio de Previdência Social deverá ser comprovado por meio de garantia de equivalência, a valor presente, entre o fluxo das receitas estimadas e das despesas projetadas, apuradas atuarialmente, que, juntamente com os bens, direitos e ativos vinculados, comparados às obrigações assumidas, evidenciem a solvência e a liquidez do plano de benefícios.

Com esta forma de cálculo, parece que as contas previdenciárias devem ser elaboradas levando-se em conta os gastos futuros com o pagamento dos benefícios, comparando-os com a projeção de receita. Este cálculo nos parece, em tese, muito mais correto do que a mera avaliação do fluxo de caixa anual. De toda forma, se não executado de maneira técnica, pode servir, mais uma vez, para demonstrar uma insolvência irreal do sistema, com a finalidade de promover novos cortes nas políticas sociais.

O § 2º do art. 9º da EC 103/2019 estabelece que **o rol de benefícios dos regimes próprios de Previdência Social fica limitado às aposentadorias e à pensão por morte**, parecendo vedar que outros benefícios possam ser concedidos no âmbito do RPPS. Dessa forma, os afastamentos por incapacidade temporária para o trabalho e o salário-maternidade serão pagos diretamente pelo ente federativo e não correrão à conta do regime próprio de Previdência Social ao qual o servidor se vincula.

O § 4º do artigo em análise dispõe que os **Estados, o Distrito Federal e os Municípios não poderão estabelecer alíquota inferior à da contribuição dos servidores da União**, exceto se demonstrado que o respectivo regime próprio de Previdência Social não possui déficit atuarial a ser equacionado, hipótese em que a alíquota não poderá ser inferior às alíquotas aplicáveis ao Regime Geral de Previdência Social. Observe que a implementação de segregação da massa de segurados ou a previsão em lei de plano de equacionamento de déficit não é considerada como ausência de déficit para justificar as alíquotas reduzidas.

Notem que as regras de contribuição dos servidores, que foram estudadas no tópico anterior, se aplicam a todos os entes federativos, diferentemente das regras de benefícios, que são aplicáveis, apenas, ao RPPS da União.

O art. 3º da EC 103/2019 quis deixar bem claro que a Reforma da Previdência **respeita o direito adquirido dos segurados**, que já cumpriram os requisitos para aposentadoria **até a data da sua publicação, em 13/11/2019**. Por óbvio, não podia ser diferente, pois a proteção ao direito adquirido é cláusula pétrea do nosso sistema jurídico. O excesso de zelo, entretanto, é justificável, pois toda vez que uma reforma extensa da constituição é promovida, há uma desconfiança geral da população e mesmo de alguns especialistas.

De acordo com o art. 3º, a concessão de aposentadoria ao servidor público federal vinculado a regime próprio de Previdência Social e ao segurado do Regime Geral de Previdência Social e de pensão por morte aos respectivos dependentes será assegurada, a qualquer tempo, desde que tenham sido cumpridos os requisitos para obtenção destes benefícios até a data de entrada em vigor desta Emenda Constitucional em 13/11/2019, observados os critérios da legislação vigente na data em que foram atendidos os requisitos para a concessão da aposentadoria ou da pensão por morte.

O § 3º deste dispositivo garante o pagamento do abono anual para os servidores que já tiverem direito adquirido à aposentadoria pelas regras permanentes ou transitórias anteriores a publicação da EC 103/2019, que optar por permanecer em atividade, equivalente ao valor da sua contribuição previdenciária, até completar a idade para aposentadoria compulsória.

Os proventos de aposentadoria concedidos ao servidor público e as pensões por morte devidas aos seus dependentes serão calculados e reajustados de acordo com a legislação em vigor à época em que foram atendidos os requisitos nela estabelecidos para a concessão destes benefícios, deixando expressa a garantia do reajuste conforme regramento anterior à Reforma.

Para melhor visualização, segue um esquema que resume a regra "permanente" da aposentadoria **programada** do servidor federal:

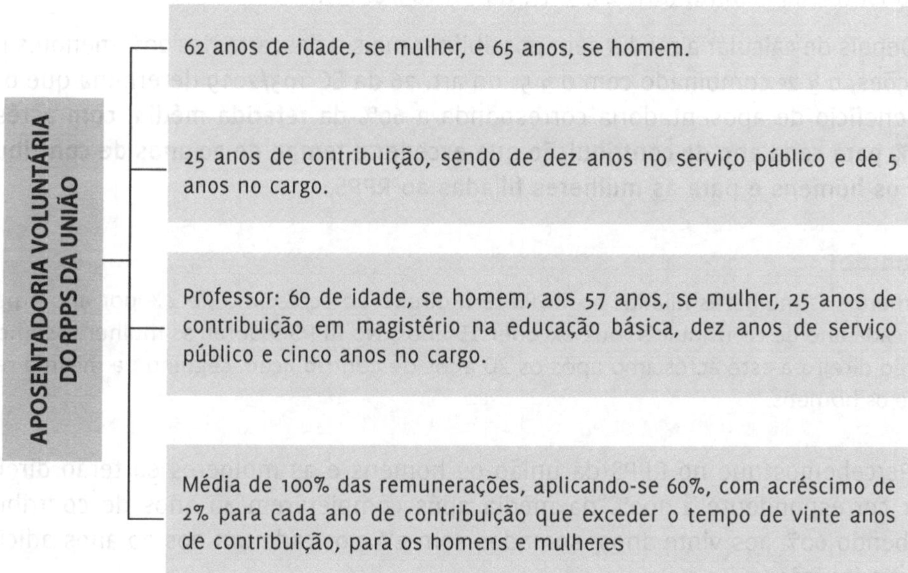

26.3.2. Cálculo do Valor das Aposentadorias Programadas do RPPS

Como já estudado ao tratar do cálculo da aposentadoria **programada** do RGPS, a Reforma da Previdência de 2019 trouxe uma nova forma de apuração do valor dos benefícios previdenciários.

No modelo anterior, o salário de benefício era calculado com base na média das 80% maiores remunerações, possibilitando o descarte dos 20% menores.

Com a publicação da EC 103/2019, o seu art. 26 determina que **até que lei discipline o cálculo dos benefícios** do **regime próprio de Previdência Social da União** e do Regime Geral de Previdência Social, será utilizada a **média aritmética simples dos salários de**

contribuição e das remunerações adotados como base para contribuições a regime próprio de Previdência Social e ao Regime Geral de Previdência Social, ou como base para contribuições decorrentes das atividades militares, atualizados monetariamente, **correspondentes a 100% do período contributivo desde a competência julho de 1994** ou desde o início da contribuição, se posterior àquela competência.

Esta regra é mais uma das disposições transitórias "permanentes" que pode ser alterada por lei. Vale, então, a regra da média de todas as contribuições, até que lei venha alterar esta disposição.

A média será **limitada ao valor máximo do salário de contribuição do Regime Geral de Previdência Social para o servidor que ingressou no serviço público em cargo efetivo após a implantação do regime de Previdência complementar ou que tenha exercido a opção de migração correspondente**, nos termos do disposto nos §§ 14 a 16 do art. 40 da Constituição Federal (art. 26, § 1º, da EC 103/2019).

Depois de calcular a média sem possibilitar mais o descarte das 20% menores remunerações, o § 2º combinado com o § 5º do art. 26 da EC 103/2019 determina que o valor do benefício de aposentadoria corresponda a **60% da referida média, com acréscimo de 2% para cada ano de contribuição que exceder o tempo de 20 anos de contribuição, para os homens e para as mulheres filiadas ao RPPS.**

Atenção!

Somente as mulheres filiadas ao RGPS têm direito ao acréscimo de 2% por ano a partir de cada ano de contribuição que exceder 15 anos. No RPPS federal, as mulheres somente terão direito a este acréscimo após os 20 anos de contribuição, seguindo a mesma regra que os homens.

Percebemos que no RPPS da união os homens e as mulheres só terão direito ao valor correspondente a 100% da média após completarem 40 anos de contribuição, recebendo 60% aos vinte anos, somados com 2% por cada um dos 20 anos adicionais de contribuição.

A tabela abaixo sintetiza as novas regras de cálculo das aposentadorias **programadas** no RPPS, lembrando que, de acordo com o art. 10 da EC 103/2019, os servidores públicos necessitam de 25 anos de contribuição para terem direito à aposentadoria do RPPS da União:

Tempo de Contribuição	Homens e Mulheres
25 anos	70%
26 anos	72%
27 anos	74%
28 anos	76%
29 anos	78%

Tempo de Contribuição	Homens e Mulheres
30 anos	80%
31 anos	82%
32 anos	84%
33 anos	86%
34 anos	88%
35 anos	90%
36 anos	92%
37 anos	94%
38 anos	96%
39 anos	98%
40 anos	100%

Da mesma forma que ocorre com o cálculo do valor do benefício do RGPS, não há limitação a 100%, sendo possível que as mulheres e homens que ultrapassem 40 anos de contribuição possam ganhar mais de 100% de suas médias remuneratórias, uma vez que o artigo 26 da EC 103/2019 não limitou a esse percentual.

Ao estudarmos a regra do valor dos benefícios no RPPS, já demonstramos com exemplos numéricos que a nova regra trouxe grande perda no valor das aposentadorias em relação ao modelo antigo. A primeira redução ocorre ao não mais permitir o descarte de 20% no valor dos benefícios, que pode representar uma redução significativa na média e a segunda perda por aplicar os percentuais crescentes em função da média remuneratória.

Para facilitar o estudo, trazemos novos exemplos com a realidade do servidor público, que pode ter média contributiva superior ao teto do RGPS.

EXEMPLO 1

Um homem que contribuiu oito anos com a base contributiva corrigida de R$ 1.500,00 (valor próximo do mínimo), quando era vinculado ao RGPS. Foi aprovado em concurso público de Auditor-Fiscal da Receita Federal, recebendo, durante 32 anos, remuneração corrigida de R$ 30.000,00. Qual seria a sua perda por não poder descartar os 20% menores salários de contribuição?

RESPOSTA

Cálculo com descarte de 20%: o valor da média seria exatamente R$ 30.000,00, uma vez que foram descartadas todos as remunerações dos oito menores anos contributivos (20% de 40 anos), restando apenas os 32 anos em que o segurado contribuiu sobre R$ 30.000,00.

Cálculo sem descarte de 20%: o valor da média seria exatamente R$ 24.300,00, calculados somando os 32 anos em que o segurado contribuiu sobre R$ 30.000,00 e os oito anos em que ele contribuiu sobre R$ 1.200,00. A demonstração do cálculo é (30000 x 32 + 8 x 1500)/40 = R$ 24.300,00.

A perda foi de exatamente 19% do valor da média.

EXEMPLO 2

Vamos ao segundo exemplo que demonstra um cálculo mais ameno de perda com a mudança da base de cálculo. Uma servidora que possua sete anos contribuindo com média corrigida de R$ 4.000,00, quando trabalhava vinculada ao RGPS e mais 28 anos contribuindo com uma média corrigida de R$ 20.000,00, perde quando com a nova sistemática?

RESPOSTA

Cálculo com descarte de 20%: o valor da média seria exatamente R$ 20.000,00, uma vez que foram descartadas todas as remunerações dos sete menores anos contributivos (20% de 35 anos), restando apenas os 32 anos em que a segurada contribuiu sobre R$ 20.000,00.

Cálculo sem descarte de 20%: o valor da média seria exatamente R$ 4.900,00, calculados somando os 28 anos em que a segurada contribuiu sobre R$ 20.000 e os sete anos em que ela contribuiu sobre R$ 4.000,00. A demonstração do cálculo é (20000 x 28 + 7 x 4000)/35 = R$ 16.800,00.

A perda foi de exatamente 16% do valor da média.

Mas as perdas com a nova forma de cálculo do benefício previdenciário do servidor não pararam na média. O valor do benefício foi também bastante afetado pela aplicação dos percentuais crescentes em função do tempo de contribuição. Ressaltamos que não existe qualquer regra de transição para o cálculo do valor do benefício do Regime Próprio de Previdência Social. Assim, um servidor federal que falta apenas um mês para completar os requisitos da aposentadoria antes da reforma, terá direito ao benefício calculado com as novas regras. Sempre lembramos que a sua média já estará reduzida pela impossibilidade de descarte, fazendo com que essa perda possa chegar a um percentual ainda maior.

A perda é tão relevante que o constituinte derivado se preocupou com a possibilidade da inclusão de novas contribuições que superem o tempo mínimo exigido pudesse resultar em diminuição no valor dos benefícios, o que feriria o bom senso. Para evitar que isso ocorresse, foi criada a regra de **garantia do melhor benefício.**

De acordo com o § 6º do art. 26 da EC 103/2019, **poderão ser excluídas da média as contribuições que resultem em redução do valor do benefício**, desde que mantido o tempo mínimo de contribuição exigido, vedada a utilização do tempo excluído para qualquer finalidade, inclusive para o acréscimo de 2% por ano adicional ao tempo mínimo, para a averbação em outro regime previdenciário ou para a obtenção dos proventos de inatividade.

Esse dispositivo institui a **garantia do melhor benefício**, ou seja, sempre que a utilização de remunerações adicionais ao tempo mínimo possa resultar em diminuição do valor do benefício, estes poderão ser excluídos, desde que não seja utilizado para qualquer finalidade. A exclusão do tempo pode gerar um acréscimo da média, mas, em contrapartida, vai gerar uma redução no valor do benefício de 2% por cada ano suprimido da média.

Para fins ilustrativos, veremos dois exemplos em que se aplica a regra do melhor benefício para constatar que esta regra pode, em algumas situações, ter efeitos positivos.

EXEMPLO 1

Um servidor que contribuiu oito anos com a base contributiva corrigida de R$ 1500,00 (valor próximo do mínimo) e durante 32 anos sobre o valor corrigido de R$ 30.000,00. Qual seria o valor de seu benefício, nas hipóteses de não utilização ou de utilização da regra do melhor benefício?

RESPOSTA

SEM UTILIZAR A REGRA DO MELHOR BENEFÍCIO

Cálculo da aposentadoria programada com todas as remunerações: o valor da média seria exatamente R$ 24.300,00, calculados somando os 32 anos em o segurado contribuiu sobre R$ 30.000,00 e os oito anos em que ele contribuiu sobre R$ 1.500,00. A demonstração do cálculo é (30000 x 32 + 8 x 1500)/40 = R$ 24.300,00.

Desta média, aplica-se 100% (60% +2% por ano) para se alcançar o valor do benefício previdenciário.

Valor da Aposentadoria: R$ 24.300,00

UTILIZANDO A REGRA DO MELHOR BENEFÍCIO

Cálculo da aposentadoria programada, excluindo as remunerações de R$ 1.500,00: o valor da média seria exatamente R$ 30.000,00, uma vez que foram descartadas todas as remunerações dos oito menores anos contributivos, restando apenas os 32 anos em que o segurado contribuiu sobre R$ 30.000,00.

Desta média, aplica-se 84% (60% +2% cada um dos 12 anos adicionais aos 20) para se alcançar o valor do benefício previdenciário, uma vez que o segurando contou com 32 anos na sua base de cálculo. O valor da aposentadoria seria de exatamente R$ 25.200,00.

Valor da aposentadoria: R$ 25.200,00

EXEMPLO 2

Uma servidora que possui 31 anos de contribuição, sendo 25 deles com um valor contributivo corrigido de R$ 25.000,00 e os demais seis anos com R$ 3.000,00. Qual seria o valor de seu benefício, nas hipóteses de não utilização ou de utilização da regra do melhor benefício?

RESPOSTA

SEM UTILIZAR A REGRA DO MELHOR BENEFÍCIO

Cálculo da aposentadoria programada com todas as remunerações: o valor da média seria exatamente R$ 20.742,94, calculados somando os 25 anos em que a servidora contribuiu sobre R$ 25.000,00 e os seis anos em que ela contribuiu sobre R$ 3.000,00. A demonstração do cálculo é (25000 x 25 + 6 x 3000)/31 = R$ 20.742,94.

Desta média, aplica-se 82% (60% +2% por cada um dos 11 anos adicionais aos 20) para se alcançar o valor do benefício previdenciário. O valor da aposentadoria seria de exatamente R$ 17.008,39 (20.742,94 x 82%).

Valor da Aposentadoria: R$ 17.008,39

UTILIZANDO A REGRA DO MELHOR BENEFÍCIO

Cálculo da aposentadoria programada, excluindo os salários de contribuição de R$ 3.000,00: o valor da média seria exatamente R$ 25.000,00, uma vez que foram descartadas todas as remunerações dos seis menores anos contributivos, restando apenas os 25 anos em que a servidora contribuiu sobre R$ 25.000,00.

Desta média, aplica-se 70% (60% +2% por cada um dos cinco anos adicionais aos 20) para se alcançar o valor do benefício previdenciário, uma vez que a servidora contou com 25 anos na sua base de cálculo. O valor da aposentadoria seria de exatamente R$ 19.500,00 (25.000 x 70%).

Valor da aposentadoria: R$ 17.500,00

Percebemos que o aumento no valor da aposentadoria para o servidor, aplicando a regra do melhor benefício, é relevante, considerando que se trata de benefício de prestação continuada e, em longos prazos, pode trazer uma boa diferença. Conhecendo a rotina administrativa dos órgãos públicos, acreditamos que será muito difícil que seja oferecido administrativamente aos segurados a melhor opção de benefício. Visualizamos, então, um grande campo de trabalho para os advogados que militarem na área previdenciária.

Por fim, o § 7º do art. 26 da EC 103/2019 dispõe que os benefícios calculados serão reajustados nos termos estabelecidos para o Regime Geral de Previdência Social, que, atualmente, se vale do Índice Nacional de Preços ao Consumidor (INPC), calculado pelo IBGE.

Para melhor visualização, segue um esquema que resume a regra geral de cálculo do valor da aposentadoria **programada** do servidor federal:

CÁLCULO DO VALOR DA APOSENTADORIA VOLUNTÁRIA

- Média de 100% das remunerações dos servidores, desde a competência julho de 1994.
- 60% da referida média, com acréscimo de 2% para cada ano de contribuição que exceder o tempo de 20 anos de contribuição, para os homens e para as mulheres.
- Possibilidade de excluir contribuições que superem o número mínimo exigido, para garantia do melhor benefício.

26.3.3. Regras de Transição das Aposentadorias Programadas do RPPS da União

A partir de agora vamos estudar as complexas regras de transição trazidas pela EC 103/2019 para o RPPS da União. Didaticamente, classificamos as seguintes regras de transição para o Regime Próprio de Previdência Social da União:

- Regra 1 – Fórmula 86/96 e Idade Progressivas – art. 4º da EC 103/2019;
- Regra 2 – Idade Mínima, Tempo de Contribuição + Pedágio – art. 20 da EC 103/2019.

Vamos iniciar nossa análise!

26.3.3.1. Regra 1 – Fórmula 86/96 e Idade Progressivas – art. 4º da EC 103/2019

De acordo com o art. 4º da EC 103/2019, **o servidor público federal** que tenha ingressado no serviço público em cargo efetivo até a data de entrada em vigor desta Emenda Constitucional, em 13/11/2019, poderá aposentar-se voluntariamente quando preencher, cumulativamente, os seguintes requisitos:

I – **56 anos de idade, se mulher, e 61 anos de idade, se homem**, e, a partir de 1º de janeiro de 2022, **57 anos de idade, se mulher, e 62 anos de idade, se homem;**

II – **30 anos de contribuição, se mulher, e 35 anos de contribuição, se homem;**

III – **20 anos de efetivo exercício no serviço público;**

IV – **cinco anos no cargo** efetivo em que se der a aposentadoria; e

V – **somatório da idade e do tempo de contribuição**, incluídas as frações, equivalente a **86 pontos, se mulher, e 96 pontos, se homem.**

A partir de 1º de janeiro de 2020, a pontuação a que se refere o inciso V será **acrescida a cada ano de um ponto, até atingir o limite de 100 pontos, se mulher, e de 105, se homem.** A idade e o tempo de contribuição serão apurados em dias para o cálculo do somatório de pontos.

Para o **titular do cargo de professor** que comprovar exclusivamente tempo de efetivo exercício das funções de magistério na educação infantil e no ensino fundamental e médio, os requisitos de idade e de tempo de contribuição serão reduzidos em cinco anos, da seguinte forma:

I – **51 anos de idade, se mulher, e 56 anos de idade, se homem** e, a partir de 1º de janeiro de 2022, **52 anos de idade, se mulher, e 57 anos de idade, se homem;**

II – **25 anos de contribuição, se mulher, e 30 anos de contribuição, se homem;**

III – **20 anos de efetivo exercício no serviço público;**

IV – **cinco anos no cargo** efetivo em que se der a aposentadoria; e

V – **somatório da idade e do tempo de contribuição**, incluídas as frações, equivalente a **81 pontos, se mulher, e 91 pontos, se homem.**

A partir de 1º de janeiro de 2020, será aplicado o acréscimo de um ponto, até atingir o limite de **92 pontos, se mulher, e de 100 pontos, se homem.**

Vamos à nossa tabela esquemática da regra de transição, para facilitar a compreensão:

	Homens			Mulheres			Professores			Professoras		
Data até	**Idade**	**TC**	**Fórmula**	**Idade**	**TC**	**Fórmula**	**Idade**	**TC**	**Fórmula**	**Idade**	**TC**	**Fórmula**
31/12/2019	**61**	**35**	**96**	**56**	**30**	**86**	**56**	**35**	**91**	**51**	**30**	**81**
31/12/2020	**61**	**36**	**97**	**56**	**31**	**87**	**56**	**36**	**92**	**51**	**31**	**82**
31/12/2021	**61**	**37**	**98**	**56**	**32**	**88**	**56**	**37**	**93**	**51**	**32**	**83**
31/12/2022	**62**	**37**	**99**	**57**	**32**	**89**	**57**	**37**	**94**	**52**	**32**	**84**
31/12/2023	**62**	**38**	**100**	**57**	**33**	**90**	**57**	**38**	**95**	**52**	**33**	**85**
31/12/2024	**62**	**39**	**101**	**57**	**34**	**91**	**57**	**39**	**96**	**52**	**34**	**86**
31/12/2025	**62**	**40**	**102**	**57**	**35**	**92**	**57**	**40**	**97**	**52**	**35**	**87**
31/12/2026	**62**	**41**	**103**	**57**	**36**	**93**	**57**	**41**	**98**	**52**	**36**	**88**
31/12/2027	**62**	**42**	**104**	**57**	**37**	**94**	**57**	**42**	**99**	**52**	**37**	**89**
31/12/2028	**62**	**43**	**105**	**57**	**38**	**95**	**57**	**43**	**100**	**52**	**38**	**90**
31/12/2029	**62**	**43**	**105**	**57**	**39**	**96**	**57**	**43**	**100**	**52**	**39**	**91**
31/12/2030	**62**	**43**	**105**	**57**	**40**	**97**	**57**	**43**	**100**	**52**	**40**	**92**
31/12/2031	**62**	**43**	**105**	**57**	**41**	**98**	**57**	**43**	**100**	**52**	**40**	**92**
31/12/2032	**62**	**43**	**105**	**57**	**42**	**99**	**57**	**43**	**100**	**52**	**40**	**92**
31/12/2033	**62**	**43**	**105**	**57**	**43**	**100**	**57**	**43**	**100**	**52**	**40**	**92**

Nesta tabela, chama a atenção a falta total de lógica da pontuação exigida para os professores. Perceba que a própria regra de transição exige uma idade mínima inicial de **51 anos de idade, se mulher, e 56 anos de idade, se homem**, e um tempo de contribuição de **25 anos de contribuição, se mulher, e 30 anos de contribuição, se homem**, mas a pontuação exigida de **81 pontos, se mulher, e 91 pontos, se homem**, não corresponde ao somatório da idade e do tempo de contribuição mínima. Vejamos a ilustração:

	Idade Mínima	Tempo de Contribuição Mínimo	Somatório	Pontuação Mínima Exigida
Professor	**56**	**30**	**86**	**91**
Professora	**51**	**25**	**76**	**81**

Parece-nos que houve erro na definição da pontuação mínima do professor, trazida pelo art. 4º, § 5º, da EC 103/2019, tamanha é a incongruência do dispositivo.

Para deixar mais palpável essa complexa regra de transição, vamos aos exemplos elucidativos:

EXEMPLO 1

Luís Eduardo tinha exatos 32 anos de contribuição e 57 anos de idade na data da aprovação da EC 103/2019. Quando poderá aposentar-se, valendo-se da regra de transição da Fórmula 86/96 e Idade Progressivas?

RESPOSTA

Vamos analisar a progressão de Luís Eduardo:

Data	TC	Idade	Pontuação	Fórmula	Idade Mínima
Novembro de 2020	33	58	91	97	61
Novembro de 2021	34	59	93	98	61
Novembro de 2022	35	60	95	99	62
Novembro de 2023	36	61	97	100	62
Novembro de 2024	37	62	99	101	62
Novembro de 2025	38	63	101	102	62
Novembro de 2026	39	64	103	103	62

Luís Eduardo alcançará os requisitos desta regra de transição em **novembro de 2026**, quando atingirá a pontuação exigida pela fórmula daquele ano. Observem que ele poderá aposentar-se aos 64 anos de idade com a utilização desta regra de transição, um ano antes de completar os 65 anos exigidos na regra permanente.

EXEMPLO 2

Rita, servidora pública exercente do cargo professora do ensino infantil, tinha exatos 24,5 anos de contribuição como professora e 49,5 anos de idade na data da aprovação da EC 103/2019, faltando apenas um ano para sua aposentadoria pelas regras anteriores. Quando poderá aposentar-se, valendo da regra de transição da Fórmula 86/96 Progressiva?

RESPOSTA

Vamos analisar a progressão de Rita:

Data	TC	Idade	Pontuação	Fórmula	Idade Mínima
Novembro de 2020	25,5	50,5	76	82	51
Novembro de 2021	26,5	51,5	78	83	51
Novembro de 2022	27,5	52,5	80	84	52
Novembro de 2023	28,5	53,5	82	85	52
Novembro de 2024	29,5	5,5	84	86	52
Novembro de 2025	30,5	55,5	86	87	52
Novembro de 2026	31,5	56,5	88	88	52

Percebemos que no caso de Rita esta regra de transição fez com que ela tivesse direito à aposentadoria em **novembro de 2026**, aos 56,5 anos de idade, seis meses antes da regra permanente. A Reforma lhe trouxe um acréscimo de seis anos de trabalho.

Importante ressaltar que essa regra de transição pode beneficiar muitos servidores que iniciaram a sua vida contributiva precocemente, que podem não ser obrigados a atingir as idades da regra permanente (65 anos, homens, e 62, mulheres), uma vez que o sistema de pontuação crescente é limitado a 105 pontos, homens, e 100 pontos, mulheres. Vamos ao exemplo que traz o caso real deste autor:

EXEMPLO 3

Ivan, Auditor Fiscal desde 2003, possuía 42 anos de idade e 21 anos de contribuição (de servidor e anterior da iniciativa privada) na data da publicação da EC 103/19. Quando poderá aposentar-se, valendo-se da regra de transição da Fórmula 86/1996 Progressiva?

RESPOSTA

Para responder essa pergunta com facilidade, basta buscarmos em quantos anos Ivan completará 105 pontos. Vejamos:

Pontuação na data da Reforma: 63 pontos

Pontuação faltante na data da Reforma: 42 pontos

Número de anos para atingir a pontuação faltante: 21 anos (de idade e de tempo de contribuição)

Completará os 105 pontos aos 63 anos de Idade e 42 anos de contribuição, antecipando dois anos da idade da regra permanente.

De acordo com o § 6º do art. 4º da EC 103/2019, o valor da aposentadoria concedida por essa regra de transição corresponde:

I - à **totalidade da remuneração do servidor público no cargo efetivo** em que se der a aposentadoria, para o servidor público que tenha **ingressado no serviço público em cargo efetivo até 31 de dezembro de 2003 e que não tenha feito a opção pela migração para o Regime de Previdência Complementar Oficial,** desde que se aposente aos **62 dois anos de idade, se mulher, e aos 65 anos de idade, se homem,** ou aos **57 anos de idade, se mulher, e aos 60 anos de idade, se homem, para os titulares do cargo de professor**; e

II - ao **valor apurado pela média de todos as remunerações**, aplicando-se a regra dos **60% para 20 anos de contribuição, homens e mulheres, acrescentados 2% por ano adicional** até completar 100%, para o servidor público não contemplado no inciso I (art. 26, § 2º, I, da EC 103/2019).

Vejam que o inciso I institui a **integralidade para os servidores** que cumprirem a regra de transição do art. 4º da EC 103/2019, **desde que tenha cumprido as mesmas idades exigidas na regra permanente.** Assim, por esta regra é possível que o servidor receba o valor integral da última remuneração no cargo, mas não poderá reduzir a idade da sua aposentadoria. Nos exemplos estudados, os servidores podem reduzir a idade da aposentadoria, mas recebem este benefício com valor calculado conforme regra do inciso II (média, com aplicação de 60% + 2% por ano adicional).

Considera-se remuneração do servidor público no cargo efetivo, para fins de cálculo dos proventos de aposentadoria integral, o valor constituído pelo subsídio, pelo vencimento e pelas vantagens pecuniárias permanentes do cargo, estabelecidos em lei, acrescidos dos adicionais de caráter individual e das vantagens pessoais permanentes, observados os seguintes critérios:

I - se o cargo estiver sujeito a **variações na carga horária**, o valor das rubricas que refletem essa variação integrarão o cálculo do valor da remuneração do servidor público no cargo efetivo em que se deu a aposentadoria e considerará a **média aritmética simples dessa carga horária proporcional ao número de anos completos de recebimento e contribuição**, contínuos ou intercalados, **em relação ao tempo total exigido para a aposentadoria;**

II - se as **vantagens pecuniárias permanentes forem variáveis**, por estarem vinculadas a indicadores de desempenho, produtividade ou situação similar, o valor destas vantagens integrará o cálculo da remuneração do servidor público no cargo efetivo, estabelecido pela **média aritmética simples do indicador, proporcional ao número de anos completos de recebimento e contribuição,** contínuos ou intercalados, **em relação ao tempo total exigido para a aposentadoria** ou ao tempo total de instituição da vantagem, que será aplicada sobre o valor atual de referência das vantagens pecuniárias permanentes variáveis.

Sintetizando estas complexas regras para definição de remuneração variável, elas poderão elevar o valor da remuneração do servidor proporcionalmente aos anos em que foram recebidas, em relação ao tempo total exigido para a aposentadoria do servidor por esta regra de transição, **30 anos de contribuição, se mulher, e 35 anos de contribuição, se homem**. Se, por exemplo, uma servidora que recebeu R$ 20.000 de remuneração corrigida durante os 30 anos de trabalho e, ainda, adicional variável cuja média era de R$ 10.000 durante 15 anos, o valor total de sua remuneração corrigida **será de R$ 25.000,00.** Isso porque devemos somar os 20 mil, com metade dos 10 mil, pois esta parcela ela só recebeu durante metade do tempo de contribuição total necessário para sua aposentadoria.

De acordo com o § 9º do art. 39 da CF/1988, inserido pela EC 103/2019, é vedada a incorporação de vantagens de caráter temporário ou vinculadas ao exercício de função de confiança ou de cargo em comissão à remuneração do cargo efetivo, ressalvadas, em respeito ao direito adquirido, as já incorporadas até a data de entrada em vigor da Emenda Constitucional, que ocorreu em 13/11/2019 (art. 13 da EC 103/2019).

Os proventos das aposentadorias concedidas nos termos do disposto neste artigo não serão inferiores ao valor ao salário mínimo e serão reajustados:

I – **garantindo-se a paridade** prevista no art. 7º da EC 41/2003, **se concedida com a regra da integralidade** prevista no inciso I, ou seja, **serão revistos na mesma proporção e na mesma data, sempre que se modificar a remuneração dos servidores em atividade;**

II – nos termos estabelecidos para o Regime Geral de Previdência Social, se concedidas na forma prevista no inciso II, ou seja, as aposentadorias calculadas com base na regra da média de 100% das remunerações são corrigidas pelo INPC.

Lembramos, mais uma vez, que as regras trazidas pela Reforma da Previdência não se aplicam às aposentadorias dos servidores dos Estados, do Distrito Federal e dos Municípios, que continuam seguindo as normas constitucionais e infraconstitucionais anteriores à data de entrada em vigor da EC 103/2019, enquanto não promovidas alterações na legislação interna relacionada ao respectivo regime próprio de Previdência Social.

Para melhor visualização, segue um esquema que resume a regra de transição da Fórmula 86/96 Progressiva:

FÓRMULA 86/96 E IDADE PROGRESSIVA DO RGPS

- 56 anos de idade, se mulher, e 61 anos de idade, se homem, e, a partir de 1º/01/2022, 57 anos de idade, se mulher, e 62 anos de idade, se homem.
- Trinta anos de contribuição, se mulher, e 35 anos de contribuição, se homem.
- Somatório da idade e do tempo de contribuição equivalente a 86 pontos, se mulher, e 96 pontos, se homem.
- A partir de 1º/01/2020, a pontuação será acrescida de um ponto a cada ano para o homem e para a mulher, até atingir cem pontos, se mulher, e 105 pontos, se homem.
- Vinte anos de efetivo exercício no serviço público.
- 51 anos de idade, se mulher, e 56 anos de idade, se homem, e, a partir de 1º/01/2022, 52 anos de idade, se mulher, e 57 anos de idade, se homem, 25 anos de contribuição, se mulher, e trinta anos de contribuição, se homem, e 81 pontos, se mulher, e 91 pontos, se homem, crescentes a partir de 01/01/2020, até atingir o limite de 92 pontos, se mulher, e cem pontos, se homem.
- Valor da integralidade para os servidores públicos anteriores a EC 41/2003 que não optaram pela migração de regime.
- Valor da média de 100% das remunerações, aplicando-se 60%, com acréscimo de 2% para cada ano de contribuição que exceder o tempo de vinte anos de contribuição, para os homens e para as mulheres.

26.3.3.2. Regra 2 – Idade Mínima, Tempo de Contribuição + Pedágio – art. 20 da EC 103/2019

Esta regra de transição, diferentemente das demais, é aplicada **tanto para os servidores públicos federais quanto para os trabalhadores vinculados ao RGPS**. Neste tópico, vamos estudar esta regra, apenas, sobre o que concerne ao Regime Próprio de

Previdência Social, lembrando que as disposições específicas do RGPS já foram tratadas em tópico próprio.

De acordo com o art. 20 da EC 103/2019, publicada em 13/11/2019, **o servidor público federal** que tenha ingressado no serviço público em cargo efetivo até a data de entrada em vigor desta Emenda pode aposentar-se voluntariamente quando preencher, cumulativamente, os seguintes requisitos:

I – **57 de idade, se mulher, e 60 anos de idade, se homem;**

II – **30 de contribuição, se mulher, e 35 anos de contribuição, se homem;**

III – **20 anos de efetivo exercício no serviço público e cinco anos no cargo** efetivo em que se der a aposentadoria, para os servidores públicos;

IV – **período adicional de contribuição correspondente ao tempo que**, na data de entrada em vigor desta Emenda Constitucional, **faltaria para atingir o tempo mínimo de contribuição de 30 anos, se mulher, e 35 anos, se homem.**

Essa regra de transição também traz disposição específica para o **professor que comprovar exclusivamente tempo de efetivo exercício das funções de magistério na educação infantil e no ensino fundamental e médio.** Para estes, serão **reduzidos, em ambos os sexos,** os requisitos de idade e de tempo de contribuição **em cinco anos.** Seguindo este dispositivo, os professores do RGPS poderão se aposentar cumprindo:

I – **52 de idade, se mulher, e 55 anos de idade, se homem;**

II – **25 de contribuição, se mulher, e 30 anos de contribuição, se homem;**

III – **20 anos de efetivo exercício no serviço público e cinco anos no cargo** efetivo em que se der a aposentadoria, para os servidores públicos;

IV – **período adicional de contribuição correspondente ao tempo que**, na data de entrada em vigor desta Emenda Constitucional, **faltaria para atingir o tempo mínimo de contribuição de 25 anos, se mulher, e 30 anos, se homem.**

Vejamos a tabela esquemática que sintetiza essa regra de transição:

Homens				Mulheres			
Idade Mínima	TC na EC	Pedágio	TC Total	Idade Mínima	TC na EC	Pedágio	TC Total
60	35	0	35	57	30	0	30
60	34	1	36	57	29	1	31
60	33	2	37	57	28	2	32
60	32	3	38	57	27	3	33
60	31	4	39	57	26	4	34
60	30	5	40	57	25	5	35

Homens				Mulheres			
Idade Mínima	TC na EC	Pedágio	TC Total	Idade Mínima	TC na EC	Pedágio	TC Total
60	29	6	41	57	24	6	36
60	28	7	42	57	23	7	37
60	27	8	43	57	22	8	38
60	26	9	44	57	21	9	39
60	25	10	45	57	20	10	40
Professores				Professoras			
Idade Mínima	TC na EC	Pedágio	TC Total	Idade Mínima	TC na EC	Pedágio	TC Total
55	30	0	30	52	25	0	25
55	29	1	31	52	24	1	26
55	28	2	32	52	23	2	27
55	27	3	33	52	22	3	28
55	26	4	34	52	21	4	29
55	25	5	35	52	20	5	30
55	24	6	36	52	19	6	31
55	23	7	37	52	18	7	32
55	22	8	38	52	17	8	33
55	21	9	39	52	16	9	34
55	20	10	40	52	15	10	35

Percebemos que, quanto mais se afasta do tempo de contribuição faltante para a aposentadoria na data da Reforma, mais difícil fica para se valer desta regra de transição. Assim como a maioria das outras regras, o aproveitamento, na prática, só é possível para os segurados que estiverem próximos da aposentadoria.

Vamos aos costumeiros exemplos da aplicação dessa regra de transição no RGPS, para podermos visualizar melhor a sua funcionalidade:

EXEMPLO 1

Karine, servidora pública federal, tinha exatos 27 anos de contribuição e 50 anos de idade na data da aprovação da EC 103/2019. Quando poderá aposentar-se, valendo-se da regra de transição da idade com pedágio?

RESPOSTA

Vamos analisar a progressão de Karine, sabendo que ela só poderá aposentar-se aos 57 anos de idade e quando tiver atingido os 33 anos de contribuição (três anos faltantes + três anos de pedágio):

Data	TC Karine	Idade Karine
Novembro de 2020	28	51
Novembro de 2021	29	52
Novembro de 2022	30	53
Novembro de 2023	31	54
Novembro de 2024	32	55
Novembro de 2025	33	56
Novembro de 2026	34	57

Karine alcançará os requisitos dessa regra de transição em **novembro de 2026**, quando terá alcançado a idade exigida de 57 anos e 34 anos e contribuição, um ano a mais que o necessário (30 anos + três de pedágio). Observem que ela poderá aposentar-se aos 57 anos de idade com a utilização dessa regra de transição, cinco anos antes de completar os 62 anos exigidos na regra permanente.

EXEMPLO 2

Jorge, professor do ensino médio, tinha exatos 25 anos de contribuição como professor e 46 anos de idade na data da aprovação da EC 103/2019. Quando poderá aposentar-se, valendo-se da regra de transição da idade com pedágio?

RESPOSTA

Vamos analisar a progressão de Jorge, sabendo que ele só poderá aposentar-se aos 55 anos de idade e quando tiver atingido os 35 anos de contribuição (30 anos + cinco anos de pedágio):

Data	TC Renato	Idade Renato
Novembro de 2020	26	47
Novembro de 2021	27	48
Novembro de 2022	28	49

Data	TC Renato	Idade Renato
Novembro de 2023	29	50
Novembro de 2024	30	51
Novembro de 2025	31	52
Novembro de 2026	32	53
Novembro de 2027	33	54
Novembro de 2028	34	55
Novembro de 2029	35	56

Utilizando a regra de transição da idade e tempo de contribuição com pedágio, Jorge poderá aposentar-se em **novembro de 2029**, quando terá completado os exatos 35 anos de contribuição exigidos (30 + cinco de pedágio) e 56 anos de idade, um a mais que os 55 exigidos, antecipando em quatro anos a data de sua aposentadoria pela regra permanente.

Curioso notar que esta regra de transição pode ser extremamente benéfica para o servidor federal que já cumpriu o tempo de contribuição exigido por ela, antes da publicação da Reforma da Previdência (35 anos, homens, e 30 anos mulheres, com redução de cinco anos para professores) e não precisam "pagar" o pedágio. Para estes, basta aguardar a idade para terem direito à aposentadoria. Vejamos um exemplo:

EXEMPLO 3:

Paulo já tinha 35 anos de contribuição como servidor público e 57 anos de idade na data de publicação da EC 103/2019. Utilizando a regra de transição da idade e tempo de contribuição com pedágio, Paulo poderá aposentar-se **assim que completar 60 anos de idade**, cinco anos a menos do que a idade da regra permanente.

Os proventos das aposentadorias concedidas com base nesta regra de transição corresponderão (art. 20, § 2º, da EC 103/2019):

I - em relação ao servidor público que tenha ingressado no serviço público em cargo efetivo até 31/12/2003 e que não tenha feito a opção pela migração para o regime de previdência complementar oficial de trata o § 16 do art. 40 da Constituição Federal, **à totalidade da remuneração no cargo efetivo em que se der a aposentadoria**; e

II - em relação aos **demais servidores públicos**, o valor correspondente a 100% da média de todas as remunerações (art. 26, § 3º, I, da EC 103/2019).

Vejam que o inciso I institui a **integralidade para os servidores** que cumprirem a regra de transição do art. 4º, da EC 103/2019, **desde que tenha cumpridas as mesmas idades exigidas na regra permanente.** Assim, por esta regra, é possível que o servidor receba o **valor integral da última remuneração no cargo**, desde que cumpra todos os requisitos, podendo alcançar o direito à integralidade antes da idade mínima estabelecida pela regra permanente (65 anos, homens e 62 anos, mulheres).

Da mesma forma que a regra de transição do art. 4º da EC 103/2019, estudada no tópico anterior, **considera-se remuneração do servidor público no cargo efetivo, para fins de cálculo dos proventos de aposentadoria integral**, o valor constituído pelo subsídio, pelo vencimento e pelas vantagens pecuniárias permanentes do cargo, estabelecidos em lei, acrescidos dos adicionais de caráter individual e das vantagens pessoais permanentes, observados os seguintes critérios:

I - se o cargo estiver sujeito a **variações na carga horária**, o valor das rubricas que refletem essa variação integrarão o cálculo do valor da remuneração do servidor público no cargo efetivo em que se deu a aposentadoria e considerará a **média aritmética simples dessa carga horária proporcional ao número de anos completos de recebimento e contribuição**, contínuos ou intercalados, **em relação ao tempo total exigido para a aposentadoria;**

II - se **as vantagens pecuniárias permanentes forem variáveis** por estarem vinculadas a indicadores de desempenho, produtividade ou situação similar, o valor dessas vantagens integrará o cálculo da remuneração do servidor público no cargo efetivo mediante a aplicação, sobre o valor atual de referência das vantagens pecuniárias permanentes variáveis, da **média aritmética simples do indicador, proporcional ao número de anos completos de recebimento e de respectiva contribuição**, contínuos ou intercalados, em relação ao tempo total exigido para a aposentadoria ou, se inferior, ao tempo total de percepção da vantagem.

Em relação aos demais servidores que não têm direito à integralidade garantido por esta regra de transição, ou por terem ingressado no serviço público após a EC 41/2003 ou, para os ingressados antes deste marco, por terem optado pela migração de regime abrindo mão da integralidade, o valor da aposentadoria será de **100% da média de todas as remunerações** do servidor, não se aplicando a regra geral estudada no tópico específico (**2.1.4**), que utiliza o percentual de 60%, acrescentados de 2% por ano que ultrapasse vinte anos de contribuição para homens e para mulheres (art. 26, § 3º, I, da EC 103/2019).

Mais estranho ainda é que a redação do inciso II do § 6º do art. 4º da EC 103/2019, que trata do valor do benefício daquela regra de transição, apesar de ser igual a redação do inciso II do § 2º do art. 20 da EC 103/2019 traz um valor de benefício diferente. Enquanto na regra anterior, depois de calcular a média de todas as remunerações aplica-se a regra geral de cálculo da reforma (60% + 2% por ano adicional), com base no art. 26, § 2º, I, da EC 103/2019, enquanto essa que estamos estudando garante 100% da referida média, independentemente da quantidade de anos de contribuição, com base no art. 26, § 3º, I, da EC 103/2019.

Os proventos das aposentadorias concedidas com base nesta regra de transição não serão inferiores ao salário mínimo e serão reajustados:

I - **garantindo-se a paridade** prevista no art. 7º da EC 41/2003, **se concedida com a regra da integralidade** prevista no inciso I, ou seja, **serão revistos na mesma proporção e na mesma data, sempre que se modificar a remuneração dos servidores em atividade;**

II - nos termos estabelecidos para o Regime Geral de Previdência Social, se concedidas na forma prevista no inciso II, ou seja, as aposentadorias calculadas com base na regra da média de 100% das remunerações são corrigidas pelo INPC.

Lembramos, mais uma vez, que as regras trazidas pela Reforma da Previdência não se aplicam às aposentadorias dos servidores dos Estados, do Distrito Federal e dos Municípios, que continuam seguindo as normas constitucionais e infraconstitucionais anteriores à data de entrada em vigor da EC 103/2019, enquanto não promovidas alterações na legislação interna relacionada ao respectivo regime próprio de Previdência Social.

Para melhor visualização, segue um esquema que resume a regra de transição da Idade Mínima, Tempo de Contribuição + Pedágio:

IDADE MÍNIMA, TEMPO DE CONTRIBUIÇÃO + PEDÁGIO

- 57 anos de idade, se mulher, e sessenta anos de idade, se homem.
- 30 de contribuição, se mulher, e 35 anos de contribuição, se homem.
- Pedágio de 100% do tempo faltante na data da publicação da Reforma.
- Vinte anos de efetivo exercício no serviço público e cinco anos no cargo.
- Professor: 52 de idade, se mulher, e 55 anos de idade, se homem e 25 de contribuição, se mulher, e trinta anos de contribuição, se homem + pedágio de 100% do tempo de contribuição faltante na data da publicação da Reforma, e vinte anos de efetivo exercício no serviço público e cinco anos no cargo.
- Valor de integralidade para os servidores públicos anteriores a EC41/2003 que não optaram pela migração de regime.
- Valor de 100% da média de todas as remunerações.

26.3.4. Aposentadoria Programada – Regras de Transição dos Estados e Municípios

26.3.4.1. Ingressados até a EC 20/98

Lembramos que as regras de transição trazidas pela EC 103/2019 só são aplicáveis aos servidores da União. Aos servidores dos Estados e Municípios ainda são aplicáveis as antigas regras de transição. Ademais, também se aplicam tais regras aos servidores federais que já adquiriam o direito a aposentadoria antes da publicação da EC 103/2019.

Algumas regras de transição somente são aplicáveis aos servidores que ingressaram no serviço público antes da Emenda Constitucional 20, de 16/12/1998. Tanto a EC 20/1998 quanto a EC 41/2003 criaram regras de transição específicas para estes servidores, entretanto a EC 47/2005 revogou as regras anteriormente previstas na EC 20/1998, prevendo novos dispositivos. Passamos a analisar tais regras...

26.3.4.1.1. Regra de Transição do art. 2º da EC 41/2003

De acordo com o art. 2º da EC 41/2003, é assegurado o direito de opção pela aposentadoria **programada** com proventos calculados **com base na média histórica das 80% maiores bases contributivas a partir de julho de 1994,** àquele que tenha ingressado regularmente em cargo efetivo na Administração Pública direta, autárquica e fundacional, até a data de publicação da EC 20, de 16/12/1998, quando o servidor, cumulativamente:

> I – tiver **53 anos de idade**, se homem, e **48 anos de idade**, se mulher;
>
> II – tiver **cinco anos de efetivo exercício no cargo** em que se der a aposentadoria;
>
> III – contar tempo de contribuição igual, no mínimo, à soma de:
>
> **a) 35 anos,** se homem, e **30 anos**, se mulher; e
>
> **b) um período adicional** de contribuição equivalente a 20% do tempo que, na data de publicação da EC 20/98, faltaria para atingir o limite de tempo constante da alínea a.

Nesta regra de transição, o servidor que cumprir as exigências para aposentadoria terá os seus proventos de inatividade reduzidos para cada ano antecipado em relação aos limites de idade de 60 anos homens e 55 mulheres (reduzidos em cinco anos para os professores), na seguinte proporção:

I - 3,5%, para aquele que completar as exigências para aposentadoria na forma do *caput* até 31 de dezembro de 2005;

II - 5%, para aquele que completar as exigências para aposentadoria na forma do *caput* a partir de 1º de janeiro de 2006.

Não é difícil perceber que esta regra não traz grandes vantagens para o servidor público, pois além de não garantir a integralidade, ainda impõe uma redução do valor do benefício a cada ano em que a idade atualmente prevista seja antecipada. Vejamos um exemplo para melhor fixação do aprendizado.

Exemplo:

Taís, servidora pública que sempre recebeu R$ 20.000,00, contava em 16/12/1998 com 20 anos de contribuição e 40 anos de idade. Quando esta terá o direito a se aposentar, de acordo com a regra de transição prevista no art. 2º, da EC 41/2003? Qual será o valor do seu benefício nesta data, considerando que a remuneração apontada já está corrigida?

Resposta: Primeiramente, precisamos calcular quantos anos de contribuição ela precisará para se aposentar. Notem que, em 16/12/2008, Taís tinha 50 anos de idade e 30 anos de contribuição, tendo cumprido o requisito temporal previsto no inciso III, "a".

Precisaria, todavia, atender também ao requisito da alínea "b" do mesmo inciso, ou seja, o chamado "pedágio" de 20% do tempo que faltava na data da EC 20/1998 para atingir os 30 anos de contribuição. Como em 16/12/1998 Taís já tinha 20 anos de contribuição, faltavam, ainda, dez anos para atingir os 30 anos de contribuição. Assim, o tempo adicional a ser cumprido é de dois anos (20% x 10 anos).

Desta forma, Taís poderia se aposentar com 32 anos de contribuição, quando teria 52 anos de idade, em 16/12/2010. Neste caso, o valor de seu benefício seria reduzido em 5% por ano de idade que antecipou a sua aposentadoria em relação aos atuais 55 anos exigidos pelo Texto Constitucional, ou seja, sofreria redução de 15%.

Assim, como a média das contribuições de Taís é de R$ 20.000,00, teria direito ao benefício de R$ 17.000,00.

Visivelmente, esta regra traz grandes prejuízos aos servidores públicos e está cada vez mais em desuso. Ela garante, no entanto, como veremos em tópico específico deste capítulo, o abono de permanência em serviço para os servidores que cumprirem essas exigências, mas optarem por continuar exercendo a atividade.

26.3.4.1.2. Regra de Transição do art. 3º da EC 47/2005

De acordo com o art. 3º da EC 47/2005, o servidor da União, dos Estados, do Distrito Federal e dos Municípios, incluídas suas autarquias e fundações, que tenha ingressado no serviço público até 16 de dezembro de 1998 poderá aposentar-se com **proventos integrais**, desde que preencha, cumulativamente, as seguintes condições:

> I – **35 anos de contribuição, se homem, e 30 anos de contribuição, se mulher**;
>
> II – **25 anos de efetivo exercício no serviço público**, 15 anos de carreira e cinco anos no cargo em que se der a aposentadoria;
>
> III – idade mínima resultante da redução, de um ano de idade em relação aos 60 anos, homens e 55 mulheres, para cada ano de contribuição que exceder os 35 anos de contribuição, homens, e 30 anos mulheres.

A paridade é aplicada para quem se aposentar valendo-se desta regra de transição, ou seja, o valor do benefício de aposentadoria ou pensão será revisto na mesma proporção e na mesma data, sempre que se modificar a remuneração dos servidores em atividade. No entendimento do STF, tal paridade se estende à pensão por morte para os dependentes dos aposentados que cumpriram esta regra de transição (RE-603580, de 20/05/2015, com Repercussão Geral).

Esta regra de transição, diferentemente da anteriormente estudada, traz grandes vantagens aos servidores públicos, garantindo a integralidade e até mesmo a paridade. Outra grande vantagem é que ela permite a aposentadoria antes do servidor completar a idade de 60 anos para homens ou 55 anos para mulheres, desde que possua excedente em relação ao tempo de contribuição mínimo exigido atualmente para a concessão da aposentadoria (35 anos, homens, e 30 anos, mulheres).

Vejamos o costumeiro exemplo elucidativo.

> **Exemplo:**
>
> Caio é servidor público desde 1975, quando possuía apenas 19 anos. Quando ele poderá se aposentar, de acordo com a regra de transição em análise?
>
> **Resposta:** Caio completou 35 anos de atividade em 2010, possuindo 54 anos de idade. A partir de então, a cada ano adicional de contribuição, ele poderia reduzir um ano na idade. Assim, em 2013, contava com 38 anos de contribuição, três anos a mais que o mínimo exigido, e com a idade de 57 anos, três anos a menos que a mínima exigida. Nesta situação, Caio já poderia se aposentar desde 2013, sendo-lhe garantidas a integralidade e a paridade.

26.3.4.2. Ingressados até a EC 41/2003

26.3.4.2.1. Regra de Transição do art. 6º da EC 41/2003

De acordo com o art. 6º da EC 41, publicada em 19/12/2003, o servidor da União, dos Estados, do Distrito Federal e dos Municípios, que tenha ingressado no serviço público até a data de publicação da referida Emenda poderá aposentar-se com **proventos integrais**, que corresponderão à totalidade da remuneração do servidor no cargo efetivo em que se der a aposentadoria, quando vier a preencher, cumulativamente, as seguintes condições:

> I – 60 anos de idade, se homem, e 55 anos de idade, se mulher (respeitando-se a redução de 5 anos para os professores);
>
> II – 35 anos de contribuição, se homem, e 30 anos de contribuição, se mulher (respeitando-se a redução de 5 anos para os professores);
>
> III – 20 anos de efetivo exercício no serviço público; e
>
> IV – dez anos de carreira e cinco anos de efetivo exercício no cargo em que se der a aposentadoria.

Esta regra de transição, apesar de não ser tão vantajosa quanto a aplicável aos ingressos no serviço público até a data da Emenda Constitucional 20/1998, traz como ganho a garantia da integralidade, ou seja, não se aplica aos servidores que preencherem os requisitos aqui arrolados a média das 80% maiores bases contributivas a partir de julho de 1994.

Para que a integralidade seja garantida, os servidores devem, além de cumprir os requisitos previstos na regra permanente de aposentadoria **programada**, 60 anos de idade e 35 de contribuição para homens e 55 anos de idade e 30 anos de contribuição para mulheres, deve, ainda, contar com 20 anos de serviço público, dez anos de carreira e cinco anos no cargo em que se der a aposentadoria.

Ressalta-se que o art. 2º da EC 47/2005 garantiu a paridade para quem se aposentar pelas regras estudadas neste tópico (art. 6º da EC 41/2003), assim os proventos de aposentadoria dos servidores públicos titulares de cargo efetivo e as pensões dos seus dependentes serão revistos na mesma proporção e na mesma data, sempre que se modificar a remuneração dos servidores em atividade, sendo também estendidos aos aposentados e pensionistas quaisquer benefícios ou vantagens posteriormente concedidos aos servidores em atividade, inclusive quando decorrentes da transformação ou reclassificação do cargo ou função em que se deu a aposentadoria ou que serviu de referência para a concessão da pensão, conforme art. 7º da EC 41/2003.

26.3.5. Aposentadoria Compulsória

A aposentadoria compulsória, como o próprio nome já induz, independe da vontade do servidor público. Por isso, ela é chamada coloquialmente pelos próprios servidores de "aposentadoria expulsória".

De acordo com o inciso II do § 1º do art. 40 da Constituição Federal de 1988, a **aposentadoria compulsória** dar-se-á para os **servidores que completarem 70 anos de idade ou 75 anos de idade, conforme previsto em lei complementar** (texto alterado pela EC 88, de 07/05/2015), **sendo calculada com proventos proporcionais ao tempo de contribuição.**

Atenção!

A EC 103/2019 não alterou os requisitos para a concessão da aposentadoria compulsória no serviço público, apenas mudando a forma de cálculo deste benefício, como veremos neste tópico.

A EC 88, de 07/05/2015, efetuou importante mudança na aposentadoria compulsória, possibilitando que lei complementar estendesse a idade desta modalidade de aposentadoria para 75 anos. A própria EC 88/2015 já garantiu a aplicação da compulsória aos 75 anos de idade para os Ministros do Supremo Tribunal Federal, dos Tribunais Superiores e do Tribunal de Contas da União (art. 100, do ADCT).

A EC 88/2015 condicionou a permanência dos Ministros do STF, STJ e TCU até os 75 anos ao atendimento dos requisitos previstos no art. 52 da Constituição Federal, que, no seu inciso III, atribui ao senado a missão de aprovar a indicação de magistrados e ministros do TCU. Com isso, entendeu-se que a EC 88 previa a permanência destes Ministros até os 75 anos de idade, mediante aprovação do Senado. Observa-se, todavia, que o art. 52 só dispõe sobre a aprovação do Senado para a indicação de Ministros e não para as suas permanências no cargo.

As associações de magistrados ajuizaram a ADI 5316 contra a sabatina para continuidade dos Ministros após os 70 anos, tendo o STF concedido liminar suspendendo esta exigência até o julgamento da citada ADI. Neste mesmo julgamento, o STF entendeu que a ampliação da idade para 75 anos para os demais cargos depende de lei complementar de iniciativa do STF (art. 93 da CF/1988), não podendo ser editadas leis complementares estaduais com esta finalidade.

Para os demais cargos públicos, a aposentadoria compulsória permaneceu aos 70 anos, até a publicação da **LC 152, em 04/12/2015, que aumentou a idade para 75 anos** para:

I - os servidores titulares de cargos efetivos da União, dos Estados, do Distrito Federal e dos Municípios, incluídas suas autarquias e fundações;

II - os membros do Poder Judiciário;

III - os membros do Ministério Público;

IV - os membros das Defensorias Públicas;

V - os membros dos Tribunais e dos Conselhos de Contas.

O ministro do Supremo Tribunal Federal (STF) Dias Toffoli negou liminar em Mandado de Segurança (MS 34407) para uma promotora de Justiça, aposentada compulsoriamente do cargo aos setenta anos, que pretendia voltar ao cargo depois que a Lei Complementar 152/2015 elevou para 75 a idade máxima para aposentadoria de agentes públicos, sob a argumentação de que a aposentadoria é regida pela legislação vigente ao tempo da obtenção do benefício.

Aos servidores do Serviço Exterior Brasileiro, regidos pela Lei 11.440/2006 (cargos diplomáticos), a idade da aposentadoria compulsória aumentará um ano ao fim de cada dois anos, a partir da vigência da LC 152/2015, até o limite de 75 anos. Assim, a partir de 04/12/2017 a idade da aposentadoria compulsória para os cargos diplomáticos passou para 71 anos, em 04/12/2019 para 72 anos, até chegar aos 75 anos em 04/12/2025.

Observe que, para a aposentadoria compulsória, **não é necessário o tempo mínimo de dez anos de serviço público**, que é exigido para as aposentadorias **programadas.**

O STF decidiu no julgamento da Ação Direta de Inconstitucionalidade (ADI) 2602 que não se aplica a aposentadoria compulsória para notários e registradores, exatamente por não se tratarem de servidores públicos.

Em 2017, no julgamento do Recurso Extraordinário 647.827, processo que teve repercussão geral reconhecida, o STF fixou a seguinte tese: "Não se aplica a aposentadoria compulsória prevista no art. 40, § 1º, inciso II, da Constituição Federal aos titulares de serventias judiciais não estatizadas, desde que não sejam ocupantes de cargo público efetivo e não recebam remuneração proveniente dos cofres públicos".

Em relação ao valor do benefício da aposentadoria compulsória, até a EC 103/2019 ele era proporcional ao tempo de contribuição. Assim, uma **servidora que ingressou no serviço público aos 65 anos de idade**, sem ter contribuído antes, se aposentará, obrigatoriamente, ao completar 75 anos. Nesta situação, **teria o benefício correspondente a 1/3 (10/30) da sua média contributiva** a partir de julho de 1994.

Com a EC 103/2019, o seu art. 26, § 4º, determina que, até que lei trate do tema, o **valor do benefício da aposentadoria compulsória corresponderá ao resultado do tempo de contribuição dividido por 20 anos**, limitado a um inteiro, **multiplicado** pelo valor apurado de acordo com a **média de todas as remunerações, aplicando-se 60%, acrescidos de 2% por ano adicional aos 20 anos de contribuição, homens e mulheres**, ressalvado o caso de cumprimento de critérios de acesso para aposentadoria **programada** que resulte em situação mais favorável.

Analisando essa forma de cálculo chegamos às seguintes conclusões:

1) Os servidores que já **contarem com pelo menos 20 anos de contribuição para se aposentarem pela compulsória não terão prejuízo com o redutor que divide o tempo de contribuição por 20**. Assim, o servidor que contar com 20 ou mais anos terá esta razão o número 1, que será multiplicada pela forma de cálculo padrão de todos os benefícios alterados pela EC 103/2019.
2) Se os servidores tiverem **menos de 20 anos de contribuição terão uma redução em relação à média padrão**. Este redutor se deve ao fato de que na sistemática anterior o benefício era proporcional ao tempo de contribuição do servidor, assim uma mulher que contasse com dez anos de contribuição se aposentaria com 1/3 do valor de sua média. Como a nova regra tem como base 60% da média, se não houvesse a citada redução, esta segurada receberia os 60% da média, mesmo com dez anos. Neste caso, o valor do redutor seria 0,5 (dez anos da servidora/20 anos exigidos), que seria multiplicado pelos 60% mínimos, resultando em 30% da média.

Vamos aos nossos exemplos para clarear essa obscura forma de cálculos das aposentadorias compulsórias, no regramento pós-Reforma da Previdência de 2019.

EXEMPLO 1:

Alan, servidor público federal, ingressou no serviço público com 45 anos de idade, sem nunca ter trabalhado. Aos 75 anos foi atingido pela aposentadoria compulsória. Sabendo a média de todas as suas remunerações corrigidas é de R$ 30.000,00, qual será o valor do benefício de Alan?

RESPOSTA:

Primeiramente, devemos calcular o redutor. Como Alan tem 30 anos de contribuição, a razão entre seu tempo e os 20 anos exigidos resulta em um, não lhe trazendo qualquer redução. Assim, a sua aposentadoria compulsória será calculada com base nos 60% da média, com os acréscimos de 2% a cada ano adicional aos 20 anos de contribuição.

Nesse caso, ele terá 80% da média (60% + dez anos ultrapassados). **O valor de seu benefício será R$ 24.000,00** (30.000 x 80%).

Pela regra antiga ele teria 30/35 (85,71%) do valor de sua média.

EXEMPLO 2:

Oscar, servidor federal com 15 anos de contribuição, completou 75 anos de idade, tendo a sua média remuneratória de R$ 20.000,00. Qual será o valor de sua aposentadoria compulsória?

RESPOSTA:

Primeiramente, devemos calcular o redutor. Como Oscar tem 15 anos de contribuição, a razão entre seu tempo e os 20 anos exigidos resulta em **0,75** (15/20). Assim, a sua aposentadoria compulsória será calculada com base nos 60% da média, multiplicados por 0,75

O valor de seu benefício será R$ 9.000,00 (20.000 x 60% x 0,75), correspondente a 45% da sua média.

Pela regra antiga ele teria 15/35 (42,86%) do valor de sua média.

Importante ressaltar que o divisor de 20 anos exigido é o mesmo para servidores dos sexos masculino e feminino, pois servidores não tem diferenciação de valor em função do sexo nas regras da Reforma. Percebemos também que apesar das regras de cálculo terem sido alteradas, há casos em que a regra atual é mais vantajosa que a regra antiga, como demonstrado nos dois exemplos.

Em relação às regras de aposentadoria dos servidores civis da União, a Lei 8.112/1990, no art. 191, traz uma interessante regra, que era aplicada na sistemática anterior: quando a aposentadoria fosse proporcional ao tempo de serviço, o provento não será inferior a 1/3 da remuneração da atividade. Como a Constituição Federal trouxe uma disposição transitória com uma nova forma de cálculo desse benefício, entendemos que tal regra não se aplica aos cálculos de benefícios concedidos posteriormente à Reforma.

Vejamos a tabela que demonstra os percentuais da aposentadoria compulsória antes e depois da EC 103/2019.

Tempo de Contribuição	**Homens**		**Mulheres**	
	Nova	**Anterior**	**Nova**	**Anterior**
1 ano	3%	33%	3%	33%
2 anos	6%	33%	6%	33%

Tempo de Contribuição	Homens		Mulheres	
	Nova	Anterior	Nova	Anterior
3 anos	9%	33%	9%	33%
4 anos	12%	33%	12%	33%
5 anos	15%	33%	15%	33%
6 anos	18%	33%	18%	33%
7 anos	21%	33%	21%	33%
8 anos	24%	33%	24%	33%
9 anos	27%	33%	27%	33%
10 anos	30%	33%	30%	33%
11 anos	33%	33%	33%	37%
12 anos	36%	34%	36%	40%
13 anos	39%	37%	39%	43%
14 anos	42%	40%	42%	47%
15 anos	45%	43%	45%	50%
16 anos	48%	46%	48%	53%
17 anos	51%	49%	51%	57%
18 anos	54%	51%	54%	60%
19 anos	57%	54%	57%	63%
20 anos	60%	57%	60%	67%
21 anos	62%	60%	62%	70%
22 anos	64%	63%	64%	73%
23 anos	66%	66%	66%	77%
24 anos	68%	69%	68%	80%
25 anos	70%	71%	70%	83%
26 anos	72%	74%	72%	87%
27 anos	74%	77%	74%	90%
28 anos	76%	80%	76%	93%
29 anos	78%	83%	78%	97%

	Homens		Mulheres	
Tempo de Contribuição	**Nova**	**Anterior**	**Nova**	**Anterior**
30 anos	80%	86%	80%	100%
31 anos	82%	89%	82%	100%
32 anos	84%	91%	84%	100%
33 anos	86%	94%	86%	100%
34 anos	88%	97%	88%	100%
35 anos	90%	100%	90%	100%
36 anos	92%	100%	92%	100%
37 anos	94%	100%	94%	100%
38 anos	96%	100%	96%	100%
39 anos	98%	100%	98%	100%
40 anos	100%	100%	100%	100%

Para melhor visualização, segue um esquema que resume a aposentadoria compulsória do RPPS:

APOSENTADORIA COMPULSÓRIA DO RPPS

- 75 anos de idade (regra geral).
- Resultado do tempo de contribuição dividido por vinte anos, limitado a um inteiro, multiplicado pelo valor apurado de acordo com a média de todas as remunerações, aplicando-se 60%, acrescidos de 2% por ano adicional aos vinte anos de contribuição, homens e mulheres.

26.3.6. Aposentadoria por Incapacidade Permanente (por Invalidez)

A EC 103/2019 fez importantes alterações na aposentadoria por incapacidade permanente do servidor público federal. De acordo com a nova redação do art. 40, § 1º, I, da Constituição Federal, o servidor pode se aposentar por **incapacidade permanente** para o trabalho, **no cargo em que estiver inserido, quando insuscetível de readaptação**, hipótese em que será obrigatória a **realização de avaliações periódicas** para verificação da continuidade das condições que ensejaram a concessão da aposentadoria, na forma de lei do respectivo ente federativo.

Percebe-se que a nomenclatura deste benefício foi alterada, passando a se chamar aposentadoria por incapacidade permanente ao invés da antiga aposentadoria por invalidez. Acreditamos que o novo nome é tecnicamente mais correto por expor mais fidedignamente o risco social gerador deste benefício, que é, justamente, a incapacidade permanente para o trabalho. Nesta obra, no entanto, vamos utilizar qualquer uma das nomenclaturas, pois o texto legal ainda não foi atualizado.

O texto inova no ordenamento jurídico, mudando toda a lógica anterior da aposentadoria por invalidez do servidor público. Antes da alteração, se o servidor ficasse incapacitado para o exercício de seu cargo seria aposentado por invalidez, por ausência de previsão jurídica para readaptação em outro cargo público.

Sempre fomos bastante críticos ao modelo anterior, que permitia que um servidor se aposentasse por invalidez, mesmo tendo condições de exercer outras atividades. Em tais casos, o servidor aposentado por invalidez acabava se recolocando no mercado de trabalho privado, com a garantia de sua aposentadoria pública, estando presente, em nossa visão, o fenômeno da superproteção previdenciária.

Nestes termos, andou bem o constituinte derivado ao permitir o aproveitamento do servidor público que se incapacitou para seu cargo de origem em outro cargo público.

O art. 37, § 13, da Constituição Federal de 1988 passou a dispor que o servidor público titular de cargo efetivo poderá ser **readaptado para exercício de cargo cujas atribuições e responsabilidades sejam compatíveis com a limitação que tenha sofrido em sua capacidade física ou mental**, enquanto permanecer nesta condição, desde que possua a **habilitação e o nível de escolaridade exigidos para o cargo de destino, mantida a remuneração do cargo de origem.**

Dessa forma, os requisitos para a readaptação do servidor público são:

- **Atribuições e responsabilidades compatíveis com a sua limitação;**
- **Habilitação e escolaridade exigidos para o novo cargo;**
- **Manutenção da remuneração do cargo anterior, para o qual ficou incapacitado.**

O valor da aposentadoria por incapacidade permanente dos servidores públicos federais também sofreu forte alteração. Estudamos, no tópico anterior, que no sistema vigente antes da EC 103/2019 o servidor se aposentava por invalidez com proventos proporcionais ao tempo de contribuição. Com a Reforma da Previdência de 2019, a regra de cálculo deste benefício ficou igual à do RGPS, já estudada.

Desta forma, **o valor da aposentadoria por incapacidade permanente ordinária**, ou seja, quando não decorrente de acidente do trabalho e seus equiparados, seguirá a regra geral de cálculo das aposentadorias **programadas**, ou seja, utiliza-se a **média aritmética simples dos salários de contribuição e das remunerações adotados como base para contribuições a Regime Próprio de Previdência Social e ao Regime Geral de Previdência Social**, ou como base para contribuições decorrentes das atividades militares, atualizados monetariamente, **correspondentes a 100% do período contributivo desde a competência de julho de 1994** ou desde o início da contribuição, se posterior àquela competência (art. 26 da EC 103/2019).

Depois de calcular a média sem possibilitar mais o descarte dos 20% menores salários de contribuição, o § 2º combinado com o § 5º do art. 26 da EC 103/2019 determina que o valor do benefício de aposentadoria corresponda a **60% da referida média, com acréscimo de 2% para cada ano de contribuição que exceder o tempo de 20 anos de contribuição para os homens e para as mulheres.** (Art. 26, § 2º, I, da EC 103/2019).

Percebemos que os servidores federais só terão direito ao valor correspondente a 100% da média após completarem 40 anos de contribuição, recebendo 60% aos 20 anos, somados com 2% por cada um dos 20 anos adicionais de contribuição.

A alteração da forma de cálculo do benefício para os servidores públicos federais não foi tão prejudicial, pois a regra anterior já fixava que a aposentadoria por incapacidade permanente deveria ser concedida com proventos proporcionais ao tempo de contribuição. Em relação às regras de aposentadoria dos servidores civis da União, a Lei 8.112/1990, no art. 191, traz uma interessante regra, que era aplicada na sistemática anterior: quando a aposentadoria fosse proporcional ao tempo de serviço, o provento não será inferior a da remuneração da atividade.

A tabela abaixo sintetiza o comparativo do cálculo da aposentadoria por incapacidade permanente do servidor federal, antes e depois da EC 103/2019:

Tempo de Contribuição	Homens		Mulheres	
	Nova	**Anterior**	**Nova**	**Anterior**
Até 10 anos	60%	33%	60%	33%
11 anos	60%	33%	60%	37%
12 anos	60%	37%	60%	40%
13 anos	60%	37%	60%	43%
14 anos	60%	40%	60%	47%
15 anos	60%	43%	60%	50%
16 anos	60%	46%	60%	53%
17 anos	60%	49%	60%	57%
18 anos	60%	51%	60%	60%
19 anos	60%	54%	60%	63%
20 anos	60%	57%	60%	67%
21 anos	62%	60%	62%	70%
22 anos	64%	60%	64%	70%
23 anos	66%	66%	66%	77%
24 anos	68%	69%	68%	80%
25 anos	70%	71%	70%	83%

	Homens		Mulheres	
Tempo de Contribuição	**Nova**	**Anterior**	**Nova**	**Anterior**
26 anos	72%	74%	72%	87%
27 anos	74%	77%	74%	90%
28 anos	76%	80%	76%	93%
29 anos	78%	83%	78%	97%
30 anos	80%	86%	80%	100%
31 anos	82%	89%	82%	100%
32 anos	84%	91%	84%	100%
33 anos	86%	94%	86%	100%
34 anos	88%	97%	88%	100%
35 anos	90%	100%	90%	100%
36 anos	92%	100%	92%	100%
37 anos	94%	100%	94%	100%
38 anos	96%	100%	96%	100%
39 anos	98%	100%	98%	100%
40 anos	100%	100%	100%	100%

A análise da tabela deixa claro que em os homens que se tornarem incapazes permanentemente para o serviço público, com até 22 anos de contribuição, tiveram o valor elevado nas novas regras e, com 23 anos, o valor da regra nova se iguala ao da antiga. Só a partir de 23 anos é que a invalidez traz prejuízo com a EC 103/2019.

Já as mulheres que se tornarem incapazes permanentemente para o serviço público com até 17 anos de contribuição tiveram o valor elevado nas novas regras e, a partir dos 19 anos, a regra nova traz um valor inferior à antiga. Aos 18 anos de contribuição o percentual é exatamente o mesmo.

A **aposentadoria por incapacidade permanente decorrente de acidente de trabalho, de doença profissional e de doença do trabalho**, ou seja, as modalidades acidentárias receberam um tratamento diferenciado. Para estes casos, faz-se a média de todas as contribuições, **aplicando-se 100% dessa média**, independentemente do número de anos de contribuição, trazendo menor prejuízo ao segurado (art. 26, § 3º, III, da EC 103/2019). Isso também ocorria antes da reforma, não havendo qualquer ganho neste particular.

Importante notar, que uma segunda hipótese que garantia a aposentadoria com o percentual de 100% eram as situações de doenças graves, que foram excluídas da integralidade com a EC 103/2019. Dessa forma, os portadores de doença grave que se invalidarem posteriormente à Reforma Previdenciária receberão o valor proporcional, conforme nova regra.

Em nossa visão, conforme já exposto, não há razão para se diferenciar o valor dos benefícios acidentários dos benefícios ordinários, pois o risco social e a necessidade de proteção do segurado por ele atingido são os mesmos, nas duas hipóteses. Em ambos, o segurado está incapaz de trabalhar e necessita, permanentemente, da proteção do seguro social para o seu sustento e da sua família. O fato de o evento causador da incapacidade ter origem acidentária, não faz com que o segurado necessite de um maior valor, pois as suas necessidades são exatamente as mesmas.

Tecnicamente, ambas as hipóteses de concessão deste benefício poderiam ser igualadas em um patamar superior, com regras diferenciadas em relação às aposentadorias programadas. Vejam que nenhum segurado controla o momento em que se tornará inválido, não sendo justificável progredir o valor em função do tempo de contribuição para os benefícios não programados.

Vamos aos exemplos de cálculo do valor das aposentadorias por invalidez no RPPS:

EXEMPLO 1:

Fernando, servidor público federal, ficou incapacitado permanentemente para suas atividades laborais, depois de contar com 30 anos de contribuição, ao sofrer acidente de carro nas suas férias. Sabendo que a média de todas as remunerações corrigidas é de R$ 30.000,00, qual será o valor do benefício de Fernando?

RESPOSTA:

Fernando terá direito a 80% do valor da sua média, pois conta com dez anos a mais de contribuição, logo, o valor de sua aposentadoria por incapacidade permanente será de **R$ 24.000,00.**

EXEMPLO 2:

Eugênia, servidora federal com apenas dois anos de contribuição, sofreu acidente no exercício de sua atividade. Sabendo que a média de todas as remunerações corrigidas é de R$ 20.000,00, qual será o valor do benefício de Eugênia?

RESPOSTA:

Eugênia terá direito a 100% do valor da sua média, pois sofreu acidente do trabalho típico, logo, o valor de sua aposentadoria por incapacidade permanente será de **R$ 20.000,00.**

Importante ressaltar que a EC 103/2019 não garantiu a possibilidade de exclusão de remunerações da média para garantir o melhor benefício, tal como fez para algumas modalidades de aposentadoria estudadas no capítulo passado.

Para melhor visualização, segue um esquema que resume a aposentadoria por incapacidade permanente do RPPS federal:

APOSENTADORIA POR INVALIDEZ DO RPPS

- Média de 100% das remunerações dos servidores, desde a competência julho de 1994.
- Invalidez ordinária: 60% da referida média, com acréscimo de 2% para cada ano de contribuição que exceder o tempo de vinte anos de contribuição para os homens e para as mulheres.
- Invalidez acidentária: 100% da referida média, independentemente do tempo de contribuição.

26.3.7. Aposentadorias Especiais do RPPS da União

26.3.7.1. Aposentadoria Especial por Exposição a Agente Nocivo no RPPS

Antes da publicação da EC 103/2019, a aposentadoria especial por exposição a agente nocivo para os servidores públicos não estava regulamentada.

De acordo com a antiga redação do § 4º do art. 40 da Constituição Federal de 1988, era vedada a adoção de requisitos e critérios diferenciados para a concessão de aposentadoria nos Regimes Próprios de Previdência Social, ressalvados, nos termos definidos em leis complementares, os casos de servidores:

I – **portadores de deficiência;**

II – **que exerçam atividades de risco;**

III – **cujas atividades sejam exercidas sob condições especiais que prejudiquem a saúde ou a integridade física.**

O texto constitucional revogado previa, então, três hipóteses para a concessão de aposentadoria especial, **dependendo, no entanto, de regulamentação por lei complementar**: para os portadores de deficiência, para quem exerce atividade de risco e para quem exerce atividade insalubre.

De acordo com o entendimento da Administração Pública, a concessão da aposentadoria especial dependia de regulamentação, ou seja, de edição de lei complementar. O art. 5º, parágrafo único, da Lei 9.717/1998, deixava expresso este posicionamento, **prevendo que ficava vedada a concessão de aposentadoria especial, até que lei complementar federal discipline a matéria.**

Apesar de já existir regulamentação para a aposentadoria especial dos trabalhadores vinculados ao RGPS, em caso de contato com agentes insalubres, previsto nos arts. 57

e 58 da Lei 8.213/1991, e, também, dos portadores de deficiência, regulamentada pela LC 142/2013, não existe norma similar prevendo o direito dos servidores vinculados a regimes próprios de Previdência Social.

Inconformados com a omissão legislativa, diversas entidades de classe representantes dos servidores públicos ajuizaram **mandados de injunção buscando a aplicabilidade da norma constitucional que garante o direito à aposentadoria especial.**

O STF por diversas vezes já havia se pronunciado sobre a questão, não restando dúvida quanto ao cabimento de mandado de injunção a fim de que a Corte Suprema elaborasse ou indicasse a norma apta a garantir aos servidores públicos o exercício do direito às aposentadorias em condições especiais.

No caso da aposentadoria especial para servidores que exerçam suas atividades em contato com agentes insalubres, antes da EC 103/2019, **deveriam ser utilizadas as normas aplicáveis à aposentadoria especial no âmbito do RGPS**, como já decidiu por diversas vezes o STF, em julgamentos de mandados de injunção, como no MI 1616/DF, ajuizado pelo SINDIFISCO (no mesmo sentido MI 721/DF, MI 758/DF, MI 796/DF, MI 809/SP, MI 824/DF, MI 834/DF, MI 874/DF, MI 912/DF, MI 1.001/DF, MI 1.059/DF, entre outros).

As decisões do STF que mandavam aplicar o art. 57 da Lei 8.213/1991 (**vide tópico 20.1.4.1**) somente eram compatíveis com a omissão do legislador em relação à regulamentação da aposentadoria especial para os servidores que exerciam suas atividades **em contato com agentes nocivos**, mas não podiam ser estendidas às duas outras hipóteses previstas no texto constitucional para aposentadoria especial dos servidores: deficiência e atividades de risco.

Para sedimentar a questão, o **STF publicou, em 2014, a súmula vinculante 33, dispondo que se aplicam ao servidor público, no que couberem, as regras do Regime Geral da Previdência Social sobre aposentadoria especial de que trata o art. 40, § 4º, inciso III, da Constituição Federal**, até a edição de lei complementar específica.

Com toda essa jurisprudência pacificada em favor dos servidores que buscavam o direito à aposentadoria especial por exposição a agentes nocivos, o Constituinte Derivado achou por bem regulamentar provisoriamente o tema. No corpo permanente da constituição foram inseridos os §§ 4º, 4º-A, 4º-B, 4º-C e 5º. Vejamos:

> *§ 4º. **É vedada a adoção de requisitos ou critérios diferenciados para concessão de benefícios em regime próprio de Previdência Social, ressalvado o disposto nos §§ 4º-A, 4º-B, 4º-C e 5º.***
>
> *§ 4º-A. Poderão ser estabelecidos por lei complementar do respectivo ente federativo **idade e tempo de contribuição diferenciados para aposentadoria de servidores com deficiência**, previamente submetidos à avaliação biopsicossocial realizada por equipe multiprofissional e interdisciplinar.*
>
> *§ 4º-B. Poderão ser estabelecidos por lei complementar do respectivo ente federativo **idade e tempo de contribuição diferenciados para aposentadoria de ocupantes do cargo de agente penitenciário, de agente socioeducativo ou de policial** dos órgãos de que tratam o inciso IV do caput do art. 51, o inciso XIII do caput do art. 52 e os incisos I a IV do caput do art. 144.*

> *§ 4º-C. Poderão ser estabelecidos por lei complementar do respectivo ente federativo* ***idade e tempo de contribuição diferenciados para aposentadoria de servidores cujas atividades sejam exercidas com efetiva exposição a agentes nocivos químicos, físicos e biológicos prejudiciais à saúde, ou associação destes agentes, vedada a caracterização por categoria profissional ou ocupação.***
>
> *§ 5º. Os ocupantes do* ***cargo de professor terão idade mínima reduzida em cinco anos*** *em relação às idades decorrentes da aplicação do disposto no inciso III do § 1º, desde que comprovem tempo de efetivo exercício das funções de magistério na educação infantil e no ensino fundamental e médio fixado em lei complementar do respectivo ente federativo.*

Vejam que o novo texto da Constituição adotou quatro modalidades de aposentadorias especiais para os servidores públicos:

1) **Para o servidor com deficiência;**
2) **Para os ocupantes de cargos de agentes penitenciários, agentes socioeducativos ou policiais;**
3) **Por exposição a agentes nocivos;**
4) **Para o professor.**

Neste tópico, estudaremos as regras específicas da aposentadoria especial do servidor por exposição a agentes nocivos. A aposentadoria para o servidor com deficiência e a dos cargos de agentes de segurança e policiais serão detalhados nos dois próximos tópicos.

A aposentadoria especial do professor já foi estudada ao tratarmos das aposentadorias **programadas**, uma vez que ela consiste em mera redução de tempo e idade, em relação à aposentadoria comum.

O art. 10, § 2º, II, da EC 103/2019, dispõe que até que a lei complementar entre em vigor o servidor público federal cujas atividades sejam exercidas com efetiva exposição a agentes nocivos químicos, físicos e biológicos prejudiciais à saúde, ou associação destes agentes, vedada a caracterização por categoria profissional ou ocupação, poderão se aposentar aos **60 anos de idade, 25 anos de efetiva exposição e contribuição, dez anos de efetivo exercício de serviço público e cinco anos no cargo** efetivo em que for concedida a aposentadoria.

O citado dispositivo traz mais uma das que chamados de **regra de transição permanente** (disposições transitórias) da PEC 103/2019, que tem validade até que venha a ser publicada a lei complementar que trate do tema. Os requisitos são:

- **60 anos de idade;**
- **25 anos de efetiva exposição e contribuição;**
- **dez anos de efetivo exercício de serviço público; e**
- **cinco anos no cargo.**

Observem que para o RPPS só há a modalidade de aposentadoria especial aos 25 anos de contribuição, não existindo aos 20 ou 15 anos. Isso é bastante razoável, pois no RPPS não constam atividades de mineração subterrânea, que enseja aposentadoria no RGPS aos 15 anos ou 20 anos e nem em contato com o amianto, que gera aposentadoria especial aos 20 anos de contribuição.

A regulamentação da aposentadoria especial do servidor público federal pode ser considerada um ponto positivo da reforma, uma vez que antes dela, como vimos, não havia qualquer regra sólida efetivando a sua concessão administrativamente. Com a Reforma, nos parece que será mais viável a concessão deste benefício aos servidores federais, mesmo com a exigência etária.

O § 3º do art. 10 da EC 103/2019 dispõe que a aposentadoria especial por exposição a agentes nocivos **observará adicionalmente as condições e os requisitos estabelecidos para o Regime Geral de Previdência Social**, naquilo em que não conflitarem com as regras específicas aplicáveis ao Regime Próprio de Previdência Social da União, **vedada a conversão de tempo especial em comum.**

Esse dispositivo traz a aplicação subsidiária das regras do RGPS para a aposentadoria especial por exposição a agentes nocivos do servidor público, sendo, então, aplicadas as regras previstas na Lei 8.213/1991.

Um segundo ponto que chama a atenção é a expressa vedação à conversão de tempo especial em tempo comum, no caso do servidor público. Assim, para o servidor aproveitar o seu tempo de exposição, é necessário que tenha cumprido integralmente os 25 anos exigidos, pois não há possibilidade de transformar tempo de especial em comum para obter vantagem na concessão da aposentadoria **programada** comum.

Se fosse possível a conversão, os servidores que tivessem trabalhado uma parte do tempo em contato com agentes nocivos poderiam contar com tempo adicional de contribuição e ao se aposentarem voluntariamente teriam o benefício calculado com valor maior, uma vez que há acréscimo de 2% por cada ano trabalhado. Poderiam também aproveitar o tempo adicional resultante da conversão para somar no sistema de pontos das regras de transição, entre outras vantagens.

O valor do benefício da aposentadoria especial por exposição a agentes nocivos no RPPS segue a regra geral; dessa forma, utiliza a **média aritmética simples das remunerações adotadas como base para contribuições ao Regime Próprio de Previdência Social**, atualizados monetariamente, **correspondentes a 100% do período contributivo desde a competência julho de 1994** ou desde o início da contribuição, se posterior àquela competência (art. 26 da EC 103/2019).

Depois de calcular a média sem possibilitar mais o descarte dos 20% menores salários de contribuição, o valor do benefício de aposentadoria corresponde a **60% da referida**

média, com acréscimo de 2% para cada ano de contribuição que exceder o tempo de 20 anos de contribuição para homens e mulheres (art. 26, § 2º, II, da EC 103/2019).

Vamos ao exemplo:

> **EXEMPLO:**
>
> Alzemir, servidor público que trabalha há 30 anos em contato com agentes nocivos, completou 60 anos de idade. Sabendo que sua média remuneratória é de R$ 10.000,00, qual será o valor de seu benefício?
>
> **RESPOSTA:**
>
> Alzemir terá direito ao seu benefício calculado com base em 80% de sua média contributiva (60% + 2% por ano x 10 anos). **O valor de seu benefício será R$ 8.000,00** (10.000 x 80%).

Nunca é demais lembrar que se aplicam às aposentadorias dos **servidores dos Estados, do Distrito Federal e dos Municípios cujas atividades sejam exercidas com efetiva exposição a agentes nocivos** químicos, físicos e biológicos prejudiciais à saúde, ou associação destes agentes, vedada a caracterização por categoria profissional ou ocupação, **as normas constitucionais e infraconstitucionais anteriores à data de entrada em vigor da EC 103/2019**, enquanto não promovidas alterações na legislação interna relacionada ao respectivo regime próprio de Previdência Social (art. 21, § 3º, da EC 103/2019).

Para melhor visualização, segue um esquema que resume a aposentadoria por exposição a agente nocivo no RPPS:

APOSENTADORIA POR EXPOSIÇÃO A AGENTE NOCIVO NO RPPS

- 60 anos de idade
  25 anos de efetiva exposição e contribuição
  10 anos de efetivo exercício de serviço público e
  5 anos no cargo
- Média de 100% das remunerações do servidor, aplicando-se 60%, com acréscimo de 2% para cada ano de contribuição que exceder o tempo de 20 anos de contribuição para homens e mulheres

26.3.7.2. Aposentadoria Especial para o Servidor com Deficiência no RPPS

A EC 103 regulamentou a aposentadoria do servidor com deficiência no âmbito do Regime Próprio de Previdência Social da União. Apesar de existir a regulamentação para a aposentadoria especial do segurado do RGPS com deficiência, previsto na LC 142/2013, para os servidores públicos, embora houvesse previsão constitucional, tal dispositivo jamais foi regulamentado.

O art. 40, § 4º-A, da Constituição Federal Brasileira, alterado pela EC 103/2019, dispõe sobre a aposentadoria especial do servidor com deficiência, mantendo a previsão já existente no texto anterior (§ 4º do art. 40). Vejamos, novamente, o texto constitucional do art. 40, anterior e posterior à reforma.

Texto anterior à Reforma de 2019 (art. 40, § 4º):

> *É vedada a adoção de requisitos e critérios diferenciados para a concessão de aposentadoria nos Regimes Próprios de Previdência Social, ressalvados, nos termos definidos em leis complementares, os casos de servidores:*
>
> *I – **portadores de deficiência;***

Texto pós-Reforma de 2019 (art. 40, § 4º-A):

> *§ 4º-A. Poderão ser estabelecidos por lei complementar do respectivo ente federativo **idade e tempo de contribuição diferenciados para aposentadoria de servidores com deficiência**, previamente submetidos à avaliação biopsicossocial realizada por equipe multiprofissional e interdisciplinar.*

O texto constitucional base que fundamenta a aposentadoria especial do servidor com deficiência manteve a possibilidade de concessão deste benefício especial ao servidor portador de deficiência, mediante prévia avaliação biopsicossocial realizada por equipe multiprofissional e interdisciplinar, trazendo para a Constituição a evolução do conceito de pessoa com deficiência, não sendo apenas uma limitação do ponto de vista médico, mas também psicológico e social, devendo ser identificada por equipe multidisciplinar.

Na sistemática anterior, como esta modalidade de aposentadoria não estava regulamentada para o servidor público, mas a LC 142/2013 já dispunha sobre o tema para os segurados do RGPS, o judiciário já começava a se manifestar no sentido de corrigir a omissão legislativa para aplicar as regras desta LC também aos servidores públicos.

Ao analisar agravo regimental no Mandado de Injunção (MI) 5126, em 04/10/2013, o Ministro do STF Luiz Fux, pioneiramente, determinou a aplicação dos regramentos previstos na LC 142 para a aposentadoria de servidor público deficiente.

A EC 103/2019, felizmente, sanou a omissão legislativa, tratando do tema no seu art. 22:

> *Art. 22. Até que lei discipline o § 4º-A do art. 40 e o inciso I do § 1º do art. 201 da Constituição Federal, a **aposentadoria da pessoa com deficiência** segurada do Regime Geral de Previdência Social ou **do servidor público federal com deficiência vinculado a regime próprio de Previdência Social, desde que cumpridos, no caso do servidor, o tempo mínimo de dez anos de efetivo exercício no serviço público e de cinco anos no cargo efetivo em que for concedida a aposentadoria, será concedida na forma da Lei Complementar 142**, de 8 de maio de 2013, **inclusive quanto aos critérios de cálculo dos benefícios.***

Notem que as regras da LC 142/2013 serão utilizadas tanto para o RGPS quanto para o RPPS. Já estudamos essas regras no âmbito do RGPS e, neste tópico, analisaremos algumas particularidades relativas ao servidor público com deficiência.

O transcrito art. 22 dispõe sobre os requisitos básicos para a aposentadoria especial do servidor público, sendo esses:

- **Tempo mínimo de 10 anos de efetivo exercício no serviço público;**
- **cinco anos no cargo.**

A EC 103/2019, então, deixou expresso que as regras da LC 142/2013 devem ser aplicadas ao servidor público com deficiência. Nesses termos, para o reconhecimento do direito a essa aposentadoria especial, considera-se servidor com deficiência aquele que tem impedimentos de longo prazo de **natureza física, mental, intelectual ou sensorial, os quais, em interação com diversas barreiras, podem obstruir sua participação plena e efetiva na sociedade em igualdade de condições com as demais pessoas.**

Sendo, então, considerado servidor com deficiência pode gozar desta aposentadoria especial, nas seguintes condições (art. 3º da LC 142):

> **I – aos 25 anos de tempo de contribuição, se homem, e 20 anos, se mulher, no caso de segurado com deficiência grave;**
>
> **II – aos 29 anos de tempo de contribuição, se homem, e 24 anos, se mulher, no caso de segurado com deficiência moderada;**
>
> **III – aos 33 anos de tempo de contribuição, se homem, e 28 anos, se mulher, no caso de segurado com deficiência leve;** ou
>
> **IV – aos 60 anos de idade, se homem, e 55 anos de idade, se mulher, independentemente do grau de deficiência, desde que cumprido tempo mínimo de contribuição de 15 anos e comprovada a existência de deficiência durante igual período.**

Percebe-se que a Lei Complementar criou duas modalidades distintas de aposentadoria especial para o segurado com deficiência. A primeira, representada pelos incisos I, II e III, pode ser chamada de **aposentadoria por tempo de contribuição especial do segurado com deficiência**, e a segunda, prevista no inciso IV, é a **aposentadoria por idade especial da pessoa com deficiência.**

Atenção!

A aposentadoria especial do segurado ou servidor com deficiência **é a única que não exige qualquer idade mínima.** Desta forma, basta cumprir os requisitos de tempo de contribuição previstos na LC 142/2013, que terá direito a essa modalidade de aposentadoria.

O servidor com deficiência pode se aposentar com apenas dez anos de serviço público e cinco anos no cargo, desde que possua tempo trabalhado como deficiente que complemente a exigência de tempo de contribuição do art. 3º da Lei Complementar 142/2013. Vejam o exemplo:

Exemplo:

Demerval, servidor com deficiência grave, ingressou no serviço público após 15 anos de contribuição, nesta situação, no RGPS. Depois de cumprir dez anos de serviço público na condição de deficiente grave, terá direito à aposentadoria especial, pois cumpriu o requisito de 25 anos de contribuição com deficiência grave (15 no RGPS e dez no RPPS) e, também, os dez anos de serviço público.

Curioso notar que o art. 22 da PEC 103/2019 (transcrito anteriormente) dispõe, estranhamente, que os critérios de cálculo do valor do benefício do servidor observarão também as regras da LC 142/2013. De acordo com o art. 8º da LC 142, **a renda mensal da aposentadoria devida ao segurado com deficiência** será calculada, **em conformidade com o art. 29 da Lei 8.213/1991**, nos seguintes percentuais:

I – **100%, no caso da aposentadoria por tempo de atividade**, conforme dispõem os incisos I, II e III do art. 3º, ou seja, **aos 25, 29 ou 33 anos de atividade para os homens e aos 20, 24 ou 28 anos de atividade para as mulheres.**

II – **70% mais 1% do salário de benefício por grupo de 12 contribuições mensais até o máximo de 30%, no caso de aposentadoria por idade, aos 60 anos de idade, se homem, e 55 anos de idade, se mulher.**

Mais estranho ainda é a possibilidade de utilização do fator previdenciário para a aposentadoria do servidor com deficiência. É que, de acordo com o art. 9º, I, da LC 142/2013, o **fator previdenciário poderá será utilizado somente em benefício do segurado aposentado especial por deficiência.** Assim, da forma em que o texto do art. 22 da EC 103 foi redigido, indicando que a forma de cálculo deste benefício para os servidores observará as regras da LC 142/2013, nos parece que o fator previdenciário pode ser utilizado também para a aposentadoria do servidor com deficiência.

Observem que a LC 142/2013, recepcionada pela EC 103/2019, inclusive em relação à forma de cálculo do benefício, dispõe que a aposentadoria do segurado com deficiência será calculada com base no art. 29 da Lei 8.213/1991, obviamente, com as adaptações do art. 26 da EC 103/2019 (**que revogou tacitamente o art. 29, I e II, da Lei 8.213/1991**), ou seja, **fazendo a média de todas as remunerações do período contributivo do servidor.**

Assim, no caso da aposentadoria da pessoa com deficiência **o valor será calculado com base na média de 100% das remunerações, aplicando-se 100% nas aposentadorias por tempo de contribuição e 70%, mais 1% por grupo de 12 contribuições para a aposentadoria por idade reduzida.** O fator previdenciário somente será utilizado em benefício do segurado, o que raramente ocorrerá.

Nunca é demais lembrar que se aplicam às **aposentadorias dos servidores com deficiência dos Estados, do Distrito Federal e dos Municípios as normas constitucionais e infraconstitucionais anteriores à data de entrada em vigor desta Emenda Constitucional** (art. 22, parágrafo único, da EC 103/2019).

Para melhor visualização, segue um esquema que resume a aposentadoria do segurado com deficiência no RGPS:

APOSENTADORIA DO SERVIDOR COM DEFICIÊNCIA

- 10 anos de efetivo exercício no serviço público
  5 anos no cargo

- Grave – 25 anos de tempo de contribuição, se homem, e 20 anos, se mulher
  Moderada – aos 29 anos de tempo de contribuição, se homem, 24 anos, se mulher
  Leve – 33 anos de tempo de contribuição, se homem, e 28 anos, se mulher
  60 anos de idade, se homem, e 55 anos de idade, se mulher, independentemente do grau de deficiência, com 15 anos de contribuição com deficiência.

- Média de 100 % das remunerções, aplicando-se:
  I – 100%, aos 25, 29 ou 33 anos de atividade para os homens e aos 20, 24 ou 28 anos de atividade para mulheres.
  II – 70% mais 1% por grupode 12 contribuições mensais, aos 60 anos de idade, se homem, e 55 anos de idade, se mulher.
  O fator previdenciário somente será utilizado em benefício do servidor aposentado especial por deficiência.

26.3.7.3. Aposentadoria Especial para o Servidor em Atividades Específicas de Risco

De acordo com a antiga redação do inciso II do § 4º do art. 40 da Constituição Federal de 1988, era vedada a adoção de requisitos e critérios diferenciados para a concessão de aposentadoria nos Regimes Próprios de Previdência Social, ressalvados, nos termos definidos em leis complementares, os casos de servidores **que exercessem atividades de risco.**

De acordo com o entendimento da Administração Pública, a concessão da aposentadoria especial dependia de regulamentação, ou seja, de edição de lei complementar. A Lei Complementar 51/1985 regulamentava a aposentadoria especial das atividades policiais, que ensejavam aposentadoria **programada**, com proventos integrais, após **30 anos de serviço, desde que contasse com pelo menos 20 anos de exercício em cargo de natureza estritamente policial, se homem, ou 25 anos de contribuição e 15 anos de atividade policial, se mulher**. Com isso, as antigas **idades de 60 anos, homens e de 55 anos, mulheres, não seriam aplicáveis** no caso de atividade de risco, bastando possuir o tempo exigido.

Na sistemática anterior, então, o policial poderia se aposentar **com proventos integrais** aos:

- **30 anos de contribuição, homens;**
- **20 anos de exercício em cargo de natureza estritamente policial, homens;**
- **25 anos de contribuição, mulheres;**
- **15 anos de atividade policial, mulheres.**

Após a EC 103/2019 foi inserido no art. 40, § 4º-B, da Constituição de 1988, o seguinte texto:

> *§ 4º-B. Poderão ser estabelecidos por lei complementar do respectivo ente federativo **idade e tempo de contribuição diferenciados para aposentadoria de ocupantes do cargo de agente penitenciário, de agente socioeducativo ou de policial** dos órgãos de que tratam o inciso IV do caput do art. 51, o inciso XIII do caput do art. 52 e os incisos I a IV do caput do art. 144.*

Vejam que o novo texto da Constituição contemplou oito categorias na modalidade especial de aposentadoria:

- **Agentes Penitenciários;**
- **Agentes Socioeducativos;**
- **Polícia Legislativa da Câmara de Deputados (art. 51, IV, da CF/1988);**
- **Polícia Legislativa do Senado (art. 52, XIII, da CF/1988);**
- **Polícia Federal (art. 144, I, da CF/1988);**
- **Polícia Rodoviária Federal (art. 144, II, da CF/1988);**
- **Polícia Ferroviária Federal (art. 144, IIII, da CF/1988);**
- **Polícias Civis (art. 144, IV, da CF/1988).**

De acordo com o § 2º, I, do art. 10 da EC 103/2019, os servidores públicos federais das categorias que acabamos de listar poderão se aposentar, **ambos os sexos**, aos:

- **55 anos de idade;**
- **30 anos de contribuição;**
- **25 anos de efetivo exercício em cargo destas carreiras.**

Esta é mais uma "regra de transição permanente", válida até que lei complementar venha tratar do tema, ou seja disposição transitória. Nessa regra, foi exigida **idade mínima de 55, para ambos os sexos**, o que não necessitava na vigência da LC 51/1985. O **tempo de contribuição foi definido em 30 anos**, mantendo a regra para homens e elevando o tempo necessário para as mulheres, antes de 25 anos. Já **o tempo de exercício na carreira, que passou para 25 anos**, aumentou em dez anos para mulheres e cinco anos para homens, em relação ao previsto na LC 51/1985.

A EC 103/2019 criou, também, uma regra de transição no seu art. 5º para os ocupantes dessas carreiras que já estavam no sistema antes da aprovação da Reforma Previdenciária de 2019. De acordo com o citado art. 5º, os ocupantes dessas carreiras, que tenham ingressado até a data de entrada em vigor da EC 103/2019, poderão aposentar-se, na forma da Lei Complementar 51/1985, observada **a idade mínima de 55 anos para ambos os sexos.**

Desta forma, a regra de transição básica para os ocupantes desta carreira exige:

- **55 anos de idade, ambos os sexos;**
- **30 anos de contribuição, homens;**
- **20 anos de exercício em cargo de natureza estritamente policial, homens;**
- **25 anos de contribuição, mulheres;**
- **15 anos de atividade policial, mulheres.**

O § 3º do art. 5º da EC 103/2019 flexibiliza a idade exigida de 55 anos pela regra transitória. Dispõe que esses servidores poderão se aposentar aos **52 anos de idade, se mulher,** e aos **53 anos de idade, se homem,** desde que cumprido **período adicional de contribuição correspondente ao tempo que, na data de entrada em vigor desta Emenda Constitucional, faltaria para atingir o tempo de 30 anos de contribuição, homens, e, 25 anos de contribuição, mulheres,** previsto na LC 51/1985.

Essa regra transitória pode ajudar os servidores das carreiras beneficiadas com essa aposentadoria especial que já estavam muito próximos da aposentadoria, mas ainda não haviam completado a idade de 55 anos. Os requisitos dessa regra podem ser resumidos, conforme segue:

- **53 anos de idade, homens;**
- **52 anos de idade, mulheres;**
- **30 anos de contribuição, homens;**
- **20 anos de exercício em cargo de natureza estritamente policial, homens;**
- **25 anos de contribuição, mulheres;**
- **15 anos de atividade policial, mulheres;**
- **Pedágio do tempo faltante na data da publicação da EC para homens completarem 30 anos de contribuição e mulheres completarem 25 anos de contribuição.**

Essa regra também é bastante benéfica para os servidores que já tiverem 30 anos de contribuição, homens, e 30 anos, mulheres, na data da publicação da EC 103/2019, pois, dessa forma, dispensam o cumprimento do pedágio e aguardam, apenas, atingir o requisito etário (53 anos de idade, homens, e 52 anos, mulheres).

O art. 5º, § 1º, da EC 103/2019 dispõe que serão considerados tempo de exercício em cargo de natureza estritamente policial, o tempo de atividade militar nas Forças Armadas, nas polícias militares e nos corpos de bombeiros militares e o tempo de atividade como agente penitenciário ou socioeducativo.

Aplicam-se às aposentadorias dos servidores dos Estados as normas constitucionais e infraconstitucionais anteriores à data de entrada em vigor desta Emenda Constitucional, enquanto não promovidas alterações na legislação interna relacionada ao respectivo regime próprio de Previdência Social.

O valor da aposentadoria das carreiras de agentes socioeducativos, agentes penitenciários e policiais estudadas neste tópico segue a regra geral prevista no art. 26 da EC 103/2019, devendo ser calculada a média de todas as remunerações do servidor, aplicando-se 60%, acrescentados de 2% por ano que ultrapassar vinte anos de contribuição para homens e mulheres.

Um relevante tema que foi julgado pelo STF é a possibilidade de conversão de tempo comum em tempo especial do servidor público. O STF jugou o Tema 942 em agosto de 2020, fixando a seguinte tese:

Até a edição da Emenda Constitucional nº 103/2019, o direito à conversão, em tempo comum, do prestado sob condições especiais que prejudiquem a saúde ou a integridade física de servidor público decorre da previsão de adoção de requisitos e critérios diferenciados para a jubilação daquele enquadrado na hipótese prevista no então vigente inciso III do § 4º do art. 40 da Constituição da República, devendo ser aplicadas as normas do regime geral de previdência social relativas à aposentadoria especial contidas na Lei 8.213/1991 para viabilizar sua concretização enquanto não sobrevier lei complementar disciplinadora da matéria.

Após a vigência da EC n.º 103/2019, o direito à conversão em tempo comum, do prestado sob condições especiais pelos servidores obedecerá à legislação complementar dos entes federados, nos termos da competência conferida pelo art. 40, § 4º-C, da Constituição da República".

No Tema 942, o STF então pacificou o entendimento de que no período anterior à Reforma da Previdência era possível a conversão de tempo comum em especial para os servidores públicos, o que antes não era aceito pela jurisprudência majoritária.

A Secretaria de Previdência do Ministério da Economia se curvou a esse entendimento, publicando a Nota Técnica 792/2021, aprovada em 25/03/2021, concluindo pela possibilidade de conversão de tempo especial anterior a EC 103/2019 para tempo comum do servidor público.

Para melhor visualização, segue um esquema que resume a aposentadoria das carreiras especiais:

APOSENTADORIA DAS CARREIRAS ESPECIAIS

Regra "Permanente"
55 anos de idade
30 anos de contribuição
25 anos de efetivo exercício em cargo destas carreiras.

Regra de Transição Básica
55 anos de idade, ambos os sexos
30 anos de contribuição, homens
20 anos de exercício em cargo de natureza estritamente policial, homens
25 anos de contribuição, mulheres
15 anos de atividade policial, mulheres

Regra de Transição Especial
53 anos de idade, homens
52 anos de idade, mulheres
30 anos de contribuição, homens
20 anos de exercício em cargo de natureza estritamente policial, homens
25 anos de contribuição, mulheres
15 anos de atividade policial, mulheres
Pedágio do tempo faltante na data da publicação da EC para homens completarem 30 anos de contribuição e mulheres completarem 25 anos de contribuição

Valor do Benefício:
Média de todas as remunerações do servidor, aplicando-se 60%, acrescentados de 2% por ano, que ultrapassar 20 anos de contribuição, homens e mulheres.

26.4. ABONO DE PERMANÊNCIA

De acordo com o § 19 do art. 40 da Constituição Federal de 1988, observados critérios a serem estabelecidos em lei do respectivo ente federativo, **o servidor titular de cargo efetivo que tenha completado as exigências para a aposentadoria programada e que opte por permanecer em atividade poderá fazer jus a um abono de permanência equivalente, no máximo, ao valor da sua contribuição previdenciária, até completar a idade para aposentadoria compulsória.**

Os arts. 8º e 10, § 5º, da EC 103/2019 complementa dispondo que até que entre em vigor lei federal de que trata o § 19 do art. 40, o servidor público federal que cumprir as exigências para a concessão da aposentadoria **programada**, por **quaisquer das regras de transição previstas e que optar por permanecer em atividade, fará jus a um abono de permanência equivalente ao valor da sua contribuição previdenciária**, até completar a idade para aposentadoria compulsória.

A Lei 10.887/2004 exclui, expressamente, o abono de permanência da base de cálculo da contribuição do servidor para a Previdência (art. 4º, § 1º, IX). Obviamente, se o objetivo do abono é o de anular os efeitos da contribuição previdenciária para os servidores que optem por permanecer em atividade, não há sentido em tragar parte do benefício com a incidência de contribuição previdenciária.

26.5. PENSÃO POR MORTE

A pensão por morte do servidor público federal também sofreu as mesmas alterações relativas à forma de cálculo, das que acabamos de estudar no Regime Geral de Previdência Social. Neste tópico, vamos estudar as especificidades da pensão por morte no RPPS.

Antes da EC 103/2019, a pensão por morte do RPPS era igual (§ 7º do art. 40 da Constituição Federal do texto revogado):

> I – **ao valor da totalidade dos proventos do servidor falecido, até o limite máximo estabelecido para os benefícios do regime geral de Previdência Social, acrescido de 70% da parcela excedente a este limite, caso aposentado à data do óbito**; ou
>
> II – **ao valor da totalidade da remuneração do servidor no cargo efetivo em que se deu o falecimento, até o limite máximo estabelecido para os benefícios do regime geral de Previdência Social, acrescido de 70% da parcela excedente a este limite, caso em atividade na data do óbito.**

Então, a regra aplicável para os servidores ativos ou inativos era a mesma: deveriam ser somados o valor do teto do RGPS com 70% do valor que o ultrapassar até o valor total da sua remuneração ou da aposentadoria do servidor. Vamos a um exemplo para deixar mais claro:

> **Exemplo:**
>
> Diego, servidor público ativo, com remuneração de R$ 20.000,00, faleceu antes da Reforma de 2019, deixando a pensão para sua esposa, Joana. Qual será o valor do benefício de Joana?
>
> **Resposta:**
>
> Joana terá direito à soma do teto do RGPS da época, R$ 5.839,45, com 70% da diferença entre a remuneração total de João e o referido teto, ou seja, 70% x (20.000,00 – 5.839,45), que resulta em R$ 9.912,39. Assim, o valor do benefício será de R$ 9.912,39, somados com R$ 5.839,45, totalizando **R$ 15.751,84.**

Atenção!

Na sistemática anterior à EC 103/2019, a extinção da cota de um dependente que dividia seu benefício com outros dependentes era revertida para os demais. Dessa forma, se uma pensão por morte no valor de R$ 12.000,00 fosse dividida em cotas de R$ 4.000,00 para cada um dos três filhos do servidor falecido, um deles completando 21 anos, reverteria a sua cota, integralmente, para os outros dois, recalculando-as para R$ 6.000,00. Quando o segundo filho perdesse sua condição de dependente, o último receberia, integralmente, a pensão de R$ 12.000,00, até que deixasse de ser dependente, sendo extinto definitivamente o benefício.

A EC 103/2019 alterou significativamente a forma de cálculo do benefício, da pensão por morte, de forma reflexa, pois, ao alterar o cálculo da aposentadoria por incapacidade permanente e da aposentadoria, consequentemente, alterou o cálculo da pensão por morte.

De acordo com o art. 23 da EC 103/2019, **a pensão por morte concedida a dependente** de segurado do Regime Geral de Previdência Social ou **de servidor público federal** será equivalente **a uma cota familiar de 50% do valor da aposentadoria recebida pelo segurado ou servidor ou daquela a que teriam direito se fossem aposentados por incapacidade permanente na data do óbito, acrescida de cotas de 10% por dependente, até o máximo de 100%.**

Para se chegar, então, ao valor da pensão por morte após a Reforma da Previdência de 2019, devemos seguir os seguintes passos:

1) Utilizar o valor da aposentadoria ou, para ou ativos o valor da aposentadoria por incapacidade permanente a que teria direito se tivesse ficado inválido na data do óbito;

2) Para calcular o valor da aposentadoria por incapacidade permanente, utiliza-se a média de todas as remunerações do servidor, não permitindo o descarte dos 20% menores;

3) Depois de calcular a média, aplica-se o percentual de 60%, acrescidos de 2% por ano de contribuição adicional aos 20 anos para homens e mulheres;

4) Por fim, sobre o resultado, aplica-se o percentual de 50%, acrescidos de 10% por dependente até o limite de 100%.

Para piorar ainda mais esta já tão dura forma de cálculo, o § 1º do art. 23 da EC 103/2019 dispõe que **as cotas por dependente cessarão com a perda desta qualidade e não serão reversíveis aos demais dependentes**, preservado o valor de 100% da pensão por morte, quando o número de dependentes remanescente for igual ou superior a cinco. Neste caso, a cota do dependente que perdeu sua qualidade é extinta e o dependente remanescente terá o valor de sua cota recalculada, uma vez que o adicional de 10% é por cada dependente ativo.

Vejamos um exemplo de cálculo de pensão por morte de servidor vinculado ao RPPS da União:

Exemplo:

Moreira, servidor público há 25 anos, faleceu após sofreu um AVC, deixando dois filhos menores de 21 anos de idade e uma mulher. Sabendo que sua média remuneratória era de R$ 20.000,00, qual o valor da pensão por morte deixada por Moreira?

Resposta:

Como Moreira tinha apenas 25 anos de contribuição, sobre sua média aplica-se 70% (60% + 5 x 2%) para encontrar o valor da aposentadoria por incapacidade permanente que ele teria direito, resultando em **R$ 14.000,00** (20.000 x 70%).

Sobre este valor, ele deixará 80% para seus dependentes (50% + 30%, três dependentes), resultando no valor de **R$ 11.200,00** (80% x 14.000).

Cada um de dependentes receberá uma cota de **R$ 3.733,33**, mas, quando o primeiro perder a qualidade de dependente, a sua cota será extinta e os outros dois dividirão a pensão no valor R$ 9.800 (70% x 14.000), cada um com uma cota de **R$ 4.900,00** (9.800/2), ou seja, foi reduzido os 10% relativos ao dependente que teve a cota extinta.

Se Moreira tivesse falecido antes da reforma, o valor do benefício deixado para seus dependentes seria de **R$ 15.751,84 (5.839,45 + 70% x 14.160,55)**, ou até mais, pois o valor seria calculado com base na sua última remuneração e não sobre a média de todas suas contribuições. Cada um de seus dependentes receberia **R$ 5.250,61** e quando um perdesse a qualidade de dependente, os dois outros passariam a receber **R$ 7.875,92**.

Concluindo, Moreira também faleceu na hora errada...

Importante observar que, em algumas situações específicas, a nova pensão por morte trazida pela EC 103/2019 pode até ser mais vantajosa que o modelo anterior. Um servidor que esteja aposentado com proventos integrais no valor de R$ 30.000,00 e que venha a falecer deixando cinco dependentes, a pensão deixada terá o valor de 100% (50% + 10% x 5), ou seja, deixará os R$ 30.000,00 para serem divididos entre os cinco dependentes. Se tivesse falecido no dia anterior à Reforma de 2019, deixaria o valor de R$ 22.751,84 [5839,45 + 70% x (30000 - 5839,45)].

A situação relatada, apesar de possível, é completamente incomum. Um aposentado teria que contar com diversos dependentes, o que não é a situação mais corriqueira. Veja que se tivesse apenas o cônjuge como dependente, o valor do benefício seria de 60%, ou seja, R$ 18.000,00, inferior ao valor da regra antiga.

Não podemos deixar de registrar o movimento que percebemos no sentido de reduzir cada vez mais as hipóteses de concessão de pensão por morte para cônjuge ou companheiro, que, a nosso ver, em breve, passará a exigir comprovação de dependência econômica. Ressaltamos que este ponto ainda não foi objeto de alteração, nem pela EC 103/2019, aqui estudada, nem por qualquer ato normativo, mas a Lei 13.846/2019 aprovou alteração neste sentido para os servidores públicos, porém foi barrada por veto presidencial. Em breve esse tema certamente será retomado...

Assim como ocorre no RGPS, na hipótese de existir **dependente inválido ou com deficiência intelectual, mental ou grave**, o valor da pensão por morte do servidor federal será equivalente a (art. 23, § 2º, da EC 103/2019):

I - **100%** da aposentadoria recebida pelo segurado ou servidor ou daquela a que teriam direito se fossem aposentados por incapacidade permanente na data do óbito, até o limite máximo de benefícios do Regime Geral de Previdência Social; e

II - a uma cota familiar de **50% acrescida de cotas de 10% por dependente**, até o máximo de 100%, para o valor que supere o limite máximo de benefícios do Regime Geral de Previdência Social.

Quando não houver mais dependente inválido ou com deficiência intelectual, mental ou grave, o valor da pensão será recalculado, de acordo com a regra geral (60% + 2% por ano adicional).

O texto permanente da Constituição Federal também foi alterado, impactando, mais uma vez, no cálculo do valor desse benefício. O art. 40, § 7º, do texto reformado dispõe que a Previdência Social garantirá a pensão por morte do servidor público, observado o **limite mínimo de um salário mínimo quando se tratar da única fonte de renda formal auferida pelo dependente.**

Com a nova redação, passou a ser possível a concessão de benefício de pensão por morte no âmbito do RPPS inferior ao salário mínimo nos casos em que o dependente já possua outra fonte formal de renda, tais como, outra pensão por morte, um emprego com carteira assinada ou um cargo público. Vejamos um exemplo:

Exemplo:

Afonso, servidor vinculado a RPPS há 10 anos, quando faleceu deixando uma mulher, também empregada do RGPS, e um filho de 16 anos de idade. Sabendo que sua média contributiva era de R$ 2.500,00, qual o valor da pensão por morte deixada por Afonso?

Resposta:

Para calcular o valor da pensão de Afonso, aplicamos o percentual de 60% sobre sua média, resultando em R$ 1.500,00 (2.500 x 60%). Sobre este valor, ele deixara 70% para seus dependentes (50% + 20%, dois dependentes), resultando no valor de **R$ 1.050,000** (70% x 1500).

Se Afonso tivesse deixando apenas a mulher que era empregada, não haveria duvida que o seu benefício seria de 60% (apenas um dependente) sobre os 1500,00, resultando em **R$ 900,00**.

Ocorre que Afonso deixou outro dependente, seu filho, que não possui outra fonte formal de renda. Dessa forma, entendemos que, neste caso, deve ser garantido o valor inicial de um salário mínimo para ser dividido entre os dois dependentes, cada um sendo contemplado com metade desse valor.

Quando o filho de Afonso completar a maioridade previdenciária, sua cota não será revertida para a sua mãe, devendo o benefício ser recalculado. Dessa forma, a mulher, se ainda contar com outra fonte formal de renda, passara a receber o valor de **R$ 900,00** (60% x 1500), obviamente corrigido.

No exemplo ainda resta uma outra dúvida. O que ocorre caso a mulher de Afonso perca o seu emprego formal? O valor do seu benefício continuará inferior a um salário mínimo, ou será recalculado?

Interpretamos que o valor deve ser recalculado, sendo elevado ao patamar do salário mínimo, pois o texto constitucional garante a pensão pelo valor mínimo, quando não houver outra fonte formal de renda e, no caso de situação superveniente que a extinga, o benefício mínimo deve ser garantido.

O art. 23, § 4º, da EC 103/2019 dispõe que o tempo de duração da pensão por morte e das cotas individuais por dependente até a perda desta qualidade, o rol de dependentes, a sua qualificação e as condições necessárias para enquadramento serão aqueles **estabelecidos na Lei 8.213/1991**.

A EC 103/2019, acertadamente, **unificou o rol de dependentes do RPPS da união com o rol do RGPS, recepcionando os dispositivos da Lei 8.213/1991**, tanto para o RGPS, quanto para os servidores federais, antes regidos pela Lei 8.213/1991. Com isso, podemos considerar revogado tacitamente o art. 217 da Lei 8.112/1990, que traz o rol de dependentes do RPPS.

Para o dependente inválido ou com deficiência intelectual, mental ou grave, a **condição de deficiente pode ser reconhecida previamente ao óbito do segurado**, por meio de avaliação biopsicossocial realizada por equipe multiprofissional e interdisciplinar, observada revisão periódica na forma da legislação (art. 23, § 4º, da EC 103/2019). Isso é fundamental para a segurança dos segurados que não haverá problemas no reconhecimento do direito do seu dependente inválido, antecipando a discussão da controvérsia, se for o caso.

O § 6º do art. 23 da EC 103/2019 dispõe que se **equiparam a filho**, para fins de recebimento da pensão por morte, **exclusivamente o enteado e o menor tutelado**, desde que comprovada a dependência econômica. Aqui, o texto deixa totalmente clara a exclusão do menor sob guarda do rol de dependentes previdenciários. Em verdade, no âmbito do RPPS da União, o menor sob guarda já não era considerado dependente previdenciário, mas diversas decisões judiciais ainda o enquadravam como dependente. Certamente, o novo texto constitucional pacificará o tema, no sentido da exclusão do menor sob guarda.

As regras sobre pensão previstas no art. 23, da EC 103/2019 poderão ser alteradas na forma da lei do respectivo ente federativo ao qual estiver vinculado o segurado.

Por fim, o art. 40, § 7º, da Constituição Federal de 1988, alterado pela EC 103/2019, prevê que o benefício de pensão por morte será concedido nos termos de lei do respectivo ente federativo, **a qual tratará de forma diferenciada a hipótese de morte dos agentes penitenciários, agentes socioeducativos e das carreiras policiais, decorrente de agressão sofrida no exercício ou em razão da função.**

O § 6º do art. 10 da EC 103/2019 dispõe que a pensão por morte devida aos dependentes do policial civil do Distrito Federal, da polícia legislativa da Câmara dos Deputados e do Senado, da polícia federal, da polícia rodoviária federal, da polícia ferroviária federal e dos ocupantes dos cargos de agente federal penitenciário ou socioeducativo decorrente de agressão sofrida no exercício ou em razão da função **será vitalícia para o cônjuge ou companheiro e equivalente à remuneração do cargo.**

Com isso, fica afastada, nesta situação específica, a tabela de escalonamento do prazo da pensão por morte do cônjuge ou companheiro, em função de sua idade.

Nunca é demais lembrar que se aplicam às pensões concedidas aos dependentes de **servidores dos Estados, do Distrito Federal e dos Municípios as normas constitucionais e infraconstitucionais anteriores à data de entrada em vigor da EC 103/2019**, enquanto não promovidas alterações na legislação interna relacionada ao respectivo regime próprio de Previdência Social.

Para melhor visualização, segue um esquema que resume a pensão por morte no RPPS:

PENSÃO POR MORTE NO RPPS

- A pensão por morte do RGPS é de 50% do valor da aposentadoria recebida pelo segurado ou servidor ou daquela a que teriam direito se fossem aposentados por incapacidade permanente na data do óbito, acrescida de cotas de 10% por dependente, até no máximo de 100%
- Média de 100% das remunerações do servidor, aplicando-se 60%, com acréscimo de 2% para cada ano de contribuição que exceder o tempo de 20 anos de contribuição para homens e mulheres.
- Para o dependente inválido: I – 100% da aposentadoria recebida ou daquela a que teriam direito se fossem aposentados por incapacidade permanente na data do óbito, até o teto do RGPS; e II – a uma cota familiar de 50% acrescida de cotas de 10% por dependente, até o máximo de 100%, para o valor que supere o teto do RGPS.
- Limite mínimo de um salário mínimo quando se tratar da única fonte de renda formal auferida pelo dependente.
- Cotas recalculadas quando um dos dependentes perde sua qualidade de dependente.
- A pensão deixada por policiais e agente federal penitenciário ou socioeducativo decorrente de agressão sofrida no exercício ou em razão da função será vitalícia para o cônjuge ou companheiro e equivalente à remuneração do cargo.

O rol de dependentes que têm direito à pensão por morte é definido pelas legislações próprias de cada RPPS. No plano federal, desde a publicação da MP 664/2004, convertida na Lei 13.135/2015, os dependentes previdenciários do Regime Próprio dos Servidores Civis da União passaram a ser os mesmos do RGPS, de acordo com a redação do art. 217, da Lei 8.112/1990, conforme segue:

I – o cônjuge;

II – o cônjuge divorciado, separado judicialmente ou de fato, com percepção de pensão alimentícia definida judicialmente – no RGPS, como vimos, qualquer ajuda financeira se equipara à pensão, mas esta interpretação não é extensível ao RPPS da união, pois exige a definição judicial dos alimentos;

III – o companheiro e companheira que comprove união estável como entidade familiar;

IV – o filho de qualquer condição que atenda a um dos seguintes requisitos:

a) seja menor de 21 anos ou inválido;

b) tenha deficiência grave, ou;

c) tenha deficiência intelectual ou mental;

V – a mãe e o pai que comprovem dependência econômica do servidor;

VI – o irmão de qualquer condição que comprove dependência econômica do servidor, atendendo o mesmo regramento relativo aos filhos.

Os dependentes das classes I a IV têm prioridade no recebimento dos benefícios, então os pais e o irmão somente poderão ser habilitados na hipótese de ausência de filhos ou cônjuge ou companheiros, tal como ocorre no RGPS. Já os pais têm prioridade no recebimento do benefício em relação aos irmãos.

O enteado e tutelado se equiparam aos filhos, mediante declaração escrita do segurado e comprovação de dependência econômica, na forma estabelecida em regulamento.

Ocorrendo habilitação de vários dependentes, o valor é rateado em partes iguais (art. 218 da Lei 8.112/1991). Esta forma de divisão também igualou as regras do RPPS da União ao RGPS.

As cotas dos beneficiários que forem extintas reverterão em favor dos demais beneficiários habilitados, da mesma maneira que ocorre no RGPS.

De acordo com o art. 219 da Lei 8.112/1990, alterado pela Lei 13.846, de 18/06/2019, a **pensão por morte será devida ao conjunto dos dependentes do segurado que falecer, aposentado ou não, a contar da data:**

I – **do óbito, quando requerida em até 180 dias após o óbito, para os filhos menores de 16 anos, ou em até 90 dias após o óbito, para os demais dependentes;**

II – **do requerimento, quando requerida após o prazo previsto no inciso I; ou**

III – **da decisão judicial, na hipótese de morte presumida.**

A concessão da pensão por morte não será protelada pela falta de habilitação de outro possível dependente e a habilitação posterior que importe em exclusão ou inclusão de dependente só produzirá efeito a partir da data da publicação da portaria de concessão da pensão ao dependente habilitado. Assim, não é possível, neste caso, a retroação da data de início do benefício em que houver habilitação tardia de um dependente.

Assim como ocorre no RGPS, a Lei 13.846/2019 dispôs que ajuizada a ação judicial para reconhecimento da condição de dependente, este poderá requerer a sua habilitação provisória ao benefício de pensão por morte, exclusivamente para fins de rateio dos valores com outros dependentes, vedado o pagamento da respectiva cota até o trânsito em julgado da respectiva ação, ressalvada a existência de decisão judicial em contrário. O objetivo desta habilitação provisória é facilitar a execução da ação, evitando problemas para os segurados e, também, para entidade previdenciária.

Da mesma forma, nas ações em que for parte o ente público responsável pela concessão da pensão por morte, este poderá proceder de ofício à habilitação excepcional da referida pensão, apenas para efeitos de rateio, descontando-se os valores referentes a esta habilitação das demais cotas, vedado o pagamento da respectiva cota até o trânsito em julgado da respectiva ação, ressalvada a existência de decisão judicial em contrário.

Em ambas as situações, julgada improcedente a ação, o valor retido será corrigido pelos índices legais de reajustamento e será pago de forma proporcional aos demais dependentes, de acordo com as suas cotas e o tempo de duração de seus benefícios.

Em qualquer hipótese, fica assegurada ao órgão concessor da pensão morte a cobrança dos valores indevidamente pagos em função de nova habilitação.

De acordo com o art. 220, perde o direito à pensão por morte:

> I – após o transito em julgado, o beneficiário condenado pela prática de crime de que tenha dolosamente resultado a morte do servidor;
>
> II – o cônjuge, o companheiro ou a companheira, se comprovada, a qualquer tempo, simulação ou fraude no casamento ou na união estável, ou sua formalização com o fim exclusivo de constituir benefício previdenciário, apuradas em processo judicial no qual será assegurado o direito ao contraditório e à ampla defesa.

As regras de pensão por morte dos servidores civis da união, das autarquias e fundações públicas federais foram significativamente alteradas com a Lei 13.135/2015, que modificou a Lei 8.112/1990.

A partir deste ato normativo, à pensão destes servidores passou-se a aplicar as regras também alteradas no RGPS, referentes ao prazo de fruição do benefício para o cônjuge ou companheiro.

É que o art. 222 da Lei 8.112/1990 alterou as hipóteses de perda da qualidade de beneficiário, nos seguintes termos:

I – o seu falecimento;

II – a anulação do casamento, quando a decisão ocorrer após a concessão da pensão ao cônjuge;

III – a cessação da invalidez, em se tratando de beneficiário invalido, ou o afastamento da deficiência, em se tratando de beneficiário com deficiência, respeitados os prazos de recebimento do benefício. Neste caso, o beneficiário pode ser convocado a qualquer tempo para que a administração avalie as suas condições e o não comparecimento enseja a suspensão do benefício.

IV – o implemento da idade de 21 anos, pelo filho ou irmão;

V – a acumulação de pensão deixada por mais de um cônjuge, companheiro ou companheira, e de mais de duas pensões

VI – a renúncia expressa; e

VII – em relação ao cônjuge, companheiro ou companheira, inclusive divorciado, separado judicialmente ou de fato:

a) o decurso de quatro meses, se o óbito ocorrer sem que o segurado tenha vertido 18 contribuições mensais ou se o casamento ou união estável tiverem sido iniciados em menos de dois anos antes do óbito do segurado.

b) o decurso dos seguintes períodos, estabelecidos de acordo com a idade do beneficiário na data do óbito do segurado, se o óbito ocorrer depois de vertidas 18 contribuições mensais e pelo menos dois anos após o início do casamento ou da união estável (atualizado pela Portaria 424 de 29/12/2020):

1) três anos, com menos de 22 anos de idade;

2) seis anos, entre 22 e 27 anos de idade;

3) dez anos, entre 28 e 30 anos de idade;

4) 15 anos, entre 31 e 41 anos de idade;

5) 20 anos, entre 42 e 44 anos de idade;

6) vitalícia, com 45 ou mais anos de idade.

Em caso de óbito do segurado decorrente de acidente de qualquer natureza ou doença profissional ou do trabalho, não é necessário o cumprimento das 18 contribuições mensais para que seus dependentes tenham direito ao recebimento da pensão por morte por prazo escalonado. Da mesma forma, os óbitos por acidente de qualquer natureza ou por doença profissional ou do trabalho dispensam a necessidade de dois anos de união estável ou casamento para que os dependentes façam jus à pensão por morte escalonada.

Assim, os óbitos decorrentes dos acidentes e das doenças ocupacionais dispensam tanto o cumprimento das 18 contribuições mensais, quanto a necessidade de dois anos de união para que os dependentes tenham direito à pensão por morte por prazo escalonado em função da idade.

Caso o servidor não possua 18 contribuições ou dois anos de casamento ou união, o benefício de pensão será garantido por apenas quatro meses.

O tempo de contribuição para o RPPS será considerado para efeito de contagem das dezoito contribuições mensais. Se, então, o trabalhador era servidor público e passou a ser vinculado ao RGPS, o tempo de serviço público será considerado para a apuração desta exigência.

Vejamos a tabela de duração do benefício para os cônjuges e companheiros(as) dos segurados que tenham cumprido as dezoito contribuições necessárias e possuam os dois anos de casamento ou união (art. 77, V, c, da Lei 8.213/1991, atualizada pela Portaria 424 de 29/12/2020):

Idade do companheiro ou companheira	Duração do benefício
Menores que 22 anos	3 anos
A partir de 22 anos até 27 anos	6 anos
A partir de 28 anos até 30 anos	10 anos
A partir de 31 anos até 41 anos	15 anos
A partir de 42 anos até 44 anos	20 anos
A partir de 45 anos	Vitalícia

De acordo com o § 3 do art. 222 da Lei 8.112/1990, inserido pela Lei 13.135/2015, somente após o transcurso de três anos e desde que tenha o incremento mínimo de um ano na expectativa de vida do brasileiro ao nascer, considerando a tabela de ambos os sexos, poderão ser fixadas novas idades para os prazos de recebimento da pensão, por ato do Ministério da Previdência. Ressalta-se que os prazos de duração da pensão devem ser mantidos, podendo ser alteradas apenas as idades.

Desta forma, caso em três anos a expectativa do brasileiro, considerando a tabela de ambos os sexos, aumente em dois anos, as idades previstas no inciso V, c, que acabamos de estudar, podem ser acrescentadas também em dois anos, mediante ato do Ministério da Previdência Social. Assim, com menos de 24 anos, os segurados teriam direito a apenas três anos de pensão e somente a partir dos 47 anos os segurados teriam direito à pensão vitalícia.

A Portaria 424 do ME de 29/12/2020 fez a primeira alteração nessas idades, aumentando um ano em cada uma das faixas. A faixa para obtenção de pensão vitalícia, por exemplo, passou de 44 anos para 45 anos.

A Lei 13.846, de 18/06/2019, inseriu o § 5º ao art. 222 da Lei 8.112/1990, dispondo que na hipótese de o servidor falecido estar, na data de seu falecimento, obrigado por determinação judicial a pagar alimentos temporários a ex-cônjuge, ex-companheiro ou ex-companheira, a pensão por morte será devida pelo prazo remanescente na data do óbito, caso não incida outra hipótese de cancelamento anterior do benefício.

O exercício de atividade remunerada, inclusive na condição de microempreendedor individual, não impede a concessão ou manutenção da cota da pensão de dependente com deficiência intelectual ou mental ou com deficiência grave (art. 222, § 7º, inserido pela Lei 13.846/2019).

No ato de requerimento de benefícios previdenciários, não será exigida apresentação de termo de curatela de titular ou de beneficiário com deficiência, observados os procedimentos a serem estabelecidos em regulamento.

26.6. CUMULAÇÃO DE BENEFÍCIOS

De acordo com o art. 37, § 10º, da Constituição Federal de 1988, é vedada a percepção simultânea de proventos de aposentadoria decorrentes do art. 40 ou dos arts. 42 e 142 com a remuneração de cargo, emprego ou função pública.

Este dispositivo foi incluído pela EC 20/1998, e antes da citada Emenda era muito comum a situação de servidores aposentados que prestavam novo concurso público, para o mesmo ou para outro cargo público, recebendo, cumulativamente, a remuneração no cargo e os proventos de aposentadoria.

Até hoje, esta situação é encontrada no serviço público, por conta do direito adquirido dos servidores que já cumulavam aposentadoria e remuneração de cargo público antes da EC 20/1998.

Ressalta-se que mesmo para estas situações se aplica o limite máximo da remuneração do Ministro do Supremo Tribunal Federal, teto do funcionalismo público em geral, previsto no art. 37, XI, da Constituição Federal. Vejamos:

> XI – a **remuneração e o subsídio** dos ocupantes de cargos, funções e empregos públicos da administração direta, autárquica e fundacional, dos membros de qualquer dos Poderes da União, dos Estados, do Distrito Federal e dos Municípios, dos detentores de mandato eletivo e dos demais agentes políticos **e os proventos, pensões ou outra espécie remuneratória, percebidos cumulativamente ou não,** incluídas as vantagens pessoais ou de qualquer outra natureza, **não poderão exceder o subsídio mensal, em espécie, dos Ministros do Supremo Tribunal Federal...**

O § 11 do art. 40 da Constituição dispõe, expressamente, que este teto remuneratório se aplica à soma total dos proventos de inatividade, inclusive quando decorrentes da acumulação de cargos ou empregos públicos, bem como de outras atividades sujeitas à contribuição para o regime geral de Previdência Social, e ao montante resultante da adição de proventos de inatividade com remuneração de cargo acumulável, cargo em comissão declarado em lei de livre nomeação e exoneração, e de cargo eletivo.

O STF firmou posicionamento no Tema 359 de que ocorrida a morte do instituidor da pensão em momento posterior ao da Emenda Constitucional 19/1998, o teto constitucional previsto no inciso XI do artigo 37 da Constituição Federal incide sobre o somatório de remuneração ou provento e pensão percebida por servidor, fulminando a possibilidade de que a soma dos benefícios pudesse ultrapassar o teto dos ministros do STF.

Ressalta-se que o teto do serviço público, equivalente à remuneração do Ministro do STF, deve ser considerado pelo valor bruto recebido pelo servidor, devendo incidir os descontos tributários (IR e contribuição previdenciária) sobre esta quantia. Assim, o servidor que recebe mais que o teto, tem a sua remuneração bruta definida pelo teto, recebendo líquido um valor reduzido dos tributos devidos. Foi assim que decidiu o STF, no RE 675978/SP, em que se pleiteava o pagamento do valor teto líquido para o servidor que recebia valor superior ao teto. Na tese não recepcionada pelo STF, o servidor requeria que se calculasse os descontos com base no valor total recebido (acima do teto), ficando o servidor com a remuneração líquida igual ao teto do STF.

O Plenário do Supremo Tribunal Federal entendeu, no julgamento do RE 609381, em 02/10/2014, que a regra do teto remuneratório dos servidores públicos é de eficácia imediata, admitindo a redução de vencimentos daqueles que recebem acima do limite constitucional, acreditando não haver ofensa ao direito adquirido.

No julgamento do Recursos Extraordinários 602043 e 612975, o STF entendeu que no caso de servidor que cumula cargos públicos permitidos pela Constituição Federal de 1988, o teto remuneratório deve ser aplicado de forma isolada para cada cargo público acumulado. Assim, é possível que a soma das remunerações dos cargos constitucionalmente acumuláveis supere o teto remuneratório.

O Plenário aprovou a seguinte tese de repercussão geral: "Nos casos autorizados, constitucionalmente, de acumulação de cargos, empregos e funções, a incidência do art. 37, inciso XI, da Constituição Federal, pressupõe consideração de cada um dos vínculos formalizados, afastada a observância do teto remuneratório quanto ao somatório dos ganhos do agente público".

De acordo com o § 6º do art. 40 da Constituição, ressalvadas as aposentadorias decorrentes dos cargos acumuláveis, é vedada a percepção de mais de uma aposentadoria à conta do regime de Previdência previsto neste artigo.

Desta forma, todos os valores recebidos não podem ultrapassar o teto relativo à remuneração do Ministro do STF, considerando também a soma das remunerações de servidores que cumulam cargos públicos permitidos pela Constituição Federal (art. 37, XVI), sejam dois de professor, um técnico e outro de professor ou dois da área de saúde.

Curioso notar que o teto remuneratório é aplicável também no caso de cumulação de pensão por morte com remuneração de cargo público. Desta forma, um casal de juízes que ganhem R$ 28.000,00, cada, sem filhos, em caso de falecimento de um deles, o outro receberá a pensão limitada ao teto do STF.

Há forte polêmica se o teto remuneratório a ser pago ao servidor é o valor líquido ou o valor bruto, sujeito, ainda, à incidência tributária. A dúvida é relativa ao valor que deve ser pago ao servidor quando, por exemplo, a soma das suas remunerações atinja o valor de R$ 50.000,00 brutos e, efetuando-se todos os descontos tributários, ainda ultrapasse o teto. Nesta situação, o Poder Público deve pagar-lhe o valor do teto líquido ou sobre o valor do teto ainda devem ser procedidos todos os descontos tributários?

Sobre este tema, o STF julgou o RE 675.978, em 15 de abril de 2015, com a repercussão geral, entendendo que o teto a ser considerado corresponde ao valor bruto, sobre este devendo incidir o imposto de renda e a contribuição previdenciária.

Um ponto polêmico é se os aposentados do RGPS oriundos de empresas estatais podem prestar concurso público, cumulando a remuneração do cargo com a sua aposentadoria.

Note que o citado art. 37, § 10º, da Constituição veda a percepção simultânea de proventos de aposentadoria decorrentes do art. 40 ou dos arts. 42 e 142 com a remuneração de cargo, emprego ou função pública. Assim, a vedação está restrita à cumulação de remuneração de cargo ou emprego com os benefícios dos Regimes Próprios civis e militares. Não se aplica tal vedação para os aposentados do RGPS.

Um empregado público, então, enquanto estiver ocupando o seu emprego, não poderá cumular outro cargo ou emprego público, mas, uma vez aposentado pelo RGPS, não há qualquer impedimento para ingresso no serviço público.

A EC 103/2019 fez restrições em relação à possibilidade de acumulação ilimitada de mais de uma pensão por morte ou de aposentadoria com pensão por morte, mesmo que oriundos de diferentes regimes previdenciários.

O art. 24 da citada Emenda Constitucional veda a acumulação **de mais de uma pensão por morte deixada por cônjuge ou companheiro, no âmbito do mesmo regime de Previdência Social, ressalvadas as pensões do mesmo instituidor decorrentes do exercício de cargos acumuláveis** na forma do art. 37 da Constituição Federal, ou seja, dois na área de saúde, dois de professor ou um técnico e um de professor.

O ponto de maior inovação em relação à acumulação de benefícios trazido pela Reforma foi a permissão de acumulação parcial de alguns benefícios. Nesses termos, será admitida a acumulação de:

I – **pensão por morte deixada por cônjuge ou companheiro de um regime de Previdência Social com pensão por morte concedida por outro regime de Previdência Social ou com pensões decorrentes das atividades militares** de que tratam os arts. 42 e 142 da Constituição Federal; ou

II – **pensão por morte deixada por cônjuge ou companheiro de um regime de Previdência Social com aposentadoria concedida no âmbito do Regime Geral de Previdência Social ou de regime próprio de Previdência Social ou com proventos de inatividade decorrentes das atividades militares** de que tratam os arts. 42 e 142 da Constituição Federal; ou

III – de **aposentadoria concedida no âmbito do Regime Geral de Previdência Social ou de regime próprio de Previdência Social com pensões decorrentes das atividades militares** de que tratam os arts. 42 e 142 da Constituição Federal.

A Reforma, então, continuou permitindo a acumulação de aposentadoria e pensões entre regimes previdenciários, mas impõe uma limitação, conforme veremos. Dessa forma, nas hipóteses das acumulações previstas, **é assegurada a percepção do valor integral do benefício mais vantajoso e de uma parte de cada um dos demais benefícios, apurada cumulativamente de acordo com as seguintes faixas:**

I - 60% do valor que exceder 1 salário mínimo, até o limite de 2 salários mínimos;

II - 40% do valor que exceder 2 salários mínimos, até o limite de 3 salários mínimos;

III - 20% do valor que exceder 3 salários mínimos, até o limite de 4 salários mínimos; e

IV - 10% do valor que exceder 4 salários mínimos.

Para elucidar esse texto, basta entendermos que o benefício mais vantajoso será mantido integralmente e os outros serão pagos parcialmente. Caso o segundo benefício seja de um salário mínimo, o dependente terá direito a 100% deste valor, pois o texto constitucional não traz qualquer redução para benefícios de até um salário mínimo. Se for de dois salários mínimos, terá direito a 100% do primeiro e 60% do segundo salário mínimo, ou seja 1,6 salário mínimo (160%). Se o benefício deixado for de três salários mínimos, além dos valores anteriores, receberá mais 40% do terceiro, ficando com 2,0 salário mínimo. Finalmente, se o valor for de quatro salários mínimos, acrescentará 20% deste último, totalizando 2,2 salários mínimos.

Assim, para benefícios deixados de valor superior a quatro salários mínimos os dependentes receberão 2,2 salários mínimos, acrescidos de 10% da parcela que ultrapassar este valor.

Vamos analisar alguns exemplos para esclarecer a relevância da alteração:

Exemplo 1

Elaide, aposentada do RPPS que recebia R$ 20.000,00 era casada com Juarez, servidor aposentado que recebia R$ 14.000,00. Em caso de falecimento de Elaide, qual seria o valor da pensão deixada para Juarez?

Resposta:

Primeiramente, é preciso calcular qual o valor da pensão deixada por Elaide para Juarez. Como Elaide era aposentada e só tinha Juarez como dependente, o valor da pensão seria de R$ 12.000,00 (60% x 20.000). Como o valor da aposentadoria de Juarez é maior que a pensão que seria deixada por Elaide, ele receberá a sua aposentadoria integral e a pensão reduzida.

O valor deixado por Elaide seria de **R$ 3.932,40** (3.339,60, correspondentes a 2,2 salários mínimos dos quatro primeiros + 592,80, equivalentes a 10% do valor que ultrapassou os quatro salários mínimos [10% x (12000-6072)], que acumularia com a aposentadoria integral de Juarez de R$ 14.000,00.

Observe que se Elaide tivesse falecido um dia antes da Reforma da Previdência de 2019, ela deixaria para Juarez uma pensão por Morte no valor equivalente ao teto do RGPS da época (5.839,45) somado a 70% do valor que ultrapassar este limite, resultando em uma pensão para Juarez no valor de **R$ 15.751,84**. Esse valor seria reajustado até a presente data, ultrapassando os R$ 20.000,00.

Elaide, definitivamente, não soube a hora certa de morrer...

Exemplo 2

Yuri, empregado do RGPS há 35 anos, com média remuneratória de R$ 7.000,00 era casado com Kassandra, aposentada do RGPS que recebia R$ 3.036,00 (dois salários mínimos). No caso de falecimento de Yuri, qual serão os benefícios acumulados por Kassandra?

Resposta:

Primeiramente, é necessário calcular o valor do benefício de pensão por morte deixado por Yuri. Como possuía 35 anos de contribuição, deixaria uma pensão com base em 90% do valor de sua média, ou seja, R$ 6.300,00. Como tem apenas um dependente, Kassandra receberia 60% do valor da média, ou seja, R$ 3.780,00. Portanto, receberia o valor da pensão por morte integral de **R$ 3.780,00** e seu benefício de aposentadoria seria pago parcialmente, no valor de **R$ 2.428,80** (1,6 salário mínimo – 1,6 x 1.518), totalizando **R$ 6.208,80.**

Observe que se as regras vigentes fossem as anteriores à Reforma da Previdência de 2019, ele deixaria a pensão de **R$ 7.000,00** para Kassandra, que acumularia com sua aposentadoria de **R$ 3,036,00**, totalizando **R$ 10.036,00.**

De acordo com o § 3º do art. 24 da EC 103/2019, a acumulação poderá ser revista a qualquer tempo, a pedido do interessado, em razão de alteração de algum dos benefícios. Assim, caso um benefício tenha sofrido importante reajuste que possa alterar a definição do benefício principal, o cálculo pode ser revisto.

As restrições de acumulação de benefícios não serão aplicadas se o direito aos benefícios houver sido adquirido até a data de entrada em vigor da EC 103/2019, ou seja, se o óbito tiver ocorrido até o dia da publicação da Emenda Constitucional, obviamente, ficam respeitados os critérios de cálculo do benefício e a possibilidade de acumulação regida pelo texto revogado.

As regras sobre acumulação poderão ser alteradas por lei complementar, na forma do § 6º do art. 40 e do § 15 do art. 201 da Constituição Federal.

O citado § 6º do art. 40 dispõe que, ressalvadas as aposentadorias decorrentes dos cargos acumuláveis, é vedada a percepção de mais de uma aposentadoria à conta de regime próprio de Previdência Social, **aplicando-se outras vedações, regras e condições para a acumulação de benefícios previdenciários estabelecidas no Regime Geral de Previdência Social.** Dispõe, então, sobre a aplicação subsidiária das regras do RGPS relativas à acumulação de benefícios.

Ressalte-se que somente é possível a cumulação de dois vencimentos ou proventos oriundos de cargos públicos, não sendo possível a cumulação tríplice em qualquer hipótese, mesmo que a investidura nos cargos tenha ocorrido antes da EC 20/98, quando não havia essa limitação, conforme tese fixada pelo STF no Tema 921.

O § 12 do art. 40 do texto reformado manteve a aplicação subsidiária das regras do RGPS ao dispor que além do disposto no art. 40, será observado, em regime próprio de Previdência Social, no que couber, os requisitos e critérios fixados para o Regime Geral de Previdência Social.

Já o § 15 do art. 201, ao tratar do RGPS dispõe que **lei complementar estabelecerá vedações, regras e condições para a acumulação de benefícios previdenciários**, podendo este regramento ser aplicado subsidiariamente ao RPPS.

26.7. COMPENSAÇÃO PREVIDENCIÁRIA

Como já explicado, o tempo de contribuição de um regime previdenciário pode ser contado em outro regime previdenciário. Assim, se o trabalhador exerceu suas atividades alguns anos de sua vida na iniciativa privada, contribuindo para o RGPS, poderá utilizar esse tempo para fins de contagem no Regime Próprio de Previdência Social, ou vice-versa. É a chamada contagem recíproca de tempo de contribuição entre regimes previdenciários.

Quando isso ocorre, no entanto, o regime previdenciário que aceitou a averbação do tempo do outro vai ter o custo de pagamento de benefícios sem ter obtido a receita das contribuições referentes ao tempo migrado do outro regime. Por isso, existe a compensação previdenciária entre regimes, regulamentada pela Lei 9.796/99.

Assim, a compensação financeira entre o Regime Geral de Previdência Social e os regimes próprios de previdência social dos servidores da União, dos Estados, do Distrito Federal e dos Municípios, na hipótese de contagem recíproca de tempos de contribuição, obedecerá às disposições da Lei 9.796/99.

A lei considera:

I – **regime de origem:** o regime previdenciário ao qual o segurado ou servidor público esteve vinculado sem que dele receba aposentadoria ou tenha gerado pensão para seus dependentes;

II – **regime instituidor:** o regime previdenciário responsável pela concessão e pagamento de benefício de aposentadoria ou pensão dela decorrente a segurado ou servidor público ou a seus dependentes com cômputo de tempo de contribuição no âmbito do regime de origem.

O Regime Geral de Previdência Social, como regime instituidor, tem direito de receber de cada regime de origem compensação financeira.

O Regime Geral de Previdência Social deve apresentar a cada regime de origem os seguintes dados referentes a cada benefício concedido com cômputo de tempo de contribuição no âmbito daquele regime de origem (art. 3º, § 1º, da Lei 9.796/99):

I – identificação do segurado e, se for o caso, de seu dependente;

II – a renda mensal inicial e a data de início do benefício;

III – o percentual do tempo de serviço total do segurado correspondente ao tempo de contribuição no âmbito daquele regime de origem.

Cada regime de origem deve pagar ao Regime Geral de Previdência Social, para cada mês de competência do benefício, o valor resultante da multiplicação da renda mensal do benefício pelo percentual do tempo que o trabalhador trouxe do regime de origem.

Assim, se uma segurada contribuiu 10 anos para um regime próprio municipal do total de 30 anos e se aposentou no RGPS, o RPPS municipal vai ter que compensar o INSS mensalmente com 10/30 do valor do benefício concedido. Se o valor da aposentadoria dela for de R$ 6.000,00, o município compensará, mensalmente, R$ 2.000,00.

A compensação percentual, no entanto, se limita ao teto do valor de pagamento do regime de origem. Se o segurado averbar tempo do RGPS para o RGSP, o RPPS só compensa o percentual do tempo utilizado sobre o teto do pagamento dos benefícios previdenciários desse regime, mesmo que o valor do benefício do RGPS supere esse valor.

O regime de origem deve informar ao Regime Geral de Previdência Social, a maior renda mensal de cada espécie de benefício por ele pago diretamente.

Da mesma forma, cada regime próprio de previdência de servidor público tem direito, como regime instituidor, de receber do Regime Geral de Previdência Social, enquanto regime de origem, compensação financeira, observado o disposto neste artigo, devendo usar os mesmos critérios para calcular o valor da compensação.

Para fins de compensação que o RGPS fará para o RPPS, deve ser calculado qual seria a renda mensal inicial do benefício segundo as normas do Regime Geral de Previdência Social. Assim, mesmo que o servidor receba R$ 30.000,00 de aposentadoria, o valor da compensação que o RGPS fará para o regime próprio será baseado no teto do RGPS, no caso R$ 8.157,02, atualmente.

O valor da compensação financeira corresponde à multiplicação do valor do benefício que seria pago calculado com as regras do RGPS aplicando o percentual de tempo privado averbado no RPPS.

Assim, se a segurada averbar do INSS para o RPPS 10 anos do total de 30 anos de contribuição, e se aposentar com R$ 20.000,00, o RGPS só compensará o percentual do tempo utilizado (1/3) sobre o teto do pagamento dos benefícios previdenciários, atualmente R$ 8.157,02.

De acordo com o art. 6º, da Lei 9.796/97, o Instituto Nacional do Seguro Social – INSS manterá cadastro atualizado de todos os benefícios objeto de compensação financeira, totalizando o quanto deve para cada regime próprio de previdência dos servidores da União, dos Estados, do Distrito Federal e dos Municípios, bem como o montante devido por cada um deles para o Regime Geral de Previdência Social, como compensação financeira e pelo não recolhimento de contribuições previdenciárias no prazo legal.

Os desembolsos pelos regimes de origem só serão feitos para os regimes instituidores que se mostrem credores no cômputo da compensação financeira devida de lado a lado e dos débitos pelo não recolhimento de contribuições previdenciárias no prazo legal.

O Instituto Nacional do Seguro Social - INSS comunicará o total a ser desembolsado por cada regime de origem até o dia trinta de cada mês, devendo os desembolsos ser feitos até o quinto dia útil do mês subsequente.

Os valores não desembolsados serão contabilizados como pagamentos efetivos, devendo o Instituto Nacional do Seguro Social - INSS registrar mensalmente essas operações e informar a cada regime próprio de previdência de servidor público os valores a ele referentes.

Os regimes instituidores devem comunicar de imediato aos regimes de origem qualquer revisão no valor do benefício objeto de compensação financeira ou sua extinção total ou parcial, cabendo ao Instituto Nacional do Seguro Social - INSS registrar as alterações no cadastro. Em caso de descumprimento, as parcelas pagas indevidamente pelo regime de origem serão registradas em dobro, no mês seguinte ao da constatação, como débito daquele regime.

Capítulo 27

Seguro-Desemprego e Abono do PIS

27.1. SEGURO-DESEMPREGO – DEFINIÇÃO, FINALIDADE E REQUISITOS

O seguro-desemprego é um **benefício previdenciário** conforme disposto no art. 201, III, do texto constitucional. Não é, entretanto, garantido pelo Regime Geral da Previdência Social (vide § 1º do art. 9º da Lei 8.213/1991), mas, sim, pelo Fundo de Amparo ao Trabalhador (FAT).

Trata-se de uma **vantagem temporária** concedida ao empregado que se tornou **involuntariamente desempregado**, ou seja, àquele que foi dispensado sem justa causa (vide art. 7º, II, da Constituição).

Não terão, portanto, direito ao seguro-desemprego os empregados:

1) Demissionários (aqueles que pediram para sair);

2) Despedidos com justa causa;

3) Desligados por conta do advento do termo final do contrato ou do alcance dos propósitos contratuais (aqueles que são contratados por tempo determinado);

4) Desligados por força de adesão a Planos de Demissão Voluntária ou similar.

O seguro-desemprego está regulamentado pela Lei 7.998/1990, como suas diversas alterações. A última modificação relevante ocorreu com a publicação da Lei 13.134/2015.

De acordo com o art. 2º da Lei 7.998/1990, o programa do seguro-desemprego tem dupla finalidade:

Primeira finalidade – prover assistência financeira temporária ao trabalhador desempregado em virtude de dispensa sem justa causa, inclusive a indireta, e ao trabalhador comprovadamente resgatado de regime de trabalho forçado ou da condição análoga à de escravo;

Segunda finalidade – auxiliar os trabalhadores na busca ou preservação do emprego, promovendo, para tanto, ações integradas de orientação, recolocação e qualificação profissional.

Vejamos gráfico esquemático:

FINALIDADES

- Prover **assistência financeira temporária ao trabalhador desempregado em virtude de dispensa sem justa causa**, inclusive a indireta, e ao trabalhador comprovadamente **resgatado de regime de trabalho forçado** ou da condição análoga à de escravo.
- Auxiliar os trabalhadores na **busca ou preservação do emprego**, promovendo, para tanto, ações integradas de orientação, recolocação e qualificação profissional.

Para auxiliar os trabalhadores na busca ou preservação do emprego, o art. 2º-A da Lei 7.998/1990, prevê a instituição da **bolsa de qualificação profissional** custeada pelo Fundo de Amparo ao Trabalhador (FAT). Esta bolsa será disponibilizada ao trabalhador que estiver com o contrato de trabalho suspenso em virtude de participação em curso ou programa de qualificação profissional oferecido pelo empregador, em conformidade com o disposto em convenção ou acordo coletivo celebrado para este fim.

O trabalhador que vier a ser **identificado como submetido a regime de trabalho forçado ou reduzido a condição análoga à de escravo**, em decorrência de ação de fiscalização do Ministério do Trabalho e Emprego, será dessa situação resgatado e terá direito à percepção de **três parcelas de seguro-desemprego no valor de um salário mínimo cada.** Este trabalhador será encaminhado, pelo Ministério do Trabalho e Emprego, para qualificação profissional e recolocação no mercado de trabalho, por meio do Sistema Nacional de Emprego (SINE), na forma estabelecida pelo Conselho Deliberativo do Fundo de Amparo ao Trabalhador (CODEFAT).

Caberá ao Conselho Deliberativo do FAT (CODEFAT), por proposta do Ministro de Estado do Trabalho e Emprego, estabelecer os procedimentos necessários ao recebimento do seguro-desemprego, observados os limites de recursos do FAT, **ficando vedado ao mesmo trabalhador o recebimento do benefício, em circunstâncias similares, nos doze meses seguintes à percepção da última parcela.**

De acordo com o art. 3º da Lei 7.998/1990, alterada pela Lei 13.135/1990, terá direito à percepção do seguro-desemprego o trabalhador **dispensado sem justa causa.** Assim, não terão direito ao seguro-desemprego empregados demissionários (os que pediram para sair), despedidos por justo motivo, desligados por conta do advento do termo final do contrato ou do alcance dos propósitos contratuais (os que são contratados por tempo determinado) e, ainda, por força da interpretação do CODEFAT (Resolução 467/2005, art. 6º), os desligados por força de adesão a Planos de Demissão Voluntária ou similares. Para ter direito, então, os dispensados sem justa causa devem comprovar:

I – ter recebido salários de pessoa jurídica ou de pessoa física a ela equiparada, relativos a:

a) pelo menos 12 meses nos últimos 18 meses imediatamente anteriores à data de dispensa, quando da primeira solicitação;

b) pelo menos nove meses nos últimos 12 meses imediatamente anteriores à data de dispensa, quando da segunda solicitação; e

c) cada um dos seis meses imediatamente anteriores à data de dispensa, quando das demais solicitações;

Atenção!

O requisito do modo como foi elaborado permite que um empregado **considere os salários recebidos em dois ou mais empregos sucessivos** para fins de habilitação ao benefício ora em exame. Imagine o exemplo de um empregado que, no seu primeiro emprego, trabalhou apenas dez meses para o seu empregador e, findo esse prazo, demitiu-se. Diante desse desligamento, ele não conseguiria habilitar-se ao seguro-desemprego, não somente porque demissionário, mas também porque ainda não teria cumprido o requisito da percepção de salários no período de doze meses nos últimos dezoito imediatamente anteriores à data de dispensa.

Esse requisito, entretanto, ainda poderá ser cumprido se o referido trabalhador vier a ser mais uma vez contratado pelo mesmo ou por outro empregador para novo vínculo que dure pelo menos o necessário ao cumprimento do tempo faltante e, se, obviamente, ele vier a ser futuramente desligado sem justa causa.

Cabe chamar a atenção do leitor, igualmente, para o fato de que a Lei 13.134/2015 pôs fim à exigência de que os salários fossem necessariamente e sempre consecutivos. De acordo com a atual sistemática, basta, como antedito, que o habilitando tenha trabalhado 12 meses nos últimos 18 imediatamente anteriores à sua dispensa, quando da primeira solicitação; ou pelo menos nove meses nos últimos 12, quando da segunda solicitação. Depois das duas primeiras solicitações é que a sistemática volta a ser a anteriormente adotada, mediante a qual se exigirá, desta vez com a necessária continuidade, a prova de recebimento de salários em **cada um dos** 6 (seis) meses imediatamente anteriores à data de dispensa.

Nota-se, ainda, que a Lei 13.134/2015 revogou expressamente o requisito segundo o qual o habilitando ao seguro-desemprego deveria ter, além dos mencionados "meses de salário", pelo menos "seis meses de atividade" nos últimos 36 meses que antecedessem a data de dispensa que deu origem ao requerimento do seguro-desemprego. Exigia-se (não se exige mais), portanto, que o pretendente ao seguro-desemprego satisfizesse cumulativamente os critérios "meses de salário" e "meses de atividade", sendo importante destacar que, para a caracterização do conceito de "meses de atividade" (conforme o § 3º do art. 2º da ora revogada Lei 8.900/1994), era (não é mais) indispensável que se demonstrasse trabalho em fração igual ou superior a quinze dias de trabalho para que se constatasse a ocorrência de mês integral de atividade. Dizer isso é relevante para explicar que, no passado (não mais agora), um empregado poderia ter recebido salários consecutivos no período de seis meses imediatamente anteriores à data de sua dispensa sem ter, necessariamente, seis meses de atividade.

Vejam o gráfico esclarecedor:

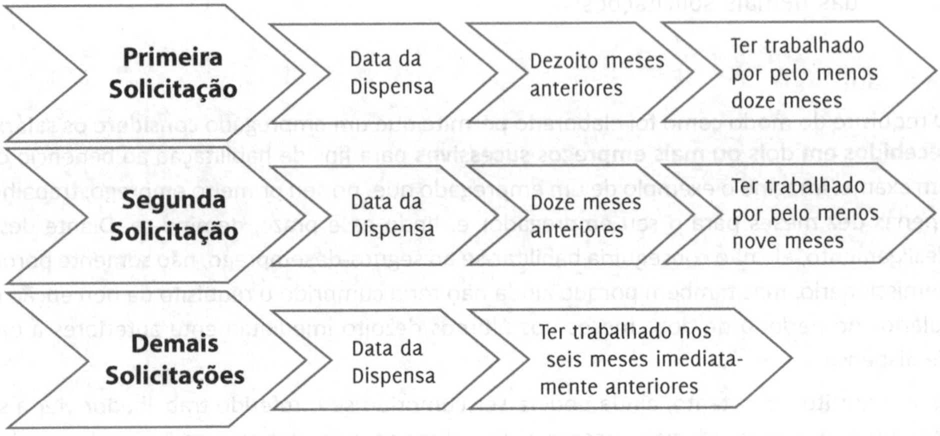

Vejamos a questão sobre o tema:

(CESPE – Técnico Bancário da Caixa – 2014) Luiza, contratada como empacotadora em determinado supermercado no dia 10/1/2013, recebendo mensalmente um salário mínimo, foi demitida sem justa causa no dia 5 de junho do mesmo ano. Nessa situação, é correto afirmar que Luiza, que recebia mensalmente um salário mínimo, tem direito a receber um seguro-desemprego no valor de um salário mínimo pelo período de dois meses?

RESOLUÇÃO:

Luiza não receberá o seguro-desemprego, pois trabalhou por apenas cinco meses. Mesmo que ele já estivesse na terceira solicitação, precisaria ter trabalhado por, no mínimo, seis meses.

Resposta: Errada

De acordo com o art. 8º-C da Lei 7.998/1990, para efeito de habilitação ao seguro-desemprego, desconsiderar-se-á o período de suspensão contratual da bolsa de qualificação profissional, para o cálculo dos períodos de meses de trabalho que acabamos de estudar, necessários para a concessão do seguro-desemprego.

II – não estar em gozo de qualquer benefício previdenciário de prestação continuada, previsto no Regulamento dos Benefícios da Previdência Social, excetuado o auxílio-acidente e o auxílio suplementar, bem como o abono de permanência em serviço;

Observe que dos benefícios previdenciários vigentes, o único que ainda existe na legislação atual é o auxílio-acidente. Tanto o auxílio suplementar, quanto o abono de permanência em serviço já foram extintos, podendo ser encontrados residualmente para os beneficiários que já gozavam destes antes da extinção, devido ao direito adquirido.

III – não estar em gozo do auxílio-desemprego; e

O auxílio-desemprego foi instituído pelo art. 5º da Lei 4.923/1965, como vantagem de natureza assistencial, mas não chegou a ser criado. A expressão, atualmente, tem sido utilizada para designar benefícios assistenciais que eventualmente sejam concedidos por Estados ou por Municípios mediante programas emergenciais.

Não há dúvidas de que todos os entes políticos podem licitamente assumir em seus orçamentos cargas assistenciais para atenuar a situação dos desempregados. Afinal, há autorização constitucional genérica para tanto diante da redação do art. 203 da Constituição da República. Nesses termos, desde que comprovada a necessidade, portanto, o legislador local, no interesse social, poderá suplementar a legislação nacional.

Havendo, portanto, fruição de auxílio-desemprego por parte do habilitando ao seguro-desemprego, cabe negar-lhe acesso a este programa por caracterização de dupla proteção.

IV – não possuir renda própria de qualquer natureza suficiente à sua manutenção e de sua família.

"Renda" é o resultado financeiro decorrente do exercício de atividades econômicas envolvendo o capital, o trabalho ou associação de ambos ao longo de um determinado período de tempo. A renda será própria quando os ativos – capital ou trabalho – sejam do próprio trabalhador, e não dos seus familiares. Assim, por exemplo, não receberá seguro-desemprego quem auferir rendimentos decorrentes do aluguel de um imóvel ou da aplicação de um determinando montante de dinheiro.

Seja como for, essa "renda própria" do desempregado precisará ser, ainda, "suficiente à sua manutenção e de sua família", motivo pelo qual nunca poderá ter dimensão inferior a um salário mínimo mensal.

O simples registro como Microempreendedor Individual (MEI) não comprovará renda própria suficiente à manutenção da família, exceto se demonstrado na declaração anual simplificada da microempresa individual.

V – matrícula e frequência, quando aplicável, em curso de formação inicial e continuada ou de qualificação profissional habilitado pelo Ministério da Educação, ofertado por meio da Bolsa-Formação Trabalhador concedida no âmbito do Programa Nacional de Acesso ao Ensino Técnico e Emprego (Pronatec) ou de vagas gratuitas na rede de educação profissional e tecnológica.

A União poderá condicionar o recebimento do seguro-desemprego à comprovação da matrícula e da frequência do trabalhador segurado em curso de formação inicial e continuada ou qualificação profissional, com carga horária mínima de 160 horas. A oferta de bolsa para formação dos trabalhadores considerará, entre outros critérios, a capacidade de oferta, a reincidência no recebimento do benefício, o nível de escolaridade e a faixa etária do trabalhador.

Nos termos do Decreto 8.118, de 2013, que mudou a redação do Decreto 7.721, de 16 de abril de 2012, o recebimento de assistência financeira pelo trabalhador segurado que solicitar o benefício do Programa de Seguro-Desemprego **a partir da segunda vez dentro de um período de dez anos** poderá ser condicionado à comprovação de matrícula e frequência em curso de formação inicial e continuada ou de qualificação profissional, habilitado pelo Ministério da Educação, nos termos do art. 18 da Lei 12.513, de 26 de outubro de 2011, com carga horária mínima de 160 horas.

É importante observar que **não será exigida do trabalhador a condicionalidade** diante das situações de (i) *inexistência de oferta de curso compatível com o perfil do trabalhador* no município ou região metropolitana de seu domicílio, ou, ainda, em município limítrofe; e (ii) apresentação pelo trabalhador de comprovante de *matrícula e frequência mensal em outro curso* de formação inicial e continuada ou de qualificação profissional com carga horária igual ou superior a 160 horas.

Cabe salientar que o benefício do seguro-desemprego do trabalhador sujeito à condicionalidade **poderá ser cancelado** diante de (i) recusa da pré-matrícula, realizada por escrito nas unidades do Ministério do Trabalho e Previdência Social ou integrantes do SINE, no curso de formação inicial e continuada ou de qualificação profissional ofertado; (ii) *não realização pelo trabalhador da matrícula efetiva* na instituição de ensino, no prazo estabelecido; e (iii) evasão do curso de formação inicial e continuada ou de qualificação profissional em que estiver matriculado.

De acordo com o art. 3º-A da Lei 7.998/1990, a periodicidade, os valores, o cálculo do número de parcelas e os demais procedimentos operacionais **de pagamento da bolsa de qualificação profissional**, bem como os pré-requisitos para habilitação **serão os mesmos adotados em relação ao benefício do seguro-desemprego**, exceto quanto à dispensa sem justa causa.

27.2. PARCELAS DO SEGURO-DESEMPREGO

O benefício do seguro-desemprego será concedido ao trabalhador desempregado, por **período máximo variável de três a cinco meses**, contínuo ou alternado, a cada período aquisitivo, contados da data de dispensa que deu origem à última habilitação, cuja duração será definida pelo Conselho Deliberativo do Fundo de Amparo ao Trabalhador (CODEFAT).

O benefício do seguro-desemprego poderá ser retomado a cada novo período aquisitivo, satisfeitas as condições previstas para a sua concessão, conforme estudamos no tópico anterior.

A determinação do período máximo mencionado observará a seguinte **relação entre o número de parcelas mensais do benefício do seguro-desemprego e o tempo de serviço do trabalhador nos 36 meses que antecederem a data de dispensa** que originou o requerimento do seguro-desemprego, vedado o cômputo de vínculos empregatícios utilizados em períodos aquisitivos anteriores:

I – para a primeira solicitação:

a) **quatro parcelas** – se o trabalhador comprovar vínculo empregatício com pessoa jurídica ou pessoa física a ela equiparada de, **no mínimo, doze meses e, no máximo, 23 meses,** no período de referência; ou

b) **cinco parcelas** – se o trabalhador comprovar vínculo empregatício com pessoa jurídica ou pessoa física a ela equiparada de, **no mínimo, 24 meses,** no período de referência;

II – para a segunda solicitação:

a) **três parcelas** - se o trabalhador comprovar vínculo empregatício com pessoa jurídica ou pessoa física a ela equiparada de, **no mínimo, nove meses e, no máximo, 11 meses,** no período de referência;

b) **quatro parcelas** - se o trabalhador comprovar vínculo empregatício com pessoa jurídica ou pessoa física a ela equiparada de, **no mínimo, 12 meses e, no máximo, 23 meses,** no período de referência; ou

c) **cinco parcelas** - se o trabalhador comprovar vínculo empregatício com pessoa jurídica ou pessoa física a ela equiparada de, **no mínimo, 24 meses,** no período de referência;

III – a partir da terceira solicitação:

a) **três parcelas** - se o trabalhador comprovar vínculo empregatício com pessoa jurídica ou pessoa física a ela equiparada de, **no mínimo, seis meses e, no máximo, 11 meses,** no período de referência;

b) **quatro parcelas** - se o trabalhador comprovar vínculo empregatício com pessoa jurídica ou pessoa física a ela equiparada de, **no mínimo, 12 meses e, no máximo, 23 meses,** no período de referência; ou

c) **cinco parcelas** - se o trabalhador comprovar vínculo empregatício com pessoa jurídica ou pessoa física a ela equiparada de, **no mínimo, 24 meses,** no período de referência.

A fração igual ou superior a 15 dias de trabalho será havida como mês integral para fins de contagem do número de meses de vínculo empregatício. Nos casos em que o cálculo da parcela do seguro-desemprego resultar em valores decimais, o valor a ser pago deverá ser arredondado para a unidade inteira imediatamente superior.

O período máximo de três a cinco meses poderá ser excepcionalmente prolongado por até dois meses, para grupos específicos de segurados, a critério do CODEFAT, desde que o gasto adicional representado por esse prolongamento não ultrapasse, em cada semestre, 10% do montante da reserva mínima de liquidez do FAT.

Na hipótese de prolongamento do período máximo de percepção do benefício do seguro-desemprego, o CODEFAT observará, entre outras variáveis, a evolução geográfica e setorial das taxas de desemprego no País e o tempo médio de desemprego de grupos específicos de trabalhadores. O Codefat observará as estatísticas do mercado de trabalho, inclusive o tempo médio de permanência no emprego, por setor, e recomendará ao Ministro de Estado do Trabalho e Emprego a adoção de políticas públicas que julgar adequadas à mitigação da alta rotatividade no emprego.

27.3. VALOR DO SEGURO-DESEMPREGO

Para fins de apuração do benefício, será considerada **a média aritmética dos salários dos últimos três meses de trabalho** (art. 5º da Lei 7.998/1990). O salário será calculado com base no mês completo de trabalho, mesmo que o trabalhador não tenha trabalhado integralmente em qualquer dos três últimos meses.

O trabalhador em gozo de auxílio por incapacidade temporária, convocado para prestação do serviço militar, ou ainda que não tenha percebido do mesmo empregador os três últimos salários, terá o valor do benefício baseado na média dos dois últimos ou, ainda, no valor do último salário.

No caso de o trabalhador receber salário fixo com parte variável, a composição do salário para o cálculo do seguro-desemprego tomará ambas as parcelas por referencial.

Quando o trabalhador receber salário por quinzena, por semana ou por hora, **o valor do seguro-desemprego será calculado com base no que seria equivalente ao seu salário mensal**. Nesse caso, será tomado por parâmetro, para essa equivalência, o mês de trinta dias ou duzentas e vinte horas, exceto para quem tem horário especial, inferior a duzentas e vinte horas mensais, que será calculado com base no salário mensal.

De acordo com o art. 5º, § 2º, da Lei 7.998/1990, o valor do benefício, obviamente, não poderá ser inferior ao valor do salário mínimo.

O Ministério do Trabalho e Previdência Social divulga anualmente, tão logo identificado o índice de reajustamento do salário mínimo, uma tabela de três níveis com base na qual são fixados os valores do seguro-desemprego. Essa tabela está disponível no *site* www.mte.gov.br.

Veja a mais atual:

FAIXAS DE SALÁRIO MÉDIO	VALOR DA PARCELA
Para média salarial até R$ 2.138,76	**O valor da parcela é obtido por meio da soma dos 3 (três) últimos salários anteriores à dispensa. O valor da parcela corresponderá a 80% da média apurada, respeitando-se o valor do salário mínimo.** **Exemplo: para uma média salarial de R$ 2.000,00 deve de ser atribuído seguro-desemprego no valor de R$ 1.600, posto que resultante da seguinte operação matemática:** **R$ 2.000,00 x 0,8 = R$ 1.600,00**
Para média salarial compreendida entre R$ 2.138,77 até R$ 3.564,96.	**O que exceder a R$2.138,76 multiplica-se por 0,5 (50%) e soma-se a R$ 1.711,01.** **Exemplo: para uma média salarial de R$3.000,00 há de ser atribuído seguro-desemprego no valor de R$ 2.141,63, porque resultante da seguinte operação matemática:** **R$ 3.000,00 – R$ 2.138,76 = R$ 861,24 (isso é o que excede de R$ 2.138,76)** **R$ 861,24 x 0,5 (50%) = R$ 430,62 + R$ 1.711,01= R$ 2.141,63** **Nota-se que R$ 1.711,01 corresponde a 80% do limite da faixa anterior de R$ 2.138,76.**
Para média salarial superior a R$3.564,96	**O valor da parcela será igual a R$ 2.424,11, invariavelmente, não podendo ultrapassar esse valor.** **Exemplo: para uma média salarial de R$5.000,00 deve de ser atribuído seguro-desemprego no valor fixo e invariável de R$ 2.424,11.**

27.4. SUSPENSÃO OU CANCELAMENTO DO SEGURO-DESEMPREGO

O seguro-desemprego é direito pessoal e intransferível do trabalhador, podendo ser requerido **a partir do sétimo dia subsequente à rescisão do contrato de trabalho.** O pagamento do benefício do seguro-desemprego será **suspenso** nas seguintes situações:

I - **admissão do trabalhador em novo emprego** - será suspenso por um período de dois anos, ressalvado o prazo de carência, dobrando-se este período em caso de reincidência;

II - **início de percepção de benefício de prestação continuada da Previdência Social**, exceto o auxílio-acidente, o auxílio suplementar e o abono de permanência em serviço;

III - **início de percepção de auxílio-desemprego** - conforme mencionado trata-se de benefício que pode ser concedido por município em razão de desemprego. Para não possibilitar a cumulação de ambos, o seguro-desemprego ficará suspenso, nesta hipótese. Neste caso, será suspenso por um período de dois anos, ressalvado o prazo de carência, dobrando-se este período em caso de reincidência

IV - **recusa injustificada por parte do trabalhador desempregado em participar de ações de recolocação de emprego**, conforme regulamentação do Codefat.

Vejam uma questão do último concurso de Técnico Bancário da Caixa sobre este tema:

(CESPE - Técnico Bancário da Caixa - 2014) Após ter recebido seu primeiro mês de seguro-desemprego, Lucas, que havia sido demitido sem justa causa após trabalhar por cinco anos em determinada empresa de transportes, sofreu um acidente e passou, então, a receber auxílio-acidente. Nessa situação, é correto afirmar que o seguro-desemprego de Lucas deverá ser suspenso?

RESOLUÇÃO:

Note que o auxílio acidente é cumulável com o seguro-desemprego, sendo uma das exceções de benefícios da Previdência que podem ser cumulados com o seguro-desemprego.

Resposta: Errada

O benefício do seguro-desemprego será cancelado:

I - **pela recusa por parte do trabalhador desempregado de outro emprego** condizente com sua qualificação registrada ou declarada e com sua remuneração anterior;

II - **por comprovação de falsidade na prestação das informações necessárias à habilitação;**

III – **por comprovação de fraude** visando à percepção indevida do benefício do seguro-desemprego; ou

IV – **por morte do segurado.**

O benefício poderá ser cancelado na hipótese de o beneficiário deixar de comprovar a matrícula e frequência do trabalhador segurado em curso de formação inicial e continuada ou qualificação profissional, com carga horária mínima de 160 horas.

27.5. BOLSA DE QUALIFICAÇÃO PROFISSIONAL

Além da assistência financeira temporária ao trabalhador involuntariamente desempregado, o programa de seguro-desemprego tem outra finalidade: a de auxiliar o trabalhador na busca ou na preservação do emprego, promovendo, para tanto, ações integradas de orientação, recolocação e qualificação profissional.

Nesse sentido, o Fundo de Amparo ao Trabalhador (FAT) custeia **bolsa de qualificação profissional** para o trabalhador que esteja com o contrato de trabalho suspenso em virtude de participação em curso ou programa de qualificação profissional oferecido pelo empregador, em conformidade com o disposto em convenção ou acordo coletivo celebrado para este fim (**vide art. 2º-A da Lei 7.998/1990**).

O pagamento da bolsa de qualificação profissional será suspenso se ocorrer rescisão do contrato de trabalho.

O trabalhador, para ter direito a bolsa qualificação, terá de comprovar os requisitos para o recebimento do seguro-desemprego, exceto a dispensa sem justa causa, e, também, demonstrar:

a) **A suspensão do contrato de trabalho devidamente anotado na Carteira de Trabalho;**

b) A **inscrição em curso ou programa de qualificação profissional**, mantido pelo empregador, onde deverá constar a duração deste.

O trabalhador com suspensão do contrato terá do início da suspensão até o término desta para requerer o benefício da bolsa qualificação. Se o trabalhador já tiver recebido o benefício do seguro-desemprego e solicitar a bolsa qualificação no mesmo período aquisitivo, deverão ser observadas as seguintes variáveis:

I) Se o trabalhador **tiver recebido todas as parcelas do seguro-desemprego, não terá direito a bolsa qualificação;**

II) Se ele tiver direito a saldo de parcelas, **receberá como bolsa qualificação apenas o saldo de parcelas.**

> **Exemplo:**
>
> Se o trabalhador teve direito a cinco parcelas do seguro-desemprego e recebeu três parcelas. Com o seu reemprego permanece o saldo de duas parcelas.

O pagamento da bolsa de qualificação profissional será suspenso se ocorrer a rescisão do contrato de trabalho.

O benefício da **bolsa de qualificação profissional será cancelado** nas seguintes situações:

I - fim da suspensão contratual e retorno ao trabalho;

II - por comprovação de falsidade na prestação das informações necessárias à habilitação;

III - por comprovação de fraude visando à percepção indevida da bolsa de qualificação profissional;

IV - por morte do beneficiário.

De acordo com o art. 8º-B da Lei 7.898/1990 na hipótese de dispensa do empregado no transcurso do período de suspensão contratual para participação de curso de qualificação profissional ou nos três meses subsequentes ao seu retorno ao trabalho, as parcelas da bolsa de qualificação profissional que o empregado tiver recebido serão descontadas das parcelas do benefício do Seguro-Desemprego a que fizer jus, **sendo-lhe garantido, no mínimo, o recebimento de uma parcela do Seguro-Desemprego.**

27.6. SEGURO-DESEMPREGO PARA O EMPREGADO DOMÉSTICO

Embora não devesse existir diferenças de tratamento entre empregados domésticos e não domésticos, elas teimam em manter-se vivas no ordenamento jurídico. Para melhor entender a situação, considera-se que os domésticos viveram quatro etapas históricas no que diz respeito à conquista do direito ao FGTS e, consequentemente, ao seguro-desemprego:

PRIMEIRO MOMENTO	• Até a publicação da Lei 10.208/2001, período em que eles não tinham direito a nenhuma prestação a título de FGTS, tampouco acesso ao programa do seguro-desemprego.
SEGUNDO MOMENTO	• Da publicação da Lei 10.208/2001 até a efetiva exigibilidade da EC 72/2013, os domésticos estavam submetidos à vontade patronal de oferecer o FGTS, o que condicionava o acesso posterior ao seguro-desemprego.
TERCEIRO MOMENTO	• Pós EC n. 72/2013 - qualquer empregado doméstico passou a ter direito aos recolhimentos do FGTS e ao programa do seguro--desemprego, condicionado ao momento em que viesse a ser publicada a correspondente regulamentação.
QUARTO MOMENTO	• Lei Complementar 150/2015 que, expressamente, previu e tornou exigível o recolhimento do FGTS.

Assim, desde que fosse garantido o recolhimento do FGTS, agora universalizado, os domésticos passaram a ver garantido o seu acesso ao programa do seguro-desemprego desde que, dispensados sem justa causa, comprovassem, além dos requisitos demonstrativos da falta de benefício ou de renda capaz de gerar o seu sustento próprio e familiar, terem exercido tal função por **pelo menos 15 meses nos últimos 24 meses** que antecedessem a data da dispensa (art. 28, I, LC 150/2015).

Note que o legislador tomou por base para o seguro-desemprego dos domésticos uma exigência constante do texto originário do inciso II do art. 3º da Lei 7.998/1990. Os domésticos, em rigor, por paralelismo, deveriam cumprir o mesmo requisito dos demais empregados urbanos e rurais.

Apesar de posta em lei, é injustificável essa diferença de tratamento jurídico. Registra-se, ainda, que, para, efeito de contagem desse tempo, serão considerados os meses dos depósitos feitos no FGTS, em nome do empregado doméstico, por um ou mais empregadores.

Ao contrário do que acontece com beneficiários empregados urbanos e rurais, que podem requerer o seguro-desemprego do 7º ao 120º dia contado da data da dispensa (**vide Resolução 467/2005 do CODEFAT, com arrimo no inciso V do art. 19 da Lei 7.998, de 11 de janeiro de 1990**), os empregados domésticos, sem que exista uma justificativa plausível para mais esse tratamento diferenciado e menos favorável, somente poderão fazê-lo do 7º ao 90º dia a partir da data da dispensa (*vide* art. 29 da Lei Complementar 150/2015).

Para finalizar o conjunto de diferenças (injustificáveis, diga-se de passagem), **o valor do benefício do seguro-desemprego do empregado doméstico corresponderá a, no máximo, um salário mínimo, e será concedido por um período máximo e invariável de três meses**, de forma contínua ou alternada (*vide* art. 26 da Lei Complementar 150/2015).

Para habilitar-se ao benefício do seguro-desemprego o empregado doméstico deverá apresentar-se aos órgãos autorizados pelo Ministério do Trabalho e Emprego, com os seguintes documentos:

a) Carteira de Trabalho e Previdência Social, na qual deverão constar a anotação do contrato de trabalho doméstico e a data da dispensa, de modo a comprovar o vínculo empregatício, como empregado doméstico, **durante pelo menos 15 meses nos últimos 24 meses**;

b) Termo de rescisão do contrato de trabalho atestando a dispensa sem justa causa;

c) Comprovantes do **recolhimento da contribuição previdenciária e do FGTS**, durante o período referido na alínea "a", na condição de empregado doméstico;

d) Número de inscrição de contribuinte individual do INSS, ou o número de inscrição no PIS-PASEP;

e) Declaração de que não está em gozo de nenhum benefício de prestação continuada da Previdência Social, exceto o auxílio-acidente e pensão por morte;

f) Declaração de que não possui renda própria suficiente à sua manutenção e de sua família.

27.7. ABONO SALARIAL DO PIS

Com a Reforma da Previdência de 2019, o art. 239 da Constituição Federal de 1988 foi alterado passando a dispor que a arrecadação decorrente das contribuições para o PIS e para o PASEP serão destinados ao financiamento do seguro-desemprego, **a outras ações de Previdência Social** (trecho inserido pela EC 103/2019) e do abono do PIS.

Destes recursos, no mínimo, 28% serão destinados para o financiamento de programas de desenvolvimento econômico, por meio do BNDES, com critérios de remuneração que preservem o seu valor, devendo os resultados serem anualmente avaliados e divulgados em meio de comunicação social eletrônico. O percentual previsto anterior à Reforma era de 40%.

A Reforma da Previdência fez uma grande tentativa de mudança em relação à alteração de limite de remuneração para pagamento do abono anual do PIS. Na redação constitucional do § 3º do art. 239 da Constituição Federal, o abono é garantido aos empregados **que recebessem até dois salários mínimos.** Com a alteração, o texto constitucional deixa de definir o valor, apenas dispondo que o abono do PIS será garantido aos **empregados de baixa renda**.

De acordo com a proposta de redação do art. 27 da EC 103/2019, **até que lei disciplinasse o valor da baixa renda para garantir o acesso ao abono do PIS**, estes benefícios seriam concedidos apenas àqueles que tenham renda bruta mensal igual ou inferior a **R$ 1.364,43**, que seriam corrigidos pelos mesmos índices aplicados aos benefícios do regime geral de Previdência Social.

O Senado Federal, todavia, aprovou um destaque no último momento da votação, garantindo a manutenção do texto original, mantendo previsão do art. 239, da Constituição ao direito ao abono do PIS para os trabalhadores que recebam até dois salários mínimos

O art. 9º da Lei 7.998/1990 regulamenta o texto constitucional, assegurando o recebimento de abono salarial anual, no valor máximo de um salário mínimo, aos empregados que (adaptado pela EC 103/2019):

- Tenham percebido, de empregadores que contribuem para o Programa de Integração Social (PIS) ou para o Programa de Formação do Patrimônio do Servidor Público (Pasep), **até dois salários mínimos médios de remuneração mensal** no período trabalhado e que tenham exercido atividade remunerada pelo menos **durante 30 dias no ano-base**
- Estejam cadastrados **há pelo menos cinco anos** no Fundo de Participação PIS-Pasep ou no Cadastro Nacional do Trabalhador

Então, o empregado que ganhar até o máximo de dois salários mínimos, tiver trabalhado pelo menos por 30 dias no ano e já estiver inscrito há pelo menos cinco anos no PIS, terá direito a receber um abono do PIS.

Para comprovação do período de cadastramento no PIS, o trabalhador deve ter seus dados informados pelo empregador corretamente na **Relação Anual de Informações Sociais (RAIS)** do ano-base considerado.

O valor do abono salarial anual será calculado na **proporção de 1/12 do valor do salário mínimo, multiplicado pelo número de meses trabalhados no ano** correspondente. A fração igual ou superior a 15 dias de trabalho será contada como mês integral. O valor do abono salarial será emitido em unidades inteiras de moeda corrente, com a suplementação das partes decimais até a unidade inteira imediatamente superior.

Vamos ao exemplo:

> **Exemplo:**
>
> **Luciano, inscrito no programa do PIS há dez anos, trabalhou como empregado durante seis meses e 20 dias no corrente ano. Como recebia R$ 1.800,00, teve direito ao abono do PIS. Qual o valor e seu benefício?**
>
> **Resposta:**
>
> **O valor será de 7/12 do salário mínimo, ou seja, R$ 1.518 x 7/12, resultando em R$ 885,50, aproximando para o número inteiro imediatamente superior, ou seja, R$ 886,00, nesse caso.**

Além do atual abono do PIS, o trabalhador cadastrado como participante do Fundo PIS/PASEP até 04/10/1988, que ainda não sacou o saldo de cotas na conta individual de participação, tem direito aos **Rendimentos do PIS**. Note que só os trabalhadores cadastrados antes da promulgação da Constituição de 1988, que não sacaram os seus saldos, ainda possuem este direito.

Os Rendimentos disponibilizados e não sacados durante o calendário de pagamentos são automaticamente incorporados ao saldo de Cotas do trabalhador ao final do período em 30 de junho de cada ano.

Conforme a Lei 7.859, de 25 de outubro de 1989, **o Abono Salarial devido ao trabalhador com saldo de cotas do PIS é pago juntamente com os rendimentos de suas contas individuais, sendo complementado até o valor do salário mínimo vigente**, quando for o caso.

Desta forma, o trabalhador com direito ao abono que tiver os rendimentos do PIS igual ou inferior ao valor do abono salarial a ser recebido, recebe o montante correspondente ao valor do abono salarial. Nos casos em que os rendimentos do PIS são superiores ao valor do Abono Salarial, recebe de abono/rendimentos o valor correspondente aos rendimentos do PIS (vide art. 9º, § 1º, da Lei 7.998/1990).

Por fim, o abono será pago pelo Banco do Brasil e pela Caixa Econômica Federal mediante:

I – depósito em nome do trabalhador;

II – saque em espécie; ou

III – folha de salários.

Ao Banco do Brasil caberá o pagamento aos servidores e empregados dos contribuintes do PASEP e à Caixa Econômica Federal, aos empregados dos contribuintes do PIS. As instituições financeiras pagadoras manterão em seu poder, à disposição das autoridades fazendárias, por processo que possibilite sua imediata recuperação, os comprovantes de pagamentos efetuados.

27.8. FAT E CODEFAT

O art. 10 da Lei 7.998/1990 institui o **Fundo de Amparo ao Trabalhador – FAT**, vinculado ao Ministério do Trabalho e Emprego, destinado ao custeio do Programa de Seguro-Desemprego, ao pagamento do abono salarial e ao financiamento de programas de educação profissional e tecnológica e de desenvolvimento econômico. Assim, o FAT é um fundo contábil, de natureza financeira.

Constituem recursos do FAT:

I – o produto da arrecadação das contribuições devidas ao PIS e ao Pasep;

II – o produto dos encargos devidos pelos contribuintes, em decorrência da inobservância de suas obrigações;

III – a correção monetária e os juros devidos pelo agente aplicador dos recursos do fundo, bem como pelos agentes pagadores, incidentes sobre o saldo dos repasses recebidos;

IV – o produto da arrecadação da contribuição adicional pelo índice de rotatividade, de que trata o § 4º do art. 239 da Constituição Federal. De acordo com este dispositivo, o financiamento do seguro-desemprego receberá uma contribuição adicional da empresa cujo índice de rotatividade da força de trabalho superar o índice médio da rotatividade do setor, na forma estabelecida por lei.

V – outros recursos que lhe sejam destinados.

Vejamos uma assertiva de concurso público de Técnico Bancário sobre o tema:

(CESPE – Caixa – Técnico° Bancário – Administrativo – 2010) O FAT, vinculado ao Ministério do Trabalho e Emprego, é destinado ao custeio do Programa de Seguro-Desemprego, ao pagamento do abono salarial e ao financiamento de programas de desenvolvimento econômico.

RESOLUÇÃO:

A questão reproduz o texto do art. 10 da Lei 7.998/1990, que acabamos de ver.

Resposta: certa.

Como já vimos, compete aos Bancos Oficiais Federais (Banco do Brasil e Caixa) o pagamento das despesas relativas ao Programa do Seguro-Desemprego e ao abono salarial conforme normas a serem definidas pelos gestores do FAT. Sobre o saldo de recursos não desembolsados, os agentes pagadores remunerarão o FAT, no mínimo com correção monetária.

Já o art. 18 da Lei 7.998/1998 institui o **Conselho Deliberativo do Fundo de Amparo ao Trabalhador (CODEFAT)**, composto por representação de **trabalhadores, empregadores e órgãos e entidades governamentais**, na forma estabelecida pelo Poder Executivo.

Os representantes dos trabalhadores serão **indicados pelas centrais sindicais e confederações de trabalhadores**; e os representantes dos empregadores, pelas respectivas confederações. Compete ao Ministro do Trabalho a nomeação dos membros do CODEFAT, que não serão remunerados.

Vejamos gráfico demonstrativo:

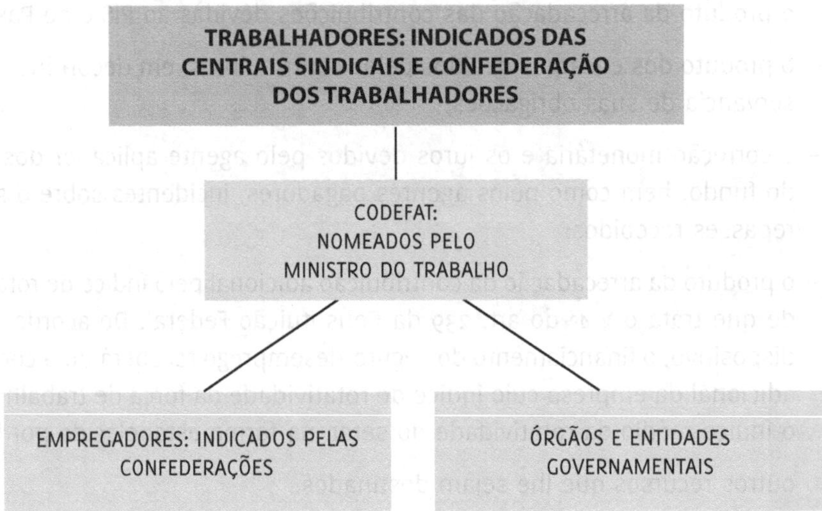

Compete ao Codefat gerir o FAT e deliberar sobre as seguintes matérias:

a) aprovar e acompanhar a execução do Plano de Trabalho Anual do Programa do Seguro-Desemprego e do abono salarial e os respectivos orçamentos;

b) deliberar sobre a prestação de conta e os relatórios de execução orçamentária e financeira do FAT;

c) elaborar a proposta orçamentária do FAT, bem como suas alterações;

d) propor o aperfeiçoamento da legislação relativa ao seguro-desemprego e ao abono salarial e regulamentar os dispositivos desta Lei âmbito de sua competência;

e) decidir sobre sua própria organização, elaborando seu regimento interno;

f) analisar relatórios do agente aplicador quanto à forma, prazo e natureza dos investimentos realizados;

g) fiscalizar a administração do fundo, podendo solicitar informações sobre contratos celebrados ou em vias de celebração e quaisquer outros atos;

h) definir indexadores sucedâneos no caso de extinção ou alteração daqueles referidos nesta Lei;

i) baixar instruções necessárias à devolução de parcelas do benefício do seguro-desemprego, indevidamente recebidas;

j) propor alteração das alíquotas referentes às contribuições aludidas pelo art. 239 da Constituição Federal, com vistas a assegurar a viabilidade econômico-financeira do FAT;

k) fixar prazos para processamento e envio ao trabalhador da requisição do benefício do seguro-desemprego, em função das possibilidades técnicas existentes, estabelecendo-se como objetivo o prazo de 30 (trinta) dias;

l) deliberar sobre outros assuntos de interesses do FAT.

O Codefat poderá priorizar projetos das entidades integrantes do Sistema Nacional de Atendimento Socioeducativo (Sinase) desde que:

I - o ente federado de vinculação da entidade que solicita o recurso possua o respectivo Plano de Atendimento Socioeducativo aprovado;

II - as entidades governamentais e não governamentais integrantes do Sinase que solicitem recursos tenham se submetido à avaliação nacional do atendimento socioeducativo.

A Secretaria-Executiva do Conselho Deliberativo será exercida pelo Ministério do Trabalho, e a ela caberão as tarefas técnico-administrativas relativas ao seguro-desemprego e abono salarial. As despesas com a implantação, administração e operação do Programa do Seguro-Desemprego e do abono salarial, exceto as de pessoal, correrão por conta do FAT. Os recursos do FAT integrarão o orçamento da seguridade social na forma da legislação pertinente.

Compete ao Ministério do Trabalho a fiscalização do cumprimento do Programa de Seguro-Desemprego e do abono salarial. Os trabalhadores e empregadores prestarão as informações necessárias, bem como atenderão às exigências para a concessão do seguro-desemprego e o pagamento do abono salarial, nos termos e prazos fixados pelo Ministério do Trabalho.

O empregador que infringir os dispositivos da lei do seguro-desemprego e do abono do PIS estará sujeito a multas, calculadas segundo a natureza da infração, sua extensão e intenção do infrator, **a serem aplicadas em dobro, no caso de reincidência, oposição à fiscalização ou desacato à autoridade**. As multas serão impostas pelas Delegacias Regionais do Trabalho.

Além das penalidades administrativas já referidas, os responsáveis por meios fraudulentos na habilitação ou na percepção do seguro-desemprego serão punidos civil e criminalmente, nos termos desta Lei.

O trabalhador que infringir o disposto nesta Lei e houver percebido indevidamente parcela de seguro-desemprego sujeitar-se-á à **compensação automática do débito com o novo benefício**, na forma e no percentual definidos por resolução do CODEFAT. O ato administrativo de compensação automática poderá ser objeto de impugnação, no prazo de dez dias, pelo trabalhador, por meio de requerimento de revisão simples.

A restituição de valor devido pelo trabalhador será realizada mediante compensação do saldo de valores nas datas de liberação de cada parcela ou pagamento com Guia de Recolhimento da União (GRU), conforme regulamentação do CODEFAT.

Capítulo 28

Sistema Único de Saúde

28.1. INTRODUÇÃO

A Lei 8.080 de 1990 regula, em todo o território nacional, **as ações e serviços de saúde**, executados isolada ou conjuntamente, em caráter permanente ou eventual, por pessoas naturais ou jurídicas de direito público ou privado.

Como sabemos, a saúde é um direito fundamental do ser humano, devendo o Estado prover as condições indispensáveis ao seu pleno exercício. O dever do Estado de garantir a saúde consiste na formulação e execução de **políticas econômicas e sociais que visem à redução de riscos de doenças** e de outros agravos e no estabelecimento de condições que assegurem **acesso universal e igualitário** às ações e aos serviços para a sua promoção, proteção e recuperação, conforme disposto no art. 2º da Lei 8.080/1990.

Obviamente, o dever do Estado não exclui o das pessoas, da família, das empresas e da sociedade.

De acordo com o art. 3º da Lei 8.080/1990, os níveis de saúde expressam a organização social e econômica do País, tendo a saúde como determinantes e condicionantes, entre outros, a alimentação, a moradia, o saneamento básico, o meio ambiente, o trabalho, a renda, a educação, a atividade física, o transporte, o lazer e o acesso aos bens e serviços essenciais. Dizem respeito também à saúde as ações que se destinam a garantir às pessoas e à coletividade condições de bem-estar físico, mental e social.

28.2. SISTEMA ÚNICO DE SAÚDE – CONCEITO

O **Sistema Único de Saúde (SUS)** é o conjunto de ações e serviços de saúde, prestados por órgãos e **instituições públicas federais, estaduais e municipais**, da Administração direta e indireta e das fundações mantidas pelo Poder Público.

Estão incluídas nas ações do SUS as instituições públicas federais, estaduais e municipais de controle de qualidade, pesquisa e produção de insumos, medicamentos, inclusive de sangue e hemoderivados, e de equipamentos para saúde.

Até mesmo **a iniciativa privada** pode participar do Sistema Único de Saúde (SUS), em **caráter complementar.**

São **objetivos do SUS** (art. 5º da Lei 8.080/1990):

I - a identificação e divulgação dos fatores condicionantes e determinantes da saúde;

II - a formulação de política de saúde destinada a promover, nos campos econômico e social;

III - a assistência às pessoas por intermédio de ações de promoção, proteção e recuperação da saúde, com a realização integrada das ações assistenciais e das atividades preventivas.

Estão incluídas ainda no campo de atuação do Sistema Único de Saúde (SUS):

I - a execução de ações:

a) de **vigilância sanitária**;

b) de **vigilância epidemiológica**;

c) de **saúde do trabalhador**; e

d) de **assistência terapêutica integral, inclusive farmacêutica**;

II - a participação na formulação da política e na execução de ações de **saneamento básico**;

III - a ordenação da formação de **recursos humanos na área de saúde**;

IV - a **vigilância nutricional** e a orientação alimentar;

V - a colaboração na **proteção do meio ambiente**, nele compreendido o do trabalho;

VI - a formulação da **política de medicamentos**, equipamentos, imunobiológicos e outros insumos de interesse para a saúde e a participação na sua produção;

VII - o controle e a fiscalização de serviços, produtos e substâncias de interesse para a saúde;

VIII - a **fiscalização e a inspeção de alimentos, água e bebidas** para consumo humano;

IX - a participação no controle e na fiscalização da produção, transporte, guarda e utilização de substâncias e produtos psicoativos, tóxicos e radioativos;

X - o incremento, em sua área de atuação, do desenvolvimento científico e tecnológico;

XI - a formulação e execução da política de sangue e seus derivados.

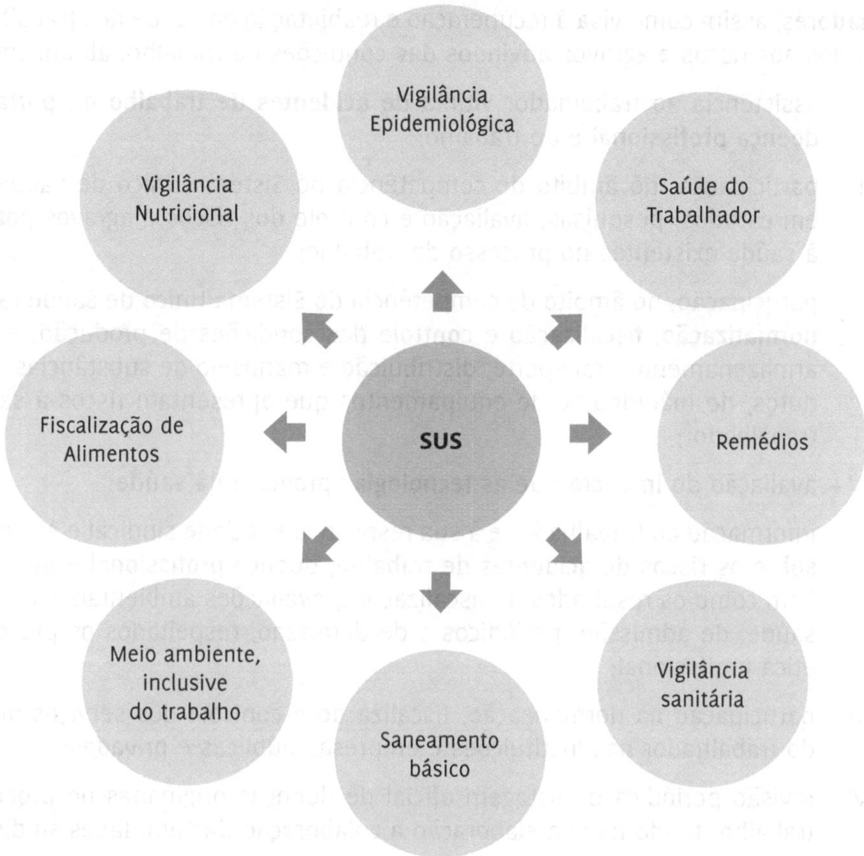

Vigilância Sanitária – é um conjunto de ações capaz de eliminar, diminuir ou prevenir riscos à saúde e de intervir nos problemas sanitários decorrentes do meio ambiente, da produção e circulação de bens e da prestação de serviços de interesse da saúde, abrangendo:

I – o **controle de bens de consumo** que, direta ou indiretamente, se relacionem com a saúde, compreendidas todas as etapas e processos, da produção ao consumo; e

II – o **controle da prestação de serviços** que se relacionam direta ou indiretamente com a saúde.

Vigilância Epidemiológica – é um conjunto de ações que proporcionam o conhecimento, a detecção ou prevenção de qualquer mudança nos fatores determinantes e condicionantes de saúde individual ou coletiva, com a finalidade de recomendar e adotar as medidas de prevenção e controle das doenças ou agravos.

Saúde do trabalhador – é um conjunto de atividades que se destina, através das ações de vigilância epidemiológica e vigilância sanitária, à **promoção e proteção da saúde dos**

trabalhadores, assim como visa à recuperação e reabilitação da saúde dos trabalhadores submetidos aos riscos e agravos advindos das condições de trabalho, abrangendo:

I – assistência ao trabalhador **vítima de acidentes de trabalho ou portador de doença profissional** e do trabalho;

II – participação, no âmbito de competência do Sistema Único de Saúde (SUS), em estudos, pesquisas, avaliação e controle dos riscos e agravos potenciais à saúde existentes no processo de trabalho;

III – participação, no âmbito de competência do Sistema Único de Saúde (SUS), da **normatização, fiscalização e controle** das condições de produção, extração, armazenamento, transporte, distribuição e manuseio de substâncias, de produtos, de máquinas e de equipamentos que apresentam riscos à saúde do trabalhador;

IV – avaliação do **impacto que as tecnologias provocam à saúde**;

V – informação ao trabalhador e à sua respectiva entidade sindical e às empresas sobre os r**iscos de acidentes de trabalho, doença profissional e do trabalho**, bem como os resultados de fiscalizações, avaliações ambientais e exames de saúde, de admissão, periódicos e de demissão, respeitados os preceitos da ética profissional;

VI – participação na normatização, fiscalização e controle dos serviços de saúde do trabalhador nas instituições e empresas públicas e privadas;

VII – revisão periódica da listagem oficial de doenças originadas no processo de trabalho, tendo na sua elaboração a colaboração das entidades sindicais; e

VIII – a garantia ao sindicato dos trabalhadores de requerer ao órgão competente a interdição de máquina, de setor de serviço ou de todo ambiente de trabalho, quando houver exposição a risco iminente para a vida ou saúde dos trabalhadores.

28.3. PRINCÍPIOS E ORGANIZAÇÃO DO SUS

As ações e serviços públicos de saúde e os serviços privados contratados ou conveniados que integram o Sistema Único de Saúde (SUS), são desenvolvidos de acordo com as diretrizes previstas no art. 198 da Constituição Federal, **obedecendo ainda aos seguintes princípios** (art. 7º da Lei 8.080/1990):

I – **universalidade de acesso aos serviços de saúde** em todos os níveis de assistência;

II – **integralidade de assistência**, entendida como conjunto articulado e contínuo das ações e serviços preventivos e curativos, individuais e coletivos, exigidos para cada caso em todos os níveis de complexidade do sistema;

III – **preservação da autonomia das pessoas na defesa de sua integridade física e moral**;

IV - **igualdade da assistência à saúde**, sem preconceitos ou privilégios de qualquer espécie;

V - **direito à informação**, às pessoas assistidas, sobre sua saúde;

VI - **divulgação de informações** quanto ao potencial dos serviços de saúde e a sua utilização pelo usuário;

VII - **utilização da epidemiologia para o estabelecimento de prioridades**, a alocação de recursos e a orientação programática;

VIII - **participação da comunidade;**

IX - **descentralização político-administrativa**, com direção única em cada esfera de governo:

a) ênfase na descentralização dos serviços para os municípios;

b) regionalização e hierarquização da rede de serviços de saúde;

X - **integração em nível executivo das ações de saúde**, meio ambiente e saneamento básico;

XI - **conjugação dos recursos financeiros**, tecnológicos, materiais e humanos da União, dos Estados, do Distrito Federal e dos Municípios na prestação de serviços de assistência à saúde da população;

XII - **capacidade de resolução dos serviços** em todos os níveis de assistência;

XIII - **organização dos serviços públicos de modo a evitar duplicidade de meios para fins idênticos**; e

XIV - **organização de atendimento público específico e especializado para mulheres e vítimas de violência doméstica em geral**, que garanta, entre outros, atendimento, acompanhamento psicológico e cirurgias plásticas reparadoras, em conformidade com a Lei 12.845, de 1º de agosto de 2013.

As ações e serviços de saúde, executados pelo SUS, seja diretamente ou mediante participação complementar da iniciativa privada, serão **organizados de forma regionalizada e hierarquizada** em níveis de complexidade crescente.

A **direção do Sistema Único de Saúde é única**, de acordo com o inciso I do art. 198 da Constituição Federal, sendo exercida em cada esfera de governo pelos seguintes órgãos:

I - no âmbito da União, pelo Ministério da Saúde;

II - no âmbito dos Estados e do Distrito Federal, pela respectiva Secretaria de Saúde ou órgão equivalente; e

III - no âmbito dos Municípios, pela respectiva Secretaria de Saúde ou órgão equivalente.

De acordo com o art. 10 da Lei 8.080/1990, **os municípios poderão constituir consórcios para desenvolver em conjunto as ações e os serviços de saúde** que lhes correspondam.

Aplica-se aos consórcios administrativos intermunicipais o princípio da direção única, devendo os respectivos atos constitutivos dispor sobre sua observância.

No nível municipal, o Sistema Único de Saúde poderá organizar-se em distritos de forma a integrar e articular recursos, técnicas e práticas voltadas para a cobertura total das ações de saúde.

De acordo com o art. 12 da Lei 8.080/1990, serão criadas comissões intersetoriais de âmbito nacional, subordinadas ao Conselho Nacional de Saúde (CNS), integradas pelos Ministérios e órgãos competentes e por entidades representativas da sociedade civil. **As comissões intersetoriais terão a finalidade de articular políticas e programas de interesse para a saúde**, cuja execução envolva áreas não compreendidas no âmbito do Sistema Único de Saúde (SUS).

A articulação das políticas e programas, a cargo das comissões intersetoriais, abrangerá, em especial, as seguintes atividades:

I - alimentação e nutrição;

II - saneamento e meio ambiente;

III - vigilância sanitária e farmacoepidemiologia;

IV - recursos humanos;

V - ciência e tecnologia; e

VI - saúde do trabalhador.

Deverão ser criadas **Comissões Permanentes de integração entre os serviços de saúde e as instituições de ensino profissional e superior** (art. 14 da Lei 8.80/1990). Cada uma dessas comissões terá por finalidade propor prioridades, métodos e estratégias para a formação e educação continuada dos recursos humanos do SUS, na esfera correspondente, assim como em relação à pesquisa e à cooperação técnica entre essas instituições.

As **Comissões Intergestores Bipartite e Tripartite** são reconhecidas como foros de negociação e pactuação entre gestores, quanto aos aspectos operacionais do Sistema Único de Saúde. A atuação das Comissões Intergestores Bipartite e Tripartite terá por objetivo:

I - decidir sobre os aspectos operacionais, financeiros e administrativos da gestão compartilhada do SUS, em conformidade com a definição da política consubstanciada em planos de saúde, aprovados pelos conselhos de saúde;

II - definir diretrizes, de âmbito nacional, regional e intermunicipal, a respeito da organização das redes de ações e serviços de saúde, principalmente no tocante à sua governança institucional e à integração das ações e serviços dos entes federados;

III - fixar diretrizes sobre as regiões de saúde, distrito sanitário, integração de territórios, referência e contrarreferência e demais aspectos vinculados à integração das ações e serviços de saúde entre os entes federados.

O **Conselho Nacional de Secretários de Saúde (CONASS) e o Conselho Nacional de Secretarias Municipais de Saúde (CONASEMS)** são reconhecidos como entidades representativas dos entes estaduais e municipais para tratar de matérias referentes à saúde e declarados de utilidade pública e de relevante função social, na forma do regulamento. O CONASS e o CONASEMS receberão **recursos do orçamento geral da União por meio do Fundo Nacional de Saúde**, para auxiliar no custeio de suas despesas institucionais, podendo ainda celebrar convênios com a União. Os Conselhos de Secretarias Municipais de Saúde (COSEMS) são reconhecidos como entidades que representam os entes municipais, no âmbito estadual, para tratar de matérias referentes à saúde, desde que vinculados institucionalmente ao CONASEMS, na forma que dispuserem seus estatutos.

Comissões Intersetoriais	• Âmbito nacional - articular políticas e programas de interesse para a saúde.
Comissões Permanentes	• Integração em cada esfera entre os serviços de saúde e as instituições de ensino profissional e superior.
Comissões Intergestores Bipartite e Tripartite	• Foros de negociação e pactuação entre gestores, quanto aos aspectos operacionais do Sistema Único de Saúde.
Conselho Nacional de Secretários de Saúde (CONASS)	• Âmbito Estadual -tratar de matérias referentes à saúde e declarados de utilidade pública e de relevante função social.
Conselho Nacional de Secretarias Municipais de Saúde (CONASEMS)	• Âmbito Municipal -tratar de matérias referentes à saúde e declarados de utilidade pública e de relevante função social.

Vejamos uma questão de concurso:

(Analista Judiciário TRF 3 - FCC - 2014)

Considere:

I. O Conselho Nacional de Secretários de Saúde (CONASS) e o Conselho Nacional de Secretarias Municipais de Saúde (CONASEMS) são reconhecidos como entidades representativas dos entes estaduais e municipais para tratar de matérias referentes à saúde e declarados de utilidade pública e de relevante função social, na forma do regulamento.

II. O CONASS e o CONASEMS recebem recursos do orçamento geral da União por meio do Fundo Nacional de Administração Interna, visando o auxílio no custeio de suas despesas institucionais, sendo vedada a celebração de convênios com a União.

III. Os Conselhos de Secretarias Municipais de Saúde (COSEMS) são reconhecidos como entidades que representam os entes municipais, no âmbito estadual, para tratar de matérias referentes à saúde, desde que vinculados institucionalmente ao CONASEMS, na forma que dispuserem seus estatutos.

De acordo com a Lei 8.080/1990, está correto o que consta APENAS em

A) II e III.

B) I e II.

C) I e III.

D) I.

E) II.

COMENTÁRIOS:

Item I – Certo – A assertiva repete a integralidade do texto do art. 14-B da Lei 8.080/1990.

Item II – Errado – Nos termos do art. 14-B, § 1º, da Lei 8.080/1990, o CONASS e o CONASEMS receberão recursos do orçamento geral da União por meio do Fundo Nacional de Saúde, para auxiliar no custeio de suas despesas institucionais, **podendo ainda celebrar convênios com a União.** A assertiva diz que não pode celebrar convênios.

Item III – Certo – A assertiva repete a integralidade do texto do art. 14-B, § 2º, da Lei 8.080/1990.

Resposta: C

28.4. COMPETÊNCIAS E ATRIBUIÇÕES DO SUS

O art. 15 da Lei 8.80/1990 trata das atribuições de cada ente federativo em relação à saúde pública. De acordo com o seu texto, **a União, os Estados, o Distrito Federal e os Municípios exercerão, em seu âmbito administrativo, as seguintes atribuições:**

I – definição das instâncias e mecanismos de controle, avaliação e de fiscalização das ações e serviços de saúde;

II – administração dos recursos orçamentários e financeiros destinados, em cada ano, à saúde;

III – acompanhamento, avaliação e divulgação do nível de saúde da população e das condições ambientais;

IV – organização e coordenação do sistema de informação de saúde;

V – elaboração de normas técnicas e estabelecimento de padrões de qualidade e parâmetros de custos que caracterizam a assistência à saúde;

VI - elaboração de normas técnicas e estabelecimento de padrões de qualidade para promoção da saúde do trabalhador;

VII - participação de formulação da política e da execução das ações de saneamento básico e colaboração na proteção e recuperação do meio ambiente;

VIII - elaboração e atualização periódica do plano de saúde;

IX - participação na formulação e na execução da política de formação e desenvolvimento de recursos humanos para a saúde;

X - elaboração da proposta orçamentária do Sistema Único de Saúde (SUS), de conformidade com o plano de saúde;

XI - elaboração de normas para regular as atividades de serviços privados de saúde, tendo em vista a sua relevância pública;

XII - realização de operações externas de natureza financeira de interesse da saúde, autorizadas pelo Senado Federal;

XIII - para atendimento de necessidades coletivas, urgentes e transitórias, decorrentes de situações de perigo iminente, de calamidade pública ou de irrupção de epidemias, a autoridade competente da esfera administrativa correspondente poderá requisitar bens e serviços, tanto de pessoas naturais como de jurídicas, sendo-lhes assegurada justa indenização;

XIV - implementar o Sistema Nacional de Sangue, Componentes e Derivados;

XV - propor a celebração de convênios, acordos e protocolos internacionais relativos à saúde, saneamento e meio ambiente;

XVI - elaborar normas técnico-científicas de promoção, proteção e recuperação da saúde;

XVII - promover articulação com os órgãos de fiscalização do exercício profissional e outras entidades representativas da sociedade civil para a definição e controle dos padrões éticos para pesquisa, ações e serviços de saúde;

XVIII - promover a articulação da política e dos planos de saúde;

XIX - realizar pesquisas e estudos na área de saúde;

XX - definir as instâncias e mecanismos de controle e fiscalização inerentes ao poder de polícia sanitária;

XXI - fomentar, coordenar e executar programas e projetos estratégicos e de atendimento emergencial.

Já a competência de cada ente federativo é tratada nos arts. 16 a 19 da Lei 8.080/1990. À **direção nacional do Sistema Único da Saúde compete**:

I - formular, avaliar e apoiar políticas de alimentação e nutrição;

II - participar na formulação e na implementação das políticas:

a) de controle das agressões ao meio ambiente;

b) de saneamento básico; e

c) relativas às condições e aos ambientes de trabalho;

III – definir e coordenar os sistemas:

a) de redes integradas de assistência de alta complexidade;

b) de rede de laboratórios de saúde pública;

c) de vigilância epidemiológica; e

d) vigilância sanitária;

IV – participar da definição de normas e mecanismos de controle, com órgão afins, de agravo sobre o meio ambiente ou dele decorrentes, que tenham repercussão na saúde humana;

V – participar da definição de normas, critérios e padrões para o controle das condições e dos ambientes de trabalho e coordenar a política de saúde do trabalhador;

VI – coordenar e participar na execução das ações de vigilância epidemiológica;

VII – estabelecer normas e executar a vigilância sanitária de portos, aeroportos e fronteiras, podendo a execução ser complementada pelos Estados, Distrito Federal e Municípios;

VIII – estabelecer critérios, parâmetros e métodos para o controle da qualidade sanitária de produtos, substâncias e serviços de consumo e uso humano;

IX – promover articulação com os órgãos educacionais e de fiscalização do exercício profissional, bem como com entidades representativas de formação de recursos humanos na área de saúde;

X – formular, avaliar, elaborar normas e participar na execução da política nacional e produção de insumos e equipamentos para a saúde, em articulação com os demais órgãos governamentais;

XI – identificar os serviços estaduais e municipais de referência nacional para o estabelecimento de padrões técnicos de assistência à saúde;

XII – controlar e fiscalizar procedimentos, produtos e substâncias de interesse para a saúde;

XIII – prestar cooperação técnica e financeira aos Estados, ao Distrito Federal e aos Municípios para o aperfeiçoamento da sua atuação institucional;

XIV – elaborar normas para regular as relações entre o Sistema Único de Saúde (SUS) e os serviços privados contratados de assistência à saúde;

XV – promover a descentralização para as Unidades Federadas e para os Municípios, dos serviços e ações de saúde, respectivamente, de abrangência estadual e municipal;

XVI - normatizar e coordenar nacionalmente o Sistema Nacional de Sangue, Componentes e Derivados;

XVII - acompanhar, controlar e avaliar as ações e os serviços de saúde, respeitadas as competências estaduais e municipais;

XVIII - elaborar o Planejamento Estratégico Nacional no âmbito do SUS, em cooperação técnica com os Estados, Municípios e Distrito Federal;

XIX - estabelecer o Sistema Nacional de Auditoria e coordenar a avaliação técnica e financeira do SUS em todo o Território Nacional em cooperação técnica com os Estados, Municípios e Distrito Federal.

A **União poderá executar ações de vigilância epidemiológica e sanitária em circunstâncias especiais**, como na ocorrência de agravos inusitados à saúde, que possam escapar do controle da direção estadual do SUS ou que representem risco de disseminação nacional.

À **direção estadual do Sistema Único de Saúde compete:**

I - promover a descentralização para os Municípios dos serviços e das ações de saúde;

II - acompanhar, controlar e avaliar as redes hierarquizadas do Sistema Único de Saúde (SUS);

III - prestar apoio técnico e financeiro aos Municípios e executar supletivamente ações e serviços de saúde;

IV - coordenar e, em caráter complementar, executar ações e serviços:

a) de vigilância epidemiológica;

b) de vigilância sanitária;

c) de alimentação e nutrição; e

d) de saúde do trabalhador;

V - participar, junto com os órgãos afins, do controle dos agravos do meio ambiente que tenham repercussão na saúde humana;

VI - participar da formulação da política e da execução de ações de saneamento básico;

VII - participar das ações de controle e avaliação das condições e dos ambientes de trabalho;

VIII - em caráter suplementar, formular, executar, acompanhar e avaliar a política de insumos e equipamentos para a saúde;

IX - identificar estabelecimentos hospitalares de referência e gerir sistemas públicos de alta complexidade, de referência estadual e regional;

X - coordenar a rede estadual de laboratórios de saúde pública e hemocentros, e gerir as unidades que permaneçam em sua organização administrativa;

XI – estabelecer normas, em caráter suplementar, para o controle e avaliação das ações e serviços de saúde;

XII – formular normas e estabelecer padrões, em caráter suplementar, de procedimentos de controle de qualidade para produtos e substâncias de consumo humano;

XIII – colaborar com a União na execução da vigilância sanitária de portos, aeroportos e fronteiras;

XIV – o acompanhamento, a avaliação e divulgação dos indicadores de morbidade e mortalidade no âmbito da unidade federada.

À direção municipal do Sistema de Saúde compete:

I – planejar, organizar, controlar e avaliar as ações e os serviços de saúde e gerir e executar os serviços públicos de saúde;

II – participar do planejamento, programação e organização da rede regionalizada e hierarquizada do Sistema Único de Saúde (SUS), em articulação com sua direção estadual;

III – participar da execução, controle e avaliação das ações referentes às condições e aos ambientes de trabalho;

IV – executar serviços:

a) de vigilância epidemiológica;

b) vigilância sanitária;

c) de alimentação e nutrição;

d) de saneamento básico; e

e) de saúde do trabalhador;

V – dar execução, no âmbito municipal, à política de insumos e equipamentos para a saúde;

VI – colaborar na fiscalização das agressões ao meio ambiente que tenham repercussão sobre a saúde humana e atuar, junto aos órgãos municipais, estaduais e federais competentes, para controlá-las;

VII – formar consórcios administrativos intermunicipais;

VIII – gerir laboratórios públicos de saúde e hemocentros;

IX – colaborar com a União e os Estados na execução da vigilância sanitária de portos, aeroportos e fronteiras;

X – observado o disposto no art. 26 desta Lei, celebrar contratos e convênios com entidades prestadoras de serviços privados de saúde, bem como controlar e avaliar sua execução;

XI – controlar e fiscalizar os procedimentos dos serviços privados de saúde;

XII – normatizar complementarmente as ações e serviços públicos de saúde no seu âmbito de atuação.

Ao Distrito Federal competem as atribuições reservadas aos Estados e aos Municípios.

28.5. SUBSISTEMAS DE SAÚDE

A Lei 8.080/1990, traz três subsistemas de saúde que iremos estudar agora, conforme listado abaixo:

a) **Subsistema de Atenção à Saúde Indígena;**

b) **Subsistema de Atendimento e Internação Domiciliar;**

c) **Subsistema de Acompanhamento Durante o Trabalho de Parto, Parto e Pós--Parto Imediato.**

28.5.1. Subsistema de Atenção à Saúde Indígena

O Subsistema de Atenção à Saúde Indígena, componente do Sistema Único de Saúde é **financiado pela União**, com seus recursos próprios. O SUS promoverá a articulação do Subsistema Indígena com os órgãos responsáveis pela Política Indígena do País.

Os Estados, Municípios, outras instituições governamentais e não governamentais poderão atuar complementarmente no custeio e execução das ações.

Deve-se, obrigatoriamente, levar em consideração a realidade local e as especificidades da cultura dos povos indígenas e o modelo a ser adotado para a atenção à saúde indígena, que se deve pautar por uma abordagem diferenciada e global, contemplando os aspectos de assistência à saúde, saneamento básico, nutrição, habitação, meio ambiente, demarcação de terras, educação sanitária e integração institucional.

O Subsistema de Atenção à Saúde Indígena deverá ser, como o SUS, **descentralizado, hierarquizado e regionalizado** e terá como base os **Distritos Sanitários Especiais Indígenas.**

O SUS servirá de retaguarda e referência ao Subsistema de Atenção à Saúde Indígena, devendo, para isso, ocorrer adaptações na estrutura e organização do SUS nas regiões onde residem as populações indígenas, para propiciar essa integração e o atendimento necessário em todos os níveis, sem discriminações.

As populações indígenas devem ter acesso garantido ao SUS, em âmbito local e regional, e de centros especializados, de acordo com suas necessidades, compreendendo a atenção primária, secundária e terciária à saúde. As populações indígenas terão direito a participar dos organismos colegiados de formulação, acompanhamento e avaliação das políticas de saúde, tais como o Conselho Nacional de Saúde e os Conselhos Estaduais e Municipais de Saúde, quando for o caso.

28.5.2. Subsistema de Atendimento e Internação Domiciliar

Este subsistema institui o atendimento domiciliar e a internação domiciliar. Na modalidade de assistência de atendimento e internação domiciliares incluem-se, principalmente, os **procedimentos médicos, de enfermagem, fisioterapêuticos, psicológicos e de assistência social**, entre outros necessários ao cuidado integral dos pacientes em seu domicílio.

O atendimento e a internação domiciliares serão realizados por equipes multidisciplinares que atuarão nos níveis da medicina preventiva, terapêutica e reabilitadora. O atendimento e a internação domiciliares só poderão ser realizados por indicação médica, com expressa concordância do paciente e de sua família.

28.5.3. Subsistema de Acompanhamento Durante o Trabalho de Parto, Parto e Pós-Parto Imediato

Os serviços de saúde do SUS, da rede própria ou conveniada, ficam obrigados a **permitir a presença, junto à parturiente, de um acompanhante, por ela indicado, durante todo o período de trabalho de parto, parto e pós-parto imediato.**

Ficam os hospitais de todo o País obrigados a manter, em local visível de suas dependências, aviso informando sobre o direito de acompanhamento.

28.6. ASSISTÊNCIA TERAPÊUTICA E DA INCORPORAÇÃO DE TECNOLOGIA EM SAÚDE

A assistência terapêutica integral consiste em:

I – **dispensação de medicamentos e produtos de interesse para a saúde**, cuja prescrição esteja em conformidade com as diretrizes terapêuticas definidas em protocolo clínico para a doença ou o agravo à saúde a ser tratado;

II – **oferta de procedimentos terapêuticos, em regime domiciliar, ambulatorial e hospitalar**, constantes de tabelas elaboradas pelo gestor federal do Sistema Único de Saúde (SUS), realizados no território nacional por serviço próprio, conveniado ou contratado.

São adotadas as seguintes definições:

I – **produtos de interesse para a saúde**: órteses, próteses, bolsas coletoras e equipamentos médicos;

II – **protocolo clínico e diretriz terapêutica**: documento que estabelece critérios para o diagnóstico da doença ou do agravo à saúde; o tratamento preconizado, com os medicamentos e demais produtos apropriados, quando couber; as posologias recomendadas; os mecanismos de controle clínico; e o acompanhamento e a verificação dos resultados terapêuticos, a serem seguidos pelos gestores do SUS.

Os protocolos clínicos e as diretrizes terapêuticas deverão estabelecer os medicamentos ou produtos necessários nas diferentes fases evolutivas da doença ou do agravo à saúde de que tratam, bem como aqueles indicados em casos de perda de eficácia e de surgimento de intolerância ou reação adversa relevante, provocadas pelo medicamento, produto ou procedimento de primeira escolha. Em qualquer caso, os medicamentos ou produtos de que trata o *caput* deste artigo serão aqueles avaliados quanto à sua eficácia, segurança, efetividade e custo-efetividade para as diferentes fases evolutivas da doença ou do agravo à saúde de que trata o protocolo.

Na falta de protocolo clínico ou de diretriz terapêutica, a dispensação será realizada:

I - com base nas relações de medicamentos instituídas pelo **gestor federal** do SUS, observadas as competências estabelecidas nesta Lei, e a **responsabilidade pelo fornecimento será pactuada na Comissão Intergestores Tripartite**;

II - no âmbito de cada **Estado e do Distrito Federal**, de forma suplementar, com base nas relações de medicamentos instituídas pelos gestores estaduais do SUS, e a responsabilidade pelo fornecimento será pactuada na **Comissão Intergestores Bipartite**;

III - no âmbito de cada **Município**, de forma suplementar, com base nas relações de medicamentos instituídas pelos gestores municipais do SUS, e a responsabilidade pelo fornecimento será pactuada no **Conselho Municipal de Saúde**.

A incorporação, a exclusão ou a alteração pelo SUS de novos medicamentos, produtos e procedimentos, bem como a constituição ou a alteração de protocolo clínico ou de diretriz terapêutica, são atribuições do Ministério da Saúde, assessorado pela Comissão Nacional de Incorporação de Tecnologias no SUS.

A **Comissão Nacional de Incorporação de Tecnologias no SUS**, cuja composição e regimento são definidos em regulamento, contará com a **participação de um representante indicado pelo Conselho Nacional de Saúde e de um representante, especialista na área, indicado pelo Conselho Federal de Medicina.**

O relatório da Comissão Nacional de Incorporação de Tecnologias no SUS levará em consideração, necessariamente:

I - as evidências científicas sobre a eficácia, a acurácia, a efetividade e a segurança do medicamento, produto ou procedimento objeto do processo, acatadas pelo órgão competente para o registro ou a autorização de uso;

II - a avaliação econômica comparativa dos benefícios e dos custos em relação às tecnologias já incorporadas, inclusive no que se refere aos atendimentos domiciliar, ambulatorial ou hospitalar, quando cabível.

A incorporação, a exclusão e a alteração serão efetuadas mediante a instauração de processo administrativo, a ser concluído em **prazo não superior a 180 dias**, contado da data em que foi protocolado o pedido, **admitida a sua prorrogação por 90 dias corridos**, quando as circunstâncias exigirem.

O processo administrativo observará as seguintes determinações especiais:

I - **apresentação pelo interessado dos documentos** e, se cabível, das amostras de produtos, na forma do regulamento;

II - **realização de consulta pública** que inclua a divulgação do parecer emitido pela Comissão Nacional de Incorporação de Tecnologias no SUS;

III – **realização de audiência pública**, antes da tomada de decisão, se a relevância da matéria justificar o evento.

> Atenção!
>
> **São vedados, em todas as esferas de gestão do SUS:**
>
> I – o pagamento, o ressarcimento ou o reembolso de medicamento, produto e procedimento clínico ou cirúrgico experimental, ou de uso não autorizado pela Agência Nacional de Vigilância Sanitária (ANVISA);
>
> II – a dispensação, o pagamento, o ressarcimento ou o reembolso de medicamento e produto, nacional ou importado, sem registro na Anvisa.

A responsabilidade financeira pelo fornecimento de medicamentos, produtos de interesse para a saúde ou procedimentos será pactuada na Comissão Intergestores Tripartite.

28.7. SERVIÇOS PRIVADOS DE ASSISTÊNCIA À SAÚDE

Conforme prevê a própria Constituição Federal de 1988, a assistência à saúde é livre à iniciativa privada. Os serviços privados de assistência à saúde caracterizam-se pela **atuação, por iniciativa própria, de profissionais liberais, legalmente habilitados, e de pessoas jurídicas de direito privado na promoção, proteção e recuperação da saúde.**

Na prestação de serviços privados de assistência à saúde, serão observados os princípios éticos e as normas expedidas pelo órgão de direção do Sistema Único de Saúde (SUS) quanto às condições para seu funcionamento.

É vedada a participação direta ou indireta de empresas ou de capitais estrangeiros na assistência à saúde, salvo através de doações de organismos internacionais vinculados à Organização das Nações Unidas, de entidades de cooperação técnica e de financiamento e empréstimos. Excetuam-se os serviços de saúde mantidos, sem finalidade lucrativa, por empresas, para atendimento de seus empregados e dependentes, sem qualquer ônus para a seguridade social.

Em qualquer caso é obrigatória a autorização do órgão de direção nacional do SUS, submetendo-se a seu controle as atividades que forem desenvolvidas e os instrumentos que forem firmados.

> Atenção
>
> Desde a Lei 13.097/2015, que alterou a Lei 8.080/1990, é permitida a participação direta ou indireta, inclusive controle, de empresas ou de capital estrangeiro na assistência à saúde nos seguintes casos:
>
> I – doações de organismos internacionais vinculados à Organização das Nações Unidas, de entidades de cooperação técnica e de financiamento e empréstimos;
>
> II – pessoas jurídicas destinadas a instalar, operacionalizar ou explorar:

a) hospital geral, inclusive filantrópico, hospital especializado, policlínica, clínica geral e clínica especializada; e

b) ações e pesquisas de planejamento familiar;

III – serviços de saúde mantidos, sem finalidade lucrativa, por empresas, para atendimento de seus empregados e dependentes, sem qualquer ônus para a seguridade social; e

IV – demais casos previstos em legislação específica.

28.7.1. Participação Complementar da Iniciativa Privada

Quando as suas disponibilidades forem insuficientes para garantir a cobertura assistencial à população de uma determinada área, o SUS **poderá recorrer aos serviços ofertados pela iniciativa privada**, devendo a participação complementar dos serviços privados será **formalizada mediante contrato ou convênio**, observadas, a respeito, as normas de direito público. Tanto as entidades filantrópicas quanto as sem fins lucrativos terão preferência para participar do Sistema Único de Saúde (SUS).

Os **critérios e valores para a remuneração de serviços** e os parâmetros de cobertura assistencial serão estabelecidos pela direção nacional do SUS, **aprovados no Conselho Nacional de Saúde**. Na fixação dos critérios, valores, formas de reajuste e de pagamento da remuneração, a direção nacional do Sistema Único de Saúde deverá fundamentar seu ato em demonstrativo econômico-financeiro que garanta a efetiva qualidade de execução dos serviços contratados.

Os serviços contratados deverão se submeter às normas técnicas e administrativas e aos princípios e diretrizes do SUS, mantido o equilíbrio econômico e financeiro do contrato. Aos proprietários, administradores e dirigentes de entidades ou serviços contratados é vedado exercer cargo de chefia ou função de confiança no SUS.

28.8. RECURSOS HUMANOS

A **política de recursos humanos na área da saúde** será formalizada e executada, articuladamente, pelas diferentes esferas de governo, em cumprimento dos seguintes **objetivos**:

I - **organização de um sistema de formação de recursos humanos em todos os níveis de ensino**, inclusive de pós-graduação, além da elaboração de programas de permanente aperfeiçoamento de pessoal;

II - **valorização da dedicação exclusiva aos serviços do Sistema Único de Saúde** (SUS).

Os serviços públicos que integram o SUS constituem campo de prática para ensino e pesquisa, mediante normas específicas, elaboradas conjuntamente com o sistema educacional.

Os **cargos e funções de chefia, direção e assessoramento, no âmbito do SUS, só poderão ser exercidas em regime de tempo integral**. Os servidores que legalmente acumulam dois cargos ou empregos poderão exercer suas atividades em mais de um estabelecimento do Sistema Único de Saúde.

As especializações na forma de treinamento em serviço sob supervisão serão regulamentadas por Comissão Nacional, garantida a participação das entidades profissionais correspondentes.

28.9. FINANCIAMENTO, GESTÃO E ORÇAMENTO

O orçamento da seguridade social destinará ao SUS de acordo com a receita estimada, os recursos necessários à realização de suas finalidades, previstos em proposta elaborada pela sua direção nacional, com a participação dos órgãos da Previdência Social e da Assistência Social, tendo em vista as metas e prioridades estabelecidas na Lei de Diretrizes Orçamentárias.

São considerados de outras fontes os recursos provenientes de:

I – serviços que possam ser prestados sem prejuízo da assistência à saúde;

II – ajuda, contribuições, doações e donativos;

III – alienações patrimoniais e rendimentos de capital;

IV – taxas, multas, emolumentos e preços públicos arrecadados no âmbito do Sistema Único de Saúde (SUS);

V – rendas eventuais, inclusive comerciais e industriais.

Vejamos uma questão sobre o tema:

(IBGP – Prefeitura de Andradas (MG) – Técnico de Enfermagem – 2017) O orçamento da seguridade social destinará ao Sistema Único de Saúde (SUS) de acordo com a receita estimada, os recursos necessários à realização de suas finalidades, previstos em proposta elaborada pela sua direção nacional, com a participação dos órgãos da Previdência Social e da Assistência Social, tendo em vista as metas e prioridades estabelecidas na Lei de Diretrizes Orçamentárias.

São também considerados de outras fontes os recursos provenientes de:

I. Serviços que possam ser prestados sem prejuízo da assistência à saúde.

II. Ajuda, contribuições, doações e donativos.

III. Rendas eventuais, excluindo comerciais e industriais.

Estão CORRETAS as afirmativas.

A) I, II e III.

B) I e II apenas.

C) I e III apenas.

D) II e III apenas.

COMENTÁRIOS:

Item I – Certo, conforme inciso II do art. 32 da Lei 8.080/1990.

Item II – Certo, conforme inciso III do art. 32 da Lei 8.080/1990.

Item III – Errado, conforme inciso VI do art. 32 da Lei 8.080/1990, que constitui outras receitas as rendas eventuais, **inclusive** comerciais e industriais.

Resposta: B

Ao SUS **caberá metade da receita de que trata o inciso I**, apurada mensalmente, a qual será destinada à recuperação de viciados.

As receitas geradas no âmbito do Sistema Único de Saúde serão creditadas diretamente em contas especiais, movimentadas pela sua direção, na esfera de poder onde forem arrecadadas.

As ações de saneamento que venham a ser executadas supletivamente pelo SUS serão financiadas por recursos tarifários específicos e outros da União, Estados, Distrito Federal, Municípios e, em particular, do Sistema Financeiro da Habitação (SFH).

As atividades de **pesquisa e desenvolvimento científico e tecnológico em saúde serão co-financiadas pelo Sistema Único de Saúde, pelas universidades e pelo orçamento fiscal**, além de recursos de instituições de fomento e financiamento ou de origem externa e receita própria das instituições executoras.

Os recursos financeiros do SUS serão depositados em conta especial, em cada esfera de sua atuação, e movimentados sob fiscalização dos respectivos Conselhos de Saúde. Na esfera federal, os recursos financeiros, originários do Orçamento da Seguridade Social, de outros Orçamentos da União, além de outras fontes, serão administrados pelo Ministério da Saúde, através do Fundo Nacional de Saúde (FNS).

O Ministério da Saúde acompanhará, através de seu sistema de auditoria, a conformidade à programação aprovada da aplicação dos recursos repassados a Estados e Municípios. Constatada a malversação, desvio ou não aplicação dos recursos, caberá ao Ministério da Saúde aplicar as medidas previstas em lei.

As autoridades responsáveis pela distribuição da receita efetivamente arrecadada transferirão automaticamente ao FNS, observado o critério do parágrafo único deste artigo, os recursos financeiros correspondentes às dotações consignadas no Orçamento da Seguridade Social, a projetos e atividades a serem executados no âmbito do SUS. Na distribuição dos recursos financeiros da Seguridade Social será observada a mesma proporção da despesa prevista de cada área, no Orçamento da Seguridade Social.

Para o **estabelecimento de valores a serem transferidos a Estados, Distrito Federal e Municípios**, será utilizada a combinação dos seguintes critérios, segundo análise técnica de programas e projetos:

I – perfil demográfico da região;

II – perfil epidemiológico da população a ser coberta;

III – características quantitativas e qualitativas da rede de saúde na área;

IV – desempenho técnico, econômico e financeiro no período anterior;

V – níveis de participação do setor saúde nos orçamentos estaduais e municipais;

VI – previsão do plano quinquenal de investimentos da rede;

VII – ressarcimento do atendimento a serviços prestados para outras esferas de governo.

Nos casos de Estados e Municípios sujeitos a notório processo de migração, os critérios demográficos mencionados nesta lei serão ponderados por outros indicadores de crescimento populacional, em especial o número de eleitores registrados.

Os órgãos de controle interno e externo devem atuar e aplicar penalidades, em caso de irregularidades verificadas na gestão dos recursos transferidos.

O processo de planejamento e orçamento do SUS será ascendente, do nível local até o federal, ouvidos seus órgãos deliberativos, compatibilizando-se as necessidades da política de saúde com a disponibilidade de recursos em planos de saúde dos Municípios, dos Estados, do Distrito Federal e da União.

Os planos de saúde serão a base das atividades e programações de cada nível de direção do Sistema Único de Saúde, e seu financiamento será previsto na respectiva proposta orçamentária. É **vedada a transferência de recursos para o financiamento de ações não previstas nos planos de saúde, exceto em situações emergenciais ou de calamidade pública**, na área de saúde.

O Conselho Nacional de Saúde estabelecerá as diretrizes a serem observadas na elaboração dos planos de saúde, em função das características epidemiológicas e da organização dos serviços em cada jurisdição administrativa.

Não será permitida a destinação de subvenções e auxílios a instituições prestadoras de serviços de saúde com finalidade lucrativa.

28.10. DISPOSIÇÕES FINAIS E TRANSITÓRIAS

Para concluir a análise da Lei 8.080/1990, não podemos deixar de tratar das disposições constitucionais e transitórias, pois nos programas de concurso que contam o conteúdo desta Lei, qualquer artigo pode ser alvo de questionamento.

A **cessão de uso dos imóveis de propriedade do INAMPS para órgãos integrantes do SUS** será feita de modo a preservá-los como patrimônio da Seguridade Social. Vejam que o órgão que antecedeu o SUS na gestão da saúde pública foi o INAMPS, então seus imóveis precisaram ser transferidos. Estes imóveis foram inventariados com todos os seus acessórios, equipamentos e outros bens móveis e ficarão disponíveis para utilização pelo órgão de direção municipal do SUS ou, eventualmente, pelo estadual, em cuja circunscrição administrativa se encontrem, mediante simples termo de recebimento.

O acesso aos serviços de informática e bases de dados, mantidos pelo Ministério da Saúde e pelo Ministério do Trabalho e da Previdência Social, será assegurado às Secretarias Estaduais e Municipais de Saúde ou órgãos congêneres, como suporte ao processo de gestão, de forma a permitir a gerencia informatizada das contas e a disseminação de estatísticas sanitárias e epidemiológicas médico-hospitalares.

As ações desenvolvidas pela Fundação das Pioneiras Sociais e pelo Instituto Nacional do Câncer, supervisionadas pela direção nacional do Sistema Único de Saúde, permanecerão como referencial de prestação de serviços, formação de recursos humanos e para transferência de tecnologia.

A gratuidade das ações e serviços de saúde fica preservada nos serviços públicos contratados, ressalvando-se as cláusulas dos contratos ou convênios estabelecidos com as entidades privadas.

Os **serviços de saúde dos hospitais universitários e de ensino integram-se ao Sistema Único de Saúde**, mediante convênio, preservada a sua autonomia administrativa, em relação ao patrimônio, aos recursos humanos e financeiros, ensino, pesquisa e extensão nos limites conferidos pelas instituições a que estejam vinculados. Os serviços de saúde de sistemas estaduais e municipais de Previdência Social deverão integrar-se à direção correspondente do SUS, conforme seu âmbito de atuação, bem como quaisquer outros órgãos e serviços de saúde.

Em tempo de paz, e havendo interesse recíproco, os serviços de saúde das Forças Armadas poderão integrar-se ao Sistema Único de Saúde, conforme se dispuser em convênio que, para esse fim, for firmado. O SUS estabelecerá mecanismos de incentivos à participação do setor privado no investimento em ciência e tecnologia e estimulará a transferência de tecnologia das universidades e institutos de pesquisa aos serviços de saúde nos Estados, Distrito Federal e Municípios, e às empresas nacionais.

O Ministério da Saúde, em articulação com os níveis estaduais e municipais do SUS, organizará, no prazo de dois anos, um sistema nacional de informações em saúde, integrado em todo o território nacional, abrangendo questões epidemiológicas e de prestação de serviços.

Os convênios entre a União, os Estados e os Municípios, celebrados para implantação dos Sistemas Unificados e Descentralizados de Saúde, ficarão rescindidos à proporção que seu objeto for sendo absorvido pelo SUS.

> *Art. 52. Sem prejuízo de outras sanções cabíveis, constitui crime de emprego irregular de verbas ou rendas públicas a utilização de recursos financeiros do Sistema Único de Saúde (SUS) em finalidades diversas das previstas.*

Atenção

Na qualidade de ações e serviços de saúde, as atividades de apoio à assistência à saúde são aquelas desenvolvidas pelos laboratórios de genética humana, produção e fornecimento de medicamentos e produtos para saúde, laboratórios de análises clínicas, anatomia patológica e de diagnóstico por imagem e são livres à participação direta ou indireta de empresas ou de capitais estrangeiros.

Capítulo 29

Sinopse para estudo

DEFINIÇÃO DE SEGURIDADE SOCIAL

A seguridade social foi definida no *caput* do art. 194 da Constituição Federal como "um conjunto integrado de ações de iniciativa dos Poderes Públicos e da sociedade, destinadas a assegurar o direito à saúde, à Previdência e à assistência social".

Saúde

> "A saúde é direito de todos e dever do Estado, garantido mediante políticas sociais e econômicas que visem à redução do risco de doenças e de outros agravos, e ao acesso universal e igualitário às ações e serviços para a sua promoção, proteção e recuperação".

O acesso à saúde independe de pagamento e é irrestrito, inclusive para os estrangeiros que não residem no País. Até as pessoas ricas podem utilizar o serviço público de saúde, não sendo necessário efetuar quaisquer contribuições para ter direito a este atendimento.

A saúde é administrada pelo SUS, vinculado ao Ministério da Saúde. Este órgão não guarda qualquer relação com o INSS ou com a Previdência Social.

As ações e serviços públicos de saúde integram uma rede regionalizada e hierarquizada e constituem um sistema único, organizado de acordo com as seguintes diretrizes:

I –descentralização, com direção única em cada esfera de governo;

II –atendimento integral, com prioridade para as atividades preventivas, sem prejuízo dos serviços assistenciais;

III –participação da comunidade.

A assistência à saúde é livre à iniciativa privada (art. 199 da CF 88). As instituições privadas poderão participar de forma complementar ao sistema único de saúde, segundo diretrizes deste, mediante contrato de direito público ou convênio, tendo preferência as entidades filantrópicas e as sem fins lucrativos.

É proibida, no entanto, a destinação de recursos públicos para auxílios ou subvenções às instituições privadas com fins lucrativos.

As empresas ou capitais estrangeiros não podem participar da assistência à saúde, salvo nos casos previstos em lei.

Assistência social

A assistência social será prestada a quem dela necessitar, independentemente de contribuição. Aqui, o requisito básico é a necessidade do assistido.

A assistência social objetiva a proteção à família, maternidade, infância, adolescência e velhice, o amparo às crianças e adolescentes carentes e a promoção e integração ao mercado de trabalho. Deve, ainda, promover a habilitação e reabilitação das pessoas portadoras de deficiência e a promoção de sua integração à vida comunitária e garantir um salário mínimo de benefício mensal à pessoa portadora de deficiência e a idosos que comprovem não possuir meios de prover à própria manutenção ou de tê-la provida por sua família.

Os benefícios assistenciais pecuniários são devidos somente aos brasileiros e estrangeiros naturalizados e domiciliados no Brasil que não estejam cobertos pela Previdência Social do país de origem.

A assistência social deve seguir as seguintes diretrizes:

I -descentralização político-administrativa, cabendo a coordenação e as normas gerais à esfera federal e a coordenação e a execução dos respectivos programas às esferas estadual e municipal, bem como a entidades beneficentes e de assistência social;

II -participação da população, por meio de organizações representativas, na formulação das políticas e no controle das ações em todos os níveis.

Previdência Social

A Previdência Social será organizada sob a forma de regime geral, de caráter contributivo e de filiação obrigatória, observados critérios que preservem o equilíbrio financeiro e atuarial.

Embora no texto constitucional haja previsão expressa de que a Previdência Social deva proteger o trabalhador em situação de desemprego involuntário, o benefício governamental fornecido nesta situação – seguro-desemprego – é administrado pelo Ministério do Trabalho, não fazendo parte dos benefícios previdenciários pagos pelo INSS, exceto o seguro-defeso do pescador.

A Previdência Social é seguro coletivo, contributivo, compulsório, de organização estatal, custeado, principalmente, pelo regime financeiro de repartição simples, devendo conciliar este regime com a busca de seu equilíbrio financeiro e atuarial.

Qualquer pessoa, brasileira ou não, que exerça atividade remunerada dentro do território nacional é filiada obrigatória do regime previdenciário, sendo compelido a efetuar recolhimentos. Até mesmo o aposentado que volte a exercer atividade profissional remunerada é obrigado a contribuir para o sistema.

São três os regimes previdenciários: Regime Geral da Previdência Social (RGPS), Regimes Próprios de Previdência Social (RPPS) e o Regime de Previdência Complementar.

Os Regimes Próprios são aqueles a que estão filiados os servidores públicos efetivos. O RGPS é o regime que dá cobertura aos trabalhadores da iniciativa privada e às pessoas que não exerçam atividade remunerada e optem por participar facultativamente do sistema.

Já o Regime de Previdência Complementar é de natureza facultativa. O Regime de Previdência Complementar Privado pode ser aberto ou fechado. Os abertos são os planos de Previdência organizados pelas instituições financeiras que todos podem aderir, enquanto os fechados são destinados a determinado grupo de trabalhadores. O Regime de Previdência Complementar Oficial é destinado a servidores públicos vinculados a RPPS.

Os regimes próprios devem assegurar, pelo menos, os benefícios de aposentadoria e pensão por morte.

Tanto o RGPS quanto os RPPS são regimes públicos de Previdência Social, já que têm gestão e organização estatais. O RGPS é administrado pelo INSS e pela Secretaria da Receita Federal do Brasil (SRFB) e é, justamente, o objeto do estudo do Direito Previdenciário.

Os regimes próprios são mantidos pela União, Estados e alguns Municípios, para a filiação exclusiva de seus servidores, que, neste caso, deixam de ser segurados obrigatórios do RGPS. Atualmente, a União, todos os Estados e os maiores Municípios possuem Previdência própria. Os demais têm seus servidores obrigatoriamente filiados ao RGPS.

Cabe salientar que o servidor, vinculado a regime próprio, que exerça, também, atividade na iniciativa privada será segurado obrigatório do RGPS.

Já o Regime Complementar é facultativo. A União é responsável pela sua fiscalização e regulamentação. São as chamadas previdências privadas. A adesão a este sistema não elide a obrigatoriedade de filiação ao RGPS.

BREVE HISTÓRICO DA SEGURIDADE SOCIAL

Histórico do mundo

As primeiras leis com características protetivas foram editadas na Alemanha por Bismarck. Ele criou o seguro doença (1883), o seguro de acidente de trabalho (1884) e o seguro de invalidez e velhice (1889). Foi a primeira vez que a lei reuniu as duas principais características dos regimes previdenciários modernos: organização estatal e compulsoriedade.

A primeira constituição que tratou, de forma estruturada, dos direitos sociais foi a do México, de 1917. Logo em seguida, surgiu a Constituição de Weimar, de 1919, na Alemanha.

Um dos principais marcos da evolução da seguridade social, no mundo, foi o Relatório Beveridge, Inglaterra, 1942. Este plano é o que marca a estrutura da seguridade social moderna, com a participação universal de todas as categorias de trabalhadores e cobrança compulsória de contribuições para financiar as três áreas da seguridade: saúde, Previdência Social e assistência social.

Histórico do Brasil

A Previdência Social do Brasil teve sua origem na iniciativa privada, sofrendo, ao longo do tempo, a intervenção estatal.

A Constituição Federal de 1891 foi a primeira a garantir a aposentadoria, a qual, entretanto, somente era devida aos servidores públicos, em caso de invalidez.

Em 1919, foi editado o Decreto-Legislativo 3.724/1919, que criou o seguro de acidente de trabalho para algumas atividades. O empregador foi obrigado a indenizar o empregado que sofresse acidente de trabalho. Observa-se que o custo era da iniciativa privada.

O marco da Previdência Social brasileira é a Lei Eloy Chaves, de 24 de janeiro de 1923, que criou as Caixas de Aposentadoria e Pensão (CAP's) dos trabalhadores de empresas ferroviárias. Durante a década de 1920, as CAP's foram ampliadas para empresas de outros setores.

A partir da década de 1930, a tendência deixou de ser a organização da Previdência por empresa, passando a ser por categoria profissional. Foram, então, criados os Institutos de Aposentadoria e Pensão (IAP's). Os primeiros foram dos Marítimos (IAPM), dos Comerciários (IAPC) e dos Bancários (IAPB), em 1933 e 1934.

A Constituição de 1934 estabeleceu o princípio da tríplice forma de custeio e a Constituição de 1946 utilizou, pela primeira vez, a expressão "Previdência".

Em 1960, foi criada a Lei Orgânica da Previdência Social (LOPS), padronizando o sistema de Previdência e ampliando os benefícios.

Em 1967, foi criado o Instituto Nacional de Previdência Social (INPS), por meio da junção dos IAP's existentes. O INPS era autarquia federal responsável pela administração dos benefícios previdenciários.

No ano de 1977, foi instituído o Sistema Nacional de Previdência e Assistência Social (SINPAS), com as seguintes divisões: INPS, INAMPS, LBA, FUNABEM, DATAPREV, IAPAS e CEME.

O SINPAS foi extinto em 1990, sendo criado o INSS, com a junção do INPS com o IAPAS. A DATAPREV ainda continua em atividade, tendo a atribuição de assessorar o INSS nos seus sistemas de informática.

A Medida Provisória 222/2004, convertida na Lei 11.098/2005, criou a Secretaria da Receita Previdenciária, no âmbito do Ministério da Previdência Social, atribuindo-lhe as competências relativas à arrecadação, fiscalização, lançamento e normatização de receitas previdenciárias. A SRP significou o retorno à antiga estrutura, sendo este órgão o equivalente ao antigo IAPAS.

A Lei 11.457, de 16/03/2007, criou a Secretaria da Receita Federal do Brasil, a partir da junção da Secretaria da Receita Federal com a Secretaria da Receita Previdenciária, originando o cargo de Auditor-Fiscal da Receita Federal do Brasil.

A SEGURIDADE NA CONSTITUIÇÃO

Princípios constitucionais

Solidariedade – o sistema é solidário, e isso permite que alguns contribuam mais para que as pessoas que necessitem possam se beneficiar.

Universalidade na cobertura e no atendimento – a seguridade social deve estar disponível para todos, sem nenhuma parcela excluída.

Uniformidade e equivalência dos benefícios e serviços às populações urbanas e rurais – a Constituição de 1988 igualou os direitos das populações urbanas e rurais.

Seletividade e distributividade na prestação de benefícios e serviços – os benefícios e serviços devem ser prestados nos casos de real necessidade (seletividade). A distributividade objetiva distribuir a renda entre as regiões e populações.

Irredutibilidade no valor dos benefícios – o valor do benefício deve ser preservado. Embora este benefício não garanta a preservação do valor real do benefício, há dispositivo na Constituição que o faz (art. 201, § 4º).

Equidade na forma de participação do custeio – impõe que as contribuições sejam instituídas, tomando como base a capacidade econômica de cada contribuinte, empresas e trabalhadores.

Diversidade na base de financiamento – a base de financiamento deve ser a mais abrangente possível para não pôr em risco a gestão do sistema. Devem ser identificadas, em rubricas contábeis específicas para cada área, as receitas e as despesas vinculadas a ações de saúde, previdência e assistência social, preservado o caráter contributivo da Previdência Social.

Caráter democrático e descentralizado da administração – é a chamada gestão quadripartite do sistema, com participação de representantes do governo, das empresas, dos trabalhadores e dos aposentados. O órgão responsável por estabelecer diretrizes gerais, acompanhar e avaliar o sistema é o Conselho Nacional de Previdência (CNP), que conta com 15 membros, sendo seis representantes do governo, três das empresas, três dos trabalhadores e três dos aposentados. Os membros são nomeados pelo presidente e têm mandato de dois anos, podendo ser reconduzidos uma única vez. Os representantes dos trabalhadores gozam de estabilidade desde a nomeação até um ano após o término do mandato.

PRINCIPAIS DISPOSITIVOS CONSTITUCIONAIS

Tríplice forma de custeio

O RGPS deve ser custeado por contribuições das empresas, trabalhadores e do próprio governo. A parte governamental é oferecida mediante inclusão no orçamento fiscal. No caso de eventual falta de recursos para o pagamento dos benefícios do RGPS, cabe à União efetuar a complementação.

Preexistência do custeio em relação ao benefício ou serviço

A criação ou ampliação de benefícios deve ser feita mediante previsão da receita. É claro que, para instituir um novo benefício, é necessária uma nova receita, não bastando que se aponte uma fonte já existente.

Competências dos entes federativos

Cabe privativamente à União legislar sobre seguridade social, entretanto lei complementar pode autorizar os Estados a legislarem sobre questões específicas.

Já a competência legislativa relativa à Previdência Social, proteção e defesa da saúde é concorrente entre União, Estados e Distrito Federal.

A regulamentação do RGPS é de competência privativa da união.

Financiamento da seguridade social

A seguridade será financiada por toda a sociedade, de forma direta e indireta, mediante recursos provenientes dos orçamentos da União, Estados, Distrito Federal e municípios e das seguintes contribuições sociais:

a) Do empregador, da empresa e da entidade a ela equiparada, na forma da lei, sobre:

   a.1) a folha de salário e demais rendimentos do trabalho pagos ou creditados, a qualquer título, à pessoa física que lhe preste serviço, mesmo sem vínculo empregatício – são as contribuições previdenciárias patronais;

   a.2) a receita ou faturamento – esta contribuição não se destina, obrigatoriamente, ao custeio da Previdência, mas de todas as áreas da seguridade. São o PIS e a COFINS;

   a.3) o lucro – também destinada à seguridade em geral. Hoje, temos a Contribuição Social sobre o Lucro Líquido (CSLL).

b) Do trabalhador e dos demais segurados da Previdência Social, podendo ser adotadas alíquotas progressivas de acordo com o valor do salário de contribuição, não incidindo contribuição sobre aposentadoria e pensão concedidas pelo RGPS – estas contribuições são destinadas, exclusivamente, à Previdência Social. A imunidade foi expressa para os aposentados do RGPS.

c) Sobre a receita de concursos de prognósticos – são todos os jogos de sorteio, loterias, apostas realizadas tanto pelo Poder Público, quanto pela iniciativa privada.

d) Do importador de bens ou serviços do exterior ou a quem a lei a ele equiparar – Este texto foi incluído pela Emenda Constitucional 42/2003 (reforma tributária), sendo instituídos, então, o PIS Importação e a COFINS Importação.

e) Contribuição sobre bens e serviços.

Contribuições sociais

As contribuições sociais são espécies autônomas de tributo. As previstas na CF/1988 podem ser instituídas por lei ordinária, sendo desnecessário lei complementar para definir a sua base de cálculo e fato gerador.

Para criar novas contribuições, é necessária a edição de lei complementar. Entende o STF que a nova contribuição pode ter a mesma base de cálculo e fato gerador de impostos já existentes, mas não as mesmas bases de contribuições.

As contribuições sociais seguem a anterioridade nonagesimal, ou seja, somente podem ser cobradas após 90 dias da publicação da lei que a criou ou alterou.

As contribuições sociais a cargo das empresas poderão ter alíquotas diferenciadas em razão da atividade econômica, da utilização intensiva de mão de obra, do porte da empresa ou da condição estrutural do mercado de trabalho, sendo também autorizadas a adoção de bases de cálculo diferenciadas apenas no caso das contribuições sobre a receita e sobre o lucro.

São vedados a moratória e o parcelamento em prazo superior a 60 meses e, na forma de lei complementar, a remissão e a anistia das contribuições sociais sobre a folha de pagamento das empresas.

Imunidade das entidades beneficentes de assistência social

São isentas de contribuição as entidades beneficentes de assistência social que atendam às exigências estabelecidas em lei. Esse dispositivo é regulamentado pelo art. 29 da **Lei Ordinária** 12.101/2009, que traz diversos requisitos para o gozo do benefício fiscal.

Ocorre que, em decisão partida o STF julgou a ADI 2028 em 23/02/2017, entendendo que o art. 55 da Lei 8.212/1991 era inconstitucional, pois sinalizou que, por se tratar de limitação ao poder de tributar, as "exigências legais" ao exercício das imunidades seriam sempre "normas de regulação" às quais o constituinte originário teria feito referência no inciso II do art. 146 da CF, a serem dispostas em lei complementar. Considerou que os requisitos legais exigidos para a imunidade das contribuições sociais, enquanto não editada nova lei complementar sobre a matéria, seriam somente aqueles do art. 14 do CTN e que a mera regulamentação dos requisitos poderia ser feita por lei ordinária.

A imunidade abrange, inclusive, as obras de construção civil executadas pelas entidades beneficentes de assistência social, quando executadas para uso nas atividades assistenciais.

Foi concedida isenção, também, às entidades sem fins lucrativos que atuem nas áreas da saúde (prestando atendimento ao SUS) e educação (oferecendo vagas a alunos carentes). Para gozar do benefício, estas entidades devem atender aos requisitos listados.

Segurados especiais

A Constituição determina que o produtor parceiro, meeiro, arrendatário rural e o pescador artesanal, bem como os respectivos cônjuges, que exerçam suas atividades em regime de economia familiar, sem empregados permanentes, contribuirão para a seguridade social, mediante aplicação de uma alíquota sobre o resultado da comercialização da produção e farão jus aos benefícios, nos termos da lei.

Estes segurados, como têm a sua remuneração auferida na venda da produção rural, que está sujeita aos períodos de safra, foram tratados de maneira especial pela Constituição, exigindo-se o recolhimento de contribuição apenas quando efetuarem a venda da produção rural.

Orçamento da seguridade social

As receitas dos Estados, do Distrito Federal e dos municípios destinadas à seguridade deverão constar dos respectivos orçamentos, não integrando o orçamento da União.

Para a União, a lei orçamentária anual irá prever o orçamento da seguridade social, ao lado do fiscal e do de investimentos.

O orçamento da seguridade será elaborado de forma integrada pelos órgãos responsáveis pela saúde, assistência e Previdência Social. Este será composto da previsão da receita com a arrecadação das contribuições sociais e da despesa com o pagamento de benefícios.

A parte governamental deve ser incluída no orçamento fiscal do ente federativo. No caso de falta de recursos para o pagamento de benefícios do RGPS, a União deverá complementar o orçamento.

Imunidade das exportações

A Emenda Constitucional 33/2001 forneceu imunidade às receitas provenientes de operação de exportação das contribuições sociais e de intervenção no domínio econômico.

As exportações ficaram, então, desoneradas do pagamento de contribuições incidentes sobre o faturamento (COFINS e PIS). Os contribuintes que recolhem as suas contribuições previdenciárias com base no faturamento, devido à substituição tributária, também foram beneficiados, dentre eles o produtor rural e o segurado especial.

Competência da Justiça do Trabalho para cobrança de contribuições

Compete à Justiça do Trabalho executar, de ofício, as contribuições devidas, por ocasião das sentenças que proferir. Em uma reclamação trabalhista, então, o Juiz do Trabalho deve cobrar não apenas a parte devida pelo empregador ao seu empregado, mas também a parcela de contribuição previdenciária incidente.

Contratação com o poder público

A pessoa jurídica em débito com a Seguridade Social não poderá contratar com o poder público, nem receber benefícios fiscais e creditícios. Para participar de licitações, as empresas necessitam da Certidão Negativa de Débito.

Sistema Especial de Inclusão Previdenciária

A Reforma da Previdência promovida pela EC 103/2019 alterou a redação dos §§ 12 e 13 do art. 201, da constituição. Vejamos:

> *Art. 201:*
>
> *§ 12. A lei poderá instituir sistema especial de inclusão previdenciária, **com alíquotas diferenciadas**, para atender aos trabalhadores de baixa renda, inclusive os que se encontram em situação de informalidade, e àqueles sem renda própria que se dediquem exclusivamente ao trabalho doméstico no âmbito de sua residência, desde que pertencentes a famílias de baixa renda.*
>
> *§ 13. A aposentadoria concedida ao segurado de que trata o § 12 terá valor de um salário mínimo.*

Concluímos que a única alteração material foi a exclusão da previsão de carência diferenciada para o sistema especial de inclusão previdenciária, que sequer chegou a ser aplicada ou regulamentada.

SEGURADOS DO REGIME GERAL DE PREVIDÊNCIA SOCIAL

Segurados obrigatórios

Segurados obrigatórios são os que exercem atividade remunerada, efetiva ou eventual, de natureza urbana ou rural, com ou sem vínculo empregatício. A idade mínima é 16 anos, salvo aprendiz (a partir dos 14 anos), e a atividade deve ser lícita.

São segurados obrigatórios: o empregado, o empregado doméstico, o contribuinte individual, o trabalhador avulso e o segurado especial.

Empregado

a) aquele que presta serviço de natureza urbana ou rural à empresa, em caráter não eventual, sob sua subordinação e mediante remuneração, inclusive como diretor empregado;

b) aquele que, contratado por empresa de trabalho temporário, por prazo **não superior a 180 dias, consecutivos ou não, prorrogável por mais 90 dias**, presta serviço para atender à **necessidade transitória de substituição de pessoal permanente ou à demanda complementar de serviços**;

c) o brasileiro ou o estrangeiro domiciliado e contratado no Brasil para trabalhar como empregado no exterior, em sucursal ou agência de empresa constituída sob as leis brasileiras e que tenha sede e administração no País;

d) o brasileiro ou o estrangeiro domiciliado e contratado no Brasil para trabalhar como empregado em empresa domiciliada no exterior com maioria do capital votante pertencente a empresa constituída sob as leis brasileiras, que tenha sede e administração no País e cujo controle efetivo esteja em caráter permanente sob a titularidade direta ou indireta de pessoas físicas domiciliadas e residentes no País ou de entidade de direito público interno;

e) aquele que presta serviço no Brasil à missão diplomática ou à repartição consular de carreira estrangeira e a órgãos a elas subordinados, ou a membros dessas missões e repartições, excluídos o não brasileiro sem residência permanente no Brasil e o brasileiro amparado pela legislação previdenciária do país da respectiva missão diplomática ou repartição consular;

f) o brasileiro civil que trabalha para a União no exterior, em organismos oficiais internacionais dos quais o Brasil seja membro efetivo, ainda que lá domiciliado e contratado, salvo se amparado por regime próprio de Previdência Social;

g) o brasileiro civil que presta serviços à União no exterior, em repartições governamentais brasileiras, lá domiciliado e contratado, inclusive o auxiliar local de que trata art. 56 da Lei 11.440, de 29 de dezembro de 2006, este desde que, em razão de proibição legal, não possa filiar-se ao sistema previdenciário local;

h) o servidor da União, Estado, Distrito Federal ou Município, incluídas suas autarquias e fundações, ocupante, exclusivamente, de cargo em comissão declarado em lei de livre nomeação e exoneração;

i) o servidor do Estado, Distrito Federal ou Município, bem como o das respectivas autarquias e fundações, ocupante de cargo efetivo, desde que, nessa qualidade, não esteja amparado por regime próprio de Previdência Social;

j) o servidor contratado pela União, Estado, Distrito Federal ou Município, bem como pelas respectivas autarquias e fundações, por tempo determinado, para atender à necessidade temporária de excepcional interesse público, nos termos do inciso IX do art. 37 da Constituição Federal;

l) o servidor da União, Estado, Distrito Federal ou Município, incluídas suas autarquias e fundações, ocupante de emprego público;

m) o escrevente e o auxiliar contratados por titular de serviços notariais e de registro, a partir de 21 de novembro de 1994, bem como aquele que optou pelo Regime Geral de Previdência Social, em conformidade com a Lei 8.935, de 18 de novembro de 1994;

n) aquele em exercício de mandato eletivo federal, estadual, distrital ou municipal, desde que não seja vinculado a regime próprio de previdência social;;

o) o empregado de organismo oficial internacional ou estrangeiro, em funcionamento no Brasil, salvo quando coberto por regime próprio de Previdência Social;

p) o aprendiz, maior de 14 e menor de 24 anos, ressalvado o portador de deficiência, ao qual não se aplica o limite máximo de idade, sujeito à formação técnica-profissional metódica, sob a orientação de entidade qualificada.

Empregado doméstico

O empregado doméstico é o que presta serviço de natureza contínua a pessoa ou família, no âmbito residencial desta, em atividades sem fins lucrativos.

Contribuinte individual

a) a pessoa física, proprietária ou não, que explore atividade agropecuária, a qualquer título, em caráter permanente ou temporário, em área superior a quatro módulos fiscais; ou, quando em área igual ou inferior a quatro módulos fiscais ou atividade pesqueira, com auxílio de empregados ou por intermédio de prepostos; ou ainda nas hipóteses em que o trabalhador rural não puder ser enquadrado como segurado especial;

b) a pessoa física, proprietária ou não, que explora atividade de extração mineral - garimpo -, em caráter permanente ou temporário, diretamente ou por intermédio de prepostos, com ou sem o auxílio de empregados, utilizados a qualquer título, ainda que de forma não contínua;

c) o ministro de confissão religiosa e o membro de instituto de vida consagrada, de congregação ou de ordem religiosa;

d) o brasileiro civil que trabalha no exterior para organismo oficial internacional do qual o Brasil é membro efetivo, ainda que lá domiciliado e contratado, salvo quando coberto por regime próprio de Previdência Social;

e) o titular de firma individual urbana ou rural;

f) o diretor não empregado e o membro de conselho de administração na sociedade anônima;

g) todos os sócios, nas sociedades em nome coletivo e de capital e indústria;

h) o sócio gerente e o sócio cotista que recebam remuneração decorrente de seu trabalho e o administrador não empregado na sociedade por cotas de responsabilidade limitada, urbana ou rural;

i) o associado eleito para cargo de direção em cooperativa, associação ou entidade de qualquer natureza ou finalidade, bem como o síndico ou administrador eleito para exercer atividade de direção condominial, desde que recebam remuneração;

j) quem presta serviço de natureza urbana ou rural, em caráter eventual, a uma ou mais empresas, sem relação de emprego;

l) a pessoa física que exerce, por conta própria, atividade econômica de natureza urbana, com fins lucrativos ou não;

m) o aposentado de qualquer regime previdenciário nomeado magistrado classista temporário da Justiça do Trabalho;

n) o cooperado de cooperativa de produção que, nesta condição, presta serviço à sociedade cooperativa, mediante remuneração ajustada ao trabalho executado;

o) o notário ou tabelião e o oficial de registros ou registrador, titular de cartório, que detêm a delegação do exercício da atividade notarial e de registro, não remunerados pelos cofres públicos, admitidos a partir de 21 de novembro de 1994.

Enquadram-se, ainda, como contribuintes individuais, o condutor autônomo de veículo rodoviário e seu auxiliar, o comerciante ambulante, o trabalhador associado à cooperativa, o membro de conselho fiscal de sociedade por ações, a pessoa física que edifica obra de construção civil, o médico-residente, o residente de área de saúde, o bolsista da Fundação Habitacional do Exército, o árbitro e seus auxiliares, o membro de conselho tutelar, o interventor, o liquidante, o administrador especial e o diretor fiscal de instituição financeira.

Trabalhador avulso

Quem presta, a diversas empresas, sem vínculo empregatício, serviço de natureza urbana ou rural, definidos no Regulamento.

O regulamento, então, o definiu como: aquele que, sindicalizado ou não, presta serviço de natureza urbana ou rural, a diversas empresas, sem vínculo empregatício, com intermediação obrigatória do órgão gestor de mão de obra ou do sindicato da categoria.

São os trabalhadores que exercem atividade portuária de prático, capatazia, estiva, conferência e conserto de carga, vigilância, amarração, guindaste, bloco etc. O avulso pode exercer atividades não portuárias, como, por exemplo, o trabalhador de estiva de mercadorias de qualquer natureza e o ensacador de café, cacau, sal e similares.

Para ser considerado avulso, o trabalhador deve prestar serviços com intermediação do sindicato (trabalhadores não portuários) ou do Órgão Gestor de Mão de Obra (OGMO) (avulsos portuários).

Segurado especial

O enquadramento previdenciário dos trabalhadores rurais foi significativamente alterado pela Lei 11.718, de 20/06/2008. Antes desta Lei, o segurado especial não podia contar com o auxílio de empregados, mesmo que contratados apenas para o período da safra. Era permitido apenas o auxílio eventual de terceiros, entendido este como o regime de mútua colaboração, não remunerado. Observa-se que o texto constitucional não faz tal vedação, vez que proíbe apenas a contratação de empregados permanentes.

Antes da Lei 11.718, não existia também uma limitação quanto ao tamanho da propriedade rural para o trabalhador ser considerado segurado especial. Vejamos como está a atual redação do art. 12, VII, da Lei 8.212/1991:

> "Considera-se segurado especial: a pessoa física **residente no imóvel rural ou em aglomerado urbano ou rural próximo** a ele que, individualmente ou em regime de economia familiar, ainda que com o auxílio eventual de terceiros a título de mútua colaboração, na condição de:

a) produtor, seja proprietário, usufrutuário, possuidor, assentado, parceiro ou meeiro outorgados, comodatário ou arrendatário rurais, que explore atividade:

1. agropecuária em área de até **4 (quatro) módulos fiscais**; ou

2. de seringueiro ou extrativista vegetal que exerça suas atividades nos termos do inciso XII do *caput* do art. 2º da Lei 9.985, de 18 de julho de 2000, e faça dessas atividades o principal meio de vida;

b) pescador artesanal ou a este assemelhado, que faça da pesca profissão habitual ou principal meio de vida; e

c) cônjuge ou companheiro, bem como filho maior de 16 anos de idade ou a este equiparado, do segurado de que tratam as alíneas a e b deste inciso, que, comprovadamente, trabalhem com o grupo familiar respectivo."

Entende-se como regime de economia familiar a atividade em que o trabalho dos membros da família é indispensável à própria subsistência e ao desenvolvimento socioeconômico do núcleo familiar e é exercido em condições de mútua dependência e colaboração, **sem a utilização de empregados permanentes.**

Observa-se que, para serem considerados segurados especiais, o cônjuge ou companheiro e os filhos maiores de 16 anos ou os a estes equiparados deverão ter participação ativa nas atividades rurais do grupo familiar.

A Lei 11.718 acrescentou, ainda, o § 10 ao art. 12 da Lei 8.212/1991, dispondo que não é segurado especial o membro de grupo familiar que possuir outra fonte de rendimento, exceto se decorrente de:

I – benefício de pensão por morte, auxílio-acidente ou auxílio-reclusão, cujo valor não supere o do menor benefício de prestação continuada da Previdência Social;

II – benefício previdenciário pela participação em plano de previdência complementar instituído por entidade classista a que seja associado, em razão da condição de trabalhador rural ou de produtor rural em regime de economia familiar;

III – exercício de atividade remunerada, não superior a 120 dias, corridos ou intercalados, no ano civil, devendo, no entanto, contribuir para a Previdência Social de acordo com a atividade que exerce;

IV – exercício de mandato eletivo de dirigente sindical de organização da categoria de trabalhadores rurais;

V – exercício de: (Redação dada pela Lei nč 15.072, de 2024)

a) mandato de vereador do Município em que desenvolve a atividade rural;

b) atividade remunerada, sem dedicação exclusiva ou regime integral de trabalho, derivada de mandato eletivo:

1. em cooperativa, exceto cooperativa de trabalho, que tenha atuação vinculada às atividades previstas no inciso VII do caput deste artigo, conforme previsão em seu objeto social ou autorização da autoridade competente, de acordo com regulamento

VI – parceria ou meação outorgada;

VII – atividade artesanal desenvolvida com matéria-prima produzida pelo respectivo grupo familiar, podendo ser utilizada matéria-prima de outra origem, desde que a renda mensal obtida na atividade não exceda ao menor benefício de prestação continuada da Previdência Social;

VIII -atividade artística, desde que em valor mensal inferior ao menor benefício de prestação continuada da Previdência Social.

O segurado especial poderá contribuir, facultativamente, da mesma forma que o contribuinte individual que presta serviço à pessoa física ou que o segurado facultativo (art. 200, § 2, RPS c/c art. 199, RPS), fazendo jus a todos os benefícios calculados como qualquer contribuinte individual.

Segurado facultativo

O segurado facultativo foi criado para atender ao preceito constitucional da universalidade na cobertura e no atendimento. Ninguém, em tese, poderia ser excluído do sistema de proteção previdenciária.

Para ser caracterizado com facultativo, o segurado deve não exercer qualquer atividade remunerada que o vincule como obrigatório e possuir 16 anos, ou mais. Exemplo: o estudante, a dona de casa, o síndico de condomínio não remunerado, o bolsista, o estagiário, o presidiário, o brasileiro residente ou domiciliado no exterior, salvo se filiado a regime previdenciário de país com o qual o Brasil mantenha acordo internacional, entre outros.

Não é permitida a filiação ao Regime Geral de Previdência Social, na qualidade de segurado facultativo, de pessoa participante de regime próprio de Previdência Social, salvo na hipótese de afastamento sem vencimento, e desde que não permitida, nesta condição, contribuição ao respectivo regime próprio.

A filiação na qualidade de segurado facultativo gera efeito somente a partir da inscrição e do primeiro recolhimento, não podendo retroagir e não permitindo o pagamento de contribuições relativas a competências anteriores à data da inscrição.

Após a inscrição, o segurado facultativo somente poderá recolher contribuições em atraso quando não tiver ocorrido perda da qualidade de segurado.

FILIAÇÃO X INSCRIÇÃO

A inscrição é o ato formal que identifica o segurado na Previdência Social. É o mero cadastro do segurado no INSS. Já a filiação ao regime previdenciário é o marco da relação jurídica entre os segurados e a Previdência Social.

Para os segurados obrigatórios, a filiação dá-se com o exercício de atividade remunerada, independentemente de inscrição. Isso permite que qualquer segurado obrigatório efetue recolhimentos em atraso de períodos anteriores à inscrição, desde que comprove ter exercido atividade remunerada.

Para os segurados facultativos, entretanto, a filiação somente se concretiza após a inscrição e o recolhimento da primeira contribuição, não podendo haver recolhimento de contribuição de período pretérito.

A inscrição dos segurados empregados e avulsos é feita pela empresa, sindicato ou Órgão Gestor de Mão de Obra. Os demais segurados devem efetuar a inscrição diretamente no INSS ou até pela internet. Os empregadores domésticos devem fazer a inscrição de seus empregados para possibilitar o recolhimento das contribuições previdenciárias devidas.

O segurado que exerce mais de uma atividade será obrigatoriamente inscrito em cada uma delas.

A idade mínima para inscrição é 16 anos, salvo para o aprendiz, que pode exercer atividade laborativa desde os 14 anos, podendo efetuar inscrição como empregado, a partir de então.

Depois de efetuada a inscrição do segurado contribuinte individual, a legislação previdenciária presumirá a continuidade da atividade até que o segurado providencie o encerramento desta inscrição. Fica assegurada à pessoa inscrita a comprovação do não exercício de atividade ensejadora de filiação obrigatória ao RGPS para elidir as responsabilidades tributárias.

É vedada a inscrição de segurado após sua morte, exceto em caso de segurado especial.

A inscrição do dependente é efetuada no momento do requerimento do benefício.

TOMADORES DE SERVIÇO

Empresa

Empresa é a firma individual ou sociedade que assume o risco de atividade econômica urbana ou rural, com fins lucrativos ou não, bem como os órgãos e entidades da administração pública direta, indireta e fundacional.

Equipara-se à empresa, para fins previdenciários, o contribuinte individual em relação ao segurado que lhe presta serviço, a cooperativa, a associação, o operador portuário, o órgão gestor de mão de obra e o dono de obra de construção civil pessoa física, em relação ao segurado que lhe preste serviço.

Note que o contribuinte individual que contratar segurados será considerado empresa. É o caso do dentista que contrata uma secretária para auxiliá-lo no consultório.

Empregador doméstico

Empregador doméstico é a pessoa ou família que admite a seu serviço, mediante remuneração, empregado doméstico para auxiliar no desempenho das atividades residenciais, sem finalidade lucrativa.

Matrícula da empresa

A matrícula da empresa, assim como a inscrição do segurado, é um cadastramento para fins de controle de arrecadação. A matrícula ocorre simultaneamente com a inscrição no Cadastro Nacional de Pessoa Jurídica.

Para as obras de construção civil e para os contribuintes individuais equiparados à empresa, a inscrição deve ser efetuada no prazo máximo de 30 dias do início das atividades. No ato da matrícula, o dono da obra recebe um número Cadastro Específico do INSS (CEI), que é o registro para obras e o contribuinte individual faz o Cadastro de Atividade Econômica da Pessoa Física (CAEPF) (IN 1.829, de 09/09/2018).

O empregador doméstico deve fazer seu cadastro no e-Social e declarar mensalmente a remuneração dos empregados domésticos a seu serviço.

SALÁRIO DE CONTRIBUIÇÃO

As contribuições dos trabalhadores e dos tomadores de serviços para o Regime Geral da Previdência Social incidem sobre uma base denominada salário de contribuição. Salário de contribuição é:

I – para empregado e trabalhador avulso – a remuneração recebida em uma ou mais empresas, assim entendida a totalidade dos rendimentos pagos, devidos ou creditados a qualquer título, durante o mês, destinados a retribuir o trabalho, qualquer que seja a sua forma, inclusive as gorjetas, os ganhos habituais sob a forma de utilidade e os adiantamentos decorrentes de reajustes salariais, quer pelos serviços efetivamente prestados, quer pelo tempo à disposição do empregador ou tomador de serviços, nos termos da lei ou do contrato, ou, ainda, de convenção ou acordo coletivo de trabalho ou sentença normativa;

Quando a admissão do empregado ocorrer no curso do mês, o salário de contribuição será proporcional ao número de dias trabalhados. As faltas, dispensas e períodos de afastamento devem ser considerados para o cálculo desta proporcionalidade.

O STF decidiu no julgamento do Recurso Extraordinário 565160, por unanimidade, em 2017, que a contribuição social a cargo do empregador incide sobre **ganhos habituais do empregado**, quer anteriores ou posteriores à Emenda Constitucional 20/1998. Apesar de não ser um tema de muita polêmica, pois já estava amplamente pacificado na doutrina e nos tribunais, o STF decidiu com repercussão geral reconhecida.

II – para o empregado doméstico – a remuneração registrada na Carteira de Trabalho e Previdência Social (CTPS);

III – para o contribuinte individual – a remuneração auferida em uma ou mais empresas ou pelo exercício de sua atividade por conta própria;

IV – para o segurado facultativo – o valor por ele declarado.

Vemos que a única categoria de segurado obrigatório que não utiliza o conceito de salário de contribuição é a do segurado especial, que contribui de maneira diferenciada para o RGPS. Os demais segurados obrigatórios utilizam o salário de contribuição para calcular seus recolhimentos e benefícios.

O facultativo, como não recebe qualquer remuneração, fica incumbido de definir o próprio salário de contribuição, mensalmente.

Limites para o salário de contribuição

Diferentemente da remuneração, o salário de contribuição tem limites máximo e mínimo para a incidência das contribuições mensais dos trabalhadores. Somente os segurados e um tipo de tomador de serviço, o empregador doméstico, utilizam tais limites para calcular seus recolhimentos mensais. Já as empresas e entidades a ela equiparadas não sofrem qualquer limitação para o cálculo da base de contribuição.

O limite mínimo corresponde ao piso normativo da categoria ou, na inexistência deste, ao salário mínimo.

O teto do salário de contribuição é atualizado, em regra, anualmente, embora o Ministério da Previdência possa revisá-lo quando julgar conveniente. A última atualização passou a vigorar, a partir de 01/01/2025, com a Portaria Interministerial MPS/MF 6, de 10/01/2025, que fixou o valor máximo em R$ 8.157,02. Caso os segurados recebam valores superiores, deverão contribuir com uma alíquota incidente sobre o referido teto, nada contribuindo sobre o excedente. O mesmo ocorre para o empregador doméstico.

Já as empresas devem contribuir, aplicando a alíquota à totalidade dos rendimentos pagos, devidos ou creditados aos trabalhadores que lhes prestem serviço.

Parcelas integrantes e não integrantes do salário de contribuição

As parcelas não incidentes estão descritas em listagem exaustiva, no art. 28, § 9º, da Lei 8.212/1991 e no art. 214, § 9º do RPS (decreto 3.048/1999), ou seja, o que não está presente nesta lista pode ser considerado salário de contribuição.

- **Férias** – As férias indenizadas, o adicional de 1/3 sobre ela (de acordo com o entendimento da Receita Federal), a dobra de férias, o abono de 20 dias (art. 144 da CLT) e a "venda" de dez dias não integram o salário de contribuição. As férias gozadas e o respectivo adicional de 1/3 fazem parte da base de tributação, na visão da Receita Federal.

- **13º Salário** – O 13º salário, inclusive o proporcional pago na rescisão do contrato de trabalho integra o salário de contribuição. O 13º salário indenizado, referente à extrapolação do aviso prévio, também deve ser tributado.

- **Benefícios da Previdência Social** – Com exceção do salário-maternidade e do seguro-desemprego, nenhum outro benefício integra o salário de contribuição. O auxílio-acidente somente o integra para fins de cálculo do salário de benefício para aposentadoria.

- **Despesas de Viagem** – As diárias de viagem, não integram o salário de contribuição. O reembolso de despesas de viagem comprovadas não é incluído na base de tributação, independentemente de qualquer limite.

- **Comissões e Percentagens** – As comissões e percentagens sobre as vendas fazem parte da remuneração, logo integram o salário de contribuição. São parcelas tipicamente remuneratórias.

- **Gratificação** – Incide contribuição, se forem pagas com habitualidade pela empresa. Sendo um pagamento eventual, não haverá incidência de contribuição.

- **Prêmios e Abonos – Não integram o salário de contribuição.** De acordo com o art. 457, § 4º, da CLT, alterado pela Lei 13.467/2017, consideram-se prêmios as liberalidades concedidas pelo empregador em forma de bens, serviços ou valor em dinheiro a empregado ou a grupo de empregados, em razão de desempenho superior ao ordinariamente esperado no exercício de suas atividades.

- **Adicionais de Periculosidade, de Insalubridade, de Trabalho Noturno e de Tempo de Serviço** – Sobre estes adicionais há incidência de contribuição previdenciária, por serem valores pagos em decorrência do trabalho.

- **Alimentação** – Quando a alimentação é fornecida seguindo-se a Lei do PAT – Programa de Alimentação do Trabalhador, não integra o salário de contribuição. Podem ser fornecidos vales-alimentação, ticket-refeição, alimentação própria na empresa ou cesta básica. A empresa e seu fornecedor devem efetuar inscrição prévia no PAT. A alimentação concedida em canteiros de obra ou localidades distantes que exijam deslocamento e estada do empregado não integra o salário de contribuição. Com a Reforma Trabalhista, entendemos que o PAT deixou de ser obrigatório para exclusão da alimentação da base de cálculo previdenciária, bastando que não seja paga em dinheiro.

- **Transporte** – Sobre os gastos com aquisição de vales-transportes, na forma da lei, não incide contribuição previdenciária. O empregador deve, todavia, efetuar o desconto de 6% no salário do empregado. O transporte pode, também, ser fornecido diretamente pela empresa ou ser por ela contratado, sem que integre o salário de contribuição. O transporte concedido em canteiros de obra ou localidades distantes que exijam deslocamento e estada do empregado não integra o salário de contribuição.

- **Plano de Saúde Médico-Odontológico** – O valor relativo à assistência prestada por serviço médico ou odontológico, próprio da empresa ou com ela conveniado, inclusive o reembolso de despesas com medicamentos, óculos, aparelhos ortopédicos, despesas médico-hospitalares e outras similares, não integra o salário de contribuição.

- **Reembolso-Creche** – o reembolso creche disponibilizado para os empregados que tenham filhos de até seis anos de idade (menores de sete anos), mediante comprovação do gasto efetuado, não integra o salário de contribuição.

- **Reembolso-Babá** - Este benefício, quando disponibilizado pela empresa, não é considerado salário de contribuição, desde que o reembolso oferecido seja limitado ao salário mínimo e condicionado à comprovação, tanto do registro na Carteira de Trabalho e Previdência Social da babá contratada, quanto do pagamento da remuneração e do respectivo recolhimento da contribuição previdenciária.

- **Seguro de Vida em Grupo –** O valor efetivamente pago pela pessoa jurídica relativo a prêmio de seguro de vida em grupo, desde que previsto em acordo ou convenção coletiva de trabalho e disponível à totalidade de seus empregados e dirigentes, não integra o salário de contribuição.

- **Plano de Previdência Complementar –** Não integra o salário de contribuição o valor das contribuições efetivamente pagas pelas pessoas jurídicas, relativas a plano de previdência complementar privada, aberta ou fechada, desde que disponível à totalidade de seus empregados e dirigentes.

- **Participação nos Lucros e Resultados** - A participação dos empregados nos lucros ou resultados da empresa, quando paga em conformidade com a Lei 10.101/2000, não é considerada salário de contribuição.

- **Aviso Prévio, Programa de Demissão Voluntária e Demais Parcelas Rescisórias –** O aviso prévio, no novo entendimento da Receita Federal não terá incidência previdenciária, independentemente de o empregado tê-lo cumprido trabalhando, ou tiver este sido indenizado. Todas as demais verbas indenizatórias pagas na rescisão do contrato de trabalho não são consideradas salário de contribuição. Os pagamentos a título de Programa de Demissão Voluntária - PDV não são considerados salário de contribuição.

- **Ajuda de Custo** - A ajuda de custo, em parcela única, recebida exclusivamente em decorrência de mudança de local de trabalho do empregado, não será considerada como integrante da base de tributação. Curiosamente, o art. 457, § 2º, da CLT, alterado pela Reforma Trabalhista (Lei 13.467/2017), dispõe que as importâncias, **ainda que habituais, pagas a título de ajuda de custo,** auxílio-alimentação, vedado seu pagamento em dinheiro, diárias para viagem e prêmios, **não integram a remuneração do empregado**, não se incorporam ao contrato de trabalho **e não constituem base de incidência de encargo trabalhista e previdenciário.**

- **Bolsa de Estágio** - A importância recebida a título de bolsa de complementação educacional de estagiários, quando paga nos termos da Lei 11.788/2008, não compõe o salário de contribuição. Caso haja descumprimento da legislação, os estagiários podem ser enquadrados na categoria de empregado, incidindo desta maneira contribuição previdenciária.

- **Bolsa de Estudos –** Sobre as bolsas de estudo não incide contribuição. Se o estudante que recebe bolsa quiser filiar-se ao Regime Geral de Previdência Social, deve participar como segurado facultativo.

- **Abono do PIS –** Esta parcela é considerada não incidente de contribuição previdenciária.

- **Complemento de Auxílio por incapacidade temporária –** As empresas são autorizadas pela legislação previdenciária a instituírem o benefício de complementação de auxílio por incapacidade temporária, sem que esta parcela integre a base contributiva, bastando, para isso, que seja extensiva à totalidade dos seus empregados.

- **Direitos Autorais** - Os valores recebidos em decorrência da cessão de direitos autorais não são parcelas tributáveis pela Previdência Social.

- **Plano de Educação** - O valor relativo a plano educacional ou bolsa de estudo que vise à educação básica de empregados e seus dependentes e, desde que vinculado às atividades desenvolvidas pela empresa, à educação profissional e tecnológica de empregados", não integra o salário de contribuição, devendo, no entanto, satisfazer as seguintes condições: 1) não seja utilizado em substituição de parcela salarial; 2) o valor mensal do plano educacional ou bolsa de estudo, considerado individualmente, não ultrapasse 5% da remuneração do segurado a que se destina ou o valor correspondente a uma vez e meia o valor do limite mínimo mensal do salário de contribuição, o que for maior.
- **Aluguéis, Condomínios e Demais Despesas Domésticas** - Estes benefícios, concedidos por liberalidade, quando não essenciais à prestação do serviço, devem ser oferecidos à tributação previdenciária. A habitação concedida em canteiros de obra ou localidades distantes que exijam deslocamento e estada do empregado não integra o salário de contribuição. Ressalta-se que o ressarcimento de valores pagos a título de auxílio-moradia aos servidores públicos federais ocupantes exclusivamente de cargo em comissão, não compõe o salário de contribuição, devido a previsão na legislação previdenciária.
- **Luvas e Bichos Pagos ao Jogador de Futebol** - Estes recebimentos são considerados salário de contribuição.
- **Adicional de Quebra de Caixa** - Este adicional tem natureza tipicamente salarial, devendo, assim, sobre ele incidir contribuição previdenciária.
- **Valores Despendidos com Ministro de Confissão Religiosa** – Não se considera remuneração, os valores despendidos pelas entidades religiosas e instituições de ensino vocacional com ministro de confissão religiosa, membros de instituto de vida consagrada, de congregação ou de ordem religiosa em face do seu mister religioso ou para sua subsistência, desde que fornecidos em condições que independam da natureza e da quantidade do trabalho executado.

CONTRIBUIÇÕES DOS SEGURADOS

Os segurados da Previdência Social contribuem, levando-se em conta os limites mínimos (piso normativo ou salário mínimo) e máximo (R$ 8.157,02) do salário de contribuição.

Empregado, trabalhador Avulso e empregado doméstico

A EC 103/2019 alterou a forma de cálculo e a alíquota da contribuição devida pelo **segurado empregado, inclusive o doméstico, e pelo trabalhador avulso.** A tabela seguinte resume a nova forma de cálculo:

SALÁRIO DE CONTRIBUIÇÃO R$	ALÍQUOTA	REDUTOR R$
até 1.518,00	7,50%	–
de 1.518,01 até 2.793,88	9%	22,77
de 2.793,89 até 4.190,83	12%	106,59
de 4.190,84 até 8.157,41	14%	190,40

Mesmo que o trabalhador receba mais de R$ 8.157,41, por mês, a contribuição somente incidirá sobre este teto. Para se calcular o salário de contribuição do mês, é necessário somar todas as remunerações percebidas pelos segurados, em todas as suas atividades.

Para estes segurados, a contribuição é descontada da sua remuneração e recolhida pela empresa, OGMO ou empregador doméstico. As empresas devem repassar as contribuições retidas dos empregados e avulsos, juntamente com as suas contribuições, até o dia 20 do mês subsequente à prestação do serviço, antecipando-se o prazo se não for dia útil. Os empregadores domésticos devem repassar os valores retidos dos seus empregados, juntamente com a contribuição patronal, até o dia 7 do mês subsequente.

As contribuições dos empregados e avulsos presumem-se recolhidas, bastando comprovar-se o exercício do trabalho para que se requeira o benefício.

Contribuinte individual

O contribuinte individual que presta serviço para pessoa jurídica tem retidos 11% de sua remuneração, a título de contribuição para a Previdência Social. A empresa, por sua vez, deve efetuar o pagamento dos valores retidos, até o dia 20 do mês subsequente ao que ocorreu a prestação do serviço, juntamente com o recolhimento das contribuições retidas dos empregados e com a parte referente à contribuição da empresa.

Caso o contribuinte individual preste serviço para pessoa física, fica responsável pelo pagamento da alíquota de 20%, incidente sobre o valor de sua remuneração, até o dia 15 do mês seguinte ao que se deu a prestação do serviço.

Obviamente, o valor máximo da base de contribuição é R$ 8,157,41. Mesmo que o total de recebimentos ultrapasse este valor, o segurado não deve contribuir sobre uma base superior, pois o salário de contribuição possui um limite máximo, para cálculo das contribuições dos segurados.

Caso, durante o mês, o segurado preste serviço a pessoas físicas e jurídicas, deve efetuar a contribuição, considerando o valor total dos serviços prestados. Desta forma, deve recolher, primeiramente, os valores retidos das pessoas jurídicas com a alíquota de 11%, e, somente após, completar a contribuição com a alíquota de 20%, até o limite máximo do salário de contribuição.

Tratando-se de entidade beneficente de assistência social "isenta" das contribuições sociais patronais, a alíquota de retenção a ser aplicada é de 20%, devendo ser recolhida no dia 20 do mês subsequente, seguindo a regra da antecipação quando este dia não for útil.

A cooperativa de trabalho é obrigada a descontar 20% do valor da quota distribuída ao cooperado, referentes a serviços por ele prestados a pessoas jurídicas (ADI 5, de 25/05/2015, da RFB) e, também, 20% em relação aos serviços prestados a pessoas físicas, devendo recolher o produto dessa arrecadação até o dia 20 do mês seguinte, antecipando-se o vencimento para o dia útil anterior quando não houver expediente bancário no dia vinte.

Se a cooperativa contratar contribuintes individuais a ela não filiados, deve efetuar a retenção, como qualquer empresa, com a alíquota de 11% e repassar as contribuições à Previdência até o dia 20 do mês subsequente ao da prestação.

É de 11% sobre o salário mínimo o valor da contribuição mensal do segurado contribuinte individual que trabalhe por conta própria, sem relação de trabalho com empresa ou equiparado que optar pela exclusão do direito ao benefício de aposentadoria por tempo de contribuição.

O empresário com receita bruta anual no ano-calendário anterior de até R$ 81.000,00 (valor com vigência a partir de 01/01/2018) também pode contribuir de forma especial. É que a LC 128, de 19/12/2008, criou a figura do Microempreendedor Individual (MEI), alterando a Lei Complementar 123 (Super-Simples). Até a publicação da Lei 12.470/2011 a alíquota de contribuição do MEI era de 11% sobre o salário mínimo. Com a alteração promovida pelo citado dispositivo, o percentual de contribuição foi reduzido para 5%.

Considera-se remuneração do contribuinte individual que trabalha como condutor autônomo de veículo rodoviário, como auxiliar de condutor autônomo de veículo rodoviário, em automóvel cedido em regime de colaboração, nos termos da Lei 6.094, de 30 de agosto de 1974, como operador de trator, máquina de terraplenagem, colheitadeira e assemelhados, o montante correspondente a 20% do valor bruto do frete, carreto, transporte de passageiros ou do serviço prestado, observado o teto do salário de contribuição.

O salário de contribuição do condutor autônomo de veículo rodoviário corresponde, então, a 20% do valor bruto auferido pelo frete, carreto, transporte, não se admitindo a dedução de qualquer valor relativo a dispêndios com combustível e manutenção do veículo. Devem, ainda, recolher 2,5% para o SEST e SENAT.

O contribuinte que já tenha sofrido retenção sobre o limite máximo deve apresentar o comprovante das retenções anteriores, para que sejam evitados novos descontos, no caso de prestação de serviços para pessoas jurídicas.

É facultado aos segurados contribuintes individuais, cujos salários de contribuição sejam iguais ao valor de um salário mínimo, optarem pelo recolhimento trimestral das contribuições previdenciárias, com vencimento no dia 15 do mês seguinte ao de cada trimestre civil, prorrogando-se o vencimento para o dia útil subsequente quando não houver expediente bancário no dia 15.

Segurado especial

A Constituição ordena que este segurado contribua com um percentual incidente sobre a comercialização da sua produção rural. A contribuição, ao contrário dos outros segurados, não é mensal. Somente há contribuição quando houver venda da produção.

A alíquota de contribuição é de 1,2% da comercialização da produção rural. Deve contribuir, ainda, com 0,1% para o custeio do Seguro de Acidente de Trabalho (SAT) e com 0,2 para o SENAR, totalizando 1,5%.

O valor dos benefícios recebidos pelos segurados especiais é equivalente ao salário mínimo. O segurado especial pode contribuir, facultativamente, como contribuinte individual, recebendo os benefícios baseados nos salários de contribuição que foram utilizados para recolhimento das contribuições.

A contribuição deve ser retida do segurado especial que comercializar a sua produção para pessoa jurídica, e recolhida juntamente com a contribuição da empresa, até o dia 20 do mês subsequente à realização da operação. O regulamento da Previdência Social, entretanto, prevê que, quando a produção for vendida diretamente no varejo, à pessoa física ou a outro segurado especial, cabe ao próprio segurado efetuar o recolhimento, até o dia 20 do mês subsequente à comercialização da sua produção.

A Emenda Constitucional 33/2001, que acrescentou o § 2º ao art. 149 da Constituição, concedeu imunidade ao pagamento de contribuições sociais e de intervenção no domínio econômico para as atividades de exportação. Quando o segurado especial, então, comercializa a sua produção para o exterior, não deve recolher qualquer contribuição previdenciária.

Segurado facultativo

Para o segurado facultativo, a alíquota de contribuição é sempre de 20% sobre o salário de contribuição que foi declarado no mês, não podendo ser inferior ao salário mínimo, nem superior ao teto de R$ 8,157,41. Ele é responsável pelo próprio recolhimento, que deve ocorrer até o dia 15 do mês subsequente.

É de 11% sobre o salário mínimo, o valor da contribuição mensal do segurado facultativo que optar pela exclusão do direito ao benefício de aposentadoria por tempo de contribuição.

É de 5% sobre o salário mínimo, a alíquota de contribuição do segurado facultativo, sem renda própria, que se dedique exclusivamente ao trabalho doméstico no âmbito de sua residência, desde que pertencente à família de baixa renda inscrita no CadÚnico.

É facultado aos segurados facultativos, cujos salários de contribuição sejam iguais ao valor de um salário mínimo, optar pelo recolhimento trimestral das contribuições previdenciárias, com vencimento no dia quinze do mês seguinte ao de cada trimestre civil. É o único caso em que a inscrição do segurado facultativo pode retroagir.

Limite Mínimo de Contribuição dos Segurados do RGPS

O art. 29 da EC 103/2019 regulamenta essa nova regra, dispondo que até que entre em vigor lei que trate do tema, o segurado que, **no somatório de remunerações auferidas no período de um mês, receber remuneração inferior ao limite mínimo mensal do salário de contribuição, poderá**:

I – **complementar a sua contribuição, de forma a alcançar o limite mínimo exigido**;

II – **utilizar o valor da contribuição que exceder o limite mínimo de contribuição de uma competência em outra**; ou

III – **agrupar contribuições inferiores ao limite mínimo de diferentes competências, para aproveitamento em contribuições mínimas mensais.**

Tais ajustes de complementação ou agrupamento de contribuições somente poderão ser feitos ao longo do mesmo ano civil (parágrafo único do art. 29 da EC 103/2019). O RPS, no entanto, flexibilizou o prazo para os ajustes no art. 19-E, dispondo que os ajustes de complementação, utilização e agrupamento previstos no § 1º **poderão ser efetivados, a qualquer tempo,** por iniciativa do segurado, hipótese em que se tornarão irreversíveis e irrenunciáveis após processados.

CONTRIBUIÇÃO DO EMPREGADOR DOMÉSTICO

De acordo com a Lei Complementar 150, de 01/06/2015, o empregador doméstico deve efetuar o recolhimento de sua contribuição com a alíquota de 8%, incidente sobre o salário de contribuição do empregado doméstico a seu serviço. Deve, ainda, recolher 0,8% referente a seguro contra acidente do trabalho e, em mesmo documento de arrecadação do Simples Doméstico, o FGTS de 8% e 3,2%, referente à multa por rescisão do contrato de trabalho, totalizando o custo de 20%.

A Lei define, como base de cálculo, o salário de contribuição, diferentemente da contribuição da empresa, que incide sobre o total da remuneração, sem teto.

Como visto, o empregador doméstico é responsável por descontar a contribuição que cabe ao seu empregado e recolhê-la, juntamente com a sua parte, até o dia 7 do mês subsequente, no mesmo documento de arrecadação do Simples Doméstico.

CONTRIBUIÇÃO DA EMPRESA

Contribuição sobre a remuneração de empregados e avulsos

A contribuição das empresas é incidente sobre a remuneração paga, devida ou creditada, a qualquer título, durante o mês, aos segurados que lhes prestem serviços. A contribuição da empresa recai sobre o total da remuneração paga e não se sujeita ao teto do salário de contribuição.

As empresas financeiras, bancos, seguradoras, corretoras de valores e outras empresas do setor contribuem com alíquota adicional de 2,5%, totalizando 22,5%.

Sobre a remuneração dos empregados e avulsos é devida, ainda, contribuição adicional de 1, 2 ou 3% para o custeio do SAT, atualmente renomeado para Grau de Incidência de Incapacidade Laborativa Decorrente dos Riscos Ambientais do Trabalho (GILRAT). A empresa será enquadrada em cada uma destas alíquotas, a depender do grau de risco de ocorrência de acidentes de trabalho, analisando-se a atividade que ela executa.

O enquadramento do SAT/GILRAT era único para toda a empresa, mesmo que ela possuísse diversas filiais e executasse diversas atividades. A jurisprudência, todavia, firmou entendimento de que o SAT deveria ser apurado considerando a atividade preponderante de cada estabelecimento da empresa (Súmula 351 do STJ).

A Receita Federal acabou se curvando ao entendimento jurisprudencial, passando a entender que o SAT pode ser apurado em cada estabelecimento, com a publicação da IN 1.453, de 24/02/2014, que alterou a redação do art. 72, § 1º, I, c, e II, da IN 971/2009 (atualmente, art. 41, § 1º, da IN RFB 2.110/2022).

As alíquotas poderão ser agravadas em 100% ou atenuadas em 50% (variando de 0,5% a 6%), em função do investimento em segurança do trabalho, na forma do regulamento. O Decreto 6.042, de 12/02/2007, foi o responsável pela regulamentação desta matéria, criando fórmula de cálculo do chamado Fator Acidentário de Prevenção (FAP), que se baseia nas taxas de frequência, de gravidade e de custo. Tal Decreto previa que seria publicada pela Previdência Social tabela contendo o índice padrão por ramo de atividade e o FAP para cada empresa, sendo que o agravamento ou atenuação do SAT/GILRAT dependeria da diferença entre estes números.

Os índices de frequência, gravidade e de custo por atividade econômica foram publicados na Portaria Interministerial MPS/MF 254, de 24/09/2009. Já o FAP e os índices por empresa foram disponibilizados nos sites da Receita Federal do Brasil e da Previdência Social.

A empresa deve efetuar o recolhimento até o dia 20 do mês subsequente ao fato gerador.

É, ainda, devida contribuição adicional de 6, 9 ou 12% sobre a remuneração dos segurados que exerçam sua atividade sob condições especiais que prejudiquem a saúde ou integridade física do trabalhador, ensejando aposentadoria especial de 25, 20 ou 15 anos, respectivamente. Neste caso, o adicional somente incide sobre a remuneração dos segurados que se enquadrem na situação descrita.

As contribuições da empresa sobre o 13º salário dos seus empregados devem ser calculadas separadamente das contribuições incidentes sobre a remuneração de dezembro. Os recolhimentos da parte retida dos segurados e da parte patronal referentes ao 13º salário, devem ser efetuados até o dia 20 de dezembro, antecipando-se o prazo se não for dia útil.

A empresa deve, ainda, contribuir com um percentual sobre a folha de pagamento de empregados, para outras entidades, como SENAC, SEBRAE, SESI, SESC, SENAT, DPC, FNDE (salário-educação) etc. O percentual de contribuição e as entidades beneficiadas variam de acordo com o ramo da empresa.

Atentamos para o fato de que estas contribuições não se destinam à Previdência Social, mas às respectivas entidades. A SRFB apenas é a responsável pela cobrança e fiscalização destes tributos e é remunerada com 3,5% do valor arrecadado pelo seu serviço. Na arrecadação do salário-educação, a "taxa do serviço" cobrada pela SRFB é de 1%.

Contribuição sobre a remuneração de contribuintes individuais

É de 20% a alíquota de contribuição das empresas incidente sobre a remuneração paga ou creditada, durante o mês, a segurados contribuintes individuais.

As empresas financeiras, bancos, seguradoras, corretoras de valores e outras do gênero contribuem com alíquota adicional de 2,5%, totalizando 22,5%.

Nos serviços prestados por contribuintes individuais transportadores autônomos, em que seja utilizado veículo próprio, o valor da remuneração que servirá de base para a contribuição é de 20% do valor do frete. Por exemplo, caso o valor do frete seja R$ 1.000,00, o valor da remuneração considerada deve ser de R$ 200,00 (20% x 1000,00), e o valor da contribuição será R$ 40,00 (20% x 200,00).

As cooperativas de produção devem, além dos 20% básicos, pagar adicional de 6%, 9% ou 12% sobre a remuneração repassada aos seus associados, relativa a serviços por eles executados quando expostos a agentes nocivos prejudiciais à saúde que ensejem a concessão de aposentadoria especial em 25, 20 e 15 anos, respectivamente. Caso a cooperativa de produção contrate empregados ou contribuintes individuais a ela não filiados, deve contribuir como qualquer empresa.

Lembramos que a empresa deve reter 11% desta remuneração, a título de contribuição do segurado, e repassar para o INSS, juntamente com as suas contribuições, até o dia 20 do mês subsequente.

Contribuição sobre serviços prestados por cooperativas de trabalho

A empresa que contratar cooperativas de trabalho deveria verter ao INSS contribuição de 15% incidente sobre o valor da nota fiscal de serviço da cooperativa.

Observa-se que esta contribuição de 15% somente desonerava a cooperativa de trabalho em relação às contribuições devidas sobre os pagamentos aos seus cooperados (que são enquadrados como contribuintes individuais), ou seja, caso contrate outros contribuintes individuais ou até mesmo empregados deverá recolher todos os encargos pertinentes.

As empresas que contratassem profissionais filiados a cooperativas de trabalho para exercerem suas atividades, sob condições especiais que prejudiquem a saúde e a integridade física destes segurados, contribuíam, adicionalmente, com as alíquotas de 5%, 7% ou 9%, nos casos em que o agente nocivo enseje direito à aposentadoria especial de 25, 20 ou 15 anos, respectivamente.

Em 23/4/2014, o plenário do STF, por unanimidade, julgou o RE 595.838, com repercussão geral reconhecida, entendendo que a contribuição previdenciária incidente sobre a nota fiscal de cooperativa de trabalho é inconstitucional.

A própria Receita Federal do Brasil se curvou ao entendimento do STF, com a edição do Ato Declaratório Interpretativo 5, de 25/05/2015, determinando que a RFB não mais constitua o crédito referente à contribuição da empresa contratante de cooperativa de trabalho (15%) e também dos respectivos adicionais de 5%, 7% ou 9%.

Por outro lado, este mesmo Ato Declaratório expressou o entendimento da Receita Federal de que as cooperativas devem recolher 20% de contribuição previdenciária quando prestarem serviço para empresa. Se o serviço for prestado por intermédio da cooperativa de trabalho, esta deve reter este percentual e repassar para a Previdência Social.

Em 2016, o Senado Federal editou a Resolução 10, suspendendo a execução do inciso IV, do art. 22 da Lei 8.212/1991, que previa a contribuição sobre a nota fiscal das cooperativas de trabalho.

CONTRIBUIÇÕES SUBSTITUTIVAS DA PARTE PATRONAL

Associações desportivas que mantêm equipe de futebol profissional

A contribuição destas associações corresponde a 5% da receita bruta, decorrente dos espetáculos desportivos que participem em todo território nacional, em qualquer modalidade desportiva, inclusive jogos internacionais, e de qualquer forma de patrocínio, licenciamento de uso de marcas e símbolos, publicidade, propaganda e de transmissão de espetáculos desportivos.

A legislação substituiu, apenas, as contribuições das associações que possuam clube de futebol profissional. Caso a empresa se enquadre neste requisito, a contribuição substitutiva vale para todas as modalidades esportivas.

Esta contribuição substitui apenas a parte patronal básica de 20% e o SAT incidente sobre a remuneração de todos os empregados e avulsos (esportistas ou não). Se o clube de futebol remunerar contribuinte individual deve recolher contribuições como qualquer empresa. A parte retida dos empregados e dos demais contribuintes deve ser repassada à SRFB até o dia 20 do mês subsequente, antecipando-se o prazo se não for dia útil.

O clube de futebol deve, ainda, recolher o percentual de 4,5% sobre a folha de pagamento para "terceiros". Para esta contribuição, foi mantida a base da folha de pagamento.

A responsabilidade pelo recolhimento é da entidade promotora do espetáculo e do patrocinador, cabendo a estes reterem a contribuição e repassar para a associação apenas o valor líquido da renda.

O recolhimento, no caso de evento desportivo, deve ser efetuado pela entidade promotora, até 2 dias úteis após a realização do espetáculo. Já o patrocinador deve efetuar a retenção e repassá-la ao INSS até o dia 20 do mês subsequente.

Produtor rural pessoa física

O segurado especial, pela própria definição legal, é um produtor rural que não possui empregado. Caso a pessoa física efetue contratação de empregados para auxiliá-la nas atividades rurais, será enquadrada como Produtor Rural Pessoa Física.

O produtor rural pessoa física contribui como equiparado à empresa, para custeio dos seus empregados, com a alíquota de 1,2% sobre a comercialização da sua produção e o adicional de 0,1% para o SAT/GILRAT. Contribui, ainda, com 0,2% para terceiros (SENAR).

A contribuição para a Previdência, como podemos notar, é idêntica à do segurado especial. O produtor pessoa física, entretanto, contribui como equiparado à empresa para o custeio dos seus empregados, enquanto o segurado especial contribui para seu próprio custeio (como segurado). O produtor pessoa física contribui, ainda, como segurado, na categoria de contribuinte individual (parte do segurado).

Ressaltamos a importante alteração legislativa promovida pela Lei 13.606, de 09/01/2018, que tornou a sistemática da contribuição substitutiva do Produtor Rural Pessoa Física facultativa, podendo ele optar por pagar suas contribuições patronais pela folha de pagamento ou pela comercialização da produção rural, como lhe for mais vantajoso.

A responsabilidade de recolhimento é sempre do produtor rural pessoa física, pois, por força do julgamento da ADI 4395, a retenção da contribuição previdenciária pelo adquirente da produção rural foi julgada inconstitucional. O recolhimento deve ser efetuado até o dia 20 do mês subsequente.

A substitutiva somente desonera o produtor em relação aos seus empregados e avulsos, inclusive o SAT/GILRAT. Deve verter contribuições, pela regra geral, caso contrate contribuintes individuais (20% da remuneração) ou cooperativas de trabalho (15% da N.F).

Deve, ainda, o produtor rural pessoa física reter a contribuição dos segurados que lhes prestem serviços e repassá-la ao INSS, juntamente com as contribuições sobre a venda para pessoas físicas, até o dia 20 do mês subsequente. Paga, ainda, 2,7% aos terceiros (2,5% salário educação e 0,2% INCRA), incidente sobre a folha de salários. A base de contribuição para terceiros não foi substituída pelo faturamento. Somente a contribuição para o SENAR é efetuada com base no faturamento.

O consórcio simplificado de produtores rurais é a união de diversos produtores pessoa física, registrado em cartório, que outorga poderes para um deles contratar, gerir e demitir trabalhadores. Tem o mesmo tratamento do produtor pessoa física.

A comercialização da produção destinada à exportação é imune, não incidindo qualquer contribuição previdenciária.

Produtor rural pessoa jurídica

A alíquota de contribuição é 1,7%, mais 0,1% para o custeio do SAT/GILRAT e 0,25% para os "terceiros" (SENAR), a qual incide sobre a comercialização da produção.

A responsabilidade pelo recolhimento das contribuições é sempre do próprio produtor rural pessoa jurídica, devendo ser efetuado até o dia 20 do mês subsequente.

Ressaltamos a importante alteração legislativa promovida pela Lei 13.606, de 09/01/2018, que tornou a sistemática da contribuição substitutiva do Produtor Rural Pessoa Jurídica facultativa, podendo ele optar por pagar suas contribuições patronais pela folha de pagamento ou pela comercialização da produção rural, como lhe for mais vantajoso.

Assim como o produtor rural pessoa física e as associações desportivas que mantêm clube de futebol profissional, esta contribuição somente substitui a contribuição que seria devida em relação aos seus empregados e avulsos. Deve contribuir, adicionalmente, caso contrate contribuintes individuais (20% da remuneração) ou cooperativas de trabalho (15% do valor do serviço prestado).

O Produtor Rural Pessoa Jurídica contribui, ainda, com 2,7% para terceiros (2,5% salário educação e 0,2% INCRA), incidente sobre a folha de salários. A base de contribuição para terceiros não foi substituída pelo faturamento. Somente a contribuição para o SENAR é efetuada com base no faturamento.

Caso o produtor rural pessoa jurídica exerça, ao mesmo tempo, outra atividade não relacionada à produção rural, fica excluído da contribuição substitutiva, devendo contribuir sobre a folha de pagamento de seus empregados, como qualquer empresa.

Agroindústria

A agroindústria é espécie de produtor rural pessoa jurídica que industrializa a própria produção e a de terceiros. Para ser considerada agroindústria, a empresa rural deve possuir produção própria, podendo, ao mesmo tempo, comprar produção de terceiros para industrialização. As agroindústrias também recolhem as contribuições, com base na comercialização da produção rural.

A alíquota de contribuição é igual a do Produtor Rural Pessoa Jurídica: 2,5%, mais 0,1% para o custeio do SAT/GILRAT e 0,25% para os "terceiros" (SENAR), a qual incide sobre a comercialização da produção.

A Agroindústria contribui, ainda, para terceiros, com percentuais variáveis, incidentes, sobre a folha de salários, a depender da atividade desenvolvida.

A responsabilidade pelo recolhimento das contribuições é sempre da própria agroindústria, devendo ser efetuado até o dia 20 do mês subsequente.

Esta contribuição somente substitui a contribuição que seria devida em relação aos seus empregados e avulsos. Deve contribuir, caso contrate contribuintes individuais (20% da remuneração) ou cooperativas de trabalho (15% do valor do serviço prestado).

Diferentemente do produtor rural pessoa jurídica, mesmo que a agroindústria exerça outra atividade, não é excluída da contribuição substitutiva.

As agroindústrias de piscicultura, avicultura, carcinicultura (crustáceos), suinocultura e processadora de madeira (celulose e papel) são excluídas da contribuição substitutiva e contribuem, como qualquer empresa, sobre a folha de salários (20% + SAT + terceiros etc.).

Simples Nacional

As microempresas e empresas de pequeno porte podem efetuar o recolhimento de impostos e contribuições federais, estaduais e municipais de maneira unificada, por meio do recolhimento de um percentual sobre o faturamento, desde que optem por esta sistemática.

O Simples Nacional - Sistema Integrado de Pagamento de Impostos e Contribuições das Microempresas e das Empresas de Pequeno Porte - abrange o IRPJ, PIS, CSLL, COFINS, IPI, ICMS, ISS, todas as contribuições patronais para a seguridade social e as contribuições para outras entidades.

Observa-se que a empresa mantém a obrigação de descontar dos segurados que lhe prestem serviços as suas contribuições para seguridade e recolhê-las, até dia 20 do mês subsequente.

Outras receitas da seguridade social

São também receitas da seguridade:

I - as multas, a atualização monetária e os juros moratórios;

II - a remuneração recebida por serviços de arrecadação, fiscalização e cobrança prestados a terceiros;

III - as receitas provenientes de prestação de outros serviços e de fornecimento ou arrendamento de bens;

IV - as demais receitas patrimoniais, industriais e financeiras;

V - as doações, legados, subvenções e outras receitas eventuais;

VI - 50% dos valores obtidos com o confisco de todo e qualquer bem de valor econômico apreendido em decorrência do tráfico ilícito de entorpecentes e drogas;

VII -40% do resultado dos leilões dos bens apreendidos pela Secretaria da Receita Federal do Brasil;

VII -45% dos prêmios de seguros obrigatórios de danos pessoais.

RETENÇÃO DOS 11% DOS PRESTADORES DE SERVIÇO

Noções básicas

Até janeiro de 1999, as empresas que contratassem serviços de pessoas jurídicas com utilização de mão de obra respondiam solidariamente pelos débitos previdenciários da prestadora. Para abster-se desta responsabilidade, a tomadora do serviço deveria manter sob sua guarda a documentação que elidisse a responsabilidade solidária: nota fiscal, guia de recolhimento da prestadora, cópia da folha de pagamento etc. Atualmente, o instituto da responsabilidade solidária na prestação de serviço existe, apenas, residualmente, nos contratos de construção civil por empreitada total.

A partir de fevereiro de 1999, a empresa contratante de alguns serviços executados mediante cessão de mão de obra ou empreitada passou a ter a obrigação de reter 11% do valor da nota fiscal ou fatura de prestação de serviços e recolhê-los até o dia 20 do mês subsequente ao da emissão da nota, em nome da prestadora.

A empresa prestadora de serviço, por sua vez, deve destacar na nota fiscal, o valor da retenção a ser efetuada pela contratante. Independentemente do destaque, entretanto, a empresa que utilizar serviço envolvendo cessão de mão de obra deve, de toda maneira, efetuar a retenção. Então, o erro cometido pela prestadora de não efetuar destaque na nota fiscal não exime a responsabilidade da tomadora de reter e recolher as contribuições.

Esta retenção é uma antecipação da contribuição previdenciária da prestadora de serviço, não gerando qualquer custo adicional para a contratante ou contratada. A empresa cedente de mão de obra deve compensar-se dos valores retidos após apuração do valor da contribuição previdenciária a pagar, calculada no fechamento da folha de pagamento.

Serviços sujeitos à retenção

Nem todos os serviços prestados por pessoas jurídicas sujeitam-se à obrigatoriedade da retenção. Para entendermos quais são os serviços abrangidos por este instituto, necessitamos, inicialmente, compreendermos o significado de duas expressões: cessão de mão de obra e empreitada.

Entende-se como cessão de mão de obra a colocação à disposição do contratante, em suas dependências ou nas de terceiros, de segurados que realizem serviços contínuos, relacionados ou não com a atividade-fim da empresa, quaisquer que sejam a natureza ou a forma de contratação.

Já a empreitada é a execução contratualmente estabelecida de tarefa, de obra ou de serviço, por preço ajustado, com ou sem o fornecimento de materiais ou uso de equipamentos, realizados nas suas dependências, nas da contratada ou nas de terceiros, tendo como objetivo um fim específico ou resultado pretendido.

Estarão sujeitos à retenção, se contratados mediante cessão de mão de obra ou empreitada, os serviços de limpeza, de vigilância, de segurança, de construção civil, de natureza rural (desmatamento, lenhamento, aração etc), de digitação e de preparação de dados para processamento.

Existem, ainda, os serviços que somente devem sujeitar-se à retenção, nos casos de contratação por cessão de mão de obra. São eles: acabamento, embalagem, cobrança, acondicionamento, coleta ou reciclagem de lixo, copa, hotelaria, distribuição, treinamento e ensino, entrega de contas e de documentos, corte, ligação e leitura de medidores, manutenção, operação de máquinas e equipamentos, operação de pedágio, transporte de passageiros, promoção de vendas, saúde, montagem, secretaria e expediente e, por fim, telemarketing.

A lista de serviços sujeitos à retenção é exaustiva, ou seja, qualquer espécie de serviço não listada não se sujeitará à incidência de retenção. Caso a empresa terceirize o seu departamento jurídico, mantendo advogados de um escritório contratado nas suas instalações, não será necessário efetuar-se a retenção dos 11% sobre o valor da nota fiscal da prestadora, pois a modalidade "serviços advocatícios" não foi relacionada na listagem exaustiva.

Retenção para Empresas Optantes pelo Simples Nacional

A legislação previdenciária, inicialmente, obrigava a retenção. A partir de 01/01/2000 até 31/08/2002, as empresas optantes ficaram dispensadas da retenção por força da IN 08/2000. A partir de 01/09/2002, retornou a obrigatoriedade de efetuar retenção sobre os serviços de empresas optantes pelo Simples.

Adicional de alíquota para serviços em condições especiais

As empresas prestadoras de serviço que mantenham empregados na tomadora de serviço expostos a agentes nocivos prejudiciais à saúde e à integridade física dos trabalhadores ficarão sujeitas a uma complementação da alíquota de 11%, em mais 2%, 3% ou 4%, para atividades sujeitas à aposentadoria especial de 25, 20 ou 15 anos, respectivamente. A alíquota total de retenção perfaz, então, 13%, 14% ou 15%.

REEMBOLSO, RESTITUIÇÃO E COMPENSAÇÃO

Reembolso

Alguns benefícios da Previdência Social são pagos aos segurados, diretamente pelas empresas, por força de lei. Neste caso, devem efetuar, na mesma competência, o reembolso do montante despendido com os valores de contribuições previdenciárias a recolher.

Atualmente, apenas dois benefícios são pagos diretamente pelas empresas: o salário-família e o salário-maternidade.

Sendo, todavia, o montante a reembolsar superior ao valor da guia, a empresa deve compensar o saldo credor, nas competências seguintes. Se não for possível, deve dar entrada em um pedido de restituição.

Compensação e restituição

A compensação é o procedimento de ressarcimento de valores pagos a maior ou indevidamente pelo empregador, por meio de dedução dos valores a pagar nas competências seguintes. Pode ser feita diretamente pelos contribuintes, ficando sujeita à conferência por parte dos Auditores-Fiscais.

Já o pedido de restituição deve ser formulado ao ente arrecadador (SRFB), que será responsável pela análise e despacho conclusivo sobre o processo. Somente costuma ser utilizado, quando o valor recolhido indevidamente é muito superior aos valores a recolher, impossibilitando a compensação.

É permitida, também, a compensação dos valores retidos de prestadores de serviço sobre a nota fiscal, deduzidos parcialmente na competência da emissão da fatura.

O valor a ser restituído ou compensado será acrescido de juros obtidos pela aplicação da taxa referencial do Sistema Especial de Liquidação e de Custódia (SELIC) para títulos federais, acumulada mensalmente, a partir do mês subsequente ao do pagamento indevido ou a maior que o devido, até o mês anterior ao da compensação ou restituição, e de 1%, relativamente ao mês em que estiver sendo efetuada.

Os valores das contribuições pagas indevidamente ou a maior para entidades e fundos ("terceiros"), arrecadados pela SRFB não podem ser objeto de compensação. Resta, apenas, a possibilidade de o contribuinte solicitar a restituição destes valores.

Em caso de pagamento indevido, a maior, ou de retenção maior que o valor mensal a pagar pelo prestador, deve-se excluir do valor a compensar a parcela referente ao pagamento a outras entidades e fundos ("terceiros").

Para que seja procedida a compensação ou restituição, a legislação previdenciária exige que o contribuinte esteja em situação regular em relação às contribuições previdenciárias. Seria, de fato, um contrassenso permitir a devolução de valores pagos a maior para empresas que devem à Previdência Social.

CERTIDÃO NEGATIVA DE DÉBITO (CND)

Noções básicas

Para que as empresas efetuem determinadas operações, a lei impõe a comprovação de regularidade fiscal. O documento emitido pelo Fisco que permite aos contribuintes realizarem tais operações é a Certidão Negativa de Débito (CND).

Este documento não serve de prova absoluta de regularidade fiscal. Pode ser utilizado apenas para efetuar a transação específica. Fica, então, o Fisco, resguardado do direito de apurar e constituir seus créditos, independentemente da emissão de CND.

Em regra, não há exigência de CND para pessoas físicas. Os segurados e o empregador doméstico nunca necessitam comprovar regularidade fiscal. Somente será exigido este documento para pessoas físicas, na qualidade de responsáveis por matrícula de obra de construção civil, ou para produtores rurais, nas situações em que estes são responsáveis pelo recolhimento de sua própria contribuição.

Atualmente, a validade deste documento é de 180 dias, contados da data de emissão, sendo vedada qualquer cobrança de taxa ao contribuinte. A verificação da autenticidade da CND pode ser efetuada pelo site da Receita Federal.

Situações de exigibilidade da CND

Situações básicas de exigência para empresas

A Certidão Negativa de Débito da empresa deve ser exigida pelo responsável nas seguintes situações:

a) na contratação com o poder público e no recebimento de benefícios ou incentivo fiscal ou creditício concedidos por ele;
b) na alienação ou oneração, a qualquer título, de bem imóvel ou direito a ele relativo;
c) na alienação ou oneração, a qualquer título, de bem móvel de valor superior ao estabelecido periodicamente, mediante Portaria do MPS, incorporado ao ativo permanente da empresa;
d) no registro ou arquivamento, no órgão próprio, de ato relativo à baixa ou redução de capital de firma individual, redução de capital social, cisão total ou parcial, transformação ou extinção de entidade ou sociedade comercial ou civil e transferência de controle de quotas de sociedades de responsabilidade limitada.

As empresas que exploram, exclusivamente, a atividade de compra e venda de imóveis e outras correlatas são dispensadas da CND para alienação de bens imóveis.

A Portaria que define o valor máximo para a venda de bem móvel sem a necessidade de CND tem periodicidade anual, vigendo, atualmente, o limite de R$ 84.209,56.

Nos processos licitatórios, a comprovação de regularidade fiscal das microempresas e empresas de pequeno porte somente será exigida para efeito de assinatura do contrato (art. 42 da Lei Complementar 123/2006). Para participar do processo licitatório estas empresas deverão apresentar a certidão, mesmo que esta apresente alguma restrição (Certidão Positiva de Débito).

As microempresas e empresas de pequeno porte não necessitam de CND para o arquivamento de seus atos constitutivos nas juntas comerciais, inclusive suas alterações contratuais e, a partir da publicação da LC 123/2006, nem mesmo para a extinção da empresa. Neste caso, o empresário, os sócios ou os administradores ficarão responsáveis pelos débitos apurados antes ou após o ato de extinção (art. 9º, LC 123/2006).

Para emissão da certidão, deve ser considerada a situação fiscal da empresa, em relação a todas as suas dependências, estabelecimentos e obras de construção civil executadas sob sua responsabilidade.

Exigência para obras de construção civil

Deve ser exigida CND para obras de construção civil, do proprietário do imóvel, pessoa física ou jurídica, quando da averbação de obra de construção civil no Cartório de Registro de Imóveis. Para registrar a obra é, então, necessária a CND.

A legislação previdenciária dispensa a CND, se o proprietário do imóvel ou dono da obra for pessoa física que não possua outro imóvel, e a construção for residencial e unifamiliar, com área total não superior a 70 m², destinada a uso próprio, do tipo econômico ou popular e, ainda, executada sem mão de obra remunerada.

A CND deve, também, ser exigida do incorporador, na ocasião da inscrição de memorial de incorporação no Cartório de Registro de Imóveis.

Exigência para o produtor rural pessoa física e segurado especial

A CND deve ser exigida do produtor rural pessoa física e do segurado especial, quando contratarem crédito rural em qualquer de suas modalidades, de instituição de crédito pública ou privada, desde que comercializem a sua produção com o adquirente domiciliado no exterior ou, diretamente no varejo, com consumidor pessoa física, com outro produtor rural pessoa física ou com outro segurado especial.

Exigência para empresas na contratação de créditos com instituições financeiras

A Certidão Negativa de Débito deve ser exigida das empresas, na contratação de operações de crédito com instituições financeiras, que envolvam recursos públicos, inclusive os provenientes de fundos constitucionais e de incentivo ao desenvolvimento regional, recursos do FGTS, do FAT, do FNDE ou da Caderneta de Poupança.

A certidão deve ser solicitada, também, na liberação de eventuais parcelas previstas nos contratos de empréstimos com instituições financeiras que utilizem os citados recursos públicos.

Exigência para órgãos públicos

A inexistência de débito em relação às contribuições devidas à Previdência Social é condição necessária para que os Estados, o Distrito Federal e os Municípios possam receber as transferências dos recursos do Fundo de Participação dos Estados, do Distrito Federal e dos Municípios, celebrar acordo, contrato, convênio ou ajuste, bem como receber empréstimo, financiamento, aval ou subvenção em geral, de órgão ou entidade da administração indireta da União.

Certidão Positiva de Débito com Efeitos de Negativa (CPD-EN)

Em determinadas situações, mesmo o contribuinte em débito com a Previdência Social, será emitida certidão de regularidade fiscal. Isso ocorre nos casos de suspensão do crédito tributário, como, por exemplo: penhora, parcelamento, depósito judicial, recurso administrativo ou recurso judicial que suspenda a exigibilidade do crédito.

OBRIGAÇÕES FISCAIS ACESSÓRIAS E PRINCIPAIS

Definição

As obrigações fiscais dividem-se em principais e acessórias. As principais são as de recolher os valores das multas e tributos devidos, enquanto as obrigações acessórias são imposições a que as empresas se submetem por exigência do tributante. São obrigações de fazer (positivas) ou de deixar de fazer (negativas), que objetivam viabilizar a fiscalização ou garantir a liquidez dos créditos tributários.

O descumprimento de obrigação principal acarreta o lançamento do crédito tributário, mediante um Auto de Infração. As obrigações acessórias descumpridas também devem ser penalizadas pelo Auditor-Fiscal da Receita Federal do Brasil, com a lavratura do Auto de Infração (AI).

Obrigações acessórias

Folha de pagamento

A empresa deve preparar folha de pagamento mensal da remuneração de todos os segurados a seu serviço, devendo manter, em cada estabelecimento, uma via da folha e recibos de pagamento.

As folhas devem ser elaboradas por estabelecimento, por obra de construção civil, por tomador de serviço (caso de empresas prestadoras), com a devida totalização, e deve discriminar o nome dos segurados, cargo, função ou serviço prestado, agrupar os segurados por categoria, destacar os nomes das seguradas em gozo de salário-maternidade, destacar as parcelas integrantes e não integrantes do salário de contribuição e os descontos legais e indicar o número de cotas de salário-família atribuídas a cada segurado empregado ou trabalhador avulso.

No que se refere aos avulsos portuários, a obrigação de elaborar a folha de pagamento é do OGMO, restando, apenas, às empresas, a obrigação de incluir a remuneração paga a avulsos não portuários em sua folha de pagamento.

Guia de recolhimento de FGTS e informações à Previdência Social

A GFIP é o documento de declaração mensal de valores devidos à Previdência Social, devendo ser entregue, em meio digital, na Caixa Econômica Federal ou pela Internet. Neste mesmo documento, é efetuado o recolhimento do FGTS dos empregados.

Na GFIP, devem estar declarados todos os fatos geradores de contribuição previdenciária, como, por exemplo, a remuneração dos empregados, avulsos e contribuintes individuais que prestaram serviço à empresa durante o mês, a contratação de cooperativas de trabalho, as compras de produtos rurais diretamente de pessoas físicas, os valores retidos dos segurados etc.

Este documento passou a ser obrigatório, a partir de janeiro de 1999, e representou uma revolução na administração do sistema previdenciário. Deve ser entregue no dia 07 do mês subsequente, antecipando-se o prazo se não for dia útil.

Devido à grande importância da GFIP, a falta de entrega acarreta as mais onerosas multas e, ainda, constitui impeditivo para emissão de Certidão Negativa de Débito.

Contabilização em títulos próprios

A empresa deve lançar, mensalmente, em títulos próprios de sua contabilidade, de forma discriminada, os fatos geradores de todas as contribuições, o montante das quantias descontadas, as contribuições da empresa e os totais recolhidos.

Lançar em títulos próprios significa segregar, na contabilidade, todas as operações que constituam fato gerador de contribuição previdenciária.

Distribuição de lucros

A empresa em débito com a Seguridade Social não pode distribuir lucros ou dividendos aos acionistas. Também não pode dar ou atribuir cota ou participação nos lucros a sócio cotista, diretor ou outro membro do órgão dirigente, fiscal ou consultivo, ainda que a título de adiantamento.

A multa para a empresa que distribuir lucros aos acionistas, sócios ou dirigentes é de 50% do valor distribuído, limitada a 50% do valor devido.

Entrega da Comunicação de Acidente do Trabalho (CAT)

A empresa deverá comunicar à Previdência Social os acidentes de trabalho ocorridos com seus empregados e avulsos, até o primeiro dia útil posterior à ocorrência, e, em caso de morte, de imediato.

No caso de concessão de benefício acidentário com base no Nexo Técnico Epidemiológico Previdenciário (NTEP), não será emitido auto de infração por não entrega da CAT.

Comunicação de Dados pelos Cartórios

O Titular do Cartório de Registro Civil de Pessoas Naturais remeterá ao INSS, em **até um dia útil**, pelo Sistema Nacional de Informações de Registro Civil (SIRC) ou por outro meio que venha a substituí-lo, a relação dos **nascimentos, dos natimortos, dos casamentos, dos óbitos, das averbações, das anotações e das retificações registradas** na serventia. Para os Municípios que **não dispõem de provedor de conexão** à internet, fica autorizada a remessa da relação **em até cinco dias úteis**.

No caso de não haver sido registrado nenhum nascimento, natimorto, casamento, óbito ou averbações, anotações e retificações no mês, deverá o Titular do Cartório de Registro Civil de Pessoas Naturais comunicar este fato ao INSS até o 5º dia útil do mês subsequente.

Obrigação principal

A obrigação principal previdenciária consiste em recolher as contribuições sociais devidas, no prazo fixado pela legislação. Em caso de atraso no cumprimento desta obrigação, o contribuinte fica sujeito à pena de multa de mora, multa de ofício e ao pagamento de juros de mora.

O documento de arrecadação da Previdência Social é a GPS. O valor mínimo para o recolhimento da GPS é de R$ 10,00. Se as contribuições previdenciárias de determinado mês não atingirem este valor, devem, então, ser acumuladas e recolhidas juntamente com as contribuições do mês seguinte.

Até a edição da MP 449, de 04/12/2008, a responsabilidade dos sócios e acionistas em relação ao débito com a seguridade social estava regulamentada pelo art. 13 da Lei 8.620/1993. A citada MP revogou o art. 13 da Lei 8.620/1993 que dispunha que "o titular da firma individual e os sócios das empresas por cotas de responsabilidade limitada respondem, solidariamente, com seus bens pessoais, pelos débitos junto à Seguridade Social" e que "os acionistas controladores, os administradores, os gerentes e os diretores respondem solidariamente e subsidiariamente, com seus bens pessoais, quanto ao inadimplemento das obrigações para com a Seguridade Social, por dolo ou culpa".

Com a revogação, a responsabilidade dos sócios em relação aos débitos com a seguridade social passou a ser regida pelo art. 135, III, do CTN que responsabiliza os gestores, pessoalmente, apenas em caso de atos praticados com excesso de poderes, infração à Lei ou ao contrato social ou estatuto. Ressalta-se que é possível, ainda, responsabilizar os sócios, a partir da aplicação do art. 50 do Código Civil: "Em caso de abuso da personalidade jurídica, caracterizado pelo desvio de finalidade, ou pela confusão patrimonial, pode o juiz decidir, a requerimento da parte, ou do Ministério Público quando lhe couber intervir no processo, que os efeitos de certas e determinadas relações de obrigações sejam estendidos aos bens particulares dos administradores ou sócios da pessoa jurídica".

Juros de mora

Sobre os débitos previdenciários e os referentes a contribuições para outras entidades e fundos ("terceiros"), incidirão juros de mora calculados à taxa referencial do SELIC, a partir do primeiro dia do mês subsequente ao vencimento do prazo, até o mês anterior ao do pagamento, e de 1%, no mês de pagamento.

Multa moratória

Os débitos para com a União, decorrentes de tributos e contribuições administrados pela Secretaria da Receita Federal, cujos fatos geradores ocorrerem a partir de 1º de janeiro de 1997, não pagos nos prazos previstos na legislação específica, serão acrescidos de multa de mora, calculada à taxa de 0,33%, por dia de atraso.

Esta multa deve ser calculada, a partir do primeiro dia subsequente ao do vencimento do prazo previsto para o pagamento do tributo ou da contribuição, até o dia em que ocorrer o seu pagamento. O percentual de multa a ser aplicado fica limitado a 20%.

Multa de ofício

O inciso I do art. 44 da Lei 9.430/1996 prevê multa de 75% sobre a totalidade ou diferença de imposto ou contribuição, nos casos de falta de pagamento ou recolhimento, de falta de declaração, e nos de declaração inexata.

O percentual de multa de 75% será duplicado, nos casos da ocorrência de sonegação, fraude ou conluio, independentemente de outras penalidades administrativas ou criminais cabíveis.

O percentual de multa de 75% será majorado, na hipótese de ocorrência de sonegação, fraude ou conluio, independentemente de outras penalidades administrativas ou criminais cabíveis e passará a ser de (Lei 14.689, de 20/09/2023):

a) **100%** sobre a totalidade ou a diferença de imposto ou de contribuição objeto do lançamento de ofício;

b) **150%** sobre a totalidade ou a diferença de imposto ou de contribuição objeto do lançamento de ofício, nos casos em que verificada a reincidência do sujeito passivo.

Os percentuais de multa de 75%, 100% ou 150% serão aumentados de metade, nos casos de não atendimento pelo sujeito passivo, no prazo marcado, de intimação para:

I – prestar esclarecimentos;

II – apresentar os arquivos ou sistemas, quando a empresa utilizar sistema de processamento eletrônico de dados;

III – apresentar a documentação técnica completa e atualizada do sistema, suficiente para possibilitar a sua auditoria, no caso do sujeito passivo ser usuário de sistema de processamento de dados.

Para o sujeito passivo notificado que efetuar o pagamento, a compensação ou o parcelamento dos tributos administrados pela Secretaria da Receita Federal do Brasil, inclusive das contribuições instituídas a título de substituição e das contribuições devidas a terceiros (outras entidades e fundos), será concedida redução da multa de lançamento de ofício nos seguintes percentuais (art. 6º da Lei 8.218/1991, redação dada pela MP 449, de 2008):

I – 50% se for efetuado o pagamento ou a compensação no prazo de 30 dias, contados da data em que o sujeito passivo foi notificado do lançamento;

II – 40% se o sujeito passivo requerer o parcelamento no prazo de 30 dias, contados da data em que foi notificado do lançamento;

III – 30%, se for efetuado o pagamento ou a compensação no prazo de 30 dias, contados da data em que o sujeito passivo foi notificado da decisão administrativa de primeira instância;

IV – 20%, se o sujeito passivo requerer o parcelamento no prazo de 30 dias, contados da data em que foi notificado da decisão administrativa de primeira instância.

PARCELAMENTO DE CONTRIBUIÇÕES

De acordo com o art. 10 da Lei 10.522/2002, os débitos de qualquer natureza para com a Fazenda Nacional poderão ser parcelados em até 60 parcelas mensais.

O parcelamento terá sua formalização condicionada ao prévio pagamento da primeira prestação, conforme o montante do débito e o prazo solicitado, observado o valor mínimo para cada prestação, fixado por ação em ato conjunto do Secretário da Receita Federal do Brasil e do Procurador-Geral da Fazenda Nacional.

Em relação ao valor mínimo de cada prestação, o art. 2º da Portaria Conjunta PGFN/RFB 895, de 15/05/2019, dispõe que será de:

> I - **R$ 200,00**, quando o devedor for pessoa física; ou
>
> II - **R$ 500,00**, quando:
>
> a) o devedor for pessoa jurídica;
>
> b) o débito for relativo a obra de construção civil, de responsabilidade de pessoa física ou jurídica; ou
>
> c) se tratar do parcelamento previsto no art. 10-A da Lei nº 10.522, de 2002.

De acordo com o art. 12 da Lei 10.522/2002, o pedido de parcelamento constitui confissão de dívida e instrumento hábil e suficiente para a exigência do crédito tributário, podendo a exatidão dos valores parcelados ser objeto de verificação.

O valor de cada prestação mensal, por ocasião do pagamento, será acrescido de juros equivalentes à taxa referencial do Sistema Especial de Liquidação e de Custódia (SELIC), acumulada mensalmente, calculados a partir do mês subsequente ao da consolidação, até o mês anterior ao do pagamento, e de 1%, relativamente ao mês em que o pagamento estiver sendo efetuado. Esta sistemática de atualização é a mesma utilizada para a compensação e restituição de créditos e para a cobrança de tributos pelo Fisco.

Observa-se que é possível o parcelamento de débito inscrito em Dívida Ativa da União, sendo que, neste caso, o devedor pagará custas, emolumentos e demais encargos do processo de execução, quando já ajuizado.

Note que, de acordo com o art. 14, I, da Lei 10.522/2002, é vedada a concessão de parcelamento de débitos relativos a tributos passíveis de retenção na fonte, de desconto de terceiros ou de sub-rogação, independentemente de a retenção ter sido efetuada.

Não é possível também parcelar tributo, enquanto não integralmente pago parcelamento anterior relativo ao mesmo tributo, salvo se cumpridas as seguintes condições:

a) A formalização do pedido de reparcelamento fica condicionada ao recolhimento da primeira parcela em valor correspondente a:

I -10% do total dos débitos consolidados; ou

II -20% do total dos débitos consolidados, caso haja débito com histórico de reparcelamento anterior.

No reparcelamento, poderão ser incluídos novos débitos, não consolidados no parcelamento anterior.

Salienta-se que não é possível parcelar tributos devidos por pessoa jurídica com falência ou pessoa física com insolvência civil decretadas.

Implicará imediata rescisão do parcelamento e remessa do débito para inscrição em Dívida Ativa da União ou prosseguimento da execução, conforme o caso, a falta de pagamento:

I -de três parcelas, consecutivas ou não; ou

II -de uma parcela, estando pagas todas as demais.

CRIMES CONTRA A SEGURIDADE SOCIAL

A partir de 14 de julho de 2000, os ilícitos penais específicos contra a Seguridade Social foram incorporados ao Código Penal Brasileiro, conforme os artigos abaixo transcritos.

Apropriação indébita previdenciária

> Art. 168-A. Deixar a empresa de repassar à Previdência Social as contribuições recolhidas dos contribuintes, no prazo ou forma legal ou convencional:
>
> Pena – reclusão, de dois a cinco anos e multa.
>
> § 1º. Nas mesmas penas incorre quem deixar de:
>
> I – recolher, no prazo legal, contribuição de outra importância destinada à Previdência Social que tenha sido descontada de pagamento efetuado a segurados;
>
> Assim, pois, as contribuições descontadas dos empregados devem ser recolhidas tempestivamente, sob pena de incorrer-se em ilícito penal.
>
> II – recolher contribuições devidas à Previdência Social que tenham integrado despesas contábeis ou custos relativos à venda de produtos ou prestação de serviços;
>
> III – pagar benefícios devidos a segurado, quando as respectivas cotas ou valores já tiverem sido reembolsados à empresa pela Previdência Social.
>
> § 2º. É extinta a punibilidade se o agente, espontaneamente, declara, confessa e efetua o pagamento das contribuições, importâncias ou valores e presta as informações devidas à Previdência Social, na forma definida em lei ou regulamento, antes do início da ação fiscal.

§ 3º. É facultado ao juiz deixar de aplicar a pena ou aplicar somente a multa, se o agente for primário e de bons antecedentes, desde que:

I – tenha promovido, após o início da ação fiscal e antes do recebimento da denúncia, o pagamento da contribuição social previdenciária, inclusive acessórios;

II – o valor das contribuições devidas, inclusive acessórios, seja igual ou inferior àquele estabelecido pela Previdência Social, administrativamente, como sendo o mínimo para o ajuizamento de suas ações fiscais.

§ 4º A faculdade prevista no § 3º deste artigo não se aplica aos casos de parcelamento de contribuições cujo valor, inclusive dos acessórios, seja superior àquele estabelecido, administrativamente, como sendo o mínimo para o ajuizamento de suas execuções fiscais.

O valor de que trata o inciso II é de R$ 20.000,00.

Observa-se que, após o início da ação fiscal e antes do recebimento da denúncia, o juiz tem a faculdade de não aplicar a pena, em certas condições. Já, se o pagamento ocorrer antes da ação fiscal, a punibilidade resta extinta.

Sonegação fiscal previdenciária

Art. 337-A. Suprimir ou reduzir contribuição social previdenciária e qualquer acessório, mediante as seguintes condutas:

I – omitir de folha de pagamento ou de documento de informação previsto na Legislação Previdenciária (GFIP) segurado empregado, empresário, trabalhador autônomo ou a este equiparado que lhe preste serviços;

II – deixar de lançar, mensalmente, em títulos próprios da contabilidade da empresa, as quantias descontadas dos segurados ou as devidas pelo empregador ou pelo tomador de serviços;

III – omitir, total ou parcialmente, receitas ou lucros auferidos, remuneração paga ou creditada e demais fatos geradores de contribuições previdenciárias.

Atualmente, o documento para declaração dos fatos geradores previdenciários é a GFIP.

Pena – reclusão, de dois a cinco anos e multa.

§ 1º. É extinta a punibilidade se o agente, espontaneamente, declara e confessa as contribuições, importância ou valores e presta informações devidas à Previdência Social, na forma da lei ou regulamento, antes do início da ação fiscal.

A punibilidade é extinta, no caso de o contribuinte prestar, espontaneamente, as informações pendentes, antes do início da ação fiscal, mesmo que as contribuições informadas não sejam recolhidas.

§ 2º. É facultado ao juiz deixar de aplicar a pena ou aplicar somente multa, se o agente for primário e de bons antecedentes, desde que:

I – o valor das contribuições devidas, inclusive acessórios, seja igual ou inferior àquele estabelecido pela Previdência Social, administrativamente, como sendo o mínimo para ajuizamento de suas ações fiscais.

§ 3º. Se o empregador não é pessoa jurídica e sua folha de pagamento mensal não ultrapassa R$ 7.201,70 (valor atualizado anualmente nos mesmos índices dos benefícios), o juiz pode reduzir a pena de um terço até metade ou aplicar apenas multa.

Observe que, para a conduta ser considerada criminosa, é necessário que haja o dolo.

Outros crimes contra a seguridade social

São, também, crimes contra a seguridade social:

a) Falsificação de Documento Público;

b) Inserção de Dados Falsos em Sistema de Informação;

c) Modificação não Autorizada de Sistema de Informação;

d) Estelionato.

BENEFICIÁRIOS

Beneficiário da Previdência Social é gênero que engloba os segurados e os dependentes.

Os segurados, como já visto, são: o empregado, o empregado doméstico, o trabalhador avulso, o contribuinte individual, o segurado especial e o facultativo.

Manutenção e perda da qualidade de segurado

O sistema permite que o segurado possa passar algum tempo sem efetuar os seus recolhimentos e, mesmo assim, continuar filiado. É o chamado "período de graça", que objetiva dar, por algum tempo, proteção ao trabalhador que se encontra em condição desfavorável, sem possibilidade de efetuar pagamento ao INSS, como, por exemplo, nos casos de desemprego.

As situações abrangidas pelo acima mencionado "período de graça" serão a seguir referidas. Deste modo, mantém a qualidade de segurado:

1) sem limite de prazo, quem estiver em gozo de benefício, mesmo que esta situação se prolongue por vários anos, exceto para o auxílio-acidente.

2) até doze meses após a cessação de benefício por incapacidade (auxílio por incapacidade temporária ou aposentadoria por incapacidade permanente) ou até doze meses, o segurado que deixar de exercer atividade remunerada abrangida pelo RGPS, que estiver suspenso ou licenciado sem remuneração ou que deixar de receber o benefício do Seguro-Desemprego. Caso o segurado já tenha efetuado mais de 120 recolhimentos mensais (dez anos), o prazo será prorrogado para 24 meses. Se a interrupção das atividades ocorreu em decorrência de situação de desemprego, devidamente informada ao Ministério do Trabalho e Emprego – MTE, o prazo será acrescido de mais 12 meses, podendo alcançar até 36 meses (desempregados registrados no MTE com mais de 120 meses de contribuição);

3) até doze meses após a cessação da segregação, o segurado acometido de doença de segregação compulsória;

4) até doze meses após o livramento ou fuga, o segurado detido ou recluso;

5) até três meses após o licenciamento, o segurado incorporado às Forças Armadas para prestar serviço militar;

6) até seis meses após a interrupção das contribuições, o segurado facultativo.

Durante o "período de graça", o segurado pode obter todos os benefícios previdenciários, exceto salário-família e salário-maternidade para seguradas empregadas gestantes despedidas sem justa causa.

O reconhecimento da perda da qualidade de segurado ocorrerá no dia seguinte ao do vencimento da contribuição do contribuinte individual relativa ao mês imediatamente posterior ao término dos prazos estipulados.

Em junho de 2003, foi alterado o Regulamento da Previdência Social, permitindo-se a concessão de aposentadoria por tempo de contribuição, especial e por idade, mesmo após a perda da qualidade de segurado, desde que se tenha cumprido a carência para obtenção do benefício.

Dependentes da Previdência Social

Os dependentes são definidos por lei e divididos em três classes, por ordem de importância. Caso o segurado tenha familiares da primeira classe, os das outras duas não poderão ser inscritos como dependentes. Se, entretanto, não possuir familiares da primeira classe, poderão ser inscritos, preferencialmente, os da segunda e, somente na ausência destes, os da terceira.

Terão prioridade, na inscrição como dependente, constituindo a primeira classe:

1) O cônjuge, que pode ser o marido ou a mulher;
2) A companheira e o companheiro, que, embora não casados oficialmente, vivam juntos, com a intenção de constituir família, tendo os mesmos direitos dos cônjuges;
3) A ex-mulher e o ex-marido que recebam pensão alimentícia. Observe que o do art. 373, § 1º da IN 128/2022 equipara à percepção de pensão alimentícia, o recebimento de ajuda econômica ou financeira sob qualquer forma;
4) O filho menor de 21 anos, desde que não emancipado;
5) O filho **inválido** ou que tenha deficiência intelectual ou mental ou deficiência grave. Note que a invalidez ou deficiência deve ter ocorrido antes de completar 21 anos, ou antes da emancipação, **salvo** se a emancipação decorreu de **colação de grau em curso superior**;
6) Equiparados a filho, menor tutelado ou enteado. Nestes casos, são necessários declaração escrita do segurado, comprovação de dependência econômica e, nos casos de tutela, apresentação do respectivo termo.

A segunda classe é ocupada pelos pais.

Na terceira classe, estão o irmão menor de 21 anos, não emancipado, e o irmão de qualquer idade inválido ou que tenha **deficiência intelectual ou mental** ou deficiência grave.

Os dependentes da primeira classe têm a sua dependência econômica presumida pela legislação previdenciária, salvo o caso do menor enteado e tutelado. Os da segunda e terceira classes devem comprovar dependência econômica em relação ao segurado.

Existindo mais de um dependente, os de uma mesma classe concorrem em igualdade de condições, sendo dividido o benefício entre eles.

Quando ocorre perda da qualidade de dependente, a cota é redistribuída entre os dependentes da mesma classe, mas não será, jamais, transferida de uma classe para outra.

O regulamento da Previdência Social estabelece que somente pode ser companheiro/companheira pessoa solteira, divorciada, separada judicialmente, viúva ou, ainda, que tenha filhos em comum.

Desde de maio de 2001, o INSS passou a reconhecer os direitos da união homossexual. Deste modo, os casais de mesmo sexo que vivam juntos podem usufruir dos benefícios previdenciários deixados por seu parceiro.

Perda da qualidade de dependente

As situações que implicam a perda da qualidade de dependente ocorrem (art. 77, § 2º, da Lei 8.213/1991, alterada pela Lei 13.135/2015):

I)Pela morte do pensionista;

II)Para o filho, a pessoa a ele equiparada ou o irmão, de ambos os sexos, ao completar 21 anos de idade, salvo se for inválido ou com deficiência intelectual ou mental ou deficiência grave;

III)Para o filho e o irmão inválido, pela cessação da invalidez;

IV)Para o filho ou irmão que tenha deficiência intelectual ou mental ou deficiência grave, pelo afastamento da deficiência, nos termos do regulamento.

V)Para o cônjuge ou companheiro:

a) se inválido ou com deficiência, pela cessação da invalidez ou pelo afastamento da deficiência, respeitados os períodos de gozo do benefício da pensão.

b) em quatro meses, se o óbito ocorrer sem que o segurado tenha vertido dezoito contribuições mensais ou se o casamento ou união estável tiverem sido iniciados em menos de dois anos antes do óbito do segurado.

c) transcorridos os seguintes períodos, estabelecidos de acordo com a idade do beneficiário na data do óbito do segurado, se o óbito ocorrer depois de vertidas dezoito contribuições mensais e pelo menos dois anos após o início do casamento ou da união estável (atualizado pela Portaria 424 de 29/12/2020):

1) três anos, com menos de 22 anos de idade;

2) seis anos, entre 22 e 27 anos de idade;

3) dez anos, entre 28 e 30 anos de idade;

4) quinze anos, entre 31 e 41 anos de idade;

5) vinte anos, entre 42 e 44 anos de idade;

6) vitalícia, com 45 ou mais anos de idade.

VI -Pela condenação criminal por sentença com trânsito em julgado, como autor, coautor ou partícipe de homicídio doloso, ou de tentativa desse crime, cometido contra a pessoa do segurado, ressalvados os absolutamente incapazes e os inimputáveis.

Em caso de óbito do segurado decorrente de acidente de qualquer natureza ou doença profissional ou do trabalho, não é necessário o cumprimento da carência de 18 contribuições mensais para que seus cônjuges ou companheiros(as) tenham direito ao recebimento da pensão por morte. Da mesma forma, os óbitos por acidente de qualquer natureza ou por doença profissional ou do trabalho dispensam a necessidade de dois anos de união estável ou casamento para que os dependentes façam jus à pensão por morte pelo prazo escalonado.

Assim, os óbitos decorrentes dos acidentes e das doenças ocupacionais dispensam tanto o cumprimento da carência de 18 contribuições mensais, quanto a necessidade de dois anos de união para que os dependentes tenham direito à pensão por morte pelos prazos escalonados. Salientamos que o não cumprimento das 18 contribuições ou dos dois anos de união não impede a concessão da pensão por morte do cônjuge ou companheiro(a), mas reduz o prazo deste benefício para apenas quatro meses.

CARÊNCIA

Carência é o número de contribuições mensais necessárias para efetivar o direito a um benefício. Não se confunde com tempo de contribuição, pois este pode abranger contribuições recolhidas em atraso, anteriores a data da inscrição.

Para os segurados empregados, domésticos e avulsos, a carência e o tempo de contribuição são equivalentes, pois o recolhimento mensal é sempre presumido, sendo responsabilidade do empregador. As contribuições retidas do contribuinte individual também são contadas para efeito de carência.

Os benefícios sujeitos à carência são os seguintes:

I -auxílio por incapacidade temporária e aposentadoria por incapacidade permanente: 12 contribuições mensais. No caso de acidente de qualquer natureza e das doenças excepcionadas na legislação, a carência é dispensada;

II -aposentadoria por idade, por tempo de contribuição e especial: 180 contribuições mensais – A Lei 8.213/1991 ainda utiliza a nomenclatura dos benefícios anterior às alterações promovidas pela EC 103/2019. Veja que não há carência especificada para o benefício de aposentadoria **programada**, que substituiu as aposentadorias por idade e por tempo de contribuição, mas entendemos que a carência de 180 contribuições mensais deve ser aplicada ao novo benefício que substituiu os outros dois;

III -salário-maternidade para as seguradas contribuinte individual, especial e facultativa: dez contribuições mensais. Caso o parto seja antecipado, a carência também o será, pelo mesmo número de meses;

IV -auxílio-reclusão – 24 contribuições mensais.

O STF, no julgamento da **ADI 2111/DF e ADI 2110/DF**, quanto no mérito, julgado em 21.03.2024, **considerou inconstitucional a carência de 10 (dez) contribuições para a segurada contribuinte individual, especial e facultativa**, prevista no inciso III, do art. 25, da Lei 8.213/91.

A Suprema Corte entendeu que a fixação de carência apenas para as trabalhadoras contribuintes individuais fere o princípio da isonomia, estabelece inadmissível presunção de má-fé das trabalhadoras autônomas e viola o princípio da integral proteção à maternidade e à criança, previsto no art. 227 da CF/88.

O INSS ainda não está aplicando essa decisão, pois aguarda o trânsito em julgado e posterior normatização administrativa.

Atualmente, é necessário que o segurado já tenha efetuado 18 contribuições mensais para garantir o direito de seus cônjuges ou companheiros(as) de gozarem da pensão por morte, por prazo superior a quatro meses.

Se o segurado falecer sem ter cumprido as 18 contribuições mensais, deixará o benefício de pensão por morte para os seus cônjuges ou companheiros pelo período de apenas quatro meses. No entanto, se o óbito for decorrente de acidente de qualquer natureza ou de doença profissional ou do trabalho, mesmo que o segurado não tenha cumprido as 18 contribuições necessárias, deixará a pensão por morte por período variável de três anos até vitalícia, a depender da idade do cônjuge sobrevivente (art. 77, V, c, da Lei 8.213/1991).

O escalonamento do benefício aplicável à pensão por morte é extensível ao auxílio-reclusão.

A pensão por morte independe de carência. O prazo de 18 contribuições mensais não se confunde com este instituto, pois não impede a concessão do benefício, mas, apenas, reduz a sua duração.

Como o segurado especial não contribui, mensalmente, para a Previdência, a sua carência é contada em relação ao número de meses de exercício da atividade rural.

O período começa a ser contado da data da filiação, para os empregados, domésticos e avulsos, e da data do início de exercício da atividade, para o segurado especial. Para os demais segurados, a carência começa a ser contada da data do recolhimento da primeira prestação sem atraso.

Havendo perda da qualidade de segurado para a concessão dos benefícios de auxílio por incapacidade temporária, de aposentadoria por incapacidade permanente, de salário-maternidade e de auxílio-reclusão, o segurado deverá cumprir metade da carência exigida para concessão destes benefícios a partir da nova filiação à Previdência Social (seis contribuições para o auxílio por incapacidade temporária e a aposentadoria por incapacidade permanente, cinco para o salário-maternidade e 24 para o auxílio-reclusão).

Esta exigência, contudo, não se aplica aos benefícios de aposentadoria por idade, especial e tempo de contribuição, pois, a partir de janeiro de 2003, a perda da qualidade de segurado passou a não ser considerada para a concessão destes benefícios.

Para os segurados contribuintes individuais e facultativos, optantes pelo recolhimento trimestral, o período de carência é contado a partir do mês de inscrição do segurado.

SALÁRIO DE BENEFÍCIO

Salário de benefício (SB) é o valor usado para cálculo da renda mensal dos benefícios de prestação continuada, exceto salário-família, salário-maternidade, pensão por morte e demais benefícios de legislação especial.

O salário de benefício consistia antes da EC 103/2019:

I – para a aposentadoria por idade e tempo de contribuição – média dos 80% maiores salários de contribuição de todo o período contributivo, multiplicado pelo fator previdenciário. O fator é obrigatório para aposentadoria por tempo de contribuição, exceto no caso de atender as fórmulas 96 e 86, e facultativo na por idade;

II – para a aposentadoria por incapacidade permanente, especial, auxílio por incapacidade temporária e auxílio-acidente – média dos 80% maiores salários de contribuição de todo o período contributivo.

No modelo anterior, o salário de benefício era calculado com base na média dos 80% maiores salários de contribuição, possibilitando o descarte dos 20% menores.

Com a publicação da Emenda Constitucional 103/2019, o seu art. 26 determina que **até que lei discipline o cálculo dos benefícios** do Regime Próprio de Previdência Social da União e do **Regime Geral de Previdência Social**, será utilizada a **média aritmética simples dos salários de contribuição e das remunerações adotados como base para contribuições a Regime Próprio de Previdência Social e ao Regime Geral de Previdência Social**, ou como base para contribuições decorrentes das atividades militares, atualizados monetariamente, **correspondentes a 100% do período contributivo desde a competência julho de 1994** ou desde o início da contribuição, se posterior àquela competência.

Esta regra é mais uma das disposições transitórias que pode ser alterada por lei. Vale, então, a regra da média de todas as contribuições, até que lei venha alterar esta disposição.

Importante ressaltar que esta regra de cálculo prevista no art. 26 da EC 103/2019 será aplicável a muitos dos novos benefícios previdenciários, tanto do RGPS, quanto do RPPS, com algumas especificidades, como iremos demonstrar ao estudar cada alteração.

Antecipamos que, em nossa visão, essa nova regra de cálculo dos benefícios revoga o disposto do artigo 29, incisos I e II da Lei 8.213/1991, que trata do cálculo do salário de benefício das aposentadorias e do auxílio por incapacidade temporária e auxílio-acidente. Notem que o texto fala de "cálculo dos benefícios" e não apenas das aposentadorias. Desta forma, entendemos que mesmo o auxílio por incapacidade temporária e o auxílio-reclusão serão afetados, no que couber, por essa nova regra, devendo ser calculados sem direito a descartar os 20% menores salários de contribuição a partir de julho de 1994.

Para os segurados **vinculados ao RGPS, a média será limitada ao valor máximo do salário de contribuição** do Regime Geral de Previdência Social.

Após calcular a média sem possibilitar mais o descarte dos 20% menores salários de contribuição, o § 2º combinado com o § 5º do art. 26 da EC 103/2019 determina que o valor do benefício de aposentadoria corresponda a **60% da referida média, com acréscimo de 2% para cada ano de contribuição que exceder o tempo de 20 anos de contribuição, para os homens, e de 15 anos de contribuição, para as mulheres filiadas ao RGPS.**

Percebemos que os homens só terão direito ao valor correspondente a 100% da média após completarem 40 anos de contribuição, recebendo 60% aos vinte anos, somados com 2% por cada um dos 20 anos adicionais de contribuição. Já as mulheres alcançarão os 100% ao atingirem 35 anos de contribuição, recebendo 60% aos quinze anos, somados com 2% por cada um dos 20 anos adicionais de contribuição.

De acordo com o § 6º do art. 26 da EC 103/2019, **poderão ser excluídas da média as contribuições que resultem em redução do valor do benefício**, desde que mantido o tempo mínimo de contribuição exigido, vedada a utilização do tempo excluído para qualquer finalidade, inclusive para o acréscimo de 2% por ano adicional ao tempo mínimo ou para a averbação em outro regime previdenciário e para a obtenção dos proventos de inatividade.

Este dispositivo institui a **garantia do melhor benefício**, ou seja, sempre que a utilização de salários de contribuição adicionais ao tempo mínimo de 20 anos de contribuição para homens, ou de 15 anos de contribuição para mulheres possam resultar em diminuição do valor do benefício, estes poderão ser excluídos, desde que não seja utilizado para qualquer finalidade. A exclusão do tempo pode gerar um acréscimo da média, mas, em contrapartida, vai gerar uma redução no valor do benefício de 2% por cada ano suprimido da média.

A Lei 13.135, de 17/06/2015, estabeleceu que o auxílio por incapacidade temporária não poderá exceder a média aritmética simples dos últimos doze salários de contribuição, inclusive no caso de remuneração variável, ou, se não alcançado o número de doze, a média aritmética simples dos salários de contribuição existentes (art. 29, § 10º, da Lei 8.213/1991).

O segurado especial terá direito a benefícios com valor de apenas um salário mínimo. Ele não tem direito à aposentadoria por tempo de contribuição, exceto se contribuir facultativamente da mesma forma que o contribuinte individual que preste serviço para pessoa física (20%).

Para os segurados que recebam auxílio-acidente, o valor deste benefício será somado ao salário de contribuição mensal, no cálculo do SB, para fins de aposentadoria.

RENDA MENSAL DO BENEFÍCIO

A Renda Mensal do Benefício (RMB) é o valor que efetivamente "entra no bolso" do beneficiário. Ele é calculado a partir de um percentual do salário de benefício.

A RMB não terá valor inferior ao salário mínimo, salvo no caso de benefícios concedidos mediante acordo internacional e os que não substituam a remuneração (auxílio-acidente e salário-família). Não poderá, também, ser superior ao limite máximo do salário de contribuição, exceto para os benefícios de legislação especial (salário-maternidade) e para o benefício de aposentadoria por incapacidade permanente em que seja necessário o auxílio permanente de outra pessoa (o que pode acrescer 25% no valor do benefício).

A renda mensal do benefício, então, será calculada, aplicando-se, sobre a média dos salários de contribuição, os seguintes percentuais, já considerando as alterações promovidas pelo art. 26 da EC 103/2019:

I –auxílio por incapacidade temporária – 91% do salário de benefício;

II – aposentadoria por incapacidade permanente – 60% do salário de benefício, acrescentados de 2% por ano que ultrapassar 20 anos de contribuição para homens e 15 anos de contribuição para mulheres;

III – extinta aposentadoria por idade (ainda válida em caso de direito adquirido) – 70% do salário de benefício, mais 1% deste por grupo de doze contribuições mensais, até o máximo de 30%;

IV – extinta aposentadoria por tempo de contribuição (ainda válida em caso de direito adquirido):

a) para a mulher – 100% do salário de benefício aos 30 anos de contribuição;

b) para o homem – 100% do salário de benefício aos 35 anos de contribuição; e

c) 100% do salário de benefício, para o professor aos 30 anos, e para a professora aos 25 anos de contribuição e de efetivo exercício em função de magistério na educação infantil, no ensino fundamental ou no ensino médio.

V – aposentadoria programada (EC 103/2019) – 60% do salário de benefício, acrescentados de 2% por ano que ultrapassar 20 anos de contribuição para homens e 15 anos de contribuição para mulheres;

VI – aposentadoria especial – 60% do salário de benefício, acrescentados de 2% por ano que ultrapassar 20 anos de contribuição para homens e 15 anos de contribuição para mulheres e para aposentadorias especiais de 15 anos de exposição; e

VI – auxílio-acidente – 50% do valor da aposentadoria por incapacidade permanente que teria direito.

Para o segurado empregado, empregado doméstico, trabalhador avulso e contribuinte individual que preste serviço a pessoa jurídica, os salários de contribuição referentes aos meses de contribuições devidas, ainda que não recolhidas pela empresa, serão considerados para cálculo da RMB.

O valor do auxílio-acidente, considerado como salário de contribuição para fins de concessão de qualquer aposentadoria, entrará no cálculo da RMB.

No caso de segurado empregado, empregado doméstico ou de trabalhador que não possa comprovar o valor dos seus salários de contribuição, no período básico de cálculo, considerar-se-á, para o cálculo do benefício, o valor do salário mínimo, devendo esta renda ser recalculada, quando da apresentação de prova dos salários de contribuição.

Os benefícios são corrigidos, anualmente, pelo Índice Nacional de Preços do Consumidor (INPC). Este índice é calculado pelo IBGE, considerando a inflação para famílias com renda de 1 a 5 salários mínimos.

A partir da Medida Provisória 316, convertida na Lei 11.430/2006, o INPC passou a estar previsto no corpo da Lei 8.213/1991 (art. 41-A), com a seguinte redação: "O valor dos benefícios em manutenção será reajustado, anualmente, na mesma data do reajuste do salário mínimo, pro rata, de acordo com suas respectivas datas de início ou do último reajustamento, com base no Índice Nacional de Preços ao Consumidor (INPC), apurado pela Fundação Instituto Brasileiro de Geografia e Estatística (IBGE)".

A MP 316 ainda dispõe que nenhum benefício reajustado poderá exceder o limite máximo do salário de benefício na data do reajustamento, respeitados os direitos adquiridos.

BENEFÍCIOS DA PREVIDÊNCIA SOCIAL

Aposentadoria por incapacidade permanente

Aposentadoria por invalidez é o benefício devido ao segurado que for considerado incapaz para o trabalho e insuscetível de reabilitação para o exercício de atividade que lhe garanta a subsistência, independentemente do recebimento prévio de auxílio por incapacidade temporária.

A carência é de doze contribuições mensais, salvo nos casos em que a incapacidade para o trabalho tenha decorrido de acidente de qualquer natureza ou nas situações em que ela tenha sido motivada pelo acometimento de alguma das doenças especificadas em lista elaborada pelos Ministérios da Saúde, da Previdência ou da Assistência Social.

A verificação da condição de incapacidade ocorrerá, mediante exame médico-pericial gratuito, a cargo da Previdência Social, podendo o segurado, às suas expensas, fazer-se acompanhar de médico de sua confiança.

A doença ou lesão de que o segurado já era portador ao filiar-se ao Regime Geral de Previdência Social não lhe conferirá direito à aposentadoria por incapacidade permanente, salvo quando a incapacidade sobrevier por motivo de progressão ou agravamento dessa doença.

Com a publicação da EC 103/2019, o seu art. 26 determina que **até que lei discipline o cálculo dos benefícios** do Regime Próprio de Previdência Social da União e do Regime Geral de Previdência Social, será utilizada a **média aritmética simples dos salários de contribuição e das remunerações adotados como base para contribuições a regime próprio de Previdência Social e ao Regime Geral de Previdência Social,** ou como base para contribuições decorrentes das atividades militares, atualizados monetariamente, **correspondentes a 100% do período contributivo desde a competência julho de 1994** ou desde o início da contribuição, se posterior àquela competência.

Após calcular a média sem possibilitar mais o descarte dos 20% menores salários de contribuição, o § 2º combinado com o § 5º do art. 26 da EC 103/2019 determina que o valor do benefício de aposentadoria corresponda a **60% da referida média, com acréscimo de 2% para cada ano de contribuição que exceder o tempo de 20 anos de contribuição, para os homens, e de 15 anos de contribuição, para as mulheres** filiadas ao RGPS.

Para fins de apuração do salário de benefício de qualquer aposentadoria precedida de auxílio-acidente, o valor mensal deste será somado ao salário de contribuição, não podendo o total apurado ser superior ao limite máximo do salário de contribuição.

Após avaliação médico-pericial que conclua pela incapacidade total e definitiva para o trabalho, a aposentadoria por incapacidade permanente será devida:

I -ao segurado empregado, a contar do 16º dia do afastamento da atividade ou a partir da data da entrada do requerimento, se entre o afastamento e a entrada do requerimento decorrerem mais de 30 dias;

II -ao segurado empregado doméstico, contribuinte individual, trabalhador avulso, especial ou facultativo, a contar da data do início da incapacidade ou da data da entrada do requerimento, se entre essas datas decorrerem mais de trinta dias.

Durante os primeiros 15 dias de afastamento consecutivos da atividade por motivo de invalidez, caberá à empresa pagar ao segurado empregado o salário.

O segurado aposentado por invalidez está obrigado a submeter-se a exame médico, a cargo da Previdência Social, a processo de reabilitação profissional e a tratamento, exceto o cirúrgico e a transfusão de sangue, que são facultativos.

O aposentado por invalidez e o pensionista inválido que não tiverem retornado à atividade estarão isentos do exame pericial após completarem sessenta anos de idade (art. 101 da Lei 8.213/1991, alterado pela Lei 13.846/2019).

Esta isenção de perícia não se aplica quando o exame tem as seguintes finalidades:

I – verificar a necessidade de assistência permanente de outra pessoa para a concessão do acréscimo de 25% sobre o valor do benefício, conforme dispõe o art. 45;

II – verificar a recuperação da capacidade de trabalho, mediante solicitação do aposentado ou pensionista que se julgar apto;

III – subsidiar autoridade judiciária na concessão de curatela.

De acordo com o art. 43, § 5º, da Lei 8.213/1991, inserido pela Lei 13.847, de 19/06/2019, o segurado aposentado por invalidez com HIV/AIDS é dispensado ao exame médico pericial de revisão.

A concessão de aposentadoria por incapacidade permanente, inclusive mediante transformação de auxílio por incapacidade temporária, está condicionada ao afastamento de todas as atividades.

O valor da aposentadoria por incapacidade permanente do segurado que necessitar da assistência permanente de outra pessoa será acrescido de 25% (vinte e cinco por cento). Este acréscimo será devido ainda que o valor da aposentadoria ultrapasse o teto.

Este benefício somente continua sendo pago enquanto permanecer a incapacidade para o trabalho e a remota possibilidade de reabilitação. Se o aposentado por invalidez se julgar apto ao retorno das atividades, deverá solicitar a realização de nova avaliação médico-pericial, sendo cancelada a aposentadoria, respeitando-se os seguintes prazos:

I –se for verificada recuperação total para o exercício de trabalho que o segurado habitualmente exercia e se esta recuperação tiver ocorrido dentro de cinco anos contados da data do início da aposentadoria por incapacidade permanente ou do auxílio por incapacidade temporária que a antecedeu, sem interrupção:

a) o benefício cessará de imediato, para o segurado empregado que tiver direito a retornar à função que desempenhava na empresa;

b) o benefício cessará depois de tantos meses quantos forem os anos de duração do auxílio por incapacidade temporária e da aposentadoria por incapacidade permanente, para os demais segurados.

II –se for verificada recuperação parcial para o exercício de trabalho que o segurado habitualmente exercia ou se esta recuperação tiver ocorrido depois de cinco anos contados da data do início da aposentadoria por incapacidade permanente ou do auxílio por incapacidade temporária que a antecedeu, ou, ainda, se for declarada a aptidão do segurado para o exercício de trabalho diverso do qual habitualmente exercia, a aposentadoria será mantida:

a) pelo seu valor integral, durante seis meses contados da data em que for verificada a recuperação da capacidade;

b) com redução de cinquenta por cento, no período seguinte de seis meses;

c) com redução de 75%, também por igual período de seis meses, ao término do qual cessará definitivamente.

Aposentadoria Programada do RGPS

O novo modelo de aposentadoria **programada** do RGPS cumula os requisitos de idade e tempo de contribuição, tal como já ocorria nos Regimes Próprios de Previdência Social, desde a promulgação da EC 20/1998. O § 7º do art. 201 da Constituição Federal de 1988, com texto alterado pela Emenda Constitucional 103/2019, dispõe que é assegurada aposentadoria no Regime Geral de Previdência Social, nos termos da lei, obedecidas as seguintes condições:

I - **65 anos de idade, se homem,** e **62 anos de idade, se mulher**, observado tempo mínimo de contribuição;

II - **60 anos de idade, se homem**, e **55 anos de idade, se mulher, para os trabalhadores rurais** e para os que exerçam suas atividades em regime de economia familiar, nestes incluídos o **produtor rural, o garimpeiro e o pescador artesanal.**

De acordo com o § 8º do art. 201 da Constituição Federal reformada, **o requisito de idade dos trabalhadores urbanos será reduzido em cinco anos, para o professor** que comprove tempo de efetivo exercício das funções de magistério na educação infantil e no ensino fundamental e médio fixado em lei complementar. Neste ponto, a reforma trouxe uma adaptação relevante, pois, no modelo anterior, os professores garantiam a redução de cinco anos na aposentadoria por tempo de contribuição e, neste novo modelo, a redução se aplica, inicialmente, às idades. O **professor** se aposenta, então, aos **60 anos de idade, se homem, e aos 57 anos de idade se mulher.**

A disposição transitória estabelecida no art. 19 da Emenda Constitucional 103/2019 dispõe que **até que até que lei disponha sobre este tempo de contribuição que o segurado filiado ao Regime Geral de Previdência Social após a data de entrada em vigor da Emenda Constitucional** 103/2019 será aposentado aos **62 anos de idade, se mulher, 65 anos de idade, se homem, 15 anos de tempo de contribuição, se mulher, e 20 anos de tempo de contribuição, se homem.**

O art. 19, § 1º, II, da EC 103/2019 institui a "regra permanente" (disposição transitória), dispondo que o **professor, homem ou mulher, que comprove 25 anos de contribuição** exclusivamente em efetivo exercício das funções de magistério na educação infantil e no ensino fundamental e médio e possua **57 anos de idade, se mulher, e 60 anos de idade, se homem** podem se aposentar voluntariamente. Esta regra é válida até que lei complementar venha dispor sobre o tema.

Notem que **o tempo mínimo de contribuição na atividade de docência dos professores homens foi reduzido de trinta para 25 anos**, com a Reforma da Previdência.

Aposentadoria por idade

Apesar da aposentadoria por idade ter sido extinta pela EC 103/2019, ela ainda será concedida por muitos anos por força de direito adquirido.

Aposentadoria por idade era o benefício devido ao segurado trabalhador urbano que completar 65 anos, se homem, e 60 anos, se mulher.

Essas idades eram reduzidas em cinco anos para os trabalhadores rurais e para os segurados garimpeiros (que são contribuintes individuais) que tivessem trabalhado, comprovadamente, em regime de economia familiar.

Para receber este benefício, o segurado necessitava contar com, pelo menos, 180 contribuições mensais, na data em que completasse a idade exigida.

A perda da qualidade de segurado não prejudicava o direito à aposentadoria por idade, para cuja concessão tinham sido preenchidos todos os requisitos, inclusive a carência.

A renda mensal da aposentadoria por idade era correspondente a 70% do salário de benefício mais 1% deste a cada grupo de doze contribuições mensais, até o máximo de 30%.

Lembramos de que a utilização do fator previdenciário para o cálculo do salário de benefício da aposentadoria por idade era facultativa.

A aposentadoria por idade era devida:

I -ao segurado empregado, inclusive o doméstico:

a) a partir da data do desligamento do emprego, quando requerida até noventa dias depois dela;

b) a partir da data do requerimento, quando não houver desligamento do emprego ou quando for requerida após o prazo da alínea a;

II – para os demais segurados, a partir da data da entrada do requerimento.

Aposentadoria por tempo de contribuição

Apesar de a aposentadoria por tempo de contribuição ter sido extinta pela EC 103/2019, ela ainda será concedida por muitos anos por força de direito adquirido.

Aposentadoria por tempo de contribuição era o benefício devido a todos os segurados, exceto o especial que não contribuísse como contribuinte individual, que tivesse efetuado 35 anos de contribuição, se homem, e 30 de contribuição, se mulher.

Esses limites eram reduzidos em cinco anos, para o professor que comprovasse exclusivamente tempo de efetivo exercício das funções de magistério na educação infantil e no ensino fundamental e médio.

A aposentadoria por tempo de contribuição exigia que o segurado cumprisse carência de 180 meses contributivos.

A aposentadoria por tempo de contribuição consistia numa renda mensal de 100% do salário de benefício, com a utilização obrigatória do fator previdenciário, exceto para os segurados que cumprissem os requisitos das fórmulas 96 e 86.

Para fins de apuração do salário de benefício de qualquer aposentadoria precedida de auxílio-acidente, o valor mensal deste era somado ao salário de contribuição, não podendo o total apurado ser superior ao limite máximo do salário de contribuição.

A regra para o início do benefício da aposentadoria por tempo de contribuição era a mesma relativa à aposentadoria por idade.

Aposentadoria especial por exposição a agentes nocivos

Antes da Reforma da Previdência de 2019, aposentadoria especial era devida ao segurado empregado, trabalhador avulso e contribuinte individual, este somente quando cooperado filiado à cooperativa de trabalho ou de produção, que tivesse **trabalhado durante 15, 20 ou 25 anos**, conforme o caso, sujeito a **condições especiais que prejudiquem a saúde ou a integridade física.**

A forma de comprovação da exposição aos agentes nocivos não sofreu alterações com a EC 103/2019. O segurado deverá comprovar a efetiva exposição aos agentes nocivos químicos, físicos, biológicos ou associação de agentes prejudiciais à saúde ou à integridade física, pelo período equivalente ao exigido para a concessão do benefício.

A EC 103/2019, art. 19, § 1º passou a exigir uma idade mínima, até que a lei complementar venha a tratar do tema. A aposentadoria especial, então, poderá ser concedida aos **60, 58 ou 55 anos de idade, para ambos os sexos**, quando estiverem expostos aos agentes físicos, químicos ou biológicos que ensejem aposentadoria, **respectivamente, aos 25, 20 ou 15 anos de contribuição.**

O valor do benefício da aposentadoria especial por exposição a agentes nocivos no RGPS segue a regra geral, com pequenas adaptações. Desta forma, **o valor da aposentadoria especial por contato com agente nocivo**, seguirá a regra geral de cálculo das aposentadorias **programadas**, ou seja, utiliza-se a **média aritmética simples dos salários de contribuição adotados como base para contribuições ao Regime Geral de Previdência Social**, atualizados monetariamente, **correspondentes a 100% do período contributivo desde a competência julho de 1994** ou desde o início da contribuição, se posterior àquela competência (art. 26 da EC 103/2019).

Após calcular a média sem possibilitar mais o descarte dos 20% menores salários de contribuição, o § 2º, IV, combinado com o § 5º do art. 26 da EC 103/2019 determina que o valor do benefício de aposentadoria corresponda a **60% da referida média, com acréscimo de 2% para cada ano de contribuição que exceder o tempo de 15 anos de contribuição, para mulheres ou para homens com direito a especial com 15 anos de exposição, e 20 anos de contribuição para homens que se aposentarem pela especial de 20 ou 25 anos de contribuição.** (Art. 26, § 2º, I, da EC 103/2019).

O art. 25, § 2º, da EC 103/2019 vedou a conversão de tempo especial em comum a partir da sua publicação. Garantiu, todavia, que o tempo especial prestado até a data de entrada em vigor desta Emenda Constitucional pudesse ser convertido em tempo de atividade comum. Esta relevante alteração promovida pela Reforma impede a conversão com os adicionais do tempo especial trabalhado após a data da publicação da EC 103/2019, em tempo comum.

A carência é de 180 contribuições mensais.

A perda da qualidade de segurado não prejudica o direito à aposentadoria especial, para cuja concessão tenham sido preenchidos todos os requisitos, inclusive a carência.

Entende-se por agentes nocivos físicos, químicos ou biológicos aqueles que possam trazer ou ocasionar danos à saúde ou à integridade física do trabalhador, nos ambientes de trabalho, em função de natureza, concentração, intensidade e fator de exposição.

A comprovação do exercício de atividade geradora de aposentadoria especial será feita pelo PPP – Perfil Profissiográfico Previdenciário, emitido pela empresa, com base na documentação de controle ambiental do trabalho, ou, alternativamente, até 31 de dezembro de 2003, pelos antigos formulários, antigo SB-40, DISES BE 5235, DSS-8030, DIRBEN-8030.

O benefício não é devido, quando os equipamentos de proteção individual ou coletiva (EPI ou EPC) forem capazes de dirimir ou diminuir a exposição aos agentes nocivos para o grau aceito pela legislação.

A regra para o início do benefício da aposentadoria especial é a mesma relativa à aposentadoria por idade.

O segurado que retornar ao exercício de atividade ou operação que o sujeite aos riscos e agentes nocivos, ou nele permanecer, na mesma ou em outra empresa, qualquer que seja a forma de prestação do serviço ou categoria de segurado, **será imediatamente notificado da cessação do pagamento de sua aposentadoria especial**, no prazo de sessenta dias contado da data de emissão da notificação, salvo comprovação, nesse prazo, de que o exercício dessa atividade ou operação foi encerrado.

Aposentadoria Especial do Deficiente

Em 09/05/2013, foi publicada a Lei Complementar 142, que regulamentou o § 1º do art. 201 da Constituição Federal, no tocante à aposentadoria da pessoa com deficiência segurada do Regime Geral de Previdência Social (RGPS). As regras entraram em vigor após seis meses da data da publicação da Lei, ou seja, em 09/11/2013.

De acordo com a LC 142, para o reconhecimento do direito à esta aposentadoria especial, considera-se pessoa com deficiência aquela que tem impedimentos de longo prazo de natureza física, mental, intelectual ou sensorial, os quais, em interação com diversas barreiras, podem obstruir sua participação plena e efetiva na sociedade em igualdade de condições com as demais pessoas.

Sendo, então, considerado deficiente, o segurado pode gozar desta aposentadoria especial, nas seguintes condições (art. 3º da LC 142):

I –aos **25 anos** de tempo de contribuição, **se homem**, e **20 anos**, **se mulher**, no caso de segurado com **deficiência grave**;

II –aos **29 anos** de tempo de contribuição, se homem, e **24 anos**, **se mulher**, no caso de segurado com **deficiência moderada**;

III –aos **33 anos** de tempo de contribuição, **se homem**, e **28 anos**, **se mulher**, no caso de segurado com **deficiência leve**; ou

IV –aos **60 anos de idade**, se homem, e **55 anos de idade**, se mulher, independentemente do grau de deficiência, desde que cumprido tempo mínimo de **contribuição de 15 anos** e comprovada a existência de deficiência durante igual período.

A data do início da deficiência deve ser comprovada para fins de contagem de tempo de atividade para concessão da aposentadoria especial do deficiente.

A existência de deficiência anterior à data da vigência da Lei Complementar deverá ser certificada, inclusive quanto ao seu grau, por ocasião da primeira avaliação, sendo obrigatória a fixação da data provável do início da deficiência. Assim, o médico-perito do INSS tem a árdua missão de identificar quando a deficiência se iniciou e qual era o seu grau desde o início.

Caso o segurado, após a filiação ao RGPS, torne-se pessoa com deficiência, ou tenha seu grau de deficiência alterado, o tempo de atividade necessário para sua aposentadoria deve ser proporcionalmente ajustado, considerando-se o número de anos em que o segurado exerceu atividade laboral sem deficiência e com deficiência, observado o grau de deficiência correspondente, conforme dispuser o regulamento.

A renda mensal da aposentadoria devida ao segurado com deficiência será calculada nos seguintes percentuais:

I – **100%, no caso da aposentadoria por tempo de atividade**, conforme dispõe os incisos I, II e III do art. 3º, ou seja, aos 25, 29 ou 33 anos de atividade para os homens e aos 20, 24 ou 28 anos de atividade para as mulheres;

II – **70% mais 1% do salário de benefício por grupo de 12 contribuições mensais** até o máximo de 30%, no caso de aposentadoria por idade, aos 60 anos de idade, se homem, e 55 anos de idade, se mulher.

O fator previdenciário somente será utilizado em benefício do segurado aposentado especial por deficiência, sendo esta uma grande vantagem para o cálculo do valor do benefício, pois, se a utilização do fator fosse obrigatória, os benefícios dos deficientes sofreriam forte decréscimo por conta da redução do tempo de contribuição e da idade previstas na própria lei.

É permitida a contagem recíproca do tempo de contribuição na condição de segurado com deficiência relativo à filiação ao RGPS, ao regime próprio de Previdência do servidor público ou a regime de Previdência militar, devendo os regimes compensar-se financeiramente. Assim, o segurado deficiente que for aprovado em concurso público poderá converter o tempo de atividade especial para fins de aposentadoria no serviço público.

Salário-família

Salário-família é benefício com valor fixo, concedido, mensalmente, ao trabalhador avulso e ao segurado empregado, inclusive doméstico, de baixa renda (que tenha salário de contribuição inferior ou igual a R$ 1.906,04, atualmente).

A cota do salário-família sofreu alteração com a EC 103/2019. Antes da Reforma de 2019, ela consistia em um valor fixo pago mensalmente ao segurado por cada filho que atendesse às exigências legais, conforme segue:

I –R$ 46,54, **para o segurado com remuneração mensal não superior a** R$ 907,77;

II –R$ 32,80, **para o segurado com remuneração mensal superior a** R$ 907,77 **e igual ou inferior a** R$ 1.364,43.

O § 2º do art. 27 da EC 103/2019, todavia, definiu que até que lei discipline o valor do salário-família, ele será de **R$ 65,00, acabando assim com a cota de valor inferior, trazendo vantagem aos segurados (valor atualizado).**

Os aposentados por idade e os demais aposentados com 65 anos ou mais de idade, se do sexo masculino, ou 60 anos ou mais, se do feminino, terão direito ao salário-família, pago juntamente com a aposentadoria. Entendemos que o aposentado voluntariamente também tem direito ao salário-família.

O valor do salário-família do trabalhador avulso independe do número de dias trabalhados no mês e deve ser pago pelo sindicato ou órgão gestor de mão de obra, mediante convênio com o INSS.

As cotas do salário-família são pagas pela empresa, que fica autorizada a reembolsar o valor correspondente da guia de recolhimento com as contribuições sobre a folha de pagamento. Caso o segurado esteja em gozo de benefício previdenciário, o responsável pelo pagamento será o INSS. Neste caso, no mês de afastamento por doença, a empresa será responsável pelo pagamento e, no mês de retorno, ficará este a cargo do INSS.

Quando o pai e a mãe são segurados, são pagas as cotas relativas a cada um deles, sendo estas, todavia, destinadas ao que esteja com a guarda do menor, no caso de serem divorciados, havendo autorização judicial neste sentido.

Somente será devido o pagamento das cotas, a partir da data da apresentação da certidão de nascimento do filho ou da documentação relativa ao equiparado. É exigida, ainda, a apresentação, à empresa, do atestado anual de vacinação obrigatória do filho ou equiparado, até seis anos de idade, e a comprovação semestral de frequência deste à escola, a partir dos quatro anos, até completar quatorze anos, quando perde o benefício.

Havendo atraso na apresentação da carteira de vacinação, o benefício poderá ser concedido, retroativamente, ainda que a vacina tenha sido dada fora do prazo. Se houver, todavia, atraso no comprovante de frequência escolar, o benefício somente será pago, retroativamente, se comprovada a frequência no período anterior.

O empregado doméstico somente necessita apresentar a certidão de nascimento do filho ou equiparado para ter direito ao recebimento do salário-família.

O salário-família cessa com a morte do filho ou do equiparado, quando o filho ou equiparado completar 14 anos, salvo se inválido e pela recuperação da capacidade do filho inválido, ou pelo desemprego do segurado.

A empresa deve exigir do segurado a assinatura de termo de responsabilidade, no qual se compromete a avisá-la e ao INSS sobre qualquer fato que motive o encerramento do benefício, como morte do filho, recuperação da capacidade do filho inválido, dentre outros, sob pena de restituição do que lhe for pago incorretamente.

Salário-maternidade

Salário-maternidade é o benefício pago a qualquer segurado, durante 120 dias, com início até 28 dias antes e término 91 dias depois do parto, podendo ser aumentado por mais duas semanas, antes e depois do parto, mediante atestado médico.

O salário-maternidade das seguradas empregadas é pago da mesma forma que o salário-família, ou seja, o valor é pago pela empresa, que fica autorizada a reembolsar-se da quantia correspondente, quando do pagamento da guia das contribuições sobre a folha de pagamento. As demais seguradas continuam a receber o benefício diretamente do INSS.

A Lei 12.470/2011 alterou a forma de pagamento do salário maternidade da empregada ou avulsa contratada pelo MEI, imputando a responsabilidade pela quitação do benefício à Previdência Social.

Não há carência para as seguradas empregadas, inclusive as domésticas, e para as trabalhadoras avulsas. As seguradas facultativas e contribuintes individuais, entretanto, precisam ter realizado dez contribuições para ter direito ao benefício. Já a segurada especial terá direito ao salário-maternidade, desde que comprove o exercício de atividade rural, nos últimos dez meses imediatamente anteriores ao requerimento do benefício, mesmo que de forma descontínua.

Em caso de parto antecipado, devidamente comprovado, o período de carência referido será reduzido em número de contribuições equivalente ao número de meses em que o parto foi antecipado.

O STF, no julgamento da **ADI 2111/DF e ADI 2110/DF**, quanto no mérito, julgado em 21.03.2024, **considerou inconstitucional a carência de 10 (dez) contribuições para a segurada contribuinte individual, especial e facultativa**, prevista no inciso III, do art. 25, da Lei 8.213/91.

A Suprema Corte entendeu que a fixação de carência apenas para as trabalhadoras contribuintes individuais fere o princípio da isonomia, estabelece inadmissível presunção de má-fé das trabalhadoras autônomas e viola o princípio da integral proteção à maternidade e à criança, previsto no art. 227 da CF/88.

O INSS ainda não está aplicando essa decisão, pois aguarda o trânsito em julgado e posterior normatização administrativa.

O valor do salário-maternidade é:

a) Para a empregada: a remuneração devida no mês do seu afastamento, não sujeito ao limite máximo do salário de contribuição. Se for o caso de salário total ou parcialmente variável, o valor será igual à média aritmética simples dos seis últimos salários, também não sujeito ao limite máximo do salário de contribuição;

b) Para a trabalhadora avulsa: sua última remuneração integral equivalente a um mês de trabalho, não sujeito ao limite máximo do salário de contribuição;

c) Para a empregada doméstica: seu último salário de contribuição;

d) Para a segurada especial: um salário mínimo, exceto se, por opção, estiver contribuindo na qualidade de contribuinte individual;

e) Para a contribuinte individual e para a segurada facultativa: média aritmética dos doze últimos salários de contribuição, apurados em período não superior a quinze meses.

O benefício de salário-maternidade para empregadas e avulsas terá a renda mensal sujeita ao limite máximo correspondente à remuneração dos Ministros do Supremo Tribunal Federal, que a partir de fevereiro de 2025 passou para R$ 46.366,19.

Em caso de aborto não criminoso, comprovado mediante atestado médico, a segurada terá direito ao **salário-maternidade correspondente a duas semanas** (art. 93, § 5º, RPS, aprovado pelo Decreto 3.048/1999).

É devido salário-maternidade de duas semanas, em caso de aborto não criminoso, comprovado por meio de atestado médico. Na situação de ocorrência de natimorto, comprovado mediante certidão de óbito, garante-se à gestante os 120 dias previstos em lei, sem necessidade de avaliação médico-pericial pelo INSS.

De acordo com a inovadora redação do art. 71-A da Lei 8.213/1991, alterada pela Lei 12.873/2013, **ao segurado ou segurada** da Previdência Social que **adotar ou obtiver guarda judicial para fins de adoção de criança** é devido salário-maternidade pelo período de 120 dias.

Assim, esta nova redação dispõe que o salário-maternidade é devido tanto a homens quanto a mulheres que adotarem **crianças**, de qualquer idade. Conforme a definição do art. 2º do Estatuto da Criança e do Adolescente, criança é a pessoa **menor de 12 anos de idade** e adolescente é a pessoa de 12 anos até completar 18 anos de idade. Conclui-se, assim, que o salário-maternidade será devido aos homens ou mulheres que adotarem pessoas menores de 12 anos, uma vez que a lei só garantiu tal direito em caso de adoção de criança, excluindo a possibilidade de concessão para quem adotar adolescente.

Ressalvado o pagamento do salário-maternidade à mãe biológica e ao benefício pago em caso de falecimento do cônjuge ou companheiro, não poderá ser concedido o benefício a mais de um segurado, decorrente do mesmo processo de adoção ou guarda, ainda que os cônjuges ou companheiros estejam submetidos a Regime Próprio de Previdência Social.

A avançada Lei 12.873/2013 garantiu também que, no caso de **falecimento da segurada ou segurado** que fizer jus ao recebimento do salário-maternidade, **o benefício será pago**, por todo o período ou pelo tempo restante a que teria direito, **ao cônjuge ou companheiro** sobrevivente **que tenha a qualidade de segurado**, exceto no caso do falecimento do filho ou de seu abandono, observadas as normas aplicáveis ao salário-maternidade (art. 71-B da Lei 8.213/1991).

Esta redação deixa claro que o homem passa a ter direito ao salário-maternidade também em caso de morte da mulher no parto ou durante o gozo do salário-maternidade, desde que ele seja segurado do RGPS ou mantenha esta qualidade.

O salário-maternidade em caso do falecimento de segurado ou segurada deve ser requerido até o último dia do prazo previsto para o término do salário-maternidade originário, devendo ser pago diretamente pela Previdência Social durante o período entre a data do óbito e o último dia do término do salário-maternidade originário e será calculado sobre:

I –a remuneração integral, para o empregado e trabalhador avulso;

II –o último salário de contribuição, para o empregado doméstico;

III –1/12 da soma dos 12 últimos salários de contribuição, apurados em um período não superior a quinze meses, para o contribuinte individual, facultativo e desempregado; e

IV –o valor do salário mínimo, para o segurado especial.

Obviamente, a percepção do salário-maternidade, inclusive o concedido no caso de falecimento do segurado, está condicionada ao afastamento do segurado do trabalho ou da atividade desempenhada, sob pena de suspensão do benefício.

O abono anual (equivalente ao 13º salário), proporcional ao período de gozo do benefício, é pago, no caso de salário-maternidade, juntamente com a última parcela de cada ano.

Auxílio por incapacidade temporária (por incapacidade temporária)

Auxílio por incapacidade temporária é o benefício devido a todos os segurados que ficarem incapacitados para o trabalho ou atividade habitual, por mais de 15 dias consecutivos.

O auxílio por incapacidade temporária pode ser de dois tipos: acidentário ou ordinário. Auxílio por incapacidade temporária acidentário é o decorrente de acidentes do trabalho e seus equiparados, doença profissional e doença do trabalho. O auxílio por incapacidade temporária ordinário (chamado também de previdenciário) é o concedido em relação aos demais casos, de origem não ocupacional.

Acidente do trabalho é o que ocorre pelo exercício do trabalho a serviço da empresa, ou de empregador doméstico, provocando lesão corporal ou perturbação funcional que cause a perda ou redução temporária da capacidade para o trabalho. As doenças profissionais e do trabalho (LER – lesão por esforço repetitivo, perda da audição induzida pelo ruído etc.) também são consideradas como acidentes de trabalho.

Não são consideradas doenças do trabalho, no entanto, a doença degenerativa, a inerente a grupo etário, a que não produza incapacidade para o trabalho, a doença endêmica adquirida por segurado habitante de região em que ela se desenvolva, salvo comprovação de que é resultante de exposição ou contato direto determinado pela natureza do trabalho.

A empresa ou empregador doméstico deverão comunicar o acidente do trabalho à Previdência Social até o primeiro dia útil seguinte ao da ocorrência e, em caso de morte, de imediato, à autoridade competente. Na falta de comunicação por parte da empresa, podem formalizá-la, a qualquer tempo, o próprio acidentado, seus dependentes, a entidade sindical competente, o médico que o assistiu ou qualquer autoridade pública.

O segurado que sofreu acidente do trabalho tem garantida, pelo prazo mínimo de doze meses, a manutenção do seu contrato de trabalho na empresa, após a cessação do auxílio por incapacidade temporária acidentário, independentemente de percepção de auxílio-acidente.

A Medida Provisória 316, convertida na Lei 11.430 de 26/12/2006, acrescentou o art. 21-A à Lei 8213/1991, com a seguinte redação: "Presume-se caracterizada incapacidade acidentária quando estabelecido o nexo técnico epidemiológico entre o trabalho e o agravo, decorrente da relação entre a atividade da empresa e a entidade mórbida motivadora da incapacidade, em conformidade com o que dispuser o regulamento."

Desta forma, com o Nexo Técnico Epidemiológico Previdenciário (NTEP) previsto em regulamento, o Médico-Perito da Previdência Social verificará a relação da doença do segurado com a atividade desenvolvida na empresa, a partir de decreto elaborado com esta finalidade, e presumirá, caso seja detectado nexo, que a doença foi decorrente de acidente de trabalho.

O Decreto 6.042/1999 regulamentou o NTEP, considerando-se estabelecido o nexo entre o trabalho e o agravo quando se verificar nexo técnico epidemiológico entre a atividade da empresa e a entidade mórbida motivadora da incapacidade, elencada na Classificação Internacional de Doenças (CID) em conformidade com o disposto na Lista C do Anexo II, do RPS.

De acordo com os §§ 2º a 8º do art. 59 da Lei 8.213/1991, inserido pela Lei 13.846, de 19/06/2019, **não será devido o auxílio por incapacidade temporária para o segurado recluso em regime fechado**, que tenha sido recolhido à prisão após esta alteração legislativa. O segurado recluso em cumprimento de pena em regime aberto ou semiaberto terá direito ao auxílio por incapacidade temporária.

O segurado em gozo de auxílio por incapacidade temporária na data do recolhimento à prisão terá o benefício **suspenso pelo prazo de até 60 dias, contados da data do recolhimento à prisão,** cessado o benefício após o referido prazo. Na hipótese de o segurado ser colocado em liberdade antes dos 60 dias, o benefício será restabelecido a partir da data da soltura. Em caso de prisão declarada ilegal, o segurado terá direito à percepção do benefício por todo o período devido.

A carência para este benefício é de 12 contribuições mensais, salvo nos casos de acidente de qualquer natureza ou causa ou nas situações em que ela foi motivada pela ocorrência de alguma das doenças especificadas em lista elaborada pelos Ministérios da Saúde, da Previdência e da Assistência Social.

Havendo perda da qualidade de segurado, as contribuições anteriores a essa perda somente serão computadas, para efeito de carência, depois que o segurado, a partir da nova filiação ao Regime Geral de Previdência Social, cumprir metade da carência exigida para a concessão do benefício.

O auxílio por incapacidade temporária é devido:

I -ao segurado empregado, a contar do 16º dia do afastamento da atividade ou a partir da data da entrada do requerimento, se entre o afastamento e a entrada do requerimento decorrerem mais de 30 dias;

II -ao segurado empregado doméstico, contribuinte individual, trabalhador avulso, especial ou facultativo, a contar da data do início da incapacidade ou da data da entrada do requerimento, se entre essas datas decorrerem mais de trinta dias.

Cabe à empresa pagar ao segurado empregado seu salário, nos primeiros 15 dias consecutivos de afastamento da atividade por motivo de doença. Os demais segurados recebem o auxílio por incapacidade temporária, a contar da data do início da incapacidade.

A renda mensal do auxílio por incapacidade temporária corresponde a 91% do salário de benefício e o salário de benefício é calculado a partir da média aritmética dos 100% salários de contribuição de todo o período contributivo (contado a partir de julho de 1994).

Caso o segurado que possui mais de uma atividade fique definitivamente incapacitado para uma delas, o auxílio por incapacidade temporária será mantido, indefinidamente, em relação a esta atividade, não cabendo sua transformação em aposentadoria por incapacidade permanente, enquanto a incapacidade não se estender às demais atividades.

Se concedido novo benefício, decorrente da mesma doença, dentro de 60 dias contados da cessação do benefício anterior, a empresa ficará desobrigada do pagamento relativo aos 15 primeiros dias de afastamento, reativando-se o benefício anterior.

Caso o segurado fique incapacitado por apenas 15 dias, retornando ao trabalho, no 16º dia, sem que o auxílio por incapacidade temporária lhe tenha sido pago, gerará vantagem em favor da empresa, no sentido de que, um novo afastamento, decorrente da mesma doença, dentro dos seguintes 60 dias, garantirá a concessão de auxílio por incapacidade temporária desde o primeiro dia de afastamento.

O segurado em gozo de auxílio por incapacidade temporária está obrigado a submeter-se a exame médico a cargo da Previdência Social, a processo de reabilitação profissional e a tratamento, exceto o cirúrgico e a transfusão de sangue, que são facultativos.

O auxílio por incapacidade temporária cessa pela recuperação da capacidade para o trabalho ou, pela transformação em aposentadoria por incapacidade permanente ou em auxílio-acidente de qualquer natureza, neste caso, se resultar sequela que implique redução da capacidade para o trabalho que habitualmente exercia.

Auxílio-acidente

Auxílio-acidente é o benefício concedido como indenização ao segurado empregado, ao empregado doméstico, ao trabalhador avulso e ao segurado especial, quando, após a consolidação das lesões decorrentes de acidente de qualquer natureza, resultar sequela definitiva:

I -que implique redução da capacidade para o trabalho que habitualmente exerciam;

II -que implique redução da capacidade para o trabalho que habitualmente exerciam e que exija maior esforço para o desempenho da mesma atividade que exerciam à época do acidente;

III -que implique impossibilidade de desempenho da atividade que exerciam à época do acidente, porém permita o desempenho de outra, após processo de reabilitação profissional, nos casos indicados pela perícia médica do INSS.

O direito ao auxílio-acidente independe de qualquer carência. O valor do auxílio-acidente corresponde a 50% do valor da aposentadoria por incapacidade permanente que o segurado teria direito, sendo devido a partir do dia seguinte ao da sua cessação, independentemente de qualquer remuneração ou rendimento auferido pelo acidentado. No caso de reabertura de auxílio por incapacidade temporária por acidente de qualquer natureza que tenha dado origem a auxílio-acidente, este será suspenso, até a cessação do auxílio por incapacidade temporária reaberto, quando, então, será reativado.

O auxílio-acidente será devido, a partir do dia seguinte ao da cessação do auxílio por incapacidade temporária, até a véspera de início de qualquer aposentadoria, oportunidade em que será inserido na base de cálculo do referido benefício, ou até a data do óbito do segurado. Durante o período de percepção do auxílio-acidente, o beneficiário mantém-se na qualidade de segurado, independentemente de contribuição e de estar ou não realizando serviço remunerado.

A perda da audição, em qualquer grau, somente proporcionará a concessão do auxílio-acidente, quando, além do reconhecimento do nexo de causa entre o trabalho e a doença, resultar, comprovadamente, a redução ou perda da capacidade para o trabalho que o segurado habitualmente exercia.

No caso de reabertura de auxílio por incapacidade temporária por acidente de qualquer natureza que tenha dado origem a auxílio-acidente, este será suspenso, até a cessação do auxílio por incapacidade temporária reaberto, quando, então, será reativado.

Pensão por morte

Pensão por morte é o benefício devido ao conjunto dos dependentes do segurado que falecer, aposentado ou não. Havendo mais de um pensionista dentro da mesma classe, a pensão será rateada entre todos, em partes iguais.

A concessão da pensão por morte independe de carência. São exigidas, no entanto, **18 contribuições mensais** para que o prazo da pensão por morte do cônjuge ou companheiro(a) do segurado seja escalonado em função da sua idade (art. 77, § 2º, V, c, da Lei 8.213/1991).

Se o segurado falecer sem ter cumprido as 18 contribuições mensais, deixará o benefício de pensão por morte para o seu cônjuge ou companheiro(a) pelo período de apenas quatro meses. No entanto, se o óbito for decorrente de acidente de qualquer natureza ou de doença profissional ou do trabalho, mesmo que o segurado não tenha cumprido as 18 contribuições necessárias, deixará a pensão por morte por período variável a depender da idade do cônjuge sobrevivente, de acordo com a seguinte tabela (art. 77, V, c, da Lei 8.213/1991, atualizado pela Portaria 424 de 29/12/2020)):

Idade do companheiro ou companheira	Duração do benefício
Menores que 22 anos	3 anos
A partir de 22 anos até 27 anos	6 anos
A partir de 28 anos até 30 anos	10 anos
A partir de 31 anos até 41 anos	15 anos
A partir de 42 anos até 44 anos	20 anos
A partir de 45 anos	Vitalícia

Da mesma forma, a Lei 13.135/2015 exigiu, para a aplicação dos prazos de duração da pensão por morte escalonados, dois anos de união estável ou casamento. Em caso de óbitos por acidente de qualquer natureza ou por doença profissional ou do trabalho, o prazo de união é dispensado, podendo a pensão por morte ser concedida conforme os escalonamentos de prazos em função da idade do cônjuge sobrevivente. Se na data do falecimento do segurado o dependente não tiver os dois anos de casamento ou de união estável, a pensão por morte será concedida por apenas **quatro meses**.

No caso de dependente inválido ou com deficiência, a pensão por morte será concedida até a duração desta condição. Se a cessação da invalidez ou da deficiência se der antes dos prazos de duração definidos para o dependente capaz, o deficiente gozará o benefício por este prazo mínimo.

A pensão por morte será devida ao conjunto dos dependentes do segurado que falecer, aposentado ou não, a contar da data:

I -**do óbito**, quando requerida:

a) pelo dependente maior de 16 anos, até 90 dias da data do óbito;

b) pelo dependente menor de até 16 anos, até 180 dias da data do óbito;

II -**do requerimento**, quando requerida após o prazo previsto no inciso I; ou

III -**da decisão judicial**, no caso de morte presumida;

Valores não recebidos em vida pelo segurado serão pagos aos seus dependentes habilitados à pensão por morte ou, na falta deles, aos seus sucessores.

Considera-se morte presumida, para fins de concessão da pensão, a situação em que:

a) o segurado desaparece do seu domicílio sem dele haver notícia e sem deixar procurador ou, deixando-o, este não queira ou não possa exercer ou continuar o mandato, inclusive no caso de insuficiência de poderes para tanto;

b) em caso de desaparecimento do segurado por motivo de catástrofe, acidente ou desastre.

Diante disto, a pensão poderá ser concedida, em caráter provisório, por conta da chamada "morte presumida", declarada judicialmente. Verificado o reaparecimento do segurado, o pagamento da pensão cessa imediatamente, ficando os dependentes desobrigados da reposição dos valores recebidos, salvo má-fé.

A pensão por morte somente será devida ao dependente inválido, se for comprovada pela perícia médica a existência de invalidez na data do óbito do segurado. Esta situação é aplicável, também, ao dependente menor de idade que se invalidar antes de completar vinte e um anos. O pensionista inválido está obrigado a submeter-se a exame médico a cargo da Previdência Social, a processo de reabilitação profissional por ela prescrito e custeado e a tratamento dispensado gratuitamente, exceto o cirúrgico e a transfusão de sangue, que são facultativos.

De acordo com o art. 23 da EC 103/2019, **a pensão por morte concedida a dependente de segurado do Regime Geral de Previdência Social** ou de servidor público federal será equivalente **a uma cota familiar de 50% do valor da aposentadoria recebida pelo segurado ou servidor ou daquela a que teriam direito se fossem aposentados por incapacidade permanente na data do óbito, acrescida de cotas de 10% por dependente, até o máximo de 100%.**

O valor do auxílio-acidente eventualmente recebido será incorporado para cálculo da Renda Mensal do Benefício da pensão por morte. Quando, entretanto, o segurado já estiver aposentado, e o valor do auxílio-acidente que recebia enquanto estava trabalhando já tiver sido incorporado ao valor da aposentadoria recebida, obviamente, o valor da pensão será calculado com base na aposentadoria já recebida

O valor da aposentadoria por incapacidade permanente do segurado que necessitar da assistência permanente de outra pessoa será acrescido de 25%, mas este acréscimo não será incorporado ao valor da pensão por morte.

As situações que implicam a perda da cota individual da pensão por morte ocorrem (art. 77, § 2º, da Lei 8.213/1991, alterada pela Lei 13.135/2015):

I)Pela morte do pensionista;

II)Para o filho, a pessoa a ele equiparada ou o irmão, de ambos os sexos, ao completar 21 anos de idade, salvo se for inválido ou tiver deficiência intelectual ou mental ou deficiência grave;

III)Para o filho e o irmão inválido, pela cessação da invalidez;

IV)Para o filho ou irmão que tenha deficiência intelectual ou mental ou deficiência grave, pelo afastamento da deficiência, nos termos do regulamento.

V)Para o cônjuge ou companheiro:

a) se inválido ou com deficiência, pela cessação da invalidez ou pelo afastamento da deficiência, respeitados os períodos de gozo do benefício da pensão.

b) em quatro meses, se o óbito ocorrer sem que o segurado tenha vertido 18 contribuições mensais ou se o casamento ou união estável tiverem sido iniciados em menos de dois anos antes do óbito do segurado.

c) transcorridos os seguintes períodos, estabelecidos de acordo com a idade do beneficiário na data do óbito do segurado, se o óbito ocorrer depois de vertidas dezoito contribuições mensais e pelo menos dois anos após o início do casamento ou da união estável:

1) três anos, com menos de 22 anos de idade;

2) seis anos, entre 22 e 27 anos de idade;

3) dez anos, entre 28 e 30 anos de idade;

4) quinze anos, entre 31 e 41anosde idade;

5) vinte anos, entre 42 e 44 anos de idade;

6) vitalícia, com 45 ou mais anos de idade.

Auxílio-reclusão

Auxílio-reclusão é o benefício devido, nas mesmas condições da pensão por morte, aos dependentes de qualquer espécie de segurado de baixa renda, recolhido à prisão, sob regime fechado, que não receber remuneração da empresa, nem estiver em gozo de auxílio por incapacidade temporária, pensão por morte, salário-maternidade, aposentadoria ou abono de permanência em serviço, desde que o seu último salário de contribuição seja inferior ou igual a R$ 1.906,04, atualmente.

O § 1º do art. 27 da EC 103/2019, entretanto, dispõe que até que lei discipline o valor do auxílio-reclusão, seu cálculo se dará na forma da pensão por morte, **não podendo exceder o valor de um salário mínimo**. Assim, o valor do benefício de auxílio-reclusão foi limitado a um salário mínimo.

Até a MP 871, de 18/01/2019, o critério para a apuração da baixa renda era o último salário de contribuição do segurado. Com a alteração, a aferição da renda mensal bruta para enquadramento do segurado como de **baixa renda** ocorre pela **média dos salários de contribuição apurados no período de 12 meses anteriores ao mês do recolhimento à prisão.**

A Lei 13.846/2019 inseriu o § 6º ao art. 80 da Lei 8.213/1991, esclarecendo que **se o segurado tiver recebido benefícios por incapacidade** no período de 12 meses que serve de base para a apuração da baixa renda, **o salário de benefício que serviu de base para o cálculo da renda mensal do benefício por incapacidade, reajustado, será considerado como o salário de contribuição** para a apuração da baixa renda, não podendo ser inferior ao valor de um salário mínimo.

Este benefício será oferecido aos dependentes do segurado, inclusive quando ele não estiver exercendo atividade remunerada, na data do seu efetivo recolhimento à prisão, desde que mantida a qualidade de segurado.

A concessão deste benefício exige carência de 24 contribuições mensais. Exige também as 18 contribuições mensais para a aplicação do prazo escalonado de duração deste benefício no caso de cônjuge ou companheiro, nas mesmas condições da pensão por morte. Não tendo cumprido estas 18 contribuições, seus dependentes terão direito ao auxílio-reclusão por apenas quatro meses. Obviamente, como o benefício passou a exigir carência de 24 contribuições mensais, uma vez cumprindo esta exigência terá cumprido também as 18 contribuições mensais.

Com a EC 103/2019, as mesmas alterações efetuadas nas regras da pensão por morte devem ser aplicadas ao auxílio-reclusão. Desta forma, o valor deste benefício será equivalente **a uma cota familiar de 50% do valor da aposentadoria recebida pelo segurado ou daquela a que teria direito se fosse aposentado por incapacidade permanente na data do óbito, acrescida de cotas de 10% por dependente, até o máximo de 100%.**

O exercício de atividade remunerada do segurado recluso, em cumprimento de pena em regime fechado, não acarreta a perda do direito ao recebimento do auxílio-reclusão para seus dependentes (art. 80, § 7º, da Lei 8.213/1991, inserido pela Lei 13.846/2019).

Antes desta alteração legislativa, o exercício de atividade em regime fechado ou semiaberto não acarretava perda do auxílio-reclusão, mas a Lei 13.846/2019 restringiu esta possibilidade para o regime fechado.

Observa-se, todavia, que, conforme já comentado nesta obra, o Decreto 7.054/2009 alterou o enquadramento do segurado preso que exerce atividade remunerada, considerando-o segurado facultativo (vide tópico 5.3). Desta forma, apesar de ainda vigente a redação do § 6º do art. 116 do RPS, não é mais possível que o preso contribua como contribuinte individual.

A data de início do benefício será fixada na data do efetivo recolhimento do segurado à prisão, se requerido até 90 dias depois desta, para o maior de 16 anos, ou se requerido até 180 dias depois da prisão, para o dependente de até 16 anos. No caso de requerimento após estes prazos, o auxílio-reclusão será concedido a partir da data do requerimento.

No caso de fuga, o benefício será suspenso e, se houver recaptura do segurado, será restabelecido, a contar da data em que esta ocorrer, desde que esteja, ainda, mantida a qualidade de segurado.

O auxílio-reclusão cessa:

a) pela perda da qualidade de dependente, com a extinção da última cota individual;

b) se o segurado passar a receber aposentadoria;

c) pelo óbito do segurado;

d) na data da soltura – o beneficiário, por isso, deverá apresentar, trimestralmente, atestado de que o segurado continua preso, firmado pela autoridade competente;

e) pelo decurso do prazo de recebimento de pensão pelo cônjuge, companheiro ou companheira.

SERVIÇOS DA PREVIDÊNCIA SOCIAL

Serviço social

O serviço social tem como objetivo suprir a necessidade de esclarecimento aos beneficiários sobre seus direitos sociais e os meios de exercê-los. Deve promover a intermediação do relacionamento entre os beneficiários e a Previdência Social.

O profissional responsável por prestar este serviço é o assistente social do quadro do INSS, que elabora o parecer social, a pedido do setor de benefício, para auxiliar a decisão de sua concessão, assim como, a pesquisa social, que objetiva estudar a realidade e as necessidades socioeconômicas dos beneficiários.

Perícia médica

A perícia médica é o serviço da Previdência Social que busca assessorar o INSS na concessão de benefícios, principalmente por incapacidade, e no encaminhamento para o serviço de habilitação/reabilitação profissional.

Habilitação e reabilitação profissional

A habilitação e reabilitação profissional visam proporcionar aos beneficiários com incapacidade total ou parcial tratamento que possibilite o retorno ao mercado de trabalho.

Deve ser disponibilizada aos segurados (inclusive aposentados) e dependentes, sendo, entretanto, obrigatória para os segurados que recebam benefícios por incapacidade. Deve ser fornecido, na medida do possível, aos dependentes.

Finalizado o tratamento, o INSS emitirá certificado para o reabilitando, informando a função na qual foi capacitado, não sendo obrigação do INSS a recolocação do segurado no mesmo emprego ou em qualquer outro.

A empresa que tiver 100 ou mais empregados está obrigada a preencher de 2% a 5% do seu quadro com reabilitados ou portadores de deficiência, na seguinte proporção:

- De 100 a 200 = 2%;
- De 201 a 500 = 3%;
- De 501 a 1000 = 4%;
- De 1001 em diante = 5%.

BENEFÍCIOS DA ASSISTÊNCIA SOCIAL

Há, no texto constitucional, garantia de concessão de benefício assistencial de um salário mínimo mensal, independentemente de contribuição, em favor de pessoa portadora de deficiência ou idoso que comprove não possuir meios de prover à própria manutenção ou de tê-la provida por sua família.

Esta pessoa, a quem se destina tal benefício, deverá ser brasileiro, não amparado por qualquer sistema de Previdência Social, ou estrangeiro naturalizado e domiciliado no Brasil, não coberto por sistema de Previdência do país de origem.

Pessoa com deficiência é aquela que tem impedimento de longo prazo de natureza física, mental, intelectual ou sensorial, o qual, em interação com uma ou mais barreiras, pode obstruir sua participação plena e efetiva na sociedade em igualdade de condições com as demais pessoas (art. 20, § 2º, da Lei 8.742/1993). Considera-se impedimento de longo prazo, aquele que produza efeitos pelo prazo mínimo de **dois anos**.

Para fins de requerimento deste benefício, entende-se como família o conjunto de pessoas consideradas dependentes previdenciários, desde que vivam sob o mesmo teto. Assim, é considerada incapaz de prover a manutenção da pessoa portadora de deficiência ou idosa, a família cuja renda mensal per capita seja igual ou inferior a ¼ do salário mínimo (inferior, hoje, a R$ 379,50, por pessoa).

O benefício já concedido a qualquer membro da família da pessoa idosa não será computado, para fins do cálculo da renda familiar *per capita*, para concessão de novos benefícios assistenciais (art. 34, § único, Lei 10.741 – Estatuto da Pessoa Idosa).

Este benefício não está sujeito a desconto de qualquer contribuição e não gera direito a abono anual (o equivalente ao décimo terceiro salário).

ACUMULAÇÃO DE BENEFÍCIOS

Os seguintes benefícios não são cumuláveis, salvo direito adquirido:

I – aposentadoria com auxílio por incapacidade temporária (o aposentado somente tem direito a salário-maternidade, salário-família para aposentados por idade e demais aposentados maiores de 65 anos, se homens e 60, se mulheres, e reabilitação profissional);

II – aposentadoria com abono de permanência em serviço;

III – salário-maternidade com auxílio por incapacidade temporária;

IV – mais de uma aposentadoria (do RGPS) ou mais de um auxílio-acidente;

V – mais de uma pensão deixada por cônjuge ou companheiro(a), facultado o direito pela mais vantajosa;

VI – auxílio-acidente com qualquer aposentadoria (o auxílio acidente já é utilizado no cálculo do SB da aposentadoria);

VII – renda mensal vitalícia com qualquer outro benefício;

VIII – seguro-desemprego com qualquer benefício, exceto pensão por morte, auxílio-reclusão, auxílio-acidente, abono de permanência em serviço e auxílio-suplementar;

IX – auxílio por incapacidade temporária, aposentadoria ou abono de permanência em serviço com auxílio-reclusão, permitida a opção, desde que manifestada, também, pelos dependentes, pelo benefício mais vantajoso;

X – benefícios previdenciários com assistenciais pecuniários, exceto Pensão das Vítimas de Hemodiálise de Caruaru;

XI – pensão mensal vitalícia de seringueiro (soldado da borracha), com qualquer outro benefício de prestação continuada mantida pela Previdência Social.

O retorno do aposentado à atividade não prejudica o recebimento de sua aposentadoria, salvo nos casos de aposentadoria por incapacidade permanente ou especial, em que o aposentado retorne à atividade exposta a agentes nocivos.

A Pensão aos deficientes da Síndrome da Talidomida pode ser acumulável com qualquer benefício do RGPS.

O segurado recluso, ainda que contribua para a Previdência Social, que vier a realizar atividade, dentro da unidade penal, não faz jus aos benefícios de auxílio por incapacidade temporária e de aposentadoria, durante a percepção, pelos dependentes, do auxílio-reclusão, permitida a opção, desde que manifestada, também, pelos dependentes, pelo benefício mais vantajoso.

O art. 24 da EC 103/2019 veda a acumulação **de mais de uma pensão por morte deixada por cônjuge ou companheiro, no âmbito do mesmo regime de Previdência Social, ressalvadas as pensões do mesmo instituidor decorrentes do exercício de cargos acumuláveis** na forma do art. 37 da Constituição Federal, ou seja, dois na área de saúde, dois de professor ou um técnico e um de professor.

O ponto de maior inovação em relação à acumulação de benefícios trazido pela Reforma foi a permissão de acumulação parcial de alguns benefícios. Nesses termos, será admitida a acumulação de:

I – **pensão por morte deixada por cônjuge ou companheiro de um regime de Previdência Social com pensão por morte concedida por outro regime de Previdência Social ou com pensões decorrentes das atividades militares** de que tratam os arts. 42 e 142 da Constituição Federal; ou

> II – **pensão por morte deixada por cônjuge ou companheiro de um regime de Previdência Social com aposentadoria concedida no âmbito do Regime Geral de Previdência Social ou de regime próprio de Previdência Social ou com proventos de inatividade decorrentes das atividades militares** de que tratam os arts. 42 e 142 da Constituição Federal; ou
>
> III – de **aposentadoria concedida no âmbito do Regime Geral de Previdência Social ou de regime próprio de Previdência Social com pensões decorrentes das atividades militares** de que tratam os arts. 42 e 142 da Constituição Federal.

A Reforma, então, continuou permitindo a acumulação de aposentadoria e pensões entre regimes previdenciários, mas impõe uma limitação, conforme veremos. Dessa forma, nas hipóteses das acumulações previstas, **é assegurada a percepção do valor integral do benefício mais vantajoso e de uma parte de cada um dos demais benefícios, apurada cumulativamente de acordo com as seguintes faixas:**

> I – 60% do valor que exceder 1 salário mínimo, até o limite de 2 salários mínimos;
>
> II – 40% do valor que exceder 2 salários mínimos, até o limite de 3 salários mínimos;
>
> III – 20% do valor que exceder 3 salários mínimos, até o limite de 4 salários mínimos; e
>
> IV – 10% do valor que exceder 4 salários mínimos.

PRESCRIÇÃO E DECADÊNCIA

O prazo de decadência do direito ou da ação do segurado ou beneficiário para a revisão do ato de concessão, indeferimento, cancelamento ou cessação de benefício, do ato de deferimento, indeferimento ou não concessão de revisão de benefício é de dez anos, contado (art. 103 da Lei 8.213/1991, alterado pela Lei 13.846/2019).

> I – do dia primeiro do mês subsequente ao do recebimento da primeira prestação ou da data em que a prestação deveria ter sido paga com o valor revisto; ou
>
> II – do dia em que o segurado tomar conhecimento da decisão de indeferimento, cancelamento ou cessação do seu pedido de benefício ou da decisão de deferimento ou indeferimento de revisão de benefício, no âmbito administrativo.

O direito de pleitear restituição ou de realizar compensação de contribuições ou de outras importâncias extingue-se em cinco anos, contados da data do pagamento ou recolhimento indevido, ou, quando for o caso, da data em que se tornar definitiva a decisão administrativa ou passar em julgado a sentença judicial que tenha reformado, anulado ou revogado a decisão condenatória.

Prescreve em cinco anos, a contar da data que deveriam ter sido pagas, o direito de ação para reclamar prestações vencidas ou restituições de diferenças devidas.

Já o direito de pleitear, judicialmente, a desconstituição de crédito previdenciário fixado pelo INSS, submete-se ao prazo de 180 dias, a partir da intimação da decisão.

O direito da Seguridade Social apurar e constituir seus créditos extingue-se em cinco anos (Súmula Vinculante 8), a contar do primeiro dia do exercício seguinte àquele em que poderiam ter sido constituídos ou da data que se tornar definitiva a decisão que houver anulado, por vício formal, a constituição de crédito anteriormente efetuado (decadência).

O direito da Seguridade Social de cobrar seus créditos, judicialmente, prescreve em cinco anos (Súmula Vinculante 8).

Capítulo 30

Questões Comentadas

30.1. HISTÓRICO E LEGISLAÇÃO DA SEGURIDADE SOCIAL – CAPÍTULOS 2 E 4

CESPE – Analista Legislativo – Consultor Legislativo – Câmara dos Deputados/2014

Com relação à evolução histórica e à organização institucional da Previdência Social, julgue o item a seguir:

Embora a Lei Eloy Chaves, de 1923, seja considerada na doutrina majoritária o marco da Previdência Social no Brasil, apenas em 1960, com a aprovação da Lei Orgânica da Previdência Social, houve a uniformização do regramento de concessão dos benefícios pelos diversos institutos de aposentadoria e pensão então existentes.

RESOLUÇÃO:

Em 1960 foi aprovada a Lei Orgânica da Previdência Social (LOPS), que marca a unificação dos critérios estabelecidos nos diversos IAP's até então existentes para concessão de benefícios dos diversos Institutos, persistindo ainda a estrutura dos IAP's. Os trabalhadores rurais e os domésticos continuavam excluídos da Previdência Social.

Resposta: Certa

CESPE – Analista Legislativo – Consultor Legislativo – Câmara dos Deputados/2014

Com relação à evolução histórica e à organização institucional da Previdência Social, julgue o item a seguir:

A Constituição de Weimar, de 1919, foi o primeiro diploma legal de magnitude constitucional em que se tratou de tema previdenciário.

RESOLUÇÃO:

Atenção! As primeiras leis previdenciárias surgiram na Alemanha, entretanto **a primeira Constituição a tratar do tema foi a Carta Mexicana, de 1917,** seguida pela Constituição Alemã de Weimar, em 1919.

Resposta: Errada

CESPE – Analista Legislativo – Consultor Legislativo – Câmara dos Deputados/2014

Entre os principais marcos legislativos referentes à seguridade social incluem-se a edição do Poor Relief Act (Lei dos Pobres), em 1601, na Inglaterra, e a criação do seguro-doença, em 1883, na Alemanha.

RESOLUÇÃO:

A seguridade social, como regime protetivo, surgiu a partir da luta dos trabalhadores por melhores condições de vida. As primeiras normas protetivas editadas tiveram caráter eminentemente assistencial. Em 1601, foi editado na Inglaterra o Poor Relief Act (Lei dos Pobres), que instituiu auxílios e socorros públicos aos necessitados.

Sob a ótica previdenciária, o primeiro ordenamento legal foi editado na Alemanha, por Otto Von Bismarck, em 1883, com a instituição do seguro-doença. No ano seguinte, foi criada a cobertura compulsória para os acidentes de trabalho. Neste mesmo país, em 1889, foi criado o seguro de invalidez e velhice.

Resposta: Certa

CESPE – Analista Legislativo – Consultor Legislativo – Câmara dos Deputados/2014

Acerca da seguridade social, julgue o item que segue:

Entre os principais marcos legislativos referentes à seguridade social incluem-se a edição do Poor Relief Act (Lei dos Pobres), em 1601, na Inglaterra, e a criação do seguro-doença, em 1883, na Alemanha.

RESOLUÇÃO:

A seguridade social, como regime protetivo, surgiu a partir da luta dos trabalhadores por melhores condições de vida. As primeiras normas protetivas editadas tiveram caráter eminentemente assistencial. Em 1601, foi editado na Inglaterra o Poor Relief Act (Lei dos Pobres), que instituiu auxílios e socorros públicos aos necessitados.

Sob a ótica previdenciária, o primeiro ordenamento legal foi editado na Alemanha, por Otto Von Bismarck, em 1883, com a instituição do seguro-doença. No ano seguinte, foi criada a cobertura compulsória para os acidentes de trabalho. Neste mesmo país, em 1889, foi criado o seguro de invalidez e velhice.

Resposta: Certa

CESPE – Analista Legislativo – Consultor Legislativo – Câmara dos Deputados/2014

Acerca da legislação previdenciária, especialmente no que se refere às suas fontes, autonomia, vigência e interpretação, julgue o item que segue.

As fontes formais do direito previdenciário incluem a CF e as Leis 8.212/1991 e 8.213/1991.

RESOLUÇÃO:

As fontes formais são manifestações do Direito formadoras do próprio Direito Previdenciário, podendo subdividir-se em estatais e não estatais.

São fontes não estatais a doutrina e o costume. Doutrina é o conjunto de produções cientificas dos estudiosos da matéria. O costume é a prática reiterada de determinadas condutas, com a convicção de necessidade jurídica (elemento objetivo e subjetivo).

As fontes formais estatais englobam a Constituição, leis complementares, leis ordinárias, leis delegadas, medidas provisórias, decretos legislativos, resoluções do senado. Englobam, também, decretos regulamentares do poder executivo, instruções ministeriais, circulares, portarias, ordem de serviço e normas individuais.

Resposta: Certa

CESPE – Analista Legislativo – Consultor Legislativo – Câmara dos Deputados/2014

Acerca da legislação previdenciária, especialmente no que se refere às suas fontes, autonomia, vigência e interpretação, julgue o item que segue:

O direito previdenciário é classificado como ramo do direito privado, tendo reconhecida, pela doutrina majoritária, sua autonomia didática em relação a outros ramos do direito.

RESOLUÇÃO:

Sob a ótica dualista (público e privado), o Direito Previdenciário é considerado **ramo do Direito Público**, pois o vínculo jurídico se dá obrigatoriamente com o Estado. Registre com atenção que a corrente mais moderna, entretanto, rechaça esta divisão dualista do Direito. Fala-se, atualmente, da existência do chamado **Direito Social**, que englobaria os ramos trabalhista e previdenciário. Esta posição é sustentada pela maioria dos especialistas do ramo previdenciário.

Há quem defenda que o Direito Previdenciário faz parte do Direito do Trabalho, entretanto este posicionamento é minoritário. A doutrina majoritária prega a autonomia didática do Direito Previdenciário, sendo este considerado ramo próprio de estudo.

Resposta: Errada

CESPE - Analista Legislativo - Consultor Legislativo - Câmara dos Deputados/2014

Acerca da legislação previdenciária, especialmente no que se refere às suas fontes, autonomia, vigência e interpretação, julgue o item que segue:

Ao se utilizar do método de interpretação teleológico o intérprete busca compatibilizar o texto legal a ser interpretado com as demais normas que compõem o ordenamento jurídico, visualizando a lei objeto de interpretação como parte de um todo.

RESOLUÇÃO:

O método de interpretação teleológica ou finalística busca o fim desejado pela lei, não sendo suficiente apenas a leitura da letra da norma. Esta é, sem dúvida, a forma de interpretação que mais aproxima a aplicação da Lei caso concreto ao seu verdadeiro "espírito".

O método de interpretação **sistemática** é que analisa todo o ordenamento jurídico, buscando textos de outros ramos do Direito para que se possa detectar qual é o sentido da norma previdenciária em análise.

Resposta: Errada

30.2. A SEGURIDADE NA CONSTITUIÇÃO FEDERAL - CAPÍTULOS 1 E 3

CESPE - Técnico do Seguro Social - INSS/2016

De acordo com o princípio da universalidade da seguridade social, os estrangeiros no Brasil poderão receber atendimento da seguridade social.

RESOLUÇÃO:

Os estrangeiros podem, de fato, receber atendimento da seguridade social, cumprindo o princípio da universalidade do atendimento, previsto no art. 194, parágrafo único, I, Constituição Federal de 1988.

Resposta: Certa

CESPE - Técnico do Seguro Social - INSS/2016

Os princípios que regem a Previdência Social incluem a uniformidade e a equivalência dos benefícios e serviços prestados às populações urbanas e rurais.

RESOLUÇÃO:

A questão trata do princípio da uniformidade e a equivalência dos benefícios e serviços prestados às populações urbanas e rurais Previdência Social previsto no art. 2º, II, da Lei 8.213/1991, estando correta.

Resposta: Certa

CESPE - Advogado da União/2015

As diretrizes que fundamentam a organização da assistência social são a descentralização político-administrativa para os estados, o Distrito Federal e os municípios, e comando único em cada esfera de governo; a participação da população, mediante organizações representativas, na formulação das políticas e no controle das ações; e a prevalência da responsabilidade do Estado na condução da política de assistência social.

RESOLUÇÃO:

Dispõe o art. 204 da Constituição que "as ações governamentais na área da assistência social serão realizadas com recursos do orçamento da seguridade social, previstos no art. 195, além de outras fontes, e organizadas com base nas seguintes diretrizes: I - descentralização político-administrativa, cabendo a coordenação e as normas gerais à esfera federal e a coordenação e a execução dos respectivos programas às esferas estadual e municipal, bem como a entidades beneficentes e de assistência social; II - participação da população, por meio de organizações representativas, na formulação das políticas e no controle das ações em todos os níveis".

Veja que o art. 5º da Lei 8.742/1993 responde expressamente esta questão:

> Art. 5º. A organização da assistência social tem como base as seguintes diretrizes:
>
> I – descentralização político-administrativa para os Estados, o Distrito Federal e os Municípios, e comando único das ações em cada esfera de governo;
>
> II – participação da população, por meio de organizações representativas, na formulação das políticas e no controle das ações em todos os níveis;
>
> III – primazia da responsabilidade do Estado na condução da política de assistência social em cada esfera de governo.

Resposta: Certa

CESPE – Advogado da União/2015

De acordo com a CF, a gestão administrativa da seguridade social deve ser tripartite, ou seja, formada por trabalhadores, empregadores e governo.

RESOLUÇÃO:

Trata-se de gestão quadripartite, nos termos do art. 194, parágrafo único, inciso VII, ao dispor que é objetivo da seguridade social o "caráter democrático e descentralizado da administração, mediante **gestão quadripartite**, com participação dos trabalhadores, dos empregadores, dos aposentados e do Governo nos órgãos colegiados".

Resposta: Errada

CESPE – Advogado da União/2015

Conforme a jurisprudência do STF, a irredutibilidade do valor dos benefícios é garantida constitucionalmente, seja para assegurar o valor nominal, seja para assegurar o valor real dos benefícios, independentemente dos critérios de reajuste fixados pelo legislador ordinário.

RESOLUÇÃO:

A questão possui **dois erros**. A garantia da irredutibilidade do valor dos benefícios previdenciários dar-se-á para a manutenção do valor real, nos termos do art. 201, § 4º, da Constituição, regra não prevista para benefícios assistenciais e de saúde.

A questão se referiu a benefícios, não especificando a área da seguridade social, tendo em vista que na saúde e na assistência social apenas há irredutibilidade pelo valor nominal, inexistindo regra que determine a manutenção do poder de compra diante da inflação.

Ademais, para o STF, na Previdência Social, a previsão em lei (Lei 8.213/1991, art. 41-A – variação do INPC) de índice de reajuste período dos benefícios previdenciários atende à regra do art. 201, § 4º, da Constituição, que pronuncia que "é assegurado o reajustamento dos benefícios para preservar-lhes, em caráter permanente, o valor real, conforme critérios definidos em lei".

Resposta: Errada

CESPE – Analista do Seguro Social – INSS/2016

Recentemente, o transporte foi incluído no rol de direitos sociais previstos na CF, que já contemplavam, entre outros, o direito à saúde, ao trabalho, à moradia e à Previdência Social, bem como a assistência aos desamparados.

RESOLUÇÃO:

A questão trata da alteração promovida pela EC 90/2015, que modificou a redação do art. 6º, da Constituição Federal, incluindo, de fato, o transporte no rol dos direitos sociais. Vejamos:

> Art. 6º São direitos sociais a educação, a saúde, a alimentação, o trabalho, a moradia, o **transporte**, o lazer, a segurança, a Previdência Social, a proteção

à maternidade e à infância, a assistência aos desamparados, na forma desta Constituição.

Resposta: Certa

CESPE – Analista do Seguro Social – INSS/2016

O serviço público deve-se orientar na estruturação da seguridade social pelos seguintes objetivos, entre outros: equidade na forma de participação no custeio e caráter democrático e descentralizado da administração.

RESOLUÇÃO:

A questão refere-se ao texto do art. 194, parágrafo único, da Constituição Federal de 1988, trazendo dois dos princípios nele enumerados, conforme destacado a seguir. Vejamos:

Parágrafo único. Compete ao Poder Público, nos termos da lei, organizar a seguridade social, com base nos seguintes objetivos:

...

V – **equidade na forma de participação no custeio**;

VII – **caráter democrático e descentralizado da administração**, mediante gestão quadripartite, com participação dos trabalhadores, dos empregadores, dos aposentados e do Governo nos órgãos colegiados.

Resposta: Certa

CESPE – Analista do Seguro Social – INSS/2016

O RGPS constitui um gênero do qual são espécies a Previdência dos servidores públicos, a dos trabalhadores empregados da iniciativa privada e a dos trabalhadores autônomos.

RESOLUÇÃO:

O RGPS – Regime Geral da Previdência Social é o disposto no art. 201, da Constituição Federal, aplicável aos trabalhadores da iniciativa privada e aos servidores públicos sem cargo efetivo. Também inclui os servidores públicos de cargos efetivos de entes federativos que não instituíram Regime Próprio de Previdência Social (RPPS), em prol de seus servidores. É justamente o RPPS que abarca os servidores públicos de cargo efetivo, previstos no art. 40 da Constituição Federal. Assim, a Previdência do servidor público é autônoma, não fazendo parte do RGPS.

Resposta: Errada

CESPE – Analista do Seguro Social – INSS/2016

O RGPS tem como princípio a universalidade de cobertura, o que significa que os segurados vinculados a esse regime e seus dependentes têm direito aos mesmos benefícios e serviços.

RESOLUÇÃO:

De fato, um dos princípios da Previdência Social, previsto no art. 2º, I, da Lei 8.213/1991 é a universalidade na cobertura. Tal princípio, entretanto, não garante que os segurados e seus dependentes tenham direito aos mesmos benefícios e serviços. O sistema de benefícios é montado com base no princípio da seletividade, que busca escolher para cada beneficiário os benefícios em função da real necessidade. Ademais os riscos sociais que afetam os segurados não são os mesmos dos dependentes.

Resposta: Errada

CESPE – Defensor Público –DPE – AL/2017

No que se refere à organização e aos princípios da seguridade social, julgue os itens a seguir. A seguridade social é financiada por toda a sociedade, de forma direta e indireta, mediante recursos provenientes das contribuições sociais e dos orçamentos da União, dos estados, do Distrito Federal e dos municípios.

RESOLUÇÃO:

A assertiva está de acordo com o conteúdo do *caput* do art. 195 da CF/1988.

Resposta: Certa

CESPE/Juiz Federal da 1ª Região/2015

Em obediência ao princípio da isonomia, a CF veda a diferenciação entre alíquotas ou bases de cálculo de contribuição social devida por empresas de ramos distintos.

RESOLUÇÃO:

Nos termos do art. 195, § 9º, da Constituição, as contribuições sociais das empresas para a seguridade social poderão ter alíquotas ou bases de cálculo diferenciadas, em razão da atividade econômica, da utilização intensiva de mão de obra, do porte da empresa ou da condição estrutural do mercado de trabalho.

Resposta: Errada

FCC – Procurador do Estado – MT/2016

A Constituição Federal do Brasil e a legislação infraconstitucional que dispõe sobre planos de benefícios e custeio da Previdência Social preveem, como princípio básico da seguridade social:

A) uniformidade e equivalência dos benefícios entre as populações urbanas e rurais, podendo haver diferenciação entre os serviços dessas populações criada por meio de lei complementar com objetivo de adequar os serviços às características regionais de cada atividade.

B) universalidade na prestação dos benefícios e serviços, considerado o caráter seletivo e distributivo na cobertura e no atendimento.

C) preexistência do custeio em relação ao benefício ou serviço para que haja previsão anterior da fonte de recursos que financiará a criação ou ampliação de qualquer benefício ou serviço da Previdência pública.

D) caráter democrático e descentralizado da administração, mediante gestão conjunta tripartite da comunidade, composta de representantes do governo, dos trabalhadores e dos empresários nos órgãos colegiados.

E) solidariedade, também denominado universalidade de cobertura, que prevê não haver um único tipo de benefício ou serviço, mas diversos, que são concedidos e mantidos de forma seletiva observando a necessidade de cada contribuinte.

RESOLUÇÃO:

Alternativa correta: letra "c": a assertiva está de acordo com o § 5º do art. 195 da CF/1988. Vejamos: "nenhum benefício ou serviço da seguridade social poderá ser criado, majorado ou estendido sem a correspondente fonte de custeio total".

Preexistência do custeio em relação aos benefícios e serviços significa que, para ser possível a criação ou ampliação de qualquer benefício ou serviço, deve haver anteriormente a previsão da fonte dos recursos que financiará a nova prestação.

Alternativa "a": está errada. Quanto ao princípio da uniformidade e equivalência dos benefícios e serviços prestados às populações urbanas e rurais (art. 194, parágrafo único, II, CF/1988), tem-se que a CF/1988 igualou os direitos das populações urbanas e rurais. No passado, a população rural obtinha benefícios de valor inferior ao salário mínimo, pois contribuíam sobre bases ínfimas. A partir da nova Carta, os benefícios recebidos pelos rurais foram elevados ao patamar do salário mínimo, mesmo que inferiores a este valor.

A Constituição não exige lei complementar para regulamentar esse objetivo da seguridade especial, podendo até ser regulamentado por lei ordinária, desde que se justifique, a exemplo da aposentadoria por idade híbrida em favor dos trabalhadores rurais (Lei 11.718/2008, modificando o art. 48 da Lei 8.213/1991).

Alternativa "b": está errada. Atenção! O princípio da seletividade e distributividade na prestação dos benefícios e serviços não se confunde com o da universalidade na cobertura e no atendimento. As provas de concursos públicos costumam misturar estes conceitos para confundir o candidato.

Alternativa "d": está errada. Atenção! Questões de concursos públicos frequentemente misturam a tríplice forma de custeio com a gestão quadripartite da seguridade. Estabelece o inciso VII do art. 194 da CF/1988, como um dos objetivos da seguridade social, o caráter democrático e descentralizado da administração, mediante gestão quadripartite, com participação dos trabalhadores, dos empregadores, dos aposentados e do Governo nos órgãos colegiados.

Alternativa "e": está errada. Atenção! Observe que, mais uma vez, a assertiva tenta confundir o candidato misturando os nomes e elementos de princípios diversos. O princípio da solidariedade não se confunde com o princípio da universalidade na cobertura e no atendimento. A alternativa tenta misturar ainda elementos do princípio da seletividade e distributividade na prestação dos benefícios e serviços.

Resposta: C

FCC – Defensor Público – DPE-MA/2015

Quanto aos princípios e objetivos do sistema de Seguridade Social, analise as seguintes afirmativas:

I. De acordo com o princípio da universalidade da cobertura, todas as situações que representam riscos sociais devem estar compreendidas no âmbito de proteção do sistema de seguridade.

II. A Previdência Social será organizada sob a forma de regime geral, de caráter contributivo e de filiação obrigatória, devendo ser observados os critérios que preservem o equilíbrio financeiro e atuarial, para a cobertura dos riscos sociais.

III. A Previdência Privada adota o regime de repartição simples, em que há alto grau de solidariedade entre os participantes. Os trabalhadores em atividade financiam os inativos, que, no futuro, quando na inatividade, também serão financiados pelos trabalhadores em atividade.

Está correto o que se afirma em

a) II, apenas.
b) I, II e III.
c) I e II, apenas.
d) II e III, apenas.
e) III, apenas.

RESOLUÇÃO:

Assertiva I: correta. O princípio da universalidade da cobertura, previsto no art. 194, § único, I, CF/1988, significa que a proteção da seguridade deve abranger todos os riscos sociais. Os benefícios, então, devem ser instituídos com este objetivo. Esta universalidade é a objetiva, pois se refere ao objeto da relação jurídica previdenciária, que é a prestação de benefícios e serviços.

Assertiva II: correta. A assertiva reproduz o conteúdo do *caput* do art. 201 da CF/1988.

Assertiva III: errada. Os regimes previdenciários públicos do Brasil são organizados com base na **repartição simples,** alinhado ao princípio da solidariedade – cujo conceito foi descrito na assertiva. **A Previdência privada utiliza como técnica de custeio o regime de capitalização**, que é aquele em que as contribuições são investidas pelos administradores, sendo os rendimentos utilizados para concessão de futuros benefícios aos segurados, de acordo com a contribuição feita por cada um, o qual não guarda relação com o princípio da solidariedade.

Alternativa correta: letra "c". Da análise da questão, concluímos que estão corretas as assertivas I e II, e errada a assertiva III.

Resposta: C

TRT 3ª Região– Juiz do Trabalho – MG/2014

São princípios e diretrizes da Seguridade Social, EXCETO:

a) Universalidade da cobertura e do atendimento.
b) Seletividade e distributividade na prestação dos benefícios e serviços.
c) Unidade da base de financiamento.
d) Equidade na forma de participação no custeio.
e) Irredutibilidade do valor dos benefícios.

RESOLUÇÃO:

Alternativa correta: letra "c": ao contrário do que afirma a assertiva, é princípio da Seguridade Social a **diversidade** da base de financiamento. Observem que os princípios e diretrizes da Seguridade Social são aqueles arrolados nos incisos do parágrafo único do art. 194 da CF/1988. Quais sejam: "I – universalidade da cobertura e do atendimento; II – uniformidade e equivalência dos benefícios e serviços às populações urbanas e rurais; III – seletividade e distributividade na prestação dos benefícios e serviços; IV – irredutibilidade do valor dos benefícios; V – equidade na forma de participação no custeio; VI – **diversidade da base de financiamento**; VII – caráter democrático e descentralizado da administração, mediante gestão quadripartite, com participação dos trabalhadores, dos empregadores, dos aposentados e do Governo nos órgãos colegiados".

Alternativa "a": está errada. A assertiva traz o princípio contido no inciso I do parágrafo único do art. 194 da CF/1988.

Alternativa "b": está errada. A assertiva traz o princípio contido no inciso III do parágrafo único do art. 194 da CF/1988.

Alternativa "d": está errada. A assertiva traz o princípio contido no inciso V do parágrafo único do art. 194 da CF/1988.

Alternativa "e": está errada. A assertiva traz o princípio contido no inciso IV do parágrafo único do art. 194 da CF/1988.

Resposta: C

FCC – Analista Previdenciário – Arquivologia – MANAUSPREV/2015

Acerca das normas constitucionais relativas à Seguridade Social, é correto afirmar:

a) É assegurada a diversidade da base de financiamento, integrando recursos provenientes de toda a sociedade, de forma direta e indireta, além da participação de recursos dos orçamentos da União, dos Estados e dos Municípios e de contribuições sociais.
b) Cabe ao poder público organizar a seguridade social de modo a assegurar o caráter democrático e descentralizado da Administração, mediante gestão tripartite, com participação do poder público, iniciativa privada e organizações internacionais de defesa dos direitos dos trabalhadores.
c) Dentre as contribuições sociais que financiam a seguridade social encontram-se a contribuição sobre a receita dos concursos de prognósticos e a contribuição do trabalhador e demais segurados da Previdência Social, incidindo esta última sobre aposentadoria e pensão concedidas pelo regime geral de Previdência Social.
d) O produtor, parceiro, meeiro, arrendatário rural e pescador artesanal que exerçam suas atividades em regime de economia familiar, sem empregados permanentes, não contribuirão para a seguridade social.

e) É vedada a criação de novos benefícios e serviços da seguridade social, exceto para atender situações de guerra ou catástrofe.

RESOLUÇÃO:

Alternativa correta: letra "a". Diversidade da base de financiamento é um dos princípios da seguridade social, insculpido no art. 194, parágrafo único, VI, da CF/1988.

Alternativa "b": está errada. A gestão é **quadripartite**, com participação dos **trabalhadores**, dos **empregadores**, dos **aposentados** e do **Governo** nos órgãos colegiados (art. 194, parágrafo único, VI, da CF/1988).

Alternativa "c": está errada. O inciso II, do art. 195, da Carta Magna veda, expressamente, a incidência de contribuição sobre aposentadoria e pensão concedidas pelo RGPS.

Alternativa "d": está errada. Os segurados especiais contribuem para o custeio da seguridade social com percentagens incidentes sobre a receita bruta proveniente da comercialização da sua produção (incisos I e II do art. 25 da Lei 8.212/1991).

Alternativa "e": está errada. Inexiste tal exceção na legislação pátria. Em verdade o art. 195, § 5º, da Constituição dispõe que nenhum benefício ou serviço da seguridade social poderá ser criado, majorado ou estendido sem a correspondente fonte de custeio total.

***Resposta:* A**

30.3. SEGURADOS DO REGIME GERAL DE PREVIDÊNCIA SOCIAL – CAPÍTULO 5

CESPE – Técnico do Seguro Social – INSS/2016

Pastor evangélico que atue exclusivamente em sua atividade religiosa é considerado segurado facultativo do RGPS.

RESOLUÇÃO:

A questão faz referência ao contribuinte individual tipificado no art. 12, V, c, da Lei 8.212/1991, que classifica como Contribuinte individual "o ministro de confissão religiosa e o membro de instituto de vida consagrada, de congregação ou de ordem religiosa".

Resposta: Errada

CESPE – Técnico do Seguro Social – INSS/2016

É considerado segurado obrigatório do RGPS na qualidade de contribuinte individual o associado eleito para cargo de direção em cooperativa, associação ou entidade de qualquer natureza, mesmo que não receba remuneração.

RESOLUÇÃO:

O segurado que não recebe remuneração pelo trabalho não pode ser considerado segurado obrigatório do RGPS. Veja que o art. 9º, V, I, do RPS dispõe que será contribuinte individual "o associado eleito para cargo de direção em cooperativa, associação ou entidade de qualquer natureza ou finalidade, bem como o síndico ou administrador eleito para exercer atividade de direção condominial, **desde que recebam remuneração**".

Resposta: Errada

CESPE – Técnico do Seguro Social – INSS/2016

Síndica do condomínio predial em que resida e que receba como pró-labore a quantia equivalente a um salário mínimo será considerada segurada obrigatória do RGPS na qualidade de empregada.

RESOLUÇÃO:

A síndica de condomínio remunerada será contribuinte individual do RGPS e não empregada, como afirmado equivocadamente na questão. Veja que o art. 9º, V, I, do RPS dispõe que será **contribuinte individual** "o associado eleito para cargo de direção em cooperativa, associação ou entidade de qualquer natureza ou finalidade, bem como **o síndico ou administrador eleito para exercer atividade de direção condominial**, desde que recebam remuneração"

Resposta: Errada

CESPE – Técnico do Seguro Social – INSS/2016

Aquele que presta serviço de natureza contínua, mediante remuneração, a pessoa ou família, no âmbito residencial desta, em atividade sem fins lucrativos, é considerado contribuinte individual, segurado obrigatório da Previdência Social.

RESOLUÇÃO:

De acordo com o art. 9º, II, do Decreto 3.048/1999, aquele que presta serviço de natureza contínua, mediante remuneração, a pessoa ou família, no âmbito residencial desta, em atividade sem fins lucrativos, é considerado empregado doméstico, e não contribuinte individual como afirmado equivocadamente na assertiva.

A Lei Complementar 150, de 01/06/2015, que regulamentou a EC 72/2013, conhecida como PEC das domésticas pôs fim à discussão sobre a continuidade do emprego doméstico, definindo que o empregado doméstico é quem trabalha por mais de dois dias na semana para uma mesma casa ou família (art. 1º).

Resposta: Errada

CESPE– Advogado da União/2015

De acordo com jurisprudência do STF, devido ao fato de os serviços de registros públicos, cartorários ou notariais serem exercidos em caráter privado, os oficiais de registro de imóveis, para os fins do RGPS, devem ser classificados na categoria de contribuinte individual.

RESOLUÇÃO:

Vale ressaltar que os tabeliães ou notários não são titulares de cargo público, razão pela qual são segurados do RGPS. O Decreto 3.048/1999 os coloca na condição de segurados obrigatórios contribuintes individuais do Regime Geral de Previdência Social.

Resposta: Certa

CESPE – Advogado da União/2015

Situação hipotética: Howard, cidadão norte-americano, domiciliado no Brasil, foi aqui contratado pela empresa brasileira X, para trabalhar, por tempo indeterminado, em sua filial situada no Canadá. A maior parte do capital votante dessa filial canadense é da empresa X, constituída sob as leis brasileiras e com sede e administração no Brasil. Assertiva: Nessa situação, Howard deverá estar, necessariamente, vinculado ao RGPS como segurado empregado.

RESOLUÇÃO:

De acordo com o art. 11, inciso I, *f*, é segurado obrigatório empregado do RGPS o brasileiro ou estrangeiro domiciliado e contratado no Brasil para trabalhar como empregado em empresa domiciliada no exterior, cuja maioria do capital votante pertença a empresa brasileira de capital nacional.

Resposta: Certa

CESPE – Defensor Público da União/2015

Aquele que, como contrapartida pelo desempenho das atividades de síndico do condomínio edilício onde resida, seja dispensado do pagamento da taxa condominial, sem receber qualquer outro tipo de remuneração, enquadra-se como segurado facultativo do RGPS.

RESOLUÇÃO:

O síndico ou gestor de condomínios edilícios estão incluídos no art. 11 da Lei 8.213/1991 como segurados obrigatórios contribuintes individuais, mesmo os que recebam remuneração indireta, ao não pagar as despesas condominiais.

Resposta: Errada

CESPE – Técnico do Seguro Social – INSS/2016

Situação hipotética: Pedro trabalha como professor remunerado de uma escola particular e, concomitantemente, explora atividade econômica agropecuária em regime de economia familiar em uma chácara de dois módulos fiscais. Assertiva: Nessa situação, Pedro é segurado obrigatório do RGPS em relação a cada uma das atividades realizadas.

RESOLUÇÃO:

Esta questão foi bastante complexa, exigindo uma minuciosa análise da legislação aplicável ao caso concreto. Pedro será enquadrado como empregado em relação à atividade de professor e como tal não poderá ser considerado como segurado especial. Ocorre que como trabalha em atividade rural com a impossibilidade de ser enquadrado como segurado especial, nesta atividade será enquadrado como contribuinte individual, mantendo a filiação nas duas atividades.

Vejam artigos:

> Lei 8212, art. 12
>
> V – Contribuinte Individual
>
> a) a pessoa física, proprietária ou não, que explora atividade agropecuária, a qualquer título, em caráter permanente ou temporário, em área superior a 4 (quatro) módulos fiscais; ou, quando em área igual ou inferior a 4 (quatro) módulos fiscais ou atividade pesqueira, com auxílio de empregados ou por intermédio de prepostos; ou ainda nas hipóteses dos §§ 10 e 11 deste artigo;
>
> § 10. Não é segurado especial o membro de grupo familiar que possuir outra fonte de rendimento, exceto se decorrente de:
>
> III – exercício de atividade remunerada em período não superior a 120 (cento e vinte) dias, corridos ou intercalados, no ano civil, observado o disposto no § 13 deste artigo;

Assim, ele será filiado ao RGPS como empregado e contribuinte individual. A CESPE considerou errada a questão, em nossa visão, equivocadamente, apenas pelo fato de Pedro não poder ser enquadrado como segurado especial. Como vimos, ele será enquadrado em cada uma das atividades, na de empregado e na de contribuinte individual, estando a questão correta.

Resposta: Errada

CESPE – Técnico do Seguro Social – INSS/2016

O recebimento de dinheiro decorrente de programa assistencial oficial do governo federal descaracteriza a condição de segurado especial.

RESOLUÇÃO:

A assertiva está errada, contrariando o Decreto 3048/1999, art. 12, § 18, IV. Vejamos:

> § 18. Não descaracteriza a condição de segurado especial:
>
> IV – a participação como beneficiário ou integrante de grupo familiar que tem algum componente que seja beneficiário de programa assistencial oficial de governo;

Resposta: Errada

CESPE – Técnico do Seguro Social – INSS/2016

Desde que presentes os demais pressupostos da filiação, admite-se a inscrição *post mortem* do segurado especial.

RESOLUÇÃO:

A assertiva se refere ao texto do art. 18, § 5º, Regulamento da Previdência Social, aprovado pelo Decreto 3.048/1999. Vejamos:

> § 5º Presentes os pressupostos da filiação, admite-se a inscrição post mortem do segurado especial.

Resposta: Certa

CESPE – Técnico do Seguro Social – INSS/2016

A filiação ao RGPS na qualidade de segurado facultativo pode retroagir, permitindo-se o recolhimento das contribuições relativas a competências anteriores à data da inscrição.

RESOLUÇÃO:

A questão contraria o § 1º do art. 20 do Regulamento da Previdência Social, aprovado pelo Decreto 3.048/1999. Vejamos:

> Art. 20. Filiação é o vínculo que se estabelece entre pessoas que contribuem para a Previdência Social e esta, do qual decorrem direitos e obrigações.
>
> § 1º A filiação à Previdência Social decorre automaticamente do exercício de atividade remunerada para os segurados obrigatórios, observado o disposto no § 2º, ***e da inscrição formalizada com o pagamento da primeira contribuição para o segurado facultativo.***

Resposta: Errada

CESPE – Técnico do Seguro Social – INSS/2016

Os dados constantes dos cadastros informatizados da Previdência Social, como o Cadastro Nacional de Informações Sociais (CNIS), valem como prova da filiação à Previdência Social, do tempo de contribuição e dos salários de contribuição, desde que acompanhados de outras provas documentais.

RESOLUÇÃO:

A questão se refere ao art. 19 do Regulamento da Previdência Social, aprovado pelo Decreto 3.048/1999. Vejamos:

Art. 19. Os dados constantes do Cadastro Nacional de Informações Sociais (CNIS) relativos a vínculos, remunerações e contribuições valem como prova de filiação à Previdência Social, tempo de contribuição e salários de contribuição.

A questão está errada, pois não há necessidade de que tais dados sejam acompanhados de provas documentais, podendo o INSS as pedir caso julgue necessário, conforme art. 19-B, do RPS:

> Art. 19-B. Na hipótese de não constarem do CNIS as informações sobre atividade, vínculo, remunerações ou contribuições, ou de haver dúvida sobre a regularidade das informações existentes, o período somente será confirmado por meio da apresentação de documentos contemporâneos dos fatos a serem comprovados, com menção às datas de início e de término e, quando se tratar de trabalhador avulso, à duração do trabalho e à condição em que tiver sido prestada a atividade.

Resposta: Errada

CESPE – Técnico do Seguro Social – INSS/2016

Equiparar-se-á a empresa, para os fins do RGPS, a pessoa física que, para fazer uma reforma na própria casa, contratar um mestre de obras e um ajudante.

RESOLUÇÃO:

A questão trata do dono de obra de construção, que se equipara à empresa nos termos do art. 12 do RPS. Vejamos:

> Parágrafo único. Equiparam-se a empresa, para os efeitos deste Regulamento:
> IV – o proprietário ou dono de obra de construção civil, quando pessoa física, em relação a segurado que lhe presta serviço.

Assim, a questão está correta, pois o dono da obra se equipara a empresa para fins previdenciários.

Resposta: Certa

CESPE – Técnico do Seguro Social – INSS/2016

Com base no disposto no Decreto 3.048/1999, que aprovou o regulamento da Previdência Social, julgue os itens subsecutivos.

dona de casa e o estudante podem filiar-se facultativamente ao RGPS mediante contribuição, desde que não estejam exercendo atividade remunerada que os enquadre como segurados obrigatórios da Previdência Social.

RESOLUÇÃO:

A questão remete aos exemplos de segurado facultativo previstos no art. 11, § 1º, do Decreto 3.048/1999. De fato, a dona de casa e o estudante podem filiar-se facultativamente ao RGPS mediante contribuição, desde que não estejam exercendo atividade remunerada que os enquadre como segurados obrigatórios da Previdência Social.

Resposta: Certa

CESPE/Defensor Público da União/2015

O bolsista remunerado que se dedica em tempo integral à pesquisa e o segurado recolhido à prisão sob regime fechado – e que, nesta condição, exerça atividade artesanal por conta própria dentro da unidade prisional – são segurados obrigatórios do RGPS.

RESOLUÇÃO:

A questão viola o texto do art. 11, § 1º, do Decreto 3.048/1999, que prevê que podem filiar-se facultativamente, entre outros:

> VIII – o bolsista que se dedique em tempo integral a pesquisa, curso de especialização, pós-graduação, mestrado ou doutorado, no Brasil ou no exterior, desde que não esteja vinculado a qualquer regime de Previdência Social;
> *XI – o segurado recolhido à prisão sob regime fechado ou semiaberto, que, nesta condição, preste serviço, dentro ou fora da unidade penal, a uma ou mais empresas, com ou sem intermediação da organização carcerária ou entidade afim, ou que exerce atividade artesanal por conta própria. (Incluído pelo Decreto 7.054, de 2009).*

Resposta: Errada

FGV – Auditor Substituto – TCE-RJ/2015

JFG, economista, profissional liberal, sem qualquer vínculo pretérito com a Administração Pública, é nomeado secretário de fazenda do Estado do Rio de Janeiro. Sobre sua situação previdenciária, é correto afirmar que JFG:

a) não poderá, na presente condição, vincular-se ao Regime Próprio de Previdência do Estado do Rio de Janeiro, tendo em vista ocupar cargo em comissão;
b) por não pertencer ao Regime Próprio de Previdência do Estado do Rio de Janeiro, poderá contribuir facultativamente ao Regime Geral de Previdência Social;
c) só poderá ter seu tempo de trabalho no Estado do Rio de Janeiro computado em outro regime previdenciário mediante indenização do segurado, nos termos da legislação;

d) ao completar setenta anos de idade, não mais poderá ocupar o presente cargo, tendo em vista vedação constitucional expressa;

e) deve ser exonerado da função, tendo em vista não possuir cargo público de provimento efetivo, o que impede sua vinculação ao Regime Próprio de Previdência do Estado do Rio de Janeiro.

RESOLUÇÃO:

Alternativa correta: letra "a". Segundo alínea "g", inciso I do art. 12 da Lei 8212/1991, por ser servidor público ocupante de cargo em comissão, sem vínculo efetivo com a União, Autarquias, inclusive em regime especial, e Fundações Públicas Federais, JFG é **segurado obrigatório do RGPS**, na condição de empregado.

Alternativa "b": está errada. JFG não pode ser contribuinte facultativo, uma vez que este está enquadrado como **segurado obrigatório do RGPS**, na condição de empregado (alínea "g" do inciso I do art. 12 da Lei 8212/1991).

Alternativa "c": está errada. No caso em tela, não cabe ao segurado efetuar qualquer indenização, isso porque o art. 94 da Lei 8213/1991 institui que, para efeito dos benefícios previstos no RGPS ou no serviço público, é assegurada a contagem recíproca do tempo de contribuição na atividade privada, rural e urbana, e do tempo de contribuição ou de serviço na administração pública, hipótese em que **os diferentes sistemas de Previdência Social se compensarão financeiramente.**

Alternativa "d": está errada. A regra da aposentadoria compulsória apenas se aplica aos servidores ocupantes de **cargos efetivos**, conforme *caput* do art. 40 da CF/1988. JFG é ocupante de cargo comissionado.

Alternativa "e": está errada. JFG ocupa cargo comissionado e não se vinculado ao RPPS do Estado do RJ, mas sim ao RGPS, consoante alínea "g", inciso I, art. 12 da Lei 8212/1991.

Resposta: A

FCC – Técnico Judiciário – Área Administrativa – TRF 3ª REGIÃO/2014

Considere a Lei 8.213/1991.

O servidor civil ocupante de cargo efetivo de autarquia da União, em regra, é:

a) segurado obrigatório como contribuinte individual independentemente de estar ou não amparado pelo regime próprio de Previdência Social.

b) excluído do Regime Geral de Previdência Social, inclusive na hipótese de estar amparado por regime próprio de Previdência Social.

c) excluído do Regime Geral de Previdência Social, desde que amparado por regime próprio de Previdência Social.

d) segurado obrigatório como trabalhador avulso independentemente de estar ou não amparado pelo regime próprio de Previdência Social.

e) segurado especial independentemente de estar ou não amparado pelo regime próprio de Previdência Social.

RESOLUÇÃO:

Alternativa correta: letra "c": a assertiva está de acordo com o conteúdo do art. 12, *caput*, da Lei 8213/1991. Vejamos:

> *"Art. 12. O servidor civil ocupante de cargo efetivo ou o militar da União, dos Estados, do Distrito Federal ou dos Municípios, bem como o das respectivas autarquias e fundações, são excluídos do Regime Geral de Previdência Social consubstanciado nesta Lei, desde que amparados por regime próprio de Previdência Social".*

Alternativas "a", "b", d" e "e": estão erradas. Estando o servidor amparado por regime próprio de Previdência Social, restará este excluído do RGPS. Ocorrendo hipótese inversa, caso não estivesse amparado por regime próprio de Previdência Social, o servidor seria enquadrado como segurado obrigatório do RGPS na condição de empregado (art. 9º, I, j, do Dec. 3048/1999).

Resposta: C

IESES – Cartórios – TJ – MS/2014

O servidor civil ocupante de cargo efetivo ou o militar da União, dos Estados, do Distrito Federal ou dos Municípios, bem como o das respectivas autarquias e fundações, são excluídos do Regime Geral de Previdência Social consubstanciado nesta Lei, desde que amparados por regime próprio de Previdência Social; porém se caso o servidor ou o militar venham a exercer, concomitantemente, uma ou mais atividades abrangidas pelo Regime Geral de Previdência Social, este se tornará:

a) Segurado especial em relação a essas atividades.
b) Contribuinte individual em relação a essas atividades.
c) Segurado obrigatório em relação a essas atividades.
d) Segurado facultativo em relação a essas atividades.

RESOLUÇÃO:

Alternativa correta: letra "c": a assertiva está correta, pois de acordo com o disposto no art. 12, § 1º, da Lei 8213/1991.

Alternativas "a", "b", e "d": estão erradas. Caso o servidor ou o militar venham a exercer, concomitantemente, uma ou mais atividades abrangidas pelo RGPS, tornar-se-ão **segurados obrigatórios** em relação a essas atividades (art. 12, § 1º, da Lei 8213/1991).

Resposta: C

TRT – 8ª Região – Juiz do Trabalho Substituto/2015

Assinale a alternativa INCORRETA:

a) Todo aquele que exercer, concomitantemente, mais de uma atividade remunerada sujeita ao Regime Geral de Previdência Social (RGPS) é obrigatoriamente filiado em relação a cada uma delas.
b) O aposentado pelo Regime Geral de Previdência Social (RGPS) que estiver exercendo ou que voltar a exercer atividade abrangida por este Regime é segurado obrigatório em relação a essa atividade, ficando sujeito às contribuições de que trata a Lei 8.212, de 24 de julho de 1991, para fins de custeio da Seguridade Social.
c) O dirigente sindical mantém, durante o exercício do mandato eletivo, o mesmo enquadramento no Regime Geral de Previdência Social (RGPS) de antes da investidura.
d) São considerados segurados especiais no Regime Geral de Previdência Social (RGPS), o cônjuge ou companheiro e os filhos maiores de 16 (dezesseis) anos ou os a estes equiparados, independente de participação ativa nas atividades rurais do grupo familiar.
e) A participação do segurado especial em sociedade empresária, em sociedade simples, como empresário individual ou como titular de empresa individual de responsabilidade limitada de objeto ou âmbito agrícola, agroindustrial ou agroturístico, considerada microempresa nos termos da Lei Complementar 123, de 14 de dezembro de 2006, não o exclui de tal categoria previdenciária, desde que, mantido o exercício da sua atividade rural na forma do inciso VII do *caput* e do § 1º do art. 11 da Lei 8.213/1991, a pessoa jurídica componha-se apenas de segurados de igual natureza e sedia-se no mesmo Município ou em Município limítrofe àquele em que eles desenvolvam suas atividades.

RESOLUÇÃO:

Alternativa correta: letra "d": a assertiva é falsa, pois, conforme determina do § 6º do art. 11 da Lei 8213/1991, para serem considerados segurados especiais, o cônjuge ou companheiro e os filhos maiores de 16 anos ou os a estes equiparados **deverão ter participação ativa** nas atividades rurais do grupo familiar (Incluído pela Lei 11.718, de 2008).

Alternativa "a": está errada. A assertiva é verdadeira, pois reproduz o conteúdo do § 2º do art. 11 da Lei 8.213/1991.

Alternativa "b": está errada. A assertiva é verdadeira, pois reproduz o conteúdo do § 3º do art. 11 da Lei 8.213/1991.

Alternativa "c": está errada. A assertiva é verdadeira, pois reproduz o conteúdo do § 4º do art. 11 da Lei 8.213/1991.

Alternativa "e": está errada. A assertiva é verdadeira, pois reproduz o conteúdo do § 12 do art. 11 da Lei 8.213/1991.

Resposta: D

TRT – 8ª Região – Juiz do Trabalho Substituto/2015

Para fins previdenciários, é INCORRETO afirmar que:

a) Considera-se empresa, a firma individual ou sociedade que assume o risco de atividade econômica urbana ou rural, com fins lucrativos ou não, bem como os órgãos e entidades da administração pública direta, indireta ou fundacional.
b) Considera-se empregador doméstico, a pessoa ou família que admite a seu serviço, sem finalidade lucrativa, empregado doméstico.
c) Equipara-se a empresa, para os efeitos da Lei 8.213/1991, o contribuinte individual em relação a segurado que lhe presta serviço, bem como a cooperativa, a associação ou entidade de qualquer natureza ou finalidade, a missão diplomática e a repartição consular de carreira estrangeiras.
d) São segurados facultativos da Previdência Social, o associado eleito para cargo de direção em cooperativa, associação ou entidade de qualquer natureza ou finalidade, bem como o síndico ou administrador eleito para exercer atividade de direção condominial, ainda que recebam remuneração.
e) É segurado obrigatório da Previdência Social, como contribuinte individual, quem presta serviço de natureza urbana ou rural, em caráter eventual, a uma ou mais empresas, sem relação de emprego.

RESOLUÇÃO:

Alternativa correta: letra "d": a assertiva é falsa, pois, conforme determina a alínea "f" do inciso V do art. 11 da Lei 8.213/1991, **caso recebam remuneração**, o associado eleito para cargo de direção em cooperativa, associação ou entidade de qualquer natureza ou finalidade, bem como o síndico ou administrador eleito para exercer atividade de direção condominial, serão enquadrados como segurados **contribuintes individuais**, e não como segurados facultativos, como erroneamente afirmou a assertiva.

Alternativa "a": está errada. A assertiva é verdadeira, pois reproduz o conteúdo do inciso I do art. 14 da Lei 8.213/1991.

Alternativa "b": está errada. A assertiva é verdadeira, pois reproduz o conteúdo do inciso II do art. 14 da Lei 8.213/1991.

Alternativa "c": está errada. A assertiva é verdadeira, pois reproduz o conteúdo do parágrafo único do art. 14 da Lei 8.213/1991.

Alternativa "e": está errada. A assertiva é verdadeira, pois reproduz o conteúdo da alínea "g" do inciso V do art. 14 da Lei 8.213/1991.

Resposta: D

FCC – Juiz do Trabalho Substituto – TRT – 15ª Região/2015

Nos termos definidos na Lei 8.213/1991, são segurados obrigatórios do Regime de Previdência Social:

a) os empregados, os empregados domésticos, os contribuintes individuais, os trabalhadores avulsos e os segurados especiais.
b) os empregados e os trabalhadores avulsos, apenas.
c) os empregados, os segurados especiais e os facultativos, apenas.
d) os empregados, os empregados domésticos e os segurados especiais, apenas.
e) os trabalhadores, os contribuintes individuais e os facultativos.

RESOLUÇÃO:

Alternativa correta: letra "a". A alternativa "a" é a única assertiva que contém todos os incisos do art. 12 da Lei 8.213/1991, rol dos segurados obrigatórios.

As alternativas, "b", "d" e "e", estão incorretas pelas razões acima esposadas. Já a alternativa "c" está errada porque o segurado facultativo, como o próprio nome diz, não é segurado obrigatório do RGPS.

Resposta: A

IESES – Cartórios – TJ – MS/2014

Não descaracteriza a condição de segurado especial junto ao Instituto Nacional de Seguridade Social (INSS), EXCETO:

a) A associação em cooperativa agropecuária.
b) Ser beneficiário ou fazer parte de grupo familiar que tem algum componente que seja beneficiário de programa assistencial oficial de governo.
c) A outorga, por meio de contrato escrito de parceria, meação ou comodato, de até 50% (cinquenta por cento) de imóvel rural cuja área total não seja superior a 4 (quatro) módulos fiscais, desde que outorgante e outorgado continuem a exercer a respectiva atividade, individualmente ou em regime de economia familiar.
d) A exploração da atividade turística da propriedade rural, inclusive com hospedagem, por não mais de 180 (cento e oitenta) dias ao ano.

RESOLUÇÃO:

Alternativa correta: letra "d": o conteúdo da assertiva está incorreto, uma vez que o art. 11, § 8º, II, determina que o **prazo máximo** para a exploração da atividade turística da propriedade rural, inclusive com hospedagem, sem que haja descaracterização da qualidade de segurado especial é de **120 dias** ao ano. Sendo assim, tal acontecimento por 180 dias, prazo contido da assertiva, descaracterizaria a condição de segurado especial junto ao INSS.

Alternativa "a": está errada. O conteúdo da assertiva é verdadeiro, pois reproduz o disposto no art. 11, § 8º, VI, da Lei 8.213/1991. Observe que a Lei 13.183, de 04/12/2015, inseriu neste parágrafo as cooperativas de crédito rural.

Alternativa "b": está errada. O conteúdo da assertiva é verdadeiro, pois reproduz o disposto no art. 11, § 8º, IV, da Lei 8.213/1991.

Alternativa "c": está errada. O conteúdo da assertiva é verdadeiro, pois reproduz o disposto no art. 11, § 8º, I, da Lei 8.213/1991.

Resposta: D

IESES – Cartórios – TJ – MS/2014

O servidor civil ocupante de cargo efetivo ou o militar da União, dos Estados, do Distrito Federal ou dos Municípios, bem como o das respectivas autarquias e fundações, são excluídos do Regime Geral de Previdência Social consubstanciado nesta Lei, desde que amparados por regime próprio de Previdência Social; porém se caso o servidor ou o militar venham a exercer, concomitantemente, uma ou mais atividades abrangidas pelo Regime Geral de Previdência Social, este se tornará:

a) Segurado especial em relação a essas atividades.

b) Contribuinte individual em relação a essas atividades.
c) Segurado obrigatório em relação a essas atividades.
d) Segurado facultativo em relação a essas atividades.

RESOLUÇÃO:

Alternativa correta: letra "c": a assertiva está correta, pois está de acordo com o disposto no art. 12, § 1º, da Lei 8.213/1991.

Alternativas "a", "b", e "d": estão erradas. Caso o servidor ou o militar venham a exercer, concomitantemente, uma ou mais atividades abrangidas pelo RGPS, tornar-se-ão **segurados obrigatórios** em relação a essas atividades (art. 12, § 1º, da Lei 8.213/1991).

Resposta: C

30.4. SALÁRIO DE CONTRIBUIÇÃO – CAPÍTULO 7

CESPE – Técnico do Seguro Social – INSS/2016

Gustavo inscreveu-se na Previdência Social na condição de segurado facultativo. Nessa situação, o salário de contribuição de Gustavo deverá variar entre um salário mínimo e o teto máximo fixado em portaria interministerial.

RESOLUÇÃO:

De acordo com o art. 28, IV, da Lei 8.212/1991, o salário de contribuição para o segurado facultativo é o valor que ele declarar, sendo respeitados o limite mínimo previsto no § 4º do mesmo artigo e o limite máximo previsto no § 5º e reajustado anualmente por portaria ministerial.

Resposta: Certa

CESPE – Técnico do Seguro Social – INSS/2016

O contrato de trabalho de Carlos, empregado da empresa L & M Ltda., foi rescindido antes que ele pudesse usufruir de férias vencidas. Nessa situação, haverá a incidência de contribuição previdenciária sobre a importância paga a título de indenização das férias vencidas e sobre o respectivo adicional constitucional.

RESOLUÇÃO:

A questão contraria o disposto no art. 28, § 9º, *d*, da Lei 8.212/1991, que exclui do salário de contribuição as importâncias recebidas a título de férias indenizadas e respectivo adicional constitucional.

Resposta: Errada

CESPE – Analista do Seguro Social – INSS/2016

A contribuição do segurado empregado e a do trabalhador doméstico recaem sobre o valor dos seus salários de contribuição, até um teto máximo fixado por lei.

RESOLUÇÃO:

De acordo com o art. 28 da Lei 8.212/1991, os segurados empregados (inciso I) e domésticos (inciso II) devem contribuir sobre o valore de seus salários de contribuição. O § 5º desse mesmo artigo estabelece um teto contributivo para os segurados, estando, assim, a assertiva correta.

Resposta: Certa

CESPE – Procurador Federal/2013

As gorjetas não integram o salário de contribuição do segurado empregado filiado ao RGPS, assim como também não o integra a parcela recebida a título de vale-transporte.

RESOLUÇÃO:

As gorjetas integram o salário de contribuição, conforme dispõe o art. 28, I, da Lei 8.212/1991. Vejamos:

"Art. 28. Entende-se por salário de contribuição:

I – para o empregado e o trabalhador avulso: a remuneração auferida em uma ou mais empresas, assim entendida a totalidade dos rendimentos pagos, devidos ou creditados a qualquer título, durante o mês, destinados a retribuir o trabalho, qualquer que seja a sua forma, ***inclusive as gorjetas***, os ganhos habituais sob a forma de utilidades e os adiantamentos decorrentes de reajuste salarial, quer pelos serviços efetivamente prestados, quer pelo tempo à disposição do empregador ou tomador de serviços, nos termos da lei ou do contrato ou, ainda, de convenção ou acordo coletivo de trabalho ou sentença normativa".

Já a parcela recebida a título de vale-transporte, desde que na forma da legislação própria, realmente não integra o salário de contribuição (art. 28, § 9º, *f*, da Lei 8.212/1991).

Resposta: Errada

CESPE – Auditor de Controle Externo do TCE do Espírito Santo/2012

Aposentados pelo RPPS/ES devem contribuir para o financiamento desse regime se seus proventos forem superiores ao limite máximo estabelecido para os benefícios do RGPS, assim como os aposentados por este regime.

RESOLUÇÃO:

A assertiva está errada, pois os aposentados do Regime Geral de Previdência Social não contribuem sobre o valor da aposentadoria (art. 195, II, CF/1988).

De acordo com o art. 28, § 9°, a, da Lei 8.212/1991, os únicos benefícios sobre o qual há incidência de contribuição previdenciária são o salário-maternidade e o seguro-desemprego. Note, todavia, que, caso o aposentado volte a trabalhar, ele deverá pagar contribuição sobre a remuneração recebida em decorrência de seu trabalho.

Resposta: Errada

IBADE – IPERON – Analista em Previdência – Assistente Social – RO/2017

Na forma do disposto no art. 28 da Lei 8.212, de 24 de julho de 1991, a seguinte verba integra o salário contribuição:

A) diárias de viagens que não excedam 50% da remuneração mensal.
B) parcela recebida a título de vale transporte.
C) verbas recebidas a título de incentivo à demissão.
D) valores recebidos a título de férias indenizadas.
E) salário-maternidade

RESOLUÇÃO:

A alternativa E está certa, pois de acordo com o art. 28, § 9º, *a*, da Lei 8.212/1991, há incidência de contribuição é o salário-maternidade.

A alternativa A está errada, pois de acordo com o art. 28, § 9º, *h*, da Lei 8.212/1991, as diárias de viagem não integram o salário de contribuição, atualmente, independentemente do valor, seja até 50% ou mais do salário do empregado.

A alternativa B está errada, pois de acordo com o art. 28, § 9º, *f*, da Lei 8.212/1991, o vale transporte não integra o salário de contribuição.

A alternativa C está errada, pois de acordo com o art. 28, § 9º, e, 5, da Lei 8.212/1991, o valor do incentivo a demissão (plano de demissão voluntária – PDV) não integra o salário de contribuição.

A alternativa D está errada, pois de acordo com o art. 28, § 9º, *d*, da Lei 8.212/1991, o valor das férias indenizadas não integra o salário de contribuição.

Resposta: E

FCC – Juiz do Trabalho Substituto – TRT – 23ª REGIÃO (MT)/2015

Integra o salário de contribuição:

a) Salário-Maternidade.
b) Indenização de 40% sobre depósitos do FGTS.
c) Diárias para viagens que não excedam 50% da remuneração mensal.
d) Parcela recebida a título de férias indenizadas.
e) Parcela Recebida a título de vale transporte.

RESOLUÇÃO:

Alternativa correta: letra "a". Segundo determina a alínea "a" do § 9º, c/c § 2º, ambos do art. 28 da Lei 8.212/1991, o salário-maternidade é considerado salário de contribuição.

Alternativa "b": está errada. Determina o item 3 da alínea "e" do § 9º, art. 28 da Lei 8.212/1991. As parcelas indenizatórias são excluídas da remuneração, por não serem pagas como fruto do trabalho. São espécies de compensação por ações que tenham gerado algum prejuízo para o trabalhador. Exemplo: o acréscimo de 40% sobre FGTS. Neste caso, o empregador indeniza o empregado por ter sido despedido sem justo motivo.

Alternativa "c": está errada. A assertiva está em desacordo com o disposto na alínea "h", § 9º do art. 28 da Lei 8.212/1991. Após o advento da Lei 13.467/2017, as diárias para as viagens, mesmo que acima de 50% da remuneração mensal do segurado, passaram a não sofrer a incidência de contribuição previdenciária. A questão não está errada, pois até 50% do salário as diárias também não integram o salário de contribuição.

Alternativa "d": está errada. A assertiva está em desacordo com o disposto na alínea "d", § 9º do art. 28 da Lei 8.212/1991.

Alternativa "e": está errada. A assertiva está em desacordo com o disposto na alínea "f", § 9º do art. 28 da Lei 8.212/1991.

Resposta: A

FUNRIO – Analista do Seguro Social – INSS/2013

Com relação ao salário de contribuição, na forma da Lei 8.212/1991, seguem quatro indicações:

I. para o empregado e trabalhador avulso: a remuneração auferida em uma ou mais empresas, assim entendida a totalidade dos rendimentos pagos, devidos ou creditados a qualquer título, durante o mês, destinados a retribuir o trabalho, qualquer que seja a sua forma, exceto no que se refere às gorjetas, aos ganhos habituais sob a forma de utilidades e os adiantamentos decorrentes de reajuste salarial, quer pelos serviços efetivamente prestados, quer pelo tempo à disposição do empregador ou tomador de serviços nos termos da lei ou do contrato ou, ainda, de convenção ou acordo coletivo de trabalho ou sentença normativa;
II. para o empregado doméstico: a remuneração registrada na Carteira de Trabalho e Previdência Social, observadas as normas a serem estabelecidas em regulamento para comprovação do vínculo empregatício e do valor da remuneração;
III. para o contribuinte individual: a remuneração auferida em uma ou mais empresas ou pelo exercício de sua atividade por conta própria, durante o mês, observado o limite máximo fixado em Lei;
IV. para o segurado facultativo: o valor por ele declarado, observado o limite máximo fixado em Lei.

Quais dessas indicações estão corretas?

a) Apenas a primeira e a terceira estão corretas.
b) Apenas a segunda e a quarta estão corretas.
c) Todas estão corretas.
d) Nenhuma delas está correta.
e) Apenas três delas estão corretas.

RESOLUÇÃO:

Item I, errado. Comparando o texto do item com o art. 28, I, da Lei 8.212/1991, percebemos que as gorjetas compõem o salário de contribuição, diferentemente do afirmado na assertiva.

Item II, certo. Este item reflete a literalidade do texto do art. 28, II, da Lei 8.212/1991.

Item III, certo. Este item espelha o texto do art. 28, III, da Lei 8.212/1991.

Item IV, certo. Este item reflete o texto do art. 28, IV, da Lei 8.212/1991.

Assim, fica claro que os itens II, III e IV estão corretos, devendo a letra E ser considerada correta por afirmar que apenas três itens estão corretos. Não sabemos o motivo, mas a alternativa B foi a considerada correta pela banca examinadora. Absurdo!

Resposta: B

Analista-Tributário da Receita Federal do Brasil ESAF/2012

Integra o salário de contribuição:

a) o valor recebido a título de indenização por despedida sem justa causa nos contratos de trabalho por prazo determinado.
b) a parcela in natura recebida de acordo com programa de alimentação aprovado pelo Ministério do Trabalho e Emprego, nos termos da Lei da Alimentação do Trabalhador.
c) a importância recebida a título de férias indenizadas e respectivo adicional constitucional.
d) o valor recebido como indenização de 40% do montante depositado no FGTS, como proteção à relação de emprego contra despedida arbitrária ou sem justa causa.
e) a remuneração auferida, a qualquer título, em uma ou mais empresas, por trabalhador avulso, durante o mês, destinado a retribuir o trabalho.

RESOLUÇÃO:

Alternativa correta: letra "e". De acordo com o art. 28, I, da Lei 8.212/1991, a remuneração auferida, a qualquer título, em uma ou mais empresas, por trabalhador avulso, durante o mês, destinado a retribuir o trabalho integra o salário de contribuição. A alternativa E é a única que apresenta uma parcela integrante do salário de contribuição.

Alternativa "a": errada. O valor recebido a título de indenização por despedida sem justa causa nos contratos de trabalho por prazo determinado não integra o salário de contribuição, conforme previsto no art. 28, § 9º, e, 3, da Lei 8.212/1991. Desta forma a alternativa A está errada.

Alternativa "b": errada. A alternativa B está errada, pois a alimentação concedida de acordo com as regras do Programa de Alimentação do Trabalhador regulamentado pelo Ministério do Trabalho não integra o salário de contribuição (art. 28, § 9º, c, da Lei 8.212/1991).

Alternativa "c": errada. Sobre a importância recebida a título de férias indenizadas e respectivo adicional constitucional não há incidência de contribuição previdenciária, nos termos do art. 28, § 9º, *d*, da Lei 8.212/1991. A alternativa C está errada.

Alternativa "d": errada. De acordo com o art. 28, § 9º, e, 1, da Lei 8.212/1991 o valor recebido como indenização de 40% do montante depositado no FGTS, como proteção à relação de emprego contra despedida arbitrária ou sem justa causa não integra o salário de contribuição, estando a alternativa D errada.

Resposta: E

30.5. CONTRIBUIÇÕES PARA A SEGURIDADE SOCIAL – CAPÍTULOS 8 E 9

CESPE – Técnico do Seguro Social – INSS/2016

Em caso de eventuais insuficiências financeiras decorrentes do pagamento de benefícios de prestação continuada, a Previdência Social poderá elevar alíquotas das contribuições sociais de empregados e empregadores até o limite do débito apurado.

RESOLUÇÃO:

Já estudamos na aula sobre os dispositivos constitucionais que não há limitação para que as contribuições residuais sejam limitadas ao débito apurado na seguridade. Vejam que é possível até aumentar o financiamento da seguridade nos termos do art. 195:

> § 4º A lei poderá instituir outras fontes destinadas a **garantir a manutenção ou expansão** da seguridade social, obedecido o disposto no art. 154, I.

Resposta: Errada

CESPE – Técnico do Seguro Social – INSS/2016

Julgue os próximos itens, relativos às contribuições dos segurados empregados, dos empregados domésticos e dos segurados facultativos.

A alíquota de contribuição, para custeio da seguridade social, dos segurados facultativos e dos segurados empregados é a mesma e varia segundo o salário de contribuição.

RESOLUÇÃO:

As alíquotas de contribuição dos empregados estão previstas na EC 103/2019 e são de 7,5%, 9%, 12% e 14%, a depender do salário de contribuição do trabalhador.

Já a alíquota de contribuição do segurado facultativo, em regra, é de 20%, conforme art. 21 da Lei 8.212/1991 ou 11% no sistema especial ou, ainda, de 5% para o segurado facultativo sem renda própria que se dedique exclusivamente ao trabalho doméstico no âmbito de sua residência, desde que pertencente à família de baixa renda, de acordo com o § 2º, II, do mesmo artigo.

Resposta: Errada

CESPE – Técnico do Seguro Social – INSS/2016

Para efeito de custeio dos benefícios da aposentadoria especial e dos concedidos em razão do grau de incidência de incapacidade laborativa decorrente dos riscos ambientais do trabalho, as alíquotas aplicadas incidem exclusivamente sobre a remuneração do segurado sujeito a condições especiais que lhe prejudiquem a saúde ou a integridade física.

RESOLUÇÃO:

A questão está realmente mal redigida, pois trata das alíquotas de GILRAT (SAT), que incidem sobre todos os trabalhadores da empresa e das alíquotas adicionais para cobertura da aposentadoria especial, estas incidentes apenas sobre a remuneração do segurado sujeito a condições especiais que lhe prejudiquem a saúde ou a integridade física. Vejamos o texto do Decreto 3.048/1999:

> Art. 202. A contribuição da empresa, destinada ao financiamento da aposentadoria especial e dos benefícios concedidos em razão do grau de incidência de incapacidade laborativa decorrente dos riscos ambientais do trabalho corresponde à aplicação dos seguintes percentuais, incidentes sobre o total da remuneração paga, devida ou creditada a qualquer título, no decorrer do mês, ao segurado empregado e trabalhador avulso:
>
> I – 1% para a empresa em cuja atividade preponderante o risco de acidente do trabalho seja considerado leve;
>
> II – 2% para a empresa em cuja atividade preponderante o risco de acidente do trabalho seja considerado médio, ou;

> III – 3% para a empresa em cuja atividade preponderante o risco de acidente do trabalho seja considerado grave.
> § 1º. As alíquotas constantes do *caput* serão acrescidas de 12, nove ou seis pontos percentuais, respectivamente, se a atividade exercida pelo segurado a serviço da empresa ensejar a concessão de aposentadoria especial após 15, 20 ou 25 anos de contribuição.
> § 2º. O acréscimo de que trata o parágrafo anterior incide ***EXCLUSIVAMENTE*** sobre a remuneração do segurado sujeito às condições especiais que prejudiquem a saúde ou a integridade física.

Note que apenas os adicionais de 6%, 9% ou 12% incidem exclusivamente sobre a remuneração do segurado sujeito às condições especiais que prejudiquem a saúde ou a integridade física, mas o GILRAT de 1%, 2% ou 3% incide sobre toda a folha de pagamento.

O CESPE entendeu que a questão deveria ser anulada, pois o enunciado ficou confuso.

Resposta: Anulada

CESPE – Técnico do Seguro Social – INSS/2016

Parte dos valores arrecadados com concurso de prognósticos promovidos por órgãos do poder público ou por sociedades comerciais ou civis dentro do território nacional é destinada ao custeio da seguridade social.

RESOLUÇÃO:

A questão está de acordo com o art. 26 da Lei 8.212/1991 que estabelece a contribuição incidente sobre os concursos de prognósticos, conforme previsto do art. 195, IV, da Constituição Federal de 1988. Estudamos isso na aula nos principais dispositivos constitucionais.

Resposta: Certa

CESPE – Técnico do Seguro Social – INSS/2016

As empresas são obrigadas a arrecadar a contribuição do segurado contribuinte individual a seu serviço, descontando-a da respectiva remuneração.

RESOLUÇÃO:

A assertiva tem fundamento no art. 216, I, *a*, do Regulamento da Previdência Social, aprovado pelo Decreto 3.048/1999. De fato, desde a publicação da MP 83/2002, convertida na Lei 10.666/2003, as empresas têm obrigação de reter a contribuição dos contribuintes individuais e repassar a Previdência Social.

Resposta: Certa

CESPE – Técnico do Seguro Social – INSS/2016

A isenção de contribuição previdenciária concedida às pessoas jurídicas de direito privado estende-se aos seus empregados e aos trabalhadores avulsos a seu serviço.

RESOLUÇÃO:

De acordo com o art. 216, § 4º, do RPS, a pessoa jurídica de direito privado beneficiada pela isenção é obrigada a arrecadar a contribuição do segurado empregado e do trabalhador avulso a seu serviço, descontando-a da respectiva remuneração, e recolhê-la no prazo legal. Percebe-se, então, que a isenção das empresas não se estende aos seus empregados e avulsos.

Resposta: Errada

CESPE – Analista do Seguro Social – INSS/2016

Sobre a receita de loterias, apostas e sorteio de números incidirá contribuição social destinada a financiar a seguridade social.

RESOLUÇÃO:

A questão faz alusão ao texto do art. 195, III, da Constituição Federal de 1988 que prevê o financiamento da seguridade social por meio das contribuições sobre concursos de prognósticos.

De acordo com o art. 26 da Lei 8.212/1991, consideram-se concursos de prognósticos todos e quaisquer concursos de sorteios de números, loterias, apostas, inclusive as realizadas em reuniões hípicas, nos âmbitos federal, estadual, do Distrito Federal e municipal.

Resposta: Certa

IBFC – Câmara de Feira de Santana – Procurador Jurídico Adjunto – BA /2018

Assinale a alternativa correta, sobre o prazo normal a ser observado por empresa ou equiparada para o pagamento da contribuição previdenciária sem a incidência de juros ou multa.

A) O recolhimento da contribuição normal deve ocorrer até o dia 15 (quinze) do mês seguinte àquele a que se refere a contribuição e a do 13º salário até o dia 20 (vinte) de dezembro

B) O recolhimento da contribuição normal deve ocorrer até o dia 20 (vinte) do mês seguinte àquele a que se refere a contribuição e a do 13º salário até o dia 20 (vinte) de dezembro

C) O recolhimento da contribuição normal deve ocorrer até o dia 20 (vinte) do mês seguinte àquele a que se refere a contribuição e a do 13º salário até o dia 15 (quinze) de dezembro

D) O recolhimento da contribuição normal deve ocorrer até o dia 15 (quinze) do mês seguinte àquele a que se refere a contribuição e a do 13º salário até o dia 15 (quinze) de dezembro

RESOLUÇÃO:

A questão trata dos prazos de recolhimento da contribuição previdenciária da contribuição das empresas, conforme art. 216, b, do RPS (dia 20 do mês subsequente) e da contribuição sobre o 13º salário, conforme art. 216, § 1º, do RPS (dia 20/2012).

Resposta: B

FCC – Técnico de Nível Superior – Advogado – Prefeitura de Teresina – PI/2016

De acordo com a Lei Federal 8.212/1991, a contribuição calculada mediante a aplicação da correspondente alíquota sobre o salário de contribuição mensal, de forma não cumulativa e em conformidade com tabela nela apresentada, é a contribuição

A) do empregado, inclusive o doméstico, e a do trabalhador avulso.

B) devida pela agroindústria, assim entendida como sendo o produtor rural pessoa jurídica, cuja atividade econômica seja a industrialização de produção própria ou de produção própria e adquirida de terceiros.

C) do empregador rural pessoa física.

D) da União, assim entendida como o aporte por ela feito e constituído de recursos adicionais do Orçamento Fiscal, fixados, alternativa ou concomitantemente, na Lei Orçamentária Anual e na Lei de Diretrizes Orçamentárias.

E) do segurado especial.

RESOLUÇÃO:

A questão trata sobre a tabela de incidência de contribuição previdenciária dos empregados, domésticos e avulsos em função do salário de contribuição, prevista no art. 20 da Lei 8.212/1991.

Resposta: A

CETRO – Auditor – **AMAZUL/2015**

Sobre a incidência e a alíquota referentes à contribuição a cargo da empresa, destinada à seguridade social, de acordo com a Lei 8.212/1991, assinale a alternativa correta.

A) 20% (vinte por cento) sobre o total das remunerações pagas, durante o mês, apenas para os segurados empregados.
B) 20% (vinte por cento) sobre o total das remunerações pagas, durante o mês, apenas para os trabalhadores avulsos que lhe prestem serviços.
C) 20% (vinte por cento) sobre o total das remunerações pagas, durante o mês, para segurados empregados e trabalhadores avulsos que lhe prestem serviços.
D) 15% (quinze por cento) sobre o total das remunerações pagas, durante o mês, para segurados empregados e trabalhadores avulsos que lhe prestem serviços.
E) 15% (quinze por cento) sobre o total das remunerações pagas, durante o mês, para segurados empregados, não incluindo no cálculo as chamadas gorjetas.

RESOLUÇÃO:

A questão trata do art. 22 da Lei 8.212/1991 que define a alíquota de contribuição de 20% das empresas sobre a remuneração de empregados e avulsos.

Resposta: C

FCC – Procurador Município – Prefeitura Cuiabá-MT/2014 (adaptada)

É INCORRETO afirmar em relação ao Plano de Custeio da Seguridade Social:

a) A contribuição a cargo da empresa, destinada à Seguridade Social é de 20% (vinte por cento) sobre o total das remunerações pagas, devidas ou creditadas a qualquer título, durante o mês, aos segurados empregados e trabalhadores avulsos que lhe prestem serviços normativa.
b) A contribuição do empregado doméstico destinada à Seguridade Social é de 9% (nove por cento) calculada mediante a aplicação da correspondente alíquota sobre o seu salário de contribuição mensal.
c) A contribuição do empregador doméstico é de 8,8% do salário de contribuição do empregado doméstico a seu serviço.
d) Caberá à entidade promotora do espetáculo a responsabilidade de efetuar o desconto de 5% (cinco por cento) da receita bruta decorrente dos espetáculos desportivos e o respectivo recolhimento, no prazo de até dois dias úteis após a realização do evento.
e) A alíquota de contribuição dos segurados contribuinte individual e facultativo será de 20% (vinte por cento) sobre o respectivo salário de contribuição.

RESOLUÇÃO:

Alternativa correta: letra "b": o conteúdo da assertiva é falso. Segundo determina o art. 20 da Lei 8.212/1991, a contribuição do empregado, **inclusive o doméstico**, e a do trabalhador avulso, é calculada mediante a aplicação da correspondente alíquota sobre o seu salário de contribuição mensal, de forma não cumulativa, **de acordo com a tabela presente no referido dispositivo, podendo a alíquota ser 8%, 9% ou 11%.**

Alternativa "a": está errada. O conteúdo da assertiva é verdadeiro, estando de acordo com o disposto no inciso I do art. 22 da Lei 8.212/1991.

Alternativa "c": está errada. Esta assertiva foi adaptada para trazer a alíquota correta atual. Observem que a Lei 13.202, de 08/12/2015, alterou o art. 24 da Lei 8.212/1991, atualizando a alíquota de contribuição previdenciária do empregador doméstico para 8%, acrescida de 0,8% para o SAT, conforme disposto no art. 25 da LC 150/2015.

Alternativa "d": está errada. O conteúdo da assertiva é verdadeiro, estando de acordo com o disposto no § 7º do art. 22 da Lei 8.212/1991.

Alternativa "e": está errada. O conteúdo da assertiva é verdadeiro, estando de acordo com o disposto no *caput* do art. 21 da Lei 8.212/1991.

Resposta: B

30.6. TEMAS GERAIS DE CUSTEIO – CAPÍTULOS 10 A 18

CESPE – Técnico do Seguro Social – INSS/2016

Compete à Receita Federal do Brasil arrecadar e fiscalizar o recolhimento das contribuições sociais previstas na CF.

RESOLUÇÃO:

De acordo com o art. 33 da Lei 8.212/1991, à Secretaria da Receita Federal do Brasil compete planejar, executar, acompanhar e avaliar as atividades relativas à tributação, à **fiscalização, à arrecadação**, à cobrança e ao recolhimento das contribuições sociais.

Resposta: Certa

CESPE – Técnico do Seguro Social – INSS/2016

As contribuições devidas à seguridade social já descontadas dos segurados empregados e não recolhidas até seu vencimento poderão ser objeto de acordo para pagamento parcelado.

RESOLUÇÃO:

A assertiva contraria o disposto no art. 14, I, da Lei 10.522/2002, que veda a concessão de parcelamento de débitos relativos a tributos passíveis de retenção na fonte, de desconto de terceiros ou de sub-rogação, independentemente da retenção ter sido efetuada. Logo, não é possível o parcelamento de débitos relativos a contribuições previdenciárias passíveis de retenção de segurados ou de outras empresas.

Resposta: Errada

CESPE – Técnico do Seguro Social – INSS/2016

Maria, proprietária de uma sorveteria situada em uma cidade litorânea, adquiriu, de forma financiada, dois novos freezers para seu estabelecimento comercial. Em razão do período de baixa temporada, ocorreu considerável queda nas vendas da sorveteria, e o seu faturamento tornou-se insuficiente para arcar com todas as despesas. Diante dessa situação e visando honrar com o pagamento das prestações dos freezers, Maria deixou de repassar à Previdência Social as contribuições previdenciárias recolhidas dos cinco funcionários do estabelecimento, no prazo e na forma legal, tendo incorrido em crime contra seguridade social.

Tendo como referência essa situação hipotética e com base nas disposições legais a respeito dos crimes contra a seguridade social, julgue os próximos itens:

Iniciada ação fiscal em desfavor de Maria, o juiz responsável pelo processo não poderá deixar de aplicar pena, ainda que Maria efetue os pagamentos devidos, seja ré primária e goze de bons antecedentes.

RESOLUÇÃO:

A assertiva está em desacordo com o art. 168, § 3º, do Código Penal. Vejamos:

> § 3º. É facultado ao juiz deixar de aplicar a pena ou aplicar somente a multa, se o agente for primário e de bons antecedentes, desde que:
>
> I – tenha promovido, após o início da ação fiscal e antes do recebimento da denúncia, o pagamento da contribuição social previdenciária, inclusive acessórios;
>
> II – o valor das contribuições devidas, inclusive acessórios, seja igual ou inferior àquele estabelecido pela Previdência Social, administrativamente, como sendo o mínimo para o ajuizamento de suas ações fiscais.

Resposta: Errada

CESPE – Técnico do Seguro Social – INSS/2016

A conduta de Maria configura crime de apropriação indébita previdenciária, para o qual a pena prevista é reclusão e multa.

RESOLUÇÃO:

De fato, a conduta de Maria está tipificada no art. 168 do Código Penal como Apropriação Indébita Previdenciária. Vejamos:

Art. 168-A. Deixar a empresa de repassar à Previdência Social as contribuições recolhidas dos contribuintes, no prazo ou forma legal ou convencional:

Pena – ***reclusão, de dois a cinco anos e multa.***

Resposta: Certa

30.7. TEMAS INTRODUTÓRIOS DE BENEFÍCIOS – CAPÍTULO 19

CESPE/ Defensor Público da União/2015

Em regra, mantêm a qualidade de segurado por até doze meses, independentemente de contribuições, o segurado empregado, o avulso, o doméstico e o facultativo.

RESOLUÇÃO

O período de graça do segurado facultativo é de apenas 6 meses, nos termos do art. 15, inciso VI, da Lei 8.213/1991.

Resposta: Errada

CESPE/Defensor Público da União/2015

A lei de benefícios previdenciários prevê expressamente que o menor sob guarda do segurado filiado ao RGPS é seu dependente, havendo discussão jurisprudencial a respeito do tema, dada a existência de normas contrárias no ordenamento jurídico nacional.

RESOLUÇÃO:

Até o advento da Medida Provisória 1.523, de 11/10/1996, convertida na Lei 9.528/1997, o *menor sob guarda* também era considerado dependente, tendo sido excluído desse rol em razão do elevado número de avós que colocavam os seus netos sob guarda apenas para instituir eventual pensão por morte previdenciária. Logo, desde então, o art. 16 da Lei 8.213/1991 deixou de prever o menor sob guarda como dependente previdenciário, não havendo mais essa previsão expressa. A EC 103/2019 excluiu o menor sob guarda do rol de dependentes previdenciários, objetivando pacificar a jurisprudência neste sentido. Este é o erro da questão.

Resposta: Errada

CESPE/Advogado da União/2015

Situação hipotética: Ricardo, segurado facultativo do RGPS, havia recolhido dez contribuições mensais quando, devido a problemas financeiros, teve de deixar de recolher novas contribuições durante nove meses. Após se restabelecer financeiramente, Ricardo voltou a contribuir, mas, após quatro meses de contribuição, ele foi acometido por uma doença que o incapacitou para o trabalho durante vinte dias. Assertiva: Nessa situação, embora a doença de Ricardo exija carência para o gozo do benefício de auxílio-doença, este perceberá o referido auxílio devido ao fato de ter readquirido a qualidade de segurado a partir do recolhimento de um terço do número de contribuições exigidas para o gozo do auxílio-doença.

RESOLUÇÃO:

A questão na primeira parte estava certa na época da questão, pois Ricardo realizou a regra de 1/3 da carência do auxílio-doença (pagamento de 4 contribuições), nos termos do art. 24, parágrafo único, da Lei 8.213/1991 (redação da época da prova), para considerar as antigas contribuições para carência do auxílio-doença. Atualmente este dispositivo foi revogado, exigindo-se o cumprimento de metade da carência exigida após a perda da qualidade de segurado. Assim, atualmente não teria qualquer dúvida que a questão estaria errada.

Há, ainda, um outro erra na questão, na parte final do enunciado, ao afirmar "ter readquirido a qualidade de segurado a partir do recolhimento de um terço do número de contribuições exigidas para o gozo do auxílio-doença". A reaquisição da qualidade de segurado se deu com o pagamento da primeira contribuição mas para ter direito aos benefícios deve cumprir, atualmente, metade da carência após a retomada da qualidade de segurado.

Resposta: Errada

CESPE– Defensor Público da União/2015

O salário-maternidade pago à segurada empregada, à segurada doméstica e à segurada avulsa, o auxílio-reclusão e o salário-família prescindem de carência.

RESOLUÇÃO:

A assertiva atualmente está errada, pois o auxílio-reclusão passou a exigir carência de 24 contribuições mensais a partir da publicação da MP 871/2019, convertida na Lei 13.846/2019. Na época do concurso ela estava certa, de acordo com a antiga redação do art. 26 da Lei 8.213/1991.

Resposta: Errada

ESES – IFC-SC/2015

Para ter direito à aposentadoria especial, é necessário também o cumprimento da carência, que corresponde ao número mínimo de contribuições mensais indispensáveis para que o segurado faça jus ao benefício. Os inscritos a partir de 25 de julho de 1991 devem ter, pelo menos:

a) 120 contribuições mensais.
b) 160 contribuições mensais.
c) 180 contribuições mensais.
d) 100 contribuições mensais.

RESOLUÇÃO:

Alternativa correta: letra "c": conforme determina o inciso II do art. 25 da Lei 8.213/1991, aos segurados inscritos na Previdência Social a partir de 25/07/1991, é exigido o cumprimento de carência de 180 contribuições mensais para a concessão dos benefícios de aposentadoria por idade, aposentadoria por tempo de serviço e **aposentadoria especial**.

Já aos segurados inscritos até 24/07/1991 a carência das aposentadorias por idade, por tempo de serviço e especial obedecerá à tabela progressiva constante do art. 142 da Lei 8.213/1991.

Alternativas "a", "b" e "d": estão erradas, pois contrariam o disposto no supracitado dispositivo de lei.

Resposta: C

FCC – Juiz do Trabalho Substituto – TRT – 23ª REGIÃO (MT)/2015 (adaptada)

Com relação aos benefícios previdenciários,

a) o salário-maternidade das seguradas empregadas domésticas depende da carência de 12 contribuições mensais.
b) a aposentadoria especial independe de carência e a aposentadoria por idade depende da carência de 120 contribuições mensais.
c) a concessão de pensão por morte independe de carência
d) o auxílio acidente depende da carência de 12 contribuições mensais.
e) a aposentadoria por invalidez depende da carência de 180 contribuições mensais.

RESOLUÇÃO:

Alternativa correta: letra "c". A alternativa está de acordo com o inciso I do art. 26 da Lei 8.213/1991.

Alternativa "a": está errada. Segundo determina o inciso Vi do art. 26 da Lei 8.213/1991, **independe de carência** a concessão do salário maternidade às seguradas empregadas, trabalhadoras avulsas e empregadas domésticas.

Alternativa "b": está errada. A aposentadoria especial, a aposentadoria por tempo de contribuição, e a aposentadoria por idade, exigem o cumprimento da carência de 180 contribuições mensais (inciso II do art. 25 da Lei 8.213/1991. Entretanto, para o segurado inscrito na Previdência Social Urbana até 24 de julho de 1991, bem como para o trabalhador e o empregador rural cobertos pela Previdência Social Rural, a carência das aposentadorias por idade, por tempo de serviço e especial obedecerá à tabela progressiva do art. 142 da LBPS, a qual leva em conta o ano em que o segurado implementou todas as condições necessárias à obtenção do benefício.

Alternativa "d": está errada. A concessão do benefício do auxílio-acidente independe de carência, conforme determina o inciso I do art. 26 da Lei 8.213/1991.

Alternativa "e": está errada. Em regra, a concessão do benefício de aposentadoria por invalidez depende do cumprimento da carência de 12 prestações mensais (inciso I do art. 25 da Lei 8.213/1991).

Resposta: C

FCC – TRF – Analista Judiciário – Oficial de Justiça Avaliador – 3ª REGIÃO/2014

De acordo com a Lei 8.213/1991, em regra, a concessão do benefício do auxílio-doença;

a) não possui período de carência pré-estabelecido.
b) está sujeita a carência de doze contribuições mensais.
c) está sujeita a carência de seis contribuições mensais.
d) está sujeita a carência de quinze contribuições mensais.
e) só estará sujeita ao período de carência se a concessão inicial for de, no mínimo, 30 dias.

RESOLUÇÃO:

Alternativa correta: letra B. Em regra, o deferimento do auxílio-doença exige o período de carência de 12 contribuições mensais, nos termos do art. 25, inciso I, da Lei 8.213/1991. Excepcionalmente, a carência será dispensada nos casos de acidente de qualquer natureza ou causa e de doença profissional ou do trabalho, bem como nos casos de segurado que, após filiar-se ao Regime Geral de Previdência Social, for acometido de alguma das doenças e afecções especificadas em lista elaborada a cada três anos pelos Ministérios da Saúde e da Previdência Social, de acordo com os critérios de estigma, deformação, mutilação, deficiência ou outro fator que lhe confira especificidade e gravidade que mereçam tratamento particularizado (art. 26, II, da Lei 8.213/1991).

Letras "a", "c", "d" e "e" falsas. Em regra, exige-se a carência de 12 contribuições para o auxílio-doença.

Resposta: B

FCC – Analista Judiciário – Área Judiciária – TRT 16 /2014

Paulo, após filiar-se ao Regime Geral de Previdência Social, foi acometido de doença especificada em lista elaborada pelos Ministérios da Saúde e do Trabalho e da Previdência Social, de acordo com os critérios de deformação. Paulo, então, requereu à Previdência, o auxílio-doença. Referido benefício será concedido

a) respeitada a carência de 10 (dez) contribuições mensais.
b) respeitada a carência de 12 (doze) contribuições mensais.
c) respeitada a carência de 180 (cento e oitenta) contribuições mensais.
d) independente de carência.
e) respeitado o período de carência correspondente ao número de contribuições realizadas a partir do momento em que a doença foi adquirida.

RESOLUÇÃO:

Alternativa correta: letra D. Em regra, o deferimento do auxílio-doença exige o período de carência de 12 contribuições mensais, nos termos do art. 25, inciso I, da Lei 8.213/1991. Excepcionalmente, a carência será dispensada nos casos de acidente de qualquer natureza ou causa e de doença profissional ou do trabalho, bem como nos casos de segurado que, após filiar-se ao Regime Geral de Previdência Social, for acometido de alguma das doenças e afecções especificadas em lista elaborada pelos Ministérios da Saúde e da Previdência Social, de acordo com os critérios de estigma, deformação, mutilação, deficiência ou outro fator que lhe confira especificidade e gravidade que mereçam tratamento particularizado (art. 26, II, da Lei 8.213/1991). No caso dado, nota-se que a carência foi legalmente dispensada, sendo correta a letra D.

Letras "a", "b", "c" e "e" falsas. Considerando que no caso concreto a carência foi dispensada pelo art. 26, II, da Lei 8.213/1991, as demais alternativas são falsas.

Resposta: D

30.8. BENEFÍCIOS DA PREVIDÊNCIA SOCIAL – CAPÍTULO 20

CESPE – Analista do Seguro Social – INSS/2016

Roberto, empregado na empresa Silva & Silva Ltda. há mais de um ano e oito meses, da qual recebe salário mensal equivalente a um salário mínimo, deverá afastar-se do trabalho por quatro meses em função de um problema cardíaco atestado em perícia do INSS. Nessa situação hipotética, caso, após seu afastamento do trabalho, Roberto não recupere a saúde, e se comprove a sua incapacidade absoluta para o trabalho, o INSS poderá conceder-lhe aposentadoria por invalidez.

RESOLUÇÃO:

A assertiva está correta, de acordo com a definição da aposentadoria por invalidez, prevista no art. 42 da Lei 8.213/1991. Vejamos:

> Art. 42. A aposentadoria por invalidez, uma vez cumprida, quando for o caso, a carência exigida, será devida ao segurado que, estando ou não em gozo de auxílio-doença, for considerado incapaz e insusceptível de reabilitação para o exercício de atividade que lhe garanta a subsistência, e ser-lhe-á paga enquanto permanecer nesta condição.

Resposta: Certa

CESPE – Procurador do Município – Prefeitura Aracaju-SE/2008

O segurado contribuinte individual do RGPS que sofrer acidente que o impeça de trabalhar por vários dias tem direito ao benefício de auxílio-doença com início a partir do dia da incapacidade, desde que o auxílio tenha sido requerido até trinta dias após a ocorrência do infortúnio.

RESOLUÇÃO:

Para o segurado contribuinte individual, quando requerido até 30 dias após a ocorrência do infortúnio, o auxílio-doença será devido a contar da data do início da incapacidade. É o que determina o art. 60 da Lei 8.213/1991.

Resposta: Certa

CESPE – Procurador do Estado – ES/ 2008

O empregado incapacitado temporariamente para o trabalho em razão de acidente do trabalho faz jus ao auxílio-acidente, a partir do 16º dia do afastamento das atividades, no percentual correspondente a 91% do salário de benefício, nunca inferior ao valor do salário mínimo.

RESOLUÇÃO:

A questão mistura conceitos de dois benefícios completamente diferentes: o auxílio-doença e o auxílio-acidente.

O empregado incapacitado temporariamente para o seu trabalho, ou para a sua atividade habitual, em razão de acidente do trabalho faz jus ao auxílio-doença, a partir do 16º dia do afastamento das atividades, no percentual correspondente a 91% do salário de benefício, nunca inferior ao valor do salário mínimo. Conforme determina o art. 59, *caput*, da Lei 8.213/1991 (Lei de Benefícios da Previdência Social).

Além disso, é possível receber auxílio-doença em valor inferior ao mínimo em caso de incapacidade apenas para uma das atividades que o segurado exerce.

Resposta: Errada

CESPE – Técnico do Seguro Social – INSS/2008

Um segurado empregado do regime geral que tenha sofrido acidente no trajeto de sua casa para o trabalho tem direito ao recebimento do auxílio-doença pela Previdência Social a partir do primeiro dia de afastamento do trabalho.

RESOLUÇÃO:

De acordo com o art. 60 da Lei 8.213/1991, que o auxílio-doença será devido ao segurado empregado a contar do décimo sexto dia do afastamento da atividade, e, no caso dos demais segurados, a contar da data do início da incapacidade e enquanto ele permanecer incapaz.

Logo, no caso do segurado empregado, a data de início do benefício não será o dia de início da incapacidade (DII) laboral, e sim o 16º dia após ele, razão pela qual o enunciado é errado.

Resposta: Errada

CESPE – Advogado da União/2012

Com base na jurisprudência do STF, julgue o item a seguir, acerca da seguridade social: Apesar de a Emenda Constitucional 20/1998 ter estabelecido um limite máximo para o valor dos benefícios do RGPS, esse teto não se aplica ao salário-maternidade da segurada empregada, devendo o valor do benefício, nesse caso, corresponder à integralidade da remuneração da empregada, e cabendo à Previdência Social o seu pagamento, salvo no tocante à prorrogação por sessenta dias da licença-maternidade, cujo pagamento ficará a cargo do empregador.

RESOLUÇÃO:

O erro da questão consiste em afirmar que o teto estabelecido pela EC 20/1998 não se aplica ao salário-maternidade. Observem que o valor do salário-maternidade é limitado ao valor do subsídio mensal dos Ministros do Supremo Tribunal Federal (art. 248 da CF/1988).

Outro erro é que o salário-maternidade da empregada é pago pela empresa e não pela Previdência Social.

Resposta: Errada

CESPE – Especialista em desenvolvimento Humano e Social SEGER/ES 2011

O salário-família consiste no benefício pago pelo Estado a todos trabalhadores com registro na carteira de trabalho e Previdência Social, para auxiliar no sustento dos filhos de até 14 anos de idade ou inválidos de qualquer idade.

RESOLUÇÃO:

O salário-família não é garantido a todos trabalhadores com registro na Carteira de Trabalho e Previdência Social, mas apenas àqueles de baixa renda, conforme dispõe o art. 201, IV, da Constituição Federal de 1988 e o art. 66 da Lei 8.213/1991.

Resposta: Errada

CESPE – Oficial Técnico de Inteligência da ABIN/2010

A renda mensal inicial do salário-maternidade é calculada com base no salário de benefício.

RESOLUÇÃO:

O valor do salário-maternidade não é baseado no salário de benefício. De acordo com o art. 101 do RPS, o salário-maternidade pago diretamente pela Previdência Social, consistirá:

I – em valor correspondente ao do seu último salário de contribuição, para a segurada empregada doméstica;

II – em um salário mínimo, para a segurada especial;

III – em um doze avos da soma dos doze últimos salários de contribuição, apurados em período não superior a 15 meses, para as seguradas contribuinte individual, facultativa e para as que mantenham a qualidade de segurada na forma do art. 13.

Já o art. 100 do RPS dispõe que o salário-maternidade da segurada trabalhadora avulsa, pago diretamente pela Previdência Social, consiste numa renda mensal igual à sua remuneração integral equivalente a um mês de trabalho. As empregadas recebem também o valor da sua última remuneração.

Resposta: Errada

CESPE – Técnico do Seguro Social – INSS/2008

Dalila, que é empregada doméstica e segurada do regime geral da Previdência Social, tem três filhos, mas não recebe salário-família. Nessa situação, apesar de ser considerada trabalhadora de baixa renda, Dalila não tem o direito de receber esse benefício.

RESOLUÇÃO:

Na data de realização desta prova, o salário-família era devido, mensalmente, ao segurado empregado, exceto o doméstico, e ao trabalhador avulso de baixa renda, na proporção do respectivo número de filhos ou equiparados. Assim, o trabalhador empregado doméstico não fazia jus a este benefício.

Com a publicação da LC 150, de 01/06/2015, o salário-família passou a ser devido aos empregados domésticos, tornando a questão errada.

Resposta: Errada (atualmente)

CESPE – Técnico do Seguro Social – INSS/2008

Helena, grávida de nove meses de seu primeiro filho, trabalha em duas empresas de telemarketing. Nessa situação, Helena terá direito ao salário-maternidade em relação a cada uma das empresas, mesmo que a soma desses valores seja superior ao teto dos benefícios da Previdência Social.

RESOLUÇÃO:

De acordo com o art. 98 do Regulamento no caso de empregos concomitantes, a segurada fará jus *ao salário-maternidade relativo a cada atividade **para a qual tenha cumprido os requisitos exigidos***, razão pela qual Helena deverá perceber dois benefícios.

Ademais, é possível que os benefícios somados ultrapassem o teto do Regime Geral de Previdência Social.

No caso da segurada empregada e da trabalhadora avulsa, o valor do salário-maternidade poderá superar o teto do RGPS para o pagamento dos demais benefícios previdenciários.

Por outro lado, o salário-maternidade da segurada empregada e da trabalhadora avulsa não poderá superar o teto do funcionalismo público, que é o subsídio dos Ministros do STF, na forma do art. 248 da Constituição, cabendo à empresa arcar com a eventual diferença.

Por tudo isso, o enunciado foi considerado correto pelo CESPE.

Resposta: Certa

CESPE – Defensor Público da União/2015

A lei vigente veda a cumulação de auxílio-acidente com aposentadoria.

RESOLUÇÃO:

Desde o advento da Medida Provisória 1.596-14, convertida na Lei 9.528/1997, que alterou o art. 86 da Lei 8.213/1991, **o auxílio-acidente não mais será acumulado com a aposentadoria do segurado**, passando a integrar o salário de contribuição para fins do cálculo do salário de benefício da aposentadoria, na forma do art. 31 da Lei 8.213/1991.

Resposta: Certa

CESPE – Auditor de Controle Externo do TCE do Espírito Santo/2012

No âmbito do RGPS, o auxílio-acidente, concedido no dia seguinte ao da cessação do auxílio-doença, visa indenizar o segurado empregado cuja capacidade para o trabalho habitualmente exercido tenha sido reduzida após a consolidação das lesões decorrentes de acidente de qualquer natureza. Dado seu caráter indenizatório, esse benefício pode ser recebido conjuntamente com remuneração ou qualquer outro benefício do RGPS.

RESOLUÇÃO:

A questão está errada, pois há vedação na legislação previdenciária para que o segurado acumule os benefícios de auxílio-acidente com aposentadoria do RGPS. Há também vedação para a acumulação de mais de um auxílio-acidente, devendo, neste caso, o segurado optar pelo mais vantajoso. Vejamos o texto do art. 167 do RPS:

> Salvo no caso de direito adquirido, não é permitido o recebimento conjunto dos seguintes benefícios da Previdência Social, inclusive quando decorrentes de acidente do trabalho:
>
> I – aposentadoria com auxílio-doença;
>
> II – mais de uma aposentadoria;
>
> III – aposentadoria com abono de permanência em serviço;
>
> IV – salário-maternidade com auxílio-doença;
>
> V – mais de um auxílio-acidente;
>
> VI – mais de uma pensão deixada por cônjuge;
>
> VII – mais de uma pensão deixada por companheiro ou companheira;
>
> VIII – mais de uma pensão deixada por cônjuge e companheiro ou companheira; e
>
> IX – auxílio-acidente com qualquer aposentadoria.

Resposta: Errada

CESPE – Procurador Federal/2010

Somente poderão beneficiar-se do auxílio-acidente os seguintes segurados: o empregado, o trabalhador avulso e o especial.

RESOLUÇÃO:

Segundo determinava o art. 18, § 1º, da Lei 8213/1991, somente poderiam beneficiar-se do auxílio-acidente os segurados incluídos nos incisos I (o empregado), VI (o trabalhador avulso) e VII (o segurado especial) do art. 11 da mesma lei.

Com a publicação da Lei Complementar 150, de 01/06/2015, todavia, os empregados domésticos passaram a fazer jus ao auxílio-acidente, deixando a questão errada.

Resposta: Errada (atualmente)

CESPE – Procurador Federal – Prova Curso de Formação/2010

É devido o auxílio-acidente ao segurado mesmo que o acidente causador da sua incapacidade para o trabalho não se relacione com sua atividade laboral, bastando que do acidente resultem sequelas que impliquem redução da habitual capacidade para o trabalho.

RESOLUÇÃO:

O auxílio-acidente será concedido, como indenização, ao segurado, quando, após consolidação das lesões decorrentes de acidente de qualquer natureza, resultarem sequelas que impliquem redução da capacidade para o trabalho que habitualmente exercia (art. 86 da Lei 8.213/1991).

Até a publicação da Lei 9.032/1995, a concessão do auxílio-acidente era condicionada à ocorrência de acidente do trabalho, mas o referido diploma legal estendeu as hipóteses de concessão deste benefício para as situações de acidentes não ocupacionais.

Resposta: Certa

CESPE – Técnico do Seguro Social – INSS/2008

Marcela, empregada doméstica, após ter sofrido grave acidente enquanto limpava a vidraça da casa de sua patroa, recebeu auxílio-doença por três meses. Depois desse período, foi comprovadamente constatada a redução de sua capacidade laborativa. Nessa situação, Marcela terá direito ao auxílio-acidente correspondente a 50% do valor que recebia a título de auxílio-doença.

RESOLUÇÃO:

Antes da Lei Complementar 150/2015, por força do art. 18, § 1º, da Lei 8.213/1991, apenas teriam direito à percepção do auxílio-acidente o segurado empregado (doméstico não), o trabalhador avulso e o segurado especial.

Essa restrição legal justificava-se na medida em que apenas para esses três segurados era prevista a contribuição para o custeio dos benefícios por incapacidade (chamada por parte da doutrina de contribuição SAT), a teor do art. 22, II e 25, II, ambos da Lei 8.212/1991. Atualmente, o empregador doméstico deve pagar o SAT de seu empregado (0,8%) e este tem direito aos benefícios acidentários.

A questão, todavia, continua errada, pois o valor do auxílio-acidente será de 50% do salário de benefício e não de 50% do valor do auxílio-doença que a segurada recebia.

Resposta: Errada

CESPE – Técnico do Seguro Social – INSS/2008

Tomás, segurado empregado do regime geral da Previdência Social, teve sua capacidade laborativa reduzida por sequelas decorrentes de grave acidente. Nessa situação, se não tiver cumprido a carência de doze meses, Tomás não poderá receber o auxílio-acidente.

RESOLUÇÃO:

O auxílio-acidente nunca exigirá carência para a sua concessão, nos termos do art. 26, inciso I, da Lei 8.213/1991, razão pela qual é falso o enunciado.

Resposta: Errada

CESPE – Procurador Federal – Prova Curso de Formação/2010

O auxílio-acidente tem caráter indenizatório, ao contrário do auxílio-doença e da aposentadoria por invalidez, que têm caráter substitutivo do salário do segurado.

RESOLUÇÃO:

O auxílio-acidente será concedido, como indenização, ao segurado, quando, após consolidação das lesões decorrentes de acidente de qualquer natureza, resultarem sequelas que impliquem redução da capacidade para o trabalho que habitualmente exercia (art. 86 da Lei 8.213/1991).

Ressalta-se que o auxílio-acidente somente é pago após a recuperação parcial do segurado afastado por auxílio-doença, ou seja, quando este já tiver recuperado sua capacidade para o trabalho, mas permanecer com sequela que reduza sua capacidade de trabalho. Pode o segurado, portanto, retornar ao trabalho remunerado, recebendo, cumulativamente, o benefício do auxílio-acidente.

Já os benefícios de auxílio-doença e de aposentadoria por invalidez substituem a remuneração pelo trabalho, uma vez que são concedidos em razão de incapacidade total para o trabalho (temporária, no caso de auxílio-doença e permanente, na aposentadoria por invalidez).

Resposta: Certa

CESPE – Defensor Público -DPE – AL/2017

O valor da renda mensal poderá superar o teto máximo do RGPS se se tratar dos seguintes benefícios:

A) aposentadoria por tempo de contribuição e aposentadoria por idade.
B) salário-família e auxílio-reclusão.
C) aposentadoria por idade e pensão por morte.
D) salário-maternidade e aposentadoria por invalidez, caso o segurado dependa da assistência permanente de outra pessoa.
E) aposentadoria especial e auxílio-doença.

RESOLUÇÃO:

Alternativa correta: letra "d": a renda mensal do benefício de prestação continuada que substituir o salário de contribuição ou o rendimento do trabalho do segurado não terá valor inferior ao do salário mínimo, nem superior ao do limite máximo do salário de contribuição (art. 29, § 2º da Lei 8.213/1991), **salvo nos casos de aposentadoria por invalidez, em que o segurado necessite de assistência permanente de outra pessoa, situação que o valor do benefício será acrescido de 25%, podendo, inclusive, ultrapassar o teto do salário de contribuição** (art. 45, parágrafo único, alínea "a", da Lei 8.213/1991).

Já no tocante ao salário maternidade, tem-se que sua renda mensal não é calculada com base no salário de contribuição, razão pela qual não sofre a limitação disposta no art. 29, § 2º da Lei 8.213/1991. A forma de cálculo do valor deste benefício dependerá da categoria da segurada. Observe que **para as seguradas empregadas, o valor do benefício corresponderá ao valor da sua remuneração integral, podendo ultrapassar o teto do salário de contribuição, sendo limitado apenas ao valor do subsídio mensal dos STF (art. 248 da CF)**. Salienta-se, contudo, que, sendo a remuneração da empregada superior ao subsídio do Ministro do STF, deve a empresa arcar com o custo adicional do salário-maternidade, evitando, desta forma, prejuízo à empregada. Se a remuneração da empregada for variável, a empresa deve calcular o valor do salário-maternidade, com base na média dos 6 meses anteriores à concessão do benefício.

Alternativa "a", "b", "c" e "e": estão erradas pela mesma razão. A renda mensal do benefício de prestação continuada que substituir o salário de contribuição ou o rendimento do trabalho do segurado não terá valor inferior ao do salário mínimo, nem superior ao do limite máximo do salário de contribuição (art. 29, § 2º, da Lei 8.213/1991), **salvo nos casos de aposentadoria por invalidez, em que o segurado necessite de assistência permanente de outra pessoa, situação que o valor do benefício será acrescido de 25%** (art. 45, parágrafo único, alínea "a", da Lei 8.213/1991) **e no caso do salário maternidade da segurada empregada**, uma vez que o valor do benefício corresponderá ao valor da sua remuneração integral, não sendo calculado com base no salário de contribuição, razão pela qual não sofre a limitação disposta no art. 29, § 2º da Lei 8.213/1991, podendo, portanto, ultrapassar o teto do salário de contribuição, sendo limitado apenas ao valor do subsídio mensal dos STF (art. 248 da CF).

Resposta: D

Procurador da Assembleia Legislativa de São Paulo – Fundação Carlos Chagas/2010

Com relação ao benefício previdenciário da aposentadoria por invalidez, quando a recuperação for parcial, sem prejuízo da volta à atividade, a aposentadoria será mantida

a) no seu valor integral, durante seis meses contados da data em que for verificada a recuperação da capacidade.

b) com redução de 50%, durante seis meses contados da data em que for verificada a recuperação da capacidade.

c) com redução de 75%, durante seis meses contados da data em que for verificada a recuperação da capacidade.

d) no seu valor integral, durante um ano contado da data em que for verificada a recuperação da capacidade.

e) com redução de 50%, durante um ano contado da data em que for verificada a recuperação da capacidade.

RESOLUÇÃO:

Alternativa "a": está correta. De acordo com o art. 47 da Lei 8.213/1991, que disciplina as mensalidades de recuperação, verificada a recuperação da capacidade de trabalho do aposentado por invalidez, quando a recuperação for parcial, ou ocorrer cinco anos de percepção do benefício por incapacidade, ou ainda quando o segurado for declarado apto para o exercício de trabalho diverso do qual habitualmente exercia, a aposentadoria será mantida, sem prejuízo da volta à atividade, no seu valor integral, durante 6 (seis) meses contados da data em que for verificada a recuperação da capacidade.

Alternativa "b": está errada. Durante os primeiros seis meses será mantida pelo valor integral, e não com redução de 50%.

Alternativa "c": está errada. Durante os primeiros seis meses será mantida pelo valor integral, e não com redução de 75%.

Alternativa "d": está errada. Durante os primeiros seis meses será mantida pelo valor integral, e não durante um ano.

Alternativa "e": está errada. Durante os primeiros seis meses será mantida pelo valor integral, e não com redução de 50% durante um ano.

Resposta: A

Analista Judiciário Medicina do Trabalho do TRT 9ª Região – Fundação Carlos Chagas/2010

De acordo com a Legislação Previdenciária, a aposentadoria por invalidez será devida ao segurado que, estando ou não em gozo de auxílio-doença, for considerado incapaz e insuscetível de reabilitação para o exercício de atividade que lhe garanta a subsistência. A respeito, considere:

I. A doença ou lesão de que o segurado já era portador ao filiar-se ao RGPS não lhe conferirá direito à aposentadoria por incapacidade permanente, exceto quando a incapacidade sobrevier por motivo de progressão ou agravamento dessa doença ou lesão

II. Quando o acidentado do trabalho estiver em gozo de auxílio-doença, o valor da aposentadoria por invalidez será igual ao do auxílio-doença, se este, por força de reajustamento, for superior ao previsto no artigo competente.

III. A concessão de aposentadoria por incapacidade permanente dependerá da verificação da condição de incapacidade por meio de exame médico-pericial a cargo da Perícia Médica Federal, de modo que o segurado possa, às suas expensas, ser acompanhado por médico de sua confiança. IV. O valor da aposentadoria por invalidez, do segurado que necessitar da assistência permanente de outra pessoa, terá um acréscimo de 50% (cinquenta por cento) que, com a morte do aposentado cessará, não sendo incorporável ao valor da pensão.

V. O aposentado por invalidez que retornar voluntariamente à atividade terá sua aposentadoria automaticamente cancelada, a partir da data do retorno.

É correto o que consta APENAS em

a) I, II e III.
b) III, IV e V.
c) I, IV e V.
d) II, III e V.
e) I, II e IV.

RESOLUÇÃO:

A assertiva I é verdadeira, pois, se a incapacidade sobrevier por motivo de progressão ou agravamento dessa doença, será devida a aposentadoria por invalidez (art. 42, § 2º, da Lei 8.213/1991).

A afirmativa II é correta, pois repete o disposto no § 2º do art. 44 da Lei 8.213/1991, e a III é também verdadeira, traduzindo o disposto no art. 42, § 1º, da citada Lei.

A assertiva IV é falsa, pois o percentual de acréscimo previsto no art. 45 da Lei 8.213/1991 é de 25% e não de 50%, como afirmado.

A afirmativa V é verdadeira, repetindo o disposto no art. 46 da Lei 8.213/1991.

Somente as assertivas II, III e V são corretas.

Alternativa "d": está correta.

Resposta: D

CEPERJ – Assistente Previdenciário do Rio Previdência/2010

Mévio é acometido por doença incapacitante, tendo realizado perícia oficial e reconhecido o seu direito à percepção de auxílio-doença. Após verificada a impossibilidade de retorno às atividades laborais, diante de sua incapacidade, a consequência natural consiste em deferir-se aposentadoria:

a) voluntária
b) por idade
c) especial
d) rural
e) por invalidez

RESOLUÇÃO:

Alternativa "e": está correta. De acordo com o art. 42 da Lei 8.213/1991, a aposentadoria por invalidez, uma vez cumprida, quando for o caso, a carência exigida, será devida ao segurado que, estando ou não em gozo de auxílio-doença, for considerado incapaz e insusceptível de reabilitação para o exercício de atividade que lhe garanta a subsistência, e ser-lhe-á paga enquanto permanecer nesta condição. Logo, ante a não recuperação de Mévio para o exercício de trabalho que lhe garanta a subsistência, cabível a concessão de aposentadoria por invalidez.

Alternativa "a": está errada. A concessão de aposentadoria por invalidez é involuntária, pois cabe ao INSS converter de ofício o auxílio-doença em aposentadoria por invalidez quando cabível.

Alternativa "b": está errada. A questão não contem os elementos para indicar a concessão de aposentadoria por idade.

Alternativa "c": está errada. A questão não aduz que Mévio estava sujeito a agentes nocivos à saúde.

Alternativa "d": está errada. A questão não aduz que Mévio era trabalhador rural.

Resposta: E

FCC – Juiz do Trabalho Substituto – TRT – 23ª REGIÃO (MT)/2015

Maria, Betina e Carlos são aposentados pelo Regime Geral da Previdência Social. Maria é aposentada por invalidez. Betina, 62 anos de idade, é aposentada por idade e Carlos, 66 anos de idade, é aposentado por tempo de serviço. Considerando que Maria possui uma filha de dez anos de idade, que Betina possui um filho inválido com 30 anos de idade e que Carlos possui um filho de 13 anos de idade, no tocante ao salário-família,

a) apenas Betina terá direito ao benefício que será pago juntamente com a aposentadoria.
b) não haverá direito ao recebimento do salário-família uma vez que se trata de benefício que não poderá ser recebido juntamente com a aposentadoria.
c) apenas Maria e Betina terão direito ao benefício que será pago juntamente com a aposentadoria.
d) apenas Betina e Carlos terão direito ao benefício que será pago juntamente com a aposentadoria.
e) Maria, Betina e Carlos terão direito ao benefício que será pago juntamente com a aposentadoria.

RESOLUÇÃO:

Alternativa correta: letra "e". Segundo determina o parágrafo único do art. 65, c/c com o art. 66, ambos da Lei 8.213/1991, o **aposentado por invalidez** ou **por idade** e os **demais aposentados com 65 anos ou mais de idade, se do sexo masculino**, ou 60 anos ou mais, se do feminino, terão direito ao salário-família, **pago juntamente com a aposentadoria**, por filho ou equiparado de qualquer condição, **até 14 anos de idade** ou **inválido de qualquer idade**.

Assim, Maria, Betina e Carlos terão direito ao benefício, que será pago juntamente com a aposentadoria.

Observamos, no entanto, que a questão foi mal formulada, pois não mencionou a renda de Maria, Betina e Caros para que fosse verificado se se tratam de aposentados de baixa renda. Mesmo com esta falha, a alternativa "e" foi considerada correta.

As demais alternativas estão incorretas pelas razões acima esposadas.

Resposta: E

FCC – Técnico do Seguro Social – INSS/2012

Maria adotou uma criança de 6 (seis) anos de idade, sendo que a mãe biológica da criança já havia recebido o salário-maternidade. Nessa situação, Maria:

a) não tem direito ao salário-maternidade.
b) tem direito ao salário-maternidade por 120 (cento e vinte) dias a contar da data da adoção.
c) tem direito ao salário-maternidade por 60 (sessenta) dias a contar da data da adoção.
d) tem direito ao salário-maternidade por 90 (noventa) dias a contar da data da adoção.
e) tem direito ao salário-maternidade por 30 (trinta) dias a contar da data da adoção.

RESOLUÇÃO:

Alternativa correta: letra "B". De acordo com o art. 71-A da Lei 8.213/1991, à segurada da Previdência Social que adotar ou obtiver guarda judicial para fins de adoção de criança é devido salário-maternidade pelo período de 120 dias.

Ressalto que na época da prova a alternativa correta era a letra E, pois, no texto anterior do art. 71-A da Lei 8.213/1991, se a criança adotada tivesse até 1 (um) ano de idade, o salário-maternidade seria de 120 dias, se a criança tivesse entre 1 (um) e 4 (quatro) anos de idade, seria de 60 dias e de 30 dias, se a criança tivesse de 4 a 8 anos de idade.

Logo, na época da aplicação da prova, a adoção de criança de seis anos de idade daria direito ao salário-maternidade por apenas 30 dias. Na atualidade, por força da Lei 12.873/2013, paga-se por 120 dias na adoção de criança de qualquer idade.

Alternativas "a", "c", "d" e "e" erradas.

Resposta: B

FCC – Técnico do Seguro Social – INSS/2012

Em relação ao salário-maternidade e ao salário-família pagos às seguradas empregadas, é correto afirmar que são

a) pagos pela empresa que poderá compensá-los com as contribuições incidentes sobre a folha de salários.
b) pagos pelo INSS.
c) pagos pelas empresas sem direito à compensação.
d) pagos pela Assistência Social.
e) indevidos às seguradas autônomas.

RESOLUÇÃO:

Alternativa "a", correta. De acordo com os arts. 68 e 72, § 1º, da Lei 8.213/1991, os benefícios previdenciários (não são benefícios da assistência social) do salário família e do salário-maternidade serão pagos à empregada pela empresa, que será reembolsada pela Previdência Social mediante compensação tributária quando do pagamento das cotas de contribuição previdenciária patronal, razão pela qual a letra A é a correta.

Alternativas "b", "c" e "d", erradas. O salário-maternidade será pago pela empresa com direito a reembolso pela Previdência, sendo benefício previdenciário, e não assistencial.

Alternativas "e", errada. A alternativa E está errada, pois o salário-maternidade é devido a todas as seguradas da Previdência Social (**vide art. 73 da Lei 8.213/1991**).

Resposta: A

CESPE – Defensor Público –DPE – AL/2017

O auxílio-acidente é um benefício devido ao segurado que se encontra na condição de:

a) aposentado em razão de acidente e que necessite de assistência permanente de outra pessoa.
b) vítima de acidente de trabalho que fique incapacitado por período inferior a quinze dias.
c) incapacitado para o exercício de suas atividades habituais e que não disponha de tempo suficiente para o recebimento da aposentadoria por invalidez.
d) vítima de acidente que, após consolidadas as lesões decorrentes do acidente e o retorno às suas atividades laborais, sofra redução na capacidade para o trabalho que habitualmente exercia.
e) vítima de acidente e que esteja incapacitado para o trabalho por tempo indeterminado.

RESOLUÇÃO:

Alternativa "a": está errada. Estabelece o § 1º do art. 86 da Lei 8.213/1991 que o benefício do auxílio acidente será devido **até a véspera do início de qualquer aposentadoria** ou até a data do óbito do segurado. Portanto, há vedação legal à cumulação do auxílio acidente com qualquer tipo de aposentadoria, respeitado o direito adquirido (vide nota dos autores no início da questão).

Alternativa "b": está errada. A lei não estabelece prazo mínimo de incapacidade para a concessão do auxílio acidente, isto porque **não se exige incapacidade para a concessão do benefício.** Embora não seja o usual, pode o segurado sofrer redução de sua capacidade laboral em consequência de sequela de lesão, sem, no entanto, ter estado incapacitado em algum momento.

Outro erro da questão consiste em afirmar que o benefício se destina às situações de acidente do trabalho, enquanto o *caput* do art. 86 da Lei 8.213/1991 deixa evidente que as lesões podem ser decorrentes de **acidente de qualquer natureza.**

Alternativa "c": está errada. Os requisitos à concessão do auxílio acidente em nada se confundem com os requisitos à concessão da aposentadoria por invalidez. A lei **não exige incapacidade para as atividades habituais do segurado para a concessão do benefício de auxílio acidente, bem como não exige cumprimento de carência.** Embora não seja o usual, pode o segurado sofrer redução de sua capacidade laboral em consequência de sequela de lesão, sem, no entanto, ter estado incapacitado em algum momento.

Observem a diferença:

O auxílio-acidente será concedido, como indenização, ao segurado quando, após consolidação das lesões decorrentes de acidente de qualquer natureza, resultarem sequelas que impliquem ***redução da capacidade para o trabalho*** *que habitualmente exercia* (*caput* do art. 86 da Lei 8.213/1991).

A aposentadoria por invalidez, uma vez cumprida, quando for o caso, a ***carência exigida,*** *será devida ao segurado que, estando ou não em gozo de auxílio-doença, for considerado* ***incapaz e insusceptível de reabilitação*** *para o exercício de atividade que lhe garanta a subsistência, e ser-lhe-á paga enquanto permanecer nesta condição* (*caput* do art. 42 da Lei 8.213/1991).

Alternativa "d": está correta. A assertiva está de acordo com o conteúdo do *caput* do art. 86 da Lei 8.213/1991, o qual determina:

O auxílio-acidente será concedido, como indenização, ao segurado quando, após consolidação das lesões decorrentes de acidente de qualquer natureza, resultarem sequelas que impliquem redução da capacidade para o trabalho que habitualmente exercia.

A assertiva está mal redigida, uma vez que pode levar o estudante à interpretação incorreta de que o benefício só é devido ao segurado com "o retorno às suas atividades laborais", como se o retorno ao trabalho fosse uma condição à concessão, o que não procede. Obviamente o segurado estará apto a retornar ao trabalho, com restrições ou redução da capacidade laboral, mas pode, simplesmente, decidir não retornar ao trabalho, ou mesmo estar desempregado em período de graça.

Alternativa "e": está errada. A lei **não exige incapacidade do segurado para a concessão do benefício de auxílio acidente,** mas sim existência de sequelas que impliquem **redução da capacidade para o trabalho** que habitualmente exercia (*caput* do art. 86 da Lei 8.213/1991).

Alternativa correta: letra "d".

Resposta: D

FCC – Técnico do Seguro Social – INSS/2012

João é carpinteiro, exerce atividade como empregado da empresa Carpintaria São José desde dezembro de 2010. Ele sofreu acidente não relacionado ao trabalho, ocasião em que teve limitada a flexão de seu membro superior direito, lesão esta já consolidada. João passou por reabilitação profissional e foi treinado para outra profissão e não se recolocou ainda no mercado de trabalho. Nessa situação, João tem direito a:

a) auxílio-doença seguido de auxílio-acidente.
b) aposentadoria especial.
c) aposentadoria por invalidez.
d) aposentadoria especial.
e) aposentadoria por invalidez seguida de auxílio-acidente.

RESOLUÇÃO:

Alternativa correta: letra "a". O art. 104 do Regulamento da Previdência Social dispõe:

O auxílio-acidente será concedido, como indenização, ao segurado empregado, inclusive o doméstico, ao trabalhador avulso e ao segurado especial quando, após a consolidação das lesões decorrentes de acidente de qualquer natureza, resultar sequela definitiva que, a exemplo das situações discriminadas no Anexo III, implique redução da capacidade para o trabalho que habitualmente exercia.

Na situação narrada na questão, João ficou incapacitado para o trabalho por um determinado período, tendo, inicialmente, direito ao auxílio-doença. Após a consolidação da lesão, ele passou por processo de reabilitação profissional para uma atividade diversa da que exercia, uma vez que as sequelas deixadas pelo acidente o incapacitaram para o exercício da sua atividade habitual. Assim, a partir da cessação do auxílio-doença, passou a ter direito ao auxílio-acidente.

Alternativas "b", "c", "d" e "e" erradas. A situação narrada não gera a concessão dos benefícios propostos nestas alternativas.

Resposta: A

FCC – Técnico do Seguro Social – INSS/2012

Cláudio exerceu atividade de caldeireiro na fábrica X, de 01 de janeiro de 2009 a 01 de julho de 2009, e sofreu acidente de trabalho que acarretou a perda de dois dedos da mão. Nessa situação, Cláudio:

a) não terá direito a receber benefício previdenciário por ausência do cumprimento do período de carência.
b) receberá auxílio-doença e após a consolidação da perda dos dedos, auxílio-acidente.
c) terá direito à reabilitação profissional e aposentadoria por invalidez.
d) não terá direito a benefício.
e) terá direito a auxílio-acidente e aposentadoria por invalidez, após a consolidação da perda dos dedos.

RESOLUÇÃO:

Alternativa correta: letra "B". Considerando que Cláudio sofreu acidente que gerou sequela para o seu trabalho e reduziu a sua capacidade funcional habitual, conclui-se que o benefício cabível é o auxílio-acidente, na forma do art. 86 da Lei 8.213/1991, que dispensa carência para a sua concessão, a teor do art. 26, inciso I, da Lei de Benefícios.

Antes da consolidação da sequela, Cláudio terá direito ao auxílio-doença, que somente deverá ser convertido em auxílio-acidente quando ele puder retornar ao trabalho, lembrando que o auxílio-doença dispensa a carência se decorrer de acidente de qualquer natureza, com base no art. 26, inciso II, da Lei 8.213/1991.

Alternativas "a", "c", "d" e "e" erradas. Não será cabível o serviço previdenciário de reabilitação profissional, pois a questão não disse que o acidente impediu Cláudio de prosseguir na mesma profissão. Ademais, não há informação de incapacidade permanente laboral sem possibilidade de reabilitação profissional para fins de concessão de aposentadoria por invalidez.

Resposta: B

30.9. TEMAS GERAIS DE BENEFÍCIOS – CAPÍTULOS 17 E 23

CESPE – Técnico do Seguro Social – INSS/2016

Mateus requereu ao órgão regional do INSS a conversão de auxílio-doença em aposentadoria por invalidez. O INSS indeferiu o pedido de Mateus por considerar que a doença que o acometera era curável, e que, por isso, ele era suscetível de reabilitação.

Acerca dessa situação hipotética e dos recursos nos processos administrativos de competência do INSS, julgue os itens que se seguem:

Caso seja interposto recurso contra a decisão que indeferiu o pedido de Mateus, o órgão regional do INSS que proferiu a decisão não poderá reformá-la, devendo encaminhar o recurso à instância competente.

RESOLUÇÃO:

O INSS, a Secretaria Especial de Previdência e Trabalho do Ministério da Economia e, **quando for o caso, na hipótese prevista no inciso IV do caput, os entes federativos poderão reformar suas decisões** e deixar de encaminhar, no caso de reforma favorável ao interessado, a contestação ou o recurso à instância competente ou de rever o ato para o não prosseguimento da contestação ou do recurso.

Resposta: Errada

CESPE – Técnico do Seguro Social – INSS/2016

Contra a decisão do INSS pelo indeferimento, Mateus poderá interpor recurso administrativo, que será julgado, em primeira instância, pela Câmara de Julgamento da Previdência Social.

RESOLUÇÃO:

De acordo com o art. 303, § 1º, do RPS, a competência para o julgamento dos recursos em primeira instância é da Junta de Recursos e não da Câmara de Julgamento.

Resposta: Errada

CESPE – Procurador Federal/2013

O termo inicial para a contagem do prazo decadencial para a Previdência Social anular o ato administrativo do qual decorram efeitos favoráveis para o beneficiário é de dez anos a partir da data em que for praticado o ato, ainda que se comprove má-fé do beneficiário.

RESOLUÇÃO:

Comprovada a má-fé do beneficiário, a Previdência Social poderá rever seus atos a qualquer tempo. É o que se depreende do disposto no art. 347-A do Dec. 3048/1999.

Resposta: Errada

CESPE – Procurador Federal/2013

Para fins de concessão dos benefícios previstos no RGPS ou no serviço público é assegurada a contagem recíproca do tempo de contribuição na atividade privada e do tempo de serviço na administração pública, hipótese em que os diferentes sistemas de Previdência Social se compensarão financeiramente.

RESOLUÇÃO:

A questão está em conformidade com o art. 94, *caput*, da Lei 8.213/1991, o qual estabelece que "para efeito dos benefícios previstos no Regime Geral de Previdência Social ou no serviço público é assegurada a contagem recíproca do tempo de contribuição na atividade privada, rural e urbana, e do tempo de contribuição ou de serviço na administração pública, hipótese em que os diferentes sistemas de Previdência Social se compensarão financeiramente".

Resposta: Certa

CESPE – Defensor Público – ES/ 2012

O tempo de contribuição para o RGPS, na qualidade de trabalhador rural, pode ser aproveitado para a obtenção de aposentadoria no serviço público pelo RPPS. Nessa hipótese, os regimes de Previdência Social se compensarão financeiramente, segundo critérios estabelecidos em lei.

RESOLUÇÃO:

A questão está em conformidade com o art. 94, *caput*, da Lei 8.213/1991, o qual estabelece que "para efeito dos benefícios previstos no Regime Geral de Previdência Social ou no serviço público é assegurada a contagem recíproca do tempo de contribuição na atividade privada, rural e urbana, e do tempo de contribuição ou de serviço na administração pública, hipótese em que os diferentes sistemas de Previdência Social se compensarão financeiramente".

Resposta: Certa

30.10. BENEFÍCIOS ASSISTENCIAIS – CAPÍTULO 22

CESPE – Técnico do Seguro Social – INSS/2016

Julgue os itens seguintes à luz do Decreto 6.214/2007, que regulamenta o BPC da assistência social devido à pessoa com deficiência e ao idoso. É permitido ao beneficiário do BPC acumular o recebimento desse benefício com o do seguro-desemprego.

RESOLUÇÃO:

O art. 5º do Decreto 6.214/2007 veda a acumulação do BPC com qualquer outro benefício no âmbito da Seguridade Social ou de outro regime, **inclusive o Seguro Desemprego**, ressalvados o de assistência médica e a pensão especial de natureza indenizatória, bem como a remuneração advinda de contrato de aprendizagem no caso da pessoa com deficiência.

Resposta: Errada

CESPE – Técnico do Seguro Social – INSS/2016

O BPC do idoso que se encontre na condição de acolhimento de longa permanência em hospital será suspenso até a data da sua alta.

RESOLUÇÃO:

O art. 6º do Decreto 6.214/2007 dispõe que a condição de acolhimento em instituições de longa permanência, como abrigo, hospital ou instituição congênere **não prejudica** o direito do idoso ou da pessoa com deficiência ao BPC.

Resposta: Errada

CESPE – Técnico do Seguro Social – INSS/2016

A idade mínima para que um indivíduo passe a ter direito ao BPC do idoso é de sessenta anos.

RESOLUÇÃO:

A idade mínima do idoso para ter acesso ao BPC é de 65 anos, de acordo com a LOAS e com o art. 4º, I, do Decreto 6.214/2007.

Resposta: Errada

CESPE –Técnico do Seguro Social – INSS/2016

No caso de morte do beneficiário do BPC, seus familiares são obrigados a informar tal fato ao INSS, situação em que o pagamento do benefício cessará.

RESOLUÇÃO:

De fato, a obrigação de informar a morte do beneficiário do BPC está prevista no art. 48, II e parágrafo único do Decreto 6.214/2007.

Resposta: Certa

CESPE – Técnico do Seguro Social – INSS/2016

Um dos critérios para o idoso habilitar-se à concessão do BPC é não possuir outro benefício da seguridade social, excetuados o de assistência médica e a pensão especial de natureza indenizatória.

RESOLUÇÃO:

O BPC não pode ser acumulado com outros benefícios da seguridade social, exceto o de assistência médica e a pensão especial de natureza indenizatória, conforme previsto no art. 5º do Decreto 6.214/2007.

Resposta: Certa

CESPE – Técnico do Seguro Social – INSS/2016

O valor a ser pago ao beneficiário do BPC é de um salário mínimo mensal.

RESOLUÇÃO:

O valor, de fato, é um salário mínimo mensal, conforme disposto na CF/1988, na LOAS (art. 20) e no art. 1º do Decreto 6.214/2007.

Resposta: Certa

CESPE – Técnico do Seguro Social – INSS/2016

O centro de referência especializado de assistência social (CREAS) constitui unidade que presta serviços a indivíduos e famílias que se encontrem em situação de risco pessoal ou social decorrente de violação de direitos.

RESOLUÇÃO:

De fato, o centro de Referência Especializado de Assistência Social (Creas) presta os serviços de proteção especial, de acordo com o art. 6º-C da LOAS: Art. 6º-C. As proteções sociais, básica e especial, serão ofertadas precipuamente no Centro de Referência de Assistência Social (Cras) e no **Centro de Referência Especializado de Assistência Social (Creas),** respectivamente, e pelas entidades sem fins lucrativos de assistência social de que trata o art. 3º desta Lei.

> § 2º. O Creas é a unidade pública de abrangência e gestão municipal, estadual ou regional, destinada à prestação de serviços a indivíduos e famílias que se encontram em situação de risco pessoal ou social, por violação de direitos ou contingência, que demandam intervenções especializadas da proteção social especial.

Resposta: Certa

CESPE – Técnico do Seguro Social – INSS/2016

A política de assistência social tem como objetivos, entre outros, a promoção da integração do cidadão ao mercado de trabalho e o amparo às crianças e aos adolescentes carentes.

RESOLUÇÃO:

De fato, a política de assistência social tem mesmo como objetivo a promoção da integração ao mercado de trabalho e o amparo às crianças e aos adolescentes carentes, nos termos do art. 2º, I, da Lei 8.741/1993.

Resposta: Certa

Capítulo 31

Súmulas Previdenciárias

31.1. SÚMULAS VINCULANTES – STF

8. São inconstitucionais o parágrafo único do art. 5º do decreto-Lei 1.569/1977 e os arts. 45 e 46 da Lei 8.212/1991, que tratam de prescrição e decadência de crédito tributário.

21. É inconstitucional a exigência de depósito ou arrolamento prévios de dinheiro ou bens para admissibilidade de recurso administrativo.

28. É inconstitucional a exigência de depósito prévio como requisito de admissibilidade de ação judicial na qual se pretenda discutir a exigibilidade de crédito tributário.

33. Aplicam-se ao servidor público, no que couber, as regras do regime geral da Previdência Social sobre aposentadoria especial de que trata o art. 40, § 4º, inciso III da Constituição Federal, até a edição de lei complementar específica.

50. Norma legal que altera o prazo de recolhimento de obrigação tributária não se sujeita ao princípio da anterioridade.

53. A competência da Justiça do Trabalho prevista no art. 114, VIII, da Constituição Federal alcança a execução de ofício das contribuições previdenciárias relativas ao objeto da condenação constante das sentenças que proferir e acordos por ela homologados.

31.2. SUPREMO TRIBUNAL FEDERAL

217. Tem direito de retornar ao emprego, ou ser indenizado em caso de recusa do empregador, o aposentado que recupera a capacidade de trabalho dentro de cinco anos, a contar da aposentadoria, que se torna definitiva após esse prazo.

219. A indenização acidentaria não exclui a do direito comum, em caso de dolo ou culpa grave do empregador.

230. A prescrição da ação de acidente do trabalho conta-se do exame pericial que comprovar a enfermidade ou verificar a natureza da incapacidade.

235. É competente para a ação de acidente do trabalho a justiça cível comum, inclusive em segunda instancia, ainda que seja parte autarquia seguradora.

241. A contribuição previdenciária incide sobre o abono incorporado ao salário.

359. Ressalvada a revisão prevista em lei, os proventos da inatividade regulam-se pela lei vigente ao tempo em que o militar, ou o servidor civil, reuniu os requisitos necessários, inclusive a apresentação do requerimento, quando a inatividade for voluntária.

371. Ferroviário, que foi admitido como servidor autárquico, não tem direito a dupla aposentadoria.

372. A Lei 2.752, de 10/04/1956, sobre dupla aposentadoria, aproveita, quando couber, a servidores aposentados antes de sua publicação.

382. A vida em comum sob o mesmo teto "more uxorio", não é indispensável a caracterização do concubinato.

439. Estão sujeitos a fiscalização tributária ou previdenciária quaisquer livros comerciais, limitado o exame aos pontos objeto da investigação.

466. Não é inconstitucional a inclusão de sócios e administradores de sociedades e titulares de firmas individuais como contribuintes obrigatórios da Previdência Social.

501. Compete a justiça ordinária estadual o processo e o julgamento, em ambas as instancias, das causas de acidente do trabalho, ainda que promovidas contra a união, suas autarquias, empresas públicas ou sociedades de economia mista.

613. Os dependentes de trabalhador rural não têm direito a pensão previdenciária, se o óbito ocorreu anteriormente a vigência da lei complementar 11/1971.

655. A exceção prevista no art. 100, *caput*, da constituição, em favor dos créditos de natureza alimentícia, não dispensa a expedição de precatório, limitando-se a isentá-los da observância da ordem cronológica dos precatórios decorrentes de condenações de outra natureza.

669. Norma legal que altera o prazo de recolhimento da obrigação tributária não se sujeita ao princípio da anterioridade.

687. A revisão de que trata o art. 58 do ADCT não se aplica aos benefícios previdenciários concedidos após a promulgação da constituição de 1988.

688. É legítima a incidência da contribuição previdenciária sobre o 13º salário.

699. O segurado pode ajuizar ação contra a instituição previdenciária perante o juízo federal do seu domicílio ou nas varas federais da capital do estado-membro.

726. Para efeito de aposentadoria especial de professores, não se computa o tempo de serviço prestado fora da sala de aula.

729. A decisão na Ação Direta de Constitucionalidade 4 não se aplica à antecipação de tutela em causa de natureza previdenciária.

732. É constitucional a cobrança da contribuição do salário-educação, seja sob a carta de 1969, seja sob a Constituição Federal de 1988, e no regime da Lei 9.424/1996.

31.3. SUPERIOR TRIBUNAL DE JUSTIÇA

03. Compete ao Tribunal Regional Federal dirimir conflito de competência verificado, na respectiva região, entre Juiz Federal e juiz estadual investido de jurisdição federal.

15. Compete a Justiça Estadual processar e julgar os litígios decorrentes de acidente do trabalho.

24. Aplica-se ao crime de estelionato, em que figure como vítima entidade autárquica da Previdência Social, a qualificadora do § 3º do art. 171 do Código Penal.

32. Compete a justiça federal processar justificações judiciais destinadas a instruir pedidos perante entidades que nela tem exclusividade de foro, ressalvada a aplicação do art. 15, II da Lei 5.010/1966.

44. A definição, em ato regulamentar, de grau mínimo de disacusia, não exclui, por si só, a concessão do benefício previdenciário.

89. A ação acidentaria prescinde do exaurimento da via administrativa.

107. Compete a Justiça Comum Estadual processar e julgar crime de estelionato praticado mediante falsificação das guias de recolhimento das contribuições previdenciárias, quando não ocorrente lesão a autarquia federal.

110. A isenção do pagamento de honorários advocatícios, nas ações acidentarias, e restrita ao segurado.

111. Os honorários advocatícios, nas ações previdenciárias, não incidem sobre prestações vincendas.

144. Os créditos de natureza alimentícia gozam de preferência, desvinculados os precatórios da ordem cronológica dos créditos de natureza diversa.

146. O segurado, vítima de novo infortúnio, faz jus a um único benefício somado ao salário de contribuição vigente no dia do acidente.

148. Os débitos relativos a benefício previdenciário, vencidos e cobrados em juízo após a vigência da Lei 6.899/1981, devem ser corrigidos monetariamente na forma prevista nesse diploma legal.

149. A prova exclusivamente testemunhal não basta a comprovação da atividade rurícola, para efeito da obtenção de benefício previdenciário.

150. Compete a Justiça Federal decidir sobre a existência de interesse jurídico que justifique a presença, no processo, da união, suas autarquias ou empresas públicas.

175. Descabe o deposito prévio nas ações rescisórias propostas pelo INSS.

178. O INSS não goza de isenção do pagamento de custas e emolumentos, nas ações acidentarias e de benefícios, propostas na justiça estadual.

204. Os juros de mora nas ações relativas a benefícios previdenciários incidem a partir da citação válida.

210. A ação de cobrança das contribuições para o FGTS prescreve em trinta (30) anos.

212. A compensação de créditos tributários não pode ser deferida por medida liminar.

213. O mandado de segurança constitui ação adequada para a declaração do direito à compensação tributária.

226. O Ministério Público tem legitimidade para recorrer na ação de acidente do trabalho, ainda que o segurado esteja assistido por advogado.

242. Cabe ação declaratória para reconhecimento de tempo de serviço para fins previdenciários.

289. A restituição das parcelas pagas a plano de Previdência privada deve ser objeto de correção plena, por índice que recomponha a efetiva desvalorização da moeda.

290. Nos planos de Previdência privada, não cabe ao beneficiário a devolução da contribuição efetuada pelo patrocinador.

291. A ação de cobrança de parcelas de complementação de aposentadoria pela Previdência privada prescreve em cinco anos.

310. O Auxílio-creche não integra o salário de contribuição.

336. A mulher que renunciou aos alimentos na separação judicial tem direito à pensão previdenciária por morte do ex-marido, comprovada a necessidade econômica superveniente.

340. A lei aplicável à concessão de pensão previdenciária por morte é aquela vigente na data do óbito do segurado.

351. A alíquota de contribuição para o Seguro de Acidente do Trabalho (SAT) é aferida pelo grau de risco desenvolvido em cada empresa, individualizada pelo seu CNPJ, ou pelo grau de risco da atividade preponderante quando houver apenas um registro.

352. A obtenção ou a renovação do Certificado de Entidade Beneficente de Assistência Social (Cebas) não exime a entidade do cumprimento dos requisitos legais supervenientes.

360. O benefício da denúncia espontânea não se aplica aos tributos sujeitos a lançamento por homologação regularmente declarados, mas pagos a destempo.

416. É devida a pensão por morte aos dependentes do segurado que, apesar de ter perdido essa qualidade, preencheu os requisitos legais para a obtenção de aposentadoria até a data do seu óbito.

425. A retenção da contribuição para a seguridade social pelo tomador do serviço não se aplica às empresas optantes pelo Simples.

456. É incabível a correção monetária dos salários de contribuição considerados no cálculo do salário de benefício de auxílio-doença, aposentadoria por invalidez, pensão ou auxílio-reclusão concedidos antes da vigência da CF/1988.

458. A contribuição previdenciária incide sobre a comissão paga ao corretor de seguros.

507. A acumulação de auxílio-acidente com aposentadoria pressupõe que a lesão incapacitante e a aposentadoria sejam anteriores a 11/11/1997, observado o critério do art. 23 da Lei 8.213/1991 para definição do momento da lesão nos casos de doença profissional ou do trabalho.

516. Recurso especial repetitivo. Tributário. Seguridade social. Contribuição destinada ao INCRA. Adicional dc 0,2%. Não extinção pelas Leis 7.787/1989, 8.212/1991 e 8.213/1991. Legitimidade. CF/1988, arts. 150, I e 184. CTN, art. 97. CPC, art. 543-C. Lei 2.613/1955, art. 6º, § 4º. Dec.-lei 1.146/1970, art. 1º e 3º. Lei Compl. 11/1971, art. 15, II. Lei 7.787/1989, arts. 2º, 3º e 13. Lei 8.212/1991, arts. 11, 22, 23 e 105. Lei 8.213/1991, art. 138.

557. A renda mensal inicial (RMI) alusiva ao benefício de aposentadoria por invalidez precedido de auxílio-doença será apurada na forma do art. 36, § 7º, do Decreto 3.048/1999, observando-se, porém, os critérios previstos no art. 29, § 5º, da Lei 8.213/1991, quando intercalados períodos de afastamento e de atividade laboral.

563. O Código de Defesa do Consumidor é aplicável às entidades abertas de Previdência complementar, não incidindo nos contratos previdenciários celebrados com entidades fechadas.

576. Ausente requerimento administrativo no INSS, o termo inicial para a implantação da aposentadoria por invalidez concedida judicialmente será a data da citação válida.

577. É possível reconhecer o tempo de serviço rural anterior ao documento mais antigo apresentado, desde que amparado em convincente prova testemunhal colhida sob o contraditório.

584. As sociedades corretoras de seguros, que não se confundem com as sociedades de valores mobiliários ou com os agentes autônomos de seguro privado, estão fora do rol de entidades constantes do art. 22, § 1O, da Lei 8.212/1991, não se sujeitando à majoração da alíquota da Cofins prevista no art. 18 da Lei 10.684/2003.

612. O certificado de entidade beneficente de assistência social (CEBAS), no prazo de sua validade, possui natureza declaratória para fins tributários, retroagindo seus efeitos à data em que demonstrado o cumprimento dos requisitos estabelecidos por lei complementar para a fruição da imunidade.

622. A notificação do auto de infração faz cessar a contagem da decadência para a constituição do crédito tributário; exaurida a instância administrativa com o decurso do prazo para a impugnação ou com a notificação de seu julgamento definitivo e esgotado o prazo concedido pela Administração para o pagamento voluntário, inicia-se o prazo prescricional para a cobrança judicial.

625. O pedido administrativo de compensação ou de restituição não interrompe o prazo prescricional para a ação de repetição de indébito tributário de que trata o art. 168 do CTN nem o da execução de título judicial contra a Fazenda Pública.

653. O pedido de parcelamento fiscal, ainda que indeferido, interrompe o prazo prescricional, pois caracteriza confissão extrajudicial do débito.

658. O crime de apropriação indébita tributária pode ocorrer tanto em operações próprias, como em razão de substituição tributária.

663. A pensão por morte de servidor público federal pode ser concedida ao filho inválido de qualquer idade, desde que a invalidez seja anterior ao óbito.

31.4. TRIBUNAL SUPERIOR DO TRABALHO

92. O direito à complementação de aposentadoria, criado pela empresa, com requisitos próprios, não se altera pela instituição de benefício previdenciário por órgão oficial.

97. Instituída complementação de aposentadoria por ato da empresa, expressamente dependente de regulamentação, as condições desta devem ser observadas como parte integrante da norma.

160. Cancelada a aposentadoria por invalidez, mesmo após cinco anos, o trabalhador terá direito de retornar ao emprego, facultado, porém, ao empregador, indenizá-lo na forma da lei.

282. Ao serviço médico da empresa ou ao mantido por esta última mediante convênio compete abonar os primeiros 15 (quinze) dias de ausência ao trabalho.

288. I. A complementação dos proventos de aposentadoria, instituída, regulamentada e paga diretamente pelo empregador, sem vínculo com as entidades de Previdência privada fechada, é regida pelas normas em vigor na dada de admissão do empregado, ressalvadas as alterações que forem mais benéficas (art. 468 da CLT).

295. A cessação do contrato de trabalho em razão de aposentadoria espontânea do empregado exclui o direito ao recebimento de indenização relativa ao período anterior à opção. A realização de depósito na conta do Fundo de Garantia do Tempo de Serviço, de que trata o § 3º do art. 14 da Lei 8.036, de 11.05.1990, é faculdade atribuída ao empregador.

311. O cálculo da correção monetária incidente sobre débitos relativos a benefícios previdenciários devidos a dependentes de ex-empregado pelo empregador, ou por entidade de Previdência privada a ele vinculada, será o previsto na Lei 6.899, de 08.04.1981.

326. A pretensão à complementação de aposentadoria jamais recebida prescreve em 2 (dois) anos contados da cessação do contrato de trabalho.

327. A pretensão a diferenças de complementação de aposentadoria sujeita-se à prescrição parcial e quinquenal, salvo se o pretenso direito decorrer de verbas não recebidas no curso da relação de emprego e já alcançadas pela prescrição, à época da propositura da ação.

368. I – A Justiça do Trabalho é competente para determinar o recolhimento das contribuições fiscais. A competência da Justiça do Trabalho, quanto à execução das contribuições previdenciárias, limita-se às sentenças condenatórias em pecúnia que proferir e aos valores, objeto de acordo homologado, que integrem o salário de contribuição. (ex-OJ 141 da SBDI-1 – inserida em 27/11/1998).

II – É do empregador a responsabilidade pelo recolhimento das contribuições previdenciárias e fiscais, resultantes de crédito do empregado oriundo de condenação judicial. A culpa do empregador pelo inadimplemento das verbas remuneratórias, contudo, não exime a responsabilidade do empregado pelos pagamentos do imposto de renda devido e da contribuição previdenciária que recaia sobre sua quota-parte. (ex-OJ 363 da SBDI-1, parte final)

III – Os descontos previdenciários relativos à contribuição do empregado, no caso de ações trabalhistas, devem ser calculados mês a mês, de conformidade com o art. 276, § 4º, do Decreto 3.048/1999 que regulamentou a Lei 8.212/1991, aplicando-se as alíquotas previstas no art. 198, observado o limite máximo do salário de contribuição (ex-OJs nºs 32 e 228 da SBDI-1 – inseridas, respectivamente, em 14/03/1994 e 20/06/2001).

IV – Considera-se fato gerador das contribuições previdenciárias decorrentes de créditos trabalhistas reconhecidos ou homologados em juízo, para os serviços prestados até 04/03/2009, inclusive, o efetivo pagamento das verbas, configurando-se a mora a partir do dia dois do mês seguinte ao da liquidação (art. 276, *caput*, do Decreto 3.048/1999). Eficácia não retroativa da alteração legislativa promovida pela Medida Provisória 449/2008, posteriormente convertida na Lei 11.941/2009, que deu nova redação ao art. 43 da Lei 8.212/1991.

V – Para o labor realizado a partir de 05/03/2009, considera-se fato gerador das contribuições previdenciárias decorrentes de créditos trabalhistas reconhecidos ou homologados em juízo a data da efetiva prestação dos serviços. Sobre as contribuições previdenciárias não recolhidas a partir da prestação dos serviços incidem juros de mora e, uma vez apurados os créditos previdenciários, aplica-se multa a partir do exaurimento do prazo de citação para pagamento, se descumprida a obrigação, observado o limite legal de 20% (art. 61, § 2º, da Lei 9.430/1996).

VI – O imposto de renda decorrente de crédito do empregado recebido acumuladamente deve ser calculado sobre o montante dos rendimentos pagos, mediante a utilização de tabela progressiva resultante da multiplicação da quantidade de meses a que se refiram os rendimentos pelos valores constantes da tabela progressiva mensal correspondente ao mês do recebimento ou crédito, nos termos do art. 12-A da Lei 7.713, de 22/12/1988, com a redação conferida pela Lei 13.149/2015, observado o procedimento previsto nas Instruções Normativas da Receita Federal do Brasil.

440. Assegura-se o direito à manutenção de plano de saúde ou de assistência médica oferecido pela empresa ao empregado, não obstante suspenso o contrato de trabalho em virtude de auxílio-doença acidentário ou de aposentadoria por invalidez.

454. Compete à Justiça do Trabalho a execução, de ofício, da contribuição referente ao Seguro de Acidente de Trabalho (SAT), que tem natureza de contribuição para a seguridade social (arts. 114, VIII, e 195, I, "a", da CF), pois se destina ao financiamento de benefícios relativos à incapacidade do empregado decorrente de infortúnio no trabalho (arts. 11 e 22 da Lei 8.212/1991).

31.5. TURMA NACIONAL DE UNIFORMIZAÇÃO DE JURISPRUDÊNCIA DOS JUIZADOS ESPECIAIS FEDERAIS

01. A conversão dos benefícios previdenciários em URV, em 03/1994, obedece às disposições do art. 20, incisos I e II da Lei 8.880/1994 (MP 434/1994).

02. Os benefícios previdenciários, em maio de 1996, deverão ser reajustados na forma da Medida Provisória 1.415, de 29 de abril de 1996, convertida na Lei 9.711, de 20 de novembro de 1998.

04. Não há direito adquirido, na condição de dependente, pessoa designada, quando o falecimento do segurado se deu após o advento da Lei 9.032/95

05. A prestação de serviço rural por menor de 12 a 14 anos, até o advento da Lei 8.213, de 24 de julho de 1991, devidamente comprovada, pode ser reconhecida para fins previdenciários.

06. A certidão de casamento ou outro documento idôneo que evidencie a condição de trabalhador rural do cônjuge constitui início razoável de prova material da atividade rurícula.

08. Os benefícios de prestação continuada, no regime geral da Previdência Social, não serão reajustados com base no IGP-DI nos anos de 1997, 1999, 2000 e 2001.

09. O uso de Equipamento de Proteção Individual (EPI), ainda que elimine a insalubridade, no caso de exposição a ruído, não descaracteriza o tempo de serviço especial prestado

10. O tempo de serviço rural anterior à vigência da Lei 8.213/1991 pode ser utilizado para fins de contagem recíproca, assim entendida aquela que soma tempo de atividade privada, rural ou urbana, ao de serviço público estatutário, desde que sejam recolhidas as respectivas contribuições previdenciárias.

13. O reajuste concedido pelas Leis 8.622/1993 e 8.627/1993 (28,86%), constituiu revisão geral dos vencimentos e, por isso, é devido também aos militares que não o receberam em sua integralidade, compensado o índice então concedido, sendo limite temporal desse reajuste o advento da MP 2.131, de 28/12/2000.

14. Para a concessão de aposentadoria rural por idade, não se exige que o início de prova material, corresponda a todo o período equivalente à carência do benefício.

15. O valor mensal da pensão por morte concedida antes da Lei 9.032, de 28 de abril de 1995, deve ser revisado de acordo com a nova redação dada ao art. 75 da Lei 8.213, de 24 de julho de 1991.

16. A conversão em tempo de serviço comum, do período trabalhado em condições especiais, somente é possível relativamente à atividade exercida até 28 de maio de 1998 (art. 28 da Lei 9.711/1998).

18. Provado que o aluno aprendiz de Escola Técnica Federal recebia remuneração, mesmo que indireta, à conta do orçamento da União, o respectivo tempo de serviço pode ser computado para fins de aposentadoria previdenciária.

22. Se a prova pericial realizada em juízo dá conta de que a incapacidade já existia na data do requerimento administrativo, esta é o termo inicial do benefício assistencial.

24. O tempo de serviço do segurado trabalhador rural anterior ao advento da Lei 8.213/1991, sem o recolhimento de contribuições previdenciárias, pode ser considerado para a concessão de benefício previdenciário do Regime Geral de Previdência Social (RGPS), exceto para efeito de carência, conforme a regra do art. 55, § 2º, da Lei 8.213/1991.

25. A revisão dos valores dos benefícios previdenciários, prevista no art. 58 do ADCT, deve ser feita com base no número de salários mínimos apurado na data da concessão, e não no mês de recolhimento da última contribuição.

27. A ausência de registro em órgão do Ministério do Trabalho não impede a comprovação do desemprego por outros meios admitidos em Direito.

29. Para os efeitos do art. 20, § 2º, da Lei 8.742, de 1993, incapacidade para a vida independente não é só aquela que impede as atividades mais elementares da pessoa, mas também a impossibilita de prover ao próprio sustento.

30. Tratando-se de demanda previdenciária, o fato de o imóvel ser superior ao módulo rural não afasta, por si só, a qualificação de seu proprietário como segurado especial, desde que comprovada, nos autos, a sua exploração em regime de economia familiar.

31. A anotação na CTPS decorrente de sentença trabalhista homologatória constitui início de prova material para fins previdenciários.

32. O tempo de trabalho laborado com exposição a ruído é considerado especial, para fins de conversão em comum, nos seguintes níveis: superior a 80 decibéis, na vigência do Decreto n. 53.831/1964 e, a contar de 5 de março de 1997, superior a 85 decibéis, por força da edição do Decreto 4.882, de 18 de novembro de 2003, quando a administração pública que reconheceu e declarou a nocividade à saúde de tal índice de ruído – **Cancelada em 09/10/2013.**

34. Para fins de comprovação do tempo de labor rural, o início de prova material deve ser contemporâneo à época dos fatos a provar.

36. Não há vedação legal à cumulação da pensão por morte de trabalhador rural com o benefício da aposentadoria por invalidez, por apresentarem pressupostos fáticos e fatos geradores distintos.

37. A pensão por morte, devida ao filho até os 21 anos de idade, não se prorroga pela pendência do curso universitário.

38. Aplica-se subsidiariamente a Tabela de Cálculos de Santa Catarina aos pedidos de revisão de RMI – OTN/ORTN, na atualização dos salários de contribuição.

41. A circunstância de um dos integrantes do núcleo familiar desempenhar atividade urbana não implica, por si só, a descaracterização do trabalhador rural como segurado especial, condição que deve ser analisada no caso concreto.

44. Para efeito de aposentadoria urbana por idade, a tabela progressiva de carência prevista no art. 142 da Lei 8.213/1991 deve ser aplicada em função do ano em que o segurado completa a idade mínima para concessão do benefício, ainda que o período de carência só seja preenchido posteriormente.

45. Incide correção monetária sobre o salário-maternidade desde a época do parto, independentemente da data do requerimento administrativo.

46. O exercício de atividade urbana intercalada não impede a concessão de benefício previdenciário de trabalhador rural, condição que deve ser analisada no caso concreto.

47. Uma vez reconhecida a incapacidade parcial para o trabalho, o juiz deve analisar as condições pessoais e sociais do segurado para a concessão de aposentadoria por invalidez.

48. A incapacidade não precisa ser permanente para fins de concessão do benefício assistencial de prestação continuada.

49. Para reconhecimento de condição especial de trabalho antes de 29/4/1995, a exposição a agentes nocivos à saúde ou à integridade física não precisa ocorrer de forma permanente.

50. É possível a conversão do tempo de serviço especial em comum do trabalho prestado em qualquer período.

51. Os valores recebidos por força de antecipação dos efeitos de tutela, posteriormente revogada em demanda previdenciária, são irrepetíveis em razão da natureza alimentar e da boa-fé no seu recebimento. (CANCELADA)

52. Para fins de concessão de pensão por morte, é incabível a regularização do recolhimento de contribuições de segurado contribuinte individual posteriormente a seu óbito, exceto quando as contribuições devam ser arrecadadas por empresa tomadora de serviços.

53. Não há direito a auxílio-doença ou a aposentadoria por invalidez quando a incapacidade para o trabalho é preexistente ao reingresso do segurado no Regime Geral de Previdência Social.

54. Para a concessão de aposentadoria por idade de trabalhador rural, o tempo de exercício de atividade equivalente à carência deve ser aferido no período imediatamente anterior ao requerimento administrativo ou à data do implemento da idade mínima.

55. A conversão do tempo de atividade especial em comum deve ocorrer com aplicação do fator multiplicativo em vigor na data da concessão da aposentadoria.

57. O auxílio-doença e a aposentadoria por invalidez não precedida de auxílio-doença, quando concedidos na vigência da Lei 9.876/1999, devem ter o salário de benefício apurado com base na média aritmética simples dos maiores salários de contribuição correspondentes a 80% do período contributivo, independentemente da data de filiação do segurado ou do número de contribuições mensais no período contributivo.

60. O décimo terceiro salário não integra o salário de contribuição para fins de cálculo do salário de benefício, independentemente da data da concessão do benefício previdenciário.

61. As alterações promovidas pela Lei 11.960/2009 têm aplicação imediata na regulação dos juros de mora em condenações contra a Fazenda Pública, inclusive em matéria previdenciária, independentemente da data do ajuizamento da ação ou do trânsito em julgado – **Cancelada em 09/10/2013.** O colegiado determinou que a sistemática a ser adotada a partir de agora é a de juros de mora de 1% ao mês e atualização monetária pelo INPC. Precedentes: PEDILEF 0500149-22.2010.4.05. 8500/ PEDILEF: 2007.72.95.005342-0 /PEDILEF: 0504001-88.2009.4.05.8500.

62. O segurado contribuinte individual pode obter reconhecimento de atividade especial para fins previdenciários, desde que consiga comprovar exposição a agentes nocivos à saúde ou à integridade física.

63. A comprovação de união estável para efeito de concessão de pensão por morte prescinde de início de prova material.

64. O direito à revisão do ato de indeferimento de benefício previdenciário ou assistencial sujeita-se ao prazo decadencial de dez anos.

65. Os benefícios de auxílio-doença, auxílio-acidente e aposentadoria por invalidez concedidos no período de 28/3/2005 a 20/7/2005 devem ser calculados nos termos da Lei 8.213/1991, em sua redação anterior à vigência da Medida Provisória 242/2005.

66. O servidor público ex-celetista que trabalhava sob condições especiais antes de migrar para o regime estatutário tem direito adquirido à conversão do tempo de atividade especial em tempo comum com o devido acréscimo legal, para efeito de contagem recíproca no regime previdenciário próprio dos servidores públicos.

67. O auxílio-alimentação recebido em pecúnia por segurado filiado ao Regime Geral da Previdência Social integra o salário de contribuição e sujeita-se à incidência de contribuição previdenciária.

68. O laudo pericial não contemporâneo ao período trabalhado é apto à comprovação da atividade especial do segurado.

69. O tempo de serviço prestado em empresa pública ou em sociedade de economia mista por servidor público federal somente pode ser contado para efeitos de aposentadoria e disponibilidade.

70. A atividade de tratorista pode ser equiparada à de motorista de caminhão para fins de reconhecimento de atividade especial mediante enquadramento por categoria profissional.

71. O mero contato do pedreiro com o cimento não caracteriza condição especial de trabalho para fins previdenciários.

72. É possível o recebimento de benefício por incapacidade durante período em que houve exercício de atividade remunerada quando comprovado que o segurado estava incapaz para as atividades habituais na época em que trabalhou.

73. O tempo de gozo de auxílio-doença ou de aposentadoria por invalidez não decorrentes de acidente de trabalho só pode ser computado como tempo de contribuição ou para fins de carência quando intercalado entre períodos nos quais houve recolhimento de contribuições para a Previdência Social.

74. O prazo de prescrição fica suspenso pela formulação de requerimento administrativo e volta a correr pelo saldo remanescente após a ciência da decisão administrativa final.

75. A Carteira de Trabalho e Previdência Social (CTPS) em relação à qual não se aponta defeito formal que lhe comprometa a fidedignidade goza de presunção relativa de veracidade, formando prova suficiente de tempo de serviço para fins previdenciários, ainda que a anotação de vínculo de emprego não conste no Cadastro Nacional de Informações Sociais (CNIS).

76. A averbação de tempo de serviço rural não contributivo não permite majorar o coeficiente de cálculo da renda mensal inicial de aposentadoria por idade previsto no art. 50 da Lei 8.213/1991.

77. O julgador não é obrigado a analisar as condições pessoais e sociais quando não reconhecer a incapacidade do requerente para a sua atividade habitual.

78. Comprovado que o requerente de benefício é portador do vírus HIV, cabe ao julgador verificar as condições pessoais, sociais, econômicas e culturais, de forma a analisar a incapacidade em sentido amplo, em face da elevada estigmatização social da doença.

79. Nas ações em que se postula benefício assistencial, é necessária a comprovação das condições socioeconômicas do autor por laudo de assistente social, por auto de constatação lavrado por oficial de justiça ou, sendo inviabilizados os referidos meios, por prova testemunhal.

80. Nos pedidos de benefício de prestação continuada (LOAS), tendo em vista o advento da Lei 12.470/2011, para adequada valoração dos fatores ambientais, sociais, econômicos e pessoais que impactam na participação da pessoa com deficiência na sociedade, é necessária a realização de avaliação social por assistente social ou outras providências aptas a revelar a efetiva condição vivida no meio social pelo requerente.

81. Não incide o prazo decadencial previsto no art. 103, *caput*, da Lei 8.213/1991, nos casos de indeferimento e cessação de benefícios, bem como em relação às questões não apreciadas pela Administração no ato da concessão.

82. O código 1.3.2 do quadro anexo ao Decreto 53.831/1964, além dos profissionais da área da saúde, contempla os trabalhadores que exercem atividades de serviços gerais em limpeza e higienização de ambientes hospitalares.

83. A partir da entrada em vigor da Lei 8.870/1994, o décimo terceiro salário não integra o salário de contribuição para fins de cálculo do salário de benefício.

85. É possível a conversão de tempo comum em especial de período(s) anterior(es) ao advento da Lei 9.032/1995 (que alterou a redação do § 3º do art. 57 da Lei 8.213/1991), desde que todas as condições legais para a concessão do benefício pleiteado tenham sido atendidas antes da publicação da referida lei, independentemente da data de entrada do requerimento (DER).

87. A eficácia do EPI não obsta o reconhecimento de atividade especial exercida antes de 03/12/1998, data de início da vigência da MP 1.729/1998, convertida na Lei 9.732/1998.

31.6. TRIBUNAL FEDERAL DE RECURSOS

13. A Justiça Federal é competente para o processo e julgamento da ação de usucapião, desde que o bem usucapiendo confronte com imóvel da União, autarquias ou empresas públicas federais.

29. Os Certificados de Quitação e de Regularidade não podem ser negados, enquanto pendente de decisão, na via administrativa, o débito levantado.

38. Os Certificados de Quitação e de Regularidade de Situação não podem ser negados, se o débito estiver garantido por penhora regular (CTN, art. 206).

39. Tem direito, em tese, à aposentadoria pelo Tesouro Nacional o ferroviário da antiga "The Great Western of Brazil Railway Company Limited" que tenha nela ingressado antes da encampação, passando para a Rede Ferroviária Federal na condição de servidor cedido.

53. Compete à Justiça Estadual processar e julgar questões pertinentes ao direito de Família, ainda que estas objetivem reivindicação de benefícios previdenciários.

64. A mulher que dispensou, no acordo de desquite, a prestação de alimentos, conserva, não obstante, o direito à pensão decorrente de óbito do marido, desde que comprovada a necessidade do benefício.

71. A correção monetária incide sobre as prestações de benefícios previdenciários em atraso, observado o critério do salário mínimo vigente na época da liquidação da obrigação.

79. Não incide a contribuição previdenciária sobre a quantia paga a título de indenização de aviso prévio.

93. A multa decorrente do atraso no pagamento das contribuições previdenciárias não é aplicável às pessoas de direito público.

104. A Lei 2.579, de 1955, somente ampara o ex-combatente que tenha servido no teatro de operações bélicas da Itália.

126. Na cobrança de crédito previdenciário, proveniente da execução de contrato de construção de obra, o proprietário, dono da obra ou condômino de unidade imobiliária, somente será acionado quando não for possível lograr do construtor, através de execução contra ele intentada a respectiva liquidação.

144. Para que faça jus à isenção da quota patronal relativa às contribuições previdenciárias, é indispensável comprove a entidade filantrópica ter sido declarada de utilidade pública por decreto federal.

159. É legítima a divisão da pensão previdenciária entre a esposa e a companheira, atendidos os requisitos exigidos.

160. A suspeita de fraude na concessão de benefício previdenciário não enseja, de plano, a sua suspensão ou cancelamento, mas dependerá de apuração em procedimento administrativo.

167. A contribuição previdenciária não incide sobre o valor da habitação fornecida por empresa agroindustrial, a título de liberalidade, a seus empregados, em observância a acordo coletivo de trabalho.

170. Não se extingue a pensão previdenciária, se do novo casamento não resulta melhoria na situação econômico-financeira da viúva, de modo a tornar dispensável o benefício.

171. No cálculo da renda mensal do benefício de aposentadoria-invalidez é considerado como de atividade o período em que o segurado tenha percebido auxílio-doença ou outra aposentadoria-invalidez.

185. Filhos solteiros maiores e inválidos, presumida a dependência econômica, têm direito à pensão previdenciária por morte do pai.

198. Atendidos os demais requisitos, é devida a aposentadoria especial, se perícia judicial constata que a atividade exercida pelo segurado é perigosa, insalubre ou penosa, mesmo não inscrita em Regulamento.

213. O exaurimento da via administrativa não é condição para a propositura de ação de natureza previdenciária.

219. Não havendo antecipação de pagamento, o direito de constituir o crédito previdenciário extingue-se decorrido cinco anos do primeiro dia do exercício seguinte àquele em que ocorreu o fato gerador.

229. A mãe do segurado tem direito à pensão previdenciária, em caso de morte do filho, se provada a dependência econômica, mesmo não exclusiva.

232. A pensão do art. 5º, parágrafo único, da Lei 3.373, de 1958, ampara com exclusividade as filhas de funcionário público federal.

260. No primeiro reajuste do benefício previdenciário deve-se aplicar o índice integral do aumento verificado, independentemente do mês da concessão, considerado, nos reajustes subsequentes, o salário mínimo então atualizado.

31.7. TRIBUNAL REGIONAL FEDERAL – 1ª REGIÃO

14. O art. 202, da Constituição Federal, somente se aplica a partir da criação da respectiva fonte de custeio (Lei 8.212/1991)

19. O pagamento de benefícios previdenciários, vencimentos, salários, proventos, soldos e pensões, feito, administrativamente, com atraso, está sujeito a correção monetária desde o momento em que se tornou devido.

21. O critério de revisão previsto na Súmula n. 260, do Tribunal Federal de Recursos, diverso do estabelecido no art. 58, do Ato das Disposições Constitucionais Transitórias, da Constituição Federal de 1988, e aplicável somente aos benefícios previdenciários concedidos até 04.10.1988, perdeu eficácia em 05/04/1989.

20. O critério de revisão previsto no art. 58 do Ato das Disposições Constitucionais Transitórias, da Constituição Federal de 1988, é diverso do estatuído na Súmula n. 260, do Tribunal Federal de Recursos, e aplica-se somente aos benefícios previdenciários concedidos até 04/10/1988.

23. São auto aplicáveis as disposições constantes dos §§ 5º e 6º do art. 201 da Constituição Federal.

27. Não é admissível prova exclusivamente testemunhal para reconhecimento de tempo de exercício de atividade urbana e rural (Lei 8.213/1991, art. 55, § 3º).

33. Aposentadoria especial decorrente do exercício de atividade perigosa, insalubre ou penosa não exige idade mínima do segurado.

36. O inciso II do art. 41 da Lei 8.213/1991, revogado pela Lei 8.542/1992, era compatível com as normas constitucionais que asseguram o reajuste dos benefícios para preservação de seu valor real.

37. Os débitos judiciais devem ser atualizados, no período em que vigorou o congelamento, pela variação da OTN, de acordo com o IPC mensal.

40. O mandado de segurança não é a via própria para a comprovação de tempo de serviço para efeito previdenciário, quando ensejar dilação probatória.

41. Os índices integrais de correção monetária, incluídos os expurgos inflacionários, a serem aplicados na execução de sentença condenatória de pagamento de benefícios previdenciários, vencimentos, salários, proventos, soldos e pensões, ainda que nela não haja previsão expressa, são de 42,72% em janeiro de 1989, 10,14% em fevereiro de 1989, 84,32% em março de 1990, 44,80% em abril de 1990, 7,87% em maio de 1990 e 21,87% em fevereiro de 1991.

49. O critério de revisão previsto na Súmula 260 do Tribunal Federal de Recursos, diverso do estabelecido no art. 58 do Ato das Disposições Constitucionais Transitórias da Constituição Federal de 1988, perdeu eficácia a partir do Decreto-Lei 2.335, de 12 de junho de 1987.

31.8. TRIBUNAL REGIONAL FEDERAL – 2ª REGIÃO

15. O § 3º do art. 109 da Constituição Federal de 1988, institui, quanto às causas de natureza previdenciária, hipótese de competência relativa, pelo que não elide a competência concorrente da Justiça Federal.

17. No reajuste dos benefícios de prestação continuada, mantidos pela Previdência Social, aplica-se o critério da súmula 260 (salário mínimo) do extinto Tribunal Federal de Recursos até o sétimo mês após a vigência da Constituição Federal de 1988 e, a partir de então, os critérios de revisão estabelecidos no art. 58 do ADCT e 201, § 2º, da mesma Carta Magna.

18. O segurado da Previdência Social oficial, que recebe complementação de benefício de entidade de Previdência privada, tem legitimidade "ad causam" para propor ação em face da primeira, com vistas · revisão de seu benefício previdenciário.

24. A contribuição do salário-educação é constitucional, posto que foi expressamente recepcionada pela constituição federal de 1998, através do artigo, § 5º, não cabendo, portanto, a sua compensação.

26. O art. 202 da constituição federal, em sua redação original, não é auto aplicável, por depender de integração legislativa, só implementada com a edição das leis 8212/1991 e 8213/1991, que aprovaram o plano de custeio e de benefícios da Previdência Social.

29. No reajuste dos benefícios de prestação continuada, mantidos pela Previdência Social, aplica-se o critério da súmula 260 do extinto tribunal federal de recursos até o sétimo mês após a vigência da constituição federal de 1988 e, a partir de então, os critérios de revisão estabelecidos nos arts. 58 do ADCT e 201, § 2º, da mesma carta magna.

34. A contribuição previdenciária sobre a remuneração paga aos administradores, autônomos e avulsos, tendo sido declarada inconstitucional, pode ser compensada com contribuições da mesma espécie, desnecessária a comprovação de inexistência de repercussão ou repasse, dada à sua natureza de tributo direto.

35. Não há direito adquirido ao reajuste de vencimentos, proventos ou pensões, pelos índices de 26,06% (Plano Bresser) e 26,05% (plano verão), relativos, respectivamente, ao IPC de junho/1987 e à variação da URP de fevereiro/89.

43. A cassação ou suspensão de benefício previdenciário é ato administrativo único, de efeitos permanentes, razão pela qual, impetrado o mandado de segurança após o prazo de 120 dias, opera-se a decadência.

46. A suspeita de fraude na concessão do benefício previdenciário não autoriza, de imediato, a sua suspensão ou cancelamento, sendo indispensável a apuração dos fatos mediante processo administrativo regular, assegurados o contraditório e a ampla defesa.

49. As disposições contidas nos §§ 5º e 6º do art. 201 da constituição federal, com redação dada pela emenda constitucional 20/1998, são autoaplicáveis.

60. A pensão de ex-combatente, por morte ocorrida na vigência das Lei 3.765/1960 e Lei 4.242/1963, será devida às filhas, ainda que maiores, desde que não possam prover os meios de sua subsistência, inclusive por reversão, em valor correspondente ao soldo de 2O Sargento, vedada a percepção cumulativa com qualquer outra importância dos cofres públicos

31.9. TRIBUNAL REGIONAL FEDERAL – 3ª REGIÃO

05. O preceito contido no art. 201, § 5º, da Constituição da República consubstancia norma de eficácia imediata, independendo sua aplicabilidade da edição de lei regulamentadora ou instituidora da fonte de custeio.

06. O reajuste dos proventos resultantes de benefícios previdenciários deve obedecer às prescrições legais, afastadas as normas administrativas que disponham de maneira diversa.

07. Para a apuração da renda mensal inicial dos benefícios previdenciários concedidos antes da Constituição Federal de 1988, a correção dos 24 (vinte e quatro) salários de contribuição, anteriores aos últimos 12 (doze), deve ser feita em conformidade com o que prevê o art. 1º da Lei 6.423/1977.

08. Em se tratando de matéria previdenciária, incide a correção monetária a partir do vencimento de cada prestação do benefício, procedendo-se à atualização em consonância com os índices legalmente estabelecidos, tendo em vista o período compreendido entre o mês em que deveria ter sido pago, e o mês do referido pagamento.

09. Em matéria previdenciária, torna-se desnecessário o prévio exaurimento da via administrativa, como condição de ajuizamento da ação.

14. O salário mínimo de NCz$120,00 (cento e vinte cruzados novos) é aplicável ao cálculo dos benefícios previdenciários no mês de junho de 1989.

18. O critério do art. 58 do ADCT é aplicável a partir do sétimo mês de vigência da Constituição Federal, até a regulamentação da Lei de Benefícios pelo Decreto 357/1991.

19. É aplicável a variação do Índice de Reajuste do Salário Mínimo, no percentual de 39,67%, na atualização dos salários de contribuição anteriores a março de 1994, a fim de apurar a renda mensal inicial do benefício previdenciário.

20. A regra do § 3º do art. 109 da Constituição Federal abrange não só os segurados e beneficiários da Previdência Social, como também aqueles que pretendem ver declarada tal condição.

22. É extensível aos beneficiários da Assistência Social (inciso V do art. 203 da CF) a regra de delegação de competência do § 3º do art. 109 da Constituição Federal, sendo exclusiva a legitimidade passiva do INSS.

24. É facultado aos segurados ou beneficiário da Previdência Social ajuizar ação na Justiça Estadual de seu domicílio, sempre que esse não for sede de Vara da Justiça Federal.

25. Os benefícios previdenciários concedidos até a promulgação da Constituição Federal de 1988 serão reajustados pelo critério da primeira parte da Súmula 260 do Tribunal Federal de Recursos até o dia 04 de abril de 1989.

26. Não serão remetidas aos Juizados Especiais Federais as causas previdenciárias e assistenciais ajuizadas até sua instalação, em tramitação em Vara Federal ou Vara Estadual no exercício de jurisdição Federal delegada.

35. Os efeitos penais do art. 9º da Lei 10.684/2003 aplicam-se ao Programa de Parcelamento Excepcional - PAEX.

37. Compete à 3ª Seção julgar as ações referentes à devolução dos valores recebidos indevidamente a título de benefício previdenciário, independentemente do tipo de ação proposta.

31.10. TRIBUNAL REGIONAL FEDERAL – 4ª REGIÃO

02. Para o cálculo da aposentadoria por idade ou por tempo de serviço, no regime precedente à Lei 8.213, de 24 de julho de 1991, corrigem-se os salários de contribuição, anteriores aos doze últimos meses, pela variação nominal da ORTN/OTN.

03. Os juros de mora, impostos a partir da citação, incidem também sobre a soma das prestações previdenciárias vencidas.

08. Subsiste no novo texto constitucional a opção do segurado para ajuizar ações contra a Previdência Social no foro estadual do seu domicílio ou no do Juízo Federal.

09. Incide correção monetária sobre os valores pagos com atraso, na via administrativa, a título de vencimento, remuneração, provento, soldo, pensão ou benefício previdenciário, face à sua natureza alimentar.

20. O art. 8º, § 1º, da Lei 8620/1993, não isenta o INSS das custas judiciais, quando demandado na Justiça Estadual.

21. É constitucional a Contribuição Social criada pelo art. 1º da Lei Complementar 70, de 1991.

24. São autoaplicáveis os §§ 5º e 6º do art. 201 da Constituição Federal de 1988.

28. São inconstitucionais as alterações introduzidas no Programa de Integração Social (PIS) pelos Decretos-Leis 2445/1988 e 2449/1988.

36. Inexiste direito adquirido a reajuste de benefícios previdenciários com base na variação do IPC - Índice de Preços ao Consumidor - de março e abril de 1990.

37. Na liquidação de débito resultante de decisão judicial, incluem-se os índices relativos ao IPC de março, abril e maio de 1990 e fevereiro de 1991.

40. Por falta de previsão legal, é incabível a equivalência entre o salário de contribuição e o salário de benefício para o cálculo da renda mensal dos benefícios previdenciários.

41. É incabível o sequestro de valores ou bloqueio das contas bancárias do INSS para garantir a satisfação de débitos judiciais.

43. As contribuições para o FGTS não têm natureza tributária, sujeitando-se ao prazo prescricional de trinta anos.

44. É inconstitucional a contribuição previdenciária sobre o pró-labore dos administradores, autônomos e avulsos, prevista nas Leis 7.787/1989 e 8.212/1991.

45. Descabe a concessão de liminar ou de antecipação de tutela para a compensação de tributos.

46. É incabível a extinção do processo de execução fiscal pela falta de localização do devedor ou inexistência de bens penhoráveis (art. 40 da Lei 6.830).

50. Não há direito adquirido à contribuição previdenciária sobre o teto máximo de 20 salários mínimos após a entrada em vigor da Lei 7.787/1989.

51. Não se aplicam os critérios da Súmula 260 do extinto Tribunal Federal de Recursos aos benefícios previdenciários concedidos após a Constituição Federal de 1988.

53. A sentença que, independentemente de pedido, determina a correção monetária do débito judicial não é ultra ou extra petita.

55. É constitucional a exigência de depósito prévio da multa para interposição de recurso administrativo, nas hipóteses previstas pelo art. 93 da Lei 8.212/1991 – com a redação dada pela Lei 8.870/1994 – e pelo art. 636, § 1º, da CLT.

58. A execução fiscal contra a Fazenda Pública rege-se pelo procedimento previsto no art. 730 do Código de Processo Civil.

59. A UFIR, como índice de correção monetária de débitos e créditos tributários, passou a viger a partir de janeiro de 1992.

61. A União e o INSS são litisconsortes passivos necessários nas ações em que seja postulado o benefício assistencial previsto no art. 20 da Lei 8.742/1993, não sendo caso de delegação de jurisdição federal.

72. É possível cumular aposentadoria urbana e pensão rural.

73. Admitem-se como início de prova material do efetivo exercício de atividade rural, em regime de economia familiar, documentos de terceiros, membros do grupo parental.

74. Extingue-se o direito à pensão previdenciária por morte do dependente que atinge 21 anos, ainda que estudante de curso superior.

75. Os juros moratórios, nas ações previdenciárias, devem ser fixados em 12% ao ano, a contar da citação.

76. Os honorários advocatícios, nas ações previdenciárias, devem incidir somente sobre as parcelas vencidas até a data da sentença de procedência ou do acórdão que reforme a sentença de improcedência.

77. O cálculo da renda mensal inicial de benefício previdenciário concedido a partir de março de 1994 inclui a variação integral do IRSM de fevereiro de 1994 (39,67%).

78. A constituição definitiva do crédito tributário é pressuposta da persecução penal concernente a crime contra a ordem tributária previsto no art. 1ª da Lei 8.137/1990.

95. A pensão especial devida ao ex-combatente pode ser cumulada com outro benefício previdenciário, desde que não tenham o mesmo fato gerador.

98. Ressalvadas as hipóteses excepcionais, o registro na ANVISA constitui condição necessária ao fornecimento de medicamentos por decisão judicial.

99. A dispensação de medicamento oncológico, judicialmente determinada, far-se-á exclusivamente por estabelecimentos de saúde credenciados junto à Rede de Atenção Oncológica – CACON ou UNACON.

100. Nas ações em que se busca o deferimento judicial de prestações de saúde sujeitas à ordem de espera, somente se deferirá o pedido caso haja demonstração de que a urgência do caso impõe a respectiva realização antes do prazo apontado pelo Poder Público, administrativamente ou nos autos, para entrega administrativa da prestação.

101. Para o deferimento judicial de prestações de saúde não inseridas em um protocolo pré-estabelecido, não basta a prescrição do médico assistente, fazendo-se necessária a produção de provas atestando a adequação e a necessidade do pedido.

102. É possível o cômputo do interregno em que o segurado esteve usufruindo benefício por incapacidade (auxílio-doença ou aposentadoria por invalidez) para fins de carência, desde que intercalado com períodos contributivos ou de efetivo trabalho.

103. A concessão da aposentadoria híbrida ou mista, prevista no art. 48, § 3º, da Lei 8.213/1991, não está condicionada ao desempenho de atividade rurícola pelo segurado no momento imediatamente anterior ao requerimento administrativo, sendo, pois, irrelevante a natureza do trabalho exercido neste período.

104. A legislação previdenciária não faz qualquer restrição quanto à admissibilidade da prova testemunhal, para comprovação da união estável, com vista à obtenção de benefício previdenciário.

105. Inexiste óbice à fixação da renda mensal do auxílio-acidente em patamar inferior ao salário mínimo, uma vez que tal benefício constitui mera indenização por redução de capacidade para o trabalho, não se lhe aplicando, assim, a disposição da CF/1988, art. 201, § 2º.

106. Quando impossível a realização de perícia técnica no local de trabalho do segurado, admite-se a produção desta prova em empresa similar, a fim de aferir a exposição aos agentes nocivos e comprovar a especialidade do labor.

107. O reconhecimento de verbas remuneratórias em reclamatória trabalhista autoriza o segurado a postular a revisão da renda mensal inicial, ainda que o INSS não tenha integrado a lide, devendo retroagir o termo inicial dos efeitos financeiros da revisão à data da concessão do benefício.

114. É indevida a exclusão do contribuinte do Programa de Recuperação Fiscal – REFIS instituído pela Lei 9.964/2000, sob o fundamento de que as parcelas, calculadas nos moldes da referida norma, são em montante insuficiente à amortização do débito consolidado.

117. A lei aplicável para a análise do direito à reversão de pensão especial de ex-combatente é aquela vigente na data do óbito do militar.

118. Os requisitos específicos previstos no art. 30 da Lei 4.242/1963 devem ser preenchidos não apenas pelo ex-combatente, mas também por seus dependentes que venham a requerer a reversão

135. É da competência do juízo previdenciário o julgamento de pedido de condenação por danos morais quando cumulado com o de concessão de benefício.

136. Compete às Varas e Turmas especializadas em matéria tributária o julgamento de ações que tenham por objeto a dedução da base de cálculo das contribuições sociais devidas, da remuneração paga à empregada gestante, prevista na Lei 14.151/21.

31.11. TRIBUNAL REGIONAL FEDERAL – 5ª REGIÃO

05. As prestações atrasadas, reconhecidas como devidas pela Administração Pública, devem ser pagas com correção monetária.

06. Subsiste, até a vigência e eficácia da Lei Complementar 70/1991, a cobrança do FINSOCIAL com base no Decreto-Lei 1.940/1982, sendo inconstitucionais as alterações introduzidas pela Lei 7.887/1989, ressalvada a situação das empresas prestadoras de serviço

07. São inconstitucionais as alterações na contribuição para o Programa de Integração Social introduzidas pelos Decretos-Leis 2.445 e 2.449.

08. São auto aplicáveis as regras dos §§ 5º e 6º do art. 201 da Constituição Federal, ao estabelecerem o salário mínimo e a gratificação natalina para o benefício previdenciário.

09. É imediata a incidência da forma de cálculo prevista no art. 202 da Constituição Federal, mas não se aplica à aposentadoria implantada antes de outubro de 1988.

10. A contribuição previdenciária incide sobre a parte da folha de pagamentos da empresa aos seus administradores, sócios-gerentes e autônomos.

11. Aplica-se ao reajuste de benefício previdenciário, em setembro de 1991, o percentual de 147,06%.

18. Previdenciário. Tempo de Serviço Monitor Universitário. Contagem Indevida. O tempo de treinamento do estudante como monitor universitário não é contato para fins previdenciários.

22. O fator previdenciário incide na aposentadoria de professor (art. 201, § 8º, da CF/88; art. 56, da Lei 8.213/1991), salvo em relação ao beneficiário que tenha adquirido o direito à jubilação antes da edição da Lei 9.876/1999.

31.12. ADVOCACIA GERAL DA UNIÃO

7. Da decisão judicial que determinar a percepção cumulada da pensão especial prevista no art. 53-II, do ADCT, com os benefícios previdenciários, não se interporá recurso.

15. Da decisão judicial que restabelecer benefício previdenciário, suspenso por possível ocorrência de fraude, sem a prévia apuração em processo administrativo, não se interporá recurso.

17. Da decisão judicial que determinar a expedição de certidão positiva de débitos com efeito de negativa, sem a exigência de garantia posterior ao parcelamento regularmente em cumprimento, não se interporá recurso.

18. Da decisão judicial que determinar a concessão de Certidão Negativa de Débito (CND), em face da inexistência de crédito tributário constituído, não se interporá recurso.

24. É permitida a contagem, como tempo de contribuição, do tempo exercido na condição de aluno-aprendiz referente ao período de aprendizado profissional realizado em escolas técnicas, desde que comprovada a remuneração, mesmo que indireta, à conta do orçamento público e o vínculo empregatício.

25. Será concedido auxílio-doença ao segurado considerado temporariamente incapaz para o trabalho ou sua atividade habitual, de forma total ou parcial, atendidos os demais requisitos legais, entendendo-se por incapacidade parcial aquela que permita sua reabilitação para outras atividades laborais.

26. Para a concessão de benefício por incapacidade, não será considerada a perda da qualidade de segurado decorrente da própria moléstia incapacitante

27. Para concessão de aposentadoria no RGPS, é permitido o cômputo do tempo de serviço rural exercido anteriormente à Lei 8.213, de 24 de julho de 1991, independente do recolhimento das contribuições sociais respectivas, exceto para efeito de carência

29. Atendidas as demais condições legais, considera-se especial, no âmbito do RGPS, a atividade exercida com exposição a ruído superior a 80 decibéis até 05/03/1997, superior a 90 decibéis desta data até 18/11/2003, e superior a 85 decibéis a partir de então.

30. A incapacidade para prover a própria subsistência por meio do trabalho é suficiente para a caracterização da incapacidade para a vida independente, conforme estabelecido no art. 203, V, da Constituição Federal, e art. 20, II, da Lei 8.742, de 7 de dezembro de 1993.

32. Para fins de concessão dos benefícios dispostos nos arts. 39, inciso I e seu parágrafo único, e 143 da Lei 8.213, de 24 de julho de 1991, serão considerados como início razoável de prova material documentos públicos e particulares dotados de fé pública, desde que não contenham rasuras ou retificações recentes, nos quais conste expressamente a qualificação do segurado, de seu cônjuge, enquanto casado, ou companheiro, enquanto durar a união estável, ou de seu ascendente, enquanto dependente deste, como rurícola, lavrador ou agricultor, salvo a existência de prova em contrário.

40. Os servidores públicos federais, aposentados na vigência do Regime Jurídico Único, têm direito à percepção simultânea do benefício denominado "quintos", previsto no art. 62, § 2º, da Lei 8.112/1990, com o regime estabelecido no art. 192 do mesmo diploma.

51. A falta de prévia designação da (o) companheira (o) como beneficiária (o) da pensão vitalícia de que trata o art. 217, inciso i, alínea "c", da Lei 8.112, de 11 de dezembro de 1990, não impede a concessão desse benefício, se a união estável restar devidamente comprovada por meios idôneos de prova.

60. Não há incidência de contribuição previdenciária sobre o vale transporte pago em pecúnia, considerando o caráter indenizatório da verba.

65. Para a acumulação do auxílio-acidente com proventos de aposentadoria, a lesão incapacitante e a concessão da aposentadoria devem ser anteriores as alterações inseridas no art. 86, § 2º, da Lei 8.213/1991, pela Medida Provisória 1.596-14, convertida na Lei 9.528/1997.

67. Na Reclamação Trabalhista, até o trânsito em julgado, as partes são livres para discriminar a natureza das verbas objeto do acordo judicial para efeito do cálculo da contribuição previdenciária, mesmo que tais valores não correspondam aos pedidos ou à proporção das verbas salariais constantes da petição inicial.

69. A partir da edição da Lei 9.783/1999, não é devida pelo servidor público federal a contribuição previdenciária sobre parcela recebida a título de cargo em comissão ou função de confiança.

72. Não estão sujeitos à repetição os valores recebidos de boa-fé pelo servidor público, em decorrência de errônea ou inadequada interpretação da lei por parte da Administração Pública.

74. Na Reclamação Trabalhista, quando o acordo for celebrado e homologado após o trânsito em julgado, a contribuição previdenciária incidirá sobre o valor do ajuste, respeitada a proporcionalidade das parcelas de natureza salarial e indenizatória deferidas na decisão condenatória.

75. Para a acumulação do auxílio-acidente com proventos de aposentadoria, a consolidação das lesões decorrentes de acidentes de qualquer natureza, que resulte sequelas definitivas, nos termos do art. 86 da Lei 8.213/1991, e a concessão da aposentadoria devem ser anteriores às alterações inseridas no art. 86, § 2º da Lei 8.213/1991, pela Medida Provisória 1.596-14, convertida na Lei 9.528/1997

80. Para concessão de aposentadoria no Regime Geral de Previdência Social – RGPS, a conversão de tempo de serviço/contribuição especial em comum deve observar o fator de conversão vigente à época em que requerido o benefício, devendo ser desconsiderado, para esta finalidade, o fator de conversão vigente à época da prestação da atividade laboral.

31.13. CONSELHO DE RECURSO DA PREVIDÊNCIA SOCIAL

4. Consoante inteligência do § 3º do art. 55 da Lei 8.213/1991, não será admitida como eficaz para comprovação de tempo de contribuição e para os fins previstos na legislação previdenciária, a ação Reclamatória Trabalhista em que a decisão não tenha sido fundamentada em início razoável de prova material contemporânea constante nos autos do processo.

5. A Previdência Social deve conceder o melhor benefício a que o segurado fizer jus, cabendo ao servidor orientá-lo nesse sentido

6. O ingresso do segurado em regime próprio de Previdência pelo mesmo emprego, importa a sua exclusão automática da Previdência Social para o qual não pode contribuir como facultativo.

8. Fixada a data do início da incapacidade antes da perda da qualidade de segurado, a falta de contribuição posterior não prejudica o seu direito as prestações previdenciárias.

13. A dependência econômica pode ser parcial, devendo, no entanto, representar um auxílio substancial, permanente e necessário, cuja falta acarretaria desequilíbrio dos meios de subsistência do dependente.

18. Não se indefere benefício sob fundamento de falta de recolhimento de contribuição previdenciária quando esta obrigação for devida pelo empregador.

19. Transcorrido mais de dez anos da data da concessão do benefício, não poderá haver sua suspensão ou cancelamento na hipótese de o interessado não mais possuir a documentação que instruiu o pedido, exceto em caso de fraude ou má-fé.

21. O simples fornecimento de equipamento de proteção individual de trabalho pelo empregador não exclui a hipótese de exposição do trabalhador aos agentes nocivos à saúde, devendo ser considerado todo o ambiente de trabalho.

22. Considera-se segurada especial a mulher que, além das tarefas domésticas, exerce atividades rurais com o grupo familiar respectivo, aproveitando-se-lhe as provas materiais apresentadas em nome de seu cônjuge ou companheiro, corroboradas por meio de pesquisa, entrevista ou Justificação Administrativa.

23. O pecúlio previsto no inciso II do art. 81 da Lei 8.213/1991, em sua redação original que não foi pago em vida ao segurado aposentado que retornou à atividade quando dela se afastou, é devido aos seus dependentes ou sucessores, relativamente às contribuições vertidas até 14/04/1994.

25. A notificação do sujeito passivo após o prazo de validade do Mandado de Procedimento Fiscal – MPF – não acarreta nulidade do lançamento.

26. A concessão da pensão por morte ao cônjuge ou companheiro do sexo masculino, no período compreendido entre a promulgação da Constituição Federal de 1988 e o advento da Lei 8.213 de 1991, rege-se pelas normas do Decreto 83.080, de 24 de janeiro de 1979, seguido pela Consolidação das Leis da Previdência Social (CLPS) expedida pelo Decreto 89.312, de 23 de janeiro de 1984, que continuaram a viger até o advento da Lei 8.213/1991, aplicando-se tanto ao trabalhador do regime previdenciário rural quanto ao segurado do regime urbano.

27. Cabe ao contribuinte individual comprovar a interrupção ou o encerramento da atividade pela qual vinha contribuindo, sob pena de ser considerado em débito no período sem contribuição.

28. Não se aplica o disposto no art. 76 do Regulamento da Previdência Social, aprovado pelo Decreto 3.048/1999, para justificar a retroação do termo inicial do benefício auxílio-doença requerido após o trigésimo dia do afastamento da atividade, nos casos em que a perícia médica do INSS fixar a data de início da incapacidade anterior à data de entrada do requerimento, tendo em vista que esta hipótese não implica em ciência pretérita da Previdência Social.

29. Nos casos de levantamento por arbitramento, a existência do fundamento legal que ampara tal procedimento, seja no relatório Fundamentos Legais do Débito (FLD) ou no Relatório Fiscal (REFISC) garante o pleno exercício do contraditório e da ampla defesa, não gerando a nulidade do lançamento.

30. Em se tratando de responsabilidade solidária o fisco previdenciário tem a prerrogativa de constituir os créditos no tomador de serviços mesmo que não haja apuração prévia no prestador de serviços.

31. Nos períodos de que trata o art. 15 da Lei 8.213/1991, é devido o salário maternidade à segurada desempregada que não tenha recebido indenização por demissão sem justa causa durante a estabilidade gestacional, vedando-se, em qualquer caso, o pagamento em duplicidade.

32. A atividade especial efetivamente desempenhada pelo(a) segurado(a), permite o enquadramento por categoria profissional nos Anexos aos Decretos 53.831/1964 e 83.080/1979, ainda que divergente do registro em Carteira de Trabalho da Previdência Social (CTPS) e/ou Ficha de Registro de Empregados, desde que comprovado o exercício nas mesmas condições de insalubridade, periculosidade ou penosidade.

33. Para os efeitos de reconhecimento de tempo especial, o enquadramento do tempo de atividade do trabalhador rural, segurado empregado, sob o código 2.2.1 do Quadro anexo ao Decreto 53.831, de 25/03/1964, é possível quando o regime de vinculação for o da Previdência Social Urbana, e não o da Previdência Rural (PRORURAL), para os períodos anteriores à unificação de ambos os regimes pela Lei 8.213, de 1991, e aplica-se ao tempo de atividade rural exercido até 28/04/1995.

34. O prazo prescricional quinquenal, disposto no parágrafo único do art. 103 da Lei 8.213, de 1991, aplica-se às revisões previstas nos arts. 144 e 145 do mesmo diploma legal.

35. Os pareceres da Consultoria Jurídica do Ministério da Previdência Social aprovados pelo Ministro de Estado, bem como as súmulas e pareceres normativos da Advocacia-Geral da União vinculam o Conselho de Recursos da Previdência Social em suas atividades, exceto nas de controle jurisdicional.

36. É permitida a cumulação de auxílio-suplementar ou auxílio-acidente com aposentadoria de qualquer espécie, concedida de 25/07/1991 a 10/11/1997.

37. O tempo de serviço laborado como professor pode ser enquadrado como especial, nos termos do código 2.1.4 do Quadro anexo ao Decreto 53.831/1964, até 08/07/1981, data anterior à vigência da Emenda Constitucional 18/1981.

38. A revisão dos parâmetros médicos efetuada em sede de benefício por incapacidade não rende ensejo à devolução dos valores recebidos, se presente a boa-fé objetiva.

39. A habilitação tardia de menores, sejam estes incapazes ou ausentes, em benefícios previdenciários já com dependentes anteriormente habilitados, somente produzirá efeitos financeiros a contar da Data de Entrada do Requerimento (DER), sendo incabível a retroação da Data de Início do Pagamento (DIP) para permitir a entrega de valores a partir do fato gerador do benefício.

40. A decadência prevista na Lei 8.213/1991, art. 103-A incide na revisão de acúmulo de auxílio--suplementar com aposentadoria de qualquer natureza, salvo se comprovada a má-fé do(a) beneficiário(a), a contar da percepção do primeiro pagamento indevido, observados os seguintes parâmetros: I - Para as acumulações ocorridas antes da publicação da Lei 9.784/1999, o prazo será contado a partir de 01/02/1999 (Parecer MPS/CJ 3.509, de 26/04/2005, DOU de 28/04/2005); II - A má-fé deve ser comprovada, no caso concreto, assegurada a ampla defesa e o contraditório.

Bibliografia

ALEXANDRINO, Marcelo; PAULO, Vicente. **Direito Tributário na Constituição e no STF**. 6ª ed. Rio de Janeiro: Impetus, 2003.

ARRUDA, Maria da Glória Chagas. A Previdência Privada Aberta Como Relação de Consumo. São Paulo: LTR, 2004.

BALERA, Wagner. **Sistema de Seguridade Social**. 3ª ed. São Paulo: LTR, 2003.

BRASIL. **Constituição da República Federativa do Brasil**. De 05 de outubro de 1988 [atualizada].

________. **Plano de Benefícios**. Lei 8.213, de 24 de julho de 1991 [atualizada].

________. **Plano de Custeio.** Lei 8.212, de 24 de julho de 1991 [atualizada].

________. **Regulamento da Previdência Social**. Decreto 3.048, de 06 de maio de 1999 [atualizada].

________. **Lei 10.666/2003** [atualizada].

________. **Instrução Normativa RFB 2.110/2022** [atualizada].

________. **Instrução Normativa INSS-Pres 128/2022** [atualizada].

________. **Consolidação das Leis do Trabalho**. Decreto-Lei 5.452, de 1 de maio de 1943 [atualizada].

________. **Código Tributário Nacional**. Lei 5.172, de 25 outubro de 1966 [atualizada].

CARREIRO, Luciano Dorea Martinez; Kertzman, Ivan. **Guia Prático da Previdência Social**. Salvador: Juspodivm, 2003.

CASTRO, Carlos Alberto Pereira de; Lazzari, João Batista. **Manual de Direito Previdenciário**. 4ª ed. São Paulo: LTR, 2003.

DELGADO, Maurício Godinho. **Curso de Direito do Trabalho**. 3ª ed. São Paulo: LTR, 2004.

DEMO, Roberto Luis Luchi. **Jurisprudência Previdenciária.** São Paulo, LTR, 2003.

DENARI, Zelmo. **Curso de Direito Tributário**. 8ª ed. São Paulo: Atlas, 2002.

DINIZ, Maria Helena. **Compêndio de Introdução à Ciência do Direito**. 8ª ed. São Paulo: Saraiva, 1995.

FIUZA, César. **Direito Civil**. 6ª ed. Belo Horizonte: Del Rey, 2003.

GONZAGA, Paulo. **Perícia Médica da Previdência Social**. 3ª ed. São Paulo: LTR, 2004.

IBRAHIM, Fábio Zambitte. **Curso de Direito Previdenciário**. 3ª ed. Rio de Janeiro: Impetus, 2003.

_______.; Tavares, Marcelo Leonardo; Vieira, Marcos André Ramos. **Comentários à Reforma da Previdência**. Rio de Janeiro: Impetus, 2004.

MARTINS, Sérgio Pinto. **Direito da Seguridade Social**. 11ª ed. São Paulo: Atlas, 1999.

MARTINEZ, Wladimir Novaes. **Curso de Direito Previdenciário. Tomo II – Previdência Social**. 2ª ed. São Paulo: LTR, 2003.

MACHADO, Hugo de Brito. **Curso de Direito Tributário.** 13ª ed. São Paulo: Malheiros, 1998.

________. **Curso de Direito Previdenciário. Tomo IV – Previdência Complementar**. 2ª ed. São Paulo: LTR, 2002.

________. **Comentários à Lei Básica da Previdência Social. Tomo I – Custeio da Previdência Social**. 4ª ed. São Paulo: LTR, 2003.

________. **Comentários à Lei Básica da Previdência Social. Tomo II – Benefícios da Previdência Social**. 6ª ed. São Paulo: LTR, 2003.

________. **Direito Adquirido na Previdência Social**. 2ª ed. São Paulo: LTR, 2003.

________. **Reforma da Previdência dos Servidores**. São Paulo: LTR, 2004.

________. **Portabilidade na Previdência Complementar**. São Paulo: LTR, 2004.

MARTINS, Sérgio Pinto. **Execução da Contribuição Previdenciária na Justiça do Trabalho**. São Paulo: Atlas, 2001.

MINISTÉRIO DA PREVIDÊNCIA SOCIAL. ‹www.**previdenciasocial.gov.br**›. Acesso em: 18/11/2004.

MORAES, Alexandre de. **Direito Constitucional**. 10ª ed. São Paulo: Atlas, 2001.

OLIVEIRA, Aristeu de. **Reforma Previdenciária Comentada**. São Paulo: Atlas, 2004.

ORNÉLAS, Waldeck. **Desatando o Nó da Previdência**. Brasília: Senado Federal, 2002.

PIEDORNÁ, Zélia Lúcia. **Contribuição para Seguridade Social**. São Paulo: LTR, 2003.

PINTO, Raimundo Antônio Carreiro. **Enunciados do TST Comentados**. 7ª ed. São Paulo: LTR 2004.

SOUZA, Leni Xavier de Brito e. **Previdência Social, Normas e Cálculos de Benefícios**. 7ª ed. São Paulo: LTR, 2003.

TAVARES, Marcelo Leonardo. **Direito Previdenciário**. 4ª ed. Rio de Janeiro: Lumen Juris, 2002.

VIEIRA, Marco André Ramos. **Manual de Direito Previdenciário**. Rio de Janeiro: Impetus, 2002.

EDITORA *Jus*PODIVM
www.editorajuspodivm.com.br

JUS4252

COLOR system